Rechtsprechung des Bundesgerichtshofes
- Ausnahmen zum Grundsatz der Einwilligungspflicht im Kunsturheberrecht -

von

Carsten Rasch

Bibliografische Information der Deutschen Nationalbibliothek

Die Deutsche Nationalbibliothek verzeichnet diese Publikation
in der Deutschen Nationalbibliografie; detaillierte bibliografische
Daten sind im Internet über http://dnb.dnb.de abrufbar.

© 2018 Carsten Rasch
Herstellung und Verlag
BoD – Books on Demand, Norderstedt

ISBN.: 978-3-7528-0510-9

Täglich fällen die deutschen Gerichte der unterschiedlichsten Instanzen zahlreiche Entscheidungen in kunsturheberrechtlichen Streitigkeiten mit den verschiedensten rechtlichen Schwerpunktsetzungen. Allein die höhere Rechtssinstanzen entscheiden jährlich mehr als 1.500 Rechtsstreitigkeiten im Kontext des Kunsturheberrechts. Das Werk „Rechtsprechung des Bundesgerichtshofes - Ausnahmen zum Grundsatz der Einwilligungspflicht im Kunsturheberrecht -" ermöglicht dem interessierten Leser einen effektiven und effizienten Überblick über die wichtigsten Originalentscheidungen der deutschen Rechtsprechung zum Kunsturheberrecht mit der Schwerpunktsetzung der Ausnahmen von der Einwilligungspflicht im Kunsturheberrecht. Insgesamt 75 wegweisende Entscheidungen des Bundesgerichtshofes verwirklichen einen Überblick über die rechtlichen Grundlage samt Leitsätze mit Erläuterungen und erläutern die praxisrelevante Entwicklung, Verständnis und Auslegung des Kunsturhebergesetzes mit zahlreichen weiterführenden Hinweisen in Literatur und Rechtsprechung zur Vertiefung und Kontextualisierung von Folge-/Parallelprobleme.

Carsten Rasch

Entscheidungsname: Paul Dahlke, Dahlke
Entscheidungsdatum: 08.05.1956
Aktenzeichen: I ZR 62/54
Normen: § 22 KunstUrhG, § 23 KunstUrhG, § 133 BGB, § 157 BGB, § 249 BGB
Recht am eigenen Bild für Personen der Zeitgeschichte - Auslegung einer unentgeltlichen Erlaubniserklärung zur Veröffentlichung von Fotos - Verwendung der Fotos für Warenreklame

Leitsatz

1. Welche Arten der Verbreitung eines Bildnisses durch eine nicht ausdrücklich eingeschränkte Veröffentlichungserlaubnis des Abgebildeten gedeckt sind, ist unter Berücksichtigung der jeweiligen Umstände des Einzelfalles durch eine Auslegung der Erlaubniserklärung zu ermitteln (BGB § 133, BGB § 157).

1.1. Gestattet ein Künstler unentgeltlich die Veröffentlichung seines Bildes, so bezieht sich sein Einverständnis im Zweifel nicht auf dessen Verwertung für eine Warenreklame.

2. Die für Personen der Zeitgeschichte vorgesehene Abbildungsfreiheit (KunstUrhG § 23 Abs. 1 Nr. 1) erstreckt sich nicht auf Veröffentlichungen, die nicht einem berechtigten Informationsbedürfnis der Allgemeinheit, sondern allein den Geschäftsinteressen eines mit dieser Abbildung für seine Waren werbenden Unternehmens dienen. Durch derartige Veröffentlichungen werden berechtigte Interessen des Abgebildeten auch dann verletzt (KunstUrhG § 23 Abs. 2), wenn es sich um die Werbung einer angesehenen Firma für anerkannte Qualitätswaren handelt und die Abbildung als solche einwandfrei ist.

3. Bei unerlaubten Eingriffen in Ausschließlichkeitsrechte ist eine Schadenberechnung nach der entgangenen Vergütung stets dann zulässig, wenn die Erlaubnis des Rechtsinhabers üblicherweise von der Zahlung eines Entgelts abhängig gemacht wird. Dies gilt auch für die Verletzung des Persönlichkeitsrechts am eigenen Bild.

4. Ist ein Bild unzulässigerweise ohne Einwilligung des Abgebildeten veröffentlicht worden, so kann auch ein Bereicherungsanspruch in Höhe derjenigen Vergütung in Betracht kommen, die nach der in den beteiligten Kreisen herrschenden Übung für die Erlaubniserteilung zu zahlen gewesen wäre.

Tatbestand

Der Beklagte B., ein Pressefotograf, suchte den Kläger, einen bekannten Theater- und Film*-schauspieler, auf, um von ihm einige fotografische Aufnahmen zum

Zwecke der Veröffentlichung zu machen. Der Kläger war hiermit und auch mit dem Vorschlag des Beklagten B., ihn auf dessen Motorroller aufzunehmen, einverstanden.

Der Beklagte B. überließ eine Aufnahme, die den Kläger auf dem Motorroller sitzend darstellt, der beklagten Gesellschaft, der Herstellerfirma seines Motorrollers, gegen eine Vergütung zur reklamemäßigen Verwendung. In gleicher Weise verfuhr der Beklagte B. mit ähnlichen Bildern von mehr oder weniger bekannten Künstlern, die er sämtlich ebenfalls zusammen mit seinem Motorroller aufgenommen hatte. Er gab der Werbeabteilung der beklagten Gesellschaft gegenüber die schriftliche Erklärung ab, daß die fraglichen Künstler mit einer Veröffentlichung ihres Bildes in Anzeigen, Plakaten oder sonstigen Werbedrucksachen der Beklagten einverstanden seien. Die Gesellschaft ließ die 18 Bilder zu einer Reklameseite zusammenstellen, auf der jedes Bild mit einer auf ihr Fabrikat hinweisenden Einzelunterschrift versehen war. Die Unterschrift unter dem Bild des Klägers lautete: "Berühmter Mann auf berühmten Fahrzeug: Schauspieler P.D. auf einem ...-Autoroller". Diese Reklameseite ließ die beklagte Gesellschaft im Inseratenteil mehrerer Zeitschriften erscheinen.

Auf Verlangen des Klägers erklärte sich die beklagte Gesellschaft bereit, von einer weiteren Veröffentlichung der fraglichen Aufnahme abzusehen. Sie lehnte aber die vom Kläger geltendgemachten Schadensersatzansprüche ab. Der Kläger verklagte hierauf die beiden Beklagten auf Schadensersatz.

Das Landgericht hat die Beklagten als Gesamtschuldner zur Zahlung eines Teilbetrages verurteilt.

Das Oberlandesgericht hat die Klage gegen die Gesellschaft abgewiesen. Die Revision des Klägers führte zur Wiederherstellung des Urteils des Landgerichts gegenüber der Gesellschaft, die Anschlußrevision des Beklagten B. blieb erfolglos.

Entscheidungsgründe

Das Berufungsgericht geht zu Recht davon aus, daß die Verbreitung des Bildes des Klägers, das diesen auf einem Motorroller zeigt, im Rahmen einer Werbeanzeige der Herstellerwerke des Motorrollers objektiv unzulässig war. Es hat die Klage gegen die Gesellschaft nur mangels Verschuldens abgewiesen.

1. Gemäß § 22 KUG dürfen Bildnisse nur mit Einwilligung des Abgebildeten verbreitet und öffentlich zur Schau gestellt werden. Das ausschließliche Recht des Abgebildeten, darüber zu entscheiden, ob, und wann und unter welchen Umständen sein Bildnis der Öffentlichkeit zugänglich gemacht werden darf, ist, wie das Berufungsgericht zutreffend hervorhebt, kein Urheberrecht, sondern seinem Wesen nach ein Persönlichkeitsrecht. Die Eingliederung dieses Persönlichkeitsrechts

in das Gesetz betreffend das Urheberrecht an Werken der bildenden Künste und Fotografie erklärt sich daraus, daß es ähnlich wie das Urheberrecht am Bildnis dessen Veröffentlichung zum Gegenstand hat und das Urheberrecht des Bildherstellers überlagert, indem es die Auswertung dieses Urheberrechts von der Einwilligung des Abgebildeten abhängig macht.

Die nach § 22 KUG erforderliche Einwilligung des Abgebildeten kann ausdrücklich oder stillschweigend, unbeschränkt oder beschränkt auf eine bestimmte Art der Verbreitung erteilt werden. Ist dem Abgebildeten, wie dies im Streitfall zutrifft, eine Entschädigung dafür, daß er sich abbilden ließ, nicht gezahlt worden, so trifft die Beweislast für die Einwilligung und den Umfang des Verbreitungsrechts denjenigen, der als Verletzter des Rechtes am eigenen Bild in Anspruch genommen wird (KG Ufita 1940, 160 (162)). Das Berufungsgericht hat den Nachweis dafür, daß der Kläger sich mit einer Veröffentlichung des fraglichen Bildes als Blickfang für eine Fabrikreklame einverstanden erklärt habe, nicht als erbracht angesehen. Diese tatrichterliche Würdigung ist rechtlich bedenkenfrei. Aus dem ausdrücklichen Einverständnis des Klägers mit einer Veröffentlichung seines Bildnisses im redaktionellen Teil der Zeitschrift "Film und Funk" entnimmt das Berufungsgericht, der Kläger habe damit stillschweigend auch eine Veröffentlichung im redaktionellen Teil anderer Zeitschriften gebilligt. Aus dieser Einverständniserklärung sei aber, so fährt das Berufungsgericht aus, nicht eine Einwilligung des Klägers in eine Veröffentlichung zu Reklamezwecken im Inseratenteil beliebiger Zeitschriften zu folgern. Welche Arten der Veröffentlichung durch ein nicht ausdrücklich eingeschränktes Einverständnis des Abgebildeten mit einer Verbreitung seines Bildes gedeckt sind, ist durch eine Auslegung der Einverständniserklärung zu ermitteln, wobei die jeweiligen Umstände des Einzelfalles zu einem unterschiedlichen Ergebnis führen können. Unstreitig ist dem Kläger nicht mitgeteilt worden, daß sein Bild für eine Fabrikwerbung Verwendung finden solle. Es ist dem Berufungsgericht darin beizupflichten, daß der Kläger dies auch nicht aus dem Wunsch des Beklagten B., ihn auf einem Motorroller aufzunehmen, folgern konnte, zumal da B. diesen Wunsch nach dem unbestrittenen Vorbringen des Klägers mit "Originalitätsgründen" motivierte und andeutete, daß ein Auftrag der Zeitschrift "Film und Funk" vorläge, - eine Begründung, die den Kläger von einem etwaigen Verdacht, die Aufnahme solle der Werbung für Motorroller dienen, geradezu ablenken mußte. Bei Prüfung der Frage, ob B. unter den obwaltenden Umständen die Einwilligung des Klägers in eine Veröffentlichung auch auf eine Verwertung der Aufnahme im Rahmen von Werbeanzeigen der Gesellschaft habe beziehen können, hat das Berufungsgericht weiterhin zu Recht als bedeutsam erachtet, daß es sich bei dem Kläger - anders als in dem Croupier-Urteil des Oberlandesgerichts Freiburg (GRUR 1953, 40) - um einen bekannten und beliebten Schauspieler handelt, der es gewohnt ist, daß Bilder von ihm um seiner selbst willen verbreitet werden. Dem Beklagten B. mußte auch ohne weiteres erkennbar sein, daß der Kläger nur im Interesse einer Steigerung seiner eigenen Volkstümlichkeit bereit war, sich kostenlos für die Aufnahme zur Verfügung zu stellen, und daß diesem Interesse durch eine Abbildung des Klägers zusammen mit einer Vielzahl mehr oder weniger bekannter Künstler als Vorspann für eine Fabrikreklame nicht gedient war. Es wäre deshalb Sache des B. gewesen, wenn er im Gegensatz zu der sonst üblichen Art der Veröffentlichung von Künstlerbildern die fragliche Aufnahme Werbeinteressen Dritter nutzbar machen wollte, um eine Erlaubnis des Klägers auch für diese aus dem Rahmen des Üblichen fallende Art der Veröffentlichung nachzusuchen. Da das unstreitig nicht geschehen ist, ist das Berufungsgericht ohne Rechtsverstoß zu dem Ergebnis gelangt, daß eine Einwilligung des Klägers in die von ihm beanstandete Art der Verbreitung seines Bildnisses nicht erwiesen ist.

2. Aber auch insoweit das Berufungsgericht den Beklagten zur Rechtfertigung dieser Veröffentlichung eine Berufung auf § 23 Abs. 1 Nr. 1 KUG versagt, ist ein Rechtsirrtum nicht ersichtlich. Diese Ausnahmebestimmung enthält mit Rücksicht auf das berechtigte Interesse der Allgemeinheit an einer bildmäßigen Darstellung von Personen, die dem öffentlichen Leben angehören, eine Einschränkung des Rechtes am eigenen Bild für Bildnisse aus dem Bereich der Zeitgeschichte. Eine Veröffentlichung solcher Bildnisse ist auch ohne Einwilligung des Abgebildeten zulässig. Der Kläger, den sein Wirken als Schauspieler in eine breitere Öffentlichkeit stellt, gehört zu den Personen der Zeitgeschichte im Sinne dieser Bestimmung. Insoweit ist allein maßgebend, daß die öffentliche Meinung Bildberichte über diesen bekannten Künstler als bedeutsam und um der dargestellten Person willen der Beachtung wert empfindet. Die Ausnahmebestimmung des § 23 Abs. 2 Nr. 1 KUG, die nach der Gesetzesbegründung lediglich den Bedürfnissen der Allgemeinheit nach einer sachgerechten bildmäßigen Information über Persönlichkeiten des öffentlichen Lebens Rechnung tragen will, erfaßt jedoch nicht Veröffentlichungsarten, an denen ein schutzwürdiges Interesse der Allgemeinheit nicht anzuerkennen ist, weil sie in Wahrheit allein den Geschäftsinteressen der mit der fraglichen Abbildung Kundenwerbung treibenden Firmen dienen. Derartige Veröffentlichungen, die sich nicht mit dem Informationsbedürfnis der Allgemeinheit rechtfertigen lassen, fallen vielmehr von vornherein aus dem Anwendungsbereich dieser Ausnahmebestimmung heraus.

Die Beklagten können sich aber zur Rechtfertigung ihres Vorgehens auch deshalb nicht auf die gesetzliche Abbildungsfreiheit von Personen der Zeitgeschichte berufen, weil durch die hier fragliche Art der Veröffentlichung berechtigte Interessen des Klägers verletzt werden und damit gemäß § 23 Abs. 2 KUG die Befugnis zu einer ungenehmigten Verbreitung in jedem Fall entfällt. Hierbei ist mit dem Berufungsgericht davon auszugehen, daß eine Verletzung berechtigter Interessen im Sinne dieser Bestimmung auch dann vorliegen kann, wenn das Bild als solches einwandfrei und die Art der Darstellung in keiner Weise unwürdig ist. Wie das Reichsgericht schon in seiner Zeppelin-Entscheidung (RGZ 74, 312) herausgestellt hat, entspricht es nicht dem Geschmack eines jeden, sein Bild mit den Waren eines beliebigen Händlers in Verbindung gebracht zu sehen, und es muß deshalb grundsätzlich der freien Entschließung des einzelnen vorbehalten bleiben, ob er sein Bild als Anreiz für einen Warenkauf zur Verfügung stellen will. Es geht insoweit nicht um ein Werturteil über den Sinn und die Zweckmäßigkeit der Warenreklame als solcher. Aus diesem Grunde ist es auch unerheblich, ob es sich um eine im übrigen nicht zu beanstandende Werbung einer angesehenen Firma für anerkannte Qualitätserzeugnisse handelt. Das geschützte Rechtsgut, in das mit derartigen ungenehmigten Veröffentlichungen von Bildnissen zu Werbungszwecken für Waren oder gewerbliche Leistungen eingegriffen wird, ist die allein dem Abgebildeten - als natürliche Folge seines Persönlichkeitsrechts - zustehende freie Entscheidung darüber, ob und in welcher Weise er sein Bild den Geschäftsinteressen Dritter dienstbar machen will. Es wäre nicht einzusehen, warum ein solcher Schutz der Persönlichkeitssphäre nicht gerade auch Personen der Zeitgeschichte zugebilligt werden sollte, die im besonderen Maße der Kritik und der Beachtung der Öffentlichkeit ausgesetzt sind. Aus der Ausnahmebestimmung des § 23 Abs. 1 Nr. 1 KUG kann jedenfalls nichts Gegenteiliges entnommen werden; denn diese Einschränkung des Bildnisschutzes erschien dem Gesetzgeber, wie bereits hervorgehoben wurde, lediglich im Interesse der Allgemeinheit an sachgerechten Bildberichten über bekannte Persönlichkeiten geboten. Ein schutzwürdiges Interesse der Allgemeinheit aber, solchen Bildnissen auch als Blickfang in Werbeanzeigen zu begegnen, kann nicht anerkannt werden.

Das Reichsgericht hat zwar in der Tull-Harder-Entscheidung (RGZ 125, 80) die Verbreitung des Bildes eines bekannten Fußballspielers im Rahmen einer Reklamebildserie mit dem Titel "Volkstümliche Fußballspieler", die der Bildhersteller an Zigarettenfabriken zur Einlegung in Zigarettenschachteln verkaufte, auch ohne dessen Einwilligung für zulässig erachtet. Es kann dahinstehen, ob der allgemein gehaltenen Erwägung des Reichsgerichts, wonach sich die Abbildungsfreiheit für Personen der Zeitgeschichte unter besonderen Voraussetzungen auch auf Veröffentlichungen zu Zwecken der Kundenwerbung erstrecken könne, noch zu folgen ist, nachdem das Grundgesetz das Recht eines jeden Menschen auf Achtung seiner Würde und auf freie Entfaltung seiner Persönlichkeit verfassungsmäßig gewährleistet hat (Art 1 und 2 GrundG; BGHZ 13, 334 (338)). Denn wie die Vorinstanzen treffend hervorheben, unterscheidet sich der vom Reichsgericht abgeurteilte Fall in seiner tatsächlichen Gestaltung in wesentlichen Punkten von dem hier zu entscheidenden Sachverhalt. Das Bild von Tull Harder war nicht in unmittelbarer Verbindung mit der Ware und der Firma, für die geworben werden sollte, verbreitet worden. Der seinem Bild beigefügte Text hatte sich nur mit seinen persönlichen, insbesondere seinen sportlichen Eigenschaften befaßt. Die werbende Firma erschien lediglich als Hinweis unter dem Text. Wenn hiernach das Bild Tull Harders auch den Werbeinteressen der verbreitenden Firma diente, so hatte sich die werbende Firma doch nicht unmittelbar der Person Tull Harders als Anreiz zum Kauf ihrer Waren bedient, sondern machte ihrer Werbung in Wahrheit das gesetzlich anerkannte Bedürfnis der Allgemeinheit an der bildhaften Darstellung bekannter Persönlichkeiten nutzbar, indem sie ihre Kunden zum Sammeln derartiger Abbildungen anregen und damit als Nebenfolge ihren Warenabsatz fördern wollte. Im Streitfall dagegen wird die Beliebtheit und der Ruf des Klägers unmittelbar als

Kaufanreiz für die angepriesene Ware verwendet, indem der Leser des Inserats durch die Vorstellung zum Kauf bewegt werden soll, daß ein "berühmter Mann" wie der Kläger ein "berühmtes Fahrzeug" wie den Motorroller der beklagten Gesellschaft benutze. Hier ging es somit der werbenden Firma gar nicht um eine Befriedigung des Bedürfnisses der Allgemeinheit an der Darstellung bekannter Persönlichkeiten, sondern einzig und allein darum, durch ein unmittelbares Nebeneinanderstellen ihrer Ware und der abgebildeten Person das Interesse der Öffentlichkeit an der Person und deren Beliebtheit auf ihre Ware übertragen zu sehen. Ein schutzwürdiges Bedürfnis der Allgemeinheit aber, daß Personen der Zeitgeschichte sich auch gegen ihren Willen für eine derartige Wirtschaftswerbung zur Verfügung stellen müssen, kann nicht anerkannt werden. Bei solcher Interessenlage gebührt vielmehr dem Schutz der Persönlichkeitssphäre des Abgebildeten der Vorrang. Das Berufungsgericht hat hiernach ohne Rechtsverstoß das Recht des Klägers am eigenen Bild durch die ohne sein Einverständnis verbreitete Werbeanzeige der beklagten Gesellschaft als verletzt angesehen, ohne daß es einer Prüfung bedurfte, ob etwa eine solche Art der Veröffentlichung dem persönlichen Ansehen oder künstlerischen Ruf des Klägers abträglich sein kann.

3. Es ist anerkannten Rechts, daß auch die Verletzung von Persönlichkeitsrechten vermögensrechtliche Ersatzansprüche auslösen kann. Ein Schaden freilich, der nicht Vermögensschaden ist, kann nach geltendem Recht nicht zu einem Geldersatzanspruch führen, weil hier keiner der Fälle vorliegt, in denen das Gesetz den Anspruch eigens darauf erstreckt (§ 253 BGB; RG GRUR 1934, 625). Voraussetzung für einen Schadensersatzanspruch ist weiterhin eine schuldhafte Verletzung des Persönlichkeitsrechts. Soweit das Berufungsgericht ein Verschulden des Beklagten B. bejaht, ist ein Rechtsverstoß nicht erkennbar.

Das angefochtene Urteil hat dem Kläger eine angemessene Vergütung unter dem Gesichtspunkt der entgangenen Lizenzgebühr zugebilligt. Diese Art der Schadensberechnung ist vom Reichsgericht in ständiger Rechtsprechung bei der Verletzung von Urheberrechten als zulässig anerkannt worden. Hieran ist entgegen den im Schrifttum erhobenen Bedenken (Riezler, Urheberrecht S 128; Marwitz-Möhring, Kommentar zum LitUrhG § 36 Anm 11ff) festzuhalten. Für die Möglichkeit einer Schadensberechnung nach der angemessenen Vergütung, die im Falle eines Vertragsabschlusses zu den üblichen Bedingungen zu zahlen gewesen wäre, spricht bei Verletzung von Ausschließlichkeitsrechten ein praktisches Bedürfnis und die Billigkeitserwägung, daß niemand durch den unerlaubten Eingriff in solche Rechte bessergestellt werden soll, als er im Fall einer ordnungsgemäß erteilten Erlaubnis durch den Rechtsinhaber gestanden hätte. Dieser für die Schadensliquidation aus Urheber- und Patent*-verletzungen vom Reichsgericht entwickelte Grundsatz, dem gewohnheitsrechtlicher Rang zukommt (RGZ 35, 63; 43, 56; 46, 14; 50, 111; 84, 370; 95, 223; 130, 108; RG GRUR 1938, 449; GRUR 1934, 627), entspricht der Interessenlage bei allen Eingriffen in Ausschließlichkeitsrechte, die üblicherweise nur gegen Entgelt gestattet werden. Er kann deshalb auch unbedenklich auf die hier in Frage stehende Verletzung der persönlichkeitsrechtlichen

Befugnisse des Klägers an seinem Bilde erstreckt werden; denn nach den auf Grund des Sachverständigengutachtens getroffenen Feststellungen des Berufungsgerichts gestatten bekannte Künstler derartige Veröffentlichungen zumeist nur gegen eine nicht unerhebliche Vergütung. Es handelt sich somit um einen unzulässigen Eingriff in ein fremdes, vermögenswertes Ausschließlichkeitsrecht, für dessen Ausgleich die gleichen Billigkeitserwägungen zum Tragen kommen, die die Rechtsprechung bei Verletzung von Urheber- und Patent*-rechten zur Anerkennung einer Schadensberechnung nach der entgangenen Vergütung geführt haben.

Die Höhe der hiernach an den Kläger als Schadensersatz zu zahlenden Vergütung hat das Berufungsgericht, gestützt auf das Gutachten des Sachverständigen, geschätzt. Die Nachprüfung ergibt nicht, daß das Berufungsgericht bei dieser Schadensschätzung etwa vorhandene und vorgetragene Schätzungsunterlagen unberücksichtigt gelassen hätte. Die sich im Rahmen des § 287 ZPO haltende Schadensschätzung kann deshalb aus Rechtsgründen nicht beanstandet werden (RGZ 130, 112; RG GRUR 1939, 449 (453)).

Der Beklagte B. ist somit zu Recht verurteilt worden.

Das Berufungsgericht hat die Klage gegen die Gesellschaft mit der Begründung abgewiesen daß ein Verschulden nicht erwiesen sei (wird ausgeführt).

Es bedarf keiner abschließenden Stellungnahme zur Verschuldensfrage, da die Klage gegen die Gesellschaft jedenfalls aus dem Gesichtspunkt der ungerechtfertigten Bereicherung begründet ist.

Das Berufungsgericht hat nicht verkannt, daß auf dem Gebiet des Urheberrechts die Geltendmachung von Bereicherungsansprüchen zulässig ist (BGHZ 15, 338 (348); 5, 116 (123); RGZ 121, 258 (259); RGZ 90, 137). Es meint aber, es sei fraglich, ob im vorliegenden Fall das Tatbestandsmerkmal "etwas erlangt haben" (§ 812 BGB) erfüllt sei, weil das Urheberrecht an der Fotografie dem B. zugestanden habe und die Befugnis des Klägers, die Veröffentlichung des Bildnisses zu gestatten, dieses Urheberrecht nur überlagert habe. Jedenfalls habe die Gesellschaft nichts "auf Kosten" des Klägers erlangt. Der Kläger habe nämlich nicht darzutun vermocht, daß er sein Bild auf dem Motorroller anderweit habe "verkaufen" können. Infolgedessen käme die unbestrittene Behauptung der Gesellschaft, die keine Aufwendungen erspart haben will, zum Tragen, wonach sie keinesfalls gewillt gewesen sei, die Verbreitungsbefugnis vom Kläger zu erkaufen, wie auch ihre weitere Behauptung, daß sie den Willen des Klägers, eine Vergütung zu erlangen, weder gekannt habe noch habe kennen müssen.

Diese Ausführungen des Berufungsgerichts stehen nicht im Einklang mit den im Bereicherungsrecht anerkannten Rechtsgrundsätzen. Die Gesellschaft hat das Bildnis des Klägers gewerblich ausgewertet, ohne daß die hierzu nach dem Gesetz erforderliche Einwilligung des Klägers vorgelegen hat. Wie das Berufungsgericht auf Grund des Sachverständigengutachtens feststellt, hätte der Kläger die Erlaubniserteilung entsprechend der in Künstlerkreisen weitgehend herrschenden Übung von der Zahlung einer Vergütung abhängig machen können. Diese Vergütung hat die Gesellschaft durch ihr unerlaubtes Vorgehen auf Kosten des Klägers erspart (RGZ 166, 71; Enneccerus-Lehmann, Recht des Schuldverhältnisse S 850). Hierbei ist unerheblich, daß dem Kläger ein Urheberrecht an der Aufnahme nicht zustand und fraglich sein kann, ob er sich ein Entgelt durch eine anderweite Verwertung dieser Aufnahme hätte beschaffen können. Entscheidend ist allein, daß dem Kläger die Honorierung seiner Einwilligung in die tatsächlich durchgeführte Veröffentlichung, die er auf Grund seines Rechtes am eigenen Bild hätte verlangen können, vorenthalten worden ist. Der Bereicherungsanspruch soll nicht eine Vermögensminderung im Vermögen des Benachteiligten, sondern einen grundlosen Vermögenszuwachs im Vermögen des Bereicherten ausgleichen (RG HRR 1933, Nr. 1311; Köln OLG 13, 388).

Die Gesellschaft kann aber dem Bereicherungsanspruch auch nicht mit Erfolg entgegenhalten, daß sie keine Aufwendungen erspart habe, weil sie bei Kenntnis des Vergütungsanspruchs des Klägers sein Bildnis nicht in das Werbeinserat aufgenommen, sondern sich anderweit beholfen hätte. Sie muß sich vielmehr an der Sachlage, die sie selbst geschaffen hat, festhalten lassen (RGZ 97, 310 (312); OLG Dresden SeuffArch 73 Nr. 51).

Entscheidungsname: Ledigenheim
Entscheidungsdatum: 29.03.1957
Aktenzeichen: I ZR 236/55
Normen: § 2 KunstUrhG, § 10 Abs. 4 KunstUrhG, § 15 Abs. 1 S 2 KunstUrhG, § 17 KunstUrhG, § 31 S 1 KunstUrhG
Kunstschutzfähigkeit von Bauwerken

Leitsatz

1. Die für kunstgewerbliche Gegenstände zur Frage der Kunstschutzfähigkeit entwickelten Grundsätze gelten in gleicher Weise für Bauwerke. Der sich auf Bauwerke beziehende Zusatz in KunstUrhG § 2 Abs. 1 Satz 2 "soweit sie künstlerische Zwecke verfolgen" rechtfertigt keine einschränkende Beurteilung der Kunstschutzfähigkeit.

1.1 Auch die kompositorische Zuordnung mehrerer Gebäude zueinander und zur unmittelbaren landschaftlichen Umgebung kann in besonderen Fällen als kunstschutzfähiger Ausdruck künstlerischen Schaffens im Sinne des Kunstschutzgesetzes gewertet werden.

2. Die Übertragung urheberrechtlicher Nutzungsbefugnisse, insbesondere des

Nachbaurechtes an einem unter Kunstschutz stehenden Entwurf für ein Bauwerk, kann in der Regel nur angenommen werden, wenn ein dahingehender Wille der Vertragsparteien unzweideutig zum Ausdruck gekommen ist.

Tenor

Die Revision der Beklagten gegen das Urteil des 2. Zivilsenats des Oberlandesgerichts in Düsseldorf vom 24. Mai 1955 wird auf Kosten der Beklagten zurückgewiesen.

Von Rechts wegen

Tatbestand

Die Beklagte beauftragte den Architekten Professor Mehrtens in Aachen im Februar 1951 mit der Erstellung eines Vorentwurfes für ein Ledigenheim. Mit Schreiben vom 18. März 1951 bestätigte sie den zunächst mündlich erteilten Auftrag. Sie brachte in diesem Schreiben zum Ausdruck, daß sie Grundrißideen mit einigen Maßangaben im Maßstab 1:200, Schnittschemata Maßstab 1:200, Gesamtanordnung der Häuser im Raum Maßstab 1:500 und zwei oder drei Ansichtsskizzen von einem Wohnhaus und dem Küchenhaus im Maßstab 1:200 wünsche. Zur Vergütungsfrage führte sie aus:

"Ihre Leistungen vergüten wir nach der Gebührenordnung für Architekten vom 13.10.1950 nach § 19 (1) a "Vorentwurf d.h. probeweise zeichnerische Lösung der wesentlichsten Teile der Bauaufgabe nebst Kostenschätzung und Erläuterungsbericht" mit 10 v.H. der Gebühr des § 10 (Ziffer 1), Bauklasse III. Im April 1951 übergab der Architekt der Beklagten einen Teil der zum Vorentwurf gehörigen Unterlagen. In einem Schreiben vom 28. April 1951 erklärte er, er habe bei der Übergabe dieser Unterlagen zu seiner Überraschung erfahren, daß die Beklagte nicht daran gedacht habe, ihn für die weitere Durchführung des Baues mit heranzuziehen. Er wünsche jedoch, auch mit der Durchführung der weiteren Aufgaben beauftragt zu werden, wenn der von ihm angefertigte Entwurf verwendet werden sollte. Nach Übergabe der restlichen Teile des Vorentwurfes schränkte er mit Schreiben vom 21. Juni 1951 diesen Wunsch dahin ein, daß er lediglich noch den Vorentwurf, die Bauvorlagen, die Ausführungszeichnungen und die künstlerische Oberleitung übernehmen, dagegen die Massen- und Kostenberechnungen sowie die technische und geschäftliche Oberleitung dem Baubüro der Beklagten überlassen wolle. Nachdem die Beklagte dem Architekten mit Schreiben vom 8. Juni 1951 zunächst erklärt hatte, sie sei nicht abgeneigt, seinem Vorschlage folgend mit ihm über die Erteilung eines weiteren Auftrages für die Herstellung eines Entwurfes und der Bauvorlagen gemäß § 19 Ziffer 1 b - c der Gebührenordnung für Architekten vom 13. Oktober 1950 (GOA) zu verhandeln, teilte sie ihm am 4. August 1951 mit, daß der Bau des Ledigenheimes aus Kostengründen habe zurückgestellt werden müssen. Daraufhin liquidierte der Architekt die vereinbarten 10 % der Gebühr nach § 10 GOA in Höhe von DM 3. 192,–, die von der Beklagten auch gezahlt wurden.

Später errichtete die Beklagte die Wohngebäude des Ledigenheimes unter Verwendung des von dem Architekten angefertigten Vorentwurfes. Sie bediente sich dazu ihres eigenen Baubüros. Nachdem der Architekt hiervon Kenntnis erlangt hatte, machte er gegenüber der Beklagten Schadensersatzansprüche geltend und trat seine Forderung in Höhe eines Teilbetrages von 4 000 DM an die Klägerin ab.

Die Klägerin erhob Klage mit dem Antrag, die Beklagte zur Zahlung von DM 4 000 zu verurteilen.

Sie vertrat die Auffassung, daß die Beklagte wegen Verletzung des Urheberrechts des Architekten schadensersatzpflichtig sei. Das Ledigenheim sei ein Bauwerk, das künstlerische Zwecke verfolge; dies ergebe sich sowohl aus der Gestaltung der einzelnen Gebäude als auch aus der Art, wie sie in die Landschaft eingefügt und zueinander angeordnet seien. Der Vorentwurf habe daher unter urheberrechtlichem Schutz nach den Bestimmungen des Gesetzes betreffend das Urheberrecht an Werken der bildenden Künste und der Photographie vom 9. Januar 1907 (KunstUrhG) gestanden. Die Schadensersatzpflicht sei überdies gemäß den §§ 1 Abs. 1 Nr. 3, 11 Abs. 1 Satz 1, 36 des Gesetzes betreffend das Urheberrecht an Werken der Literatur und der Tonkunst vom 19. Juni 1901 (LitUrhG) auch dann gegeben, wenn der Vorentwurf keine Kunstschutzfähigkeit im Sinne des KunstUrhG besitze.

Die Beklagte hat gebeten, die Klage abzuweisen.

Sie ist der Auffassung, daß ein Urheberrechtsschutz nach dem Kunstschutzgesetz nicht in Betracht komme, da das Ledigenheim keinen künstlerischen Zweck verfolge. Auch eine Verletzung der Bestimmungen des literarischen Urheberrechtsgesetzes liegt nach Ansicht der Beklagten schon deshalb nicht vor, weil das Nachbauen von Abbildungen technischer Art keine Vervielfältigung im Sinne des genannten Gesetzes darstelle. Abgesehen davon sei aber auch mit der Bezahlung eines lediglich nach diesem Gesetz geschützten Entwurfes dem Auftraggeber die Befugnis eingeräumt, den Entwurf für seine Zwecke zu benutzen.

Das Landgericht hat die Klage abgewiesen, weil den Entwürfen des Architekten Professor Mehrtens ein künstlerischer Charakter nicht beigemessen werden könne und weil das Nachbauen von Abbildungen technischer Art nicht als Vervielfältigung im Sinne des literarischen Urheberrechtsgesetzes anzusehen sei, wie sich aus einem Vergleich mit der entsprechenden Vorschrift des Kunstschutzgesetzes ergebe.

Nach der Verkündung dieses Urteils trat der Architekt einen weiteren Teil der Schadensersatzforderung in Höhe von 2.100 DM an die Klägerin ab. Die Klägerin erstrebte demgemäß mit der gegen das Urteil des Landgerichts eingelegten Berufung die Verurteilung der Beklagten zur Zahlung von DM 6 100,–. Das Berufungsgericht erklärte unter Abänderung des Urteils des Landgerichts den Klageanspruch dem Grunde nach für gerechtfertigt.

Mit der Revision verfolgt die Beklagte ihren Klageabweisungsantrag weiter, die Klägerin bittet um Zurückweisung der Revision.

Entscheidungsgründe

Das Berufungsgericht hat einen Schadensersatzanspruch der Klägerin gegen die Beklagte sowohl auf Grund des Kunstschutzgesetzes als auch – hilfsweise – des Urheberrechtsgesetzes für Werke der Literatur bejaht. In ersterer Hinsicht hat es ausgeführt, der Klägerin stehe gegen die Beklagte ein Schadensersatzanspruch aus §§ 31 Satz 1, 2, 15 Abs. 1 Satz 2 KunstUrhG zu, weil die Beklagte dadurch, daß sie unter Verwendung des von dem Architekten (Zedenten) angefertigten Vorentwurfes die Wohngebäude des Ledigenheimes gebaut habe, gegen §§ 15 Abs. 1 Satz 2, 17 KunstUrhG verstoßen habe.

I. Das Berufungsgericht hat zunächst geprüft, ob der von dem Architekten angefertigte Vorentwurf Urheberrechtsschutz nach dem Kunstschutzgesetz genießt. Es ist der Auffassung, es handele sich bei diesem Vorentwurf um einen Entwurf im Sinne des § 2 Abs. 2 KunstUrhG, weil alle Eigenschaften, die für die praktische Verwertbarkeit des vorgesehenen Bauwerkes und für seinen künstlerischen Wert von Bedeutung seien, darin bereits zum Ausdruck kämen. Insbesondere lasse der Vorentwurf erkennen, daß mit dem geplanten Bauwerk ein künstlerischer Zweck verfolgt werde.

1.) Bei dieser Beurteilung hat das Berufungsgericht folgenden rechtlichen Maßstab angelegt:

Unter Hinweis auf die Rechtsprechung des Reichsgerichtes hält es ein Bauwerk dann für ein Kunstwerk im Sinne des § 2 KunstUrhG, wenn es sich um eine eigenpersönliche geistige Schöpfung handelt, die vorzugsweise für die Anregung des ästhetischen Gefühls durch Anschauen bestimmt ist, und zwar ohne Rücksicht auf den höheren oder geringeren Kunstwert und ohne Rücksicht darauf, ob das Werk neben dem ästhetischen Zweck noch einem praktischen Gebrauchszweck dient. Ein Überwiegen des ästhetischen Zweckes über den Gebrauchszweck werde damit, so meint das Berufungsgericht, nicht gefordert. Die gegenteilige Auffassung finde in der Rechtsprechung des Reichsgerichts, an der festzuhalten sei, keine Stütze, denn dort werde nur über die Erfüllung des Gebrauchszweckes hinaus ein "ästhetischer Überschuß" verlangt, dessen Grad allerdings so hoch sein müsse, daß nach den im Leben herrschenden Anschauungen noch von Kunst gesprochen werden könne.

Die Revision macht geltend, schon dieser rechtliche Ausgangspunkt des Berufungsurteils sei fehlsam. Sie meint insbesondere, das Berufungsgericht habe die von der Rechtsprechung verlangte Voraussetzung für die Kunstschutzfähigkeit von Bauwerken, nämlich die künstlerische Zweckbestimmung, bewußt beiseite gelassen. Dieser Angriff der Revision ist jedoch nicht begründet.

Das Berufungsgericht ist bei seiner eben erwähnten rechtlichen Betrachtungsweise von den Rechtsgrundsätzen des Reichsgerichts ausgegangen, die dieses zur Frage, inwieweit "Kunstwerke", insbesondere kunstgewerbliche Erzeugnisse Gegenstand eines Kunstschutzrechtes sein können, entwickelt hat. Sämtliche von dem Berufungsgericht in Bezug genommenen Erkenntnisse des Reichsgerichtes betreffen nicht Bauwerke. Da aber in § 2 Abs. 1 KunstUrhG hinsichtlich der Bauwerke die Einschränkung gemacht ist "soweit sie künstlerische Zwecke verfolgen", bedarf es im Hinblick auf das Vorbringen der Revision der Prüfung, ob der Gesetzgeber damit eine Einschränkung gegenüber der für Erzeugnisse des Kunstgewerbes geltenden Regelung beabsichtigt hat oder ob die in der Rechtsprechung für kunstgewerbliche Gegenstände entwickelten Schutzvoraussetzungen trotz des anscheinend einschränkenden Zusatzes auch für Bauwerke gelten. Entscheidungen der Zivilsenate des Reichsgerichtes zu dieser Frage liegen nicht vor. Lediglich in einer, noch zu erörternden Entscheidung des 5. Strafsenats aus dem Jahre 1910 (RGSt 43, 196) ist die Bedeutung des Erfordernisses künstlerischer Zweckbestimmung im Sinne des § 2 Abs. 1 Satz 2 KunstUrhG berührt. Die in der Literatur bei der Behandlung der hier streitigen Frage verschiedentlich erwähnte Entscheidung RGZ 56, 41 ist nicht einschlägig. Sie enthält lediglich eine Begriffsbestimmung des Bauwerkes im Sinne des § 638 Abs. 1 BGB und untersucht die Frage, ob es sich bei einem artesischen Brunnen um ein Bauwerk im Sinne dieser Bestimmung handelt.

Die Entstehungsgeschichte des KunstUrhG ergibt zunächst, daß der Entwurf zu diesem Gesetz folgende Fassung des § 2 Abs. 1 vorgesehen hatte: "Bauwerke und gewerbliche Erzeugnisse gehören, soweit sie künstlerische Zwecke verfolgen, zu den Werken der bildenden Künste" (Drucksachen des Reichstages 1905/06 II. Anlageband S 1526). Diese Fassung war sowohl in der ersten Lesung im Reichstage als auch bei den anschließenden Kommissionsverhandlungen beanstandet worden. Es war insbesondere geltend gemacht worden, es komme nicht hinreichend zum Ausdruck, daß es bei einem Werk der bildenden Künste auf den Wert oder die Bestimmung des Werkes gar nicht ankomme, sondern lediglich darauf, ob es sich um eine originale geistige Schöpfung handle. Von den Regierungsvertretern wurde daraufhin ausgeführt, da viele Bauwerke und gewerbliche Erzeugnisse unter Verzicht auf künstlerische Eigenart und Gestaltung ausschließlich Gebrauchszwecken dienen sollten, bedürfe es der ausdrücklichen Hervorhebung, daß diese Werke dem Kunstschutz nur insoweit unterstellt seien, als sie, wie die Werke der sonstigen Künste, einen künstlerischen Gedanken vermittelten. Dies solle die Fassung des Entwurfes zum Ausdruck bringen (Drucksachen des Reichstages 1905/06, Stenografische Berichte I. Bd S 820 ff sowie VI. Anlageband S 4677 ff). Trotzdem wurde jedoch die Frage bei den weiteren Kommissionsverhandlungen erneut aufgegriffen und u. a. geltend gemacht, der Satz "soweit sie künstlerische Zwecke verfolgen" könne mißverstanden werden. Es bestehe die Gefahr, daß die Gerichte annehmen könnten, daß das zu schützende Werk ausschließlich künstlerische Zwecke verfolgen müsse, was ohne Zweifel eine falsche Interpretation der Regierungsvorlage bedeuten würde. Insbesondere könne dies bei der Anwendung der Berner Übereinkunft im Ausland zu Unzuträglichkeiten führen. Aus diesen Rücksichten heraus wurde dann die Wendung "gewerbliche Erzeugnisse" des Entwurfes durch die Fassung "Erzeugnisse des Kunstgewerbes" ersetzt. Durch die Silbe "Kunst" glaubte man hinreichend zum Ausdruck gebracht zu haben, daß gewerbliche Erzeugnisse nur dann den Schutz des Gesetzes genießen sollten, wenn sie Ausdruck künstlerischen Schaffens und Wollens seien, so daß sich insoweit der Zusatz "soweit sie künstlerische Zwecke verfolgen" erübrige. Entsprechend war sowohl im Reichstage als auch im Schrifttum (so Osterrieth, Bemerkungen zum Entwurf des KunstUrhG, 1904, S 100) angeregt worden, statt "Bauwerk" zu sagen "Werke der Baukunst". Davon sah man jedoch ab, weil das Wort "Baukunst" in § 330 StGB bereits gesetzlichen Niederschlag gefunden hatte, und zwar in weitergehender, die reine Bautechnik in erster Linie umfassender Bedeutung. Unter Hinweis auf diese Erwägungen und Verhandlungen wurde von Kommissionsmitgliedern bei den abschließenden Plenarverhandlungen im Reichstag ausdrücklich betont, daß mit dem § 2 in der neuen, dann zum Gesetz gewordenen Fassung kein Unterschied gemacht sein solle zwischen den Erzeugnissen des Kunstgewerbes und der Baukunst (vgl. die Ausführungen der Abgeordn. Henning und Itschert, Stenografische Berichte über die Verhandlungen des Reichstages Legislaturperiode 1905/06 V. Band S 3829 ff).

Aus der Entstehungsgeschichte ergibt sich sonach, daß mit der Wortfassung des § 2 Abs. 1 KunstUrhG für Bauwerke keine weitergehenden Voraussetzungen für die Schutzfähigkeit als bei kunstgewerblichen Erzeugnissen aufgestellt werden sollten. Durch den Zusatz "soweit sie künstlerische Zwecke verfolgen" sollten die kunstschutzfähigen Bauten von den diesen Schutz nicht genießenden Bauten ebenso abgegrenzt werden, wie dies bei den gewerblichen Erzeugnissen durch die Verwendung des Wortes "Kunstgewerbe" geschehen ist. Nach Entstehungsgeschichte und Sinnzusammenhang der Bestimmung ist daher die – durch die Wortfassung und verschiedene unklare Wendungen in der Begründung der Regierungsvorlage allerdings begünstigte – Annahme, es bestehe ein Gegensatz in der rechtlichen Beurteilung der kunstgewerblichen Erzeugnisse einerseits und der Bauwerke andererseits, sachlich nicht gerechtfertigt (so schon Riezler, Deutsches Urheber- und Erfinderrecht, 1909 S 410). Insbesondere ist mit dem Zusatz "soweit sie künstlerische Zwecke verfolgen" nicht gesagt, daß es auf die subjektive Absicht des Schöpfers des Bauwerkes, ein Kunstwerk zu schaffen oder auf dessen künstlerische Befähigung maßgeblich ankomme. Entscheidend ist auch hier wie bei anderen Kunstwerken, ob und inwieweit künstlerisches Schaffen Verwirklichung gefunden hat. Der Gesetzgeber hat mit dem erwähnten Zusatz auch nicht etwa Bauwerken, die in erster Linie Gebrauchszwecken dienen, den Kunstschutz versagen wollen. § 2 KunstUrhG, der nur im Zusammenhang mit § 1 KunstUrhG richtig zu verstehen ist, besagt im Gegenteil, daß die in § 2 genannten Werke nicht deshalb des Kunstschutzes entbehren sollen, weil sie in erster Linie zu Gebrauchszwecken geschaffen und bestimmt sind (RGZ 142, 341) (346)). Die Bestimmung eines Bauwerkes, vorwiegend Nützlichkeitszwecken zu dienen, mag zwar im Rahmen der Gesamtwürdigung eine Rolle spielen, sie ist jedoch für sich allein für die Beurteilung der Kunstwerkseigenschaft nicht ausschlaggebend. Deshalb kann dem bereits erwähnten Erkenntnis des 5. Strafsenats des Reichsgerichtes (RGSt 43, 196 (199)), das einem Rathaus schlechthin den Kunstschutz mit der Begründung versagt, es diene nicht künstlerischen Zwecken, weil es für Gebrauchszwecke der Gemeinde und ihrer Verwaltung bestimmt sei, insoweit nicht beigepflichtet werden (ebenso Henssler, Urheberschutz in der angewandten Kunst und Architektur, 1950, S 67). Aus dem gleichen Grund kann der neuerdings von Landgerichten (MDR 1949, 563 und NJW 1952, 888) unter Bezugnahme auf RGSt 43, 196 vertretenen Auffassung, das Kunstschutzgesetz könne keine Anwendung finden, wenn der Gebrauchszweck vor dem u. U. gleichzeitig mitverfolgten künstlerischen Zweck den Vorrang habe, nicht zugestimmt werden. Entscheidend ist vielmehr, ob ein künstlerisches Schaffen vorliegt, das sich im Bauwerk objektiviert. Der Niederschlag, den die künstlerische Leistung im Werke findet, bestimmt die Individualität, die für den urheberrechtlichen Schutz maßgebend ist; der Gebrauchszweck schließt den Kunstschutz eines Bauwerkes nicht aus (so zutreffend Ulmer, Urheber- und Verlagsrecht, S 92; ähnliche Voigtländer-Elster-Kleine, Urheberrecht, 4. Aufl S 24; Riezler aaO; Allfeld, Komm zum KunstUrhG, Bem 9 ff zu § 2; Osterrieth-Marwitz, Kunstschutzgesetz, 2. Aufl Bem C IV zu § 2; Kaumanns, Zur Lehre vom Urheberrecht an Werken der Baukunst, 1915, S 30; Roth-Gaber, Komm zum Vertragsrecht und zur Gebührenordnung für Architekten, 3. Aufl, 1957 S 115; Henssler aaO S 66 ff; Fabricius-von Nordenflycht, Komm zur GOA, 2. Aufl, 1956 S 24; Fabricius, Architektenspiegel, 2. Aufl, 1949, S 57; Rohs GRUR 1928, 456; Bappert NJW 1952, 888). Ein Überwiegen des ästhetischen Gehaltes über den Gebrauchszweck ist hier ebenso wenig wie bei kunstgewerblichen Erzeugnissen vorausgesetzt. Maßgebend ist allein, ob der ästhetische Gehalt als solcher ausreicht, um noch von einer künstlerischen Leistung sprechen zu können (BGHZ 22, 209 (215) mit Nachw – Titelschriftbild). Es ist daher mindestens mißverständlich, wenn gelegentlich gesagt wird, daß Bauwerke, die ausschließlich Gebrauchszwecken dienen, vom Kunstschutz ausgenommen seien. Auch Wohnhäuser, Gemeinschaftsheime usw. und selbst ausgesprochene technische Zweckbauten, wie z.B. Brücken, sind in gleicher Weise wie Erzeugnisse des Kunstgewerbes kunstschutzfähig, wenn und soweit sich in ihnen ein künstlerisches Schaffen in der Leistung des Architekten offenbart. Dem widerspricht nicht die von Allfeld (aaO Anm 11 zu § 2 KunstUrhG) vorgenommene und von anderen Schriftstellern übernommene Einteilung in vier Kategorien von Bauwerken. Damit sollte lediglich der Schutzumfang umgrenzt werden, der Bauwerken je nach dem Verhältnis des künstlerischen Zweckes zum Gebrauchszweck eignet. Diese Einteilung hat durch den Wandel der Bauaufgaben, die heute fast ausschließlich dem Gebiete des Zweckbaues angehören, an Bedeutung verloren (so richtig Borges, Urheberrecht an Werken der Baukunst 1936, S 4). An ihre Stelle muß eine Analyse des Zweckbaues treten, deren Aufgabe in der Sonderung technischer und künstlerischer Elemente besteht. Die technische Lösung einer Bauaufgabe, die aus einer Aneinanderreihung von Konstruktionselementen, ohne daß ein künstlerischer Gedanke zum Ausdruck kommt, besteht, ist durch das Kunstschutzgesetz nicht geschützt (Borges aaO). Dies schließt nicht aus, daß auch bei einem solchen Bauwerk einzelne Teile, z. B. ein kunstvolles Gitter, die Voraussetzungen des Kunstschutzgesetzes erfüllen und daher als solche geschützt sind.

Da das Kunstschutzgesetz sonach für Bauwerke keine anderen Schutzvoraussetzungen als für andere Werke der bildenden Kunst schafft, mit dem Zusatz in § 2 Abs. 1 Satz 2 KunstUrhG vielmehr nur die allgemein geltende Abhängigkeit der Kunstschutzfähigkeit eines Gegenstandes von seiner künstlerischen Beschaffenheit betonen wollte, hat das Berufungsgericht rechtsirrtumsfrei die von der Rechtsprechung für andere Erzeugnisse, die Gegenstand eines Kunstschutzrechtes sein können, entwickelten Schutzvoraussetzungen seiner Betrachtung zugrunde gelegt. Nach diesen vom Reichsgericht schon zu dem früheren Kunstschutzgesetz vom 9. Januar 1876 entwickelten, später unter dem Einfluß moderner Kunstauffassung und dem Gesichtspunkt der Abgrenzung des Kunstschutzes vom Geschmacksmusterschutz fortgebildeten, vom Senat übernommenen und von der überwiegenden Mehrheit des Schrifttums gebilligten Grundsätzen ist unter "Kunstwerk" eine eigenpersönliche, geistige Schöpfung zu verstehen, die mit Darlegungsmitteln der Kunst durch formgebende Tätigkeit hervorgebracht ist und deren ästhetischer Gehalt einen solchen Grad erreicht hat, daß nach den im Leben herrschenden Anschauungen noch von Kunst gesprochen werden kann, und zwar ohne Rücksicht auf den höheren oder geringeren Kunstwert und ohne Rücksicht darauf, ob das Werk neben dem ästhetischen Zweck noch einem praktischen Zweck dient (RGSt 43, 329 (330); RGZ 71, 355 (356); 76, 339 (344); 135, 385 (387); 155, 199 (205); BGHZ 16, 4 (6) – Mantelmodell; BGHZ 22, 209 (214) – Titelschriftbild).

Die rechtlichen Überlegungen des Berufungsgerichts entsprechen dieser herrschenden Rechtsauffassung. Davon, daß das Berufungsgericht, wie die Revision meint, die von der Rechtsprechung hervorgehobene Voraussetzung für die Kunstschutzfähigkeit von Bauwerken, nämlich die künstlerische Zweckbestimmung, bewußt beiseite gelassen habe, kann keine Rede sein. Das Berufungsgericht hat auch nicht, wie die Revision meint, seine Auffassung mit der Erwägung gerechtfertigt, daß Werke der Architektur andernfalls nur ausnahmsweise Kunstschutz genießen würden. Das Berufungsgericht hat auf diesen Gesichtspunkt nur beiläufig hingewiesen, ohne ihn zur tragenden Grundlage seiner Auffassung zu machen.

Auch gegen den Standpunkt des Berufungsgerichts, daß auch ein sog. Vorentwurf gemäß § 2 Abs. 1 KunstUrhG schutzfähig ist, wenn darin alle Eigenschaften, die für die praktische Verwertbarkeit des vorgesehenen Bauwerkes und für seinen künstlerischen Wert von Bedeutung sind, bereits zum Ausdruck kommen, sind rechtliche Bedenken nicht zu erheben. Die Revision hat insoweit auch nichts geltend gemacht. Ebensowenig ist die Auffassung des Berufungsgerichts zu beanstanden, der künstlerische Wert einer in einem Vorentwurf niedergelegten architektonischen Leistung könne sich bei einem Projekt, das mehrere Baukörper umfaßt, auch in der Art und Weise ausdrücken, wie die einzelnen Gebäude in die Landschaft eingefügt und zueinander angeordnet seien. Das Berufungsgericht meint insoweit: Werke der Architektur ließen sich nicht, wie etwa Erzeugnisse der Malerei, von der jeweiligen Umgebung losgelöst beurteilen. Ihr künstlerischer Wert oder Unwert werde vielmehr in zahlreichen Fällen mehr oder minder stark davon beeinflußt, ob es gelungen sei, sie in ein das ästhetische Gefühl ansprechendes Verhältnis zu ihrer Umgebung zu bringen. Wenn ein Bauwerk aus mehreren Gebäuden bestehe, werde die Umgebung für jedes Gebäude durch das Vorhandensein der anderen mitbestimmt. Daraus folge, daß auch die Anordnung mehrerer Bestandteile eines Gesamtbauwerkes zueinander für die Beurteilung wesentlich sein könne. Dieser Auffassung widerspreche, so meint das Berufungsgericht weiter, der Gesetzeswortlaut nicht. Es lasse sich auch nicht durch einen Vergleich mit den anderen Zweigen der bildenden Künste ein Schluß dahin ziehen, daß Bauwerke nur dann Werke der bildenden Künste im Sinne der §§ 1, 2 Abs. 1 Satz 2 KunstUrhG seien, wenn sich der künstlerische Zweck aus einer Betrachtung der Bauwerke selbst unter Loslösung von der vorhandenen oder vorgesehenen Umgebung ergebe.

Der Senat stimmt dieser von der Revision angegriffenen Auffassung zu. Die oben entwickelte Begriffsbestimmung für ein "Kunstwerk" im Sinne des Kunstschutzgesetzes steht ihr nicht entgegen. Anders als bei den übrigen Zweigen der bildenden Künste kann sich das künstlerische Schaffen des Architekten in besonderen Fällen nicht nur auf das Bauwerk selbst, sondern auch, ja unter Umständen sogar vorzugsweise, auf die Herbeiführung einer ästhetischen Wirkung durch Anpassung an die Umgebung erstrecken. Daher kann insbesondere auch die kompositorische Zuordnung mehrerer Gebäude zueinander und ihre harmonische Einfügung in die Umgebung als kunstschutzfähiger Ausdruck künstlerischen Schaffens im Sinne des Kunstschutzgesetzes gewertet werden (ähnlich auch Ulmer aaO S 92 für Werke der Ingenieurkunst, Kromer-Christoffel, Das Architektenrecht, 1955 S 161, RFH 34, 198 (199), vgl. auch die vom Reichsgericht zur Innenarchitektur entwickelten ähnlichen Grundsätze in RGZ 110, 393 (395)). Das Berufungsgericht ist daher mit Recht der Auffassung, daß bei der Entscheidung der Frage, ob es sich bei einem Bauwerk um ein kunstschutzfähiges Werk handelt, auch diejenigen Momente berücksichtigt werden können, die sich aus dem Verhältnis der Eigenschaften eines Bauwerkes zu den Besonderheiten seiner Umgebung ergeben.

2.) Bei der Prüfung der Frage, ob das von dem Architekten entworfene Ledigenheim die dargelegten Anforderungen, die an ein kunstschutzfähiges Bauwerk zu stellen sind, erfüllt, ist das Berufungsgericht zu dem Ergebnis gelangt, daß die drei Wohngebäude individuell schöpferische Eigentümlichkeiten mit verhältnismäßig bedeutendem Gehalt aufweisen. Dies gelte zunächst für die Aufgliederung der drei Baukörper, und zwar insofern, als die jeweils im Süden gelegenen Teile mit den Gemeinschaftsräumen gegenüber den nördlichen Teilen, die vorwiegend Schlafräume enthielten, in besonderer Weise versetzt angeordnet seien. Das Berufungsgericht ist sich dabei zwar darüber im klaren, daß die Aufgliederung geschlossener Baukörper durch Versetzung eines oder mehrerer Teile neuerdings üblich und daher für sich allein nicht als künstlerische Leistung zu werten ist. Es meint aber, daß im vorliegenden Falle durch besondere – in der Begründung näher dargelegte – bauliche Gestaltungen Wirkungen erzielt würden, die im positiven Sinne vom Üblichen erheblich abwichen. Eigenschöpferische Züge mit ästhetisch ansprechender Wirkung seien aber auch, so meint das Berufungsgericht dann, in der Art der Aufgliederung der Außenflächen durch Fenster und Türen festzustellen. Auch diese Aufgliederung, auf die das Berufungsgericht im einzelnen näher eingeht, führe zu einer erheblichen ästhetischen Wirkung. Eine Gesamtwürdigung der einzelnen Wohnbauten rechtfertige daher die Feststellung, daß es gelungen sei, die bei der Gestaltung von Unterkunftsräumen für eine größere Anzahl von Menschen verhältnismäßig naheliegende Gefahr des Abgleitens in den Kasernen – oder Barackenstil zu vermeiden und umgekehrt Wirkungen zu erzielen, die an harmonisch gestaltete und das moderne Schönheitsgefühl ansprechende ländliche Bauten erinnerten. Der künstlerische Wert der in dem Vorentwurf niedergelegten architektonischen Leistung drücke sich aber, so meint das Berufungsgericht dann weiter, nicht nur in der geschilderten Gestaltung der einzelnen Baukörper, sondern auch in der Art aus, wie die drei Gebäude in die Landschaft eingefügt und zueinander angeordnet worden seien. Der Architekt habe dadurch, daß er die drei Wohngebäude in nach Norden geschlossener und nach Süden offener Anordnung senkrecht zum ansteigenden Hang gestellt und um einen freien Platz in baumbestandener Landschaft gruppiert habe, eine dorfähnliche Wirkung erzielt, die dem ländlichen Eindruck der Gebäude selbst entspreche. Diese Wirkung habe er dadurch unterstrichen, daß er die Gebäude nahe an und stellenweise sogar unter vorhandene Bäume gestellt habe. Der Dorfcharakter des Gesamtbauwerkes werde ferner durch die Anordnung des – zwar nicht nach dem Vorentwurf ausgeführten, aber in diesem Zusammenhang zu berücksichtigenden – Wirtschaftsgebäudes und des Fahrradschuppens als Abschluß nach Süden vertieft. Diese Wirkung des Bauwerkes stehe in einem ausgesprochen harmonischen Verhältnis zu der es unmittelbar umgebenden Landschaft. In einer abschließenden Gesamtwürdigung kommt das Berufungsgericht zu dem Ergebnis, daß die Leistung des Architekten einen ästhetischen Überschuß über den festgestellten Gebrauchszweck aufweise, der seinem Grade nach die Bewertung als Kunstwerk im Sinne des Kunstschutzgesetzes rechtfertige. Diese Feststellung habe es aus eigener Sachkunde treffen können, weil es bei der hier in Rede stehenden Frage nicht auf die Auffassung der Fachleute, sondern auf diejenige der kunstempfänglichen Laien ankomme.

Die Revision meint hierzu, das Berufungsgericht habe bei seiner Beurteilung der gelieferten Pläne den Unterschied zwischen einem Kunstwerk und der geschmackvollen Ausführung eines technisch durchgearbeiteten Zweckbaues verkannt. Der Architekt habe zwar eine gefällige Lösung für das Bauvorhaben gefunden. Ein Kunstwerk sei seine Planung aber auch dann nicht, wenn die Anordnung der Baukörper in der Landschaft und im Verhältnis zueinander zur Beurteilung herangezogen werde. Ein Abgleiten in den häufig zu beobachtenden Kasernen- oder Barackenstil wäre geschmacklos gewesen. Die Vermeidung einer Geschmacklosigkeit sei aber nicht gleichbedeutend mit der Schaffung eines Kunstwerkes.

Diesem Vorbringen der Revision kann nicht gefolgt werden.

Die Frage, ob den vom Berufungsgericht rechtsfehlerfrei dargelegten Anforderungen, die an ein Bauwerk im Sinne des § 2 Abs. 1 Satz 2 KunstUrhG bzw. an einen Entwurf zu einem Bauwerk nach § 2 Abs. 2 KunstUrhG zu stellen sind, genügt ist, bleibt weitgehend eine Frage tatrichterlicher Würdigung (BGHZ 22, 209 (217) mit Nachweisen – Titelschriftbild). Was in dem Berufungsurteil über den Eindruck der Aufgliederung der drei Baukörper und der Außenflächen, die ästhetische Wirkung der Anpassung an die Landschaft usw. gesagt ist, liegt auf dem Gebiete der Tatsachenwürdigung und ist daher einer Nachprüfung in der Revisionsinstanz weitgehend entzogen. Daß sich das Berufungsgericht hierbei auf seinen eigenen Eindruck verlassen und von der Hinzuziehung eines Sachverständigen abgesehen hat, ist nicht zu beanstanden. Entscheidend für die Frage, ob nach den im Leben herrschenden Anschauungen von Kunst gesprochen werden kann, sind nicht die ästhetischen Feinheiten, die ein auf dem gleichen Fachgebiet arbeitender Fachmann heraushfühlt, sondern der ästhetische Eindruck, den das Werk nach dem Durchschnittsurteil des für Kunst empfänglichen und mit Kunstdingen einigermaßen vertrauten Menschen vermittelt (BGHZ aaO 218). Ob dagegen die von dem Berufungsgericht getroffenen Feststellungen den Rechtsbegriff eines kunstschutzfähigen Bauwerkes erfüllen, unterliegt als zur Gesetzesanwendung gehörig der Nachprüfung in der Revisionsinstanz (RGZ 117, 230 (234)). Die Darlegungen des Berufungsgerichts lassen indessen insoweit einen Fehler in der Rechtsanwendung nicht erkennen. Seine Schlußfolgerungen werden durch die von ihm getroffenen tatsächlichen Feststellungen in vollem Umfange gestützt. Das Berufungsgericht hat seine Ansicht überzeugend begründet, die tatsächlichen Feststellungen sind rechtsirrtumsfrei gewürdigt. Das Berufungsgericht hat auch den Vorentwurf des Architekten keineswegs, wie die Revision meint, nur unter dem Gesichtspunkt geprüft, ob es sich um eine geschmackvolle Ausführung eines technisch durchdachten Zweckbaues handelt, es hat vielmehr sein Hauptaugenmerk auf die künstlerischen Wirkungen des Gesamtbauwerkes gerichtet und die für die Frage, ob ein

Kunstwerk vorliegt, notwendige Würdigung in einer rechtlich nicht zu beanstandenden Weise vorgenommen. Dies gilt nicht nur für die Baukörper als solche, sondern auch für ihre Zuordnung zueinander und zu der sie unmittelbar umgebenden Landschaft. Bei alledem hat das Berufungsgericht auch keinen unrichtigen, etwa zu geringen Maßstab angelegt. Insbesondere kann keine Rede davon sein, daß es, wie die Revision meint, schon in dem bloßen Vermeiden eines Kasernen- oder Barackenstils die eigenschöpferische Leistung des Architekten erblickt hätte.

II. Das Berufungsgericht hat auch mit Recht festgestellt, daß die Beklagte rechtswidrig gehandelt hat, weil der Architekt sein Urheberrecht nicht auf sie übertragen und auch seine Einwilligung zur Benutzung seines Vorentwurfs, insbesondere zur Vervielfältigung seines Werkes durch Nachbauen (§ 15 Abs. 1 Satz 2 KunstUrhG), worunter auch die erstmalige Ausführung eines Baues durch einen anderen unter Benutzung der Entwürfe des Urhebers zu verstehen ist (Allfeld aaO Bem zu § 15 KunstUrhG; Borges aaO S 38), nicht erteilt hat.

Die Revision macht demgegenüber geltend, das Berufungsgericht habe den Inhalt des Auftragsschreibens der Beklagten vom 18. März 1951 rechtsirrig nicht näher untersucht. Gegenstand des dem Architekten erteilten Auftrags sei hiernach eine genau bestimmte Leistung und eine in ihren ziffernmäßigen Grundlagen festgelegte Vergütung gewesen. Die Erteilung eines weiteren Auftrages sei weder in Aussicht gestellt worden noch ergebe sich ein solcher Inhalt des Auftrages aus dem Gebührensatz von 10 %. Für einen Vorentwurf als Einzelleistung könne zwar nach § 20 der Gebührenordnung für Architekten ein Satz von 15 % gefordert werden. Dieser Satz sei aber nicht zwingend vorgeschrieben und die Zustimmung des Architekten zu der Gebührenabrede gestatte keinen Schluß des Inhaltes, die Beklagte habe entweder weitere Aufträge erteilen oder doch eine Zuzahlung von 5 % leisten müssen, wenn sie den Vorentwurf für ihre Zwecke habe benutzen wollen. Die Beklagte habe daher das Abkommen nur dahin verstehen können, daß der Architekt von vornherein mit der Benutzung des Entwurfes für das Bauvorhaben einverstanden oder doch wenigstens zur Erteilung des Einverständnisses verpflichtet sei. Auch diese Rüge der Revision ist nicht begründet.

Es kann der Revision zunächst nicht gefolgt werden, wenn sie meint, das Berufungsgericht habe das Auftragsschreiben der Beklagten vom 18. März 1951 außer acht gelassen. Das Berufungsgericht erwähnt dieses Schreiben zwar nicht ausdrücklich, der Zusammenhalt seiner Ausführungen ergibt aber eindeutig, daß es bei den "vertraglichen Vereinbarungen", von denen in der Begründung die Rede ist, in erster Linie dieses Schreiben gemeint hat. Daß dieses Schreiben und die sonstige Korrespondenz der Streitteile eine ausdrückliche Willenserklärung des Architekten des Inhalts, daß er sein Kunstschutzurheberrecht auf die Beklagte übertrage oder ihr doch wenigstens das Nachbauen des Vorentwurfes gestatte, nicht enthalten, ist vom Berufungsgericht zutreffend festgestellt worden; das Gegenteil wird von der Beklagten auch nicht behauptet. Freilich kann eine derartige

Übertragung, wie das Berufungsgericht nicht verkannt hat, auch stillschweigend erfolgen. Dem steht § 10 Abs. 4 KunstUrhG nicht entgegen. Wenn es dort heißt, daß die Überlassung des Eigentums an einem Werke, d.h. also vorliegend an den Vorentwurfsplänen, die Übertragung des Rechtes des Urhebers nicht in sich schließt, soweit nicht ein anderes vereinbart ist, so ist damit lediglich gesagt, daß aus der Eigentumsübertragung allein im Zweifel noch nicht auf eine Übertragung des Urheberrechts geschlossen werden kann. Nicht etwa ist mit dieser Bestimmung zum Ausdruck gebracht, daß eine abweichende Vereinbarung nicht auch aus den Umständen und damit auch aus den die Übergabe des Werkes begleitenden Umständen gefolgert werden könnte. Rechtlich unangreifbar hat das Berufungsgericht jedoch angenommen, daß im vorliegenden Falle ein solches Einverständnis durch schlüssige Handlungen nicht erteilt worden ist.

Es ist zwar richtig, daß der Architekt ausweislich des Schreibens vom 18. März 1951 eine genau bestimmte Leistung, nämlich die Anfertigung eines näher bezeichneten Vorentwurfes, erbringen und dafür eine ziffernmäßig festbestimmte Vergütung nach § 19 Abs. 1 a GOA erhalten sollte. Hieraus folgt aber nur, daß sich das Vertragsverhältnis der Parteien auf die Anfertigung und Übereignung dieses Vorentwurfes beschränkte. Keinesfalls aber kann allein daraus, daß der Architekt sich zur Annahme dieses Einzelauftrages bereit fand, etwa geschlossen werden, er habe damit darin eingewilligt, daß die Beklagte das Bauwerk nach diesem Entwurf ohne seine Mitwirkung von dritter Seite ausführen lasse. Eine solche Übertragung der Nachbaubefugnis an einem unter Kunstschutz stehenden Entwurf kann in der Regel nur angenommen werden, wenn ein dahingehender Wille des Entwurfsverfassers unzweideutig zum Ausdruck gekommen ist. Nach den rechtlich einwandfreien Feststellungen des Berufungsgerichts trifft dies im Streitfall nicht zu. Dem kann nicht etwa entgegengehalten werden, daß für den Architekten der Wille der Beklagten, mit dem Erwerb des Eigentums an dem Vorentwurf zugleich das Nachbaurecht zu erhalten, hätte offenkundig sein müssen, weil der Entwurf andernfalls für das Bauvorhaben der Beklagten nutzlos gewesen sei. Denn Vorentwürfe für Bauwerke werden oftmals nur zur Klärung der Bauabsichten, der Rentabilitätsberechnung oder dgl. angefordert. Der Architekt konnte umso mehr davon ausgehen, daß die Beklagte, falls sie den Entwurf billigte und ihn der Errichtung des Bauwerkes zugrunde legen wollte, hierbei nicht etwa eigenmächtig vorgehen, sondern sich seiner Mitwirkung versichern würde, als die Beklagte das Honorar für den Vorentwurf nach § 19 Abs. 1 a GOA (Vorentwurf als Teil der Gesamtleistung des Architekten) und nicht nach § 20 GOA (Vorentwurf als Einzelleistung) berechnet hatte. Bei dieser Sachlage läßt es keinen Rechtsverstoß erkennen, wenn das Berufungsgericht zu dem Schluß gelangt ist, daß sich eine Übertragung des Nachbaurechtes auf die Beklagte nicht feststellen lasse.

Das Berufungsgericht hat sich in diesem Zusammenhang zwar auch auf die nach Vertragsschluß und Übergabe der Entwürfe an die Beklagte gerichteten Schreiben des Architekten vom 28. April und 21. Juni 1951 bezogen. Der Zusammenhalt seiner Ausführungen ergibt jedoch, daß es diese Schreiben nur als zusätzliches Indiz für seine

Meinung, nicht aber, was die Revision rügt, als Bestandteil der vertraglichen Abrede gewertet hat.

III. Schließlich hat das Berufungsgericht auch rechtsirrtumsfrei angenommen, daß die Beklagte die aus dem Urheberrecht des Architekten fließenden Befugnisse durch das Nachbauen fahrlässig verletzt hat. Als größerem Unternehmen mußte der Beklagten bekannt sein, daß ein Architekt – zumal ein Architekt vom Rufe des Zedenten – nicht bereit ist, darin einzuwilligen, daß nach seinen Vorentwürfen gebaut werde, ohne ihn selbst zu den sonst nach Lage des Falles üblichen und entsprechend zu honorierenden Architektenleistungen heranzuziehen. Sie durfte sich daher nicht auf das Auftragsschreiben vom 18. März 1951 und dessen Annahme durch den Architekten verlassen, hätte vielmehr, bevor sie mit dem Bau beginnen ließ, fachkundigen Rat einholen müssen. Dazu hätten ihr insbesondere auch die Schreiben des Architekten vom 28. April und 21. Juni 1951 Veranlassung geben müssen. Das Berufungsgericht hat daher mit Recht festgestellt, daß die Handlungsweise der Beklagten auf Fahrlässigkeit beruht. Daß ein mitwirkendes Verschulden des Architekten nicht in Betracht kommt, hat das Berufungsgericht gleichfalls zutreffend dargelegt. Die Revision hat auch insoweit nichts vorgebracht.

IV. Der Klägerin steht mithin gegen die Beklagte ein Schadensersatzanspruch auf Grund der § 31 Satz 1, § 2, § 15 Abs. 1 Satz 2, § 17 KunstUrhG zu. Ob ein derartiger Anspruch auch auf das Gesetz betreffend das Urheberrecht an Werken der Literatur und der Tonkunst vom 19. Juni 1901 gegründet werden könnte, wenn der Vorentwurf nicht als kunstschutzfähiges Werk anzusehen und deshalb die Anwendbarkeit des genannten Gesetzes gemäß § 4 KunstUrhG nicht ausgeschlossen wäre, braucht unter diesen Umständen nicht geprüft zu werden. Es konnte daher auch die nicht zweifelsfreie Frage dahingestellt bleiben, ob das Nachbauen von technischen Abbildungen durch die Beklagte als Vervielfältigung im Sinne des § 11 Abs. 1 Satz 1 LitUrhG zu werten ist.

Da das Berufungsgericht den Klageanspruch sonach mit zutreffenden Gründen dem Grunde nach für gerechtfertigt erklärt hat, war die Revision der Beklagten mit der sich aus § 97 ZPO ergebenden Kostenfolge zurückzuweisen.

Entscheidungsname: Herrenreiter
Entscheidungsdatum: 14.02.1958
Aktenzeichen: I ZR 151/56
Normen: § 22 KunstUrhG, Art 1 GG, Art 2 GG, § 847 BGB
Ersatz des immateriellen Schadens bei Verletzung von Persönlichkeitsrechten; Herrenreiterfall

Leitsatz

1. Nachdem durch GG Art 1, GG Art 2 das Recht zur freien Selbstbestimmung der

Persönlichkeit als ein Grundwert der Rechtsordnung anerkannt ist, ist es gerecht-fertigt, in analoger Anwendung des BGB § 847 auch dem durch die unbefugte Veröffentlichung seines Bildes Verletzten wegen eines hierdurch hervorgerufe-nen, nicht vermögensrechtlichen Schadens eine billige Entschädigung in Geld zu gewähren.

Tatbestand

Der Kläger ist Mitinhaber einer Brauerei in K. Er betätigt sich als Herrenreiter auf Turnieren. Die Beklagte ist Herstellerin eines pharmazeutischen Präparats, das nach der Vorstellung weiter Bevölkerungskreise auch der Hebung der sexuellen Potenz dient. Sie hat zur Werbung für dieses Mittel in der Bundesrepublik, ua auch in K., ein Plakat mit der Abbildung eines Turnierreiters verbreitet. Dem Plakat lag ein Originalphoto des Klägers zugrunde, daß von dem Presseverlag S. auf einem Reitturnier aufgenommen worden war. Eine Einwilligung zur Verwendung seines Bildes hatte der Kläger nicht erteilt.

Der Kläger nimmt die Beklagte für den Schaden in Anspruch, der ihm durch die Verbreitung des Werbeplakats entstanden ist. Er macht geltend, daß ihm bei der gegebenen Sachlage nur der Weg bleibe, Ersatz dessen zu fordern, was er erlangt haben würde, wenn er der Beklagten die Benutzung seines Bildes gestattet hätte. Da seine geschäftliche und gesellschaftliche Stellung es ihm nicht gestatteten um seine Vermögensverhältnisse ihn auch in keiner Weise dazu nötigten, sein Bild für Werbezwecke, insbesondere für das Präparat der Beklagten, zur Verfügung zu stellen, würde er dies, wenn überhaupt, nur für ein angemessenes Entgelt getan haben. Diese sei schätzungsweise auf mindestens 15.000 DM zu bemessen.

Der Kläger hat beantragt, die Beklagte zu verurteilen, einen angemessenen, vom Gericht festzusetzenden Betrag als Schadensersatz zu zahlen.

Die Beklagte hat behauptet, daß die Gesichtszüge des Klägers infolge von Retu-schierungen auf dem Plakat nicht zu erkennen gewesen seien. Sie hat weiter jedes Verschulden in Abrede gestellt und vorgetragen: Sie habe das Plakat weder selbst entworfen und hergestellt noch das Bild von dem Verlag S. erworben. Damit habe sie vielmehr das Werbeunternehmen H. beauftragt. Diese Firma sei seriös, fach-kundig und zuverlässig, so daß sie, die Beklagte, sich darauf verlassen habe, daß Rechte Dritter nicht verletzt würden. Sie habe nicht wissen können, daß das Plakat auf Grund einer Photographie entworfen worden sei, auch nicht, daß das Photo einen Herrenreiter darstelle. Erst im Laufe des Prozesses habe sie erfahren, daß es sich tatsächlich um ein Bild des Klägers handle. Daraufhin habe sie unverzüglich jede Weiterverwendung der Reklame untersagt.

Das Landgericht hat die Beklagte verurteilt, an den Kläger 1.000 DM als Scha-densersatz zu zahlen. Das Oberlandesgericht hat die Beklagte verurteilt, 10.000

DM an den Kläger zu zahlen. Die Revision der Beklagten blieb erfolglos.

Entscheidungsgründe

I. Das Berufungsgericht entnimmt in Übereinstimmung mit dem Landgericht dem beanstandeten Plakat, daß die Darstellung des Reiters die Person des Klägers trotz der vorgenommenen Retuschierungen noch erkennen lasse. Es geht deshalb rechtlich bedenkenfrei davon aus, daß die Verbreitung des Plakates ohne die Zustimmung des Klägers dessen persönlichkeitsrechtliche Befugnisse an seinem Bild verletzt habe und die Beklagte gemäß § 823 Abs. 2 BGB in Verbindung mit § 22 KunstUrhG zum Schadensersatz verpflichtet sei, wenn ihr ein Verschulden zur Last zu legen sei (vgl. RG JW 1929, 2257; BGHZ 20, 345, 347ff). Das hat das Berufungsgericht aus der Erwägung bejaht, die Beklagte habe nicht die nach den Umständen gebotene Sorgfalt beobachtet, weil sie das von dem Werbeunternehmen H. angefertigte Plakat in den Verkehr gebracht habe, ohne sich darüber zu vergewissern, ob die abgebildete Person mit der beabsichtigten Verwendung ihres Bildes einverstanden sei.

Die dagegen gerichteten Angriffe der Revision können keinen Erfolg haben (wird ausgeführt).

II. Als Schaden billigt das Berufungsgericht dem Kläger unter dem Gesichtspunkt der entgangenen Lizenzgebühr einen Betrag zu, den er hätte verlangen können, wenn zwischen den Parteien ein Vertrag zu angemessenen Bedingungen zustande gekommen wäre. Das Berufungsgericht hält diese bei Verletzung von Urheberrechten entwickelte Art der Schadensberechnung im vorliegenden Fall für gerechtfertigt, weil es für den Kläger schwer nachweisbar sei, ob und in welcher Höhe ein Schaden in seinem Vermögen entstanden sei. Es schätzt den angemessenen Betrag im Gegensatz zum Landgericht, das 1.000 DM als ausreichend angesehen hat, auf 10.000 DM.

Der Revision ist, wenngleich sie damit im Ergebnis keinen Erfolg haben kann, zuzugeben, daß diese Begründung des Berufungsgerichts rechtlich zum Teil der Besonderheit der Sachlage nicht gerecht wird.

1. Die Revision bestreitet nicht, daß der Schaden auch bei Verletzung der persönlichkeitsrechtlichen Befugnisse am eigenen Bild nach dem Entgelt bemessen werden kann, das bei Abschluß einer Vereinbarung vermutlich zu entrichten gewesen wäre. Sie ist indessen der Ansicht, daß diese Methode der Schadensberechnung, die der erkennende Senat in dem Urteil vom 8. Mai 1956 (BGHZ 20, 345f - Dahlke) bei unbefugter Verbreitung eines Bildes für zulässig erklärt hat, nicht in Betracht kommen könne, wenn feststehe, daß der Abgebildete die Verwendung seines Bildes zu Werbezwecken aus besonderen Gründen niemals gestattet hätte.

Würden im Streitfall tatsächlich eingetretene Vermögensschäden in Rede stehen, so wäre dieser Revisionsangriff nicht begründet. Denn nach ständiger Rechtsprechung und der in der Rechtslehre vertretenen Auffassung handelt es sich bei der Anerkennung des Anspruchs auf angemessene Vergütung nicht um die Anwendung der allgemeinen Bestimmungen des Schadensersatzrechtes, sondern um ihre gewohnheitsrechtliche Ergänzung für den Fall der Verletzung von vermögenswerten Ausschließlichkeitsrechten, die auf die Billigkeitserwägung beruht, daß der Verletzer durch die Verletzung nicht besser gestellt sein soll, als er im Falle einer ordnungsgemäß nachgesuchten Erlaubnis gestanden hätte. Der Anspruch auf angemessene Vergütung ist deshalb in allen Fällen eines unerlaubten Eingriffs in Ausschließlichkeitsrechte gegeben, wenn die Erlaubnis üblicherweise von der Zahlung eines Entgelts abhängig gemacht wird und der Eingriff demgemäß nach den Gepflogenheiten des täglichen Lebens bei der Art des verletzten Rechts - wenn überhaupt - nur gegen eine Vergütung gestattet wird (BGHZ 20, 345, 353ff). Es ist keineswegs erforderlich, daß ein Vertrag bei einwandfreiem Verhalten des Verletzers tatsächlich zustandegekommen wäre (vgl. auch Ulmer, Urheber- und Verlags*-recht S 307).

2. Der Revision ist indessen darin beizutreten, daß das Berufungsgericht durch die von ihm gewählte Berechnungsmethode in Wahrheit nicht die wirtschaftliche Einbuße des Klägers zu ermitteln versucht hat, vielmehr die Vergütung nach der ideellen Beeinträchtigung des Klägers bemessen hat. Insbesondere die Begründung des Berufungsurteils für die Höhe des dem Kläger entstandenen Schadens zeigt, wie die nachfolgenden Erörterungen ergeben werden, daß auch nach Ansicht des Berufungsgerichts der Kläger tatsächlich einen irgendwie faßbaren Vermögensschaden nicht erlitten hat. In Wahrheit verlangt er nicht Ersatz eines gar nicht vorhandenen Vermögensschadens, sondern begehrt eine fühlbare Genugtuung für einen widerrechtlichen Eingriff in seine durch § 22 KunstUrhG, Art 1 und 2 Grundgesetz geschützte Persönlichkeitssphäre. Er begehrt Genugtuung dafür, daß ihn das weitverbreitete Plakat, indem es ihn ohne sein Wissen in der Pose des Herrenreiters für das - auch sexuelle - Kräftigungsmittel der Beklagten werben, man könnte fast sagen: reiten ließ, in eine weithin demütigende und lächerliche Lage gebracht hat. Bei einer solchen Fallgestaltung ist es aber in der Tat sinnwidrig, einen Schadensersatzanspruch auf Grund der Fiktion eines abgeschlossenen Lizenzvertrages zuzubilligen. Diese Art der Schadensberechnung kommt nur in Betracht, wenn davon ausgegangen werden kann, daß ein Vermögensschaden irgendwelcher Art zugefügt worden ist und nur der oftmals schwierige Nachweis der Höhe dieses Schadens erleichtert werden soll. Sie versagt, wenn eine Beeinträchtigung vermögensrechtlicher Belange überhaupt nicht in Frage steht. Sie versagt im vorliegenden Falle auch um deswillen, weil sie dem Kläger ein Verhalten unterstellen müßte, das er - und nicht nur er, sondern auch alle anderen in der gleichen beruflichen und gesellschaftlichen Stellung befindlichen Personen - als kränkend und als erneute Persönlichkeitsminderung empfinden müßten. Sie müßte unterstellen, daß der Kläger sich für viel Geld doch freiwillig in die unwürdige Lage gebracht hätte, gegen die er sich nun wehrt.

Dem K
laganspruch kann deshalb nicht auf Grund der vom Berufungsgericht gewählten Berechnungsmethode mit Hilfe der Fiktion einer entgangenen Lizenzgebühr stattgegeben werden.

3. Auch eine Klagebegründung aus dem Gesichtspunkt der ungerechtfertigten Bereicherung verbietet sich im Hinblick darauf, daß der Kläger eine vermögensrechtliche Benachteiligung nicht erfahren hat und demzufolge auch eine Vermögensverschiebung als Voraussetzung der in §§ 812ff BGB normierten Ansprüche nicht gegeben ist.

4. Versagt hiernach die Art der Schadensberechnung, die das Berufungsgericht seinen Feststellungen über die Schadenshöhe zugrunde gelegt hat und erweist sich, daß dem Kläger in Wahrheit kein vermögensrechtlicher Schaden entstanden ist, so geht die entscheidende Frage dahin, ob der Kläger Ersatz des immateriellen Schadens verlangen kann, der sich für ihn aus der mit der Abbildung seiner Person auf den Werbeplakaten verbundenen Beeinträchtigung seiner Persönlichkeit ergeben hat. Für den vorliegenden Sachverhalt bejaht der Senat diese Frage.

Bereits in der Entscheidung BGHZ 13, 334, 338 hat der Senat ausgesprochen, daß die durch das Grundgesetz Art 1, 2 geschützte Unantastbarkeit der Menschenwürde und das Recht auf freie Entfaltung der Persönlichkeit auch als bürgerlichrechtliches, von jedem im Privatrechtsverkehr zu achtendes Recht anzuerkennen ist, soweit dieses Recht nicht die Rechte anderer verletzt oder gegen die verfassungsmäßige Ordnung oder das Sittengesetz verstößt. Diesem sog allgemeinen Persönlichkeitsrecht kommt mithin auch innerhalb der Zivilrechtsordnung Rechtsgeltung zu und es genießt als "sonstiges Recht" den Schutz des § 823 Abs. 1 BGB (vgl. auch BGHZ 24, 12ff).

Die Art 1 und 2 des Grundgesetzes schützen, und zwar mit bindender Wirkung auch für die Rechtsprechung, das, was man die menschliche Personhaftigkeit nennt; ja sie erkennen in ihr einen der übergesetzlichen Grundwerte der Rechtsordnung an. Sie schützen damit unmittelbar jenen inneren Persönlichkeitsbereich, der grundsätzlich nur der freien und eigenverantwortlichen Selbstbestimmung des Einzelnen untersteht und dessen Verletzung rechtlich dadurch gekennzeichnet ist, daß sie in erster Linie sogenannte immaterielle Schäden, Schäden, die sich in einer Persönlichkeitsminderung ausdrücken, erzeugt. Diesen Bereich zu achten und nicht unbefugt in ihn einzudringen, ist ein rechtliches Gebot, das sich aus dem Grundgesetz selbst ergibt. Ebenso folgt aus dem Grundgesetz die Notwendigkeit, bei Verletzung dieses Bereiches Schutz gegen die der Verletzung wesenseigentümlichen Schäden zu gewähren.

Auf dem begrenzten Gebiet des Bildnisschutzes ist dies von dem Gesetzgeber übrigens bereits lange vor Inkrafttreten des Bonner Grundgesetzes und zu einer Zeit, als man das bürgerlichrechtlich zu schützende allgemeine Persönlichkeitsrecht noch nicht anerkannte, durch die Sonderregelung der §§ 22ff des Kunstschutzgesetzes aus dem Jahre 1907 ausdrücklich festgelegt worden. Denn wenn nach § 22 KunstUrhG Bildnisse nur mit Einwilligung des Abgebildeten verbreitet oder öffentlich zur Schau gestellt werden dürfen, so beruht dieser Schutz im Kern auf dem Grundsatz der Freiheit der Person in ihrem höchstpersönlichen Lebensbereich, zu dem vor allem auch das äußere Erscheinungsbild des Menschen zu rechnen ist. Die unbefugte Veröffentlichung des Bildes eines Menschen stellt, wie in der Rechtslehre seit langem anerkannt ist, einen Eingriff in die Freiheit der Selbstbestimmung und der freien Betätigung der Persönlichkeit dar (Osterrieth, Das Kunstschutzgesetz, § 22 KunstUrhG). Das Unzulässige der eigenmächtigen Bildnisveröffentlichung durch einen Dritten liegt darin, daß damit dem Abgebildeten die Freiheit entzogen wird, auf Grund eigener Entschließung über dieses Gut seiner Individualsphäre zu verfügen.

Würdigt man unter diesem Blickpunkt die die Persönlichkeit beeinträchtigende Verletzung des Rechts am eigenen Bild, so läßt sich in diesem Bereich für die Frage, wie die Zubilligung des Ersatzes auch immaterieller Schäden im einzelnen begründet werden könne, schon an die Regelung anknüpfen, die § 847 BGB für den Fall der "Freiheitsentziehung" trifft und kraft deren er dem Verletzten auch wegen eines nicht vermögensrechtlichen Schadens eine billige Entschädigung in Geld gewährt. Zwar versteht das Bürgerliche Gesetzbuch hier unter Freiheitsentziehung die Entziehung der körperlichen Bewegungsfreiheit sowie die Nötigung zu einer Handlung durch Gewalt oder Bedrohung (BGB-RGRK § 823 Anm 7), während es sich bei dem Tatbestand des § 22 KunstUrhG um eine Freiheitsberaubung im Bereich eigenverantwortlicher Willensentschließung handelt. Bereits vor dem Inkrafttreten des Grundgesetzes ist jedoch schon mehrfach die Ansicht vertreten worden, daß als Freiheitsverletzung im Sinne des § 847 BGB jeder Eingriff in die ungestörte Willensbetätigung anzusehen sei (vgl.. ua Staudinger, Anm II A 2c zu § 823 BGB). Nachdem nunmehr das Grundgesetz einen umfassenden Schutz der Persönlichkeit garantiert und die Würde des Menschen sowie das Recht zur freien Entfaltung der Persönlichkeit als einen Grundwert der Rechtsordnung anerkannt und damit die Auffassung des ursprünglichen Gesetzgebers des Bürgerlichen Gesetzbuches, es gäbe kein bürgerlichrechtlich zu schützendes allgemeines Persönlichkeitsrecht, berichtigt hat und da ein Schutz der "inneren Freiheit" ohne das Recht auf Ersatz auch immaterieller Schäden weitgehend unwirksam wäre, würde es eine nicht erträgliche Mißachtung dieses Rechts darstellen, wollte man demjenigen, der in der Freiheit der Selbstentschließung über seinen persönlichen Lebensbereich verletzt ist, einen Anspruch auf Ersatz des hierdurch hervorgerufenen immateriellen Schadens versagen. Begründet die schuldhafte Entziehung der körperlichen Freiheit einen Anspruch auf Ersatz des ideellen Schadens, so ist kein sachlicher Grund ersichtlich, der es hindern könnte, die in § 847 BGB getroffene Regelung im Wege der Analogie auch auf solche Eingriffe zu erstrecken, die das Recht der freien Willensbetätigung verletzen, zumal auch bei dieser Freiheitsberaubung "im Geistigen" in gleicher Weise wie bei der körperlichen Freiheitsberaubung in der Regel eine Naturalherstellung ausgeschlossen ist. Bei Beeinträchtigungen der vorliegenden Art, durch die in den natürlichen Herrschafts- und Freiheits*-raum des Einzelnen unter schuldhafter Verletzung seines Persönlichkeitsrechtes eingegriffen wird, kann der nach dem Grundgesetz gebotene wirksame Rechtsschutz, solange es an einer gesetzlichen Sonderregelung fehlt, tatsächlich nur durch ihre Einbeziehung in die in § 847 BGB angeführten Verletzungstatbestände erzielt werden, weil ihre Schadensfolgen auf Grund der Natur des angegriffenen Rechtsgutes zwangsläufig in erster Linie auf immateriellem Gebiet liegen.

Die Bestimmung des § 35 KunstUrhG steht dieser Annahme nicht entgegen. Zwar kann der Verletzte nach dieser Vorschrift nur im Strafverfahren und unter der Voraussetzung, daß der Verletzte vorsätzlich gehandelt hat, wegen einer Verletzung seines Rechtes am eigenen Bild eine Buße fordern, mithin auch einen immateriellen Schaden ersetzt verlangen. Diese Sonderregelung erweist indessen nur, daß der Gesetzgeber bereits im Jahre 1907 eine Verletzung des § 22 KunstUrhG für so einschneidend und bedrohlich angesehen hat, daß er es für geboten erachtet hat, dem Verletzten ausdrücklich auch einen Anspruch wegen des eingetretenen ideellen Schadens zu gewähren. Die Beschränkung des strafrechtlichen Bußanspruchs auf vorsätzliche Verletzungen steht im Einklang damit, daß der Gesetzgeber die Strafandrohung wegen einer Verletzung der Bestimmungen über den Bildnisschutz auf vorsätzliche Verstöße begrenzt hat. Dies zwingt aber keineswegs zu der Folgerung, daß das Gleiche auch für die zivilrechtlichen Ersatzansprüche, die im Kunstschutzgesetz überhaupt nicht geregelt sind, gelten müsse. Im Gegenteil. Da das Grundgesetz nunmehr das auch bürgerlichrechtlich bedeutsame allgemeine Persönlichkeitsrecht anerkannt und ihm allgemein einen erheblich über die enge Regelung des § 35 KunstUrhG hinausgehenden auch bürgerlich-rechtlichen Schutz gewährt hat, kann aus der Sonderbestimmung des § 35 KunstUrhG nichts mehr gegen einen weitergehenden, bürgerlichrechtlichen Schutz des Rechtes am eigenen Bild hergeleitet werden. Insoweit greifen vielmehr jetzt die allgemeinen Vorschriften des Bürgerlichen Gesetzbuches über unerlaubte Handlungen ein. Das aber bedeutet, daß auf dem zivilrechtlichen Sektor jede schuldhafte Verletzung des Rechtes am eigenen Bilde in analoger Anwendung von § 847 BGB, wie sie aus den dargelegten Gründen jedenfalls nach Inkrafttreten des Bonner Grundgesetzes geboten erscheint, die Verpflichtung zum Ersatz auch immaterieller Schäden auslöst.

Soweit der Senat im Anschluß an die Rechtsprechung des Reichsgericht in der Dahlke-Entscheidung (BGHZ 20, 345, 352ff) ausgeführt hat, daß ein immaterieller Schaden nicht zu einem Geldersatzanspruch führen könne, wenn kein Fall vorliege, in dem das Gesetz den Anspruch eigens darauf erstrecke, wird dies nach Maßgabe der vorstehenden Erörterungen nicht aufrechterhalten. Dieser Ausspruch hatte im übrigen für die damalige Entscheidung keine tragende Bedeutung, da bei dem dort zu entscheidenden Tatbestand ein Vermögensschaden in Frage stand, der auf der Grundlage der üblichen Lizenzgebühr berechnet werden konnte.

III. Die Höhe der an den Kläger als Schadensersatz zu zahlenden Vergütung hat das Berufungsgericht auf 10.000 DM geschätzt. Wenngleich es bei dieser Schätzung von der Möglichkeit einer Schadensberechnung nach der angemessenen Vergütung ausgegangen ist, die im Falle eines Vertragsabschlusses zu den üblichen Bedingungen zu zahlen gewesen wäre, treffen die vom Berufungsgericht insoweit angestellten Erwägungen in vollem Umfange auch auf die bei der Bemessung der Höhe einer billigen Geldentschädigung (§ 847 BGB) zu berücksichtigenden Umstände zu. Sie zeigen darüber hinaus, daß auch das Berufungsgericht in Wahrheit dem Kläger eine Entschädigung für den ihm entstandenen immateriellen Schaden zugesprochen hat.

Wie der Große Zivilsenat in seinem Beschluß vom 6. Juli 1955 (BGHZ 18, 149) ausgeführt hat, kommt dem Anspruch auf "Schmerzensgeld" die Funktion zu, dem Geschädigten einen angemessenen Ausgleich für diejenigen Schäden, diejenige Lebens- (oder Persönlichkeits-)*- Minderung zu bieten, die nicht vermögensrechtlicher Art sind. Zugleich trägt er aber auch dem Gedanken Rechnung, daß der Schädiger dem Geschädigten Genugtuung für das schuldet, was er ihm angetan hat. In dem Beschluß wird betont, daß gerade der Genugtuungsfunktion, die aus der Regelung der Entschädigung für immateriellen Schaden gar nicht wegzudenken sei, ihre besondere Bedeutung zukomme, im übrigen aber bei der Festsetzung der Entschädigung grundsätzlich alle in Betracht kommenden Umstände des Falles berücksichtigt werden dürften. Dieser Ansicht schließt sich der erkennende Senat auch für den vorliegenden Fall an. Geht man hiervon aus, so ergibt sich, daß das Berufungsgericht alle insoweit maßgebenden Umstände für die Bemessung der Schadenshöhe rechtsfehlerfrei berücksichtigt hat. Das Berufungsgericht hat insbesondere ausgeführt, schon die Tatsache, daß der Kläger überhaupt nicht bereit gewesen sei, an irgend einer Reklame mitzuwirken, müsse sich auf die Höhe der zu zahlenden Entschädigung maßgeblich auswirken. Als besonders schwerwiegend hat es angesehen, daß es sich um eine Werbung für ein als Sexualkräftigungsmittel geltendes Präparat gehandelt habe, bei dem ein Vergleich mit der Werbung für andere Erzeugnisse gar nicht möglich sei. Mit Recht hat das Berufungsgericht hervorgehoben, es sei unwahrscheinlich, daß Personen, die Gefahr liefern, für dieses Mittel auf einem Werbeplakat von einem größeren oder kleineren Personenkreis erkannt zu werden, ihr Bild für diese Reklame zur Verfügung stellen würden, da sie sich dann den Anspielungen aussetzten, zu denen das Präparat der Beklagten Anlaß gebe. Das Berufungsgericht hat darüberhinaus auch die gesellschaftliche Stellung des Klägers in Betracht gezogen und seine guten wirtschaftlichen Verhältnisse berücksichtigt. Auch hat es darauf verwiesen, daß sich der Kläger in einer Gesellschaftsschicht bewege, deren Mitglieder überwiegend miteinander bekannt seien und daher die Gefahr, sich lächerlich zu machen, besonders groß sei. Wenn das Berufungsgericht unter Berücksichtigung und Würdigung aller dieser für die Höhe eines Schmerzensgeldes maßgeblichen besonderen Umstände den von ihm geschätzten Schadensbetrag von 10.000 DM als angemessene Entschädigung (§ 287 ZPO) angesehen hat, so ist hierin ein Verstoß gegen Rechtsregeln nicht zu erkennen.

Entscheidungsname: Spielgefährtin
Entscheidungsdatum: 09.06.1965
Aktenzeichen: Ib ZR 126/63
Normen: § 22 KunstUrhG, § 23 Abs. 1 Nr. 1 KunstUrhG
Kunst- und Urherberrecht: Begriff des "Bildnisses"; Abbildungsfreiheit für Personen der Zeitgeschichte

Leitsatz

1. Wird bei der Veröffentlichung des Bildes einer Person durch Angabe des Namens mitgeteilt, wen das Bild darstellen soll, so liegt ein Bildnis im Sinne des KunstUrhG § 22 auch vor, wenn der Abgebildete allein auf Grund der bildlichen Darstellung - bei Wegfall der Namensunterschrift - nicht wiedererkannt werden könnte.

2. Zur Frage der Abbildungsfreiheit für Personen aus dem Bereich der Zeitgeschichte.

Orientierungssatz

Bei Personen, die nur vorübergehend aus einem bestimmten Anlaß das Interesse der Öffentlichkeit erwecken, ist ein die Veröffentlichung eines Bildnisses rechtfertigendes Informationsbedürfnis nur im Zusammenhang mit dem betreffenden Ereignis anzuerkennen.

Tenor

Die Revision gegen das Urteil des 6. Zivilsenats des Oberlandesgerichts München vom 30. Mai 1963 wird auf Kosten der Beklagten zurückgewiesen.

Von Rechts wegen

Tatbestand

In der Ausgabe vom 15. Juli 1962 der von der Beklagten verlegten illustrierten Zeitschrift "Stern" befaßte sich ein Schriftsteller unter der Titelüberschrift "Sein Freund der Herr Minister" eingehend mit dem Passauer Verleger Dr. K. Als Anlaß dazu war die sogenannte Fibag-Affäre hervorgekehrt, während im übrigen vornehmlich über den Werdegang Dr. K berichtet wurde. In den einleitenden Bemerkungen wurde ganz am Rande auch der damals ein halbes Jahr zurückliegende Passauer Prozeß erwähnt, in dem Dr. K sich wegen Kuppelei verantworten mußte, weil er zwei Frauen zur Unzuchtsausübung in seiner Gegenwart zusammengeführt

47

haben sollte. Das veranlaßte die Beklagte, im Rahmen des bezeichneten Berichts mit der Unterschrift "Spielgefährtin ... (folgt Vor- und Nachname der Klägerin zu 1)" eine Photographie wiederzugeben, welche die Klägerin zusammen mit dem inzwischen aus dem Rechtsstreit ausgeschiedenen Kläger zu 2 zeigt. Die Kläger, von denen die Klägerin zu 1 auf der Abbildung eine Sonnenbrille trägt, während die Augenpartie des Klägers zu 2 mit einer Balkenblende abgedeckt ist, erblicken in dieser Veröffentlichung eine Verletzung ihres Rechts am eigenen Bild und erhoben mit dieser Begründung im vorliegenden Verfahren Klage mit dem Antrag, der Beklagten die weitere Verbreitung der Photographie unter Strafandrohung zu verbieten.

Die Beklagte beantragte Klageabweisung. Sie machte in erster Linie geltend, daß die Kläger auf der wiedergegebenen Photographie nicht zu erkennen seien und daß es sich daher nicht um die Veröffentlichung eines Bildnisses im Sinne des § 22 KunstUrhG handle. Die Klägerin zu 1 sei überdies durch ihre Unzuchtshandlungen mit der anderen "Spielgefährtin" Dr. Ks, die sie als Zeugin in das erwähnte Strafverfahren brachten, zur Person der Zeitgeschichte geworden, so daß jedenfalls Abbildungsfreiheit nach § 23 Abs. 1 Nr. 1 KunstUrhG gegeben sei.

Das Landgericht gab durch Teilurteil zunächst dem Unterlassungsbegehren der Klägerin und durch Schlußurteil dem des Klägers zu 2 statt.

Während auf die Berufung der Beklagten das Schlußurteil des Landgerichts aufgehoben und die Klage des Klägers zu 2 abgewiesen worden ist, ist die Berufung der Beklagten gegen das Teilurteil erfolglos geblieben.

Mit der Revision, um deren Zurückweisung die Klägerin bittet, verfolgt die Beklagte ihren Klagabweisungsantrag weiter. Der Kläger zu 2 hat die von ihm eingelegte Revision zurückgenommen.

Entscheidungsgründe

I. Die Revision ist zulässig (§ 546 Abs. 1 ZPO), da Gegenstand des Rechtsstreits ein vermögensrechtlicher Anspruch ist. Die in dieser Hinsicht von der Klägerin unter Hinweis auf das Urteil BGH GRUR 1963, 83 (– Staatskarossen) in der schriftlichen Revisionsbegründung geäußerten Bedenken greifen nicht durch. Nach dem angeführten Urteil ist zwar der Anspruch aus § 11 PresseG auf Abdruck einer Gegendarstellung als nicht – vermögensrechtlicher Anspruch anzusehen. In den Entscheidungsgründen ist jedoch ausgeführt, daß es bei einer derartigen Klage anders liege als bei Rechtsstreitigkeiten über Unterlassungs- oder Widerrufsansprüche, für deren Entscheidung es wesentlich auf die Prüfung des Wahrheitsgehalts einer Äußerung und auf die Art und Abwägung widerstreitender Interessen ankomme. Da die Klägerin Inhaberin eines Geschäfts in Passau ist, kann angenommen werden, daß sie mit dem Unterlassungsanspruch jedenfalls auch Vermö-gensschäden abwenden will, die ihr durch eine weitere Verbreitung ihres Bildnis-ses für ihre geschäftliche Tätigkeit entstehen können. Es handelt sich daher um die Geltendmachung eines vermögensrechtlichen Anspruches (vgl. auch BGHZ 14, 72, 74).

II. Zu Unrecht beanstandet die Revision, daß das Berufungsgericht die die Kläge-rin zeigende Abbildung als Bildnis im Sinne des § 22 KunstUrhG angesehen hat.

Das Berufungsgericht geht im Einklang mit der Rechtsprechung (RGZ 103, 319 f) davon aus, daß ein "Bildnis" vorliege, wenn die Darstellung dazu bestimmt und geeignet sei, eine Person in ihrer dem Leben nachgebildeten äußeren Erscheinung dem Beschauer vor Augen zu führen und das Aussehen, wie es gerade dieser be-stimmten Person eigen sei, im Bilde wiederzugeben, wobei es in der Regel die Gesichtszüge seien, die einen Menschen von seinen Mitmenschen unterschieden und für den Betrachter erkennbar machten. Hiernach ist es rechtlich unerheblich, ob die Darstellung gut oder mangelhaft ist oder ob die Ähnlichkeit eine größere oder eine geringere ist. Von Bedeutung ist allein die Erkennbarkeit des Abgebil-deten (BGHZ 26, 349 – Herrenreiter; BGH GRUR 1962, 211 – Hochzeitsbild; Ulmer, Urheber- und Verlagsrecht 2. Aufl. S. 40; Voigtländer-Elster-Kleine, Ur-heberrecht 4. Aufl. S. 30).

Unstreitig handelt es sich bei der in Rede stehenden Abbildung um ein Bild der Klägerin und nicht um das Bild einer anderen Person. Wenn, wie im Streitfall, durch die unter der Abbildung befindliche Namensangabe mitgeteilt wird, welche Person im Bilde gezeigt wird, so kommt es für die Frage, ob ein Bildnis im Sinne des § 22 KunstUrhG vorliegt, jedenfalls dann nicht darauf an, ob die abgebildete Person – unabhängig von der Namensunterschrift – allein aufgrund des Bildein-druckes wiedererkannt werden kann, wenn nach dem objektiven Eindruck des Be-schauers die Merkmale eines Bildnisses gegeben sind. Denn durch die Verbindung von Bild und Namensangabe erhält der Betrachter den Eindruck, das Bild zeige die mit Namen genannte Person. Bei dieser Sachlage ist es daher im Gegensatz zu einer anonymen Bildwiedergabe nicht erforderlich, das die Beziehung zwischen der Abbildung einer Person und der abgebildeten Person selbst, welche das Bild erst zu einem "Bildnis" macht, nämlich die Erkennbarkeit des Abgebildeten, im Bilde (sichtbar) gegeben ist. Ist auf die Identität der in der Abbildung wiedergege-benen Person mit dieser selbst durch Angabe des Namens des Abgebildeten hin-gewiesen, so bedarf es regelmäßig keiner Feststellung mehr, ob der Abgebildete in der Abbildung auch erkennbar ist. Bei solcher Sachlage erübrigt es sich deshalb auch, daß sich der Tatrichter durch Augenscheinseinnahme einen persönlichen Eindruck vom Aussehen des Abgebildeten verschafft.

Daher geht die Rüge der Revision fehl, das Berufungsgericht habe sich nicht auf einen Augenschein des Bildes beschränken dürfen, sondern hätte vielmehr die

Feststellung der Erkennbarkeit der Klägerin nur durch einen Vergleich mit dieser selbst oder mit einer anderen ausreichend deutlichen Abbildung der Klägerin treffen dürfen. Denn darauf, ob die Klägerin auf der Abbildung erkennbar ist, kommt es – wie dargelegt – deshalb nicht an, weil schon die Bildunterschrift ersehen läßt, wen die Abbildung darstellt.

Demnach hat das Berufungsgericht mit Recht die Abbildung, welche die Klägerin zeigt, als "Bildnis" im Sinne des § 22 KunstUrhG angesehen.

III. Der Hauptangriff der Revision richtet sich dagegen, daß das Berufungsgericht die Klägerin nicht als eine Persönlichkeit der Zeitgeschichte angesehen hat, deren Bildnis nach § 23 Nr. 1 KunstUrhG ohne Einwilligung des Abgebildeten verbreitet werden darf.

Das Berufungsgericht geht unter Bezugnahme auf Neumann-Duesberg (JZ 1960, 114) davon aus, daß zum Bereich der Zeitgeschichte auch Personen zu rechnen seien, die mit ihr nur "relativ" verknüpft seien, indem sie etwa durch ihr Handeln nur vorübergehend in das Blickfeld der Öffentlichkeit getreten seien. Dies müsse aber, so fährt das Berufungsgericht in Anlehnung an BGHZ 24, 200, 208 (– Spätheimkehrer) fort, in einer Weise geschehen sein, daß der Allgemeinheit ein nicht nur auf Neugier und Sensationslust beruhendes, sondern ein durch echtes Informationsbedürfnis gerechtfertigtes Interesse an der bildlichen Darstellung der betreffenden Person zuzubilligen sei. Werde das Informationsinteresse lediglich durch ein bestimmtes Geschehen gerechtfertigt, so könne es über dieses nicht hinausreichen, so daß "relativ" zeitgeschichtliche Personen die Veröffentlichung ihres Bildnisses nur im Zusammenhang mit dem Ereignis hinzunehmen brauchten, durch das sie bekannt geworden seien. Fehle es an der hiernach notwendigen Verknüpfung mit dem Bereich der Zeitgeschichte oder daran, daß die Bildberichterstattung noch mit dem fraglichen zeitgeschichtlichen Ereignis in Zusammenhang stehe, so sei der Tatbestand des § 23 Abs. 1 Nr. 1 KunstUrhG nicht erfüllt und für eine weitere Interessensabwägung, etwa zwischen Persönlichkeitsrecht auf der einen und Pressefreiheit auf der anderen Seite, kein Raum.

1. Das Berufungsgericht sieht die Klägerin im Hinblick auf deren Beteiligung an der den Gegenstand des Strafprozesses bildenden Handlung nicht als Persönlichkeit der Zeitgeschichte an. Es begründet dies damit, daß die Betätigung der geschlechtlichen Verirrung des Triolismus auch in Gestalt der Kuppelei nicht zu den Ereignissen zu rechnen sei, über die durch Veröffentlichung von Bildnissen der Beteiligten unterrichtet zu werden, ein echtes Informationsinteresse der Allgemeinheit anzuerkennen sei. Außerdem fehle dem Pressebericht der Zusammenhang mit dem Strafprozeß.

Die hiergegen gerichteten Angriffe der Revision sind unbegründet.

Auch wenn zugunsten der Revision unterstellt wird, daß die Klägerin während des Verlaufs des Strafprozesses als Person der Zeitgeschichte anzusehen gewesen sein mag, so kam ihr diese Eigenschaft jedenfalls im Zeitpunkt der Veröffentlichung des Presseberichts der Beklagten, in dessen Rahmen das Bildnis der Klägerin wiedergegeben wurde, nicht mehr zu. Jedenfalls ist die Auffassung des Berufungsgericht frei von Rechtsirrtum, daß dem Bericht, in dessen Rahmen das Bild der Klägerin erschien, ein ausreichender Zusammenhang mit dem Ereignis gefehlt habe, durch das die Klägerin bekannt geworden sei, nämlich mit der etwa ein halbes Jahr zurückliegenden Hauptverhandlung des Strafprozesses, die überdies gar nicht Gegenstand des Berichts gewesen, sondern nur beiläufig darin erwähnt worden sei. Denn bei Personen, die nur vorübergehend aus einem bestimmten Anlaß das Interesse der Öffentlichkeit erwecken, ist ein die Veröffentlichung eines Bildnisses rechtfertigendes Informationsbedürfnis nur im Zusammenhang mit dem betreffenden Ereignis anzuerkennen (vgl.. Osterrieth-Marwitz, Kunstschutzgesetz 2. Aufl. § 23 zu B III; Neumann-Duesberg aaO zu IV 2). Im übrigen steht die Beurteilung durch das Berufungsgericht im Einklang mit der Rechtsprechung und dem Schrifttum, wonach bloße Sensationslust die Veröffentlichung des Bildnisses nicht rechtfertigt (vgl.. BGH aaO; Ulmer, aaO S. 40; Voigtländer-Elster-Kleine § 1 LitUrhG Anm. 5a).

Hiernach hat das Berufungsgericht eine Abbildungsfreiheit hinsichtlich der Klägerin im Rahmen des fraglichen Berichtes zu Recht nicht schon deshalb bejaht, weil diese vor längerer Zeit an einem Strafverfahren beteiligt war, auf das der Bericht nur beiläufig hinweist.

2. Das Berufungsgericht hat weiter verneint, daß die Klägerin wegen ihrer Beziehungen zu Dr. K, der seinerseits dem Bereich der Zeitgeschichte angehöre, diesem Personenkreis zuzurechnen sei.

Es legt dar, daß sich bei Dr. K eine andere Beurteilung nicht schon wegen seiner Beteiligung an der Fibag-Affäre, sondern erst aus dem Grunde rechtfertige, weil er mit seiner Presse in den Bundestagswahlkampf 1961 eingegriffen habe und dabei als Sittenapostel aufgetreten sei, obwohl ihm gerade dazu jede Legitimation fehle. Wieso die zeitgeschichtliche Eigenschaft, die seine geschlechtlichen Verfehlungen dadurch erlangten, sich aber auch der Unzucht der von ihm angeblich verkuppelten Personen und diesen selbst mitgeteilt haben solle, bleibe unerfindlich. Auf jeden Fall fehle dem Bericht, in dessen Rahmen das Bild der Klägerin erschienen sei, der Zusammenhang mit dem Ereignis, durch das sie bekannt geworden sei, nämlich mit der Hauptverhandlung gegen Dr. K im Januar 1962. Der Bericht, in dem der Werdegang des Dr. K und die Fibag-Affäre abgehandelt werde, bringe über die Hauptverhandlung lediglich den Hinweis, daß sie zurückläge und daß Dr. K sich wegen Kuppelei zu verantworten gehabt habe. Unter diesen Umständen sei nicht zu erkennen, aus welchem Grunde das Bildnis der Klägerin zum Bereich der Zeitgeschichte zu rechnen sei.

Die Revision vertritt demgegenüber die Auffassung, daß sämtliche die Person des Dr. K erhellenden Umstände dem öffentlichen Interesse unterlägen, weil dieser durch seine aggressive Pressepolemik in den Wahlkampf eingegriffen habe. Die Presse sei daher befugt, dessen ganze Persönlichkeit und soziale Stellung zu schildern. Daraus folge, daß die Klägerin, soweit sie zu Dr. K in Beziehungen getreten sei, den Schutz der Anonymität verloren habe und in den Bereich des öffentlichen Interesses getreten und dadurch zur Persönlichkeit der Zeitgeschichte geworden sei. Denn es könnten auch Dritte – wie zum Beispiel der Ehegatte – an der zeitgeschichtlichen Bedeutung anderer Personen teilhaben. Das gelte auch dann, wenn es sich um soziale Beziehungen handele, die geeignet seien, eine "absolute" Person der Zeitgeschichte zu charakterisieren.

Dieser Ansicht der Revision kann nicht gefolgt werden. Sie verkennt den Sinn der Ausnahmebestimmung des § 23 Abs. 1 Nr. 1 KunstUrhG.

Diese Ausnahmebestimmung will nach der Gesetzesbegründung lediglich den Bedürfnissen der Allgemeinheit nach einer sachgerechten bildmäßigen Information über Persönlichkeiten des öffentlichen Lebens Rechnung tragen; sie erfaßt daher nicht solche Veröffentlichungen, an denen ein schutzwürdiges Interesse der Allgemeinheit nicht anzuerkennen ist (BGHZ 20, 349, 350 ff – Dahlke). Je nach den Umständen, auf Grund deren jemand als dem Bereich der Zeitgeschichte zugehörig angesehen wird, kann ein Interesse der Allgemeinheit an der Unterrichtung über die betreffende Person durch Veröffentlichung von deren Bildnissen in größerem oder geringerem Umfange anzuerkennen sein.

Der vorliegende Fall bietet keinen Anlaß zur Beschäftigung mit der Frage, ob – wie Neumann-Duesberg annimmt (JZ 1960, 114 ff zu V 2 a und c) – der Ehegatte einer absolut zeitgeschichtlichen Persönlichkeit (hierunter sollen über ihren Tod hinaus bekannte Personen wie z. B. Monarchen, Staatspräsidenten, große Philosophen und Schauspieler fallen) die Veröffentlichung der Abbildung hinnehmen muß und ob eine solche Duldungspflicht auch für andere mit einer absoluten Person der Zeitgeschichte in persönlichen Beziehungen stehende dritte Personen besteht. Denn die Behauptung der Revision, daß Dr. K zu diesem Kreis der Personen aus dem Bereich der Zeitgeschichte zähle, da er zu den absolut zeitgeschichtlichen Personen zu rechnen sei, trifft – was keiner weiteren Erörterung bedarf – nicht zu.

Nun ist zwar anerkannt, daß als Personen der Zeitgeschichte auch solche anzusehen sind, die nur vorübergehend in der Öffentlichkeit Beachtung finden (RGZ 125, 80, 82 – Tull Harder). Diese Voraussetzung sieht das Berufungsgericht bei Dr. K als gegeben an. Den Anlaß, durch den dieser bekannt geworden ist, erblickt das Berufungsgericht in dessen geschildertem Auftreten anläßlich des Wahlkampfes. Auch wenn man mit der Revision annimmt, in Anbetracht des eigenen Verhaltens Dr. Ks habe die Beklagte in ihrem Bericht über dessen Persönlichkeit und soziale Stellung Dinge aus seiner privaten Lebenssphäre behandeln dürfen (vgl.. hierzu BGH NJW 1964, 1471 f), so vermag das allein aber nicht die Veröffentlichung eines Bildnisses einer anderen Person zu rechtfertigen, die zu ihm in privaten Beziehungen gestanden hat.

Dem steht schon entgegen, daß die Freigabe der Bildnisveröffentlichung gemäß § 23 Abs. 1 Nr. 1 KunstUrhG eine Ausnahmevorschrift darstellt, die nicht ohne durchschlagenden Grund erweiternd ausgelegt werden darf. Wie dargelegt (zu III 1), bestand nun auf Grund der Rolle, welche die Klägerin bei den Vorgängen spielte, die zur Eröffnung der Hauptverhandlung gegen Dr. K geführt haben, kein durch ein echtes Informationsbedürfnis gerechtfertigtes Interesse der Allgemeinheit an der bildlichen Darstellung der Klägerin in dem ein halbes Jahr später über Dr. K. veröffentlichten Bericht. Die Tatsache, daß Dr. K. wegen der besonderen Art seines Vorgehens im Wahlkampf in der Öffentlichkeit Beachtung gefunden hat und deshalb insoweit dem Bereich der Zeitgeschichte angehört, vermag – wie das Berufungsgericht zutreffend angenommen hat – nicht andere Personen mittelbar zu Personen der Zeitgeschichte zu machen, die in privaten Beziehungen zu ihm stehen. Da sich das Strafverfahren gegen ihn richtete, bestand allein wegen seiner Bekanntheit noch kein wirkliches Informationsbedürfnis der Allgemeinheit im Hinblick gerade auf die Person der Klägerin. Unter den besonderen Umständen vermochte das Interesse der Öffentlichkeit an Unterrichtung lediglich den Bericht über die Hauptverhandlung und die ihren Gegenstand bildenden Vorgänge aus dem privaten Bereich des Dr. K. im Rahmen der Schilderung von dessen Persönlichkeit zu rechtfertigen. Da im Gegensatz zu ihm die Klägerin ihrerseits keine Veranlassung gegeben hat, die es im Hinblick auf eine Darstellung ihrer Persönlichkeit erfordert hätte, sich in der Öffentlichkeit mit Vorgängen aus ihrem privaten Bereich zu befassen, kann – anders als in dem erwähnten Falle (BGH NJW 1964, 1471) – ein ernstliches Interesse der Allgemeinheit an einer bildmäßigen Information über die Klägerin in einem die Persönlichkeit des Dr. K. behandelnden Bericht nicht anerkannt werden.

Da demnach die Veröffentlichung des Bildnisses der Klägerin durch die Beklagte nicht zulässig gewesen ist, war die Revision mit der Kostenfolge aus § 97 ZPO zurückzuweisen.

Entscheidungsname: Vor unserer eigenen Tür
Entscheidungsdatum: 16.09.1966
Aktenzeichen: VI ZR 268/64
Normen: § 823 BGB, § 22 KunstUrhG, § 23 KunstUrhG
Verbreitung von Filmaufnahmen über Personen im Fernsehen - "Vor unserer eigenen Tür"

Leitsatz

1. Zur Frage, ob eine Person, deren Verhalten während der nationalsozialistischen Herrschaft zu einer Kritik Anlaß gab, gegen ihren Willen in ihrer gegenwärtigen

Umwelt in einem Film aufgenommen und im Fernsehen gezeigt werden darf.

Orientierungssatz

1. Der Zweck der Sendung zu zeigen, wie Personen heute in unserer Gesellschaft unbehelligt in einem gewissen Komfort leben, die in der Zeit der nationalsozialistischen Gewaltherrschaft als deren Anhänger Schuld auf sich geladen haben, rechtfertigt es allein noch nicht, eine Person, stellvertretend für eine gewisse Gruppe verbohrter Parteigänger, in ihrem heutigen Erscheinungsbild und ihren heutigen Lebensverhältnissen im Fernsehen vorzuführen.

Tenor

Auf die Revision des Klägers wird das Urteil des 5. Zivilsenats des Kammergerichts in Berlin vom 2. Oktober 1964 aufgehoben.

Die Berufung der Beklagten gegen das Urteil der Zivilkammer 16 des Landgerichts Berlin vom 6. Januar 1964 wird zurückgewiesen.

Im übrigen wird die Sache zur anderweiten Verhandlung und Entscheidung an den 9. Zivilsenat des Kammergerichts zurückverwiesen.

Dem Berufungsgericht wird die Entscheidung über die Kosten des Rechtsstreits einschließlich der Rechtsmittelinstanzen übertragen.

Von Rechts wegen

Tatbestand

Der Kläger ist selbständig praktizierender Arzt in H. Der Zweitbeklagte ist Chefkommentator des Erstbeklagten.

Im Frühjahr 1962 veranstaltete der beklagte Sender unter der Leitung des Zweitbeklagten eine dreiteilige Fernsehsendung unter dem Titel "Vor unserer eigenen Tür", in der der Kläger im Zusammenhang mit einem Verfahren vor dem Volksgerichtshof im Jahre 1944 gezeigt und genannt wurde. Hiergegen hat sich der Kläger mit der Klage auf Unterlassung, Feststellung der Verpflichtung zum Schadensersatz und Zahlung eines angemessenen Schmerzensgeldes gewandt.

In den Jahren 1943/1944 war der Kläger Arzt in Pre-Ho in Ostpreußen. Chefarzt des dortigen Krankenhauses war Dr. Me, mit dem der Kläger als Kollege bekannt war. Im August 1943 kam es zu einem Auftritt auf der Straße, bei dem Dr. Me in Gegenwart des Klägers und einer Hebamme äußerte, der Krieg sei verloren, wenn die Engländer das Gesetz des Handelns vorschrieben und die Räumung der Reichshauptstadt erzwängen. Anlaß der Äußerung waren die Schwierigkeiten, die die Unterbringung aus B evakuierter schwangerer Frauen in Pre-Ho machte. Nach der Darstellung von Dr. Me soll der Kläger auf diese Äußerung hin einen Wutanfall bekommen und laut gerufen haben, wenn es noch mehr solcher Leute gäbe wie Dr. Me, dann sei der Krieg allerdings verloren.

Wenig später wurde Dr. Me bei der Kreisleitung der NSDAP zu seiner Äußerung vernommen. Die Einleitung des Verfahrens gegen Dr. Me war nach dem unwiderlegten Vorbringen des Klägers nicht auf eine Anzeige von ihm zurückzuführen. Der Kläger wurde Dr. Me gegenübergestellt und legte dabei einen Zettel vor, auf dem er sich die Äußerung von Dr. Me sogleich nach dem Vorfall auf der Straße notiert hatte. Über seine Vernehmung vor dem "Gaugericht" wurde folgendes Protokoll aufgenommen:

"Am 11.8.1943 traf ich den Beschuldigten auf der Straße. Ich befand mich auf der Straße mit der Hebamme, Frau P. Der Beschuldigte kam auf uns zu. Wir unterhielten uns zuerst über eine belanglose Angelegenheit des Krankenhauses. Ohne einen eigentlichen Übergang erklärte er mir dann: "Den Krieg verlieren wir, die Engländer schreiben uns das Gesetz des Handelns vor." Ich habe ihm daraufhin zur Antwort gegeben, wenn wir noch mehr solche Menschen hätten wie ihn, müßten wir allerdings den Krieg verlieren. Es schloß sich noch ein lebhafter Wortwechsel an, weil ich dem Beschuldigten gründlich meine Meinung sagte. Ich habe das deshalb getan, weil mir der Beschuldigte bekannt ist wegen seiner dauernden defaitistischen Äußerungen. Genaue Äußerungen von ihm, die er früher getan hat, kann ich heute jedoch nicht mehr angeben, da ich mir deren Inhalt nicht immer gemerkt habe.
v.g. u.
gez. Dr. Kl"

Am 8. Juni 1944 kam es zur Verhandlung gegen Dr. Me vor dem Volksgerichtshof wegen dieser und anderer Äußerungen. Die Darstellungen der Parteien über den Gang dieser Verhandlung weichen in einigen Punkten voneinander ab. Unstreitig ist, daß insgesamt vier Zeugen, unter diesen der Kläger, gegen Dr. Me aussagten, und daß der Kläger wiederum die von ihm angefertigte Notiz vorlegte.

Dr. Me wurde vom Volksgerichtshof, der unter dem Vorsitz von Fre tagte, wegen der in Gegenwart des Klägers getanen Äußerung und wegen anderer Bemerkungen, von denen eine brieflich an einen Soldaten gerichtet war, zum Tode verurteilt. Vor der Hinrichtung blieb er durch das Dazwischentreten eines früheren Patienten, der als Justizbeamter die Akten kurz vor Ende des Krieges unterdrücken konnte, bewahrt.

Am 30. Januar, 13. März und 30. Mai 1962 wurde vom Erstbeklagten die dreiteilige Sendung "Vor unserer eigenen Tür" ausgestrahlt. Sie befaßte sich mit der Bewältigung der deutschen Vergangenheit, wobei auf die von östlicher Seite erhobenen Vorwürfe eingegangen wurde, der Nazismus sei in der Bundesrepublik nicht überwunden, vielmehr seien die Schuldigen von damals hier auch heute wieder unangefochten in einflußreichen Positionen tätig. Das Berufungsgericht stellt über den Inhalt der Sendung folgendes fest:

"Im ersten Teil der Sendung werden alte Stätten nazistischer Machtentfaltung in der Bundesrepublik einschließlich West-Berlins gezeigt; es wird demonstriert, was jetzt an diesen Stätten geschieht. Dann wird, bevor im zweiten Teil an einigen Beispielen in der Bundesrepublik gezeigt wird, ob die Vorwürfe der östlichen Propaganda berechtigt sind, dargestellt, wie sich das Regime der SED und das des Dritten Reiches gleichen. Am Schluß des ersten Teiles wird zu dem Thema des zweiten übergeleitet, indem Menschenmassen auf Straßen und Plätzen gezeigt werden, wobei der Zweitbeklagte folgendes ausführt:

"Das sind Menschen auf unserer Seite, gut gekleidete, sittsame, fleißige Deutsche. Aber einige der Mörder von damals sind noch unter ihnen, sind noch unter uns ... . Kein Auto und kein Bankkonto, kein neuer Anzug und keine Kosmetik können das überdecken. Es sind noch Mörder auf freiem Fuß ..."

Im zweiten Teil wird nach einer kurzen Einleitung der SS-Arzt Ba gezeigt, der nach Verurteilung zu acht Jahren Zuchthaus wegen Mißhandlung von Häftlingen und Beihilfe zum Mord nach Verbüßung der Strafe jetzt wieder in Mü lebt. Sodann folgt ein Interview mit Generalstaatsanwalt Dr. Bau und anschließend mit Rechtsanwalt Dr. R über die Probleme der Verfolgung von Naziverbrechen. Der Zweitbeklagte leitet das Gespräch mit einem Hinweis auf den alten Defa-Film "Die Mörder sind unter uns" ein und erhebt die Frage, ob die Mörder immer noch unter uns seien. Sodann wird über den SS-General W berichtet, wobei zunächst ein Ausschnitt aus dem Ost-Fernsehen gebracht wird, in dem von der Villa von W die Rede ist, der sich immer noch in der Sonne räkele ... . Nach weiteren Interviews werden Bilder von dem Polizeipräsidium in Re gezeigt, wo nach der Behauptung der SED-Propaganda Polizeibeamte tätig sein sollen, die im Kriege an Massenerschießungen teilgenommen hätten. Es wird geschildert, daß bereits die Strafverfolgung eingeleitet sei. Zwei Beamte seien trotz des Strafverfahrens nicht vom Dienst suspendiert, weil sie seinerzeit noch sehr jung gewesen seien. Einer von ihnen stehe im Verdacht, selbst am Rande der Grube gestanden und geschossen zu haben.

Die Serie der Beispiele aus der Vergangenheit wird wiederum durch ein Interview und die Darstellung einer Veranstaltung einer rechtsradikalen Partei unterbrochen. Dann leitet der Zweitbeklagte die Sendung wie folgt zu Dr. Me über:

"Meine Damen und Herren, in B lebt der Chirurg Dr. Emil Me. Er wurde von Fr zum Tode verurteilt."

Dann wird Dr. Me im Bilde gezeigt. Er spricht:

"Zu Pfingsten 1943 erhielt ich durch einen Zufall Kenntnis von der Geisteskrankheit Hitlers und von der uns unabwendbar drehenden Katastrophe. Unter Eindruck dieses Wissens habe ich mich zu Bekannten wiederholt pessimistisch über die Lage geäußert. Das wurde der Kreisleitung hinterbracht, ich wurde verhaftet und am 8. Juni 1944 fand in B die Hauptverhandlung vor dem ersten Senat des Volksgerichtshofes statt. Fre präsidierte persönlich; als gelehrter Beisitzer amtierte der Landgerichtsdirektor Dr. Erich Sch, Hauptbelastungszeuge war der Arzt Dr. med. Ernst Kl, pre-Ho. Er bekam ein besonderes Lob von Fre, weil er einen Zettel vorlegen konnte, auf dem er sich einen defaitistischen Ausspruch notiert hatte, den ich in seiner Gegenwart zu einer Hebamme anläßlich der Evakuierung schwangerer Frauen aus B nach Pre-Ho getan hatte. Fre äußerte: 'Das langt ja zu fünf Todesurteilen!'"

Dann werden Bilder vom Hause des Klägers in Herford gezeigt, schließlich auch er selbst, wie er mit seinem Wagen vor dem Hause vorfährt, ihn verläßt und ins Haus geht. Dazu kommentiert der Zweitbeklagte:

"Der Hauptbelastungszeuge, der vor dem Volksgerichtshof gegen Dr. Me aussagte, ist praktizierender Arzt in Westdeutschland. Es geht Dr. Kl heute – wie Sie sehen – sehr gut."

Danach schildert der Zweitbeklagte das Schicksal weiterer an dem Prozeß Beteiligter: Der einzige überlebende Richter, der an dem Todesurteil mitgewirkt habe, lebe heute von seiner Pension in Westdeutschland. Der Staatsanwalt Dr. J, dessen Versuch, das Urteil noch Ende April 1945 zur Vollstreckung zu bringen, wie von Dr. Me geschildert wird, lebe ebenfalls in Westdeutschland von seiner Pension, nachdem er noch bis 1959 in Schl als Staatsanwalt amtiert habe. Dann leitet die Berichterstattung durch ein Gespräch mit einem Hinterbliebenen eines Opfers des 20. Juli 1944 auf den ehemaligen Oberreichsanwalt L über. Er selbst und auch sein Haus werden gezeigt; die hohe Pension, die er zunächst bezogen hatte, wird erwähnt, dazu heißt es:

"Und er lebt besser als mancher Hinterbliebene seiner Opfer."

Ferner:

"Im Verfahren der Alliierten gegen L sagte die Urteilsbegründung: 'Der Dolch des Mörders war unter der Robe des Juristen verborgen.' "

Mit einer Erklärung von L selbst schließt der zweite Teil der Sendung ab.

Im dritten Teil wird die Reaktion der westdeutschen Öffentlichkeit auf die beiden ersten Teile, insbesondere auf die Darstellungen der Vergangenheit, untersucht. Dazu heißt es, gesprochen von dem Zweitbeklagten, nach einer kurzen Einleitung wörtlich:

"Wir hatten uns vorgenommen, meine Damen und Herren, Ihnen in dieser dritten und letzten Sendung der Reihe über die Reaktion auf die zweite Sendung zu berichten, auf die Sendung also, in der wir an einigen wenigen Beispielen untersuchten, ob die Mörder noch unter uns – oder gar 'über uns' sind ..."

Dieser Gedanke wird noch mehrfach wiederholt:

"Meine Damen und Herren: wir hatten festgestellt, daß einige Mörder von damals wirklich noch unter uns sind, wohlbehütet, geachtet, ausgezeichnet versorgt oder doch zumindest besser behandelt als jeder Einbrecher, der das Brillantkollier der gnädigen Frau gestohlen hat ... . Was wir beweisen wollten, mußten wir zeigen. Es ist juristisch in Ordnung, Persönlichkeiten der Zeitgeschichte zu filmen, ohne sie vorher um Erlaubnis zu fragen. ... Es kam uns nicht in den Sinn, daß es Unrecht sein könnte, den Mann der im April 1945 27 Menschen in einer Garage des Zuchthauses Brandenburg köpfen ließ, mit der Kamera zu belästigen, oder den sadistischen KZ-Arzt von Sa zu filmen. Hätten wir es mit einem Taxi-Mörder getan, würde wohl kein Mensch es gerügt haben – aber der wäre ja auch nicht frei herumgelaufen. ... Wir haben Massenmörder photographiert und in Gedanken an die Erschossenen, Vergasten, Erschlagenen und Erhängten vergessen, taktvoll gegen die Täter zu sein. ..."

Nach der zweiten Sendung vom 13. März 1962 wandte sich der Kläger mit Schreiben vom 14., 18., 28. März 1962 und 12. April 1962 an den Erstbeklagten gegen seine Darstellung in der Sendung, erhielt aber ablehnende Bescheide vom 26. März und 17. April 1962.

Der Kläger sieht in der Sendung eine rechtswidrige und schuldhafte Verletzung seines Persönlichkeitsrechts. Die Empfänger der Sendung hätten den Eindruck gewinnen müssen, daß er ein Mörder sei oder doch von den Veranstaltern der Sendung einem Mörder gleichgestellt werde. Dabei habe er nur unter dem Zwang des Zeugeneides den Sachverhalt wahrheitsgemäß berichtet, ohne etwas zu übertreiben. Er sei auch nicht, wie man der Sendung entnehme, der Hauptbelastungszeuge von Dr. Me gewesen, sondern nur einer von mehreren Zeugen. Außerdem habe er bei seiner Vernehmung vor dem Volksgerichtshof darauf hingewiesen, daß Dr. Me ein guter Arzt und in Pre-Ho unentbehrlich sei, worauf ihn Fre in barschem Ton zurechtgewiesen habe. Die Sendung habe den Sachverhalt unvollständig und verzerrt berichtet. Für die Beurteilung sei auch der Hintergrund der damaligen Vorgänge wesentlich.

Hierzu hat der Kläger vorgetragen, Dr. Me sei in Pre-Ho als Parteigenosse Kreisrichter der NSDAP gewesen. Zwischen ihm und Dr. Me hätten Spannungen bestanden, da letzterer es im Gegensatz zu ihm, dem Kläger, abgelehnt habe, Juden und Polen ärztlich zu behandeln. Die Notierung der defaitistischen Äußerung des Dr. Me sei eine für ihn, den Kläger, zur Selbsterhaltung notwendige Maßnahme gewesen. Mit dieser Notiz, die nicht von vornherein dazu bestimmt gewesen sei, in einem Prozeß gegen Dr. Me als Unterstützung einer belastenden Zeugenaussage zu dienen, habe er sich ein Abwehrmittel gegen Dr. Me schaffen wollen, weil er gefürchtet habe, Dr. Me werde sich eines Tages für die Meinungsverschiedenheiten in der Frage der Behandlung von Juden und Polen und für die Auseinandersetzung auf offener Straße rächen.

Die Beklagten hätten sich nicht auf die Angaben des Dr. Me allein verlassen dürfen, sondern ihm, dem Kläger, vor einer solch schweren öffentlichen Diffamierung eine Gelegenheit zur Stellungnahme geben müssen. Es sei vor allem nicht zu rechtfertigen, daß man heimlich ein Bild von ihm vor seinem Hause aufgenommen und dieses im Fernsehen gezeigt habe. Besonders verwerflich sei es, daß die Beklagten in der dritten Sendung trotz der inzwischen erhaltenen Aufklärung den Vorwurf, er gehöre zu den "Mördern", in massiver Weise wiederholt hätten, statt ihn einzuschränken und die Stellungnahme des Betroffenen wiederzugeben. Die Sendung habe dazu geführt, daß sich eine örtliche Zeitung mit seinem "Fall" befaßt habe und daß sein Ansehen in H in erheblicher Weise beeinträchtigt worden sei. Es sei zu befürchten, daß auf diese Weise auch seine Arztpraxis leiden werde.

Der Kläger hat beantragt,

1) die Beklagten zu verurteilen, es zu unterlassen, die in der Sendung "Vor unserer eigenen Tür" vom Kläger gemachten Filmaufnahmen einschließlich der dazugehörigen Wortsendung weiterhin zu verbreiten;

2) festzustellen, daß die Beklagten als Gesamtschuldner verpflichtet sind, den gesamten Schaden zu ersetzen, der dem Kläger durch die Sendung "Vor unserer eigenen Tür" entstanden ist;

3) die Beklagten als Gesamtschuldner zu verurteilen, ein Schmerzensgeld, hilfsweise eine Lizenzgebühr, in Höhe eines Betrages zu entrichten, der in das Ermessen des Gerichts gestellt wird.

Die Beklagten haben um Abweisung der Klage gebeten.

Sie vertreten zunächst die Auffassung, es bestehe keine Wiederholungsgefahr, da eine Sendereihe der hier vorliegenden Art sich nicht zur Wiederholung eigne. Im übrigen sei das Persönlichkeitsrecht des Klägers nicht in rechtswidriger Weise beeinträchtigt worden. Der Kläger müsse es sich gefallen lassen, daß über seine Beteiligung an dem damals gegen Dr. Me eingeleiteten Verfahren vor dem Volksgerichtshof im Rahmen einer der politischen Aufklärung und Erziehung dienenden Sendung berichtet werde. Die Sendung habe dem Erfordernis einer strengen Objektivität entsprochen. Die Behauptung des Klägers, er habe sich in der Verhandlung vor dem Volksgerichtshof für Dr. Me eingesetzt und sei deshalb von Freisler zurechtgewiesen worden, werde bestritten. Wäre dieses Vorbringen richtig, so würde das durchaus nicht für den Kläger sprechen. Zweifellos habe dieser gewußt, daß es in dem Verfahren nicht auf die berufliche Qualifikation des Angeklagten, sondern allein auf dessen politische Einstellung angekommen sei. Offenbar habe der Kläger versucht, durch seine Bemerkung der Aussage den Schein einer besonderen Objektivität zu geben. Es sei auch zutreffend gewesen, den Kläger als Hauptbelastungszeugen zu bezeichnen, da es in einem Strafverfahren mehrere Hauptbelastungszeugen geben könne. Der Vorwurf des Mordes oder der Beteiligung an einem Mordversuch sei nicht erhoben worden. Auch andere in der Sendung auf dem Bildschirm gezeigten Personen seien offenbar nicht Mörder in juristischem Sinne gewesen. Wer die Sendung gesehen habe, könne nicht auf den Gedanken kommen, dem Kläger werde mehr vorgeworfen, als was über ihn wahrheitsgemäß berichtet worden sei. Im übrigen müsse sich der Kläger entgegenhalten lassen, daß sich sein damaliges Verhalten an der Grenze des strafbaren Unrechts bewegt habe. Der Kläger habe sich auch bei anderen Gelegenheiten als unbeherrschter Fanatiker und als Parteigänger der nationalsozialistischen Gewaltherrschaft erwiesen. Da der Kläger als Person der Zeitgeschichte anzusehen sei, habe man sein Bild im Fernsehen zeigen dürfen.

Das Landgericht hat die Beklagten antragsgemäß zur Unterlassung verurteilt und im übrigen die Klage abgewiesen.

Gegen dieses Urteil haben beide Parteien Berufung eingelegt.

Die Beklagten haben mit ihrer Berufung um volle Abweisung der Klage gebeten.

Der Kläger hat mit seiner Berufung den Antrag zu 3) weiter verfolgt. Den Feststellungsanspruch hat er in der Hauptsache für erledigt erklärt und dazu ausgeführt, es habe sich inzwischen herausgestellt, daß eine Rückentwicklung seiner Praxis nicht eingetreten sei. Bisher habe er aber mit einem Rückgang rechnen müssen, so daß er Anlaß zur Erhebung der Feststellungsklage gehabt habe. Er hat daher gebeten, die Kosten des gesamten Verfahrens den Beklagten aufzuerlegen.

Das Oberlandesgericht hat die Berufung des Klägers zurückgewiesen und auf die Berufung der Beklagten die Klage in vollem Umfang abgewiesen.

Mit der Revision verfolgt der Kläger die im Berufungsrechtszug gestellten Anträge weiter.

Entscheidungsgründe

I. Das Berufungsgericht ist der Auffassung, es bestehe ein berechtigtes Interesse der Allgemeinheit, darüber aufgeklärt zu werden, aus welchem Anlaß Dr. Me im Jahre 1944 vom Volksgerichtshof zum Tode verurteilt worden ist und welche Rolle der Kläger in diesem Verfahren gespielt hat. Ebenfalls sei eine Information darüber von allgemeinem politischem Interesse, wie ein Mann heute in der Gesellschaft lebe, der damals rechtswidrig und schuldhaft an dem Versuch einer ausschließlich politisch motivierten Tötungshandlung mitgewirkt habe. Müsse der Kläger die Wortberichterstattung dulden, so könne er auch einer bildlichen Darstellung seiner Person und seiner gegenwärtigen Lebensumstände im Fernsehen nicht widersprechen. Wenn man die Wortberichterstattung zulasse, die Bilddarstellung aber verbiete, so werde man dem untrennbaren Zusammenhang von Wort und Bild, wie er für die Fernsehdarstellung kennzeichnend sei, nicht gerecht. Zudem werde alsdann verkannt, daß das Recht am eigenen Bildnis nur eine Ausprägung des allgemeinen Persönlichkeitsrechts sei. Angesichts des bestehenden Informationsinteresses der Öffentlichkeit sei der Kläger als eine "Person der Zeitgeschichte" anzusehen. Die Berechtigung der Beklagten, den Kläger und seine gegenwärtigen Lebensumstände auf dem Bildschirm zu zeigen, werde nicht dadurch infrage gestellt, daß man die Bildnisse heimlich und gegen den mutmaßlichen Willen des Klägers aufgenommen habe. Die Auffassung, die Erschleichung von Bildnissen aus dem persönlichen Bereich sei auch bei Personen der Zeitgeschichte schlechthin rechtswidrig, könne nicht gebilligt werden. Vielmehr lasse sich nur auf Grund einer die Umstände des Einzelfalls berücksichtigenden Güter- und Interessenabwägung entscheiden, ob jemand dadurch rechtswidrig in seinem Persönlichkeitsrecht verletzt wurde, daß man von ihm heimlich in der Absicht der öffentlichen Verbreitung ein Bildnis herstelle. Bei dieser Abwägung sei zu berücksichtigen, daß die Beklagten in Erfüllung ihrer Aufgabe gehandelt hätten, an der Meinungsbildung im demokratischen Gemeinwesen mitzuwirken. Mit der Sendung "Vor unserer eigenen Tür" hätten sie ein unbequemes, aber für die Gemeinschaft wichtiges Thema angesprochen und dieses in drastisch-anschaulicher Weise behandelt, ohne daß eine Sensationsmacherei vorgelegen habe. Die Beklagten hätten davon absehen dürfen, den Versuch zu machen, eine Einwilligung des Klägers zu den Aufnahmen einzuholen. Es habe nämlich nahe gelegen, daß ein solcher Versuch aussichtslos gewesen sei. Andererseits hätten es die Beklagten für erforderlich halten dürfen, die Aufnahmen zu machen und zu verbreiten, um so eine dem Medium des Fernsehens entsprechende Behandlung des Sendungsthemas möglich zu machen und die beabsichtigte Wirkung auf die öffentliche Meinungsbildung zu erreichen. Der Kläger müsse sich seinerseits entgegenhalten lassen, daß er in den Jahren 1943/1944 schwere Schuld auf sich geladen habe. Die Vorlage der Notiz in dem Verfahren vor dem Volksgerichtshof könne nämlich nur den Sinn gehabt haben, die mündliche Aussage zu bekräftigen und damit den Angeklagten mehr als nach den Umständen unvermeidlich zu belasten. Der Kläger müsse es hinnehmen, daß die Öffentlichkeit über die damaligen Vorgänge aufgeklärt werde und daß sie sich auch für seine gegenwärtigen Lebensverhältnisse interessiere. Ferner falle bei der Würdigung ins Gewicht, daß die Bildnisse auf einer öffentlichen Straße aufgenommen worden seien und den Kläger in einer unverfänglichen Situation in einem Grenzbereich zwischen der öffentlichen und der privaten Sphäre (auf der Straße vor seinem Hause) zeigten. Bei Abwägung aller Umstände sei die Verbreitung der Bilder, aber auch ihre heimliche Herstellung erlaubt gewesen.

II. Diese Beurteilung hält der rechtlichen Prüfung nicht stand.

1. Zunächst geht es nicht an, aus der Bedeutung des Fernsehens und aus seiner spezifischen Informationsweise herzuleiten, daß gegen die bildliche Darstellung einer Person und ihrer Lebensumstände auf dem Bildschirm in der Regel dann von Rechts wegen keine Bedenken bestehen, wenn die Wortberichterstattung über eine Person, ihre Vergangenheit und ihre Lebensverhältnisse gestattet ist. Gegenüber einer Berichterstattung durch Wort, Druck oder Schrift bedeutet es einen ungleich stärkeren Eingriff in die persönliche Sphäre, wenn jemand das Erscheinungsbild einer Person in einer Lichtbildaufnahme oder einem Film fixiert, es sich so verfügbar macht und der Allgemeinheit vorführt. Der besonderen Gefährdung persönlichkeitsrechtlicher Interessen, die mit der Verbreitung oder öffentlichen Schaustellung von Personenbildern verbunden ist, trägt bereits das KunstUrhG vom 19. Januar 1907 Rechnung, indem es zum Schutz des Persönlichkeitsrechts im § 22 den Grundsatz aufstellt, daß Bildnisse nur mit Einwilligung des Abgebildeten verbreitet werden dürfen. Selbst wenn einer der Ausnahmetatbestände des § 23 Abs. 1 KunstUrhG vorliegt, ist die Verbreitung und Zurschaustellung von Bildnissen dann unzulässig, wenn hierdurch ein berechtigtes Interesse des Abgebildeten verletzt wird (§ 23 Abs. 2). Über eine eigenmächtige Herstellung von Bildnissen trifft das KunstUrhG keine Bestimmungen. Diese ist aber grundsätzlich als eine Verletzung des allgemeinen Persönlichkeitsrechts anzusehen. Nur in Ausnahmefällen kann die Erschleichung einer Bildnisherstellung aus überwiegenden Interessen der Allgemeinheit oder eines Einzelnen gestattet sein (vgl.. BGHZ 24, 200, 208 – Spätheimkehrer –; Hubmann JZ 1957, 753, 755). Bei der Wort- und Schriftberichterstattung über Personen und ihre Lebensverhältnisse sind die zum Schutz des Persönlichkeitsrechts notwendigen Grenzen anders und weniger eng zu setzen. Hat die Bildberichterstattung infolge der Entwicklung des Fernsehens, der Kinematographie und der Bild-Zeitungen heute eine sehr große Bedeutung erlangt, so darf deshalb der Rechtsschutz der Einzelperson gegenüber einer von ihr nicht gestatteten Fixierung und Vorführung eines Bildnisses nicht abgebaut werden. Sind durch die Fortschritte der Technik die Möglichkeiten erleichtert worden, heimliche Bildnisaufnahmen herzustellen, sie zu vervielfältigen und einer breiten Öffentlichkeit vorzuführen, so muß besonderer Anlaß bestehen, auf eine Wahrung

der vom Recht gesetzten Schranken zu achten und einem Mißbrauch des leichter verletzbar gewordenen Persönlichkeitsrechts vorzubeugen. Das Recht darf sich in diesem Punkt der technischen Entwicklung nicht beugen (vgl.. Oftinger, Punktationen für eine Konfrontation der Technik mit dem Recht in "Die Rechtsordnung im technischen Zeitalter", Festschrift der Rechts- und Staatswissenschaftlichen Fakultät der Universität Zürich zum Zentenarium des Schweizerischen Juristenvereins, Zürich 1961, S. 1 ff).

2. Nur von der rechtlichen fehlsamen Grundeinstellung des Berufungsgerichts ist es auch zu erklären, daß dieses den Kläger als eine "Person der Zeitgeschichte" bezeichnet und ein berechtigtes Informationsinteresse der Allgemeinheit daran bejaht, eine optische Darstellung vom Erscheinungsbild des Klägers und seinen gegenwärtigen Lebensverhältnissen vermittelt zu erhalten. Dieser Würdigung vermag der Senat nicht zu folgen. Der Kläger war bislang in der Öffentlichkeit nicht bekannt; des Ermittlungsverfahren, das die Rolle des Klägers im Strafverfahren Dr. Me zum Gegenstand hatte, war durch die Staatsanwaltschaft eingestellt worden. Der Kläger gehört also im Sinne der Klassifizierung von Neumann-Duesberg (JZ 1960, 114) sicher nicht zu den "absoluten Persönlichkeiten der Zeitgeschichte", bei denen die Verbreitung von Bildnissen auch dann in einem weiteren Rahmen rechtlich zulässig ist, wenn es an einer Verbindung des Bildnisses mit einem bestimmten, öffentlich interessierenden Ereignis fehlt. Auf den Kläger war das Interesse der Öffentlichkeit erst gefallen, als durch die Fernsehsendung der Beklagten bekannt wurde, daß er in den Jahren 1943/1944 Belastungszeuge gegen einen Arztkollegen in einem mit einem Todesurteil endenden politischen Strafverfahren gewesen war. Die damaligen Vorgänge konnten in einem Dokumentarbericht bekannt gemacht werden. Aus dem allgemeinen Interesse an diesen Vorgängen kann aber nicht abgeleitet werden, daß es ein "Bildnis aus dem Bereich der Zeitgeschichte" im Sinne des § 23 Abs. 1 Nr. 1 KunstUrhG ist, wenn man den Kläger im Bild zeigt, wie er im Jahr 1962 seinen Wagen fährt, diesen verläßt und seine mit Straßennamen und Hausnummer gekennzeichnete Wohnung betritt. Wäre eine aus einem Archiv entnommene Aufnahme vorgeführt worden, die ein Stück des damaligen Prozesses so zeigt, daß die Belastungszeugen kenntlich sind, so könnte mit Rücksicht auf das geschichtliche Interesse an einem solchen Bild eine Duldungspflicht des Klägers vielleicht zu bejahen sein. Es besteht aber kein ausreichend legitimiertes Informationsrecht der Allgemeinheit daran, das gegenwärtige Erscheinungsbild des Klägers zu sehen und durch Bildvermittlung zu erfahren, wie seine zeitigen Wohn- und Lebensumstände sind. Jedenfalls müßte ein vorliegendes Informationsinteresse gegenüber der zu schützenden Persönlichkeitssphäre des Klägers zurücktreten (§ 23 Abs. 2 KunstUrhG). Dabei fällt besonders ins Gewicht, daß eine derartige "Vorführung" eines Personenbildes im Fernsehen unter gleichzeitiger Namensnennung und Wohnungsangabe und unter negativer Qualifizierung eine derart starke soziale Prangerwirkung hat, daß sie auch ein früherer Schwerverbrecher nicht zu dulden brauchte. Selbst diesem sichert das Recht später einen gewissen Freiheitsraum, in dem er nicht durch eigenmächtige Bildnisaufnahmen und -vorführungen gestört werden darf, es sei denn, daß ein besonderer Anlaß für die Öffentlichkeit besteht, sich gerade wieder mit seiner Person zu befassen. Der

Zweck der Sendung "Vor unserer eigenen Tür", zu zeigen, wie Personen heute in unserer Gesellschaft unbehelligt in einem gewissen Komfort leben, die in der Zeit der nationalsozialistischen Gewaltherrschaft als deren Anhänger Schuld auf sich geladen haben, rechtfertigt es allein noch nicht, gerade den Kläger, der offenbar stellvertretend für eine gewisse Gruppe verbohrter Parteigänger stehen sollte, wie geschehen in seinem heutigen Erscheinungsbild und in seinen heutigen Lebensverhältnissen im Fernsehen vorzuführen. Auch der Kläger kann sich dagegen wehren, daß von ihm heimlich Bildnisaufnahmen hergestellt werden, die ihn in seinem privaten oder beruflichen Lebenskreis zeigen. Würde man eine Erschleichung und Zurschaustellung von Bildnissen der hier vorliegenden Art als erlaubt ansehen, so müßte eine entsprechende Erlaubnis nicht nur für Rundfunk- und Fernsehanstalten, sondern ebenso für die gesamte Presse und wohl auch für interessierte Bürger gelten, die durch die Verbreitung derartiger Bildnisse die Öffentlichkeit über den Kläger informieren und aufklären wollen. Es würde zudem, was die Passivseite betrifft, kaum angehen, die rechtliche Anerkennung des optischen Informationsinteresses auf die hier betroffene Personengruppe einzuschränken. Vielmehr würden sich auch andere Personen im Rahmen einer politischen oder soziologischen Beleuchtung ihrer Vergangenheit eine ähnliche Bildniserschleichung und Bildnisvorführung gefallen lassen müssen, ohne daß ihre gegenwärtige soziale Stellung oder ihr gegenwärtiges öffentliches Wirken besonderen Anlaß gibt, sie im Bilde vorzustellen. Gerade hieran zeigt sich, daß das Berufungsgericht das angebliche Interesse an einer Bildinformation in einer nicht zu rechtfertigenden Weise auf Kosten des rechtlichen Persönlichkeitsschutzes überbewertet und zu Unrecht bejaht hat, daß die Voraussetzungen des § 23 Abs. 1 Nr. 1 KunstUrhG vorliegen.

III.1. Wurde durch die Sendung das Persönlichkeitsrecht des Klägers, im besonderen das Recht am eigenen Bilde, in rechtswidriger Weise beeinträchtigt, so stand dem Kläger ein Unterlassungsanspruch zu, wenn die Gefahr einer Wiederholung der Sendung drohte. Eine Wiederholungsgefahr ist vom Tatrichter aus rechtlich zutreffenden Erwägungen bejaht worden. Angesichts der Einheit, die Wort- und Bildberichterstattung in der Sendung bildeten, ist die vom Landgericht gemäß dem Klageantrag gewählte Fassung des ausgesprochenen Unterlassungsurteils nicht zu beanstanden. Das Urteil des Landgerichts war daher in diesem Punkt unter Zurückweisung der Berufung der Beklagten wieder herzustellen.

2. Die Revision des Klägers mußte auch insoweit Erfolg haben, als der Anspruch auf Zahlung einer Genugtuung abgewiesen worden ist. Nach der ständigen Rechtsprechung des Bundesgerichtshofs kann jemand, dessen Persönlichkeitsrecht in schwerer Weise schuldhaft verletzt worden ist, vom Schädiger einen Ausgleich in Geld für seinen immateriellen Schaden verlangen, wenn sich die erlittene Beeinträchtigung nicht in anderer Weise befriedigend ausgleichen läßt (BGHZ 35, 363; 39, 124 LM BGB § 823 Ah Nr. 10, § 847 Nr.25;GG Art 5 Nr. 10, 16, 20). Ob diese Voraussetzungen vorliegen, wird der Tatrichter zu prüfen haben. Bei der Feststellung des Umfangs der Persönlichkeitsverletzung kann dieser auch erneut auf die Wortberichterstattung und ihre Fassung eingehen und dem Kläger Gelegenheit geben, seine

unter dem Gesichtspunkt des § 286 ZPO erhobenen Rügen vorzutragen. Was die rechtliche Würdigung des Verhaltens des Klägers in den Jahren 1943/1944 angeht, so besteht Grund zu dem Hinweis, daß eine strafrechtlich erhebliche Teilnahme an einem Tötungsverbrechen dann zu verneinen ist, wenn der Kläger nicht denunziert und als Zeuge nichts Unwahres gesagt hat. Das wird bei der Würdigung der Wortfassung der Sendung zu berücksichtigen sein. Andererseits wird auch ins Gewicht fallen müssen, daß der Kläger – legt man die bisher getroffenen Feststellungen zugrunde – damals zum mindesten eine sehr zwielichtige Rolle gespielt und Anlaß gegeben hat, daß man sich später kritisch mit der schriftlichen Fixierung der Unterhaltung mit Dr. Me und der Zeugenaussage vor dem Volksgerichtshof befaßte.

3. Es erschien angemessen, die Sache zur anderweiten Verhandlung und Entscheidung über den Schmerzensgeldanspruch an einen anderen Senat des Berufungsgerichts zurückzuverweisen (§ 565 Abs. 1 Satz 2 ZPO) und diesem Senat auch die Entscheidung über die gesamten Kosten des Rechtsstreits einschließlich der Revisionsinstanz zu übertragen.

Entscheidungsname: Ligaspieler
Entscheidungsdatum: 20.02.1968
Aktenzeichen: VI ZR 200/66
Normen: § 23 KunstUrhG, § 1 UWG, § 3 UWG, § 14 UWG
Bildnisschutz von Fußballspielern

Leitsatz

1. Wer gewerbsmäßig Einzelbildnisse von Fußballigaspielern zur Zusammenstellung in Sammelalben vertreibt, bedarf der Einwilligung der Abgebildeten.

Tenor

Auf die Revision der Beklagten wird das Urteil des 3. Zivilsenats des Oberlandesgerichts Stuttgart vom 4. August 1966 aufgehoben.

Die Sache wird zur anderweiten Verhandlung und Entscheidung, auch über die Kosten der Revision, an das Berufungsgericht zurückverwiesen.

Von Rechts wegen

Tatbestand

Die Parteien, die miteinander in Wettbewerb stehen, geben Bilder von Fußballspielern und Sammelalben heraus, in die die Bilder der Fußballspieler eingeklebt werden können. Zu den abgebildeten Fußballspielern zählen vor allem die Bundesligaspieler. Diesen war es nach dem ursprünglichen Bundesliga-Statut nicht erlaubt, selbst ihre Namen und Bilder für gewerbliche und Werbezwecke zu verwenden. Sie hatten vielmehr ihre Bildschutzrechte auf den Deutschen Fußballbund übertragen, der ihre Rechte wahrnahm. Der Deutsche Fußballbund erteilte beiden Parteien für die Saison 1964/1965 gegen Zahlung einer Gebühr die Erlaubnis, Bilder der Bundesligaspieler zu vertreiben, der Klägerin jedoch mit der Einschränkung, daß sie ihre Bilder nur in der Zeit vom 1. Januar 1965 bis zum 30. Juni 1965 vertreiben dürfe.

Im Sommer 1964 wurde die Bestimmung des Bundesligastatuts, wonach die Schutzrechte an den Bildern der Bundesligaspieler dem Deutschen Fußballbund zustehen sollten, außer Kraft gesetzt. Die Beklagte schloß daraufhin mit zahlreichen Bundesligaspielern Verträge ab, in denen ihr die Spieler das ausschließliche Recht einräumten, von ihnen gemachte fotografische Aufnahmen zu vertreiben und gewerblich zu verbreiten. Die Spieler erteilten der Beklagten die Vollmacht, gegen jeden anderen Hersteller oder Vertrieb von Bildern des Spielers einzuschreiten, um den Vertrieb zu unterbinden. Die Beklagte verpflichtete sich, den Spielern als Gegenleistung ein Honorar in Höhe von 5 Prozent des Einzelverkaufspreises zu zahlen.

Mit Schreiben vom 22. Juni 1965 setzte die Beklagte die Klägerin von dem Abschluß dieser Verträge in Kenntnis. Sie wies darauf hin, daß ein Vertrieb von Abbildungen der bei der Beklagten unter Vertrag stehenden Spieler nach dem 30. Juni 1965 nicht gebilligt würde, und betonte, daß sich dieses Verbot auf Abbildungen jeglicher Art beziehe. Die Beklagte behielt sich vor, Schadensersatzansprüche geltend zu machen, falls die Klägerin nach dem 1. Juli 1965 Bilder der deutschen Nationalspieler vertreiben sollte. Die Klägerin suchte daraufhin mit der Beklagten zu einem Übereinkommen zu gelangen. Sie war bereit, an die Beklagte eine Lizenzgebühr zu bezahlen. Über deren Höhe wurden sich die Parteien jedoch nicht einig.

Mit Rundschreiben vom 12. Oktober 1965 wandte sich die Beklagte an eine größere Zahl von Grossisten. Hierin heißt es:

"Der S-Verlag, F, hat bisher mit Genehmigung des Deutschen Fußballbundes eine Bilderserie deutscher Fußballspieler vertrieben. Im Frühjahr dieses Jahres hat der DFB dem S-Verlag mitgeteilt, daß die Genehmigungen zur Verbreitung von Bildern ab sofort ausschließlich von den Spielern selbst vergeben werden.

Mehr als 300 Lizenzspieler der Bundesliga haben sodann unserem Verlag die alleinigen Bildrechte erteilt. Seitdem haben mit mehreren Firmen Verhandlungen über Lizenzausgaben stattgefunden.

Der S-Verlag bemühte sich ebenfalls, eine Genehmigung hierfür zu erlangen. Vor etwa zwei Wochen haben uns die italienischen Inhaber ihr geplantes Bildmaterial in Zürich überreicht.

Diese Bilder haben wir einer Reihe prominenter Spieler vorgelegt. Die zum Teil sehr schlechte Bildqualität und die gleichzeitige Weigerung des S-Verlages, die übliche Lizenzgebühr von 5 % zu zahlen, haben uns veranlaßt, dem S-Verlag keine Genehmigung zur gewerblichen Verbreitung dieser Bilder zu erteilen.

Nach unseren Informationen sind Sie bisher Abnehmer und Verteiler von S-Bildern gewesen. Wir geben Ihnen daher zur Kenntnis, daß wir im Falle der Nichtbeachtung des inzwischen an den S-Verlag ergangenen Bildverbots, eine einstweilige Verfügung gegen den Vertrieb dieser Fußballbilder beantragen werden."

Die Klägerin sieht in diesem Schreiben ein Vorgehen, das nach §§ 1, 3, 14 UWG unzulässig sei. Sie hat Klage auf Unterlassung, Widerruf und Feststellung der Schadensersatzpflicht erhoben und dazu vorgetragen:

Sie bereite für die Fußballsaison 1965/66 ein Album vor. Die Auslieferung stehe unmittelbar bevor. Sie habe auch eine Millionenauflage der Bilder vorbereitet. Auf Grund des Rundschreibens vom 12. Oktober 1965 müsse sie damit rechnen, daß die Grossisten es ganz allgemein ablehnen würden, mit ihr weiter zusammenzuarbeiten. Das könne zur Folge haben, daß die hergestellten Bilder nicht mehr abzusetzen seien und daß die ganze Auflage eingestampft werden müsse. Das Schreiben der Beklagten sei darauf angelegt, die Klägerin anzuschwärzen und ihre geschäftliche Beziehungen zu stören. Die Beklagte erwecke durch das Schreiben den Anschein, als sei bereits ein gerichtliches Bildverbot ergangen und die Grossisten gingen mit dem weiteren Vertrieb der Bilder ein großes Risiko ein Zu Unrecht mache die Beklagte geltend, mit dem Vertrieb der Bilder werde gegen gesetzliche Vorschriften verstoßen. Da die Bundesligaspieler Personen der Zeitgeschichte seien und die Bilder im Interesse der Information des interessierten Kundenkreises vertrieben würden, greife der Bildnisschutz des § 22 KunstUrhG nicht ein. Die Spieler hätten der Beklagten kein wirksames Ausschließlichkeitsrecht übertragen können. Abgesehen davon habe sie, die Klägerin, die Bilder der einzelnen Bundesligaspieler von Pressefotografen zur freien Verfügung erworben. Diese Bilder seien im Einverständnis der Spieler gemacht worden. Die Spieler seien auch damit einverstanden gewesen, daß die Bilder in der ihnen bekannten Art veröffentlicht und vertrieben würden. Im übrigen seien die für das Album bestimmten Bilder ganz überwiegend zu einer Zeit gemacht worden, als die Verträge der Beklagten überhaupt noch nicht abgeschlossen gewesen seien.

Die Klägerin hat beantragt,

1. der Beklagten unter Strafandrohung zu verbieten,

a) zu behaupten, sie habe gegen die Klägerin ein Bildverbot erlassen,

b) Grossisten und sonstige Vertriebsstellen für Presseerzeugnisse unter Androhung gerichtlicher Maßnahmen oder sonstiger Weise aufzufordern, keine S-Fußballbilder zu vertreiben;

2. die Beklagte zu verurteilen, unter Übersendung einer Aufstellung Auskunft zu erteilen, welche Firmen das Rundschreiben vom 12. Oktober 1965 oder ein wörtlich gleiches oder inhaltlich entsprechendes Schreiben erhalten haben;

3. die Beklagte zu verurteilen, spätestens binnen drei Tagen seit Eintritt der vorläufigen Vollstreckbarkeit des Urteils sämtliche Firmen, die das Rundschreiben vom 12. Oktober 1965 oder ein wörtlich gleiches oder inhaltlich entsprechendes Schreiben erhalten haben, ohne Zusätze folgendes per Einschreiben mitzuteilen und gegenüber der Klägerin den Nachweis der Durchführung zu erbringen:

"Das Landgericht Stuttgart hat uns auf Antrag des S-Verlages in F/M verurteilt, nicht mehr zu behaupten, gegen den S-Verlag sei ein Bild-Verbot ergangen, und zu unterlassen, Grossisten und sonstige Vertriebsstellen für Presseerzeugnisse unter Androhung gerichtlicher Konsequenzen oder in sonstiger Weise aufzufordern, keine S-Fußballbilder zu vertreiben. Die Behauptung, gegen den S-Verlag sei ein Bildverbot ergangen und die Aufforderung, keine vom S-Verlag veröffentlichten Fußballbilder zu vertreiben, wird deswegen widerrufen,"

4. festzustellen, daß die Beklagte verpflichtet ist, der Klägerin den gesamten Schaden zu ersetzen, der ihr dadurch entstanden ist und noch entstehen wird, daß gegenüber Grossisten und sonstigen Vertriebsstellen für Presseerzeugnisse behauptet worden ist, gegen den S-Verlag sei ein Bildverbot ergangen, und daß diese unter Androhung gerichtlicher Konsequenzen aufgefordert worden sind, keine S-Bilder zu vertreiben.

Die Beklagte hat beantragt, die Klage abzuweisen. Sie hat vorgetragen, sie habe in ihrem Rundschreiben vom 12. Oktober 1965 an die Grossisten nicht von einem gerichtlichen Bildverbot gesprochen. Das Schreiben beziehe sich auf das von ihr, der Beklagten, gegenüber der Klägerin ausgesprochene Bildverbot. Sie habe an die Klägerin am 12. Oktober 1965 folgendes Schreiben gerichtet:

"Wir erhielten von Ihnen in Zürich den ersten und zweiten Bogen einer geplanten Fußball-Portrait-Serie, deren dritter Bogen inzwischen hier postalisch eingegangen ist. Ferner offerierten Sie uns eine einmalige Zahlung in Höhe von 20.000 DM als Lizenzgebühr für diese Serie, deren Auflagenhöhe sie unabhängig von dieser Lizenzzahlung selbst bestimmen wollen. Vereinbarungsgemäß haben wir diesen

Vorschlag und die vorliegenden Bilder mit einer Reihe von prominenten Spielern der Bundesliga besprochen. Wir bedauern, Ihnen heute mitteilen zu müssen, daß die Genehmigung nicht erteilt werden kann. Sollten Sie trotz dieses Bildverbotes die geplante Serie ausliefern, werden wir gerichtliche Hilfe in Anspruch nehmen."

Dieses Bildverbot gehe nicht ins Leere. Auf Grund der mit über 300 Fußballspielern abgeschlossenen Exklusiv-Bildverträge habe sie, die Beklagte, das Recht, einem Vertrieb der Bilder entgegenzutreten, zu dem die abgebildeten Ligaspieler keine Zustimmung gegeben hätten. Entgegen der Auffassung der Klägerin diene die Verbreitung der Einzelbildnisse von Fußballspielern nicht einem berechtigten Informationsbedürfnis des angesprochenen Käuferkreises. Das von der Klägerin praktizierte Vertriebssystem spekuliere vorwiegend auf das Interesse der meist jugendlichen Käufer, Bildnisse der beliebten Spieler zu sammeln und mit ihnen Tauschgeschäfte zu machen. Von einer aktuellen Sportberichterstattung hebe sich ein solcher Vertrieb von Einzelbildnissen deutlich ab. Wenn die Klägerin die Beliebtheit der Ligaspieler in der geschehenen Art zum eigenen Vorteil ausnutze, dann könne sie das nicht, ohne hierbei die Abgebildeten zu beteiligen. Auf die Erlaubnis, die die Spieler angeblich den Pressefotografen erteilt hätten, könne sich die Klägerin nicht berufen. Die Spieler hätten nämlich nicht gewußt, daß ihre Bilder in der geschehenen Art vertrieben würden.

Nach Auffassung der Klägerin ist es für die Abbildungsfreiheit gleichgültig, ob die Bildnisse einzeln verkauft oder ob sie den interessierten Sportfreunden in Zeitungen und Spezialalben vorgestellt werden.

Das Landgericht hat der Klage stattgegeben. Die Berufung der Beklagten blieb ohne Erfolg.

Mit der Revision verfolgt die Beklagte ihren Antrag weiter, die Klage abzuweisen.

Entscheidungsgründe

I. Die Entscheidung der Frage, ob die Beklagte mit ihrem Rundschreiben vom 12. Oktober 1965 gegen § 14 oder gegen § 1 UWG verstoßen hat, hängt davon ab, ob der wesentliche Inhalt dieses, die geschäftliche Betätigung der Klägerin behindernden Schreibens zutreffend war oder nicht. Die Beklagte nahm in diesem Schreiben für sich in Anspruch, sie allein dürfe auf Grund der Erlaubniserteilungen die Bilderserien der Ligaspieler vertreiben. Den gleichartigen Bildnisvertrieb der Klägerin bezeichnete sie als rechtswidrig. Den Grossisten machte sie das Risiko bewußt, das mit dem weiteren Vertrieb der S-Bilder verbunden sei. Das Berufungsgericht, das den Standpunkt dieses Schreibens für rechtlich verfehlt hält, ist der Auffassung, die Beklagte habe durch die Darlegung dieses Standpunktes an die Grossisten die gewerbliche Betätigung der Klägerin in rechtswidriger und un-

lauterer Weise gestört. Nach der Auffassung der Beklagten entsprach der dargelegte Rechtsstandpunkt der objektiven Rechtslage.

II. Das Berufungsgericht läßt es dahingestellt, ob die Bundesligaspieler durch Einwilligung gegenüber der Klägerin auf ihre Bildschutzrechte verzichtet haben. Es
meint, die Klägerin dürfe auch ohne Einwilligung der Ligaspieler deren Bildnisse
in der geschehenen Art verbreiten, da es sich um Bildnisse aus dem Bereich der
Zeitgeschichte handele und berechtigte Interessen der Abgebildeten nicht entge-
genständen (§ 23 KunstUrhG).

Dem vermag der Senat nicht zu folgen.

§ 23 Abs. 1 Nr. 1 KunstUrhG schränkt das Persönlichkeitsrecht am eigenen Bildnis ein, um den Bedürfnissen der Allgemeinheit an einer sachgerechten bildmäßigen Unterrichtung über Persönlichkeiten und Geschehnisse der Zeitgeschichte
Rechnung zu tragen (BGHZ 20, 345). Kein Zweifel kann sein, daß die Bundesligaspieler zu den Personen der Zeitgeschichte gehören. Der Kampf der Bundes-
liga-Vereine um die Fußballmeisterschaft wird von einer breiten Öffentlichkeit
mit größter Aufmerksamkeit verfolgt. Dabei interessiert sich der große Kreis der
Freunde des Fußballsports besonders für die Zusammensetzung der Fußballmann-
schaften und für die Personen der Spieler, die die Spiele austragen. Die Spieler
müssen es sich daher gefallen lassen, daß sie auch ohne ihre Einwilligung der Öffentlichkeit im Bild vorgestellt werden.

Doch gilt diese Duldungspflicht nicht ohne Einschränkung.

Berechtigte Interessen der Spieler (§ 23 Abs. 2 KunstUrhG) können verletzt sein,
wenn die Bildnisse entstellend sind oder wenn sie den privaten Bereich der Abgebildeten betreffen (BGHZ 24, 200, 208). Die Spieler brauchen ferner nicht zu dulden, daß ihre Bildnisse ohne ihre Einwilligung zur Werbung für Waren oder gewerbliche Leistungen ausgenutzt werden (BGH LM KunstUrhG § 23 Nr. 4). Der
vorliegende Fall ist ein Grenzfall. Dabei ist für die Beurteilung entscheidend, welche Interessen der Abgebildeten verletzt werden, wenn die Bildnisse ohne ihre
Zustimmung in der geschehenen Art vertrieben werden, und in welchem Maß
diese Verbreitung einem Informationsbedürfnis der Allgemeinheit dient. Was die
Informationsbedeutung angeht, so ist ein solcher Massenvertrieb von Einzelbildnissen entgegen der Auffassung des Berufungsgerichts nicht mit der Bildberichterstattung der Presse und des Fernsehens über die Sportereignisse und die hieran
beteiligten Sportler gleichzustellen. Sind Sportfreunde an dem Erwerb farbiger
Einzelbildnisse von Sportlern interessiert, so steht nicht ein Informationsbedürfnis, sondern das Bestreben im Vordergrund, Bildnisse der beliebten Sportler im
eigenen Besitz zu haben. Den jugendlichen Sportfreunden erscheinen die Bildnisse zudem als besonders geeignete Objekte für die ihrem Alter eigene Tausch-

und Sammelleidenschaft. Dieses Interesse nutzt das von beiden Parteien praktizierte Vertriebssystem aus. Wie die Parteien in der Revisionsverhandlung übereinstimmend vortrugen, ist es üblich, die Bildnisse zu 3 oder 4 Stück in Tüten zu verkaufen, die keine Angabe darüber enthalten, welche Bildnisse der Käufer nach Öffnen der Tüte vorfindet. Der Vertrieb ist darauf angelegt, daß die an der Zusammenstellung des Sammelalbums oder an einer vollständigen Serie interessierten jugendlichen Kunden zu weiteren Käufen angereizt werden, durch die sie vielleicht in den Besitz der noch fehlenden Bilder kommen. Der Zweck der Informationsvermittlung tritt bei einem solchen Bildnisvertrieb durchaus in den Hintergrund. Was die Interessen der beteiligten Sportler angeht, so wird es ihnen zunächst verständlicherweise nicht gleichgültig sein, welches Bildnis für eine solche Art des Vertriebs ausgewählt werden soll. Bietet der erworbene Ruhm oder die besondere Beliebtheit von Sportlern oder Künstlern die Möglichkeit, durch Massenabsatz von Personenbildnissen Geld zu verdienen, so ist es sodann kein unangemessenes Verlangen daß dabei auch diejenigen beteiligt werden, die durch ihre Leistungen die Voraussetzungen geschaffen haben, daß die Bildnisse gekauft, getauscht und in Sammelalben eingeklebt werden. Es ist nicht einzusehen, daß die Klägerin einseitig den Ruhm der Spieler in Geld ummünzen darf, in dem sie Lichtbildaufnahmen, die bei einem Fußballspiel oder einem besonderen Anlaß gemacht worden sind, aus diesem Zusammenhang löst und als Einzelbildnisse zur Einreihung in Alben verkauft. Allerdings können sich interessierte Personen Bildnisse beliebter Sportler auch aus der Tages- oder Sportpresse oder aus illustrierten Zeitungen ausschneiden, um sie dann an die Wand zu hängen oder in Serien zusammenzustellen. Aus dem Bestehen dieser Möglichkeit folgt aber nicht, daß eine gewerbliche Betätigung, die auf den Vertrieb von Einzelbildnissen berühmter Sportler abgestellt ist, ohne Zustimmung der Abgebildeten zulässig ist. Auch der allgemeinen Anschauung dürfte die Auffassung mehr gerecht werden, daß diejenigen, die Einzelbildnisse eines Sportlers oder Künstlers zum Besitz erwerben wollen, sich an den Sportler oder Künstler unmittelbar oder diejenigen wenden müssen, denen von dem Abgebildeten die Erlaubnis zum Vertrieb der Bildnisse erteilt worden ist.

Da berechtigte Interessen der Ligaspieler im Sinne des § 23 Abs. 2 KunstUrhG verletzt worden sind, wenn die Klägerin die Bildnisse ohne Zustimmung der Abgebildeten vertreibt, erweist sich der Rechtsstandpunkt der Beklagten im Ergebnis als richtig. Diesen Rechtsstandpunkt den Grossisten darzulegen, war die Beklagte berechtigt. Da sie die Bildnisse der Sportler mit deren Einwilligung vertreibt und die Sportler an den Einnahmen beteiligt, durfte sie sich dagegen wehren, daß die Klägerin gleichartige Geschäfte ohne Einwilligung der Sportler betreibt. Nachdem die Verhandlungen mit der Klägerin zu keinem Ergebnis geführt hatten, war die Beklagte zum Schutz ihrer Interessen ferner berechtigt, die Grossisten auf das nicht unerhebliche Risiko hinzuweisen, das mit dem weiteren Vertrieb der S-Bilder verbunden war. Ist das Schreiben der Beklagten im Kern berechtigt, so ändert auch der vielleicht mehrdeutige Hinweis auf ein "Bildverbot" nichts an der Berechtigung ihrer Verteidigungshandlung.

III. Die Klage wäre daher abzuweisen, falls die Unterstellung zutreffend ist, daß die Klägerin von den abgebildeten Ligaspielern nicht die Einwilligung erhalten hat, Einzelbildnisse in der geschehenen Art zu vertreiben. Möglicherweise könnte eine stillschweigende Einwilligung vorliegen, wenn es den Ligaspielern bei den von ihnen gebilligten Aufnahmen bewußt war, zu welchem Zweck sie verwandt werden sollten. Mag es auch nach dem bisherigen Vortrag unwahrscheinlich sein, daß solche Einwilligungen vorgelegen haben, so kann doch nur durch den Tatrichter hierüber Klarheit geschaffen werden.

Zu diesem Zweck war die Sache unter Aufhebung des angefochtenen Urteils zur anderweiten Verhandlung und Entscheidung an das Berufungsgericht zurückzuverweisen. Die Entscheidung über die Kosten der Revision war dem Berufungsgericht zu übertragen.

Entscheidungsname: Liebestropfen
Entscheidungsdatum: 26.01.1971
Aktenzeichen: VI ZR 95/70
Normen: § 847 BGB, § 823 BGB, Art 1 GG, Art 2 GG, § 22 KunstUrhG
Ersatz des immateriellen Schadens bei Verstoß gegen Bildnisschutz

Leitsatz

1. Der durch eine rechtswidrige und schuldhafte Verletzung seines Persönlichkeitsrechts Betroffene kann Ersatz seines immateriellen Schadens beanspruchen, wenn die Schwere der Beeinträchtigung eine solche Genugtuung erfordert (Bestätigung der ständigen Rechtsprechung).

2. Zu den Voraussetzungen bei einer Persönlichkeitsverletzung durch Verbreitung eines Bildnisses ohne Namensnennung in einer Werbeanzeige für ein Sexualpräparat.

Orientierungssatz

Eine Persönlichkeitsbeeinträchtigung liegt schon dann vor, wenn der Abgebildete begründeten Anlaß hat anzunehmen, er könne nach der Art der Abbildung erkannt werden (Anschluß BGH, 1961-11-10, I ZR 78/60, LM Nr. 5 zu § 23 KunstUrhG; Anschluß BGH, 1962-01-05, VI ZR 72/61, NJW 1962, 1004).

Tenor

Auf die Revision der Klägerin wird das an Verkündungsstatt den Parteien am 20. März 1970 zugestellte Urteil des 6. Zivilsenats des Oberlandesgerichts München aufgehoben.

Die Sache wird zur anderweiten Verhandlung und Entscheidung, auch über die Kosten der Revision, an den 9. Zivilsenat des Berufungsgerichts zurückverwiesen.

Von Rechts wegen

Tatbestand

Die Klägerin, eine Schauspielerin, wirkte an dem 1968 hergestellten Aufklärungsfilm „Helga und Michael" mit. In dem Programmheft für diesen Film wurde sie auf der rückwärtigen Umschlagseite in einer Großaufnahme in enger Umarmung mit ihrem Partner abgebildet.

Die Beklagte vertreibt Mittel zur sexuellen Anregung. In den Nummern 10, 11 und 23/1969 der Zeitschrift „Stern" erschienen Anzeigen der Beklagten, die einen 12 x 50 mm großen Bildteil und neben Preisangabe (24,80 DM) und Anschrift der Beklagten folgenden Text enthielten:

„Pariser Liebestropfen.
Das intime Mittel für Mann und Frau.
Ein moderner Lockstoff der Liebe.
Betörend - verführerisch - unwiderstehlich.
Wenige Tropfen genügen für rasche Wirkung."

Im Bildteil dieser Anzeige war u.a. ein 12 x 35 mm großer Ausschnitt der erwähnten Abbildung der Klägerin und ihres Partners aus dem Filmprogrammheft wiedergegeben. Eine Zustimmung zum Abdruck ihres Bildes für Zwecke der Beklagten hatte die Klägerin nicht gegeben.

Die Klägerin fühlt sich durch das Inserat verletzt. Die Anzeige habe sowohl in ihrer Familie als auch in ihrem beruflichen Wirkungskreis einen erheblichen Wirbel verursacht. Sie werde von allen Seiten auf dieses Inserat angesprochen. Sie sei bei der Oldenburger Bühne engagiert gewesen, nachdem sie vorher eine klassische Bühnenausbildung absolviert habe. Sie spiele in Oldenburg nahezu nur klassische Stücke. Z. Zt. sei sie hauptsächlich beim Film beschäftigt, spiele aber daneben noch Gastrollen an verschiedenen Bühnen, insbesondere auch in klassischen Stücken. Durch ihre diskriminierende Veröffentlichung seien ihre Gastrollen gefährdet. Aber auch die Aussichten für weitere Filmangebote hätten sich hierdurch verschlechtert. Nach der ersten Veröffentlichung habe sie die Beklagte durch Schreiben vom 14. März 1969 verwarnt.

Mit der Klage hat die Klägerin als Ersatz des ihr entstandenen immateriellen Schadens die Zahlung von 8.000 DM nebst Zinsen verlangt.

Die Beklagte hat geltend gemacht: Die Gewährung einer Entschädigung in Geld für den behaupteten immateriellen Schaden sei rechtlich nicht zulässig. Im Übrigen habe sie ihre Anzeige von einem graphischen Unternehmen gestalten lassen; sie sei ohne Sorgfaltsverstoß davon ausgegangen, dass dieses Unternehmen die Rechte an dem verwendeten Bild innehabe. Jedenfalls liege hier kein schwerer Eingriff in den Persönlichkeitsbereich der Klägerin vor; das Bild sei sehr klein und die Klägerin auf ihm kaum erkennbar gewesen. So habe sich die Klägerin in dem von ihr veranlassten Artikel „Bild am Sonntag" vom 13. April 1969 über das Inserat denn auch mehr amüsiert als entrüstet geäußert. Schließlich sei zu beachten, dass die Klägerin aus diesem Artikel eine erhebliche Publicity gewonnen habe.

Das Landgericht hat der Klägerin 4.000 DM nebst Zinsen als Entschädigung für die erlittene immaterielle Unbill zuerkannt und im Übrigen die Klage abgewiesen. Das Oberlandesgericht hat die Klage in vollem Umfang abgewiesen.

Mit der zugelassenen Revision erstrebt die Klägerin die Wiederherstellung des landgerichtlichen Urteils.

Entscheidungsgründe

Die Klägerin fordert nicht Ausgleich des Vermögensschadens, der ihr durch Entgang eines Honorars für die ohne ihre Zustimmung erfolgte Veröffentlichung ihres Bildnisses entstanden sein kann. Sie begehrt vielmehr ausdrücklich eine Entschädigung in Geld als Ersatz ihres immateriellen Schadens. Das ist unter den Parteien nicht streitig. Auch das Berufungsurteil geht hiervon aus.

I.1. Das Berufungsgericht hat abweichend vom Landgericht die Klage schon deshalb abgewiesen, weil es rechtsgrundsätzlich bei Verletzung von Persönlichkeitsrechten die Gewährung einer Entschädigung in Geld zum Ausgleich der erlittenen immateriellen Unbill ablehnt. Es verkennt hierbei nicht, dass es sich damit zur ständigen und gefestigten Rechtsprechung des Bundesgerichtshofs in Widerspruch setzt.

2. Wie der Bundesgerichtshof, insbesondere der erkennende Senat, in ständiger Rechtsprechung befindet, kann eine Person, deren Persönlichkeitsrecht in schwerer Weise schuldhaft verletzt worden ist, vom Schädiger einen Ausgleich in Geld für ihren immateriellen Schaden verlangen, wenn sich die erlittene Beeinträchtigung nicht in anderer Weise befriedigend ausgleichen lässt. Zu dieser Ausweitung hat sich die Rechtsprechung für befugt, aber auch gem. Art. 1 Abs. 3 GG verpflichtet gehalten, um den Wertungen der Artikel 1, 2 Abs. 1 des Grundgesetzes

im Bereich des Persönlichkeitsschutzes Rechnung zu tragen. Der Bundesgerichtshof hat wiederholt zu den gegen diese Rechtsfortbildung gerichteten Angriffe Stellung genommen (vgl.. BGHZ 35, 363 - „Ginseng"; Urteil vom 5. Januar 1962 - VI ZR 72/61 - „Doppelmörder" = LM BGB § 823 [Ah] Nr. 16 = NJW 1962, 1004; insbesondere BGHZ 39, 124 - „Fernsehansagerin" und Urteil vom 5. März 1963 - VI ZR 61/62 - „Gerichtsberichterstattung" = LM GG Art. 5 Nr. 10; Urteil vom 5. November 1963 - VI ZR 216/62 = LM BGB § 847 Nr. 25). Die Ausführungen des Berufungsurteils, die diese Gesichtspunkte zusammenfassend wiedergeben und sich ihnen im Ergebnis anschließen, geben dem Senat keinen Anlass, auf diese Frage noch einmal im Einzelnen einzugehen. Er verbleibt bei dieser unterdessen gefestigten Rechtsprechung (vgl.. Urteil vom 8. Dezember 1964 - VI ZR 201/63 - „Exklusiv-Interview" = LM BGB § 823 [Ah] Nr. 25; Urteil vom 26. Januar 1965 - VI ZR 204/63 - „Gretna Green" = LM GG Art. 5 Nr. 16; Urteil vom 12. Oktober 1965 - VI ZR 95/64 = LM GG Art. 5 Nr. 20; Urteil vom 7. Januar 1969 - VI ZR 202/66 „Spielgefährtin II" = LM BGB § 847 Nr. 33 = GRUR 1969, 301 mit Anm. Bussmann; vom 3. März 1970 - VI ZR 115/68 = VersR 1970, 670; Urteil vom 17. März 1970 - VI ZR 151/68 = NJW 1970, 1077).

Sie wird auch von anderen Senaten des Bundesgerichtshofs im Grundsatz vertreten (vgl.. BGHZ 26, 349 - „Herrenreiter"; BGHZ 30, 7 - „Caterina Valente"; Urteil vom 10. November 1961 - I ZR 78/60 - „Hochzeitsbild" = LM KunstUrhG § 23 Nr. 5; Urteil vom 15. Januar 1965 - Ib ZR 44/63 - „Wie uns die anderen sehen" = LM KunstUrhG § 22 Nr. 9), auch vom Bundesfinanzhof (Urteil vom 29. Oktober 1963 - VI 290/62 = NJW 1964, 744 = BB 1964, 24) sowie von einem erheblichen Teil des Schrifttums (vgl.. hierzu die Nachweise bei: Staudinger/Werner 11. Aufl. 1967 § 253, 7; Staudinger/Schäfer, 11. Aufl. 1970 § 847, 41 ff, 165 ff; Stoll, Gutachten zum 45. DJ Tag 1964).

3. Hierbei ist dem Gesichtspunkt, dass für die Zubilligung einer solchen Entschädigung ein unabweisbares Bedürfnis bestehen müsse, durch zwei Einschränkungen Rechnung getragen.

E i n m a l ist dem durch die Verletzung seines Persönlichkeitsrechts Betroffenen Ersatz in Geld für seinen immateriellen Schaden nicht schlechthin und in jedem Falle zuzubilligen. Vielmehr ist nur unter bestimmten erschwerenden Voraussetzungen das unabweisbare Bedürfnis anzuerkennen, dem Betroffenen wenigstens einen gewissen Ausgleich für ideelle Beeinträchtigungen durch Zuerkennung einer Geldentschädigung zu gewähren. Das ist nur dann der Fall, wenn die Verletzung als schwer anzusehen ist (so zuletzt wieder BGH Urteil vom 17. März 1970 - VI ZR 151/68 = aaO m.w.N.).

Z u d e m kann nach dieser Rechtsprechung der in seinem Persönlichkeitsrecht in schwerer Weise schuldhaft Verletzte vom Schädiger eine Entschädigung in

Geld für seinen immateriellen Schaden nur verlangen, wenn sich die erlittene Beeinträchtigung nicht in anderer Weise befriedigend ausgleichen lässt (BGH Urteil vom 17. März 1970 - VI ZR 151/68 = aaO zu 3 d m.w.N.). Die Gewährung des Anspruchs auf eine Geldentschädigung findet ihre sachliche Rechtfertigung in dem Gedanken, dass das Persönlichkeitsrecht gegenüber erheblichen Beeinträchtigungen anderenfalls ohne ausreichenden rechtlichen Schutz bliebe. Nach diesem Sinngehalt hat der Geldersatzanspruch zurückzutreten, wenn die Verletzung auf andere Weise hinreichend ausgeglichen werden kann, wozu je nach Sachlage insbesondere die - ebenfalls in Rechtsfortbildung - schon seit langem entwickelten negatorischen Ansprüche, besonders der Widerruf, ein angemessenes und geeignetes Mittel darstellen können.

Das Berufungsgericht meint in diesem Zusammenhang, es reiche aus, wenn der Verletzte mit den anderen im bürgerlichen Recht gewährten „Rechtspositionen" der Verletzung begegnen könne und führt die (vorbeugende) Unterlassungsklage an. Hierbei ist übersehen, dass die Möglichkeit, eine solche Unterlassung zu begehren, sich nach Sinn und Funktion gegen zukünftige Beeinträchtigungen richtet, während die bereits eingetragene Verletzung nicht erfasst wird. Zudem - und gerade deshalb - scheitert diese Möglichkeit dann, wenn die erforderliche Wiederholungsgefahr fehlt. Aber auch die weitere Möglichkeit, Widerruf zu begehren, ist in vielen Fällen von Persönlichkeitsverletzungen zu einem hinreichenden Ausgleich nicht geeignet (vgl. BGH Urteil vom 17. März 1970 - VI ZR 151/68 = aaO zu 3 a.E. m.w.N.). Das gilt insbesondere auch dann, wenn - wie im jetzt vorliegenden Sachverhalt - wegen der Art und Weise der Verletzung (durch Beeinträchtigung des Rechts am eigenen Bild) ein Widerruf ausscheidet.

4. Unter den erwähnten einschränkenden Voraussetzungen kommt grundsätzlich auch dann eine Entschädigung in Geld für erlittene immaterielle Unbill in Frage, wenn die Persönlichkeitsbeeinträchtigung wie hier in einem Verstoß gegen den Bildnisschutz besteht (BGH Urteil vom 15. Januar 1965 - Ib ZR 44/63 = aaO; Urteil vom 7. Januar 1969 - VI ZR 202/66 = aaO; vgl. bereits: BGHZ 26, 349, Urteil vom 10. November 1961 - I ZR 78/60 = aaO und Urteil vom 5. Januar 1962 - VI ZR 72/61 aaO).

5. Schon aus diesen Erwägungen konnte das Berufungsurteil aus den ihm gegebenen Gründen nicht aufrechterhalten werden. Da weitere tatrichterliche Erörterungen und Feststellungen erforderlich sind, konnte der Senat in der Sache nicht selbst abschließend entscheiden.

II. Das Berufungsgericht hat, von seinem Standpunkt aus folgerichtig, weder geprüft, ob die Beklagte durch ihr Verhalten das Persönlichkeitsrecht der Klägerin (§ 823 Abs. 1 BGB) in Form einer Verletzung ihres Rechts am eigenen Bild (§ 22 KunstUrhG) schuldhaft beeinträchtigt hat, noch ob wegen entstandener immaterieller Unbill nach den Grundsätzen der höchstrichterlichen Rechtsprechung ein Anspruch auf Entschädigung in Geld gerechtfertigt ist.

1. Das landgerichtliche Urteil war von einer Verletzung des Rechts am eigenen Bild ausgegangen. Die Beklagte, die das in erster Instanz zunächst in Abrede gestellt hat, ist im Berufungsverfahren darauf nicht mehr zurückgekommen. Verschiedenes deutet daher darauf hin, dass sie seitdem selbst von einer zumindest objektiven Verletzung ausgeht. Jedenfalls bietet der im Revisionsverfahren zugrunde zulegende Sachverhalt Anhalt dafür, dass der Tatrichter demnächst zu einer Bejahung gelangen kann.

a) Es wird in tatsächlicher Hinsicht zu prüfen sein, ob die Klägerin in der beanstandeten Anzeige erkennbar war. Dass der Ausschnitt klein ist, schließt an sich nicht aus, dass die Gesichtszüge der Klägerin sichtbar und somit deutlich sind (vgl. BGH Urteil vom 10. November 1961 - I ZR 78/60 - „Hochzeitsbild" = aaO). Auch wenn das Bild hier ohne Namensnennung wiedergegeben wurde, so kann zur Identifizierung der Klägerin gerade die dem Film entnommene und im weit verbreiteten Prospekt („Filmkurier") auf dessen Rückseite wiedergegebene Gestaltung beitragen. Eine Persönlichkeitsbeeinträchtigung liegt im Übrigen schon dann vor, wenn der Abgebildete begründeten Anlass hat anzunehmen, er könne nach der Art der Abbildung erkannt werden (BGH aaO). So hat der erkennende Senat auch im Urteil vom 5. Januar 1962 - VI ZR 72/61 - („Doppelmörder" = aaO) ausgeführt, dem Betroffenen könne nicht zugemutet werden, im Einzelnen Beweis dafür anzutreten, wer von den zahlreichen Zuschauern - es handelte sich um die Verbreitung eines Bildnisses im Lichtspieltheater - ihn in der Wochenschau erkannt und dann den Eindruck gewonnen habe, er sei ein Mörder.

b) Dass die Klägerin in die Verbreitung ihres Bildnisses für Zwecke der Beklagten nicht eingewilligt hatte (vgl. § 22 KunstUrhG), ist unstreitig. Rechtlich kann ernsthaft auch nicht zweifelhaft sein, dass die hier zu beurteilende Verbreitung des Bildnisses von der der Filmherstellerin gegenüber erteilten Zustimmung nicht erfasst wurde. Diese bezog sich nicht auf eine Verbreitung, die nur einer mit dem Film nicht zusammenhängenden Werbung für ein Erzeugnis diente und zudem in einer, wie noch auszuführen ist, das Persönlichkeitsrecht besonders beeinträchtigenden Art und Weise erfolgte. Schon deshalb ist der Klägerin nicht, wie die Beklagte im ersten Rechtszug gemeint hat, die Inhaberschaft ihrer Rechte aus einer solchen Verletzung genommen, abgesehen davon, dass hier der Anspruch auf Ersatz ihres durch einen Eingriff in ihr Persönlichkeitsrecht erwachsenen immateriellen Schadens in Frage steht.

Die Veröffentlichung war auch nicht ohne Einwilligung zulässig (vgl. § 23 KunstUrhG). Selbst wenn die Klägerin, wie die Beklagte im ersten Rechtszug ferner gemeint hat, zu den Personen der Zeitgeschichte im Sinne des § 23 Abs. 1 Nr. 1 KunstUrhG zu rechnen sein sollte, was dahinstehen mag, fällt die Verbreitung durch die Beklagten nicht unter diesen Ausnahmetatbestand. Die anonym abgebildete Klägerin ist durch die Art der Veröffentlichung nicht in ihrer Eigenschaft als Person der Zeitgeschichte abgebildet worden. Die Veröffentlichung diente allein den Geschäftsinteressen der Beklagten, nicht dagegen einem berechtigten Bedürfnis der Allgemeinheit an einer sachgerechten bildmäßigen Information (vgl. BGHZ 20, 345, 350; BGH Urteil vom 10. November 1961 - I ZR 78/60 = LM KunstUrhG § 23 Nr. 5; Urteil vom 17. November 1960 - I ZR 87/59 - „Familie Schölermann" = NJW 1961, 558).

Im Übrigen stünde auch § 23 Abs. 2 KunstUrhG entgegen. Nur der Abgebildete hat, auch wenn er Person der Zeitgeschichte ist, darüber zu bestimmen, ob er sein Bild zu Werbungszwecken für Waren oder gewerbliche Leistungen zur Verfügung stellen will.

2. In dieser Verbreitung des Bildnisses der Klägerin lag eine Beeinträchtigung ihres Persönlichkeitsrechts. Diese wird insbesondere dadurch geprägt, dass die Beklagte eine Werbung mit dem Bild der Klägerin betrieb, und dazu in einer diese herabsetzenden Art und Weise. Die Veröffentlichung als bildliche Zugabe zu der Werbung für die von der Beklagten vertriebenen „Pariser Liebestropfen" konnte zu der unrichtigen Annahme Anlass geben, die Klägerin habe gegen Entgelt ihre Zustimmung zu einer derartigen Werbung gegeben.

3. Ob eine solche objektive Verletzung des Persönlichkeitsrechts der Klägerin der Beklagten auch im Sinne des § 823 Abs. 1 BGB als Verschulden anzulasten ist, hat das Berufungsgericht folgerichtig ebenfalls nicht erörtert und entschieden. Bei seiner Würdigung wird der Tatrichter zu beachten haben:

Die Beklagte konnte schon angesichts der früher ergangenen Entscheidungen bei Anwendung der im Verkehr erforderlichen Sorgfalt nicht annehmen, das Bildnis der Klägerin dürfe sie auch ohne deren Einwilligung in ihren Anzeigen verbreiten (vgl. BGH Urteil vom 17. November 1960 - I ZR 87/59 - „Familie Schölermann" = aaO). In Frage steht in erster Linie dagegen, ob eine Sorgfaltsverletzung darin liegt, dass sie sich vor Abdruck der Anzeige von dem Vorliegen der Zustimmung der Klägerin nicht vergewisserte. Grundsätzlich ist jemand, der ein Personenbild veröffentlichen will, von sich aus zur Prüfung gehalten, wie weit seine Veröffentlichungsbefugnis reicht. Daher liegt die Annahme nicht fern, dass die Beklagte sich bei Anwendung der im Verkehr erforderlichen Sorgfalt zumindest bei der Grafiker-Firma, die ihr die Druckvorlage lieferte, durch Rückfrage über die Zustimmung der Klägerin vergewissern musste (vgl. BGH Urteil vom 10. November 1961 - I ZR 78/60 - "Hochzeitsbild" = aaO), was ihr wohl leicht möglich gewesen wäre. Das könnte umso mehr gelten, als hier die fotografische Abbildung einer Frau zur Werbung für ein Sexualpräparat verwendet werden sollte.

Doch auch dann, wenn der Tatrichter zur Bejahung einer schuldhaften Verletzung des Persönlichkeitsrechts der Klägerin und damit des Haftungstatbestandes des § 823 Abs. 1 BGB gelangt, ist der Klägerin Ersatz ihres immateriellen Schadens in Geld nicht schlechthin und in jedem Falle zuzubilligen.

4. Nach der Rechtsprechung des Bundesgerichtshofs, insbesondere des erkennenden Senats ist, wie bereits oben erwähnt, nur unter bestimmten erschwerenden Voraussetzungen das unabweisbare Bedürfnis anzuerkennen, dem Betroffenen wenigstens einen gewissen Ausgleich für ideelle Beeinträchtigungen durch Zuerkennung einer Geldentschädigung zu gewähren. Wie der Senat mehrfach ausgeführt hat, ist im Hinblick auf die vielschichtigen Möglichkeiten einer Verletzung des Persönlichkeitsrechts in jedem Einzelfall zu prüfen, ob dem Betroffenen, dessen nicht-vermögensmäßige Einbuße auf andere Weise nicht ausgleichbar ist, gerechterweise eine Genugtuung in Geld zuzusprechen ist. Das ist nur zu bejahen, wenn die Verletzung als schwer zu werten ist. Ob ein derart schwerer Eingriff in den Eigenwert der Persönlichkeit anzunehmen ist, kann nur aufgrund der gesamten Umstände des Einzelfalls beurteilt werden. Hierbei sind besonders die Art sowie Schwere der zugefügten Beeinträchtigung und der Grad des Verschuldens, auch Anlass und Beweggrund des Handelns, zu berücksichtigen (ständige Rechtsprechung, vgl. BGH Urteil vom 7. Januar 1969 - VI ZR 202/66 - „Spielgefährtin II" m.w.N. = aaO und GRUR 1969, 301 mit Anm. Bußmann und RsprUrhR BGHZ 156 mit Anm. Neumann-Duesberg; Urteil vom 3. März 1970 - VI ZR 115/68 - VersR 1970, 670 = BGH Warn 1970, 140). Auf dieser Grundlage kann nach dem bisherigen Verhandlungsergebnis für den Tatrichter im Einzelnen von Bedeutung sein:

Für die Beurteilung der Schwere der Beeinträchtigung kann von Belang sein, dass die Klägerin mit der Werbung für ein Sexualpräparat in Verbindung gebracht wurde. Es musste der Eindruck entstehen, dass sie sich gegen Entgelt mit ihrem Bild für eine derartige Werbung zur Verfügung gestellt hat. Der abträgliche Eindruck wurde möglicherweise dadurch verstärkt, dass, wie weitere fünf Anzeigen der Beklagten auf S. 156 des „Stern" Nr. 11, auf dem die beanstandete Anzeige veröffentlicht ist, und auf S. 155 deutlich für den Leser zeigen, die Beklagte als Versandfirma auch andere Sexualpräparate und eindeutiges Sexualschrifttum vertreibt und hierfür öffentlich wirbt.

In diesem Zusammenhang kann auch die Behauptung der Klägerin Bedeutung gewinnen, sie sei als Filmschauspielerin bekannt geworden und wirke auf der Bühne auch bei klassischen Stücken mit. Die Klägerin hätte hierzu weiter vorgebracht, sie habe eine klassische Bühnenausbildung absolviert und bei der Oldenburger Bühne, bei der sie zunächst engagiert war, nahezu nur klassische Rollen gespielt. Insbesondere in dieser Tätigkeit sei sie auch in Gastrollen an verschiedenen Bühnen aufgetreten. Durch die diskriminierende Veröffentlichung seien vor allem diese ihre klassischen Gastrollen gefährdet. Für die „objektive" Schwere des Eingriffs kann schließlich noch ins Gewicht fallen, dass die Anzeige in drei verschiedenen Nummern des in hoher Auflage vertriebenen „Stern" erschienen ist und damit eine sehr weite Verbreitung gefunden hat.

Zum Grad des Verschuldens der Beklagten - dessen grundsätzliche Bejahung dem Berufungsgericht noch obliegt, wie bereits ausgeführt ist - wird der Tatrichter zu erwägen haben, ob das Unterlassen der Erkundigung nicht wegen der besonderen Umstände als leichtfertig anzusehen ist. Der I. Zivilsenat hat das in der Sache - I ZR 78/60 - („Hochzeitsbild" = aaO) bejaht und das Verschulden des dortigen Beklagten als grob fahrlässig gewertet. In diesem Zusammenhang kann das Vorbringen der Klägerin grundsätzliche Bedeutung gewinnen, sie habe die Beklagte durch Schreiben ihres Anwalts vom 14. März 1969 verwarnt, nachdem die erste Anzeige in Nr. 10 des „Stern" vom 9. März 1969 erschienen war. Zwar berichtet das Berufungsurteil im tatbestandlichen Teil, die Beklagte habe den Zugang dieses Schreibens bestritten, was am Schluss der Entscheidungsgründe wiederholt wird. Dem steht aber der im Berufungsurteil bezogene Schriftsatz der Beklagten vom 12. Februar 1970 entgegen, in dem zugestanden wird, dieser Brief sei der Beklagten am 16. März 1969 zugegangen, dem Tage, an dem die Nr. 11 des „Stern" erschien. Die Beklagte hat dort nur geltend gemacht, auch die in Nr. 13 aufgegebene Anzeige habe nicht mehr rückgängig gemacht werden können, ohne allerdings vorzutragen, was sie denn zur Verhinderung versucht habe. Im Übrigen berichtet das Berufungsurteil in Übereinstimmung mit dem landgerichtlichen Urteil und dem nicht bestrittenen Klagevorbringen, dass die dritte Veröffentlichung in Nr. 23 erfolgt sei, was aber möglicherweise ein Versehen darstellt (Nr. 13 ?).

Anlass und Beweggrund des Handelns der Beklagten waren ersichtlich eigennützige gewerbliche Interessen und nicht etwa die Befriedigung eines schutzwürdigen Informationsbedürfnisses. Das spricht jedenfalls nicht gegen die Annahme eines im Sinne der Rechtsprechung schweren Eingriffs.

5. Der Tatrichter wird schließlich noch zu prüfen haben, ob und in welcher Hinsicht der Artikel in „Bild am Sonntag" Nr. 15 vom 13. April 1969 rechtlich von Bedeutung sein kann.

Das Landgericht hat angenommen, durch diesen Artikel seien die Folgen des Eingriffs der Beklagten nur in geringem Maße beseitigt worden. Gegen die Annahme, dadurch sei der immaterielle Schaden der Klägerin bereits ausgeglichen oder jedenfalls soweit gemindert worden, dass eine Entschädigung in Geld nicht geboten sei, könnte schon ein verschiedener Leserkreis sprechen. Zudem wirkt sich eine solche Darstellung, die nach den bisherigen Feststellungen von der Klägerin veranlasst war, auf die gerade bei der Verletzung des Persönlichkeitsrechts im Vordergrund stehende Genugtuung kaum aus. Letztlich dürfte der allenfalls als eigene Erklärung der Betroffenen zu wertende Artikel nicht weiter als eine Gegendarstellung des Beeinträchtigten reichen.

Tatrichterlicher Würdigung und Wertung bedarf es aber, ob sich in diesem Vorgang etwa hinreichender Anhalt für die Annahme bietet, die Klägerin selbst habe, wie die Beklagte geltend gemacht hat, die Beeinträchtigung ihres Persönlichkeitsrechts nicht als schweren Eingriff empfunden. Indes ist eine abschließende Wertung schon deshalb nicht möglich, weil die erheblichen Umstände dieses Vorgangs im Einzelnen bisher nicht feststehen. Insbesondere ist offen, inwieweit die Klägerin überhaupt selbst Art, Inhalt und Form des unter dem Namen eines Journalisten erschienenen Artikels bestimmt hat.

6. Auf dieser Grundlage wird das Berufungsgericht nach etwaigen weiteren tatrichterlichen Feststellungen sodann zu beurteilen haben, ob die Schwere des Eingriffs bejaht werden kann, die zur Gewährung einer Entschädigung in Geld vorauszusetzen ist. Bei Bejahung hat es sodann die Höhe der Entschädigung festzusetzen, was grundsätzlich allein dem Tatrichter zukommt.

III. Nach alledem war das Berufungsurteil aufzuheben und die Sache zur anderweiten Verhandlung und Entscheidung, auch über die Kosten der Revision, an das Berufungsgericht - unter Anwendung des § 565 Abs. 1 Satz 2 ZPO - zurückzuverweisen.

Entscheidungsname: Nacktaufnahmen
Entscheidungsdatum: 02.07.1974
Aktenzeichen: VI ZR 121/73
Normen: § 823 BGB, § 22 KunstUrhG
Eingriff in ein Persönlichkeitsgut eines Minderjährigen bei kommerzieller Verwertung von Nacktaufnahmen

Leitsatz

Zur Frage, ob der Eingriff in ein Persönlichkeitsgut eines Minderjährigen (hier: durch Veröffentlichung der Nacktaufnahme einer Sechzehnjährigen) zu seiner Rechtmäßigkeit neben der Zustimmung des gesetzlichen Vertreters auch der Einwilligung des Minderjährigen bedarf.

Orientierungssatz

Ist der Minderjährige zwar in den Eingriff in sein Persönlichkeitsrecht an sich einverstanden (hier: Veröffentlichung einer Nacktaufnahme einer Sechzehnjährigen), ihm aber deshalb widerspricht, weil ihm die vom gesetzlichen Vertreter getroffene vermögensrechtliche Regelung nicht zusagt, dann ist der Eingriff, zu dem somit sowohl die Einwilligung des Minderjährigen wie seines gesetzlichen Vertreters vorliegt, gedeckt.

Tatbestand

Die Klägerin nimmt den Beklagten wegen Urheberrechtsverletzung, Verletzung des Rechts am eigenen Bild sowie Verletzung des Persönlichkeitsrechts auf Zahlung von Schadensersatz in Anspruch.

Der Beklagte ist ein bekannter Fotograf. Bei Gelegenheit von Werbeaufnahmen, für welche die damals 16-jährige Klägerin Modell gestanden hatte, fertigte der Beklagte 1965 auch einige Nacktaufnahmen von der Klägerin an. Die Negative dieser Bilder händigte er später der Klägerin aus. Im Mai 1966 gab sie ihm auf seine Bitte einen Negativstreifen mit drei Bildern wieder zurück. Was dabei über die Verwendung dieser Bilder vereinbart wurde, ist streitig. Nach Darstellung der Klägerin wünschte der Beklagte eines der Bilder - das hier streitige, das die Klägerin stehend von hinten gesehen mit erhobenen Händen und mit langem, wehendem Haar zeigt - im Rahmen eines Fotowettbewerbs auf der "photokina" 1966, die am 1. Oktober 1966 in K. eröffnet wurde, auszustellen. Der Beklagte behauptet, die Negative seien ihm zur freien Verfügung überlassen worden.

Am 24. September 1966 ließ sich der Beklagte für die von ihm beherrschte Firma S.-and-S. Productions GmbH, D. von der Mutter der Klägerin - die Ehe ihrer Eltern war geschieden, ihre Mutter war Inhaberin der elterlichen Gewalt - gegen Zahlung von 300 DM eine umfassende Erlaubnis zur Verbreitung und Auswertung der drei ihm überlassenen Fotos erteilen. Am 27. September 1966 teilte die Klägerin ihm schriftlich mit, sie lehne die Annahme der ihrer Mutter übergebenen 300 DM ab. Sie sei lediglich einverstanden, daß das streitige Bild auf der "photokina" ausgestellt werde, jede andere Art der Veröffentlichung behalte sie sich vor. Auch untersage sie, im Zusammenhang mit dem Bild ihren Namen zu nennen.

Das Foto stellte der Beklagte auf der "photokina 1966" aus. Außerdem vertrieb er in der Folgezeit eine Schallplatte. Auf der Rückseite der Plattenhülle ist das streitige Foto der Klägerin abgebildet. Bereits auf der "photokina" hatte er den Vertrieb der Schallplatte durch Verteilung von Handzetteln vorbereitet, auf denen gleichfalls das streitige Bild der Klägerin wiedergegeben war. Auch als sogenanntes "Poster" vertrieb der Beklagte das Bild.

Mit der Klage nimmt die Klägerin den Beklagten wegen unerlaubter Verbreitung ihres Bildes auf Unterlassung in Anspruch. Sie begehrt ferner Auskunft und Rechnungslegung über die bisherige Verbreitung sowie die Feststellung, daß der Beklagte zur Herausgabe des durch die Verbreitung ihres Bildes erzielten Gewinns, hilfsweise zur Zahlung einer angemessenen Lizenzgebühr verpflichtet sei.

Der Beklagte hält die Klage für unbegründet.

Das Landgericht hat dem Unterlassungsanspruch stattgegeben, im übrigen die Klage abgewiesen. Das Oberlandesgericht hat die Berufung der Klägerin zurückgewiesen und auf die Berufung des Beklagten die Klage in vollem Umfange abgewiesen.

Mit der Revision verfolgt die Klägerin ihre Klageansprüche weiter.

Entscheidungsgründe

Der Revision war der Erfolg zu versagen.

I. Allerdings ist davon auszugehen, daß - sieht man von der Vereinbarung zwischen der Mutter der Klägerin und dem Beklagten vom 24. September 1966 ab - den Klageansprüchen, insbesondere dem Unterlassungsbegehren, nicht schon das Fehlen einer Rechtsverletzung oder Rechtsgutverletzung entgegensteht. Diese Frage erörtert das Berufungsgericht unter dem Gesichtspunkt des Urheberrechts, des Rechts am eigenen Bild und des allgemeinen Persönlichkeitsrechts.

1. Rechtlich zutreffend verneint das Berufungsgericht freilich ein eigenes Urheberrecht der Klägerin an der umstrittenen Photographie.

a) Nach seiner Auffassung gibt sie keine eigene urheberrechtsschutzfähige Leistung der Klägerin wider. Das Modellstehen allein in unbekleidetem Zustand und in einer Pose, von der sie nicht einmal behaupte, daß sie von ihr erdacht und an sich schon etwas Besonderes sei, könne eine künstlerische Leistung nicht erblickt werden. Auch die Revision erhebt insoweit keine Einwände.

b) Immerhin läßt das Berufungsgericht es offen, ob der Beklagte der Klägerin nicht dadurch, daß er ihr später die Negative der Aufnahmen auf ihren Wunsch übergeben hat, seine urheberrechtlichen Nutzungsbefugnisse übertragen oder - wozu das Berufungsgericht ersichtlich neigt - auf die eigene Ausübung dieser Nutzungsrechte verzichtet hat, so daß hiervon revisionsrechtlich auszugehen ist.

2. Auch ein Recht der Klägerin aus dem Gesichtspunkt der Verletzung des Rechts am eigenen Bild (§ 22 KunstUrhG) steht nach Auffassung des Berufungsgerichts an sich in Frage.

a) Das gilt nach seiner Ansicht allerdings nicht für die Zeit bis zu den Presseveröffentlichungen über den anhängigen Rechtsstreit. Für diesen Zeitraum nimmt das Berufungsgericht an, die Klägerin sei auf dem Bild nicht erkennbar gewesen. Damit folgt es der einhelligen Auffassung in Rechtsprechung und Schrifttum, nach welcher der Begriff des "Bildnisses" die Erkennbarkeit der abgebildeten Person

83

voraussetzt (BGHZ 26, 349, 351 = "Herrenreiter"; BGH Urteil vom 17. November 1960 - I ZR 87/59 - "Familie Schölermann" = NJW 1961, 558; Urteil vom 10. November 1961 - I ZR 78/60 - "Hochzeitsbild" = GRUR 1962, 211; Urteil vom 9. Juni 1965 - I b ZR 126/63 - "Spielgefährtin I" = NJW 1965, 2148, 2149; Urteil vom 26. Januar 1971 - VI ZR 95/70 - "Liebestropfen" = NJW 1971, 698, 699).

In tatrichterlicher Würdigung gelangt das Berufungsgericht zur Überzeugung, daß aus dem Bild weder unmittelbar noch an Hand von Begleitumständen auf die Identität der Klägerin mit der abgebildeten Person geschlossen werden könne. Das wird von der Revision ohne Erfolg mit dem Hinweis bekämpft, zumindest für Bekannte der Klägerin biete das auf der Innenseite der Schallplattenhülle wiedergegebene Foto von der Enthüllung einer Loreley-Statue in St G. eine Möglichkeit zur Identifizierung. Dieses Foto gibt eine Szene aus einem vom Beklagten gedrehten Fernsehfilm wieder. Neben der Rückenansicht der Statue, die eine unbekleidete weibliche Person darstellt, deren Haupthaar bis über die Hüften hinabreicht, ist auf ihm die Klägerin, mit dem Gesicht nach vorn, zu sehen; ihre Haare sind zu langen Zöpfen geflochten. Das Berufungsgericht setzt sich zwar nicht ausdrücklich mit diesem Argument auseinander. Das erlaubt aber nicht den Schluß, es habe diesen Umstand übersehen. Auch für ihn gelten vielmehr seine Ausführungen, daß dem auffallend langen Haar der Klägerin schon im Hinblick auf die verbreitete Verwendung von Perücken noch nicht die Eigenschaft eines Identifizierungsmerkmals beigemessen werden könne. Einen Rechtsfehler läßt diese im wesentlichen auf dem Gebiet der Tatsachenfeststellung liegende und damit dem Tatrichter vorbehaltene Würdigung des Sachverhalts nicht erkennen.

b) Dagegen legt das Berufungsgericht für die Zeit nach den Presseveröffentlichungen über den anhängigen Rechtsstreit zugrunde, nunmehr sei die Klägerin auf der Aufnahme erkennbar.

3. Entgegen der Auffassung des Berufungsgerichts scheitert das Klagebegehren unter dem Gesichtspunkt der Verletzung des Persönlichkeitsrechts der Klägerin nicht schon daran, daß keine Beeinträchtigung dieses Rechtsguts vorliegt.

a) Einer Bejahung steht nicht schon entgegen, was das Berufungsgericht offen läßt, daß § 22 KunstUrhG sich als Sondervorschrift darstellt. Denn durch diese Sonderregelung wird ein Rückgriff auf das Persönlichkeitsrecht nicht verwehrt (vgl. BGHZ 24, 200, 208; 30, 7, 11; Urteil vom 7. Januar 1969 - VI ZR 202/66 - "Spielgefährtin II" = GRUR 1969, 301; Urteil vom 26. Januar 1971 - VI ZR 95/70 = aaO).

b) Das Berufungsgericht verneint eine Verletzung des Persönlichkeitsrechts durch die Verbreitung der Nacktaufnahme - abgesehen von der Einwilligung ("Verzicht") der Mutter der Klägerin als gesetzlichen Vertreterin zu einem solchen Eingriff - aber schon deshalb, weil die Klägerin auf dem Bild nicht erkennbar sei.

Dem kann nicht gefolgt werden.

Zwar war nach der oben dargelegten tatrichterlichen Feststellung die Klägerin zunächst nicht erkennbar. Das galt aber, worauf das Berufungsurteil selbst hinweist, nur "zunächst" (BU Bl 33 u), während sie seit den Presseberichten nach den eigenen Feststellungen des Berufungsgerichts (BU 33 zu II 2) identifizierbar war. Jedenfalls für den Verbietungsanspruch, der in die Zukunft gerichtet ist, muß demnach von einer Erkennbarkeit bei einer künftigen Verbreitung ausgegangen werden.

Auch weitere Gründe sprechen gegen die Meinung des Berufungsgericht. Zwar wird sich der, dessen Anonymität gewahrt ist, in der Regel durch Veröffentlichungen über seine Person nicht verletzt fühlen. Damit ist aber nicht gesagt, daß in einer Veröffentlichung - hier einer Nacktaufnahme ohne Zustimmung - nicht auch dann eine Beeinträchtigung seines Persönlichkeitsrechts liegen kann, wenn der Betroffene nicht erkennbar ist. Zum rechtlich geschützten Bereich des Persönlichkeitsrechts gehört in Ausformung der verfassungsrechtlichen Wertentscheidung der Art 1 und Art 2 GG zugunsten des freien, eigenverantwortlichen Individuums auch, daß der Einzelne allein zur Verfügung über die Verwendung seines Bildnisses oder seines Namens berechtigt ist. Auch wer Abbildungen eines anderen ohne Erlaubnis veröffentlicht, insbesondere aus gewerblichen Gründen, kann damit, auch wenn er dessen Namen nicht erwähnt und der Abgebildete nicht erkennbar ist, das Persönlichkeitsrecht des Betroffenen verletzen, weil er dessen Selbstbestimmungsrecht mißachtet (BGHZ 26, 349, 355; 30, 7, 11/12; 35, 363; Urteil vom 10. November 1961 - I ZR 78/60 = LM Kunst-UrhG § 25 Nr. 5).

Zu dem der Selbstbestimmung vorbehaltenen Persönlichkeitsbereich gehört auch die Entscheidung über die Veröffentlichung des eigenen Nacktbildes, und zwar unabhängig davon, ob es eine Identifizierung des Abgebildeten erlaubt oder nicht. Es ist in einem so starken Maße dem Intimbereich verbunden, daß seine Veröffentlichung auch dann, wenn die abgebildete Person nicht erkennbar ist, ihrer freien Selbstbestimmung unterliegt. Die unbefugte Veröffentlichung des Bildes eines anderen stellt sich deshalb als Anmaßung einer Herrschaft über eine fremdes Persönlichkeitsgut dar. Hinzu kommt, daß der Betroffene stets mit der Möglichkeit einer Aufdeckung seiner Anonymität durch den Verletzer rechnen muß und damit dem Gefühl des Preisgegebenseins und der Abhängigkeit unterworfen ist. Die eigenmächtige Herbeiführung einer solchen Lage kann um der Menschenwürde und der freien, eigenverantwortlichen Persönlichkeitsentfaltung willen nicht gestattet sein (vgl. BGHZ 24, 200, 208; 27, 284, 288).

II. Trotzdem verneint das Berufungsgericht das Unterlassungsbegehren ebenso wie die weiteren Klageansprüche, weil nach seiner Auffassung die Eingriffe des Beklagten durch die Vereinbarung zwischen ihm und der Mutter der Klägerin vom 24. September 1966 gedeckt sind.

1. Hierbei legt das Berufungsgericht in erster Linie die Ansicht zugrunde, diese Vereinbarung sei rechtswirksam, insbesondere habe sie nicht der Zustimmung der Klägerin bedurft. Diese Auffassung greift die Revision an.

a) Der Wirksamkeit dieser Vereinbarung steht entgegen dem Standpunkt der Revision allerdings nicht schon die Vorschrift des § 113 BGB entgegen, nach der die Befugnis der Mutter, die Klägerin zu vertreten, geruht haben könnte.

aa) Das Berufungsgericht führt hierzu aus, es sei bereits zweifelhaft, ob diese Vorschrift sich überhaupt auf Verträge beziehe, die ein Fotomodell nur von Fall zu Fall, also nicht auf Dauer mit einem Fotografen abschließe. Keinesfalls sei sie aber auf Verträge anzuwenden, die sich nicht auf eine Dienstleistung, sondern lediglich auf die Nutzung eines Lichtbildnisses bezögen. Darüber hinaus habe die Klägerin auch nicht vorgetragen, von ihrer Mutter zum Abschluß von Dienstverträgen mit dem Beklagten oder anderen Fotografen ermächtigt worden zu sein.

bb) Hiergegen wendet sich die Revision, jedenfalls im Ergebnis, zu Unrecht.

Es kann dahinstehen, ob der Revision entgegen der Auffassung des Berufungsgerichts darin zu folgen ist, daß auch auf einen Sachverhalt wie den vorliegenden § 113 BGB grundsätzlich anwendbar ist und daß das Vorbringen der Klägerin auch die Behauptung einer entsprechenden Ermächtigung seitens ihrer Mutter umfaßte, zumindest aber Anlaß zur Ausübung des Fragerechts bot. Denn die Unanwendbarkeit dieser Bestimmung folgt bereits aus anderen Gründen. Selbst wenn die Mutter ihre Tochter, die Klägerin, zu einer Tätigkeit als Fotomodell für Werbeaufnahmen ermächtigt hat (was im Revisionsverfahren zu unterstellen ist), erstreckte sich diese Ermächtigung nicht auf das Modellstehen zu der hier streitigen Aufnahme. Hierfür bedurfte es einer besonderen Zustimmung ihrer Mutter. In der Erlaubnis zur Tätigkeit als Fotomodell für Werbeaufnahmen kann ebensowenig eine allgemeine Ermächtigung im Sinne des § 113 Abs. 4 BGB erblickt werden, die auch das Modellstehen für die hier in Rede stehende Aufnahme deckt. Dem steht schon der private Charakter entgegen, den die Nacktaufnahmen jedenfalls nach dem Vorbringen der Klägerin hatten. Auch die von ihr behauptete Unentgeltlichkeit dieser Aufnahmen sprengt den Rahmen einer Ermächtigung nach § 113 BGB (Staudinger/Coing, BGB 11. Aufl § 113 RdNr 4; Soergel/Hefermehl, BGB 10. Aufl § 113 RdNr 2).

b) Im übrigen ist das Berufungsgericht der Auffassung, die Mutter der Klägerin habe die Vereinbarung vom 24. September 1966 kraft der ihr zustehenden gesetzlichen Vertretungsmacht ohne Zustimmung der Klägerin rechtswirksam treffen können. Hierbei geht es davon aus, daß durch die Vereinbarung zwar die Intimsphäre der Klägerin berührt worden sei, meint aber, das schließe die Vertretungsmacht der Mutter nicht aus. Auch hinsichtlich der Grundrechte und des aus ihnen herzuleitenden allgemeinen Persönlichkeitsrechts seien die Eltern die berufenen Sachwalter des Kindes. In welchen Fällen sie zur Vertretung des Kindes nicht befugt seien, regele das Gesetz abschließend. Vor einem Mißbrauch der Vertretungsmacht sei das Kind durch die Möglichkeit eines Eingreifens des Vormundschaftsgerichts nach § 1666 BGB und durch § 138 BGB, dessen Voraussetzungen hier nicht erfüllt seien, hinreichend geschützt. Eine über die bestehende gesetzliche Regelung hinausgehende Beschränkung der elterlichen Vertretungsmacht unter dem Gesichtspunkt der "Grundrechtsmündigkeit" sei abzulehnen, da sie zu unerträglicher Rechtsunsicherheit im geschäftlichen Verkehr führen würde.

Diesen Ausführungen tritt die Revision entgegen.

aa) Die Klägerin macht mit ihrem Unterlassungsbegehren Rechte aus der (drohenden) Verletzung ihres Rechts am eigenen Bild und ihres Persönlichkeitsrechts geltend. In Frage steht, ob diese Verletzung durch eine Einwilligung gerechtfertigt ist. Das Berufungsurteil ist offenbar dahin zu verstehen, daß in der vom Berufungsgericht festgestellten Vereinbarung der Mutter der Klägerin mit dem Beklagten eine derartige Einwilligung enthalten ist - was keinen Bedenken unterliegt - und daß diese Einwilligung der Mutter als der gesetzlichen Vertreterin zur Rechtfertigung der Eingriffe in die bezeichneten Rechte der Klägerin ausreicht, dagegen die Einwilligung der Klägerin nicht erforderlich war.

Demgegenüber meint die Revision, daß in einem Sachverhalt wie hier jedenfalls auch die Einwilligung der damals 16-jährigen Klägerin erforderlich sei, um einen Eingriff in ihr Recht am eigenen Bild und in das Persönlichkeitsrecht durch kommerzielle Verwertung ihres Nacktphotos zu rechtfertigen.

bb) Die Auffassungen vom Inhalt der elterlichen Gewalt haben sich unter dem Einfluß des Grundgesetzes (Art 1 Abs. 1, 2 Abs. 1, 6 Abs. 2 Satz 1 GG) und einer fortschreitenden Jugendemanzipation zunehmend gewandelt. Jetzt wird allgemein ihr Charakter als Pflichtrecht betont (Gernhuber, FamRZ 1962, 89), dessen Ausübung ausschließlich am Wohl des Kindes auszurichten ist. Die mit der "elterlichen Gewalt" verbundenen Befugnisse sind den Eltern, so nimmt man überwiegend an, nicht um ihrer selbst willen verliehen, sondern nur als Hilfsmittel bei der Erziehung ihrer Kinder. Daraus folgert man, daß Inhalt und Grenzen der elterlichen Gewalt zuerst vom Erziehungsziel her zu bestimmen sind. Dieses Ziel kann aber in einer vom Menschenbild der freiheitlichen, eigenverantwortlichen Persönlichkeit geprägten Rechtsordnung nur in der Entfaltung der Persönlichkeit des Kindes zur Selbstverantwortlichkeit bestehen (BVerfGE 24, 119, 144 = NJW 1968, 2233; Gernhuber, FamR 2. Aufl § 7 I 4, § 49 VI 1).

Eine solche an der Wertordnung des Grundgesetzes gemessene Vorstellung von Funktion und Inhalt der elterlichen Gewalt hat zu der Frage geführt, inwieweit ihre überkommene gesetzliche Ausgestaltung heute noch als verbindlich anzusehen oder wie sie in verfassungskonformer Auslegung zu verstehen ist. Im Schrifttum hat man diese Frage weithin unter dem Stichwort "Grundrechtsmündigkeit" erörtert und ist zu sehr unterschiedlichen Lösungsvorschlägen gelangt. Im einzelnen braucht zu ihnen bei Beurteilung des vorliegenden Sachverhalts nicht Stellung genommen zu werden. In der Rechtsprechung hat eine besondere Grundrechtsmündigkeit bisher keine Anerkennung gefunden (vgl. BGHZ 21, 352). Auch das Schrifttum äußert sich überwiegend zurückhaltend (vgl. Gernhuber FamR 2. Aufl § 7 I mwN). Trotzdem sind für gewisse eng begrenzte Teilbereiche auch ohne ausdrückliche gesetzliche Regelung eine selbständige Entscheidungsbefugnis des Minderjährigen oder ein echtes Mitspracherecht schon vor Erreichen der Volljährigkeit anerkannt worden. So hat der erkennende Senat in BGHZ 29, 33, 36 ausgesprochen, ein Minderjähriger könne unter den dortigen besonderen Umständen sogar ohne Zustimmung seines gesetzlichen Vertreters rechtswirksam in einen ärztlichen Eingriff einwilligen, wenn er nach seiner geistigen und sittlichen Reife Bedeutung und Tragweite des Eingriffs und seiner Gestattung zu ermessen vermöge. Eine entsprechende Entwicklung hat sich im Bereich der prozessualen Weigerungsrechte des Kindes vollzogen (vgl. BGHSt 14, 159, 160; 21, 303, 305f). Diese Entscheidungen finden ihre innere Rechtfertigung insbesondere in der Wertsteigerung, die das allgemeine Persönlichkeitsrecht erfahren hat. Sie werden letztlich getragen von der Auffassung, die Rücksicht auf die Persönlichkeit des Minderjährigen gebiete es, ihm in bestimmten Bereichen schon vor Eintritt der Volljährigkeit einen eigenen Verantwortungsbereich einzuräumen. Neben dem individuellen Reifegrad des Jugendlichen wird es dabei insbesondere darauf ankommen, in welchem Ausmaß die in Frage stehende Maßnahme den Persönlichkeitsbereich des Minderjährigen berührt (vgl. Jayme, Die Familie im Recht der unerlaubten Handlung, 1971 S 139f).

cc) Im jetzt zu beurteilenden Sachverhalt geht es nicht wie in BGHZ 29, 33 darum, ob der Minderjährige (die Klägerin) in die Verletzung eines ihm zustehenden Rechts allein ohne den gesetzlichen Vertreter rechtswirksam einwilligen kann, sondern darum, ob der gesetzliche Vertreter allein ohne Mitwirkung (Zustimmung) des Minderjährigen einer solchen Beeinträchtigung rechtswirksam zuzustimmen vermag.

Die Revision verneint die Frage auf Grund folgender Erwägungen: Die Verbreitung des in Rede stehenden Bildes greift, wie bereits in anderem Zusammenhang dargelegt, in die Intimsphäre der Klägerin ein. Es möge durchaus sein, daß der damals 16-jährigen Klägerin die nötige Reife gefehlt habe, um selbständig über die Frage einer kommerziellen Auswertung dieses Fotos entscheiden zu können, was dafür sprechen könne, daß sie nicht ohne ihren gesetzlichen Vertreter handeln konnte, eine Frage, die sich hier nicht stellt. Trotzdem erfordere die Bedeutung, die die weitreichende Verbreitung und Verwertung des Fotos für sie als Mädchen von damals 16 Jahren hat, daß der gesetzliche Vertreter die Einwilligung hierzu grundsätzlich nicht ohne ihre Zustimmung rechtswirksam habe erteilen können.

Das gebiete in einem Fall wie hier die gebotene Berücksichtigung des Persönlichkeitsrechts der Klägerin.

dd) Für eine solche Beurteilung mag einiges sprechen (vgl. auch Hubmann, Das Persönlichkeitsrecht 2. Aufl S 170/171), ohne daß der Senat aus den sogleich erörterten Gründen abschließend dazu Stellung zu nehmen braucht. Dabei wäre es durchaus erwägenswert, daß die Schutzbedürftigkeit des Minderjährigen neben seiner Zustimmung die Mitwirkung des gesetzlichen Vertreters fordern kann (vgl. Senatsurteil vom 16. November 1971 - VI ZR 76/70 = LM BGB § 823 Aa Nr. 28); darauf kommt es im jetzt zu beurteilenden Sachverhalt nicht an, weil diese Mitwirkung vorliegt. Allerdings wäre gewiß noch abzuwägen, wie die Belange der Rechtssicherheit berücksichtigt werden können, soweit ein schutzwürdiges Vertrauen der am rechtsgeschäftlichen Verkehr mit dem Minderjährigen Teilnehmenden vorliegt.

2. Über diese weithin familienrechtliche Frage braucht der Senat abschließend nicht zu befinden. Denn das Berufungsurteil wird jedenfalls durch seine Hilfsbegründung getragen.

a) Die Ausführungen des Berufungsurteils hierzu sind in ihrem Gesamtzusammenhang dahin zu verstehen, die Klägerin sei mit einer Veröffentlichung ihrer Nacktaufnahmen und deren Ergebnis - daß das Bild einer breiten Öffentlichkeit bekannt würde - an sich einverstanden gewesen. Ob sie einer Verbreitung gegen die von ihrer Mutter ausgehandelten wirtschaftlichen Bedingungen, insbesondere gegen das vereinbarte Entgelt, zugestimmt hat, hält das Berufungsgericht dagegen rechtlich für unerheblich.

Dieser Sicht liegt die Rechtsauffassung zugrunde, daß die Zustimmung der Klägerin, sofern sie unter dem Gesichtspunkt der "Grundrechtsmündigkeit" überhaupt erforderlich sein sollte, nicht notwendig ist, soweit es um den Schutz ihrer vermögensrechtlichen Belange geht ("kommerzielle" Verwertung), sondern nur soweit es um die Veröffentlichung ihrer Nacktaufnahmen an sich geht, in denen eine Preisgabe gegenüber der Öffentlichkeit liegt. Diese Meinung ist rechtlich nicht zu beanstanden. Wenn man in Erwägung zieht, die Einwilligung der Klägerin - neben dem Einverständnis ihrer Mutter als gesetzlichen Vertreterin - sei im Streitfall erforderlich, beruht das darauf, daß man die Mitwirkung der Klägerin bei solchen Eingriffen aus persönlichkeitsrechtlichen Gesichtspunkten für notwendig hält. Dagegen gebietet eine derartige Sicht nicht, daß die Klägerin auch insoweit mitwirkt, als es um ihre vermögensrechtlichen Belange geht. Ist es also so, daß der Minderjährige zwar mit dem Eingriff in sein Persönlichkeitsrecht an sich einverstanden ist, ihm aber deshalb widerspricht, weil ihm die vom gesetzlichen Vertreter getroffene vermögensrechtliche Regelung nicht zusagt, dann ist der Eingriff, zu dem somit sowohl die Einwilligung des Minderjährigen wie seines gesetzlichen Vertreters vorliegt, gedeckt.

b) Auf dieser rechtlichen Grundlage ist demnach entscheidend, ob die Klägerin in diesem Sinne in den in der Veröffentlichung liegenden Eingriff, wenn auch nicht ausdrücklich, so doch, was ausreichend wäre, konkludent eingewilligt hat.

aa) Das bejaht das Berufungsgericht, wie seine Ausführungen in ihrem Sinnzusammenhang ergeben. In tatrichterlicher Würdigung ist es davon überzeugt, daß die Klägerin mit einer solchen Veröffentlichung einverstanden war und auch jetzt einverstanden ist, sie sich lediglich gegen die Vereinbarung eines nach ihrer Meinung zu geringen Entgelts wehrt.

Allerdings ist der Revision zuzugeben, daß die Ausführungen zur Hilfsbegründung Wendungen enthalten, die gegen ein derartiges Verständnis (tatrichterliche Feststellung) sprechen können. So wird dort ausgeführt, die Klägerin habe sich eigentlich nie grundsätzlich gegen die Veröffentlichung des Bildes gewandt, was zu der erforderlichen Feststellung allein nicht ausreichen würde. Hierzu bedarf es vielmehr, wie bereits ausgeführt, der Feststellung einer - unstreitig nicht vorliegenden ausdrücklichen oder - schlüssigen Zustimmung der Klägerin. Eine solche tatrichterliche Feststellung hat das Berufungsgericht aber treffen wollen und, wie der Gesamtzusammenhang seiner Ausführungen zeigt, auch getroffen. An Hand verschiedener einzelner Umstände überzeugt sich der Tatrichter, daß die Klägerin nichts einzuwenden hatte gegen eine Veröffentlichung ihrer Nacktaufnahmen und daß sich ihr Widerstand ausschließlich gegen die Art der wirtschaftlichen Verwertung richtete. Hierfür ist ihm nur ein Indiz, daß sich die Klägerin gegen die Veröffentlichung des Bildes selbst grundsätzlich nie gewandt hat.

bb) Diese tatrichterliche Feststellung greift zwar die Revision an. Das Berufungsgericht gewinnt indes seine Überzeugung aufgrund verschiedener Umstände, die es im einzelnen würdigt. Die hiergegen gerichteten Angriffe der Revision (§ 286 ZPO), die der Senat im einzelnen geprüft hat (Art I Nr. 4 EntlG BGH), bleiben im Ergebnis ohne Erfolg. Dazu sei nur soviel ausgeführt:

Das Berufungsgericht weist darauf hin, daß die Klägerin im Schreiben vom 27. September 1966 an den Beklagten - die erörterte Vereinbarung wurde von ihrer Mutter am 24. September 1966 unterzeichnet - der damals bevorstehenden Ausstellung ihres Bildes zustimmte, auch weiteren Veröffentlichungen im Grundsatz nicht ablehnend gegenüberstand und sich lediglich die anderweite Publizierung selbst vorbehielt. Weiter führt das Berufungsurteil an, daß die Klägerin auch in der Klageschrift des jetzigen, erst etwa 4 Jahre später angestrengten Rechtsstreits den Standpunkt vertreten hat, die kommerzielle Verwertung des Bildes stehe ihr zu. In der Berufungsbegründung hat sie vortragen lassen, der Beklagte habe sie durch sein Verhalten um die Möglichkeit gebracht, durch eine an Bedingungen geknüpfte Zustimmung zur gewerblichen Verwertung des Bildes den Gewinn daraus zu erlangen. Wenn das Berufungsgericht aufgrund dieser und weiterer Umstände sich davon überzeugt, die Klägerin sei mit einer Veröffentlichung ihrer Nacktaufnahmen im Grundsatz einverstanden gewesen, soweit sie widersprochen habe, sei es nur darum gegangen, welcher wirtschaftliche Gegenwert für die Zustimmung angebracht gewesen sei, so ist dagegen aus Rechtsgründen nichts zu erinnern.

Entscheidungsname: Fußballspieler
Entscheidungsdatum: 06.02.1979
Aktenzeichen: VI ZR 46/77
Normen: § 22 KunstUrhG, § 23 KunstUrhG
Recht am eigenen Bild: Person der Zeitgeschichte; Publikationsinteresse; wirtschaftliche Beteiligung

Leitsatz

1. Zur Frage, ob es zulässig ist, das Bildnis eines bekannten Fußballspielers ohne dessen Einwilligung als Deckblatt eines Fußballkalenders (Wandkalender) zu vertreiben.

2. Das Interesse des Abgebildeten, an der Veröffentlichung seines Bildnisses aus dem Bereich der Zeitgeschichte wirtschaftlich beteiligt zu werden, schränkt die Veröffentlichungsbefugnis aus KunstUrhG § 23 Abs. 1 Nr. 1 in aller Regel nicht ein (Abgrenzung BGH, 1968-02-20, VI ZR 200/66, BGHZ 49, 288).

Orientierungssatz

1. Auch bei Personen der Zeitgeschichte ist dem Interesse des Abgebildeten, vor einem übermäßigen Zugriff der Öffentlichkeit auf seine Person bewahrt zu werden, allgemein Rechnung zu tragen (Vergleiche BGH, 1957-05-10, I ZR 234/55, BGHZ 24, 200).

2. Zwischen dem Gewicht und der Richtung des Publikationsinteresses und den schutzwürdigen Belangen der Persönlichkeit des Betroffenen ist eine Abwägung zu treffen (Vergleiche BGH, 1971-01-26, VI ZR 95/70, NJW 1971, 698).

3. Im Falle eines Kalenders ist nicht nur der Informationswert des einzelnen Kalenderblattes zur Feststellung des Publikationsinteresses herauszuziehen sondern der Informationswert der Veröffentlichung in seiner Gesamtheit.

Tatbestand

Im Jahr 1975 vereinbarte die Klägerin, eine Werbeagentur, mit dem W.-Verlag die gemeinsame Herausgabe eines Wandkalenders "FUSSBALL 77", den die Kläge-rin konzipiert hatte. Der Kalender war als Monatskalender angelegt. Von dem 73*52,5 cm großen Kalenderblatt enthielt ein 6 cm breiter Streifen am Oberrand die Kalenderangaben; darunter befand sich ein 37*46,5 cm großes Schwarz-Weiß-Bild im Rasterdruck, das vom oberen Kalenderrand abgetrennt werden konnte. Auf sämtlichen Bildern waren charakteristische Kampfszenen aus Länderspielen oder Spielen der Fußball-Bundesliga abgebildet. Das Titelblatt des Kalenders zeigt in grüner Umrandung und deshalb nur in einer Bildgröße von 32*41 cm den Be-klagten im Zweikampf mit einem Gegenspieler bei dem 1973 stattgefundenen Länderspiel Deutschland gegen Griechenland.

Nachdem auf einer Messe ein Vorabdruck des Kalenders vorgestellt worden war, ließ der Beklagte im Februar 1976 durch einen Rechtsanwalt unter Hinweis auf sein Recht am eigenen Bild die Klägerin auffordern, zu erklären, sie werde den Vertrieb, die Weitergabe an Dritte und das Anbieten des Kalenders unterlassen; außerdem verlangte er Auskunft darüber, an wen der Kalender bereits verkauft sei und wem die Klägerin ihn angeboten habe. Zugleich kündigte er eine Schadenser-satzforderung in Höhe von 10.000 DM an. Hierauf sah die Klägerin von einer Herstellung des Kalenders ab, obwohl bereits eine Bestellung vorlag.

Die Klägerin begehrt die Feststellung, daß ein Anspruch des Beklagten auf Unter-lassung des Kalendervertriebs gegen sie nicht bestehe und daß der Beklagte ihr allen Schaden zu ersetzen habe, der ihr durch die unberechtigte Vertriebsuntersa-gung entstanden sei und noch entstehen werde.

Das Landgericht hat der Klage stattgegeben, das Oberlandesgericht sie abgewie-sen. Mit ihrer Revision erstrebt die Klägerin die Wiederherstellung des landge-richtlichen Urteils.

Entscheidungsgründe

I. Nach Auffassung des Berufungsgerichts ist das Feststellungsverlangen der Klä-gerin, dessen Zulässigkeit auch von der Revision nicht bezweifelt wird, unbegrün-det, weil der Beklagte ihr zu Recht Vertrieb und Weitergabe des Kalenders mit seinem Bildnis auf dem Titelblatt untersagt habe. Hierbei stützt sich das Beru-fungsgericht auf die Vorschrift des § 22 Satz 1 KUG, die die Verbreitung und Zurschaustellung von Bildnissen nur mit Einwilligung des Abgebildeten erlaubt. Das Berufungsgericht führt dazu aus: Der Beklagte habe in die Wiedergabe des Bildes auf dem Kalender weder ausdrücklich - das ist unstreitig - noch stillschwei-gend eingewilligt. Selbst wenn unterstellt werde, daß er mit einer Veröffentlichung der Fotografie im Rahmen aktueller Berichterstattung über das ihr zugrundelie-gende Fußball-Länderspiel einverstanden gewesen sei, umfasse solches Einver-ständnis mangels anderer Anhaltspunkte nicht die kommerzielle Auswertung seines Bildnisses in der von der Klägerin beabsichtigten Weise. Auf einen der Ausnahmetatbestände, unter denen die Veröffentlichung nach § 23 KUG auch ohne Einwilligung des Betroffenen erfolgen darf, könne diese sich nicht berufen. Zwar stamme das Bildnis aus dem Bereich der Zeitgeschichte iS von § 23 Abs. 1 Nr. 1 KUG, doch greife die Vorschrift nach ihrem Sinn nur bei einem Informationsbedürfnis der Allgemeinheit ein, an dem es hier fehle. In erster Linie diene die Wiedergabe des Bildes den Geschäftsinteressen der Klägerin, die mit ihm den Absatz ihres Kalenders fördern und sich ein verbreitetes Bedürfnis zunutze machen wolle, Bildnisse berühmter Sportler in besserer als der üblichen Zeitungsqualität zu besitzen. Gerade deshalb habe die Klägerin auf die Abbildung einer Aktion in jenem Spiel zurückgegriffen, an der der Beklagte als einer der populärsten Berufsfußballspieler in effektvoller Weise beteiligt sei, und das Kalenderbild nach Größe, Druckverfahren und Material so ausgestaltet, daß es sich für eine Verwendung als Wandschmuck (Poster) geradezu anbiete. Demgegenüber trete die Informationsvermittlung deutlich in den Hintergrund; nichts sei dafür ersichtlich, daß die abgebildete Spielszene für Verlauf bzw Ausgang des Länderspiels von herausragender Bedeutung gewesen sei. § 23 Abs. 1 Nr. 3 KUG greife ebenfalls nicht ein. Im Vordergrund der Fotografie stehe die Person des Beklagten, nicht die Veranstaltung des Fußballänderspiels. Überdies verletzt die Veröffentlichung des Bildnisses ein berechtigtes Interesse des Beklagten im Sinne von § 23 Abs. 2 KUG. Ihm müsse die Entscheidung darüber vorbehalten bleiben, ob, unter welchen Umständen und auf welche Weise sein Bildnis den Geschäftsinteressen der Klägerin zur Verfügung stehen solle. Insbesondere habe er ein legitimes Interesse daran, an der kommerziellen Auswertung des Bildnisses finanziell beteiligt zu werden.

Unter diesen Umständen komme auch eine Schadensersatzforderung der Klägerin nicht in Betracht.

II. Die Revision hat Erfolg, soweit sie sich gegen die Ausführungen des Berufungsgerichts zum Veröffentlichungsverbot richtet. Entgegen seiner Auffassung kann der Beklagte die Verbreitung seines Bildnisses in der beabsichtigten Weise nicht verbieten.

1. Allerdings läßt die Feststellung des Berufungsgerichts, daß der Beklagte durch sein Einverständnis mit der Benutzung jener Fotografie für eine aktuelle Berichterstattung über das hier in Frage kommende Länderspiel nicht auch dessen Verwendung für einen Fußballkalender gestattet hat, keinen Rechtsverstoß erkennen.

Die Reichweite solcher Einwilligung ist durch Auslegung nach den Umständen des Einzelfalls zu ermitteln. Sie hängt wesentlich von der Art der Veröffentlichung ab, die den unmittelbaren Anstoß für ihre Erteilung gegeben hat (BGHZ 20, 345, 348 - "Paul Dahlke" -; BGH Urt v 10. Nov 1961 - I ZR 78/60 = LM KUG § 23 Nr. 5 - "Hochzeitsbild" -; vom 15. Januar 1965 - Ib ZR 44/63 = NJW 1965, 1374 - "Wie uns die anderen sehen" -; stRspr). Ihr über diesen hinaus Bedeutung auch für spätere Veröffentlichungen eines anderen Zuschnitts beizulegen, ist in aller Regel nur aufgrund eines dahingehenden besonderen Interesses des Betroffenen möglich, wenn anders nicht sein Alleinbestimmungsrecht, das § 22 KUG sichern will, ausgehöhlt werden soll. Daß von hier aus die Einwilligung, die der Beklagte zur Befriedigung eines aktuellen Publikationsinteresses an einem Länderspiel gegeben haben dürfte, nicht ohne weiteres auf eine Bildveröffentlichung erstreckt werden kann, die wie hier ganz anderen Zwecken dient als der Illustrierung eines Sportberichts, hat das Berufungsgericht zutreffend angenommen.

Vergeblich rügt die Revision, das Gericht hätte dem Vorbringen der Klägerin nachgehen müssen, der Beklagte selbst wie auch andere Fußballspieler seien in vielen Fällen ohne sportlichen Aktualitätsbezug in Almanachen, Kalendern usw ohne seine Einwilligung und ohne Zahlung einer Lizenzgebühr abgebildet worden. Dieser Gesichtspunkt berührt schon deshalb nicht, weil die Bedeutung des Bestimmungsrechts sich keineswegs in der Wahrung kommerzieller Interessen erschöpft.

2. Die Klägerin konnte jedoch auch ohne Einwilligung des Beklagten dessen Bildnis in der beabsichtigten Weise verbreiten. Entgegen der Ansicht des Berufungsgerichts wurde ihr das durch § 23 Abs. 1 Nr. 1 KUG gestattet, der die Veröffentlichung von Bildnissen aus dem Bereich der Zeitgeschichte freier stellt.

a) Daß Bundesligaspieler im Blickpunkt eines breiten öffentlichen Interesses stehen und sich deshalb gefallen lassen müssen, als Personen der Zeitgeschichte auch ohne ihre Einwilligung der Öffentlichkeit im Bild vorgestellt zu werden, hat der Senat bereits in BGHZ 49, 288, 293 näher dargelegt (so schon RGZ 125, 80 - "Tull Harder"). Das gilt im besonderen Maß für den Beklagten, der in dem hier maßgebenden Zeitpunkt Spielführer der Nationalmannschaft war und als Fußballspieler international populär ist.

Freilich ist diese Duldungspflicht nicht schrankenlos (BGHZ aaO). § 23 Abs 1 Nr 1 KUG will dem Interesse der Allgemeinheit an einer sachgerechten bildnismäßigen Unterrichtung über solche Persönlichkeiten und Geschehnisse der Zeitgeschichte entgegenkommen, weil und soweit die Öffentlichkeit sie als der Beachtung besonders Wert empfindet. Der Schutzzweck der Ausnahmevorschrift erfaßt daher nicht auch Veröffentlichungen, an denen ein schutzwürdiges Interesse der Allgemeinheit nicht anzuerkennen ist. Das in § 23 Abs 1 Nr 1 KUG geschützte allgemeine Publikationsinteresse steht in einem Spannungsverhältnis zu dem Persönlichkeitsrecht des Abgebildeten, das in einem Ausschnitt durch die §§ 22ff KUG geschützt ist (vgl. die Nachweise im Senatsurteil v 2. Juli 1974 - VI ZR 121/73 = NJW 1974, 1947, 1948 - "Nacktaufnahme"). Auch Personen der Zeitgeschichte haben Anspruch darauf, daß die Allgemeinheit Rücksicht auf ihre Persönlichkeit nimmt.

Diese Rücksichtnahme beschränkt sich nicht darauf, den Abgebildeten vor entstellenden oder seinen Ruf auf andere Weise gefährdenden Bildveröffentlichungen zu schützen; um solche Fallgestaltung geht es hier nicht, denn das in dem Kalender aufgenommene Bildnis des Beklagten wird auch von diesem als einwandfrei anerkannt. Vielmehr ist dem Interesse des Abgebildeten, vor einem übermäßigen Zugriff der Öffentlichkeit auf seine Person bewahrt zu werden, allgemein Rechnung zu tragen (vgl. BGHZ 24, 200, 208 - "Spätheimkehrer"). Das Gesetz unterstreicht das, indem es in § 23 Abs 2 KUG berechtigten Interessen des Abgebildeten gegenüber der Ausnahmeregelung des § 23 Abs 1 KUG ausdrücklich Geltung verschafft. Ob damit rechtssystematisch die Abwägung zwischen Gewicht und Richtung des Publikationsinteresses mit den schutzwürdigen Belangen der Persönlichkeit allein dem § 23 Abs 2 KUG vorbehalten ist oder ob die wechselseitige Abhängigkeit zwischen den Interessen beider Seiten in gewissem Umfang nicht schon bei den Voraussetzungen des § 23 Abs 1 Nr 1 KUG zu berücksichtigen ist (so vor allem Neumann-Duesberg in seinen Anmerkungen in Schulze, Rechtsprechung zum Urheberrecht, BGHZ 150 S 10ff und OLGZ 133 sowie öfter), kann im Streitfall dahingestellt bleiben. Daß eine solche Abwägung stattzufinden hat, ist in der höchstrichterlichen Rechtsprechung seit langem anerkannt (so schon BGHZ 20, 345, 349 - "Paul Dahlke"; BGH Urt v 10. November 1961 - aaO - "Hochzeitsbild"; v 5. Januar 1962 - VI ZR 72/61 = NJW 1962, 1004, 1005 - "Doppelmörder"; v 9. Juni 1965 - Ib ZR 126/63 = NJW 1965, 2148 - "Spielgefährtin I"; v 16. September 1966 - VI ZR 268/64 = NJW 1966, 2353 - "Vor unserer eigenen Tür"; v 26. Januar 1971 - VI ZR 95/70 = NJW 1971, 698 - "Liebestropfen").

So braucht der Beklagte nicht zu dulden, daß sein Bildnis ohne seine Einwilligung zur Werbung für Waren oder gewerblicher Leistung ausgenutzt wird. In dem bereits erwähnten Urteil BGHZ 49, 288 hat der erkennende Senat ferner den Massenvertrieb von Einzelbildnissen bekannter Fußballspieler der Bundesliga durch ein vorwiegend auf die Tauschleidenschaft und Sammelleidenschaft der Interessenten abgestelltes Verkaufssystem nicht ohne Einwilligung des Abgebildeten für zulässig angesehen. Er hat seine Entscheidung im wesentlichen darauf gestützt, daß bei solcher Fallgestaltung zwar die Vermittlung von Information über die Person des Abgebildeten nicht gänzlich fehle, dieser Zweck bei solcher Art des Bildvertriebs aber gegenüber Interessen der Käufer, die Bildnisse im eigenen Besitz zu haben, in den Hintergrund trete, so daß demgegenüber das Interesse der Sportler an einer Entscheidungsbefugnis über solche Verwendung ihrer Bildnisse viel gewichtiger sei. Denn ihnen könne es nicht gleichgültig sein, welche Bildnisse für eine solche Vertriebsart ausgewählt würden; zudem hätten sie ein wirtschaftliches Interesse an der Beteiligung.

b) Zutreffend weist jedoch die Revision darauf hin, daß der Interessenkonflikt in jenem Fall mit dem vorliegenden nicht gleichgesetzt werden kann. Hier wird das Informationsinteresse in der beabsichtigten Bildnisvermittlung in entscheidend stärkerem Maß angesprochen.

aa) Dem Schutzbedürfnis, dem § 23 Abs 1 Nr 1 KUG Rechnung trägt, wird das Berufungsgericht nicht dadurch gerecht, daß es allein das hier inkriminierte, einzelne Kalenderblatt auf seinen Gehalt an Information über Verlauf und Ausgang des Spiels, bei dem das Foto damals aufgenommen worden war, untersucht. Der zeitgeschichtliche Aspekt, der nach dieser Vorschrift eine Bildnisveröffentlichung auch ohne die Einwilligung des Abgebildeten erlaubt, wäre zu eng gesehen, wenn das Bildnis die Person der Zeitgeschichte mit historisch besonders hervorgehobenen und als solche identifizierbaren Geschehnissen in Verbindung bringen müßte, so daß dem Foto selbst gewissermaßen der Wert eines zeitgeschichtlichen Dokuments zukäme. Vielmehr reicht im Grundsatz die Abbildung der Persönlichkeit aus, die wegen ihres Wirkens im Blickpunkt des öffentlichen Interesses steht; § 23 Abs 1 Nr 1 KUG erkennt als schutzwürdig auch das Interesse der Öffentlichkeit an, die Person, auf die sich die allgemeine Aufmerksamkeit richtet, als solche im Bild vorgestellt zu bekommen. Zwar verringert sich dieser Schutz, wenn die Abbildung einem Lebensbereich entnommen ist, zu dem die Öffentlichkeit in aller Regel keinen Zugang haben soll (Privatsphäre: BGHZ 24, 200, 208), oder wenn das Bildnis in einen Rahmen gestellt wird, der den zeitgeschichtlichen Bezug des Abgebildeten verfälscht oder verfremdet. Andererseits muß es den vorrangig geschützten Öffentlichkeitswert des Bildnisses wesentlich erhöhen, wenn es den Abgebildeten bei einer Tätigkeit zeigt, wegen der er gerade die Öffentlichkeit auf sich besonders aufmerksam gemacht hat. Das aber ist bei dem Beklagten nicht nur die Teilnahme an jenem Länderspiel, aus dem die Fotografie stammte; hierüber sagte das Bildnis für einen Durchschnittsbetrachter in der Tat wenig aus. Hier konnte das Bildnis mit einem breiten Interesse der Öffentlichkeit auch deshalb rechnen, weil es den Beklagten als Fußballspieler "in Aktion" zeigte; auch das sind Informationen, die, jedenfalls wenn sie über einen so bekannten Sportler gemacht werden, durch § 23 Abs 1 Nr 1 KUG erleichtert werden sollen.

bb) Darüber hinaus darf im Streitfall nicht allein auf den Informationswert des einzelnen Kalenderblatts gesehen werden, sondern es ist - wie immer bei Bildnisveröffentlichungen - die Veröffentlichung in ihrer Gesamtheit, also der Kalender als Ganzes, insbesondere auch seine einheitliche Konzeption zu würdigen (vgl. BGHZ 24, 200, 209). Unstreitig ist das Bildmaterial danach zusammengestellt, die Bewegungsdynamik kampfbetonter Aktionen in herausgehobenen Fußballspielen zu zeigen. Anders als in dem vorerwähnten Fall der Sammelbildnisse (BGHZ 49, 288) ist das Thema, das die zwölf Abbildungen hier verbindet, selbst von eigenständigem informativen Gehalt, der sich dem einzelnen Bildnis zusätzlich mitteilt. Der Streitfall nötigt nicht dazu, der Frage nachzugehen, ob eine Bildnisveröffentlichung, die auf diese Weise in eine besonders populäre Sportart vorstellt, nicht schon deshalb dem Bereich der Zeitgeschichte zuzurechnen ist (vgl. BGH Urt v 15. Januar 1965 = aaO). Jedenfalls ist ihr Informationswert von erheblich höherem Gewicht als der von Einzelbildnissen, die im wesentlichen nur durch das Tauschinteresse und Sammelinteresse miteinander verbunden sind.

cc) Dieses in der Gesamtkonzeption des Kalenders zum Ausdruck kommende Anliegen verlangt auch, das Publikationsinteresse im Verhältnis zu den übrigen Interessen, die die Klägerin mit der Herausgabe des Kalenders verfolgt, anders als das
Berufungsgericht zu gewichten.

Daß die Klägerin an der Veröffentlichung des Kalenders ein eigenes wirtschaftliches Interesse hat und die Ausgestaltung des Kalenderdeckblatts gerade mit einem
Bildnis des Beklagten wesentlich hierauf zurückgeführt werden kann, mindert weder das Informationsinteresse noch nimmt es ihm die Schutzwürdigkeit. Auch die
Presse erhofft sich durch Bildveröffentlichung eine Verkaufsförderung, indes steht
außer Frage, daß § 23 Abs 1 Nr 1 KUG diesen Umstand bedacht hat. Wohl sind
die wirtschaftlichen Aspekte des Herausgebers eines Bildbandes oder eines Kalenders mit dem Zugriff auf die Person des Abgebildeten anders und enger verknüpft als bei der aktuellen Bildberichterstattung der Presse und des Fernsehens.
Das nötigt jedoch nicht, dieser Art der Bildinformation schon deshalb die Ver-
günstigung des § 23 Abs 1 Nr 1 KUG zu versagen und sie damit in weiten Bereichen überhaupt unmöglich zu machen (vgl. Wenzel, Das Recht der Wortberichterstattung und Bildberichterstattung, 1967, S 89).

Eine solche Betrachtung verlangt auch der Persönlichkeitsschutz des Beklagten
nicht. Durch die Aufnahme seines Bildnisses in den Kalender kann er sich kaum
in stärkerem Maß "kommerzialisiert" sehen, als wenn er etwa im Rahmen einer
Bildberichterstattung über das in dem Kalender behandelte Thema in einer Illustrierten abgebildet worden wäre. Das mag anders sein, wenn dem Kalender ein
thematisches Konzept mit eigenen informativen Gewicht fehlen würde, er sich
etwa auf die Wiedergabe von Sportlerporträts beschränken und auf solche Weise
in erster Linie auf das vom Berufungsgericht angesprochene Interesse des Käufers
an einem Wandschmuck zielen würde. Anders könnte möglicherweise auch der
Fall zu beurteilen sein, wenn das Kalenderblatt als Postkarte ausgestaltet oder die
Person des Abgebildeten auf andere Weise "vermarktet" wäre; darum geht es hier
jedoch nicht. Daß das Kalenderblatt auch in der vorliegenden Gestaltung als
Wandschmuck benutzt werden kann, rückt den Beklagten nicht in jenen Bereich,
in dem er zu einem bloßen Objekt gewerblicher Interessen herabgewürdigt erscheint und vor dem er deshalb um seiner Persönlichkeit willen besonders in
Schutz genommen werden müßte. Wandkalender dienen allgemein solchem
Zweck; trotzdem werden sie nicht nur als Zierde, sondern je nach ihrer Ausgestaltung auch als Informationsträger angesehen und gekauft. Jedenfalls im Streitfall
ist das Bildnis des Beklagten in das informative Konzept des Kalenders so einbezogen, daß er sich nicht als Ware oder zur Werbung mißbraucht fühlen muß. Denn
in seiner Konzeption wird für den Kalender nicht eigentlich mit der Person, sondern mit der Information, dem Fußballsport, geworben; die Person des Beklagten
ist hieran gewissermaßen nur notwendig beteiligt.

c) Das Interesse des Beklagten, an einem Verkaufserfolg mitbeteiligt zu werden, kann eine Befugnis, die Veröffentlichung des Kalenders zu verbieten, ebenfalls nicht rechtfertigen.

Zwar sind wirtschaftliche Interessen des Betroffenen für die Beurteilung von Inhalt und Reichweite seines Persönlichkeitsschutzes, bei dem es auch hier geht, nicht unbeachtlich (aA Neumann/Duesberg in Schulze aaO BGHZ 150, S 16ff; Kleine GRUR 1968, 654). Sie können insbesondere ins Gewicht fallen, wenn der Zugriff auf seine Person Ausschließlichkeitsbefugnisse begründet hat, so daß er in der eigenen Teilnahme am wirtschaftlichen Wettbewerb beschränkt werden kann (RGZ 74, 308, 310; E. Ulmer in Schulze aaO KGZ Nr 4). Hierfür sind jedoch keine Anhaltspunkte hervorgetreten. Im Streitfall kann es sich nur darum handeln, ob dem Beklagten auf diesem Weg eine Vergütung für die Veröffentlichung seines Bildnisses gesichert werden muß. Solche Verwertungsbefugnisse gewährt ihm das Gesetz nicht (vgl. Hubmann, Das Persönlichkeitsrecht, 1967, S 302). Wenn der Senat in der erwähnten Entscheidung in BGHZ 49, 288, 294 das Verlangen von Sportlern oder Künstlern nach wirtschaftlicher Beteiligung am Massenabsatz von Sammelbildnissen als schutzwürdig bewertet hat, so sollte damit nur herausgestellt werden, wie entfernt in jenem Fall solche Vertriebsart vom Schutzzweck des § 23 Abs 1 Nr 1 KUG in ihrer Einseitigkeit wirtschaftlicher Ausnutzung der Persönlichkeit ist. Der Senat hat damit nicht sagen wollen, daß allgemein das Interesse an einer Beteiligung am Vertriebsergebnis schon als vorrangig und damit schutzwürdig iS von § 23 Abs 2 KUG gegenüber Bildnisveröffentlichungen zu berücksichtigen ist, wenn diese wie hier, ein Informationsbedürfnis iS von § 23 Abs 1 Nr 1 KUG erfüllen.

Ob und inwieweit die wirtschaftlichen und sozialen Veränderungen seit Schaffung des Kunsturhebergesetzes im Jahre 1907 Anlaß geben, dem Abgebildeten Leistungsschutzrechte zuzubilligen, muß der Gesetzgeber entscheiden. Eine Rechtsprechung kann sie nicht durch Ausdehnung der Einwilligungsrechte der §§ 22, 23 KUG gewähren, zumal auf diesem Weg der Gesetzeszweck gefährdet würde.

3. Daraus folgt, daß dem Verbot der Bildnisveröffentlichung durch den Beklagten schon § 23 Abs 1 Nr 1 KUG entgegensteht. Es erübrigt sich deshalb ein Eingehen auf die Frage, ob und inwieweit auf Bildnisveröffentlichungen, die wie hier das Typische einer Sportart herausstellen sollen und dabei notwendig Personen zeigen müssen, der Ausnahmetatbestand des § 23 Abs 1 Nr 3 KUG wenn nicht seinem Wortlaut nach, so doch nach seinem Sinn angewendet werden kann.

Das Urteil des Landgerichts war deshalb in diesem Punkt wiederherzustellen.

III. Ob der Klägerin wegen der somit unberechtigten "Schutzrechtsverwarnung" des Beklagten unter dem rechtlichen Gesichtspunkt des Eingriffs in den Gewerbebetrieb (§ 823 Abs 1 BGB) ein Schadensersatzanspruch zusteht, hat das Berufungsgericht - von seinem Standpunkt aus folgerichtig - nicht geprüft. Da hierzu weitere tatsächliche Feststellungen - so hinsichtlich des Verschuldens des Beklagten - erforderlich sind, die das Revisionsgericht nicht selbst treffen kann, war der Rechtsstreit wegen dieses Anspruchs an das Berufungsgericht zur erneuten Verhandlung und Entscheidung zurückzuverweisen. Ihm war auch die Entscheidung über die Kosten der Revision zu übertragen, da diese vom Ausgang des Rechtsstreits abhängt.

Entscheidungsname: Fußballtor
Entscheidungsdatum: 26.06.1979
Aktenzeichen: VI ZR 108/78
Normen: § 812 BGB, § 823 BGB, § 22 KunstUrhG
Abbildung einer Person zu Werbezwecken ohne deren Einwilligung

Leitsatz

1.1 Der Begriff des Bildnisses iS von KUG § 22 hängt grundsätzlich nicht davon ab, daß mit der Veröffentlichung der Abbildung beabsichtigt wird, dem Betrachter gerade die Person des Abgebildeten vor Augen zu führen.

1.2 Zu den Voraussetzungen, unter denen ein Lichtbild, das eine Person von hinten zeigt, ein Bildnis iS von KUG § 22 sein kann.

2. Für die Entschädigung, die dem Betroffenen für den unzulässigen Eingriff in sein Recht am eigenen Bild nach Bereicherungsgrundsätzen zusteht, haben mehrere an dem Eingriff Beteiligte nicht als Gesamtschuldner, sondern nur wegen ihrer eigenen Bereicherung einzustehen.

Tatbestand

Der Kläger verlangt von den Beklagten eine Entschädigung dafür, daß er ohne seine Einwilligung in einer Werbeanzeige der Erstbeklagten für ihre Farbfernsehgeräte abgebildet worden ist.

Den größten Raum der Werbeanzeige nimmt ein Farbfoto ein, das den Kläger als Torwart durch das Netz eines Fußballtors hindurch von hinten zeigt. Unterhalb dieses Fotos ist ein Fernsehgerät der Erstbeklagten abgebildet, auf dessen Bildschirm das Foto - verkleinert - wiederkehrt. Die Fotografie hatte der Fotograf H. bei einem Spiel des Sportvereins D. 98 aufgenommen, dem der Kläger 1974 als Lizenzfußballspieler angehört und mit dem er damals die Meisterschaft in der 2. Liga Süd errungen hatte. Die Zweitbeklagte, eine Bildagentur, hatte das Bild von dem Fotografen zur gewerblichen Nutzung erworben. Dieser hatte ihr in einem

Rahmenvertrag versichert, die von ihm gelieferten Bilder seien frei von Rechten Dritter. Tatsächlich wußte jedoch der Kläger nichts von der Aufnahme. Gegen ein Honorar von 633 DM hatte die Zweitbeklagte die Aufnahme einer Werbeagentur zur Verfügung gestellt, die von der Erstbeklagten mit der Gestaltung der Werbeanzeige beauftragt war. Diese ließ die Anzeige in den Zeitschriften "stern", "Hör-Zu", "Spiegel", "Zeit-Magazin" und "Schöner wohnen" veröffentlichen.

Mit der Klage hat der Kläger von den Beklagten als Entschädigung eine angemessene Vergütung verlangt, die er auf 3.050 DM beziffert hat.

Das Landgericht hat der Klage stattgegeben. Die Berufung der Beklagten ist erfolglos geblieben. Mit der (zugelassenen) Revision verfolgen die Beklagten ihren Antrag, die Klage abzuweisen, weiter. Der Kläger hat sich im Revisionsverfahren nicht vertreten lassen. Die Beklagten haben daher beantragt, gegen ihn durch Versäumnisurteil zu erkennen.

Entscheidungsgründe

Das Berufungsgericht läßt offen, ob der Kläger wegen der ohne seine Einwilligung erfolgten Verwendung der Abbildung zu Werbezwecken von den Beklagten nach Deliktsgrundsätzen Schadensersatz verlangen kann (§ 823 BGB). Nach Auffassung des Berufungsgerichts ist die Klageforderung schon nach den Grundsätzen begründet, unter denen die Rechtsprechung dem Betroffenen bei einem rechtswidrigen Eingriff in sein Recht am eigenen Bild einen Bereicherungsanspruch (§ 812 BGB) auf die geldwerten Vorteile zubilligt, die auf seine Kosten durch den Eingriff erlangt worden sind.

Dazu erwägt das Berufungsgericht: § 22 des Gesetzes betreffend das Urheberrecht an Werken der bildenden Künste und der Fotografie vom 9. Januar 1907 (KUG) schütze den Kläger auch vor der ungenehmigten Veröffentlichung von Abbildungen der hier in Frage stehenden Art. Dieser sei für einen Kenner der Mannschaft seines Sportvereins auf dem Bild unschwer zu erkennen; das genüge, der Wiedergabe in der Werbeanzeige den Charakter eines Bildnisses iS von § 22 KUG zu vermitteln. Zwar hätten die Beklagten es nicht auf einer Darstellung gerade des Klägers abgesehen; doch sei der Schutz des Klägers von der Verfolgung solchen Zwecks nicht abhängig. Auf einen Tatbestand, der nach § 23 KUG ausnahmsweise die Veröffentlichung von Bildnissen ohne Einwilligung des Abgebildeten gestattet, könnten sich die Beklagten nicht berufen. Der Kläger könne deshalb nach Bereicherungsgrundsätzen von den Beklagten die von ihnen durch den Eingriff ersparte Vergütung fordern, die er für die Veröffentlichung seines Bildes hätte fordern können; dies selbst dann, wenn die Beklagten bei voller Kenntnis des Sachverhalts von einer Veröffentlichung abgesehen haben würden. Als solche sei der verlangte Betrag von 3.050 DM angemessen. Für den Betrag hafteten beide Beklagten als Gesamtschuldner, da sie beide an der Veröffentlichung mitgewirkt hätten.

I. Gemäß § 557 ZPO finden in der Revisionsinstanz die Vorschriften für das Versäumnisverfahren in der ersten Instanz entsprechende Anwendung. Beim Ausbleiben des Revisionsbeklagten muß daher, wenn die Revision wie hier zulässig ist, geprüft werden, ob das angefochtene Urteil auf einer Gesetzesverletzung beruht; wird dies bejaht, dann ist der Revision durch Versäumnisurteil stattzugeben (BGHZ 37, 79, 83).

Die Verurteilung der Zweitbeklagten kann aufgrund dieser Prüfung keinen Bestand haben; insoweit war der Rechtsstreit durch Versäumnisurteil an das Berufungsgericht zurückzuverweisen. Demgegenüber hat die Revision der Erstbeklagten keinen Erfolg; das war durch streitmäßiges Urteil auszusprechen.

1. Im Ausgangspunkt ist dem Berufungsgericht darin zuzustimmen, daß beide Beklagte durch die Verwendung der Fotografie zu Werbezwecken das Recht des Klägers am eigenen Bild (§ 22 KUG) verletzt haben.

a) Erfolglos wenden sich die Beklagten gegen die Auffassung des Berufungsgerichts, die Werbeanzeige sei ein Bildnis des Klägers iS von § 22 KUG, obwohl die Aufnahme ihn nur von hinten zeige.

Allerdings setzt der Begriff des "Bildnisses" nach gefestigter Rechtsprechung die Erkennbarkeit der abgebildeten Person voraus (BGHZ 26, 349, 351; Senatsurteil vom 2. Juli 1974 - VI ZR 121/73 = NJW 1974, 1947, 1948 mw Nachw). Dazu gehört jedoch nicht notwendig die Abbildung der Gesichtszüge; es genügt, wenn der Abgebildete, mag auch sein Gesicht kaum oder (etwa durch Retuschen) gar nicht erkennbar sein, durch Merkmale, die sich aus dem Bild ergeben und die gerade ihm eigen sind, erkennbar ist oder seine Person durch den beigegebenen Text (vgl. BGH Urteil vom 9. Juni 1965 - I b ZR 126/63 = NJW 1965, 2148 - Spielgefährtin I), oder durch den Zusammenhang mit früheren Veröffentlichungen (OLG Hamburg Urt vom 9. September 1971, in: Schulze OLGZ 113) erkannt werden kann. Das Recht am eigenen Bild wird schon dann verletzt, wenn der Abgebildete begründeten Anlaß hat, anzunehmen, er könne als abgebildet identifiziert werden (vgl. von Gamm, Urheberrechtsgesetz Einführung Rdz 104; Neumann-Duesberg in: Schulze OLGZ 102, 113, 141; Hubmann, Urheberrecht und Verlagsrecht 2. Aufl S 252; Ulmer, Urheberrecht und Verlagsrecht 2. Aufl S 40; Schulze Urheberrechtskommentar § 22 KSchG Anm 1; vgl. auch BGH Urteil vom 10. November 1961 - I ZR 78/60 = LM KUG § 23 Nr 5 = GRUR 1962, 211 - Hochzeitsbild; Senatsurteil vom 26. Januar 1971 - VI ZR 95/70 = NJW 1971, 698, 700 - Pariser Liebestropfen). Ebensowenig wird verlangt, daß schon der nur flüchtige Betrachter den Abgebildeten auf dem Bild erkennen kann; es genügt die Erkennbarkeit durch einen mehr oder minder großen Bekanntenkreis. Entscheidend ist der Zweck des § 22 KUG, die Persönlichkeit davor zu schützen, gegen ihren Willen in Gestalt der Abbildung für andere verfügbar zu werden. Der besondere Rang des Anspruchs darauf, daß die Öffentlichkeit die Eigensphäre der Persönlichkeit und ihr Bedürfnis nach Anonymität respektiert, verlangt eine Einbeziehung auch solcher Fallgestaltung in den Schutz dieser Vorschrift.

Ob freilich diese Anforderungen an ein Bildnis schon dann erfüllt sind, wenn auf der Abbildung eines Kunstfluges, auf der der Kopf des Piloten als nicht einmal 1 mm großer Punkt erscheint, aus den charakteristischen Merkmalen des Flugzeugs für einen Eingeweihten auf die Person des Piloten geschlossen werden kann, wie das OLG Nürnberg angenommen hat (Urteil vom 26. Oktober 1975, in: Schulze OLGZ 141 m zustimmender Anm Neumann-Duesberg) erscheint zweifelhaft, bedarf hier jedoch keiner weiteren Vertiefung. Hier jedenfalls sind die Voraussetzungen für ein Bildnis nach den Feststellungen des Berufungsgerichts erkennbar erfüllt. Danach war der Kläger für einen Kenner der Fußballmannschaft, der er angehörte, insbesondere aufgrund von Statur, Haltung, Haarschnitt unschwer zu erkennen. Das reicht zur Bejahung der Eigenschaft eines "Bildnisses" iS des § 22 KUG aus. Ob das Berufungsgericht daran gehindert war, seine eigene Kenntnis von dem Bekanntheitsgrad des Klägers als Torwart einer Zweitligamannschaft zu verwerten, wie die Revision meint, kann dahinstehen. Diesen Umstand hat das Berufungsgericht ausdrücklich nur als zusätzliches Moment hervorgehoben; auf ihm beruht ersichtlich das angefochtene Urteil nicht.

b) Zu Recht hat das Berufungsgericht die Anwendung des § 22 KUG nicht daran scheitern lassen, daß es den Beklagten gleichgültig gewesen sein mag, ob die Aufnahme den Kläger oder eine andere Person darstellte.

Das Reichsgericht hat zwar in einem Fall, in dem ein Filmschauspieler in der von ihm dargestellten Rolle abgebildet worden war, die Bildniseigenschaft der Abbildung verneint, weil diese nicht den Zweck verfolgt habe, dem Beschauer die Person des Schauspielers "in ihrer dem Leben nachgebildeten äußeren Erscheinung" vor Augen zu führen, sondern nur die Filmhandlung wiederzugeben (RGZ 103, 319, 320). Diese Einschränkung des § 22 KUG hat jedoch schon der I. Zivilsenat des Bundesgerichtshofs in seinem Urteil vom 17. November 1960 - I ZR 87/59 = NJW 1961, 558 - Familie Schölermann - dahin klargestellt, daß sie allenfalls in Betracht kommen könne, wenn der Schauspieler hinter der "Maske" seiner Rolle in der betreffenden Abbildung nicht mehr "eigenpersönlich" in Erscheinung trete. Um eine solche Fallgestaltung geht es hier nicht. Der Kläger ist "lebenswirklich" abgebildet. Für die Unzulässigkeit der Veröffentlichung solcher Abbildungen ohne Einwilligung des Betroffenen ist in diesen Fällen nur die Belastung der persönlichen Eigensphäre durch den Zugriff auf seine Anonymität mit seiner Vorstellung im Bild ausschlaggebend. Von den mit der Veröffentlichung des Bildes verfolgten Absichten kann dagegen der Schutz des § 22 KUG nicht abhängen (ebenso von Gamm aaO Einführung Rdz 104 mw Nachw; Neumann-Duesberg in: Schulze

OLGZ 141). Weder der Zweck der Vorschrift noch ihr Wortlaut oder ihre Entstehungsgeschichte lassen solche Relativierung des Bildnisschutzes zu. Sofern der I. Zivilsenat des Bundesgerichtshofs in seiner späteren oben erwähnten Entscheidung vom 9. Juni 1965 = aaO zu der Auffassung des Reichsgerichts zurückgekehrt sein sollte, wird hieran nicht festgehalten. Eine Anfrage an den I. Zivilsenat des Bundesgerichtshofs erübrigt sich, da die Rechtsmaterie inzwischen ausschließlich zur Zuständigkeit des erkennenden Senats gehört.

c) Ohne Erfolg müssen die Ausführungen der Revision bleiben, mit denen sie darzulegen sucht, der Kläger sei durch die Veröffentlichung des Bildnisses nicht in seiner Persönlichkeit verletzt, weil die Darstellung weder seine Privatsphäre offenlege, noch ihn in seinem öffentlichen und beruflichen Wirken beeinträchtige. Auf den Schutz vor solchen Nachteilen würde es ankommen, wenn der Kläger wegen Verletzung seines allgemeinen Persönlichkeitsrechts (§ 823 Abs 1 BGB) Schadensersatz, insbesondere ein "Schmerzensgeld", forderte. Er verlangt aber aufgrund der Sonderregelung des Rechts am eigenen Bild lediglich eine Entschädigung dafür, daß die Beklagten sein Bildnis ohne seine Einwilligung veröffentlicht haben (vgl. BGHZ 20, 345, 353); dieser Anspruch besteht auch dann, wenn der Abgebildete nachteilige Wirkungen der Veröffentlichung für seine Person nicht zu besorgen braucht. § 22 KUG sichert für seinen Anwendungsbereich die Unverfügbarkeit der Persönlichkeit; der Betroffene soll selbst und allein darüber bestimmen können, ob und auf welche Weise er der Öffentlichkeit im Bild vorgestellt wird. Über dieses Recht haben sich die Beklagten durch die ungenehmigte Veröffentlichung hinweggesetzt.

Sie können auch nicht darauf hinweisen, daß der Kläger als Fußballspieler ohnehin in der Öffentlichkeit steht. Er hat deshalb nicht geringeren Anspruch auf Achtung seiner Individualsphäre.

d) Allerdings kann das Interesse der Allgemeinheit an der Veröffentlichung eines Bildes das Selbstbestimmungsrecht des Abgebildeten zurücktreten lassen. Diese Ausnahmetatbestände sind in § 23 Abs 1 KUG abschließend geregelt. Sie greifen hier nicht ein.

Die Revision sucht zwar, die Anwendung des § 23 Abs 1 Nr 2 KUG damit zu rechtfertigen, daß der Kläger nur als ein "anonymer Fußballspieler" abgebildet und seine Person deshalb nur nebensächliches Beiwerk der Abbildung gewesen sei. Die Vorschrift stellt jedoch in erster Linie auf das Verhältnis des Abgebildeten zu der übrigen Aussage des Bildes, auf seinen Stellenwert im Gesamteindruck des Bildes, nicht auf den Grad seiner Erkennbarkeit ab. Von einem Beiwerk in diesem Sinn kann grundsätzlich dann keine Rede sein, wenn die Person das Bild fast ganz ausfüllt, wie das hier der Fall ist.

Auch aus anderen Ausnahmetatbeständen des § 23 Abs 1 KUG kann die Revision eine Berechtigung zur Veröffentlichung des Bildes ohne Zustimmung des Klägers nicht herleiten. Bekannte Fußballspieler können zwar Personen der Zeitgeschichte im Sinne von § 23 Abs 1 Nr 1 KUG sein. Doch kann sich auf diese Vorschrift nicht berufen, wer das Bildnis wie hier allein zur Werbung für eine Ware ausnutzt; es entspricht nicht dem Sinn der Regelung, diesem ausschließlich gewerblichen Interesse gegenüber dem Interesse der Person zur Durchsetzung zu verhelfen (BGHZ 49, 288; Senatsurteil vom 6. Februar 1979 - VI ZR 46/77 = GRUR 1979, 425 st Rspr). Mag auch die Person des Klägers für den Werbezweck nicht ausschlaggebend gewesen sein, weil mit dem Bildnis nur "Brillanz und Schärfe" des Fernsehgeräts demonstriert werden sollten, so brauchte er sich doch auch nicht auf diese Weise gegen seinen Willen in eine Werbung spannen zu lassen; dies selbst dann nicht, wenn er bei Zahlung eines Honorars gegen solches Vorgehen nichts einzuwenden gehabt hätte (BGHZ 49, 288, 293ff; Senatsurteil vom 6. Februar 1979 = aaO). Es gehört zum Wesen der Selbstbestimmung, auch in der Wahl der Beweggründe für die Entscheidung frei zu sein.

Schon deshalb auch bedarf die im Senatsurteil vom 6. Februar 1979 = aaO offengelassene Frage, ob auf Bildnisveröffentlichungen, die das Typische einer Sportart herausstellen sollen und dabei notwendig Personen zeigen müssen, § 23 Abs 1 Nr 3 KUG angewendet werden kann, hier keiner Entscheidung. Von schutzwürdigen Belangen der Allgemeinheit, die solche Auslegung rechtfertigen könnten, kann jedenfalls dann nicht gesprochen werden, wenn es wie hier allein darum geht, den Abgebildeten ohne seine Einwilligung zur Werbung für Waren oder gewerbliche Leistungen auszunutzen.

2. Hat somit das Berufungsgericht einen Eingriff beider Beklagten in das Recht des Klägers am eigenen Bild durch ihr Mitwirken an der ungenehmigten Veröffentlichung und Verbreitung seines Bildnisses zutreffend bejaht, so ist ihm im Grundsatz auch darin zu folgen, daß dem Kläger hieraus jedenfalls Bereicherungsansprüche erwachsen sind, für die es auf ein Verschulden der Beklagten nicht ankommt (BGHZ 20, 345, 354). Auszukehren haben die Beklagten nach § 812 BGB an den Kläger, was sie auf seine Kosten erlangt haben. Das ist in solchen Fällen das ersparte Honorar, von dem der Kläger die Erlaubniserteilung hätte abhängig machen können. Daß er kein Urheberrecht an der Fotografie hatte und möglicherweise das Bild anderweitig gar nicht verwertet hätte, steht dem nicht entgegen. Entscheidend ist, daß aus dem Bildnis tatsächlich geldwerte Vorteile gezogen worden sind und daß nach der Verkehrsübung dies nicht hätte geschehen können, ohne den Kläger an ihnen in Form eines Entgelts zu beteiligen (BGHZ 20, 345, 354).

Ebensowenig setzt sich der Kläger mit seinem eigenen Verhalten in Widerspruch, wenn er die Auskehrung des ersparten Honorars verlangt, nachdem er der Erstbeklagten nach dem Erscheinen der Werbeanzeige in der Zeitschrift "stern" eine Weiterveröffentlichung untersagt hat. Ein widersprüchliches Verhalten kann nur in Betracht kommen, wenn er damit zu erkennen gegeben hätte, er lehne grundsätzlich eine Benutzung seines Bildnisses für Werbeanzeigen ab, dies auch dann, wenn ihm dafür ein angemessenes Honorar gezahlt werde. Solche Erklärung hat der Kläger nicht abgegeben.

Ohne Erfolg wendet sich die Revision gegen die Bemessung dieser "Lizenzgebühr", die die Vorinstanzen aufgrund einer Beweisaufnahme auf 3.050 DM gemäß § 287 ZPO geschätzt haben. Dabei sind sie für Anzeigen in auflagestarken Zeitschriften von einem Mindesthonorar von 3.500 DM ausgegangen. Wenn das Berufungsgericht im Streitfall einen niedrigeren Betrag für angemessen gehalten hat, so zeigt das, daß es diejenigen Umstände (Darstellung des Klägers nur von hinten; keinen inneren Bezug seiner Person zu dem angepriesenen Fernsehgerät) berücksichtigt hat, die die Revision als übergangen rügt.

II. 1. Nach dem Vorstehenden ist die Erstbeklagte zu Recht verurteilt worden. Denn die geldwerten Vorteile, die sie für die von ihr verwendete Werbeanzeige erhalten hat, hat sie in Höhe des ersparten Honorars auf Kosten des Klägers erzielt. Sie kann sich nicht darauf berufen, sie hätte, wenn der Kläger von ihr ein Honorar verlangt haben würde, in ihrer Werbeanzeige ein Lichtbild verwendet, für das sie ein Honorar nicht hätte zu bezahlen brauchen. Insoweit muß sie sich an dem von ihr geschaffenen Zustand festhalten lassen (BGHZ 20, 345, 355; Heimann-Trosien RGRK-BGB 12. Aufl § 812 Rdz 13). Die Aufwendungen des für Werbeanzeigen dieser Art üblichen Honorars hat sie auf Kosten des Klägers erspart.

2. Demgegenüber kann der Kläger nicht (neben der Erstbeklagten) auch von der Zweitbeklagten aus dem Gesichtspunkt der Bereicherung Ausgleichung für die Honorarersparnis verlangen.

a) Entgegen der Auffassung des Berufungsgerichts sind die haftungsrechtlichen Grundsätze, nach denen mehrere für einen Schaden Verantwortliche gesamtschuldnerisch zum Ersatz verpflichtet sind, auf das Recht der ungerechtfertigten Bereicherung nicht zu übertragen. Mehrere an einer rechtsgrundlosen Vermögensverschiebung Beteiligte haben als Bereicherungsschuldner nicht für die ganze Entreicherung des Gläubigers, sondern nur für das einzustehen, was sie selbst auf Kosten des Entreicherten erlangt haben. Eine gesamtschuldnerische Haftung kommt insoweit nicht in Betracht (BGH Urteil vom 23. November 1972 - II ZR 103/70 = WM 1973, 71; Heimann-Trosien aaO § 812 Rdz 117). Das gilt nicht anders für die Ersparnisbereicherung bei Eingriffen in das Recht am Bild (vgl. Heimann-Trosien aaO § 812 Rdz 13, 68, 69).

b) Um die Honorarersparnis für die Erlaubnis zur Veröffentlichung der Fotografie zu Werbezwecken, um die es hier allein geht, ist bei gebotener wirtschaftlicher Betrachtung allein die Erstbeklagte bereichert, die ihre Anzeige mit dem Bild hat gestalten lassen und es in die Öffentlichkeit gebracht hat. Der Zweitbeklagten ist diese Ersparnis dagegen nicht zugute gekommen. Mag auch sie auf Kosten des Klägers einen Vermögensvorteil davon gehabt haben, daß sie das Bild (ohne sein Wissen) an die Agentur verkauft hat, die im Auftrag der Erstbeklagten die Werbeanzeige gestaltet hat, so ist dieser Vorteil doch nicht Gegenstand des vorliegenden Rechtsstreits, der die Einbußen des Klägers aus der Verwendung seines Bildnisses zu der Werbeanzeige betrifft. Mit dem ihm üblicherweise zustehenden Honorar für seine Einwilligung in diese Verwendung der Fotografie wäre wirtschaftlich allein die Erstbeklagte belastet worden. Deshalb ist auch nur sie um die Ersparnis auf seine Kosten bereichert.

c) Daraus ergibt sich, daß das Berufungsurteil nicht bestehen bleiben kann, soweit es zum Nachteil der Zweitbeklagten ergangen ist. Die gegen sie erhobene Entschädigungsforderung kann allenfalls unter deliktischen Gesichtspunkten wegen Verletzung des allgemeinen Persönlichkeitsrechts in der Form der Verletzung des Rechts am eigenen Bild begründet sein. Das Berufungsgericht hat - von seinem Standpunkt aus folgerichtig - hierzu keine Feststellung getroffen, insbesondere offengelassen, ob der Zweitbeklagten ein Verschulden an dem Eingriff in das Persönlichkeitsrecht des Klägers anzulasten ist. Da das Revisionsgericht diese Feststellungen nicht selbst treffen kann, war die Sache insoweit an das Berufungsgericht zurückzuverweisen, dem auch die Entscheidung über die Kosten der Revision übertragen wird.

Entscheidungsname: Wahlkampfillustrierte
Entscheidungsdatum: 27.11.1979
Aktenzeichen: VI ZR 148/78
Normen: § 823 BGB, § 22 KunstUrhG
Geldentschädigung wegen Verletzung des Persönlichkeitsrechts durch Abbildung in einer Wahlkampfillustrierten

Leitsatz

1. Will eine politische Partei einen Bürger durch Abbildung in ihrer Wahlkampfillustrierten in ihren Wahlkampf einspannen, so muß sie sich seiner besonderen Zustimmung zu solchem Vorhaben zuverlässig versichern. Daß sie die Herstellung der Illustrierten einer erprobten Werbeagentur übertragen hat, befreit sie von dieser Verantwortung nicht.

Tatbestand

Der beklagte Landesverband der ... brachte Ende September 1974 anläßlich des Landtagswahlkampfs die Illustrierte ... heraus, in der er für seine politischen Ziele warb. In der Schrift waren unter der Überschrift " ... jetzt wählen wir die Sicherheit" sechs Abbildungen von Vertretern repräsentativer Bevölkerungsgruppen abgedruckt: "Schülerin, 18 Jahre", "Arbeitnehmer, 35 Jahre", "Frau, 32 Jahre",

"Selbständiger, 53 Jahre", "Landwirt, 39 Jahre" und "Rentner". Über jedem Bild standen als Zitat Aussagen zu Problemen der durch das Bild jeweils repräsentierten Gruppe. Das Bild "Frau, 32 Jahre" zeigte die Klägerin, damals 26 Jahre alt. Das dem Bild beigegebene Zitat lautete:

"Manchmal sage ich mir, wir Frauen sind doch die Gelackmeierten. Hausfrauen werden oft als Menschen 2. Klasse angesehen. Berufstätige Frauen kommen schlechter voran als die Männer. Ich möchte endlich selbst entscheiden können, ob ich als Hausfrau oder in einem anderen Beruf arbeiten will. Irgendwas muß doch da zu machen sein, Kinderkrippen, Tageskindergärten, Ganztagsschulen. Jedenfalls muß für unsere Anliegen mehr getan werden"!

Die Klägerin ist seit März 1973 Mitglied der ... und war bei Erscheinen der Zeitschrift als Jugendleiterin im Jugendzentrum ... in ... tätig. Das Zitat stammte nicht von ihr. Das Bild hatte sich die Werbeagentur, die der Beklagte mit der Herstellung der Broschüre beauftragt hatte, über ein Bildarchiv besorgt; in dieses war es aus Anlaß eines Bildberichts über das von der Klägerin geleitete Jugendzentrum gelangt.

Die Wahlkampfbroschüre in einer Auflage von 1,25 Millionen wurde von den Kreisverbänden der ... verteilt. Am 30. September 1974 erwirkte die Klägerin im Wege der einstweiligen Verfügung ein Verbreitungsverbot gegen den beklagten Landesverband. Nach deren Zustellung am 2. Oktober 1974 veranlaßte dieser die Einstellung der Verteilung. Vorher hatte der Vorsitzende des ... -Kreisverbandes ... in einem Rundschreiben an die Vorsitzenden seiner Ortsverbände ua geschrieben:

"Besonders wichtig und eilig!

Liebe Freunde!

Wie Sie wahrscheinlich aus der Zeitung entnommen haben, wurde von der Zivilkammer des Frankfurter Landgerichts der hessischen ... untersagt, die Landtagswahlkampfbroschüre " ... " zu verteilen, da in der Broschüre eine Dame abgebildet ist, die der ... angehört und Einspruch dagegen erhoben hat.

Wie mir soeben vom Landesverband telefonisch mitgeteilt wurde, ist dem ... -Landesverband offiziell von diesem Urteil noch nichts bekannt. Der ...-Landesverband wird gegen dieses Urteil Einspruch erheben, so daß es zu einer erneuten Verhandlung kommt. Es ist nicht vorhersehbar, wie dieser Rechtsstreit ausgeht.

Wir bitten Sie daher sehr dringend, diese Broschüre weiter zu verteilen oder aber umgehend sofort mit der Verteilung zu beginnen ... "!

Die Klägerin hat den beklagten Landesverband auf Zahlung einer angemessenen Entschädigung in Anspruch genommen.

Landgericht und Oberlandesgericht haben ihr eine Entschädigung von 7.500 DM zugesprochen.

Mit der (zugelassenen) Revision erstrebt der Beklagte weiterhin die Abweisung der Klage.

Entscheidungsgründe

I. 1. Zutreffend geht das Berufungsgericht davon aus, daß der beklagte Landesverband als Herausgeber der Wahlkampfillustrierten mit der inkriminierten Veröffentlichung das Persönlichkeitsrecht der Klägerin verletzt hat (§ 823 Abs 1 BGB).

Wie schon das Landgericht herausgestellt hat, dessen Beurteilung das Berufungsgericht insoweit übernimmt, beschränkte sich die Persönlichkeitsverletzung nicht darauf, daß durch die Veröffentlichung ohne ihre Einwilligung das Recht der Klägerin am Bild verletzt worden ist (§ 22 KUG). Vielmehr war hier durch Verbindung des Bildes mit Zitaten, die der Leser der Klägerin zuschreiben mußte und die sie in einen Gegensatz zum eigenen parteipolitischen Standort brachten, ganz allgemein durch die Verwendung ihrer Person in der Wahlkampfwerbung einer mit der eigenen Partei rivalisierenden politischen Partei ein falsches Persönlichkeitsbild von der Klägerin gezeichnet worden. Solcher Eingriff hat die Klägerin nach den unangegriffenen Feststellungen des Berufungsgerichts privat und beruflich schwer getroffen; er konnte nie durch schutzwürdige Interessen des Herausgebers der Wahlkampfbroschüre gedeckt sein.

All das wird auch von der Revision nicht angezweifelt.

2. Der Streit geht nur darum, ob solche Verletzung die Zuerkennung der Verlangten Geldentschädigung nach den Grundsätzen rechtfertigt, die der Bundesgerichtshof - unter Billigung des Bundesverfassungsgerichts (BVerfGE 34, 269 = NJW 1973, 1221) - zum Ausgleich schwerer Angriffe in das Persönlichkeitsrecht gewährt (BGH Urt vom 26. Januar 1971 - VI ZR 95/70 = NJW 1971, 698 mN).

Das Berufungsgericht bejaht das und erwägt dazu: Die Veröffentlichung habe die Klägerin dem Spott ihrer politischen Gesinnungsfreude und dem Verdacht ausgesetzt, sich freiwillig und für Geld dem politischen Gegner zu Wahlkampfzwecken zur Verfügung gestellt und ihr politisches Engagement für die eigene Partei nur vorgetäuscht zu haben. Vor allem auch ihre Glaubwürdigkeit bei den von ihr betreuten Jugendlichen sei dadurch nicht unerheblich belastet worden.

Allerdings könne es zweifelhaft sein, ob solcher Zugriff auf die Persönlichkeit durch eine politische Partei angesichts deren demokratischer Zielsetzung über den Unterlassungsanspruch hinaus im Regelfall eine Geldentschädigung erfordere. Hier treffe aber den beklagten Landesverband ein schweres Verschulden, so daß jedenfalls aus diesem Grund die Entschädigung zuerkannt werden müsse. Denn er habe es in der Zeit nach Erlaß der einstweiligen Verfügung am 30. September 1974 und bis zu deren Zustellung am 2. Oktober 1974 trotz Kenntnis des Verfügungsverbots vorsätzlich unterlassen, die weitere Verbreitung der Illustrierten durch die Kreisverbände zu unterbinden, wozu er als Veranlasser der Schrift verpflichtet und als Landesverband auch in der Lage gewesen sei.

II. Im Ergebnis kann die Revision gegen diese Ausführungen des angefochtenen Urteils keinen Erfolg haben.

1. Zutreffend geht das Berufungsgericht davon aus, daß eine Geldentschädigung nur zuzubilligen ist, wenn das Bedürfnis des Betroffenen nach solchem Ausgleich unabweisbar ist. Deshalb gewährt die Rechtsprechung sie nur bei schweren Eingriffen in den Eigenwert der Persönlichkeit und nur dann, wenn sich die erlittene Beeinträchtigung nicht auf andere Weise befriedigend ausgleichen läßt. Ob ein derart schwerer Eingriff anzunehmen ist, kann jeweils nur aufgrund der gesamten Umstände des konkreten Falls beurteilt werden. Hierbei sind insbesondere Art und Schwere der zugefügten Beeinträchtigung, der Grad des Verschuldens sowie Anlaß und Beweggrund für die Beeinträchtigung zu berücksichtigen (Senatsurt vom 26. Januar 1971 = aaO).

2. Entgegen der Auffassung der Revision ist für solche Beurteilung nicht nur die Zeit vom Erlaß der einstweiligen Verfügung bis zu ihrer Zustellung an den Beklagten heranzuziehen, der das Berufungsgericht für dessen Verschulden ausschlaggebende Bedeutung zumißt. Zwar können diesem die Auswirkungen der Veröffentlichung nur insoweit angelastet werden, als sie auf seinem Verschulden beruhen. Es ist deshalb rechtlich bedenklich, wenn das Berufungsgericht zwar für die Bemessung der Entschädigung auf die Zeit der Herausgabe der Schrift, für das Verschulden dagegen nur auf die Zeit seit Erlaß der einstweiligen Verfügung abhebt. Doch könnte die Revision hieraus nur dann etwas für sich herleiten, wenn der Schuldvorwurf gegen den beklagten Landesverband erst für jenen späteren Zeitpunkt (Kenntnis vom Erlaß der einstweiligen Verfügung) begründet gewesen wäre. Offensichtlich will aber das Berufungsgericht selbst die Verantwortlichkeit des beklagten Landesverbands auch schon für den Zeitpunkt der Herausgabe der Schrift nicht in Zweifel nehmen, sondern nur offen lassen, ob ihm insoweit bereits ein schweres Verschulden anzulasten ist. Jedenfalls aber steht nach dem festgestellten Sachverhalt die Verantwortlichkeit des beklagten Landesverbandes für die Persönlichkeitsverletzung auch schon vom Zeitpunkt der Inverkehrgabe der Wahlkampfbroschüre ab fest:

a) Selbst wenn der Landesverband Herstellung und Ausgestaltung der Wahlkampf-fillustrierten ganz der Werbeagentur überlassen haben sollte, wäre er dadurch von seiner Verantwortlichkeit für den Inhalt der Schrift und ihre Veröffentlichung nicht freigestellt. Er hatte sie veranlaßt, zumindest finanziert und besaß rechtlich und faktisch als "Herr" der Illustrierten alle Einwirkungsmöglichkeiten auf ihr Erscheinen. Diese Stellung verpflichtete ihn, zumindest durch genaue auf den Zweck der Illustrierten eigens zugeschnittene Anweisungen an die Agentur und durch sorgfältige Kontrollen ihres Inhalts schon vor der Publikation dafür zu sorgen, daß Eingriffe in Persönlichkeitsrechte des Bürgers von der Art und dem Gewicht wie hier ausgeschlossen wurden. Daß insoweit, wie das Berufungsgericht meint, für politische Parteien ein geringerer Sorgfaltsmaßstab gelten könnte als für andere Unternehmen der Publizistik, ist abwegig. Die Persönlichkeit hat gegenüber politischen Parteien keinen geringeren Anspruch auf Achtung ihrer schutzwürdigen Interessen; vielmehr sind diese besonders schutzwürdig, wenn der Bürger auf die geschehene Weise in den Wahlkampf einer politischen Partei eingespannt wird.

In Anbetracht der auf dem Spiel stehenden besonders schutzwürdigen Interessen jedes Betroffenen liegt es, wie dies das Landgericht angenommen hatte, durchaus nahe, den Landesverband als Herausgeber für verpflichtet zu halten, sich mit der betroffenen Person selbst wegen deren Einwilligung in solche Mitwirkung bei der Wahlkampfwerbung in Verbindung zu setzen (zur verlegerischen Sorgfaltspflicht bei Bildnisveröffentlichungen vgl. im übrigen Senatsurt vom 26. Januar 1971 = aaO; BGH Urt vom 10. November 1961 - I ZR 78/60 = LM KUG § 23 Nr 5 - "Hochzeitsbild"; Urt vom 15. Januar 1965 - I b ZR 44/63 = GRUR 1965, 495 "Satter Deutscher", insoweit nicht in LM KUG § 22 Nr 9 veröffentlicht; Löffler, Presserecht, 2. Aufl Bd I 14. Kap Rdz 101 ff). Aber selbst wenn man annimmt, daß er auch dies der Agentur überlassen durfte, so mußte er jedenfalls besonders sicherstellen, daß diese die hierzu erforderlichen Schritte auch unternahm. Denn daß dies im notwendigen Ausmaß geschehen würde, konnte er auch dann nicht voraussetzen, wenn er von der Zuverlässigkeit der Agentur als Werbeunternehmen überzeugt sein konnte. Aktionen im Wahlkampf stehen unter anderem Vorzeichen als Maßnahmen der Wirtschaftswerbung für eine gewerbliche Leistung oder ein Industrieerzeugnis. Das wirkt sich auch auf den Schutz der durch eine Wahlbroschüre gefährdeten Persönlichkeitsrechte aus. So kann die Einwilligung des Betroffenen in die Verwendung des Bildnisses seiner Person etwa zu Werbezwecken nicht zugleich als Zustimmung angesehen werden, sich auch in den Wahlkampf einer politischen Partei einspannen zu lassen. Das verbietet sich von vornherein wegen der ganz andersartigen und einschneidenderen Belastung der Persönlichkeit durch solchen Zugriff. Hier wird sie in ihrer politischen Gesinnung der Öffentlichkeit vorgestellt und auf den Standort der werbenden Partei festgelegt. Solche Darstellung greift weit intensiver und regelmäßig folgenreicher für die Privatsphäre auf die Persönlichkeit zu als etwa die "normale" Wirtschaftswerbung. Der vom Berufungsgericht angesprochene Gesichtspunkt, daß die Wahlkampfwerbung demokratischen Zielen diente, ist in diesem Zusammenhang, wo es um die persönliche Eigensphäre geht, ganz unbeachtlich. Will eine politische Partei sich auf diese Weise der Persönlichkeit für ihre Zwecke bedienen, so muß sie sich der besonderen Zustimmung des Betroffenen, die sich gerade auf solches Vorhaben bezieht, zuverlässig versichern.

b) Der beklagte Landesverband konnte sich nicht damit beruhigen, die Werbeagentur werde diese besondere Interessenlage sehen und nach ihr verfahren. Solche Agenturen sind vornehmlich auf Wirtschaftswerbung eingestellt, bei der das Vorgehen unter anderen Vorzeichen steht. Zudem ist die im Einzelfall erforderliche Auseinandersetzung mit dem Betroffenen unter Erläuterung der Zielvorstellungen von Hause aus eine Aufgabe der Partei. Wenn sich der Beklagte dieser Aufgabe nicht unterziehen wollte, so hatte er zumindest der Agentur genaue Anweisungen über das erforderliche Verfahren zu geben. Das ist nicht geschehen, vielmehr hat er sogar noch im Rechtsstreit die irrige Vorstellung vertreten, die aus irgend einem Anlaß einmal erteilte Einwilligung in die Veröffentlichung eines Bildnisses schließe auch eine Verwendung im Wahlkampf ein.

Mag solche mangelnde Rücksicht auf die schutzwürdigen Belange der Persönlichkeit auch sonst im Wahlkampf geübt worden sein, so entlastet das den beklagten Landesverband nicht. Maßgebend ist auch im Wahlkampf nicht die übliche, sondern die im Verkehr erforderliche Sorgfalt. An sie sind strenge Anforderungen zu stellen, wenn es um den Schutz der Persönlichkeit geht. Im Streitfall kann sich der Beklagte um so weniger auf eine Übung berufen, als sich hier der Zugriff auf die Person der Klägerin nicht auf die Benutzung ihres Bildes aus einem Bildarchiv beschränkt hat, sondern ihr Zitate unterschoben worden sind, die sie selbstverständlich nicht gemacht hat. Daß solcher Mißbrauch der Persönlichkeit nicht durch eine bloße Zustimmung zur Bildnisveröffentlichung gedeckt sein konnte, mußte selbst dem Beklagten von vornherein klar sein.

c) Aus diesem Grund hat der beklagte Landesverband in zurechenbarer Weise mit der Veröffentlichung der Wahlkampfzeitung die Klägerin so schweren persönlichen Belastungen ausgesetzt, daß die Geldentschädigung allein schon durch diese Vorgänge getragen wird; deren Höhe hält sich im unteren Bereich der in solchen Fällen zuerkannten Beträge. Auf andere Weise war der Eingriff in die Persönlichkeit der Klägerin nicht hinreichend auszugleichen. Selbst wenn der beklagte Landesverband sich sofort und aufrichtig bei der Klägerin entschuldigt hätte, würde das den sie belastenden Eindruck nicht beseitigt haben, Wahlkampfinteressen weithin schutzlos ausgeliefert gewesen zu sein.

3. Entgegen der Auffassung der Revision konnte das Berufungsgericht aber auch das Verhalten des beklagten Landesverbands nach Erlaß der einstweiligen Verfügung für die Zuerkennung der Entschädigung heranziehen.

Dabei kann dahinstehen, ob dem Berufungsgericht darin gefolgt werden kann, daß der Beklagte durch seine Säumnis das Persönlichkeitsrecht der Klägerin gar vorsätzlich verletzt hat. Insoweit mag für die zivilrechtliche Beurteilung entgegenstehen, daß er sich nach seinem Vorbringen der Verpflichtung zum Einschreiten nicht bewußt gewesen ist. Jedenfalls war es eine schwere Rücksichtslosigkeit gegenüber der Klägerin, wenn er bei der gegebenen Sachlage immer noch keinen Anlaß sah, unverzüglich alle ihm möglichen Schritte einzuleiten, um einer weiteren Verteilung der Illustrierten entgegenzutreten, mit solchen vielmehr erst bis zur Zustellung der einstweiligen Verfügung gewartet hat.

a) Erfolglos macht die Revision geltend, der beklagte Landesverband habe nicht gewußt, weshalb die einstweilige Verfügung erlassen worden war. Das Berufungsgericht konnte aufgrund der Aussage des Geschäftsführers des Beklagten das Gegenteil feststellen; danach ist der Zeuge durch Bericht in mehreren Zeitungen vom 30. September 1974 über den Grund der Beanstandungen unterrichtet gewesen.

Ohne Rechtsfehler hat das Berufungsgericht festgestellt, daß der beklagte Landesverband nicht nur verpflichtet, sondern auch in der Lage gewesen ist, die Einstellung der Verteilungsaktion gegenüber den Kreisverbänden durchzusetzen. Mit ihren Ausführungen zur rechtlichen Selbständigkeit der Kreisverbände und Ortsverbände dringt die Revision nicht durch. Sie verkennt, daß es im Streitfall nicht darum geht, ob und inwieweit der beklagte Landesverband für ein Verhalten der Untergliederungen haftungsrechtlich verantwortlich ist. Vielmehr hat er als Herausgeber der Wahlkampfillustrierten durch eigene Leichtfertigkeit die Klägerin schweren Belastungen ausgesetzt und war deshalb verpflichtet, den schädlichen Auswirkungen seines eigenen Tatbeitrags so schnell wie möglich entgegenzuwirken. Daß er dazu tatsächlich in der Lage gewesen ist, wie das Berufungsgericht unangegriffen feststellt, reicht für die rechtliche Verpflichtung zur Einwirkung auf die Verteilungsaktion aus.

b) Da dem beklagten Landesverband die nachteiligen Auswirkungen der Wahlwerbung von Anfang an zuzurechnen sind, kommt es für die Beurteilung der Entschädigungswürdigkeit der Vorgänge auch nicht darauf an, ob und inwieweit der Klägerin dadurch, daß er nach Erlaß der einstweiligen Verfügung zunächst nichts veranlaßt hat, ein besonderer Nachteil entstanden ist. Auch wenn solche zusätzlichen Nachteile nicht festzustellen wären, kennzeichnet doch der Vorwurf der Untätigkeit den Mangel an Rücksicht gegenüber den schutzwürdigen Belangen der Klägerin. Diese Einstellung des beklagten Landesverbandes hat bei der Bemessung der Entschädigung Bedeutung für das Maß an Genugtuung, auf die die Klägerin Anspruch hat.

Entscheidungsname: Nacktfoto
Entscheidungsdatum: 22.01.1985
Aktenzeichen: VI ZR 28/83
Normen: Art 2 Abs 1 GG, Art 5 Abs 1 S 2 GG, § 823 Abs 1 BGB, § 830 Abs 1
S 2 BGB, § 840 Abs 1 BGB
Wird im Fernsehen ohne Einwilligung des Abgebildeten ein Nacktfoto ausge-
strahlt, das 7 Jahre zuvor für ein dem Schulunterricht dienendes Biologie-
buch hergestellt worden ist, so liegt ein schwerwiegender Eingriff in das Per-
sönlichkeitsrecht vor, der die Fernsehanstalt zur Zahlung einer Geldentschä-
digung verpflichtet.

Orientierungssatz

Die ohne Einwilligung des Abgebildeten in mehreren Zeitschriften und einer Fernsehsendung erfolgenden Veröffentlichungen seines Nacktfotos stellen, auch wenn
sie sämtlich innerhalb einer kurzen Zeitspanne liegen, selbständige punktuelle
Eingriffe in das Persönlichkeitsrecht des Abgebildeten dar, die sein Selbstbestimmungsrecht stets neu verletzen und jeweils für sich zu beurteilen sind. BGB § 830
Abs 1 S 2, BGB § 840 Abs 1, die schon nach ihrem Wortlaut die Entstehung eines
einheitlichen Schadens voraussetzen, finden keine Anwendung.

Tatbestand

Der Erstkläger (im folgenden: Kläger), von Beruf Fotomodell, stellte sich im Jahre
1973 mit seinem damals vierjährigen Sohn (dem früheren Zweitkläger) neben einem weiblichen Fotomodell und einem kleinen Mädchen in unbekleidetem Zustand einem Fotografen für ein Gruppenbild zur Verfügung, das in dem Biologie-
Unterrichtsbuch eines Schulbuchverlages zur Darstellung der Unterschiede der
Geschlechter veröffentlicht wurde. Der Kläger erhielt hierfür ein "Freundschafts-
honorar" von 100,-- DM; sein Sohn 50,-- DM.

Das 1974 erschienene und bundesweit vertriebene Schulbuch, dessen Gesamtauflage sich nach dem unstreitigen Vorbringen der Beklagten auf wohl über 100.000
Exemplare beläuft, wurde in den Jahren 1975-1980 auch an bayerischen Realschu-
len und Gymnasien verwendet. Aufgrund einer Änderung der Curricularen Lehr-
pläne für Biologie an den Gymnasien (Bekanntmachung vom 8. Juli 1980 - KMBl.
I S. 519; vgl. auch Richtlinien für die Familien- und Sexualerziehung in bayerischen Schulen vom 17. Juli 1980 - KMBl. I S. 531) durfte der Sexualkundeunter-
richt an bayerischen Schulen fortan nur noch anhand schematisierter Abbildungen
erfolgen. Die Verwendung hiermit nicht übereinstimmender Schulbücher - so auch
des fraglichen Biologiebuches - wurde bis zum Ablauf des Schuljahres 1980/1981
befristet; sie durften danach in Bayern nicht mehr benutzt werden.

Über die Änderung des bayerischen Unterrichtsverfahrens erschien am 20. November 1980 ein kritischer Artikel ("Aufklärung mit Strichmännchen") in der Illustrierten S. und Anfang 1981 eine Abhandlung im Satiremagazin T. In beiden Zeitschriften wurde dabei, ohne die Einwilligung des Klägers einzuholen, das eingangs genannte Nacktfoto abgedruckt. Auch die beklagte Fernsehanstalt strahlte am 31. Januar 1981 in der Sendung "Länderspiegel" einen kritischen Beitrag zu den neuen Richtlinien der bayerischen Schulverwaltung aus und zeigte dabei, ohne das Einverständnis des Klägers zu erfragen, das Foto für ca. 2 Sekunden in einer den Bildschirm ausfüllenden Fläche und sodann für jeweils eine weitere Sekunde mit einem schräg verlaufenden "Verbotsstrich" und mit einem "Verbotskreuz".

Der Kläger fühlt sich durch die Veröffentlichung des Fotos um das ihm hierfür üblicherweise gezahlte Honorar geschädigt sowie in seinem Recht am eigenen Bild und in seiner Persönlichkeit verletzt. Auf seine Klage wurde der die Zeitschrift S. herausgebende Verlag zur Zahlung eines "Schmerzensgeldes" von 5.000 DM verurteilt (OLG Stuttgart NJW 1982, 652); der Kläger erhielt aufgrund nachträglicher Vereinbarung schließlich einen Betrag von 7.500 DM ausbezahlt. Gegen den Verlag T. erstritt der Kläger einen Zahlungstitel über ein "Schmerzensgeld" von 3.000 DM; dieser Betrag ist bislang nicht geleistet worden.

Mit der vorliegenden Klage haben der Kläger und sein Sohn - der nach Obsiegen mit seiner Honorarforderung von 250,-- DM inzwischen aus dem Rechtsstreit ausgeschieden ist - die Beklagte auf Schadensersatz für die Bildveröffentlichung in Anspruch genommen. Der Kläger hat einen materiellen Schaden von 1.000 DM geltend gemacht und ein "Schmerzensgeld" in Höhe von 10.000 DM verlangt. Das Landgericht hat einen Vermögensschaden des Klägers verneint, ihm jedoch ein "Schmerzensgeld" von 6.000 DM zugesprochen. Das Oberlandesgericht, das von einer gesamtschuldnerischen Haftung des Beklagten mit den die Zeitschriften S. und T. herausgebenden Verlagen für den immateriellen Schaden des Klägers ausgegangen ist, hat die Verurteilungssumme auf 3.000 DM reduziert. Es hat die Revision des Klägers zugelassen und in den Entscheidungsgründen dazu ausgeführt, die Frage der gesamtschuldnerischen Haftung der für die Veröffentlichung desselben Fotos Verantwortlichen sei von grundsätzlicher Bedeutung.

Gegen dieses Urteil richten sich die Revision des Klägers und die (unselbständige) Anschlußrevision der Beklagten. Der Kläger, der seinen Anspruch auf Ersatz des immateriellen Schadens weiterverfolgt, erstrebt die Erhöhung des "Schmerzensgeldes" auf 10.000 DM; die Beklagte bittet um (volle) Abweisung dieser Klage.

Entscheidungsgründe

A. Revision und Anschlußrevision sind zulässig.

1. Das Berufungsgericht, das in der Urteilsformel die Revision für den Kläger ohne

weitere Einschränkung zugelassen hat, hat diese Zulassung hinsichtlich des vom Kläger allein weiterverfolgten Anspruchs auf Ersatz seines immateriellen Schadens auch nicht in den Entscheidungsgründen in wirksamer Weise auf einen Teil des Streitstoffes beschränkt. Die dortigen Ausführungen, daß die Frage der gesamtschuldnerischen Haftung von grundsätzlicher Bedeutung sei, stellen lediglich eine Begründung für die Zulassung der Revision, nicht aber eine wirksame weitere Einschränkung dieser Zulassung dar (zur Unwirksamkeit der Beschränkung auf unselbständige Teile des Streitfalles siehe auch BGH, Urteil vom 7. Juli 1983 - III ZR 119/82 - NJW 1984, 615 = VersR 1984, 38 m.w.N.).

2. Die (unselbständige) Anschlußrevision der Beklagten erfaßt denselben Klageanspruch, der bereits infolge Zulassung und Einlegung des Rechtsmittels des Klägers bei dem Revisionsgericht angefallen ist. Sie ist deshalb verfahrensrechtlich ebenfalls nicht zu beanstanden (vgl. Senatsbeschluß vom 21. Mai 1968 - VI ZR 27/68 - LM § 556 ZPO Nr. 10 m.w.N.).

B. Beide Rechtsmittel haben auch in der Sache Erfolg.

I. Das Berufungsgericht sieht in der Verbreitung des Fotos des Klägers durch die Beklagte einen rechtswidrigen und schuldhaften Eingriff in das Recht des Klägers am eigenen Bild und dessen allgemeines Persönlichkeitsrecht. Es hält den Verstoß für schwerwiegend und die Beklagte deshalb für verpflichtet, den dem Kläger entstandenen Nichtvermögensschaden durch Zahlung eines "Schmerzensgeldes" auszugleichen. Bei der Beurteilung der Tatfolgen erachtet das Berufungsgericht eine Gesamtbetrachtung für geboten, da die Beeinträchtigung des Klägers durch die Beklagte in nahem zeitlichen Zusammenhang mit den Veröffentlichungen in den Zeitschriften S. und T. stehe. Wenn auch die Betrachter der Fernsehsendung nicht in vollem Umfang mit den Lesern der Zeitschriften identisch seien, so lasse sich doch nicht feststellen, daß der Tatbeitrag der Beklagten über denjenigen der Zeitschriftenverlage hinausgehe. Deshalb sei eine gesamtschuldnerische Haftung aller drei Schädiger für den dem Kläger durch die Bloßstellung erwachsenen Nichtvermögensschaden gegeben, dessen Höhe auf 10.500 DM zu bemessen sei. Auf dieser Grundlage sei die Beklagte, da der Kläger schon 7.500 DM erhalten habe, zur Zahlung des ihm in dem Rechtsstreit gegen T. bereits zugesprochenen, aber noch nicht geleisteten Restbetrages von 3.000 DM zu verurteilen.

II. Das Berufungsurteil hält der rechtlichen Nachprüfung nicht in jeder Hinsicht stand.

1. Nicht zu beanstanden ist der Ausgangspunkt des Berufungsgerichts, daß die Beklagte durch die Ausstrahlung des Fotos in ihrer Fernsehsendung das Recht des Klägers am eigenen Bild (§ 22 KunstUrhG) verletzt und durch diesen Verstoß gegen das kraft ausdrücklicher Gesetzesvorschrift unter Sonderschutz gestellte Selbstbestimmungsrecht des Abgebildeten zugleich in das nach § 823 Abs. 1 BGB

geschützte allgemeine Persönlichkeitsrecht des Klägers eingegriffen hat (zu § 22 KunstUrhG als besonderer Ausformung des Persönlichkeitsrechts vgl. BGH, Urteile vom 15. Januar 1965 - Ib ZR 44/63 - LM § 22 KunstUrhG Nr. 9; vom 26. Januar 1971 - VI ZR 95/70 - LM § 847 BGB Nr. 41 und vom 2. Juli 1974 - VI ZR 121/73 - LM § 823 (Ah) BGB Nr. 52 m.w.N.).

a) Wie das Berufungsgericht rechtsfehlerfrei und von den Revisionen der Parteien unangegriffen feststellt, hat der Kläger in die Veröffentlichung seines Fotos durch die Beklagte weder ausdrücklich noch durch konkludentes Verhalten gemäß § 22 KunstUrhG eingewilligt.

b) Entgegen dem Vorbringen der Anschlußrevision war die Verbreitung des Nacktfotos durch die Beklagte nicht auch ohne Einwilligung des Klägers zulässig. Dabei kann es im Ergebnis dahinstehen, ob das Foto als "Bildnis aus dem Bereich der Zeitgeschichte" i.S. von § 23 Abs. 1 Nr. 1 KunstUrhG anzusehen ist.

aa) Erfordert § 23 Abs. 1 Nr. 1 KunstUrhG, daß die abgebildete Person dem Bereich der Zeitgeschichte zuzuordnen ist, d.h. als "absolute" oder "relative" Persönlichkeit der Zeitgeschichte dem öffentlichen Leben angehört (so u.a. BGHZ 20, 345, 349 ff; BGH, Urteile vom 10. November 1961 - I ZR 78/60 - LM § 23 KunstUrhG Nr. 5 und vom 9. Juni 1965 - Ib ZR 126/63 -LM § 22 KunstUrhG Nr. 10), dann ist, wie auch die Anschlußrevision nicht verkennt, der Tatbestand der Vorschrift hier nicht erfüllt, da der Kläger bei Ausstrahlung seines Fotos durch die Beklagte nicht derart im Blickpunkt des öffentlichen Interesses stand, daß sich die allgemeine Aufmerksamkeit darauf gerichtet hätte, seine Person als solche im Bild vorgestellt zu bekommen (vgl. dazu Senatsurteil vom 6. Februar 1979 - VI ZR 46/77 - GRUR 1979, 425, 427). Nichts anderes ergibt sich, wenn man mit der Anschlußrevision nach einer u.a. von v. Gamm (Urheberrechtsgesetz, Einf. Rz. 115) und Wenzel (Das Recht der Wort- und Bildberichterstattung, 2. Aufl.,Rz. 4.25) vertretenen Auffassung für die Einschränkung des Rechts am eigenen Bild Inhalt und Charakter der Darstellung als zeitgeschichtliche Dokumentation entscheidend sein läßt, da die Befürworter dieser Ansicht eine für den Betrachter erkennbare, durch die fragliche Darstellung illustrierte Verbindung des Abgebildeten zum Zeitgeschehen fordern (v. Gamm aaO Rz. 117, 119), an der es im Streitfall fehlt, weil das von der Beklagten ausgestrahlte Foto lediglich die vier abgebildeten Personen zeigt, jedoch - für sich genommen - keinen Bezug zum Zeitgeschehen aufweist. Auf der Grundlage dieser Auffassungen kann deshalb die Veröffentlichung des Fotos durch die Beklagte nur dann nicht als widerrechtlich i.S. von § 823 Abs. 1 BGB angesehen werden, wenn innerhalb der Spannungslage zwischen dem in Art. 2 Abs. 1 i.V.m. Art. 1 Abs. 1 GG garantierten Schutz der Persönlichkeit und der freien Berichterstattung durch das Fernsehen gem. Art. 5 Abs. 1 Satz 2 GG im Streitfall dem Publikationsinteresse der Beklagten trotz der nach Art. 5 Abs. 2 GG zu beachtenden Schranke durch die verfassungskonform auszulegende Vorschrift des § 22 KunstUrhG der Vorrang einzuräumen, der Konflikt zwischen den verfassungsrechtlich geschützten Interessenbereichen der Parteien also zu Gunsten der Beklagten zu lösen ist (BVerfGE 34, 269, 282; 35, 202, 219 ff).

Die zu diesem Zweck vorzunehmende Güterabwägung hat aber auch dann in gleicher Weise zu erfolgen, wenn man es für den Begriff des Bildnisses aus dem Bereich der Zeitgeschichte i.S.d. § 23 Abs. 1 Nr. 1 KunstUrhG ausreichen läßt, daß nicht schon durch das Foto als solches, sondern erst durch seinen Abdruck in dem Biologie-Unterrichtsbuch und durch das Verbot zu dessen weiterer Verwendung seitens der bayerischen Schulverwaltung ein sachlicher Zusammenhang zwischen der abgebildeten Person des Klägers und der Zeitgeschichte (Gestaltung des Sexualkundeunterrichtes in den Schulen) hergestellt wurde. In diesem Fall ergibt sich das Erfordernis einer Abwägung der verfassungsrechtlich geschützten Interessen der Parteien bereits aus § 23 KunstUrhG, wobei es im Ergebnis ohne Bedeutung ist, ob sie allein dem § 23 Abs. 2 KunstUrhG vorbehalten oder schon bei dem Tatbestandselement des § 23 Abs. 1 Nr. 1 KunstUrhG vorzunehmen ist (BVerfGE 35, 202, 224 f; Senatsurteil vom 6. Februar 1979 - aaO - S. 426).

bb) Die somit in jedem Fall erforderliche Güterabwägung zwischen den widerstreitenden Interessen der Parteien führt im Streitfall dazu, daß dem Alleinbestimmungsrecht des Klägers zur Veröffentlichung seines Fotos der Vorrang vor dem Publikationsinteresse der Beklagten beizumessen ist.

Da es sich bei dem von der Beklagten verbreiteten Bildnis um ein Nacktfoto handelte, wurde durch seine Ausstrahlung im Fernsehen in besonders intensiver Weise in die Intimsphäre des Klägers eingegriffen. Dessen Intimbereich war nicht etwa deshalb weniger schutzwürdig, weil der Kläger als Fotomodell von der Veröffentlichung seiner Fotos (nicht Nacktfotos) lebt. Ebensowenig kann entscheidend ins Gewicht fallen, daß der Kläger sich mehr als sieben Jahre zuvor mit dem Abdruck des fraglichen Fotos in dem zu Unterrichtszwecken hergestellten Schulbuch einverstanden erklärt hatte und dadurch mit dem Foto selbst an die Öffentlichkeit getreten war. Zwar hat er damit einer verhältnismäßig breiten Öffentlichkeit Zugang zu dem Nacktfoto gewährt. Denn das Schulbuch ist in einer Gesamtauflage von rd. 100.000 Exemplaren hergestellt und als zur Benutzung jeweils durch mehrere Schüler bestimmtes lernmittelfreies Unterrichtswerk ausgegeben worden; zudem wird es - wie die meisten Schulbücher - außer von den Schülern selbst auch von deren Eltern, sonstigen Verwandten, Freunden und Bekannten eingesehen worden sein. Das ändert jedoch nichts daran, daß die im Jahre 1973 erteilte Einwilligung des Klägers auf die Verwertung seines Fotos im humanbiologischen Schulunterricht begrenzt war. Aus dieser eingeschränkten Zweckbestimmung wurde das Bildnis von der Beklagten durch die Ausstrahlung im Fernsehen herausgelöst und damit die Intimsphäre des Klägers einer "anderen" Öffentlichkeit auf anderem, neuem Weg preisgegeben. Gerade bei der Verbreitung eines Nacktfotos in diesem Massenkommunikationsmittel, insbesondere in der hier erfolgten bildschirmfüllenden Größe, besteht angesichts der selbst bei einer Ausstrahlung von nur 2-4 Sekunden Dauer starken Intensität des optischen Eindrucks, der Kombination von Bild und Ton, vor allem jedoch wegen der großen Reichweite des Fernsehens bei der auf erhebliches Zuschauerinteresse stoßenden Sendung "Länderspiegel" besonderer Anlaß, "auf eine Wahrung der vom Recht gesetzten Schranken zu achten und einem Mißbrauch des leichter verletzbar gewordenen Persönlichkeitsrechts vorzubeugen" (Senatsurteil vom 16. September 1966 - VI ZR 268/64 - NJW 1966, 2353, 2354; BVerfGE 35, 202, 227). Deshalb kann die Publikationswirkung der Veröffentlichung des Fotos im Fernsehen auch nicht mit derjenigen gleichgesetzt werden, die etwa bei höherer Auflage des Schulbuches mit Einverständnis des Klägers eingetreten wäre.

Derartige Zugriffe des Fernsehens auf den Intimbereich dürfen nicht ohne das Einverständnis des Betroffenen erfolgen. Daran kann auch der Umstand nichts ändern, daß es ein durch das Informationsbedürfnis gedecktes Anliegen der Beklagten war, die Fernsehzuschauer in sachlicher Weise umfassend über den Inhalt des in größtmöglicher Abstimmung zwischen Schule und Eltern durchzuführenden Sexualkundeunterrichts (BVerfGE 47, 46, 75) und dessen inhaltlich geänderte Ausgestaltung in Bayern zu unterrichten. Wenn die Beklagte es dazu jedoch für erforderlich hielt, den Zuschauern zur überzeugenderen Darstellung ihrer Kritik an der bayerischen Schulpolitik im Bild vorzuführen, daß die bis 1980 auch an bayerischen Schulen verwendeten Unterrichtsbücher in den von der dortigen Schulverwaltung nunmehr beanstandeten Teilen nichts enthielten, was über das Maß neutraler Wissensvermittlung hinausging und von dem in Art. 7 Abs. 1 GG vorausgesetzten staatlichen Bildungs- und Erziehungsauftrag nicht mehr gedeckt war, und wenn sie dazu die Ausstrahlung eines Originalfotos aus einem Schulbuch für geboten hielt, so muß ihr Informationsbedürfnis doch insoweit schon wegen der oben dargelegten großen Effizienz des Fernsehens hinter dem Selbstbestimmungsrecht des Klägers über die Verbreitung seines Nacktfotos und damit über die Freigabe seiner Intimsphäre zurückstehen.

c) Die Veröffentlichung des Fotos durch die Beklagte war schließlich auch nicht gemäß § 51 Nr. 2 UrhG ohne Einwilligung des Klägers zulässig. Die durch diese Vorschrift gewährleistete Zitierfreiheit vermag die öffentliche Wiedergabe von Stellen eines Werkes, also gegebenenfalls auch einer fotografischen Aufnahme (Romatka AfP 1971, 20, 21 ff; LG Berlin GRUR 1978, 108, 109 ff) stets nur gegenüber dessen Urheber (hier also dem Schulbuchverleger bzw. dem Fotografen) zu rechtfertigen; sie erlaubt aber keinen Eingriff in das Recht der auf dem Foto abgebildeten Personen, selbst über Art und Weise sowie Umfang der Verbreitung ihres Fotos zu bestimmen. In gleicher Weise vermag auch die nach § 50 UrhG zulässige Bild- und Tonberichterstattung über Tagesereignisse in den dort aufgezeigten Grenzen (dazu BGH, Urteil vom 1. Juli 1982 - I ZR 119/80 - GRUR 1983, 28, 29 f) lediglich Urheberrechte an den gezeigten Werken, nicht aber Persönlichkeitsrechte der abgebildeten Personen einzuschränken.

2. Rechtsfehlerfrei hat das Berufungsgericht die Beklagte auch für verpflichtet gehalten, dem Kläger für die Verletzung seines Persönlichkeitsrechts eine Geldentschädigung zu zahlen.

a) Wie das Berufungsgericht nicht verkennt, kommt bei der Verletzung des Rechts am eigenen Bild - wie generell bei Eingriffen in das allgemeine Persönlichkeitsrecht - eine Geldentschädigung für zugefügten immateriellen Schaden nur dann in Betracht, wenn es sich um einen schwerwiegenden Eingriff handelt und die Beeinträchtigung des Betroffenen nicht in anderer Weise befriedigend ausgeglichen werden kann (vgl. neben den BGH-Urteilen vom 15. Januar 1965 und 26. Januar 1971 - aaO - u.a. Senatsurteile vom 7. Januar 1969 - VI ZR 202/66 - LM § 847 BGB Nr. 33 und vom 5. März 1974 - VI ZR 89/73 - VersR 1974, 758 m.w.N.; siehe auch BVerfGE 34, 269, 286). Geringfügige Eingriffe in das Persönlichkeitsrecht vermögen keine Ansprüche auf materielle Entschädigung auszulösen (BGHZ 35, 363, 368 = LM § 847 BGB Nr. 18 m. Anm. Hauß). Ob eine schwerwiegende Verletzung des Persönlichkeitsrechts vorliegt, die die Zahlung einer Entschädigung erfordert, hängt insbesondere von der Bedeutung und Tragweite des Eingriffs, also von dem Ausmaß der Verbreitung der rechtswidrigen Veröffentlichung, der Nachhaltigkeit und Fortdauer der Interessen- oder Rufschädigung des Verletzten, ferner von Anlaß und Beweggrund des Handelnden sowie von dem Grad seines Verschuldens ab (st.Rspr., vgl. BGH, Urteile vom 15. Januar 1965, 26. Januar 1971 und 5. März 1974 - aaO). Dabei ist der besonderen Funktion der Geldentschädigung bei Persönlichkeitsrechtsverletzungen Rechnung zu tragen, die sowohl in einer Genugtuung des Verletzten für den erlittenen widerrechtlichen Eingriff besteht (BGHZ 35, 363, 366; BVerfGE 34, 269, 274) als auch, und zwar in erster Linie, ihre sachliche Berechtigung in dem Gedanken findet, daß das Persönlichkeitsrecht gegenüber erheblichen Beeinträchtigungen anderenfalls ohne ausreichenden Schutz bliebe (Senatsurteil vom 26. Januar 1971 -aaO).

b) Im Streitfall hat das Berufungsgericht ohne Rechtsverstoß die Verletzung des Persönlichkeitsrechts des Klägers durch die Beklagte als schwerwiegend erachtet.

aa) Die Schwere der Beeinträchtigung ergibt sich bereits aus den obigen Ausführungen zur Abwägung der widerstreitenden Interessen der Parteien. Dabei kommt es weniger auf die vom Berufungsgericht vermißte detaillierte Darlegung wirtschaftlicher Nachteile durch den Kläger und die von ihm geltend gemachten Hänseleien und Anspielungen in seinem Bekanntenkreis an (siehe dazu Senatsurteil vom 5. März 1974 - aaO - S. 759) als vielmehr auf die Verletzung seines Selbstbestimmungsrechtes durch die Verbreitung des von ihm allein zu Unterrichtszwecken freigegebenen Nacktfotos.

bb) Auch der Grad des Verschuldens der Beklagten ist nicht unbeträchtlich. Jeder, der das Personenbild eines anderen verbreiten will, ist von sich aus zur Prüfung gehalten, wie weit seine Veröffentlichungsbefugnis reicht (Senatsurteil vom 26.

Januar 1971 - aaO). Dies gilt erst recht dann, wenn es sich - wie hier - um ein in besonders starkem Maße die Intimsphäre des Abgebildeten berührendes Nacktfoto handelt.

cc) Schließlich kommt nach der Sachlage des Streitfalles hier auch keine andere Art des Schadensausgleichs (Widerruf, Unterlassung) als die Zahlung einer Geldentschädigung in Betracht. Würde dem Kläger ein darauf gerichteter Anspruch, der - wie bereits gesagt - seine Bedeutung im wesentlichen aus seiner Eigenschaft als Abwehrrecht gegen Verletzungen des Persönlichkeitsrechts gewinnt, versagt, so wäre ein Zustand der Schutzlosigkeit des Bürgers gegen Eingriffe in seine Intimsphäre gegeben, der bei dem besonders hohen Stellenwert der in den Art. 1 und 2 GG geschützten Grundrechte schon aus präventiven Gründen nicht hingenommen werden kann.

3. Keinen Bestand kann das angefochtene Urteil jedoch insoweit haben, als das Berufungsgericht in Anwendung der Vorschriften der §§ 830 Abs. 1 Satz 2, 840 Abs. 1 BGB im Rahmen einer Gesamtbetrachtung von einer gemeinsamen Verantwortlichkeit der Beklagten zusammen mit den beiden die Zeitschriften S. und T. herausgebenden Verlagen für den dem Kläger insgesamt zugefügten immateriellen Schaden ausgeht und deshalb eine gesamtschuldnerische Haftung aller drei Schädiger gemäß § 421 BGB annimmt.

a) Sowohl die auf die Überwindung von Beweisschwierigkeiten des Geschädigten bei Urheber- oder Anteilszweifeln ausgerichtete Vorschrift des § 830 Abs. 1 Satz 2 BGB als auch die an die Verantwortlichkeit mehrerer Täter anknüpfende Vorschrift des § 840 Abs. 1 BGB setzen schon nach ihrem Wortlaut ("den Schaden") die Entstehung eines einheitlichen Schadens voraus (vgl. dazu auch Senatsurteile vom 22. Oktober 1963 - VI ZR 187/62 - LM § 840 BGB Nr. 7 a und in BGHZ 54, 283 = LM § 840 BGB Nr. 12 m. Anm. Nüßgens; Steffen in BGB-RGRK, 12. Aufl., § 830 Rdn. 15 f, 23 f; Nüßgens ebenda § 840 Rdn. 22; MünchKomm-Mertens, BGB § 840 Rdn. 4). Nur dann, wenn mehrere Personen - sei es als Beteiligte i.S.d. § 830 Abs. 1 Satz 2 BGB oder als Nebentäter i.S.d. § 840 Abs. 1 BGB - durch deliktisch zurechenbares Verhalten für denselben Schaden (oder Schadensteil) verantwortlich sind, besteht die für eine Gesamtschuld erforderliche innere Verbundenheit der Schadensersatzforderungen des Geschädigten, die die Täter zu einer Tilgungsgemeinschaft im Rahmen des Leistungsinteresses des Geschädigten zusammenfaßt (vgl. Palandt/Heinrichs, BGB 44. Aufl., § 421 Anm. 1 c und 2 mit Rechtsprechungsnachweisen). Weder § 830 Abs. 1 Satz 2 BGB noch § 840 Abs. 1 BGB können jedoch Anwendung finden, wenn von mehreren Schädigern jeder für sich einen (getrennten) Schaden verursacht. So liegt der Fall hier. Die ohne Einwilligung des Klägers erfolgten Veröffentlichungen seines Nacktfotos in den Zeitschriften S. und T. sowie in der Fernsehsendung der Beklagten stellten, auch wenn sie sämtlich innerhalb einer kurzen Zeitspanne erfolgten, selbständige punktuelle Eingriffe in das Persönlichkeitsrecht des Klägers dar, die dessen Selbstbe-stimmungsrecht stets neu verletzten und deshalb jeweils für sich zu beurteilen sind. Eine andere Betrachtung würde weder dem Wesen des Selbstbestimmungs-rechts noch der Funktion der Entschädigung als Rechtsbehelf zu seinem Schutz gerecht. Dabei ist dem Berufungsgericht allerdings dahin zu folgen, daß für den Umfang des von der Beklagten verursachten Schadens u.a. auch von Bedeutung ist, ob und in welchem Maße das Interesse der durch die Fernsehsendung der Be-klagten angesprochenen Personen durch die vorausgegangene Veröffentlichung des Fotos in der Zeitschrift S. bereits gemindert war. Nur dies und nicht eine ge-samtschuldnerische Haftung mehrerer Schädiger für selbständige Eingriffe in das Persönlichkeitsrecht hat der erkennende Senat auch in seinem Urteil vom 5. März 1963 - VI ZR 61/62 - (VersR 1963, 534, 536) gemeint, wenn er ausgeführt hat, daß bei einer verunglimpfenden Berichterstattung in mehreren Zeitschriften der Schaden nicht identisch sei, da jeweils eine andere Leserschaft angesprochen wurde, und daß deshalb die Zahlung des gegen einen Zeitschriftenverlag festge-setzten Entschädigungsbetrages den immateriellen Schaden des Verletzten jeden-falls nicht ganz erschöpfen könne.

b) Da es somit an den Voraussetzungen einer gesamtschuldnerischen Haftung der Beklagten mit den die beiden Zeitschriften S. und T. herausgebenden Verlagen fehlt, andererseits aber auch nicht ausgeschlossen werden kann, daß das Beru-fungsgericht bei der von ihm nachzuholenden getrennten Bewertung des dem Klä-ger von der Beklagten durch die Ausstrahlung des Fotos zugefügten Schadens un-ter Berücksichtigung der vorausgegangenen Veröffentlichung durch die Zeit-schrift S. zu einem geringeren Entschädigungsbetrag als 3.000 DM gelangt, ist das angefochtene Urteil auf die Revisionen beider Parteien aufzuheben.

III. Gemäß § 565 Abs. 1 ZPO ist die Sache zur anderweiten Verhandlung und Entscheidung nach Maßgabe der vorstehenden Beurteilung an das Berufungsge-richt zurückzuverweisen.

Entscheidungsname: NENA
Entscheidungsdatum: 14.10.1986
Aktenzeichen: VI ZR 10/86
Normen: § 812 Abs 1 S 1 BGB, § 823 Abs 2 S 1 BGB, § 22 S 1 KunstUrhG
Bereicherungsanspruch aus Bildverwertung

Leitsatz

1. Ermächtigt eine Sängerin eine Verwertungsgesellschaft weltweit und exklusiv, Dritten die wirtschaftliche Verwertung ihres Bildnisses gegen eine Vergütung zu gestatten, so steht der Verwertungsgesellschaft gegenüber dem, der ohne Einwil-ligung das Bildnis wirtschaftlich verwertet, ein Bereicherungsanspruch in Höhe der ersparten Vergütung zu.

Tatbestand

Durch den "Merchandising-Sponsor-Promotion-Vertrag" vom 14. Juni 1984 übertrug die unter dem Künstlernamen "N." auftretende Sängerin K. der Klägerin sämtliche kommerziell verwertbaren Rechte, u.a. ihr Recht am eigenen Bild. In dem Vertrag heißt es u.a.:

1.   ... (Klägerin) ist weltweit und exklusiv berechtigt, für N. Merchandising zu betreiben, sowie Sponsor- und Promotion-Verträge abzuschließen. ...

2.   N. überträgt hiermit sämtliche für die kommerzielle Nutzung des akustischen und optischen Umfeldes von N. erforderlichen Rechte auf ... (Klägerin), insbesondere das Recht am eigenen Bild, das Recht am Namen N., das Recht am Logo (Trademark), ...

7.   "Dieser Vertrag wird für 7 Jahre geschlossen. Er kann während dieser Zeit nur aus wichtigem Grund gekündigt werden. Er verlängert sich jeweils um 2 Jahre, wenn er nicht unter Einhaltung einer Frist von einem Jahr gekündigt wird. ..."

Die Klägerin schließt mit Herstellern von "Fan-Artikeln", die ihre Produkte (z.B. T-Shirts, Sweat-Shirts, Aufkleber, Tragetaschen, Tragebeutel, Postkarten, Spiegel) mit N.-Bildern versehen wollen, Lizenzverträge ab. Nach ihrer Behauptung schwanken die Lizenzgebühren zwischen 5.000 und 20.000 DM.

Die Beklagte hat in einem Katalog "Starfotos" und andere Artikel angeboten. Dabei befanden sich auch Fotos, T-Shirts, Stoffaufnäher, Medaillon-Halskettchen, Briefpapier, Fotoschlüsselanhänger, Fotozahnbürsten und Halstücher, jeweils mit einem Bild von N.. Eine Einwilligung zur Verwertung des Bildes von N. durch die Beklagte ist weder von der Sängerin K. noch von der Klägerin erteilt worden.

Die Klägerin, die sich aufgrund des Vertrages vom 14. Juni 1984 für alleinberechtigt hält, das Bild von N. wirtschaftlich zu nutzen, verlangt von der Beklagten wegen eigenmächtiger Verwertung dieses Bildes eine Entschädigung in Höhe von 5.500 DM nebst Zinsen. Sie trägt hierzu vor, daß dies die Mindestgebühr sei, die ein Lizenzbewerber in jedem Fall an sie hätte zahlen müssen.

Die Beklagte hat geltend gemacht, ihr Geschäftsführer habe nicht gewußt, daß N. ihr Recht am eigenen Bild auf die Klägerin übertragen gehabt habe; diese Rechtsübertragung sei im übrigen unwirksam, weil das Recht am eigenen Bild als Ausfluß des allgemeinen Persönlichkeitsrechts nicht übertragbar sei. Da nach N.-Fotos kaum Nachfrage bestanden habe - für keinen der Artikel mit einem N.-Bild seien mehr als drei Bestellungen eingegangen -, wäre auch niemals eine Lizenzgebühr von 5.500 DM vereinbart worden.

Das Landgericht hat der Klage stattgegeben, das Oberlandesgericht hat sie auf die Berufung der Beklagten abgewiesen. Mit ihrer (zugelassenen) Revision erstrebt die Klägerin die Wiederherstellung des landgerichtlichen Urteils.

Entscheidungsgründe

I. Nach Auffassung des Berufungsgerichts steht der Klägerin der geltend gemachte Anspruch nicht zu. Er finde im Recht am eigenen Bild, dessen Verletzung Ansprüche aus § 823 Abs. 2 BGB i.V. mit § 22 KUG und § 812 BGB auslöse, keine Stütze. Dieses Recht stehe nur N. als Rechtsträgerin selbst zu; es sei als Persönlichkeitsrecht nicht auf andere übertragbar. Der Vertrag vom 14. Juni 1984 habe nur schuldrechtliche Beziehungen zwischen N. und der Klägerin begründet, letzterer aber keine Rechte gegenüber Dritten verschafft. Die Beklagte könne deshalb nur verpflichtet sein, der Sängerin N. selbst den Schaden zu ersetzen, der ihr durch die nicht genehmigte Verwendung ihres Bildes entstanden sei. Ein solcher Anspruch sei jedoch nicht Gegenstand der Klage; im übrigen könne ihn die Klägerin nicht für N. geltend machen, weil für die Geltendmachung von Rechten am eigenen Bild die Prozeßstandschaft einer Verwertungsgesellschaft ausgeschlossen sei.

II. Das Berufungsurteil hält einer Nachprüfung nicht stand.

1. Allerdings sind die Überlegungen, von denen das Berufungsgericht zunächst ausgeht, nicht zu beanstanden.

Mit Recht hebt das Berufungsgericht darauf ab, daß das Recht am eigenen Bild ein Ausschnitt, eine besondere Erscheinungsform des allgemeinen Persönlichkeitsrechts ist (BGHZ 20, 345, 347; 26, 349, 355; Senatsurteile vom 2. Juli 1974 - VI ZR 121/73 - NJW 1974, 1947, 1948 m.w.N. und vom 6. Februar 1979 - VI ZR 46/77 - NJW 1979, 2203; v. Gamm, Urheberrechtsgesetz, 1968, Einf. Rd.Nr. 99 und 102). Es ist auch richtig, daß aus dem Wesen dieses Rechts folgt, daß die Verfügung über das eigene Bild nur dem Abgebildeten als Rechtsträger selbst zusteht; nur er selbst soll darüber befinden dürfen, ob, wann und wie er sich gegenüber Dritten oder der Öffentlichkeit darstellen will (BVerfGE 63, 131, 142; BGHZ 20, 345, 347; 24, 200, 208f.; 26, 349, 355; Senatsurteile vom 2. Juli 1974 - aaO; vom 6. Februar 1979 - aaO und vom 26. Juni 1979 - VI ZR 108/78 - NJW 1979, 2205, 2206; BGH, Urteil vom 26. Juni 1981 - I ZR 73/79 - NJW 1981, 2402, 2403).

Das Berufungsgericht stellt deshalb auch mit Recht nicht in Frage, daß die Rechtsordnung dem Rechtsträger die alleinige Befugnis zuweist, Dritten die wirtschaftliche Verwertung des eigenen Bildnisses zu gestatten (§ 22 KUG). Diese Gestattung, deren Reichweite jeweils durch Auslegung nach Maßgabe der Umstände des Einzelfalles zu bestimmen ist (vgl. Senatsurteil vom 6. Februar 1979 - aaO), kann ausdrücklich oder stillschweigend, unbeschränkt oder beschränkt auf eine bestimmte Art der Verbreitung erteilt werden (BGHZ 20, 345, 348). Geht es - wie hier - um die wirtschaftliche Verwertung des Bildnisses zu Werbezwecken, so bedarf es der Einwilligung des Rechtsträgers selbst dann, wenn er eine Person der Zeitgeschichte i.S. des § 23 KUG ist und die Veröffentlichung seinem persönlichen Ansehen oder seinem Beruf nicht abträglich ist (BGHZ 20, 345, 350ff.; 49, 288, 293; Senatsurteile vom 6. Februar und 26. Juni 1979 - aaO).

2. Jedoch scheitert das Klagebegehren nicht daran, daß - wie das Berufungsgericht meint - die Klägerin mangels Übertragbarkeit des Rechts am eigenen Bild durch den Vertrag vom 14. Juni 1984 keine Rechte erlangt habe, die sie gegenüber Dritten im eigenen Namen geltend machen könne. Es geht hier nicht um einen Unterlassungsanspruch, sondern um einen Anspruch auf Zahlung einer Gebühr, die die Klägerin wegen der wirtschaftlichen Auswertung des Bildnisses der Sängerin N. verlangt. Für die Zuerkennung dieses Anspruchs bedarf es nicht einer Entscheidung der umstrittenen Frage, ob die Übertragung des Rechts am eigenen Bild wegen seines Rechtscharakters als allgemeines Persönlichkeitsrecht ausgeschlossen ist (bejahend: v. Gamm, aaO RdNr. 109; Jürgen Helle, AfP 1985, 93, 99; Münch-Komm-Schwerdtner, 2. Aufl., § 12 RdNr. 174; verneinend: Brandl, AfP 1981, 349, 351; Hubmann, Urheber- und Verlagsrecht, 5. Aufl. 1984, S. 285; Wenzel, Das Recht der Wort- und Bildberichterstattung, 3. Aufl., S. 298; unentschieden: Forkel, NJW 1983, 1764). Denn die Klägerin hat gegen die Beklagte wegen der Verwertung des Bildnisses von N. einen Anspruch auf Zahlung der für die Gestattung der wirtschaftlichen Verwertung des Bildnisses üblichen Vergütung erlangt, der auf § 812 Abs. 1 BGB beruht und nicht voraussetzt, daß N. ihr Recht am eigenen Bild auf die Klägerin übertragen hat.

Der Vertrag vom 14. Juni 1984 ist nach §§ 133, 157 BGB dahin auszulegen, daß N. die Klägerin ermächtigt hat, Dritten die wirtschaftliche Verwertung ihres Bildnisses gegen eine Vergütung zu gestatten. Nach dieser Ermächtigung, die nach dem Inhalt des Vertrages als Generalermächtigung zu werten ist, soll der Vergütungsanspruch der Klägerin zustehen. Die Beklagte hat durch ihr eigenmächtiges Vorgehen die für die Gestattung der wirtschaftlichen Verwertung übliche Vergütung somit auf Kosten der Klägerin erspart. Der Klägerin steht deshalb nach § 812 BGB ein Bereicherungsanspruch zu, der diesen grundlosen Vermögenszuwachs im Vermögen der Beklagten ausgleichen soll. Dieser Vermögenszuwachs beläuft sich auf die Klageforderung. Die Klägerin hat geltend gemacht, sie hätte der Beklagten die wirtschaftliche Verwertung des Bildnisses von N. nur gegen Zahlung einer Vergütung in der eingeklagten Höhe, die an der unteren Grenze der üblicherweise verlangten Lizenzgebühren liege, gestattet; nach den Feststellungen des Landgerichts ist dieser Betrag nicht überhöht. Demgegenüber kann sich die Beklagte nicht mit Erfolg darauf berufen, daß sie keinesfalls mit der Klägerin eine

124

Lizenzgebühr von 5.500 DM vereinbart hätte. Für den Bereicherungsanspruch der Klägerin kommt es nicht darauf an, welche Vergütung die Beklagte für die Gestattung der Verwertung des Bildnisses von N. zu zahlen bereit gewesen wäre; entscheidend ist allein, daß die Beklagte eine wirtschaftliche Auswertung des Bildnisses vorgenommen hat, die ihr die Klägerin nur gegen eine Vergütung von 5.500 DM gestattet hätte. An dieser Sachlage, die sie selbst geschaffen hat, muß sich die Beklagte festhalten lassen (BGHZ 20, 345, 355; Senatsurteil vom 26. Juni 1979 - VI ZR 108/78 - aaO).
(BGH, Urteil vom 14. Oktober 1986 – VI ZR 10/86 –, Rn. 13, juris)

Entscheidungsdatum: 12.10.1993
Aktenzeichen: VI ZR 23/93
Normen: Art 1 Abs 1 GG, Art 2 Abs 1 GG, Art 5 Abs 1 S 1 GG, § 823 Abs 1 BGB, § 1004 Abs 1 BGB
Anspruch auf Unterlassung einer Plakataktion gegen Herstellung umweltschädlicher Produkte unter Abbildung und Namensnennung der Unternehmensverantwortlichen

Leitsatz

1. Zur Zulässigkeit einer Plakataktion, in der Greenpeace die FCKW-Produktion deutscher Unternehmen unter Abbildung der Portraits ihrer Vorstandsvorsitzenden und Namensnennung in satirisch-sarkastischer Weise kritisiert.

Tatbestand

Der Kläger ist seit 1985 Vorstandsvorsitzender der H.-AG. Der Beklagte repräsentiert in der Bundesrepublik Deutschland die Umweltschutzorganisation Greenpeace.

Die H.-AG produziert u.a. vollhalogenierte Fluorchlorkohlenwasserstoffe (FCKW). Solche Stoffe tragen nach herrschender wissenschaftlicher Erkenntnis erheblich zum Ozonabbau in der Stratosphäre, dem sog. Ozonloch, und zur Erwärmung der Erdatmosphäre durch den sog. Treibhauseffekt bei. Im Jahr 1989 kam es zwischen der H.-AG und dem Beklagten zu Gesprächen über die Möglichkeit einer Einstellung der FCKW-Produktion. Am 25. Oktober 1989 unterrichtete der Kläger die Presse darüber, daß sich die H.-AG als erstes und bisher einziges Unternehmen weltweit auf einen Ausstieg aus der Produktion vollhalogenierter FCKW festgelegt habe; die H.-AG werde diese Produktion bis 1990 um mindestens 25%, bis 1992/93 um mindestens 50% und bis 1995 vollständig einstellen. In einer Erklärung vom 30. Mai 1990 übernahm die H.-AG gemeinsam mit der K.-C.-AG gegenüber dem Bundesminister für Umwelt, Naturschutz und Reaktorsicherheit die Verpflichtung, die Produktion dieser FCKW 1991 um mindestens 30% und 1993 um mindestens 50% zu reduzieren und 1995 ganz einzustellen.

Der Beklagte bezeichnete in einer an die Medien verteilten Mitteilung vom 6. Juni 1990 die angekündigten Maßnahmen der FCKW-Hersteller als Etikettenschwindel, weil von den als Ersatzstoffe geplanten teilhalogenierten FCKW und FKW langfristig eine genauso zerstörerische Wirkung ausgehe wie von den jetzt produzierten Stoffen. Dabei kündigte der Beklagte eine bundesweite Plakataktion an; auf den Großflächenplakaten würden die beiden Vorsitzenden der Vorstände von H.-AG und K.-C.-AG, die für die Geschäftspolitik einschließlich der weiterhin auf vollen Touren laufenden FCKW-Produktion verantwortlich seien, mit vollem Namen abgebildet, denn es sei

"an der Zeit, daß auch die persönlich für die weitere Zerstörung der Ozonschicht und des Weltklimas Verantwortlichen 'als Personen der Zeitgeschichte' aus dem Schatten ihrer Aufsichtsräte, Vorstände und Firmenidentitäten heraustreten und Farbe bekennen."

Das von dem Grafiker K. S. entworfene Plakat der Beklagten gibt unter der blickfangmäßigen Überschrift

"Alle reden vom Klima Wir ruinieren es:"

in ca. 70 x 50 cm großen Fotos das Portrait des Klägers und das des Vorstandsvorsitzenden der K.-C.-AG wieder. Unter dem Portrait des Klägers findet sich der Zusatz

"Prof. Dr. W. H. H.-AG",

unter dem Portrait des Vorstandsvorsitzenden der K.-C. steht ein entsprechender Hinweis. Darunter heißt es:

"Absolute Spitze bei Ozonzerstörung und Treibhauseffekt: Verantwortlich für die deutsche Produktion des Ozon- und Klimakillers FCKW. Rufen Sie an: H.-AG ..., K.-C. ...."

Unter diesem Text findet sich der Hinweis

"Eine Information von GREENPEACE".

Der Kläger fühlt sich durch die Plakataktion der Beklagten in seinem Recht am eigenen Bild und in seinem Persönlichkeitsrecht verletzt. Er begehrt mit seiner Klage die Verurteilung des Beklagten, die Veröffentlichung des Plakats zu unterlassen, sofern es sein Portrait und seinen Namen wiedergibt.

Der Beklagte hat geltend gemacht, er leiste mit seiner Aktion einen Beitrag zum umweltpolitischen Meinungskampf, der durch sein Recht auf freie Meinungsäußerung aus Art. 5 Abs. 1 GG gerechtfertigt sei; im übrigen handele es sich bei dem Plakat um ein typisches Beispiel der politischen Werkkunst, so daß sein Vorgehen außerdem in der Kunstfreiheitsgarantie des Art. 5 Abs. 3 GG eine Stütze finde.

Das Landgericht hat die Klage abgewiesen, das Oberlandesgericht hat ihr stattgegeben. Mit der (zugelassenen) Revision erstrebt der Beklagte die Wiederherstellung des landgerichtlichen Urteils.

Entscheidungsgründe

I. Nach Auffassung des Berufungsgerichts ist das Unterlassungsbegehren des Klägers nach §§ 22, 23 KUG, §§ 823 Abs. 1, 1004 Abs. 1 BGB begründet. Das Recht des Klägers an seinem Bild und seinem Namen werde als Teil seines Persönlichkeitsrechts durch die bundesweite Plakataktion des Beklagten in einer Intensität beeinträchtigt, die er auch als absolute Person der Zeitgeschichte i.S. des § 23 Abs. 1 KUG nicht hinnehmen müsse. Zwar berufe sich der Beklagte grundsätzlich zu Recht auf sein Grundrecht auf Meinungsäußerungsfreiheit aus Art. 5 Abs. 1 GG, das in seiner wertsetzenden Bedeutung bei der Auslegung der §§ 22, 23 KUG sowie der §§ 823 Abs. 1 und 1004 Abs. 1 BGB zu berücksichtigen sei. Dieses Grundrecht, nach dem bei Beiträgen zum geistigen Meinungskampf in einer die Öffentlichkeit wesentlich berührenden Frage die Vermutung für die Zulässigkeit freier Rede spreche, beschränke den Beklagten auch nicht auf eine ausgewogene und schonende Kritik und Darstellung, vielmehr dürfe er durchaus zu scharfen, übersteigerten und auch einseitigen Äußerungen und Mitteln greifen, um auf die eminenten Gefahren der FCKW-Produktion hinzuweisen. Indes führe die Güterabwägung, die im Rahmen des § 23 Abs. 2 KUG vorzunehmen sei, zu dem Ergebnis, daß das Recht des Beklagten auf Meinungsäußerungsfreiheit gegenüber der Schwere der Verletzung des Persönlichkeitsrechts des Klägers, die mit der Veröffentlichung seines Bildnisses und der Nennung seines Namens auf dem Plakat verbunden sei, zurücktreten müsse. Von dieser bundesweit angelegten Plakataktion gehe - anders als etwa von einem kritischen Zeitungsartikel - eine Prangerwirkung aus; sie erinnere den Betrachter des Plakats an einen Steckbrief, der ihm die Tat und das Bild des Klägers als des wegen der Tat öffentlich zu verachtenden Täters offenbare. Die Schwere dieser Persönlichkeitsverletzung werde noch durch die Einseitigkeit der Prangerwirkung verstärkt; der Kläger werde in ein ungerechtfertigtes "schiefes Licht" gestellt, weil mit dem Plakat der Eindruck erweckt werde, daß gerade er eine Vorreiterrolle bei der Ruinierung des Klimas übernommen habe, während in Wahrheit die H.-AG versuche, beim Ausstieg aus der FCKW-Produktion allen anderen voranzugehen. Am Vorrang des Persönlichkeitsrechts des Klägers ändere sich auch dann nichts, wenn man das Plakat wegen seines satirischen Inhalts und seiner typischen Werkkunst-Aussage als Kunst und den Beklagten als Träger der Kunstfreiheitsgarantie aus Art. 5 Abs. 3 GG betrachte; eine so schwerwiegende Verletzung des Persönlichkeitsrechts, wie sie hier vorliege, werde auch vom Schutz der Kunstfreiheit nicht erfaßt.

II. Diese Erwägungen halten im Ergebnis einer Nachprüfung nicht stand.

1. Allerdings erweisen sich die rechtlichen Überlegungen des Berufungsgerichts in ihrem Ausgangspunkt als zutreffend.

a) Soweit sich der Kläger gegen die Veröffentlichung seines Bildes wendet, beruht sein Begehren auf § 22 KUG, nach dem Bildnisse nur mit Einwilligung des Abgebildeten verbreitet oder öffentlich zur Schau gestellt werden dürfen. Das dort gewährleistete Recht am eigenen Bild - eine besondere Erscheinungsform des allgemeinen Persönlichkeitsrechts (BVerfGE 35, 202, 224 und st. Rspr. des Senats, vgl. zuletzt Senatsurteile vom 14. Oktober 1986 - VI ZR 10/86 - NJW-RR 1987, 231 m.w.N. und vom 14. April 1992 - VI ZR 285/91 - NJW 1992, 2084), dessen Verletzung u.a. einen Unterlassungsanspruch nach §§ 823, 1004 BGB auslösen kann - ist indes nach § 23 Abs. 1 Nr. 1 KUG für Personen der Zeitgeschichte, zu denen das Berufungsgericht den Kläger rechtsfehlerfrei zählt, eingeschränkt. Diese Einschränkung tritt jedoch nach § 23 Abs. 2 KUG u.a. dann zurück, wenn durch die Verbreitung des Bildnisses ein berechtigtes Interesse des Abgebildeten verletzt wird. Ob dies der Fall ist, bestimmt sich nach einer Abwägung, in der darüber zu befinden ist, ob dem Stellenwert des allgemeinen Persönlichkeitsrechts des Abgebildeten, das die Rechte aus §§ 22 f KUG umfaßt, gegenüber der mit der Abbildung in Anspruch genommenen Rechtsposition der Vorrang gebührt (vgl. Senatsurteil vom 16. September 1966 - VI ZR 268/64 - NJW 1966, 2353 ff.). Auch soweit sich der Kläger gegen die Nennung seines Namens wendet, findet sein Begehren in dem durch Art. 2 Abs. 1 i.V.m. Art. 1 Abs. 1 GG verfassungsrechtlich gewährleisteten allgemeinen Persönlichkeitsrecht und in §§ 823 Abs. 1, 1004 Abs. 1 BGB eine Stütze. Ob eine Verletzung dieses Rechts vorliegt, ist ebenfalls anhand des zu beurteilenden Einzelfalls auf Grund einer Güter- und Interessenabwägung festzustellen; denn wegen der Eigenart des Persönlichkeitsrechts als eines Rahmenrechts liegt seine Reichweite nicht absolut fest, sondern muß grundsätzlich erst durch eine Güterabwägung mit den schutzwürdigen Interessen der anderen Seite bestimmt werden (st. Rspr., zuletzt Senatsurteil vom 13. November 1990 - VI ZR 104/90 - NJW 1991, 1532, 1533). Damit kommt es unter den beiden rechtlichen Gesichtspunkten, auf die der Kläger seinen Unterlassungsanspruch stützt, darauf an, ob dem allgemeinen Persönlichkeitsrecht des Klägers ein größeres Gewicht beizumessen ist als den Rechtsgründen, die der Beklagte für seine Plakataktion in Anspruch nehmen kann.

b) Der Beklagte beruft sich für seine Plakataktion in erster Linie auf die Meinungsäußerungsfreiheit aus Art. 5 Abs. 1 S. 1 GG. Die Gerichte haben der Bedeutung dieses Grundrechts bei der Auslegung und Anwendung der Vorschriften des Privatrechts Rechnung zu tragen (BVerfGE 86, 122, 128 f. m.w.N.). Dem ist das Berufungsgericht gefolgt. Es geht davon aus, daß der Beklagte Träger dieses Grundrechts ist und daß das Plakat am Schutz des Art. 5 Abs. 1 S. 1 GG teilhat. Der Senat teilt diese Auffassung.

aa) Der Plakattext wird in seiner Gesamtheit von der Meinungsäußerungsfreiheit erfaßt.

Ohne Erfolg macht die Revisionserwiderung geltend, daß sich die Text-Bild-Gesamterklärung des Plakats als Tatsachenbehauptung darstelle, die als unwahr durch Art. 5 Abs. 1 GG nicht geschützt sei. Allerdings ist der Revisionserwiderung zuzugeben, daß der Text des Plakats eine Reihe von Tatsachenbehauptungen enthält, nämlich die Behauptung, daß die H.-AG zusammen mit der K.-C.-AG in erster Linie für die deutsche Produktion von FCKW verantwortlich ist, daß der Kläger die H.-AG in dieser Verantwortung repräsentiert und daß die FCKW-Produktion zur Zerstörung der Ozonschicht und zum Treibhauseffekt beiträgt. Dies sind indes wahre Tatsachen. Der Wahrheitsgehalt dieser Äußerungen wird nicht dadurch in Frage gestellt, daß der Text unerwähnt läßt, daß sich die H.-AG auf einen Ausstieg aus der FCKW-Produktion festgelegt und zu einer stufenweisen Reduzierung dieser Produktion bis zur vollständigen Produktionseinstellung im Jahr 1995 verpflichtet hat. Es kann dahinstehen, ob für den Beklagten eine Verpflichtung bestanden hätte, auf eine in Kürze bevorstehende Produktionseinstellung hinzuweisen. Da die H.-AG indes nach ihrer eigenen Erklärung die Produktion vollhalogenierter FCKW in zwar stufenweise reduziertem, jedoch weltweit weiterhin ins Gewicht fallendem Ausmaß bis in das Jahr 1995 fortsetzt, bestand für den Beklagten keine Veranlassung, seine Behauptung, die H.-AG produziere in erster Reihe ("absolute Spitze") weiterhin FCKW, mit einem Hinweis auf die weiteren Produktionspläne zu versehen. Hierfür bestand um so weniger Veranlassung, als die ins Auge gefaßten teilhalogenierten Ersatzstoffe nach dem unwidersprochenen Vortrag des Beklagten ebenfalls klimaschädigend sind, indem sie zumindest zu dem sog. Treibhauseffekt beitragen.

Auf dieser Tatsachenbasis beruhen Wertungen, die der Gesamtaussage ihr Gepräge geben. In der Wendung "Wir ruinieren es" liegt die Anklage einer als für das Klima verhängnisvoll bewerteten unternehmerischen Entscheidung. Der Hinweis "Verantwortlich für die deutsche Produktion" enthält über den Tatsachengehalt hinaus den Vorwurf, daß die FCKW-Produktion der H.-AG normativ dem Kläger als dem Repräsentanten der H.-AG und einem Entscheidungsträger für ihre Produktion zuzurechnen sei. Die Aufforderung "Rufen Sie an: ..." bringt den Gedanken zum Ausdruck, daß eine Einwirkung der Öffentlichkeit auf die beiden FCKW produzierenden Unternehmen geboten sei, um der Klimazerstörung Einhalt zu gebieten.

Die Textanalyse läßt deutlich werden, daß es hier um ein Zusammenwirken von

Tatsachenbehauptungen und Wertungen geht. Damit wird der Text in seiner Gesamtheit von der Schutzwirkung des Art. 5 Abs. 1 S. 1 GG erfaßt; auch Tatsachenbehauptungen sind durch das Grundrecht der Meinungsfreiheit geschützt, weil und soweit sie Voraussetzungen der Bildung von Meinungen sind, die Art. 5 Abs. 1 GG gewährleistet. Sofern eine Äußerung, in der Tatsachen und Meinungen sich vermengen, durch die Elemente der Stellungnahme, des Dafürhaltens oder Meinens geprägt sind, wird sie als Meinung von dem Grundrecht geschützt. Das gilt insbesondere dann, wenn eine Trennung der wertenden und der tatsächlichen Gehalte den Sinn der Äußerung aufhöbe oder verfälschte (BVerfGE 85, 1, 15). So liegen die Dinge hier. Das Plakat erfüllt nur in seiner Gesamtheit seine für den Durchschnittsbetrachter offensichtliche Zweckbestimmung, nämlich die umweltpolitische Kritik von Greenpeace an der FCKW-Produktion.

bb) Auch die übrige Ausgestaltung des Plakats fällt in den Schutzbereich der Meinungsäußerungsfreiheit. Das gilt insbesondere für den Abdruck des Portraits des Klägers und die Nennung seines Namens, die Teile der Gesamtaussage des Plakats sind. Das Bild soll die Wirkung des Textes verstärken, indem es die H.-AG für den Betrachter in der Person des Klägers sichtbar werden läßt. Die Namensnennung verfolgt die gleiche Zielrichtung; sie will deutlich machen, daß für die Unternehmenspolitik auch so großer Wirtschaftsunternehmen wie der H.-AG Personen verantwortlich sind. Diese Personalisierung des Angriffs bezweckt eine Wirkungssteigerung der Meinungsäußerung, die von dem Schutz des Grundrechts aus Art. 5 Abs. 1 S. 1 GG erfaßt wird. Ebenso sind die satirische Ausdrucksform der Überschrift ("Alle reden vom Klima. Wir ruinieren es") sowie der Sarkasmus der Einleitung des ersten Satzes ("Absolute Spitze..") Formen der Meinungsäußerung, die deren Effekt erhöhen sollen.

2. Dem Recht des Beklagten auf freie Meinungsäußerung steht, wie gesagt, das allgemeine Persönlichkeitsrecht des Klägers hier vornehmlich unter zwei Aspekten gegenüber. Die Rechtspositionen beider Parteien sind damit gegeneinander abzuwägen. Diese Abwägung erfolgt sowohl auf der Grundlage einer generellen Betrachtung des Stellenwerts der betroffenen Grundrechtspositionen, als auch unter Berücksichtigung der Intensität der Grundrechtsbeeinträchtigung im konkreten Fall (vgl. BVerfGE 35, 202, 225; 85, 1, 16; 86, 1, 11; Senatsurteil vom 30. Mai 1978 - VI ZR 117/76 - NJW 1978, 1797, 1798). Die danach gebotene Gewichtung der Grundrechtsbetroffenheit beider Seiten hat das Berufungsgericht zu dem Ergebnis geführt, daß im Streitfall die Meinungsäußerungsfreiheit des Beklagten gegenüber der Verletzung des allgemeinen Persönlichkeitsrechts des Klägers, die mit der Veröffentlichung seines Bildes und der Nennung seines Namens auf dem Plakat verbunden ist, zurücktreten muß. Dem vermag sich der Senat nicht anzuschließen.

a) Das Bundesverfassungsgericht und der Bundesgerichtshof haben in zahlreichen

Entscheidungen für die Beurteilung einer Konfrontation von allgemeinem Persönlichkeitsrecht und Meinungsäußerungsfreiheit Grundsätze entwickelt. Danach gilt folgendes:

Da es der Sinn jeder zur Meinungsbildung beitragenden öffentlichen Äußerung ist, Aufmerksamkeit zu erregen, sind angesichts der heutigen Reizüberflutung aller Art einprägsame, auch starke Formulierungen hinzunehmen (BVerfGE 24, 278, 286). Das gilt auch für Äußerungen, die in scharfer und abwertender Kritik bestehen, mit übersteigerter Polemik vorgetragen werden oder in ironischer Weise formuliert sind (Senatsurteil vom 20. Mai 1986 - VI ZR 242/85 - VersR 1986, 992). Der Kritiker darf seine Meinung grundsätzlich auch dann äußern, wenn sie andere für "falsch" oder für "ungerecht" halten (Senatsurteil vom 30. Mai 1978 - VI ZR 117/76 - aaO). Auch die Form der Meinungsäußerung unterliegt der durch Art. 5 Abs. 1 GG geschützten Selbstbestimmung des Äußernden (BVerfGE 60, 234, 241). Verfolgt der Äußernde nicht eigennützige Ziele, sondern dient sein Beitrag dem geistigen Meinungskampf in einer die Öffentlichkeit wesentlich berührenden Frage, dann spricht die Vermutung für die Zulässigkeit der Äußerung; eine Auslegung der die Meinungsfreiheit beschränkenden Gesetze, die an die Zulässigkeit öffentlicher Kritik überhöhte Anforderungen stellt, ist mit Art. 5 Abs. 1 GG nicht vereinbar (BVerfGE 42, 163, 170; 66, 116, 139; 68, 226, 232). Für die Beurteilung der Reichweite des Grundrechtsschutzes aus Art. 5 Abs. 1 S. 1 GG kommt es ferner maßgeblich darauf an, ob und in welchem Ausmaß der von den Äußerungen Betroffene seinerseits an dem von Art. 5 Abs. 1 GG geschützten Prozeß öffentlicher Meinungsbildung teilgenommen, sich damit aus eigenem Entschluß den Bedingungen des Meinungskampfes unterworfen und sich durch dieses Verhalten eines Teils seiner schützenswerten Privatsphäre begeben hat (BVerfGE 54, 129, 138). Erst wenn bei einer Äußerung nicht mehr die Auseinandersetzung in der Sache, sondern die Herabsetzung der Person im Vordergrund steht, hat die Äußerung - auch wenn sie eine die Öffentlichkeit wesentlich berührende Frage betrifft - als Schmähung regelmäßig hinter dem Persönlichkeitsrecht des Betroffenen zurückzutreten (BVerfGE 82, 272, 283 f.; 85, 1, 16).

b) Nach diesen Beurteilungsgrundsätzen muß der Kläger die Veröffentlichung des Plakats hinnehmen.

Der Beklagte verfolgt mit der Plakataktion keine eigennützigen Ziele, vielmehr behandelt er ein Thema, das wegen seiner elementaren Bedeutung zu engagierten Meinungsäußerungen herausfordert. Die Beeinträchtigung des Klimas durch FCKW ist ein drängendes Problem unserer Zeit. Die Plakataktion des Beklagten stellt sich damit als ein Beitrag zum geistigen Meinungskampf in einer die Öffentlichkeit wesentlich berührenden Frage dar. Für sie spricht deshalb nach der Rechtsprechung des Bundesverfassungsgerichts die Vermutung der rechtlichen Zulässigkeit.

In dieselbe Richtung wirkt der Umstand, daß der Kläger von sich aus bereits mit diesem Thema an die Öffentlichkeit getreten ist. Er hat am 25. Oktober 1989 in einer Presse-Information in umfangreichen Ausführungen zu der Frage Stellung genommen, weshalb die H.-AG die FCKW- Produktion (noch) nicht einstellt. Damit hat sich nicht allein das von ihm geführte Unternehmen, sondern der Kläger persönlich als dessen Repräsentant noch vor der Plakataktion des Beklagten in die öffentliche Meinungsbildung zu diesem Thema eingeschaltet. Nach der Mitteilung von Greenpeace vom 6. Juni 1990 haben u.a. die Erklärungen der deutschen FCKW-Hersteller bei dem im Umweltschutz sich besonders engagierenden Beklagten den Eindruck eines "Etikettenschwindels" erzeugt und damit die Plakataktion überhaupt erst veranlaßt.

Der Senat teilt nicht die Auffassung des Berufungsgerichts, daß die Plakataktion eine gegen die Person des Klägers gerichtete unzulässige Prangerwirkung entfalte oder als Schmähung hinter seinem Persönlichkeitsrecht zurücktreten müsse. Die Veröffentlichung des Portraits und die Nennung des Namens des Klägers bezwecken, wie gesagt, eine Steigerung der Wirkung der Aussagen des Plakats auf den Betrachter und eine Erhöhung des Aufforderungseffekts gegenüber dem Kläger. Dabei richten sich die Angriffe aber nicht gegen den Kläger als Privatperson, sondern als denjenigen, der einen der beiden deutschen FCKW-Produzenten als verantwortlicher Entscheidungsträger repräsentiert. Allein die FCKW-Produktion und deren Folgen sind die Themen des Plakats. In diesem Zusammenhang spielt die Person des Klägers nur insofern eine Rolle, als er nach Auffassung des Beklagten als Entscheidungsträger für die Produktion des von ihm geführten Unternehmens verantwortlich ist. Das folgt auch aus dem Text des Plakats selbst, in dem der Beklagte dem Namen des Klägers den Namen des von ihm geleiteten Unternehmens hinzugefügt und damit zum Ausdruck gebracht hat, daß der Kläger in seiner Eigenschaft als Verantwortungsträger seines Unternehmens das Ziel des Angriffs ist. Davon geht auch das Berufungsgericht aus. Wegen dieser offenkundigen und überdies durch den Plakattext noch verdeutlichten Zusammenhänge vermag der Senat eine gegen den Kläger als Privatperson gerichtete Prangerwirkung nicht zu erkennen. Das bedeutet nicht, daß die Plakataktion für die Privatsphäre des Klägers ohne Belastungen ist; der Hinweis der Revisionserwiderung auf mögliche Aggressionen ihm gegenüber, die durch die Aktion provoziert werden können, ist für die Interessen- und Güterabwägung durchaus beachtlich. Im Streitfall vermögen aber auch solche Befürchtungen ein Verbot der Plakataktion nicht zu rechtfertigen. Sie haben letztlich ihren Ausgangspunkt weniger in der Aktion des Beklagten als vielmehr in dem Sachanliegen, das wegen seiner existentiellen Bedeutung für alle zu solchen Konfrontationen veranlassen kann. Sie müssen in Grenzen in Kauf genommen werden, wenn die Meinungsfreiheit auch und gerade in der geistigen Auseinandersetzung um solche existentielle Fragen gelten soll. Sofern sie hier den Kläger betreffen, wird er in seiner Eigenschaft als Verantwortungsträger seines Unternehmens belastet, das für das im Umweltschutz besonders engagierte Lager wegen seiner nicht nur in Deutschland, sondern weltweit ins Gewicht fallenden Produktion von FCKW das gegnerische Lager repräsentiert.

Nach Auffassung des Senats erlaubt es Art. 5 Abs. 1 S. 1 GG, unter diesen besonderen Umständen die Kritik an einer unternehmerischen Entscheidung, mit der -
jedenfalls nach der Vorstellung des Beklagten - die im Plakat genannten weitreichenden Folgen für die Allgemeinheit verbunden sind, in der öffentlichen Diskussion nicht anders als die Kritik an weitreichenden politischen Entscheidungen auf
die Person dessen auszurichten, der als Verantwortungsträger angesehen wird. Die
Bedeutung des Grundrechts der Meinungsfreiheit für einen freien und offenen politischen Prozeß (vgl. BVerfGE 7, 198, 208) läßt es nicht zu, einer Person, die sich
kraft ihrer Stellung Entscheidungen von einer Tragweite zurechnen lassen muß,
wie sie hier zur Erörterung stehen, die Möglichkeit zu gewähren, durch die Berufung auf ihre Privatsphäre eine solche Kritik zu unterbinden. Das gilt erst recht,
wenn - wie hier - der Angegriffene schon zuvor von sich aus an dem zu diesem
Thema geführten Prozeß öffentlicher Meinungsbildung intensiv teilgenommen
hat.

3. Da somit das allgemeine Persönlichkeitsrecht des Klägers im Streitfall schon
gegenüber der Meinungsäußerungsfreiheit des Beklagten zurücktreten muß, kann
auf sich beruhen, ob sich der Beklagte für seine Plakataktion auch auf die Kunstfreiheitsgarantie aus Art. 5 Abs. 3 GG berufen kann.

Entscheidungsdatum: 14.03.1995
Aktenzeichen: VI ZR 52/94
Normen: Art 5 Abs 1 S 2 GG, § 22 KunstUrhG, § 23 KunstUrhG
Recht am eigenen Bild: Werbung mit Bild eines bekannten Schauspielers auf
Kundenzeitschrift einer Drogeriemarktkette ohne dessen Zustimmung

Leitsatz

Zur Frage, ob der Abdruck des Bildes eines bekannten Schauspielers auf der Titelseite einer in Filialen einer Drogeriemarktkette zur kostenlosen Mitnahme aus-
liegenden Kundenzeitschrift als Werbung für die in der Zeitschrift angebotenen
Waren zu verstehen ist, wenn dem Abdruck des Bildes im Innern des Blattes ein
kurzer inhaltsarmer Beitrag folgt.

Tenor

Auf die Rechtsmittel der Beklagten werden das Urteil des 21. Zivilsenats des
Oberlandesgerichts München vom 24. September 1993 aufgehoben und das Urteil
des Landgerichts München I vom 11. Dezember 1992 abgeändert.

Die Klage wird abgewiesen.

Die Kosten des Rechtsstreits fallen dem Kläger zur Last.

Von Rechts wegen

Tatbestand

Der Kläger, ein bekannter Schauspieler, begehrt von den Beklagten die Unterlassung der Verwendung seines Bildes zu Werbezwecken in der Kundenzeitschrift der Beklagten "C. Revue"; ferner erstrebt er die Feststellung der Verpflichtung der Beklagten zum Ersatz des Schadens, der ihm durch die Werbung mit seinem Bild entstanden ist oder noch entsteht. Verlegerin der "C. Revue" ist die Erstbeklagte, ein Werbeunternehmen. Der Zweitbeklagte ist der Inhaber der Drogeriemarktkette "S.-Märkte". Nach dem Impressum der "C. Revue" ist er der Gründer dieser Zeitschrift, die in einer Auflage von 2,45 Millionen Exemplaren in über 2500 S.-Märkten zur kostenlosen Mitnahme ausliegt.

Auf der Titelseite des Heftes November 1991/4. Jahrgang der "C. Revue" wurde das Bildnis des Klägers zusammen mit der Schauspielerin U. G. in Großformat abgedruckt. Über diesem Bildnis weist die Titelseite eine Kopfleiste mit dem Aufdruck "S.-Märkte" auf, im unteren Teil des Titelblatts finden sich Hinweise auf Beiträge im Innern der Zeitschrift ("Wunderwerk Haut", "Mode und Make-up: Herbst-Winter-Trends 1991/1992", "Profi-Tips für junge Mädchen: Das erste Make-Up", "Schönes Haar - gesunde Umwelt", "Bald ist Adam dran!?"), ferner unter "Tip des Monats" ein Reklamebeitrag für Reinigungsprodukte und ein Hinweis auf ein Gewinnspiel. Auf S. 16 des Heftes ist neben einem Bild der Schauspielerin U. G. mit einer weiteren Person der Beitrag "Zwei Münchner in Hamburg" abgedruckt, der mit folgendem Text eingeleitet wird:

"U. G. und E. W. (= Kläger) sind mittlerweile zum Traumpaar des Fernsehens geworden. Für manche Zuschauer/innen ist es kaum vorstellbar, daß die beiden im Privatleben kein Paar sind. Doch im ZDF werden sie eines. Die zweite Staffel "Zwei Münchner im Hamburg" ist am 3. Oktober angelaufen. Nachdem die beiden sich über mehrere Folgen zusammengerauft haben, kann jetzt endlich geheiratet werden."

Der nachfolgende Text befaßt sich ausschließlich mit der Schauspielerin U. G.

Das auf dem Titelblatt abgedruckte Bild wurde als sog. Standfoto anläßlich der Dreharbeiten zu der Fernsehserie "Zwei Münchner in Hamburg" im Auftrag einer Werbeagentur zum Zwecke der redaktionellen Nutzung ohne Entgelt aufgenommen. Der Kläger hatte einer Verwertung seines Bildes zu Werbezwecken nicht zugestimmt.

Der Kläger sieht sich durch den Abdruck seines Bildes auf der Titelseite der "C.

Revue" in seinem Recht am eigenen Bild und in seinem allgemeinen Persönlichkeitsrecht verletzt. Er macht geltend, daß es sich bei der "C. Revue" um einen Werbeprospekt und nicht um eine redaktionelle Zeitung handele.

Das Landgericht hat dem Unterlassungs- und Feststellungsbegehren des Klägers stattgegeben, das Oberlandesgericht hat die Berufung der Beklagten zurückgewiesen. Mit der Revision verfolgen die Beklagten ihr Klageabweisungsbegehren weiter.

Entscheidungsgründe

I. Nach Auffassung des Berufungsgerichts ist die Verwendung des Bildes des Klägers auf der Titelseite der "C. Revue" nicht durch dessen Einwilligung gedeckt, so daß dem Kläger die Klageansprüche aus dem Gesichtspunkt der Verletzung seines Rechts am eigenen Bild und seines allgemeinen Persönlichkeitsrechts zustünden. Die Beklagten hätten das Bild nicht redaktionell genutzt, sondern für Werbezwecke verwendet. Bei der "C. Revue", einer Kundenzeitschrift der "S.-Märkte", handele es sich aus der Sicht des Durchschnittslesers, an den sich die Zeitschrift wende, nach Aufmachung, Aufbau und Inhalt um eine Werbezeitschrift, in der für Produkte geworben werde, die in den Märkten des Zweitbeklagten erhältlich seien; für den Durchschnittsleser trete gegenüber der Produktwerbung der Informationsgehalt der wenigen kurzen Beiträge in den Hintergrund. Der Abdruck des Bildes des Klägers auf der Titelseite dieses Blatts erwecke beim Durchschnittsleser den Eindruck, daß der Kläger zu den Produkten des Zweitbeklagten stehe, diese empfehle und dafür sein Bildnis zur Verfügung stelle. Die Beklagten hätten damit die Werbewirksamkeit des Klägers zur Absatzförderung der Produkte des Zweitbeklagten - also zur Werbung - eingesetzt. Aus dem knappen Textbeitrag, auf den auf der Titelseite noch nicht einmal hingewiesen werde, folge nichts anderes; er trage zur sachlichen Information über die Person des Klägers nichts bei.

II. Diese Erwägungen halten den Angriffen der Revision im Ergebnis nicht stand.

1. Allerdings trifft es zu, daß die Beklagten durch die Veröffentlichung des Bildes des Klägers auf der Titelseite der "C. Revue" und die Verbreitung dieses Blatts in das Recht des Klägers am eigenen Bild eingegriffen haben. Dieser Eingriff in das kraft ausdrücklicher Gesetzesvorschrift (§ 22 KUG) unter Sonderschutz gestellte Selbstbestimmungsrecht des Abgebildeten stellt zugleich einen Eingriff in das nach § 823 Abs. 1 BGB geschützte allgemeine Persönlichkeitsrecht des Klägers dar (vgl. Senatsurteile vom 14. April 1992 - VI ZR 285/91 - NJW 1992, 2084 und vom 12. Oktober 1993 - VI ZR 23/93 - VersR 1994, 57, 58, jeweils m.w.N.).

Das Berufungsgericht geht weiter zu Recht davon aus, daß § 22 KUG für eine solche Verwendung eines Bildes die Einwilligung des Betroffenen verlangt. Einer solchen Einwilligung bedarf es nach § 23 Abs. 1 KUG allerdings (u.a.) dann nicht, wenn es sich um ein Bildnis aus dem Bereich der Zeitgeschichte handelt; in einem solchen Fall gebührt dem Publikationsinteresse der Vorrang. Das Berufungsgericht nimmt einen solchen Sachverhalt hier an; es betrachtet den Kläger als eine relative Person der Zeitgeschichte. Dennoch gelangt es zu dem Ergebnis, daß die Verwendung des Bildes des Klägers ohne seine Einwilligung nicht zulässig gewesen sei, weil es zur Werbung eingesetzt worden sei. Diese Überlegung trifft im Ansatz gleichfalls zu. Die Verwendung eines Bildes - auch des Bildes einer Person der Zeitgeschichte - für Werbezwecke erweist sich nur dann als zulässig, wenn sie von der ausdrücklichen Einwilligung des Abgebildeten gedeckt ist (vgl. BGHZ 20, 345, 348; 81, 75, 80; Senatsurteil vom 14. April 1992 - VI ZR 285/91 - aaO; ferner Löffler/Ricker, Handbuch des Presserechts, 2. Aufl. 1986, S. 290; Wenzel, Das Recht der Wort- und Bildberichterstattung, 4. Aufl. RdNr. 7.40 f.).

Es trifft ferner zu, daß die Frage, ob ein Bild zur Werbung eingesetzt worden ist, aus der Sicht des Durchschnittslesers zu beurteilen ist. Dabei gelangt das Berufungsgericht zu dem Ergebnis, daß die Beklagten das Bild des Klägers durch den Abdruck auf der Titelseite der "C. Revue" zur Werbung für die Produkte des Zweitbeklagten eingesetzt haben. Diese Würdigung unterliegt, da sie eine Abgrenzung der Wirkungsräume des allgemeinen Persönlichkeitsrechts gegen die Pressefreiheit bedeutet, der Kontrolle durch den Bundesgerichtshof. Der Bundesgerichtshof nimmt diese Würdigung auf der Grundlage des Gesamtzusammenhangs und der getroffenen tatrichterlichen Feststellungen vor (vgl. etwa Senatsurteil vom 15. November 1994 - VI ZR 56/94, zur Veröffentlichung in BGHZ vorgesehen).

2. Der Senat teilt die Auffassung des Berufungsgerichts, die Beklagten hätten das Bild des Klägers zur Werbung für die Produkte des Zweitbeklagten eingesetzt, nicht.

a) Die "C. Revue" ist ein Presseerzeugnis, das unter dem Schutz der Pressefreiheit aus Art. 5 Abs. 1 Satz 2 GG steht. Zwar dient diese Zeitschrift der Werbung für die Produkte des Zweitbeklagten. Sie weist aber auch einen - wenn auch bescheidenen - redaktionellen Teil auf. Es mag sein, daß die redaktionellen Beiträge nur einen geringen informatorischen Gehalt haben. Das mag insbesondere, wie das Berufungsgericht meint, für den Beitrag zutreffen, der sich auf S. 16 des hier zur Erörterung stehenden Heftes der "C. Revue" mit dem Kläger und seiner Partnerin befaßt. Dies rechtfertigt es aber nicht, den redaktionellen Teil der Zeitschrift und insbesondere den hier in Rede stehenden redaktionellen Beitrag bei der Beurteilung der Rechtsposition der Beklagten außer Betracht zu lassen und aus der angenommenen Unbeachtlichkeit dieses Beitrags den Schluß zu ziehen, daß sich das Bild des Klägers nur auf die Werbung im Innern des Blattes beziehen könne. Die Garantie der Pressefreiheit läßt es nicht zu, das Eingreifen dieses Grundrechts von der Qualität des jeweiligen Presseerzeugnisses oder redaktionellen Beitrags abhängig zu machen (vgl. BVerfGE 34, 269, 283).

b) Allerdings wird das Bild des Klägers als Blickfang für eine Zeitschrift eingesetzt, die in erster Linie der Produktwerbung dient. Die "C. Revue" folgt damit
indes nur einer Praxis, die auch bei anderen Blättern zu beobachten ist. Dies erlaubt jedoch noch nicht den Schluß, daß die abgebildete Person als Werbeträger
für die Produkte eingesetzt wird, für die im Innern des Blattes geworben wird. Der
unbefangene Durchschnittsleser bringt das Bild des Klägers und seiner Partnerin
zunächst mit dem Textbeitrag im Innern des Blattes in Verbindung. Allerdings ist
auch einem solchen Leser bewußt, daß es sich hier um eine primär zur Werbung
bestimmte Publikation handelt. Die Grenze des Einsatzes eines solchen Bildes zur
Werbung für einzelne Produkte ist jedoch erst dann überschritten, wenn der Leser
durch die Abbildung dazu geführt wird, zwischen dem Abgebildeten und den im
Heftinnern angebotenen Produkten oder Leistungen eine gedankliche Beziehung
herzustellen, wenn in den Augen des Lesers die Vorstellung entsteht, daß der Abgebildete zu diesen Produkten steht, sie empfiehlt und als Anreiz für den Kauf
dieser Waren sein Bild zur Verfügung stellt. Ein solcher gedanklicher Bezug wird
beispielsweise durch ein unmittelbares Nebeneinanderstellen von Ware und abgebildeter Person hergestellt; in einem solchen Fall kann sich das Interesse der Öffentlichkeit an der Person und deren Beliebtheit auf die abgebildete Ware übertragen (vgl. BGHZ 20, 345, 352).

Demgegenüber bestehen im vorliegenden Fall zwischen dem Bild des Klägers auf
der Titelseite und einzelnen Produkten, denen die Werbung auf der Titelseite und
im Innern des Heftes gilt, keine erkennbaren Beziehungen. Es kann sich allenfalls
die Frage stellen, ob das Bild des Klägers auf der Titelseite aus der Sicht des
Durchschnittslesers den Eindruck erweckt, daß er zu allen im Heftinnern angebotenen Produkten und Leistungen stehe und sie empfehle. Davon geht das Berufungsgericht aus. Dieser Wertung vermag der Senat nicht zu folgen. Dem unbefangenen Durchschnittsleser ist geläufig, daß eine bestimmte Gruppe von Publikumszeitschriften gleichfalls die Bilder beliebter oder bekannter Persönlichkeiten
auf den Titelseiten ihrer Blätter abzudrucken pflegt, um hierdurch die Aufmerksamkeit der Leser auf ihre Blätter zu lenken. Ein Hinweis auf die Waren- oder
Dienstleistungen, für die im Innern der Blätter geworben wird, wird hierin nicht
erblickt. Vielmehr versteht der unbefangene Leser ein solches Bild als Blickfang.
Er verbindet damit lediglich die Erwartung, im Innern des Blattes einen redaktionellen Beitrag über die abgebildete Persönlichkeit zu finden. Im vorliegenden Fall
liegen die Dinge nicht anders. Der unbefangene Betrachter dieses Heftes der "C.
Revue" erwartet, daß sich im Innern des Heftes ein Beitrag über den Kläger und
seine Partnerin, eine gleichfalls bekannte Schauspielerin, findet. Ein solcher Beitrag ist auf S. 16 des Heftes abgedruckt. Dem läßt sich nicht mit dem Berufungsgericht entgegenhalten, daß dieser knappe Bericht zur sachlichen Information über
die Person des Klägers nichts beitrage. Abgesehen davon, daß dies nicht zutrifft,
läßt es - wie oben ausgeführt - die Garantie der Pressefreiheit nicht zu, als Ergebnis
einer negativen Bewertung journalistischer Arbeit diesen Beitrag im Rahmen der
rechtlichen Würdigung unbeachtet zu lassen, mag er auch einen nur geringen Informationswert aufweisen und von bescheidenerer journalistischer Qualität sein

als redaktionelle Beiträge in Publikumszeitschriften. Entscheidend ist, daß dieses Heft der "C. Revue" das übliche und vom Durchschnittsleser erwartete Zusammenspiel des Bildes auf dem Titelblatt mit einem redaktionellen Beitrag bietet, das eine gedankliche Verknüpfung des Bildes mit einzelnen oder allen im Heftinnern angebotenen Waren erst gar nicht entstehen läßt. Die erkennbare und greifbare Bedeutung des Bildes auf dem Titelblatt erschöpft sich in dem Bezug zu dem dazugehörigen redaktionellen Beitrag.

Daran ändert auch nichts die Besonderheit, daß die "C. Revue" von ihrer Aufmachung her dazu bestimmt ist, in erster Linie Werbeträger für die Produkte nur eines Unternehmens zu sein. In dem hier zur Erörterung stehenden Heft der "C. Revue" findet sich auch Werbung für die Produkte und Leistungen anderer Anbieter. Im übrigen ergeben sich zwischen der "C. Revue" und anderen Zeitschriften unter dem hier interessierenden Blickwinkel, nach dem es darauf ankommt, ob in den Augen des Durchschnittslesers über die Verbindung von Titelbild und redaktionellem Beitrag hinaus ein Bezug zwischen dem Titelbild und den angebotenen Waren besteht, keine entscheidenden qualitativen Unterschiede. Die "C. Revue" ähnelt mit ihrem Wechselspiel von Titelblatt, redaktionellen Beiträgen und Werbeanzeigen vielen gängigen Publikumszeitschriften. Dem Durchschnittsleser ist bekannt, daß auch Werbezeitschriften dann, wenn sie das Bild einer beliebten prominenten Persönlichkeit auf dem Titelblatt veröffentlichen, ohne einen erkennbaren Bezug zu bestimmten Waren- oder Dienstleistungen zum Ausdruck zu bringen, lediglich den Zweck verfolgen, die Attraktivität ihres Blattes zu steigern. Das Bild dient hier ebenso als Blickfang wie bei einer Publikumszeitschrift. Eine Aussage zu den im Heftinnern angebotenen Produkten oder Dienstleistungen ist hiermit dann, wenn dem Titelbild im Heftinnern ein redaktioneller Beitrag folgt, ebenso wenig verbunden wie dies bei einer Abbildung auf dem Titelbild einer Publikumszeitschrift der Fall ist.

Dies bedeutet, daß die Verwendung des Bildes des Klägers auf der Titelseite der "C. Revue" nicht seiner Einwilligung bedurft hat. Die Klage ist damit unbegründet.
(BGH, Urteil vom 14. März 1995 – VI ZR 52/94 –, Rn. 16, juris)

Entscheidungsdatum: 14.11.1995
Aktenzeichen: VI ZR 410/94
Normen: § 823 Abs 1 BGB, § 22 S 3 KunstUrhG, § 23 Abs 1 Nr 1 KunstUrhG
Einwilligungserfordernis der Angehörigen für Gedenkmedaille mit Abbild eines bekannten Staatsmannes als Sammlermünze

Leitsatz

Die Ausgabe einer "Abschiedsmedaille" als Sammlermünze anläßlich des Todes eines bekannten Staatsmannes, dessen Bildnis auf der Münze erscheint, kann im

Hinblick auf die Eigenschaft des Abgebildeten als "absoluter" Person der Zeitgeschichte im Sinne des KunstUrhG § 23 Abs 1 Nr 1 auch ohne die in KunstUrhG § 22 S 3 geforderte Einwilligung seiner Angehörigen (hier des überlebenden Ehegatten) zulässig sein.

Tenor

Auf die Rechtsmittel der Beklagten werden das Urteil des 6. Zivilsenats des Oberlandesgerichts Frankfurt am Main vom 8. September 1994 aufgehoben und das Urteil des Landgerichts Frankfurt am Main vom 5. August 1993 abgeändert.

Die Klage wird abgewiesen.

Die Kosten des Rechtsstreits fallen der Klägerin zur Last.

Von Rechts wegen

Tatbestand

Die Klägerin, die Witwe des früheren Bundeskanzlers Willy Brandt, nimmt die Beklagte, die sich mit der Herausgabe von Sammlermünzen befaßt, wegen der Herstellung und des Vertriebs einer mit dem Bildnis ihres am 8. Oktober 1992 verstorbenen Ehemannes versehenen Medaille in Anspruch.

Nach dem Tod Willy Brandts hat die Beklagte ohne Einwilligung der Klägerin in einem Werbeprospekt eine sogenannte "Abschiedsmedaille" in goldener sowie silberner Ausführung und limitierter Auflage zum Kauf angeboten. Diese Medaille mit einem Durchmesser von 50 mm weist auf der Vorderseite, umrundet von der Aufschrift "IN MEMORIAM WILLY BRANDT" unter Beifügung der Jahreszahlen 1913 und 1992 ein Bildnis des Verstorbenen auf; auf der Rückseite finden sich stilisierte Abbildungen des Bundesadlers, des Brandenburger Tores und der Friedenstaube sowie folgende Angaben zum politischen Werdegang Willy Brandts: "Kanzler der Bundesrepublik Deutschland", "Präsident der Sozialistischen Internationale", "Regierender Bürgermeister von Berlin", "Friedensnobelpreisträger".

Bereits zu Lebzeiten Willy Brandts hat die Beklagte seit 1974 Medaillen mit seinem Bild in insgesamt 6 Münzsätzen, die den deutschen Nobelpreisträgern, den deutschen Kanzlern sowie den deutschen Bundeskanzlern gewidmet waren, herausgebracht. Eine ausdrückliche Einwilligung Willy Brandts hat ihr dazu nicht vorgelegen. Nach einer dieser Editionen hat das persönliche Büro Willy Brandts im Jahre 1983 die Beklagte darauf hingewiesen, daß sein Vorname falsch wiedergegeben sei, worauf die Beklagte die Aufschrift verbessert und ein Exemplar der korrigierten Münze an das persönliche Büro Willy Brandts übersandt hat.

Die Klägerin ist der Auffassung, die Beklagte habe mit der Herstellung und dem Vertrieb der "Abschiedsmedaille" das geschützte Recht am Bild sowie das Persönlichkeitsrecht des Verstorbenen verletzt. Ihre zuletzt auf Unterlassung der Herstellung, der Bewerbung und des Vertriebs der "Abschiedsmedaille" sowie künftiger weiterer Medaillen mit dem Bildnis Willy Brandts und auf Auskunftserteilung zur Vorbereitung eines Ersatzanspruchs gerichtete Klage hatte beim Landgericht und beim Oberlandesgericht Erfolg. Mit ihrer Revision verfolgt die Beklagte ihren Antrag auf Klageabweisung weiter.

Entscheidungsgründe

I. Das Berufungsgericht sieht in der Verbreitung der "Abschiedsmedaille" und vergleichbarer Sammlermedaillen mit Abbildungen Willy Brandts einen Verstoß gegen das in § 22 Satz 1 KUG geschützte Recht am eigenen Bild sowie in der Herstellung solcher Münzen eine Verletzung des allgemeinen Persönlichkeitsrechts im Sinne des § 823 Abs. 1 BGB.

Es fehle an der nach § 22 Satz 3 KUG erforderlichen Einwilligung der Klägerin; die Verfassungsmäßigkeit dieser Regelung, die das Recht am Bild einer Person nach deren Tod noch zehn Jahre fortbestehen lasse, könne nicht in Zweifel gezogen werden. Eine rechtswirksame Einwilligung könne auch nicht daraus hergeleitet werden, daß das persönliche Büro Willy Brandts im Jahre 1983 anläßlich einer anderen Münzedition auf den fehlerhaft geschriebenen Vornamen aufmerksam gemacht habe. Eine etwa seinerzeit anzunehmende stillschweigende Einwilligung könne sich jedenfalls nur auf die Abbildung Willy Brandts auf der damals in Rede stehenden Medaille bezogen haben, nicht jedoch auf künftige Editionen.

Die Voraussetzungen, unter denen § 23 Abs. 1 Nr. 1 KUG die Benutzung des Bildes einer Person auch ohne Einwilligung des Berechtigten zulasse, seien im vorliegenden Fall nicht erfüllt. Zwar handele es sich bei Willy Brandt unbestritten um eine "absolute" Person der Zeitgeschichte. Der Ausnahmetatbestand des § 23 Abs. 1 Nr. 1 KUG setze jedoch weiter voraus, daß mit der Veröffentlichung des Bildes ein schutzwürdiges Informationsinteresse verfolgt werde, hinter dem das Interesse des Abgebildeten oder seiner Erben zurückstehen müsse. Der Persönlichkeitsschutz habe aber dann Vorrang, wenn der Zweck der Informationsvermittlung nach den gesamten Umständen hinter sonstige Beweggründe völlig zurücktrete. Letzteres sei hier der Fall.

Zwar sei es nicht von Bedeutung, daß die Beklagte mit dem Vertrieb der "Abschiedsmedaille" eigene kommerzielle Ziele verfolge; letzteres treffe auch auf Presseveröffentlichungen zu. Auch dürften an das Informationsinteresse, das eine Einschränkung des Rechts am eigenen Bild rechtfertigen könne, keine allzu hohen

Anforderungen gestellt werden; es könne grundsätzlich das Interesse der Öffentlichkeit ausreichen, eine Person der Zeitgeschichte als solche im Bild vorgestellt zu bekommen. Dieses Interesse sei bei dem Erwerb von Sammlermedaillen jedoch nicht ausschlaggebend. Heute hergestellten Münzen komme keineswegs mehr der Informations- und Dokumentationswert zu, den in historischer Zeit hergestellte Münzen in der Vergangenheit gehabt hätten und auch heute noch aufwiesen. Vielmehr stehe bei Medaillen der hier zu beurteilenden Art das reine Besitz- und Sammlerinteresse für den Käufer eindeutig im Vordergrund. Erwerber der "Abschiedsmedaille" seien in erster Linie an einer Wertanlage und an einer ansprechend gestalteten Münze interessiert; demgemäß habe die Beklagte die Medaille auch als "numismatische Rarität ersten Ranges" in limitierter Auflage beworben. Demgegenüber trete ein Informationsinteresse am Bildnis Willy Brandts völlig in den Hintergrund; daran könnten auch die zusätzlichen erläuternden Angaben auf beiden Seiten der Medaille nichts ändern.

II. Die Revision ist zulässig. Es handelt sich vorliegend um eine vermögensrechtliche Streitigkeit; nach der Festsetzung durch das Berufungsgericht übersteigt die Beschwer der Beklagten 60.000 DM (§ 546 Abs. 1 Satz 1 ZPO).

Die Klägerin stützt den Unterlassungsanspruch auf eine Verletzung des in § 22 Satz 1 KUG geschützten Rechtes am eigenen Bild als Teil des allgemeinen Persönlichkeitsrechts. Für derartige Ansprüche, die die Selbstbestimmung des Betroffenen sichern sollen, gilt dasselbe wie für Unterlassungsansprüche, die die soziale Geltung des Verletzten in der Öffentlichkeit zu schützen bestimmt sind. Diese sind grundsätzlich als nichtvermögensrechtliche Streitigkeiten anzusehen, sofern sich nicht aus dem Klagevorbringen oder offenkundigen Umständen ergibt, daß es dem Kläger in wesentlicher Weise auch um die Wahrung wirtschaftlicher Belange geht (st. Rspr., vgl. z. B. Senatsurteile vom 27. Mai 1986 - VI ZR 169/85 - VersR 1986, 1075, 1076 und vom 28. Juni 1994 - VI ZR 252/93 - VersR 1994, 1120, 1121). Eine vermögensrechtliche Streitigkeit ist jedoch dann anzunehmen, wenn der Kläger nachhaltig gerade auch auf wirtschaftliche Nachteile abstellt, wobei es als Indiz von Bedeutung sein kann, ob er zugleich einen Anspruch auf Ersatz von Vermögensschäden geltend macht (vgl. Senatsbeschlüsse vom 6. November 1990 - VI ZR 117/90 - VersR 1991, 792, 793 und vom 16. Februar 1993 - VI ZR 127/92 - VersR 1993, 614, 615). Letzteres ist hier der Fall:

Der von der Klägerin neben der Unterlassung geltend gemachte Auskunftsanspruch soll, wie bereits dem Klagevorbringen zu entnehmen ist, einen bereicherungsrechtlichen Ersatzanspruch vorbereiten. Die Klage soll gerade auch wirtschaftlichen Interessen dienen, und zwar ersichtlich auch hinsichtlich des Unterlassungsanspruchs. In der Klageschrift ist dargelegt, daß einem anderen Unternehmen die Verbreitung des Bildes von Willy Brandt gegen eine "Nutzungsgebühr von 50.000 DM" gestattet worden ist; aus diesem Vortrag ergibt sich, daß die Klägerin, wenn sie der Beklagten die kostenlose Verwendung des Bildes untersagen will, auch wirtschaftliche Zielsetzungen verfolgt.

III. Das Berufungsurteil hält den Angriffen der Revision nicht stand. Weder die Herstellung und Verbreitung der "Abschiedsmedaille" noch der Vertrieb künftiger weiterer Medaillen dieser Art mit dem Bildnis Willy Brandts durch die Beklagte verletzen geschützte Rechtspositionen der Klägerin oder ihres verstorbenen Ehemannes.

1. Das Berufungsgericht geht zu Recht davon aus, daß die Abbildung Willy Brandts auf der von der Beklagten verbreiteten "Abschiedsmedaille" ein Bildnis des verstorbenen Ehemannes der Klägerin im Sinne des § 22 Satz 1 KUG darstellt und daß die Klägerin grundsätzlich befugt ist, dessen geschütztes Recht am eigenen Bild nach seinem Tode auf der Grundlage des § 22 Satz 3 KUG wahrzunehmen.

2. Dem Berufungsgericht ist auch darin zu folgen, daß die hiernach erforderliche Einwilligung der Klägerin als des überlebenden Ehegatten nicht im Hinblick auf eine von Willy Brandt selbst vor seinem Tode erteilte Einwilligung in die Verbreitung derartiger Medaillen mit seinem Bildnis entbehrlich war. Eine für die hier im Streit stehende "Abschiedsmedaille" wirksame Einwilligung ergibt sich insbesondere nicht aus den im Berufungsurteil zur Korrespondenz zwischen dem persönlichen Büro Willy Brandts und der Beklagten für das Jahr 1983 getroffenen Feststellungen.

Zwar kann eine nach § 22 Satz 1 KUG relevante Einwilligung auch stillschweigend erteilt werden (vgl. z.B. BGHZ 49, 288, 295; Senatsurteil vom 14. Oktober 1986 - VI ZR 10/86 - JZ 1987, 158). Das Berufungsgericht führt jedoch zutreffend aus, daß auch dann, wenn für die "Zweite Kanzler-Edition" der Beklagten im Jahre 1983 von einer konkludenten Einwilligung Willy Brandts in die Verwendung seines Bildes ausgegangen werden müßte, sich dieses Einverständnis nicht auf die nach dem Tode Brandts herausgegebene "Abschiedsmedaille" erstreckte. Die Reichweite einer solchen Einwilligung ist durch Auslegung nach den Umständen des Einzelfalls zu ermitteln. Sie hängt wesentlich von der Art der Veröffentlichung ab, die den unmittelbaren Anstoß für ihre Erteilung gegeben hat; ihr über diesen hinaus Bedeutung auch für spätere Veröffentlichungen eines anderen Zuschnitts beizulegen, ist in aller Regel nur aufgrund eines dahingehenden besonderen Interesses des Betroffenen möglich (vgl. hierzu BGHZ 20, 345, 348; Senatsurteil vom 6. Februar 1979 - VI ZR 46/77 - NJW 1979, 2203). Hierzu lassen sich aber den getroffenen Feststellungen und dem von der Revision in Bezug genommenen Parteivortrag keine hinreichenden Anhaltspunkte entnehmen. Ein eventuelles Einverständnis Willy Brandts mit der Aufnahme einer ihn betreffenden Münze in eine Gesamtedition von "Kanzler-Medaillen" legt nicht nahe, daß der Verstorbene ohne weiteres die Verbreitung einer allein auf ihn bezogenen, nach seinem Tode erscheinenden "Abschiedsmedaille" für die Beklagte freigeben wollte.

3. Die Revision beanstandet jedoch mit Recht, daß das Berufungsgericht die Voraussetzungen als nicht erfüllt angesehen hat, unter denen gemäß § 23 Abs. 1 Nr. 1 KUG die Verbreitung des Bildnisses einer Person auch ohne Einwilligung des Berechtigten zulässig ist.

a) Auch das Berufungsgericht geht allerdings zutreffend davon aus, daß es sich bei Willy Brandt um eine "absolute" Person der Zeitgeschichte handelt, die es sich grundsätzlich gefallen lassen muß, auch ohne Einwilligung der Öffentlichkeit im Bild vorgestellt zu werden; zu Recht weist das Berufungsurteil darauf hin, daß diese Duldungspflicht andererseits auch nicht schrankenlos ist. § 23 Abs. 1 Nr. 1 KUG will dem Interesse der Allgemeinheit an einer Unterrichtung über Persönlichkeiten der Zeitgeschichte dienen, weil und soweit die Öffentlichkeit sie als der Beachtung besonders wert empfindet. Der Schutzzweck dieser Regelung erfaßt daher nicht auch Veröffentlichungen, an denen ein schutzwürdiges Interesse der Allgemeinheit nicht anzuerkennen ist. Da auch Personen der Zeitgeschichte Anspruch darauf haben, daß die Allgemeinheit Rücksicht auf ihre Persönlichkeit nimmt, darf nicht außer acht gelassen werden, daß das in § 23 Abs. 1 Nr. 1 KUG geschützte allgemeine Publikationsinteresse in einem Spannungsverhältnis zum Persönlichkeitsrecht des Abgebildeten steht (vgl. hierzu BGHZ 20, 345, 350 f; 49, 288, 292; Senatsurteil vom 6. Februar 1979 - VI ZR 46/77 - aaO). Daher kann sich auf § 23 Abs. 1 Nr. 1 KUG nicht berufen, wer nicht einem schutzwürdigen Informationsinteresse der Allgemeinheit nachkommen, sondern durch Verwertung des Bildnisses eines anderen zu Werbezwecken allein sein Geschäftsinteresse befriedigen will (st. Rspr., vgl. z.B. Senatsurteile vom 26. Juni 1979 - VI ZR 108/78 - NJW 1979, 2205, 2206; vom 14. April 1992 - VI ZR 285/91 - VersR 1993, 66, 67 und vom 14. März 1995 - VI ZR 52/94 - VersR 1995, 667, 668).

b) Entgegen der Auffassung der Revision werden mit diesem bei der Auslegung und Anwendung des § 23 Abs. 1 Nr. 1 KUG berücksichtigten Erfordernis eines schutzwürdigen Publikationsinteresses und eines Informationsbedürfnisses der Allgemeinheit nicht die verfassungsrechtlichen Grenzen überschritten, welche Art. 20 Abs. 3 GG durch Bindung des Richters an Recht und Gesetz zieht. Das Recht am eigenen Bild genießt als Teil des allgemeinen Persönlichkeitsrechts dessen verfassungsrechtlichen Grundrechtsschutz (vgl. hierzu z.B. BVerfGE 30, 173, 193; 35, 202, 224). Als eine das Recht am eigenen Bild einschränkende gesetzliche Regelung muß § 23 Abs. 1 Nr. 1 KUG daher unter Berücksichtigung der grundrechtlichen Position des Betroffenen ausgelegt werden. Dem dient die in jedem Einzelfall vorzunehmende Prüfung eines schutzwürdigen Informationsinteresses der Allgemeinheit.

c) Dem Berufungsgericht kann nicht darin gefolgt werden, daß im vorliegenden Fall beim Vertrieb der "Abschiedsmedaille" der Zweck der Informationsvermittlung im Hinblick auf ein schutzwürdiges Publikationsinteresse völlig hinter anderen Beweggründen zurücktrete.

aa) Das Berufungsgericht geht insoweit zutreffend davon aus, daß in diesem Sinne schutzwürdig grundsätzlich bereits das Interesse der Öffentlichkeit sein kann, die Person der Zeitgeschichte als solche im Bild vorgestellt zu bekommen. Dabei liegt ein derartiges zu berücksichtigendes Interesse der Öffentlichkeit umso näher, je stärker sich die allgemeine Aufmerksamkeit auf die betreffende Person richtet. Bei einer Persönlichkeit wie Willy Brandt ist letzteres in besonders hohem Maße der Fall, so daß bei der Veröffentlichung seines Bildes jedenfalls dann in der Regel ein schutzwürdiges Publikationsinteresse vorliegt, wenn sein Bild in einen für den Betrachter deutlichen Zusammenhang mit seinen Leistungen als Politiker und Staatsmann gestellt wird. Der Öffentlichkeitswert des Bildnisses wird wesentlich erhöht, wenn es den Abgebildeten im Rahmen der Tätigkeit zeigt, durch welche er die Öffentlichkeit auf sich besonders aufmerksam gemacht hat (vgl. Senatsurteil vom 6. Februar 1979 - VI ZR 46/77 - aaO, 2204; siehe hier auch OLG Frankfurt, NJW 1989, 402, 403); dieser Rahmen kann bei einem Politiker gerade auch durch Beifügung aussagekräftiger Symbole und durch schlagwortartige verbale Umschreibungen seiner Leistungen und Ämter geschaffen werden.

bb) Entgegen der Auffassung des Berufungsgerichts kommt der hier zu beurteilenden "Abschiedsmedaille" der Beklagten ein in diesem Sinne für ein schutzwürdiges Publikationsinteresse hinreichender Aussagegehalt zu. Entsprechend der Eigenart von Münzen, deren Vorder- und Rückseite für den Betrachter gleichermaßen von Bedeutung sind, ist die Gestaltung beider Seiten der "Abschiedsmedaille" zu berücksichtigen. Auf der Vorderseite wird die Person Willy Brandts als solche durch Bild, Namen, Geburts- und Todesjahr vorgestellt; auf der Rückseite werden die wichtigsten Stationen seines Lebens als Politiker und Staatsmann verbal und durch zugehörige, für den Betrachter ohne weiteres einzuordnende Symbole (Bundesadler, Brandenburger Tor, Friedenstaube) illustriert. Diese Art der Darstellung ist dazu geeignet, in kurzer, aber einprägsamer Form über die Person und die Verdienste des Verstorbenen zu informieren.

cc) Einem schutzwürdigen Publikationsinteresse steht hier auch nicht entgegen, daß das Bild Willy Brandts auf einer Sammlermedaille erscheint. Gewiß kommt Abbildungen von Personen auf heute hergestellten Münzen nicht mehr der Informations- und Dokumentationswert zu, den Münzen in früheren geschichtlichen Zeiträumen gehabt haben. Indessen können auch in der Gegenwart informative Aussagen über bedeutende Persönlichkeiten einschließlich ihres Bildes in der Form von Medaillen, die zu besonderen Anlässen ediert werden, weitergegeben werden. Dabei bedarf es zur Annahme eines Informationswertes nicht unbedingt eines "Gesamtkonzepts" (vgl. dazu Senatsurteil vom 6. Februar 1979 - VI ZR 46/77 - aaO, 2204), wie es etwa bei der Herausgabe von Münzserien (z.B. "Die deutschen Kanzler") vorliegen könnte; auch eine einzelne, einem historischen Ereignis, wie dem Tode eines bedeutenden Staatsmannes, gewidmete Medaille kann einem schutzwürdigen Publikationsinteresse dienen.

dd) Ein solches Interesse ist vorliegend auch nicht deswegen zu verneinen, weil für die potentiellen Erwerber der Medaille großenteils auch ein Sammlerinteresse gegeben sein wird. Zwar weist das Berufungsgericht zu Recht darauf hin, daß die Beklagte, wenn sie die Medaille als "Sammlerstück" und "numismatische Rarität ersten Ranges" bewirbt und ihre Auflage limitiert, gerade dieses Sammler- und Anlageinteresse ansprechen will. Indessen schließen sich ein Interesse, als Sammler eine wertvolle Medaille zu erwerben, einerseits und die - auch für den Münzsammler beachtliche - Bedeutung der Münze als Träger von Informationen über den Abgebildeten als historische Persönlichkeit andererseits nicht aus, sondern können ohne weiteres nebeneinander stehen. Der Wertung des Berufungsgerichts, gegenüber der Motivation der Erwerber, ihrer Münzsammlung eine wertvolle Medaille hinzuzufügen oder sich ein Anlageobjekt zu verschaffen, trete das Informations- und Dokumentationsinteresse am Bildnis Willy Brandts völlig in den Hintergrund, vermag der Senat nicht zu folgen; gerade auch die Gestaltung der Medaille durch die auf ihr enthaltenen informativen Aussagen über den Verstorbenen ist untrennbarer Teil der Münze, und zwar auch in ihrer Eigenschaft als Sammler- und Anlageobjekt.

4. Der Verbreitung der "Abschiedsmedaille" durch die Beklagte steht ferner kein berechtigtes Interesse der Klägerin als Witwe des Abgebildeten im Sinne des § 23 Abs. 2 KUG entgegen.

a) Allerdings ist auch dann, wenn von einem schutzwürdigen Publikationsinteresse im Hinblick auf § 23 Abs. 1 Nr. 1 KUG auszugehen ist, dieses regelmäßig mit den berechtigten Interessen desjenigen, der sich gegen die Bildveröffentlichung wehrt, abzuwägen (vgl. BGHZ 49, 288, 293 f.; Senatsurteile vom 22. Januar 1985 - VI ZR 28/83 - VersR 1985, 391, 392 und vom 12. Oktober 1993 - VI ZR 23/93 - VersR 1994, 57, 58 m.w.N.). Da das vorliegend zu beurteilende Bildnis Willy Brandts weder entstellend ist oder den privaten Bereich des Abgebildeten betrifft (vgl. BGHZ 24, 200, 208; 49, 288, 293) noch seitens der Beklagten zu Werbezwecken eingesetzt worden ist (vgl. hierzu z.B. Senatsurteil vom 14. März 1995 - VI ZR 52/94 - aaO m.w.N.), kommt als berechtigtes Interesse der Klägerin nur in Betracht, selbst als überlebender Ehegatte des Verstorbenen über die Veröffentlichung seines Bildes und insbesondere über dessen wirtschaftliche Nutzung entscheiden zu können.

b) Da die gesetzliche Wertung in § 23 Abs. 1 Nr. 1 KUG die bildliche Darstellung einer Person der Zeitgeschichte im Rahmen dessen, was ihre zeitgeschichtliche Bedeutung ausmacht, grundsätzlich vom Einwilligungserfordernis freistellt, kann das Interesse der Klägerin, über die Veröffentlichung des Bildnisses des Verstorbenen zu bestimmen, vorliegend nur insoweit relevant sein, als eine besondere, von ihr (oder vom Verstorbenen selbst, würde er noch leben) nicht hinzunehmende Beeinträchtigung abgewehrt werden soll. Diese Voraussetzung wäre allerdings dann erfüllt, wenn der Verstorbene durch das Vorgehen der Beklagten in unangemessener Weise zu einem Objekt ihrer wirtschaftlichen Interessen gemacht würde. Indessen kann von einer solchen Sachlage hier nicht gesprochen werden.

Daß die Beklagte mit der Edition der "Abschiedsmedaille" im Rahmen ihres Gewerbebetriebes eigenwirtschaftliche Ziele verfolgt, fällt nicht zu Lasten ihres schutzwürdigen Publikationsinteresses ins Gewicht; Bildveröffentlichungen in Medien aller Art dienen regelmäßig gewerblichen Interessen (vgl. Senatsurteil vom 6. Februar 1979 - VI ZR 46/77 - aaO, 2204). Ebensowenig kann hier von Belang sein, daß die Freigabe derartiger Bildveröffentlichungen die Klägerin oder andere Angehörige des Verstorbenen darin behindern könnte, selbst entgeltliche Gestattungen zur Verbreitung des Bildes von Willy Brandt zu erteilen; bei Bildpublikationen der hier vorliegenden Art ist keine rechtlich geschützte Position anzuerkennen, die dem Abgebildeten oder seinen Angehörigen eine finanzielle Beteiligung am Vertrieb der Bilder sichert (vgl. hierzu Senatsurteil vom 2. Februar 1979 - VI ZR 46/77 - aaO, 2205). Für sonstige berechtigte Interessen, welche die Klägerin auf der Grundlage des § 23 Abs. 2 KUG der nach § 23 Abs. 1 Nr. 1 KUG zulässigen Verbreitung des Bildes von Willy Brandt auf der "Abschiedsmedaille" entgegenhalten könnte, sind keine Anhaltspunkte ersichtlich.

IV. Da die Klägerin die Verbreitung des Bildnisses ihres verstorbenen Ehemannes auf der von der Beklagten herausgegebenen "Abschiedsmedaille" auch ohne Erteilung einer Einwilligung dulden muß, erweist sich die Klage mit allen Anträgen als unbegründet. Sie war daher auf die Rechtsmittel der Beklagten hin abzuweisen. Die Kosten des Rechtsstreits fallen der Klägerin auf der Grundlage der §§ 91 Abs. 1, 269 Abs. 3 ZPO zur Last.

Entscheidungsdatum: 12.12.1995
Aktenzeichen: VI ZR 223/94
Normen: Art 2 Abs 1 GG, § 823 Abs 1 BGB, § 23 Abs 1 KunstUrhG
Schwerwiegende Persönlichkeitsrechtsverletzung durch wiederholte einwilligungslose Bildveröffentlichung

Leitsatz

Eine wiederholte und hartnäckige Verletzung des Rechts am eigenen Bild, die um des wirtschaftlichen Vorteils willen erfolgt, kann sich als schwere, einen Anspruch auf Geldentschädigung rechtfertigende Verletzung des allgemeinen Persönlichkeitsrechts des Betroffenen darstellen, auch wenn die einzelne Bildveröffentlichung - jeweils für sich betrachtet - nicht als schwerwiegend einzustufen ist.

Tenor

Auf die Revision des Klägers wird das Urteil des 3. Zivilsenats des Hanseatischen Oberlandesgerichts Hamburg vom 26. Mai 1994 im Kostenpunkt und insoweit aufgehoben, als dem Kläger der mit dem Klageantrag zu 3) verfolgte Anspruch auf eine Geldentschädigung aberkannt worden ist.

Im Umfang der Aufhebung wird die Sache zur anderweiten Verhandlung und Entscheidung - auch über die Kosten der Revision - an das Berufungsgericht zurückverwiesen.

Von Rechts wegen

Tatbestand

Die Beklagte ist die Verlegerin der Zeitschriften "N. W.", "E. F." und "F. A.". Der Kläger ist der älteste Sohn der Prinzessin Caroline von Monaco.

Die Beklagte veröffentlichte in der Zeitschrift "N. W." Nr. 2 vom 6. Januar 1993 ein Foto, das den damals achtjährigen Kläger vor einem PKW zeigt. Der Kläger trat dieser Veröffentlichung entgegen; er erwirkte am 4. Februar 1993 eine einstweilige Verfügung, durch die der Beklagten die erneute Veröffentlichung dieses Fotos verboten wurde. In "E. F." Nr. 3 vom 13. Januar 1993 erschien abermals ein Foto des Klägers, das ihn auf dem Weg zur Schule zeigt. Auf eine Abmahnung des Klägers verpflichtete sich die Beklagte ihm gegenüber in einer Unterwerfungserklärung vom 12. März 1993, dieses Bild nicht wieder zu veröffentlichen. In "F. A." Nr. 5 vom 27. Januar 1993 veröffentlichte die Beklagte erneut vier Fotos, die den Kläger u.a. auf dem Weg zur Schule und beim Fußballspielen zeigen. Wegen dreier dieser Fotos setzte sich der Kläger mit einer einstweiligen Verfügung zur Wehr, die das Landgericht unter dem 12. Februar 1993 gegen die Beklagte erließ. Schließlich erschienen in Nr. 18 der Zeitschrift "N. W." vom 28. April 1993 noch einmal Fotos des Klägers, die ihn am Strand zeigen.

Der Kläger macht geltend, die Veröffentlichung dieser Fotos verletze ihn in seinem allgemeinen Persönlichkeitsrecht, insbesondere in seinem Recht am eigenen Bild. Er hat die Beklagte verklagt auf Auskunft über den für die Nutzungsrechte zur Veröffentlichung der Fotos gezahlten Geldbetrag (Klageantrag 1), auf Zahlung eines nach dieser Auskunft zu beziffernden Geldbetrages (Klageantrag 2), auf Zahlung eines angemessenen Schmerzensgeldes in Höhe von mindestens 20.000 DM (Klageantrag 3) und auf Auskunft darüber, von welchen Photographen oder Agenturen die Beklagte diese Fotos bezogen hat (Klageantrag 4). Das Landgericht hat die Klage abgewiesen, das Oberlandesgericht hat die dagegen gerichtete Berufung des Klägers zurückgewiesen.

Mit seiner Revision hat der Kläger seine Klageanträge weiterverfolgt. Der Senat hat die Revision nicht angenommen, soweit die Berufung des Klägers gegen die Abweisung der Klageanträge 1, 2 und 4 zurückgewiesen worden ist.

Entscheidungsgründe

I. Das Berufungsgericht hat den Klageantrag 3 mit der Begründung abgewiesen, daß die Veröffentlichung der beanstandeten Fotos nach den obwaltenden Umständen nicht als eine schwere Persönlichkeitsrechtsverletzung angesehen werden könne. Die Fotos zeigten den Kläger bei normalen und alltäglichen Betätigungen; sie seien durchweg harmlos und könnten nicht einmal als unvorteilhaft bezeichnet werden. Zwar sei die Beklagte mit einer gewissen Hartnäckigkeit vorgegangen, doch komme es für die Beurteilung, ob es sich um eine schwere Persönlichkeitsrechtsverletzung handele, immer auf die erlittene Beeinträchtigung selbst an. Danach weise die Rechtsbeeinträchtigung des Klägers nicht das für eine Geldentschädigung erforderliche Gewicht auf. Zwar sei dem Kläger zuzugeben, daß sich die Beklagte um seinen Willen nicht weiter gekümmert habe; die Veröffentlichung der Fotos habe aber nur einem von der Beklagten angenommenen Informationsinteresse ihrer Leserschaft dienen sollen, das sich an der besonderen Stellung des Klägers entzündet habe. Zwar könne die Zuerkennung eines - möglichst hohen - Schmerzensgeldes dazu beitragen, die Beklagte von erneuten Rechtsverletzungen abzuhalten. Das sei aber nicht der Sinn des Schmerzensgeldes, das nur einen billigen Ausgleich für erlittene Unbill schaffen solle.

II. Diese Erwägungen halten einer rechtlichen Nachprüfung nicht stand.

1a) Zwar geht das Berufungsgericht zutreffend davon aus, daß die Beklagte durch die Veröffentlichung der Fotos des Klägers dessen Recht am eigenen Bild und damit das allgemeine Persönlichkeitsrecht des Klägers verletzt hat. Das Recht am eigenen Bild ist eine unter Sonderschutz (§ 22 KunstUrhG) gestellte besondere Erscheinungsform des allgemeinen Persönlichkeitsrechts. Aus dem Wesen dieses Rechts folgt, daß die Verfügung über das eigene Bild nur dem Abgebildeten als Rechtsträger selbst zusteht; nur er selbst soll darüber befinden dürfen, ob, wann und wie er sich gegenüber Dritten oder der Öffentlichkeit im Bild darstellen will (st.Rspr., vgl. etwa Senatsurteile vom 14. Oktober 1986 - VI ZR 10/86 - NJW-RR 1987, 231 und vom 14. April 1992 - VI ZR 285/91 - VersR 1993, 66, 67, jeweils m.w.N.). Der Bejahung einer Rechtsverletzung steht daher nicht entgegen, daß die Fotos den Kläger bei alltäglichen Betätigungen zeigen und durchweg "harmlos" sind.

b) Entgegen der in der Revisionserwiderung vertretenen Auffassung ist dieser Eingriff der Beklagten in das allgemeine Persönlichkeitsrecht des Klägers nicht deshalb gerechtfertigt, weil der Kläger eine Person der Zeitgeschichte i.S. von § 23

Abs. 1 Nr. 1 KunstUrhG ist.

Diese Vorschrift ist eine Ausnahmebestimmung. Sie enthält mit Rücksicht auf das berechtigte Interesse der Allgemeinheit an einer bildmäßigen Darstellung von Personen, die dem öffentlichen Leben angehören, eine Einschränkung des Rechts am eigenen Bild für Bildnisse aus dem Bereich der Zeitgeschichte (BGHZ 20, 345, 349). Die Vorschrift erfaßt Personen, die derart in das Blickfeld der Öffentlichkeit getreten sind, daß der Allgemeinheit ein durch ein echtes Informationsbedürfnis gerechtfertigtes Interesse an einer bildlichen Darstellung zuzubilligen ist (vgl. BGHZ 24, 200, 208). Zu diesem Personenkreis zählt der Kläger nicht. Er gehört weder zum öffentlichen Leben noch ist er derart in das Blickfeld der Öffentlichkeit getreten, daß ein durch ein anerkennenswertes Informationsbedürfnis gerechtfertigtes Interesse an der Veröffentlichung seines Bildes zu bejahen wäre. Zwar mag in der Leserschaft der von der Beklagten verlegten Zeitschriften ein gewisses Interesse an dem Bild des Klägers bestehen. Dieses Interesse rechtfertigt jedoch nach § 23 Abs. 1 Nr. 1 KunstUrhG aus den oben dargelegten Gründen auch unter Berücksichtigung der Rechtsposition der Presse aus Art. 5 Abs. 1 GG nicht eine Einschränkung des allgemeinen Persönlichkeitsrechts des Klägers.

An der Verneinung der Voraussetzungen des § 23 Abs. 1 Nr. 1 KunstUrhG ändert auch nichts, daß der Kläger der Sohn der Prinzessin Caroline von Monaco ist, die selbst zweifelsfrei eine absolute Person der Zeitgeschichte darstellt. Es kann auf sich beruhen, ob und - wenn ja - unter welchen Voraussetzungen Personen, die zum Umfeld einer absoluten Person der Zeitgeschichte gehören, durch die Nähe zu dieser Person selbst zu einer Person der Zeitgeschichte werden können. Der Rechtsverlust, der für die Betroffenen mit der Anwendung des § 23 Abs. 1 Nr. 1 KunstUrhG verbunden ist, gebietet es, die Kinder von Personen der Zeitgeschichte nur dann in diesen Personenkreis einzubeziehen, wenn sie gleichfalls als Angehörige in der Öffentlichkeit auftreten oder im Pflichtenkreis ihrer Eltern öffentliche Funktionen wahrnehmen (vgl. Damm/Kuner, Widerruf, Unterlassung und Schadensersatz in Presse und Rundfunk, 1991, S. 44). Diese Voraussetzungen liegen hier nicht vor. Der Kläger tritt nicht nur nicht in der Öffentlichkeit auf, vielmehr wehrt er sich gerade dagegen, daß ihm in der Öffentlichkeit eine besondere Beachtung entgegengebracht wird.

c) Weiter ist das Berufungsgericht mit Recht der Auffassung, daß nicht jede Verletzung des allgemeinen Persönlichkeitsrechts - und damit auch nicht jede Verletzung des Rechts am eigenen Bild - einen Anspruch des Betroffenen auf eine Geldentschädigung gegen den Verletzer auslöst. Ein solcher Anspruch kommt vielmehr nur dann in Betracht, wenn es sich um einen schwerwiegenden Eingriff handelt und die Beeinträchtigung nicht in anderer Weise befriedigend aufgefangen werden kann. Ob eine schwerwiegende Verletzung des Persönlichkeitsrechts vorliegt, die die Zahlung einer Geldentschädigung erfordert, hängt insbesondere von der Bedeutung und Tragweite des Eingriffs, ferner von Anlaß und Beweggrund des Handelnden sowie von dem Grad seines Verschuldens ab (gleichfalls st.Rspr., vgl. etwa Senatsurteile vom 15. Dezember 1987 - VI ZR 35/87 - VersR 1988, 405 und vom 15. November 1994 - VI ZR 56/94 - VersR 1995, 305, 308, zum Abdruck in BGHZ 128, 1 ff. vorgesehen).

2. Bei der wertenden Beurteilung, ob hier eine schwerwiegende Persönlichkeitsrechtsverletzung im Sinne dieser Rechtsprechung vorliegt, hat das Berufungsgericht indes nicht alle Umstände, die dem Fall das Gepräge geben, mit der ihnen zukommenden Bedeutung in seine Erwägungen miteinbezogen.

Zwar ist dem Berufungsgericht zuzugeben, daß die bloße Veröffentlichung der vorliegenden Fotos - jeweils für sich betrachtet - für den Kläger nicht zu einer Rechtsverletzung geführt hat, deren Schweregrad die Zuerkennung eines Anspruchs auf eine Geldentschädigung gebietet. Die Rechtsverletzung, die die Beklagte dem Kläger zugefügt hat, erschöpft sich jedoch nicht in der bloßen Veröffentlichung der Fotos. Sie erhält vielmehr ihr besonderes Gewicht dadurch, daß die Beklagte durch die wiederholte einwilligungslose Veröffentlichung der Fotos des Klägers dessen Recht am eigenen Bild mit besonderer Hartnäckigkeit verletzt und sich zumindest bei der letzten Veröffentlichung über den ihr ausdrücklich erklärten entgegenstehenden Willen des Klägers hinweggesetzt hat. Zu dem wiederholten Rechtsbruch der Beklagten, der in der einwilligungslosen Veröffentlichung der Fotos bestand, trat damit die bewußte und offenkundige Mißachtung des erklärten Willens des Klägers hinzu. Dabei handelte die Beklagte um des eigenen wirtschaftlichen Vorteils willen. Dies bedeutet, daß die Rechtsverletzung, die die Beklagte dem Kläger zugefügt hat, nach ihrer Intensität, dem Beweggrund der Beklagten und dem Grad ihres Verschuldens als so gewichtig zu werten ist, daß sie die Zubilligung eines Anspruchs auf eine Geldentschädigung gebietet. Die Besonderheit einer Verletzung des Rechts am eigenen Bild besteht darin, daß dem Verletzten - anders als in den anderen Fällen, in denen er etwa den Widerruf oder die Richtigstellung einer sein Persönlichkeitsrecht beeinträchtigenden Äußerung verlangen kann - gegen eine solche Rechtsverletzung keine anderen Abwehrmöglichkeiten als ein Anspruch auf eine Geldentschädigung zu Gebote stehen. Daraus folgt, daß in einem solchen Fall an die Zubilligung eines Entschädigungsanspruchs geringere Anforderungen als in anderen Fällen einer Persönlichkeitsrechtsverletzung zu stellen sind.

Die Zubilligung eines solchen Anspruchs scheitert entgegen der Auffassung des Berufungsgerichts nicht an der Zweckbestimmung dieses Anspruchs. Das Berufungsgericht sieht die Funktion dieses Anspruchs zu eng, wenn es ausführt, daß er nicht auf Prävention, sondern auf billigen Ausgleich für erlittene Unbill ausgerichtet sei. Zu dieser Erwägung wird das Berufungsgericht offensichtlich durch seine auf das Schmerzensgeld abstellende Betrachtung und damit durch ein Verständnis geleitet, das dem Wesen und der Zweckbestimmung des hier erörterten Anspruchs auf eine Geldentschädigung nicht gerecht wird. Bei diesem Anspruch handelt es sich im eigentlichen Sinn nicht um ein Schmerzensgeld nach § 847 BGB, sondern um ein Recht, das auf den Schutzauftrag aus Art. 1 und 2 Abs. 1 GG zurückgeht. Die Zubilligung einer Geldentschädigung, die in Verbindung mit diesen Vorschriften ihre Grundlage in § 823 Abs. 1 BGB findet, beruht auf dem Gedanken, daß ohne einen solchen Anspruch Verletzungen des allgemeinen Persönlichkeitsrechts häufig ohne Sanktion blieben mit der Folge, daß der Rechtsschutz der Persönlichkeit verkümmern würde. Anders als beim Schmerzensgeldanspruch steht bei dem Anspruch auf eine Geldentschädigung wegen einer Verletzung des allgemeinen Persönlichkeitsrechts der Gesichtspunkt der Genugtuung des Opfers im Vordergrund. Außerdem soll er der Prävention dienen (Senatsurteile vom 15. November 1994 - VI ZR 56/94 - aaO. S. 309 und vom 5. Dezember 1995 - VI ZR 332/94, jeweils m.w.N.). Beide Gesichtspunkte kommen im Streitfall zum Tragen.

III. Die Entscheidung über die Höhe der danach an den Kläger zu zahlenden Geldentschädigung ist in erster Linie Sache des Tatrichters (vgl. Senatsurteil vom 15. November 1994 - VI ZR 56/94 - aaO S. 309 m.w.N.). Der Senat hat deshalb das Berufungsurteil in diesem Punkt aufgehoben und die Sache insoweit zur anderweiten Verhandlung und Entscheidung an das Berufungsgericht zurückverwiesen.
(BGH, Urteil vom 12. Dezember 1995 – VI ZR 223/94 –, Rn. 13, juris)

Entscheidungsdatum: 19.12.1995
Aktenzeichen: VI ZR 15/95
Normen: Art 2 GG, Art 5 Abs 1 GG, § 22 KunstUrhG, § 23 Abs 1 Nr 1 KunstUrhG, § 23 Abs 2 KunstUrhG
Persönlichkeitsrechtsverletzung durch Bildveröffentlichung: Eingrenzung des Schutzbereichs der Privatheit einer absoluten Person der Zeitgeschichte

Leitsatz

1. Das Recht auf Achtung der Privatsphäre, zu dem auch das Recht, für sich allein zu sein, gehört, kann auch eine Person der Zeitgeschichte für sich in Anspruch nehmen.

2. Der Schutz der Privatsphäre, der sich auch auf die Veröffentlichung von Bildaufnahmen erstreckt, ist nicht auf den eigenen häuslichen Bereich beschränkt.

3. Außerhalb des eigenen Hauses kann eine schützenswerte Privatsphäre gegeben sein, wenn sich jemand in eine örtliche Abgeschiedenheit zurückgezogen hat, in der er objektiv erkennbar für sich allein sein will und in der er sich in der konkreten Situation im Vertrauen auf die Abgeschiedenheit so verhält, wie er es in der breiten Öffentlichkeit nicht tun würde.

In diesen Schutzbereich greift in unzulässiger Weise ein, wer Bilder veröffentlicht, die von dem Betroffenen in dieser Situation heimlich oder unter Ausnutzung einer Überrumpelung aufgenommen worden sind.

4. Im übrigen müssen absolute Personen der Zeitgeschichte die Veröffentlichung von Bildaufnahmen von sich hinnehmen, auch wenn diese sie nicht bei der Wahrnehmung einer öffentlichen Funktion zeigen, sondern ihre Privatleben im weiteren Sinne betreffen.

Tenor

1. Auf die Rechtsmittel der Klägerin werden das Urteil des 3. Zivilsenats des Hanseatischen Oberlandesgerichts Hamburg vom 8. Dezember 1994 teilweise aufgehoben und das Urteil des Landgerichts Hamburg vom 4. Februar 1994 teilweise abgeändert:

Die Beklagte wird verurteilt, es bei Meidung eines für jeden Fall der Zuwiderhandlung festzusetzenden Ordnungsgeldes bis zu 500.000 DM, ersatzweise Ordnungshaft bis zu sechs Monaten, oder von Ordnungshaft bis zu sechs Monaten zu unterlassen,

die in der Zeitschrift

"F. R." Nr. 30/93 auf der Titelseite (mit Ausnahme des Großfotos) sowie im Rahmen des Artikels "Caroline - die zärtlichsten Fotos ihrer Romanze mit Vincent" auf den Seiten 4 und 5,

abgedruckten Fotografien mit dem Bildnis der Klägerin erneut zu veröffentlichen.

2. Die weitergehende Revision wird zurückgewiesen.

3. Die Kosten des Rechtsstreits werden gegeneinander aufgehoben.

Von Rechts wegen

Tatbestand

Die Klägerin, Caroline von Monaco, beanstandet die Veröffentlichung von Fotografien, die die Beklagte als Verlegerin der Zeitschriften "F.R." und "B." in Deutschland und in Frankreich vertrieben hat.

In der "F.R." Nr. 30 vom 22. Juli 1993 ließ die Beklagte insgesamt fünf sogenannte

Paparazzi-Fotos abdrucken, die jeweils die Klägerin zusammen mit dem Schauspieler Vincent Lindon in einem Gartenlokal in St.R. (Frankreich) zeigen. Das Foto auf der Titelseite neben einem nicht beanstandeten Großfoto der Klägerin enthält die Artikelankündigung "Die zärtlichsten Fotos ihrer Romanze mit Vincent". Die Fotoserie mit vier Bildern auf den Seiten 4 und 5 trägt den Titel: "Diese Fotos sind der Beweis für die zärtlichste Romanze unserer Zeit".

In der Illustrierten "B." Nr. 32 vom 5. August 1993 veröffentlichte die Beklagte auf Seite 88 ein Foto, welches die Klägerin auf einem Pferd reitend zeigt, und auf Seite 89 eine Fotografie der Klägerin zusammen mit ihren Kindern P. und A.; die Fotos gehören zu dem Artikel "Caroline: 'Ich glaube nicht, daß ich die ideale Frau für einen Mann bin'".

In "B." Nr. 34 vom 19. August 1993 veröffentlichte die Beklagte den Artikel "Vom einfachen Glück" mit mehreren Fotos, welche die Klägerin zusammen mit ihrer Tochter im Paddelboot, allein beim Spaziergang mit umgehängter Korbtasche sowie beim Radfahren, zusammen mit Vincent Lindon im Gasthaus, mit Lindon und ihrem Sohn P. und schließlich mit einer Frau auf dem Markt zeigen.

Aufgrund von Meinungsverschiedenheiten über die Zulässigkeit dieser Veröffentlichungen hat die Beklagte gegen die Klägerin vor dem Landgericht München I Klage auf Feststellung erhoben, daß sie die Veröffentlichungen der genannten Abbildungen zukünftig nicht zu unterlassen habe.

Die Klägerin, die sich durch die Veröffentlichung der Fotografien in ihren Persönlichkeitsrechten verletzt sieht, nimmt die Beklagte im vorliegenden Verfahren - nach deutschem und nach französischem Recht - auf Unterlassung weiterer Veröffentlichungen in Anspruch. Sie ist der Auffassung, daß sie sich auch als absolute Person der Zeitgeschichte nicht jede Fotoveröffentlichung gefallen lassen müsse. Die Abbildungen hätten sämtlich Vorgänge aus ihrem Privatbereich zum Gegenstand und seien ohne ihre Kenntnis aus größter Entfernung aufgenommen worden. Sie werde ständig von Fotografen verfolgt, die ihr außerhalb ihres Hauses keine ruhige Minute ließen. Auch für sie müsse es einen geschützten Privatbereich außerhalb ihres Hauses geben.

Das Landgericht hat dem Klagebegehren stattgegeben, soweit es um den Vertrieb in Frankreich geht. Im übrigen hat es die Klage abgewiesen. Gegen dieses Urteil haben die Klägerin Berufung, die Beklagte Anschlußberufung eingelegt. Das Oberlandesgericht hat die Klage ganz abgewiesen. Mit der zugelassenen Revision verfolgt die Klägerin ihr Klagebegehren in vollem Umfang weiter.

Entscheidungsgründe

I. Das Berufungsgericht, dessen Entscheidung in AfP 1996, 69 veröffentlicht ist, hält die Klage insgesamt für unbegründet. Soweit es um die Veröffentlichung in Deutschland gehe, sei allein deutsches Recht anzuwenden. Nach den danach maßgeblichen Vorschriften habe die Klägerin die Veröffentlichung zu dulden, da sie als Angehörige des Fürstenhauses von Monaco eine absolute Person der Zeitgeschichte sei und ein Informationsbedürfnis der Allgemeinheit daran bestehe, mit welcher Person und in welcher Umgebung sie sich in der Öffentlichkeit zeige. Die Privatsphäre der Klägerin werde durch die veröffentlichten Bilder nicht berührt. Das berechtigte Informationsinteresse der Öffentlichkeit ende zwar an der "Haustür" der Abgebildeten, hingegen nicht schon an jedermann zugänglichen Räumlichkeiten oder sonstigen öffentlichen Orten.

Die Unterlassungsansprüche seien auch für den Vertrieb in Frankreich nicht begründet. Die Klägerin habe zwar die Wahl, ob sie nach französischem oder nach deutschem Recht vorgehen wolle. Ob die Bilder nach französischem Recht veröffentlicht werden dürfen, könne offen bleiben, da die Klägerin wegen Art. 38 EGBGB vor deutschen Gerichten nicht mehr verlangen könne, als was nach den deutschen Gesetzen begründet sei. Nach deutschem Recht sei jedoch ein Unterlassungsanspruch nicht gegeben.

II. Das Berufungsgericht hat die im jetzigen Rechtsstreit erhobene Unterlassungsklage mit Recht als zulässig angesehen. Die vor dem Landgericht München zuvor erhobene negative Feststellungsklage umgekehrten Rubrums steht der Zulässigkeit nicht entgegen, denn in der Rechtsprechung ist anerkannt, daß eine negative Feststellungsklage keine Rechtshängigkeitssperre für eine später erhobene Leistungsklage begründet (RGZ 71, 68, 73 f; RG DR 1939, 1914, 1915; BGH, Urteil vom 20. Januar 1989 - V ZR 173/87 - NJW 1989, 2064).

III. In der Sache selbst hält das Berufungsurteil der rechtlichen Überprüfung zum Teil nicht stand.

Die Revision macht mit Recht geltend, daß die Bilder, auf denen die Klägerin in einem Gartenlokal mit Vincent Lindon zu sehen ist, die Privatsphäre der Klägerin betreffen. Ihre Veröffentlichung verletzt sie in ihren Persönlichkeitsrechten und ist daher unzulässig.

Nicht zu beanstanden sind dagegen die übrigen Bilder.

A.1. Zutreffend hat das Berufungsgericht, soweit es um den Vertrieb der in Rede stehenden Zeitschriften in Deutschland geht, seiner Beurteilung deutsches Recht zugrunde gelegt.

Nach den im internationalen Privatrecht maßgeblichen Grundsätzen ist auf Ansprüche aus einer unerlaubten Handlung, zu denen auch die auf eine Verletzung des Persönlichkeitsrechts gestützten Unterlassungsansprüche gehören (vgl. RG

SeuffA 93 Nr. 90; OLG Freiburg IPRspr. 1950/51 Nr. 117; MünchKomm/Kreuzer 2. Aufl. EGBGB Art. 38 Rdn. 289, 300; Staudinger/ v.Hoffmann 12. Aufl. EG-BGB Art. 38 Rdn. 477, 480), das Recht des Tatorts anzuwenden. Bei Presseerzeugnissen, um die es hier geht, ist Tatort einmal der Erscheinungsort des Druckwerks (Handlungsort), zum anderen aber auch jeder Ort, an dem dieses verbreitet wird (Senatsurteil vom 3. Mai 1977 - VI ZR 24/75 - NJW 1977, 1590 m.w.N.). Handlungs- sowie Erfolgsort für die in Deutschland vertriebenen Zeitschriften der Beklagten liegen in Deutschland, so daß für das Verbreitungsgebiet Deutschland jedenfalls deutsches Recht anzuwenden ist (vgl. auch BGHZ 128, 1).

Ob daneben für die Klageansprüche, soweit es um die Verbreitung der Zeitschriften in Deutschland und anderen Ländern außerhalb Frankreichs geht, auch die Anwendung französischen Rechts in Betracht kommt, bedarf hier keiner abschließenden Klärung, denn jedenfalls könnte die Klägerin gegen die in Deutschland ansässige Beklagte gemäß Art. 38 EGBGB keine weitergehenden Rechte, als nach den deutschen Gesetzen begründet sind, geltend machen.

2. Nach deutschem Recht ist die Verbreitung der Bilder in dem vorgenannten Umfang unzulässig. Sie ist insbesondere nicht durch die §§ 22, 23 KUG oder durch die in Art. 5 Abs. 1 GG garantierte Pressefreiheit gedeckt.

a) Bildnisse einer Person dürfen grundsätzlich nur mit deren Einwilligung verbreitet werden (§ 22 KUG). Das Recht am eigenen Bilde ist eine besondere Ausprägung des allgemeinen Persönlichkeitsrechts. Daraus ergibt sich, daß grundsätzlich allein dem Abgebildeten die Befugnis zusteht, darüber zu befinden, ob und in welcher Weise er der Öffentlichkeit im Bild vorgestellt wird (st. Rspr., vgl. BVerfGE 35, 202, 224; Senatsurteile vom 14. April 1992 - VI ZR 285/91 - VersR 1993, 66, 67; vom 25. April 1995 - VI ZR 272/94 - VersR 1995, 841 - jeweils m.w.N.). Eine Einwilligung in die Veröffentlichung der Bilder hat die Klägerin im Streitfall unstreitig nicht erteilt.

b) Ohne Einwilligung des Betroffenen dürfen freilich Bildnisse aus dem Bereich der Zeitgeschichte verbreitet oder zur Schau gestellt werden, es sei denn, daß dadurch ein berechtigtes Interesse des Abgebildeten verletzt wird (§ 23 Abs. 1 Nr. 1, Abs. 2 KUG).

Zur Zeitgeschichte gehören vor allem Bilder von Personen der Zeitgeschichte, insbesondere von solchen Personen, die als absolut zeitgeschichtlich anzusehen sind. Zu diesem Kreis von Personen gehört die Klägerin. Die Revision zieht dies zu Unrecht in Zweifel.

Für die Einordnung einer Person als absolut zeitgeschichtlich ist maßgebend, daß die öffentliche Meinung Bildwerke über sie als bedeutsam und um der dargestellten Person willen der Beachtung wert findet, der Allgemeinheit demgemäß ein durch ein echtes Informationsbedürfnis gerechtfertigtes Interesse an einer bildlichen Darstellung zuzubilligen ist (BGHZ 20, 345, 349 f.; 24, 200, 208; Senatsurteil vom 12. Dezember 1995 - VI ZR 223/94 - zur Veröffentlichung bestimmt). Dazu gehören vor allem Monarchen, Staatsoberhäupter sowie herausragende Politiker (vgl. KG JW 1928, 363 - Kaiser Wilhelm II.; AG Ahrensböck DJZ 1920, 596 - Reichspräsident Ebert und Reichswehrminister Noske; Senatsurteil vom 14. November 1995 - VI ZR 410/94 - Bundeskanzler - zur Veröffentlichung bestimmt; OLG München UFITA 41 (1964), 322 - Kanzlerkandidat).

Zu diesem Personenkreis zählt auch die Klägerin als älteste Tochter des regierenden Fürsten von Monaco. Davon ist sie selbst ausgegangen. Diese Auffassung liegt auch dem Senatsurteil vom 12. Dezember 1995 (aaO) zugrunde.

c) Indessen dürfen Bildnisse von Personen der Zeitgeschichte nicht schrankenlos ohne deren Einwilligung verbreitet werden. Nach § 23 Abs. 2 KUG ist eine Veröffentlichung unzulässig, wenn das berechtigte Interesse des Abgebildeten entgegensteht. Ob dies der Fall ist, muß durch eine Güter- und Interessenabwägung bestimmt werden, in der im Einzelfall darüber zu befinden ist, ob das durch die Pressefreiheit geschützte Informationsinteresse der Allgemeinheit (Art. 5 GG), auf das sich die Beklagte berufen kann, gegenüber dem Persönlichkeitsrecht, dessen Schutz die Klägerin für sich in Anspruch nimmt (Art. 2 GG), den Vorrang genießt (BVerfGE 34, 269, 282; 35, 202, 221; Senatsurteil vom 12. Oktober 1993 - VI ZR 23/93 - VersR 1994, 57, 58 - FCKW; vom 15. November 1994 - BGHZ 128, 1, 10 = VersR 1995, 305, 308).

aa) Bei der Abwägung der beiderseitigen Rechtspositionen kommt dem Schutz der Privatsphäre ein besonderer Stellenwert zu. Das Recht auf Achtung der Privatsphäre ist Ausfluß des allgemeinen Persönlichkeitsrechts, das jedermann einen autonomen Bereich der eigenen Lebensgestaltung zugesteht, in der er seine Individualität unter Ausschluß anderer entwickeln und wahrnehmen kann. Dazu gehört in diesem Bereich auch das Recht, für sich zu sein, sich selber zu gehören (BVerfGE 34, 238, 245 ff; 35, 202, 220; vgl. im amerikanischen Recht das right to be let alone als Ausfluß des right of privacy, vgl. Katz v. United States, 389 Supreme Court (1967), 347, 350 f; Warren/Brandeis, 4 Havard Law Review (1890), 193 ff; Götting, Persönlichkeitsrechte als Vermögensrechte (1995), 168 ff, 174). Dementsprechend hat die Rechtsprechung in Deutschland nach dem Kriege dem Recht auf Achtung der Privatsphäre als einem verfassungsmäßig garantierten Grundrecht, das auch das Recht am eigenen Bild umfaßt, stets - und zwar auch im Privatrecht - besondere Bedeutung beigemessen (BVerfGE 27, 1, 6; 34, 269, 282 f; 35, 202, 220; 44, 353, 372; BGHZ 24, 200, 208 f; 27, 284, 285 f; 73, 120, 122 f; Senatsurteil vom 26. Januar 1965 - VI ZR 204/63 - JZ 1965, 411, 413 - Gretna Green; OLG Hamburg UFITA 78 (1977), 252, 257; 81 (1978), 278, 285; OLG Hamburg NJW 1970, 1325 - Haus Hohenzollern).

bb) Das Recht auf Achtung der Privatsphäre kann jedermann, auch die Klägerin als Person der Zeitgeschichte für sich in Anspruch nehmen. Auch solche Personen brauchen es grundsätzlich nicht zu dulden, daß von ihnen im Kernbereich der Privatsphäre (etwa im häuslichen Bereich) ohne ihre Einwilligung Bildaufnahmen zum Zwecke der Veröffentlichung angefertigt werden (BGHZ 24, 200, 208; BGH, Urteil vom 10. November 1961 - I ZR 78/60 - GRUR 1962, 211, 212 - Hochzeitsbild; vom 9. Juni 1965 - Ib ZR 126/63 - NJW 1965, 2148 - Spielgefährtin). Nur ausnahmsweise kann bei ihnen die Verbreitung von Bildnissen aus diesem Bereich statthaft sein, wenn überwiegende öffentliche Interessen einen solchen Eingriff rechtfertigen (vgl. Senatsurteil vom 26. Januar 1965 aaO S. 413 - Gretna Green; OLG Hamburg UFITA 78 (1977), 252, 257 - Grace Kelly; 81 (1978), 278, 285; OLG Hamburg NJW 1970, 1325; OLG München UFITA 41 (1964), 322, 324).

d) Von diesen Grundsätzen geht auch das Berufungsgericht aus. Es meint jedoch, das berechtigte Informationsinteresse der Öffentlichkeit ende erst an der "Haustür" des Abgebildeten, hingegen nicht schon in jedermann zugänglichen Räumlichkeiten wie hier "vor" einem einsehbaren Gartenlokal oder sonstigen öffentlichen Orten. Das Berufungsgericht will also den Privatbereich auf die der Öffentlichkeit verschlossenen Räumlichkeiten innerhalb des eigenen Hauses beschränken.

Dies entspricht einer verbreiteten Meinung in Rechtsprechung und Schrifttum (KG Schulze UrhRspr. KGZ 14; Schricker/Gerstenberg, Urheberrecht (1987), § 23 KUG Rdn. 35; Wenzel, Das Recht der Wort- und Bildberichterstattung 4. Aufl. (1994), Rdn. 5.46 und 5.60; Evers, Privatsphäre und Ämter für Verfassungsschutz, S. 44).

Dem vermag der Senat jedoch nicht beizutreten. Eine räumliche Einengung der Privatsphäre auf den häuslichen Bereich wird schon durch die Motive zum Kunst- und Urhebergesetz nicht gedeckt, denn danach sollte durch den Vorbehalt des berechtigten Interesses des Abgebildeten in Abs. 2 des § 23 KUG "namentlich verhütet werden, daß die Vorgänge des persönlichen, häuslichen und Familienlebens an die Öffentlichkeit gezogen werden" (Stenographische Berichte über die Verhandlungen des Reichstages 1905/1906, Anl. Bd. II, S. 1526, 1541). Diese Formulierung beschränkt den Schutz der Privatsphäre keineswegs ausschließlich auf den häuslichen Bereich, sondern läßt einer erweiterten Handhabung durchaus Raum. Auch im Schrifttum wird die Notwendigkeit eines Schutzes der Privatsphäre außerhalb des häuslichen Bereichs zum Teil, wenn auch aus verschiedenen Gründen und mit unterschiedlicher Zielsetzung, anerkannt (Allfeld, DJZ 1920, 702; Evers, aaO, S. 44; Hubmann, Das Persönlichkeitsrecht 2. Aufl. (1967), S. 322; Helle, Besondere Persönlichkeitsrechte im Privatrecht (1991), S. 180; Paeffgen, JZ 1978, 738, 740; Prinz, NJW 1995, 817, 820; Siegert, Betrieb 1958, 419, 421; ders. NJW 1963, 1953, 1955; ebenso LG Köln AfP 1994, 166, 168; vgl. auch BGHSt 18, 182, 186 - Callgirl-Affäre).

Auch nach Auffassung des Senats kann es eine schützenswerte Privatsphäre auch außerhalb des häuslichen Bereichs geben. Das ist dann der Fall, wenn sich jemand in eine örtliche Abgeschiedenheit zurückgezogen hat, in der er objektiv erkennbar für sich allein sein will und in der er sich in der konkreten Situation im Vertrauen auf die Abgeschiedenheit so verhält, wie er es in der breiten Öffentlichkeit nicht tun würde. In diesen Schutzbereich greift in unzulässiger Weise ein, wer Bilder veröffentlicht, die von dem Betroffenen in dieser Situation heimlich oder unter Ausnutzung einer Überrumpelung aufgenommen worden sind.

aa) Eine Person der Zeitgeschichte hat, wie jedermann, das von Dritten zu respektierende Recht, sich an Orten außerhalb des eigenen Hauses zurückzuziehen, an denen sie für sich allein oder jedenfalls von einer breiten Öffentlichkeit abgeschieden sein will. Sie kann dies auch an Orten tun, die für jedermann frei zugänglich, also öffentlich sind.

Dies setzt freilich voraus, daß es sich dabei im konkreten Zeitpunkt um eine von der breiten Öffentlichkeit abgeschiedene Örtlichkeit handelt und diese Abgrenzung von der Öffentlichkeit auch für Dritte objektiv erkennbar ist. Dies kann z. B. in abgeschiedenen Räumlichkeiten eines Restaurants oder Hotels, Sportstätten, Telefonzellen, unter Umständen sogar in der freien Natur geschehen, sofern der Betreffende nicht mehr als ein Teil der Öffentlichkeit erscheint.

bb) Der Achtungsanspruch gegenüber Dritten setzt ferner voraus, daß der Situation, in der sich der Betreffende befindet, ein typisch privater Charakter anhaftet. Das ist dann der Fall, wenn sich jemand im Vertrauen auf die Abgeschiedenheit des Ortes in einer Weise verhält, wie er es vor der breiten Öffentlichkeit nicht täte, indem er sich etwa persönlichen Regungen hingibt, die erkennbar für die Augen Dritter nicht bestimmt sind, oder sich gehen läßt. Nur in einer solchen Situation kann angenommen werden, daß der Betreffende - objektiv erkennbar - andere nicht daran teilnehmen lassen will und von ihnen die Respektierung seiner Zurückgezogenheit erwarten kann.

cc) In diesen schutzwürdigen Bereich der Privatsphäre greift in unzulässiger Weise durch die Anfertigung von Bildaufnahmen ein, wer die Arglosigkeit des Betreffenden, der sich unbeobachtet wähnt, für seine Zwecke ausnutzt. Das ist dann der Fall, wenn er den Betreffenden gleichsam durch das Schlüsselloch beobachtet und ihn auf diese Weise heimlich mit der Anfertigung von Bildnissen überrascht. Das gleiche gilt, wenn die Bildaufnahme zwar offen, aber so überrumpelnd geschieht, daß sich der Betreffende darauf nicht mehr einrichten kann. Diese Eingrenzung rechtfertigt sich aus der Erwägung, daß der Schutz der Privatsphäre an einer Örtlichkeit in Anspruch genommen wird, deren Zutritt an sich jedermann offensteht und der Betreffende daher nur durch die Heimlichkeit und Überrumpelung in unzulässiger Weise in seiner Privatheit getroffen werden kann.

Schon bisher ist die Bildniserschleichung durch heimliche Aufnahme in der Rechtsprechung stets als rechtswidrig angesehen worden (BGHZ 24, 200, 208; Senatsurteil vom 16. September 1966 - VI ZR 268/64 - NJW 1966, 2353, 2355 - "Vor unserer eigenen Tür"; OLG Frankfurt NJW 1987, 1087; vgl. BGHZ 27, 284 - Tonbandaufnahme; 73, 120 - Telefonabhören; BAG, Urteil vom 7. Oktober 1987 - 5 AZR 116/86 - JZ 1988, 108). Das galt freilich nur für den Privatbereich innerhalb des eigenen Hauses, in dem Aufnahmen grundsätzlich nur mit Einwilligung des Betroffenen zulässig sind. Den gleichen Schutz kann der Betroffene jedoch beanspruchen, wenn er seine Privatsphäre an einen Ort außerhalb des eigenen Hauses gewissermaßen mitnimmt. Auch dort können aus den gleichen Erwägungen heraus Bildaufnahmen grundsätzlich nur mit seiner Genehmigung hergestellt und veröffentlicht werden.

3. Eine Güter- und Interessenabwägung nach diesen Grundsätzen ergibt, daß die Beklagte mit der Veröffentlichung der in einem Gartenlokal aufgenommenen und in der Zeitschrift F.R. Nr. 30 zu der Überschrift "Diese Fotos sind der Beweis für die zärtlichste Romanze unserer Zeit" abgedruckten Bilder in unzulässiger Weise in die geschützte Privatsphäre der Klägerin eingegriffen hat. Diese kann daher die weitere Veröffentlichung der Bilder verbieten.

a) Die Bilder zeigen die Klägerin in einem mit Glühbirnen nur unvollkommen beleuchteten Gartenlokal zusammen mit dem Schauspieler Vincent Lindon an einem Tisch sitzend. In dem Text des begleitenden Artikels unter der Überschrift "Das Versteckspiel ist vorbei" heißt es dazu:

"Perfektes Versteck für die schöne Prinzessin und ihren scheuen Verehrer - dachten die beiden. Aber die Kamera ist Zeuge, wie Vincent zärtlich Carolines Hand ergreift. Klick. Wie er sie an seine Lippen zieht, sie sanft berührt. Klick, klick."

aa) Die Bilder und der begleitende Text lassen erkennen, daß sich die Klägerin in die verborgene Atmosphäre eines solchen Lokals zu einem Privatgespräch zurückgezogen hat. Sie hat sich damit zwar einer begrenzten Öffentlichkeit ausgesetzt, denn die übrigen Gäste des Lokals und sonstige Personen konnten sie wahrnehmen und beobachten. Diese hatten auch die Möglichkeit, die Klägerin bei denjenigen Verhaltensweisen zu sehen, die Gegenstand der Fotos sind. Es macht aber einen großen Unterschied, ob jemand lediglich von den zufällig anwesenden Personen seiner Umgebung gesehen und beobachtet werden kann oder ob in einer solchen Situation Fotografien von ihm hergestellt werden zu dem Zweck, diese in der Öffentlichkeit zu verbreiten (so zutreffend Allfeld, DJZ 1920, 702 in Kritik des Urteils des AG Ahrensböck DJZ 1920, 596; Frank, Persönlichkeitsschutz heute (Zürich 1983), S. 116; Helle, aaO S. 180). Dem hat sich die Klägerin ersichtlich nicht ausgesetzt, und eben davor hat sie Anspruch auf Schutz. Denn es war offensichtlich, daß die Klägerin bei dem Gespräch mit Vincent Lindon für sich sein und sich nicht den Blicken einer breiteren, unbestimmten Öffentlichkeit darbieten wollte.

Das ließ die Abgeschiedenheit und Vertraulichkeit des Ortes und das von persönlichsten Lebensäußerungen gekennzeichnete Zusammensein mit ihrem Begleiter unschwer erkennen. In diesen Privatbereich durfte der Fotoreporter nicht durch die heimliche Anfertigung von Fotografien eindringen.

bb) Die Fotos sind ganz offensichtlich versteckt und für die Klägerin unbemerkt aus großer Entfernung mit weitreichenden Teleobjektiven aufgenommen worden; sie haben damit belauschenden Charakter. Die Heimlichkeit diente dazu, die fehlende Einwilligung der Klägerin zu unterlaufen und ihr die Möglichkeit zu nehmen, sich gegen das Fotografiertwerden in diesen Augenblicken zu wehren. Sie diente ferner dazu, ihre Arglosigkeit und Unbefangenheit auszunutzen, um dadurch persönlichste Regungen zu erhaschen, was dem Fotografen, der die Klägerin beim Austausch von Zärtlichkeiten aufgenommen hat, hier auch gelungen ist.

b) Bei der beiderseitigen Interessenabwägung spielt ferner der Informationswert des abgebildeten Vorgangs eine erhebliche Rolle. Je größer das Informationsinteresse der Öffentlichkeit ist, desto mehr muß das Schutzinteresse einer Person der Zeitgeschichte hinter den Informationsbelangen der Öffentlichkeit zurücktreten. Umgekehrt wiegt aber auch der Schutz der Persönlichkeit des Betroffenen umso schwerer, je geringer der Informationswert der Abbildung für die Allgemeinheit ist.

Im Streitfall kommt den Fotografien, die die Klägerin mit Vincent Lindon in einem Gartenlokal zeigen, allenfalls ein geringer Informationswert zu. Es überwiegen bloße Neugier und Sensationslust sowie ein bloßes Interesse an Unterhaltung. Solche Motive, insbesondere das bloße Unterhaltungsinteresse der Leser, das hier an rein privaten Vorkommnissen aus dem Leben der Klägerin befriedigt werden soll, können aber, wie in der Rechtsprechung stets betont worden ist, nicht als schützenswert anerkannt werden (BVerfGE 34, 269, 283; BGHZ 24, 200, 208; 128, 1, 12 = VersR 1995, 305, 308; BGH, Urteil vom 9. Juni 1965 - aaO S. 2149 - Spielgefährtin; vom 26. Januar 1965 aaO S. 413 - Gretna Green; OLG Hamburg AfP 1992, 376, 377).

4. Keinen Erfolg hat die Revision dagegen, soweit es um die Bilder in den übrigen Zeitschriften geht, denn diese berühren die Klägerin nicht in ihrer geschützten Privatsphäre.

a) Das gilt für die Bilder "B" Nr. 32 und 34, die die Klägerin beim Reiten, Paddeln, Radfahren, beim Einkaufen oder sonstwie auf der Straße zeigen. Es gilt aber auch für das in "B" Nr. 32 Seite 88 veröffentlichte Bild, auf dem die Klägerin zusammen mit Vincent Lindon in einem Gasthaus in Begleitung anderer Personen zu sehen ist.

Die Fotografien sind an jedermann zugänglichen Orten der Öffentlichkeit aufgenommen worden. Die Klägerin hat sich in diesen Fällen in die Öffentlichkeit begeben und ist damit ein Teil der Öffentlichkeit geworden. Sie hat sich weder erkennbar in eine von der breiten Öffentlichkeit abgegrenzte Abgeschiedenheit zurückgezogen, noch haftet der Situation, in der sie sich jeweils befindet, ein privater Charakter in dem oben beschriebenen Sinne an.

Die Veröffentlichung solcher Bilder kann die Klägerin nicht verbieten. Sie muß es als Person der Zeitgeschichte vielmehr hinnehmen, daß die Allgemeinheit ein berechtigtes Interesse daran hat zu erfahren, wo sie sich aufhält und wie sie sich in der Öffentlichkeit gibt, sei es beim Einkaufen auf dem Marktplatz, in einem Cafe, bei sportlicher Betätigung oder sonstigen Tätigkeiten des täglichen Lebens. Das gilt auch für das in einer Gaststätte angefertigte Bild in "B." Nr. 34, auf dem die Klägerin mit anderen Personen an einem Tische sitzend zu sehen ist. Diese Aufnahme unterscheidet sich von den im Gartenlokal von St. R. aufgenommenen Bildern dadurch, daß hier die Merkmale fehlen, die bei jenen zur Unzulässigkeit der Veröffentlichung führen: Weder hat sich die Klägerin auf diesem Bild in der Gaststätte an einen von der breiten Öffentlichkeit abgeschiedenen Ort begeben, noch haftet der Situation, in der sie betroffen wurde, ein irgendwie gearteter privater Charakter in dem zuvor beschriebenen Sinne an. Die Tatsache, daß die Aufnahmen für die Klägerin unbemerkt aufgenommen worden sind, gibt der Klägerin für sich genommen ebenfalls keinen Grund, die Unterlassung der Veröffentlichung zu verlangen, denn Personen der Zeitgeschichte müssen sich im allgemeinen auch die unbemerkte oder gar heimliche Anfertigung von Fotografien gefallen lassen, wenn sie sich in der Öffentlichkeit zeigen (Frank aaO S. 118 zu Rdnr. 280).

b) All diesen Bildern ist allerdings gemeinsam, daß sie die Klägerin nicht bei Wahrnehmung einer öffentlichen Funktion darstellen, sondern im weiteren Sinne ihr Privatleben betreffen. Die Klägerin möchte die Veröffentlichung solcher Bilder, wie in Frankreich, auch in Deutschland grundsätzlich untersagen. Das ist ihr nach deutschem Recht jedoch nicht möglich.

In Frankreich mag die Veröffentlichung eines Bildes nach Art. 9 Code civil, der den Schutz des Privatlebens zum Gegenstand hat (vie privee), grundsätzlich nur mit Einwilligung der abgebildeten Person zulässig sein. Auch mag dies für Monarchen und andere Personen des öffentlichen Lebens gelten, es sei denn, der Betreffende werde bei der Ausübung einer öffentlichen Funktion dargestellt (vgl. Cour de Cassation, Bulletin des arr ts, Chambres civiles, avril 1988, 1. Ch. civ. Nr. 98, S. 67 - Farah Diba; Tribunal de grande instance de Paris, Recueil Dalloz Sirey 1977, Jurisprudence S. 364 ff - Caroline von Monaco; vgl. ferner Hauser, GRUR Int. 1988, 839, 840; Ehlers/Baumann, Zvgl.RWiss. 1978, 421 ff; Codes Dalloz, Code civil 92. Aufl. (1992-1993), Art. 9 Anm. 9).

Eine solche Handhabung kommt aber nach deutschem Recht, für das § 23 KUG maßgebend ist, nicht in Betracht. Wie der Senat schon in seinem Urteil vom 14. November 1995 (aaO) zum Ausdruck gebracht hat, kann ein anerkennenswertes Interesse der Öffentlichkeit daran bestehen, eine absolute Person der Zeitgeschichte als solche im Bild vorgestellt zu bekommen. Ein Bezug zu einer irgendwie gearteten öffentlichen Funktion einer solchen Person ist dabei nicht erforderlich. Dementsprechend wird im Rahmen des § 23 Abs. 1 Nr. 1 KUG ein schützenswertes Informationsinteresse der Öffentlichkeit schon dann anzuerkennen sein, wenn es lediglich darum geht, wie sich der Betreffende als einfacher Mensch, also auch außerhalb seiner öffentlichen Funktionen, in der Öffentlichkeit bewegt. Dieses Informationsinteresse hat lediglich dann zurückzutreten, wenn das berechtigte Interesse des Abgebildeten im Einzelfall der Veröffentlichung entgegensteht (§ 23 Abs. 2 KUG). Das ist hier bei den in Frage stehenden Bildern in den Zeitschriften Nr. 32 und 34, die die Klägerin keineswegs unvorteilhaft zeigen, jedoch nicht der Fall.

B. Ob das Klagebegehren, soweit die Verbreitung der Zeitschriften in Frankreich in Frage steht, unter Zugrundelegung französischen Rechts begründet wäre, bedarf entgegen der Auffassung der Revision keiner abschließenden Entscheidung.

1. Der Zuerkennung eines Unterlassungsanspruchs nach französischem Recht steht Art. 38 EGBGB entgegen, wie das Berufungsgericht zutreffend angenommen hat. Nach dieser Vorschrift können aus einer im Ausland begangenen unerlaubten Handlung gegen einen Deutschen nicht weitergehende Ansprüche geltend gemacht werden, als diese nach den deutschen Gesetzen begründet sind. Dies gilt auch zu Gunsten der Beklagten als einer juristischen Person mit Sitz im Inland (RGZ 129, 385, 388; OLG Hamburg JPRspr. 1930 Nr. 155; vgl. auch BGHZ 86, 234, 237). Demgemäß bedarf es keines Ergebnisvergleiches zwischen deutschem und französischem Recht, wenn wie hier feststeht, daß das deutsche Recht von vornherein keinen Anspruch gewährt (BGHZ 71, 175, 177; 86, 234, 237; BAG NJW 1964, 990, 991; v. Bar JZ 1985, 961, 963).

2. Die Erwägungen, mit denen sich die Revision gegen die Privilegierung in Art. 38 EGBGB wendet, greifen im Ergebnis nicht durch. Zwar trifft es zu, daß die Vereinbarkeit der Vorschrift mit dem im Anwendungsbereich des EG-Vertrages geltenden Diskriminierungsverbot gemäß Art. 6 EG-Vertrag unterschiedlich beantwortet wird. Nach Art. 6 Abs. 1 des EG-Vertrages (ehemals Art. 7 des EWG-Vertrages) ist "unbeschadet besonderer Bestimmungen dieses Vertrages in seinem Anwendungsbereich jede Diskriminierung aus Gründen der Staatsangehörigkeit verboten". Ob Art. 38 EGBGB mit diesem Diskriminierungsverbot vereinbar ist oder nicht, bedarf hier indessen keiner Entscheidung. Monaco ist nicht Mitglied der Europäischen Gemeinschaft (Art. 227 EG-Vertrag, vgl. Grabitz/Hilf/Hummer, Kommentar zur Europäischen Union, EG-Vertrag, Art. 227 Rdn. 54). Als Angehörige eines dritten Staates kann die Klägerin den Schutz aus Art. 6 des EG-Vertrages nicht für sich in Anspruch nehmen. Dies folgt aus dem Umkehrschluß aus

Art. 59 Abs. 2 des EG-Vertrages (Bode, Die Diskriminierungsverbote im EWG-Vertrag (1968), S. 302; Ehle, Kommentar zum EWG-Vertrag, Art. 7 Rdn. 19; Feige, Der Gleichheitssatz im Recht der EWG (1973), S. 31 ff, 34; Niessen, NJW 1968, 2170, 2172; Staudinger/v. Hofmann aaO EGBGB Art. 38 Rdn. 245; enger v.d. Groeben/Thiesing/Ehlermann, Kommentar zum EWG-Vertrag, 4. Aufl., Art. 7 Rdn. 16 f; differenzierend Grabitz/Hilf/von Bogdandy aaO, EG-Vertrag Art. 6 Rdn. 34, 35).

IV. Nach allem ist das angefochtene Urteil in dem aus der Urteilsformel sich ergebenden Umfang aufzuheben und die Beklagte insoweit zur Unterlassung weiterer Veröffentlichungen zu verurteilen. Die weitergehende Revision der Klägerin ist als unbegründet zurückzuweisen.

Entscheidungsdatum: 01.10.1996
Aktenzeichen: VI ZR 206/95
Normen: § 22 S 1 KunstUrhG, § 23 Abs 1 Nr 1 KunstUrhG, § 23 Abs 2 KunstUrhG
Verletzung des Rechts am eigenen Bild eines weltbekannten Popmusikers durch Abbildung auf Cover einer CD mit Konzertmitschnitt seiner Musik

Leitsatz

Auch ein als "absolute" Person der Zeitgeschichte anzusehender ausübender Künstler muß die Beifügung seines Bildnisses zu ohne seine Einwilligung vertriebenen Tonträgern mit seiner Musik nicht dulden, und zwar auch dann nicht, wenn er sich im Hinblick auf eine urheberrechtliche "Schutzlücke" gegen die Verbreitung der Tonträger als solcher nicht wehren kann.

Tenor

Auf die Revision des Klägers wird das Urteil des 14. Zivilsenats in Freiburg des Oberlandesgerichts Karlsruhe vom 19. Mai 1995 aufgehoben.

Die Berufung der Beklagten gegen das Urteil des Landgerichts Konstanz vom 3. März 1994 wird zurückgewiesen.

Die Kosten beider Rechtsmittelzüge fallen den Beklagten zur Last.

Von Rechts wegen

Tatbestand

Der Kläger, amerikanischer Staatsbürger und als Musiker ein weltbekannter Pop-

Künstler, nimmt die Beklagten wegen Verletzung seines Rechtes am eigenen Bild in Anspruch.

Die Beklagte zu 1), die sich mittlerweile in Liquidation befindet und deren Liquidator ihr vormaliger Geschäftsführer, der Beklagte zu 2), ist, hat ohne Einwilligung des Klägers in Deutschland Tonträger (CD) mit Musikaufnahmen vertrieben, die aus dem Mitschnitt eines vom Kläger in den Vereinigten Staaten von Amerika gegebenen Konzerts herrührten. Diese Tonträger waren in üblicher Weise in eine durchsichtige Plastikumhüllung verpackt, die mit einem Einlegeblatt versehen war, auf und in dem sich Abbildungen des Klägers - neben Angaben zu den wiedergegebenen Musiktiteln und zu weiteren mitwirkenden Künstlern - befanden.

Der Kläger ist der Ansicht, die Verbreitung seines Bildnisses im Zusammenhang mit diesen Tonträgern sei rechtswidrig, auch wenn er - im Hinblick auf eine insoweit bestehende urheberrechtliche "Schutzlücke" - den Vertrieb der Tonträger als solchen hinnehmen müsse. Er hat die Beklagten auf Unterlassung, Auskunft über den Bezug und die Weiterveräußerung dieser Tonträger und auf Duldung der Vernichtung seiner solchen Tonträgern beigefügten Bildnisse in Anspruch genommen.

Das Landgericht hat der Klage stattgegeben. Auf die Berufung der Beklagten hat das Oberlandesgericht die Klage abgewiesen. Mit der Revision begehrt der Kläger die Wiederherstellung des landgerichtlichen Urteils. In der mündlichen Verhandlung vor dem Senat waren die Beklagten nicht vertreten.

Entscheidungsgründe

I. Das Berufungsgericht geht davon aus, der Kläger sei als weltweit auftretender und bekannter ausübender Künstler eine "absolute" Person der Zeitgeschichte im Sinne der Regelung des § 23 Abs. 1 Nr. 1 KUG, deren Abbild auch ohne die nach § 22 Satz 1 KUG grundsätzlich erforderliche, hier nicht erteilte Einwilligung verbreitet werden dürfe. Seine berechtigten Interessen im Sinne des § 23 Abs. 2 KUG seien nicht verletzt.

Ein im Rahmen des § 23 Abs. 1 Nr. 1 KUG erforderliches schutzwürdiges Informationsinteresse der Öffentlichkeit, an das keine zu hohen Anforderungen gestellt werden dürften, sei hier gegeben. Wenn einem Tonträger mit der Musik des Klägers, dessen Vertrieb urheberrechtlich nicht zu beanstanden sei, Bildnisse beigefügt würden, die den ausübenden Künstler "in Aktion" zeigen, etwa erkennen lassen, wie er seine Gitarre hält, welche Körperhaltung er dabei einnimmt, und wie er bei einem Konzert aussah, so könne dem aus dem Tonträger und der beigefügten Bild- und Textdokumentation (Angaben zu den Musiktiteln und ihrer Spieldauer sowie zur Mitwirkung weiterer Künstler) bestehenden "Gesamtpaket" ein ausreichender informativer Charakter keinesfalls abgesprochen werden.

Der Kläger werde durch die streitigen Abbildungen auch weder zu einem bloßen Objekt gewerblicher Interessen herabgewürdigt noch müsse er sich als Ware oder zur Werbung mißbraucht fühlen. Das Bild des Klägers als solches werde nicht zur Förderung fremder gewerblicher Interessen vertrieben; vielmehr sei es reine Beigabe zu einem Tonträger, dessen Verbreitung der Kläger nicht verhindern könne, der aber durch die Hinzufügung von Bild und Text zusätzlich informierenden Charakter gewinne. Das Bild des Klägers werde auch nicht zur Werbung für eine "branchenfremde gewerbliche Leistung" eingesetzt und auf diese Weise mißbraucht. Das durch die Bildwiedergabe befriedigte Informationsinteresse der Öffentlichkeit müsse nur dann zurücktreten, wenn es darum gehe, daß mittels der abgebildeten Person der Zeitgeschichte die Aufmerksamkeit auf Produkte des Werbenden gelenkt werden solle, die mit dem Abgebildeten nichts zu tun hätten.

II. Das Berufungsurteil hält den Angriffen der Revision nicht stand. Entgegen der Auffassung des Berufungsgerichts muß der Kläger die beanstandete Verbreitung seines Bildnisses nicht im Hinblick auf § 23 Abs. 1 Nr. 1 KUG hinnehmen, da seine berechtigten Interessen im Sinne des § 23 Abs. 2 KUG entgegenstehen.

1. Das Berufungsgericht geht allerdings zutreffend davon aus, daß es sich bei dem Kläger um eine "absolute" Person der Zeitgeschichte handelt, deren Bildnis grundsätzlich auch ohne ihre Einwilligung verbreitet werden darf. Zu Recht wird im Berufungsurteil jedoch darauf hingewiesen, daß die aus § 23 Abs. 1 Nr. 1 KUG resultierende Pflicht, die Abbildung hinzunehmen, nicht schrankenlos ist. Der Schutzzweck der gesetzlichen Regelung erfaßt nicht Veröffentlichungen, an denen ein schutzwürdiges Interesse der Allgemeinheit nicht anzuerkennen ist. Da auch Personen der Zeitgeschichte Anspruch darauf haben, daß die Allgemeinheit Rücksicht auf ihre Persönlichkeit nimmt, darf nicht außer acht gelassen werden, daß das in § 23 Abs. 1 Nr. 1 KUG geschützte allgemeine Publikationsinteresse in einem Spannungsverhältnis zum Persönlichkeitsrecht des Abgebildeten steht (vgl. hierzu BGHZ 20, 345, 350 f.; 49, 288, 292; Senatsurteil vom 6. Februar 1979 - VI ZR 46/77 - NJW 1979, 2203). Auf § 23 Abs. 1 Nr. 1 KUG kann sich nicht berufen, wer nicht einem schutzwürdigen Informationsinteresse der Allgemeinheit nachkommt, sondern durch Verwertung des Bildnisses eines anderen zu Werbezwecken allein sein Geschäftsinteresse befriedigen will (st. Rspr., vgl. z.B. Senatsurteile vom 14. April 1992 - VI ZR 285/91 - VersR 1993, 66, 67; vom 14. März 1995 - VI ZR 52/94 - VersR 1995, 667, 668 und vom 14. November 1995 - VI ZR 410/94 - VersR 1996, 204, 205).

2. Dem Berufungsgericht ist auch darin zu folgen, daß der im vorliegenden Fall erfolgten Beifügung des Bildnisses des Klägers zu den von der Beklagten zu 1) vertriebenen Tonträgern ein Informationswert für die Öffentlichkeit im Hinblick auf § 23 Abs. 1 Nr. 1 KUG nicht abgesprochen werden kann. Unbeschadet des Werbezwecks der Bildnisverbreitung, der noch zu erörtern sein wird (dazu unten

3.), liegt hier kein Fall vor, in welchem lediglich Geschäftsinteressen verfolgt werden, ein Informationsinteresse der Allgemeinheit hingegen ausgeschlossen wäre.

a) Dem Erfordernis eines schutzwürdigen Informationsinteresses in diesem Sinne ist in der Regel bereits dann genügt, wenn das Bild der "absoluten" Person der Zeitgeschichte in einen für den Betrachter deutlichen Zusammenhang mit den Leistungen gestellt wird, wegen deren diese Person bekannt ist; dabei wird der Öffentlichkeitswert des Bildnisses noch erhöht, wenn es den Abgebildeten im Rahmen der Tätigkeit zeigt, durch welche er das Publikum auf sich besonders aufmerksam gemacht hat (vgl. z.B. Senatsurteile vom 6. Februar 1979 - VI ZR 46/77 - aaO 2204 und vom 14. November 1995 - VI ZR 410/94 - aaO 206; s. hier auch OLG Frankfurt, VersR 1989, 258, 259).

b) Im vorliegenden Falle ist die Verfolgung eines Informationsinteresses bereits durch die Verbindung der auf und im Einlegeblatt der Plastikumhüllung des Tonträgers befindlichen Bildnisse des Klägers mit seiner auf dem Tonträger selbst enthaltenen Musik nahegelegt. Das Berufungsgericht stellt insoweit zu Recht darauf ab, daß der Kläger "in Aktion" abgebildet ist. Wenn er mit seiner Gitarre sozusagen "in Konzerthaltung" zu sehen ist, kommt dem - im Zusammenhang mit den Angaben zu den Musiktiteln im einzelnen und den weiteren mitwirkenden Künstlern - in der Tat ein gewisser, wenn auch nicht sehr bedeutender Informationswert für den Verbraucher zu.

3. Jedoch ist auch in einem Fall, in welchem von einem schutzwürdigen Publikationsinteresse im Hinblick auf § 23 Abs. 1 Nr. 1 KUG auszugehen ist, dieses stets mit den berechtigten Interessen desjenigen, der sich gegen die Bildveröffentlichung wehrt, abzuwägen (vgl. BGHZ 49, 288, 293 f.; Senatsurteile vom 22. Januar 1985 - VI ZR 28/83 - VersR 1985, 391, 392; vom 12. Oktober 1993 - VI ZR 23/93 - VersR 1994, 57, 58; vom 14. November 1995 - VI ZR 410/94 - aaO S. 206 und vom 19. Dezember 1995 - VI ZR 15/95 - VersR 96, 593, 594 f., zur Veröffentlichung in BGHZ 131, 332 vorgesehen); denn gemäß § 23 Abs. 2 KUG rechtfertigt sich die Verbreitung eines Bildnisses auf der Grundlage des § 23 Abs. 1 KUG dann nicht, wenn dadurch berechtigte Interessen des Abgebildeten verletzt werden. Die Revision beanstandet zu Recht, daß das Berufungsgericht diese Rechtsgüter- und Interessenabwägung nicht in rechtlich zutreffender Weise vorgenommen, insbesondere nicht in gebotener Weise gewürdigt hat, daß beim Vorgehen der Beklagten der Werbezweck im Vordergrund steht.

a) Allerdings ist bei der Bestimmung der zu berücksichtigenden berechtigten Interessen des Klägers die gesetzliche Wertung in § 23 Abs. 1 Nr. 1 KUG zu berücksichtigen, daß grundsätzlich die bildliche Darstellung einer Person der Zeitgeschichte im Rahmen dessen, was ihre zeitgeschichtliche Bedeutung ausmacht (beim Kläger also seine Tätigkeit als ausübender Künstler), vom Einwilligungserfordernis freigestellt ist. Jedoch besteht - was auch das Berufungsgericht nicht verkennt - jedenfalls ein berechtigtes Interesse des Klägers daran, durch das Vorgehen der Beklagten nicht zu einem Objekt ihrer wirtschaftlichen Interessen gemacht zu werden (vgl. dazu Senatsurteil vom 14. November 1995 - VI ZR 410/94 - aaO). Hierzu gehört auch, daß es sich eine Person der Zeitgeschichte nicht gefallen lassen muß, ohne ihre Einwilligung von einem anderen zu Werbezwecken eingesetzt zu werden (vgl. Senatsurteil vom 14. März 1995 - VI ZR 52/94 - aaO m.w.N.). Von einem derartigen Einsatz des Bildnisses des Klägers zu Werbezwecken im Interesse der Beklagten ist aber - entgegen der Auffassung des Berufungsgerichts - im vorliegenden Fall auszugehen. Es entspricht der allgemeinen Erfahrung und Übung, daß Abbildungen auf Produkten zur Absatzförderung bestimmt sind und vom Verbraucher in dieser Weise verstanden werden. Dem steht nicht entgegen, daß (wie dargestellt) die Bilder in dem Zusammenhang, in dem sie verwendet werden, auch einen gewissen Informationsgehalt für die Öffentlichkeit aufweisen; dies schließt nicht aus, daß sie auch - und zwar in erheblichem Maße - zugleich zur Werbung für ein Produkt der Beklagten verwendet werden.

b) Dem Berufungsgericht ist allerdings zuzugeben, daß es vorliegend nicht um die Werbung für eine im Verhältnis zum Kläger "branchenfremde" gewerbliche Leistung der Beklagten geht, wie sie in der Regel den bisher in der Rechtsprechung entschiedenen Fallgestaltungen zugrunde lag (vgl. z.B. BGHZ 20, 345 ff.; 26, 349 ff.; Senatsurteile vom 26. Juni 1979 - VI ZR 108/78 - NJW 1979, 2205 f. und vom 14. April 1992 - VI ZR 285/91 - aaO; BGH, Urteil vom 28. Oktober 1960 - I ZR 87/59 - NJW 1961, 558 f.). Der hier zu beurteilende Fall ist durch die Besonderheit gekennzeichnet, daß die Verbindung zwischen der abgebildeten Person und dem beworbenen Produkt nicht erst durch den werbemäßigen Einsatz des Bildes herbeigeführt wird, sondern von vornherein besteht, da es sich um Musik des Klägers handelt. Gerade dieser Gesichtspunkt hat entscheidende Bedeutung dafür, daß der Abbildung des Klägers überhaupt der im Hinblick auf § 23 Abs. 1 Nr. 1 KUG erforderliche Informationsgehalt zuzusprechen ist.

c) Diese aufgezeigte Besonderheit führt jedoch nicht dazu, daß dem Werbeeinsatz des Bildnisses des Klägers für das geschäftliche Interesse der Beklagten keine bei der Abwägung nach § 23 Abs. 2 KUG zu berücksichtigende Bedeutung mehr beizumessen ist. Vielmehr ist zu bedenken, daß für den Durchschnittsbetrachter, auf dessen Beurteilung es ankommt (vgl. Senatsurteil vom 14. März 1995 - VI ZR 52/94 - aaO), der Kläger durch die hier streitigen Abbildungen keineswegs nur "für seine Musik wirbt", sondern vor allem auch für die konkrete Tonträgeraufnahme, die von der Beklagten zu 1 vertrieben wird. Das Produkt, um das es wirtschaftlich in erster Linie geht, ist nicht "die Musik" des Klägers, sondern der konkrete Tonträger, der durch eine bestimmte Auswahl von Musiktiteln und eine gegebene technische Aufnahmequalität charakterisiert ist und von der Beklagten in der konkreten Gestaltung und Aufmachung mit den Bildnissen des Klägers auf den Markt gebracht wird. Dieses Produkt ist aber für den Kläger in dem Sinne "fremd", daß er nicht nur wirtschaftlich hieran nicht beteiligt ist, sondern vor allem weder hinsichtlich der künstlerischen Auswahl und der technischen Aufnahmequalität noch bezüglich der Präsentation irgendeinen Einfluß ausüben kann.

d) Der Durchschnittsbetrachter stellt, wenn er die Abbildungen des Klägers auf und in dem Einlegeblatt sieht, nicht nur eine "abstrakte" Verbindung zwischen dem Kläger und "seiner Musik" her, sondern muß davon ausgehen, der Kläger identifiziere sich auch mit dieser konkreten Aufnahme seiner Musiktitel, wie sie sich auf diesem Tonträger darbieten. Die Beklagten nützen diese Wirkung der Abbildungen des Klägers für den von ihnen vertriebenen Tonträger werbemäßig aus. Der Kläger hat jedoch ein wesentliches, im Sinne des § 23 Abs. 2 KUG berechtigtes Interesse daran, nicht auf diese Weise zum Objekt der wirtschaftlichen Interessen der Beklagten gemacht zu werden. Dieses Interesse des Klägers überwiegt deutlich das Publikationsinteresse, das darauf gerichtet ist, durch die Abbildungen den Informationswert des Einlegeblatts zu steigern.

4. Der Umstand, daß der Kläger die Verbreitung des Tonträgers mit seiner Musik wegen einer im internationalen Rechtsschutz ausübender Künstler bestehenden Lücke dulden muß (vgl. dazu BGH, Urteil vom 14. November 1985 - I ZR 68/83 - GRUR 1986, 454 ff.; BVerfGE 81, 208 ff.), rechtfertigt keine andere Beurteilung.

a) Diese Duldungspflicht, die dem ansonsten weitgehend verwirklichten Bestreben nach einem umfassenden Schutz künstlerischer Tätigkeit auch im internationalen Bereich zuwiderläuft, beschränkt sich auf den Vertrieb der Musikaufnahme als solcher. Zwar ist verfassungsrechtlich eine Schließung dieser urheberrechtlichen "Schutzlücke" durch nationales Recht nicht zwingend geboten (vgl. BVerfGE 81, 208, 221 f.). Dies würde aber einer - insbesondere durch völkerrechtliche Verträge zu treffenden - Regelung nicht entgegenstehen, die für die Zukunft den Schutz ausübender Künstler auch in Fallgestaltungen wie der vorliegenden zu gewährleisten imstande ist (zu der Frage, inwieweit die hier in Rede stehende "Schutzlücke" bereits auf der Grundlage der Anlage 1 C - "TRIPS" - zum WTO-Übereinkommen vom 15. April 1994, BGBl. 1994 II 1442, 1625 künftig geschlossen werden kann, vgl. Katzenberger, GRUR Int. 1995, 447 ff., 467 f.). Es besteht jedenfalls keinerlei rechtlicher und sachlicher Anlaß, die genannte "Schutzlücke" über den urheberrechtlichen Bereich hinaus noch auf das Recht am eigenen Bild zu erweitern.

b) Die Beifügung des Bildnisses des Klägers belastet diesen über den von ihm rechtlich hinzunehmenden Vertrieb des Tonträgers als solchen hinaus in einem seine berechtigten Interessen erheblich verletzenden Maße, da - wie bereits dargelegt - der Durchschnittsbetrachter davon ausgehen muß, der Kläger identifiziere sich mit seiner (in "Konzerthaltung" abgebildeten) Person mit dieser konkreten Musikwiedergabe, auf deren Auswahl, technische Bedingungen und Gestaltung er in Wahrheit keinerlei Einfluß nehmen kann und für die sein Bild werblich in Anspruch genommen wird. Gegenüber dieser Beeinträchtigung der berechtigten Belange des Klägers treten die von den Beklagten mit der Abbildung verfolgten Interessen zurück.

Es geht vorliegend nicht darum, daß das Bildnis des Klägers etwa als wesentlicher Teil einer dem Produkt der Beklagten zu 1 zugrundeliegenden, eigenständigen Werkcharakter aufweisenden Gesamtkonzeption Bedeutung erlangt (vgl. zu einer derartigen Fallgestaltung z.B. BGH, Urteil vom 6. Februar 1979 - VI ZR 46/77 - aaO sowie OLG Frankfurt, NJW 1989, 402 f.). Vielmehr enthält das Einlegeblatt nur die erforderlichen Angaben zu den Musiktiteln und weiteren mitwirkenden Künstlern; die Beifügung des Bildnisses des Klägers auf und in dem Einlegeblatt erweitert zwar dessen Informationsgehalt für den Benutzer, jedoch nur in begrenztem Umfang. Im Vordergrund steht hingegen die Werbewirkung der Abbildung und die aus ihr hervorgehende Identifikation des Klägers mit dem Tonträger. Dies braucht der Kläger im Hinblick auf § 23 Abs. 2 KUG nicht hinzunehmen.

III. Nach alledem kann die vom Berufungsgericht ausgesprochene Klageabweisung keinen Bestand haben. Der Senat entscheidet gemäß § 565 Abs. 3 Nr. 1 ZPO in der Sache selbst, da sie auf der Grundlage des vom Berufungsgericht festgestellten Sachverhalts zur Endentscheidung reif ist. Danach war die Berufung der Beklagten gegen das landgerichtliche Urteil zurückzuweisen.

1. Der Unterlassungsantrag ist gegenüber beiden Beklagten in dem vom Landgericht zugesprochenen Umfang begründet.

a) Der Unterlassungsantrag, wie er der Verurteilung durch das Landgericht zugrunde liegt, ist nicht - im Hinblick auf die hier angegriffene konkrete Verletzungsform - zu weit gefaßt.

Entgegen der Auffassung der Beklagten ist das ausgesprochene Unterlassungsgebot nicht deshalb zu beanstanden, weil die angegriffenen Abbildungen sich nicht unmittelbar auf dem Tonträger (der CD), sondern auf und in dem Einlegeblatt seiner Plastikumhüllung befunden haben.

Das von der Beklagten zu 1) vertriebene Produkt besteht - wie üblich - aus dem so verpackten und mit dem Einlegeblatt versehenen Tonträger; die CD und ihre Umhüllung sind im hier gegebenen Zusammenhang als Einheit zu sehen. Demgemäß umfaßt der Unterlassungstenor des landgerichtlichen Urteils ohne weiteres die konkrete Verletzungsform. Soweit sie darüber hinausgeht, handelt es sich um eine zulässige abstrahierend-verallgemeinernde Fassung des Klagebegehrens, die das Charakteristische des konkreten Verletzungstatbestandes nicht verfehlt (vgl. BGH, Urteil vom 11. Oktober 1990 - I ZR 35/89 - NJW 1991, 1114, 1116 m.w.N.).

Der Urteilstenor erfaßt auch nicht Verhaltensweisen, die den Beklagten nicht untersagt werden könnten: Soweit sich Bildnisse des Klägers im Innern des Einlegeblattes befinden (und soweit sie möglicherweise auf dem Tonträger selbst angebracht werden

169

könnten), muß dies der Kläger im Hinblick auf die Regelungen der §§ 22, 23 KUG ebensowenig hinnehmen wie die Verbreitung seines Bildnisses auf der (von außen sichtbaren) Vorderseite des Einlegeblatts; seine erörterten berechtigten Interessen stehen auch insoweit der Verwendung seines Bildnisses durch die Beklagten entgegen.

b) Die für den Erfolg des Unterlassungsbegehrens erforderliche, grundsätzlich zu vermutende Wiederholungsgefahr ist nicht durch die seitens der Beklagten zu 1) am 25. Juni 1993 abgegebene Unterlassungserklärung (beigezogene Akten LG Konstanz Az.: 2 O 199/93, S. 123/125) ausgeräumt.

Zum einen bezieht sich die Erklärung nur auf die Abbildung des Klägers auf der Vorderseite des "Covers". Vor allem jedoch ist sie unter der ausdrücklichen auflösenden Bedingung "einer anderweitigen rechtskräftigen Hauptsacheentscheidung eines bundesdeutschen Gerichts in gleicher Sache" abgegeben worden. Das reicht zur Beseitigung der Wiederholungsgefahr nicht aus. Zwar steht es der Wirksamkeit einer Unterwerfungserklärung in der Regel nicht entgegen, wenn sie unter der auflösenden Bedingung einer allgemeinverbindlichen, auf Gesetz oder höchstrichterlicher Rechtsprechung beruhenden eindeutigen Klärung des zu unterlassenden Verhaltens als rechtmäßig abgegeben wird (vgl. BGH, Urteil vom 1. April 1993 - I ZR 136/91 - GRUR 1993, 677); im vorliegenden Fall will die Beklagte zu 1) ihre Unterwerfungserklärung jedoch nicht in diesem Sinne von der eindeutigen höchstrichterlichen Klärung einer Rechtsfrage abhängig machen, sondern deren Wirksamkeit bereits im Hinblick auf den rechtskräftigen Ausgang eines beliebigen anderen Verfahrens in gleicher Sache in Frage stellen.

2. Die getroffenen Feststellungen tragen auch die im landgerichtlichen Urteil ausgesprochene Verurteilung der Beklagten zur Auskunftserteilung und zur Vernichtung der den Tonträgern beigefügten Abbildungen des Klägers; insoweit sind rechtliche Bedenken nicht zu ersehen.

3. Die Kostenentscheidung beruht auf §§ 91 Abs. 1, 97 Abs. 1 ZPO.

Entscheidungsname: Marlene Dietrich
Entscheidungsdatum: 01.12.1999
Aktenzeichen: I ZR 49/97
Normen: § 823 Abs 1 BGB, § 22 KunstUrhG, § 23 KunstUrhG
Persönlichkeitsrechtsverletzung: Schadensersatzanspruch bei Verletzung der vermögenswerten Bestandteile des postmortalen Persönlichkeitsrechts - Marlene Dietrich

Leitsatz

1. Das allgemeine Persönlichkeitsrecht und seine besonderen Erscheinungsformen wie das Recht am eigenen Bild und das Namensrecht dienen dem Schutz nicht nur

ideeller, sondern auch kommerzieller Interessen der Persönlichkeit. Werden diese vermögenswerten Bestandteile des Persönlichkeitsrechts durch eine unbefugte Verwendung des Bildnisses, des Namens oder anderer kennzeichnender Persönlichkeitsmerkmale schuldhaft verletzt, steht dem Träger des Persönlichkeitsrechts unabhängig von der Schwere des Eingriffs ein Schadensersatzanspruch zu.

2. Die vermögenswerten Bestandteile des Persönlichkeitsrechts bestehen nach dem Tode des Trägers des Persönlichkeitsrechts jedenfalls fort, solange die ideellen Interessen noch geschützt sind. Die entsprechenden Befugnisse gehen auf den Erben des Trägers des Persönlichkeitsrechts über und können von diesem entsprechend dem ausdrücklichen oder mutmaßlichen Willen des Verstorbenen ausgeübt werden.

Tenor

Auf die Revision der Klägerin wird das Urteil des 5. Zivilsenats des Kammergerichts vom 5. November 1996 unter Zurückweisung des weitergehenden Rechtsmittels im Kostenpunkt und insoweit aufgehoben, als die Klage mit den auf Feststellung der Schadensersatzverpflichtung und auf Auskunftserteilung gerichteten Anträgen, die sich auf das ausgesprochene Unterlassungsgebot beziehen, abgewiesen worden ist.

Auf die Berufung beider Parteien wird das Urteil der Zivilkammer 16 des Landgerichts Berlin vom 12. Oktober 1995 unter Zurückweisung der weitergehenden Rechtsmittel geändert und wie folgt insgesamt neu gefaßt:

1. Der Beklagte zu 1 wird unter Androhung eines Ordnungsgeldes bis zu 500.000 DM, ersatzweise Ordnungshaft bis zu sechs Monaten für jeden einzelnen Fall der Zuwiderhandlung, verurteilt, es zu unterlassen,

a) Dritten die Verwendung des Bildnisses von Marlene Dietrich und/oder die Verwendung des Bildnisses von Marlene Dietrich zusammen mit ihrem handschriftlichen Namenszug und/oder dem Namen "Marlene" zur Kennzeichnung von Waren oder gewerblichen Leistungen oder in der Werbung für Waren oder gewerbliche Leistungen zu gestatten, wenn dies geschieht wie in der Vereinbarung zwischen der Lighthouse Musical Produktionsgesellschaft mbH mit der FIAT Automobil AG gemäß dem Schreiben des Beklagten vom 23. Juni 1993;

b) Schriftwerke zu verbreiten, die Werbeanzeigen von Unternehmen enthalten, in denen unter der Verwendung des Namens "Marlene" und einer bildlichen Darstellung von Marlene Dietrich für Waren oder gewerbliche Leistungen geworben wird, wenn dies geschieht wie bei der Bewerbung von Kosmetikartikeln des Unternehmens "Ellen Betrix" in dem Programm zur Aufführung des Musicals "Sag mir, wo die Blumen sind";

c) Waren zum Verkauf anzubieten, anbieten zu lassen, zu verbreiten oder verbreiten zu lassen, auf denen sich ein Bildnis von Marlene Dietrich befindet, wenn die Waren keine zusätzlichen verbalen oder symbolhaften Informationen über die Person, das Leben oder das Wirken von Marlene Dietrich enthalten oder für Kunstwerke, die Marlene Dietrich betreffen, werben.

2. Es wird festgestellt, daß der Beklagte zu 1 der Klägerin allen Schaden zu ersetzen hat, der ihr durch seine zu unterlassenden Handlungen bisher entstanden ist und zukünftig noch entstehen wird.

3. Der Beklagte zu 1 wird ferner verurteilt, der Klägerin über den Umfang der Verletzungshandlungen gemäß den Unterlassungsgeboten Auskunft zu erteilen

a) durch Vorlage einer Aufstellung aller Umsätze, die er durch die Erteilung von Lizenzen an dem Warenzeichen Nr. 2022193 "Marlene" oder durch andere Nutzungsvereinbarungen über die Verwendung der Bezeichnung Marlene erzielt hat, geordnet nach Kalender-Vierteljahren unter Angabe des Namens und der vollständigen Anschrift des Lizenznehmers, des Inhalts der Nutzungsvereinbarung, ihrer Dauer sowie des mit dem einzelnen Lizenznehmer erzielten Umsatzes;

b) durch Vorlage einer Aufstellung der von der Lighthouse Musical Produktionsgesellschaft mbH und/oder ihm hergestellten und/oder in den Verkehr gebrachten Waren und Dienstleistungen, soweit sie mit der Bezeichnung bzw. dem Namen Marlene oder Marlene Dietrich, mit dem Bildnis von Marlene Dietrich und/oder mit ihrem handschriftlichen Namenszug Marlene versehen sind, unter Angabe

aa) einer genauen Beschreibung der betreffenden Ware und/oder Dienstleistung;

bb) der hergestellten und verkauften Stückzahlen;

cc) des Namens und der ladungsfähigen Anschrift des Herstellers;

dd) der durch den Vertrieb bzw. die Ausübung der Dienstleistung erzielten Umsätze, geordnet nach Kalender-Vierteljahren;

c) durch Vorlage einer Aufstellung der Umsätze, die die Lighthouse Musical Produktionsgesellschaft mbH und/oder er selbst durch die Erteilung von Lizenzen an dem Namen bzw. der Bezeichnung Marlene oder Marlene Dietrich, an Bildnissen von Marlene Dietrich sowie an ihrem handschriftlichen Namenszug Marlene erzielt haben, unter Angabe des Namens und der vollständigen Anschrift des Lizenznehmers, des Inhalts der Nutzungsvereinbarung und ihrer Dauer sowie des mit dem einzelnen Lizenznehmer erzielten Umsatzes.

4. Im übrigen wird die Klage abgewiesen.

Von den Kosten des erstinstanzlichen Verfahrens trägt die Klägerin 62 % der Gerichtskosten, 37 % der außergerichtlichen Kosten des Beklagten zu 1 sowie die außergerichtlichen Kosten des Beklagten zu 2, der Beklagte zu 1 trägt 38 % der Gerichtskosten und der außergerichtlichen Kosten der Klägerin. Im übrigen tragen die Parteien ihre außergerichtlichen Kosten erster Instanz selbst. Von den Kosten des Berufungsverfahrens trägt die Klägerin 14 % und der Beklagte zu 1 86 %, von den Kosten der Revision die Klägerin 30 % und der Beklagte zu 1 70 %.

Von Rechts wegen

Tatbestand

Die Klägerin ist das einzige Kind und die Alleinerbin der am 6. Mai 1992 verstorbenen Schauspielerin Marlene Dietrich. Sie ist zugleich Testamentsvollstreckerin für den Nachlaß ihrer Mutter.

Der Beklagte zu 1 (im folgenden: der Beklagte) produzierte im Jahre 1993 ein Musical über das Leben Marlene Dietrichs. Es wurde Anfang April 1993 in Berlin uraufgeführt und zunächst bis Ende Mai 1993 unter dem Titel "Sag mir, wo die Blumen sind", sodann bis Ende Juni 1993 unter dem Titel "Marlene" gespielt. Weitere Aufführungen des nicht sehr erfolgreichen Musicals fanden nicht statt. Der Beklagte war alleiniger Geschäftsführer der - nicht mehr bestehenden - Lighthouse Musical Produktionsgesellschaft mbH (im folgenden: Lighthouse Musical). Er ist Inhaber der Marke Nr. 2022193 "Marlene", die nach Anmeldung im Juni 1992 noch im selben Jahr u.a. für die Ausarbeitung, Produktion und Aufführung literarischer und/oder musikalischer unterhaltender Darbietungen für Bühne und Film eingetragen wurde. Einen auf die Löschung dieser Marke gerichteten Antrag hat die Klägerin bereits in erster Instanz zurückgenommen.

Lighthouse Musical räumte der FIAT Automobil AG - entsprechend einem Bestätigungsschreiben des Beklagten vom 23. Juni 1993 - Rechte zur Produktion und Vermarktung von zweihundert Exemplaren eines Sondermodells des Typs Lancia Y 10 "Marlene" ein und gestattete ihr insbesondere, den Schriftzug "Marlene", ein Bildnis von Marlene Dietrich aus dem Jahre 1930 sowie das eingetragene Warenzeichen "Marlene" zu nutzen. Im Gegenzug warb FIAT bei der Vorstellung des Fahrzeugs vereinbarungsgemäß für das Musical. Sie bot das Lancia Sondermodell "Marlene" mit beträchtlichem Werbeaufwand an und verkaufte davon einhundert Fahrzeuge.

In dem Programm zur Aufführung des Musicals "Sag mir, wo die Blumen sind" war eine doppelseitige Anzeige des Unternehmens Ellen Betrix abgedruckt, in der unter der Überschrift "Marlene-Look" und unter Verwendung einer Marlene Dietrich darstellenden Zeichnung Kosmetikartikel beworben wurden. Als Gegenleistung stellte das Unternehmen für die Aufführung des Musicals sämtliche Schminkmittel in einem Wert von 2.000 bis 3.000 DM zur Verfügung.

Lighthouse Musical ließ ferner zahlreiche sogenannte Merchandising-Artikel (Telefonkarten, Henkeltassen, T-Shirts, Armbanduhren, Anstecker) und Postkarten herstellen, die mit einem Bildnis von Marlene Dietrich und - mit Ausnahme der Anstecker - mit dem ursprünglichen Titel des Musicals "Sag mir, wo die Blumen sind" versehen waren. Diese Gegenstände wurden im Juni 1993 an einem Stand vor dem Theater zum Verkauf angeboten.

Die Klägerin nimmt den Beklagten wegen der Verwendung des Bildnisses, des Namens und des Namenszuges von Marlene Dietrich aus eigenem Recht und aus ihrer Rechtsstellung als Testamentsvollstreckerin für den Nachlaß ihrer Mutter auf Unterlassung, Feststellung seiner Schadensersatzpflicht und Auskunftserteilung in Anspruch. Sie ist der Ansicht, die geltend gemachten Ansprüche ergäben sich aus einer Verletzung postmortaler Persönlichkeitsrechte ihrer Mutter. Außerdem hat sie die geltend gemachten Ansprüche auf an sie abgetretene Rechte der Unternehmen amerikanischen Rechts Marlene Inc. und M. Dietrich Inc. gestützt.

Die Klägerin hat - soweit für die Revisionsentscheidung noch von Bedeutung - zuletzt beantragt,

1. den Beklagten unter Androhung von Ordnungsmitteln zu verurteilen, es zu unterlassen,

a) im geschäftlichen Verkehr den Namen Marlene zum Zwecke der Bewerbung und/oder Kennzeichnung von Waren zu verwenden und/oder verwenden zu lassen, wenn dies im Zusammenhang mit der Person, dem Leben und dem Werk von Marlene Dietrich erfolgt;

b) im geschäftlichen Verkehr Gegenstände gewerblicher Art, die mit Bildnissen von Marlene Dietrich versehen sind, herzustellen und/oder herstellen zu lassen, anzubieten und/oder anbieten zu lassen und/oder zu verbreiten und/oder verbreiten zu lassen;

c) im geschäftlichen Verkehr Gegenstände gewerblicher Art, die mit einem handschriftlichen Namenszug von Marlene Dietrich für deren Vornamen versehen sind, herzustellen und/oder herstellen zu lassen, anzubieten und/oder anbieten zu lassen und/oder zu verbreiten und/oder verbreiten zu lassen;

wenn diese Handlungen zu a) bis c) jeweils nicht im Rahmen einer künstlerischen Auseinandersetzung mit der Person Marlene Dietrichs oder den Informationsinteressen der Allgemeinheit an Marlene Dietrich als absolute Person der Zeitgeschichte erfolgen;

hilfsweise:

den Beklagten zu verurteilen, es bei Meidung von Ordnungsmitteln zu unterlassen,

a) Dritten die Verwendung des Bildnisses von Marlene Dietrich und/oder die Verwendung des Bildnisses von Marlene Dietrich zusammen mit ihrem handschriftlichen Namenszug und/oder dem Namen "Marlene" zur Kennzeichnung von Waren oder gewerblichen Leistungen und in der Werbung für Waren oder gewerbliche Leistungen zu gestatten;

b) Schriftwerke zu verbreiten, die Werbeanzeigen von Unternehmen enthalten, in denen unter der Verwendung des Namens "Marlene" und einer bildlichen Darstellung von Marlene Dietrich für Waren oder gewerbliche Leistungen geworben wird;

c) Waren zum Verkauf anzubieten, anbieten zu lassen, zu verbreiten oder verbreiten zu lassen, auf denen sich ein Bildnis von Marlene Dietrich befindet, wenn die Waren keine zusätzlichen verbalen oder symbolhaften Informationen über die Person, das Leben oder das Wirken von Marlene Dietrich enthalten;

2. festzustellen, daß der Beklagte ihr allen Schaden zu ersetzen hat, der ihr durch seine zu unterlassenden Handlungen bisher entstanden ist und zukünftig noch entstehen wird bzw. die erlangte Bereicherung herauszugeben hat;

3. den Beklagten ferner zu verurteilen, ihr über den Umfang der Verletzungshandlungen gemäß den Unterlassungsgeboten Auskunft zu erteilen

a) durch Vorlage einer Aufstellung aller Umsätze, die er durch die Erteilung von Lizenzen an dem Warenzeichen Nr. 2022193 "Marlene" oder durch andere Nutzungsvereinbarungen über die Verwendung der Bezeichnung Marlene erzielt hat, geordnet nach Kalender-Vierteljahren unter Angabe des Namens und der vollständigen Anschrift des Lizenznehmers, des Inhalts der Nutzungsvereinbarung, ihrer Dauer sowie des mit dem einzelnen Lizenznehmer erzielten Umsatzes;

b) durch Vorlage einer Aufstellung der von Lighthouse Musical und/oder ihm hergestellten und/oder in den Verkehr gebrachten Waren und Dienstleistungen, soweit sie mit der Bezeichnung bzw. dem Namen Marlene oder Marlene Dietrich, mit dem Bildnis von Marlene Dietrich und/oder mit ihrem handschriftlichen Namenszug Marlene versehen sind, unter Angabe

aa) einer genauen Beschreibung der betreffenden Ware und/oder Dienstleistung;

bb) der hergestellten und verkauften Stückzahlen;

cc) des Namens und der ladungsfähigen Anschrift des Herstellers;

dd) der durch den Vertrieb bzw. die Ausübung der Dienstleistung erzielten Umsätze, geordnet nach Kalender-Vierteljahren;

c) durch Vorlage einer Aufstellung der Umsätze, die Lighthouse Musical und/oder er selbst durch die Erteilung von Lizenzen an dem Namen bzw. der Bezeichnung Marlene oder Marlene Dietrich, an Bildnissen von Marlene Dietrich sowie an ihrem handschriftlichen Namenszug Marlene erzielt haben, unter Angabe des Namens und der vollständigen Anschrift des Lizenznehmers, des Inhalts der Nutzungsvereinbarung und ihrer Dauer sowie des mit dem einzelnen Lizenznehmer erzielten Umsatzes.

Der Beklagte ist der Klage entgegengetreten. Er ist der Ansicht, ein möglicher Eingriff in das allgemeine Persönlichkeitsrecht Marlene Dietrichs durch Werbemaßnahmen für das Musical sei von der Kunstfreiheit gedeckt. Im übrigen könne eine Verletzung postmortaler Persönlichkeitsrechte keine Schadensersatzansprüche begründen, weil diese Rechte nur immaterielle Interessen schützten.

Das Landgericht hat den Unterlassungsantrag in der Fassung des Hauptantrages zuerkannt und die Klage im übrigen abgewiesen. Auf die dagegen von beiden Seiten eingelegte Berufung hat das Kammergericht - unter Zurückweisung der Rechtsmittel im übrigen - dem Unterlassungsantrag in der Fassung des Hilfsantrages mit Einschränkungen stattgegeben (KG AfP 1997, 926 = KG-Rep 1997, 124) und den Beklagten unter Androhung von Ordnungsmitteln verurteilt, es zu unterlassen,

a) Dritten die Verwendung des Bildnisses von Marlene Dietrich und/oder die Verwendung des Bildnisses von Marlene Dietrich zusammen mit ihrem handschriftlichen Namenszug und/oder dem Namen "Marlene" zur Kennzeichnung von Waren oder gewerblichen Leistungen oder in der Werbung für Waren oder gewerbliche Leistungen zu gestatten, wenn dies geschieht wie in der Vereinbarung zwischen Lighthouse Musical und der FIAT Automobil AG gemäß dem Schreiben des Beklagten vom 23. Juni 1993;

b) Schriftwerke zu verbreiten, die Werbeanzeigen von Unternehmen enthalten, in denen unter der Verwendung des Namens "Marlene" und einer bildlichen Darstellung von Marlene Dietrich für Waren oder gewerbliche Leistungen geworben wird, wenn dies geschieht wie bei der Bewerbung von Kosmetikartikeln des Unternehmens "Ellen Betrix" in dem Programm zur Aufführung des Musicals "Sag mir, wo die Blumen sind";

c) Waren zum Verkauf anzubieten, anbieten zu lassen, zu verbreiten oder verbreiten zu lassen, auf denen sich ein Bildnis von Marlene Dietrich befindet, wenn die Waren keine zusätzlichen verbalen oder symbolhaften Informationen über die Person, das Leben oder das Wirken von Marlene Dietrich enthalten oder für Kunstwerke, die Marlene Dietrich betreffen, werben.

Die hiergegen gerichtete Revision der Klägerin hat der Senat nur insoweit zur Entscheidung angenommen, als die Klägerin nicht aus abgetretenem Recht klagt. Im Umfang der Annahme verfolgt die Klägerin ihre zuletzt gestellten Anträge weiter. Der Beklagte beantragt, die Revision zurückzuweisen.

Entscheidungsgründe

Die Revision hat keinen Erfolg, soweit sie sich dagegen wendet, daß das Berufungsgericht der Klage mit dem Unterlassungsantrag nur in einer eingeschränkten Fassung des Hilfsantrages stattgegeben hat. Sie hat jedoch insoweit Erfolg, als sie sich gegen die Abweisung der Klage mit dem Feststellungs- und dem Auskunftsantrag richtet; in diesem Umfang führt die Revision zur Aufhebung des Berufungsurteils und zur Verurteilung des Beklagten.

I. Zum Unterlassungsantrag:

Die Revision rügt ohne Erfolg, daß das Berufungsgericht den Unterlassungsantrag in der Fassung des Hauptantrages wegen mangelnder Bestimmtheit abgewiesen und dem Unterlassungsantrag in der Fassung des Hilfsantrages nur mit einschränkenden Zusätzen stattgegeben hat.

1. Das Berufungsgericht hat den vom Landgericht zuerkannten Unterlassungsantrag in der Fassung des Hauptantrages für zu unbestimmt gehalten, weil der einschränkende Nebensatz

"wenn diese Handlungen zu a) bis c) jeweils nicht im Rahmen einer künstlerischen Auseinandersetzung mit der Person Marlene Dietrichs oder den Informationsinteressen der Allgemeinheit an Marlene Dietrich als absolute Person der Zeitgeschichte erfolgen" den Streit über den Umfang des Verbotes unzulässigerweise in das Vollstreckungsverfahren verlagere. Diese Beurteilung weist entgegen der Auffassung der Revision keinen Rechtsfehler auf.

Die Verwendung auslegungsbedürftiger Begriffe in Klageantrag und Urteilsformel ist zwar nicht schlechthin unzulässig. Sie kann hingenommen werden, wenn über den Sinngehalt der verwendeten Begriffe oder Bezeichnungen kein Zweifel besteht, so daß die Reichweite von Antrag und Urteil feststeht. Etwas anderes gilt aber dann, wenn zwischen den Parteien Streit darüber besteht, ob das beanstandete Verhalten unter einen auslegungsbedürftigen Begriff fällt. Bei dieser Sachlage darf der fragliche Begriff in der Urteilsformel nicht verwendet werden, weil sonst der im Erkenntnisverfahren beizulegende Streit ins Vollstreckungsverfahren verlagert würde (st. Rspr.; BGH, Urt. v. 5.6.1997 - I ZR 69/95, GRUR 1998, 489, 491 = WRP 1998, 42 - Unbestimmter Unterlassungsantrag III, m.w.N.). So verhält es sich vorliegend: Die Parteien streiten darüber, unter welchen Voraussetzungen Handlungen, wie sie im Hauptantrag unter a) bis c) allgemein umschrieben sind, noch im Rahmen einer künstlerischen Auseinandersetzung mit der Person Marlene Dietrichs erfolgen. Gerade die Frage, wann die Beschäftigung mit der Person Marlene Dietrichs von künstlerischen und wann sie von wirtschaftlichen Interessen geleitet ist, ist zwischen den Parteien streitig. Während die Klägerin der Ansicht ist, das beanstandete Verhalten diene ausschließlich der Gewinnerzielung, vertritt der Beklagte die Auffassung, die angegriffenen Handlungen dienten lediglich der Werbung für das Musical und damit indirekt der künstlerischen Auseinandersetzung mit der Gestalt der Marlene Dietrich.

Eine Sachentscheidung über den Hauptantrag könnte unter diesen Umständen lediglich unter Heranziehung des Parteivorbringens und der Urteilsgründe (vgl. BGH, Urt. v. 9.4.1992 - I ZR 171/90, GRUR 1992, 561, 562 = WRP 1992, 560 - Unbestimmter Unterlassungsantrag II, m.w.N.) Aufschluß darüber geben, wie das konkret beanstandete Verhalten zu beurteilen ist. Mit ihrem Hauptantrag verfolgt die Klägerin aber ein weitergehendes Anliegen: Ihr geht es um eine verallgemeinerungsfähige Aussage darüber, wie andere Verhaltensweisen zu beurteilen sind. Diese ließe sich aber dem Urteilsausspruch auch unter Heranziehung der Entscheidungsgründe gerade nicht entnehmen.

2. In der Fassung des Hilfsantrags hat das Berufungsgericht dem Unterlassungsantrag nur mit einschränkenden Zusätzen stattgegeben: Die Hilfsanträge zu a) und b) seien zu weit gefaßt. Es könne dem Beklagten nicht untersagt werden, mit Namen und Bildnis von Marlene Dietrich für Waren oder gewerbliche Leistungen zu werben, die sich in dem durch Art. 5 GG geschützten Bereich der Informations-, Wissenschafts- und Kunstfreiheit hielten. Es sei insbesondere nicht zu beanstanden, daß mit dem Vornamen Marlene und einem Bildnis von Marlene Dietrich etwa für eine Biographie, ein Musical oder einen Film über Marlene Dietrich ge-

worben werde. Deshalb sei der Verbotstenor jeweils auf die konkrete Verletzungs-form zu beschränken.

Auch diese Ausführungen halten der revisionsrechtlichen Nachprüfung stand. Die Hilfsanträge werden durch die vom Berufungsgericht vorgenommenen Einschrän-kungen nicht unzulässig verändert (§ 308 ZPO); sie werden weder ihrer Bestimmt-heit beraubt, noch verfehlt der eingeschränkte Unterlassungsausspruch den Kern des erstrebten Verbots. Dabei ist zu beachten, daß sich im vorliegenden Revisi-onsverfahren allein die Frage stellt, ob die in der beschriebenen Einschränkung liegende Abweisung des weitergehenden Klagebegehrens zu Recht erfolgt ist. Die erfolgte Verurteilung des Beklagten steht dagegen nicht zur Überprüfung (§ 559 Abs. 1 ZPO).

Die Urteilsformel wird entgegen der Ansicht der Revision durch die konkretisie-renden Zusätze ("wenn dies geschieht wie ...") nicht unbestimmt. Das Berufungs-gericht hat den Unterlassungsausspruch zu a) und b) in der Weise auf die konkrete Verletzungsform beschränkt, daß auf die (im Tatbestand des angefochtenen Ur-teils wiedergegebene) Vereinbarung zwischen Lighthouse Musical und FIAT so-wie auf die (ebenfalls im Tatbestand beschriebene) Werbung für Kosmetikartikel des Unternehmens Ellen Betrix Bezug genommen wird. Umfang und Reichweite der Urteilsformel sind damit hinreichend bestimmt.

Der beschränkte Urteilstenor bringt auch den Kern des Verletzungsvorwurfs rich-tig zum Ausdruck und verkürzt das Rechtsschutzbegehren der Klägerin nicht auf unzulässige Weise. Ein Verbot, das - wie hier - auf die konkrete Verletzungshand-lung bezogen ist, beschränkt sich nicht auf identische Verletzungsfälle, sondern umfaßt auch Abweichungen, die den Kern der Verletzungshandlung unberührt las-sen; es erstreckt sich auch auf solche Handlungen, die dem verbotenen Verhalten in seinen charakteristischen Merkmalen entsprechen (st. Rspr.; BGHZ 5, 189, 193 f. - Zwilling; vgl. Teplitzky, Wettbewerbsrechtliche Ansprüche, 7. Aufl., Kap. 57 Rdn. 12 m.w.N). Soweit die Revision in diesem Zusammenhang einwendet, auf-grund der Beschränkung werde beispielsweise der Verkauf von Merchandising-Artikeln nicht untersagt, läßt sie unberücksichtigt, daß ein derartiges Verhalten zwar nicht von Buchstabe a) und b), wohl aber von Buchstabe c) des Verbotstenors erfaßt wird.

Auch soweit das Berufungsgericht das beantragte Verbot in Buchstabe c) dadurch eingeschränkt hat, daß die Werbung für - Marlene Dietrich betreffende - Kunst-werke vom Verbot ausgenommen bleibt, ist der Urteilsausspruch noch hinreichend bestimmt. Aus den Entscheidungsgründen des Berufungsurteils, die zur Ausle-gung des Tenors heranzuziehen sind, wird deutlich, daß ein solcher Ausnahmefall vorliegt, wenn die Werbung selbst unmittelbar auf ein Marlene Dietrich betreffen-des Kunstwerk - sei es ein Musical oder seien es Filme, Bücher oder Theaterstücke - hinweist.

II. Zum Feststellungs- und zum Auskunftserteilungsantrag:

Mit Erfolg wendet sich die Revision dagegen, daß das Berufungsgericht die Klage mit dem Feststellungsantrag und mit dem auf Auskunftserteilung gerichteten Antrag abgewiesen hat. Dabei ist das Berufungsgericht allerdings zutreffend davon ausgegangen, daß ein Bereicherungsanspruch gegen den Beklagten nicht in Betracht kommt, weil Schuldner eines Bereicherungsausgleichs nicht der Beklagte persönlich, sondern Lighthouse Musical wäre. Als rechtlich unzutreffend erweist sich jedoch die Annahme des Berufungsgerichts, der Klägerin stünden unter keinem rechtlichen Gesichtspunkt Schadensersatzansprüche zu. Entgegen dieser Ansicht kann die Klägerin von dem Beklagten nach § 823 Abs. 1 BGB Schadensersatz verlangen. Das von § 823 Abs. 1 BGB geschützte allgemeine Persönlichkeitsrecht und seine besonderen Erscheinungsformen wie das Recht am eigenen Bild und das Namensrecht dienen nicht nur dem Schutz ideeller, sondern auch vermögenswerter Interessen der Persönlichkeit (dazu 1.). Die entsprechenden - die vermögenswerten Interessen schützenden - Bestandteile des Persönlichkeitsrechts von Marlene Dietrich sind mit deren Tod auf die Klägerin übergegangen (dazu 2.). Der Beklagte hat diese Rechte rechtswidrig und schuldhaft verletzt und hat deshalb Schadensersatz zu leisten und der Klägerin Auskunft zu erteilen (dazu 3.). Unter diesen Umständen bedarf es keiner Entscheidung, ob sich ein solcher Anspruch auch aus § 1 UWG ergeben könnte (dazu 4.).

1. Das allgemeine Persönlichkeitsrecht ist in der Rechtsprechung des Bundesgerichtshofes seit dem Jahre 1954 als ein durch Art. 1 und 2 GG verfassungsmäßig garantiertes Grundrecht und zugleich zivilrechtlich nach § 823 Abs. 1 BGB geschütztes "sonstiges Recht" anerkannt (st. Rspr. seit BGHZ 13, 334, 338 - Leserbriefe). Es gewährleistet gegenüber jedermann den Schutz der Menschenwürde und das Recht auf freie Entfaltung der Persönlichkeit. Besondere Erscheinungsformen des allgemeinen Persönlichkeitsrechts sind das Recht am eigenen Bild (§§ 22 ff. KUG) und das Namensrecht (§ 12 BGB). Sie gewähren Persönlichkeitsschutz für ihren Regelungsbereich (vgl. BGHZ 30, 7, 11 - Caterina Valente; BGH, Urt. v. 26.6.1979 - VI ZR 108/78, GRUR 1979, 732, 733 = NJW 1979, 2205 - Fußballtor).

Das allgemeine Persönlichkeitsrecht und seine besonderen Erscheinungsformen dienen in erster Linie dem Schutz ideeller Interessen, insbesondere dem Schutz des Wert- und Achtungsanspruchs der Persönlichkeit. Dieser Schutz wird dadurch verwirklicht, daß bei einer Verletzung dieser Rechte neben Abwehransprüchen auch Schadensersatzansprüche in Betracht kommen, die nicht nur auf den Ersatz materieller, sondern - wenn es sich um einen schwerwiegenden Eingriff handelt und die Beeinträchtigung nicht in anderer Weise befriedigend ausgeglichen werden kann - auch auf den Ausgleich immaterieller Schäden gerichtet sind. Dieser Ausgleich beruht allerdings nicht auf einem Schmerzensgeldanspruch nach § 847

BGB, sondern auf einem Rechtsbehelf, der unmittelbar auf den Schutzauftrag aus Art. 1 und 2 Abs. 1 GG zurückgeht (vgl. BVerfGE 34, 269, 282 u. 292 = GRUR 1974, 44, 46, 48 u. 50 - Soraya). Die Zubilligung einer Geldentschädigung in derartigen Fällen beruht auf dem Gedanken, daß ohne einen solchen Anspruch Verletzungen der Würde und Ehre des Menschen häufig ohne Sanktion blieben mit der Folge, daß der Rechtsschutz der Persönlichkeit verkümmern würde (BGHZ 128, 1, 15 - Erfundenes Exklusivinterview; BGH, Urt. v. 5.12.1995 - VI ZR 332/94, GRUR 1996, 373, 374 = NJW 1996, 984 - Caroline von Monaco I).

Darüber hinaus schützen das allgemeine Persönlichkeitsrecht und seine besonderen Ausprägungen aber auch vermögenswerte Interessen der Person. Der Abbildung, dem Namen sowie sonstigen Merkmalen der Persönlichkeit wie etwa der Stimme kann ein beträchtlicher wirtschaftlicher Wert zukommen, der im allgemeinen auf der Bekanntheit und dem Ansehen der Person in der Öffentlichkeit - meist durch besondere Leistungen etwa auf sportlichem oder künstlerischem Gebiet erworben - beruht. Die bekannte Persönlichkeit kann diese Popularität und ein damit verbundenes Image dadurch wirtschaftlich verwerten, daß sie Dritten gegen Entgelt gestattet, ihr Bildnis oder ihren Namen, aber auch andere Merkmale der Persönlichkeit, die ein Wiedererkennen ermöglichen, in der Werbung für Waren oder Dienstleistungen einzusetzen. Durch eine unerlaubte Verwertung ihrer Persönlichkeitsmerkmale etwa für Werbezwecke werden daher häufig weniger ideelle als kommerzielle Interessen der Betroffenen beeinträchtigt, weil diese sich weniger in ihrer Ehre und ihrem Ansehen verletzt fühlen, als vielmehr finanziell benachteiligt sehen (vgl. Schlechtriem, Festschrift Hefermehl, 1976, S. 445, 465; Götting, Persönlichkeitsrechte als Vermögensrechte, 1995, S. 266).

Der Bundesgerichtshof hat die kommerziellen Interessen an der Persönlichkeit von jeher in den durch die Persönlichkeitsrechte gewährleisteten Schutz einbezogen: Die Persönlichkeitsrechte sollen danach die allein dem Berechtigten zustehende freie Entscheidung darüber schützen, ob und unter welchen Voraussetzungen sein Bildnis oder sein Name - entsprechendes gilt für andere kennzeichnende Persönlichkeitsmerkmale - den Geschäftsinteressen Dritter dienstbar gemacht wird (BGHZ 20, 345, 350 f. - Paul Dahlke; 81, 75, 80 - Carrera). Im Hinblick auf die wirtschaftlichen Interessen an der Persönlichkeit hat der Bundesgerichtshof anerkannt, daß das Persönlichkeitsrecht auch vermögenswerte Bestandteile aufweist (BGHZ 50, 133, 137 - Mephisto). Dementsprechend hat er das Recht am eigenen Bild als ein vermögenswertes Ausschließlichkeitsrecht bezeichnet und generell bei der Verletzung des Persönlichkeitsrechts Ersatzansprüche für möglich erachtet (BGHZ 20, 345, 353 u. 355 - Paul Dahlke; 30, 7, 16 - Caterina Valente; BGH, Urt. v. 17.11.1960 - I ZR 87/59, GRUR 1961, 138, 140 - Familie Schölermann; GRUR 1979, 732, 734 - Fußballtor; Urt. v. 14.4.1992 - VI ZR 285/91, GRUR 1992, 557, 558 = NJW 1992, 2084 - Joachim Fuchsberger).

2. Die vermögenswerten Bestandteile des Rechts von Marlene Dietrich am eigenen Bild und Namen sind auf die Klägerin als Alleinerbin übergegangen. Denn ungeachtet ihrer Übertragbarkeit unter Lebenden sind diese Bestandteile - anders als die dem Schutz ideeller Interessen dienenden höchstpersönlichen Bestandteile - vererblich.

a) Soweit die Persönlichkeitsrechte dem Schutz ideeller Interessen dienen, sind sie unauflöslich an die Person ihres Trägers gebunden und als höchstpersönliche Rechte unverzichtbar und unveräußerlich, also nicht übertragbar und nicht vererblich (vgl. BGHZ 50, 133, 137 - Mephisto; v. Gamm, Urheberrechtsgesetz, Einf. Rdn. 94, 96, 102, 109; MünchKomm./Gitter, BGB, 3. Aufl., § 1 Rdn. 57). Niemand kann sich seines Rechts am eigenen Bild, seines Namensrechts oder eines sonstigen Persönlichkeitsrechts vollständig und abschließend entäußern; dies stünde im Widerspruch zur Garantie der Menschenwürde (Art. 1 GG) und zum Recht auf Selbstbestimmung (Art. 2 GG; vgl. Schricker, Festschrift Hubmann, 1985, S. 409, 413; Götting aaO S. 132 f.).

b) Die Frage, ob die dem Schutz kommerzieller Interessen an der Persönlichkeit dienenden vermögenswerten Bestandteile des Persönlichkeitsrechts übertragbar und vererblich sind, hat der Bundesgerichtshof bislang nicht ausdrücklich entschieden. In einigen Entscheidungen ist aber bereits angedeutet, daß der Grundsatz der Unübertragbarkeit und Unvererblichkeit nicht notwendig für alle Bestandteile des Persönlichkeitsrechts gilt. So hat er in der "Mephisto"-Entscheidung ausgesprochen, "daß das Persönlichkeitsrecht - abgesehen von seinen vermögenswerten Bestandteilen - als höchstpersönliches Recht unübertragbar und unvererblich ist" (BGHZ 50, 133, 137). In der "NENA"-Entscheidung hat er offengelassen, ob die Übertragung des Rechts am eigenen Bild wegen seines Rechtscharakters als allgemeines Persönlichkeitsrecht ausgeschlossen ist (BGH, Urt. v. 14.10.1986 - VI ZR 10/86, GRUR 1987, 128 = NJW-RR 1987, 231). Ein beachtlicher Teil des Schrifttums tritt für die Übertragbarkeit und Vererblichkeit der mit Persönlichkeitsrechten verbundenen vermögensrechtlichen Befugnisse ein (Hubmann, Persönlichkeitsrecht, 2. Aufl. 1967, S. 132 f.; ders., Anm. zur NENA-Entscheidung in Schulze Rspr.z.UrhR, BGHZ 356, 5 ff.; Klippel, Der zivilrechtliche Schutz des Namens, 1985, S. 523 ff.; Forkel, GRUR 1988, 491 ff.; Freitag, Die Kommerzialisierung von Darbietung und Persönlichkeit des ausübenden Künstlers, 1993, S. 165 ff.; Magold, Personenmerchandising, 1994, S. 497, 506; Schertz, Merchandising, 1997, Rdn. 380 und 388; Hahn, NJW 1997, 1348, 1350; Lausen, ZUM 1997, 86, 92; Fromm/Nordemann/Hertin, Urheberrecht, 9. Aufl., Vor § 12 UrhG Rdn. 10; vgl. auch Götting aaO S. 66 ff. und 130 f.; Ernst-Moll, GRUR 1996, 558, 562; Ullmann, AfP 1999, 209, 210 ff.; Beuthien/Schmölz, K&R 1999, 397 f.; dies., Persönlichkeitsschutz und Persönlichkeitsgüterrechte, 1999, S. 32 ff. u. 62 f.). Andere halten diese Befugnisse wegen ihres persönlichkeitsrechtlichen Charakters für schlechthin unübertragbar (Schack, AcP 195 (1995), 594 f. und 600; ders., Urheber- und Urhebervertragsrecht, 1997, Rdn. 51; Pietzko, AfP 1988, 209, 216 f.; J. Helle, Besondere Persönlichkeitsrechte im Privatrecht, 1991, S. 51 f.).

c) Eine Reihe von Gesichtspunkten spricht dafür, daß die vermögenswerten Bestandteile des Persönlichkeitsrechts nicht in derselben Weise unauflöslich an die Person ihres Trägers gebunden sind wie der Teil des Persönlichkeitsrechts, der dem Schutz ideeller Interessen dient. Hinzu kommt das besondere Schutzbedürfnis, dem nur dadurch Rechnung getragen werden kann, daß die vermögenswerten Bestandteile des Persönlichkeitsrechts als vererblich angesehen werden. Ob dieser Teil des Persönlichkeitsrecht unter Lebenden übertragen werden kann oder ob an ihm Nutzungsrechte eingeräumt werden können, bedarf demgegenüber im Streitfall keiner Entscheidung.

aa) Zunächst zeigen die Beispiele anderer Rechte, daß sich der Charakter eines Rechts in der Einschätzung durch die Rechtsordnung zu ändern vermag.

So hat das Reichsgericht das Recht an der Firma noch als Namensrecht und damit als Persönlichkeitsrecht angesehen (RGZ 9, 104, 105 f.; 58, 166, 169). Der Bundesgerichtshof hat diese Rechtsprechung nicht aufrechterhalten; er hat das materielle Firmenrecht als ein Vermögensrecht eingestuft und dies damit begründet, daß sich der Name in diesem Bereich weitgehend von einer bestimmten Person gelöst habe und mit einem Objekt - einem Unternehmen oder einer Personenvereinigung - verbunden werde; dadurch kämen beachtliche vermögensrechtliche Interessen ins Spiel, die die ideellen Interessen am Namen überwiegen und völlig verdrängen könnten (vgl. BGHZ 85, 221, 223). Auch die Firma, die einen Personennamen enthält, kann daher - zusammen mit dem Handelsgeschäft (vgl. §§ 22, 23 HGB) - grundsätzlich ohne Einschränkungen übertragen und vererbt werden.

Das Warenzeichenrecht wurde vom Reichsgericht ebenfalls noch als Persönlichkeitsrecht eingeordnet (RGZ 69, 401, 403 - Nietzsche-Briefe; 108, 8, 9 - Saccharin; 113, 413, 414 - Der Tod und der Tor). Inzwischen hat sich die Marke von ihrer Bindung an den Geschäftsbetrieb und die Unternehmerpersönlichkeit vollständig gelöst. Sie kann ohne Geschäftsbetrieb erworben (§ 7 MarkenG) sowie übertragen und vererbt werden (§ 27 Abs. 1 MarkenG). Auch die Marke, die aus einem Personennamen oder einem Personenbildnis besteht, ist heute ein frei verkehrsfähiges Immaterialgüterrecht.

bb) Das Bild, der Name und andere kennzeichnende Persönlichkeitsmerkmale können schon seit jeher - als ein Reflex der von der Rechtsordnung gewährten Abwehrrechte gegenüber einer unbefugten Verwendung - kommerziell verwertet und insbesondere für Werbezwecke eingesetzt werden (vgl. etwa RGZ 74, 308, 311 f. - Graf Zeppelin). Damit war stets auch ein Schutz vermögenswerter Interessen verbunden, der aber nicht notwendig als ein selbständiger Bestandteil des Persönlichkeitsrechts angesehen werden mußte. In den vergangenen Jahrzehnten haben sich die technischen, wirtschaftlichen und gesellschaftlichen Verhältnisse jedoch geändert (vgl. J. Helle, RabelsZ 60 (1996) 448, 459 f.): Persönlichkeitsmerkmale können mit verbesserten technischen Möglichkeiten in Bild und Ton festgehalten, vervielfältigt und verbreitet werden. Sie sind aufgrund der fortschreitenden Entwicklung der Massenmedien in einem zuvor nicht gekannten Ausmaß wirtschaftlich nutzbar geworden. In der Werbung spielt der sogenannte Imagetransfer eine große Rolle, bei dem es darum geht, positive Assoziationen, die die Verbraucher mit einer bekannten Persönlichkeit verbinden, auf das zu bewerbende Produkt umzuleiten. In dieser Hinsicht tragen bekannte Persönlichkeiten in nicht unerheblichem Umfang zur Wertschöpfung bei. Die Möglichkeit der Vermarktung der Persönlichkeit etwa bekannter Sportler oder Künstler ist - ohne diesen Vorgang zu bewerten - zu einem wichtigen, nicht mehr wegzudenkenden Faktor in der Produktentwicklung geworden.

cc) Die Anerkennung der Vererblichkeit der vermögenswerten Bestandteile des Persönlichkeitsrechts ist geboten, um den Schutz gegenüber einer kommerziellen Nutzung von Name, Bildnis und sonstigen Persönlichkeitsmerkmalen des Verstorbenen durch Nichtberechtigte zu gewährleisten. Ein wirkungsvoller postmortaler Schutz der vermögenswerten Bestandteile des Persönlichkeitsrechts ist nur gewährleistet, wenn der Erbe in die Rolle des Trägers des Persönlichkeitsrechts treten und ebenso wie dieser unter Wahrung der mutmaßlichen Interessen des Verstorbenen gegen eine unbefugte Nutzung vorgehen kann.

Zwar ist das fortwirkende Lebensbild der Persönlichkeit nach ständiger Rechtsprechung auch nach dem Tode weiterhin gegen schwerwiegende Entstellungen geschützt (BGHZ 50, 133, 136 ff. - Mephisto; 107, 384, 391 - Emil Nolde, m.w.N.). Desgleichen wirken jedenfalls das Recht am eigenen Bild (§ 22 Satz 3 KUG) und möglicherweise auch das Namensrecht (BGHZ 107, 384, 390 - Emil Nolde) über den Tod hinaus fort. Jedoch werden dem Wahrnehmungsberechtigten bei einer postmortalen Verletzung dieser Rechte lediglich Abwehransprüche, nicht aber Schadensersatzansprüche zuerkannt, weil ein Verstorbener keinen durch eine Geldzahlung auszugleichenden Schaden erleiden könne (vgl. BGH, Urt. v. 5.3.1974 - VI ZR 89/73, GRUR 1974, 794, 795 - Todesgift; Urt. v. 4.6.1974 - VI ZR 68/73, GRUR 1974, 797, 800 = NJW 1974, 1371 - Fiete Schulze). In diesen Fällen ging es allein um die Beeinträchtigung ideeller Interessen, zu deren Schutz der höchstpersönliche Achtungsanspruch fortwirkt, der zwar nicht übertragbar und nicht vererblich ist, der aber nach dem Tode von einer hierzu ermächtigten Person zu Abwehrzwecken wahrgenommen werden kann (BGHZ 50, 133, 137 f. - Mephisto). Die zugebilligten Abwehransprüche nützen indessen nur wenig, wenn die Rechtsverletzung - wie es häufig der Fall ist - bereits beendet ist, bevor der Anspruchsberechtigte davon Kenntnis erlangt. Darüber hinaus erscheint es unbillig, den durch die Leistungen des Verstorbenen geschaffenen und in seinem Bildnis, seinem Namen oder seinen sonstigen Persönlichkeitsmerkmalen verkörperten Vermögenswert nach seinem Tode dem Zugriff eines jeden beliebigen Dritten preiszugeben, statt diesen Vermögenswert seinen Erben oder Angehörigen oder anderen Personen zukommen zu lassen, die ihm zu Lebzeiten nahestanden (vgl.

Götting aaO S. 281; Magold aaO S. 493 f., 660 f.; Schertz aaO Rdn. 388).

Teilweise werden im Schrifttum allerdings Bedenken dagegen erhoben, der zunehmenden Kommerzialisierung der Persönlichkeit Vorschub zu leisten. Es handele sich um eine mögliche gesellschaftliche Fehlentwicklung, der die Rechtsordnung entgegentreten müsse, weil sich die Schaffung eines marktgängigen Immaterialgüterrechts in letzter Konsequenz gegen das Individuum richte und seine Persönlichkeit für Dritte verfügbar mache (Schack, AcP 195 (1995), 594 f.; ders., Urheber- und Urhebervertragsrecht, 1997, Rdn. 51). Diese Bedenken sind zwar nicht von der Hand zu weisen, greifen jedoch letztlich nicht durch. Zum einen wird der Schutz der Persönlichkeit durch die Anerkennung eines eigenständig vererblichen vermögenswerten Bestandteils des Persönlichkeitsrechts, bei dessen Verletzung der Berechtigte eigene Abwehr- und Schadensersatzansprüche erlangen kann, eher gestärkt als geschwächt. Dies gilt nicht zuletzt in Fällen, in denen der Name, das Bildnis oder andere Persönlichkeitsmerkmale eines Verstorbenen von Dritten entgegen dem Willen der Erben und/oder Angehörigen und entgegen dem mutmaßlichen Willen des verstorbenen Trägers des Persönlichkeitsrechts zu kommerziellen Zwecken verwendet werden. Denn allein mit Hilfe von Abwehransprüchen läßt sich das Persönlichkeitsrecht in dieser Situation nicht wirksam schützen, weil Sanktionen nur für den Wiederholungsfall zur Verfügung stehen. Auch ein Bereicherungsanspruch kann in diesen Fällen versagen, wenn - wie vorliegend - die Bereicherung nicht in der Person des Verletzers eingetreten ist. Im übrigen setzt auch ein Bereicherungsanspruch (vgl. BGH GRUR 1987, 128 - NENA) eine entsprechende rechtliche Güterzuordnung voraus (dazu Götting aaO S. 62 f. m.w.N.).

Zum anderen ist zu bedenken, daß die Rechtsordnung hinsichtlich der Vermarktung rechtlich geschützter Positionen kein starres System bildet, an dem sich die Wirklichkeit orientieren müßte. Vielmehr kommt dem Recht neben der nicht zu bestreitenden Aufgabe, durch Wertentscheidungen vorgegebene Grenzen zu setzen, auch eine dienende Funktion zu, indem es einen Ordnungsrahmen auch für neue Formen der Vermarktung bieten muß, die im Interesse sowohl des Vermarkters als auch desjenigen liegen, der eine solche Vermarktung seiner Person gestatten möchte. Zwar muß die Rechtsordnung den Forderungen, die sich aus der fortschreitenden Kommerzialisierung des Persönlichkeitsrechts ergeben, dort entgegentreten, wo höherrangige rechtliche oder ethische Prinzipien dies gebieten (vgl. Schlechtriem aaO S. 445, 453, 457; Chr. Krüger, GRUR 1980, 628, 637; Dasch, Die Einwilligung zum Eingriff in das Recht am eigenen Bild, 1990, S. 22 f.; Götting aaO S. 66 f.). Ein ineffektiver, auf Abwehrbefugnisse beschränkter Schutz des Persönlichkeitsrechts stellt indessen kein Mittel gegen eine unerwünschte Vermarktung der Persönlichkeit dar. Gerade dem Interesse, das Lebensbild eines Verstorbenen nicht durch eine uneingeschränkte kommerzielle Nutzung der Merkmale seiner Persönlichkeit zu beeinträchtigen, kann am besten in der Weise gedient werden, daß sich der Erbe als Inhaber der vermögenswerten Bestandteile des Persönlichkeitsrechts gegen eine unbefugte Nutzung zur Wehr setzen kann und ihm dabei - ungeachtet der Unterschiede, die sich nach dem Tode hinsichtlich der inhaltlichen Reichweite des Persönlichkeitsrechts ergeben können (vgl. BGHZ 50, 133, 140 f. - Mephisto) - grundsätzlich dieselben Ansprüche zu Gebote stehen wie dem lebenden Träger des Persönlichkeitsrechts.

Schließlich ist darauf hinzuweisen, daß sich die Befugnisse des Erben vom Träger des Persönlichkeitsrechts ableiten und nicht gegen seinen mutmaßlichen Willen eingesetzt werden können. Mit der Befugnis des Erben, die vermögenswerten Bestandteile des Persönlichkeitsrechts in der Weise wahrzunehmen, daß er gegen eine unbefugte Verwendung des Bildnisses oder des Namens des Verstorbenen einschreitet, ist daher nicht ein uneingeschränktes positives Benutzungsrecht verbunden, das auch gegen die ausdrücklichen oder mutmaßlichen Interessen des verstorbenen Trägers des Persönlichkeitsrechts eingesetzt werden könnte. Vielmehr darf der Erbe die nach dem Tode (fort-)bestehenden Vermarktungsmöglichkeiten nur unter Berücksichtigung dieses Willens nutzen. Im Streitfall, in dem es um den Ausgleich für eine unbefugte Nutzung geht, steht es außer Frage, daß die von der Klägerin ergriffenen Maßnahmen im Interesse ihrer verstorbenen Mutter liegen.

d) Während die dem Schutz der ideellen Interessen des Verstorbenen dienenden Abwehransprüche von den Angehörigen (§ 22 Sätze 3 und 4 KUG) oder von einem hierzu berufenen Wahrnehmungsberechtigten (vgl. BGHZ 50, 133, 139 f. - Mephisto) geltend zu machen sind, kommen als Träger der vermögenswerten Befugnisse allein die Erben in Betracht (a.A. Magold aaO S. 572 f.), die mit den genannten Berechtigten nicht notwendig identisch sind. Es stellt jedoch kein Argument gegen die Vererblichkeit der vermögenswerten Bestandteile des Persönlichkeitsrechts dar, daß die Berechtigung hinsichtlich der ideellen und der kommerziellen Interessen auseinanderfallen kann.

Werden die vermögenswerten Bestandteile des Persönlichkeitsrechts vererbt, bleiben sie doch zur Wahrung der ideellen Interessen des Rechtsträgers untrennbar mit den unveräußerlichen höchstpersönlichen Bestandteilen des Persönlichkeitsrechts verknüpft. Denn durch die kommerzielle Verwertung werden häufig auch die Befugnisse berührt, die den Angehörigen (§ 22 Satz 2 KUG) oder sonstigen Wahrnehmungsberechtigten zustehen. Insofern stellt sich die Lage nicht anders dar als beim Urheberrecht, bei dem ebenfalls die auf den Schutz der ideellen Interessen gerichteten urheberpersönlichkeitsrechtlichen Befugnisse (§§ 11 ff. UrhG) häufig nicht in derselben Hand liegen wie die Nutzungsrechte (dazu Forkel, GRUR 1988, 491, 493 ff.; Götting aaO S. 133, 279). Dies bedeutet, daß Nutzungen, durch die auch in urheberpersönlichkeitsrechtliche Befugnisse eingegriffen wird, nicht nur der Zustimmung des Nutzungsberechtigten, sondern auch des Inhabers des Urheberpersönlichkeitsrechts bedürfen. Nicht anders verhält es sich, wenn beispielsweise das Bildnis des Verstorbenen für kommerzielle Zwecke verwendet werden soll: Hier ist die Zustimmung sowohl des Erben als des Inhabers der vermögenswerten Bestandteile des Persönlichkeitsrechts als auch der Angehörigen erforderlich (§ 22 Satz 3 KUG). Ebenso können durch eine kommerzielle Verwendung von Persönlichkeitsmerkmalen die durch das allgemeine Persönlichkeitsrecht geschützten ideellen Interessen des Verstorbenen tangiert sein mit der Folge, daß der Wahrnehmungsberechtigte gegen eine solche Verwendung trotz Zustimmung der Erben einschreiten könnte. Im Streitfall liegen diese Berechtigungen allerdings in einer Hand, weil die Klägerin sowohl Alleinerbin als auch einzige Angehörige von Marlene Dietrich ist (vgl. § 22 Satz 4 KUG).

e) Auch der Einwand mangelnder Rechtssicherheit läßt sich nicht mit Erfolg gegen die Vererblichkeit der vermögenswerten Bestandteile des Persönlichkeitsrechts ins Feld führen. Die Möglichkeit der kommerziellen Verwertung von Persönlichkeitsmerkmalen hat sich - wie oben dargelegt (unter II.2.c)aa)) - aus dem persönlichkeitsrechtlichen Schutz ideeller Interessen entwickelt. Daher liegt die Annahme nahe, daß der Schutz kommerzieller Interessen zeitlich nicht über den Schutz der ideellen Interessen an der Persönlichkeit hinausreichen kann. Einen Anhaltspunkt bietet insofern die Zehnjahresfrist des § 22 Satz 2 KUG, wobei offenbleiben kann, ob ein längerer Schutz der kommerziellen Interessen dann in Betracht zu ziehen ist, wenn und soweit sich aus dem allgemeinen Persönlichkeitsrecht ausnahmsweise ein längerer Schutz ideeller Interessen ergibt (vgl. BGHZ 50, 133, 140 f. - Mephisto). Denn im Streitfall geht es um die Verwendung von Namen und Bildnis von Marlene Dietrich in der Zeit kurz nach ihrem Tode.

3. Der Beklagte hat die auf die Klägerin übergegangenen vermögenswerten Bestandteile des Rechts von Marlene Dietrich am eigenen Bild und Namen rechtswidrig und schuldhaft verletzt und ist daher zur Schadensersatzleistung sowie zur Auskunftserteilung verpflichtet.

Entgegen der Auffassung der Revisionserwiderung setzt der geltend gemachte Antrag auf Feststellung der Schadensersatzpflicht keine besondere Eingriffsintensität der Rechtsverletzung voraus. Zwar kommen bei einer Verletzung ideeller Interessen auf Geldentschädigung gerichtete Ansprüche nur zu Lebzeiten des Trägers des Persönlichkeitsrechts (s.o. unter II.1.) und nur bei schwerwiegenden Beeinträchtigungen in Betracht. Bei einer Verletzung materieller Interessen, wie sie hier in Rede steht, gilt dies aber nicht. Wer die vermögenswerten Bestandteile des Persönlichkeitsrechts schuldhaft verletzt, haftet ebenso wie bei der Verletzung anderer vermögenswerter Ausschließlichkeitsrechte für den eingetretenen Schaden, ohne daß es darauf ankäme, wie schwerwiegend der Eingriff war.

a) Das Recht Marlene Dietrichs am eigenen Bild (§ 22 KUG) ist - wie das Berufungsgericht zutreffend angenommen hat - dadurch verletzt worden, daß ihr Bildnis ohne die erforderliche Einwilligung für das Sondermodell Lancia Y 10 "Marlene", für die Kosmetikwerbung des Unternehmens Ellen Betrix und für Merchandising-Artikel verwendet worden ist.

aa) Bei den verwendeten Fotografien und Zeichnungen handelt es sich um Bildnisse i.S. von § 22 Satz 1 KUG. Ein Bildnis im Sinne dieser Bestimmung ist die Darstellung einer Person, die deren äußere Erscheinung in einer für Dritte erkennbaren Weise wiedergibt (vgl. BGH, Urt. v. 9.6.1965 - Ib ZR 126/63, GRUR 1966, 102 - Spielgefährtin I, m.w.N.). Dabei spielt es keine Rolle, auf welche Art und Weise das Bildnis hergestellt worden ist, so daß der Bildnisschutz nicht nur Fotografien, sondern auch andere Darstellungsarten wie z.B. Zeichnungen erfaßt (vgl. Schricker/Gerstenberg/Götting, Urheberrecht, 2. Aufl., § 60/§ 22 KUG Rdn. 4).

bb) Diese Bildnisse sind ohne Zustimmung der Klägerin als der Inhaberin der vermögenswerten Bestandteile des Persönlichkeitsrechts und - worauf es freilich zur Begründung der Schadensersatzverpflichtung nicht ankommt - als der Berechtigten nach § 22 Satz 3 KUG verbreitet worden.

cc) Die Zustimmung der Klägerin war auch nicht entbehrlich. Zwar dürfen Bildnisse aus dem Bereiche der Zeitgeschichte nach § 23 Abs. 1 Nr. 1 KUG ohne die nach § 22 KUG erforderliche Einwilligung verbreitet werden. Bei Marlene Dietrich handelt es sich - was auch die Revisionserwiderung nicht in Zweifel zieht - um eine sogenannte absolute Person der Zeitgeschichte (vgl. BGHZ 20, 345, 349 f. - Paul Dahlke; 24, 200, 208 - Spätheimkehrer; 131, 332, 336 - Caroline v. Monaco II). Auf die Ausnahmebestimmung des § 23 Abs. 1 Nr. 1 KUG kann sich jedoch derjenige nicht berufen, der mit der Veröffentlichung keinem schutzwürdigen Informationsinteresse der Allgemeinheit nachkommt, sondern durch Verwertung des Bildnisses eines anderen zu Werbezwecken allein sein Geschäftsinteresse befriedigen will (st. Rspr.; BGHZ 20, 345, 350 - Paul Dahlke; BGH, Urt. v. 1.10.1996 - VI ZR 206/95, GRUR 1997, 125, 126 = NJW 1997, 1152 - Bob-Dylan-CD, m.w.N.). So liegt es hier. Die Verwendung des Bildnisses diente vorliegend nicht der Vermittlung von Informationen über das Leben oder das Schaffen von Marlene Dietrich, sondern ausschließlich der Werbung für Autos, Kosmetika und Merchandising-Artikel.

Der Beklagte kann sich auch nicht mit Erfolg darauf berufen, es handele sich um Werbemaßnahmen für das Musical, die von der Kunstfreiheit gedeckt seien. Zwar fällt auch die Werbung für ein Kunstwerk unter den Schutz des Art. 5 Abs. 3 Satz 1 GG. Denn die Kunstfreiheit schützt nicht nur die eigentliche künstlerische Betätigung, den "Werkbereich" des künstlerischen Schaffens, sondern auch den "Wirkbereich", in dem der Öffentlichkeit Zugang zu dem Kunstwerk verschafft wird. Hierzu zählt auch die Werbung für das Kunstwerk (vgl. BVerfGE 77, 240, 251 f. m.w.N.). Mit dem Bildnis und dem Namen von Marlene Dietrich sollte jedoch nicht für das Musical geworben, sondern ausschließlich der Absatz der damit ausgestatteten Produkte gefördert werden. Nach den rechtsfehlerfrei getroffenen Feststellungen des Berufungsgerichts besteht zwischen diesen Produkten und dem Musical kein für Dritte erkennbarer Zusammenhang. Auf den Produkten wird nicht auf das Musical hingewiesen; selbst bei dem auf den Telefonkarten, den Armbanduhren und der Henkeltasse befindlichen Text "Sag mir, wo die Blumen sind" handelt es sich nicht nur um den ursprünglichen Titel des Musicals, sondern auch um den Titel eines Liedes, das im besonderen Maße zur Bekanntheit von Marlene Dietrich beigetragen hat. Eine andere Beurteilung ist auch nicht etwa deshalb geboten, weil die Unternehmen FIAT und Ellen Betrix für die Verwendung von Bildnis und Namen Marlene Dietrichs jeweils eine Gegenleistung erbracht haben, die dem Musical zugute kommen sollte. Dies ändert nichts daran, daß das Bildnis von Marlene Dietrich nicht unmittelbar als Mittel eingesetzt worden ist, die Öffentlichkeit auf das Musical aufmerksam zu machen.

b) Durch die Nennung des Namens "Marlene" in der Werbung ist ferner das der Klägerin als Erbin von Marlene Dietrich zustehende Recht verletzt worden, darüber zu bestimmen, ob der eigene Name zu Werbezwecken benutzt werden darf (vgl. BGHZ 30, 7, 9 ff. - Caterina Valente; 81, 75, 78 - Carrera). Diese Befugnis stellt, soweit sie dem Schutz kommerzieller Interessen des Namensträgers dient, ebenfalls einen vermögenswerten vererblichen Bestandteil des Persönlichkeitsrechts dar. Auf die Verletzung namensrechtlicher Befugnisse (§ 12 BGB), die möglicherweise auch bei einer nicht namensmäßigen Benutzung in Betracht kommen kann, wenn im Verkehr der Eindruck entsteht, der Namensträger habe dem Benutzer ein Recht zu entsprechender Verwendung des Namens erteilt (vgl. BGHZ 119, 237, 245 f. - Universitätsemblem; 126, 208, 216 - McLaren), kommt es dabei nicht an.

Mit Recht hat das Berufungsgericht angenommen, daß in der beanstandeten Verwendung des Namenszuges "Marlene" ein unbefugtes Gebrauchmachen des Namens von Marlene Dietrich zu sehen ist. Zwar werden Vornamen in Alleinstellung meist nicht als Hinweis auf eine bestimmte Person verstanden. Dies mag im Falle von Marlene Dietrich im Hinblick auf ihre überragende Bekanntheit und die verhältnismäßig starke Kennzeichnungskraft ihres Vornamens anders sein (vgl. auch BGH, Urt. v. 27.1.1983 - I ZR 160/80, GRUR 1983, 262, 263 = WRP 1983, 339 - Uwe, zu § 12 BGB), kann jedoch vorliegend offenbleiben, weil in der konkreten Verletzungsform, die das Berufungsgericht allein zum Gegenstand der Verurteilung gemacht hat, der Vorname nicht isoliert, sondern jeweils zusammen mit einem Bildnis von Marlene Dietrich verwendet worden ist.

c) Der Beklagte hat für die Verletzung der vermögenswerten Bestandteile des Persönlichkeitsrechts von Marlene Dietrich einzustehen. Er hat als alleiniger Geschäftsführer von Lighthouse Musical der FIAT Automobil AG die Verwendung des Bildnisses und des Vornamens von Marlene Dietrich gestattet und ist damit an der erfolgten Rechtsverletzung zumindest als Gehilfe beteiligt. Er war ferner für die Herausgabe und den Inhalt des Programmheftes verantwortlich, in dem unter Verwendung des Bildnisses und des Vornamens von Marlene Dietrich für Kosmetikartikel geworben wurde. Die von ihm vertretene Produktionsgesellschaft hat schließlich die Merchandising-Artikel mit dem Bildnis von Marlene Dietrich herstellen lassen und zum Verkauf angeboten. Unter diesen Umständen braucht auf die Möglichkeit einer Störerhaftung nicht zurückgegriffen zu werden, weil das beanstandete Verhalten dem Beklagten als Geschäftsführer unmittelbar zuzurechnen ist.

Der Beklagte hat schließlich nicht nur rechtswidrig, sondern auch schuldhaft gehandelt. Er konnte bei Anwendung der im Verkehr erforderlichen Sorgfalt nicht annehmen, daß Bildnis und Name der kurz zuvor verstorbenen Marlene Dietrich ohne Zustimmung der Alleinerbin und einzigen Angehörigen für Werbezwecke verwendet werden dürften (vgl. BGH, Urt. v. 26.1.1971 - VI ZR 95/70, GRUR 1972, 97, 99 = NJW 1971, 698 - Liebestropfen).

d) Der Beklagte hat der Klägerin daher den Schaden zu ersetzen, der ihr durch die Persönlichkeitsrechtsverletzungen bereits entstanden ist und künftig noch entstehen wird. Die Klägerin kann den ihr entstandenen Schaden entweder konkret oder nach der Lizenzanalogie berechnen oder den Verletzergewinn herausverlangen (vgl. BGHZ 20, 345, 353 f. - Paul Dahlke). Um die für sie günstigste Art der Schadensberechnung wählen und den Schaden berechnen zu können, hat die Klägerin Anspruch auf die beantragte Auskunftserteilung.

4. Unter den gegebenen Umständen bedarf es keiner Klärung, ob der Klägerin auch Ansprüche aus § 1 UWG zustehen. Ohnehin böte das Wettbewerbsrecht keine Möglichkeit, den Streitfall ohne Rückgriff auf das Persönlichkeitsrecht zu lösen. Auch wenn zwischen den Parteien ein Wettbewerbsverhältnis bestehen sollte, läßt sich eine Zuordnung der Vermarktungsmöglichkeiten nicht wettbewerbsrechtlich, sondern nur über das Persönlichkeitsrecht begründen.

III. Die Kostenentscheidung beruht auf §§ 91, 97 Abs. 1, § 92 Abs. 1 ZPO.

Entscheidungsname: Der blaue Engel
Entscheidungsdatum: 01.12.1999
Aktenzeichen: I ZR 226/97
Normen: § 823 Abs 1 BGB, § 22 KunstUrhG, § 23 KunstUrhG
Persönlichkeitsrechtsverletzung: Abbildung eines Doppelgängers einer berühmten Person als Bildnis der berühmten Person - Der blaue Engel

Leitsatz

In der Abbildung eines Doppelgängers, der einer berühmten Person täuschend ähnlich sieht, liegt ein Bildnis dieser Person. Das gleiche gilt, wenn der Eindruck, es handelte sich um die berühmte Person, nicht aufgrund einer Ähnlichkeit der Gesichtszüge, sondern auf andere Weise (hier durch Nachstellen einer berühmten Szene mit Marlene Dietrich aus dem Film "Der blaue Engel") erzeugt wird. Die

Abbildung der nachgestellten Szene kann dann nur mit Einwilligung der berühmten Person und nach deren Tod in den folgenden zehn Jahren nur mit Einwilligung der Angehörigen zu Werbezwecken verwendet werden.

Tenor

Auf die Revision der Klägerin wird das Urteil des 21. Zivilsenats des Oberlandesgerichts München vom 6. Juni 1997 aufgehoben.

Auf die Berufung der Klägerin wird das Urteil des Landgerichts München I, 21. Zivilkammer, vom 3. April 1996 abgeändert.

Die Beklagte wird verurteilt, der Klägerin Auskunft zu erteilen über die von der Beklagten im Jahre 1993 unter Verwendung der nachstehend wiedergegebenen Abbildung durchgeführte Werbekampagne, und zwar durch Vorlage einer zeitlich und nach den jeweiligen Werbeträgern gegliederten Aufstellung, die genaue Angaben enthält über

a) alle Werbeträger, deren Auflage und Verbreitung sowie die Größe, in der die Abbildung in den jeweiligen Werbeträgern abgedruckt oder auf sonstige Weise verbreitet worden ist;

b) den Zeitpunkt bzw. die Zeitdauer der jeweiligen Werbemaßnahmen;

c) die mit der jeweiligen Werbung verbundenen Kosten.

Zur Entscheidung über den Zahlungsanspruch und über die Kosten des Rechtsstreits wird die Sache an das Landgericht zurückverwiesen.

Von Rechts wegen

Tatbestand

Die Klägerin, eine Gesellschaft mit beschränkter Haftung, verfolgt den Zweck, die Persönlichkeit und das Lebenswerk der am 6. Mai 1992 verstorbenen Schauspielerin Marlene Dietrich zu schützen und deren Rechte wahrzunehmen. Zu diesem Zweck hat Maria Riva - einziges Kind und Alleinerbin von Marlene Dietrich - der Klägerin sämtliche ihr zustehenden Rechte an dem Werk, der Persönlichkeit und dem Bild ihrer Mutter einschließlich möglicher Zahlungsansprüche wegen der Verletzung von Persönlichkeitsrechten übertragen.

Die Beklagte, die unter der Marke "T." Computer, Fotokopiergeräte und andere

Elektroartikel vertreibt, verwandte im Jahre 1993 in einer - nachstehend verkleinert wiedergegebenen - Zeitungsanzeige für ein Fotokopiergerät die Fotografie einer nachgestellten Szene aus dem 1930 gedrehten Film "Der blaue Engel", in dem
Marlene Dietrich die Hauptdarstellerin war:

In der weithin bekannten Originalszene ist Marlene Dietrich in der Rolle der Bar-
sängerin in aufreizender Pose sitzend - das rechte Bein nach oben gezogen und
abgewinkelt - zu sehen, während sie das Lied "Ich bin von Kopf bis Fuß auf Liebe
eingestellt" singt. In dem Werbefoto ist diese Szene mit einer ähnlich gekleideten
Person nachgestellt. Die Schlagzeile des Werbetextes lautet: "Vom Blauen Engel
schwärmen genügt uns nicht". Am Ende des Textes folgt eine Kopie des landläufig
ebenfalls als "Blauer Engel" bezeichneten Umweltzeichens. Eine Zustimmung
von Maria Riva zur Verwendung dieses Bildes lag nicht vor.

Die Klägerin nimmt die Beklagte - nachdem diese sich zwar strafbewehrt verpflichtet hatte, die Verbreitung der Werbeanzeige künftig zu unterlassen, weitergehende Ansprüche aber geleugnet hatte - im Wege der Stufenklage auf Auskunft
über die Werbekampagne und auf Zahlung einer angemessenen Lizenzvergütung
in Anspruch. Sie ist der Ansicht, durch die Werbekampagne sei das von Marlene
Dietrich auf ihre Tochter übergegangene Recht am eigenen Bild verletzt worden.

Die Klägerin hat beantragt,

1. die Beklagte zu verurteilen, ihr Auskunft zu erteilen über die von der Beklagten
in dem Jahre 1993 unter Verwendung der (oben wiedergegebenen) Abbildung
durchgeführte Werbekampagne, und zwar durch Vorlage einer zeitlich und nach
den jeweiligen Werbeträgern gegliederten Aufstellung, die genaue Angaben enthält über

a) alle Werbeträger, deren Auflage und Verbreitung sowie die Größe, in der die
Abbildung in den jeweiligen Werbeträgern abgedruckt oder auf sonstige Weise
verbreitet worden ist;

b) den Zeitpunkt, bzw. die Zeitdauer der jeweiligen Werbemaßnahmen;

c) die mit der jeweiligen Werbung verbundenen Kosten;

2. die Beklagte zu verurteilen, ihr eine angemessene Lizenzgebühr in einer nach
Erteilung der Auskunft zu beziffernden Höhe zuzüglich 4 % Zinsen seit Klagezu-
stellung zu zahlen.

Die Beklagte ist dem entgegengetreten. Sie ist der Ansicht, das Recht Marlene
Dietrichs am eigenen Bild sei nicht verletzt, weil das in der Anzeige abgebildete

Double auffallend andere Gesichtszüge als Marlene Dietrich trage und nicht die Person Marlene Dietrichs, sondern den Film "Der blaue Engel" symbolisiere. Aus einer Verletzung des Rechts am eigenen Bild einer Verstorbenen könnten Angehörige oder Erben keinen Schadensersatzanspruch herleiten.

Das Landgericht hat die Klage abgewiesen (LG München I AfP 1997, 554). Die Berufung der Klägerin hatte keinen Erfolg (OLG München BB 1997, 1971 = ZUM-RD 1997, 449). Mit ihrer Revision verfolgt die Klägerin ihre Klageanträge weiter. Die Beklagte beantragt, die Revision zurückzuweisen.

Entscheidungsgründe

I. Das Berufungsgericht hat ausgeführt, die Zubilligung eines Anspruchs auf Zahlung einer Lizenzgebühr wegen der wirtschaftlichen Auswertung des Bildnisses eines Verstorbenen widerspreche dem Rechtscharakter des allgemeinen Persönlichkeitsrechts. Das Recht am eigenen Bild sei als besondere Erscheinungsform des allgemeinen Persönlichkeitsrechts mit dem Träger des Rechts so eng verknüpft, daß es nicht übertragen oder vererbt werden könne. Die für den postmortalen Persönlichkeitsschutz notwendige Eingriffsintensität sei bei der im vorliegenden Fall unautorisierten rein kommerziellen Nutzung des Bildes zu verneinen. Trotz einer fortschreitenden Kommerzialisierung bestehe für die Anerkennung eines vererblichen Vermögensrechts an der Person keine Veranlassung. Der postmortale Schutz müsse auf den Schutz des Wert- und Achtungsanspruchs gegen die Herabwürdigung und Erniedrigung des Verstorbenen beschränkt bleiben. Die nächsten Angehörigen seien bei einer unautorisierten Werbung mit dem Bilde eines Verstorbenen durch den Unterlassungsanspruch ausreichend geschützt. Die Zubilligung eines Anspruchs auf Lizenzgebühr berge die Gefahr, daß das Persönlichkeitsrecht von den Angehörigen als eigene Verdienstquelle mißbraucht werde. Da der postmortale Persönlichkeitsschutz auf den Schutz ideeller Interessen beschränkt sei, lasse sich der Anspruch auf Zahlung einer Vergütung auch nicht unter dem Gesichtspunkt der ungerechtfertigten Bereicherung begründen.

II. Die gegen diese Beurteilung gerichteten Angriffe der Revision haben Erfolg. Die Abweisung der auf Auskunftserteilung und Zahlung gerichteten Klage kann keinen Bestand haben.

Die Klägerin kann von der Beklagten die beanspruchte Auskunftserteilung verlangen. Der Anspruch auf Auskunftserteilung und Rechnungslegung über alle zur Schadensberechnung erforderlichen Angaben ist als Hilfsanspruch zum Schadensersatzanspruch anerkannt. Maria Riva hat der im Jahre 1994 gegründeten Klägerin alle Zahlungsansprüche wegen der Verletzung des Persönlichkeitsrechts von Marlene Dietrich und damit sowohl die ihr zustehenden Schadensersatzansprüche als auch die damit verbundenen Hilfsansprüche wirksam abgetreten. Ihr stand gegenüber der Beklagten zum Zeitpunkt der Abtretung dem Grunde nach ein Schadensersatzanspruch nach § 823 Abs. 1 BGB zu. Um diesen Anspruch beziffern zu können, benötigt sie die beanspruchte Auskunft.

1. Der Senat hat mit Urteil vom heutigen Tage in einer Parallelsache (BGH, Urt. v. 1.12.1999 -- I ZR 49/97, Umdruck S. 13 ff. -- Marlene Dietrich) ausgesprochen, daß das durch § 823 Abs. 1 BGB geschützte allgemeine Persönlichkeitsrecht und seine besonderen Erscheinungsformen wie das Recht am eigenen Bild dem Schutz nicht nur ideeller, sondern auch kommerzieller Interessen an der Persönlichkeit dienen und diese vermögenswerten Bestandteile des Persönlichkeitsrechts vererblich sind. Damit steht den Erben jedenfalls für die in § 22 Satz 2 KUG genannte Frist von zehn Jahren die kommerzielle Nutzung des über den Tod hinaus geschützten Rechts am eigenen Bild zu. Sie können -- neben den Angehörigen (§ 22 Satz 3 KUG) -- Abwehransprüche und im Falle einer unbefugten Verwendung -- anders als die Angehörigen -- Bereicherungs- und ggf. Schadensersatzansprüche geltend machen.

2. Die Beklagte hat dadurch, daß sie die Fotografie der nachgestellten Szene aus dem Film "Der blaue Engel" ohne die erforderliche Einwilligung zu Werbezwecken veröffentlichte, die vermögenswerten Bestandteile des Rechtes von Marlene Dietrich am eigenen Bild schuldhaft verletzt. Sie ist daher zum Schadensersatz verpflichtet.

a) Der geltendgemachte, aber noch nicht bezifferte Schadensersatzanspruch setzt entgegen der Auffassung des Berufungsgerichts keine besondere Eingriffsintensität der Rechtsverletzung voraus. Zwar kommen bei einer Verletzung ideeller Interessen Entschädigungsansprüche nur zu Lebzeiten des Trägers des Persönlichkeitsrechts und nur bei schwerwiegenden Beeinträchtigungen in Betracht. Bei einer Verletzung materieller Interessen, wie sie hier in Rede steht, gilt dies aber nicht. Wer die vermögenswerten Bestandteile des Persönlichkeitsrechts schuldhaft verletzt, haftet ebenso wie bei der Verletzung anderer vermögenswerter Ausschließlichkeitsrechte für den eingetretenen Schaden, ohne daß es darauf ankäme, wie schwerwiegend der Eingriff war.

b) Das Landgericht, auf dessen Begründung das Berufungsgericht ergänzend Bezug genommen hat, hat zutreffend angenommen, daß die Veröffentlichung der Fotografie der nachgestellten Szene aus dem Film "Der blaue Engel" Marlene Dietrichs Recht am eigenen Bild verletzt.

Entgegen der Ansicht der Beklagten handelt es sich bei dieser Fotografie um ein Bildnis von Marlene Dietrich. Ein Bildnis i.S. von § 22 Satz 1 KUG ist die Darstellung einer Person, die deren äußere Erscheinung in einer für Dritte erkennbaren Weise wiedergibt (BGH, Urt. v. 9.6.1965 -- Ib ZR 126/63, GRUR 1966, 102 -- Spielgefährtin I, m.w.N.). Die Erkennbarkeit für Dritte entscheidet darüber, als wessen Bildnis eine Personendarstellung anzusehen ist: Die Abbildung eines Schauspielers in seiner Rolle ist als Bildnis des Schauspielers anzusehen, wenn er noch eigenpersönlich in Erscheinung tritt, d.h. erkennbar und identifizierbar bleibt (vgl. BGH, Urt. v. 17.11.1960 -- I ZR 87/59, GRUR 1961, 138, 139 -- Familie Schölermann; anders noch RGZ 103, 319, 320 f. -- Astra Nielsen), oder wenn er durch die für ihn bekannte Aufmachung erkennbar wird (v. Gamm, UrhG, Einf. Rdn. 104 m.w.N.). Die Abbildung des Doppelgängers einer berühmten Person ist als Bildnis der berühmten Person anzusehen, wenn der Eindruck erweckt wird, bei dem Doppelgänger handele es sich um die berühmte Person selbst (vgl. KG JW 1928, 363, 364 -- Piscator; daran anschließend BGHZ 26, 52, 67 -- Sherlock Holmes; Schricker/Gerstenberg/Götting, Urheberrecht, 2. Aufl., § 60/§ 22 KUG Rdn. 5 und 10; anders Pietzko, AfP 1988, 209, 214 f.; Freitag, GRUR 1994, 345, 346; differenzierend J. Helle, Besondere Persönlichkeitsrechte im Privatrecht, 1991, S. 98 ff.). Dabei ist nicht von Bedeutung, auf welchen Merkmalen des äußeren Erscheinungsbildes die Erkennbarkeit beruht. Diese muß sich nicht aus den Gesichtszügen, sondern kann sich auch aus anderen, die betreffende Person kennzeichnenden Einzelheiten ergeben (vgl. BGH, Urt. v. 26.6.1979 -- VI ZR 108/78, GRUR 1979, 732, 733 = NJW 1979, 2205 -- Fußballtor). Entgegen der Ansicht der Beklagten kommt es daher nicht darauf an, ob sich die auf dem Werbefoto abgebildete Person in ihren Gesichtszügen von Marlene Dietrich unterscheidet und ob die Szene nicht die Person Marlene Dietrichs, sondern den Film "Der blaue Engel" symbolisieren soll. Entscheidend ist, daß die abgebildete Person erkennbar das äußere Erscheinungsbild Marlene Dietrichs in der von ihr in dem Film "Der blaue Engel" gespielten Rolle nachahmt. Denn damit wird der Eindruck erweckt, es handele sich um eine Abbildung Marlene Dietrichs in dieser Rolle.

c) Das Bildnis Marlene Dietrichs ist ohne Zustimmung der Tochter von Marlene Dietrich als der Inhaberin der vermögenswerten Bestandteile des Persönlichkeitsrechts und - worauf es freilich zur Begründung der Schadensersatzverpflichtung nicht ankommt - als der Berechtigten nach § 22 Satz 3 KUG verbreitet worden.

d) Die Zustimmung war auch nicht entbehrlich. Zwar dürfen Bildnisse aus dem Bereiche der Zeitgeschichte nach § 23 Abs. 1 Nr. 1 KUG ohne die nach § 22 KUG erforderliche Einwilligung verbreitet werden. Bei Marlene Dietrich handelt es sich - was auch die Revisionserwiderung nicht in Zweifel zieht - um eine sogenannte absolute Person der Zeitgeschichte (vgl. BGHZ 20, 345, 349 f. - Paul Dahlke; 24, 200, 208 - Spätheimkehrer; 131, 332, 336 - Caroline v. Monaco II). Auf die Ausnahmebestimmung des § 23 Abs. 1 Nr. 1 KUG kann sich jedoch derjenige nicht berufen, der mit der Veröffentlichung keinem schutzwürdigen Informationsinteresse der Allgemeinheit nachkommt, sondern durch Verwertung des Bildnisses eines anderen zu Werbezwecken allein sein Geschäftsinteresse befriedigen will (st. Rspr.; BGHZ 20, 345, 350 - Paul Dahlke; BGH, Urt. v. 1.10.1996 - VI ZR 206/95, GRUR 1997, 125, 126 = NJW 1997, 1152 - Bob-Dylan-CD, m.w.N.). So liegt es hier. Die Verwendung des Bildnisses diente vorliegend nicht der Vermittlung von Informationen über das Leben oder das Schaffen von Marlene Dietrich, sondern ausschließlich der Werbung für Fotokopiergeräte.

e) Die Beklagte hat auch schuldhaft gehandelt. Daß in der Abbildung des Doppelgängers einer berühmten Person ein Bildnis dieser Person (§ 22 Satz 1 KUG) liegen kann, ist seit langem in der Rechtsprechung anerkannt. Nichts anderes gilt, wenn der Eindruck, es handele sich um die berühmte Person, nicht aufgrund einer Ähnlichkeit der Gesichtszüge, sondern auf andere Weise erzeugt wird. Damit lag es für die Beklagte offen zutage, daß sie für die Verwendung der nachgestellten Szene aus dem Film "Der blaue Engel" nach § 22 Satz 3 KUG zumindest die Einwilligung der Angehörigen benötigte. Sie konnte bei Anwendung der im Verkehr erforderlichen Sorgfalt nicht annehmen, daß das Bildnis der kurz zuvor verstorbenen Marlene Dietrich ohne Zustimmung der Alleinerbin und einzigen Angehörigen für Werbezwecke verwendet werden dürfte (vgl. BGH, Urt. v. 26.1.1971 - VI ZR 95/70, GRUR 1972, 97, 99 = NJW 1971, 698 - Liebestropfen).

f) Die Beklagte hat der Klägerin deshalb Schadensersatz zu leisten. Die aus abgetretenem Recht vorgehende Klägerin kann den der Berechtigten entstandenen Schaden entweder konkret oder nach der Lizenzanalogie berechnen oder den Verletzergewinn herausverlangen (vgl. BGHZ 20, 345, 353 f. - Paul Dahlke). Um die für sie günstigste Art der Schadensberechnung wählen und den Schaden berechnen zu können, hat die Klägerin Anspruch auf Auskunftserteilung in dem beantragten Umfang.

3. Unter den gegebenen Umständen bedarf es keiner Klärung, ob der Zedentin oder der Klägerin auch die geltendgemachten Ansprüche aus § 1 UWG zustehen.

III. Das angefochtene Urteil kann unter diesen Umständen keinen Bestand haben. Hinsichtlich des Antrags auf Auskunftserteilung bedarf es keiner weiteren Feststellungen, so daß der Senat in der Sache selbst entscheiden kann (§ 565 Abs. 3 Nr. 1 ZPO). Zur Entscheidung über den Zahlungsantrag und über die Kosten des Rechtsstreits ist die Sache an das Landgericht zurückzuverweisen. Eine Zurückverweisung in die erste Instanz kann entsprechend § 538 Abs. 1 Nr. 3 ZPO dann erfolgen, wenn das Landgericht die Stufenklage vollständig - also auch mit dem Zahlungsantrag - abgewiesen hat und das Berufungsgericht den Auskunftsanspruch zuerkennt (BGH, Urt. v. 22.5.1981 - I ZR 34/79, NJW 1982, 235, 236; Urt. v. 14.11.1984 - VIII ZR 228/83, NJW 1985, 862; Urt. v. 24.5.1995 - VIII ZR 146/94, NJW 1995, 2229, 2230 m.w.N.). Nichts anderes gilt, wenn das Revisionsgericht das die Klageabweisung bestätigende Berufungsurteil aufhebt und selbst eine ersetzende Entscheidung in der Sache trifft, durch die dem Auskunftsantrag stattgegeben wird.

Entscheidungsdatum: 14.05.2002
Aktenzeichen: VI ZR 220/01
Normen: § 823 Abs 1 BGB, § 1004 BGB, § 22 KunstUrhG, § 23 Abs 1 Nr 1
KunstUrhG, Art 1 Abs 1 GG
Werbung für Presseerzeugnis mit Bildnis einer Person der Zeitgeschichte:
Schutzbereich gewährleisteter Pressefreiheit; Abgrenzung erlaubter von per-
sönlichkeitsrechtsverletzender Werbung

Leitsatz

1. Die in Art. 5 Abs. 1 S. 2 GG enthaltene Gewährleistung der Pressefreiheit umfaßt auch die Werbung für Presseerzeugnisse.

2. Für ein Presseerzeugnis, das über eine absolute Person der Zeitgeschichte berichtet, darf unter Verwendung eines Bildnisses dieser Person geworben werden.

3. Bei diesem Bildnis muß es sich grundsätzlich nicht um dasselbe handeln, welches im Rahmen der Berichterstattung verwendet wird. Die Verwendung eines
anderen Bildnisses muß der Betroffene nicht hinnehmen, wenn sein Persönlichkeitsrecht dadurch im Einzelfall eine zusätzliche Beeinträchtigung erfährt.

Tenor

Auf die Rechtsmittel der Beklagten werden das Urteil des 6. Zivilsenats des Oberlandesgerichts München vom 5. April 2001 aufgehoben und das Urteil des Landgerichts München I vom 29. Juni 2000 abgeändert.

Die Klage wird abgewiesen.

Die Kosten des Rechtsstreits hat die Klägerin zu tragen.

Von Rechts wegen

Tatbestand

Die Klägerin ist die einzige Tochter und Alleinerbin der am 6. Mai 1992 verstorbenen Schauspielerin Marlene Dietrich. Die Beklagte ist Herausgeberin der Bild-
Zeitung. Die Klägerin nimmt die Beklagte wegen der Wiedergabe eines Bildnisses
ihrer Mutter in einem Fernsehspot auf Unterlassung und Auskunftserteilung in
Anspruch. Zugleich begehrt sie die Feststellung, daß die Beklagte ihr zum Schadensersatz verpflichtet sei.

Die Beklagte druckte im Februar 1999 in einer herausnehmbaren Sonderbeilage der Bild-Zeitung unter der Überschrift "50 Jahre Deutschland" Originalbelege und -bildnisse zeitgeschichtlicher Ereignisse ab. Über das Jahr 1960 wurde u.a. mit einem kurzen Wortbeitrag und einer Abbildung über einen Besuch Marlene Dietrichs am 27. Mai 1960 in München berichtet. Am 15. Februar 1999 ließ die Beklagte in den Fernsehsendern RTL und SAT 1 einen 18 Sekunden dauernden Werbespot ausstrahlen. Dieser zeigte u.a. etwa eine Sekunde lang eine Filmaufnahme der Deutschen Wochenschau von 1959, in der Marlene Dietrich und Hildegard Knef, umgeben von anderen Personen, zu sehen waren. Zu Beginn und am Ende des Spots erschien das Logo der Bild-Zeitung. Dazu wurde folgender Text gesprochen: "Erleben Sie 50 Jahre Deutschland. Das erste deutsch-deutsche Geschichtsbuch zum Sammeln; jetzt jeden Dienstag und Samstag in Bild. Morgen 1959: Deutschland startet durch. Bild Dir Deine Meinung."

Die Klägerin ist der Auffassung, ihre Mutter sei zwar eine absolute Person der Zeitgeschichte. Gleichwohl sei die Ausstrahlung des Filmausschnittes unzulässig, denn das Bildnis ihrer Mutter sei darin allein zu Werbezwecken für die Bild-Zeitung verwandt worden und nicht identisch mit der Abbildung in der beworbenen Ausgabe dieses Presseerzeugnisses.

Das Landgericht hat der Klage stattgegeben. Die Berufung der Beklagten ist erfolglos geblieben. Mit der Revision verfolgt die Beklagte ihr Klageabweisungsbegehren weiter.

Entscheidungsgründe

I. Nach Auffassung des Berufungsgerichts brauchte die Klägerin als Erbin von Marlene Dietrich deren Abbildung zu Werbezwecken nicht zu dulden.

Zwar handele es sich bei Marlene Dietrich um eine absolute Person der Zeitgeschichte, deren Bildnis auch ohne Einwilligung verbreitet werden dürfe. Auch eine Person der Zeitgeschichte müsse es sich jedoch nicht gefallen lassen, ohne ihre Zustimmung von einem anderen zu Werbezwecken eingesetzt zu werden. Bei der beanstandeten Filmsequenz stehe der Werbezweck im Vordergrund. Zwar könne Werbung, die für ein Produkt betrieben werde, für welches das Grundrecht der Pressefreiheit in Anspruch genommen werden könne, als im "Wirkbereich" dieses Grundrechts befindlich zulässig sein. Daher sei in Abwägung mit den nachwirkenden Persönlichkeitsinteressen von Marlene Dietrich sicherzustellen, daß die Darstellung des von der Beklagten herausgegebenen zeitgeschichtlichen Werks samt Zugang zur Öffentlichkeit nicht behindert werde. Dazu sei es aber nicht notwendig gewesen, die streitgegenständliche Filmsequenz in dem Werbespot erscheinen zu lassen. Den berechtigten Interessen der Beklagten wäre mit der Darstellung desjenigen Bildes Genüge getan gewesen, welches auch in der Zeitung zur Verwendung gekommen sei. Etwas anderes möge allenfalls dann gelten, wenn das Presseerzeugnis kein solches Bild enthalte oder dieses zum Transport der Botschaft nicht ausreiche.

II. Diese Überlegungen halten der revisionsrechtlichen Nachprüfung nicht stand.

1. Zutreffend geht das Berufungsgericht allerdings davon aus, daß die Klägerin als Tochter und Alleinerbin von Marlene Dietrich berechtigt ist, Ansprüche geltend zu machen, die ihre Grundlage in dem Persönlichkeitsrecht ihrer Mutter haben. Das Persönlichkeitsrecht wirkt in seiner besonderen Erscheinungsform als Recht am eigenen Bild über den Tod hinaus fort und gewährt den nächsten Angehörigen des Verstorbenen Unterlassungsansprüche zum Schutz gegen Angriffe auf seinen Achtungsanspruch (Senatsurteil vom 4. Juni 1974 - VI ZR 68/73 - VersR 1974, 1080 [Fiete Schulze]; BGHZ 15, 249, 259 - [Cosima Wagner]; 50, 133, 136 f. [Mephisto]; vgl. auch BVerfGE 30, 173, 194). Die vermögenswerten Bestandteile des Persönlichkeitsrechts bestehen nach dem Tode des Rechtsträgers jedenfalls fort, solange die ideellen Interessen noch geschützt sind. Die entsprechenden Befugnisse gehen auf den Erben des Trägers des Persönlichkeitsrechts über und können von diesem entsprechend dem ausdrücklichen oder mutmaßlichen Willen des Verstorbenen ausgeübt werden (BGHZ 143, 214, 223 [Marlene Dietrich]).

2. Die Klägerin kann, wie die Revision zu Recht geltend macht, der Beklagten jedoch nicht die Verwendung des Filmausschnitts im Rahmen der hier in Rede stehenden Werbung untersagen. Bei der betreffenden Filmaufnahme der Mutter der Klägerin handelt es sich nämlich um ein Bildnis aus dem Bereich der Zeitgeschichte, das die Beklagte gemäß § 23 Abs. 1 Nr. 1 KUG ohne Einwilligung der Klägerin zu verbreiten berechtigt ist.

a) Nach dieser gesetzlichen Regelung dürfen Bildnisse aus dem Bereich der Zeitgeschichte grundsätzlich ohne die nach § 22 KUG erforderliche Einwilligung verbreitet werden. Bildnisse von sogenannten absoluten Personen der Zeitgeschichte dürfen auch unabhängig von einem bestimmten zeitgeschichtlichen Ereignis einwilligungsfrei veröffentlicht werden. Das Berufungsgericht hat rechtlich zutreffend angenommen, daß Marlene Dietrich zu diesem Personenkreis zählt (vgl. BGHZ 143, 214, 229); das wird auch von der Revisionserwiderung nicht in Zweifel gezogen.

b) Auf die Ausnahmebestimmung des § 23 Abs. 1 Nr. 1 KUG kann sich allerdings derjenige nicht berufen, der mit der Veröffentlichung keinem schutzwürdigen Informationsinteresse der Allgemeinheit nachkommt, sondern durch Verwertung des Bildnisses eines anderen zu Werbezwecken allein sein Geschäftsinteresse befriedigen will (ständige Rechtsprechung, vgl. u.a. BGHZ 20, 345, 350 - [Paul Dahlke]; Senatsurteil vom 1. Oktober 1996 - VI ZR 206/95 - NJW 1997, 1152 [Bob Dylan], m.w.N.).

Die Revision stellt nicht in Abrede, daß die Beklagte die streitgegenständliche

Filmaufnahme in einen Werbespot eingestellt hat. Nicht festgestellt ist allerdings, worauf die Revision zutreffend hinweist, daß die Verwendung des Bildnisses von Marlene Dietrich hier allein zu Werbezwecken erfolgt ist. Das Berufungsgericht hat vielmehr ausgeführt, der Werbezweck liege vor, er überwiege und er stehe im Vordergrund. Demgegenüber kann die Revision nicht mit Erfolg geltend machen, der Werbespot sei nichts anderes als ein geraffter, konzentrierter Einblick in wichtige Vorgänge innerhalb des zeitgeschichtlichen Rahmens "50 Jahre Bundesrepublik". Denn entscheidend und ausreichend für die Bedeutung des werblichen Gehalts ist, daß die Ausstrahlung des Fernsehspots nicht vorrangig der Information des Zuschauers, sondern in erster Linie der Werbung für die Sonderbeilage der Bild-Zeitung dienen sollte. Sofern einem extremen Zeitraffer wie in diesem Film überhaupt ein Informationswert zuzubilligen ist, tritt dieser hier jedenfalls gegenüber dem vorrangigen und auch von der Revision nicht in Zweifel gezogenen Werbezweck zurück. Es entspricht der allgemeinen Erfahrung, daß derartige Spots zur Absatzförderung bestimmt sind und vom Verbraucher auch so verstanden werden. Dem steht es nicht entgegen, wenn die Bilder in dem Zusammenhang, in dem sie verwendet werden, auch einen gewissen Informationsgehalt für die Öffentlichkeit aufweisen, denn dies schließt nicht aus, daß sie auch - und zwar in erheblichem Maße - zugleich zur Werbung verwendet werden (vgl. Senatsurteil vom 1. Oktober 1996 - VI ZR 206/95 - aaO).

c) Das Berufungsgericht hat andererseits auch nicht übersehen, daß Werbung für ein Presseerzeugnis ebenso wie dieses selbst den Schutz des Art. 5 Abs. 1 S. 2 GG genießt. Das Grundrecht der Pressefreiheit gewährleistet die Freiheit des Pressewesens insgesamt. Dieser Schutz reicht von der Beschaffung der Information bis zur Verbreitung der Nachricht und der Meinung (BVerfGE 77, 346, 354). Auch wenn die Werbung das Presseerzeugnis selbst nicht transportiert, stellt sie es doch der Öffentlichkeit vor und dient damit als Kommunikationsmittel, das Art und Gegenstand der Berichterstattung so ankündigt, daß die Öffentlichkeit Kenntnis von der Berichterstattung erlangt und dadurch die Informationsgelegenheit wahrnehmen kann (vgl. OLG Frankfurt, ZIP 1987, 132, 133). Die Eigenwerbung der Presse genießt daher, weil sie den Absatz des betreffenden Presseerzeugnisses fördert und auf diese Weise zur Verbreitung der Informationen beiträgt, selbst den gem. Art. 5 Abs. 1 S. 2 GG verfassungsrechtlich gewährleisteten Schutz der Pressefreiheit. Das schließt es aus, einer in diesem Zusammenhang erfolgten Bildwiedergabe von vornherein das Privileg des § 23 Abs. 1 Nr. 1 KUG zu entziehen.

d) Zu Recht hat es das Berufungsgericht vielmehr für erforderlich gehalten, über die mit der Klage geltend gemachten Ansprüche aufgrund einer die Umstände des Einzelfalles berücksichtigenden Abwägung zwischen dem nach Art. 2 Abs. 1 i.V.m. Art. 1 Abs. 1 GG verfassungsrechtlich geschützten allgemeinen Persönlichkeitsrecht von Marlene Dietrich in seiner Ausprägung als Recht am eigenen Bild und dem in Art. 5 Abs. 1 S. 2 GG verankerten Recht der Beklagten auf Pressefreiheit zu entscheiden. Die Revision wendet sich jedoch mit Erfolg dagegen, daß das Berufungsgericht bei dieser Abwägung zu Lasten der Beklagten entschieden hat.

Der vom Berufungsgericht vorgenommenen Auswahl und Gewichtung der in die Abwägung einzustellenden Umstände und dem daraus hergeleiteten Vorrang des Persönlichkeitsrechts von Marlene Dietrich kann nämlich nicht gefolgt werden. Die Wertung des Berufungsgerichts wird den Grundsätzen der - nach Verkündung des Berufungsurteils ergangenen - Entscheidung des Bundesverfassungsgerichtes vom 26. April 2001 (NJW 2001, 1921, 1923 f. [Prinz Ernst August von Hannover]) nicht gerecht.

aa) Das Berufungsgericht hat in formalisierender Betrachtungsweise entscheidend darauf abgestellt, daß gerade die beanstandete Bildfolge, die Marlene Dietrich bei einer in der Sonderbeilage nicht aufgegriffenen Gelegenheit zeigte, zu Werbezwecken eingesetzt worden sei. Da zur Erreichung des erstrebten Werbezweckes hier auch das im redaktionellen Teil abgebildete Foto hätte verwandt werden können, die Verwendung der Filmsequenz somit nicht notwendig gewesen sei, stelle ihre Verwendung einen unzulässigen Eingriff in das Persönlichkeitsrecht der Abgebildeten dar.

bb) Entgegen der Auffassung des Berufungsgerichts kommt es nicht darauf an, ob die Verwendung eines anderen Bildes hier notwendig war oder nicht. Entscheidend ist vielmehr, ob gerade dadurch, daß ein anderes Bildnis als dasjenige verwendet wurde, dessen Veröffentlichung auch nach Auffassung des Berufungsgerichts zulässig gewesen wäre, das Persönlichkeitsrecht der abgebildeten Person zusätzlich beeinträchtigt worden ist. Aus verfassungsrechtlichem Blickwinkel ist es grundsätzlich nicht wesentlich, aus welchem Anlaß ein bestimmtes Foto gefertigt worden ist. So darf die Presse z.B. bei einem Wortbericht über ein zeitgeschichtliches Ereignis die daran beteiligten Personen dem Leser im Bild in Form eines neutralen Porträtfotos vorstellen, auch wenn die hierfür verwendete Aufnahme bei anderer Gelegenheit entstanden ist und das zeitgeschichtliche Ereignis selbst auf dem Foto nicht zum Ausdruck kommt.

cc) Eine Beschränkung der Presseveröffentlichung auf Fotos, die aus der konkreten Situation stammen, wäre allerdings dann gerechtfertigt, wenn die Beeinträchtigung des Persönlichkeitsrechts des Betroffenen nur auf diese Weise auf das verfassungsrechtlich gebotene Mindestmaß begrenzt werden könnte, ohne zugleich das berechtigte Interesse der Pressefreiheit zu verkürzen. Auch kann das Ergebnis der erforderlichen Abwägung zwischen Persönlichkeitsschutz einerseits und Pressefreiheit andererseits die Veröffentlichung eines nicht die konkrete Situation wiedergebenden Fotos dann verbieten, wenn dieses andere Foto den Betreffenden etwa in einer besonders unglücklichen Situation oder besonders unvorteilhaft darstellt. Dergleichen besondere Umstände sind hier weder festgestellt noch dargetan.

Der Schutz des Persönlichkeitsrechts kann schließlich einer Veröffentlichung auch dann entgegenstehen, wenn das verwendete Bildnis aus dem Zusammenhang gerissen und in einen anderen gestellt wird, so daß sich durch den Wechsel des Kontextes der Sinngehalt der Bildaussage erheblich ändert. Eine solche Änderung der Aussage hat das Berufungsgericht nicht festgestellt. Sie ergibt sich auch nicht aus den von der Revisionserwiderung angesprochenen Unterschieden zwischen dem abgedruckten Foto und der im Werbespot gezeigten Filmsequenz. Der Umstand, daß diese im Unterschied zu dem Foto Marlene Dietrich nicht im Jahre 1960, sondern im Jahre 1959 zeigt, begründet keine zusätzliche Beeinträchtigung ihres Persönlichkeitsrechts. Dieses wird durch die Veröffentlichung der Filmsequenz nicht stärker beeinträchtigt, als wenn für den Werbespot das gedruckte Foto verwendet und ausgestrahlt worden wäre, was auch nach Auffassung des Berufungsgerichts zulässig gewesen wäre.

Auch die Art und Weise, in der das Bildnis hier für Werbezwecke verwendet worden ist, begründet keine zusätzliche Beeinträchtigung des Persönlichkeitsrechts. Eine andere Betrachtung könnte angezeigt sein, wenn Marlene Dietrich in dem Werbespot unmittelbar als Werbeträger herausgestellt worden wäre. Das wäre der Fall, wenn der Spot den Eindruck erweckt hätte, die Abgebildete identifiziere sich mit dem beworbenen Produkt, mit dem sie jedoch an und für sich nichts gemein hat, sie empfehle es und preise es an (Senatsurteile v. 14. März 1995 - VI ZR 52/94 - VersR 1995, 667, 668; v. 1. Oktober 1996 - VI ZR 206/95 - NJW 1997, 1152, 1154; BGHZ 20, 345, 352). An dieser Voraussetzung fehlt es hier schon deshalb, weil in dem Werbespot - insoweit vergleichbar einem Titelblatt (vgl. MünchKomm-BGB/Rixecker, 4. Aufl., Anhang zu § 12 Rn. 50) - lediglich darauf aufmerksam gemacht wurde, daß sich die beworbene Zeitungsbeilage inhaltlich mit Marlene Dietrich als einer Person der Zeitgeschichte befaßt. Ein falscher Eindruck von der Intention der Abgebildeten wurde dadurch nicht hervorgerufen.

3. Ist die Veröffentlichung des Bildnisses nicht rechtswidrig erfolgt, erweisen sich auch der Auskunfts- und der Feststellungsantrag als unbegründet.

III. Nach alledem ist das angefochtene Urteil aufzuheben. Da für eine abschließende Entscheidung keine weiteren Feststellungen erforderlich sind, kann der Senat in der Sache selbst entscheiden (§ 565 Abs. 3 ZPO a.F.) und in Abänderung des landgerichtlichen Urteils die Klage abweisen.

Die Kostenentscheidung beruht auf § 91 ZPO.

Entscheidungsdatum: 30.09.2003
Aktenzeichen: VI ZR 89/02
Normen: § 823 Abs 1 BGB, § 1004 BGB, § 22 KunstUrhG, § 23 KunstUrhG
Persönlichkeitsrechtsverletzung durch Verbreitung einer satirischen Fotomontage in der Presse: Abwägung zwischen dem allgemeinen Persönlichkeitsrecht und dem Recht auf freie Meinungsäußerung bei einem Thema von öffentlichem Interesse
Leitsatz

Zur Abwägung zwischen allgemeinem Persönlichkeitsrecht und dem Recht auf freie Meinungsäußerung bei einer satirischen Fotomontage, die ein Thema von öffentlichem Interesse betrifft.

Tenor

Auf die Rechtsmittel der Beklagten werden das Urteil des 7. Zivilsenats des Hanseatischen Oberlandesgerichts Hamburg vom 12. Februar 2002 aufgehoben und das Urteil des Landgerichts Hamburg vom 6. Juli 2001 abgeändert.

Die Klage wird abgewiesen.

Der Kläger hat die Kosten des Rechtsstreits zu tragen.

Von Rechts wegen

Tatbestand

Der Kläger begehrt von der Beklagten Unterlassung der Verbreitung einer Fotomontage, die sie im Jahr 2000 auf mehreren Seiten einer von ihr verlegten Publikation veröffentlicht hat. Sie zeigt den Kläger - damals noch Vorstandsvorsitzender der Deutschen Telekom AG - auf einem von Rissen durchzogenen, bröckelnden "T" sitzend, welches dem Firmenemblem der Telekom entnommen worden war. Die Darstellung des Klägers selbst bestand aus zwei Teilen. Sein einem Foto entnommener Kopf saß auf einem fremden Körper. Für diese Anpassung war das Foto des Kopfes in einem zwischen den Parteien streitigen Umfang verändert worden.

Der Kläger will nicht hinnehmen, daß sein Gesicht insgesamt länger erscheine, die Wangen fleischiger und breiter, der Kinnbereich fülliger, der Hals kürzer und dicker und die Hautfarbe blasser.

Seine auf Unterlassung der Veröffentlichung bei Vermeidung von Ordnungsmitteln gerichtete Klage hatte vor dem Landgericht Erfolg. Das Oberlandesgericht hat die Berufung der Beklagten zurückgewiesen. Auf die Nichtzulassungsbeschwerde der Beklagten hat der erkennende Senat die Revision zugelassen, mit der die Beklagte ihr Begehren auf Abweisung der Klage weiterverfolgt.

Entscheidungsgründe

I. Nach Auffassung des Berufungsgerichts hat der Kläger gegen die Beklagte einen Anspruch auf Unterlassung aus einer entsprechenden Anwendung der §§ 823 Abs. 1, 1004 Abs. 1 S. 2 BGB wegen rechtswidriger Verletzung seines allgemeinen Persönlichkeitsrechts (Art. 1 Abs. 1, 2 Abs. 1 GG). Diesem Recht sei der Vorrang gegenüber der Kunstfreiheit (Art. 5 Abs. 3 S. 1 GG) einzuräumen, selbst wenn man unterstelle, daß es sich bei der Fotomontage um ein Kunstwerk handele. Weil der Kopf des Klägers mittels unterschwelliger Manipulation erheblich negativ verändert worden sei, nehme der durchschnittliche Betrachter an, der Kläger sehe tatsächlich so aus wie abgebildet. Diese nachteilige Veränderung werde nicht als satirisches Stilmittel wahrgenommen und habe auch nach Auffassung der Beklagten keine eigene satirische Aussage. Deshalb stelle sich die Abbildung auch unter Berücksichtigung der Abgrenzung zwischen dem Aussagekern der Satire und ihrer Einkleidung als unwahre Aussage über das Aussehen des Klägers dar, die diesen erheblich in seinem allgemeinen Persönlichkeitsrecht verletze. Insoweit sei eine Einzelbetrachtung der Bestandteile der Darstellung - einerseits des satirisch verfremdeten "T"s, andererseits des ohne eigene satirische Aussage unterschwellig manipulierten Kopfes des Klägers - geboten, da die Bestandteile einer Einzelbetrachtung zugänglich seien und in Teilen grundrechtlich geschützte Rechte des Klägers verletzten. Hinzu komme, daß bei technischer Sicht das Bild vom Kopf des Klägers in den richtigen Proportionen hätte eingefügt werden können und dies die satirische Aussage der gesamten Fotomontage nicht verändert hätte. Diese Verletzung wiege bei der gebotenen Interessenabwägung schwerer als die durch die Kunstfreiheit geschützten Belange der Beklagten. Zudem sei das Interesse des Klägers an "wirklichkeitsgetreuer" Darstellung seines Porträts um so schutzwürdiger, je stärker die Darstellung den Anschein erwecke, der Wirklichkeit zu entsprechen.

II. Diese Ausführungen halten einer revisionsrechtlichen Überprüfung nicht stand.

Der Kläger hat weder nach §§ 823, 1004 BGB wegen einer Verletzung seines allgemeinen Persönlichkeitsrechts noch wegen einer Verletzung des § 22 KUG einen Anspruch auf Unterlassung der Verbreitung der von ihm beanstandeten Fotomontage, da er diese Abbildung seiner Person als in eine satirische Darstellung gekleidete Meinungsäußerung gemäß Art. 5 Abs. 1 S. 1 GG hinnehmen muß.

1. Es kann dahinstehen, ob es sich bei der Fotomontage um Kunst handelt, wie das Berufungsgericht unterstellt hat. Insoweit würde allein der Umstand, daß es sich bei der Veröffentlichung um eine satirische Darstellung handelt, noch nicht den Schutzbereich des Art. 5 Abs. 3 GG eröffnen, weil Satire zwar Kunst sein kann, nicht aber jede Satire zugleich Kunst ist (BVerfGE 86, 1, 9; BVerfG, NJW 2002, 3767; anders wohl Gounalakis, NJW 1995, 809, 813, wonach Karikatur und Satire grundsätzlich den Schutz der Kunstfreiheit genießen). Die Eigenheit der Satire, mit Verfremdungen, Verzerrungen und Übertreibungen zu arbeiten, kann nämlich ohne weiteres auch bei Meinungsäußerungen verwirklicht sein, die nicht dem Kunstbegriff unterfallen (BVerfGE 86, 1, 9).

Das Berufungsgericht hat verkannt, daß die beanstandete Fotomontage in ihrer Eigenschaft als Satire jedenfalls unter dem Schutz der Meinungsfreiheit nach Art. 5 Abs. 1 Satz 1 GG steht (vgl. Senatsurteil BGHZ 143, 199, 208).

2. Allerdings ist die Meinungsfreiheit nicht vorbehaltlos gewährleistet, sondern unterliegt den Schranken des Art. 5 Abs. 2 GG. Zu diesen gehört das allgemeine Persönlichkeitsrecht, auf welches das Berufungsgericht die angegriffene Entscheidung stützt ebenso wie die §§ 22, 23 Abs. 2 KUG, die neben den §§ 823, 1004 BGB gleichfalls in Betracht zu ziehen sind (zuletzt BVerfG, NJW 2003, 1855, 1856).

a) Durch die Veröffentlichung der Fotomontage mit dem veränderten Abbild des Kopfes des Klägers wird dessen Recht am eigenen Bild berührt (zu § 22 KUG als besonderer Ausformung des Persönlichkeitsrechts vgl. Senatsurteile vom 22. Januar 1985 - VI ZR 28/83 - VersR 1985, 391, 392 und vom 12. Oktober 1993 - VI ZR 23/93 - NJW 1994, 124, 125 - Greenpeace). Eine solche Montage unter Verwendung eines Bildes vom Kopf des Klägers stellt nämlich ein Bildnis im Sinne des § 22 KUG dar, ohne daß es insoweit auf den Grad der Verfremdung ankommt. Ausschlaggebend ist die Erkennbarkeit der abgebildeten Person, die hier außer Zweifel steht.

b) Daß das Bildnis ohne Einwilligung des Klägers verbreitet worden ist, berührt die Rechtmäßigkeit seiner Veröffentlichung nicht. Denn die Zustimmung des Klägers war gemäß § 23 Abs. 1 Nr. 1 KUG entbehrlich, da er jedenfalls eine "relative Person der Zeitgeschichte" ist. Diese Ausnahmevorschrift gilt auch für satirische Bildveröffentlichungen (Löffler/Ricker, Handbuch des Presserechts, 4. Aufl. 2000, Kap. 43, Rdn. 16) und damit für die beanstandete Fotomontage. Diese illustriert in satirischer Weise eine Wortberichterstattung über ein die Öffentlichkeit interessierendes Thema, nämlich den Zustand der Deutschen Telekom AG und die Verantwortlichkeit des Klägers hierfür. Ein breites öffentliches Interesse wird dadurch hervorgerufen, daß das vom Kläger geleitete Unternehmen aufgrund seiner Größe über einen hohen Bekanntheitsgrad, durch die frühere Monopolstellung über eine hohe Kundendichte und durch die Propagierung der Beteiligung an ihr als "Volksaktie" über viele Anteilseigner verfügt. Die Verknüpfung des Klägers mit diesem Ereignis der Zeitgeschichte ist durch seine damalige Stellung als Vorstandsvorsitzender offensichtlich.

c) Die Einschränkung des § 23 Abs. 1 Nr. 1 KUG tritt jedoch nach § 23 Abs. 2 KUG zurück, wenn durch die Verbreitung des Bildnisses ein berechtigtes Interesse des Abgebildeten verletzt wird. Ob dies der Fall ist, bestimmt sich nach einer Abwägung, in der darüber zu befinden ist, ob dem Stellenwert des allgemeinen Persönlichkeitsrechts des Abgebildeten, das die Rechte aus §§ 22 f. KUG umfaßt, gegenüber der Rechtsposition der Gegenpartei der Vorrang gebührt (BVerfG 2001, 1921, 1923; Senatsurteil vom 12. Oktober 1993 aaO m.w.N.). Hierfür ist eine umfassende, am Einzelfall orientierte Güter- und Interessenabwägung vorzunehmen; denn wegen der Eigenart des Persönlichkeitsrechts als eines Rahmenrechts liegt seine Reichweite nicht absolut fest, sondern muß grundsätzlich erst durch eine Güterabwägung mit den schutzwürdigen Interessen der anderen Seite bestimmt werden (BVerfGE 101, 361, 388; BVerfG, NJW 2002, 3767, 3768; Senatsurteil vom 12. Oktober 1993 aaO m.w.N.). Deshalb kommt es darauf an, ob dem allgemeinen Persönlichkeitsrecht des Klägers ein größeres Gewicht beizumessen ist als der Rechtsposition, auf die sich die Beklagte bei der fraglichen Veröffentlichung beruft, nämlich die Freiheit zu einer satirischen Darstellung als Äußerung der grundrechtlich gewährleisteten Meinungsfreiheit nach Art. 5 Abs. 1 Satz 1 GG.

3. Das Berufungsgericht meint, daß die Fotomontage nicht in den Schutzbereich des Art. 5 GG falle, weil die Veränderungen am Foto des Klägers keinen eigenen satirischen Gehalt hätten, sondern das Persönlichkeitsrecht des Klägers in einer Weise beeinträchtigten, die dieser nicht hinnehmen müsse. Diese Auffassung vermag der erkennende Senat nicht zu teilen.

a) Zutreffend ist allerdings der Ausgangspunkt des Berufungsgerichts, daß die rechtliche Beurteilung einer Satire zunächst die Trennung zwischen dem Aussagegehalt und dem satirischen Gewand erfordert, damit ihr eigentlicher Inhalt ermittelt wird (Senatsurteil BGHZ 143, 199, 209 m.w.N.). Dieser Aussagekern und seine Einkleidung sind sodann gesondert daraufhin zu überprüfen, ob sie eine Kundgabe der Mißachtung gegenüber der betroffenen Person enthalten. Zum Aussagekern der Fotomontage führt das Berufungsgericht aus, der durchschnittliche Betrachter verstehe die Abbildung im Zusammenhang mit der beigefügten Wortberichterstattung dahin, daß der Kläger selbstherrlich über den Problemen throne und nicht wahrnehme, was unter ihm geschehe, daß sich nämlich das von ihm geleitete Unternehmen in krisenhaften Schwierigkeiten befinde. Nach dieser Würdigung setzt sich die Darstellung kritisch mit dem Wirken des Klägers als Vorstandsvorsitzender auseinander. Diesen Aussagekern hält das Berufungsgericht ersichtlich für zulässig. Er wird vom Kläger nicht beanstandet und begegnet auch von seiten des erkennenden Senats keinen Bedenken.

b) Im Ansatz richtig unterscheidet das Berufungsgericht von diesem Aussagekern die satirische Einkleidung durch die Fotomontage. Durchgreifenden Bedenken begegnet jedoch seine Auffassung, durch die "unterschwellige Manipulation" am Foto des Klägers werde der geschützte Bereich der Satire verlassen. Dabei versteht das Berufungsgericht unter dem von ihm mehrfach verwendeten Begriff der "unterschwelligen Manipulation" ersichtlich die zum Zweck der Anpassung an den Körper der sitzenden Figur bewirkte Veränderung der unteren Gesichtshälfte des Klägers, die für den unbefangenen Betrachter nicht als solche erkennbar sei, jedoch eine unvorteilhafte und der Realität nicht entsprechende Wirkung habe. Das muß zwar nicht, wie die Revision aufzuzeigen versucht, in sich widersprüchlich sein, weil jedenfalls denkbar ist, daß beim Betrachter der Eindruck entsteht, daß das Foto der Wirklichkeit entspreche, soweit es um die Gesichtszüge des Klägers geht. Gleichwohl vermag dieser Aspekt ein Verbot der Fotomontage nicht zu rechtfertigen.

Zum einen erkennt das Berufungsgericht selbst, der durchschnittliche Betrachter sehe ohne weiteres, daß es sich um eine Fotomontage handele, weil er nicht annehmen werde, der Kläger habe sich tatsächlich auf einem bröckelnden und rissigen "T" fotografieren lassen. Wird also der Betrachter einer solchen Fotomontage eine in vollem Umfang realistische Abbildung gar nicht erwarten, so hat das Berufungsgericht bereits den Erwartungshorizont verkannt. Deshalb ist auch die vom Berufungsgericht gezogene Parallele zu einer unwahren Tatsachenbehauptung - nämlich dahingehend, der Kläger sehe so aus wie auf der Fotomontage abgebildet - bereits im Ansatz verfehlt.

Zum anderen sind die vom Berufungsgericht festgestellten Veränderungen derart geringfügig, daß sie nur bei besonders aufmerksamer Betrachtung unter Vergleich mit dem Originalfoto des Klägers bemerkbar sein dürften und wohl aus diesem Grund vom Berufungsgericht mehrfach als "unterschwellig" bezeichnet werden. Schon deshalb kann es zweifelhaft erscheinen, ob sie von der Intensität her überhaupt geeignet sind, das Persönlichkeitsrecht des Klägers nennenswert zu verletzen. Das bedarf aber hier keiner abschließenden Beurteilung, weil die Fotomontage infolge ihrer Eigenschaft als satirische Meinungsäußerung insgesamt in den Schutzbereich des Art. 5 Abs.1 GG fällt.

c) Dies will das Berufungsgericht mit der Begründung verneinen, daß die Veränderung vom Betrachter gar nicht als satirische Verfremdung wahrgenommen werde, sondern als eine unvorteilhafte realistische Abbildung des Klägers. Damit wird jedoch nicht nur die gebotene Gesamtbetrachtung der Fotomontage verfehlt, sondern auch der Rahmen der satirischen Einkleidung erkennbar zu eng gezogen und deren Bedeutung verkannt.

aa) Nach Auffassung des Berufungsgerichts wäre im Rahmen einer Fotomontage eine Veränderung der Gesichtszüge des Klägers nur dann zulässig, wenn ihr eine eigenständige satirische Aussage beizumessen wäre. Eine solche Betrachtungsweise liefe darauf hinaus, daß jeder Teil der Fotomontage eine eigenständige satirische Bedeutung haben müßte, wenn der Gesamtdarstellung der für die Satire geltende Schutz zugute kommen soll. Das kann jedoch schon deshalb nicht richtig sein, weil damit Teile der satirischen Einkleidung aus dem Schutzbereich des Art. 5 Abs. 1 GG herausgenommen würden, während im Gegenteil die satirische Einkleidung gegenüber dem Aussagekern erhöhten Schutz genießt. Ersichtlich hat das Berufungsgericht verkannt, daß die satirische Einkleidung weniger strengen Prüfmaßstäben unterliegt, als sie für die Beurteilung des Aussagekerns gelten, weil es der Satire wesenseigen ist, mit Übertreibungen, Verzerrungen und Verfremdungen zu arbeiten (BVerfGE 75, 369, 378; Senatsurteil BGHZ 143, 199, 210 f.). Ist sie im Fall der Wortsatire durch eine erkennbar unernste, durch Wortwitz bis hin zu

Albernheiten geprägte Sprache gekennzeichnet, weil sie vordergründig zum La- chen reizen will, um zum Lesen anzuregen und hierdurch die Aufmerksamkeit des Lesers auf ihren Gegenstand zu lenken, so gilt Entsprechendes für eine Fotomon- tage der vorliegenden Art. Diese will ersichtlich die Aufmerksamkeit des Betrach- ters durch eine "ins Auge springende" Darstellung fesseln und muß hierfür den Kläger in einer vom Betrachter als komisch empfundenen Situation lediglich kenntlich machen, ohne daß es dazu einer in vollem Umfang der Realität entspre- chenden und womöglich optisch vorteilhaften Abbildung bedarf. Ebenso wie bei einer Wortsatire die Grenzen des guten Geschmacks und des einwandfreien Sprachgebrauchs überschritten werden dürfen, weil eine Niveaukontrolle nicht stattfinden darf (BVerfGE 75, 369, 377; Senatsurteil BGHZ 143, 199, 210 f.), ist der Abgebildete bei einer Fotomontage der vorliegenden Art jedenfalls dann nicht vor einer karikierenden und möglicherweise qualitativ schlechten Darstellung ge- schützt, wenn diese nicht die von der Rechtsordnung gezogenen Grenzen, wie etwa das Verbot unzulässiger Schmähkritik oder der Beleidigung überschreitet (hierzu Senatsurteile BGHZ 139, 95, 101; BGHZ 143, 199, 208 sowie vom 12. Oktober 1993 aaO S. 126). Davon kann nach Lage des Falles nicht die Rede sein. Auch das Berufungsgericht nimmt nicht an, daß die Veränderungen etwa in der Absicht erfolgt seien, den Kläger zu entstellen oder verächtlich zu machen, son- dern meint lediglich, daß bei Anwendung besserer technischer Möglichkeiten eine Veränderung der Gesichtszüge nicht erforderlich gewesen sei, um die erstrebte satirische Wirkung zu erreichen. Das mag sein, kann aber nicht ausreichen, um der Fotomontage insgesamt den Charakter einer Satire abzusprechen. Insofern hat das Berufungsgericht an die Beurteilung der satirischen Einkleidung einen zu engen Maßstab angelegt.

bb) Zudem ist die von ihm vorgenommene "Einzelbetrachtung" der Bestandteile der Fotomontage bereits im Ansatz verfehlt. Nach der ständigen Rechtsprechung des Bundesverfassungsgerichts und des erkennenden Senats dürfen nämlich die Einzelteile einer Satire nicht isoliert betrachtet werden, sondern sind im Gesamt- zusammenhang zu bewerten (BVerfGE 86, 1, 12; Senatsurteile BGHZ 132, 13, 20; 139, 95, 102; vom 28. Juni 1994 - VI ZR 273/93 - NJW-RR 1994, 1242, 1243 und vom 25. März 1997 - VI ZR 102/96 - VersR 1997, 842, 843 vgl. auch Gou- nalakis, NJW 1995, 809, 813; Kübler, in Festschrift für Mahrenholz, 1994, S. 303, 309; Mahrenholz in Handbuch des Verfassungsrechts, 2. Aufl. 1994, § 26 Rdn. 83, S. 1315). Dieser für die Ermittlung des Aussageinhalts entwickelte Grundsatz muß in gleicher Weise für die Beurteilung der Einkleidung gelten. Ebenso wie eine Äußerung in ihrem jeweiligen Kontext zu beurteilen ist, kann eine satirische Abbildung wie die vorliegende Fotomontage nicht in ihre Einzelteile zerlegt wer- den, um den Schutzbereich des Art. 5 Abs. 1 GG zu bestimmen. Andernfalls könnte bei einer solchen isolierten Betrachtung einzelnen Teilen der Einkleidung der Schutz des Grundrechts versagt werden mit der Folge daß die gesamte Satire unzulässig wäre. Eine derart "sezierende Betrachtungsweise", gegen die sich die Revision mit Recht wendet, würde den Gestaltungsspielraum des Äußernden in grundrechtswidriger Weise verengen. Eine Aufspaltung, wie das Berufungsgericht sie vorgenommen hat, birgt deshalb schon von der Methode her die Gefahr in sich, die Ermittlung des satirischen Gehalts der Darstellung zu verfehlen, und ist deshalb fehlerhaft. Wenn das Berufungsgericht gleichwohl eine Einzelbetrachtung für zulässig hält und sich hierfür auf ein in NJW-RR 1990, 1116 abgedrucktes Urteil des OLG Düsseldorf stützen will, hat es offenbar übersehen, daß dieses Urteil vom Bundesverfassungsgericht gerade wegen Mißachtung des Gebots einer Gesamtbetrachtung aufgehoben worden ist (vgl. BVerfGE 86, 1, 12).

cc) Das Berufungsgericht kann sich für seine Auffassung auch nicht auf das in BGHZ 84, 237 abgedruckte Urteil des erkennenden Senats vom 8. Juni 1982 berufen, weil jener Fall einen ganz anders gelagerten Sachverhalt betraf. Dort hat der Senat ausgeführt, je stärker das entworfene Persönlichkeitsbild beanspruche, sich mit der sozialen Wirklichkeit des Dargestellten zu identifizieren, desto schutzwürdiger sei dessen Interesse an "wirklichkeitsgetreuer" Darstellung seiner Person. Diese Erwägungen treffen für eine Fotomontage satirischen Charakters schon vom Ansatz her nicht zu, weil diese gerade nicht beansprucht, sich mit der sozialen Wirklichkeit des Klägers zu identifizieren. Für sie ist kennzeichnend nicht die Aussage, der Kläger sehe so aus wie abgebildet, sondern sie stellt die Illustrierung der satirischen Aussage dar und macht von daher nur erforderlich, daß der Betrachter den Kläger wiedererkennt.

4. Unter Berücksichtigung dieser Grundsätze kann die gebotene Abwägung zwischen den Grundrechten der Parteien nicht zu einem Verbot der beanstandeten Fotomontage führen. Diese Abwägung kann der erkennende Senat selbst vornehmen, weil es weiterer tatsächlicher Feststellungen nicht bedarf. Wie bereits ausgeführt, wird der Kläger durch die vom Berufungsgericht festgestellten Veränderungen bei der Darstellung seines Kopfes innerhalb der Fotomontage nicht im Sinne einer Formalbeleidigung oder Schmähkritik beeinträchtigt. Insoweit ist es unerheblich, welche Bearbeitungsvorgänge im Einzelnen von der Beklagten vorgenommen worden sind, so daß dem entsprechenden Parteivortrag nicht weiter nachgegangen zu werden braucht. Ausschlaggebend ist, wie die Darstellung auf den durchschnittlichen Betrachter wirkt. Selbst wenn die Abbildung den Kläger weniger vorteilhaft zeigen mag als auf dem zur Montage verwendeten Ausgangsfoto, muß ihm eine damit verbundene Beeinträchtigung seines allgemeinen Persönlichkeitsrechts im Interesse des Schutzes der Meinungsfreiheit zugemutet werden (vgl. Senatsurteil BGHZ 84, 237, 243), weil sie die Einkleidung einer satirischen Aussage als einer durch Art. 5 Abs. 1 Satz 1 GG geschützten Meinungsäußerung darstellt und an deren Schutz teilnimmt. Insoweit fällt auch die oben bereits erwähnte Geringfügigkeit der Veränderungen am Foto des Klägers zugunsten der Meinungsfreiheit ins Gewicht, da bei Abwägung der betroffenen Grundrechtspositionen der Parteien auch die Intensität der Verletzung des Persönlichkeitsrechts im konkreten Fall zu würdigen ist (Senatsurteil vom 12. Oktober 1993 aaO S. 126). Hinzu kommt, daß die konkrete Abbildung des Klägers nach seiner eigenen Auffassung keine persönliche Herabwürdigung zum Ausdruck bringt, sondern unstreitig nur zur optischen Anpassung der einzelnen Teile der Fotomontage erfolgt ist.

Einer etwaigen Verletzung des Persönlichkeitsrechts des Klägers steht jedenfalls gegenüber, daß die Fotomontage im Zusammenhang mit einem Artikel veröffentlicht wurde, der sich mit einem Vorgang von großem öffentlichen Interesse beschäftigt, wie bereits im Zusammenhang mit der Einordnung des Klägers als "relative Person der Zeitgeschichte" ausgeführt wurde. Da die Beklagte bei dieser Veröffentlichung im Rahmen ihrer Aufgabe gehandelt hat, über Vorgänge von allgemeiner Bedeutung zu berichten und zur öffentlichen Meinungsbildung beizutragen, kann ihr unter Abwägung der beiderseitigen Interessen und Grundrechtspositionen der Schutz des Art. 5 Abs. 1 Satz 1 GG nicht versagt werden.

III. Nach alledem ist das angefochtene Urteil aufzuheben. Da für eine abschließende Entscheidung keine weiteren Feststellungen erforderlich sind, kann der Senat in der Sache selbst entscheiden (§ 563 Abs. 3 ZPO) und in Abänderung des landgerichtlichen Urteils die Klage abweisen.

Die Kostenentscheidung beruht auf § 91 Abs. 1 S. 1 ZPO.

Entscheidungsdatum: 09.03.2004
Aktenzeichen: VI ZR 217/03
Normen: § 823 BGB, § 1004 BGB, § 22 KunstUrhG, § 23 KunstUrhG, Art 1 Abs 1 GG
Persönlichkeitsrechtsverletzende Presseberichterstattung: Verbreitung des Bildnisses einer Begleitperson einer absoluten Person der Zeitgeschichte

Leitsatz

1. Die Verbreitung des Bildnisses einer Begleitperson zur Illustration eines Artikels, der keine Berichterstattung über ein zeitgeschichtliches Ereignis darstellt, sondern nahezu ausschließlich persönliche Belange der Begleitperson zum Inhalt hat, ist regelmäßig ohne deren Einwilligung unzulässig.

2. Ergibt sich die Unzulässigkeit der Veröffentlichung des Bildnisses einer Begleitperson allein oder im wesentlichen aus dem begleitenden Text, kann der Unterlassungsanspruch auf eine erneute Veröffentlichung im Rahmen einer Berichterstattung beschränkt sein, die keine Berichterstattung über ein zeitgeschichtliches Ereignis darstellt.

Tenor

Auf die Rechtsmittel der Beklagten werden das Urteil des 9. Zivilsenats des Kammergerichts vom 13. Mai 2003 teilweise aufgehoben und das Urteil des Landgerichts Berlin vom 12. September 2002 teilweise abgeändert und wie folgt neu gefaßt:

Die Beklagte wird verurteilt, es bei Vermeidung eines vom Gericht für jeden Fall der Zuwiderhandlung festzusetzenden Ordnungsgeldes bis zu 250.000,00 EUR, ersatzweise Ordnungshaft, oder einer Ordnungshaft bis zu sechs Monaten, letztere zu vollziehen am Geschäftsführer der Komplementärin, zu unterlassen, das in ECHO DER FRAU Nr. 7/02 im Rahmen des Artikels "Charlotte Casiraghi Die ganze Welt feiert ihre Schönheit" abgedruckte Foto im Rahmen einer Berichterstattung erneut zu veröffentlichen, die keine Berichterstattung über ein zeitgeschichtliches Ereignis darstellt, sondern nahezu ausschließlich persönliche Belange der Klägerin zum Inhalt hat, insbesondere wenn dies wörtlich oder sinngemäß wie im Begleittext zu diesem Foto in ECHO DER FRAU Nr. 7/02 erfolgt.

Im übrigen wird die Klage abgewiesen. Die weitergehenden Rechtsmittel werden zurückgewiesen.

Die Kosten des Rechtsstreits werden gegeneinander aufgehoben.

Von Rechts wegen

Tatbestand

Die Klägerin, eine Tochter der Prinzessin Caroline von Hannover, nimmt die Beklagte auf Unterlassung der erneuten Veröffentlichung eines Fotos in Anspruch.

Die Beklagte ist Verlegerin der Zeitschrift "E". In deren Ausgabe Nr. 7/02 erschien unter der Überschrift "Charlotte Casiraghi Die ganze Welt feiert ihre Schönheit" ein Beitrag, der sich mit dem Aussehen der damals 15-jährigen Klägerin befaßt. Der Bericht ist mit einem Foto illustriert, das die Gesichter der Klägerin und ihrer Mutter - ohne erkennbaren Hintergrund - darstellt. Aus dem Beitrag geht hervor, daß dieses Foto auf dem Gala-Abend nach den Pferderennen in Vincennes bei Paris entstand.

Die Klägerin, die der Beklagten durch rechtskräftiges Urteil des Landgerichts Hamburg die Verbreitung eines Teils des Textbeitrags untersagen ließ, hält auch die Veröffentlichung des Bildes für unzulässig. Das Landgericht hat der Klage stattgegeben. Die Berufung der Beklagten hatte keinen Erfolg. Mit der vom Oberlandesgericht zugelassenen Revision verfolgt die Beklagte ihr Klageabweisungsbegehren weiter.

Entscheidungsgründe

I. Das Berufungsgericht verneint eine Einwilligung der Klägerin im Sinne von § 22 Abs. 1 Satz 1 KUG und führt aus, von einem stillschweigenden Einverständnis, das Bild der Klägerin in der erfolgten Weise zu veröffentlichen, könne nicht ausgegangen werden. Ob die Klägerin während des Gala-Abends im Pariser Rathaus, bei dem zehn Fotografen offiziell akkreditiert gewesen seien, jederzeit mit der Fertigung von Bildern zu Veröffentlichungszwecken habe rechnen müssen, könne dahinstehen. Da das Recht am eigenen Bild im Zweifel nur für einen beschränkten Zweck übertragen werde, erstrecke sich eine etwaige konkludente Einwilligung der Klägerin allenfalls auf eine Bildberichterstattung über die Veranstaltung. Der Artikel der Beklagten liefere jedoch - abgesehen von der Erwähnung der Anwesenheit und der Wiedergabe des Erscheinungsbildes der Klägerin und ihrer Mutter - keine näheren Informationen über den Abend, sondern befasse sich allein mit dem Aussehen der Klägerin. Eine Veröffentlichung ohne deren Einwilligung sei nicht zulässig. Zwar handele es sich bei dem Foto um ein Bildnis aus dem Bereich der Zeitgeschichte, weil als zeitgeschichtliches Ereignis im Sinne von § 23 Abs. 1 Nr. 1 KUG auch die vertraute Begleitung einer absoluten Person der Zeitgeschichte - wie hier der Mutter der Klägerin - in der Öffentlichkeit anzusehen sei. Die gebotene Abwägung des Persönlichkeitsrechts der Klägerin einerseits und des öffentlichen Informationsbedürfnisses andererseits ergebe aber, daß durch die Veröffentlichung ein berechtigtes Interesse der Klägerin im Sinne von § 23 Abs. 2 KUG verletzt werde.

II. Das angefochtene Urteil hält den Angriffen der Revision teilweise nicht stand.

1. In rechtlich nicht zu beanstandender Weise hat das Berufungsgericht allerdings angenommen, daß die Klägerin - auch unter Berücksichtigung des Informationsbedürfnisses der Öffentlichkeit - nicht zu den sogenannten absoluten Personen der Zeitgeschichte zählt.
Der Begriff "absolute Person der Zeitgeschichte" wird in der Rechtsprechung und Literatur allgemein als abkürzende Ausdrucksweise für Personen verstanden, die unabhängig von einem bestimmten zeitgeschichtlichen Ereignis auf Grund ihres Status oder ihrer Bedeutung allgemein öffentliche Aufmerksamkeit finden und deren Bildnis die Öffentlichkeit deshalb um der dargestellten Person willen der Beachtung wert findet. Eine schematische Einordnung verbietet sich allerdings (Löffler/Steffen, Presserecht, Bd. I, 4. Aufl., Rdn. 130 zu § 6 LPG; Damm/Rehbock, Widerruf, Unterlassung und Schadensersatz in Presse und Rundfunk, 2. Aufl., Rdn. 176). Die Beurteilung der Frage, ob ein Bildnis einer Person unabhängig von einem bestimmten zeitgeschichtlichen Ereignis einwilligungsfrei veröffentlicht werden darf, erfordert vielmehr stets eine einzelfallbezogene Abwägung zwischen dem Informationsinteresse der Öffentlichkeit und den berechtigten Interessen der abgebildeten Person (BVerfGE 101, 361, 392 = NJW 2000, 1021, 1025; BVerfG NJW 2001, 1921, 1922). Die Revision verkennt nicht, daß die Klägerin nicht schon allein aufgrund ihrer Abstammung zu diesem Personenkreis zählt. Der Umstand, daß ihr Großvater der regierende Fürst des Fürstentums Monaco ist und ihre Eltern, insbesondere ihre Mutter, im Blickpunkt der Öffentlichkeit stehen, rechtfertigt für sich allein kein anerkennenswertes Informationsbedürfnis an der Veröf-

fentlichung von Bildnissen der Klägerin. Wie der erkennende Senat in einer Entscheidung, die den Bruder der Klägerin betraf, ausgeführt hat, sind Kinder von Personen der Zeitgeschichte nur dann in diesen Personenkreis einzubeziehen, wenn sie gleichfalls als Angehörige in der Öffentlichkeit auftreten oder im Pflichtenkreis ihrer Eltern öffentliche Funktionen wahrnehmen (Senatsurteil vom 12. Dezember 1995 - VI ZR 223/94 - NJW 1996, 985, 986). Diese Voraussetzung hat das Berufungsgericht hier rechtsfehlerfrei verneint. Mit Recht weist die Revisionserwiderung darauf hin, daß die Klägerin weder ein Amt bekleidet noch eine sonstige Position im öffentlichen Leben ausfüllt.

Eine andere Beurteilung ist entgegen der Ansicht der Revision auch nicht deshalb geboten, weil die Klägerin im vorliegenden Fall bei einem Gala-Abend - so wie auch schon früher - bewußt mit ihrer Mutter als deren Tochter in die Öffentlichkeit getreten ist. Nehmen Ehegatten und Kinder prominenter Personen gemeinsam mit diesen am öffentlichen Leben teil, kann zwar im Einzelfall die einwilligungsfreie Verbreitung eines Bildnisses zulässig sein, das neben der absoluten Person der Zeitgeschichte auch deren Begleitperson zeigt. Voraussetzung dafür ist aber, daß im Zusammenhang mit einem konkreten zeitgeschichtlichen Ereignis ein dem Persönlichkeitsrecht der Begleitperson vorgehendes Informationsinteresse der Öffentlichkeit besteht. Ist das der Fall, kann die Begleitperson als sogenannte relative Person der Zeitgeschichte anzusehen sein (vgl. BVerfG NJW 2001, 1921, 1922 f. m.w.N.). Sie wird dadurch aber nicht selbst zu einer absoluten Person der Zeitgeschichte, sondern muß es gegebenenfalls nur hinnehmen, zusammen mit einer solchen Person abgebildet zu werden. Der Umstand, daß die Klägerin gelegentlich gemeinsam mit ihrer prominenten Mutter in der Öffentlichkeit auftritt, kann somit nicht generell die einwilligungsfreie Verbreitung ihrer Bildnisse rechtfertigen, zumal die Klägerin als Minderjährige eines erhöhten Schutzes hinsichtlich der Gefahren bedarf, die von dem Interesse der Medien und ihrer Nutzer an Abbildungen von Kindern und Jugendlichen ausgehen (vgl. BVerfGE aaO, S. 385 f. = JW 2000, 1021, 1023; BVerfG NJW 2000, 2191 und 2191 f.).

2. Das Berufungsgericht ist der Auffassung, bei der beanstandeten Abbildung der Klägerin handele es sich um ein Bildnis aus dem Bereich der Zeitgeschichte im Sinne von § 23 Abs. 1 Nr. 1 KUG. Das wird von der Revision als ihr günstig hingenommen und ist - entgegen der Auffassung der Revisionserwiderung - aus Rechtsgründen nicht zu beanstanden. Das Berufungsgericht hat bei seiner Bewertung mit Recht berücksichtigt, daß das Foto die Klägerin und ihre Mutter bei einem öffentlichen Auftritt zeigt und die Teilnahme an diesem Gala-Abend im Pariser Rathaus gerade mit ihrer Prominenz im Zusammenhang stand. Ein solcher Auftritt ist geeignet, das Interesse der Öffentlichkeit zu wecken. Als zeitgeschichtliches Ereignis im Sinne von § 23 Abs. 1 Nr. 1 KUG wird in der Rechtsprechung insoweit auch die vertraute Begleitung einer absoluten Person der Zeitgeschichte angesehen (sog. Begleiterrechtsprechung, vgl. OLG Hamburg, NJW-RR 1990, 1000; Soehring, Presserecht, 3. Aufl., Rdn. 21.7b; Prinz/Peters, Medienrecht, 1999, Rdn. 850

m.w.N.; Damm/Rehbock, aaO, Rdn. 191). Bildnisse der Begleitperson dürfen danach verbreitet werden, wenn diese zusammen mit dem betreffenden Partner in der Öffentlichkeit auftritt oder wenn sie mit ihm zusammen oder an seiner statt öffentlich repräsentiert. Maßgebend wird ein abgeleitetes Interesse der Öffentlichkeit, das nicht um der abgebildeten Person willen, sondern wegen des Interesses an der absoluten Person der Zeitgeschichte besteht, das aber auf die Person ausstrahlt, von der jene in der Öffentlichkeit begleitet wird (BVerfG NJW 2001, 1921, 1923). Ob nach diesen Grundsätzen das Informationsinteresse der Öffentlichkeit hinsichtlich der Mutter der Klägerin eine mit dem beanstandeten Bildnis illustrierte Berichterstattung über den Gala-Abend und über ihr dortiges Auftreten mit der Klägerin ohne deren Einwilligung rechtfertigen könnte, ist indessen nicht zu entscheiden.

Zutreffend stellt das Berufungsgericht bei der gebotenen Abwägung zwischen den persönlichkeitsrechtlichen Belangen der Klägerin (Art. 2 Abs. 1 i.V.m. Art. 1 Abs. 1 GG) und den durch die Meinungs- und Pressefreiheit gemäß Art. 5 GG geschützten Interessen der Beklagten darauf ab, daß hier weder die beanstandete Abbildung selbst noch der begleitende Textbeitrag dazu dienen, das Informationsinteresse der Öffentlichkeit hinsichtlich der Mutter der Klägerin oder dem gesellschaftlichen Ereignis zu befriedigen, sondern sich nahezu ausschließlich mit dem Aussehen der Klägerin befassen und Vermutungen über deren Einstellung dazu anstellen. In dem für die Abwägung in seiner Gesamtheit zu beurteilenden Artikel wird über den "Gala-Abend nach den Pferderennen in Vincennes bei Paris" nämlich nicht näher berichtet. Der Leser erfährt allein, daß die Klägerin dort - wie auf dem Foto zu sehen - zusammen mit ihrer Mutter erschienen ist und die Gäste bei derartigen gemeinsamen Auftritten "vor lauter Bewunderung schier den Atem anhalten". Auch die Abbildung liefert keine weitere Information über das Ereignis, denn sie zeigt lediglich die Gesichter der Klägerin und ihrer Mutter. Andere Personen, die Örtlichkeit oder ein Hintergrund sind auf dem Foto nicht zu erkennen. Statt dessen beschäftigt sich der Artikel vorwiegend mit persönlichen Belangen der Klägerin, was sich insbesondere aus folgendem Teil des Textbeitrags ergibt, dessen weitere Verbreitung der Beklagten durch Urteil des Landgerichts Hamburg rechtskräftig untersagt worden ist: „Nur der Teenager selbst kann den ganzen Wirbel um seine Person wohl kaum verstehen. Denn Charlotte hat ganz sicher die gleichen kleinen und großen Sorgen wie jedes Mädchen in diesem Alter. Das, was sie derzeit vermutlich am allermeisten interessiert, sind ihre geliebten Pferde – ihre Schönheit ist ihr da sicherlich ziemlich egal..."

Der Artikel ist deshalb keine Berichterstattung über ein zeitgeschichtliches Ereignis, sondern nimmt dieses und das dort aufgenommene Foto lediglich zum Anlaß zu Ausführungen über die Person der Klägerin. Die Verwendung ihres Bildnisses zur Illustration eines solchen Artikels, der keine Berichterstattung über ein Begleitereignis darstellt (vgl. BVerfG NJW 2001, 1921, 1924), sondern - wie hier - nahezu ausschließlich persönliche Belange zum Inhalt hat und dadurch in besonderem Maße das durch Art. 2 Abs. 1 i.V.m. Art. 1 Abs. 1 GG geschützte Recht der

Klägerin auf ungehinderte Entfaltung ihrer Persönlichkeit tangiert, muß diese nicht hinnehmen.

Eine andere Beurteilung ist auch nicht etwa deshalb gerechtfertigt, weil das Foto in einer Begleitsituation entstanden ist, über die die Medien möglicherweise auch unter Verwendung des Bildnisses der Klägerin als Begleitperson berichten dürfen. Auch Bildnisse der Zeitgeschichte dürfen nämlich nicht uneingeschränkt verbreitet werden. So erstreckt sich die Befugnis zur Veröffentlichung gemäß § 23 Abs. 2 KUG nicht auf eine Verbreitung und Schaustellung, durch die ein berechtigtes Interesse des Abgebildeten verletzt wird. Im Rahmen der nach dieser Vorschrift erforderlichen Prüfung ist die Bildberichterstattung grundsätzlich in ihrer Gesamtheit zu betrachten. Das bedeutet, daß sich die Unzulässigkeit der Bildnisveröffentlichung im Einzelfall auch allein oder im wesentlichen aus dem begleitenden Text ergeben kann (vgl. Senatsurteil vom 30. September 2003 - VI ZR 89/02 - VersR 2004, 205; Wenzel/von Strobl-Albeg, Das Recht der Wort und Bildberichterstattung, 5. Aufl., Kap. 8, Rdn. 102 m.w.N.). So liegt der Fall hier. Die persönlichen Belange der jugendlichen und deswegen verstärkt schutzbedürftigen Klägerin (vgl. BVerfGE aaO, S. 385 f.) werden in besonderem Maße dadurch tangiert, daß das Foto einen Begleittext illustriert, der nahezu ausschließlich ihr Aussehen thematisiert. Mit dieser Art der Verwendung des Bildnisses werden die berechtigten Interessen der Klägerin verletzt. Deren Schutzbedürfnis gebietet hier den Vorrang ihres Persönlichkeitsrechts gegenüber dem Grundrecht der Beklagten auf Presse- und Informationsfreiheit.

3. Die Revision hat jedoch insoweit Erfolg, als der Beklagten mit dem angefochtenen Urteil die erneute Veröffentlichung des Bildnisses der Klägerin generell, also auch ohne den hier verwendeten Begleittext, untersagt worden ist.
Für eine erneute Veröffentlichung des Fotos als Illustration einer Berichterstattung über die damalige Begleitsituation dürfte es allerdings schon an der dafür grundsätzlich erforderlichen Aktualität fehlen (vgl. Wenzel/von Strobl-Albeg, aaO, Rdn. 18; Prinz-Peters, aaO, Rdn. 851; Soehring, aaO, Rdn. 21.8). Daß die Öffentlichkeit heute oder künftig noch ein berechtigtes Interesse an Informationen über den Gala-Abend im Pariser Rathaus vom 26. Januar 2002 haben könnte, ist nicht erkennbar und wird von der Revision auch nicht aufgezeigt.

Die Revision macht jedoch mit Recht geltend, daß die Veröffentlichung des Bildes zukünftig, etwa im Rahmen einer Berichterstattung über einen entsprechenden Anlaß, erlaubnisfrei zulässig sein könnte. Sollte die Klägerin nämlich ein andermal in ähnlicher Weise wie hier gemeinsam mit ihrer Mutter in der Öffentlichkeit auftreten und müßte sie unter den dann gegebenen Umständen als "relative Person der Zeitgeschichte" die Veröffentlichung eines Bildnisses von sich dulden, so würde sich die Verbreitungsbefugnis nach § 23 Abs. 1 Nr. 1 KUG weder auf ein Foto beschränken, das von dem entsprechenden Ereignis stammt, noch auf ein sogenanntes "neutrales Porträt" der Klägerin. Die Beklagte wäre vielmehr grundsätzlich nicht gehindert, zur Illustration dieser neuen Begleitsituation auf das hier beanstandete Foto zurückzugreifen, solange damit keine zusätzliche Persönlichkeitsrechtsbeeinträchtigung verbunden wäre (vgl. BVerfG NJW 2001, 1921, 1924 f.). Ob berechtigte Interessen der Klägerin einer künftigen erneuten Veröffentlichung des Bildes entgegenstehen würden, ist eine Frage des Einzelfalls. Entgegen der Auffassung der Revisionserwiderung ergibt sich die Unzulässigkeit einer erneuten Verwendung des Fotos nicht allein daraus, daß die Klägerin als Jugendliche eines verstärkten Schutzes nach Art. 2 Abs. 1 in Verbindung mit Art. 1 Abs. 1 GG bedarf und Abbildungen von Kindern und Jugendlichen zudem naturgemäß nach kurzer Zeit an Aktualität verlieren. Eine solche generalisierende Betrachtungsweise verbietet sich, weil die im Rahmen von § 23 Abs. 2 KUG gebotene Abwägung des Rechts auf ungehinderte Entfaltung der Persönlichkeit einerseits und des Rechts auf Presse- und Informationsfreiheit andererseits stets eine Prüfung des Einzelfalls verlangen.

Die erneute Verbreitung des Bildnisses der Klägerin kann der Beklagten daher nicht generell verboten werden. Der Unterlassungsausspruch ist vielmehr dahin einzuschränken, daß eine Veröffentlichung im Rahmen einer Berichterstattung untersagt wird, die keine Berichterstattung über ein zeitgeschichtliches Ereignis darstellt, sondern nahezu ausschließlich persönliche Belange der Klägerin zum Inhalt hat, insbesondere wenn dies wörtlich oder sinngemäß wie hier im Begleittext zu dem beanstandeten Foto erfolgt.

III. Nach alledem ist das angefochtene Urteil teilweise aufzuheben. Da für eine abschließende Entscheidung keine weiteren Feststellungen erforderlich sind, kann der Senat in der Sache selbst entscheiden (§ 563 Abs. 3 ZPO) und unter Abänderung des landgerichtlichen Urteils die Klage teilweise abweisen.

IV. Die Kostenentscheidung beruht auf §§ 92 Abs. 1, 97 Abs. 1 ZPO.

Entscheidungsdatum: 05.10.2004
Aktenzeichen: VI ZR 255/03
Normen: § 823 Abs 1 BGB, Art 1 Abs 1 GG, Art 2 Abs 1 GG, Art 5 Abs 1 S 2 GG, § 22 KunstUrhG
Persönlichkeitsrechtsverletzende Presseberichterstattung: Voraussetzungen und Höhe eines Geldentschädigungsanspruchs wegen der Veröffentlichung heimlich aufgenommener Fotos eines minderjährigen Kindes einer absoluten Person der Zeitgeschichte

Leitsatz

1. Die Zubilligung einer Geldentschädigung wegen einer schweren Persönlichkeitsrechtsverletzung hat ihre Wurzel im Verfassungsrecht und Zivilrecht und

stellt keine strafrechtliche Sanktion dar.

2. Bei der Bemessung der Geldentschädigung stellen der Gesichtspunkt der Genugtuung des Opfers, der Präventionsgedanke und die Intensität der Persönlichkeitsrechtsverletzung Bemessungsfaktoren dar, die sich je nach Lage des Falles unterschiedlich auswirken können (Ergänzung der Senatsurteile, 15. November 1994, VI ZR 56/94, BGHZ 128, 1; vom 5. Dezember 1995 - VI ZR 332/94 - VersR 1996, 339 und vom 12. Dezember 1995 - VI ZR 223/94 - VersR 1996, 341).

Tenor

Die Revision der Beklagten gegen das Urteil des 10. Zivilsenats des Kammergerichts in Berlin vom 26. Mai 2003 wird auf ihre Kosten zurückgewiesen.

Von Rechts wegen

Tatbestand

Die Klägerin nimmt die Beklagte auf Zahlung einer Geldentschädigung für Bildveröffentlichungen in Anspruch.

Die Beklagte ist Verlegerin der Zeitschriften "die aktuelle" und "die zwei". In der Zeit vom 28. Juli 1999 bis zum 10. Juli 2000 veröffentlichte sie in diesen Zeitschriften neun Artikel, die jeweils ohne Zustimmung der Eltern, Prinzessin Caroline von Hannover und Prinz Ernst August von Hannover, mit Bildern der im Sommer 1999 geborenen Klägerin illustriert wurden. Unter anderem handelte es sich dabei um einen im August 1999 veröffentlichten Artikel, der unter der Schlagzeile "Caroline. Die ersten Fotos. Das heimliche Babyglück" auf der Titelseite und im Innenteil des Heftes Fotos enthielt, die heimlich aus großer Entfernung auf einem Anwesen der Eltern der Klägerin aufgenommen worden waren. Im Juli 2000 veröffentlichte die Beklagte auf der gesamten Titelseite unter der Schlagzeile "Caroline & Ernst August Scheidung?" ein Foto, welches die Klägerin nach dem Schwimmen mit Schwimmflügeln in ein Handtuch gewickelt auf dem Arm ihrer Mutter zeigte. Auf den Innenseiten folgten sechs weitere Fotos der Klägerin, die sie gleichfalls beim Baden mit ihren Eltern zeigten.

Die Beklagte gab nach jeweils zeitnaher Abmahnung - teilweise unter dem Druck entsprechender einstweiliger Verfügungen - jeweils Unterlassungsverpflichtungserklärungen ab. Unter anderem wegen zwei der hier streitgegenständlichen Veröffentlichungen, darunter den im August 1999 veröffentlichten Fotos, wurde sie zur Zahlung einer Geldentschädigung in Höhe von 125.000 DM an die Mutter der Klägerin verurteilt. Die Klägerin selbst hat u.a. wegen der Veröffentlichung dieser Fotos gegenüber zwei anderen Verlagen Geldentschädigungen erstritten.

Das Landgericht hat der auf Zahlung einer Geldentschädigung von mindestens 300.000 DM gerichteten Klage in Höhe von 150.000 DM stattgegeben. Die Berufung der Beklagten hatte keinen Erfolg. Mit der vom Kammergericht zugelassenen Revision verfolgt die Beklagte ihr Klageabweisungsbegehren weiter.

Entscheidungsgründe

I. Das Berufungsgericht führt aus, der Klägerin stehe gegen die Beklagte wegen der durch die Veröffentlichungen erfolgten wiederholten Eingriffe in deren allgemeines Persönlichkeitsrecht eine Geldentschädigung aus § 823 Abs. 1 BGB, Art. 1 und Art. 2 GG zu. In Bezug auf sämtliche beanstandeten Fotos könne sich die Beklagte nicht auf die Abbildungsfreiheit gemäß § 23 Abs. 1 Nr. 1 KUG berufen, wobei im Ergebnis dahinstehen könne, ob die Klägerin als relative Person der Zeitgeschichte im Sinne der Vorschrift zu behandeln sei, nur weil ihre Mutter eine absolute Person der Zeitgeschichte sei. Selbst dann wäre im Rahmen der nach § 23 Abs. 2 KUG vorzunehmenden Abwägung zu beachten, daß das allgemeine Persönlichkeitsrecht der Klägerin Vorrang genieße, zumal bei Minderjährigen wegen der sich erst entfaltenden Persönlichkeit und der Schutzbedürftigkeit ihres Entwicklungsprozesses regelmäßig ein strengerer Maßstab an die Zulässigkeit von Bildveröffentlichungen anzulegen sei.

Sowohl die Veröffentlichung der heimlich aufgenommenen Fotos im August 1999 als auch die im Juli 2000 beeinträchtige das Persönlichkeitsrecht der Klägerin so schwerwiegend, daß eine Geldentschädigung erforderlich sei. Die weiteren Veröffentlichungen zeigten zwar heimlich, jedoch an öffentlich zugänglichen Orten entstandene Fotos, die für sich genommen keine Zuerkennung einer Geldentschädigung rechtfertigten, aber doch zeigten, mit welcher Hartnäckigkeit die Beklagte unerlaubt Fotos der Klägerin veröffentliche.

Bei der Höhe der Geldentschädigung könne deren Genugtuungsfunktion auch bei einem Kleinkind nicht völlig außer Acht bleiben, weil die Veröffentlichungen geeignet gewesen seien, die Eltern-Kind-Beziehung zu stören und dabei unmittelbar auf die Lebensbedingungen der Klägerin negativen Einfluß zu nehmen.

In erster Linie aber rechtfertige sich die Höhe der Entschädigung aufgrund ihrer spezialpräventiven Wirkung. Wegen der gesteigerten Bedeutung des Persönlichkeitsschutzes bei einem Minderjährigen müsse in derartigen Fällen eine Geldentschädigung für den Schädiger fühlbar sein und der Berichterstattung den wirtschaftlichen Vorteil nehmen. Dem stehe nicht entgegen, daß die Mutter der Klägerin ihrerseits bereits eine Geldentschädigung erstritten habe. In jenem Verfahren sei es um das Persönlichkeitsrecht der Mutter gegangen, vorliegend gehe es aber um das Persönlichkeitsrecht der Klägerin selbst.

Daß die Beklagte nunmehr nur noch solche Fotos veröffentlichen wolle, die die

Klägerin in Begleitung ihrer Eltern bei offiziellen Anlässen zeigten, stehe angesichts ihrer bisherigen Hartnäckigkeit der zugesprochenen Geldentschädigung nicht entgegen. Deren Herabsetzung sei auch nicht wegen der von der Klägerin bereits gegen andere Verlage erstrittenen Entschädigungen geboten, weil diese Veröffentlichungen eigenständige Persönlichkeitsrechtsverletzungen darstellten.

Für die Höhe der Geldentschädigung sei auch die Wirtschaftsmacht der hinter der Beklagten stehenden Gruppe von Bedeutung. Diese gebe 500 Printmedien in verschiedenen europäischen Ländern heraus, darunter über 4 Millionen Exemplare einer Tageszeitung und verfüge über Umsatzrenditen in zweistelliger Prozenthöhe.

II. Das angefochtene Urteil hält der revisionsrechtlichen Nachprüfung stand.

1. Die Revision macht geltend, der Zubilligung einer Geldentschädigung an die Klägerin stehe das Grundrecht der Beklagten aus Art. 103 Abs. 3 GG entgegen, nicht wegen derselben Tat aufgrund der allgemeinen Strafgesetze mehrmals bestraft zu werden. Es sei ein Strafklageverbrauch eingetreten, weil sechs der neun Bildveröffentlichungen bereits in anderen Verfahren mit einer Geldentschädigung geahndet worden seien.

Entgegen dem Ansatz der Revision handelt es sich bei der Zubilligung einer Geldentschädigung jedoch nicht um eine Strafe im Sinne des Art. 103 GG. Das Bundesverfassungsgericht und der Bundesgerichtshof sehen den Anspruch auf eine Geldentschädigung wegen einer Verletzung des Persönlichkeitsrechts vielmehr als ein Recht an, das auf den Schutzauftrag aus Art. 1 und Art. 2 Abs. 1 GG zurückgeht. Demgemäß wird der Anspruch aus § 823 Abs. 1 BGB i.V.m. Art. 1 und Art. 2 GG hergeleitet (vgl. BVerfGE 34, 269, 292 – Soraya = NJW 1973, 1221, 1226; Senatsurteile BGHZ 128, 1, 15; vom 5. Dezember 1995 - VI ZR 332/94 - VersR 1996, 339, 340 und vom 12. Dezember 1995 – VI ZR 223/94 – VersR 1996, 341, 342; so auch BGHZ 143, 214, 218 f.). Die Zubilligung einer Geldentschädigung im Fall einer schweren Persönlichkeitsrechtsverletzung beruht auf dem Gedanken, daß ohne einen solchen Anspruch Verletzungen der Würde und Ehre des Menschen häufig ohne Sanktion blieben mit der Folge, daß der Rechtsschutz der Persönlichkeit verkümmern würde. Bei dieser Entschädigung steht - anders als beim Schmerzensgeld - regelmäßig der Gesichtspunkt der Genugtuung des Opfers im Vordergrund. Außerdem soll sie der Prävention dienen (vgl. Senatsurteile, BGHZ 128, 1, 15; vom 5. Dezember 1995 - VI ZR 332/94 – aaO und vom 12. Dezember 1995 - VI ZR 223/94 - aaO). Auch unter Berücksichtigung kritischer Stimmen in der Literatur, die teilweise geltend machen, daß der Präventionszweck als Mittel der Verhaltenssteuerung ein pönales Element darstelle, und die deshalb die Frage aufwerfen, ob es sich nicht um eine Norm mit Strafcharakter handele (vgl. Deutsch, Anm. zum Urteil des Senats vom 5. Dezember 1995, LM § 823 (Ah) Nr. 122; Gounalakis, AfP 1998, 10, 14 ff.; Funkel,

Schutz der Persönlichkeit durch Ersatz immaterieller Schäden in Geld, 2001, S. 164 ff.; Hoppe, Persönlichkeitsschutz durch Haftungsrecht, 2001, S. 123 ff., 133 ff.; Seitz, NJW 1996, 2848), hält der erkennende Senat an dem grundlegenden Ansatz fest, daß die Zubilligung einer Geldentschädigung ihre Wurzel im Verfassungsrecht und Zivilrecht findet und keine strafrechtliche Sanktion darstellt (vgl. dazu auch Steffen, NJW 1997, 10; Körner, NJW 2000, 241 ff.). Dementsprechend hat das Bundesverfassungsgericht bereits entschieden, daß die zivilgerichtliche Verurteilung zu einem immateriellen Schadensersatz bei einer Persönlichkeitsverletzung - mögen ihr auch "pönale Elemente" nicht ganz fremd sein - keine Strafe im Sinne des Art. 103 Abs. 2 GG ist (vgl. BVerfGE 34, 269, 293 – Soraya = NJW 1973, 1221, 1226).

Im Gegensatz zum staatlichen Strafanspruch soll die Zubilligung einer Geldentschädigung im Zivilrecht in Fällen der vorliegenden Art den Schutzauftrag aus Art. 1 und Art. 2 Abs. 1 GG im Interesse des konkret Betroffenen gewährleisten. Dies wird bei der hier vorliegenden Verletzung des Rechts am eigenen Bild besonders deutlich, weil dem Verletzten - anders als in anderen Fällen, in denen er etwa den Widerruf oder die Richtigstellung einer sein Persönlichkeitsrecht beeinträchtigenden Äußerung verlangen kann - gegen eine solche Rechtsverletzung keine anderen Abwehrmöglichkeiten als ein Anspruch auf eine Geldentschädigung zur Verfügung stehen (vgl. Senatsurteil vom 12. Dezember 1995 - VI ZR 223/94 - aaO). Deshalb unterliegt es keinem Zweifel, daß die Zivilgerichte zur Gewährleistung dieses Interesses des Betroffenen berufen sind. Der Präventionsgedanke stellt lediglich einen Bemessungsfaktor für die Entschädigung dar, der sich je nach Lage des Falles unterschiedlich auswirken kann. Soweit im Schrifttum für den "Strafcharakter" einer solchen Entschädigung auf eine Entscheidung zur Vollstreckbarerklärung eines US-Schadensersatzurteils (BGHZ 118, 312, 344 ff.) verwiesen wird, betraf jenes Urteil einen ganz anders gelagerten Sachverhalt, der keine Parallele zum Streitfall aufweist.

2. Ohne Erfolg macht die Revision geltend, das allgemeine Persönlichkeitsrecht der Klägerin sei nicht, jedenfalls nicht so schwerwiegend beeinträchtigt, daß dies eine Geldentschädigung rechtfertige.

a) Das Berufungsgericht geht zutreffend davon aus, daß die Beklagte durch die Veröffentlichung der Fotos der Klägerin deren Recht am eigenen Bild und damit ihr allgemeines Persönlichkeitsrecht verletzt hat.

Bildnisse einer Person dürfen grundsätzlich nur mit deren Einwilligung verbreitet werden (§ 22 Satz 1 KUG). Ist der Abgebildete minderjährig, bedarf es der Einwilligung seines gesetzlichen Vertreters (vgl. Löffler/Steffen, Presserecht, Bd. I, 4. Aufl., Rdn. 125 zu § 6 LPG; Wenzel/von Strobl-Albeg, Das Recht der Wort- und Bildberichterstattung, 5. Aufl., Kap. 7, Rdn. 69 m.w.N.). Eine solche Einwilligung liegt nach den Feststellungen des Berufungsgerichts, die die Revision nicht angreift, nicht vor.

b) In rechtlich nicht zu beanstandender Weise hat das Berufungsgericht den Ausnahmetatbestand des § 23 Abs. 1 Nr. 1 KUG verneint, wonach Bildnisse aus dem Bereich der Zeitgeschichte ohne Einwilligung des Abgebildeten veröffentlicht werden dürfen.

Daß die Klägerin selbst nicht zu einem Kreis von Personen gehört, deren Bildnisse allein schon der Person wegen grundsätzlich einwilligungsfrei verbreitet werden dürfen, zieht auch die Revision nicht in Zweifel. Unter den Umständen des vorliegenden Falles kann es auch auf sich beruhen, ob und unter welchen Voraussetzungen die Klägerin dadurch zu einer Person der Zeitgeschichte werden könnte, daß sie auf Fotos zusammen mit ihrer Mutter abgebildet wird. Weil mit der Anwendung des § 23 Abs. 1 Nr. 1 KUG ein Rechtsverlust verbunden ist, ist es erforderlich, Kinder von Personen der Zeitgeschichte allenfalls dann in diesen Personenkreis einzubeziehen, wenn sie als deren Angehörige in der Öffentlichkeit auftreten oder im Pflichtenkreis ihrer Eltern öffentliche Funktionen wahrnehmen (vgl. Senatsurteile vom 12. Dezember 1995 - VI ZR 223/94 - VersR 1996, 341 und vom 9. März 2004 - VI ZR 217/03 - VersR 2004, 863 - zur Veröffentlichung in BGHZ vorgesehen). Diese Voraussetzungen liegen hier nicht vor.

Nach der Rechtsprechung des Bundesverfassungsgerichts bedürfen Kinder eines besonderen Schutzes vor den Gefahren, die von dem Interesse der Medien und ihrer Nutzer an einer Berichterstattung über sie oder an Abbildungen von ihnen ausgehen. Ihre Persönlichkeitsentfaltung kann durch die Berichterstattung in Medien empfindlicher gestört werden als diejenige von Erwachsenen, so daß der Bereich, in dem sie sich frei von öffentlicher Beobachtung fühlen und entfalten dürfen, umfassender geschützt sein muß. Dieser Schutz verwirklicht sich nicht nur über das elterliche Erziehungsrecht des Art. 6 Abs. 1 GG, sondern folgt auch aus dem eigenen Recht des Kindes auf ungehinderte Entfaltung seiner Persönlichkeit im Sinne von Art. 2 Abs. 1 i.V.m. Art. 1 Abs. 1 GG (vgl. BVerfGE 101, 361, 385 f. = NJW 2000, 1021, 1023; BVerfG, NJW 2000, 2191; NJW 2000, 2191 f. und NJW 2003, 3262 f.).

Nach diesen Grundsätzen genießt im Streitfall das besondere Schutzbedürfnis der kindlichen Persönlichkeitsentwicklung der Klägerin grundsätzlich den Vorrang vor der Berichterstattung in den Medien. Die beanstandeten Fotos zeigen die Klägerin und deren Eltern im Alltagsleben, also bei rein privaten Tätigkeiten. Sie tragen in keiner Weise zu einer wichtigen öffentlichen Auseinandersetzung in einer demokratischen Gesellschaft bei, die den Schutz des Art. 5 Abs. 1 GG in Anspruch nehmen könnte, sondern dienen nur dem Zweck, die Neugier eines bestimmten Publikums im Hinblick auf Einzelheiten aus dem Privatleben der Betroffenen zu befriedigen, wobei sich das Interesse an der Klägerin ausschließlich aus der Einstufung ihrer Eltern als sogenannte Prominente ableitet.

Auch wenn die Reichweite des Persönlichkeitsschutzes eines Kindes vom Schutzzweck her unter Berücksichtigung der Entwicklungsphasen des Kindes zu bestimmen ist, steht dem nicht entgegen, daß die Klägerin zum Zeitpunkt der Veröffentlichungen noch ein Kleinkind war. Eine Beeinträchtigung des Persönlichkeitsrechts kann nämlich nicht nur dann vorliegen, wenn das Kind die persönlichkeitserheblichen Einwirkungen Dritter bemerkt, sondern auch dann, wenn andere Gründe den Schutz der Persönlichkeitsentwicklung erfordern (vgl. BVerfG, NJW 2003, 3262 f.). Hier kann die Persönlichkeitsentwicklung der Klägerin schon dadurch beeinträchtigt werden, daß wegen der ständigen Verfolgung durch die Presse eine natürliche Eltern-Kind-Beziehung gefährdet ist. Wenn sich die Eltern im Zusammenleben mit dem Kind nicht unbefangen verhalten können, weil sie befürchten müssen, daß auch gegen ihren Willen Fotos veröffentlicht werden, die den privaten Bereich betreffen, kann sich dies nachteilig auf die Persönlichkeitsentwicklung des Kindes auswirken. Insoweit reicht bereits die Gefährdung aus, ohne daß es, wie die Revision meint, der Darlegung bedarf, daß tatsächlich bereits eine Störung des Eltern-Kind-Verhältnisses eingetreten sei.

c) Die Angriffe der Revision bleiben auch insoweit ohne Erfolg, als sie die Voraussetzungen für die Zubilligung einer Geldentschädigung in Zweifel zieht.

Nach der ständigen Rechtsprechung des Senats begründet eine Verletzung des allgemeinen Persönlichkeitsrechts einen Anspruch auf eine Geldentschädigung, wenn es sich um einen schwerwiegenden Eingriff handelt und die Beeinträchtigung nicht in anderer Weise befriedigend ausgeglichen werden kann. Das hängt insbesondere von der Bedeutung und Tragweite des Eingriffs, ferner von Anlaß und Beweggrund des Handelnden sowie von dem Grad seines Verschuldens ab (vgl. Senatsurteile BGHZ 128, 1, 12; 132, 13, 27 und vom 12. Dezember 1995 - VI ZR 223/94 - VersR 1996, 341; vgl. auch BVerfG, NJW 2004, 591). Eine wiederholte und hartnäckige Verletzung des Rechts am eigenen Bild, die um des wirtschaftlichen Vorteils willen erfolgt, kann sich als schwere, einen Anspruch auf Geldentschädigung rechtfertigende Verletzung des allgemeinen Persönlichkeitsrechts des Betroffenen darstellen, auch wenn die einzelne Bildveröffentlichung - jeweils für sich betrachtet - nicht als schwerwiegend einzustufen ist. Die Besonderheit einer Verletzung des Rechts am eigenen Bild besteht nämlich darin, daß dem Verletzten gegen eine solche Rechtsverletzung keine anderen Abwehrmöglichkeiten als ein Anspruch auf eine Geldentschädigung zur Verfügung stehen. Daraus folgt, daß in einem solchen Fall an die Zubilligung eines Entschädigungsanspruchs geringere Anforderungen als in anderen Fällen einer Persönlichkeitsrechtsverletzung zu stellen sind (Senatsurteil vom 12. Dezember 1995 - VI ZR 223/94 - aaO, 342).

Diese Grundsätze hat das Berufungsgericht beachtet und unter den Umständen des vorliegenden Falles zu Recht die Voraussetzungen für die Zubilligung einer

Geldentschädigung bejaht. Ebenso wie in dem dem vorstehend zitierten Senatsurteil zugrundeliegenden Fall läßt die Vorgehensweise der Beklagten eine besondere Hartnäckigkeit erkennen, indem sie die wiederholten Bildveröffentlichungen vorgenommen hat, obwohl sie nach dem Erscheinen der Fotos von den Eltern jeweils zeitnah abgemahnt worden ist, sie jeweils Unterlassungsverpflichtungserklärungen abgegeben hat und gegen sie mehrfach einstweilige Verfügungen erlassen worden sind.

d) Unter diesen Umständen ist auch die Höhe der zugebilligten Geldentschädigung, die in erster Linie Sache des Tatrichters ist, nicht unverhältnismäßig. In Fällen, in denen der Schädiger die Verletzung der Persönlichkeit seines Opfers als Mittel zur Auflagensteigerung und damit zur Verfolgung eigener kommerzieller Interessen eingesetzt hat, ist die Erzielung von Gewinnen aus der Rechtsverletzung als Bemessungsfaktor in die Entscheidung über die Höhe der Geldentschädigung mit einzubeziehen. In solchen Fällen muß von der Höhe der Geldentschädigung ein echter Hemmungseffekt ausgehen; als weiterer Bemessungsfaktor kann die Intensität der Persönlichkeitsrechtsverletzung berücksichtigt werden, der hier angesichts der nachhaltigen Störung des Privatlebens ein hohes Gewicht zukommt. Zudem darf die Geldentschädigung nicht eine Höhe erreichen, die die Pressefreiheit unverhältnismäßig einschränkt (vgl. Senatsurteile BGHZ 128, 1, 16 und vom 5. Dezember 1995 - VI ZR 332/94 - VersR 1996, 339, 340).

Im Hinblick darauf ist die Bemessung der Entschädigung durch das Berufungsgericht in Anbetracht der besonderen Hartnäckigkeit der Beklagten und der vom Berufungsgericht festgestellten Wirtschaftsmacht der hinter ihr stehenden Gruppe nicht zu beanstanden. Selbst wenn für diese keine rechtliche Verpflichtung besteht, etwaige Verluste wegen der Verurteilung zu einer Geldentschädigung zu ersetzen, dürfen die faktischen wirtschaftlichen Verhältnisse der Konzerngruppe hinter einem Presseorgan bei der Beurteilung, wie der Persönlichkeitsschutz gewährleistet werden kann, nicht außer Betracht bleiben. Im übrigen läßt der Beklagtenvortrag nicht erkennen, inwieweit die hier zuerkannte Geldentschädigung die Pressefreiheit gefährden könnte.

Auch die weiteren Rügen der Revision stehen der zuerkannten Entschädigung nicht entgegen. Wie vom Berufungsgericht zu Recht angenommen, stellen sowohl die Eingriffe in das Persönlichkeitsrecht der Mutter der Klägerin als auch die Veröffentlichungen durch andere Verlage eigenständige Persönlichkeitsrechtsverletzungen dar. Die Verletzung des Persönlichkeitsrechts der Mutter betrifft das Rechtsgut einer anderen Person, deren Persönlichkeitsschutz ebenso wie der der Klägerin zu gewährleisten ist. Könnte sich ein später in Anspruch genommener Schädiger darauf berufen, daß bereits eine Entschädigung wegen einer Veröffentlichung durch einen anderen Verlag zuerkannt worden ist, bliebe eine eigenständige weitere Persönlichkeitsrechtsverletzung ohne ausreichenden Schutz des Betroffenen. Den Vortrag der Beklagten, sie wolle nunmehr nur noch solche Fotos der Klägerin veröffentlichen, die diese in Begleitung ihrer Eltern bei offiziellen Anlässen zeige, hat das Berufungsgericht berücksichtigt. Es hat jedoch gemeint, die Beklagte könne nur durch eine fühlbare Entschädigung in ihrem Verhalten beeinflußt werden. Diese tatrichterliche Wertung ist revisionsrechtlich nicht zu beanstanden.

III. Die Kostenentscheidung beruht auf § 97 Abs. 1 ZPO.

Entscheidungsdatum: 19.10.2004
Aktenzeichen: VI ZR 292/03
Normen: Art 2 Abs 1 GG, Art 5 Abs 1 GG, § 823 Abs 1 BGB, § 1004 BGB, § 22 KunstUrhG
Persönlichkeitsverletzende Bildberichterstattung: Unterlassungsanspruch gegen die wiederholte Veröffentlichung eines rechtswidrig verbreiteten Fotos trotz zwischenzeitlichen Heraustretens des Abgebildeten in die Öffentlichkeit

Leitsatz

Die Presse darf ein Foto, das die abgebildete Person in einer privaten Situation zeigt und dessen Veröffentlichung zunächst rechtswidrig war, nicht schon deshalb ohne Einwilligung des Abgebildeten erneut veröffentlichen, weil dieser inzwischen Informationen über sein Privatleben teilweise der Öffentlichkeit zugänglich gemacht hat.

Tenor

Auf die Revision der Klägerin wird das Urteil des 11. Zivilsenats des Oberlandesgerichts Frankfurt am Main vom 2. September 2003 - 11 U 6/03 - im Kostenpunkt und insoweit aufgehoben, als die auf Unterlassung gerichtete Klage hinsichtlich der Veröffentlichung des

in der Zeitschrift SUPER ILLU Nr. 11/02 auf Seite 26 mit der Bildunterschrift "Beweis Als dieses Foto Anfang Februar erschien, wurde die Affäre von Anke und B. T. bekannt"

abgedruckten Fotos abgewiesen worden ist. Auch insoweit wird die Berufung der Beklagten gegen das Urteil der 3. Zivilkammer des Landgerichts Frankfurt am Main vom 14. November 2002 zurückgewiesen.

Soweit die Klägerin mit der Revision die Unterlassung der Verbreitung von Wortberichterstattung begehrt, wird das Rechtsmittel als unzulässig verworfen.

Die weitergehende Revision der Klägerin wird zurückgewiesen.

Von den Kosten des Revisionsverfahrens tragen die Klägerin 2/3 und die Beklagte 1/3. Die übrigen Kosten des Rechtsstreits werden gegeneinander aufgehoben.

Von Rechts wegen

Tatbestand

Die Klägerin wendet sich mit der Klage gegen eine Berichterstattung in der von der Beklagten verlegten Zeitschrift SUPER ILLU .

Die Klägerin unterhält seit 2001 eine Beziehung zu dem damaligen Ehemann der Schauspielerin Uschi Glas, B. T. In Nr. 11/02 der genannten Zeitschrift erschien ein Artikel ihres Chefredakteurs unter der Überschrift "Ein Kompliment für Sachsens schöne Mädchen", in dem sich unter einem Portraitfoto der Klägerin (im Folgenden: Foto 1) die Bildunterschrift befindet "Die Uschi-Glas-Rivalin Anke S... stammt aus P...". Im Heftinneren wurde dieses Foto in einem Artikel unter der Überschrift "Die Sächsin. Eine ganz besondere Frau" nochmals vergrößert veröffentlicht. Es trägt die Bildnebenschrift "Erinnerung an Urlaub. Die Uschi-Glas-Rivalin wird von Freunden als sportlich, fleißig, fröhlich und geschäftstüchtig beschrieben". Auf dieser Seite befindet sich mit der Bildunterschrift "Münchener Szene" ein Bild der Klägerin, das auf einer Weihnachtsparty in München 1996 aufgenommen wurde (Foto 2). Im Rahmen des Artikels ist ein weiteres Foto der Klägerin veröffentlicht, das sie mit B. T. beim Spaziergang am Deininger Weiher zeigt (Foto 3); darunter findet sich die Bildunterschrift: "Als dieses Foto Anfang Februar erschien, wurde die Affäre von Anke und B. T. bekannt". Unter der Überschrift des Artikels findet sich eine Unterüberschrift, in der es u.a. heißt: "Die junge Rivalin, die in die Ehe von Uschi Glas einbrach, stammt aus P...". In dem Artikel wird kurz der Lebenslauf der Klägerin geschildert.

Die Klägerin begehrt die Unterlassung der erneuten Veröffentlichung der genannten Fotos und einiger Textbeiträge. Die Beklagte hält die Veröffentlichung unter dem Gesichtspunkt eines überwiegenden Informationsinteresses sowie deswegen für zulässig, weil die Klägerin und B. T. im Januar 2003 ihre Beziehung selbst öffentlich gemacht hätten.

Das Landgericht hat der Klage stattgegeben. Das Berufungsgericht hat sie auf die Berufung der Beklagten durch das angefochtene Urteil im wesentlichen abgewiesen. Lediglich den Unterlassungsanspruch hinsichtlich des mit der Bildunterschrift "Münchener Szene" versehenen Fotos (Foto 2) hat es aufrecht erhalten. Das Berufungsgericht hat die Revision zugelassen wegen der grundsätzlichen Bedeutung der Rechtsfrage, unter welchen Voraussetzungen ein Unterlassungsanspruch bezüglich der erneuten Veröffentlichung ursprünglich rechtswidrig verbreiteter Fotografien nachträglich entfallen kann.

Entscheidungsgründe

I. Das Berufungsgericht verneint eine ausdrückliche und eine konkludente Einwilligung in die Veröffentlichung der Fotos. Es ist weiter der Ansicht, die Klägerin sei durch ihre Beziehung mit B. T. nicht zu einer Person der Zeitgeschichte geworden. Aus der "Begleiterrechtsprechung" lasse sich für den Fall nichts herleiten. Das öffentliche Interesse an der Klägerin sei erst durch die identifizierende Berichterstattung begründet worden, die das Ziel verfolgt habe, die Klägerin als "Rivalin" von Uschi Glas aufzubauen und das Zerbrechen der Ehe Glas/T. als öffentliches zeitgeschichtliches Ereignis erst zu konstituieren. Ein überwiegendes Informationsinteresse an der lediglich der Befriedigung von Neugier und Sensationslust dienenden Berichterstattung habe nicht bestanden.

Es gehe jedoch nicht um die Feststellung der Rechtswidrigkeit der seinerzeitigen Veröffentlichung, sondern um die Unterlassung erneuter Veröffentlichung. Insoweit fehle die Wiederholungsgefahr hinsichtlich der Fotos 1 und 3. Eine erneute Veröffentlichung der Fotos stelle keine Verletzung des Persönlichkeitsrechts der Klägerin dar. Durch den gemeinsamen Auftritt der Klägerin mit B. T. bei der Veranstaltung zur Verleihung des deutschen Videopreises im Januar 2003 und die dabei abgegebenen Erklärungen habe die Klägerin ihre Privat- und Sozialsphäre insoweit selbst öffentlich gemacht. Mit dem bisherigen Rechtsschutzanspruch, der damit begründet worden sei, die Klägerin habe ein Recht auf Anonymität und trage in keiner Weise dazu bei, daß ihr Privatleben an die Öffentlichkeit gelange, könne sie nicht mehr durchdringen.

Die Annahme eines überwiegenden Interesses der Beklagten an der Publikation von Bildern der Klägerin gelte allerdings nicht schrankenlos. Der Beklagten seien insoweit zeitliche und inhaltliche Grenzen gesetzt. Zeitlich seien derartige Veröffentlichungen nur so lange als rechtmäßig zu bewerten, wie das Scheitern der Ehe Glas/T. noch als zeitgeschichtlicher Vorgang angesehen werden müsse, an dem die Öffentlichkeit ein Interesse habe. Nach der inzwischen rechtskräftigen Scheidung dieser Ehe werde die Bedeutung des Vorgangs auch für das öffentliche Informationsinteresse stetig abnehmen, so daß die Klägerin jedenfalls nicht zeitlich unbegrenzt Veröffentlichungen von Fotografien, die sie abbilden, hinnehmen müsse. Gegenwärtig müsse allerdings das Interesse der Klägerin an der Unterlassung nicht genehmigter Bildveröffentlichungen wegen fortbestehender Aktualität des Vorgangs noch für einen begrenzten Zeitraum hinter dem Informationsinteresse zurücktreten.

Darüber hinaus müsse die Klägerin auch keineswegs eine Veröffentlichung sämtlicher der Presse zugänglich gemachter Fotografien hinnehmen. Es bestehe kein überwiegendes Veröffentlichungsinteresse an Bildern, die die Klägerin in Bereichen der geschützten Intim- und Privatsphäre zeigten bzw. die aus früherer Zeit stammten und in keinem unmittelbaren Zusammenhang mit ihrem heutigen Leben als Partnerin von B. T. stünden. Davon ausgehend könne hinsichtlich des Fotos 1, eines neutralen Portraitfotos, ebensowenig von einem berechtigten Interesse an der Unterlassung ausgegangen werden, wie hinsichtlich des aus der Privatsphäre stammenden Fotos 3 (Deininger Weiher), nachdem die Klägerin sich zu ihrer Beziehung bekannt habe. Anderes gelte für Foto 2, das nichts mit dem zeitgeschichtlichen Ereignis der Ehekrise Glas/T. zu tun habe und zu einem Bereich der Persönlichkeit der Klägerin gehöre, der bislang in keiner Weise der Öffentlichkeit zugänglich gemacht worden sei.

Die beanstandete Textberichterstattung könne im Hinblick darauf, daß die Klägerin zwischenzeitlich hinsichtlich ihrer Beziehung zu B. T. selbst an die Öffentlichkeit getreten sei, ebenfalls nicht mehr untersagt werden.

II. Das Berufungsurteil hält den Angriffen der Revision nur teilweise stand.

1. Das Berufungsgericht verneint mit dem Landgericht eine Einwilligung der Klägerin in die Veröffentlichung der Fotos. Dies nimmt die Revision als ihr günstig hin. Diese Wertung ist auch nicht zu beanstanden.

2. Nach den Ausführungen des Berufungsgerichts war die von der Beklagten vorgenommene Veröffentlichung rechtswidrig.

a) Davon geht im Ergebnis auch die Revision aus. Soweit sie dem Berufungsgericht vorwirft, die Systematik der §§ 22, 23 KUG verkannt und trotz Verneinung der Voraussetzungen des § 23 Abs. 1 Nr. 1 KUG eine Abwägung nach § 23 Abs. 2 KUG vorgenommen zu haben, sind dessen Ausführungen so zu verstehen, daß eine Abwägung zwischen den widerstreitenden Grundrechten aus den Art. 2 Abs. 1 GG und Art. 5 Abs. 1 GG vorgenommen wird, um festzustellen, ob die hier in Frage stehenden Bildnisse dem "Bereiche der Zeitgeschichte" überhaupt zugeordnet werden können.

Das ist rechtlich nicht zu beanstanden. § 23 Abs. 1 Nr. 1 KUG erlaubt die Veröffentlichung von Bildnissen aus dem Bereich der Zeitgeschichte unabhängig von dem Einwilligungserfordernis des § 22 KUG. Die Vorschrift nimmt nach der gesetzgeberischen Intention und nach Sinn und Zweck der Regelung auf das Informationsinteresse der Allgemeinheit und auf die Pressefreiheit Rücksicht. Die Belange der Öffentlichkeit sind daher gerade bei der Auslegung dieses Tatbestandsmerkmals zu beachten. Das weitere dem Grundrechtseinfluß offen stehende Tatbestandsmerkmal des "berechtigten Interesses" in § 23 Abs. 2 KUG bezieht sich von vornherein nur auf Personen von zeitgeschichtlicher Bedeutung und kann folglich die Belange der Pressefreiheit nicht mehr ausreichend aufnehmen, wenn diese zuvor bei der Abgrenzung des Personenkreises außer acht gelassen worden sind (BVerfGE 101, 361, 391 f.; BVerfG, NJW 2001, 1921, 1922 f.). Eine Abwägung der widerstreitenden Grundrechte aus Art. 2 Abs. 1 GG und Art. 5 Abs. 1 GG ist mithin schon bei der Zuordnung zum Bereich der Zeitgeschichte erforderlich, wobei der Beurteilung ein normativer Maßstab zugrunde zu legen ist, der der Pressefreiheit und zugleich dem Persönlichkeitsschutz ausreichend Rechnung trägt (BVerfG, NJW 2001, 1921, 1922). Demgemäß verlangt auch der erkennende Senat, daß bereits in diesem Zusammenhang eine Interessenabwägung hinsichtlich der betroffenen Grundrechte vorzunehmen ist (Senatsurteile vom 12. Dezember 1995 - VI ZR 223/94 - NJW 1996, 985, 986 = VersR 1996, 341 f.; vom 9. März 2004 - VI ZR 217/03 - VersR 2004, 863 und vom 28. September 2004 - VI ZR 305/03 - zur Veröffentlichung bestimmt, sub II 2 a; vgl. ferner Wenzel/von Strobl-Albeg, Das Recht der Wort- und Bildberichterstattung, 5. Aufl., Kap. 8 Rn. 4 ff.).

b) Nicht zu beanstanden ist auch unter Berücksichtigung des Urteils des Europäischen Gerichtshofs für Menschenrechte vom 24. Juni 2004 (NJW 2004, 2647 ff.), daß das Berufungsgericht bei seiner Abwägung die Ehekrise Glas/T. wegen des daran bestehenden öffentlichen Interesses als zeitgeschichtlichen Vorgang ansieht, gleichwohl aber (ausgehend von der hergebrachten Definition der absoluten und relativen Person der Zeitgeschichte) für die Zeit vor dem öffentlichen Auftreten der Klägerin (hierzu unten 3 c) ein überwiegendes Informationsinteresse am Privatleben der Klägerin verneint.

3. Die Annahme des Berufungsgerichts, die Unterlassungsklage sei weitgehend unbegründet, weil die Klägerin jedenfalls für einen gewissen Zeitraum die Bildberichterstattung über sich im Zusammenhang mit der Ehekrise und nachfolgenden Scheidung von Uschi Glas und B. T. dulden müsse, hält revisionsrechtlicher Überprüfung nur zum Teil stand.

a) Zutreffend geht das Berufungsgericht davon aus, eine Verurteilung zur Unterlassung einer Handlung könne nicht ohne weiteres darauf gestützt werden, daß in der Vergangenheit eine Rechtsverletzung stattgefunden hat. Eine solche Verurteilung kann vielmehr nur dann erfolgen, wenn eine erneute Rechtsverletzung künftig zu erwarten ist. Ob dies der Fall ist, wird unter dem Gesichtspunkt der Wiederholungsgefahr geprüft. Das Bestehen einer Wiederholungsgefahr, also die Besorgnis weiterer Beeinträchtigungen (vgl. § 1004 Abs. 1 Satz 2 BGB), ist Tatbestandsmerkmal jedes Unterlassungsanspruchs und damit materielle Anspruchsvoraussetzung (BGH, Urteile vom 13. Mai 1987 - I ZR 79/85 - NJW 1987, 3251, 3253; vom 16. Januar 1992 - I ZR 84/90 - GRUR 1992, 318, 319; vom 10. Februar 1994 - I ZR 16/92 - NJW 1994, 2096; Bamberger/Roth/Fritzsche, BGB, § 1004 Rn. 78; MünchKomm-BGB/Medicus, 4. Aufl., § 1004 Rn. 97; Staudinger/Gursky, BGB, Neubearbeitung 1999, § 1004 Rn. 208; Teplitzky, Wettbewerbsrechtliche Ansprüche und Verfahren, 8. Aufl., Kap. 6 Rn. 7; Wenzel/Burkhardt, aaO, Kap. 12 Rn. 7). Dies ergibt sich aus der Rechtsnatur des Unterlassungsanspruchs. Auch wer in der Vergangenheit in seinen Rechten verletzt worden ist, hat keinen Anspruch darauf, daß ein Verhalten unterlassen wird, das sich inzwischen als nicht mehr rechtswidrig darstellt (so Teplitzky, aaO, Kap. 6 Rn. 4). Davon gehen letztlich auch diejenigen Stimmen aus, die der Wiederholungsgefahr lediglich prozessuale Bedeutung beimessen (Nachweise bei MünchKomm-BGB/Medicus, aaO und Teplitzky, aaO, Rn. 6).

b) Die Ausführungen der Revision dazu, daß ein Wegfall der Wiederholungsgefahr hier nicht bejaht werden könne, berücksichtigen nicht ausreichend, daß sich das Fehlen der Wiederholungsgefahr aufgrund unterschiedlicher Umstände ergeben kann. Die Abgabe einer strafbewehrten Unterlassungserklärung mag der häufigste Grund für die Beseitigung dieser Gefahr sein. Er ist aber keineswegs der einzige. Die Überlegung, daß die Wiederholungsgefahr bei bereits geschehener Rechtsverletzung vermutet wird und daß an die Widerlegung der Vermutung strenge Anforderungen zu stellen sind, hilft jedenfalls dann nicht weiter, wenn es nicht um eine Abschätzung des mutmaßlichen künftigen Verhaltens des Rechtsverletzers geht, sondern darum, ob die Wiederholungsgefahr aufgrund veränderter Umstände aus rechtlichen Gründen zu verneinen ist.

c) Hier hat das Berufungsgericht geprüft, inwieweit die Voraussetzungen des § 23 KUG hinsichtlich künftiger Veröffentlichungen auch noch nach dem Auftreten der Klägerin bei der Veranstaltung zur Verleihung des deutschen Videopreises vorliegen. Diese Frage ist für die in Rede stehenden Fotos 1 und 3, deren Veröffentlichung das Berufungsgericht derzeit gleichermaßen für zulässig hält, richtigerweise unterschiedlich zu beantworten.

aa) Das Berufungsgericht stützt seine Bewertung darauf, daß sich die Klägerin durch ihr Auftreten in einen zeitgeschichtlichen Vorgang eingeordnet habe, so daß sie einer dies darstellenden Berichterstattung nicht ihr Recht auf Privatheit und Anonymität entgegenhalten könne.

Diese Überlegung ist im Grundsatz nicht zu beanstanden. In der Rechtsprechung sowohl des Bundesverfassungsgerichts als auch des erkennenden Senats ist bereits mehrfach betont worden, daß sich niemand auf ein Recht zur Privatheit hinsichtlich solcher Tatsachen berufen kann, die er selbst der Öffentlichkeit preisgibt (BVerfGE 101, 361, 385; BVerfG, NJW 2000, 1021, 1022 f.; Senat, Urteile vom 9. Dezember 2003 - VI ZR 373/02 - VersR 2004, 522, 524 = NJW 2004, 762 und - VI ZR 404/02 - VersR 2004, 525, 526 = NJW 2004, 766). Der Schutz der Privatsphäre vor öffentlicher Kenntnisnahme entfällt, soweit sich jemand selbst damit einverstanden zeigt, daß bestimmte, gewöhnlich als privat geltende Angelegenheiten öffentlich gemacht werden; die Erwartung, daß die Umwelt die Angelegenheiten oder Verhaltensweisen in einem Bereich mit Rückzugsfunktion nur begrenzt oder nicht zur Kenntnis nimmt, muß situationsübergreifend und konsistent zum Ausdruck gebracht werden (BVerfGE 101, 361, 385; BVerfG, NJW

2000, 1021, 1023; zur Problematik vgl. Wenzel/von Strobl-Albeg, aaO, Kap. 8 Rn. 75; Neben, Triviale Personenberichterstattung als Rechtsproblem, S. 230 f.; Seitz, NJW 2000, 2167). Dies gilt auch und insbesondere für den Bildnisschutz bei Anwendung der §§ 22, 23 KUG, die mit ihrem abgestuften Schutzkonzept einen angemessenen Ausgleich zwischen dem Schutz der Persönlichkeit und den Informationsinteressen der Allgemeinheit anstreben, gilt also auch, soweit bereits bei der Anwendung des § 23 Abs. 1 Nr. 1 KUG eine Interessenabwägung vorzunehmen ist.

bb) Unter den Umständen des Streitfalls durfte das Berufungsgericht eine künftige in zeitlicher Nähe zu den Vorgängen stehende erneute Veröffentlichung des Portraitfotos (Foto 1) als nach § 23 Abs. 1 Nr. 1 KUG erlaubt ansehen.

Nach den Feststellungen des Berufungsgerichts, die von der Revision nicht konkret beanstandet worden sind, liegt hier ein Fall vor, in dem die Betroffene gerade nicht situationsübergreifend und konsistent zum Ausdruck gebracht hat, ihre Privatsphäre solle nicht Gegenstand der Berichterstattung in der Presse sein. Die Klägerin hat sich danach selbst mit ihrem öffentlichen Auftritt an die Öffentlichkeit gewandt, ihre Identität und ihre Rolle als neue Lebensgefährtin von B. T. auch gegenüber der Boulevardpresse offengelegt und dies sowohl mit dem von ihr gebilligten Interview ihres Partners als auch mit der Einwilligung in die von ihr und B. T. dabei angefertigten Fotografien dokumentiert.

Ohne Rechtsfehler nimmt das Berufungsgericht an, unter diesen Umständen dürfe das hier in Frage stehende neutrale Portraitfoto in dem vom Berufungsgericht gekennzeichneten Zeitraum trotz seines fehlenden Bezuges zu dem zeitgeschichtlichen Vorgang veröffentlicht werden, weil es die Privatsphäre der Klägerin nur insoweit berühre, als sie als Person optisch in gleicher Weise identifizierbar werde, wie es durch die von ihr gebilligten Aufnahmen anläßlich der Veranstaltung zur Verleihung des deutschen Videopreises auch geschehen sei. Die Verwendung kontextneutraler Fotoaufnahmen bei der Presseberichterstattung ist nicht zu beanstanden, wenn weder die Veröffentlichung des jeweiligen Fotos als solche noch der Zusammenhang, in dem es gebracht wird, das Persönlichkeitsrecht des Abgebildeten beeinträchtigen (vgl. BVerfG, NJW 2001, 1921, 1924 ff.; Senatsurteil vom 9. März 2004 - VI ZR 217/03 - VersR 2004, 863, 864; Wenzel/von Strobl-Albeg, aaO, Kap. 8 Rn. 26 ff.). Dies ist nach den nicht zu beanstandenden Ausführungen des Berufungsgerichts hinsichtlich des Fotos 1 der Fall.

cc) Anders verhält es sich hingegen mit dem Foto 3, das die Klägerin mit B. T. am Deininger Weiher zeigt. Eine ausdrückliche oder stillschweigende Einwilligung der Klägerin in die Veröffentlichung dieses Fotos hat das Berufungsgericht - wie ausgeführt - ohne Rechtsfehler verneint. Seine Auffassung, dieses Foto dürfe gleichwohl nunmehr veröffentlicht werden, weil es nach dem ausdrücklichen Bekenntnis der Klägerin zu dieser Beziehung und den in ihrem Einverständnis gefertigten, die Beziehungspartner abbildenden Fotografien keinen weitergehenden Gehalt aufweise, ist nicht zutreffend. Das Foto zeigt die Klägerin nicht nur in einer erkennbar privaten Situation (vgl. hierzu Senatsurteil BGHZ 131, 332, 337 ff.). Es stammt auch aus einer Zeit, zu der sie ihre Privatsphäre noch nicht preisgegeben hatte und zu der seine Veröffentlichung mangels eines berechtigten Informationsinteresses als rechtswidrig anzusehen war.

Eine Veränderung der Umstände kann die Veröffentlichung derartiger Fotos nur unter besonderen Voraussetzungen rechtfertigen, für die hier nichts vorgetragen ist. Daß ein Foto geeignet sein kann, einen inzwischen von der abgebildeten Person der Öffentlichkeit preisgegebenen Teil ihres Privatlebens zu illustrieren, reicht dazu nicht aus. Wer - möglicherweise unter dem tatsächlichen Druck einer nicht mehr rückgängig zu machenden Berichterstattung - an die Öffentlichkeit tritt, muß nicht hinnehmen, daß die nunmehr im Grundsatz zulässige Berichterstattung über ihn mit Fotos bebildert wird, die der Öffentlichkeit zunächst nur unter Verletzung des Persönlichkeitsrechts zugänglich gemacht werden konnten. Insoweit kann ein überwiegendes Informationsinteresse der Öffentlichkeit nicht bejaht werden. Diesem Interesse kann ausreichend dadurch Rechnung getragen werden, daß zulässig zu veröffentlichendes Bildmaterial aus neuerer Zeit verwendet wird.

4. Soweit sich die Revision gegen das Berufungsurteil wegen der Ausführungen zur Wortberichterstattung der Beklagten wendet, ist sie unzulässig, weil das Berufungsgericht sie nicht zugelassen hat.

Das Berufungsgericht hat eindeutig zum Ausdruck gebracht, daß es die Revision nur zur Klärung der Rechtsfrage zulassen will, unter welchen Voraussetzungen ein Anspruch auf Unterlassung der erneuten Veröffentlichung ursprünglich rechtswidrig verbreiteter Fotografien nachträglich entfallen kann. Zwar enthält der Tenor des Berufungsurteils eine solche Einschränkung nicht. Es genügt jedoch, daß sich die Einschränkung mit ausreichender Deutlichkeit aus den Entscheidungsgründen ergibt (BGHZ 48, 134, 136; 153, 358, 360 f.). Hat das Berufungsgericht über mehrere selbständige prozessuale Ansprüche entschieden und ist die Rechtsfrage, deretwegen es die Revision zugelassen hat, nur für einen von ihnen erheblich, so ist in der Angabe des Zulassungsgrundes regelmäßig die - wie geboten - eindeutige Beschränkung der Zulassung der Revision auf diesen Anspruch zu sehen (BGHZ 48, 134, 136; 153, 358, 361 f.).

Nach ständiger Rechtsprechung kann das Berufungsgericht die Zulassung der Revision auf einen rechtlich selbständigen und abtrennbaren Teil des Streitstoffes beschränken, auf den auch die Partei selbst ihre Revision begrenzen könnte (Senatsurteile BGHZ 76, 397, 399 und vom 9. Dezember 2003 - VI ZR 404/02 - VersR 2004, 525). Unzulässig ist es, die Zulassung auf einzelne von mehreren Anspruchsgrundlagen oder auf bestimmte Rechtsfragen zu beschränken (BGHZ

101, 276, 278; 111, 158, 166 jeweils m.w.Nachw.). Der Teil des Prozeßstoffs, für den die Zulassung ausgesprochen wird, muß vom restlichen Prozeßstoff abtrennbar sein; im Falle einer Zurückverweisung darf die Änderung dieses Teils nicht in die Gefahr eines Widerspruchs zu dem nicht anfechtbaren Teil geraten (BGH, Urteile vom 4. Juni 2003 - VIII ZR 91/02 - ZIP 2003, 1399, 1401; vom 23. September 2003 - XI ZR 135/02 - NJW 2003, 3703 f.). Diese Voraussetzungen liegen hier vor.

III. Soweit die Revision begründet ist, kann der Senat selbst entscheiden, weil die Sache entscheidungsreif ist (§ 563 Abs. 3 ZPO). Die Kostenentscheidung folgt aus § 92 Abs. 1 ZPO.

Entscheidungsdatum: 08.11.2005
Aktenzeichen: VI ZR 64/05
Normen: Art 1 Abs 1 GG, Art 2 Abs 1 GG, Art 5 GG, § 823 Abs 1 BGB, § 1004 BGB
Persönlichkeitsrechtsverletzung in der Presse: Unterlassungsanspruch gegen eine satirische Darstellung in Form einer Fotomontage

Leitsatz

Zur Frage der Verletzung des allgemeinen Persönlichkeitsrechts durch Verwendung eines technisch manipulierten Fotos einer Person im Rahmen einer satirischen Bilddarstellung.

Tenor

Auf die Revision der Beklagten wird das Urteil des 7. Zivilsenats des Hanseatischen Oberlandesgerichts Hamburg vom 12. Februar 2002 aufgehoben und die Sache zur neuen Verhandlung und Entscheidung - auch über die Kosten des Revisionsverfahrens - an das Berufungsgericht zurückverwiesen.

Von Rechts wegen

Tatbestand

Der Kläger begehrt von der Beklagten Unterlassung der Verbreitung einer Bilddarstellung im Rahmen einer Fotomontage.

Im Jahre 2000 berichtete die Beklagte in einer bei ihr verlegten Zeitschrift über die wirtschaftliche und finanzielle Situation der Deutschen Telekom AG, deren Vorstandsvorsitzender der Kläger damals war. Sie illustrierte den Artikel mit der Ablichtung eines Mannes in einem Geschäftsanzug, der auf einem bröckelnden, magentafarbenen, dem Firmenemblem der Telekom entnommenen großen "T" sitzt und unbeschwert nach oben sieht. Die fotografische Abbildung des Kopfes des Klägers ist im Zuge einer Fotomontage auf den Oberkörper eines anderen Mannes gesetzt worden. Dabei ist die Abbildung des Kopfes technisch in einem zwischen den Parteien streitigen Umfang bearbeitet worden. Unstreitig wurde der Kopf allerdings um ca. 5 % gestreckt. Die Beklagte verwandte das Motiv auch zur weiteren Illustration des Artikels und wiederholte es in einer späteren Ausgabe.

Der Kläger verlangt Unterlassung, weil sein Gesicht bei der Herstellung der Foto-montage mittels unterschwelliger Manipulation negativ verändert worden sei. Es wirke - so der Kläger - infolge des technischen Eingriffs insgesamt länger, Wan-gen und Kinn seien fleischiger und breiter, der Kinnbereich fülliger und die Haut-farbe blasser als auf der Originalaufnahme. Der Kopf sei zudem im Verhältnis zum Körper insgesamt zu klein und sitze zu tief auf den Schultern, so dass der Hals kürzer und dicker erscheine.

Das Landgericht hat der Unterlassungsklage stattgegeben. Das Oberlandesgericht hat die Berufung der Beklagten zurückgewiesen. Auf die Nichtzulassungsbe-schwerde der Beklagten hat der erkennende Senat die Revision zugelassen und in seinem Urteil vom 30. September 2003 - VI ZR 89/02 - BGHZ 156, 206 auf die Rechtsmittel der Beklagten das Urteil des Oberlandesgerichts aufgehoben und dasjenige des Landgerichts abgeändert und die Klage abgewiesen. Auf die hierge-gen gerichtete Verfassungsbeschwerde des Klägers hat das Bundesverfassungsge-richt mit Beschluss vom 14. Februar 2005 - 1 BvR 240/04 - (NJW 2005, 3271) dieses Urteil aufgehoben und die Sache an den Bundesgerichtshof zurückverwie-sen.

Entscheidungsgründe

I. Nach Auffassung des Berufungsgerichts hat der Kläger gegen die Beklagte einen Anspruch auf Unterlassung aus einer entsprechenden Anwendung der §§ 823 Abs. 1, 1004 Abs. 1 Satz 2 BGB wegen rechtswidriger Verletzung seines allgemeinen Persönlichkeitsrechts (Art. 1 Abs. 1, 2 Abs. 1 GG). Die Beklagte könne sich für die satirische Darstellung grundsätzlich auf den Schutz der Meinungsfreiheit be-rufen. Sie habe das allgemeine Persönlichkeitsrecht des Beschwerdeführers jedoch in rechtswidriger Weise verletzt, indem sie seinen Kopf mittels unterschwelliger Manipulation negativ verändert abgebildet habe. Durch das satirische Gewand un-terfalle die angegriffene Fotomontage zwar im Grundsatz auch dem Kunstbegriff des Art. 5 Abs. 3 Satz 1 GG. Jedoch sei die Veränderung der Darstellung des Klä-gers als unzutreffende Tatsachenbehauptung nicht mehr gerechtfertigt. Die nicht satiretypische, aber wirklichkeitsnahe Darstellung des Kopfes des Klägers sei ei-ner gesonderten Betrachtung zugänglich.

II. Die Beurteilung des Berufungsgerichts hält auch auf der Grundlage der Entscheidung des Bundesverfassungsgerichts vom 14. Februar 2005 - 1 BvR 240/04 - (aaO) revisionsrechtlicher Überprüfung nicht in allen Punkten stand.

Die vom Berufungsgericht getroffenen Feststellungen rechtfertigen nicht die Zuerkennung eines Unterlassungsanspruchs nach §§ 823, 1004 BGB, 22 f. KUG wegen Verletzung des allgemeinen Persönlichkeitsrechts durch Verbreitung der beanstandeten Fotomontage.

1. Nach ständiger Rechtsprechung des Bundesverfassungsgerichts sichert das allgemeine Persönlichkeitsrecht, dass der Einzelne selbst darüber bestimmen darf, wie er sich in der Öffentlichkeit darstellt (vgl. BVerfGE 35, 202, 220 f.; 63, 131, 142; 101, 361, 380; und vom 14. Februar 2005 - 1 BvR 240/04 - aaO, 3272). Das Recht am eigenen Bild als Ausprägung dieses allgemeinen Persönlichkeitsrechts schützt den Grundrechtsträger daher vor der Verbreitung seines Bildes, sofern eine Einwilligung oder ein sonstiger Rechtsfertigungsgrund - etwa nach §§ 23 f. KUG - fehlt. Das allgemeine Persönlichkeitsrecht schützt auch vor der Verbreitung eines technisch manipulierten Bildes, das den Anschein erweckt, ein authentisches Abbild einer Person zu sein (BVerfG, Beschluss vom 14. Februar 2005 - 1 BvR 240/04 - aaO).

2. Das allgemeine Persönlichkeitsrecht unterliegt wegen des Vorbehalts in Art. 2 Abs. 1 GG jedoch Einschränkungen.

a) Nach der vorgenannten Entscheidung des Bundesverfassungsgerichts ist es verfassungsrechtlich nicht zu beanstanden, dass der erkennende Senat die Bildaussage im vorliegenden Fall in den verfassungsrechtlichen Schutz aus Art. 5 Abs. 1 GG einbezogen und die Bilddarstellung als Illustration einer Wortberichtserstattung über ein die Öffentlichkeit interessierendes Thema gedeutet hat, nämlich den Zustand der Deutschen Telekom und die darauf bezogene Verantwortlichkeit des Klägers. Die bildliche Darstellung nimmt daher am grundrechtlichen Schutz des Berichts teil, dessen Illustration sie dient.

b) Ebenfalls nicht beanstandet hat das Bundesverfassungsgericht, dass der erkennende Senat bei der rechtlichen Bewertung die Fotomontage als satirische Darstellung eingeordnet und daher die Rechtsprechung des Bundesverfassungsgerichts herangezogen hat, nach der für die Erfassung des eigentlichen Inhalts die Darstellung von ihrer satirischen Einkleidung zu befreien ist, um sodann den dahinter liegenden Aussagegehalt der Darstellung zu ermitteln (vgl. BVerfGE 75, 369, 377 f.; 86, 1, 12; vom 14. Februar 2005 - 1 BvR 240/04 - aaO, 3272). Dies hat der erkennende Senat vorliegend in Übereinstimmung mit den Vorinstanzen dahin getan, dass die Darstellung des Klägers symbolisieren solle, der Kläger throne unbeschwert über den Problemen der Deutschen Telekom.

c) Das Bundesverfassungsgericht beanstandet jedoch die Auffassung des erkennenden Senats, dass die Darstellung des Kopfes und die an ihr vorgenommene Manipulation nicht gesondert zu bewerten seien, sondern eine Gesamtbetrachtung der Fotomontage im Rahmen der Satire zu erfolgen habe.

aa) Der Schutz des Persönlichkeitsrechts vor technischen insbesondere nicht erkennbaren Manipulationen entfalle nicht allein deshalb, weil die veränderte Abbildung in einen satirisch-verzerrenden Kontext gestellt werde. Die Rechtsprechung des Bundesverfassungsgerichts zur rechtlichen Beurteilung satirischer Darstellungen wolle den Persönlichkeitsschutz in solchen Situationen nicht grundsätzlich beschränken oder gar ausschalten. Sie wolle lediglich sichern, dass etwas nicht deshalb von vornherein aus dem Schutz der mit dem Persönlichkeitsrecht kollidierenden Kommunikationsgrundrechte herausfalle, weil es in einen Kontext geordnet sei, der - wie es bei satirischen Darstellungen der Fall sei - mit Übertreibungen, Verzerrungen und Verfremdungen als Stilmittel arbeite. Die Gesamtbetrachtung solle maßgebend werden, wenn bei einer Aufspaltung einzelner Aussagen der Schutz der Gesamtaussage oder der der Einzelaussage als Bestandteil der Gesamtaussage beeinträchtigt werde. Deshalb solle zunächst der Aussagekern erfasst und daraufhin überprüft werden, ob er mit Art. 5 GG unter Berücksichtigung des grundrechtlichen Persönlichkeitsschutzes vereinbar sei. Der ermittelte Aussagekern sei, soweit er eine Wertung ausdrücke, daraufhin zu überprüfen, ob eine Schmähkritik vorliege. Enthalte er demgegenüber eine Tatsachenmitteilung, so sei zu klären, ob sie wahr oder auf sonstige Weise gerechtfertigt sei.

bb) Die rechtliche Beurteilung beschränke sich jedoch nicht auf den Aussagekern. Vielmehr sei auch die Einkleidung der Aussage gesondert daraufhin zu überprüfen, ob sie eine Kundgabe der Missachtung der Person enthalte (vgl. BVerfGE 75, 369, 378; 86, 1, 12) oder auf andere Weise das Persönlichkeitsrecht verletze. Dabei sei zu beachten, dass die Maßstäbe für die Beurteilung der Einkleidung insoweit andere und im Regelfall weniger streng als bei der Beurteilung des Aussagekerns seien, als der gewählten Darstellungsart die Verfremdung wesenseigen sei (vgl. BVerfGE 75, 369, 378). Der verfassungsrechtliche Schutz der Einkleidung einer Aussage in eine Fotomontage entfalle aber nicht vollständig, wenn die isolierbaren Einzelteile je für sich betrachtet entstellend wirkten. Soweit das Gesicht des Klägers durch technische Manipulation verändert sei, erlange dieser Teil der grafischen Umsetzung der Aussage eigenständige Persönlichkeitsrelevanz.

cc) Das fotografische Abbild des Kopfes enthalte durch die technische Manipulation eine unrichtige Aussage, auch wenn der Beschwerdeführer trotz der Manipulation noch identifizierbar sei. Wie weit ein solcher Eingriff im Kontext einer satirischen Darstellung hinzunehmen sei, hänge auch davon ab, ob der Betrachter der Abbildung die manipulative Veränderung erkennen und deswegen gar nicht zu der irrigen Einschätzung kommen könne, der Abgebildete sähe in Wirklichkeit so aus. Eine Erkennbarkeit der Entstellung sei etwa einer karikaturhaften Zeichnung meist eigen. So aber liege es hier nicht. Das für die Montage benutzte Bild des Kopfes beanspruche eine fotografische Abbildung zu sein und gebe dem Betrachter keinen Anhaltspunkt für die Manipulation der Gesichtszüge. Ein solcher Anhalt folge auch nicht daraus, dass die übrige Darstellung deutlich erkennbar den Charakter des Fiktiven habe. Für die Abbildung des Kopfes gelte dies gerade nicht.

Das fotografische Abbild ohne Verwendung von Worten übermittele Informationen über die abgelichtete Person. Fotos suggerierten Authentizität und die Betrachter gingen davon aus, dass die abgebildete Person in Wirklichkeit so aussehe. Diese Annahme aber treffe bei einer das Aussehen verändernden Bildmanipulation, wie sie heute relativ einfach mit technischen Mitteln herbeigeführt werden könne, nicht zu. Der Träger des Persönlichkeitsrechts habe zwar kein Recht darauf, von Dritten nur so wahrgenommen zu werden, wie er sich selbst gerne sehen möchte (vgl. BVerfGE 97, 125, 148 f.; 97, 391, 403; st. Rspr.), wohl aber ein Recht, dass ein fotografisch erstelltes Abbild nicht manipulativ entstellt sei, wenn es Dritten ohne Einwilligung des Abgebildeten zugänglich gemacht werde. Die Bildaussage werde jedenfalls dann unzutreffend, wenn das Foto über rein reproduktionstechnisch bedingte und für den Aussagegehalt unbedeutende Veränderungen hinaus verändert werde. Solche Manipulationen berührten das Persönlichkeitsrecht, einerlei ob sie in guter oder in verletzender Absicht vorgenommen würden oder ob Betrachter die Veränderung als vorteilhaft oder nachteilig für den Dargestellten bewerteten. Stets werde die in der bildhaften Darstellung in der Regel mitschwingende Tatsachenbehauptung über die Realität des Abgebildeten unzutreffend.

dd) Die Unwahrheit der Aussage habe Auswirkungen auf die Reichweite des Schutzes durch die Meinungsfreiheit. Die unrichtige Information, die der verfassungsrechtlich vorausgesetzten Möglichkeit zutreffender Meinungsbildung nicht dienen könne, sei unter dem Blickwinkel der Meinungsfreiheit kein schützenswertes Gut (vgl. BVerfGE 54, 208, 219; 61, 1, 8; 94, 1, 8). So liege es auch bei der Verwendung von fotografischen Abbildungen in satirischen Kontexten, wenn die Manipulation dem Betrachter nicht erkennbar sei, so dass er die Veränderung nicht als Teil der für satirische Darstellungen typischen Verfremdungen und Verzerrungen deuten und damit für seine Meinungsbildung bewertend einordnen könne. In einer Situation, in der der manipulierte Teil der Abbildung nicht als "Teil-" oder "Nebenaussage" der Bilddarstellung zurücktrete, sondern einen davon ablösbaren eigenständigen Aussagegehalt habe, bedürfe es einer eigenständigen Beurteilung unter dem Aspekt des Persönlichkeitsschutzes.

d) Ob im vorliegenden Fall eine über technisch unvermeidbare Änderungen hinausreichende Manipulation der Gesichtszüge des Klägers erfolgt sei und ob sie dem Betrachter erkennbar gewesen sei, sei durch die Instanzgerichte nicht abschließend geklärt. Der Kläger habe vorgetragen, es liege eine mehrfach gestufte Bildmanipulation vor, wohingegen die Beklagte nur eingeräumt habe, dass das verwandte Foto des Gesichts des Beschwerdeführers aus technischen Gründen der Fotocollage um 5 % in der Länge gestreckt sei. Das Landgericht und das Oberlandesgericht hätten gleichwohl eine tiefgreifende Manipulation des ursprünglich verwandten Bildes und eine schwerwiegende Veränderung der Bildaussage zum Nachteil des Klägers angenommen. Der Bundesgerichtshof habe die rechtliche Einordnung der Veränderung des Bildes auf der Grundlage seiner Rechtsauffassung offen lassen können. Ebenso habe er nicht abschließend gefragt, ob die Veränderungen derart geringfügig seien, dass sie nur bei besonders aufmerksamer Betrachtung unter Vergleich mit dem Originalfoto des Klägers erkennbar seien und deshalb das Persönlichkeitsrecht nicht nennenswert hätten verletzen können.

4. Auf dieser Grundlage durfte das Berufungsgericht nach den getroffenen Feststellungen noch keine das Persönlichkeitsrecht des Klägers verletzende Manipulation des ursprünglich verwandten Originalfotos annehmen. Dies wäre allerdings dann der Fall, wenn - entsprechend der Behauptung des Klägers - eine für den Betrachter nicht erkennbare mehrfach gestufte Bildmanipulation vorläge, die über technisch unvermeidbare Änderungen hinausreicht. Die Bildaussage wird jedenfalls dann unzutreffend, wenn das Foto über rein reproduktionstechnisch bedingte und für den Aussagegehalt unbedeutende Veränderungen hinaus verändert wurde. Das Berufungsgericht wird mithin die hiernach noch erforderlichen Feststellungen nachzuholen haben. Vorher kann nicht abschließend beurteilt werden, ob die Veränderungen des tatsächlichen Aussehens des Klägers derart geringfügig sind, dass sie nur bei besonders aufmerksamer Betrachtung unter Vergleich mit dem Originalfoto erkennbar sind und deshalb das Persönlichkeitsrecht nicht nennenswert verletzen. Denn der Träger des Persönlichkeitsrechts hat kein Recht darauf, von Dritten nur so wahrgenommen zu werden, wie er sich selbst gerne sehen möchte (vgl. BVerfGE 97, 125, 148 f.; 97, 391, 403; st. Rspr.).

Entscheidungsname: Rücktritt des Finanzministers
Entscheidungsdatum: 26.10.2006
Aktenzeichen: I ZR 182/04
Normen: § 22 KunstUrhG, § 23 KunstUrhG, § 812 Abs 1 S 1 Alt 2 BGB, § 823 Abs 1 BGB
Verwendung des Bildnisses eines prominenten Politikers in einer Werbeanzeige: Anspruch auf Zahlung der angemessenen Lizenzgebühr; Auseinandersetzung mit aktuellem politischem Tagesereignis in satirisch-spöttischer Form - Rücktritt des Finanzministers

Leitsatz

Rücktritt des Finanzministers

1. Die unbefugte kommerzielle Nutzung eines Bildnisses begründet im Allgemei-

nen – sei es unter dem Gesichtspunkt des Schadensersatzes oder der ungerechtfertigten Bereicherung – einen Anspruch auf Zahlung der angemessenen Lizenzgebühr, ohne dass es darauf ankommt, ob der Abgebildete bereit oder in der Lage gewesen wäre, gegen Entgelt Lizenzen für die Verbreitung und öffentliche Wiedergabe seines Bildnisses einzuräumen.

2. Eine prominente Persönlichkeit aus dem Bereich der Zeitgeschichte muss es zwar regelmäßig nicht dulden, dass das eigene Bildnis von Dritten für deren Werbezwecke eingesetzt wird. Doch findet auch hier eine Güterabwägung statt, die dazu führen kann, dass die Verwendung des fremden Bildnisses in einer Werbeanzeige, die sich satirisch mit einem aktuellen Tagesereignis auseinandersetzt, vom Betroffenen hingenommen werden muss.

Tenor

Auf die Revision der Beklagten wird das Urteil des Hanseatischen Oberlandesgerichts Hamburg, 7. Zivilsenat, vom 9. November 2004 aufgehoben.

Auf die Berufung der Beklagten wird das Urteil des Landgerichts Hamburg, Zivilkammer 24, vom 9. Januar 2004 abgeändert.

Die Klage wird abgewiesen.

Der Kläger trägt die Kosten des Rechtsstreits.

Von Rechts wegen

Tatbestand

Der Kläger ist Oskar Lafontaine. Er trat am 11. März 1999 von seinen Ämtern als Bundesminister der Finanzen und als Vorsitzender der SPD zurück. Die Beklagte betreibt als Konzerntochter des Autovermieters S. AG das Fahrzeug-Leasing-Geschäft. Sie warb – jeweils ohne Einwilligung des Klägers – am 21. März 1999 in der „Welt am Sonntag" mit einer halbseitigen und am 22. März 1999 in der „Frankfurter Allgemeinen Zeitung" mit einer doppelseitigen Anzeige, die nachstehend verkleinert wiedergegeben ist:

Die Porträtaufnahmen zeigen sechzehn Mitglieder der damaligen Bundesregierung einschließlich des Klägers, dessen Bild durchgestrichen aber weiterhin erkennbar ist.

Der Kläger hat die Beklagte auf Zahlung einer fiktiven Lizenzgebühr in Höhe von

250.000 DM (127.822,27 €) in Anspruch genommen. Er hat die Auffassung vertreten, die Beklagte habe auf seinen Bekanntheitsgrad abgestellt und sein Bild zu Werbezwecken zwangskommerzialisiert. Die Beklagte ist der Klage entgegengetreten.

Das Landgericht hat die Beklagte zur Zahlung in Höhe von 100.000 € verurteilt und die Klage im Übrigen abgewiesen. Das Berufungsgericht hat die Berufung der Beklagten zurückgewiesen (OLG Hamburg ZUM 2005, 164 = AfP 2004, 566).

Mit ihrer (vom Senat zugelassenen) Revision verfolgt die Beklagte ihren Antrag auf Klageabweisung weiter. Der Kläger beantragt, die Revision zurückzuweisen.

Entscheidungsgründe

I. Das Berufungsgericht hat den Anspruch auf Zahlung einer fiktiven Lizenzgebühr in Höhe von 100.000 € für begründet erachtet. Dazu hat es ausgeführt:

Es könne dahinstehen, ob dem Kläger ein Anspruch aus § 823 BGB, §§ 22, 23 KUG zustehe. Der Anspruch folge jedenfalls aus § 812 Abs. 1 Satz 1 Alt. 2 BGB. Indem die Beklagte das Bildnis des Klägers in ihrer Werbeanzeige genutzt habe, habe sie in rechtswidriger Weise in das dem Kläger zustehende Recht am eigenen Bild eingegriffen und damit zugleich auf seine Kosten einen vermögenswerten Vorteil erlangt.

Die Beklagte habe mit der Veröffentlichung des Fotos das Recht des Klägers am eigenen Bild verletzt. Auch wenn der Kläger eine Person der Zeitgeschichte sei und die Voraussetzungen des § 23 Abs. 1 Nr. 1 KUG vorlägen, sei die Veröffentlichung des Bildnisses nicht zulässig. Die gemäß § 23 Abs. 2 KUG gebotene Interessenabwägung ergebe, dass das berechtigte, gegen die Veröffentlichung sprechende Interesse des Klägers überwiege. Zwar sei das Interesse der Beklagten durch die Meinungsfreiheit (Art. 5 Abs. 1 GG) geschützt; die in Rede stehende Anzeige habe nicht nur Werbezwecken gedient, sondern enthalte auch eine in die Form der Satire gegossene politische Meinungsäußerung. Die Frage, ob ihr zusätzlich der Schutz der Kunstfreiheit (Art. 5 Abs. 3 GG) zukomme, könne offenbleiben. Jedenfalls müsse das Veröffentlichungsinteresse der Beklagten hinter dem Persönlichkeitsrecht des Klägers zurückstehen. Das allgemeine Persönlichkeitsrecht des Klägers schütze auch sein Interesse, nicht ohne seine Einwilligung von einem Dritten zu Werbezwecken eingesetzt zu werden. Gerade Personen des öffentlichen Lebens, die ohnehin in besonderem Maße der Beachtung und der Kritik durch die Öffentlichkeit ausgesetzt seien, müssten es in der Regel nicht hinnehmen, dass ihre Bildnisse in der Werbung als Blickfang verwendet würden. Der deutlich im Vordergrund stehende Zweck der Produktwerbung müsse letztlich dazu führen, dass das durch das allgemeine Persönlichkeitsrecht geschützte Inte-

resse des Klägers gegenüber der Meinungs- und Kunstfreiheit der Beklagten überwiege.

Mit dem Eingriff in das dem Kläger zustehende Recht am eigenen Bild habe die
Beklagte zugleich auf dessen Kosten einen vermögenswerten Vorteil erlangt. Die
Beklagte habe eine fiktive Lizenzgebühr zu entrichten, die das Landgericht zutref-
fend auf 100.000 € geschätzt habe.

II. Die Revision der Beklagten hat Erfolg. Sie führt zur Aufhebung des angefochtenen Urteils und zur Abweisung der Klage. Dem Kläger steht der geltend gemachte Anspruch auf Zahlung einer fiktiven Lizenzgebühr weder aus § 812 Abs.
1 Satz 1 Alt. 2 BGB noch aus § 823 Abs. 1 BGB, §§ 22, 23 KUG zu. Sämtliche
Ansprüche setzen voraus, dass die Beklagte den Kläger in rechtswidriger Weise
in seinem Persönlichkeitsrecht einschließlich seines Rechts am eigenen Bild verletzt hat. Daran fehlt es, weil die Verbreitung der Porträtaufnahme des Klägers in
der fraglichen Werbeanzeige als Bildnis aus dem Bereich der Zeitgeschichte auch
ohne seine Einwilligung grundsätzlich zulässig war (§ 23 Abs. 1 Nr. 1 KUG) und
durch die Verbreitung im Einzelfall auch kein berechtigtes Interesse des Klägers
verletzt worden ist (§ 23 Abs. 2 KUG).

1. Ohne Erfolg beruft sich die Revision allerdings darauf, dass die beanstandete
Veröffentlichung nicht den Schutzzweck des § 22 KUG betreffe. Das Bildnis habe
– so meint die Revision – in der beanstandeten Anzeige allein der Individualisie-
rung des Klägers gedient und hätte auch durch ein Namensschild ersetzt werden
können. Dies vermag indessen nichts daran zu ändern, dass die Veröffentlichung
der Fotografie des Klägers den Schutzbereich des Rechts am eigenen Bild berührt.
Zwar unterscheidet sich die beanstandete Veröffentlichung von anderen Fällen, in
denen die Fotografie einer bekannten Persönlichkeit ohne deren Zustimmung in
der Werbung eingesetzt wird, dadurch, dass es hier nicht um den Sympathie- und
Imagewert des Abgebildeten geht, der auf das beworbene Produkt übertragen werden soll. Die Werbewirkung erzielt die beanstandete Anzeige vielmehr dadurch,
dass sie den Kläger als gescheiterten „Mitarbeiter in der Probezeit" darstellt; ihre
Wirkung beruht somit auf einem Scherz auf Kosten des Klägers. Dies bedeutet
jedoch nicht, dass das Recht am eigenen Bild, das die Verbreitung und öffentliche
Wiedergabe einer Abbildung grundsätzlich von der Einwilligung des Abgebildeten abhängig macht, nicht berührt wäre.

2. Unbegründet ist auch die Rüge der Revision, ein Bereicherungsanspruch
scheide von vornherein aus, weil der Kläger wegen des für Bundesminister geltenden Verbots anderer besoldeter Tätigkeiten (Art. 66 GG) oder aus Gründen der
politischen Glaubwürdigkeit an der eigenen kommerziellen Verwertung seines
Bildnisses gehindert gewesen sei. Mit Recht ist das Berufungsgericht davon ausgegangen, dass ein Bereicherungsanspruch unabhängig davon besteht, ob der Abgebildete bereit oder in der Lage ist, gegen Entgelt Lizenzen für die Verbreitung

und öffentliche Wiedergabe seiner Abbildung zu gewähren. Die unbefugte kommerzielle Nutzung eines Bildnisses stellt einen Eingriff in den vermögensrechtlichen Zuweisungsgehalt des Rechts am eigenen Bild wie auch des allgemeinen Persönlichkeitsrechts dar und begründet grundsätzlich – neben dem Verschulden voraussetzenden Schadensersatzanspruch – einen Anspruch aus Eingriffskondiktion auf Zahlung der üblichen Lizenzgebühr (vgl. BGH, Urt. v. 1.12.1999 – I ZR 226/97, GRUR 2000, 715, 716 = WRP 2000, 754 – Der blaue Engel; ferner BVerfG, Beschl. v. 22.8.2006 – 1 BvR 1168/04, WRP 2006, 1361 Tz 28 u. 31). Bereicherungsgegenstand ist die Nutzung des Bildnisses. Da diese nicht herausgegeben werden kann, ist nach § 818 Abs. 2 BGB Wertersatz zu leisten. Wer das Bildnis eines Dritten unberechtigt für kommerzielle Zwecke ausnutzt, zeigt damit, dass er ihm einen wirtschaftlichen Wert beimisst. An der damit geschaffenen vermögensrechtlichen Zuordnung muss sich der Verletzer festhalten lassen und einen der Nutzung entsprechenden Wertersatz leisten. Dies gilt unabhängig davon, ob der Abgebildete bereit und in der Lage gewesen wäre, die Abbildung gegen Zahlung einer angemessenen Lizenzgebühr zu gestatten; denn der Zahlungsanspruch fingiert nicht eine Zustimmung des Betroffenen, er stellt vielmehr den Ausgleich für einen rechtswidrigen Eingriff in eine dem Betroffenen ausschließlich zugewiesene Dispositionsbefugnis dar (vgl. MünchKomm.BGB/Rixecker, 4. Aufl., § 12 Anh. Rdn. 226; Schricker/Götting, Urheberrecht, 3. Aufl., § 60 UrhG/§§ 33-50 KUG, Rdn. 10 u. 14; Wenzel/v. Strobl-Albeg, Das Recht der Wort- und Bildberichterstattung, 5. Aufl., Kap. 9 Rdn. 10 m.w.N.; Ullmann, AfP 1999, 209, 212 f.). Soweit sich der Rechtsprechung des Bundesgerichtshofs entnehmen lässt, dass ein Schadens- oder Bereicherungsausgleich auf der Grundlage einer angemessenen Lizenzgebühr ein grundsätzliches Einverständnis des Abgebildeten mit der Vermarktung seines Rechts am eigenen Bild voraussetze (vgl. BGHZ 26, 349, 353 – Herrenreiter; 30, 7, 16 f. – Caterina Valente; BGH, Urt. v. 26.6.1979 – VI ZR 108/78, GRUR 1979, 732, 734 = NJW 1979, 2205 – Fußballtor), wird daran nicht festgehalten.

3. Die Verbreitung der Fotografie des Klägers in der streitgegenständlichen Werbeanzeige war gemäß § 23 Abs. 1 Nr. 1 KUG – vorbehaltlich der Prüfung der Voraussetzungen des § 23 Abs. 2 KUG (dazu sogleich unter 4.) – erlaubt. Danach darf ein Bildnis aus dem Bereich der Zeitgeschichte ohne Einwilligung des Abgebildeten verbreitet werden.

a) Bei der Porträtaufnahme des Klägers handelt es sich – dies steht jedenfalls für den unmittelbaren zeitlichen und inhaltlichen Zusammenhang mit seinem Rücktritt als Finanzminister und SPD-Vorsitzender außer Zweifel – um ein Bildnis aus dem Bereich der Zeitgeschichte (§ 23 Abs. 1 Nr. 1 KUG). Hieran vermag auch der Umstand nichts zu ändern, dass das Bildnis im Rahmen einer Werbeanzeige verbreitet worden ist.

b) Allerdings kann sich derjenige nicht auf § 23 Abs. 1 Nr. 1 KUG berufen, der keinem schutzwürdigen Informationsinteresse der Allgemeinheit nachkommt. Das schutzwürdige Informationsinteresse fehlt bei Werbeanzeigen, wenn sie ausschließlich den Geschäftsinteressen des mit der Abbildung werbenden Unternehmens dienen (BGHZ 20, 345, 350 f. – Paul Dahlke; BGH, Urt. v. 14.4.1992 – VI ZR 285/91, GRUR 1992, 557 = NJW 1992, 2084 – Talkmaster-Foto; Urt. v. 14.3.1995 – VI ZR 52/94, WRP 1995, 613, 614 = NJW-RR 1995, 789 – Chris Revue; Urt. v. 1.10.1996 – VI ZR 206/95, GRUR 1997, 125, 126 = NJW 1997, 1152 – Bob-Dylan-CD; BGHZ 143, 214, 229 – Marlene Dietrich; BGH GRUR 2000, 715, 717 – Der blaue Engel; BGHZ 151, 26, 30). Dies ist insbesondere dann der Fall, wenn das Bildnis aus dem Bereich der Zeitgeschichte nur verwendet wird, um den Werbewert der prominenten Persönlichkeit auszunutzen und auf das beworbene Produkt überzuleiten. Dagegen ist der Anwendungsbereich des § 23 Abs. 1 Nr. 1 KUG eröffnet, wenn die Werbeanzeige neben dem Werbezweck auch einen Informationsgehalt für die Allgemeinheit aufweist (BGH GRUR 1997, 125, 126 – Bob-Dylan-CD; BGHZ 151, 26, 30; vgl. BVerfG, Beschl. v. 25.8.2000 – 1 BvR 2707/95, NJW 2001, 594). Denn der kommerzielle Zusammenhang schließt es nicht aus, dass die Veröffentlichung auch der Information der Allgemeinheit dient (vgl. BGH, Urt. v. 5.10.2006 – I ZR 277/03 – kinski-klaus.de, unter II.4.c) a.E.). Der Schutz des Art. 5 Abs. 1 GG erstreckt sich auch auf kommerzielle Meinungsäußerungen und auf reine Wirtschaftswerbung, die einen wertenden, meinungsbildenden Inhalt hat, und zwar auch auf die Veröffentlichung eines Bildnisses, das die Meinungsäußerung transportiert oder ergänzt (vgl. BVerfGE 71, 162, 175; 102, 347, 359 – Benetton-Werbung; BGH, Urt. v. 14.11.1995 – VI ZR 410/94, GRUR 1996, 195, 197 = NJW 1996, 593 – Abschiedsmedaille; BGH GRUR 1997, 125, 126 – Bob-Dylan-CD; BGHZ 151, 26, 30).

Die vom Kläger beanstandete Werbeanzeige dient nicht ausschließlich einem Werbezweck, sondern enthält im Zusammenhang mit der Abbildung des Klägers auch eine auf ein aktuelles Ereignis bezogene politische Meinungsäußerung in Form der Satire. Indem die Beklagte den Kläger mit einem Mitarbeiter vergleicht, der bereits in der Probezeit scheitert, setzt sie sich in ironischer Weise mit dem Umstand auseinander, dass der Kläger nach kurzer Amtszeit als Finanzminister zurückgetreten ist. Dieser meinungsbildende Inhalt wird durch den offensichtlichen Werbezweck der Anzeige nicht verdrängt.

4. Die nach § 23 Abs. 1 Nr. 1 KUG im Grundsatz zulässige Verbreitung des Bildnisses des Klägers verletzt auch in der konkret beanstandeten Werbeanzeige nicht dessen berechtigte Interessen (§ 23 Abs. 2 KUG).

a) Nach § 23 Abs. 2 KUG erstreckt sich die Befugnis zur einwilligungsfreien Veröffentlichung von Bildnissen aus dem Bereich der Zeitgeschichte nicht auf eine Verbreitung, die im Einzelfall ein berechtigtes Interesse des Abgebildeten verletzt. Ob dies der Fall ist, ist aufgrund einer umfassenden, am Einzelfall orientierten Güter- und Interessenabwägung zu beantworten. Denn wegen der Eigenart des

Persönlichkeitsrechts als eines Rahmenrechts fehlt es an einem absoluten Schutzbereich des Rechts; der Schutzumfang muss vielmehr jeweils durch eine Abwägung mit den schutzwürdigen Interessen der anderen Seite bestimmt werden (BVerfGE 101, 361, 393; BGH, Urt. v. 12.10.1993 – VI ZR 23/93, GRUR 1994, 391, 392 = NJW 1994, 124 – Alle reden vom Klima; BGHZ 156, 206, 210). Dabei ist unter Berücksichtigung der Intensität des in Rede stehenden Eingriffs zu ermitteln, ob dem hier nur vermögenswerten Bestandteil des Persönlichkeitsrechts des Klägers ein größeres Gewicht beizumessen ist als der Rechtsposition, auf die sich die Beklagte bei der Verbreitung der Werbeanzeige unter Berufung auf Art. 5 Abs. 1 Satz 1 GG stützt.

b) Im Falle der Verwendung eines Bildnisses in einer Werbeanzeige wird – wie das Berufungsgericht zu Recht angenommen hat – im Regelfall das allgemeine Persönlichkeitsrecht des ohne seine Einwilligung Abgebildeten gegenüber dem Veröffentlichungsinteresse des Werbenden überwiegen (vgl. Schricker/Götting aaO § 60 UrhG/§ 23 KUG Rdn. 16). Denn es stellt einen wesentlichen Bestandteil des allgemeinen Persönlichkeitsrechts dar, selbst darüber zu entscheiden, ob und in welcher Weise das eigene Bildnis für Werbezwecke zur Verfügung gestellt werden soll. Dabei steht allerdings der Umstand im Vordergrund, dass durch die Verwendung eines Bildnisses der Image- oder Werbewert des Abgebildeten ausgenutzt und der Eindruck erweckt wird, der Abgebildete identifiziere sich mit dem beworbenen Produkt, empfehle es oder preise es an (vgl. BGHZ 20, 345, 352 – Paul Dahlke; BGH WRP 1995, 613, 614 – Chris Revue; BGHZ 151, 26, 33).

c) Mit Erfolg wendet sich die Revision gegen die Annahme des Berufungsgerichts, der erkennbare Werbezweck führe dazu, dass die Meinungsfreiheit der Beklagten gegenüber dem Persönlichkeitsrecht des Klägers zurücktreten müsse. Im Streitfall geht es ersichtlich nicht darum, einen Image- oder Werbewert des Klägers auf die beworbene unternehmerische Leistung zu übertragen. Die Anzeige erweckt auch nicht den Eindruck, als empfehle der Kläger das beworbene Produkt. Zwar lässt sich allein damit noch nicht begründen, dass der Kläger die Verwendung seines Bildnisses in einer Werbeanzeige hinnehmen muss. Doch führen diese Umstände sowie das gegenläufige Interesse des Werbenden, sich auch im Rahmen einer Werbeanzeige in satirisch-spöttischer Form mit einem aktuellen politischen Tagesereignis auseinandersetzen zu können, dazu, dass das Interesse des Klägers, die Verwendung seines Bildnisses in der Werbung zu verhindern, zurücktreten muss.

Die Beklagte nimmt den Rücktritt des Klägers als Finanzminister zum Anlass für ihren als Satire verfassten Werbespruch, ohne über eine bloße Aufmerksamkeitswerbung hinaus die Person des Klägers als Vorspann zur Anpreisung ihrer Dienstleistung zu vermarkten. Die Abbildung des Klägers behält im Rahmen der Werbeanzeige ihre Zuordnung zu dem kommentierten politischen Zeitgeschehen. Die Anzeige verwendet eine kontextneutrale Porträtaufnahme, die sich in Größe und Anordnung in die ebenfalls in der Werbeanzeige enthaltenen Porträtaufnahmen der weiteren fünfzehn Mitglieder des Kabinetts einreiht. Diese Abbildungen sind Teil der satirischen Auseinandersetzung der Beklagten mit dem Zeitgeschehen, in dessen Mittelpunkt der Kläger steht. Auch wenn die politische Auseinandersetzung im Rahmen einer Werbeanzeige erfolgt und von der Beklagten eingesetzt wird, um die Aufmerksamkeit auf ihr Leasinggeschäft zu lenken, steht sie unter dem besonderen Schutz der Meinungsäußerungsfreiheit (Art. 5 Abs. 1 Satz 1 GG). Im Streitfall muss das Interesse des Klägers, nicht ohne seine Erlaubnis in einer Werbeanzeige abgebildet zu werden, gegenüber der Ausübung dieses Freiheitsrechts zurücktreten. Die Werbung berührt lediglich den zivilrechtlich, nicht verfassungsrechtlich begründeten Schutz der vermögenswerten Bestandteile des Persönlichkeitsrechts (vgl. BVerfG WRP 2006, 1361 Tz 27 ff.). Die ideellen Teile des allgemeinen Persönlichkeitsrechts, deren Schutz durch die Menschenwürdegarantie von Verfassungs wegen geboten ist, sind im Streitfall nicht betroffen. Eine Beschädigung des Ansehens des Klägers durch die beanstandete Anzeige steht nicht zur Debatte.

5. Danach ist das angefochtene Urteil aufzuheben. Da die Sache zur Entscheidung reif ist, ist die Klage abzuweisen (§ 563 Abs. 3 ZPO).

III. Die Kostenentscheidung beruht auf § 91 Abs. 1 ZPO.

Entscheidungsdatum: 06.03.2007
Aktenzeichen: VI ZR 52/06
Normen: § 23 Abs 1 Nr 1 KunstUrhG, § 23 Abs 2 KunstUrhG, § 823 Abs 1 BGB, § 1004 BGB, Art 1 Abs 1 GG
Persönlichkeitsrechtsverletzende Presse-Bildberichterstattung: Anspruch eines Prominenten auf Unterlassung der Veröffentlichung von Urlaubsfotos

Orientierungssatz

1. Auch eine Person des öffentlichen Lebens (hier: die Tochter des verstorbenen Fürsten von Monaco) muss es nicht hinnehmen, dass ohne ihre Einwilligung Fotos, die ihre Privatsphäre berühren (hier: in einer Illustrierten) veröffentlicht werden. Eine Ausnahme vom Erfordernis der Einwilligung kommt grundsätzlich nur dann in Betracht, wenn die Berichterstattung ein Ereignis von zeitgeschichtlicher Bedeutung betrifft. Es hat eine Interessenabwägung stattzufinden und zwar zwischen dem Informationsinteresse der Öffentlichkeit einerseits und dem Interesse des Abgebildeten am Schutz seiner Privatsphäre andererseits.

2. Zum geschützten Kernbereich der Privatsphäre gehört auch der Urlaub eines "Prominenten", so dass dem Betroffenen ein Unterlassungsanspruch gegen die Veröffentlichung von Fotos zusteht, die ihn an seinem Urlaubsort zeigen. Dies gilt auch dann, wenn es sich um eine Aufnahme handelt, die die Betroffenen auf einer öffentlichen Straße mit anderen Menschen zeigt.

Tenor

Auf die Revision der Klägerin wird das Urteil des 7. Zivilsenats des Hanseatischen Oberlandesgerichts Hamburg vom 31. Januar 2006 aufgehoben.

Die Berufung der Beklagten gegen das Urteil des Landgerichts Hamburg, Zivilkammer 24, vom 1. Juli 2005 wird zurückgewiesen.

Die Beklagte trägt die Kosten der Rechtsmittelverfahren.

Von Rechts wegen

Tatbestand

Die Klägerin ist eine Tochter des verstorbenen Fürsten von Monaco. Die Beklagte verlegt die Zeitschrift "7 TAGE". In der Ausgabe Nr. 13/02 dieser Zeitschrift vom 20. März 2002 wurde berichtet, dass die Klägerin und ihr Ehemann ihre auf der Insel Lamu/Kenia gelegene Villa vermieten. Illustriert war der Bericht unter anderem mit der beanstandeten Aufnahme, welche die Klägerin im Urlaub neben ihrem Ehemann auf einer öffentlichen Straße mit anderen Menschen zeigt.

Die Klägerin verlangt - wie ihr Ehemann im Verfahren VI ZR 53/06 - von der Beklagten, es zu unterlassen, diese Aufnahme erneut zu veröffentlichen. Das Landgericht hat der Klage stattgegeben. Auf die Berufung der Beklagten hat das Oberlandesgericht dieses Urteil aufgehoben und die Klage abgewiesen. Mit der vom Berufungsgericht zugelassenen Revision begehrt die Klägerin, die Berufung der Beklagten gegen das erstinstanzliche Urteil zurückzuweisen.

Entscheidungsgründe

I. Das Berufungsgericht hat zur Begründung seiner Entscheidung im Wesentlichen ausgeführt, die Beklagte habe nicht rechtswidrig in das Recht der Klägerin am eigenen Bild eingegriffen. Die Klägerin müsse als Person des öffentlichen Lebens gemäß § 23 Abs. 1 Nr. 1 KUG hinnehmen, dass Aufnahmen auch ohne ihre Einwilligung verbreitet würden. Dieses Recht zur Veröffentlichung finde nach § 23 Abs. 2 KUG erst dann seine Grenze, wenn die Aufnahmen die Privatsphäre der Klägerin berührten und das Interesse der Klägerin am Schutz ihrer Privatsphäre das Informationsinteresse der Allgemeinheit überwiege. Eine Abwägung der Grundrechte der Parteien aus Art. 1 Abs. 1, 2 Abs. 1 und 5 Abs. 1 Satz 2 GG ergebe hier, dass die Veröffentlichung rechtmäßig erfolgt sei. Zwar sei auch Art. 8 Abs. 1 EMRK bei der Abwägung zu berücksichtigen und bei der Bestimmung der Grenzen des allgemeinen Persönlichkeitsrechts der Klägerin heranzuziehen.

Das Grundgesetz sei aber als Verfassung des deutschen Staates vorrangig. Allerdings sei hier keine Frage des allgemeinen Interesses betroffen, zu der das veröffentlichte Bild einen Beitrag leiste, sondern nur das Unterhaltungsinteresse. Nach der Rechtsprechung des Bundesverfassungsgerichts sei die Veröffentlichung jedoch trotzdem zulässig, weil Plätze, an denen sich der Einzelne unter vielen Menschen befinde, die Voraussetzungen des Privatsphärenschutzes nicht erfüllten; sie könnten das Rückzugsbedürfnis nicht erfüllen und rechtfertigten damit auch nicht den grundrechtlichen Schutz, den dieses Bedürfnis aus Gründen der Persönlichkeitsentfaltung verdiene. Diese Rechtsprechung binde das Berufungsgericht nach § 31 BVerfGG. Das beanstandete Bild zeige die Klägerin mit ihrem Ehemann auf offener Straße und damit an einem Platz, an dem sich viele Menschen aufhielten. Wer sich - wie die Klägerin - als Person des öffentlichen Lebens im Urlaub an einem solchen Ort aufhalte, müsse mit einer gewissen Aufmerksamkeit rechnen und könne nicht davon ausgehen, von den Medien unbeobachtet zu bleiben. Dem öffentlichen Informationsinteresse sei deshalb der Vorrang einzuräumen. Die Bildveröffentlichung sei nicht zu beanstanden.

II. Diese Ausführungen halten revisionsrechtlicher Überprüfung nicht stand. Die Klägerin kann der Beklagten die erneute Veröffentlichung der beanstandeten Aufnahme untersagen.

1. Bildnisse einer Person dürfen grundsätzlich nur mit deren Einwilligung verbreitet werden (§ 22 Satz 1 KUG). Das Recht am eigenen Bild ist eine besondere Ausprägung des allgemeinen Persönlichkeitsrechts. Daraus ergibt sich, dass grundsätzlich allein dem Abgebildeten die Befugnis zusteht, darüber zu befinden, ob und in welcher Weise er der Öffentlichkeit im Bild vorgestellt wird (st. Rspr.; vgl. Senatsurteile BGHZ 131, 332, 336; vom 28. September 2004 - VI ZR 305/03 - VersR 2005, 83). Revisionsrechtlich nicht zu beanstanden ist der Ausgangspunkt des Berufungsurteils, dass die Klägerin die nach diesen Grundsätzen erforderliche Einwilligung zur Verbreitung der Aufnahme weder ausdrücklich noch stillschweigend erteilt hat.

2. Der Ansicht des Berufungsgerichts, die Klägerin habe auch ohne Einwilligung hinzunehmen, dass eine Aufnahme verbreitet werde, die sie im Urlaub in Begleitung ihres Ehemannes in der Öffentlichkeit abbilde, kann in dieser Allgemeinheit nicht gefolgt werden. Der Ausnahmetatbestand des § 23 Abs. 1 Nr. 1 KUG, wonach Bildnisse aus dem Bereich der Zeitgeschichte einwilligungsfrei veröffentlicht werden dürfen, greift vorliegend nicht durch.

a) Das Berufungsgericht bejaht für die beanstandete Bildveröffentlichung eine Ausnahme im Sinn von § 23 Abs. 1 Nr. 1 KUG. Die Klägerin müsse als Person des öffentlichen Lebens die Veröffentlichung hinnehmen. Zwar leiste das Bild keinen Beitrag zu einer Frage von allgemeinem Interesse, sondern diene nur dem Unterhaltungsinteresse. Gleichwohl sei der Schutz der Privatsphäre nicht vorrangig, weil die Aufnahme die Klägerin an einem Ort zeige, an dem sich viele Menschen befänden.

Seine Auffassung leitet das Berufungsgericht aus dem Urteil des Bundesverfassungsgerichts vom 15. Dezember 1999 (BVerfGE 101, 361 ff.) her, mit dem das Urteil des erkennenden Senats vom 19. Dezember 1995 (- VI ZR 15/95 - BGHZ 131, 332 ff.) zu den Paparazzi-Bildern (mit Ausnahme der Abbildungen mit Kindern) bestätigt worden ist und an das sich das Berufungsgericht nach § 31 BVerfGG gebunden fühlt.

b) Indessen wird die Auffassung des Berufungsgerichts nicht in jeder Hinsicht dem abgestuften Schutzkonzept gerecht, das die Rechtsprechung aus §§ 22, 23 KUG entwickelt hat (vgl. BVerfG, BVerfGE 101, 361 ff.; NJW 2001, 1921, 1924 ff.; NJW 2006, 2835 f.; NJW 2006, 2836). Das gilt insbesondere unter Berücksichtigung der in den Entscheidungen des Europäischen Gerichtshofs für Menschenrechte (künftig: EGMR) vom 24. Juni 2004 in dem Verfahren von Hannover gegen Deutschland (NJW 2004, 2647 ff.) und vom 16. November 2004 (NJW 2006, 591 ff. - Karhuvaara und Iltalehti gegen Finnland) dargelegten Grundsätze. Der erkennende Senat hat dieses Schutzkonzept in mehreren neuen Entscheidungen erläutert (vgl. etwa Urteile vom 19. Oktober 2004 - VI ZR 292/03 - VersR 2005, 84 ff.; vom 15. November 2005 - VI ZR 286/04 - VersR 2006, 274 ff.) und fasst dies nochmals zusammen.

aa) Nach § 22 KUG dürfen Bildnisse nur mit Einwilligung des Abgebildeten verbreitet werden; hiervon besteht nach § 23 Abs. 1 KUG eine Ausnahme, wenn es sich um Bildnisse aus dem Bereich der Zeitgeschichte handelt. Diese Ausnahme gilt aber nicht für eine Verbreitung, durch die berechtigte Interessen des Abgebildeten verletzt werden (§ 23 Abs. 2 KUG).

Aus § 23 KUG hat die Rechtsprechung des Bundesverfassungsgerichts und des Bundesgerichtshofs den abkürzenden Begriff der "Person der Zeitgeschichte" entwickelt. Als "relative" Person der Zeitgeschichte ist eine Person anzusehen, die durch ein bestimmtes zeitgeschichtliches Ereignis das Interesse auf sich gezogen hat. Deshalb darf sie ohne ihre Einwilligung nur im Zusammenhang mit diesem Ereignis abgebildet werden. Demgegenüber gilt als "absolute" Person der Zeitgeschichte eine Person, die aufgrund ihres Status und ihrer Bedeutung allgemein öffentliche Aufmerksamkeit findet, so dass sie selbst Gegenstand der Zeitgeschichte ist und deshalb über sie berichtet werden darf. Auch sie hat jedoch ein Recht auf Privatsphäre, das nicht auf den häuslichen Bereich beschränkt ist. Vielmehr muss sie die Möglichkeit haben, sich an anderen, erkennbar abgeschiedenen Orten unbehelligt von Bildberichterstattung zu bewegen (vgl. Senat, BGHZ 131, 332 ff., bestätigt von BVerfG, BVerfGE 101, 361 ff.).

bb) Gegen diese Beschränkung des Schutzes der Privatsphäre bei den so genannten absoluten Personen der Zeitgeschichte hat der EGMR in seiner Entscheidung vom 24. Juni 2004 grundsätzliche Bedenken geäußert, denen der erkennende Senat bereits in mehreren in der Folgezeit ergangenen Entscheidungen Rechnung getragen hat (vgl. Urteile vom 19. Oktober 2004 - VI ZR 292/03 - VersR 2005, 84; vom 15. November 2005 - VI ZR 286/04 - VersR 2006, 274).

Hiernach nimmt die Vorschrift des § 23 Abs. 1 KUG nach der Intention des Gesetzgebers und nach Sinn und Zweck der Regelung in Ausnahme von dem Einwilligungserfordernis des § 22 KUG Rücksicht auf das Informationsinteresse der Allgemeinheit und auf die Pressefreiheit. Die Belange der Öffentlichkeit sind gerade bei der Auslegung des Tatbestandsmerkmals "aus dem Bereich der Zeitgeschichte" zu beachten (vgl. BVerfG, NJW 2006, 3406, 3407 f.).

cc) Eine Abwägung der widerstreitenden Rechte und Grundrechte der abgebildeten Person aus Art. 8 der Konvention zum Schutze der Menschenrechte und Grundfreiheiten vom 4. November 1950 (künftig: EMRK) in der Fassung des Protokolls Nr. 11 vom 11. Mai 1994 (BGBl 1995 II 578 ff.; vgl. nunmehr die ab 1. November 1998 geltende Neufassung - Bek. vom 17. Mai 2002 - BGBl 2002 II 1054 ff.) sowie aus Art. 1 Abs. 1, 2 Abs. 1 GG einerseits und der Presse aus Art. 10 EMRK und Art. 5 Abs. 1 Satz 2 GG andererseits ist mithin schon bei der Zuordnung zum Bereich der Zeitgeschichte erforderlich. Dabei ist der Beurteilung ein normativer Maßstab zugrunde zu legen, welcher der Pressefreiheit und zugleich dem Schutz der Persönlichkeit und ihrer Privatsphäre ausreichend Rechnung trägt (vgl. Senat, Urteile vom 12. Dezember 1995 - VI ZR 223/94 - VersR 1996, 341 f.; vom 9. März 2004 - VI ZR 217/03 - VersR 2004, 863; und vom 28. September 2004 - VI ZR 305/03 - VersR 2005, 83, 84; vom 19. Oktober 2004 - VI ZR 292/03 - VersR 2005, 84, 85). Maßgebend ist hierbei das Interesse der Öffentlichkeit an vollständiger Information über das Zeitgeschehen. Dabei ist der Begriff des Zeitgeschehens in § 23 Abs. 1 Nr. 1 KUG zugunsten der Pressefreiheit zwar in einem weiten Sinn zu verstehen, doch ist das Informationsinteresse nicht schrankenlos. Vielmehr wird der Einbruch in die persönliche Sphäre des Abgebildeten durch den Grundsatz der Verhältnismäßigkeit begrenzt, so dass eine Berichterstattung keineswegs immer zulässig ist. Wo konkret die Grenze für das berechtigte Informationsinteresse der Öffentlichkeit an der aktuellen Berichterstattung zu ziehen ist, lässt sich nur unter Berücksichtigung der jeweiligen Umstände des Einzelfalls entscheiden.

Soweit sich die Bedenken des EGMR gegen den Begriff der "absoluten Person der Zeitgeschichte" richten (NJW 2004, 2647, 2650 Rn. 72), geht es der Sache nach um die Frage, unter welchen Voraussetzungen über solche in der Öffentlichkeit bekannte Personen berichtet werden darf. Dem Berufungsgericht ist zuzugeben, dass die Klägerin unbeschadet der Frage, ob sie als absolute Person der Zeitgeschichte im Sinn der bisherigen Rechtsprechung anzusehen ist, jedenfalls eine in der Öffentlichkeit bekannte Person ist und in besonderem Maß das Interesse der Öffentlichkeit auf sich zieht. Auch hat sie sich bei der beanstandeten Abbildung nicht an einem Ort der Abgeschiedenheit im oben dargelegten Sinn befunden, so dass der Gesichtspunkt der Belästigung durch heimlich aufgenommene Fotos (vgl. EGMR NJW 2004, 2647, 2650 Rn. 68; BVerfGE 101, 361, 381; BVerfG, NJW 2006, 3406, 3408; Senat, BGHZ 131, 332, 342) im Streitfall keine Rolle spielt.

Allein diese Umstände können jedoch entgegen der Auffassung des Berufungsgerichts nicht ausreichen, um einen Schutz der Privatsphäre zu verneinen. Das gilt nicht nur unter Berücksichtigung der Auffassung des EGMR, sondern ergibt sich bei richtigem Verständnis bereits aus dem abgestuften Schutzkonzept, wie es oben dargelegt worden ist. Hiernach ist auch bei Personen, die unter dem Blickpunkt des zeitgeschichtlichen Ereignisses im Sinn des § 23 Abs. 1 Nr. 1 KUG an sich ohne ihre Einwilligung die Verbreitung ihres Bildnisses dulden müssten, eine Verbreitung der Abbildung nicht zulässig, wenn hierdurch berechtigte Interessen des Abgebildeten verletzt werden (§ 23 Abs. 2 KUG).

Mithin kommt eine Ausnahme vom Erfordernis der Einwilligung grundsätzlich nur in Betracht, wenn die Berichterstattung ein Ereignis von zeitgeschichtlicher Bedeutung betrifft (so schon Senatsurteile BGHZ 158, 218, 222 f.; vom 19. Oktober 2004 - VI ZR 292/03 - aaO; vgl. BGH, Urteil vom 26. Oktober 2006 - I ZR 182/04 - Rn. 15, zum Abdruck in BGHZ bestimmt). Dabei darf allerdings der Begriff der Zeitgeschichte nicht zu eng verstanden werden. Schon nach der Entstehungsgeschichte des Gesetzes betreffend das Urheberrecht an Werken der bildenden Künste und der Photographie vom 9. Januar 1907 (KUG; vgl. Ebermayer in: Stengleins Kommentar zu den Strafrechtlichen Nebengesetzen des Deutschen Reiches, 5. Aufl., Band I § 23 KUG Anm. 1; Stenographische Berichte über die Verhandlungen des Reichstags, XI. Legislaturperiode II. Session 1905/1906, erster Sessionsabschnitt, Aktenstück Nr. 30 S. 1540 f. und I. Lesung 25. Januar 1906, Bd. 214, S. 819), vor allem aber im Hinblick auf den Informationsbedarf der Öffentlichkeit umfasst er nicht nur Vorgänge von historisch-politischer Bedeutung, sondern ganz allgemein das Zeitgeschehen, also alle Fragen von allgemeinem gesellschaftlichem Interesse, und wird mithin vom Interesse der Öffentlichkeit bestimmt. Auch durch unterhaltende Beiträge kann nämlich Meinungsbildung stattfinden; solche Beiträge können die Meinungsbildung unter Umständen sogar nachhaltiger anregen und beeinflussen als sachbezogene Informationen (vgl. Senat, Urteil vom 9. Dezember 2003 - VI ZR 373/02 - VersR 2004, 522, 523 mit Anmerkung von Gerlach JZ 2004, 625; BVerfG, BVerfGE 101, 361, 389 f.; NJW 2006, 2836, 2837).

Zum Kern der Presse- und der Meinungsbildungsfreiheit gehört es, dass die Presse in den gesetzlichen Grenzen einen ausreichenden Spielraum besitzt, innerhalb dessen sie nach ihren publizistischen Kriterien entscheiden kann, was öffentliches Interesse beansprucht, und dass sich im Meinungsbildungsprozess herausstellt, was eine Angelegenheit von öffentlichem Interesse ist (BVerfGE 101, 361, 392; Senat, Urteil vom 15. November 2005 - VI ZR 286/04 - aaO Rn. 24; EGMR NJW 2006, 591, 592 f. Rn. 38 ff.). Deshalb muss die Presse zur Wahrnehmung ihrer meinungsbildenden Aufgaben nach publizistischen Kriterien selbst entscheiden dürfen, was sie des öffentlichen Interesses für wert hält (vgl. BVerfGE 101, 361, 392; Senat, Urteile vom 14. März 1995 - VI ZR 52/94 - VersR 1995, 667, 668 f., bestätigt durch BVerfG, NJW 2000, 1026; und vom 15. November 2005 - VI ZR 286/04 - aaO). Die Bedeutung der Pressefreiheit wird unter Hinweis auf Art. 10 EMRK auch in der Entscheidung des EGMR vom 24. Juni 2004 (NJW 2004, 2647, 2648 f. Rn. 58, 60, 63) hervorgehoben, wenn dort ausgeführt wird, dass die Presse in einer demokratischen Gesellschaft eine wesentliche Rolle spiele und es ihre Aufgabe sei, Informationen und Ideen zu allen Fragen von Allgemeininteresse weiterzugeben, was letztlich mit dem oben dargelegten Begriff der Zeitgeschichte in Einklang steht.

Soweit der Gerichtshof der Presse dieses Recht nur "in bestimmten Grenzen" (EGMR NJW 2004, 2647, 2649 Rn. 58) zugesteht, betrifft diese Einschränkung ersichtlich die Abwägung zwischen Pressefreiheit und Informationsrecht der Öffentlichkeit einerseits und dem Schutz der Privatsphäre andererseits, mithin eine Abwägung, wie sie auch nach dem oben dargestellten Schutzkonzept geboten ist. Auch wenn die Presse zur Wahrung der Pressefreiheit und zur Vermeidung einer vom Grundgesetz untersagten Zensur selbst nach publizistischen Kriterien entscheiden darf, worüber sie berichten will, kann sie sich damit nicht der Abwägung mit der geschützten Privatsphäre derjenigen entziehen, über die sie berichten will.

Deshalb muss eine Interessenabwägung stattfinden und zwar zwischen dem Informationsinteresse der Öffentlichkeit einerseits und dem Interesse des Abgebildeten an dem Schutz seiner Privatsphäre andererseits. Die Bedeutung des Informationswerts für die Interessenabwägung hat der erkennende Senat schon in früheren Entscheidungen hervorgehoben (Senat, BGHZ 151, 26, 31; Urteil vom 9. Dezember 2003 - VI ZR 404/02 - VersR 2004, 525 m.w.N.). Je größer der Informationswert für die Öffentlichkeit ist, desto mehr muss das Schutzinteresse desjenigen, über den informiert wird, hinter den Informationsbelangen der Öffentlichkeit zurücktreten. Umgekehrt wiegt aber auch der Schutz der Persönlichkeit des Betroffenen desto schwerer, je geringer der Informationswert für die Allgemeinheit ist (vgl. BVerfGE 101, 361, 392; Senat, BGHZ 131, 332, 342 m.w.N.). Das Interesse der Leser an bloßer Unterhaltung hat gegenüber dem Schutz der Privatsphäre regelmäßig ein geringeres Gewicht und ist nicht schützenswert (vgl. BVerfGE 34, 269, 283; Senat, BGHZ 131, 332, 334 m.w.N.).

Dies hat das Bundesverfassungsgericht im Beschluss vom 21. August 2006 (NJW 2006, 3406, 3407) bestätigt, wobei es nach Lage des Falles nicht zu entscheiden brauchte, ob er auch für Personen von hohem Bekanntheitsgrad gilt. Diese Frage ist nach Auffassung des erkennenden Senats unter Berücksichtigung des Urteils des EGMR vom 24. Juni 2004 im Grundsatz zu bejahen. Deshalb kann auch bei den bisher so genannten Personen der Zeitgeschichte nicht außer Betracht bleiben, ob die Berichterstattung zu einer Debatte mit einem Sachgehalt beiträgt, der über die Befriedigung bloßer Neugier hinausgeht. Das schließt es freilich nicht aus, dass je nach Lage des Falles für den Informationswert einer Berichterstattung auch der Bekanntheitsgrad des Betroffenen von Bedeutung sein kann. In jedem Fall ist bei der Beurteilung des Informationswerts bzw. der Frage, ob es sich um ein zeitgeschichtliches Ereignis im Sinn des allgemein interessierenden Zeitgeschehens handelt, ein weites Verständnis geboten, damit die Presse ihren meinungsbildenden Aufgaben gerecht werden kann, die nach wie vor von größter Bedeutung sind.

Eine solche Gewichtung bei der Interessenabwägung trägt nach Ansicht des erkennenden Senats den Anforderungen des Gerichtshofs (EGMR NJW 2004, 2647, 2651 Rn. 76) an einen wirksamen Schutz der Privatsphäre ebenso Rechnung wie dem Schutz der Grundrechte aus Art. 5 GG. Ihr steht - anders als das Berufungsgericht meint - auch eine Bindungswirkung des § 31 BVerfGG nicht entgegen. Das Bundesverfassungsgericht hat zwar die Entscheidung des erkennenden Senats insoweit bestätigt, als dort der Schutz der Privatsphäre gegen unerwünschte Aufnahmen auf die Fälle erkennbarer räumlicher Abgeschiedenheit beschränkt worden ist. Das schließt es jedoch nicht aus, bei der erforderlichen Interessenabwägung zwischen Pressefreiheit und Schutz der Privatsphäre den Informationswert für die Öffentlichkeit stärker zu berücksichtigen. Im Übrigen hat das Bundesverfassungsgericht eine diesen Grundsätzen entsprechende Interessenabwägung in einem den Ehemann der Klägerin betreffenden Verfahren gebilligt (Senat, Urteil vom 15. November 2005 - VI ZR 286/04 - VersR 2006, 274; BVerfG, NJW 2006, 2835).

dd) Kommt es mithin für diese Abwägung maßgeblich auf den Informationswert der Abbildung an, so kann - da im Streitfall die beanstandete Abbildung im Zusammenhang mit einer Wortberichterstattung verbreitet worden ist - bei der Beurteilung diese zugehörige Wortberichterstattung nicht unberücksichtigt bleiben (so auch EGMR NJW 2004, 2647, 2650 Rn. 64). Dies entspricht gefestigter Rechtsprechung des erkennenden Senats (vgl. BGHZ 158, 218, 223; Urteile vom 30. September 2003 - VI ZR 89/02 - VersR 2004, 205, 206; vom 28. September 2004 - VI ZR 305/03 - VersR 2005, 83 f.; vom 19. Oktober 2004 - VI ZR 292/03 - VersR 2005, 84 f. - jeweils m.w.N.).

3. Diese Grundsätze führen im Streitfall zu folgender Abwägung:

Das in der Ausgabe Nr. 13/02 der Zeitschrift "7 Tage" vom 20. März 2002 veröffentlichte Bild war einem Bericht darüber beigefügt, dass die Klägerin und ihr Ehemann ihre auf der Insel Lamu/Kenia gelegene Villa vermieten.

Zwar darf - wie bereits oben näher ausgeführt - die Presse grundsätzlich selbst darüber bestimmen, was sie für berichtenswert hält. Die Klägerin und ihr Ehemann hielten sich im Zeitpunkt der beanstandeten Aufnahme zudem in der Öffentlichkeit unter anderen Menschen auf.

Die Wortberichterstattung über die Wohnung und ihre Vermietung betrifft aber selbst bei Anlegung eines großzügigen Maßstabs keinen Vorgang von allgemeinem Interesse (EGMR NJW 2004, 2647, 2649 f. Rn. 60 ff.) und kein zeitgeschichtliches Ereignis. Auch der beanstandeten Abbildung ist kein Beitrag zu einer Diskussion von allgemeinem Interesse und keine Information über ein zeitgeschichtliches Ereignis zu entnehmen. Die Aufnahme zeigt die Klägerin und ihren Ehemann unstreitig im Urlaub, der grundsätzlich auch bei "Prominenten" zum regelmäßig geschützten Kernbereich der Privatsphäre gehört.

Bei der erforderlichen Abwägung zwischen der Pressefreiheit und dem allgemeinen Persönlichkeitsrecht der Klägerin ist nach den oben wiedergegebenen Grundsätzen der Rechtsprechung zu beachten, dass es eine entscheidende Rolle spielt, ob die Presse eine neue und wahre Information von allgemeinem Interesse für die öffentliche Meinungsbildung mitteilt oder ob der Informationswert für die Öffentlichkeit - wie hier - wesentlich in der Unterhaltung ohne gesellschaftliche Relevanz besteht (vgl. BVerfG, BVerfGE 34, 269, 283 f.; 101, 361, 390 f.; Senat, BGHZ 131, 332, 342 f.). Im letzten Fall besteht kein berücksichtigenswertes Informationsinteresse der Öffentlichkeit, das eine Bildveröffentlichung entgegen dem Willen des Abgebildeten erlaubte (§ 23 Abs. 1 Nr. 1 KUG); die abgebildete Person muss die in einer Bildveröffentlichung ohne ihre Einwilligung regelmäßig liegende Beeinträchtigung ihrer Privatsphäre und damit ihres allgemeinen Persönlichkeitsrechts nicht hinnehmen.

4. Nach allem ist das angefochtene Berufungsurteil aufzuheben (§ 562 Abs. 1 ZPO). Da es weiterer tatsächlicher Feststellungen nicht bedarf, hat der erkennende Senat in der Sache selbst zu entscheiden (§ 563 Abs. 3 ZPO). Die Berufung der Beklagten gegen das erstinstanzliche Urteil ist zurückzuweisen.

Die Entscheidung über die Kosten folgt aus §§ 91, 97 Abs. 1 ZPO.

Entscheidungsdatum: 06.03.2007
Aktenzeichen: VI ZR 50/06
Normen: § 22 S 1 KunstUrhG, § 23 Abs 1 Nr 1 KunstUrhG, Art 8 MRK, Art 10 MRK, Art 1 Abs 1 GG
Veröffentlichung von Bildern Prominenter in der Presse: Abwägung zwischen Pressefreiheit und geschützter Privatsphäre; Informationswert der Berichterstattung

Orientierungssatz

1. Die Presse muss zur Wahrnehmung ihrer meinungsbildenden Aufgaben nach
252

publizistischen Kriterien selbst entscheiden dürfen, was sie des öffentlichen Interesses für wert hält.

2. Auch wenn die Presse zur Wahrung der Pressefreiheit und zur Vermeidung einer vom Grundgesetz untersagten Zensur selbst nach publizistischen Kriterien entscheiden darf, worüber sie berichten will, kann sie sich damit nicht der Abwägung mit der geschützten Privatsphäre derjenigen entziehen, über die sie berichten will.

3. Es muss eine Interessenabwägung stattfinden zwischen dem Informationsinteresse der Öffentlichkeit einerseits und dem Interesse des Abgebildeten an dem Schutz seiner Privatsphäre andererseits. Je größer der Informationswert für die Öffentlichkeit ist, desto mehr muss das Schutzinteresse desjenigen, über den informiert wird, hinter den Informationsbelangen der Öffentlichkeit zurücktreten. Umgekehrt wiegt aber auch der Schutz der Persönlichkeit des Betroffenen desto schwerer, je geringer der Informationswert für die Allgemeinheit ist. Das Interesse der Leser an bloßer Unterhaltung hat gegenüber dem Schutz der Privatsphäre regelmäßig ein geringeres Gewicht und ist nicht schützenswert.

4. Auch bei den bisher so genannten Personen der Zeitgeschichte kann nicht außer Betracht bleiben, ob die Berichterstattung zu einer Debatte mit einem Sachgehalt beiträgt, der über die Befriedigung bloßer Neugier hinausgeht. Das schließt es freilich nicht aus, dass je nach Lage des Falles für den Informationswert einer Berichterstattung auch der Bekanntheitsgrad des Betroffenen von Bedeutung sein kann.

5. In jedem Fall ist bei der Beurteilung des Informationswerts bzw. der Frage, ob es sich um ein zeitgeschichtliches Ereignis im Sinn des allgemein interessierenden Zeitgeschehens handelt, ein weites Verständnis geboten, damit die Presse ihren meinungsbildenden Aufgaben gerecht werden kann, die nach wie vor von größter Bedeutung sind. Kommt es mithin für diese Abwägung maßgeblich auf den Informationswert der Abbildung an, so kann, wenn die beanstandete Abbildung im Zusammenhang mit einer Wortberichterstattung verbreitet worden ist, bei der Beurteilung diese zugehörige Wortberichterstattung nicht unberücksichtigt bleiben.

Tenor

Auf die Revision des Klägers wird unter Zurückweisung des Rechtsmittels im Übrigen das Urteil des 7. Zivilsenats des Hanseatischen Oberlandesgerichts Hamburg vom 31. Januar 2006 aufgehoben, soweit es die Klage wegen der angegriffenen Bildveröffentlichungen in der Zeitschrift "Frau im Spiegel" Ausgabe Nr. 9/03 vom 20. Februar 2003 und Ausgabe Nr. 12/04 vom 11. März 2004 abgewiesen hat.

Im Umfang der Aufhebung wird die Berufung der Beklagten gegen das Urteil des Landgerichts Hamburg, Zivilkammer 24, vom 1. Juli 2005 zurückgewiesen.

Von den Kosten des Rechtsstreits tragen der Kläger 1/3, die Beklagte 2/3.

Von Rechts wegen

Tatbestand

Der Kläger ist Oberhaupt des Welfenhauses und Ehemann der ältesten Tochter des verstorbenen Fürsten von Monaco. Die Beklagte verlegt die Zeitschrift "Frau im Spiegel". In der Ausgabe Nr. 9/02 dieser Zeitschrift vom 20. Februar 2002 wurde berichtet, dass der Fürst von Monaco erkrankt sei. Bebildert war der Bericht unter anderem mit einer der angegriffenen Aufnahmen, welche den Kläger im Skiurlaub neben seiner Ehefrau auf der Straße in St. Moritz zeigt. In der Ausgabe Nr. 9/03 vom 20. Februar 2003 berichtete die Zeitschrift erneut über einen Winterurlaub des Klägers und seiner Ehefrau in St. Moritz unter Beifügung eines Bildes, das den Kläger und seine Ehefrau auf öffentlicher Straße in St. Moritz unter vielen Menschen zeigt. In der Ausgabe Nr. 12/04 vom 11. März 2004 berichtete das Blatt über den bevorstehenden "Rosenball" in Monaco; dieser Bericht wurde unter anderem mit einer Aufnahme illustriert, welche den Kläger und seine Ehefrau in einem öffentlichen Zweier-Sessellift in Zürs am Arlberg in Skikleidung zeigt.

Der Kläger verlangt - wie seine Ehefrau im Verfahren VI ZR 51/06 - von der Beklagten, es zu unterlassen, diese Aufnahmen erneut zu veröffentlichen. Das Landgericht hat der Klage in vollem Umfang stattgegeben. Auf die Berufung der Beklagten hat das Oberlandesgericht dieses Urteil aufgehoben und die Klage insgesamt abgewiesen. Mit der vom Berufungsgericht zugelassenen Revision begehrt der Kläger, die Berufung der Beklagten gegen das erstinstanzliche Urteil zurückzuweisen.

Entscheidungsgründe

I. Das Berufungsgericht hat zur Begründung seiner Entscheidung im Wesentlichen ausgeführt, die Beklagte habe nicht rechtswidrig in das Recht des Klägers am eigenen Bild eingegriffen. Der Kläger müsse gemäß § 23 Abs. 1 Nr. 1 KUG als Begleiter einer Person des öffentlichen Lebens hinnehmen, dass Aufnahmen, die ihn als Begleiter dieser Person in der Öffentlichkeit abbildeten, auch ohne seine Einwilligung verbreitet würden. Es bestehe ein anerkennenswertes Interesse der Allgemeinheit zu erfahren, mit welchen ihr nahe stehenden Personen sich die Ehefrau des Klägers in der Öffentlichkeit zeige. Dieses Recht zur Veröffentlichung werde erst dann begrenzt, wenn auch seine Ehefrau die Veröffentlichung einer Aufnahme nicht hinzunehmen habe, weil ihr Interesse am Schutz ihrer Privatsphäre das Informationsinteresse der Allgemeinheit überwiege. Eine Abwägung der Grundrechte der Parteien aus Art. 1 Abs. 1, 2 Abs. 1 und 5 Abs. 1 Satz 2 GG ergebe hier, dass die Veröffentlichung rechtmäßig erfolgt sei. Zwar sei auch

Art. 8 Abs. 1 EMRK bei der Abwägung zu berücksichtigen und bei der Bestimmung der Grenzen des allgemeinen Persönlichkeitsrechts des Klägers heranzuziehen. Das Grundgesetz sei aber als Verfassung des deutschen Staates vorrangig. Allerdings sei hier keine Frage des allgemeinen Interesses betroffen, zu der die veröffentlichten Bilder einen Beitrag leisteten, sondern nur das Unterhaltungsinteresse. Nach der Rechtsprechung des Bundesverfassungsgerichts seien die Veröffentlichungen jedoch trotzdem zulässig, weil Plätze, an denen sich der Einzelne unter vielen Menschen befinde, die Voraussetzungen des Privatsphärenschutzes nicht erfüllten; sie könnten das Rückzugsbedürfnis nicht erfüllen und rechtfertigten damit auch nicht den grundrechtlichen Schutz, den dieses Bedürfnis aus Gründen der Persönlichkeitsentfaltung verdiene. Diese Rechtsprechung binde das Berufungsgericht nach § 31 BVerfGG. Die beanstandeten Bilder zeigten den Kläger mit seiner Ehefrau auf offener Straße in St. Moritz und in einem öffentlichen, allgemein zugänglichen Skilift, damit an Plätzen, an denen sich viele Menschen aufhielten. Wer sich - wie hier der Kläger - in Begleitung einer Person des öffentlichen Lebens an diesen Orten aufhalte und dort seinen Urlaub verbringe, müsse mit einer gewissen Aufmerksamkeit rechnen und könne nicht davon ausgehen, von den Medien unbeobachtet zu bleiben. Dem öffentlichen Informationsinteresse sei deshalb der Vorrang einzuräumen. Die Bildveröffentlichungen seien nicht zu beanstanden.

II. Diese Ausführungen halten revisionsrechtlicher Überprüfung nicht in jeder Hinsicht stand. Der Kläger kann der Beklagten die erneute Veröffentlichung der beanstandeten Aufnahmen lediglich nicht untersagen, soweit sie der Bebilderung einer Berichterstattung über ein Ereignis der Zeitgeschichte dienen und damit selbst ein "Bildnis aus dem Bereich der Zeitgeschichte" sind.

1. Bildnisse einer Person dürfen grundsätzlich nur mit deren Einwilligung verbreitet werden (§ 22 Satz 1 KUG). Das Recht am eigenen Bild ist eine besondere Ausprägung des allgemeinen Persönlichkeitsrechts. Daraus ergibt sich, dass grundsätzlich allein dem Abgebildeten die Befugnis zusteht, darüber zu befinden, ob und in welcher Weise er der Öffentlichkeit im Bild vorgestellt wird (st. Rspr.; vgl. Senat, BGHZ 131, 332, 336; Urteil vom 28. September 2004 - VI ZR 305/03 - VersR 2005, 83). Revisionsrechtlich nicht zu beanstanden ist der Ausgangspunkt des Berufungsurteils, dass der Kläger die nach diesen Grundsätzen erforderliche Einwilligung zur Verbreitung der Aufnahmen weder ausdrücklich noch stillschweigend erteilt hat.

2. Der Ansicht des Berufungsgerichts, der Kläger habe auch ohne Einwilligung hinzunehmen, dass die Aufnahmen verbreitet werden, die ihn im Urlaub in Begleitung seiner Ehefrau in der Öffentlichkeit abbildeten, kann zwar in dieser Allgemeinheit nicht gefolgt werden. Der Ausnahmetatbestand des § 23 Abs. 1 Nr. 1 KUG, wonach Bildnisse aus dem Bereich der Zeitgeschichte einwilligungsfrei

veröffentlicht werden dürfen, greift vorliegend nicht hinsichtlich jeder beanstandeten Aufnahme durch.

a) Das Berufungsgericht bejaht für alle beanstandeten Bildveröffentlichungen eine Ausnahme im Sinn von § 23 Abs. 1 Nr. 1 KUG. Der Kläger müsse als Begleiter einer Person des öffentlichen Lebens die Veröffentlichung hinnehmen. Zwar leisteten die Bilder keinen Beitrag zu einer Frage von allgemeinem Interesse, sondern dienten nur dem Unterhaltungsinteresse. Gleichwohl sei der Schutz der Privatsphäre nicht vorrangig, weil die Aufnahmen den Kläger an Orten zeigten, an denen sich viele Menschen befänden.

Seine Auffassung leitet das Berufungsgericht aus dem Urteil des Bundesverfassungsgerichts vom 15. Dezember 1999 (BVerfGE 101, 361 ff.) her, mit dem das Urteil des erkennenden Senats vom 19. Dezember 1995 (- VI ZR 15/95 - BGHZ 131, 332 ff.) zu den Paparazzi-Bildern (mit Ausnahme der Abbildungen mit Kindern) bestätigt worden ist und an das sich das Berufungsgericht nach § 31 BVerfGG gebunden fühlt.

b) Indessen wird diese Auffassung des Berufungsgerichts nicht in jeder Hinsicht dem abgestuften Schutzkonzept gerecht, das die Rechtsprechung aus §§ 22, 23 KUG entwickelt hat (vgl. BVerfG, BVerfGE 101, 361 ff.; NJW 2001, 1921, 1924 ff.; NJW 2006, 2835 f.; NJW 2006, 2836). Das gilt insbesondere unter Berücksichtigung der in den Entscheidungen des Europäischen Gerichtshofs für Menschenrechte (künftig: EGMR) vom 24. Juni 2004 in dem Verfahren von Hannover gegen Deutschland (NJW 2004, 2647 ff.) und vom 16. November 2004 (NJW 2006, 591 ff. - Karhuvaara und Iltalehti gegen Finnland) dargelegten Grundsätze. Der erkennende Senat hat dieses Schutzkonzept in mehreren neuen Entscheidungen erläutert (vgl. etwa Urteile vom 19. Oktober 2004 - VI ZR 292/03 - VersR 2005, 84 ff.; vom 15. November 2005 - VI ZR 286/04 - VersR 2006, 274 ff.) und fasst dies nochmals zusammen.

aa) Nach § 22 KUG dürfen Bildnisse nur mit Einwilligung des Abgebildeten verbreitet werden; hiervon besteht nach § 23 Abs. 1 KUG eine Ausnahme, wenn es sich um Bildnisse aus dem Bereich der Zeitgeschichte handelt. Diese Ausnahme gilt aber nicht für eine Verbreitung, durch die berechtigte Interessen des Abgebildeten verletzt werden (§ 23 Abs. 2 KUG).

Aus § 23 KUG hat die Rechtsprechung des Bundesverfassungsgerichts und des Bundesgerichtshofs den abkürzenden Begriff der "Person der Zeitgeschichte" entwickelt. Als "relative" Person der Zeitgeschichte ist eine Person anzusehen, die durch ein bestimmtes zeitgeschichtliches Ereignis das Interesse auf sich gezogen hat. Deshalb darf sie ohne ihre Einwilligung nur im Zusammenhang mit diesem Ereignis abgebildet werden. Demgegenüber gilt als "absolute" Person der Zeitgeschichte eine Person, die aufgrund ihres Status und ihrer Bedeutung allgemein öffentliche Aufmerksamkeit findet, so dass sie selbst Gegenstand der Zeitgeschichte ist und deshalb über sie berichtet werden darf. Auch sie hat jedoch ein Recht auf Privatsphäre, das nicht auf den häuslichen Bereich beschränkt ist. Vielmehr muss sie die Möglichkeit haben, sich an anderen, erkennbar abgeschiedenen Orten unbehelligt von Bildberichterstattung zu bewegen (vgl. Senat, BGHZ 131, 332 ff., bestätigt von BVerfG, BVerfGE 101, 361 ff.).

bb) Gegen diese Beschränkung des Schutzes der Privatsphäre bei den so genannten absoluten Personen der Zeitgeschichte hat der EGMR in seiner Entscheidung vom 24. Juni 2004 grundsätzliche Bedenken geäußert, denen der erkennende Senat bereits in mehreren in der Folgezeit ergangenen Entscheidungen Rechnung getragen hat (vgl. Urteile vom 19. Oktober 2004 - VI ZR 292/03 - VersR 2005, 84; vom 15. November 2005 - VI ZR 286/04 - VersR 2006, 274).

Hiernach nimmt die Vorschrift des § 23 Abs. 1 KUG nach der Intention des Gesetzgebers und nach Sinn und Zweck der Regelung in Ausnahme von dem Einwilligungserfordernis des § 22 KUG Rücksicht auf das Informationsinteresse der Allgemeinheit und auf die Pressefreiheit. Die Belange der Öffentlichkeit sind gerade bei der Auslegung des Tatbestandsmerkmals "aus dem Bereich der Zeitgeschichte" zu beachten (vgl. BVerfG, NJW 2006, 3406, 3407 f.).

cc) Eine Abwägung der widerstreitenden Rechte und Grundrechte der abgebildeten Person aus Art. 8 der Konvention zum Schutze der Menschenrechte und Grundfreiheiten vom 4. November 1950 (künftig: EMRK) in der Fassung des Protokolls Nr. 11 vom 11. Mai 1994 (BGBl 1995 II 578 ff.; vgl. nunmehr die ab 1. November 1998 geltende Neufassung - Bek. vom 17. Mai 2002 - BGBl 2002 II 1054 ff.) sowie aus Art. 1 Abs. 1, 2 Abs. 1 GG einerseits und der Presse aus Art. 10 EMRK und Art. 5 Abs. 1 Satz 2 GG andererseits ist mithin schon bei der Zuordnung zum Bereich der Zeitgeschichte erforderlich. Dabei ist der Beurteilung ein normativer Maßstab zugrunde zu legen, welcher der Pressefreiheit und zugleich dem Schutz der Persönlichkeit und ihrer Privatsphäre ausreichend Rechnung trägt (vgl. Senat, Urteile vom 12. Dezember 1995 - VI ZR 223/94 - VersR 1996, 341 f.; vom 9. März 2004 - VI ZR 217/03 - VersR 2004, 863; vom 28. September 2004 - VI ZR 305/03 - VersR 2005, 83, 84; vom 19. Oktober 2004 - VI ZR 292/03 - VersR 2005, 84, 85). Maßgebend ist hierbei das Interesse der Öffentlichkeit an vollständiger Information über das Zeitgeschehen. Dabei ist der Begriff des Zeitgeschehens in § 23 Abs. 1 Nr. 1 KUG zugunsten der Pressefreiheit zwar in einem weiten Sinn zu verstehen, doch ist das Informationsinteresse nicht schrankenlos. Vielmehr wird der Einbruch in die persönliche Sphäre des Abgebildeten durch den Grundsatz der Verhältnismäßigkeit begrenzt, so dass eine Berichterstattung keineswegs immer zulässig ist. Wo konkret die Grenze für das berechtigte Informationsinteresse der Öffentlichkeit an der aktuellen Berichterstattung zu ziehen ist, lässt sich nur unter Berücksichtigung der jeweiligen Umstände des Einzelfalls entscheiden.

Soweit sich die Bedenken des EGMR gegen den Begriff der "absoluten Person der Zeitgeschichte" richten (NJW 2004, 2647, 2650 Rn. 72), geht es der Sache nach um die Frage, unter welchen Voraussetzungen über solche in der Öffentlichkeit bekannte Personen berichtet werden darf. Dem Berufungsgericht ist zuzugeben, dass der Kläger unbeschadet der Frage, ob er als relative oder als absolute Person der Zeitgeschichte im Sinn der bisherigen Rechtsprechung anzusehen ist, jedenfalls eine in der Öffentlichkeit bekannte Person ist und - insbesondere auch als Ehemann von Prinzessin Caroline - in besonderem Maß das Interesse der Öffentlichkeit auf sich zieht. Auch hat er sich bei den beanstandeten Abbildungen nicht an Orten der Abgeschiedenheit im oben dargelegten Sinn befunden, so dass der Gesichtspunkt der Belästigung durch heimlich aufgenommene Fotos (vgl. EGMR NJW 2004, 2647, 2650 Rn. 68; BVerfGE 101, 361, 381; BVerfG, NJW 2006, 3406, 3408; Senat, BGHZ 131, 332, 342) im Streitfall keine Rolle spielt.

Allein diese Umstände können jedoch entgegen der Auffassung des Berufungsgerichts nicht ausreichen, um einen Schutz der Privatsphäre zu verneinen. Das gilt nicht nur unter Berücksichtigung der Auffassung des EGMR, sondern ergibt sich bei richtigem Verständnis bereits aus dem abgestuften Schutzkonzept, wie es oben dargelegt worden ist. Hiernach ist auch bei Personen, die unter dem Blickpunkt des zeitgeschichtlichen Ereignisses im Sinn des § 23 Abs. 1 Nr. 1 KUG an sich ohne ihre Einwilligung die Verbreitung ihres Bildnisses dulden müssten, eine Verbreitung der Abbildung nicht zulässig, wenn hierdurch berechtigte Interessen des Abgebildeten verletzt werden (§ 23 Abs. 2 KUG).

Mithin kommt eine Ausnahme vom Erfordernis der Einwilligung grundsätzlich nur in Betracht, wenn die Berichterstattung ein Ereignis von zeitgeschichtlicher Bedeutung betrifft (so schon Senatsurteile BGHZ 158, 218, 222 f.; vom 19. Oktober 2004 - VI ZR 292/03 - aaO; vgl. BGH, Urteil vom 26. Oktober 2006 - I ZR 182/04 - Rn. 15, zum Abdruck in BGHZ bestimmt). Dabei darf allerdings der Begriff der Zeitgeschichte nicht zu eng verstanden werden. Schon nach der Entstehungsgeschichte des Gesetzes betreffend das Urheberrecht an Werken der bildenden Künste und der Photographie vom 9. Januar 1907 (KUG; vgl. Ebermayer in: Stengleins Kommentar zu den Strafrechtlichen Nebengesetzen des Deutschen Reiches, 5. Aufl., Band I § 23 KUG Anm. 1; Stenographische Berichte über die Verhandlungen des Reichstags, XI. Legislaturperiode II. Session 1905/1906, erster Sessionsabschnitt, Aktenstück Nr. 30 S. 1540 f. und I. Lesung 25. Januar 1906, Bd. 214, S. 819), vor allem aber im Hinblick auf den Informationsbedarf der Öffentlichkeit umfasst er nicht nur Vorgänge von historisch-politischer Bedeutung, sondern ganz allgemein das Zeitgeschehen, also alle Fragen von allgemeinem gesellschaftlichem Interesse, und wird mithin vom Interesse der Öffentlichkeit bestimmt. Auch durch unterhaltende Beiträge kann nämlich Meinungsbildung stattfinden; solche Beiträge können die Meinungsbildung unter Umständen sogar nachhaltiger anregen und beeinflussen als sachbezogene Informationen (vgl. Senat, Urteil vom 9. Dezember 2003 - VI ZR 373/02 - VersR 2004, 522, 523 mit Anmerkung von Gerlach JZ 2004, 625; BVerfG, BVerfGE 101, 361, 389 f.; NJW 2006, 2836, 2837).

Zum Kern der Presse- und der Meinungsbildungsfreiheit gehört es, dass die Presse in den gesetzlichen Grenzen einen ausreichenden Spielraum besitzt, innerhalb dessen sie nach ihren publizistischen Kriterien entscheiden kann, was öffentliches Interesse beansprucht, und dass sich im Meinungsbildungsprozess herausstellt, was eine Angelegenheit von öffentlichem Interesse ist (BVerfGE 101, 361, 392; Senat, Urteil vom 15. November 2005 - VI ZR 286/04 - aaO Rn. 24; EGMR, NJW 2006, 591, 592 f. Rn. 38 ff.). Deshalb muss die Presse zur Wahrnehmung ihrer meinungsbildenden Aufgaben nach publizistischen Kriterien selbst entscheiden dürfen, was sie des öffentlichen Interesses für wert hält (vgl. BVerfGE 101, 361, 392; Senat, Urteile vom 14. März 1995 - VI ZR 52/94 - VersR 1995, 667, 668 f., bestätigt durch BVerfG, NJW 2000, 1026, und vom 15. November 2005 - VI ZR 286/04 - aaO). Die Bedeutung der Pressefreiheit wird unter Hinweis auf Art. 10 EMRK auch in der Entscheidung des EGMR vom 24. Juni 2004 (NJW 2004, 2647, 2648 f. Rn. 58, 60, 63) hervorgehoben, wenn dort ausgeführt wird, dass die Presse in einer demokratischen Gesellschaft eine wesentliche Rolle spiele und es ihre Aufgabe sei, Informationen und Ideen zu allen Fragen von Allgemeininteresse weiterzugeben, was letztlich mit dem oben dargelegten Begriff der Zeitgeschichte in Einklang steht.

Soweit der Gerichtshof der Presse dieses Recht nur "in bestimmten Grenzen" (EGMR NJW 2004, 2647, 2649 Rn. 58) zugesteht, betrifft diese Einschränkung ersichtlich die Abwägung zwischen Pressefreiheit und Informationsrecht der Öffentlichkeit einerseits und dem Schutz der Privatsphäre andererseits, mithin eine Abwägung, wie sie auch nach dem oben dargestellten Schutzkonzept geboten ist. Auch wenn die Presse zur Wahrung der Pressefreiheit und zur Vermeidung einer vom Grundgesetz untersagten Zensur selbst nach publizistischen Kriterien entscheiden darf, worüber sie berichten will, kann sie sich damit nicht der Abwägung mit der geschützten Privatsphäre derjenigen entziehen, über die sie berichten will.

Deshalb muss eine Interessenabwägung stattfinden und zwar zwischen dem Informationsinteresse der Öffentlichkeit einerseits und dem Interesse des Abgebildeten an dem Schutz seiner Privatsphäre andererseits. Die Bedeutung des Informationswerts für die Interessenabwägung hat der erkennende Senat schon in früheren Entscheidungen hervorgehoben (Senat, BGHZ 151, 26, 31; Urteil vom 9. Dezember 2003 - VI ZR 404/02 - VersR 2004, 525 m.w.N.). Je größer der Informationswert für die Öffentlichkeit ist, desto mehr muss das Schutzinteresse desjenigen, über den informiert wird, hinter den Informationsbelangen der Öffentlichkeit zurück-treten. Umgekehrt wiegt aber auch der Schutz der Persönlichkeit des Betroffenen desto schwerer, je geringer der Informationswert für die Allgemeinheit ist (vgl. BVerfGE 101, 361, 391; Senat, BGHZ 131, 332, 342 m.w.N.). Das Interesse der Leser an bloßer Unterhaltung hat gegenüber dem Schutz der Privatsphäre regel-mäßig ein geringeres Gewicht und ist nicht schützenswert (vgl. BVerfGE 34, 269, 283; Senat, BGHZ 131, 332, 342 m.w.N.).

Dies hat das Bundesverfassungsgericht im Beschluss vom 21. August 2006 (NJW 2006, 3406, 3407) bestätigt, wobei es nach Lage des Falles nicht zu entscheiden brauchte, ob er auch für Personen von hohem Bekanntheitsgrad gilt. Diese Frage ist nach Auffassung des erkennenden Senats unter Berücksichtigung des Urteils des EGMR vom 24. Juni 2004 im Grundsatz zu bejahen. Deshalb kann auch bei den bisher so genannten Personen der Zeitgeschichte nicht außer Betracht bleiben, ob die Berichterstattung zu einer Debatte mit einem Sachgehalt beiträgt, der über die Befriedigung bloßer Neugier hinausgeht. Das schließt es freilich nicht aus, dass je nach Lage des Falles für den Informationswert einer Berichterstattung auch der Bekanntheitsgrad des Betroffenen von Bedeutung sein kann. In jedem Fall ist bei der Beurteilung des Informationswerts bzw. der Frage, ob es sich um ein zeit-geschichtliches Ereignis im Sinn des allgemein interessierenden Zeitgeschehens handelt, ein weites Verständnis geboten, damit die Presse ihren meinungsbilden-den Aufgaben gerecht werden kann, die nach wie vor von größter Bedeutung sind.

Eine solche Gewichtung bei der Interessenabwägung trägt nach Auffassung des erkennenden Senats den Anforderungen des Gerichtshofs (EGMR NJW 2004, 2647, 2651 Rn. 76) an einen wirksamen Schutz der Privatsphäre ebenso Rechnung wie dem Schutz der Grundrechte aus Art. 5 GG. Ihr steht - anders als das Beru-fungsgericht zu meinen scheint - auch eine Bindungswirkung des § 31 BVerfGG nicht entgegen. Das Bundesverfassungsgericht hat zwar die Entscheidung des er-kennenden Senats insoweit bestätigt, als dort der Schutz der Privatsphäre gegen unerwünschte Aufnahmen auf die Fälle erkennbarer räumlicher Abgeschiedenheit beschränkt worden ist. Das schließt es jedoch nicht aus, bei der erforderlichen In-teressenabwägung zwischen Pressefreiheit und Schutz der Privatsphäre den Infor-mationswert für die Öffentlichkeit stärker zu berücksichtigen. Im Übrigen hat das Bundesverfassungsgericht eine diesen Grundsätzen entsprechende Interessenab-wägung in einem den Kläger betreffenden Verfahren gebilligt (Senat, Urteil vom 15. November 2005 - VI ZR 286/04 - VersR 2006, 274; BVerfG, NJW 2006, 2835).

dd) Kommt es mithin für diese Abwägung maßgeblich auf den Informationswert der Abbildung an, so kann - da im Streitfall die beanstandete Abbildung im Zu-sammenhang mit einer Wortberichterstattung verbreitet worden ist - bei der Beur-teilung diese zugehörige Wortberichterstattung nicht unberücksichtigt bleiben (so auch EGMR NJW 2004, 2647, 2650 Rn. 64). Dies entspricht gefestigter Rechtsprechung des erkennenden Senats (vgl. BGHZ 158, 218, 223; Urteile vom 30. September 2003 - VI ZR 89/02 - VersR 2004, 205, 206; vom 28. September 2004 - VI ZR 305/03 - VersR 2005, 83 f.; vom 19. Oktober 2004 - VI ZR 292/03 - VersR 2005, 84 f. - jeweils m.w.N.).

3. Diese Grundsätze führen im Streitfall zu folgender Abwägung:

a) Das in der Ausgabe Nr. 9/03 vom 20. Februar 2003 der Zeitschrift "Frau im Spiegel" veröffentlichte Bild war einem Bericht über den Winterurlaub des Klägers beigefügt und zeigt den Kläger und seine Ehefrau auf öffentlicher Straße in St. Moritz unter vielen Menschen.

Zwar darf - wie bereits oben näher ausgeführt - die Presse grundsätzlich selbst darüber bestimmen, was sie für berichtenswert hält. Der Kläger und seine Ehefrau hielten sich zudem in der Öffentlichkeit unter anderen Menschen auf.

Die Wortberichterstattung über den Urlaub des Klägers und seiner Ehefrau betrifft aber selbst bei Anlegung eines großzügigen Maßstabs keinen Vorgang von allgemeinem Interesse (EGMR NJW 2004, 2647, 2649 f. Rn. 60 ff.) und kein zeitgeschichtliches Ereignis. Auch der beanstandeten Abbildung sind kein Beitrag zu einer Diskussion von allgemeinem Interesse und keine Information über ein zeitgeschichtliches Ereignis zu entnehmen. Die Aufnahme zeigt den Kläger und seine Ehefrau unstreitig im Urlaub, der auch bei "Prominenten" zum grundsätzlich geschützten Kernbereich der Privatsphäre gehört.

Bei der erforderlichen Abwägung zwischen der Pressefreiheit und dem allgemeinen Persönlichkeitsrecht des Klägers ist nach den oben wiedergegebenen Grundsätzen der Rechtsprechung zu beachten, dass es eine entscheidende Rolle spielt, ob die Presse eine neue und wahre Information von allgemeinem Interesse für die öffentliche Meinungsbildung mitteilt oder ob der Informationswert für die Öffentlichkeit - wie hier - wesentlich in der Unterhaltung ohne gesellschaftliche Relevanz besteht (vgl. BVerfG, BVerfGE 34, 269, 283 f.; 101, 361, 390 f.; Senat, BGHZ 131, 332, 342 f.). Im letzten Fall besteht kein berücksichtigenswertes Informationsinteresse der Öffentlichkeit, das eine Bildveröffentlichung entgegen dem Willen des Abgebildeten erlaubte (§ 23 Abs. 1 Nr. 1 KUG); die abgebildete Person muss die regelmäßig in der Bildveröffentlichung liegende Beeinträchtigung ihrer Privatsphäre und damit ihres allgemeinen Persönlichkeitsrechts nicht ohne Einwilligung hinnehmen (§ 22 KUG). Insoweit ist daher die Berufung der Beklagten gegen das Urteil erster Instanz zurückzuweisen, ohne dass es auf die Verletzung eines berechtigten Interesses der abgebildeten Person (§ 23 Abs. 2 KUG) noch ankäme.

b) In der Ausgabe Nr. 12/04 der gleichen Zeitschrift vom 11. März 2004 berichtete die Beklagte über den bevorstehenden "Rosenball" in Monaco, bebildert unter anderen mit einer Aufnahme, welche den Kläger und seine Ehefrau ebenfalls während eines Urlaubs in einem öffentlichen Zweier-Sessellift in Zürs am Arlberg in Skikleidung zeigt. Auch insoweit hat die Revision des Klägers nach einer Abwägung der beteiligten Rechte und Grundrechte der Parteien Erfolg.

Zwar mag man den Bericht über den bevorstehenden "Rosenball" in Monaco als Bericht über ein zeitgeschichtliches Ereignis von allgemeinem Interesse mit gesellschaftlicher Relevanz werten. Die dem Bericht beigefügte Aufnahme des Klägers und seiner Ehefrau im Skiurlaub hat jedoch mit dem Ball als möglichem Ereignis von allgemeinem Interesse nichts zu tun. Sie dient vielmehr der Bebilderung eines inhaltlich völlig selbständigen Teils der Wortberichterstattung, mit dem über die Feier des Geburtstags des Klägers in St. Moritz berichtet wird, zu der er und seine Ehefrau aus dem Winterurlaub in Zürs angereist waren. Sowohl die Geburtstagsfeier wie auch der Skiurlaub in Zürs betrafen ausschließlich die Privatsphäre der Eheleute. Insoweit sind der Bericht und seine Bebilderung ersichtlich nicht von allgemeinem Interesse, sondern dienen ausschließlich dem Unterhaltungsinteresse. Sie stehen auch in keinerlei inhaltlichem Zusammenhang mit dem (möglicherweise) zeitgeschichtlichen Ereignis "Rosenball". Angesichts des geringen Informationswerts überwiegt in einem solchen Fall der Schutz der Privatsphäre und des allgemeinen Persönlichkeitsrechts des Klägers das Interesse der Öffentlichkeit an der Verbreitung der beanstandeten Aufnahme. Eine Veröffentlichung der beanstandeten Aufnahme kommt - unabhängig von § 23 Abs. 2 KUG - ohne Einwilligung der abgebildeten Person(en) nicht in Betracht (§ 22 KUG). Auch insoweit ist daher die Berufung gegen das erstinstanzliche Urteil zurückzuweisen.

c) Die Aufnahme, welche die Beklagte in der Zeitschrift "Frau im Spiegel" Ausgabe Nr. 9/02 vom 20. Februar 2002 veröffentlicht hat, zeigt den Kläger und seine Ehefrau auf öffentlicher Straße in St. Moritz im Urlaub, der grundsätzlich auch bei "Prominenten" zum geschützten Kernbereich der Privatsphäre gehört. Dennoch hat das Berufungsgericht die Veröffentlichung des Fotos im Ergebnis ohne Rechtsfehler als Bebilderung eines Berichts über ein zeitgeschichtliches Ereignis nicht beanstandet.

Zwar sind der beanstandeten Abbildung als solcher keine Information über ein zeitgeschichtliches Ereignis und kein Beitrag zu einer Diskussion von allgemeinem Interesse zu entnehmen. Indes ist für den Informationswert auch die zugehörige Wortberichterstattung zu berücksichtigen. Soweit diese sich auf den Skiurlaub bezieht, kann allerdings ein zeitgeschichtliches Ereignis bzw. ein Vorgang von allgemeinem Interesse (EGMR NJW 2004, 2647, 2649 f. Rn. 60 ff.) selbst bei dem im Interesse der Informationsfreiheit gebotenen weiten Verständnis dieser Begriffe nicht angenommen werden. Gegenstand der Wortberichterstattung ist jedoch auch die Erkrankung des damals regierenden Fürsten von Monaco und damit ein zeitgeschichtliches Ereignis im dargelegten Sinn, über das die Presse berichten darf. Insofern kommt es auf den redaktionellen Gehalt und die Gestaltung dieses Artikels nicht an, da die Garantie der Pressefreiheit es nicht zulässt, das Eingreifen dieses Grundrechts von der Qualität des jeweiligen Presseerzeugnisses oder redaktionellen Beitrags abhängig zu machen (BVerfGE 34, 269, 283; Senat, Urteil vom 14. März 1995 - VI ZR 52/94 - VersR 1995, 667, 668, bestätigt durch BVerfG, NJW 2000, 1026). Das gilt auch, soweit der Artikel das Verhalten von Familienmitgliedern während der Krankheit des Fürsten betrifft, zumal der Kläger die Wortberichterstattung auch in diesem Punkt nicht angegriffen hat. Diese Berichterstattung wird mit der beanstandeten Abbildung belegt und illustriert.

Bei dieser Sachlage sind überwiegende berechtigte Interessen des Klägers (§ 23 Abs. 2 KUG), die einer Veröffentlichung der Abbildung entgegenstehen könnten, bei der gebotenen Würdigung der Berichterstattung in ihrer Gesamtheit (vgl. Senat, Urteil vom 28. September 2004 - VI ZR 305/03 - VersR 2005, 83, 84) nicht zu erkennen. Insbesondere ist der beanstandeten Abbildung, die den Kläger und seine Frau auf offener Straße zeigt, kein eigenständiger Verletzungseffekt zu entnehmen, der eine abweichende Beurteilung rechtfertigen könnte. Dass die Aufnahme etwa unter Ausnutzung von Heimlichkeit oder von technischen Mitteln, die dem gleich kämen, zustande gekommen und aus diesem Grund unzulässig wäre (vgl. EGMR NJW 2004, 2647, 2650 Rn. 68; BVerfGE 101, 361, 381; BVerfG, NJW 2006, 3406, 3408; Senat, BGHZ 131, 332, 342), ist nicht ersichtlich.

4. Da weitere Feststellungen nicht zu treffen sind, kann der Senat selbst entscheiden (§§ 562, 563 Abs. 3 ZPO).

Die Entscheidung über die Kosten folgt aus § 92 Abs. 1 Satz 1 ZPO.

Entscheidungsdatum: 06.03.2007
Aktenzeichen: VI ZR 51/06
Normen: Art 1 Abs 1 GG, Art 2 Abs 1 GG, Art 5 Abs 1 S 2 GG, Art 8 MRK, Art 10 MRK
Recht am eigenen Bild: Zulässigkeit der Veröffentlichung von Bildaufnahmen Prominenter zur Illustrierung der Berichterstattung über ein zeitgeschichtliches Ereignis ohne Einwilligung der Abgebildeten

Leitsatz

Zur Illustrierung der Berichterstattung über ein zeitgeschichtliches Ereignis kann eine Veröffentlichung von Bildaufnahmen Prominenter nach einer Abwägung der widerstreitenden Rechte und Grundrechte der abgebildeten Person aus Art. 1 Abs. 1, 2 Abs. 1 GG und Art. 8 EMRK mit den Rechten der Presse aus Art. 5 Abs. 1 Satz 2 GG und Art. 10 EMRK auch ohne Einwilligung zulässig sein.

Tenor

Auf die Revision der Klägerin wird unter Zurückweisung des Rechtsmittels im Übrigen das Urteil des 7. Zivilsenats des Hanseatischen Oberlandesgerichts Hamburg vom 31. Januar 2006 aufgehoben, soweit es die Klage wegen der angegriffenen Bildveröffentlichungen in der Zeitschrift "Frau im Spiegel" Ausgabe Nr. 9/03 vom 20. Februar 2003 und Ausgabe Nr. 12/04 vom 11. März 2004 abgewiesen hat.

Im Umfang der Aufhebung wird die Berufung der Beklagten gegen das Urteil des Landgerichts Hamburg, Zivilkammer 24, vom 1. Juli 2005 zurückgewiesen.

Von den Kosten des Rechtsstreits tragen die Klägerin 1/3, die Beklagte 2/3.

Von Rechts wegen

Tatbestand

Die Klägerin ist eine Tochter des verstorbenen Fürsten von Monaco. Die Beklagte verlegt die Zeitschrift "Frau im Spiegel". In der Ausgabe Nr. 9/02 vom 20. Februar 2002 dieser Zeitschrift wurde berichtet, dass der Fürst von Monaco erkrankt sei. Bebildert war der Bericht unter anderem mit einer der angegriffenen Aufnahmen, welche die Klägerin im Skiurlaub neben ihrem Ehemann auf der Straße in St. Moritz zeigt. In der Ausgabe Nr. 9/03 vom 20. Februar 2003 berichtete die Zeitschrift erneut über einen Winterurlaub der Klägerin in St. Moritz unter Beifügung eines Bildes, das die Klägerin und ihren Ehemann auf öffentlicher Straße in St. Moritz unter vielen Menschen zeigt. In der Ausgabe Nr. 12/04 vom 11. März 2004 berichtete das Blatt über den bevorstehenden "Rosenball" in Monaco; dieser Bericht wurde unter anderem mit einer Aufnahme illustriert, welche die Klägerin und ihren Ehemann in einem öffentlichen Zweier-Sessellift in Zürs am Arlberg in Skikleidung zeigt.

Die Klägerin verlangt - wie ihr Ehemann im Verfahren VI ZR 50/06 - von der Beklagten, es zu unterlassen, diese Aufnahmen erneut zu veröffentlichen. Das Landgericht hat der Klage in vollem Umfang stattgegeben. Auf die Berufung der Beklagten hat das Oberlandesgericht dieses Urteil aufgehoben und die Klage insgesamt abgewiesen. Mit der vom Berufungsgericht zugelassenen Revision begehrt die Klägerin, die Berufung der Beklagten gegen das erstinstanzliche Urteil zurückzuweisen.

Entscheidungsgründe

I. Das Berufungsgericht hat zur Begründung seiner Entscheidung im Wesentlichen ausgeführt, die Beklagte habe nicht rechtswidrig in das Recht der Klägerin am eigenen Bild eingegriffen. Die Klägerin müsse gemäß § 23 Abs. 1 Nr. 1 KUG als

Person des öffentlichen Lebens hinnehmen, dass Aufnahmen auch ohne ihre Einwilligung verbreitet würden. Dieses Recht zur Veröffentlichung finde nach § 23 Abs. 2 KUG erst dann seine Grenze, wenn die Aufnahmen die Privatsphäre der Klägerin berührten und das Interesse der Klägerin am Schutz ihrer Privatsphäre das Informationsinteresse der Allgemeinheit überwiege. Eine Abwägung der Grundrechte der Parteien aus Art. 1 Abs. 1, 2 Abs. 1 und 5 Abs. 1 Satz 2 GG ergebe hier, dass die Veröffentlichung rechtmäßig erfolgt sei. Zwar sei auch Art. 8 Abs. 1 EMRK bei der Abwägung zu berücksichtigen und bei der Bestimmung der Grenzen des allgemeinen Persönlichkeitsrechts der Klägerin heranzuziehen. Das Grundgesetz sei aber als Verfassung des deutschen Staates vorrangig. Allerdings sei hier keine Frage des allgemeinen Interesses betroffen, zu der die veröffentlichten Bilder einen Beitrag leisteten, sondern nur das Unterhaltungsinteresse. Nach der Rechtsprechung des Bundesverfassungsgerichts seien die Veröffentlichungen jedoch trotzdem zulässig, weil Plätze, an denen sich der Einzelne unter vielen Menschen befinde, die Voraussetzungen des Privatsphärenschutzes nicht erfüllten; sie könnten das Rückzugsbedürfnis nicht erfüllen und rechtfertigten damit auch nicht den grundrechtlichen Schutz, den dieses Bedürfnis aus Gründen der Persönlichkeitsentfaltung verdiene. Diese Rechtsprechung binde das Berufungsgericht nach § 31 BVerfGG. Die beanstandeten Bilder zeigten die Klägerin mit ihrem Ehemann auf offener Straße in St. Moritz und in einem öffentlichen, allgemein zugänglichen Skilift, damit an Plätzen, an denen sich viele Menschen aufhielten. Wer sich - wie die Klägerin - als Person des öffentlichen Lebens an diesen Orten aufhalte und dort seinen Urlaub verbringe, müsse mit einer gewissen Aufmerksamkeit rechnen und könne nicht davon ausgehen, von den Medien unbeobachtet zu bleiben. Dem öffentlichen Informationsinteresse sei deshalb der Vorrang einzuräumen. Die Bildveröffentlichungen seien nicht zu beanstanden.

II. Diese Ausführungen halten revisionsrechtlicher Überprüfung nicht in jeder Hinsicht stand. Die Klägerin kann der Beklagten die erneute Veröffentlichung der beanstandeten Aufnahmen lediglich nicht untersagen, soweit sie der Bebilderung einer Berichterstattung über ein Ereignis der Zeitgeschichte dienen und damit selbst ein "Bildnis aus dem Bereich der Zeitgeschichte" sind.

1. Bildnisse einer Person dürfen grundsätzlich nur mit deren Einwilligung verbreitet werden (§ 22 Satz 1 KUG). Das Recht am eigenen Bild ist eine besondere Ausprägung des allgemeinen Persönlichkeitsrechts. Daraus ergibt sich, dass grundsätzlich allein dem Abgebildeten die Befugnis zusteht, darüber zu befinden, ob und in welcher Weise er der Öffentlichkeit im Bild vorgestellt wird (st. Rspr.; vgl. Senatsurteile BGHZ 131, 332, 336; vom 28. September 2004 - VI ZR 305/03 - VersR 2005, 83). Revisionsrechtlich nicht zu beanstanden ist der Ausgangspunkt des Berufungsurteils, dass die Klägerin die nach diesen Grundsätzen erforderliche Einwilligung zur Verbreitung der Aufnahmen weder ausdrücklich noch stillschweigend erteilt hat.

2. Der Ansicht des Berufungsgerichts, die Klägerin habe auch ohne Einwilligung hinzunehmen, dass Aufnahmen verbreitet werden, die sie im Urlaub in Begleitung ihres Ehemannes in der Öffentlichkeit abbildeten, kann zwar in dieser Allgemeinheit nicht gefolgt werden. Der Ausnahmetatbestand des § 23 Abs. 1 Nr. 1 KUG, wonach Bildnisse aus dem Bereich der Zeitgeschichte einwilligungsfrei veröffentlicht werden dürfen, greift vorliegend nicht hinsichtlich jeder beanstandeten Aufnahme durch.

a) Das Berufungsgericht bejaht für alle beanstandeten Bildveröffentlichungen eine Ausnahme im Sinn von § 23 Abs. 1 Nr. 1 KUG. Die Klägerin müsse als Person des öffentlichen Lebens die Veröffentlichung hinnehmen. Zwar leisteten die Bilder keinen Beitrag zu einer Frage von allgemeinem Interesse, sondern dienten nur dem Unterhaltungsinteresse. Gleichwohl sei der Schutz der Privatsphäre nicht vorrangig, weil die Aufnahmen die Klägerin an Orten zeigten, an denen sich viele Menschen befänden.

Seine Auffassung leitet das Berufungsgericht aus dem Urteil des Bundesverfassungsgerichts vom 15. Dezember 1999 (BVerfGE 101, 361 ff.) her, mit dem das Urteil des erkennenden Senats vom 19. Dezember 1995 (- VI ZR 15/95 - BGHZ 131, 332 ff.) zu den Paparazzi-Bildern (mit Ausnahme der Abbildungen mit Kindern) bestätigt worden ist und an das sich das Berufungsgericht nach § 31 BVerfGG gebunden fühlt.

b) Indessen wird diese Auffassung des Berufungsgerichts nicht in jeder Hinsicht dem abgestuften Schutzkonzept gerecht, das die Rechtsprechung aus §§ 22, 23 KUG entwickelt hat (vgl. BVerfG, BVerfGE 101, 361 ff.; NJW 2001, 1921, 1924 ff.; NJW 2006, 2835 f.; NJW 2006, 2836). Das gilt insbesondere unter Berücksichtigung der in den Entscheidungen des Europäischen Gerichtshofs für Menschenrechte (künftig: EGMR) vom 24. Juni 2004 in dem Verfahren von Hannover gegen Deutschland (NJW 2004, 2647 ff.) und vom 16. November 2004 (NJW 2006, 591 ff. - Karhuvaara und Iltalehti gegen Finnland) dargelegten Grundsätze. Der erkennende Senat hat dieses Schutzkonzept in mehreren neuen Entscheidungen erläutert (vgl. etwa Urteile vom 19. Oktober 2004 - VI ZR 292/03 - VersR 2005, 84 ff.; vom 15. November 2005 - VI ZR 286/04 - VersR 2006, 274 ff.) und fasst dies nochmals zusammen.

aa) Nach § 22 KUG dürfen Bildnisse nur mit Einwilligung des Abgebildeten verbreitet werden; hiervon besteht nach § 23 Abs. 1 KUG eine Ausnahme, wenn es sich um Bildnisse aus dem Bereich der Zeitgeschichte handelt. Diese Ausnahme gilt aber nicht für eine Verbreitung, durch die berechtigte Interessen des Abgebildeten verletzt werden (§ 23 Abs. 2 KUG).

Aus § 23 KUG hat die Rechtsprechung des Bundesverfassungsgerichts und des

Bundesgerichtshofs den abkürzenden Begriff der "Person der Zeitgeschichte" entwickelt. Als "relative" Person der Zeitgeschichte ist eine Person anzusehen, die durch ein bestimmtes zeitgeschichtliches Ereignis das Interesse auf sich gezogen hat. Deshalb darf sie ohne ihre Einwilligung nur im Zusammenhang mit diesem Ereignis abgebildet werden. Demgegenüber gilt als "absolute" Person der Zeitgeschichte eine Person, die aufgrund ihres Status und ihrer Bedeutung allgemein öffentliche Aufmerksamkeit findet, so dass sie selbst Gegenstand der Zeitgeschichte ist und deshalb über sie berichtet werden darf. Auch sie hat jedoch ein Recht auf Privatsphäre, das nicht auf den häuslichen Bereich beschränkt ist. Vielmehr muss sie die Möglichkeit haben, sich an anderen, erkennbar abgeschiedenen Orten unbehelligt von Bildberichterstattung zu bewegen (vgl. Senat, BGHZ 131, 332 ff., bestätigt von BVerfG, BVerfGE 101, 361 ff.).

bb) Gegen diese Beschränkung des Schutzes der Privatsphäre bei den so genannten absoluten Personen der Zeitgeschichte hat der EGMR in seiner Entscheidung vom 24. Juni 2004 grundsätzliche Bedenken geäußert, denen der erkennende Senat bereits in mehreren in der Folgezeit ergangenen Entscheidungen Rechnung getragen hat (vgl. Urteile vom 19. Oktober 2004 - VI ZR 292/03 - VersR 2005, 84; vom 15. November 2005 - VI ZR 286/04 - VersR 2006, 274).

Hiernach nimmt die Vorschrift des § 23 Abs. 1 KUG nach der Intention des Gesetzgebers und nach Sinn und Zweck der Regelung in Ausnahme von dem Einwilligungserfordernis des § 22 KUG Rücksicht auf das Informationsinteresse der Allgemeinheit und auf die Pressefreiheit. Die Belange der Öffentlichkeit sind gerade bei der Auslegung des Tatbestandsmerkmals "aus dem Bereich der Zeitgeschichte" zu beachten (vgl. BVerfG, Beschluss vom 21. August 2006 - 1 BvR 2606/04 u.a. - NJW 2006, 3406, 3407 f.).

cc) Eine Abwägung der widerstreitenden Rechte und Grundrechte der abgebildeten Person aus Art. 8 der Konvention zum Schutze der Menschenrechte und Grundfreiheiten vom 4. November 1950 (künftig: EMRK) in der Fassung des Protokolls Nr. 11 vom 11. Mai 1994 (BGBl 1995 II 578 ff.; vgl. nunmehr die ab 1. November 1998 geltende Neufassung - Bek. vom 17. Mai 2002 - BGBl 2002 II 1054 ff.) sowie aus Art. 1 Abs. 1, 2 Abs. 1 GG einerseits und der Presse aus Art. 10 EMRK und Art. 5 Abs. 1 Satz 2 GG andererseits ist mithin schon bei der Zuordnung zum Bereich der Zeitgeschichte erforderlich. Dabei ist der Beurteilung ein normativer Maßstab zugrunde zu legen, welcher der Pressefreiheit und zugleich dem Schutz der Persönlichkeit und ihrer Privatsphäre ausreichend Rechnung trägt (vgl. Senat, Urteile vom 12. Dezember 1995 - VI ZR 223/94 - VersR 1996, 341 f.; vom 9. März 2004 - VI ZR 217/03 - VersR 2004, 863; vom 28. September 2004 - VI ZR 305/03 - VersR 2005, 83, 84; vom 19. Oktober 2004 - VI ZR 292/03 - VersR 2005, 84, 85). Maßgebend ist hierbei das Interesse der Öffentlichkeit an vollständiger Information über das Zeitgeschehen. Dabei ist der Begriff des Zeitgeschehens in § 23 Abs. 1 Nr. 1 KUG zugunsten der Pressefreiheit zwar in einem weiten Sinn zu verstehen, doch ist das Informationsinteresse nicht schrankenlos. Vielmehr wird der Einbruch in die persönliche Sphäre des Abgebildeten durch den Grundsatz der Verhältnismäßigkeit begrenzt, so dass eine Berichterstattung keineswegs immer zulässig ist. Wo konkret die Grenze für das berechtigte Informationsinteresse der Öffentlichkeit an der aktuellen Berichterstattung zu ziehen ist, lässt sich nur unter Berücksichtigung der jeweiligen Umstände des Einzelfalls entscheiden.

Soweit sich die Bedenken des EGMR gegen den Begriff der "absoluten Person der Zeitgeschichte" richten (NJW 2004, 2647, 2650 Rn. 72), geht es der Sache nach um die Frage, unter welchen Voraussetzungen über solche in der Öffentlichkeit bekannte Personen berichtet werden darf. Dem Berufungsgericht ist zuzugeben, dass die Klägerin unbeschadet der Frage, ob sie als absolute Person der Zeitgeschichte im Sinn der bisherigen Rechtsprechung anzusehen ist, jedenfalls eine in der Öffentlichkeit bekannte Person ist und in besonderem Maß das Interesse der Öffentlichkeit auf sich zieht. Auch hat sie sich bei den beanstandeten Abbildungen nicht an Orten der Abgeschiedenheit im oben dargelegten Sinn befunden, so dass der Gesichtspunkt der Belästigung durch heimlich aufgenommene Fotos (vgl. EGMR NJW 2004, 2647, 2650 Rn. 68; BVerfGE 101, 361, 381; BVerfG, NJW 2006, 3406, 3408; Senat, BGHZ 131, 332, 342) im Streitfall keine Rolle spielt.

Allein diese Umstände können jedoch entgegen der Auffassung des Berufungsgerichts nicht ausreichen, um einen Schutz der Privatsphäre zu verneinen. Das gilt nicht nur unter Berücksichtigung der Auffassung des EGMR, sondern ergibt sich bei richtigem Verständnis bereits aus dem abgestuften Schutzkonzept, wie es oben dargelegt worden ist. Hiernach ist auch bei Personen, die unter dem Blickpunkt des zeitgeschichtlichen Ereignisses im Sinn des § 23 Abs. 1 Nr. 1 KUG an sich ohne ihre Einwilligung die Verbreitung ihres Bildnisses dulden müssten, eine Verbreitung der Abbildung nicht zulässig, wenn hierdurch berechtigte Interessen des Abgebildeten verletzt werden (§ 23 Abs. 2 KUG).

Mithin kommt eine Ausnahme vom Erfordernis der Einwilligung grundsätzlich nur in Betracht, wenn die Berichterstattung ein Ereignis von zeitgeschichtlicher Bedeutung betrifft (so schon Senatsurteile BGHZ 158, 218, 222 f.; vom 19. Oktober 2004 - VI ZR 292/03 - aaO; vgl. BGH, Urteil vom 26. Oktober 2006 - I ZR 182/04 - Rn. 15, zum Abdruck in BGHZ bestimmt). Dabei darf allerdings der Begriff der Zeitgeschichte nicht zu eng verstanden werden. Schon nach der Entstehungsgeschichte des Gesetzes betreffend das Urheberrecht an Werken der bildenden Künste und der Photographie vom 9. Januar 1907 (KUG; vgl. Ebermayer in: Stengleins Kommentar zu den Strafrechtlichen Nebengesetzen des Deutschen Reiches, 5. Aufl., Band I § 23 KUG Anm. 1; Stenographische Berichte über die Verhandlungen des Reichstags, XI. Legislaturperiode I. Session 1905/1906, erster Sessionsabschnitt, Aktenstück Nr. 30 S. 1540 f. und I. Lesung 25. Januar 1906,

Bd. 214, S. 819), vor allem aber im Hinblick auf den Informationsbedarf der Öffentlichkeit umfasst er nicht nur Vorgänge von historisch-politischer Bedeutung, sondern ganz allgemein das Zeitgeschehen, also alle Fragen von allgemeinem gesellschaftlichem Interesse, und wird mithin vom Interesse der Öffentlichkeit bestimmt. Auch durch unterhaltende Beiträge kann nämlich Meinungsbildung stattfinden; solche Beiträge können die Meinungsbildung unter Umständen sogar nachhaltiger anregen und beeinflussen als sachbezogene Informationen (vgl. Senat, Urteil vom 9. Dezember 2003 - VI ZR 373/02 - VersR 2004, 522, 523 mit Anmerkung von Gerlach JZ 2004, 625; BVerfG, BVerfGE 101, 361, 389 f.; NJW 2006, 2836, 2837).

Zum Kern der Presse- und der Meinungsbildungsfreiheit gehört es, dass die Presse in den gesetzlichen Grenzen einen ausreichenden Spielraum besitzt, innerhalb dessen sie nach ihren publizistischen Kriterien entscheiden kann, was öffentliches Interesse beansprucht, und dass sich im Meinungsbildungsprozess herausstellt, was eine Angelegenheit von öffentlichem Interesse ist (BVerfGE 101, 361, 392; Senat, Urteil vom 15. November 2005 - VI ZR 286/04 - aaO Rn. 24; EGMR, NJW 2006, 591, 592 f. Rn. 38 ff.). Deshalb muss die Presse zur Wahrnehmung ihrer meinungsbildenden Aufgaben nach publizistischen Kriterien selbst entscheiden dürfen, was sie des öffentlichen Interesses für wert hält (vgl. BVerfGE 101, 361, 392; Senat, Urteile vom 14. März 1995 - VI ZR 52/94 - VersR 1995, 667, 668 f., bestätigt durch BVerfG, NJW 2000, 1026, und vom 15. November 2005 - VI ZR 286/04 - aaO). Die Bedeutung der Pressefreiheit wird unter Hinweis auf Art. 10 EMRK auch in der Entscheidung des EGMR vom 24. Juni 2004 (NJW 2004, 2647, 2648 f. Rn. 58, 60, 63) hervorgehoben, wenn dort ausgeführt wird, dass die Presse in einer demokratischen Gesellschaft eine wesentliche Rolle spiele und es ihre Aufgabe sei, Informationen und Ideen zu allen Fragen von Allgemeininteresse weiterzugeben, was letztlich mit dem oben dargelegten Begriff der Zeitgeschichte in Einklang steht.

Soweit der Gerichtshof der Presse dieses Recht nur "in bestimmten Grenzen" (EGMR NJW 2004, 2647, 2649 Rn. 58) zugesteht, betrifft diese Einschränkung ersichtlich die Abwägung zwischen Pressefreiheit und Informationsrecht der Öffentlichkeit einerseits und dem Schutz der Privatsphäre andererseits, mithin eine Abwägung, wie sie auch nach dem oben dargestellten Schutzkonzept geboten ist. Auch wenn die Presse zur Wahrung der Pressefreiheit und zur Vermeidung einer vom Grundgesetz untersagten Zensur selbst nach publizistischen Kriterien entscheiden darf, worüber sie berichten will, kann sie sich damit nicht der Abwägung mit der geschützten Privatsphäre derjenigen entziehen, über die sie berichten will.

Deshalb muss eine Interessenabwägung stattfinden und zwar zwischen dem Informationsinteresse der Öffentlichkeit einerseits und dem Interesse des Abgebildeten an dem Schutz seiner Privatsphäre andererseits. Die Bedeutung des Informationswerts für die Interessenabwägung hat der erkennende Senat schon in früheren Entscheidungen hervorgehoben (Senat, BGHZ 151, 26, 31; Urteil vom 9. Dezember 2003 - VI ZR 404/02 - VersR 2004, 525 m.w.N.). Je größer der Informationswert für die Öffentlichkeit ist, desto mehr muss das Schutzinteresse desjenigen, über den informiert wird, hinter den Informationsbelangen der Öffentlichkeit zurücktreten. Umgekehrt wiegt aber auch der Schutz der Persönlichkeit des Betroffenen desto schwerer, je geringer der Informationswert für die Allgemeinheit ist (vgl. BVerfGE 101, 361, 391; Senat, BGHZ 131, 332, 342 m.w.N.). Das Interesse der Leser an bloßer Unterhaltung hat gegenüber dem Schutz der Privatsphäre regelmäßig ein geringeres Gewicht und ist nicht schützenswert (vgl. BVerfGE 34, 269, 283; Senat, BGHZ 131, 332, 342 m.w.N.).

Dies hat das Bundesverfassungsgericht im Beschluss vom 21. August 2006 (NJW 2006, 3406, 3407) bestätigt, wobei es nach Lage des Falles nicht zu entscheiden brauchte, ob er auch für Personen von hohem Bekanntheitsgrad gilt. Diese Frage ist nach Auffassung des erkennenden Senats unter Berücksichtigung des Urteils des EGMR vom 24. Juni 2004 im Grundsatz zu bejahen. Deshalb kann auch bei den bisher so genannten Personen der Zeitgeschichte nicht außer Betracht bleiben, ob die Berichterstattung zu einer Debatte mit einem Sachgehalt beiträgt, der über die Befriedigung bloßer Neugier hinausgeht. Das schließt es freilich nicht aus, dass je nach Lage des Falles für den Informationswert einer Berichterstattung auch der Bekanntheitsgrad des Betroffenen von Bedeutung sein kann. In jedem Fall ist bei der Beurteilung des Informationswerts bzw. der Frage, ob es sich um ein zeitgeschichtliches Ereignis im Sinn des allgemein interessierenden Zeitgeschehens handelt, ein weites Verständnis geboten, damit die Presse ihren meinungsbildenden Aufgaben gerecht werden kann, die nach wie vor von größter Bedeutung sind.

Eine solche Gewichtung bei der Interessenabwägung trägt nach Auffassung des erkennenden Senats den Anforderungen des Gerichtshofs (EGMR NJW 2004, 2647, 2651 Rn. 76) an einen wirksamen Schutz der Privatsphäre ebenso Rechnung wie dem Schutz der Grundrechte aus Art. 5 GG. Ihr steht - anders als das Berufungsgericht meint - auch eine Bindungswirkung des § 31 BVerfGG nicht entgegen. Das Bundesverfassungsgericht hat zwar die Entscheidung des erkennenden Senats insoweit bestätigt, als dort der Schutz der Privatsphäre gegen unerwünschte Aufnahmen auf die Fälle erkennbarer räumlicher Abgeschiedenheit beschränkt worden ist. Das schließt es jedoch nicht aus, bei der erforderlichen Interessenabwägung zwischen Pressefreiheit und Schutz der Privatsphäre den Informationswert für die Öffentlichkeit stärker zu berücksichtigen. Im Übrigen hat das Bundesverfassungsgericht eine diesen Grundsätzen entsprechende Interessenabwägung in einem den Ehemann der Klägerin betreffenden Verfahren gebilligt (Senat, Urteil vom 15. November 2005 - VI ZR 286/04 - VersR 2006, 274; BVerfG, NJW 2006, 2835).

dd) Kommt es mithin für diese Abwägung maßgeblich auf den Informationswert der Abbildung an, so kann - da im Streitfall die beanstandete Abbildung im Zusammenhang mit einer Wortberichterstattung verbreitet worden ist - bei der Beurteilung diese zugehörige Wortberichterstattung nicht unberücksichtigt bleiben (so auch EGMR NJW 2004, 2647, 2650 Rn. 64). Dies entspricht gefestigter Rechtsprechung des erkennenden Senats (vgl. BGHZ 158, 218, 223; Urteile vom 30. September 2003 - VI ZR 89/02 - VersR 2004, 205, 206; vom 28. September 2004 - VI ZR 305/03 - VersR 2005, 83 f.; vom 19. Oktober 2004 - VI ZR 292/03 - VersR 2005, 84 f. - jeweils m.w.N.).

3. Diese Grundsätze führen im Streitfall zu folgender Abwägung:

a) Das in der Ausgabe Nr. 9/03 vom 20. Februar 2003 der Zeitschrift "Frau im Spiegel" veröffentlichte Bild war einem Bericht über einen Winterurlaub der Klägerin beigefügt und zeigt die Klägerin und ihren Ehemann auf öffentlicher Straße in St. Moritz unter vielen Menschen.

Zwar darf - wie bereits oben näher ausgeführt - die Presse grundsätzlich selbst darüber bestimmen, was sie für berichtenswert hält. Die Klägerin und ihr Ehemann hielten sich zudem in der Öffentlichkeit unter anderen Menschen auf.

Die Wortberichterstattung über den Urlaub der Klägerin betrifft aber selbst bei Anlegung eines großzügigen Maßstabs keinen Vorgang von allgemeinem Interesse (EGMR NJW 2004, 2647, 2649 f. Rn. 60 ff.) und kein zeitgeschichtliches Ereignis. Auch der beanstandeten Abbildung sind kein Beitrag zu einer Diskussion von allgemeinem Interesse und keine Information über ein zeitgeschichtliches Ereignis zu entnehmen. Die Aufnahme zeigt die Klägerin und ihren Ehemann unstreitig im Urlaub, der auch bei "Prominenten" zum grundsätzlich geschützten Kernbereich der Privatsphäre gehört.

Bei der erforderlichen Abwägung zwischen der Pressefreiheit und dem allgemeinen Persönlichkeitsrecht der Klägerin ist nach den oben wiedergegebenen Grundsätzen der Rechtsprechung zu beachten, dass es eine entscheidende Rolle spielt, ob die Presse eine neue und wahre Information von allgemeinem Interesse für die öffentliche Meinungsbildung mitteilt oder ob der Informationswert für die Öffentlichkeit - wie hier - wesentlich in der Unterhaltung ohne gesellschaftliche Relevanz besteht (vgl. BVerfG, BVerfGE 34, 269, 283 f.; 101, 361, 390 f.; Senat, BGHZ 131, 332, 342 f.). Im letzten Fall besteht kein berücksichtigenswertes Informationsinteresse der Öffentlichkeit, das eine Bildveröffentlichung entgegen dem Willen des Abgebildeten erlaubte (§ 23 Abs. 1 Nr. 1 KUG); die abgebildete Person muss die regelmäßig in der Bildveröffentlichung liegende Beeinträchtigung ihrer Privatsphäre und damit ihres allgemeinen Persönlichkeitsrechts nicht ohne Einwilligung hinnehmen (§ 22 KUG). Insoweit ist daher die Berufung der Beklagten gegen das Urteil erster Instanz zurückzuweisen, ohne dass es auf die Verletzung eines berechtigten Interesses der abgebildeten Person (§ 23 Abs. 2

KUG) noch ankäme.

b) In der Ausgabe Nr. 12/04 der gleichen Zeitschrift vom 11. März 2004 berichtete die Beklagte über den bevorstehenden "Rosenball" in Monaco, bebildert unter anderen mit einer Aufnahme, welche die Klägerin und ihren Ehemann ebenfalls während eines Urlaubs in einem öffentlichen Zweier-Sessellift in Zürs am Arlberg in Skikleidung zeigt. Auch insoweit hat die Revision der Klägerin nach einer Abwägung der beteiligten Rechte und Grundrechte der Parteien Erfolg.

Zwar mag man den Bericht über den bevorstehenden "Rosenball" in Monaco als Bericht über ein zeitgeschichtliches Ereignis von allgemeinem Interesse mit gesellschaftlicher Relevanz werten. Die dem Bericht beigefügte Aufnahme der Klägerin und ihres Ehemannes im Skiurlaub hat jedoch mit dem Ball als möglichem Ereignis von allgemeinem Interesse nichts zu tun. Sie dient vielmehr der Bebilderung eines inhaltlich völlig selbständigen Teils der Wortberichterstattung, mit dem über die Feier des Geburtstags des Ehemanns der Klägerin in St. Moritz berichtet wird, zu der die Eheleute aus ihrem Winterurlaub in Zürs angereist waren. Sowohl die Geburtstagsfeier wie auch der Skiurlaub der Klägerin in Zürs betrafen ausschließlich die Privatsphäre der Eheleute. Insoweit sind der Bericht und seine Bebilderung ersichtlich nicht von allgemeinem Interesse, sondern dienen ausschließlich dem Unterhaltungsinteresse. Sie stehen auch in keinerlei inhaltlichem Zusammenhang mit dem (möglicherweise) zeitgeschichtlichen Ereignis "Rosenball". Angesichts des geringen Informationswerts überwiegt in einem solchen Fall der Schutz der Privatsphäre und des allgemeinen Persönlichkeitsrechts der Klägerin das Interesse der Öffentlichkeit an der Verbreitung der beanstandeten Aufnahme. Eine Veröffentlichung der beanstandeten Aufnahme kommt - unabhängig von § 23 Abs. 2 KUG - ohne Einwilligung der abgebildeten Person(en) nicht in Betracht (§ 22 KUG). Auch insoweit ist daher die Berufung gegen das erstinstanzliche Urteil zurückzuweisen.

c) Die Aufnahme, welche die Beklagte in der Zeitschrift "Frau im Spiegel" Ausgabe Nr. 9/02 vom 20. Februar 2002 veröffentlicht hat, zeigt die Klägerin und ihren Ehemann auf öffentlicher Straße in St. Moritz im Urlaub, der grundsätzlich auch bei "Prominenten" zum geschützten Kernbereich der Privatsphäre gehört. Dennoch hat das Berufungsgericht die Veröffentlichung des Fotos im Ergebnis ohne Rechtsfehler als Bebilderung eines Berichts über ein zeitgeschichtliches Ereignis nicht beanstandet.

Zwar sind der beanstandeten Abbildung als solcher keine Information über ein zeitgeschichtliches Ereignis oder ein Beitrag zu einer Diskussion von allgemeinem Interesse zu entnehmen. Indes ist für den Informationswert auch die zugehörige Wortberichterstattung zu berücksichtigen. Soweit diese sich auf den Skiurlaub bezieht, kann allerdings ein zeitgeschichtliches Ereignis bzw. ein Vorgang von allgemeinem Interesse (EGMR NJW 2004, 2647, 2649 f. Rn. 60 ff.) selbst bei dem im Interesse der Informationsfreiheit gebotenen weiten Verständnis dieser Begriffe nicht angenommen werden. Gegenstand der Wortberichterstattung ist jedoch auch die Erkrankung des damals regierenden Fürsten von Monaco und damit ein zeitgeschichtliches Ereignis im dargelegten Sinn, über das die Presse berichten darf. Insofern kommt es auf den redaktionellen Gehalt und die Gestaltung dieses Artikels nicht an, da die Garantie der Pressefreiheit es nicht zulässt, das Eingreifen dieses Grundrechts von der Qualität des jeweiligen Presseerzeugnisses oder redaktionellen Beitrags abhängig zu machen (BVerfGE 34, 269, 283; Senat, Urteil vom 14. März 1995 - VI ZR 52/94 - VersR 1995, 667, 668, bestätigt durch BVerfG, NJW 2000, 1026). Das gilt auch, soweit der Artikel das Verhalten von Familienmitgliedern während der Krankheit des Fürsten betrifft, zumal die Klägerin die Wortberichterstattung auch in diesem Punkt nicht angegriffen hat. Diese Berichterstattung wird mit der beanstandeten Abbildung belegt und illustriert.

Bei dieser Sachlage sind überwiegende berechtigte Interessen der Klägerin (§ 23 Abs. 2 KUG), die einer Veröffentlichung der Abbildung entgegenstehen könnten, bei der gebotenen Würdigung der Berichterstattung in ihrer Gesamtheit (vgl. Senat, Urteil vom 28. September 2004 - VI ZR 305/03 - VersR 2005, 83, 84) nicht zu erkennen. Insbesondere ist der beanstandeten Abbildung, welche die Klägerin und ihren Ehemann auf offener Straße zeigt, kein eigenständiger Verletzungseffekt zu entnehmen, der eine abweichende Beurteilung rechtfertigen könnte. Dass die Aufnahme etwa unter Ausnutzung von Heimlichkeit oder von technischen Mitteln, die dem gleich kämen, zustande gekommen und aus diesem Grund unzulässig wäre (vgl. EGMR NJW 2004, 2647, 2650 Rn. 68; BVerfGE 101, 361, 381; BVerfG, NJW 2006, 3406, 3408; Senat, BGHZ 131, 332, 342), ist nicht ersichtlich.

4. Da weitere Feststellungen nicht zu treffen sind, kann der Senat selbst entscheiden (§§ 562, 563 Abs. 3 ZPO).

Die Entscheidung über die Kosten folgt aus § 92 Abs. 1 Satz 1 ZPO.

Entscheidungsdatum: 06.03.2007
Aktenzeichen: VI ZR 13/06
Normen: Art 2 Abs 1 GG, Art 5 Abs 1 GG, Art 8 MRK, Art 10 MRK, § 22 KunstUrhG
Bildveröffentlichung von Prominenten: Umfang der geschützten Privatsphäre

Leitsatz

Zum abgestuften Schutzkonzept der §§ 22, 23 KUG bei Bildveröffentlichungen von Personen öffentlichen Interesses (Prominente) (Anschluss an BVerfG, 15. Dezember 1999, 1 BvR 653/96, BVerfGE 101, 361 ff.; BGH, 19. Dezember 1995,

VI ZR 15/95, BGHZ 131, 332 ff.; BGH, 9. März 2004, VI ZR 217/03, BGHZ 158, 218 ff.; BGH, 19. Oktober 2004, VI ZR 292/03, VersR 2005, 84; BGH, 15. November 2005, VI ZR 286/04, VersR 2006, 274 und EGMR, 24. Juni 2004, 59320/00, NJW 2004, 2647 ff.).

Tenor

Die Revision gegen das Urteil des 7. Zivilsenats des Hanseatischen Oberlandesgerichts Hamburg vom 13. Dezember 2005 wird auf Kosten des Klägers zurückgewiesen.

Von Rechts wegen

Tatbestand

Der Kläger ist Oberhaupt des Welfenhauses und Ehemann der ältesten Tochter des verstorbenen Fürsten von Monaco. Die Beklagte verlegt die Zeitschrift " FRAU AKTUELL ". In der Ausgabe Nr. 9/02 vom 20. Februar 2002 dieser Zeitschrift wurde berichtet, dass es dem Fürsten von Monaco "wieder einmal sehr schlecht gehen soll" und dass er Besuch nur von seiner jüngsten Tochter erhalten habe, seine älteste Tochter, die Ehefrau des Klägers, aber mit ihrem Ehemann und ihrem Töchterchen ein paar Tage zum Skiurlaub in St. Moritz weile. Illustriert war diese Berichterstattung unter anderem mit der beanstandeten Aufnahme, welche den Kläger neben seiner Ehefrau auf der Straße in St. Moritz zeigt.

Der Kläger verlangt - wie seine Ehefrau im Verfahren VI ZR 14/06 - von der Beklagten, es zu unterlassen, diese Aufnahme erneut zu veröffentlichen. Das Landgericht hat der Klage stattgegeben. Auf die Berufung der Beklagten hat das Oberlandesgericht dieses Urteil aufgehoben und die Klage abgewiesen. Mit der vom Berufungsgericht zugelassenen Revision begehrt der Kläger, die Berufung der Beklagten gegen das erstinstanzliche Urteil zurückzuweisen.

Entscheidungsgründe

I. Das Berufungsgericht hat zur Begründung seiner Entscheidung im Wesentlichen ausgeführt, die Beklagte habe auch ohne Einwilligung des Klägers nicht rechtswidrig in dessen Recht am eigenen Bild eingegriffen. Der Kläger müsse gemäß § 23 Abs. 1 Nr. 1 KUG als Begleiter einer Person des öffentlichen Lebens hinnehmen, dass Aufnahmen, die ihn als Begleiter dieser Person im Rahmen eines öffentlichen Auftritts abbildeten, auch ohne seine Einwilligung verbreitet würden. Es bestehe ein anerkennenswertes Interesse der Allgemeinheit zu erfahren, mit welchen Personen sich die Ehefrau des Klägers in der Öffentlichkeit zeige. Dieses werde erst dann begrenzt, wenn auch seine Ehefrau die Veröffentlichung einer

Aufnahme nicht hinzunehmen habe, weil ihr Interesse am Schutz ihrer Privatsphäre das Informationsinteresse der Allgemeinheit überwiege. Eine Abwägung der Grundrechte der Parteien aus Art. 1 Abs. 1, 2 Abs. 1 und 5 Abs. 1 Satz 2 GG ergebe hier, dass die Veröffentlichung rechtmäßig erfolgt sei. Zwar sei auch Art. 8 Abs. 1 EMRK bei der Abwägung zu berücksichtigen und bei der Bestimmung der Grenzen des allgemeinen Persönlichkeitsrechts des Klägers heranzuziehen. Das Grundgesetz sei aber als Verfassung des deutschen Staates vorrangig. Allerdings sei hier keine Frage des allgemeinen Interesses betroffen, zu der das veröffentlichte Bild einen Beitrag leiste, sondern nur das Unterhaltungsinteresse. Nach der Rechtsprechung des Bundesverfassungsgerichts sei die Veröffentlichung jedoch trotzdem zulässig, weil Plätze, an denen sich der Einzelne unter vielen Menschen befinde, die Voraussetzungen des Privatsphärenschutzes nicht erfüllten; sie könnten das Rückzugsbedürfnis nicht erfüllen und rechtfertigten damit auch nicht den grundrechtlichen Schutz, den dieses Bedürfnis aus Gründen der Persönlichkeitsentfaltung verdiene. Diese Rechtsprechung binde das Berufungsgericht nach § 31 BVerfGG. Das beanstandete Bild zeige den Kläger mit seiner Ehefrau auf offener Straße in St. Moritz und damit an einem Platz, an dem sich viele Menschen aufhielten. Wer wie die Ehefrau des Klägers als Person des öffentlichen Lebens in diesem Ort seinen Urlaub verbringe, müsse mit einer gewissen Aufmerksamkeit rechnen und könne nicht davon ausgehen, von den Medien unbeobachtet zu bleiben. Dem öffentlichen Informationsinteresse sei deshalb der Vorrang einzuräumen. Dieses berechtigte Interesse der Öffentlichkeit strahle auch auf den Kläger als Begleitperson seiner Ehefrau aus. Die Bildveröffentlichung sei nicht zu beanstanden.

II. Diese Ausführungen halten revisionsrechtlicher Überprüfung im Ergebnis stand.

1. Bildnisse einer Person dürfen grundsätzlich nur mit deren Einwilligung verbreitet werden (§ 22 Satz 1 KUG). Das Recht am eigenen Bild ist eine besondere Ausprägung des allgemeinen Persönlichkeitsrechts. Daraus ergibt sich, dass grundsätzlich allein dem Abgebildeten die Befugnis zusteht, darüber zu befinden, ob und in welcher Weise er der Öffentlichkeit im Bild vorgestellt wird (st. Rspr.; vgl. Senat, BGHZ 131, 332, 336; Urteil vom 28. September 2004 - VI ZR 305/03 - VersR 2005, 83). Revisionsrechtlich nicht zu beanstanden ist der Ausgangspunkt des Berufungsurteils, dass der Kläger die nach diesen Grundsätzen erforderliche Einwilligung zur Verbreitung der Aufnahme weder ausdrücklich noch stillschweigend erteilt hat.

2. Der Ansicht des Berufungsgerichts, der Kläger habe auch ohne Einwilligung hinzunehmen, dass Aufnahmen verbreitet werden, die ihn im Urlaub in Begleitung seiner Ehefrau in der Öffentlichkeit abbildeten, kann in dieser Allgemeinheit nicht gefolgt werden. Der Ausnahmetatbestand des § 23 Abs. 1 Nr. 1 KUG, wonach Bildnisse aus dem Bereich der Zeitgeschichte einwilligungsfrei veröffentlicht

werden dürfen, greift aber vorliegend hinsichtlich der beanstandeten Aufnahme durch.

a) Das Berufungsgericht bejaht für die beanstandete Bildveröffentlichung eine Ausnahme im Sinn von § 23 Abs. 1 Nr. 1 KUG. Der Kläger müsse als Ehemann einer Person des öffentlichen Lebens die Veröffentlichung hinnehmen. Zwar leiste das Bild keinen Beitrag zu einer Frage von allgemeinem Interesse, sondern diene nur dem Unterhaltungsinteresse. Gleichwohl sei der Schutz der Privatsphäre nicht vorrangig, weil die Aufnahme den Kläger als Begleiter seiner Ehefrau an einem Ort zeige, an dem sich auch andere Menschen befänden.

Seine Auffassung leitet das Berufungsgericht aus dem Urteil des Bundesverfassungsgerichts vom 15. Dezember 1999 (BVerfGE 101, 361 ff.) her, mit dem das Urteil des erkennenden Senats vom 19. Dezember 1995 (- VI ZR 15/95 - BGHZ 131, 332 ff.) zu den Paparazzi-Bildern (mit Ausnahme der Abbildungen mit Kindern) bestätigt worden ist und an das sich das Berufungsgericht nach § 31 BVerfGG gebunden fühlt.

b) Indessen wird diese Auffassung des Berufungsgerichts nicht in jeder Hinsicht dem abgestuften Schutzkonzept gerecht, das die Rechtsprechung aus §§ 22, 23 KUG entwickelt hat (vgl. BVerfG, BVerfGE 101, 361 ff.; NJW 2001, 1921, 1924 ff.; NJW 2006, 2835 f.; NJW 2006, 2836). Das gilt insbesondere unter Berücksichtigung der in den Entscheidungen des Europäischen Gerichtshofs für Menschenrechte (künftig: EGMR) vom 24. Juni 2004 in dem Verfahren von Hannover gegen Deutschland (NJW 2004, 2647 ff.) und vom 16. November 2004 (NJW 2006, 591 ff. - Karhuvaara und Iltalehti gegen Finnland) dargelegten Grundsätze. Der erkennende Senat hat dieses Schutzkonzept in mehreren neuen Entscheidungen erläutert (vgl. etwa Urteile vom 19. Oktober 2004 - VI ZR 292/03 - VersR 2005, 84 ff.; vom 15. November 2005 - VI ZR 286/04 - VersR 2006, 274 ff.) und fasst dies nochmals zusammen.

aa) Nach § 22 KUG dürfen Bildnisse nur mit Einwilligung des Abgebildeten verbreitet werden; hiervon besteht nach § 23 Abs. 1 KUG eine Ausnahme, wenn es sich um Bildnisse aus dem Bereich der Zeitgeschichte handelt. Diese Ausnahme gilt aber nicht für eine Verbreitung, durch die berechtigte Interessen des Abgebildeten verletzt werden (§ 23 Abs. 2 KUG).

Aus § 23 KUG hat die Rechtsprechung des Bundesverfassungsgerichts und des Bundesgerichtshofs den abkürzenden Begriff der "Person der Zeitgeschichte" entwickelt. Als "relative" Person der Zeitgeschichte ist eine Person anzusehen, die durch ein bestimmtes zeitgeschichtliches Ereignis das Interesse auf sich gezogen hat. Deshalb darf sie ohne ihre Einwilligung nur im Zusammenhang mit diesem Ereignis abgebildet werden. Demgegenüber gilt als "absolute" Person der Zeitgeschichte eine Person, die aufgrund ihres Status und ihrer Bedeutung allgemein öffentliche Aufmerksamkeit findet, so dass sie selbst Gegenstand der Zeitgeschichte ist und deshalb über sie berichtet werden darf. Auch sie hat jedoch ein Recht auf Privatsphäre, das nicht auf den häuslichen Bereich beschränkt ist. Vielmehr muss sie die Möglichkeit haben, sich an anderen, erkennbar abgeschiedenen Orten unbehelligt von Bildberichterstattung zu bewegen (vgl. Senat, BGHZ 131, 332 ff., bestätigt von BVerfG, BVerfGE 101, 361 ff.).

bb) Gegen diese Beschränkung des Schutzes der Privatsphäre bei den so genannten absoluten Personen der Zeitgeschichte hat der EGMR in seiner Entscheidung vom 24. Juni 2004 grundsätzliche Bedenken geäußert, denen der erkennende Senat bereits in mehreren in der Folgezeit ergangenen Entscheidungen Rechnung getragen hat (vgl. Urteile vom 19. Oktober 2004 - VI ZR 292/03 - VersR 2005, 84; vom 15. November 2005 - VI ZR 286/04 - VersR 2006, 274).

Hiernach nimmt die Vorschrift des § 23 Abs. 1 KUG nach der Intention des Gesetzgebers und nach Sinn und Zweck der Regelung in Ausnahme von dem Einwilligungserfordernis des § 22 KUG Rücksicht auf das Informationsinteresse der Allgemeinheit und auf die Pressefreiheit. Die Belange der Öffentlichkeit sind gerade bei der Auslegung des Tatbestandsmerkmals "aus dem Bereich der Zeitgeschichte" zu beachten (vgl. BVerfG, NJW 2006, 3406, 3407 f.).

cc) Eine Abwägung der widerstreitenden Rechte und Grundrechte der abgebildeten Person aus Art. 8 der Konvention zum Schutze der Menschenrechte und Grundfreiheiten vom 4. November 1950 (künftig: EMRK) in der Fassung des Protokolls Nr. 11 vom 11. Mai 1994 (BGBl 1995 II 578 ff.; vgl. nunmehr die ab 1. November 1998 geltende Neufassung - Bek. vom 17. Mai 2002 - BGBl 2002 II 1054 ff.) sowie aus Art. 1 Abs. 1, 2 Abs. 1 GG einerseits und der Presse aus Art. 10 EMRK und Art. 5 Abs. 1 Satz 2 GG andererseits ist mithin schon bei der Zuordnung zum Bereich der Zeitgeschichte erforderlich. Dabei ist der Beurteilung ein normativer Maßstab zugrunde zu legen, welcher der Pressefreiheit und zugleich dem Schutz der Persönlichkeit und ihrer Privatsphäre ausreichend Rechnung trägt (vgl. Senat, Urteile vom 12. Dezember 1995 - VI ZR 223/94 - VersR 1996, 341 f.; vom 9. März 2004 - VI ZR 217/03 - VersR 2004, 863; vom 28. September 2004 - VI ZR 305/03 - VersR 2005, 83, 84; vom 19. Oktober 2004 - VI ZR 292/03 - VersR 2005, 84, 85). Maßgebend ist hierbei das Interesse der Öffentlichkeit an vollständiger Information über das Zeitgeschehen. Dabei ist der Begriff des Zeitgeschehens in § 23 Abs. 1 Nr. 1 KUG zugunsten der Pressefreiheit zwar in einem weiten Sinn zu verstehen, doch ist das Informationsinteresse nicht schrankenlos. Vielmehr wird der Einbruch in die persönliche Sphäre des Abgebildeten durch den Grundsatz der Verhältnismäßigkeit begrenzt, so dass eine Berichterstattung keineswegs immer zulässig ist. Wo konkret die Grenze für das berechtigte Informationsinteresse der Öffentlichkeit an der aktuellen Berichterstattung zu ziehen ist, lässt sich nur unter Berücksichtigung der jeweiligen Umstände des Einzelfalls entscheiden.

Soweit sich die Bedenken des EGMR gegen den Begriff der "absoluten Person der Zeitgeschichte" richten (NJW 2004, 2647, 2650 Rn. 72), geht es der Sache nach um die Frage, unter welchen Voraussetzungen über solche in der Öffentlichkeit bekannten Personen berichtet werden darf. Dem Berufungsgericht ist zuzugeben, dass der Kläger unbeschadet der Frage, ob er als relative oder als absolute Person der Zeitgeschichte im Sinn der bisherigen Rechtsprechung anzusehen ist, jedenfalls eine in der Öffentlichkeit bekannte Person ist und - insbesondere auch als Ehemann von Prinzessin Caroline - in besonderem Maß das Interesse der Öffentlichkeit auf sich zieht. Auch hat er sich bei der beanstandeten Abbildung nicht an einem Ort der Abgeschiedenheit im oben dargelegten Sinn befunden, so dass der Gesichtspunkt der Belästigung durch heimlich aufgenommene Fotos (vgl. EGMR NJW 2004, 2647, 2650 Rn. 68; BVerfGE 101, 361, 381; BVerfG, NJW 2006, 3406, 3408; Senat, BGHZ 131, 332, 342) im Streitfall keine Rolle spielt.

Allein diese Umstände können jedoch entgegen der Auffassung des Berufungsgerichts nicht ausreichen, um einen Schutz der Privatsphäre zu verneinen. Das gilt nicht nur unter Berücksichtigung der Auffassung des EGMR, sondern ergibt sich bei richtigem Verständnis bereits aus dem abgestuften Schutzkonzept, wie es oben dargelegt worden ist. Hiernach ist auch bei Personen, die unter dem Blickpunkt des zeitgeschichtlichen Ereignisses im Sinn des § 23 Abs. 1 Nr. 1 KUG an sich ohne ihre Einwilligung die Verbreitung ihres Bildnisses dulden müssten, eine Verbreitung der Abbildung nicht zulässig, wenn hierdurch berechtigte Interessen des Abgebildeten verletzt werden (§ 23 Abs. 2 KUG).

Mithin kommt eine Ausnahme vom Erfordernis der Einwilligung grundsätzlich nur in Betracht, wenn die Berichterstattung ein Ereignis von zeitgeschichtlicher Bedeutung betrifft (so schon Senatsurteile BGHZ 158, 218, 222 f.; vom 19. Oktober 2004 - VI ZR 292/03 - aaO; vgl. BGH, Urteil vom 26. Oktober 2006 - I ZR 182/04 - Rn. 15, zum Abdruck in BGHZ bestimmt). Dabei darf allerdings der Begriff der Zeitgeschichte nicht zu eng verstanden werden. Schon nach der Entstehungsgeschichte des Gesetzes betreffend das Urheberrecht an Werken der bildenden Künste und der Photographie vom 9. Januar 1907 (KUG; vgl. Ebermayer in: Stengleins Kommentar zu den Strafrechtlichen Nebengesetzen des Deutschen Reiches, 5. Aufl., Band I § 23 KUG Anm. 1; Stenographische Berichte über die Verhandlungen des Reichstags, XI. Legislaturperiode II. Session 1905/1906, erster Sessionsabschnitt, Aktenstück Nr. 30 S. 1540 f. und I. Lesung 25. Januar 1906, Bd. 214, S. 819), vor allem aber im Hinblick auf den Informationsbedarf der Öffentlichkeit umfasst er nicht nur Vorgänge von historisch-politischer Bedeutung, sondern ganz allgemein das Zeitgeschehen, also alle Fragen von allgemeinem gesellschaftlichem Interesse, und wird mithin vom Interesse der Öffentlichkeit bestimmt. Auch durch unterhaltende Beiträge kann nämlich Meinungsbildung statt-finden; solche Beiträge können die Meinungsbildung unter Umständen sogar nachhaltiger anregen und beeinflussen als sachbezogene Informationen (vgl. Senat, Urteil vom 9. Dezember 2003 - VI ZR 373/02 - VersR 2004, 522, 523 mit Anmerkung von Gerlach JZ 2004, 625; BVerfG, BVerfGE 101, 361, 389 f.; NJW 2006, 2836, 2837).

Zum Kern der Presse- und der Meinungsbildungsfreiheit gehört es, dass die Presse in den gesetzlichen Grenzen einen ausreichenden Spielraum besitzt, innerhalb dessen sie nach ihren publizistischen Kriterien entscheiden kann, was öffentliches Interesse beansprucht, und dass sich im Meinungsbildungsprozess herausstellt, was eine Angelegenheit von öffentlichem Interesse ist (BVerfGE 101, 361, 392; Senat, Urteil vom 15. November 2005 - VI ZR 286/04 - aaO Rn. 24; EGMR NJW 2006, 591, 592 f. Rn. 38 ff.). Deshalb muss die Presse zur Wahrnehmung ihrer mei-nungsbildenden Aufgaben nach publizistischen Kriterien selbst entscheiden dür-fen, was sie des öffentlichen Interesses für wert hält (vgl. BVerfGE 101, 361, 392; Senat, Urteile vom 14. März 1995 - VI ZR 52/94 - VersR 1995, 667, 668 f., bestä-tigt durch BVerfG, NJW 2000, 1026, und vom 15. November 2005 - VI ZR 286/04 - aaO). Die Bedeutung der Pressefreiheit wird unter Hinweis auf Art. 10 EMRK auch in der Entscheidung des EGMR vom 24. Juni 2004 (NJW 2004, 2647, 2648 f. Rn. 58, 60, 63) hervorgehoben, wenn dort ausgeführt wird, dass die Presse in einer demokratischen Gesellschaft eine wesentliche Rolle spiele und es ihre Auf-gabe sei, Informationen und Ideen zu allen Fragen von Allgemeininteresse weiter-zugeben, was letztlich mit dem oben dargelegten Begriff der Zeitgeschichte in Einklang steht.

Soweit der Gerichtshof der Presse dieses Recht nur "in bestimmten Grenzen" (EGMR NJW 2004, 2647, 2649 Rn. 58) zugesteht, betrifft diese Einschränkung ersichtlich die Abwägung zwischen Pressefreiheit und Informationsrecht der Öf-fentlichkeit einerseits und dem Schutz der Privatsphäre andererseits, mithin eine Abwägung, wie sie auch nach dem oben dargestellten Schutzkonzept geboten ist. Auch wenn die Presse zur Wahrung der Pressefreiheit und zur Vermeidung einer vom Grundgesetz untersagten Zensur selbst nach publizistischen Kriterien ent-scheiden darf, worüber sie berichten will, kann sie sich damit nicht der Abwägung mit der geschützten Privatsphäre derjenigen entziehen, über die sie berichten will.

Deshalb muss eine Interessenabwägung stattfinden und zwar zwischen dem Infor-mationsinteresse der Öffentlichkeit einerseits und dem Interesse des Abgebildeten an dem Schutz seiner Privatsphäre andererseits. Die Bedeutung des Informations-werts für die Interessenabwägung hat der erkennende Senat schon in früheren Ent-scheidungen hervorgehoben (Senat, BGHZ 151, 26, 31; Urteil vom 9. Dezember 2003 - VI ZR 404/02 - VersR 2004, 525 m.w.N.). Je größer der Informationswert für die Öffentlichkeit ist, desto mehr muss das Schutzinteresse desjenigen, über den informiert wird, hinter den Informationsbelangen der Öffentlichkeit zurück-treten. Umgekehrt wiegt aber auch der Schutz der Persönlichkeit des Betroffenen desto schwerer, je geringer der Informationswert für die Allgemeinheit ist (vgl. BVerfGE 101, 361, 391; Senat, BGHZ 131, 332, 342 m.w.N.). Das Interesse der Leser an bloßer Unterhaltung hat gegenüber dem Schutz der Privatsphäre regel-mäßig ein geringeres Gewicht (vgl. BVerfGE 34, 269, 283; Senat, BGHZ 131, 332, 342 m.w.N.).

Dies hat das Bundesverfassungsgericht im Beschluss vom 21. August 2006 (NJW 2006, 3406, 3407) bestätigt, wobei es nach Lage des Falles nicht zu entscheiden brauchte, ob er auch für Personen von hohem Bekanntheitsgrad gilt. Diese Frage ist nach Auffassung des erkennenden Senats unter Berücksichtigung des Urteils des EGMR vom 24. Juni 2004 im Grundsatz zu bejahen. Deshalb kann auch bei den bisher so genannten Personen der Zeitgeschichte nicht außer Betracht bleiben, ob die Berichterstattung zu einer Debatte mit einem Sachgehalt beiträgt, der über die Befriedigung bloßer Neugier hinausgeht. Das schließt es freilich nicht aus, dass je nach Lage des Falles für den Informationswert einer Berichterstattung auch der Bekanntheitsgrad des Betroffenen von Bedeutung sein kann. In jedem Fall ist bei der Beurteilung des Informationswerts bzw. der Frage, ob es sich um ein zeit-geschichtliches Ereignis im Sinn des allgemein interessierenden Zeitgeschehens handelt, ein weites Verständnis geboten, damit die Presse ihren meinungsbilden-den Aufgaben gerecht werden kann, die nach wie vor von größter Bedeutung sind.

Eine solche Gewichtung bei der Interessenabwägung trägt nach Auffassung des erkennenden Senats den Anforderungen des Gerichtshofs (EGMR NJW 2004, 2647, 2651 Rn. 76) an einen wirksamen Schutz der Privatsphäre ebenso Rechnung wie dem Schutz der Grundrechte aus Art. 5 GG. Ihr steht - anders als das Beru-fungsgericht meint - auch eine Bindungswirkung des § 31 BVerfGG nicht entge-gen. Das Bundesverfassungsgericht hat zwar die Entscheidung des erkennenden Senats insoweit bestätigt, als dort der Schutz der Privatsphäre gegen unerwünschte Aufnahmen auf die Fälle erkennbarer räumlicher Abgeschiedenheit beschränkt worden ist. Das schließt es jedoch nicht aus, bei der erforderlichen Interessenab-wägung zwischen Pressefreiheit und Schutz der Privatsphäre den Informations-wert für die Öffentlichkeit stärker zu berücksichtigen. Im Übrigen hat das Bundes-verfassungsgericht eine diesen Grundsätzen entsprechende Interessenabwägung in einem den Kläger betreffenden Verfahren bereits gebilligt (Senat, Urteil vom 15. November 2005 - VI ZR 286/04 - VersR 2006, 274; BVerfG, NJW 2006, 2835).

dd) Kommt es mithin für diese Abwägung maßgeblich auf den Informationswert der Abbildung an, so kann - da im Streitfall die beanstandete Abbildung im Zu-sammenhang mit einer Wortberichterstattung verbreitet worden ist - bei der Beur-teilung diese zugehörige Wortberichterstattung nicht unberücksichtigt bleiben (so auch EGMR NJW 2004, 2647, 2650 Rn. 64). Dies entspricht gefestigter Recht-sprechung des erkennenden Senats (vgl. BGHZ 158, 218, 223; Urteile vom 30.

September 2003 - VI ZR 89/02 - VersR 2004, 205, 206; vom 28. September 2004 - VI ZR 305/03 - VersR 2005, 83 f.; vom 19. Oktober 2004 - VI ZR 292/03 - VersR 2005, 84 f. - jeweils m.w.N.).

3. Diese Grundsätze führen im Streitfall zu folgender Abwägung:

Das in der Ausgabe Nr. 9/02 vom 20. Februar 2002 der Zeitschrift " FRAU AK- TUELL " veröffentlichte Bild zeigt den Kläger und seine Ehefrau auf öffentlicher Straße in St. Moritz im Urlaub, der grundsätzlich auch bei "Prominenten" zum geschützten Kernbereich der Privatsphäre gehört. Dennoch hat das Berufungsgericht die Veröffentlichung des Fotos im Ergebnis zutreffend als Bebilderung eines Berichts über ein zeitgeschichtliches Ereignis nicht beanstandet.

Zwar ist der beanstandeten Abbildung als solcher keine Information über ein zeitgeschichtliches Ereignis oder ein Beitrag zu einer Diskussion von allgemeinem Interesse zu entnehmen. Indes ist für den Informationswert auch die zugehörige Wortberichterstattung zu berücksichtigen. Soweit diese sich auf den Skiurlaub bezieht, kann allerdings ein zeitgeschichtliches Ereignis bzw. ein Vorgang von allgemeinem Interesse (EGMR NJW 2004, 2647, 2649 Rn. 60 ff.) selbst bei dem im Interesse der Informationsfreiheit gebotenen weiten Verständnis dieser Begriffe nicht angenommen werden. Gegenstand der Wortberichterstattung ist jedoch auch die Erkrankung des damals regierenden Fürsten von Monaco und damit ein zeitgeschichtliches Ereignis im oben dargelegten Sinn, über das die Presse berichten darf. Insofern kommt es auf den redaktionellen Gehalt und die Gestaltung dieses Artikels nicht an, da die Garantie der Pressefreiheit es nicht zulässt, das Eingreifen dieses Grundrechts von der Qualität des jeweiligen Presseerzeugnisses oder redaktionellen Beitrags abhängig zu machen (BVerfGE 34, 269, 283; Senat, Urteil vom 14. März 1995 - VI ZR 52/94 - VersR 1995, 667, 668, bestätigt durch BVerfG, NJW 2000, 1026). Das gilt auch, soweit der Artikel das Verhalten von Familienmitgliedern während der Krankheit des Fürsten betrifft, zumal die Zulässigkeit der Wortberichterstattung von der Revision nicht in Frage gestellt wird. Diese Berichterstattung wird mit der beanstandeten Abbildung belegt und illustriert.

Bei dieser Sachlage sind überwiegende berechtigte Interessen des Klägers (§ 23 Abs. 2 KUG), die einer Veröffentlichung der Abbildung entgegenstehen könnten, bei der gebotenen Würdigung der Berichterstattung in ihrer Gesamtheit (vgl. Senat, Urteil vom 28. September 2004 - VI ZR 305/03 - VersR 2005, 83, 84) nicht zu erkennen. Insbesondere ist der beanstandeten Abbildung, die den Kläger und seine Frau auf offener Straße zeigt, kein eigenständiger Verletzungseffekt zu entnehmen, der eine abweichende Beurteilung rechtfertigen könnte. Dass die Aufnahme etwa unter Ausnutzung von Heimlichkeit oder von technischen Mitteln, die dem gleich kämen, zustande gekommen und aus diesem Grund unzulässig wäre (vgl. EGMR NJW 2004, 2647, 2650 Rn. 68; BVerfGE 101, 361, 381; BVerfG, NJW 2006, 3406, 3408; Senat, BGHZ 131, 332, 342), macht die Revision nicht geltend und ist auch nicht ersichtlich.

4. Nach allem ist die Revision des Klägers zurückzuweisen.

Die Entscheidung über die Kosten folgt aus § 97 Abs. 1 ZPO.

Entscheidungsdatum: 06.03.2007
Aktenzeichen: VI ZR 14/06
Normen: Art 2 Abs 1 GG, Art 5 Abs 1 GG, Art 8 MRK, Art 10 MRK, § 22
KunstUrhG
Bildveröffentlichung von Prominenten: Umfang der geschützten Privatsphäre

Orientierungssatz

1. Zum abgestuften Schutzkonzept der §§ 22, 23 KUG bei Bildveröffentlichungen von Personen öffentlichen Interesses (Prominente) (Anschluss BVerfG, 15. Dezember 1999, 1 BvR 653/96, BVerfGE 101, 361 und EGMR, 24. Juni 2004, 59320/00, NJW 2004, 2647; Fortführung BGH, 19. Dezember 1995, VI ZR 15/95, BGHZ 131, 332; BGH, 9. März 2004, VI ZR 217/03, BGHZ 158, 218; BGH, 19. Oktober 2004, VI ZR 292/03, VersR 2005, 84 und BGH, 15. November 2005, VI ZR 286/04, VersR 2006, 274).

2. Ein in einer Zeitschrift veröffentlichtes Bild, das die Tochter des verstorbenen Fürsten von Monaco und ihren Ehemann auf öffentlicher Straße in St. Moritz im Urlaub zeigt, greift nicht rechtswidrig in das Recht am eigenen Bild ein, wenn Gegenstand der zugehörigen Wortberichterstattung auch die Erkrankung des damals regierenden Fürsten von Monaco und damit ein zeitgeschichtliches Ereignis ist, über das die Presse berichten darf.

Tenor

Die Revision gegen das Urteil des 7. Zivilsenats des Hanseatischen Oberlandesgerichts Hamburg vom 13. Dezember 2005 wird auf Kosten der Klägerin zurückgewiesen.

Von Rechts wegen

Tatbestand

Die Klägerin ist eine Tochter des verstorbenen Fürsten von Monaco. Die Beklagte verlegt die Zeitschrift "FRAU AKTUELL". In der Ausgabe Nr. 9/02 vom 20. Februar 2002 dieser Zeitschrift wurde berichtet, dass es dem Fürsten von Monaco "gesundheitlich wieder einmal sehr schlecht gehen soll" und er Besuch nur von seiner jüngsten Tochter erhalten habe, seine älteste Tochter, die Klägerin, aber mit ihrem Ehemann und ihrem Töchterchen ein paar Tage zum Skiurlaub in St. Moritz weile. Illustriert war diese Berichterstattung unter anderem mit der beanstandeten Aufnahme, welche die Klägerin neben ihrem Ehemann auf der Straße in St. Moritz zeigt.

Die Klägerin verlangt - wie ihr Ehemann im Verfahren VI ZR 13/06 - von der Beklagten, es zu unterlassen, diese Aufnahme erneut zu veröffentlichen. Das Landgericht hat der Klage stattgegeben. Auf die Berufung der Beklagten hat das Oberlandesgericht dieses Urteil aufgehoben und die Klage abgewiesen. Mit der vom Berufungsgericht zugelassenen Revision begehrt die Klägerin, die Berufung der Beklagten gegen das erstinstanzliche Urteil zurückzuweisen.

Entscheidungsgründe

I. Das Berufungsgericht hat zur Begründung seiner Entscheidung im Wesentlichen ausgeführt, die Beklagte habe nicht rechtswidrig in das Recht der Klägerin am eigenen Bild eingegriffen. Die Klägerin müsse gemäß § 23 Abs. 1 Nr. 1 KUG als Person des öffentlichen Lebens hinnehmen, dass Aufnahmen ohne ihre Einwilligung verbreitet würden. Dieses Recht zur Veröffentlichung finde nach § 23 Abs. 2 KUG erst dann seine Grenze, wenn die Aufnahme die Privatsphäre der Klägerin berühre und das Interesse der Klägerin am Schutz ihrer Privatsphäre das Informationsinteresse der Allgemeinheit überwiege. Eine Abwägung der Grundrechte der Parteien aus Art. 1 Abs. 1, 2 Abs. 1 und 5 Abs. 1 Satz 2 GG ergebe hier, dass die Veröffentlichung rechtmäßig erfolgt sei. Zwar sei auch Art. 8 Abs. 1 EMRK bei der Abwägung zu berücksichtigen und bei der Bestimmung der Grenzen des allgemeinen Persönlichkeitsrechts der Klägerin heranzuziehen. Das Grundgesetz sei aber als Verfassung des deutschen Staates vorrangig. Allerdings sei hier keine Frage des allgemeinen Interesses betroffen, zu der das veröffentlichte Bild einen Beitrag leiste, sondern nur das Unterhaltungsinteresse. Nach der Rechtsprechung des Bundesverfassungsgerichts sei die Veröffentlichung jedoch trotzdem zulässig, weil Plätze, an denen sich der Einzelne unter vielen Menschen befinde, die Voraussetzungen des Privatsphärenschutzes nicht erfüllten; sie könnten das Rückzugsbedürfnis nicht erfüllen und rechtfertigten damit auch nicht den grundrechtlichen Schutz, den dieses Bedürfnis aus Gründen der Persönlichkeitsentfaltung verdiene. Diese Rechtsprechung binde das Berufungsgericht nach § 31 BVerfGG. Das beanstandete Bild zeige die Klägerin mit ihrem Ehemann auf offener Straße in St. Moritz und damit an einem Platz, an dem sich viele Menschen aufhielten. Wer wie die Klägerin als Person des öffentlichen Lebens in diesem Ort seinen Urlaub verbringe, müsse mit einer gewissen Aufmerksamkeit rechnen und könne nicht davon ausgehen, von den Medien unbeobachtet zu bleiben. Dem öffentlichen Informationsinteresse sei deshalb der Vorrang einzuräumen. Die Bildveröffentlichung sei nicht zu beanstanden.

II. Diese Ausführungen halten revisionsrechtlicher Überprüfung im Ergebnis stand.

1. Bildnisse einer Person dürfen grundsätzlich nur mit deren Einwilligung verbreitet werden (§ 22 Satz 1 KUG). Das Recht am eigenen Bild ist eine besondere Ausprägung des allgemeinen Persönlichkeitsrechts. Daraus ergibt sich, dass grundsätzlich allein dem Abgebildeten die Befugnis zusteht, darüber zu befinden, ob und in welcher Weise er der Öffentlichkeit im Bild vorgestellt wird (st. Rspr.; vgl. Senatsurteile BGHZ 131, 332, 336; vom 28. September 2004 - VI ZR 305/03 - VersR 2005, 83). Revisionsrechtlich nicht zu beanstanden ist der Ausgangspunkt des Berufungsurteils, dass die Klägerin die nach diesen Grundsätzen erforderliche Einwilligung zur Verbreitung der Aufnahme weder ausdrücklich noch stillschweigend erteilt hat.

2. Der Ansicht des Berufungsgerichts, die Klägerin habe auch ohne Einwilligung hinzunehmen, dass Aufnahmen verbreitet werden, die sie im Urlaub in Begleitung ihres Ehemannes in der Öffentlichkeit abbildeten, kann in dieser Allgemeinheit nicht gefolgt werden. Der Ausnahmetatbestand des § 23 Abs. 1 Nr. 1 KUG, wonach Bildnisse aus dem Bereich der Zeitgeschichte einwilligungsfrei veröffentlicht werden dürfen, greift aber vorliegend hinsichtlich der beanstandeten Aufnahme durch.

a) Das Berufungsgericht bejaht für die beanstandete Bildveröffentlichung eine Ausnahme im Sinn von § 23 Abs. 1 Nr. 1 KUG. Die Klägerin müsse als Person des öffentlichen Lebens die Veröffentlichung hinnehmen. Zwar leiste das Bild keinen Beitrag zu einer Frage von allgemeinem Interesse, sondern diene nur dem Unterhaltungsinteresse. Gleichwohl sei der Schutz der Privatsphäre nicht vorrangig, weil die Aufnahme die Klägerin an einem Ort zeige, an dem sich auch andere Menschen befänden.

Seine Auffassung leitet das Berufungsgericht aus dem Urteil des Bundesverfassungsgerichts vom 15. Dezember 1999 (BVerfGE 101, 361 ff.) her, mit dem das Urteil des erkennenden Senats vom 19. Dezember 1995 (- VI ZR 15/95 - BGHZ 131, 332 ff.) zu den Paparazzi-Bildern (mit Ausnahme der Abbildungen mit Kindern) bestätigt worden ist und an das sich das Berufungsgericht nach § 31 BVerfGG gebunden fühlt.

b) Indessen wird diese Auffassung des Berufungsgerichts nicht in jeder Hinsicht dem abgestuften Schutzkonzept gerecht, das die Rechtsprechung aus §§ 22, 23 KUG entwickelt hat (vgl. BVerfG, BVerfGE 101, 361 ff.; NJW 2001, 1921, 1924 ff.; NJW 2006, 2835 f.; NJW 2006, 2836). Das gilt insbesondere unter Berücksichtigung der in den Entscheidungen des Europäischen Gerichtshofs für Menschenrechte (künftig: EGMR) vom 24. Juni 2004 in dem Verfahren von Hannover gegen Deutschland (NJW 2004, 2647 ff.) und vom 16. November 2004 (NJW 2006, 591 ff. - Karhuvaara und Iltalehti gegen Finnland) dargelegten Grundsätze. Der erkennende Senat hat dieses Schutzkonzept in mehreren neuen Entscheidungen erläutert (vgl. etwa Urteile vom 19. Oktober 2004 - VI ZR 292/03 - VersR 2005, 84 ff.; vom 15. November 2005 - VI ZR 286/04 - VersR 2006, 274 ff.) und fasst dies nochmals zusammen.

aa) Nach § 22 KUG dürfen Bildnisse nur mit Einwilligung des Abgebildeten verbreitet werden; hiervon besteht nach § 23 Abs. 1 KUG eine Ausnahme, wenn es sich um Bildnisse aus dem Bereich der Zeitgeschichte handelt. Diese Ausnahme gilt aber nicht für eine Verbreitung, durch die berechtigte Interessen des Abgebildeten verletzt werden (§ 23 Abs. 2 KUG).

Aus § 23 KUG hat die Rechtsprechung des Bundesverfassungsgerichts und des Bundesgerichtshofs den abkürzenden Begriff der "Person der Zeitgeschichte" entwickelt. Als "relative" Person der Zeitgeschichte ist eine Person anzusehen, die durch ein bestimmtes zeitgeschichtliches Ereignis das Interesse auf sich gezogen hat. Deshalb darf sie ohne ihre Einwilligung nur im Zusammenhang mit diesem Ereignis abgebildet werden. Demgegenüber gilt als "absolute" Person der Zeitgeschichte eine Person, die aufgrund ihres Status und ihrer Bedeutung allgemein öffentliche Aufmerksamkeit findet, so dass sie selbst Gegenstand der Zeitgeschichte ist und deshalb über sie berichtet werden darf. Auch sie hat jedoch ein Recht auf Privatsphäre, das nicht auf den häuslichen Bereich beschränkt ist. Vielmehr muss sie die Möglichkeit haben, sich an anderen, erkennbar abgeschiedenen Orten unbehelligt von Bildberichterstattung zu bewegen (vgl. Senat, BGHZ 131, 332 ff., bestätigt von BVerfG, BVerfGE 101, 361 ff.).

bb) Gegen diese Beschränkung des Schutzes der Privatsphäre bei den so genannten absoluten Personen der Zeitgeschichte hat der EGMR in seiner Entscheidung vom 24. Juni 2004 grundsätzliche Bedenken geäußert, denen der erkennende Senat bereits in mehreren in der Folgezeit ergangenen Entscheidungen Rechnung getragen hat (vgl. Urteile vom 19. Oktober 2004 - VI ZR 292/03 - VersR 2005, 84; vom 15. November 2005 - VI ZR 286/04 - VersR 2006, 274).

Hiernach nimmt die Vorschrift des § 23 Abs. 1 KUG nach der Intention des Gesetzgebers und nach Sinn und Zweck der Regelung in Ausnahme von dem Einwilligungserfordernis des § 22 KUG Rücksicht auf das Informationsinteresse der Allgemeinheit und auf die Pressefreiheit. Die Belange der Öffentlichkeit sind gerade bei der Auslegung des Tatbestandsmerkmals "aus dem Bereich der Zeitgeschichte" zu beachten (vgl. BVerfG, NJW 2006, 3406, 3407 f.).

cc) Eine Abwägung der widerstreitenden Rechte und Grundrechte der abgebildeten Person aus Art. 8 der Konvention zum Schutze der Menschenrechte und

Grundfreiheiten vom 4. November 1950 (künftig: EMRK) in der Fassung des Protokolls Nr. 11 vom 11. Mai 1994 (BGBl 1995 II 578 ff.; vgl. nunmehr die ab 1. November 1998 geltende Neufassung - Bek. vom 17. Mai 2002 - BGBl 2002 II 1054 ff.) sowie aus Art. 1 Abs. 1, 2 Abs. 1 GG einerseits und der Presse aus Art. 10 EMRK und Art. 5 Abs. 1 Satz 2 GG andererseits ist mithin schon bei der Zuordnung zum Bereich der Zeitgeschichte erforderlich. Dabei ist der Beurteilung ein normativer Maßstab zugrunde zu legen, welcher der Pressefreiheit und zugleich dem Schutz der Persönlichkeit und ihrer Privatsphäre ausreichend Rechnung trägt (vgl. Senat, Urteile vom 12. Dezember 1995 - VI ZR 223/94 - VersR 1996, 341 f.; vom 9. März 2004 - VI ZR 217/03 - VersR 2004, 863; und vom 28. September 2004 - VI ZR 305/03 - VersR 2005, 83, 84; vom 19. Oktober 2004 - VI ZR 292/03 - VersR 2005, 84, 85). Maßgebend ist hierbei das Interesse der Öffentlichkeit an vollständiger Information über das Zeitgeschehen. Dabei ist der Begriff des Zeitgeschehens in § 23 Abs. 1 Nr. 1 KUG zugunsten der Pressefreiheit zwar in einem weiten Sinn zu verstehen, doch ist das Informationsinteresse nicht schrankenlos. Vielmehr wird der Einbruch in die persönliche Sphäre des Abgebildeten durch den Grundsatz der Verhältnismäßigkeit begrenzt, so dass eine Berichterstattung keineswegs immer zulässig ist. Wo konkret die Grenze für das berechtigte Informationsinteresse der Öffentlichkeit an der aktuellen Berichterstattung zu ziehen ist, lässt sich nur unter Berücksichtigung der jeweiligen Umstände des Einzelfalls entscheiden.

Soweit sich die Bedenken des EGMR gegen den Begriff der "absoluten Person der Zeitgeschichte" richten (NJW 2004, 2647, 2650 Rn. 72), geht es der Sache nach um die Frage, unter welchen Voraussetzungen über solche in der Öffentlichkeit bekannte Personen berichtet werden darf. Dem Berufungsgericht ist zuzugeben, dass die Klägerin unbeschadet der Frage, ob sie als absolute Person der Zeitgeschichte im Sinn der bisherigen Rechtsprechung anzusehen ist, jedenfalls eine in der Öffentlichkeit bekannte Person ist und in besonderem Maß das Interesse der Öffentlichkeit auf sich zieht. Auch hat sie sich bei der beanstandeten Abbildung nicht an einem Ort der Abgeschiedenheit im oben dargelegten Sinn befunden, so dass der Gesichtspunkt der Belästigung durch heimlich aufgenommene Fotos (vgl. EGMR NJW 2004, 2647, 2650 Rn. 68; BVerfGE 101, 361, 381; BVerfG, NJW 2006, 3406, 3408; Senat, BGHZ 131, 332, 342) im Streitfall keine Rolle spielt.

Allein diese Umstände können jedoch entgegen der Auffassung des Berufungsgerichts nicht ausreichen, um einen Schutz der Privatsphäre zu verneinen. Das gilt nicht nur unter Berücksichtigung der Auffassung des EGMR, sondern ergibt sich bei richtigem Verständnis bereits aus dem abgestuften Schutzkonzept, wie es oben dargelegt worden ist. Hiernach ist auch bei Personen, die unter dem Blickpunkt des zeitgeschichtlichen Ereignisses im Sinn des § 23 Abs. 1 Nr. 1 KUG an sich ohne ihre Einwilligung die Verbreitung ihres Bildnisses dulden müssten, eine Verbreitung der Abbildung nicht zulässig, wenn hierdurch berechtigte Interessen des Abgebildeten verletzt werden (§ 23 Abs. 2 KUG).

Mithin kommt eine Ausnahme vom Erfordernis der Einwilligung grundsätzlich nur in Betracht, wenn die Berichterstattung ein Ereignis von zeitgeschichtlicher Bedeutung betrifft (so schon Senatsurteile BGHZ 158, 218, 222 f.; vom 19. Oktober 2004 - VI ZR 292/03 - aaO; vgl. BGH, Urteil vom 26. Oktober 2006 - I ZR 182/04 - Rn. 15, zum Abdruck in BGHZ bestimmt). Dabei darf allerdings der Begriff der Zeitgeschichte nicht zu eng verstanden werden. Schon nach der Entstehungsgeschichte des Gesetzes betreffend das Urheberrecht an Werken der bildenden Künste und der Photographie vom 9. Januar 1907 (KUG; vgl. Ebermayer in: Stengleins Kommentar zu den Strafrechtlichen Nebengesetzen des Deutschen Reiches, 5. Aufl., Band I § 23 KUG Anm. 1; Stenographische Berichte über die Verhandlungen des Reichstags, XI. Legislaturperiode II. Session 1905/1906, erster Sessionsabschnitt, Aktenstück Nr. 30 S. 1540 f. und I. Lesung 25. Januar 1906, Bd. 214, S. 819), vor allem aber im Hinblick auf den Informationsbedarf der Öffentlichkeit umfasst er nicht nur Vorgänge von historisch-politischer Bedeutung, sondern ganz allgemein das Zeitgeschehen, also alle Fragen von allgemeinem gesellschaftlichem Interesse, und wird mithin vom Interesse der Öffentlichkeit bestimmt. Auch durch unterhaltende Beiträge kann nämlich Meinungsbildung stattfinden; solche Beiträge können die Meinungsbildung unter Umständen sogar nachhaltiger anregen und beeinflussen als sachbezogene Informationen (vgl. Senat, Urteil vom 9. Dezember 2003 - VI ZR 373/02 - VersR 2004, 522, 523 mit Anmerkung von Gerlach JZ 2004, 625; BVerfG, BVerfGE 101, 361, 389 f.; NJW 2006, 2836, 2837).

Zum Kern der Presse- und der Meinungsbildungsfreiheit gehört es, dass die Presse in den gesetzlichen Grenzen einen ausreichenden Spielraum besitzt, innerhalb dessen sie nach ihren publizistischen Kriterien entscheiden kann, was öffentliches Interesse beansprucht, und dass sich im Meinungsbildungsprozess herausstellt, was eine Angelegenheit von öffentlichem Interesse ist (BVerfGE 101, 361, 392; Senat, Urteil vom 15. November 2005 - VI ZR 286/04 - aaO Rn. 24; EGMR NJW 2006, 591, 592 f. Rn. 38 ff.). Deshalb muss die Presse zur Wahrnehmung ihrer meinungsbildenden Aufgaben nach publizistischen Kriterien selbst entscheiden dürfen, was sie des öffentlichen Interesses für wert hält (vgl. BVerfGE 101, 361, 392; Senat, Urteile vom 14. März 1995 - VI ZR 52/94 - VersR 1995, 667, 668 f., bestätigt durch BVerfG, NJW 2000, 1026, und vom 15. November 2005 - VI ZR 286/04 - aaO). Die Bedeutung der Pressefreiheit wird unter Hinweis auf Art. 10 EMRK auch in der Entscheidung des EGMR vom 24. Juni 2004 (NJW 2004, 2647, 2648 f. Rn. 58, 60, 63) hervorgehoben, wenn dort ausgeführt wird, dass die Presse in einer demokratischen Gesellschaft eine wesentliche Rolle spiele und es ihre Aufgabe sei, Informationen und Ideen zu allen Fragen von Allgemeininteresse weiterzugeben, was letztlich mit dem oben dargelegten Begriff der Zeitgeschichte in Einklang steht.

Soweit der Gerichtshof der Presse dieses Recht nur "in bestimmten Grenzen"

(EGMR NJW 2004, 2647, 2649 Rn. 58) zugesteht, betrifft diese Einschränkung ersichtlich die Abwägung zwischen Pressefreiheit und Informationsrecht der Öffentlichkeit einerseits und dem Schutz der Privatsphäre andererseits, mithin eine Abwägung, wie sie auch nach dem oben dargestellten Schutzkonzept geboten ist. Auch wenn die Presse zur Wahrung der Pressefreiheit und zur Vermeidung einer vom Grundgesetz untersagten Zensur selbst nach publizistischen Kriterien entscheiden darf, worüber sie berichten will, kann sie sich damit nicht der Abwägung mit der geschützten Privatsphäre derjenigen entziehen, über die sie berichten will.

Deshalb muss eine Interessenabwägung stattfinden und zwar zwischen dem Informationsinteresse der Öffentlichkeit einerseits und dem Interesse des Abgebildeten an dem Schutz seiner Privatsphäre andererseits. Die Bedeutung des Informationswerts für die Interessenabwägung hat der erkennende Senat schon in früheren Entscheidungen hervorgehoben (Senat, BGHZ 151, 26, 31; Urteil vom 9. Dezember 2003 - VI ZR 404/02 - VersR 2004, 525 m.w.N.). Je größer der Informationswert für die Öffentlichkeit ist, desto mehr muss das Schutzinteresse desjenigen, über den informiert wird, hinter den Informationsbelangen der Öffentlichkeit zurücktreten. Umgekehrt wiegt aber auch der Schutz der Persönlichkeit des Betroffenen desto schwerer, je geringer der Informationswert für die Allgemeinheit ist (vgl. BVerfGE 101, 361, 391; Senat, BGHZ 131, 332, 342 m.w.N.). Das Interesse der Leser an bloßer Unterhaltung hat gegenüber dem Schutz der Privatsphäre regelmäßig ein geringeres Gewicht (vgl. BVerfGE 34, 269, 283; Senat, BGHZ 131, 332, 334 m.w.N.).

Dies hat das Bundesverfassungsgericht im Beschluss vom 21. August 2006 (NJW 2006, 3406, 3407) bestätigt, wobei es nach Lage des Falles nicht zu entscheiden brauchte, ob er auch für Personen von hohem Bekanntheitsgrad gilt. Diese Frage ist nach Auffassung des erkennenden Senats unter Berücksichtigung des Urteils des EGMR vom 24. Juni 2004 im Grundsatz zu bejahen. Deshalb kann auch bei den bisher so genannten Personen der Zeitgeschichte nicht außer Betracht bleiben, ob die Berichterstattung zu einer Debatte mit einem Sachgehalt beiträgt, der über die Befriedigung bloßer Neugier hinausgeht. Das schließt es freilich nicht aus, dass je nach Lage des Falles für den Informationswert einer Berichterstattung auch der Bekanntheitsgrad des Betroffenen von Bedeutung sein kann. In jedem Fall ist bei der Beurteilung des Informationswerts bzw. der Frage, ob es sich um ein zeitgeschichtliches Ereignis im Sinn des allgemein interessierenden Zeitgeschehens handelt, ein weites Verständnis geboten, damit die Presse ihren meinungsbildenden Aufgaben gerecht werden kann, die nach wie vor von größter Bedeutung sind.

Eine solche Gewichtung bei der Interessenabwägung trägt nach Auffassung des erkennenden Senats den Anforderungen des Gerichtshofs (EGMR NJW 2004, 2647, 2651 Rn. 76) an einen wirksamen Schutz der Privatsphäre ebenso Rechnung wie dem Schutz der Grundrechte aus Art. 5 GG. Ihr steht - anders als das Berufungsgericht meint - auch eine Bindungswirkung des § 31 BVerfGG nicht entgegen. Das Bundesverfassungsgericht hat zwar die Entscheidung des erkennenden Senats insoweit bestätigt, als dort der Schutz der Privatsphäre gegen unerwünschte Aufnahmen auf die Fälle erkennbarer räumlicher Abgeschiedenheit beschränkt worden ist. Das schließt es jedoch nicht aus, bei der erforderlichen Interessenabwägung zwischen Pressefreiheit und Schutz der Privatsphäre den Informationswert für die Öffentlichkeit stärker zu berücksichtigen. Im Übrigen hat das Bundesverfassungsgericht eine diesen Grundsätzen entsprechende Interessenabwägung in einem den Ehemann der Klägerin betreffenden Verfahren gebilligt (Senat, Urteil vom 15. November 2005 - VI ZR 286/04 - VersR 2006, 274; BVerfG, NJW 2006, 2835).

dd) Kommt es mithin für diese Abwägung maßgeblich auf den Informationswert der Abbildung einschließlich einer zugehörigen Wortberichterstattung an, so kann - da im Streitfall die beanstandete Abbildung im Zusammenhang mit einer Wortberichterstattung verbreitet worden ist - bei der Beurteilung diese zugehörige Wortberichterstattung nicht unberücksichtigt bleiben (so auch EGMR NJW 2004, 2647, 2650 Rn. 64). Dies entspricht gefestigter Rechtsprechung des erkennenden Senats (vgl. BGHZ 158, 218, 223; Urteile vom 30. September 2003 - VI ZR 89/02 - VersR 2004, 205, 206; vom 28. September 2004 - VI ZR 305/03 - VersR 2005, 83 f.; vom 19. Oktober 2004 - VI ZR 292/03 - VersR 2005, 84 f. - jeweils m.w.N.).

3. Diese Grundsätze führen im Streitfall zu folgender Abwägung:

Das in der Ausgabe Nr. 9/02 vom 20. Februar 2002 der Zeitschrift "FRAU AKTUELL" veröffentlichte Bild zeigt die Klägerin und ihren Ehemann auf öffentlicher Straße in St. Moritz im Urlaub, der grundsätzlich auch bei "Prominenten" zum geschützten Kernbereich der Privatsphäre gehört. Dennoch hat das Berufungsgericht die Veröffentlichung des Fotos im Ergebnis zutreffend als Bebilderung eines Berichts über ein zeitgeschichtliches Ereignis nicht beanstandet.

Zwar ist der beanstandeten Abbildung als solcher keine Information über ein zeitgeschichtliches Ereignis oder ein Beitrag zu einer Diskussion von allgemeinem Interesse zu entnehmen. Indes ist für den Informationswert auch die zugehörige Wortberichterstattung zu berücksichtigen. Soweit diese sich auf den Skiurlaub bezieht, kann allerdings ein zeitgeschichtliches Ereignis bzw. ein Vorgang von allgemeinem Interesse (EGMR NJW 2004, 2647, 2649 f. Rn. 60 ff.) selbst bei dem im Interesse der Informationsfreiheit gebotenen weiten Verständnis dieser Begriffe nicht angenommen werden. Gegenstand der Wortberichterstattung ist jedoch auch die Erkrankung des damals regierenden Fürsten von Monaco und damit ein zeitgeschichtliches Ereignis im oben dargelegten Sinn, über das die Presse berichten darf. Insofern kommt es auf den redaktionellen Gehalt und die Gestaltung dieses Artikels nicht an, da die Garantie der Pressefreiheit es nicht zulässt, das Eingreifen dieses Grundrechts von der Qualität des jeweiligen Presseerzeugnisses oder redaktionellen Beitrags abhängig zu machen (BVerfGE 34, 269, 283; Senat, Urteil vom 14. März 1995 - VI ZR 52/94 - VersR 1995, 667, 668, bestätigt durch BVerfG, NJW 2000, 1026). Das gilt auch, soweit der Artikel das Verhalten von Familienmitgliedern während der Krankheit des Fürsten betrifft, zumal die Zulässigkeit der Wortberichterstattung von der Revision nicht in Frage gestellt wird. Diese Berichterstattung wird mit der beanstandeten Abbildung belegt und illustriert.

Bei dieser Sachlage sind überwiegende berechtigte Interessen der Klägerin (§ 23 Abs. 2 KUG), die einer Veröffentlichung der Abbildung entgegenstehen könnten, bei der gebotenen Würdigung der Berichterstattung in ihrer Gesamtheit (vgl. Senat, Urteil vom 28. September 2004 - VI ZR 305/03 - VersR 2005, 83, 84) nicht zu erkennen. Insbesondere ist der beanstandeten Abbildung, welche die Klägerin und ihren Ehemann auf offener Straße zeigt, kein eigenständiger Verletzungseffekt zu entnehmen, der eine abweichende Beurteilung rechtfertigen könnte. Dass die Aufnahme etwa unter Ausnutzung von Heimlichkeit oder von technischen Mitteln, die dem gleich kämen, zustande gekommen und aus diesem Grund unzulässig wäre (vgl. EGMR NJW 2004, 2647, 2650 Rn. 68; BVerfGE 101, 361, 381; BVerfG, NJW 2006, 3406, 3408; Senat, BGHZ 131, 332, 342), macht die Revision nicht geltend und ist auch nicht ersichtlich.

4. Nach allem ist die Revision der Klägerin zurückzuweisen.

Die Entscheidung über die Kosten folgt aus § 97 Abs. 1 ZPO.

Entscheidungsdatum: 19.06.2007
Aktenzeichen: VI ZR 12/06
Normen: Art 1 Abs 1 GG, Art 2 Abs 1 GG, Art 5 Abs 1 GG, Art 8 MRK, Art 10 MRK ...
Bildveröffentlichung in der Presse: Interessenabwägung zwischen dem Informationsinteresse der Öffentlichkeit und dem Interesse des Abgebildeten an dem Schutz seiner Privatsphäre

Leitsatz
Zur Zulässigkeit einer Bildveröffentlichung in der Presse.

Tenor

Die Revision der Beklagten gegen das Urteil des 9. Zivilsenats des Kammergerichts vom 20. Dezember 2005 wird auf ihre Kosten zurückgewiesen.

Von Rechts wegen

Tatbestand

Die Klägerin ist die Lebensgefährtin des Musikers Herbert Grönemeyer. Die Beklagte verlegt die Illustrierte "BUNTE". In deren Ausgabe Nr. 20 vom 6. Mai 2004 veröffentlichte sie ohne Einwilligung der Klägerin u.a. zwei Fotos, die die Klägerin zusammen mit ihrem Lebensgefährten in legerer Freizeitkleidung in Rom in einem Café und beim Bummeln in einer Fußgängerzone zeigen.

Auf dem Bild im Café blickt die Klägerin ihren Lebensgefährten an, während sie gerade ihre Kaffeetasse zum Mund hebt. Die Aufnahme ist von außerhalb des Cafés gefertigt worden, wie an unscharf im Vordergrund zu sehenden vorbeilaufenden Passanten zu erkennen ist. Von ihrem Lebensgefährten ist nur ein Teil seines Arms zu sehen. In der Bildnebenschrift heißt es: "DIE BLICKE DER LIEBE ... Grönemeyer und seine Freundin S. zeigen sich öffentlich in einem römischen Café".

Auf dem anderen Foto bummeln die Klägerin und ihr Lebensgefährte in einer Fußgängerzone. Darunter heißt es:

"Herbert Grönemeyer

"Männer brauchen viel Zärtlichkeit" - das gilt auch für ihn

"Das Leben geht weiter" , hat er im Radio gesagt, "man kann sich nicht immer rumdrücken." Jetzt hat er das Zitat in einen neuen Frühling umgesetzt: Herbert Grönemeyer, 48, Songpoet mit der Würgestimme, flaniert mit seiner Schweizer Liebe S. F., 32, durch Rom. Der Krebstod seiner Ehefrau und des Bruders 1998 hatte Grönemeyer nach London in die Isolation getrieben. Aber dann hat er sich wohl an einen eigenen Text erinnert: "Der Mensch heißt Mensch, weil er sich anlehnt und vertraut und weil er lacht, weil er lebt." Das Ergebnis ist auf diesen Seiten zu besichtigen."

Die Klägerin verlangt von der Beklagten, es zu unterlassen, diese Aufnahmen erneut zu veröffentlichen. Das Landgericht hat der Klage stattgegeben. Das Oberlandesgericht hat die Berufung der Beklagten zurückgewiesen. Mit der vom Berufungsgericht zugelassenen Revision verfolgt die Beklagte ihr Klageabweisungsbegehren weiter.

Entscheidungsgründe

I. Das Berufungsgericht hat ausgeführt, der Klägerin stehe entsprechend § 1004 Abs. 1 Satz 2 BGB in Verbindung mit §§ 22, 23 KUG, § 823 Abs. 1 BGB und Art. 1 Abs. 1, Art. 2 Abs. 1 GG ein Unterlassungsanspruch gegen die Beklagte zu. Die

Veröffentlichung der Fotos habe die Klägerin in ihrem Recht am eigenen Bild und ihrem allgemeinen Persönlichkeitsrecht verletzt.

Zwar sei der Lebensgefährte der Klägerin eine so genannte "absolute Person der Zeitgeschichte", bei der Bildnisse des vertrauten Begleiters verbreitet werden dürften, wenn beide zusammen in der Öffentlichkeit aufträten. Zudem hätten sich beide nicht an einem Ort der Abgeschiedenheit befunden, so dass nach der Rechtsprechung ein Privatsphärenschutz nicht bestehe.

Nach den Maßstäben des Urteils des Europäischen Gerichtshofs für Menschenrechte (EGMR) vom 24. Juni 2004 (NJW 2004, 2647) sei ein Unterlassungsanspruch aber zu bejahen. Nach der Rechtsprechung des Bundesverfassungsgerichts sei das Grundgesetz nach Möglichkeit so auszulegen, dass ein Konflikt mit völkerrechtlichen Verpflichtungen nicht entstehe. Der Text der Europäischen Menschenrechtskonvention (EMRK) und die Rechtsprechung des EGMR dienten als Auslegungshilfen für die Bestimmung von Inhalt und Reichweite von Grundrechten. Daher seien hier Art. 8 (Recht auf Achtung des Privat- und Familienlebens) und 10 EMRK (Freiheit der Meinungsäußerung) ebenso wie die Entscheidungen des Bundesverfassungsgerichts als (einfaches) Bundesrecht zu beachten und die Rechtsprechung des EGMR bei der Abwägung kollidierender Grundrechte zu berücksichtigen. Dabei sei allerdings an bestehenden verfassungsrechtlichen Grundsätzen festzuhalten.

Danach könne eine bildliche Darstellung von privaten und alltäglichen Lebensvorgängen nicht nur bei Politikern und Inhabern eines öffentlichen Amtes, sondern auch bei anderen Prominenten zulässig sein. Andererseits sei dem EGMR darin beizupflichten, dass die freie Entfaltung der Persönlichkeit beeinträchtigt werde, wenn ein Betroffener in alltäglichen Lebenssituationen der Medienöffentlichkeit präsentiert werde. Daher sei es mit der Meinungs- und Pressefreiheit (Art. 5 Abs. 1 GG) vereinbar, das Recht Prominenter und ihrer vertrauten Begleiter auf Achtung ihres Privatlebens im Einzelfall über Orte der Abgeschiedenheit hinaus zu erstrecken und ihrem Recht am eigenen Bild Vorrang einzuräumen.

Bei der gebotenen Abwägung der beiderseitigen Belange im Rahmen von § 23 Abs. 2 KUG überwiege das Interesse der Klägerin und ihres Lebensgefährten, unbeobachtet von der Medienöffentlichkeit miteinander Urlaub verbringen zu können. Zwar sei die Klägerin seit Herbst 2003 bei offiziellen Anlässen an der Seite ihres Lebensgefährten aufgetreten. Sie habe sich aber stets gegen eine Berichterstattung über ihr Privatleben gewandt und sei dagegen auch rechtlich vorgegangen.

Die Fotos zeigten die Klägerin bei privater Gelegenheit. Die Beklagte könne sich nicht darauf berufen, dass Herr Grönemeyer den Tod seiner Ehefrau in seinem künstlerischen Schaffen und in öffentlichen Äußerungen thematisiert habe. Es trage nicht maßgeblich zur öffentlichen Diskussion bei, immer weiter Fotos zu verbreiten, welche die Klägerin in privaten Alltagssituationen als Begleiterin ihres Lebensgefährten zeigten. Die Beklagte könne sich daher nicht mit Erfolg darauf berufen, dass sie die Fotos in Bezug zu Grönemeyers Songtexten und Äußerungen gestellt habe. Hierzu hätte sie auf verfügbare Fotos von offiziellen Anlässen zurückgreifen können.

II. Diese Ausführungen halten einer revisionsrechtlichen Überprüfung stand.

1. Das Berufungsurteil entspricht im Ergebnis dem abgestuften Schutzkonzept, das die Rechtsprechung aus §§ 22, 23 KUG entwickelt hat (vgl. BVerfG, BVerfGE 101, 361 ff.; NJW 2001, 1921, 1923 ff.; NJW 2006, 2835 f.; NJW 2006, 2836 ff.; Senatsurteile vom 19. Oktober 2004 - VI ZR 292/03 - VersR 2005, 84 ff.; vom 15. November 2005 - VI ZR 286/04 - VersR 2006, 274 ff.; vom 6. März 2007 - VI ZR 13/06 - VersR 2007, 697, 698 f. und - VI ZR 51/06 - Rn. 9 ff., zum Abdruck in BGHZ bestimmt). Das gilt insbesondere unter Berücksichtigung der in den Entscheidungen des EGMR vom 24. Juni 2004 (NJW 2004, 2647 ff. - von Hannover gegen Deutschland) und vom 16. November 2004 (NJW 2006, 591 ff. - Karhuvaara und Iltalehti gegen Finnland) dargelegten Grundsätze. Danach gilt Folgendes:

a) Nach § 22 KUG dürfen Bildnisse nur mit Einwilligung des Abgebildeten verbreitet werden; hiervon besteht nach § 23 Abs. 1 Nr. 1 KUG eine Ausnahme, wenn es sich um Bildnisse aus dem Bereich der Zeitgeschichte handelt. Diese Ausnahme gilt aber nicht für eine Verbreitung, durch die berechtigte Interessen des Abgebildeten verletzt werden (§ 23 Abs. 2 KUG).

Aus § 23 KUG hat die Rechtsprechung den abkürzenden Begriff der "Person der Zeitgeschichte" entwickelt. Als "relative" Person der Zeitgeschichte ist eine Person anzusehen, die durch ein bestimmtes zeitgeschichtliches Ereignis das Interesse auf sich gezogen hat. Deshalb darf sie ohne ihre Einwilligung nur im Zusammenhang mit diesem Ereignis abgebildet werden. Demgegenüber gilt als "absolute" Person der Zeitgeschichte eine Person, die aufgrund ihres Status und ihrer Bedeutung allgemein öffentliche Aufmerksamkeit findet, so dass sie selbst Gegenstand der Zeitgeschichte ist und deshalb über sie berichtet werden darf. Auch sie hat jedoch ein Recht auf Privatsphäre, das nicht auf den häuslichen Bereich beschränkt ist. Vielmehr muss sie die Möglichkeit haben, sich an anderen, erkennbar abgeschiedenen Orten unbehelligt von Bildberichterstattung zu bewegen (vgl. Senat, BGHZ 131, 332 ff., bestätigt von BVerfG, BVerfGE 101, 361 ff.).

b) Gegen diese Beschränkung des Schutzes der Privatsphäre bei den so genannten absoluten Personen der Zeitgeschichte hat der EGMR in seiner Entscheidung vom 24. Juni 2004 grundsätzliche Bedenken geäußert, denen der erkennende Senat bereits in mehreren in der Folgezeit ergangenen Entscheidungen Rechnung getragen hat (vgl. Urteile vom 19. Oktober 2004 - VI ZR 292/03 - VersR 2005, 84; vom 15. November 2005 - VI ZR 286/04 - VersR 2006, 274; vom 6. März 2007 - VI ZR 13/06 - VersR 2007, 697 und - VI ZR 51/06).

Hiernach nimmt die Vorschrift des § 23 Abs. 1 KUG nach der Intention des Gesetzgebers und nach Sinn und Zweck der Regelung in Ausnahme von dem Einwilligungserfordernis des § 22 KUG Rücksicht auf das Informationsinteresse der Allgemeinheit und auf die Pressefreiheit. Die Belange der Öffentlichkeit sind gerade bei der Auslegung des Tatbestandsmerkmals "aus dem Bereich der Zeitgeschichte" zu beachten (vgl. BVerfG, NJW 2006, 3406, 3407 f.).

c) Eine Abwägung der widerstreitenden Rechte und Grundrechte der abgebildeten Person aus Art. 8 EMRK sowie aus Art. 1 Abs. 1, 2 Abs. 1 GG einerseits und der Presse aus Art. 10 EMRK und Art. 5 Abs. 1 Satz 2 GG andererseits ist mithin schon bei der Zuordnung zum Bereich der Zeitgeschichte erforderlich. Dabei ist der Beurteilung ein normativer Maßstab zugrunde zu legen, welcher der Pressefreiheit und zugleich dem Schutz der Persönlichkeit und ihrer Privatsphäre ausreichend Rechnung trägt (vgl. Senat, Urteile vom 12. Dezember 1995 - VI ZR 223/94 - VersR 1996, 341 f.; vom 9. März 2004 - VI ZR 217/03 - VersR 2004, 863; vom 28. September 2004 - VI ZR 305/03 - VersR 2005, 83, 84; vom 19. Oktober 2004 - VI ZR 292/03 - VersR 2005, 84, 85 vom 6. März 2007 - VI ZR 13/06 - VersR 2007, 697, 698 und - VI ZR 51/06 - Rn. 14). Maßgebend ist hierbei das Interesse der Öffentlichkeit an vollständiger Information über das Zeitgeschehen. Dabei ist der Begriff des Zeitgeschehens in § 23 Abs. 1 Nr. 1 KUG zugunsten der Pressefreiheit zwar in einem weiten Sinn zu verstehen, doch ist das Informationsinteresse nicht schrankenlos. Vielmehr wird der Einbruch in die persönliche Sphäre des Abgebildeten durch den Grundsatz der Verhältnismäßigkeit begrenzt, so dass eine Berichterstattung keineswegs immer zulässig ist. Wo konkret die Grenze für das berechtigte Informationsinteresse der Öffentlichkeit an der aktuellen Berichterstattung zu ziehen ist, lässt sich nur unter Berücksichtigung der jeweiligen Umstände des Einzelfalls entscheiden.

Nach diesem Schutzkonzept ist auch bei Personen, die unter dem Blickpunkt des zeitgeschichtlichen Ereignisses im Sinn des § 23 Abs. 1 Nr. 1 KUG an sich ohne ihre Einwilligung die Verbreitung ihres Bildnisses dulden müssten, eine Verbreitung der Abbildung unabhängig davon, ob sie sich an Orten der Abgeschiedenheit aufgehalten haben, nicht zulässig, wenn hierdurch berechtigte Interessen des Abgebildeten verletzt werden, § 23 Abs. 2 KUG (vgl. Senat, Urteile vom 6. März 2007 - VI ZR 13/06 - VersR 2007, 697, 698 und - VI ZR 51/06 - Rn. 15 f.).

Mithin kommt eine Ausnahme vom Erfordernis der Einwilligung grundsätzlich nur in Betracht, wenn die Berichterstattung ein Ereignis von zeitgeschichtlicher Bedeutung betrifft (so schon Senatsurteile BGHZ 158, 218, 222 f.; vom 19. Oktober 2004 - VI ZR 292/03 - aaO; vgl. BGH, Urteil vom 26. Oktober 2006 - I ZR

182/04 - Rn. 15, zum Abdruck in BGHZ bestimmt). Dabei darf allerdings der Begriff der Zeitgeschichte nicht zu eng verstanden werden. Nach seiner Entstehungsgeschichte, vor allem aber im Hinblick auf den Informationsbedarf der Öffentlichkeit, umfasst er nicht nur Vorgänge von historisch-politischer Bedeutung, sondern ganz allgemein das Zeitgeschehen, also alle Fragen von allgemeinem gesellschaftlichem Interesse, und wird mithin vom Interesse der Öffentlichkeit bestimmt. Auch durch unterhaltende Beiträge kann nämlich Meinungsbildung stattfinden; solche Beiträge können die Meinungsbildung unter Umständen sogar nachhaltiger anregen und beeinflussen als sachbezogene Informationen (vgl. Senat, Urteile vom 9. Dezember 2003 - VI ZR 373/02 - VersR 2004, 522, 523 mit Anmerkung von Gerlach JZ 2004, 625; vom 6. März 2007 - VI ZR 13/06 - VersR 2007, 697, 698 f. und - VI ZR 51/06 - Rn. 17; BVerfG, BVerfGE 101, 361, 389 f.; NJW 2006, 2836, 2837).

Zum Kern der Presse- und der Meinungsbildungsfreiheit gehört es, dass die Presse in den gesetzlichen Grenzen einen ausreichenden Spielraum besitzt, innerhalb dessen sie nach ihren publizistischen Kriterien entscheiden kann, was öffentliches Interesse beansprucht, und dass sich im Meinungsbildungsprozess herausstellt, was eine Angelegenheit von öffentlichem Interesse ist (BVerfGE 101, 361, 392; Senat, Urteil vom 15. November 2005 - VI ZR 286/04 - VersR 2006, 274, 275; EGMR NJW 2006, 591, 592 f.). Deshalb muss die Presse zur Wahrnehmung ihrer meinungsbildenden Aufgaben nach publizistischen Kriterien selbst entscheiden dürfen, was sie des öffentlichen Interesses für wert hält (vgl. BVerfGE 101, 361, 392; Senat, Urteile vom 14. März 1995 - VI ZR 52/94 - VersR 1995, 667, 668 f., bestätigt durch BVerfG, NJW 2000, 1026; vom 15. November 2005 - VI ZR 286/04 - aaO; vom 6. März 2007 - VI ZR 13/06 - VersR 2007, 697, 699 und - VI ZR 51/06 - Rn. 18). Die Bedeutung der Pressefreiheit wird unter Hinweis auf Art. 10 EMRK auch in der Entscheidung des EGMR vom 24. Juni 2004 (NJW 2004, 2647, 2649) hervorgehoben, wenn dort ausgeführt wird, dass die Presse in einer demokratischen Gesellschaft eine wesentliche Rolle spiele und es ihre Aufgabe sei, Informationen und Ideen zu allen Fragen von Allgemeininteresse weiterzugeben, was letztlich mit dem oben dargelegten Begriff der Zeitgeschichte in Einklang steht.

d) Soweit der EGMR (NJW 2004, 2647, 2649) der Presse dieses Recht nur in bestimmten Grenzen zugesteht, betrifft diese Einschränkung ersichtlich die Abwägung zwischen Pressefreiheit und Informationsrecht der Öffentlichkeit einerseits und dem Schutz der Privatsphäre andererseits, mithin eine Abwägung, wie sie auch nach dem oben dargestellten Schutzkonzept geboten ist. Auch wenn die Presse zur Wahrung der Pressefreiheit und zur Vermeidung einer vom Grundgesetz untersagten Zensur selbst nach publizistischen Kriterien entscheiden darf, worüber sie berichten will, kann sie sich damit nicht der Abwägung mit der geschützten Privatsphäre derjenigen entziehen, über die sie berichten will.

Deshalb muss eine Interessenabwägung zwischen dem Informationsinteresse der

Öffentlichkeit einerseits und dem Interesse des Abgebildeten an dem Schutz seiner Privatsphäre andererseits stattfinden. Die Bedeutung des Informationswerts für die Interessenabwägung hat der erkennende Senat schon in früheren Entscheidungen hervorgehoben (Senat, BGHZ 151, 26, 31; Urteil vom 9. Dezember 2003 - VI ZR 404/02 - VersR 2004, 525 m.w.N.). Je größer der Informationswert für die Öffentlichkeit ist, desto mehr muss das Schutzinteresse desjenigen, über den informiert wird, hinter den Informationsbelangen der Öffentlichkeit zurücktreten. Umgekehrt wiegt aber auch der Schutz der Persönlichkeit des Betroffenen desto schwerer, je geringer der Informationswert für die Allgemeinheit ist (vgl. BVerfGE 101, 361, 391; Senat, BGHZ 131, 332, 342 m.w.N.). Das Interesse der Leser an bloßer Unterhaltung hat gegenüber dem Schutz der Privatsphäre regelmäßig ein geringeres Gewicht (vgl. BVerfGE 34, 269, 283; Senat, BGHZ 131, 332, 342 m.w.N.). Dies hat das Bundesverfassungsgericht im Beschluss vom 21. August 2006 (NJW 2006, 3406, 3407) bestätigt. Das schließt es freilich nicht aus, dass je nach Lage des Falles für den Informationswert einer Berichterstattung auch der Bekanntheitsgrad des Betroffenen von Bedeutung sein kann. In jedem Fall ist bei der Beurteilung des Informationswerts bzw. der Frage, ob es sich um ein zeitgeschichtliches Ereignis im Sinn des allgemein interessierenden Zeitgeschehens handelt, ein weites Verständnis geboten, damit die Presse ihren meinungsbildenden Aufgaben gerecht werden kann, die nach wie vor von größter Bedeutung sind.

Eine solche Gewichtung bei der Interessenabwägung trägt nach Auffassung des erkennenden Senats den Anforderungen des EGMR (NJW 2004, 2647, 2651) an einen wirksamen Schutz der Privatsphäre ebenso Rechnung wie dem Schutz der Grundrechte aus Art. 5 GG. Ihr steht auch eine Bindungswirkung des § 31 BVerfGG nicht entgegen. Das Bundesverfassungsgericht hat zwar die Entscheidung des erkennenden Senats insoweit bestätigt, als dort der Schutz der Privatsphäre gegen unerwünschte Aufnahmen auf die Fälle erkennbarer räumlicher Abgeschiedenheit beschränkt worden ist. Das schließt es jedoch nicht aus, bei der erforderlichen Interessenabwägung zwischen Pressefreiheit und Schutz der Privatsphäre den im Einzelfall geringeren oder höheren Informationswert für die Öffentlichkeit stärker zu berücksichtigen. Im Übrigen hat das Bundesverfassungsgericht eine diesen Grundsätzen entsprechende Interessenabwägung bereits gebilligt (BVerfG, NJW 2006, 2835).

e) Kommt es mithin für die Abwägung maßgeblich auf den Informationswert der Abbildung an, so kann - da die beanstandeten Abbildungen im Zusammenhang mit einer Wortberichterstattung verbreitet worden sind - bei der Beurteilung diese zugehörige Wortberichterstattung nicht unberücksichtigt bleiben (so auch EGMR NJW 2004, 2647, 2650). Dies entspricht gefestigter Rechtsprechung des erkennenden Senats (vgl. BGHZ 158, 218, 223; Urteile vom 30. September 2003 - VI ZR 89/02 - VersR 2004, 205, 206; vom 28. September 2004 - VI ZR 305/03 - VersR 2005, 83 f.; vom 19. Oktober 2004 - VI ZR 292/03 - VersR 2005, 84 f.; vom 6. März 2007 - VI ZR 13/06 - VersR 2007, 697, 699 und - VI ZR 51/06 - Rn. 23; jeweils m.w.N.).

2. Diese Grundsätze führen im Streitfall zu folgender Abwägung:

Die beanstandeten Aufnahmen zeigen die Klägerin im Urlaub bzw. in der Freizeit in Rom, während sie und ihr Lebenspartner leger gekleidet in einem Café sitzen und durch eine Fußgängerzone spazieren gehen. Sie zeigen die Abgebildeten daher in ihrem Alltagsleben bei Tätigkeiten, die grundsätzlich dem privaten Bereich zuzurechnen sind. Ein Beitrag zu einer Diskussion von allgemeinem Interesse oder eine Information über ein zeitgeschichtliches Ereignis sind den Abbildungen nicht zu entnehmen.

Ein solches allgemeines Interesse oder zeitgeschichtliches Ereignis ergibt sich auch nicht aus der den Bildern beigefügten Wortberichterstattung. Diese nimmt auf den Krebstod der Ehefrau und des Bruders des Lebensgefährten der Klägerin im Jahre 1998 Bezug und knüpft an dessen danach folgender Isolation und Verarbeitung der Ereignisse mit Hilfe seiner Songtexte an. Selbst wenn man - was nach Lage des Falles offen bleiben kann - im Hinblick auf den Bekanntheitsgrad des Lebensgefährten die Ereignisse im Jahre 1998 und deren nachfolgende Verarbeitung als Vorgang von allgemeinem Interesse und zeitgeschichtliches Ereignis ansehen wollte, zeigen die veröffentlichten Bilder die Klägerin in einer erkennbar privaten Situation, die in keinem Zusammenhang mit einem zeitgeschichtlichen Ereignis steht.

Bei der erforderlichen Abwägung zwischen der Pressefreiheit und dem allgemeinen Persönlichkeitsrecht der Klägerin ist nach den oben wiedergegebenen Grundsätzen der Rechtsprechung zu beachten, dass es eine entscheidende Rolle spielt, ob die Presse eine neue und wahre Information von allgemeinem Interesse für die öffentliche Meinungsbildung mitteilt oder ob der Informationswert für die Öffentlichkeit wesentlich in der Unterhaltung ohne gesellschaftliche Relevanz besteht (vgl. BVerfG, BVerfGE 34, 269, 283 f.; 101, 361, 390 f.; Senat, BGHZ 131, 332, 342 f.; vom 6. März 2007 - VI ZR 51/06 - Rn. 28). Im letzten Fall besteht kein berücksichtigungswertes Informationsinteresse der Öffentlichkeit, das eine Bildveröffentlichung entgegen dem Willen des Abgebildeten erlaubte (§ 23 Abs. 1 Nr. 1 KUG); die abgebildete Person muss die in einer Bildveröffentlichung ohne ihre Einwilligung regelmäßig liegende Beeinträchtigung ihrer Privatsphäre und damit ihres allgemeinen Persönlichkeitsrechts nicht hinnehmen. Dies gilt umso mehr, als die Klägerin sich nach den Feststellungen des Berufungsgerichts stets gegen eine Berichterstattung über ihr Privatleben gewandt hatte und auch ihr Lebensgefährte Bilder aus seiner Privatsphäre nicht öffentlich verbreiten ließ. Dass dieser Teile seines Privatlebens im Rahmen seiner Songtexte künstlerisch verarbeitet hat, kann nicht zur Folge haben, dass die Klägerin eine Berichterstattung über ihre Privatsphäre hinnehmen müsste.

3. Die Kostenentscheidung folgt aus § 97 ZPO.

Entscheidungsdatum: 03.07.2007
Aktenzeichen: VI ZR 164/06
Normen: Art 2 Abs 1 GG, Art 5 Abs 1 GG, Art 8 MRK, Art 10 MRK, § 22
KunstUrhG
Bildnisschutz: Abgestuftes Schutzkonzept bei Prominenten

Leitsatz

Zum abgestuften Schutzkonzept der §§ 22, 23 KunstUrhG bei Bildveröffentlichungen von Prominenten.

Tenor

Die Revision gegen das Urteil des 7. Zivilsenats des Hanseatischen Oberlandesgerichts Hamburg vom 20. Juni 2006 wird auf Kosten der Beklagten zurückgewiesen.

Von Rechts wegen

Tatbestand

Der Kläger ist ein international bekannter Berufsfußballspieler. Die Beklagte verlegt die Zeitschrift "Frau im Spiegel". In der Ausgabe Nr. 30/2005 vom 21. Juli 2005 wurde eine Fotografie veröffentlicht, die den Kläger bei einem Spaziergang in Begleitung seiner Freundin V. K. auf der Promenade von St. Tropez zeigt. Im hierzu gehörigen Begleittext wird berichtet, dass der Kläger mit seiner Freundin verliebte Blicke tausche. Eine Woche vorher habe bei ihm der Familienurlaub auf dem Programm gestanden. Er habe sich mit seiner Noch-Ehefrau und den Kindern auf Sardinien entspannt.

Der Kläger verlangt von der Beklagten, es zu unterlassen, die Aufnahme erneut zu veröffentlichen. Das Landgericht hat der Klage stattgegeben. Die Berufung der Beklagten blieb erfolglos. Mit der vom Berufungsgericht zugelassenen Revision verfolgt die Beklagte weiterhin die Abweisung der Klage.

Entscheidungsgründe

I. Das Berufungsgericht hat zur Begründung seiner Entscheidung im Wesentlichen ausgeführt, es könne offen bleiben, ob der Kläger eine sog. absolute Person der Zeitgeschichte sei und ob das Bild einen Artikel über ein zeitgeschichtliches Ereignis illustriere. Jedenfalls verletze die Veröffentlichung rechtswidrig ein berechtigtes Interesse des Klägers im Sinne des § 23 Abs. 2 KUG, nämlich seine schutz-würdige Privatsphäre. Nach der Rechtsprechung des Bundesverfassungsgerichts, die das Berufungsgericht nach § 31 BVerfGG binde, wäre die Veröffentlichung nur zulässig, wenn die Aufnahme an einem Ort zustande gekommen wäre, an dem sich der Einzelne unter vielen Menschen befunden habe und infolgedessen die Voraussetzungen des Privatsphärenschutzes nicht erfüllt wären. Davon sei jedoch im Streitfall nicht auszugehen. Das Interesse, das bei den Lesern der von der Beklagten verlegten Zeitschrift an Bildinformationen über das Leben des Klägers bis hin zu seiner Urlaubsgestaltung bestehe, sei reines Unterhaltungsinteresse und müsse hinter dem wirksamen Schutz des Privatlebens des Klägers zurücktreten. Gerade die Personen, die besonders häufig für eine Berichterstattung in den Medien fotografiert würden, hätten ein besonderes Interesse daran, im Urlaub von derartigen Belästigungen verschont zu bleiben. Die Beachtung der vom Europäischen Gerichtshof für Menschenrechte (künftig: EGMR) in der Entscheidung vom 24. Juni 2004 aufgestellten Kriterien führe ebenfalls zu dem Ergebnis, dass mit der Veröffentlichung des Fotos rechtswidrig in das durch die §§ 22, 23 Abs. 2 KUG geschützte Recht des Klägers am eigenen Bild eingegriffen werde.

II. Diese Ausführungen halten den Angriffen der Revision im Ergebnis stand.

1. Zwar kommt es entgegen der Auffassung des Berufungsgerichts nicht darauf an, ob der Kläger mit seiner Begleiterin unter vielen Personen an einer jedermann zugänglichen Örtlichkeit fotografiert worden ist. Soweit das Berufungsgericht hierauf abgestellt hat, hat der erkennende Senat den vom EGMR geäußerten Bedenken gegen das im Senatsurteil BGHZ 131, 332 ff. aufgestellte Kriterium erkennbarer örtlicher Abgeschiedenheit (vgl. EGMR vom 24. Juni 2004 - von Hannover gegen Deutschland - NJW 2004, 2647 ff.) in mehreren Urteilen Rechnung getragen (vgl. Urteile vom 19. Oktober 2004 - VI ZR 292/03 - VersR 2005, 84 ff.; vom 15. November 2005 - VI ZR 286/04 - VersR 2006, 274 ff.; vom 6. März 2007 - VI ZR 13/06 - VersR 2007, 697, 698 f. = NJW 2007, 1981 f. und - VI ZR 51/06 - NJW 2007, 1977 ff.). Der Kläger kann jedoch auch nach den dort entwickelten Kriterien der Beklagten die Veröffentlichung der beanstandeten Fotografie untersagen.

2. a) Nach § 22 Satz 1 KUG dürfen Bildnisse einer Person grundsätzlich nur mit deren Einwilligung verbreitet werden; hiervon besteht nach § 23 Abs. 1 KUG eine Ausnahme, wenn es sich um Bildnisse aus dem Bereich der Zeitgeschichte handelt (so schon Senatsurteile BGHZ 158, 218, 222 f.; vom 19. Oktober 2004 - VI ZR 292/03 - aaO und vom 6. März 2007 - VI ZR 51/06 - aaO, 1978 ff. sowie BGH, Urteil vom 26. Oktober 2006 - I ZR 182/04 - BGHZ 169, 340, 345). Diese Ausnahme gilt aber nicht für eine Verbreitung, durch die berechtigte Interessen des Abgebildeten verletzt werden (§ 23 Abs. 2 KUG). Auch bei Personen, die unter dem Blickwinkel des zeitgeschichtlichen Ereignisses im Sinn des § 23 Abs. 1 Nr. 1 KUG an sich ohne ihre Einwilligung die Verbreitung ihres Bildnisses dulden

müssten, ist eine Verbreitung der Abbildung unabhängig davon, ob sie sich an Orten der Abgeschiedenheit aufgehalten haben, nicht zulässig, wenn hierdurch berechtigte Interessen des Abgebildeten verletzt werden, § 23 Abs. 2 KUG (vgl. zu diesem abgestuften Schutzkonzept Senat, Urteile vom 6. März 2007 - VI ZR 13/06 - aaO, 698 und - VI ZR 51/06 - aaO, 1978).

b) Maßgebend für die Frage, ob es sich um ein Bildnis aus dem Bereich der Zeitgeschichte handelt, ist der Begriff des Zeitgeschehens. Dieser Begriff darf nicht zu eng verstanden werden. Im Hinblick auf den Informationsbedarf der Öffentlichkeit umfasst er nicht nur Vorgänge von historisch-politischer Bedeutung, sondern ganz allgemein das Zeitgeschehen, also alle Fragen von allgemeinem gesellschaftlichem Interesse. Er wird mithin vom Interesse der Öffentlichkeit bestimmt. Auch durch unterhaltende Beiträge kann Meinungsbildung stattfinden; solche Beiträge können die Meinungsbildung unter Umständen sogar nachhaltiger anregen und beeinflussen als sachbezogene Informationen (vgl. Senat, Urteile vom 9. Dezember 2003 - VI ZR 373/02 - VersR 2004, 522, 523 - mit Anmerkung v. Gerlach JZ 2004, 625 - und vom 6. März 2007 - VI ZR 51/06 - aaO, 1978; BVerfGE 101, 361, 389 f.; BVerfG, NJW 2006, 2836, 2837). Auch besteht das Informationsinteresse nicht schrankenlos. Vielmehr wird der Einbruch in die persönliche Sphäre des Abgebildeten durch den Grundsatz der Verhältnismäßigkeit begrenzt, so dass eine Berichterstattung keineswegs immer zulässig ist. Wo konkret die Grenze für das berechtigte Informationsinteresse der Öffentlichkeit an der aktuellen Berichterstattung zu ziehen ist, lässt sich nur unter Berücksichtigung der jeweiligen Umstände des Einzelfalles entscheiden.

c) Zum Kern der Presse- und der Meinungsbildungsfreiheit gehört, dass die Presse in den gesetzlichen Grenzen einen ausreichenden Spielraum besitzt, innerhalb dessen sie nach ihren publizistischen Kriterien entscheiden kann, was sie des öffentlichen Interesses für wert hält, und dass sich im Meinungsbildungsprozess herausstellt, was eine Angelegenheit von öffentlichem Interesse ist (BVerfGE 101, 361, 392; Senat, Urteil vom 15. November 2005 - VI ZR 286/04 - aaO, 275; vom 6. März 2007 - VI ZR 51/06 - aaO, 1979 f.; EGMR NJW 2006, 591, 592 f., Rn. 38 ff.). Auch in der Entscheidung des EGMR vom 24. Juni 2004 (NJW 2004, 2647, 2649 f., Rn. 58, 60, 63) wird die Bedeutung der Pressefreiheit unter Hinweis auf Art. 10 EMRK hervorgehoben, wenn dort ausgeführt wird, dass die Presse in einer demokratischen Gesellschaft eine wesentliche Rolle spiele und es ihre Aufgabe sei, Informationen und Ideen zu allen Fragen von Allgemeininteresse weiterzugeben, was letztlich mit dem oben dargelegten Begriff der Zeitgeschichte in Einklang steht. Soweit der Gerichtshof der Presse dieses Recht nur in "bestimmten Grenzen" (EGMR NJW 2004, 2647, 2649, Rn. 58) zugesteht, betrifft diese Einschränkung ersichtlich die Abwägung zwischen Pressefreiheit und Informationsrecht der Öffentlichkeit einerseits und dem Schutz der Privatsphäre andererseits, mithin eine Abwägung, wie sie auch nach dem oben dargestellten Schutzkonzept geboten ist. Auch wenn die Presse zur Wahrung der Pressefreiheit und zur Vermeidung einer vom Grundgesetz untersagten Zensur selbst nach publizistischen Kriterien entscheiden darf, worüber sie berichten will, kann sie sich damit nicht der Abwägung mit der geschützten Privatsphäre derjenigen entziehen, über die sie berichten will.

d) Deshalb muss eine Interessenabwägung stattfinden und zwar zwischen dem Informationsinteresse der Öffentlichkeit einerseits und dem Interesse des Abgebildeten an dem Schutz seiner Privatsphäre andererseits. Die Bedeutung des Informationswerts für die Interessenabwägung hat der erkennende Senat schon in früheren Entscheidungen hervorgehoben (Senat, BGHZ 151, 26, 30; Urteil vom 9. Dezember 2003 - VI ZR 373/02 - VersR 2004, 522, 523 m.w.N. und vom 6. März 2007 - VI ZR 51/06 - aaO, 1979). Je größer der Informationswert für die Öffentlichkeit ist, desto mehr muss das Schutzinteresse desjenigen, über den informiert wird, hinter den Informationsbelangen der Öffentlichkeit zurücktreten. Umgekehrt wiegt aber auch der Schutz der Persönlichkeit des Betroffenen desto schwerer, je geringer der Informationswert für die Allgemeinheit ist. Das Interesse der Leser an bloßer Unterhaltung hat gegenüber dem Schutz der Privatsphäre regelmäßig ein geringeres Gewicht und ist nicht schützenswert (vgl. BVerfG 34, 269, 283; 101, 361, 392; Senat, BGHZ 131, 332, 342 f. m.w.N.). Dies hat das Bundesverfassungsgericht im Beschluss vom 21. August 2006 (NJW 2006, 3406, 3407) bestätigt, wobei es nach Lage des Falles nicht zu entscheiden brauchte, ob dies auch für Personen von hohem Bekanntheitsgrad gilt. Nach Auffassung des erkennenden Senats ist diese Frage unter Berücksichtigung des Urteils des EGMR vom 24. Juni 2004 im Grundsatz zu bejahen. Auch bei den bisher sog. Personen der Zeitgeschichte kann nicht außer Betracht bleiben, ob die Berichterstattung zu einer Debatte mit einem Sachgehalt beiträgt, der über die Befriedigung bloßer Neugier hinausgeht. Das schließt es freilich nicht aus, dass je nach Lage des Falles für den Informationswert einer Berichterstattung auch der Bekanntheitsgrad des Betroffenen von Bedeutung sein kann. In jedem Fall ist bei der Beurteilung des Informationswerts bzw. der Frage, ob es sich um ein zeitgeschichtliches Ereignis im Sinn des allgemein interessierenden Zeitgeschehens handelt, ein weites Verständnis geboten, damit die Presse ihren meinungsbildenden Aufgaben gerecht werden kann, die nach wie vor von größter Bedeutung sind. Eine solche Gewichtung bei der Interessenabwägung trägt nach Ansicht des erkennenden Senats den Anforderungen des Gerichtshofs (EGMR, NJW 2004, 2647, 2651 Rn. 76) an einen wirksamen Schutz der Privatsphäre ebenso Rechnung wie dem Schutz der Grundrechte aus Art. 5 GG. Ihr steht - anders als das Berufungsgericht meint - auch die Bindungswirkung des § 31 BVerfGG nicht entgegen. Das Bundesverfassungsgericht hat zwar die eingangs zitierte Entscheidung des erkennenden Senats (BGHZ 131, 332 ff.) insoweit bestätigt, als dort der Schutz der Privatsphäre gegen unerwünschte Aufnahmen auf die Fälle erkennbarer räumlicher Abgeschiedenheit beschränkt worden ist. Das schließt es jedoch nicht aus, bei der erforderlichen Interessenabwägung zwischen Pressefreiheit und Schutz der Privatsphäre den Informationswert für die Öffentlichkeit stärker zu berücksichtigen. Im Übrigen hat das Bundesverfassungsgericht (BVerfG, NJW 2006, 2835) eine diesen Grundsätzen entsprechende Interessenabwägung im Urteil des erkennenden Senats vom 15. November

2005 (- VI ZR 286/04 - aaO) gebilligt.

e) Kommt es mithin für die Abwägung maßgeblich auf den Informationswert der Abbildung an, kann, wenn - wie im Streitfall - die beanstandete Abbildung im Zusammenhang mit einer Wortberichterstattung verbreitet worden ist, bei der Beurteilung die zugehörige Wortberichterstattung nicht unberücksichtigt bleiben (so auch EGMR, NJW 2004, 2647, 2650 Rn. 64). Dies entspricht gefestigter Rechtsprechung des erkennenden Senats (vgl. BGHZ 158, 218, 223, Urteile vom 30. September 2003 - VI ZR 89/02 - VersR 2004, 205, 206; vom 28. September 2004 - VI ZR 305/03 - VersR 2005, 83 f.; vom 19. Oktober 2004 - VI ZR 292/03 - aaO jeweils m.w.N. und vom 6. März 2007 - VI ZR 13/06 - aaO und - VI ZR 51/06 - aaO, 1980).

2. Im Streitfall führen diese Grundsätze zu folgender Abwägung:

Das beanstandete Bild ist Teil eines Berichts über "Leute aktuell", in dem jeweils unter Beifügung von Fotografien über die Anwesenheit sog. Prominenter zur Urlaubszeit in St. Tropez berichtet wurde. Auch wenn die Presse grundsätzlich selbst darüber bestimmen darf, was sie für berichtenswert hält, spielt eine entscheidende Rolle, ob die Presse eine neue und wahre Information von allgemeinem Interesse für die öffentliche Meinungsbildung mitteilt oder ob der Informationswert für die Öffentlichkeit - wie hier - wesentlich in der Unterhaltung ohne gesellschaftliche Relevanz besteht (vgl. BVerfG, BVerfGE 34, 269, 283 f.; 101, 361, 390 f.; Senat, BGHZ 131, 332, 342 f.). Im letzten Fall besteht kein berücksichtigungswertes Informationsinteresse der Öffentlichkeit, das eine Bildveröffentlichung entgegen dem Willen des Abgebildeten erlaubte (§ 23 Abs. 1 Nr. 1 KUG); die abgebildete Person muss die in einer Bildveröffentlichung ohne ihre Einwilligung regelmäßig liegende Beeinträchtigung ihrer Privatsphäre und damit ihres allgemeinen Persönlichkeitsrechts nicht hinnehmen (§ 22 KUG).

Vorliegend betrifft die Wortberichterstattung über den Aufenthalt des Klägers und seiner Begleiterin in St. Tropez selbst bei Anlegung eines großzügigen Maßstabs keinen Vorgang von allgemeinem Interesse (EGMR, NJW 2004, 2647, 2649 f. Rn. 60 ff.) und kein zeitgeschichtliches Ereignis. Ebenso verhält es sich mit der beanstandeten Abbildung. Die Aufnahme zeigt den Kläger und seine Begleiterin unstreitig im Urlaub, der grundsätzlich auch bei "Prominenten" zum regelmäßig geschützten Kernbereich der Privatsphäre gehört. Handelt es sich demzufolge bei der Veröffentlichung nicht um ein Bildnis aus dem Bereich der Zeitgeschichte, muss die abgebildete Person - mithin der Kläger - die in der Bildveröffentlichung ohne seine Einwilligung liegende Beeinträchtigung seines Persönlichkeitsrechts nicht hinnehmen.

3. Die Entscheidung über die Kosten folgt aus § 97 Abs. 1 ZPO.

Entscheidungsdatum: 13.11.2007
Aktenzeichen: VI ZR 269/06
Normen: § 823 Abs 1 BGB, § 823 Abs 2 BGB, § 1004 Abs 1 S 2 BGB, § 22
KunstUrhG, § 23 KunstUrhG
Persönlichkeitsrechtsverletzende Presseberichterstattung: Vorbeugende Unterlassungsklage gegen eine ähnliche oder "kerngleiche" Bildberichterstattung

Leitsatz

1. Im Bereich der Bildberichterstattung kann nicht mit einer "vorbeugenden" Unterlassungsklage über die konkrete Verletzungsform hinaus eine ähnliche oder "kerngleiche" Bildberichterstattung für die Zukunft verboten werden.

2. Vielmehr erfordert die Prüfung der Zulässigkeit einer Bildveröffentlichung ohne Einwilligung des Abgebildeten in jedem Einzelfall eine Abwägung zwischen dem Informationsinteresse der Öffentlichkeit und dem Interesse des Abgebildeten an dem Schutz seiner Privatsphäre, wobei die begleitende Wortberichterstattung eine wesentliche Rolle spielen kann.

Tenor

Auf die Revision der Beklagten wird das Urteil des 10. Zivilsenats des Kammergerichts vom 6. November 2006 aufgehoben, soweit zum Nachteil der Beklagten entschieden worden ist.

Auf die Berufung der Beklagten wird das Urteil des Landgerichts Berlin vom 22. November 2005 abgeändert. Die Klage wird in vollem Umfang abgewiesen.

Die Klägerin trägt die Kosten des Rechtsstreits.

Von Rechts wegen

Tatbestand

Die Klägerin, eine bekannte frühere Leistungssportlerin, hat die Veröffentlichung von Fotos in zwei von der Beklagten verlegten Zeitschriften beanstandet. Die Fotos wurden während eines Ferienaufenthaltes im Jahr 2005 auf Sardinien heimlich aufgenommen und zeigen die Klägerin und ihren Partner am Strand vor ihrem Hotel im Wasser, beim Betreten einer Miet-Yacht und beim Bummel durch den Ferienort. Die mit den Fotos bebilderten Artikel tragen die Überschriften "Diese Liebe gibt ihr die Freude am Leben zurück" und "Bricht ihr dieser Mann das Herz?".

Die Beklagte hat auf das Unterlassungsbegehren der Klägerin vorgerichtlich eine strafbewehrte Unterlassungsverpflichtungserklärung abgegeben, in der sie sich verpflichtete, es zu unterlassen, die bereits veröffentlichten Fotos erneut zu verbreiten.

Die Klägerin gab sich hiermit nicht zufrieden, sondern hat Klage erhoben mit dem Antrag, die Beklagte zu verurteilen, es bei Vermeidung einer Ordnungsstrafe zu unterlassen, Bildnisse aus ihrem privaten Alltag zu veröffentlichen und/oder zu verbreiten und/oder veröffentlichen oder verbreiten zu lassen, wie in den entsprechenden Ausgaben der von der Beklagten verlegten Zeitschriften geschehen. Das Landgericht hat die Beklagte antragsgemäß verurteilt. Auf die Berufung der Beklagten hat das Kammergericht das erstinstanzliche Urteil teilweise abgeändert und die Beklagte nach einem in der letzten mündlichen Verhandlung gestellten Hilfsantrag verurteilt, es zu unterlassen, Bildnisse der Klägerin zu veröffentlichen und/oder zu verbreiten ..., wie in den bezeichneten Ausgaben der Zeitschriften geschehen. Im Übrigen hat das Kammergericht die Klage abgewiesen. Mit der vom Berufungsgericht zugelassenen Revision verfolgt die Beklagte ihr Begehren auf vollständige Klageabweisung weiter.

Entscheidungsgründe

I. Das Berufungsgericht ist der Auffassung, der Hauptantrag sei nicht hinreichend bestimmt. Der Antrag, die Veröffentlichung von Bildnissen "aus dem privaten Alltag" zu untersagen, gehe deutlich über die konkrete Verletzungshandlung hinaus. Der Begriff des "privaten Alltags" sei auch nicht geeignet, das zu unterlassende Handeln hinreichend konkret zu bezeichnen. Der Klägerin stehe ein derartiger Unterlassungsanspruch auch nicht zu. Es könne nicht generell ausgeschlossen werden, dass Fotos aus ihrem Privatleben veröffentlicht werden dürften. Entscheidend seien vielmehr die konkreten Umstände des Einzelfalles. Ein umfassendes Verbot komme schon deshalb nicht in Betracht, weil die Klägerin der Öffentlichkeit in nicht unerheblichem Umfang Einblick in ihr Privatleben gewährt habe und noch weiterhin gewähre. Für ein umfassendes Verbot, das alle Bildnisse der Klägerin umfassen solle, die diese in vergleichbaren privaten Situationen zeigten, sei deshalb kein Raum. Die Klage sei dagegen in Gestalt des Hilfsantrages zulässig und begründet. Der Antrag sei hinreichend bestimmt, denn er beschränke sich durch den Zusatz "wie in bestimmten Ausgaben geschehen" auf eine Verurteilung der Beklagten zur Unterlassung der konkreten Fotos sowie solcher Fotografien, die im Kern gleichartig seien und knüpfe deshalb an das Charakteristische des konkreten Verletzungstatbestandes an. Insoweit müsse das Interesse der Beklagten an der Veröffentlichung und Verbreitung der beanstandeten Fotografien hinter dem allgemeinen Persönlichkeitsrecht der Klägerin und deren Interesse an der Achtung ihrer Privatsphäre zurückstehen. Die veröffentlichten Fotos seien während eines

Ferienaufenthaltes auf Sardinien heimlich und unter Zuhilfenahme von Teleobjektiven aus großer Entfernung angefertigt worden. Die Klägerin habe berechtigter Weise davon ausgehen dürfen, an diesem Ort nicht den Blicken eines breiten Publikums ausgesetzt zu sein und habe auch nicht mit der Anwesenheit von Pressefotografen rechnen müssen. Die bestehende Wiederholungsgefahr werde durch die von der Beklagten abgegebene Unterlassungserklärung nicht ausgeräumt, denn diese beschränke sich auf die Verbreitung der bereits veröffentlichten konkreten Bildnisse, ohne auch im Kern wesensgleiche Fotografien mit einzubeziehen.

II. Die Beurteilung des Berufungsgerichts hält revisionsrechtlicher Nachprüfung nicht stand.

1. Der Senat ist - entgegen der Auffassung der Revisionserwiderung - aus Rechtsgründen nicht daran gehindert, die Zulässigkeit des Hilfsantrages zu überprüfen, denn es ist nichts dafür ersichtlich, dass das Berufungsgericht die Revision nur zu Gunsten der Klägerin hinsichtlich einer etwaigen Weiterverfolgung des abgewiesenen Hauptantrages zulassen wollte. Im Berufungsverfahren ging es nämlich gerade um die Zulässigkeit und Begründetheit des Hilfsantrages, mit dem verhindert werden soll, dass die Beklagte in Zukunft weitere "kerngleiche" Bilder der Klägerin veröffentlicht.

2. Der Hilfsantrag ist auch zulässig, insbesondere hinreichend bestimmt im Sinne des § 253 Abs. 2 Nr. 2 ZPO.

a) Der erkennende Senat kann als Revisionsgericht die Auslegung des Unterlassungsantrages als Prozesserklärung in vollem Umfang selbst überprüfen, wobei auch das Vorbringen herangezogen werden kann, auf das sich die Klage stützt (vgl. BGH, Urteile vom 19. März 1998 - I ZR 264/95 - WRP 1998, 739 - Brennwertkessel; vom 29. Juni 2000 - I ZR 128/98 - WRP 2000, 1394 - ad-hoc-Meldung; vom 23. November 2000 - IX ZR 155/00 - ZIP 2001, 124, 125 und vom 7. Juni 2001 - I ZR 115/99 - NJW 2001, 3710, 3711 - Jubiläumsschnäppchen, jeweils m.w.N.).

b) Danach hat das Berufungsgericht den Hilfsantrag in Anlehnung an die Rechtsprechung des Bundesgerichtshofs zu wettbewerbsrechtlichen Unterlassungsklagen (vgl. insbesondere Urteil vom 7. Juni 2001 - I ZR 115/99 - Jubiläumsschnäppchen - aaO m.w.N.) zutreffend dahin ausgelegt, dass der Beklagten über die konkret veröffentlichten Bilder hinaus auch untersagt werden soll, zwar nicht identische, aber im Kern gleichartige Bilder der Klägerin zu veröffentlichen. Nach diesem Verständnis ist der Hilfsantrag hinreichend bestimmt.

3. Die Klage ist im Hilfsantrag jedoch unbegründet, weil der Klägerin ein so weitgehender Unterlassungsanspruch aus einer entsprechenden Anwendung der §§ 1004 Abs. 1 Satz 2, 823 Abs. 1, Abs. 2 BGB i.V.m. §§ 22, 23 KUG, Art. 1 Abs.

1, 2 Abs. 1 GG nicht zusteht.

Entgegen der Auffassung des Berufungsgerichts lassen sich die Grundsätze, welche die Rechtsprechung zu Unterlassungsklagen insbesondere im wettbewerbsrechtlichen Bereich zur Verhinderung von Umgehungen des Verbotsausspruchs entwickelt hat (vgl. etwa Urteil vom 7. Juni 2001 - I ZR 115/99 - Jubiläumsschnäppchen - aaO m.w.N.), auf das Recht der Bildberichterstattung nicht übertragen.

a) Der erkennende Senat hat zu der Frage, ob mit einer Art "vorbeugender Unterlassungsklage" über die konkrete Verletzungsform hinaus eine ähnliche oder "kerngleiche" Bildberichterstattung für die Zukunft verboten werden kann, bislang noch nicht Stellung genommen. Er hat jedoch in seinem Urteil vom 9. März 2004 - VI ZR 217/03 - NJW 2004, 1795, 1796 bereits entschieden, dass selbst die erneute Veröffentlichung eines bestimmten Bildes nicht generell verboten werden kann, weil die Veröffentlichung sich in einem anderen Kontext als zulässig erweisen könnte.

b) An dieser grundsätzlichen Betrachtungsweise hat sich durch die neuere Rechtsprechung des Senats zur Zulässigkeit von Bildveröffentlichungen (vgl. Senatsurteile vom 6. März 2007 - VI ZR 13/06 - VersR 2007, 697 und - VI ZR 51/06 - VersR 2007, 957; vom 19. Juni 2007 - VI ZR 12/06 - VersR 2007, 1135 und vom 3. Juli 2007 - VI ZR 164/06 - VersR 2007, 1283) nichts geändert. Mit ihnen hat der Senat vielmehr den in der Entscheidung des EGMR vom 24. Juni 2004 (NJW 2004, 2647) geäußerten Bedenken Rechnung getragen und zugleich klargestellt, dass es für die Zulässigkeit einer Bildveröffentlichung in jedem Einzelfall einer Abwägung zwischen dem Informationsinteresse der Öffentlichkeit und dem Interesse des Abgebildeten an dem Schutz seiner Privatsphäre bedarf, wobei die begleitende Wortberichterstattung eine wesentliche Rolle spielen kann.

c) Eine solche Interessenabwägung kann jedoch nicht in Bezug auf Bilder vorgenommen werden, die noch gar nicht bekannt sind und bei denen insbesondere offen bleibt, in welchem Kontext sie veröffentlicht werden (vgl. Senatsurteil vom 9. März 2004 - VI ZR 217/03 - aaO). Die entsprechenden Möglichkeiten sind derart vielgestaltig, dass sie mit einer "vorbeugenden" Unterlassungsklage selbst dann nicht erfasst werden können, wenn man diese auf "kerngleiche" Verletzungshandlungen beschränken wollte. Eine vorweggenommene Abwägung, die sich mehr oder weniger nur auf Vermutungen stützen könnte und die im konkreten Verletzungsfall im Vollstreckungsverfahren nachgeholt werden müsste, verbietet sich schon im Hinblick auf die Bedeutung der betroffenen Grundrechte.

4. Da im Hinblick auf die vorgerichtlich abgegebene Unterlassungsverpflichtungserklärung der Beklagten eine Wiederholungsgefahr hinsichtlich der konkreten Bildveröffentlichungen nicht mehr im Streit ist, war die Klage auf die Revision

der Beklagten insgesamt abzuweisen.

III. Die Kostenentscheidung ergibt sich aus § 91 ZPO.

Entscheidungsdatum: 13.11.2007
Aktenzeichen: VI ZR 265/06
Normen: § 823 Abs 1 BGB, § 823 Abs 2 BGB, § 1004 Abs 1 S 2 BGB, § 22
KunstUrhG, § 23 KunstUrhG
Persönlichkeitsrechtsverletzende Presseberichterstattung: Vorbeugende Unterlassungsklage gegen eine ähnliche oder "kerngleiche" Bildberichterstattung in der Zukunft

Leitsatz

1. Im Bereich der Bildberichterstattung kann nicht mit einer "vorbeugenden" Unterlassungsklage über die konkrete Verletzungsform hinaus eine ähnliche oder "kerngleiche" Bildberichterstattung für die Zukunft verboten werden.

2. Vielmehr erfordert die Prüfung der Zulässigkeit einer Bildveröffentlichung ohne Einwilligung des Abgebildeten in jedem Einzelfall eine Abwägung zwischen dem Informationsinteresse der Öffentlichkeit und dem Interesse des Abgebildeten an dem Schutz seiner Privatsphäre, wobei die begleitende Wortberichterstattung eine wesentliche Rolle spielen kann.

Tenor

Auf die Revision der Beklagten wird das Urteil des 10. Zivilsenats des Kammergerichts vom 6. November 2006 aufgehoben, soweit zum Nachteil der Beklagten entschieden worden ist.

Auf die Berufung der Beklagten wird das Urteil des Landgerichts Berlin vom 22. November 2005 abgeändert. Die Klage wird in vollem Umfang abgewiesen.

Die Klägerin trägt die Kosten des Rechtsstreits.

Von Rechts wegen

Tatbestand

Die Klägerin, eine bekannte frühere Leistungssportlerin, hat die Veröffentlichung von Fotos in einer von der Beklagten verlegten Zeitschrift beanstandet. Die Fotos wurden während eines Ferienaufenthaltes im Jahr 2005 auf Sardinien heimlich aufgenommen und zeigen die Klägerin und ihren Partner am Strand vor ihrem Hotel. Der mit den Fotos bebilderte Artikel ist überschrieben mit dem Namen der Klägerin und ihres Partners und trägt den Untertitel "Turtelnd und verliebt im Urlaub". Ähnlich sind auch die Bildunterschriften.

Die Beklagte hat auf das Unterlassungsbegehren der Klägerin vorgerichtlich eine strafbewehrte Unterlassungsverpflichtungserklärung abgegeben, in der sie sich verpflichtete, es zu unterlassen, die bereits veröffentlichten Fotos erneut zu veröffentlichen und/oder zu verbreiten und/oder veröffentlichen bzw. verbreiten zu lassen.

Die Klägerin gab sich hiermit nicht zufrieden, sondern hat Klage erhoben mit dem Antrag, die Beklagte zu verurteilen, es bei Vermeidung einer Ordnungsstrafe zu unterlassen, Bildnisse von ihr, die sie in ihrem privaten Alltag zeigen zu veröffentlichen und/oder zu verbreiten..., wie in der entsprechenden Ausgabe der von der Beklagten verlegten Zeitschrift geschehen. Das Landgericht hat die Beklagte antragsgemäß verurteilt. Auf die Berufung der Beklagten hat das Kammergericht das erstinstanzliche Urteil teilweise abgeändert und die Beklagte nach einem in der letzten mündlichen Verhandlung gestellten Hilfsantrag verurteilt, es zu unterlassen, Bildnisse der Klägerin zu veröffentlichen und/oder zu verbreiten..., wie in der bezeichneten Ausgabe der Zeitschrift geschehen. Im Übrigen hat das Kammergericht die Klage abgewiesen. Mit der vom Berufungsgericht zugelassenen Revision verfolgt die Beklagte ihr Begehren auf vollständige Klageabweisung weiter.

Entscheidungsgründe

I. Das Berufungsgericht ist der Auffassung, der Hauptantrag sei nicht hinreichend bestimmt. Der Antrag, die Veröffentlichung von Bildnissen "aus dem privaten Alltag" zu untersagen, gehe deutlich über die konkrete Verletzungshandlung hinaus. Der Begriff des "privaten Alltags" sei auch nicht geeignet, das zu unterlassende Handeln hinreichend konkret zu bezeichnen. Der Klägerin stehe ein derartiger Unterlassungsanspruch auch nicht zu. Es könne nicht generell ausgeschlossen werden, dass Fotos aus ihrem Privatleben veröffentlicht werden dürften. Entscheidend seien vielmehr die konkreten Umstände des Einzelfalles. Ein umfassendes Verbot komme schon deshalb nicht in Betracht, weil die Klägerin der Öffentlichkeit in nicht unerheblichem Umfang Einblick in ihr Privatleben gewährt habe und noch weiterhin gewähre. Für ein umfassendes Verbot, das alle Bildnisse der Klägerin umfassen solle, die diese in vergleichbaren privaten Situationen zeigten, sei deshalb kein Raum. Die Klage sei dagegen in Gestalt des Hilfsantrages zulässig und begründet. Der Antrag sei hinreichend bestimmt, denn er beschränke sich durch den Zusatz "wie in bestimmten Ausgaben geschehen" auf eine Verurteilung der Beklagten zur Unterlassung der konkreten Fotos sowie solcher Fotografien, die im Kern gleichartig seien und knüpfe deshalb an das Charakteristische des konkreten Verletzungstatbestandes an. Insoweit müsse das Interesse der Beklagten an der

Veröffentlichung und Verbreitung der beanstandeten Fotografien hinter dem allgemeinen Persönlichkeitsrecht der Klägerin und deren Interesse an der Achtung ihrer Privatsphäre zurückstehen. Die veröffentlichten Fotos seien während eines Ferienaufenthaltes auf Sardinien heimlich und unter Zuhilfenahme von Teleobjektiven aus großer Entfernung angefertigt worden. Die Klägerin habe berechtigter Weise davon ausgehen dürfen, an diesem Ort nicht den Blicken eines breiten Publikums ausgesetzt zu sein und habe auch nicht mit der Anwesenheit von Pressefotografen rechnen müssen. Die bestehende Wiederholungsgefahr werde durch die von der Beklagten abgegebene Unterlassungserklärung nicht ausgeräumt, denn diese beschränke sich auf die Verbreitung der bereits veröffentlichten konkreten Bildnisse, ohne auch im Kern wesensgleiche Fotografien mit einzubeziehen.

II. Die Beurteilung des Berufungsgerichts hält revisionsrechtlicher Nachprüfung nicht stand.

1. Der Senat ist - entgegen der Auffassung der Revisionserwiderung - aus Rechtsgründen nicht daran gehindert, die Zulässigkeit des Hilfsantrages zu überprüfen, denn es ist nichts dafür ersichtlich, dass das Berufungsgericht die Revision nur zu Gunsten der Klägerin hinsichtlich einer etwaigen Weiterverfolgung des abgewiesenen Hauptantrages zulassen wollte. Im Berufungsverfahren ging es nämlich gerade um die Zulässigkeit und Begründetheit des Hilfsantrages, mit dem verhindert werden soll, dass die Beklagte in Zukunft weitere "kerngleiche" Bilder der Klägerin veröffentlicht.

2. Der Hilfsantrag ist auch zulässig, insbesondere hinreichend bestimmt im Sinne des § 253 Abs. 2 Nr. 2 ZPO.

a) Der erkennende Senat kann als Revisionsgericht die Auslegung des Unterlassungsantrages als Prozesserklärung in vollem Umfang selbst überprüfen, wobei auch das Vorbringen herangezogen werden kann, auf das sich die Klage stützt (vgl. BGH, Urteile vom 19. März 1998 - I ZR 264/95 - WRP 1998, 739 - Brennwertkessel; vom 29. Juni 2000 - I ZR 128/98 - WRP 2000, 1394 - ad-hoc-Meldung; vom 23. November 2000 - IX ZR 155/00 - ZIP 2001, 124, 125 und vom 7. Juni 2001 - I ZR 115/99 - NJW 2001, 3710, 3711 - Jubiläumsschnäppchen, jeweils m.w.N.).

b) Danach hat das Berufungsgericht den Hilfsantrag in Anlehnung an die Rechtsprechung des Bundesgerichtshofs zu wettbewerbsrechtlichen Unterlassungsklagen (vgl. insbesondere Urteil vom 7. Juni 2001 - I ZR 115/99 - Jubiläumsschnäppchen - aaO m.w.N.) zutreffend dahin ausgelegt, dass der Beklagten über die konkret veröffentlichten Bilder hinaus auch untersagt werden soll, zwar nicht identische, aber im Kern gleichartige Bilder der Klägerin zu veröffentlichen. Nach diesem Verständnis ist der Hilfsantrag hinreichend bestimmt.

3. Die Klage ist im Hilfsantrag jedoch unbegründet, weil der Klägerin ein so weitgehender Unterlassungsanspruch aus einer entsprechenden Anwendung der §§ 1004 Abs. 1 Satz 2, 823 Abs. 1, Abs. 2 BGB i.V.m. §§ 22, 23 KUG, Art. 1 Abs. 1, 2 Abs. 1 GG nicht zusteht.

Entgegen der Auffassung des Berufungsgerichts lassen sich die Grundsätze, welche die Rechtsprechung zu Unterlassungsklagen insbesondere im wettbewerbsrechtlichen Bereich zur Verhinderung von Umgehungen des Verbotsausspruchs entwickelt hat (vgl. etwa Urteil vom 7. Juni 2001 - I ZR 115/99 - Jubiläumsschnäppchen - aaO m.w.N.), auf das Recht der Bildberichterstattung nicht übertragen.

a) Der erkennende Senat hat zu der Frage, ob mit einer Art "vorbeugender Unterlassungsklage" über die konkrete Verletzungsform hinaus eine ähnliche oder "kerngleiche" Bildberichterstattung für die Zukunft verboten werden kann, bislang noch nicht Stellung genommen. Er hat jedoch in seinem Urteil vom 9. März 2004 - VI ZR 217/03 - NJW 2004, 1795, 1796 bereits entschieden, dass selbst die erneute Veröffentlichung eines bestimmten Bildes nicht generell verboten werden kann, weil die Veröffentlichung sich in einem anderen Kontext als zulässig erweisen könnte.

b) An dieser grundsätzlichen Betrachtungsweise hat sich durch die neuere Rechtsprechung des Senats zur Zulässigkeit von Bildveröffentlichungen (vgl. Senatsurteile vom 6. März 2007 - VI ZR 13/06 - VersR 2007, 697 und - VI ZR 51/06 - VersR 2007, 957; vom 19. Juni 2007 - VI ZR 12/06 - VersR 2007, 1135 und vom 3. Juli 2007 - VI ZR 164/06 - VersR 2007, 1283) nichts geändert. Mit ihnen hat der Senat vielmehr den in der Entscheidung des EGMR vom 24. Juni 2004 (NJW 2004, 2647) geäußerten Bedenken Rechnung getragen und zugleich klargestellt, dass es für die Zulässigkeit einer Bildveröffentlichung in jedem Einzelfall einer Abwägung zwischen dem Informationsinteresse der Öffentlichkeit und dem Interesse des Abgebildeten an dem Schutz seiner Privatsphäre bedarf, wobei die begleitende Wortberichterstattung eine wesentliche Rolle spielen kann.

c) Eine solche Interessenabwägung kann jedoch nicht in Bezug auf Bilder vorgenommen werden, die noch gar nicht bekannt sind und bei denen insbesondere offen bleibt, in welchem Kontext sie veröffentlicht werden (vgl. Senatsurteil vom 9. März 2004 - VI ZR 217/03 - aaO). Die entsprechenden Möglichkeiten sind derart vielgestaltig, dass sie mit einer "vorbeugenden" Unterlassungsklage selbst dann nicht erfasst werden können, wenn man diese auf "kerngleiche" Verletzungshandlungen beschränken wollte. Eine vorweggenommene Abwägung, die sich mehr oder weniger nur auf Vermutungen stützen könnte und die im konkreten Verletzungsfall im Vollstreckungsverfahren nachgeholt werden müsste, verbietet sich schon im Hinblick auf die Bedeutung der betroffenen Grundrechte.

4. Da im Hinblick auf die vorgerichtlich abgegebene Unterlassungsverpflichtungs-erklärung der Beklagten eine Wiederholungsgefahr hinsichtlich der konkreten Bildveröffentlichungen nicht mehr im Streit ist, war die Klage auf die Revision der Beklagten insgesamt abzuweisen.

III. Die Kostenentscheidung ergibt sich aus § 91 ZPO.

Entscheidungsdatum: 24.06.2008
Aktenzeichen: VI ZR 156/06
**Normen: § 22 KunstUrhG, § 23 KunstUrhG, § 37 KunstUrhG, § 242 BGB, §
823 Abs 1 BGB**
**Persönlichkeitsschutz in der Presse: Veröffentlichung von Fotos einer Minis-terpräsidentin nach ihrer Abwahl bei privaten Einkäufen; Anspruch auf
Auskunft sowie Herausgabe und Vernichtung vorhandener Fotos**

Leitsatz

1. Im Zusammenhang mit der Presseberichterstattung über ein bedeutendes politi-sches Ereignis (hier: Abwahl einer Ministerpräsidentin) kann die ohne Einwilli-gung erfolgende Veröffentlichung von Fotos, die die betroffene Politikerin bei nachfolgender privater Betätigung zeigen (hier: Einkäufe), durch das Informa-tionsinteresse der Allgemeinheit gerechtfertigt sein.

2. Die Tatsache, dass nach einem solchen Ereignis das Verhalten der Fotoreporter zu einer gewissen Belästigung der Politikerin geführt hat, rechtfertigt nicht ohne Weiteres Ansprüche auf Auskunft darüber, welche Fotos gefertigt und dem be-klagten Presseorgan überlassen wurden, und auf Herausgabe oder Vernichtung der vorhandenen Fotos.

Tenor

Auf die Revision der Beklagten wird das Urteil des 9. Zivilsenats des Kammerge-richts vom 13. Juni 2006 im Kostenpunkt und insoweit aufgehoben, als zum Nach-teil der Beklagten erkannt worden ist.

Auf die Berufung der Beklagten wird das Teilurteil des Landgerichts Berlin vom 22. November 2005 abgeändert. Die Klage wird in vollem Umfang abgewiesen.

Die Revision der Klägerin wird zurückgewiesen.

Die Kosten des Rechtsstreits hat die Klägerin zu tragen.

Von Rechts wegen

Tatbestand

Die Klägerin schied am 27. April 2005 aus dem Amt der Ministerpräsidentin von Schleswig-Holstein aus. In der Folge wurden in der von der Beklagten herausgegebenen "Bild"-Zeitung drei Fotos veröffentlicht, mit denen der Artikel vom 28. April 2005 "Danach ging Heide erst mal shoppen" illustriert war. Die Fotos zeigen die Klägerin bei privaten Einkäufen im Anschluss an ihr Ausscheiden aus dem Amt der Ministerpräsidentin. Der Artikel befindet sich unmittelbar anschließend an die Berichterstattung über die politischen Ereignisse in Kiel am 27. April 2005.

Die Beklagte ließ auch am Folgetag Fotografen vor dem Haus der Klägerin warten und hinter ihr herfahren. Die Klägerin beanstandet die Veröffentlichung der Fotos, ferner dass sie am 27. April 2005 und am Folgetag von Reportern der Beklagten verfolgt und fotografiert worden sei. Sie hält die Fertigung der Fotos an beiden Tagen für rechtswidrig.

Auf die Klage hat das Landgericht Berlin die Beklagte zur Unterlassung der Bildveröffentlichung verurteilt. Es hat sie ferner verurteilt, darüber Auskunft zu erteilen, welche Bildnisse der Klägerin sie in Besitz hat, die sie aufgrund der Beobachtung der Klägerin am 27. und 28. April 2005 von drei Fotografen erhalten und in Besitz hat. Schließlich hat das Landgericht die Beklagte verurteilt, die Klägerin von Anwaltskosten in Höhe von 2.219,90 € für die Rechtsverfolgung freizustellen.

Auf die Berufung der Beklagten hat das Kammergericht die Unterlassungsklage abgewiesen. Der Auskunfts- und Zahlungsklage hat es nur teilweise stattgegeben. Es hat die Beklagte verurteilt, der Klägerin Auskunft zu erteilen, welche Bildnisse sie von der Klägerin in Besitz hat, die sie auf Grund der von der Beklagten erteilten Aufträge, die Klägerin zu beobachten und zu fotografieren, am 28. April 2005 durch drei namentlich genannte Fotografen erhalten hat, ferner dazu, die Klägerin von der Inanspruchnahme durch ihre Rechtsanwälte in Höhe von 800,79 € freizustellen. Die weiter gehende Klage hat es abgewiesen. Das Berufungsgericht hat die Revision zugelassen, welche beide Parteien eingelegt haben.

Entscheidungsgründe

I. Das Berufungsgericht, dessen Urteil in AfP 2006, 369 veröffentlicht ist, hat ausgeführt:

Die Klägerin habe keinen Anspruch darauf, dass die Beklagte die Fotos von den Einkäufen am 27. April 2005 nicht mehr verbreite. Die Fotos stellten Bildnisse aus dem Bereich der Zeitgeschichte im Sinne von § 23 Abs. 1 Nr. 1 KUG dar. Die Klägerin sei seinerzeit als absolute Person der Zeitgeschichte anzusehen gewesen.

Zum einen habe sie als langjährige Ministerpräsidentin eines Bundeslandes bis zu diesem Tage eine herausragende Stellung in der deutschen Politik eingenommen und damit auch eine Leitfigur dargestellt, zumal sie ein solches Amt als bislang einzige Frau in der Bundesrepublik Deutschland inne gehabt habe. Dieser Rang habe nicht etwa mit der Stunde des Amtsverlustes geendet. Zum anderen sei es von zeitgeschichtlicher Bedeutung, wie ein hochrangiger Politiker aus seinem Amt scheide.

Im Rahmen der gebotenen Abwägung gemäß § 23 Abs. 2 KUG sei zwar ein gewisses Anonymitätsinteresse der Klägerin zu berücksichtigen. Auch habe das Verhalten der Reporter für die Klägerin eine nicht unerhebliche Belästigung dargestellt. Gleichwohl müssten die Belange der Klägerin hier zurücktreten. Die streitgegenständlichen Fotos, welche die Klägerin vor einer Salat-Theke, in einem Bekleidungsgeschäft neben Kleiderständern bzw. vor dem Schaufenster eines Schuhgeschäftes zeigten, seien unverfänglich und in einem frequentierten Einkaufszentrum aufgenommen. Ferner habe die Klägerin während ihrer Amtszeit einzelne Einblicke in ihr Privatleben gestattet und sich u.a. beim Einkaufen auf Flohmärkten - wenn auch nicht von Lebensmitteln oder Kleidung - fotografieren lassen. Vor allem müssten sich Inhaber eines öffentlichen Amtes auch nach den Maßstäben des EGMR eine Beobachtung im Alltagsleben eher gefallen lassen. Bei einer Person in führender politischer Position könne ein Bericht über das private Verhalten durchaus einen Beitrag zu einer Debatte von allgemeinem Interesse leisten. Die fraglichen Fotos seien an eben dem Tag gefertigt worden, als die Klägerin nach rund 12 Jahren im Amt der Ministerpräsidentin abgelöst wurde, was nach der Landtagswahl vom 20. Februar 2005 und nach den für die Klägerin erfolglosen vier Wahlgängen in der Landtagssitzung vom 17. März 2005 allgemein große Beachtung gefunden habe. Auch habe die Klägerin ihre Betroffenheit über die Vorgänge deutlich zum Ausdruck gebracht. Vor diesem Hintergrund sei ein erhebliches Interesse der Öffentlichkeit an dem Verhalten der Klägerin unmittelbar nach ihrem Amtsverlust anzuerkennen und es habe Bezug zur politischen Debatte, wie sich die bisherige Regierungschefin in dieser Situation präsentiert habe.

Die Beklagte sei indes zu Recht zur Auskunft über ihren Besitz an Bildnissen der Klägerin verurteilt worden, soweit es um Fotos vom 28. April 2005 gehe. Die Fortsetzung der Observation habe das allgemeine Persönlichkeitsrecht der Klägerin verletzt, so dass die Aufnahmen von diesem Tage im Sinne von § 37 KUG widerrechtlich hergestellt worden seien. Zum einen könne die Beklagte kein vergleichbares Berichterstattungsinteresse an den privaten Aktivitäten der Klägerin wie am Tage des Abschiedes aus dem Amt für sich reklamieren. Zum anderen habe sich die Beklagte über mittlerweile umfänglichen Protest der Klägerin hinweg gesetzt.

Der Auskunftsanspruch folge aus § 242 BGB, weil die Klägerin naturgemäß in Unkenntnis über das Fotomaterial der Beklagten sei und gemäß § 37 Abs. 1 KUG

Vernichtung der Aufnahmen verlangen könne bzw. - wie in ihrer Stufenklage geschehen - eine ersatzlose Herausgabe zur Wahl stellen dürfe.

Der Anspruch auf Freistellung von Rechtsanwaltskosten sei nur teilweise begründet, weil für das Abmahnschreiben vom 28. April 2005 und das Abschlussschreiben vom 8. Juni 2005 nur eine einheitliche Geschäftsgebühr (VV Ziffer 2400 RVG) entstanden sei.

II. Die dagegen gerichteten Revisionen bleiben weitgehend ohne Erfolg.

A. Revision der Klägerin zum Unterlassungsanspruch

Ohne Rechtsfehler nimmt das Berufungsgericht an, dass der Klägerin kein Unterlassungsanspruch hinsichtlich der am 27. April 2005 gefertigten Fotos zusteht.

1. Nach der Rechtsprechung des erkennenden Senats ist die Zulässigkeit von Bildveröffentlichungen durch die Presse nach dem abgestuften Schutzkonzept der §§ 22, 23 KUG zu beurteilen (vgl. Senatsurteile vom 19. Oktober 2004 - VI ZR 292/03 - VersR 2005, 84 ff.; vom 15. November 2005 - VI ZR 286/04 - VersR 2006, 274 f.; vom 6. März 2007 - VI ZR 13/06 - VersR 2007, 697 ff.; vom 6. März 2007 - VI ZR 51/06 - VersR 2007, 957; vom 19. Juni 2007 - VI ZR 12/06 - VersR 2007, 1135 ff.; vom 3. Juli 2007 - VI ZR 164/06 - VersR 2007, 1283 ff.), das sowohl verfassungsrechtlichen Vorgaben (vgl. BVerfGE 101, 361 ff.; BVerfG, NJW 2001, 1921, 1923 ff.; 2006, 2835 f.; 2836 ff.; AfP 2008, 163 ff.) als auch der Rechtsprechung des Europäischen Gerichtshofs für Menschenrechte (vgl. EGMR, NJW 2004, 2647 ff. - von Hannover gegen Deutschland und NJW 2006, 591 ff. - Karhuvaara und Iltalehti gegen Finnland) entspricht. Danach besteht eine Ausnahme von dem grundsätzlichen Einwilligungserfordernis des § 22 KUG bei Bildnissen aus dem Bereich der Zeitgeschichte (§ 23 Abs. 1 Nr. 1 KUG), wobei die Verbreitung eines Bildnisses allerdings unzulässig ist, wenn dadurch berechtigte Interessen des Abgebildeten verletzt werden (§ 23 Abs. 2 KUG).

Maßgebend für die Frage, ob es sich um ein Bildnis aus dem Bereich der Zeitgeschichte handelt, ist der Begriff des Zeitgeschehens. Das betrifft vor allem auch Bilder von Personen, deren Abbildung wegen ihres zeitgeschichtlichen Bezugs als bedeutsam anzusehen ist, so dass von daher ein durch ein echtes Informationsbedürfnis gerechtfertigtes Interesse der Allgemeinheit an einer bildlichen Darstellung zu bejahen ist. Zu diesem Personenkreis können insbesondere Monarchen, Staatsoberhäupter sowie herausragende Politiker gehören (Senatsurteile BGHZ 131, 332, 336; 158, 218, 220, m.w.N.). Allerdings verbietet sich eine schematische Einordnung; die Beurteilung der Frage, ob ein Bildnis einer Person unabhängig von einem bestimmten zeitgeschichtlichen Ereignis einwilligungsfrei veröffentlicht werden darf, erfordert vielmehr stets eine einzelfallbezogene Abwägung zwischen dem Informationsinteresse der Öffentlichkeit und den berechtigten Interessen der abgebildeten Person (Senatsurteile BGHZ 158, 218, 220; vom 19. Juni 2007 - VI ZR 12/06 - aaO, S. 1136 f.; vom 3. Juli 2007 - VI ZR 164/06 - aaO, S. 1284; BVerfGE 101, 361, 392; BVerfG, NJW 2001, 1921, 1922, jeweils m.w.N).

Der Begriff des Zeitgeschehens darf nicht zu eng verstanden werden. Im Hinblick auf den Informationsbedarf der Öffentlichkeit umfasst er nicht nur Vorgänge von historisch-politischer Bedeutung, sondern ganz allgemein das Zeitgeschehen, also alle Fragen von allgemeinem gesellschaftlichem Interesse. Er wird mithin vom Interesse der Öffentlichkeit bestimmt. Zum Kern der Presse- und der Meinungsbildungsfreiheit gehört es, dass die Presse innerhalb der gesetzlichen Grenzen einen ausreichenden Spielraum besitzt, in dem sie nach ihren publizistischen Kriterien entscheiden kann, was öffentliches Interesse beansprucht, und dass sich im Meinungsbildungsprozess herausstellt, was eine Angelegenheit von öffentlichem Interesse ist, wobei unterhaltende Beiträge davon nicht ausgenommen sind (vgl. BVerfGE 101, 361, 389 ff.; BVerfG, AfP 2008, 163 , 166 f. Nr. 61 ff.; Senatsurteile vom 19. Juni 2007 - VI ZR 12/06 - aaO; vom 3. Juli 2007 - VI ZR 164/06 - aaO, jeweils m.w.N.). Allerdings ist nicht mit jedweder visuellen Darstellung aus dem Privat- und Alltagsleben prominenter Personen ein Beitrag zur Meinungsbildung verbunden, der es für sich allein rechtfertigt, die Belange des Persönlichkeitsschutzes zurückzustellen. Die Presse darf deshalb keinen schrankenlosen Zugriff auf Bilder von Personen mit zeitgeschichtlicher Bedeutung nehmen, vielmehr sind Bildveröffentlichungen nur insoweit gerechtfertigt, als dem Publikum sonst Möglichkeiten der Meinungsbildung vorenthalten werden (vgl. BVerfGE 101, 361, 393; BVerfG, AfP 2008, 163, 168 Nr. 73).

Für Personen des politischen Lebens ist ein gesteigertes Informationsinteresse des Publikums unter dem Gesichtspunkt demokratischer Transparenz und Kontrolle stets als legitim anerkannt worden. Sie stehen in besonderem Maße für bestimmte Wertvorstellungen und Lebenshaltungen, bieten vielen Menschen Orientierung bei eigenen Lebensentwürfen, werden zu Kristallisationspunkten für Zustimmung oder Ablehnung und erfüllen Leitbild- oder Kontrastfunktionen. Der Kreis berechtigter Informationsinteressen der Öffentlichkeit ist gerade bei Politikern nicht auf skandalöse, sittlich oder rechtlich zu beanstandende Verhaltensweisen begrenzt, vielmehr dürfen auch die Normalität des Alltagslebens oder in keiner Weise anstößige Handlungsweisen der Öffentlichkeit vor Augen geführt werden, wenn dies der Meinungsbildung zu Fragen von allgemeinem Interesse dienen kann. Es würde die Pressefreiheit in einer mit Art. 5 Abs. 1 GG unvereinbaren Weise einengen, bliebe die Lebensführung dieses Personenkreises einer Berichterstattung außerhalb der von ihnen ausgeübten Funktionen grundsätzlich entzogen (vgl. BverfGE 101, 361, 390 f.; BVerfG, AfP 2008, 163, 166 f. Nr. 60, 64).

Auch der Europäische Gerichtshof für Menschenrechte erkennt ein gesteigertes

Informationsinteresse der Öffentlichkeit hinsichtlich politischer Akteure an, wobei nicht nur die Amtsführung, sondern unter besonderen Umständen auch Aspekte des Privatlebens betroffen sein können (vgl. EGMR , Urteil vom 24. Juni 2004, NJW 2004, 2647, 2650 Nr. 64). Er unterscheidet zwischen Politikern ("politicians/personnes politiques") und sonstigen im öffentlichen Leben oder im Blickpunkt der Öffentlichkeit stehenden Personen ("public figures/personnes publiques") sowie der gewöhnlichen Privatperson ("ordinary person/personne ordinaire"), wobei einer Berichterstattung über gewöhnliche Bürger engere Grenzen als in Bezug auf den Kreis sonstiger Personen des öffentlichen Lebens gezogen seien und der Schutz der Politiker am schwächsten sei (vgl. EGMR, - 2. Sektion - , Urteil vom 17. Oktober 2006, Beschwerde-Nr. 71678/01, Gourguenidze gegen Georgien, § 59). Nach der Rechtsprechung des Gerichtshofs besteht ohnehin nur wenig Spielraum, die Gewährleistung des Art. 10 Abs. 1 EMRK zurücktreten zu lassen, falls eine Medienberichterstattung einen Bezug zu einer Sachdebatte von allgemeinem Interesse aufweist (vgl. EGMR, - Große Kammer -, Urteil vom 22. Oktober 2007, Beschwerde-Nr. 21279/02 u.a., Lindon u.a. gegen Frankreich, § 45; EGMR, NJW 2006, 1645, 1647 Nr. 68 f. - Pedersen und Baadsgaard gegen Dänemark). Dabei genügt es, wenn von der Berichterstattung politische oder sonst bedeutsame Fragen jedenfalls in gewissem Umfang behandelt werden (vgl. EGMR, NJW 2006, 591, 593 Nr. 45 - Karhuvaara und Iltalehti gegen Finnland).

2. Gemessen daran ist die Abwägung, die das Berufungsgericht hinsichtlich der am 27. April 2005 gefertigten Fotos vorgenommen hat, nicht zu beanstanden.

a) Es stellt zutreffend darauf ab, dass die fraglichen Fotos, welche die Klägerin in einer unverfänglichen Situation in einem frequentierten Einkaufszentrum zeigen, an dem Tag gefertigt wurden, als die Klägerin nach rund zwölfjähriger Amtszeit als Ministerpräsidentin abgelöst wurde und dass nach der Landtagswahl vom 20. Februar 2005 die Landtagssitzung vom 17. März 2005 mit den vier für die Klägerin erfolglosen Wahlgängen in der Öffentlichkeit große Beachtung gefunden habe, dass ein erhebliches Interesse der Öffentlichkeit an dem Verhalten der Klägerin unmittelbar nach ihrem Amtsverlust anzuerkennen sei und dass die Information darüber, wie sich die bisherige Regierungschefin in dieser Situation präsentierte, einen Bezug zur politischen Debatte gehabt habe.

Die Revision der Klägerin erkennt selbst zutreffend, dass ein Interesse der Öffentlichkeit daran bestand, darüber informiert zu werden, wie die Klägerin den Verlust ihrer Stellung als Ministerpräsidentin bewältigte und wie sie ihr Leben nach dem Abschied aus der Politik gestaltete. Von diesem Ausgangspunkt her ist die Annahme verfehlt, die Klägerin habe von der Presse ab dem Zeitpunkt ihres Amtsverlusts wie jedwede Privatperson behandelt werden müssen. Sie blieb trotz des Amtsverlusts eine bedeutende Politikerin und das Verhalten solcher Personen muss auch nach einem Misserfolg wie etwa einem spektakulären Amtsverlust Gegenstand öffentlicher Diskussion sein können. Das Verhalten von Politikern in solchen Situationen, in denen sich Wut, Enttäuschung und Frustration manifestieren können, kann wertvolle Anhaltspunkte nicht nur für die Einschätzung der jeweiligen Person im Verlauf ihrer weiteren politischen Laufbahn, sondern auch für die Beurteilung des politischen Geschehens im Allgemeinen geben.

b) Der Ansicht der Revision, zu der Diskussion über diese gesellschaftspolitisch bedeutsame Thematik hätten die am 27. April 2005 gefertigten Fotos nichts Wesentliches beitragen können, weil sie Momentaufnahmen darstellten, die lediglich die Neugier über das Privatleben der Klägerin und ihre Gefühlsverarbeitung hätten befriedigen sollen, kann nicht gefolgt werden. Sicherlich zielen derartige Bildaufnahmen darauf ab, die mediale Darstellung auch in gewisser Weise unterhaltend zu gestalten, wie es insbesondere auch dem hier betroffenen Presseorgan entspricht. Indes kann auch der "bloßen Unterhaltung" ein Bezug zur Meinungsbildung nicht von vornherein abgesprochen werden. Unterhaltung ist ein wesentlicher Bestandteil der Medienbetätigung, der am Schutz der Pressefreiheit teilhat (vgl. BVerfGE 35, 202, 222; 101, 361, 390; BVerfG, AfP 2008, 163, 166 f. Nr. 61 ff.; Senatsurteil vom 3. Juli 2007 - VI ZR 164/06 - aaO).

Die Unterhaltsamkeit des Inhalts einer Berichterstattung oder seiner Aufmachung ist eine häufig wichtige Bedingung zur Gewinnung öffentlicher Aufmerksamkeit und damit gegebenenfalls auch zur Einwirkung auf die öffentliche Meinungsbildung. Dem würde eine Betrachtungsweise nicht gerecht, die das Interesse der Bürger an Unterhaltung stets nur als auf die Befriedigung von Wünschen nach Zerstreuung und Entspannung, nach Wirklichkeitsflucht und Ablenkung gerichtet ansieht. Vielmehr kann Unterhaltung auch Realitätsbilder vermitteln und Gesprächsgegenstände zur Verfügung stellen, an die sich Diskussionsprozesse anschließen können, die sich auf Lebenseinstellungen, Werthaltungen und Verhaltensmuster beziehen, und damit wichtige gesellschaftliche Funktionen erfüllen. Unterhaltung in der Presse ist aus diesem Grund gemessen an dem Schutzziel der Pressefreiheit nicht unbeachtlich oder gar wertlos (BVerfG, aaO; vgl. auch EGMR, - 4. Sektion -, Urteil vom 13. Dezember 2005, Beschwerde-Nr. 66298/01 u.a., Wirtschafts-Trend-Zeitschriften-Verlagsgesellschaft mbH gegen Österreich, § 49 f.). Dabei muss auf der Ebene des Politikbetriebs beachtet werden, dass heutzutage die professionalisierte Politikvermittlung auch seitens der politischen Akteure in großem Umfang durch unterhaltende Elemente geprägt ist.

Zwar bedarf es auch vor diesem Hintergrund gerade bei unterhaltenden Inhalten der abwägenden Berücksichtigung der kollidierenden Rechtspositionen (BVerfG, AfP 2008, 163, 167 Nr. 65; Senatsurteil vom 3. Juli 2007 - VI ZR 164/06 - aaO), doch darf dies nicht zu einer zu weitgehenden Einschränkung der Presseberichterstattung führen. Die politischen Akteure müssen sich am Maßstab ihrer Sphäre messen lassen und können sich, soweit ein Informationsinteresse der Öffentlichkeit besteht, der Berichterstattung der Presse nicht ohne Weiteres unter Berufung auf ihre Privatheit entziehen, wenn sie etwa auf Misserfolgserlebnisse in bestimmter Weise reagieren.

c) Dem wird die vom Berufungsgericht im Streitfall vorgenommene Abwägung gerecht. Dass die veröffentlichten Fotos im Kontext mit der - von der Klägerin nicht beanstandeten - Wortberichterstattung (vgl. dazu etwa Senatsurteile BGHZ 158, 218, 223; vom 19. Oktober 2004 - VI ZR 292/03 - aaO; Senatsurteil vom 3. Juli 2007 - VI ZR 164/06 - aaO; BVerfG, AfP 2008, 163, 167 Nr. 68) über die Abwahl der Klägerin und ihrem dem unmittelbar folgenden Verhalten stehen, zieht auch die Revision der Klägerin nicht in Zweifel. Die Bilder zeigen die Klägerin zudem in einer unverfänglichen Situation beim Einkaufen und betreffen keinesfalls den Kernbereich ihrer Privatsphäre (vgl. dazu Senatsurteil BGHZ 131, 332, 338; BVerfG, AfP 2008, 163, 169 Nr. 87, jeweils m.w.N.).

Eine andere Beurteilung ist auch nicht deshalb geboten, weil - was das Berufungsgericht nicht verkennt - das von der Klägerin behauptete Vorgehen der Bildreporter eine erhebliche Belästigung dargestellt hat. Zwar können für die Gewichtung der Belange des Persönlichkeitsschutzes auch die Umstände der Gewinnung der Abbildung, etwa durch beharrliche Nachstellung, bedeutsam sein (vgl. BVerfG, AfP 2008, 163, 167 Nr. 69; EGMR , Urteil vom 24. Juni 2004, aaO, S. 2650, Nr. 59, 68), doch ist es nicht zu beanstanden, wenn das Berufungsgericht unter den besonderen Umständen des Streitfalls angesichts der turbulenten, ein erhebliches Interesse der Öffentlichkeit verursachenden Ereignisse dem Berichterstattungsinteresse Vorrang vor dem Persönlichkeitsschutz der Klägerin eingeräumt hat.

B. Revision der Beklagten

Die Revision der Beklagten hat Erfolg. Der Auffassung des Berufungsgerichts, die Beklagte sei zu Recht zur Auskunft über ihren Besitz an Bildnissen der Klägerin verurteilt worden, soweit es um Fotos vom 28. April 2005 gehe, kann nicht gefolgt werden.

Dabei kann davon ausgegangen werden, dass unter besonderen Umständen ein Auskunftsanspruch gegeben sein kann, wenn eine Rechtsverletzung vorliegt, die Auskunft zur Rechtsverfolgung erforderlich ist und vom Verletzer unschwer erteilt werden kann (vgl. Wenzel/Burkhardt, Das Recht der Wort- und Bildberichterstattung, 5. Aufl., Kap. 15 Rn. 7 zur Auskunft über den Verbreitungsumfang, m.w.N.). Unter den Umständen des vorliegenden Falls wäre freilich die Auskunft zur Rechtsverfolgung nur erforderlich, wenn der Klägerin der geltend gemachte Anspruch auf Herausgabe bzw. Vernichtung der Bilder zustünde. Dies ist entgegen der Auffassung des Berufungsgerichts nicht der Fall.

1. Die Voraussetzungen des vom Berufungsgericht zitierten § 37 Abs. 1 KUG lie-

gen nicht vor. Die fraglichen Fotos sind nicht widerrechtlich verbreitet oder öffentlich zur Schau gestellt worden. Allerdings wird ein Beseitigungsanspruch aus §§ 823 Abs. 1, 1004 Abs. 1 BGB bejaht, wenn bereits durch die Anfertigung von Fotos das allgemeine Persönlichkeitsrecht des Abgebildeten verletzt wurde, der Besitz an den Fotos Folge dieses Eingriffstatbestandes ist und durch ihn der durch den Eingriff hervorgerufene Störungszustand aufrechterhalten wird (vgl. OLG München, NJW-RR 1996, 93, 95; OLG Stuttgart, NJW-RR 1987, 1434, 1435; Wenzel/von Strobl-Albeg, aaO, Kap. 9 Rn. 4 m.w.N.).

Dabei ist allerdings, soweit es, wie im vorliegenden Fall, um Pressefotos geht, in Betracht zu ziehen, dass im Interesse der Pressefreiheit, die nur bei möglichst umfassender Informationsbeschaffung gewährleistet ist, die Art und Weise der Beschaffung von Fotos nur ausnahmsweise als rechtswidrig angesehen werden kann (vgl. KG, AfP 2008, 199, 201 f. m.w.N.; Wenzel/von Strobl-Albeg, aaO, Kap. 7 Rn. 25). Ferner ist zu bedenken, dass ein Anspruch auf Vernichtung oder Herausgabe in das unter dem Schutz von Art. 5 Abs. 1 Satz 2 GG stehende Recht der Presse auf Vorhaltung eines Pressearchivs eingreift und verfassungsrechtlich allenfalls dann unbedenklich sein kann, wenn die Verbreitung des Bildmaterials zeitlich unbegrenzt unzulässig ist (vgl. Wenzel/von Strobl-Albeg, aaO, Kap. 9 Rn. 5).

2. Nach diesen Maßstäben besteht der von der Klägerin geltend gemachte Anspruch nicht.

a) Die Anfertigung der Fotos am 28. April 2005 war nicht rechtswidrig. Die Revision der Beklagten weist zutreffend darauf hin, dass das Informationsinteresses der Öffentlichkeit daran, wie die Klägerin den Amtsverlust verarbeitete, ebenso wie am Vortag bestand, so dass dem Persönlichkeitsschutz der Klägerin kein Vorrang vor dem Berichterstattungsinteresse der Beklagten zukam. Insoweit kann auf die Ausführungen oben zu A Bezug genommen werden. Das dort bejahte Informationsinteresse war nicht über Nacht abgeklungen, sondern bestand fort.

Auch für den 28. April 2005 geben die Umstände, unter denen die Fotos gefertigt wurden, keinen Anlass, dem Persönlichkeitsschutz Vorrang vor dem Berichterstattungsinteresse zu geben. Die Nachstellung durch die Reporter der Beklagten mag für die Klägerin in der gegebenen Situation besonders lästig gewesen sein, zumal sich nach den Feststellungen des Berufungsgerichts die Beklagte damit über mittlerweile umfänglichen Protest der Klägerin hinweg setzte. All das rechtfertigt es indes nicht, bereits die Anfertigung der Fotos als rechtswidrig anzusehen.

Wie oben bereits ausgeführt, muss sich ein Politiker am Maßstab seiner Sphäre messen lassen und kann sich deshalb einer dem Informationsinteresse der Öffentlichkeit Rechnung tragenden Berichterstattung und also auch der diese vorbereitende (Foto-) Recherche nicht ohne Weiteres unter Berufung auf seine Privatsphäre entziehen. Zwar erfordert das Informationsinteresse nicht, dass sich ein Politiker, nachdem über die auslösenden Ereignisse bereits umfangreich berichtet worden ist, gegen seinen erklärten Willen Dauerverfolgungen und Dauerbelästigungen durch Fotoreporter aussetzen lassen muss. Die Presseberichterstattung wird nicht unverhältnismäßig beeinträchtigt, wenn sie sich unter besonderen Umständen zeitweise auf eine Wortberichterstattung beschränken muss. Jedoch ist hier die Grenze, jenseits der die Berichterstattung trotz des fortbestehenden Informationsinteresses eingeschränkt werden muss, durch das von der Klägerin vorgetragene gerade einmal zwei Tage andauernde Verhalten der Reporter der Beklagten nicht überschritten.

Das Berufungsgericht stellt insoweit lediglich fest, obwohl die Klägerin am frühen Abend des 27. April 2005 gemeinsam mit der stellvertretenden Regierungssprecherin von einem der Fotografen verlangt habe, ihr nicht mehr zu folgen, und die Regierungssprecherin diese Aufforderung am 28. April 2005 gegenüber einem Foto-Redakteur und telefonisch gegenüber einem Redakteur der Beklagten wiederholt habe, sei auch nach Darstellung der Beklagten von ihren Mitarbeitern kein Ende der Beschattungsaktion in Aussicht gestellt worden. Das reicht nicht aus, um die Fertigung der Fotos als rechtswidrig anzusehen.

b) Es kann auch nicht davon ausgegangen werden, dass eine Veröffentlichung der Bilder unter keinen Umständen zulässig wäre. Nach der Rechtsprechung des erkennenden Senats kann die Veröffentlichung eines bestimmten Bildes nicht generell verboten werden; denn die Veröffentlichung könnte sich in einem bestimmten Kontext als zulässig erweisen (vgl. Senatsurteile BGHZ 158, 218, 225 und BGHZ 174, 262 ff. = VersR 2008, 552 f.). Für die Zulässigkeit einer Bildveröffentlichung bedarf es in jedem Einzelfall einer Abwägung zwischen dem Informationsinteresse der Öffentlichkeit und dem Interesse des Abgebildeten an dem Schutz seiner Privatsphäre, wobei die begleitende Wortberichterstattung eine wesentliche Rolle spielen kann. Eine solche Interessenabwägung kann jedoch nicht in Bezug auf Bilder vorgenommen werden, die noch gar nicht bekannt sind und bei denen insbesondere offen bleibt, in welchem Kontext sie veröffentlicht werden (vgl. Senatsurteil BGHZ 174, 262 ff. aaO).

Im vorliegenden Fall erscheint es nicht von vornherein ausgeschlossen, dass die Fotos vom Tag nach der Abwahl der Klägerin - ungeachtet der für die Klägerin unangenehmen Art der Beschaffung - in einem geeigneten Kontext zulässigerweise veröffentlicht werden können. Die Klägerin macht selbst nicht geltend, dass es sich etwa um Fotos aus dem Bereich der Intimsphäre handele, deren rechtmäßige Veröffentlichung in jedem Fall ausgeschlossen ist.

3. Die Auskunftsklage muss deshalb abgewiesen werden. Der erkennende Senat

hat darüber hinaus die Klage hinsichtlich des Klageantrags zu 2 (Stufenklage) insgesamt abgewiesen. Ein Anspruch auf Abgabe der Versicherung an Eides Statt (2. Stufe) scheidet mangels eines Auskunftsanspruchs aus. Ein Anspruch auf Herausgabe oder Vernichtung der Fotos (3. Stufe) besteht nach den vorstehenden Ausführungen nicht. Eine Rückgabe der Sache an das Landgericht zur Entscheidung über die beiden unerledigten Stufen wäre deshalb eine bloße Förmelei, so dass das Rechtsmittelgericht die Klage in vollem Umfang abweisen kann (vgl. BGHZ 94, 268, 275; Zöller/Greger, ZPO, 26. Aufl., § 254 Rn. 14).

C. Revisionen der Klägerin und der Beklagten zum Freistellungsanspruch

Da der Klägerin weder der geltend gemachte Unterlassungsanspruch noch die mit der Stufenklage geltend gemachten Ansprüche zustehen, besteht auch kein Anspruch auf Freistellung von den Anwaltskosten. Auch insoweit ist die Klage abzuweisen. Insoweit hat lediglich die Revision der Beklagten Erfolg.

Auf die Frage, ob das Berufungsgericht den Anspruch auf Erstattung der Anwaltskosten deswegen nur teilweise für begründet halten durfte, weil für das Abmahnschreiben vom 28. April 2005 und das Abschlussschreiben vom 8. Juni 2005 eine einheitliche Geschäftsgebühr (VV Ziffer 2400 RVG) entstanden sei, kommt es demnach nicht an. Insoweit sei zur Rechtslage deshalb lediglich auf das Senatsurteil vom 4. März 2008 (VI ZR 176/07 - AfP 2008, 192 f., m.w.N.) verwiesen.

III. Die Kostenentscheidung folgt aus §§ 91 Abs. 1, 97 Abs. 1 ZPO.

Entscheidungsdatum: 01.07.2008
Aktenzeichen: VI ZR 243/06
Normen: § 22 KunstUrhG, § 23 KunstUrhG, § 823 Abs 1 BGB, Art 1 Abs 1
GG, Art 2 Abs 1 GG
Bildberichterstattung ohne Einwilligung der abgebildeten Person: Prominente beim Shopping mit Putzfrau auf Mallorca

Leitsatz

Zur Frage der Zulässigkeit einer Bildberichterstattung ohne Einwilligung der abgebildeten Prominenten in einer Situation aus ihrem privaten Alltag (hier: "Shopping mit Putzfrau auf Mallorca").

Tenor

Auf die Revision der Beklagten wird das Urteil des 9. Zivilsenats des Kammergerichts vom 7. November 2006 unter Zurückweisung der weitergehenden Revision teilweise aufgehoben.

Auf die Berufung der Beklagten wird das Urteil des Landgerichts unter Zurückweisung der weitergehenden Berufung und unter Abweisung der Klage im Übrigen teilweise abgeändert:

Die Beklagte wird verurteilt, es bei Meidung eines für jeden Fall der Zuwiderhandlung festzusetzenden Ordnungsgeldes von bis zu 250.000 €, ersatzweise Ordnungshaft, oder Ordnungshaft bis zu 6 Monaten, letzteres zu vollziehen an einem der Vorstandsmitglieder, zu unterlassen, das in "Bild der Frau" Nr. 33 vom 15. August 2005 auf Seite 49 veröffentlichte Foto erneut - wie geschehen - zu veröffentlichen.

Die Klägerin hat die Kosten des ersten Rechtszuges zu tragen. Die Kosten des Berufungsverfahrens werden gegeneinander aufgehoben. Von den Gerichtskosten des Revisionsverfahrens trägt die Klägerin 3/8 und die Beklagte 5/8. Die außergerichtlichen Kosten des Revisionsverfahrens werden gegeneinander aufgehoben.

Von Rechts wegen

Tatbestand

Die Klägerin ist eine bekannte deutsche Fernsehjournalistin. Die Beklagte veröffentlichte in der von ihr verlegten Zeitschrift ein Foto, welches die Klägerin mit ihrer Putzfrau beim Einkaufen in Puerto Andratx auf Mallorca zeigt. Foto und dazugehöriger Text befanden sich auf einer bebilderten Seite mit der Überschrift "Was jetzt los ist auf Mallorca". Das Bild ist mit dem Begleittext versehen: "ARD-Talkerin ... beim Shopping mit ihrer Putzfrau im Fischerdorf Puerto Andratx. Ihre Finca liegt romantisch zwischen Mandelbäumen am Rande von Andratx."

Auf entsprechenden Antrag der Klägerin hat das Landgericht die Beklagte verurteilt, zu unterlassen, "Bildnisse aus dem privaten Alltag der Klägerin zu veröffentlichen und/oder zu verbreiten und/oder veröffentlichen und/oder verbreiten zu lassen, wie in "Bild der Frau" Nr. 33 vom 15. August 2005 auf der Seite 49 geschehen."

Die gegen diese Verurteilung gerichtete Berufung der Beklagten hat das Kammergericht teilweise für begründet erachtet und die Beklagte nunmehr unter Klageabweisung im Übrigen - entsprechend einem von der Klägerin in der Berufungsinstanz gestellten (ersten) Hilfsantrag - dazu verurteilt, es zu unterlassen, "Fotos der Klägerin zu veröffentlichen wie in "Bild der Frau" Nr. 33 vom 15. August 2005 auf Seite 49 geschehen." Mit ihrer - vom Berufungsgericht zugelassenen - Revision verfolgt die Beklagte ihr Begehren weiter, soweit das Berufungsgericht zu ihrem Nachteil entschieden hat. Die Klägerin hat ihre Revision zurückgenommen.

Entscheidungsgründe

I. Das Berufungsgericht ist der Auffassung, der erste Hilfsantrag, mit dem die Klägerin es der Beklagten untersagen lassen wolle, "Fotos der Klägerin zu veröffentlichen wie in "Bild der Frau" Nr. 33 vom 15. August 2005 auf Seite 49 geschehen", sei zulässig und begründet. Der Antrag ziele auf eine Verurteilung der Beklagten entsprechend der "Kerntheorie", wonach ein Betroffener nicht nur eine exakte Wiederholung der Verletzungshandlung verbieten lassen könne, sondern auch einen künftigen wesensgleichen Eingriff, der von der konkreten Verletzungsform geringfügig abweiche. Charakteristisch sei im vorliegenden Fall, dass die Klägerin bei Besorgungen bzw. beim Flanieren auf Mallorca - sei es mit oder ohne Begleitung - abgebildet worden sei, ohne dass dem Bild ein zusätzlicher Nachrichtenwert hinsichtlich der Klägerin zukomme. Bei einer Abwägung im Rahmen der §§ 22, 23 KUG müsse - insbesondere unter Berücksichtigung der Entscheidungen des EGMR und des Bundesverfassungsgerichts - das Recht der Beklagten auf freie Berichterstattung gegenüber dem Persönlichkeitsrecht der Klägerin zurücktreten.

II. Die Revision der Beklagten hat teilweise Erfolg, soweit sie sich gegen die Verurteilung der Beklagten nach dem ersten Hilfsantrag der Klägerin wendet.

1. Das Berufungsgericht hat das mit dem ersten Hilfsantrag begehrte Verbot, "Fotos der Klägerin zu veröffentlichen, wie in "Bild der Frau" Nr. 33 vom 15. August 2005 auf S. 49 geschehen", zutreffend dahin ausgelegt, dass dieser Antrag auf eine Verurteilung der Beklagten entsprechend der vorgenannten "Kerntheorie" zielt und damit hinreichend bestimmt ist im Sinne des § 253 Abs. 2 Nr. 2 ZPO.

2. Entgegen der Auffassung des Berufungsgerichts ist der Hilfsantrag in dieser Form jedoch unbegründet, weil der Klägerin ein so weitgehender Unterlassungsanspruch aus einer entsprechenden Anwendung der §§ 1004 Abs. 1 Satz 2, 823 Abs. 1, Abs. 2 BGB i.V.m. §§ 22, 23 KUG, Art. 1 Abs. 1, 2 Abs. 1 GG nicht zusteht. Wie der erkennende Senat zwischenzeitlich entschieden hat, lässt sich die im Wettbewerbsrecht entwickelte "Kerntheorie" auf das Recht der Bildberichterstattung nicht übertragen (vgl. Senatsurteile vom 13. November 2007 - VI ZR 265/06 - VersR 2008, 552 und - VI ZR 269/06 - NJW 2008, 1593).

a) Der Senat hat in seiner neueren Rechtsprechung zur Zulässigkeit von Bildveröffentlichungen (vgl. Senatsurteile vom 6. März 2007 - VI ZR 13/06 - VersR 2007, 697 und - VI ZR 51/06 - VersR 2007, 957; vom 19. Juni 2007 - VI ZR 12/06 - VersR 2007, 1135 und vom 3. Juli 2007 - VI ZR 164/06 - VersR 2007, 1283) den in der Entscheidung des EGMR vom 24. Juni 2004 (von Hannover gegen Bundesrepublik Deutschland - NJW 2004, 2647 ff.) geäußerten Bedenken Rechnung getragen und zugleich klargestellt, dass es für die Zulässigkeit einer Bildveröffentlichung in jedem Einzelfall einer Abwägung zwischen dem Informationsinteresse der Öffentlichkeit und dem Interesse des Abgebildeten an dem Schutz seiner Privatsphäre bedarf, wobei die begleitende Wortberichterstattung eine wesentliche Rolle spielen kann.

b) Eine solche Interessenabwägung kann jedoch nicht in Bezug auf Bilder vorgenommen werden, die noch gar nicht bekannt sind und bei denen insbesondere offen bleibt, in welchem Kontext sie veröffentlicht werden (vgl. Senatsurteil BGHZ 158, 218, 224 ff.). Die entsprechenden Möglichkeiten sind derart vielgestaltig, dass sie mit einer "vorbeugenden" Unterlassungsklage selbst dann nicht erfasst werden können, wenn man diese auf "kerngleiche" Verletzungshandlungen beschränken wollte. Eine vorweggenommene Abwägung, die sich mehr oder weniger nur auf Vermutungen stützen könnte, und die im konkreten Verletzungsfall im Vollstreckungsverfahren nachgeholt werden müsste, verbietet sich schon im Hinblick auf die Bedeutung der betroffenen Grundrechte.

3. Die Klage ist jedoch begründet, soweit sich die Klägerin mit einem weiteren Hilfsantrag in der Berufungsinstanz gegen eine Wiederholung der konkreten Bildveröffentlichung gewandt hat. Da die Beklagte in ihrer Berufungsbegründung erklärt hat, sich an ihre vorgerichtlich abgegebene Unterlassungsverpflichtungserklärung nicht mehr gebunden zu fühlen, kann diesbezüglich eine Wiederholungsgefahr nicht verneint werden.

a) Der erkennende Senat hat bereits in mehreren neueren Entscheidungen das abgestufte Schutzkonzept der §§ 22, 23 KUG bei Bildveröffentlichungen von "Prominenten" unter Berücksichtigung der Rechtsprechung des EGMR (insbes. Entscheidung vom 24. Juni 2004 - von Hannover gegen Bundesrepublik Deutschland - aaO) erläutert (vgl. etwa Urteile vom 19. Oktober 2004 - VI ZR 292/03 - VersR 2005, 84 ff.; vom 15. November 2005 - VI ZR 286/04 - VersR 2006, 274 ff.; vom 6. März 2007 - VI ZR 51/06 - VersR 2007, 957 ff. und vom 3. Juli 2007 - VI ZR 164/06 - VersR 2007, 1283 ff.). Verfassungsrechtliche Beanstandungen haben sich insoweit nicht ergeben (vgl. BVerfG, Beschluss vom 26. Februar 2008 - 1 BvR 1606/07 u.a. - NJW 2008, 1793 ff.).

aa) Nach diesem abgestuften Schutzkonzept dürfen Bildnisse einer Person grundsätzlich nur mit Einwilligung des Abgebildeten verbreitet werden (§ 22 KUG); hiervon macht § 23 Abs. 1 KUG eine Ausnahme, wenn es sich um Bildnisse aus dem Bereich der Zeitgeschichte handelt. Auch bei Personen, die unter dem Blickwinkel des zeitgeschichtlichen Ereignisses im Sinn des § 23 Abs. 1 Nr. 1 KUG an sich ohne ihre Einwilligung die Verbreitung ihres Bildnisses dulden müssten, ist eine Verbreitung der Abbildung unabhängig davon, ob sie sich an Orten der Abgeschiedenheit aufgehalten haben, aber dann nicht zulässig, wenn hierdurch berechtigte Interessen des Abgebildeten verletzt werden (§ 23 Abs. 2 KUG).

bb) Maßgebend für die Frage, ob es sich um ein Bildnis aus dem Bereich der Zeitgeschichte handelt, ist der Begriff des Zeitgeschehens. Dieser Begriff darf nicht zu eng verstanden werden. Im Hinblick auf den Informationsbedarf der Öffentlichkeit umfasst er nicht nur Vorgänge von historisch-politischer Bedeutung, sondern ganz allgemein das Zeitgeschehen, also alle Fragen von allgemeinem gesellschaftlichem Interesse. Er wird mithin vom Interesse der Öffentlichkeit bestimmt. Auch durch unterhaltende Beiträge kann Meinungsbildung stattfinden; solche Beiträge können die Meinungsbildung unter Umständen sogar nachhaltiger anregen und beeinflussen als sachbezogene Informationen (vgl. Senat, Urteile vom 9. Dezember 2003 - VI ZR 373/02 - VersR 2004, 522, 523 - mit Anmerkung v. Gerlach JZ 2004, 625 - und vom 6. März 2007 - VI ZR 51/06 - aaO S. 957, 958; BVerfG, BVerfGE 101, 361, 389 f.; NJW 2006, 2836, 2837). Das Informationsinteresse besteht indes nicht schrankenlos. Vielmehr wird der Einbruch in die persönliche Sphäre des Abgebildeten durch den Grundsatz der Verhältnismäßigkeit begrenzt, so dass eine Berichterstattung keineswegs immer zulässig ist. Wo konkret die Grenze für das berechtigte Informationsinteresse der Öffentlichkeit an der aktuellen Berichterstattung zu ziehen ist, lässt sich nur unter Berücksichtigung der jeweiligen Umstände des Einzelfalles entscheiden.

cc) Zum Kern der Presse- und der Meinungsbildungsfreiheit gehört, dass die Presse in den gesetzlichen Grenzen einen ausreichenden Spielraum besitzt, innerhalb dessen sie nach ihren publizistischen Kriterien entscheiden kann, was sie des öffentlichen Interesses für wert hält, und dass sich im Meinungsbildungsprozess herausstellt, was eine Angelegenheit von öffentlichem Interesse ist (Senat, Urteile vom 15. November 2005 - VI ZR 286/04 - aaO, 275; vom 6. März 2007 - VI ZR 51/06 - aaO, 957 f.; BVerfG, BVerfGE 101, 361, 392; EGMR, Urteil vom 16. November 2004, Beschwerde-Nr. 53678/00, Karhuvaara und Iltalehti gegen Finnland, NJW 2006, 591, 592 f., §§ 38 ff.). Der EGMR hat in seinem Urteil vom 24. Juni 2004 (Beschwerde-Nr. 59320/00, von Hannover gegen Deutschland, aaO, §§ 58, 60, 63) die Bedeutung der Pressefreiheit unter Hinweis auf Art. 10 EMRK hervorgehoben und ausgeführt, dass die Presse in einer demokratischen Gesellschaft eine wesentliche Rolle spiele und es ihre Aufgabe sei, Informationen und Ideen zu allen Fragen von Allgemeininteresse weiterzugeben. Das steht auch mit dem oben dargelegten Begriff der Zeitgeschichte in Einklang.

dd) Die Vorschrift des § 23 Abs. 1 KUG nimmt nach Sinn und Zweck der Regelung und nach der Intention des Gesetzgebers in Ausnahme von dem Einwilligungserfordernis des § 22 KUG Rücksicht auf das Informationsinteresse der Allgemeinheit und auf die Pressefreiheit. Die Anwendung des § 23 Abs. 1 KUG erfordert hiernach eine Abwägung zwischen den Rechten der Abgebildeten nach Art. 8 Abs. 1 EMRK und Art. 1 Abs. 1, 2 Abs. 1 GG einerseits und den Rechten der Presse aus Art. 10 Abs. 1 EMRK und Art. 5 Abs. 1 GG andererseits. Die Grundrechte der Pressefreiheit (Art. 5 Abs. 1 GG) und des Schutzes der Persönlichkeit (Art. 1 Abs. 1, 2 Abs. 1 GG) sind ihrerseits nicht vorbehaltlos gewährleistet.

Die Pressefreiheit findet ihre Schranken nach Art. 5 Abs. 2 GG in den allgemeinen Gesetzen. Zu diesen zählen u.a. die §§ 22 f. KUG und auch Art. 8 EMRK. Die in §§ 22 f. KUG enthaltenen Regelungen sowie die von Art. 10 EMRK verbürgte Äußerungsfreiheit beschränken zugleich als Bestandteile der verfassungsmäßigen Ordnung gemäß Art. 2 Abs. 1 GG den Persönlichkeitsschutz. Die Auslegung und Anwendung solcher Schrankenregelungen und ihre abwägende Zuordnung zueinander durch die Gerichte hat der interpretationsleitenden Bedeutung der von der Schrankenregelung bestimmten Grundrechtsposition Rechnung zu tragen sowie die entsprechenden Gewährleistungen der europäischen Menschenrechtskonvention zu berücksichtigen. Hierbei ist zu beachten, dass bei der Bestimmung der Reichweite des durch Art. 8 Abs. 1 EMRK dem privaten Leben des Einzelnen gewährten Schutzes der situationsbezogene Umfang der berechtigten Privatheitserwartungen des Einzelnen zu berücksichtigen ist (vgl. BVerfG, Beschluss vom 21. August 2006 - 1 BvR 2606/04 u.a. - NJW 2006, 3406, 3408); auch kann die Gewährleistung des Art. 8 Abs. 1 EMRK einen Anspruch auf Schutz durch die staatlichen Gerichte vor Veröffentlichung von Bildnissen des Einzelnen aus seinem Alltagsleben einschließen (vgl. EGMR, Urteil vom 24. Juni 2004, Beschwerde-Nr. 59320/00, von Hannover gegen Deutschland, §§ 50 ff., aaO, 2648). Über die Reichweite dieses Schutzes ist im konkreten Fall durch Berücksichtigung der von Art. 5 Abs. 1 Satz 2 GG und Art. 10 Abs. 1 EMRK gewährleisteten Äußerungsfreiheit und ihrer in Art. 10 Abs. 2 EMRK geregelten Schranken ebenfalls im Wege der Abwägung zu entscheiden (vgl. EGMR, Beschluss vom 14. Juni 2005, Beschwerde-Nr. 14991/02, Minelli gegen Schweiz; Urteil vom 17. Oktober 2006, Beschwerde-Nr. 71678/01, Gourguenidze gegen Georgien, §§ 38 ff.).

Das Grundrecht auf Schutz der Persönlichkeit unterliegt der Schrankenregelung des Art. 2 Abs. 1 Halbs. 2 GG. Schranken sind neben den Grundrechten wie Art. 5 Abs. 1 GG insbesondere die Vorschriften über die Veröffentlichung fotografischer Abbildungen von Personen in §§ 22 ff. KUG mit dem erwähnten abgestuften Schutzkonzept, das sowohl dem Schutzbedürfnis der abgebildeten Person wie den von den Medien wahrgenommenen Informationsinteressen der Allgemeinheit Rechnung trägt (vgl. BVerfG, BVerfGE 35, 202, 224 f.; 101, 361, 387; Beschluss vom 26. Februar 2008 - 1 BvR 1606/07 u.a. - aaO, 1795). Daneben beschränkt die in Art. 10 EMRK verbürgte Freiheit der Äußerung und Verbreitung sowie des Empfangs von Meinungen unter Einschluss von Informationen den Schutz der Persönlichkeit. Der Schutz des Art. 10 Abs. 1 EMRK schließt insbesondere auch die Veröffentlichung von Fotoaufnahmen zur Bebilderung der Medienberichterstattung ein (vgl. BVerfG, Beschluss vom 26. Februar 2008 - 1 BvR 1606/07 u.a. - aaO, 1795; EGMR, Urteile vom 14. Dezember 2006, Beschwerde-Nr. 10520/02, Verlagsgruppe News GmbH gegen Österreich Nr. 2, § 29; vom 24. Juni 2004,

Beschwerde-Nr. 59320/00, von Hannover gegen Deutschland, § 59, aaO, 2649). Über die Zulässigkeit von Beschränkungen dieses Rechts durch Maßnahmen der staatlichen Gerichte zum Schutz des Privatlebens des Abgebildeten ist nach der Rechtsprechung des EGMR gleichfalls im Wege einer Abwägung mit dem in Art. 8 EMRK verbürgten Anspruch auf Achtung des Privatlebens zu entscheiden (vgl. BVerfG, Beschluss vom 26. Februar 2008 - 1 BvR 1606/07 u.a. - aaO, 1795; EGMR, Urteil vom 17. Oktober 2006, Beschwerde-Nr. 71678/01, Gourguenidze gegen Georgien, § 37 f. m.w.N.). Bei der Abwägung mit kollidierenden Rechtsgütern unter Berücksichtigung der von Art. 5 Abs. 1 GG verbürgten Vermutung für die Zulässigkeit einer Berichterstattung der Presse, die zur Bildung der öffentlichen Meinung beitragen soll (vgl. BVerfGE 20, 162, 177; Beschluss vom 26. Februar 2008 - 1 BvR 1606/07 u.a. - aaO, 1796), ist der von Art. 10 Abs. 1 EMRK verbürgten Äußerungsfreiheit ein besonderes Gewicht dort beizumessen, wo die Berichterstattung der Presse einen Beitrag zu Fragen von allgemeinem Interesse leistet (vgl. BVerfG, Beschluss vom 26. Februar 2008 - 1 BvR 1606/07 u.a. - aaO, 1796; EGMR, Urteil vom 16. November 2004, Beschwerde-Nr. 53678/00, Karhuvaara und Iltalehti gegen Finnland, § 40; Urteil vom 1. März 2007, Beschwerde-Nr. 510/04, Tønsbergs Blad u.a. gegen Norwegen, § 82).

Die Garantie der Pressefreiheit dient nicht allein den subjektiven Rechten der Presse, sondern in gleicher Weise auch dem Schutz des Prozesses öffentlicher Meinungsbildung und damit der Meinungsbildungsfreiheit der Bürger. Äußerungen in der und durch die Presse wollen in der Regel zur Bildung der öffentlichen Meinung beitragen und haben daher zunächst die Vermutung der Zulässigkeit für sich, auch wenn sie die Rechtssphäre anderer berühren (vgl. BVerfG, BVerfGE 20, 162, 177; 66, 116, 133; 77, 346, 354). Nach der Rechtsprechung des EGMR besteht nur wenig Spielraum, die Gewährleistung des Art. 10 Abs. 1 EMRK zurücktreten zu lassen, falls eine Medienberichterstattung einen Bezug zu einer Sachdebatte von allgemeinem Interesse aufweist (vgl. EGMR, Urteile vom 22. Oktober 2007, Beschwerde-Nr. 21279/02 u.a., Lindon u.a. gegen Frankreich, § 45; vom 17. Dezember 2004, Beschwerde-Nr. 49017/99, Pedersen und Baadsgaard gegen Dänemark, § 68 f.). Art. 5 Abs. 1 GG gebietet allerdings nicht, generell zu unterstellen, dass mit jeder visuellen Darstellung aus dem Privat- und Alltagsleben prominenter Personen ein Beitrag zur Meinungsbildung verbunden sei, der es für sich allein rechtfertigte, die Belange des Persönlichkeitsschutzes zurückzustellen.

ee) Nach diesen Grundsätzen wird die Reichweite des Schutzes des Rechts am eigenen Bild davon beeinflusst, ob eine Information in die breite Öffentlichkeit der Massenmedien überführt wird und damit nicht auf einen engen Personenkreis begrenzt bleibt. Andererseits wird das Gewicht der das Persönlichkeitsrecht gegebenenfalls beschränkenden Pressefreiheit davon beeinflusst, ob die Berichterstattung eine Angelegenheit betrifft, welche die Öffentlichkeit wesentlich berührt (vgl. BVerfG, BVerfGE 7, 198, 212; Beschluss vom 24. Januar 2006 - 1 BvR 2602/05 - NJW 2006, 1865; EGMR, Urteil vom 17. Oktober 2006, Beschwerde-Nr. 71678/01, Gourguenidze gegen Georgien, § 55). Mit der Entscheidung, ein

Bild einer Person abzudrucken und in den Kontext eines bestimmten Berichts zu rücken, nutzen die Medien ihre grundrechtlich geschützte Befugnis, selbst zu entscheiden, was sie für berichtenswert halten. Dabei haben sie jedoch den Persönlichkeitsschutz Betroffener zu berücksichtigen.

Wie das Bundesverfassungsgericht in seinem Beschluss vom 26. Februar 2008 (- 1 BvR 1606/07 u.a. - aaO, 1796) dargelegt hat, können prominente Personen der Allgemeinheit Möglichkeiten der Orientierung bei eigenen Lebensentwürfen bieten sowie Leitbild- oder Kontrastfunktionen erfüllen. Auch die Normalität ihres Alltagslebens kann der Meinungsbildung zu Fragen von allgemeinem Interesse dienen (so bereits BVerfGE 101, 361, 391). Das gilt auch für unterhaltende Beiträge als einen wesentlichen Bestandteil der Medienbetätigung, der durch die Pressefreiheit geschützt wird, zumal der publizistische und wirtschaftliche Erfolg der Presse auf unterhaltende Inhalte und entsprechende Abbildungen angewiesen sein kann und die Bedeutung visueller Darstellungen beträchtlich zugenommen hat. Hiernach gilt die Pressefreiheit auch für unterhaltende Beiträge über das Privatoder Alltagsleben von Prominenten und ihres sozialen Umfelds einschließlich ihnen nahestehender Personen. Allerdings bedarf es gerade bei unterhaltenden Inhalten in besonderem Maß der abwägenden Berücksichtigung der kollidierenden Rechtspositionen der Betroffenen.

Für die Abwägung zwischen der Pressefreiheit und dem Persönlichkeitsrecht des Betroffenen ist von maßgeblicher Bedeutung, ob die Presse im konkreten Fall eine Angelegenheit von öffentlichem Interesse ernsthaft und sachbezogen erörtert, damit den Informationsanspruch des Publikums erfüllt und zur Bildung der öffentlichen Meinung beiträgt oder ob sie lediglich die Neugier der Leser nach privaten Angelegenheiten prominenter Personen befriedigt (vgl. BVerfG, BVerfGE 34, 269, 283; 101, 361, 391).

Insoweit hat das BVerfG (Beschluss vom 26. Februar 2008 - 1 BvR 1606/07 u.a. - aaO, 1796) hervorgehoben, dass das Selbstbestimmungsrecht der Presse nicht auch die Entscheidung erfasst, wie das Informationsinteresse zu gewichten ist, sondern diese Gewichtung zum Zweck der Abwägung mit gegenläufigen Interessen der Betroffenen vielmehr im Fall eines Rechtsstreits den Gerichten obliegt. Diese haben allerdings im Hinblick auf das Zensurverbot des Art. 5 Abs. 1 Satz 3 GG von einer inhaltlichen Bewertung - etwa als wertvoll oder wertlos, seriös oder unseriös o.ä. - abzusehen und sind auf die Prüfung beschränkt, in welchem Ausmaß der Bericht einen Beitrag für die öffentliche Meinungsbildung erbringen kann.

ff) Der Informationswert einer Bildberichterstattung ist, soweit das Bild nicht schon als solches eine für die öffentliche Meinungsbildung bedeutsame Aussage enthält, im Kontext der dazugehörenden Wortberichterstattung zu ermitteln. Bilder können Wortberichte ergänzen und dabei der Erweiterung des Aussagegehalts

dienen, etwa die Authentizität des Geschilderten unterstreichen. Auch können beigefügte Bilder der an dem berichteten Geschehen beteiligten Personen die Aufmerksamkeit des Lesers für den Wortbericht wecken (vgl. Senat, BGHZ 158, 218,
223; Urteil vom 19. Oktober 2004 - VI ZR 292/03 - NJW 2005, 594, 595 f.). Beschränkt sich der begleitende Bericht allerdings darauf, lediglich einen Anlass für
die Abbildung prominenter Personen zu schaffen, ohne dass die Berichterstattung
einen Beitrag zur öffentlichen Meinungsbildung erkennen lässt, ist es nicht angezeigt, dem Veröffentlichungsinteresse den Vorrang vor dem Persönlichkeitsschutz
einzuräumen.

gg) Daneben sind bei einer Bildberichterstattung für die Gewichtung der Belange
des Persönlichkeitsschutzes auch der Anlass und die Umstände zu berücksichtigen, unter denen die Aufnahme entstanden ist, etwa unter Ausnutzung von Heimlichkeit oder beharrlicher Nachstellung. Auch ist bedeutsam, in welcher Situation
der Betroffene erfasst und wie er dargestellt wird. Die Beeinträchtigung des Persönlichkeitsrechts wiegt schwerer, wenn die visuelle Darstellung durch Ausbreitung von üblicherweise öffentlicher Erörterung entzogenen Einzelheiten des privaten Lebens thematisch die Privatsphäre berührt oder wenn der Betroffene nach
den Umständen typischer Weise die berechtigte Erwartung haben durfte, nicht in
den Medien abgebildet zu werden. Das kann nicht nur bei einer durch räumliche
Privatheit geprägten Situation, sondern außerhalb örtlicher Abgeschiedenheit auch
in Momenten der Entspannung oder des Sich-Gehen-Lassens außerhalb der Einbindung in die Pflichten des Berufs und des Alltags der Fall sein.

b) Diese Grundsätze sind auf die Klägerin anzuwenden, da sie aufgrund ihrer langjährigen Tätigkeit als Nachrichtensprecherin, Fernsehjournalistin und -moderato-
rin als Person des öffentlichen Interesses anzusehen ist (vgl. zur Abgrenzung zwischen "personnage public / public figure", "personnalité politique / politician" und
"personne ordinaire / ordinary person": EGMR, Urteile vom 11. Januar 2005, Beschwerde-Nr. 50774/99, Sciacca gegen Italien, §§ 27 ff.; vom 17. Oktober 2006 -
Beschwerde-Nr. 71678/01, Gourguenidze gegen Georgien, § 57). Diese Einstufung hat nach den Ausführungen des Bundesverfassungsgerichts zur Folge, dass
über eine solche Person in größerem Umfang berichtet werden darf als über andere
Personen, wenn die Information einen hinreichenden Nachrichtenwert mit Orientierungsfunktion im Hinblick auf eine die Allgemeinheit interessierende Sachdebatte hat und die Abwägung keine schwerwiegenden Interessen des Betroffenen
ergibt, die einer Veröffentlichung entgegenstehen.

c) Im Streitfall führen diese Grundsätze zu folgender Abwägung:

Das beanstandete Bild zeigt - worauf der Begleittext selbst hinweist - die Klägerin
in einer (völlig) belanglosen Situation beim "Shopping" mit ihrer Putzfrau im Fischerdorf Puerto Andratx auf Mallorca. Das beanstandete Bild ist Teil eines Berichts über "Was jetzt los ist auf Mallorca", in dem jeweils unter Beifügung von

Fotografien über die Anwesenheit sog. Prominenter, u.a. der Klägerin, auf der Insel berichtet wird. Der Nachrichtenwert der Berichterstattung hat keinerlei Orientierungsfunktion im Hinblick auf eine die Allgemeinheit interessierende Sachdebatte, sondern beschränkt sich lediglich auf die Information, dass sich die Klägerin zurzeit auf Mallorca aufhalte, wo sie ein Ferienhaus besitze, und dort - wie viele andere Menschen auch - mitunter auch in Begleitung einkaufen gehe. Eine solche Berichterstattung, die nur der Befriedigung des Unterhaltungsinteresses bestimmter Leser dient, mag zwar möglicherweise - worauf es im Streitfall allerdings nicht ankommt - als reine Wortberichterstattung zulässig sein. Sie rechtfertigt es jedoch nicht, dass die Klägerin einen Eingriff in ihr Persönlichkeitsrecht durch Veröffentlichung eines Bildes in dieser zu ihrer Privatsphäre gehörenden Situation ohne ihre Einwilligung nach § 23 Abs. 1 Nr. 1 KUG hinnehmen muss. Insoweit ergibt die gebotene Abwägung zwischen dem Persönlichkeitsrecht der Klägerin und der Pressefreiheit der Beklagten, dass letztere zurückzutreten hat. Hieran vermag auch der Hinweis der Revision nichts zu ändern, dass die Klägerin bei anderen Gelegenheiten der Öffentlichkeit über die Presse Einblicke in ihr Privatleben gewährt habe (vgl. zu einem insoweit anders gelagerten Fall Senatsurteil vom 19. Oktober 2004 - VI ZR 292/03 - aaO mit Nichtannahmebeschluss des BVerfG VersR 2007, 849).

III. Die Kostenentscheidung ergibt sich aus §§ 91 Abs. 1, 92 Abs. 1, 565, 516 Abs. 3 ZPO.

Entscheidungsdatum: 01.07.2008
Aktenzeichen: VI ZR 67/08
Normen: Art 2 Abs 1 GG, Art 5 Abs 1 GG, Art 8 MRK, Art 10 MRK, § 22 KunstUrhG
Bebilderter Pressebericht über die Vermietung der Ferienvilla einer Person des öffentlichen Interesses: Abwägung zwischen Pressefreiheit und allgemeinem Persönlichkeitsrecht

Leitsatz

Kann ein Bericht über die Vermietung der Ferienvilla einer Person des öffentlichen Interesses Anlass für sozialkritische Überlegungen der Leser geben, kann die Bebilderung dieses Berichts mit einem Foto des Eigentümers und seiner Ehefrau auch ohne deren Einwilligung zulässig sein.

Tenor

Die Revision der Klägerin gegen das Urteil des 7. Zivilsenats des Hanseatischen Oberlandesgerichts Hamburg vom 31. Januar 2006 wird zurückgewiesen.

Die Klägerin hat die Kosten der Revisionsverfahrens zu tragen.

Von Rechts wegen

Tatbestand

Die Klägerin ist eine Schwester des regierenden Fürsten von Monaco. Die Beklagte verlegt die Zeitschrift "7 Tage". In der Ausgabe Nr.13/02 dieser Zeitschrift vom 20. März 2002 wurde berichtet, dass die Klägerin und ihr Ehemann ihre auf der Insel Lamu/Kenia gelegene Villa vermieten. Der Artikel ist unter der farblich hervorgehobenen Doppelzeile

"In Prinzessin Carolines Bett schlafen

Kein unerfüllbarer Wunsch!"

überschrieben mit

"Caroline und Ernst August vermieten ihre Traum-Villa".

Im Text, der um den als Block hervorgehobenen Satz "Auch die Reichen und Schönen sind sparsam. Viele vermieten ihre Villen an zahlende Gäste" platziert ist, wird u.a. ausgeführt:

"Längst haben auch die Reichen einen Hang zu ökonomischem Denken entwickelt. Warum ein Schloss, ein Haus einfach leer stehen lassen, wenn man selbst nicht anwesend ist? Besser, es an zahlende Gäste zu vermieten. Hollywood-Star Robert Redford, Lord Mountbatten, Cousin von Prinz Charles, Prinzgemahl Henrik von Dänemark tun es und - ja, auch Prinzessin Caroline und ihr Mann Prinz Ernst August.

Nur einmal im Jahr steuert das Ehepaar die Insel Lamu in Kenia an, ein Besitz, der seit mehr als zwanzig Jahren dem Welfen-Chef gehört."

Es folgt eine Beschreibung des Anwesens, seiner Lage und seiner Inneneinrichtung. Der Artikel fährt dann fort:

"Allerdings gibt es bei diesem 'privaten Gästehaus' einen 'kleinen' Haken: Trotz seiner Schlichtheit hat es einen stolzen Preis: Ein Tag in der Villa ... kostet 1.000 Dollar", wobei das Personal im Preis inbegriffen sei.

Illustriert ist der Bericht u.a. mit der beanstandeten Aufnahme, welche die Klägerin und ihren Ehemann in Urlaubskleidung auf einer öffentlichen Straße zusammen mit anderen Menschen zeigt.

Die Klägerin verlangt von der Beklagten, es zu unterlassen, diese Aufnahme erneut zu veröffentlichen. Das Landgericht hat der Klage stattgegeben. Auf die Berufung der Beklagten hat das Oberlandesgericht dieses Urteil aufgehoben und die Klage abgewiesen. Mit der vom Berufungsgericht zugelassenen Revision begehrt die Klägerin, die Berufung der Beklagten gegen das erstinstanzliche Urteil zurückzuweisen. Der erkennende Senat hat mit Urteil vom 6. März 2007 das Berufungsurteil aufgehoben und die Berufung zurückgewiesen. Auf die Verfassungsbeschwerde der Beklagten hat der Erste Senat des Bundesverfassungsgerichts mit Beschluss vom 26. Februar 2008 ausgesprochen, dass das Urteil des Landgerichts und die Entscheidung des erkennenden Senats die Beklagte in ihrem Grundrecht aus Art. 5 Abs. 1 Satz 2 GG verletzen, und unter Aufhebung des Urteils des erkennenden Senats die Sache zur erneuten Entscheidung an den Bundesgerichtshof zurückverwiesen.

Entscheidungsgründe

I. Nach Auffassung des Berufungsgerichts hat die Beklagte nicht rechtswidrig in das Recht der Klägerin am eigenen Bild eingegriffen. Die Klägerin müsse als Person des öffentlichen Lebens hinnehmen, dass Aufnahmen, die sie im Rahmen eines Auftretens in der Öffentlichkeit abbildeten, auch ohne ihre Einwilligung verbreitet würden. Eine Person des öffentlichen Lebens, die sich - wie die Klägerin - im Urlaub auf offener Straße aufhalte, müsse mit einer gewissen Aufmerksamkeit rechnen und könne nicht davon ausgehen, von den Medien unbeobachtet zu bleiben. Dem öffentlichen Informationsinteresse sei deshalb der Vorrang einzuräumen. Die Bildveröffentlichung sei nicht zu beanstanden.

II. Das Berufungsurteil hält nach den Grundsätzen der Entscheidung des Bundesverfassungsgerichts vom 26. Februar 2008 (- 1 BvR 1606/07 u.a. - NJW 2008, 1793 ff.) revisionsrechtlicher Überprüfung im Ergebnis stand. Der Text des von den Parteien nicht beanstandeten Artikels, den die angegriffene Aufnahme bebildert hat, gestattete die Veröffentlichung des Bildnisses der Klägerin auch ohne deren Einwilligung.

1. Allerdings kann der Ansicht des Berufungsgerichts, die Klägerin habe auch ohne Einwilligung hinzunehmen, dass die streitgegenständliche Aufnahme verbreitet werde, in dieser Allgemeinheit nicht gefolgt werden. Diese Auffassung wird nicht in jeder Hinsicht dem abgestuften Schutzkonzept gerecht, das die Rechtsprechung aus §§ 22, 23 KUG entwickelt hat. Der erkennende Senat hat dieses Schutzkonzept in mehreren neuen Entscheidungen erläutert (vgl. etwa Urteile vom 19. Oktober 2004 - VI ZR 292/03 - VersR 2005, 84 ff.; vom 15. November 2005 - VI ZR 286/04 - VersR 2006, 274 ff.; vom 6. März 2007 - VI ZR 51/06 -

VersR 2007, 957 ff.; vom 3. Juli 2007 - VI ZR 164/06 - VersR 2007, 1283 ff.). Verfassungsrechtliche Beanstandungen haben sich insoweit nicht ergeben (vgl. BVerfG, Beschluss vom 26. Februar 2008 - 1 BvR 1606/07 u.a. - NJW 2008, 1793 ff.).

Nach diesem abgestuften Schutzkonzept dürfen Bildnisse einer Person grundsätzlich nur mit Einwilligung des Abgebildeten verbreitet werden (§ 22 KUG); hiervon macht § 23 Abs. 1 KUG eine Ausnahme, wenn es sich um Bildnisse aus dem Bereich der Zeitgeschichte handelt. Auch bei Personen, die unter dem Blickwinkel des zeitgeschichtlichen Ereignisses im Sinn des § 23 Abs. 1 Nr. 1 KUG an sich ohne ihre Einwilligung die Verbreitung ihres Bildnisses dulden müssten, ist eine Verbreitung der Abbildung unabhängig davon, ob sie sich an Orten der Abgeschiedenheit aufgehalten haben, aber dann nicht zulässig, wenn hierdurch berechtigte Interessen des Abgebildeten verletzt werden (§ 23 Abs. 2 KUG).

Maßgebend für die Frage, ob es sich um ein Bildnis aus dem Bereich der Zeitgeschichte handelt, ist der Begriff des Zeitgeschehens. Dieser Begriff darf nicht zu eng verstanden werden. Im Hinblick auf den Informationsbedarf der Öffentlichkeit umfasst er nicht nur Vorgänge von historisch-politischer Bedeutung, sondern ganz allgemein das Zeitgeschehen, also alle Fragen von allgemeinem gesellschaftlichem Interesse. Er wird mithin vom Interesse der Öffentlichkeit bestimmt. Auch durch unterhaltende Beiträge kann Meinungsbildung stattfinden; solche Beiträge können die Meinungsbildung unter Umständen sogar nachhaltiger anregen und beeinflussen als sachbezogene Informationen (vgl. Senat, Urteile vom 9. Dezember 2003 - VI ZR 373/02 - VersR 2004, 522, 523 - mit Anmerkung v. Gerlach JZ 2004, 625 - und vom 6. März 2007 - VI ZR 51/06 - aaO S. 957, 958; BVerfG, BVerfGE 101, 361, 389 f.; NJW 2006, 2836, 2837). Das Informationsinteresse besteht indes nicht schrankenlos. Vielmehr wird der Einbruch in die persönliche Sphäre des Abgebildeten durch den Grundsatz der Verhältnismäßigkeit begrenzt, so dass eine Berichterstattung keineswegs immer zulässig ist. Wo konkret die Grenze für das berechtigte Informationsinteresse der Öffentlichkeit an der aktuellen Berichterstattung zu ziehen ist, lässt sich nur unter Berücksichtigung der jeweiligen Umstände des Einzelfalles entscheiden.

Zum Kern der Presse- und der Meinungsbildungsfreiheit gehört, dass die Presse in den gesetzlichen Grenzen einen ausreichenden Spielraum besitzt, innerhalb dessen sie nach ihren publizistischen Kriterien entscheiden kann, was sie des öffentlichen Interesses für wert hält, und dass sich im Meinungsbildungsprozess herausstellt, was eine Angelegenheit von öffentlichem Interesse ist (Senat, Urteile vom 15. November 2005 - VI ZR 286/04 - aaO, 275; vom 6. März 2007 - VI ZR 51/06 - aaO, 957 f.; BVerfG, BVerfGE 101, 361, 392; Europäischer Gerichtshof für Menschenrechte (künftig: EGMR), Urteil vom 16. November 2004, Beschwerde-Nr. 53678/00, Karhuvaara und Iltalehti gegen Finnland, NJW 2006, 591, 592 f., §§ 38 ff.). Der EGMR hat in seinem Urteil vom 24. Juni 2004 (Beschwerde-Nr.

59320/00, von Hannover gegen Deutschland, NJW 2004, 2647, 2649 f., §§ 58, 60, 63) die Bedeutung der Pressefreiheit unter Hinweis auf Art. 10 EMRK hervorgehoben und ausgeführt, dass die Presse in einer demokratischen Gesellschaft eine wesentliche Rolle spiele und es ihre Aufgabe sei, Informationen und Ideen zu allen Fragen von Allgemeininteresse weiterzugeben. Das steht auch mit dem oben dargelegten Begriff der Zeitgeschichte in Einklang.

a) Die Vorschrift des § 23 Abs. 1 KUG nimmt nach Sinn und Zweck der Regelung und nach der Intention des Gesetzgebers in Ausnahme von dem Einwilligungserfordernis des § 22 KUG Rücksicht auf das Informationsinteresse der Allgemeinheit und auf die Pressefreiheit. Die Anwendung des § 23 Abs. 1 KUG erfordert hiernach eine Abwägung zwischen den Rechten der Abgebildeten nach Art. 8 Abs. 1 EMRK und Art. 1 Abs. 1, 2 Abs. 1 GG einerseits und den Rechten der Presse aus Art. 10 Abs. 1 EMRK und Art. 5 Abs. 1 GG andererseits. Die Grundrechte der Pressefreiheit (Art. 5 Abs. 1 GG) und des Schutzes der Persönlichkeit (Art. 1 Abs. 1, 2 Abs. 1 GG) sind ihrerseits nicht vorbehaltlos gewährleistet.
Die Pressefreiheit findet ihre Schranken nach Art. 5 Abs. 2 GG in den allgemeinen Gesetzen. Zu diesen zählen u.a. die §§ 22 f. KUG und auch Art. 8 EMRK. Die in §§ 22 ff. KUG enthaltenen Regelungen sowie die von Art. 10 EMRK verbürgte Äußerungsfreiheit beschränken zugleich als Bestandteile der verfassungsmäßigen Ordnung gemäß Art. 2 Abs. 1 GG den Persönlichkeitsschutz. Die Auslegung und Anwendung solcher Schrankenregelungen und ihre abwägende Zuordnung zueinander durch die Gerichte hat der interpretationsleitenden Bedeutung der von der Schrankenregelung bestimmten Grundrechtsposition Rechnung zu tragen sowie die entsprechenden Gewährleistungen der europäischen Menschenrechtskonvention zu berücksichtigen. Hierbei ist zu beachten, dass bei der Bestimmung der Reichweite des durch Art. 8 Abs. 1 EMRK dem privaten Leben des Einzelnen gewährten Schutzes der situationsbezogene Umfang der berechtigten Privatheitserwartungen des Einzelnen zu berücksichtigen ist (vgl. BVerfG, Beschluss vom 21. August 2006 - 1 BvR 2606/04 u.a. - NJW 2006, 3406, 3408); auch kann die Gewährleistung des Art. 8 Abs. 1 EMRK einen Anspruch auf Schutz durch die staatlichen Gerichte vor Veröffentlichung von Bildnissen des Einzelnen aus seinem Alltagsleben einschließen (vgl. EGMR, Urteil vom 24. Juni 2004, Beschwerde-Nr. 59320/00, von Hannover gegen Deutschland, §§ 50 ff., aaO, 2648). Über die Reichweite dieses Schutzes ist im konkreten Fall durch Berücksichtigung der von Art. 5 Abs. 1 Satz 2 GG und Art. 10 Abs. 1 EMRK gewährleisteten Äußerungsfreiheit und ihrer in Art. 10 Abs. 2 EMRK geregelten Schranken ebenfalls im Wege der Abwägung zu entscheiden (vgl. EGMR, Beschluss vom 14. Juni 2005, Beschwerde-Nr. 14991/02, Minelli gegen Schweiz; Urteil vom 17. Oktober 2006, Beschwerde-Nr. 71678/01, Gourguenidze gegen Georgien, §§ 38 ff.).

Das Grundrecht auf Schutz der Persönlichkeit unterliegt der Schrankenregelung des Art. 2 Abs. 1 Halbs. 2 GG. Schranken sind neben den Grundrechten wie Art. 5 Abs. 1 GG insbesondere die Vorschriften über die Veröffentlichung fotografischer Abbildungen von Personen in §§ 22 ff. KUG mit dem erwähnten abgestuften

Schutzkonzept, das sowohl dem Schutzbedürfnis der abgebildeten Person wie den von den Medien wahrgenommenen Informationsinteressen der Allgemeinheit Rechnung trägt (vgl. BVerfG, BVerfGE 35, 202, 224 f.; 101, 361, 387; Beschluss vom 26. Februar 2008 - 1 BvR 1606/07 u.a. - aaO, 1795). Daneben beschränkt die in Art. 10 EMRK verbürgte Freiheit der Äußerung und Verbreitung sowie des Empfangs von Meinungen unter Einschluss von Informationen den Schutz der Persönlichkeit. Der Schutz des Art. 10 Abs. 1 EMRK schließt insbesondere auch die Veröffentlichung von Fotoaufnahmen zur Bebilderung der Medienberichterstattung ein (vgl. BVerfG, Beschluss vom 26. Februar 2008 - 1 BvR 1606/07 u.a. - aaO, 1795; EGMR, Urteile vom 14. Dezember 2006, Beschwerde-Nr. 10520/02, Verlagsgruppe News GmbH gegen Österreich Nr. 2, § 29; vom 24. Juni 2004, Beschwerde-Nr. 59320/00, von Hannover gegen Deutschland, § 59, aaO, 2649). Über die Zulässigkeit von Beschränkungen dieses Rechts durch Maßnahmen der staatlichen Gerichte zum Schutz des Privatlebens des Abgebildeten ist nach der Rechtsprechung des EGMR gleichfalls im Wege einer Abwägung mit dem in Art. 8 EMRK verbürgten Anspruch auf Achtung des Privatlebens zu entscheiden (vgl. BVerfG, Beschluss vom 26. Februar 2008 - 1 BvR 1606/07 u.a. - aaO, 1795; EGMR, Urteil vom 17. Oktober 2006, Beschwerde-Nr. 71678/01, Gourguenidze gegen Georgien, § 37 f. m.w.N.). Bei der Abwägung mit kollidierenden Rechtsgütern unter Berücksichtigung der von Art. 5 Abs. 1 GG verbürgten Vermutung für die Zulässigkeit einer Berichterstattung der Presse, die zur Bildung der öffentlichen Meinung beitragen soll (vgl. BVerfGE 20, 162, 177; Beschluss vom 26. Februar 2008 - 1 BvR 1606/07 u.a. - aaO, 1796), ist der von Art. 10 Abs. 1 EMRK verbürgten Äußerungsfreiheit ein besonderes Gewicht dort beizumessen, wo die Berichterstattung der Presse einen Beitrag zu Fragen von allgemeinem Interesse leistet (vgl. BVerfG, Beschluss vom 26. Februar 2008 - 1 BvR 1606/07 u.a. - aaO, 1796; EGMR, Urteil vom 16. November 2004, Beschwerde-Nr. 53678/00, Karhuvaara und Iltalehti gegen Finnland, § 40; Urteil vom 1. März 2007, Beschwerde-Nr. 510/04, Tønsbergs Blad u.a. gegen Norwegen, § 82).

Die Garantie der Pressefreiheit dient nicht allein den subjektiven Rechten der Presse, sondern in gleicher Weise auch dem Schutz des Prozesses öffentlicher Meinungsbildung und damit der Meinungsbildungsfreiheit der Bürger. Äußerungen in der und durch die Presse wollen in der Regel zur Bildung der öffentlichen Meinung beitragen und haben daher zunächst die Vermutung der Zulässigkeit für sich, auch wenn sie die Rechtssphäre anderer berühren (vgl. BVerfG, BVerfGE 20, 162, 177; 66, 116, 133; 77, 346, 354). Nach der Rechtsprechung des EGMR besteht nur wenig Spielraum, die Gewährleistung des Art. 10 Abs. 1 EMRK zurücktreten zu lassen, falls eine Medienberichterstattung einen Bezug zu einer Sachdebatte von allgemeinem Interesse aufweist (vgl. EGMR, Urteile vom 22. Oktober 2007, Beschwerde-Nr. 21279/02 u.a., Lindon u.a. gegen Frankreich, § 45; vom 17. Dezember 2004, Beschwerde-Nr. 49017/99, Pedersen und Baadsgaard gegen Dänemark, § 68 f.). Art. 5 Abs. 1 GG gebietet allerdings nicht, generell zu unterstellen, dass mit jeder visuellen Darstellung aus dem Privat- und Alltagsleben prominenter Personen ein Beitrag zur Meinungsbildung verbunden sei, der es für sich allein rechtfertigte, die Belange des Persönlichkeitsschutzes zurückzustellen.

b) Nach diesen Grundsätzen wird die Reichweite des Schutzes des Rechts am eigenen Bild davon beeinflusst, ob eine Information in die breite Öffentlichkeit der Massenmedien überführt wird und damit nicht auf einen engen Personenkreis begrenzt bleibt. Andererseits wird das Gewicht der das Persönlichkeitsrecht gegebenenfalls beschränkenden Pressefreiheit davon beeinflusst, ob die Berichterstattung eine Angelegenheit betrifft, welche die Öffentlichkeit wesentlich berührt (vgl. BVerfG, BVerfGE 7, 198, 212; Beschluss vom 24. Januar 2006 - 1 BvR 2602/05 - NJW 2006, 1865; EGMR, Urteil vom 17. Oktober 2006, Beschwerde-Nr. 71678/01, Gourguenidze gegen Georgien, § 55). Mit der Entscheidung, ein Bild einer Person abzudrucken und in den Kontext eines bestimmten Berichts zu rücken, nutzen die Medien ihre grundrechtlich geschützte Befugnis, selbst zu entscheiden, was sie für berichtenswert halten. Dabei haben sie jedoch den Persönlichkeitsschutz Betroffener zu berücksichtigen.

Wie das Bundesverfassungsgericht in seinem Beschluss vom 26. Februar 2008 (- 1 BvR 1606/07 u.a. - aaO, 1796) dargelegt hat, können prominente Personen der Allgemeinheit Möglichkeiten der Orientierung bei eigenen Lebensentwürfen bieten sowie Leitbild- oder Kontrastfunktionen erfüllen. Auch die Normalität ihres Alltagslebens kann der Meinungsbildung zu Fragen von allgemeinem Interesse dienen (so bereits BVerfGE 101, 361, 391). Das gilt auch für unterhaltende Beiträge als einen wesentlichen Bestandteil der Medienbetätigung, der durch die Pressefreiheit geschützt wird, zumal der publizistische und wirtschaftliche Erfolg der Presse auf unterhaltende Inhalte und entsprechende Abbildungen angewiesen sein kann und die Bedeutung visueller Darstellungen beträchtlich zugenommen hat. Hiernach gilt die Pressefreiheit auch für unterhaltende Beiträge über das Privat- oder Alltagsleben von Prominenten und ihres sozialen Umfelds einschließlich ihnen nahestehender Personen. Allerdings bedarf es gerade bei unterhaltenden Inhalten in besonderem Maß der abwägenden Berücksichtigung der kollidierenden Rechtspositionen der Betroffenen.

Für die Abwägung zwischen der Pressefreiheit und dem Persönlichkeitsrecht des Betroffenen ist von maßgeblicher Bedeutung, ob die Presse im konkreten Fall eine Angelegenheit von öffentlichem Interesse ernsthaft und sachbezogen erörtert, damit den Informationsanspruch des Publikums erfüllt und zur Bildung der öffentlichen Meinung beiträgt oder ob sie lediglich die Neugier der Leser nach privaten Angelegenheiten prominenter Personen befriedigt (vgl. BVerfG, BVerfGE 34, 269, 283; 101, 361, 391).

Insoweit hat das BVerfG (Beschluss vom 26. Februar 2008 - 1 BvR 1606/07 u.a. - aaO, 1796) hervorgehoben, dass das Selbstbestimmungsrecht der Presse nicht auch die Entscheidung erfasst, wie das Informationsinteresse zu gewichten ist, sondern diese Gewichtung zum Zweck der Abwägung mit gegenläufigen Interessen der Betroffenen vielmehr im Fall eines Rechtsstreits den Gerichten obliegt. Diese haben allerdings im Hinblick auf das Zensurverbot des Art. 5 Abs. 1 Satz 3 GG von einer inhaltlichen Bewertung - etwa als wertvoll oder wertlos, seriös oder unseriös o.ä. - abzusehen und sind auf die Prüfung beschränkt, in welchem Ausmaß der Bericht einen Beitrag für die öffentliche Meinungsbildung erbringen kann.

c) Der Informationswert einer Bildberichterstattung ist, soweit das Bild nicht schon als solches eine für die öffentliche Meinungsbildung bedeutsame Aussage enthält, im Kontext der dazugehörenden Wortberichterstattung zu ermitteln. Bilder können Wortberichte ergänzen und dabei der Erweiterung des Aussagegehalts dienen, etwa die Authentizität des Geschilderten unterstreichen. Auch können beigefügte Bilder der an dem berichteten Geschehen beteiligten Personen die Aufmerksamkeit des Lesers für den Wortbericht wecken (vgl. Senat, BGHZ 158, 218, 223; Urteil vom 19. Oktober 2004 - VI ZR 292/03 - NJW 2005, 594, 595 f.). Beschränkt sich der begleitende Bericht allerdings darauf, lediglich einen Anlass für die Abbildung prominenter Personen zu schaffen, ohne dass die Berichterstattung einen Beitrag zur öffentlichen Meinungsbildung erkennen lässt (vgl. hierzu das Urteil des erkennenden Senats vom heutigen Tag - VI ZR 243/06), ist es nicht angezeigt, dem Veröffentlichungsinteresse den Vorrang vor dem Persönlichkeitsschutz einzuräumen.

d) Daneben sind bei einer Bildberichterstattung für die Gewichtung der Belange des Persönlichkeitsschutzes auch der Anlass und die Umstände zu berücksichtigen, unter denen die Aufnahme entstanden ist, etwa unter Ausnutzung von Heimlichkeit oder beharrlicher Nachstellung. Auch ist bedeutsam, in welcher Situation der Betroffene erfasst und wie er dargestellt wird. Die Beeinträchtigung des Persönlichkeitsrechts wiegt schwerer, wenn die visuelle Darstellung durch Ausbreitung von üblicherweise öffentlicher Erörterung entzogenen Einzelheiten des privaten Lebens thematisch die Privatsphäre berührt oder wenn der Betroffene nach den Umständen typischer Weise die berechtigte Erwartung haben durfte, nicht in den Medien abgebildet zu werden. Das kann nicht nur bei einer durch räumliche Privatheit geprägten Situation, sondern außerhalb örtlicher Abgeschiedenheit auch in Momenten der Entspannung oder des Sich-Gehen-Lassens außerhalb der Einbindung in die Pflichten des Berufs und des Alltags der Fall sein.

2. a) Diese Grundsätze sind auf die Klägerin anzuwenden, da sie, wie das Bundesverfassungsgericht in seinem Beschluss vom 26. Februar 2008 (- 1 BvR 1606/07 u.a. - aaO, 1800) ausgeführt hat, auch nach der Einschätzung des EGMR als Person des öffentlichen Interesses anzusehen ist ("personnage public / public figure" in Abgrenzung zur "personnalité politique / politician" einerseits und "personne ordinaire / ordinary person" andererseits, vgl. EGMR, Urteile vom 11. Januar 2005, Beschwerde-Nr. 50774/99, Sciacca gegen Italien, §§ 27 ff.; vom 17. Oktober 2006 - Beschwerde-Nr. 71678/01, Gourguenidze gegen Georgien, § 55). Diese Einstufung hat nach den Ausführungen des Bundesverfassungsgerichts zur Folge, dass über eine solche Person in größerem Umfang berichtet werden darf als über andere Personen, wenn die Information einen hinreichenden Nachrichtenwert mit

Orientierungsfunktion im Hinblick auf eine die Allgemeinheit interessierende Sachdebatte hat und die Abwägung keine schwerwiegenden Interessen des Betroffenen ergibt, die einer Veröffentlichung entgegenstehen.

b) Für den Streitfall führt das zu folgender Abwägung:

Die beanstandete Aufnahme ist ohne Einwilligung der Klägerin veröffentlicht worden. Die Bildberichterstattung als solche betrifft keine Angelegenheit, welche die Öffentlichkeit wesentlich berührt (vgl. EGMR, Urteil vom 17. Oktober 2006 - Beschwerde-Nr. 71678/01, Gourguenidze gegen Georgien, § 55). Die Aufnahme zeigt nach ihrer Überschrift die Klägerin zusammen mit ihrem Ehemann in der Öffentlichkeit "in Urlaubslaune", ohne dass der Abbildung allein ein weitergehender Inhalt oder Anhaltspunkte für einen erhöhten Schutzbedarf der Klägerin zu entnehmen wären. Es ist auch von der Beklagten nicht geltend gemacht oder sonst ersichtlich, dass die Aufnahme, welche nicht über die Abbildung eines Ausschnitts aus der Normalität des Alltagslebens im Urlaub der prominenten Klägerin hinausgeht, aus sich heraus der Meinungsbildung zu Fragen von allgemeinem Interesse dienen könnte.

c) Gleichwohl führt der in der beanstandeten Veröffentlichung einer Aufnahme der Klägerin "in Urlaubslaune" enthaltene Eingriff der Beklagten in die Privatsphäre unter den Umständen des Streitfalls nicht dazu, dass das Recht des beklagten Presseverlags auf Meinungsäußerung und Meinungsbildung zurücktreten müsste.
Die Aufnahme der Klägerin und ihres Ehemannes bebildert eine Wortberichterstattung, welche sich hauptsächlich damit befasst, dass dem Ehemann eine Ferienvilla in Lamu/Kenia gehört, wie diese gelegen und wie sie ausgestattet ist. Der - von der Klägerin nicht angegriffene - Artikel teilt mit, dass die Villa, in welcher die Klägerin und ihr Ehemann lediglich einmal im Jahr Urlaub machten, für 1.000 Dollar/Tag gemietet werden könne, Bedienungspersonal inbegriffen.
Neben weiteren Einzelheiten enthält der Bericht den hervorgehobenen Hinweis, "Auch die Reichen und Schönen sind sparsam. Viele vermieten ihre Villen an zahlende Gäste". Zusätzlich werden einige Hollywoodstars und Angehörige von Adelshäusern genannt, die "einen Hang zu ökonomischem Denken entwickelt" hätten und ebenfalls ihre Feriendomizile vermieteten, wenn sie diese nicht selbst nutzten. Hierdurch werden den Lesern der Zeitschrift Informationen über veränderte Verhaltensweisen einer kleinen Schicht von reichen Prominenten gegeben, die im Zentrum öffentlicher Aufmerksamkeit stehen und von daher Leitbild- oder Kontrastfunktionen für große Teile der Bevölkerung haben können. Wie das Bundesverfassungsgericht (Beschluss vom 26. Februar 2008 - 1 BvR 1606/07 - aaO, 1800 f.) dargelegt hat, kann die geschilderte Verhaltensweise in einer demokratischen Gesellschaft Anlass zu einer die Allgemeinheit interessierenden Sachdebatte geben und es grundsätzlich auch rechtfertigen, den in dem Beitrag erwähnten prominenten Vermieter des Anwesens und die Klägerin als seine Ehefrau in einem

kontextgerechten Bild darzustellen. Eine solche Bedeutung des Beitrags liegt schon deshalb nahe, weil die entsprechende Stoßrichtung des Berichts mit Fettdruck und durch die zentrale Anordnung der beiden Kernsätze ("Auch die Reichen und Schönen sind sparsam. Viele vermieten ihre Villen an zahlende Gäste") im Druck besonders herausgestellt und im Fließtext wiederholt wird. Wie das Bundesverfassungsgericht aaO ausgeführt hat, kann ein derartiger Bericht Anlass für sozialkritische Überlegungen der Leser auch einer solchen Zeitschrift sein und damit eine die Allgemeinheit interessierende Sachdebatte über das ökonomische Denken derjenigen "Reichen und Schönen" anstoßen, die eine Ferienvilla für 1.000 Dollar/Tag einschließlich Personal vermieten oder mieten können, wobei auch die Möglichkeit besteht, dass die Leser über den Sinn einer solchen Mitteilung in dieser Zeitschrift nachdenken sowie als mündige Bürger ihr eigenes Konsumverhalten überdenken. Insoweit reicht bereits die Möglichkeit aus, dass der Beitrag der Meinungsbildung zu Fragen von allgemeinem Interesse dienen kann (vgl. BVerfG, Beschluss vom 26. Februar 2008, aaO; EGMR, Urteile vom 16. November 2004, Beschwerde-Nr. 53678/00, Karhuvaara und Iltalehti gegen Finnland, § 40; vom 1. März 2007, Beschwerde-Nr. 510/04, Tønsbergs Blad u.a. gegen Norwegen, § 82). Da mithin durch die Wortberichterstattung Anlass für eine die Allgemeinheit interessierende Sachdebatte geschaffen werden kann, ist ihre Bebilderung durch die (einzige) Aufnahme der Klägerin nicht zu beanstanden. Diese Abbildung ist für sich genommen nicht beeinträchtigend. Die Klägerin hat auch nicht geltend gemacht, dass sie etwa heimlich oder in belästigender Weise zustande gekommen sei, und auch keine anderen Gesichtspunkte vorgetragen, die im Rahmen des abgestuften Schutzkonzepts einer Veröffentlichung entgegenstehen könnten, auch wenn diese ohne ihre Einwilligung erfolgt ist. Dies gilt nach der Rechtsprechung des Bundesverfassungsgerichts (vgl. BVerfG, Beschluss vom 26. Februar 2008 - 1 BvR 1606/07 u.a. - aaO, 1796 f.), auch dann, wenn die Aufnahme aus anderem Anlass entstanden ist.

Die Revision der Klägerin ist daher mit der Kostenfolge aus § 97 Abs. 1 ZPO zurückzuweisen.

Entscheidungsdatum: 14.10.2008
Aktenzeichen: VI ZR 272/06
Normen: § 823 Abs 2 BGB, § 1004 Abs 1 S 2 BGB, Art 1 Abs 1 GG, Art 2 Abs 1 GG, Art 5 Abs 1 GG
Allgemeines Persönlichkeitsrecht: Privatsphäre einer Person des öffentlichen Interesses

Leitsatz

Zur Privatsphäre auch einer Person des öffentlichen Interesses gehört grundsätzlich die eigene Erkrankung; Ausnahmen können bei einem besonderen Personen-

kreis wie beispielsweise wichtigen Politikern, Wirtschaftsführern oder Staatsoberhäuptern bestehen.

Tenor

Die Revision gegen das Urteil des 7. Zivilsenats des Hanseatischen Oberlandesgerichts Hamburg vom 21. November 2006 wird auf Kosten der Beklagten zurückgewiesen.

Von Rechts wegen

Tatbestand

Der Kläger begehrt mit seiner Klage Unterlassung der erneuten Veröffentlichung
eines Fotos, welches im Rahmen eines Beitrags mit der Überschrift "Caroline -
was wird jetzt aus ihr? Sie weinte am Grab ihres Vaters. Sie weint am Bett ihres
Mannes. Und Monaco macht sich Sorgen um sie" in der von der Beklagten verlegten Zeitschrift NEUE REVUE Nr. 17/05 vom 20. April 2005 erschienen ist.
Auf dem Bild sitzen der Kläger und seine Ehefrau auf der Terrasse eines Hotels
vor mehreren leeren Gläsern am Tisch. Sie hebt eine Flasche an. Die Bildnebenschrift lautet: "2003, Zürs am Arlberg, Sonnenterrasse, ca. 13 Uhr. Die Gläser sind
leer. Caroline prüft, ob in der Flasche noch Wein ist." Der mit der Aufnahme eingeleitete Bericht befasst sich damit, dass der Kläger "wie im Rausch" lebe. Eine
Überschrift in Fettdruck lautet: "Weißwein in der Strandbar. Rotwein im Sporthotel. Und zur Entgiftung nach Meran". Der Kläger sei mit seiner Frau vor fünf Jahren in einer Entgiftungsklinik P. an der Mosel gewesen. Seine lebensgefährliche
Bauchspeicheldrüsenentzündung habe zur Krankenhauseinweisung geführt und
zur Folge, dass er nie wieder trinken dürfe. Hervorgehoben ist: "Ärzte warnen:
Kein Tropfen Alkohol mehr für Prinz Ernst August, sonst ..."

Die Klage hatte in beiden Tatsacheninstanzen Erfolg. Mit der vom Berufungsgericht zugelassenen Revision verfolgt die Beklagte ihr Ziel einer Klageabweisung
weiter.

Entscheidungsgründe

I. Das Berufungsgericht hat zur Begründung seines Urteils im Wesentlichen ausgeführt, dem Kläger stehe ein Anspruch aus §§ 823 Abs. 2, 1004 Abs. 1 Satz 2
BGB in Verbindung mit §§ 22, 23 KUG zu. Es könne unterstellt werden, dass der
Kläger die Veröffentlichung eines neutralen oder kontextkonformen Bildes auch
ohne Einwilligung hinnehmen müsse, weil seine schwere Erkrankung, die Anlass
für die Veröffentlichung gewesen sei, als zeitgeschichtliches Ereignis anzusehen
sei. Auch sei er Begleiter seiner Ehefrau, einer so genannten absoluten Person der

Zeitgeschichte gewesen. Die Veröffentlichung verletze jedoch die schutzwürdige Privatsphäre des Klägers (§ 23 Abs. 2 KUG).

Bei der Frage, in welchem Umfang einer in der Öffentlichkeit stehenden Person Schutz vor der Veröffentlichung von Bildnissen zuzubilligen sei, sei abzuwägen zwischen dem Persönlichkeitsrecht des Betroffenen einerseits und dem Informationsinteresse der Allgemeinheit sowie der Pressefreiheit auf der anderen Seite. Dabei sei insbesondere der Schutzumfang von Art. 8 EMRK in der Bestimmung durch die Entscheidung des Europäischen Gerichtshofs für Menschenrechte (künftig: EGMR) vom 24. Juni 2004 zu beachten. Vorliegend sei davon auszugehen, dass sich der Kläger nicht an einem belebten Ort unter vielen Menschen aufgehalten habe, als das beanstandete Bild aufgenommen worden sei. Auf dem Foto seien außer dem Kläger und seiner Ehefrau keine weiteren Personen zu sehen. Ob auf der Aufnahme, aus der das veröffentlichte Bild ausgeschnitten worden sei, eine weitere Person abgebildet sei, sei nicht sicher zu erkennen; sie lasse jedenfalls nicht den Schluss zu, der Kläger habe sich an einem belebten Ort unter vielen Personen befunden. Dass der Tisch des Ehepaars von der öffentlichen Straße aus einsehbar sei, sei nicht substantiiert vorgetragen und auch nur von Bedeutung, wenn sich auf dieser Straße viele Menschen aufhielten. Die Beklagte habe im Einzelnen vortragen müssen, wie die Sichtverhältnisse bei Entstehung der Aufnahme gewesen seien.

Bei Beachtung der vom EGMR in der genannten Entscheidung aufgestellten Grundsätze für die Abwägung der gegensätzlichen Interessen greife die Veröffentlichung der Aufnahme rechtswidrig in das Recht des Klägers am eigenen Bild ein. Ein Unterhaltungsinteresse der Leser der Zeitschrift NEUE REVUE an Leben, Feriengestaltung und Konsumverhalten des Klägers und seiner Ehefrau rechtfertige nicht die erhebliche Einschränkung des Klägers, wenn er in offensichtlich privaten Lebensbereichen abseits der breiten Öffentlichkeit die Erstellung und Veröffentlichung von Fotos ohne seine Einwilligung hinnehmen müsste. Anderes ergebe sich nicht daraus, dass sich der bebilderte Bericht mit der lebensgefährlichen Erkrankung des Klägers befasse.

Die Wortberichterstattung sei möglicherweise mit Rücksicht auf das nach der Veröffentlichung der beanstandeten Aufnahme vom Kläger der in Österreich erscheinenden "Kleine Zeitung" zu seiner Erkrankung und zu seinem Alkoholkonsum gegebene Interview gerechtfertigt. Das schließe jedoch nicht die beanstandete Aufnahme ein, die unter Eingriff in die Privatsphäre entstanden sei. Die Abwägung der widerstreitenden Interessen führe zu einem Vorrang des Privatsphärenschutzes. Das Interview führe auch nicht dazu, dass der Kläger den Schutz seiner Privatsphäre in Bezug auf eine Berichterstattung über in der Vergangenheit liegende private Treffen verloren oder in entsprechende Bildveröffentlichungen eingewilligt habe.

II. Diese Beurteilung des Berufungsgerichts hält revisionsrechtlicher Nachprüfung im Ergebnis stand.

1. Der erkennende Senat hat nach Erlass des Berufungsurteils in mehreren Entscheidungen zum abgestuften Schutzkonzept der §§ 22, 23 KUG bei Bildveröffentlichungen von "Prominenten" unter Berücksichtigung der Rechtsprechung des EGMR und des Bundesverfassungsgerichts Stellung genommen (vgl. Senat, BGHZ 174, 262 ff.; Urteile vom 19. Oktober 2004 - VI ZR 292/03 - VersR 2005, 84 ff.; vom 15. November 2005 - VI ZR 286/04 - VersR 2006, 274 ff.; vom 6. März 2007 - VI ZR 13/06 - VersR 2007, 697, 698 f. und - VI ZR 51/06 - NJW 2007, 1977 ff.; vom 19. Juni 2007 - VI ZR 12/06 - VersR 2007, 1135 ff.; vom 3. Juli 2007 - VI ZR 164/06 - VersR 2007, 1283 ff.; vom 13. November 2007 - VI ZR 269/06 - NJW 2008, 1593 ff.; vom 24. Juni 2008 - VI ZR 156/06 - VersR 2008, 1268 ff.; vom 1. Juli 2008 - VI ZR 67/08 - WRP 2008, 1367 ff. und - VI ZR 243/06 - WRP 2008, 1363 ff.). Verfassungsrechtliche Beanstandungen haben sich insoweit nicht ergeben (vgl. BVerfG, Beschluss vom 26. Februar 2008 - 1 BvR 1602/07 u.a. - NJW 2008, 1793 ff.).

Nach diesem abgestuften Schutzkonzept dürfen Bildnisse einer Person grundsätzlich nur mit Einwilligung des Abgebildeten verbreitet werden (§ 22 KUG); hiervon macht § 23 Abs. 1 Nr. 1 KUG eine Ausnahme, wenn es sich um Bildnisse aus dem Bereich der Zeitgeschichte handelt. Auch bei Personen, die unter dem Blickwinkel des zeitgeschichtlichen Ereignisses im Sinn des § 23 Abs. 1 Nr. 1 KUG an sich ohne ihre Einwilligung die Verbreitung ihres Bildnisses dulden müssten, ist die Verbreitung einer Abbildung aber dann nicht zulässig, wenn hierdurch berechtigte Interessen des Abgebildeten verletzt werden (§ 23 Abs. 2 KUG).

Maßgebend für die Frage, ob es sich um ein Bildnis aus dem Bereich der Zeitgeschichte handelt, ist der Begriff des Zeitgeschehens. Dieser Begriff darf nicht zu eng verstanden werden. Im Hinblick auf den Informationsbedarf der Öffentlichkeit umfasst er nicht nur Vorgänge von historisch-politischer Bedeutung, sondern ganz allgemein das Zeitgeschehen, also alle Fragen von allgemeinem gesellschaftlichem Interesse. Er wird mithin vom Interesse der Öffentlichkeit bestimmt. Das Informationsinteresse besteht indes nicht schrankenlos. Vielmehr wird der Einbruch in die persönliche Sphäre des Abgebildeten durch den Grundsatz der Verhältnismäßigkeit begrenzt, so dass eine Berichterstattung keineswegs immer zulässig ist. Wo konkret die Grenze für das berechtigte Informationsinteresse der Öffentlichkeit an der aktuellen Berichterstattung zu ziehen ist, lässt sich nur unter Berücksichtigung der jeweiligen Umstände des Einzelfalls entscheiden.

Zum Kern der Presse- und der Meinungsbildungsfreiheit gehört, dass die Presse in den gesetzlichen Grenzen einen ausreichenden Spielraum besitzt, innerhalb dessen sie nach ihren publizistischen Kriterien entscheiden kann, was sie des öffent-

lichen Interesses für wert hält, und dass sich im Meinungsbildungsprozess herausstellt, was eine Angelegenheit von öffentlichem Interesse ist (vgl. Senat, Urteile
vom 15. November 2005 - VI ZR 286/04 - aaO, 275; vom 6. März 2007 - VI ZR
51/06 - aaO, 1979 f.; BVerfG, BVerfGE 101, 361, 392). Auch der EGMR hat in
seinem Urteil vom 24. Juni 2004 (NJW 2004, 2647, 2649 f., §§ 58, 60, 63) die
Bedeutung der Pressefreiheit unter Hinweis auf Art. 10 EMRK hervorgehoben und
ausgeführt, dass die Presse in einer demokratischen Gesellschaft eine wesentliche
Rolle spiele und es ihre Aufgabe sei, Informationen und Ideen zu allen Fragen von
Allgemeininteresse weiterzugeben. Das steht mit dem oben dargelegten Begriff
der Zeitgeschichte in Einklang.

a) Die Anwendung des § 23 Abs. 1 KUG erfordert hiernach eine Abwägung zwischen den Rechten der Abgebildeten nach Art. 8 Abs. 1 EMRK, Art. 1 Abs. 1, 2
Abs. 1 GG einerseits und den Rechten der Presse aus Art. 10 Abs. 1 EMRK, Art.
5 Abs. 1 GG andererseits. Die Grundrechte der Pressefreiheit (Art. 5 Abs. 1 GG)
und des Schutzes der Persönlichkeit (Art. 1 Abs. 1, 2 Abs. 1 GG) sind ihrerseits
nicht vorbehaltlos gewährleistet und werden von §§ 22 f. KUG sowie Art. 8 und
10 EMRK beeinflusst, wie der Senat schon mehrfach näher ausgeführt hat (vgl.
Urteile vom 1. Juli 2008 - VI ZR 67/08 - aaO und - VI ZR 243/06 - aaO).

b) Die Reichweite des Schutzes des Rechts am eigenen Bild wird davon beeinflusst, ob eine Information in die breite Öffentlichkeit der Massenmedien überführt wird und damit nicht auf einen engen Personenkreis begrenzt bleibt. Andererseits wird das Gewicht der das Persönlichkeitsrecht gegebenenfalls beschränkenden Pressefreiheit davon beeinflusst, ob die Berichterstattung eine Angelegenheit betrifft, welche die Öffentlichkeit wesentlich berührt (vgl. BVerfG, BVerfGE
7, 198, 212; NJW 2006, 1865; EGMR, Urteil vom 17. Oktober 2006, Beschwerde-
Nr. 71678/01, Gourguenidze gegen Georgien, § 55). Mit der Entscheidung, ein
Bild einer Person abzudrucken und in den Kontext eines bestimmten Berichts zu
rücken, nutzen die Medien ihre grundrechtlich geschützte Befugnis, selbst zu entscheiden, was sie für berichtenswert halten. Dabei haben sie jedoch den Persönlichkeitsschutz Betroffener zu berücksichtigen.

Wie das Bundesverfassungsgericht in seinem Beschluss vom 26. Februar 2008 (-
1 BvR 1602/07 u.a. - aaO, 1796) dargelegt hat, können prominente Personen der
Allgemeinheit Möglichkeiten der Orientierung bei eigenen Lebensentwürfen bieten sowie Leitbild- oder Kontrastfunktionen erfüllen. Auch die Normalität ihres
Alltagslebens kann der Meinungsbildung zu Fragen von allgemeinem Interesse
dienen (so bereits BVerfG, BVerfGE 101, 361, 390 f.). Das gilt auch für die Bebilderung unterhaltender Beiträge als einen wesentlichen Bestandteil der Medienbetätigung, der durch die Pressefreiheit geschützt wird, zumal der publizistische
und wirtschaftliche Erfolg der Presse auf unterhaltende Inhalte und entsprechende
Abbildungen angewiesen sein kann und die Bedeutung visueller Darstellungen beträchtlich zugenommen hat. Hiernach gilt die Pressefreiheit auch für unterhaltende

Beiträge über das Privat- oder Alltagsleben von Prominenten und ihres sozialen Umfelds einschließlich ihnen nahestehender Personen. Allerdings bedarf es gerade bei unterhaltenden Inhalten der begleitenden Texte in besonderem Maß einer abwägenden Berücksichtigung der kollidierenden Rechtspositionen der Betroffenen.

Für die Abwägung zwischen der Pressefreiheit und dem Persönlichkeitsrecht des Betroffenen ist von maßgeblicher Bedeutung, ob die Presse im konkreten Fall eine Angelegenheit von öffentlichem Interesse ernsthaft und sachbezogen erörtert, damit den Informationsanspruch des Publikums erfüllt und zur Bildung der öffentlichen Meinung beiträgt oder ob sie lediglich die Neugier der Leser nach privaten Angelegenheiten prominenter Personen befriedigt (vgl. BVerfG, BVerfGE 34, 269, 283; 101, 361, 391). Insoweit hat das Bundesverfassungsgericht im Beschluss vom 26. Februar 2008 aaO hervorgehoben, dass das Selbstbestimmungsrecht der Presse nicht auch die Entscheidung umfasst, wie das Informationsinteresse zu gewichten ist, sondern diese Gewichtung zum Zweck der Abwägung mit gegenläufigen Interessen der Betroffenen vielmehr im Fall eines Rechtsstreits den Gerichten obliegt. Diese haben allerdings im Hinblick auf das Zensurverbot des Art. 5 Abs. 1 Satz 3 GG von einer inhaltlichen Bewertung - etwa als wertvoll oder wertlos, seriös oder unseriös o.ä. - abzusehen und sind auf die Prüfung beschränkt, in welchem Ausmaß der Bericht einen Beitrag für die öffentliche Meinungsbildung erbringen kann.

c) Der Informationswert einer Bildberichterstattung ist, soweit das Bild nicht schon als solches eine für die öffentliche Meinungsbildung bedeutsame Aussage enthält, im Kontext der dazugehörenden Wortberichterstattung zu ermitteln (vgl. Senat, BGHZ 158, 218, 223; Urteil vom 19. Oktober 2004 - VI ZR 292/03 - VersR 2005, 84, 85 f.). Beschränkt sich der begleitende Bericht allerdings darauf, lediglich einen Anlass für die Abbildung prominenter Personen zu schaffen, ohne dass die Berichterstattung einen Beitrag zur öffentlichen Meinungsbildung erkennen lässt (vgl. hierzu das Urteil des erkennenden Senats vom 1. Juli 2008 - VI ZR 243/06 - aaO, 1366), ist es nicht angezeigt, dem Veröffentlichungsinteresse den Vorrang vor dem Persönlichkeitsschutz einzuräumen.

d) Daneben sind bei einer Bildberichterstattung für die Gewichtung der Belange des Persönlichkeitsschutzes auch der Anlass und die zur Darlegungslast der Presse stehenden Umstände (vgl. BVerfG, Beschluss vom 26. Februar 2008 - 1 BvR 1602/07 u.a. - aaO) zu berücksichtigen, unter denen die Aufnahme entstanden ist, etwa unter Ausnutzung von Heimlichkeit oder beharrlicher Nachstellung. Auch ist bedeutsam, in welcher Situation der Betroffene erfasst und wie er dargestellt wird. Die Beeinträchtigung des Persönlichkeitsrechts wiegt schwerer, wenn die visuelle Darstellung durch Ausbreitung von üblicherweise öffentlicher Erörterung entzogenen Einzelheiten des privaten Lebens thematisch die Privatsphäre berührt oder wenn der Betroffene nach den Umständen typischer Weise die berechtigte Erwartung haben durfte, nicht in den Medien abgebildet zu werden. Das kann nicht nur bei einer durch räumliche Privatheit geprägten Situation, sondern außerhalb örtlicher Abgeschiedenheit auch in Momenten der Entspannung oder des Sich-Gehen-Lassens außerhalb der Einbindung in die Pflichten des Berufs und des Alltags der Fall sein.

2. a) Diese Grundsätze sind auf Abbildungen des Klägers anzuwenden, da er als Person des öffentlichen Interesses anzusehen ist ("personnage public / public figure" in Abgrenzung zur "personnalité politique / politician" einerseits und "personne ordinaire / ordinary person" andererseits, vgl. EGMR, Urteile vom 11. Januar 2005, Beschwerde-Nr. 50774/99, Sciacca gegen Italien, §§ 27 ff. und vom 17. Oktober 2006 - Beschwerde-Nr. 71678/01, Gourguenidze gegen Georgien, § 57). Diese Einstufung hat nach den Ausführungen des Bundesverfassungsgerichts zur Folge, dass über eine solche Person in größerem Umfang berichtet werden darf als über andere Personen, wenn die Information einen hinreichenden Nachrichtenwert mit Orientierungsfunktion im Hinblick auf eine die Allgemeinheit interessierende Sachdebatte hat und in die Abwägung keine schwerwiegenden Interessen des Betroffenen einzustellen sind, die einer Veröffentlichung entgegenstehen.

b) Für den Streitfall führt das zu folgender Abwägung:

aa) Das von der Beklagten veröffentlichte Foto zeigt den Kläger mit seiner Ehefrau laut Bildnebenschrift im Jahre 2003 auf einer Sonnenterrasse in Zürs am Arlberg. Das Bild ist unstreitig während des Erholungsaufenthalts der Eheleute entstanden, der auch bei "Prominenten" zum grundsätzlich geschützten Kernbereich der Privatsphäre gehört. Die begleitende Wortberichterstattung betrifft darüber hinaus die schwere Erkrankung des Klägers an einer Entzündung der Bauchspeicheldrüse und lässt anklingen, dass diese durch übermäßigen Alkoholgenuss verursacht sein kann. Sie hat damit jedoch auch bei großzügigem Verständnis keinen Bezug zu einem zeitgeschichtlichen Ereignis, sondern befasst sich ausschließlich mit der Privatsphäre des Klägers. Zu dieser gehört - was allerdings bei einem besonderen Personenkreis wie beispielsweise wichtigen Politikern, Wirtschaftsführern oder Staatsoberhäuptern anders sein kann (vgl. Senat, Urteil vom 6. März 2007 - VI ZR 51/06 - aaO, 1980) - die eigene Erkrankung (vgl. Senat, Urteil vom 5. Dezember 1995 - VI ZR 332/94 - VersR 1996, 339, 340; BVerfGE 32, 373, 379 f.; 101, 361, 382). Selbst wenn unter dem Blickpunkt gesundheitlicher Schäden durch Alkoholmissbrauch ein Informationsinteresse der Öffentlichkeit am Zusammenhang zwischen diesem und Erkrankungen der Bauchspeicheldrüse bejaht werden könnte, steht hier der beanstandeten Veröffentlichung das Interesse des Klägers am Schutz der eigenen Privatsphäre entgegen, zu der auch - mit den oben erwähnten Ausnahmen - der Gesundheitszustand gehört, also sein Interesse am Schutz privater Vorgänge, die einfach - wie das Bundesverfassungsgericht formuliert hat (NJW 2008, 39, 44) - nichts in der Öffentlichkeit zu suchen haben. Daran vermag nach Auffassung des erkennenden Senats auch der Bekanntheitsgrad des Klägers nichts zu ändern, weil es bei seinem Gesundheitszustand um eine höchstpersönliche Angelegenheit geht und nicht ersichtlich ist, weshalb dieser im konkreten Fall von Interesse für die Öffentlichkeit sein könnte (zu möglichen Ausnahmen vgl. Senat, BGHZ 171, 275, 286 f.). Auch der gleichzeitige Tod des Schwiegervaters des Klägers ändert hieran nichts.

Bei dieser Sachlage haben die Rechte der Presse aus Art. 10 EMRK, Art. 5 Abs. 1 GG im Streitfall hinter den Schutz des Persönlichkeitsrechts des Klägers (Art. 8 EMRK, Art. 1 Abs. 1, 2 Abs. 1 GG) zurückzutreten.

bb) Entgegen der Ansicht der Revision ändert sich an diesem Ergebnis nichts dadurch, dass der Kläger sich nach seiner lebensgefährlichen Erkrankung im April 2005, also geraume Zeit nach Entstehen der beanstandeten Aufnahme und zwei Tage nach Erscheinen des mit dieser bebilderten Artikels in Interviews zu seiner Erkrankung geäußert hat.
Zwar kann man sich im Allgemeinen nicht auf ein Recht zur Privatheit hinsichtlich solcher Tatsachen berufen, die man selbst der Öffentlichkeit preisgegeben hat (BVerfG, BVerfGE 101, 361, 385; Senat, Urteile vom 9. Dezember 2003 - VI ZR 373/02 - VersR 2004, 522, 524 und - VI ZR 404/02 - VersR 2004, 525, 526). Der Schutz der Privatsphäre vor öffentlicher Kenntnisnahme entfällt nämlich, soweit sich jemand selbst damit einverstanden zeigt, dass bestimmte, gewöhnlich als privat geltende Angelegenheiten öffentlich gemacht werden; die Erwartung, dass die Öffentlichkeit die Angelegenheiten oder Verhaltensweisen in einem Bereich mit Rückzugsfunktion nur begrenzt oder nicht zur Kenntnis nimmt, muss situationsübergreifend und konsistent zum Ausdruck gebracht werden (BVerfG, BVerfGE 101, 361, 385; Senat, Urteil vom 19. Oktober 2004 - VI ZR 292/03 - VersR 2005, 84, 85 f.). Dies gilt insbesondere für den Bildnisschutz bei Anwendung der §§ 22, 23 KUG.

Das beanstandete Foto stammt indes aus einer Zeit, zu der der Kläger seine Privatsphäre noch nicht preisgegeben hatte und in der seine Veröffentlichung mangels eines berechtigten Informationsinteresses als rechtswidrig anzusehen war. Wer - möglicherweise unter dem tatsächlichen Druck einer bereits erfolgten Berichterstattung - an die Öffentlichkeit tritt, muss nicht hinnehmen, dass eine weitere Berichterstattung über ihn mit Fotos bebildert wird, die der Öffentlichkeit zunächst nur unter Verletzung des Persönlichkeitsrechts zugänglich gemacht werden konnten. Insoweit kann ein überwiegendes Informationsinteresse der Öffentlichkeit nicht bejaht werden. Diesem Interesse kann ausreichend dadurch Rechnung getragen werden, dass zulässig zu veröffentlichendes Bildmaterial verwendet wird (vgl. Senat, Urteil vom 19. Oktober 2004 - VI ZR 292/03 - VersR 2005, 84, 86).

3. Nach allem ist die Revision der Beklagten mit der Kostenfolge aus § 97 Abs. 1 ZPO zurückzuweisen.

Entscheidungsdatum: 14.10.2008
Aktenzeichen: VI ZR 256/06
Normen: § 823 Abs 2 BGB, § 1004 Abs 1 S 2 BGB, Art 1 Abs 1 GG, Art 2 Abs
1 GG, Art 5 Abs 1 GG
Allgemeines Persönlichkeitsrecht: Bebilderung eines Presseartikels über die
Erkrankung einer Person des öffentlichen Interesses

Leitsatz

Interviews einer Person des öffentlichen Interesses können ohne ihre Einwilligung nur ausnahmsweise die Veröffentlichung eines Fotos zur Bebilderung eines Presseartikels über ihre Erkrankung rechtfertigen.

Tenor

Die Revision gegen das Urteil des 7. Zivilsenats des Hanseatischen Oberlandesgerichts Hamburg vom 21. November 2006 wird auf Kosten der Beklagten zurückgewiesen.

Von Rechts wegen

Tatbestand

Der Kläger begehrt mit seiner Klage Unterlassung der erneuten Veröffentlichung eines Fotos, welches einen Beitrag mit der Überschrift "Prinz Ernst August Höllen-Qualen" in der von der Beklagten verlegten Tageszeitung BILD vom 13. April 2005 bebildert hat. Das am 17. Februar 2004 in den Ferien des Klägers auf der Terrasse eines Hotels in Zürs aufgenommene Bild zeigt den Kopf und einen Teil des Oberkörpers des Klägers, während dieser ein Glas zum Mund führt. Die mit der beanstandeten Aufnahme bebilderte Wortberichterstattung befasst sich mit einem Artikel in der französischen Zeitung "Paris Match" über die Einweisung des Klägers in eine Klinik in Monaco wegen einer Entzündung der Bauchspeicheldrüse und gibt eine ärztliche Äußerung zu dieser Erkrankung wieder. Als eine der häufigsten Ursachen dieser Erkrankung wird Alkoholkonsum genannt. Der Artikel endet mit dem Hinweis, dass sich der Zustand des Klägers bessere und seine Ehefrau, die ebenfalls mit einer Aufnahme gezeigt wird, ihn für fast fünf Stunden besucht habe.

Die Klage hatte in beiden Tatsacheninstanzen Erfolg. Mit der vom Berufungsgericht zugelassenen Revision verfolgt die Beklagte ihr Ziel einer Klageabweisung weiter.

Entscheidungsgründe

I. Das Berufungsgericht hat zur Begründung seines Urteils im Wesentlichen ausgeführt, dem Kläger stehe ein Anspruch aus §§ 823 Abs. 2, 1004 Abs. 1 Satz 2 BGB entsprechend in Verbindung mit §§ 22, 23 KUG zu. Es könne unterstellt werden, dass der Kläger die Veröffentlichung eines neutralen oder kontextkonformen Bildes auch ohne Einwilligung hinnehmen müsse, weil seine schwere Erkrankung, die Anlass für die Veröffentlichung gewesen sei, als zeitgeschichtliches Ereignis anzusehen sei. Die Veröffentlichung verletze jedoch die schutzwürdige Privatsphäre des Klägers (§ 23 Abs. 2 KUG). Bei der Frage, in welchem Umfang einer in der Öffentlichkeit stehenden Person Schutz vor der Veröffentlichung von Bildnissen zuzubilligen sei, müsse zwischen dem Persönlichkeitsrecht des Betroffenen einerseits und dem Informationsinteresse der Allgemeinheit sowie der Pressefreiheit auf der anderen Seite abgewogen werden. Dabei sei insbesondere der Schutzumfang von Art. 8 EMRK in der Bestimmung durch die Entscheidung des Europäischen Gerichtshofs für Menschenrechte (künftig: EGMR) vom 24. Juni 2004 zu beachten. Vorliegend sei davon auszugehen, dass sich der Kläger nicht an einem belebten Ort unter vielen Menschen aufgehalten habe, als das beanstandete Bild aufgenommen worden sei. Ob sich seinerzeit noch weitere Personen in der Nähe und insbesondere auf der Terrasse aufgehalten hätten, sei streitig. Die Anwesenheit von Freunden oder Bekannten könne nicht zum Verlust des Privatsphärenschutzes führen. Dass sich weitere Personen auf der Terrasse aufgehalten hätten, habe die Beklagte nicht substantiiert vorgetragen.

Bei Beachtung der vom EGMR in der genannten Entscheidung aufgestellten Grundsätze für die Abwägung der gegensätzlichen Interessen greife die Veröffentlichung der Aufnahme rechtswidrig in das Recht des Klägers am eigenen Bild ein. Ein Unterhaltungsinteresse der Leser von BILD an Leben, Feriengestaltung und Konsumverhalten des Klägers und seiner Ehefrau rechtfertige nicht die erhebliche Einschränkung des Klägers, wenn er in offensichtlich privaten Lebensbereichen abseits der breiten Öffentlichkeit die Erstellung und Veröffentlichung von Fotos ohne seine Einwilligung hinnehmen müsste. Anderes ergebe sich nicht daraus, dass sich der bebilderte Bericht mit der lebensgefährlichen Erkrankung des Klägers befasse, so dass das Foto die Bebilderung eines besonderen zeitgeschichtlichen Ereignisses darstelle.

Die Wortberichterstattung sei möglicherweise mit Rücksicht auf ein vom Kläger am 22. April 2005 gegebenes Interview zu seinem Alkoholkonsum gerechtfertigt. Das schließe jedoch nicht zugleich die beanstandete Aufnahme ein, die unter Eingriff in die Privatsphäre entstanden sei. Die Abwägung der widerstreitenden Interessen führe zu einem Vorrang des Privatsphärenschutzes. Das Interview, welches der Kläger der in Österreich erscheinenden "Kleine Zeitung" zu seiner Erkrankung und zu seinem Trinkverhalten gegeben habe, führe nicht dazu, dass er den Schutz seiner Privatsphäre in Bezug auf eine Berichterstattung über in der Vergangenheit liegende private Treffen zum Trinken verloren, in entsprechende Bildveröffentlichungen eingewilligt oder der Öffentlichkeit einen weiteren Einblick in sein Privatleben eröffnet habe.

II. Diese Beurteilung des Berufungsgerichts hält revisionsrechtlicher Nachprüfung im Ergebnis stand.

1. Der erkennende Senat hat nach Erlass des Berufungsurteils in mehreren Entscheidungen zum abgestuften Schutzkonzept der §§ 22, 23 KUG bei Bildveröffentlichungen von "Prominenten" unter Berücksichtigung der Rechtsprechung des EGMR und des Bundesverfassungsgerichts Stellung genommen (vgl. Senat, BGHZ 174, 262 ff.; Urteile vom 19. Oktober 2004 - VI ZR 292/03 - VersR 2005, 84 ff.; vom 15. November 2005 - VI ZR 286/04 - VersR 2006, 274 ff.; vom 6. März 2007 - VI ZR 13/06 - VersR 2007, 697, 698 f. und - VI ZR 51/06 - NJW 2007, 1977 ff.; vom 19. Juni 2007 - VI ZR 12/06 - VersR 2007, 1135 ff.; vom 3. Juli 2007 - VI ZR 164/06 - VersR 2007, 1283 ff.; vom 13. November 2007 - VI ZR 269/06 - NJW 2008, 1593 ff.; vom 24. Juni 2008 - VI ZR 156/06 - VersR 2008, 1268 ff.; vom 1. Juli 2008 - VI ZR 67/08 - WRP 2008, 1367 ff. und - VI ZR 243/06 - WRP 2008, 1363 ff.). Verfassungsrechtliche Beanstandungen haben sich insoweit nicht ergeben (vgl. BVerfG, Beschluss vom 26. Februar 2008 - 1 BvR 1602/07 u.a. - NJW 2008, 1793 ff.).

Nach diesem abgestuften Schutzkonzept dürfen Bildnisse einer Person grundsätzlich nur mit Einwilligung des Abgebildeten verbreitet werden (§ 22 KUG); hiervon macht § 23 Abs. 1 Nr. 1 KUG eine Ausnahme, wenn es sich um Bildnisse aus dem Bereich der Zeitgeschichte handelt. Auch bei Personen, die unter dem Blickwinkel des zeitgeschichtlichen Ereignisses im Sinn des § 23 Abs. 1 Nr. 1 KUG an sich ohne ihre Einwilligung die Verbreitung ihres Bildnisses dulden müssten, ist die Verbreitung einer Abbildung aber dann nicht zulässig, wenn hierdurch berechtigte Interessen des Abgebildeten verletzt werden (§ 23 Abs. 2 KUG).

Maßgebend für die Frage, ob es sich um ein Bildnis aus dem Bereich der Zeitgeschichte handelt, ist der Begriff des Zeitgeschehens. Dieser Begriff darf nicht zu eng verstanden werden. Im Hinblick auf den Informationsbedarf der Öffentlichkeit umfasst er nicht nur Vorgänge von historisch-politischer Bedeutung, sondern ganz allgemein das Zeitgeschehen, also alle Fragen von allgemeinem gesellschaftlichem Interesse. Er wird mithin vom Interesse der Öffentlichkeit bestimmt. Das Informationsinteresse besteht indes nicht schrankenlos. Vielmehr wird der Einbruch in die persönliche Sphäre des Abgebildeten durch den Grundsatz der Verhältnismäßigkeit begrenzt, so dass eine Berichterstattung keineswegs immer zulässig ist. Wo konkret die Grenze für das berechtigte Informationsinteresse der Öffentlichkeit an der aktuellen Berichterstattung zu ziehen ist, lässt sich nur unter Berücksichtigung der jeweiligen Umstände des Einzelfalls entscheiden.

Zum Kern der Presse- und der Meinungsbildungsfreiheit gehört, dass die Presse in den gesetzlichen Grenzen einen ausreichenden Spielraum besitzt, innerhalb dessen sie nach ihren publizistischen Kriterien entscheiden kann, was sie des öffentlichen Interesses für wert hält, und dass sich im Meinungsbildungsprozess herausstellt, was eine Angelegenheit von öffentlichem Interesse ist (vgl. Senat, Urteile vom 15. November 2005 - VI ZR 286/04 - aaO, 275; vom 6. März 2007 - VI ZR 51/06 - aaO, 1979 f.; BVerfG, BVerfGE 101, 361, 392). Auch der EGMR hat in seinem Urteil vom 24. Juni 2004 (NJW 2004, 2647, 2649 f., §§ 58, 60, 63) die Bedeutung der Pressefreiheit unter Hinweis auf Art. 10 EMRK hervorgehoben und ausgeführt, dass die Presse in einer demokratischen Gesellschaft eine wesentliche Rolle spiele und es ihre Aufgabe sei, Informationen und Ideen zu allen Fragen von Allgemeininteresse weiterzugeben. Das steht mit dem oben dargelegten Begriff der Zeitgeschichte in Einklang.

a) Die Anwendung des § 23 Abs. 1 KUG erfordert hiernach eine Abwägung zwischen den Rechten der Abgebildeten nach Art. 8 Abs. 1 EMRK, Art. 1 Abs. 1, 2 Abs. 1 GG einerseits und den Rechten der Presse aus Art. 10 Abs. 1 EMRK, Art. 5 Abs. 1 GG andererseits. Die Grundrechte der Pressefreiheit (Art. 5 Abs. 1 GG) und des Schutzes der Persönlichkeit (Art. 1 Abs. 1, 2 Abs. 1 GG) sind ihrerseits nicht vorbehaltlos gewährleistet und werden von §§ 22 f. KUG sowie Art. 8 und 10 EMRK beeinflusst, wie der Senat schon mehrfach näher ausgeführt hat (vgl. Urteile vom 1. Juli 2008 - VI ZR 67/08 - aaO und - VI ZR 243/06 - aaO).

b) Die Reichweite des Schutzes des Rechts am eigenen Bild wird davon beeinflusst, ob eine Information in die breite Öffentlichkeit der Massenmedien überführt wird und damit nicht auf einen engen Personenkreis begrenzt bleibt. Andererseits wird das Gewicht der das Persönlichkeitsrecht gegebenenfalls beschränkenden Pressefreiheit davon beeinflusst, ob die Berichterstattung eine Angelegenheit betrifft, welche die Öffentlichkeit wesentlich berührt (vgl. BVerfG, BVerfGE 7, 198, 212; NJW 2006, 1865; EGMR, Urteil vom 17. Oktober 2006, Beschwerde-Nr. 71678/01, Gourguenidze gegen Georgien, § 55). Mit der Entscheidung, ein Bild einer Person abzudrucken und in den Kontext eines bestimmten Berichts zu rücken, nutzen die Medien ihre grundrechtlich geschützte Befugnis, selbst zu entscheiden, was sie für berichtenswert halten. Dabei haben sie jedoch den Persönlichkeitsschutz Betroffener zu berücksichtigen.

Wie das Bundesverfassungsgericht in seinem Beschluss vom 26. Februar 2008 (- 1 BvR 1602/07 u.a. - aaO, 1796) dargelegt hat, können prominente Personen der Allgemeinheit Möglichkeiten der Orientierung bei eigenen Lebensentwürfen bieten sowie Leitbild- oder Kontrastfunktionen erfüllen. Auch die Normalität ihres Alltagslebens kann der Meinungsbildung zu Fragen von allgemeinem Interesse dienen (so bereits BVerfG, BVerfGE 101, 361, 390 f.). Das gilt auch für die Bebilderung unterhaltender Beiträge als einen wesentlichen Bestandteil der Medienbetätigung, der durch die Pressefreiheit geschützt wird, zumal der publizistische und wirtschaftliche Erfolg der Presse auf unterhaltende Inhalte und entsprechende Abbildungen angewiesen sein kann und die Bedeutung visueller Darstellungen beträchtlich zugenommen hat. Hiernach gilt die Pressefreiheit auch für unterhaltende Beiträge über das Privat- oder Alltagsleben von Prominenten und ihres sozialen Umfelds einschließlich ihnen nahestehender Personen. Allerdings bedarf es gerade bei unterhaltenden Inhalten der begleitenden Texte in besonderem Maß einer abwägenden Berücksichtigung der kollidierenden Rechtspositionen der Betroffenen.

Für die Abwägung zwischen der Pressefreiheit und dem Persönlichkeitsrecht des Betroffenen ist von maßgeblicher Bedeutung, ob die Presse im konkreten Fall eine Angelegenheit von öffentlichem Interesse ernsthaft und sachbezogen erörtert, damit den Informationsanspruch des Publikums erfüllt und zur Bildung der öffentlichen Meinung beiträgt oder ob sie lediglich die Neugier der Leser nach privaten Angelegenheiten prominenter Personen befriedigt (vgl. BVerfG, BVerfGE 34, 269, 283; 101, 361, 391). Insoweit hat das Bundesverfassungsgericht im Beschluss vom 26. Februar 2008 aaO hervorgehoben, dass das Selbstbestimmungsrecht der Presse nicht auch die Entscheidung umfasst, wie das Informationsinteresse zu gewichten ist, sondern diese Gewichtung zum Zweck der Abwägung mit gegenläufigen Interessen der Betroffenen vielmehr im Fall eines Rechtsstreits den Gerichten obliegt. Diese haben allerdings im Hinblick auf das Zensurverbot des Art. 5 Abs. 1 Satz 3 GG von einer inhaltlichen Bewertung - etwa als wertvoll oder wertlos, seriös oder unseriös o.ä. - abzusehen und sind auf die Prüfung beschränkt, in welchem Ausmaß der Bericht einen Beitrag für die öffentliche Meinungsbildung erbringen kann.

c) Der Informationswert einer Bildberichterstattung ist, soweit das Bild nicht schon als solches eine für die öffentliche Meinungsbildung bedeutsame Aussage enthält, im Kontext der dazugehörenden Wortberichterstattung zu ermitteln (vgl. Senat, BGHZ 158, 218, 223; Urteil vom 19. Oktober 2004 - VI ZR 292/03 - VersR 2005, 84, 85 f.). Beschränkt sich der begleitende Bericht allerdings darauf, lediglich einen Anlass für die Abbildung prominenter Personen zu schaffen, ohne dass die Berichterstattung einen Beitrag zur öffentlichen Meinungsbildung erkennen lässt (vgl. hierzu das Urteil des erkennenden Senats vom 1. Juli 2008 - VI ZR 243/06 - aaO, 1366), ist es nicht angezeigt, dem Veröffentlichungsinteresse den Vorrang vor dem Persönlichkeitsschutz einzuräumen.

d) Daneben sind bei einer Bildberichterstattung für die Gewichtung der Belange des Persönlichkeitsschutzes auch der Anlass und die zur Darlegungslast der Presse stehenden Umstände (vgl. BVerfG, Beschluss vom 26. Februar 2008 - 1 BvR 1602/07 u.a. - aaO) zu berücksichtigen, unter denen die Aufnahme entstanden ist, etwa unter Ausnutzung von Heimlichkeit oder beharrlicher Nachstellung. Auch ist bedeutsam, in welcher Situation der Betroffene erfasst und wie er dargestellt wird. Die Beeinträchtigung des Persönlichkeitsrechts wiegt schwerer, wenn die visuelle

Darstellung durch Ausbreitung von üblicherweise öffentlicher Erörterung entzogenen Einzelheiten des privaten Lebens thematisch die Privatsphäre berührt oder wenn der Betroffene nach den Umständen typischer Weise die berechtigte Erwartung haben durfte, nicht in den Medien abgebildet zu werden. Das kann nicht nur bei einer durch räumliche Privatheit geprägten Situation, sondern außerhalb örtlicher Abgeschiedenheit auch in Momenten der Entspannung oder des Sich-Gehen-Lassens außerhalb der Einbindung in die Pflichten des Berufs und des Alltags der Fall sein.

2. a) Diese Grundsätze sind auf Abbildungen des Klägers anzuwenden, da er als Person des öffentlichen Interesses anzusehen ist ("personnage public / public figure" in Abgrenzung zur "personnalité politique / politician" einerseits und "personne ordinaire / ordinary person" andererseits, vgl. EGMR, Urteile vom 11. Januar 2005, Beschwerde-Nr. 50774/99, Sciacca gegen Italien, §§ 27 ff. und vom 17. Oktober 2006 - Beschwerde-Nr. 71678/01, Gourguenidze gegen Georgien, § 57). Diese Einstufung hat nach den Ausführungen des Bundesverfassungsgerichts zur Folge, dass über eine solche Person in größerem Umfang berichtet werden darf als über andere Personen, wenn die Information einen hinreichenden Nachrichtenwert mit Orientierungsfunktion im Hinblick auf eine die Allgemeinheit interessierende Sachdebatte hat und in die Abwägung keine schwerwiegenden Interessen des Betroffenen einzustellen sind, die einer Veröffentlichung entgegenstehen.

b) Für den Streitfall führt das zu folgender Abwägung:

aa) Das von der Beklagten veröffentlichte Foto zeigt den Kläger, der aus einem Glas trinkt. Das Bild ist unstreitig auf der Hotelterrasse des "Sporthotel L." in Zürs am Arlberg entstanden. Die Revision zeigt keinen Vortrag der Beklagten vor dem Tatrichter dazu auf, dass der Kläger sich aus anderen als privaten Gründen ("offiziellen" Gründen) dort aufgehalten hätte. Die beanstandete Aufnahme hat damit jedoch auch bei großzügigem Verständnis keinen Bezug zu einem zeitgeschichtlichen Ereignis, sondern befasst sich ausschließlich mit der Privatsphäre des Klägers, der ein Getränk zu sich nimmt.

Die begleitende Wortberichterstattung betrifft die schwere Erkrankung des Klägers an einer Entzündung der Bauchspeicheldrüse und lässt anklingen, dass diese durch Alkoholgenuss verursacht sein kann. Auch die Wortberichterstattung betrifft damit - entgegen der Annahme des Berufungsgerichts und der Revision - die Privatsphäre des Klägers, zu der - anders als etwa bei wichtigen Politikern, Wirtschaftsführern oder Staatsoberhäuptern (vgl. Senat, Urteil vom 6. März 2007 - VI ZR 51/06 - aaO) - nicht nur dessen Erkrankung (vgl. Senat, Urteil vom 5. Dezember 1995 - VI ZR 332/94 - VersR 1996, 339; BVerfGE 32, 373, 379 f.), sondern auch eine etwa erforderliche Behandlung gehört.

Selbst wenn unter dem Blickpunkt gesundheitlicher Schäden durch Alkoholmissbrauch ein Informationsinteresse der Öffentlichkeit am Zusammenhang zwischen
diesem und Erkrankungen der Bauchspeicheldrüse bejaht werden könnte, steht
hier der beanstandeten Veröffentlichung das Interesse des Klägers am Schutz der
eigenen Privatsphäre entgegen, zu der auch - mit den oben erwähnten Ausnahmen
- der Gesundheitszustand gehört, also sein Interesse am Schutz privater Vorgänge,
die einfach - wie das Bundesverfassungsgericht formuliert hat (NJW 2008, 39, 44)
- nichts in der Öffentlichkeit zu suchen haben. Daran vermag nach Auffassung des
erkennenden Senats auch der Bekanntheitsgrad des Klägers nichts zu ändern, weil
es bei seinem Gesundheitszustand um eine höchstpersönliche Angelegenheit geht
und nicht ersichtlich ist, weshalb dieser im konkreten Fall von Interesse für die
Öffentlichkeit sein könnte (zu möglichen Ausnahmen vgl. Senat, BGHZ 171, 275,
286 f.). Auch der gleichzeitige Tod des damals regierenden Fürsten von Monaco,
des Schwiegervaters des Klägers, ändert hieran nichts.

Bei dieser Sachlage haben die Rechte der Presse aus Art. 10 EMRK, Art. 5 Abs. 1
GG im Streitfall hinter den Schutz des Persönlichkeitsrechts des Klägers (Art. 8
EMRK, Art. 1 Abs. 1, 2 Abs. 1 GG) zurückzutreten.

bb) Entgegen der Ansicht der Revision führt es zu keiner anderen Beurteilung,
dass sich der Kläger im April 2005, also geraume Zeit nach Entstehen der beanstandeten Aufnahme und zwei Tage nach Erscheinen des mit dieser bebilderten
Artikels, in Interviews zu seiner Erkrankung geäußert hat.

Zwar kann man sich im Allgemeinen nicht auf ein Recht zur Privatheit hinsichtlich
solcher Tatsachen berufen, die man selbst der Öffentlichkeit preisgegeben hat (vgl.
BVerfG, BVerfGE 101, 361, 385; Senat, Urteile vom 9. Dezember 2003 - VI ZR
373/02 - VersR 2004, 522, 524 und - VI ZR 404/02 - VersR 2004, 525, 526). Der
Schutz der Privatsphäre vor öffentlicher Kenntnisnahme entfällt nämlich, soweit
sich jemand selbst damit einverstanden zeigt, dass bestimmte, gewöhnlich als privat geltende Angelegenheiten öffentlich gemacht werden; die Erwartung, dass die
Öffentlichkeit die Angelegenheiten oder Verhaltensweisen in einem Bereich mit
Rückzugsfunktion nur begrenzt oder nicht zur Kenntnis nimmt, muss situationsübergreifend und konsistent zum Ausdruck gebracht werden (BVerfG, BVerfGE
101, 361, 385; Senat, Urteil vom 19. Oktober 2004 - VI ZR 292/03 - VersR 2005,
84, 85 f.). Dies gilt auch und insbesondere für den Bildnisschutz bei Anwendung
der §§ 22, 23 KUG. Die beanstandete Aufnahme stammt indes aus einer Zeit, in
der der Kläger seine Privatsphäre noch nicht preisgegeben hatte, so dass eine Veröffentlichung mangels eines berechtigten Informationsinteresses rechtswidrig
war. Nach allem kommt es nicht darauf an, ob bereits die beanstandete Aufnahme
unter Verletzung der Privatsphäre entstanden ist, nämlich unter Umständen, die
schon für sich genommen die Veröffentlichung unzulässig machen (vgl. BVerfG,
BVerfGE 101, 361, 394 f.; NJW 2008, 1793, 1797), ob also hier auch der Schutz

vor heimlich gefertigten Aufnahmen eingreift, wobei es gegebenenfalls zur Darlegungs- und Beweislast der Beklagten stünde, unter welchen Umständen die jeweilige Aufnahme entstanden ist (vgl. BVerfG aaO 1797).

3. Nach allem ist die Revision der Beklagten mit der Kostenfolge aus § 97 Abs. 1 ZPO zurückzuweisen.

Entscheidungsdatum: 14.10.2008
Aktenzeichen: VI ZR 260/06
Normen: § 823 Abs 2 BGB, § 1004 Abs 1 S 2 BGB, Art 1 Abs 1 GG, Art 2 Abs 1 GG, Art 5 Abs 1 GG
Allgemeines Persönlichkeitsrecht: Bebilderung eines Presseartikels über die Erkrankung des Ehegatten einer Person des öffentlichen Interesses

Leitsatz

Interviews einer Person des öffentlichen Interesses über ihre Erkrankung können regelmäßig eine Abbildung ihres Ehegatten zur Bebilderung eines Presseartikels über die Erkrankung nicht rechtfertigen.

Tenor

Die Revision gegen das Urteil des 7. Zivilsenats des Hanseatischen Oberlandesgerichts Hamburg vom 21. November 2006 wird auf Kosten der Beklagten zurückgewiesen.

Von Rechts wegen

Tatbestand

Die Klägerin begehrt mit ihrer Klage Unterlassung der erneuten Veröffentlichung eines Fotos, welches im Rahmen eines Beitrags über ihren Ehemann in der von der Beklagten verlegten Zeitschrift "Schöne Woche" vom 18. Mai 2005 erschienen ist. Der Beitrag trägt die Überschrift:

"Prinz Ernst August

In der Provence tankt er Kraft für sein neues Leben"

Das Bild zeigt die Klägerin und ihren Ehemann auf einer Straße in der südfranzösischen Stadt St. Rémy. Die mit der Aufnahme bebilderte Wortberichterstattung befasst sich unter anderem damit, dass sich die Klägerin und ihr Ehemann dort gemeinsam nach einer schweren Bauchspeicheldrüsenentzündung des Ehemannes in einem Ferienhaus der Klägerin erholten. Erwähnt wird auch ein Interview, in welchem sich der Ehemann zu Veränderungen in seinem Leben nach der Krankheit geäußert habe. Die Bildnebenschrift lautet:

"Kleiner Spaziergang

Fernab vom hektischen Monaco genießen Ernst August und seine Caroline die Ruhe in dem südfranzösischen Künstler-Städtchen, das schon der Maler van Gogh liebte."

Die Klage hatte in beiden Tatsacheninstanzen Erfolg. Mit der vom Berufungsgericht zugelassenen Revision verfolgt die Beklagte ihr Ziel einer Klageabweisung weiter.

Entscheidungsgründe

I. Das Berufungsgericht hat zur Begründung seines Urteils im Wesentlichen ausgeführt, der Klägerin stehe auch dann ein Anspruch aus §§ 823 Abs. 2, 1004 Abs. 1 Satz 2 BGB entsprechend in Verbindung mit §§ 22, 23 KUG zu, wenn sie als sogenannte absolute Person der Zeitgeschichte die Veröffentlichung von Abbildungen ohne ihre Einwilligung hinzunehmen habe. Die Veröffentlichung verletze die schutzwürdige Privatsphäre der Klägerin und damit ein berechtigtes Interesse im Sinne des § 23 Abs. 2 KUG. Bei der Frage, in welchem Umfang einer in der Öffentlichkeit stehenden Person Schutz vor der Veröffentlichung von Bildnissen zuzubilligen ist, sei abzuwägen zwischen dem Persönlichkeitsrecht des Betroffenen einerseits und dem Informationsinteresse der Allgemeinheit sowie der Pressefreiheit auf der anderen Seite. Dabei sei insbesondere der Schutzumfang von Art. 8 EMRK in der Bestimmung durch die Entscheidung des Europäischen Gerichtshofs für Menschenrechte (künftig: EGMR) vom 24. Juni 2004 zu beachten. Vorliegend sei davon auszugehen, dass sich die Klägerin nicht an einem belebten Ort unter vielen Menschen aufgehalten habe, als das beanstandete Bild aufgenommen worden sei. Auf dem Foto seien außer der Klägerin und ihrem Ehemann nicht mehr als drei weitere Personen zu sehen, wie ein Vergleich mit einer weiteren Aufnahme ergebe. Dass sich viele andere Menschen zum Zeitpunkt der Aufnahme gleichzeitig mit der Klägerin auf der Straße befunden hätten, habe die Beklagte im Rahmen der ihr obliegenden erweiterten Darlegungslast nicht substantiiert vorgetragen.

Bei Beachtung der vom EGMR in der genannten Entscheidung aufgestellten Grundsätze für die Abwägung der gegensätzlichen Interessen greife die Veröffentlichung der Aufnahme rechtswidrig in das Recht der Klägerin am eigenen Bild ein. Ein Unterhaltungsinteresse der Leser der Zeitschrift "Schöne Woche" an Leben, Feriengestaltung und Nikotinkonsum der Klägerin und ihres Ehemannes rechtfertige nicht die erhebliche Einschränkung der Klägerin, wenn sie in offensichtlich privaten Lebensbereichen abseits der breiten Öffentlichkeit die Erstellung und Veröffentlichung von Fotos ohne ihre Einwilligung hinnehmen müsste. Die Aufnahme selbst zeige die Erkrankung des Ehemannes der Klägerin nicht, mit der sich der bebilderte Bericht befasse. Dass der Ehemann der Klägerin auch nach seiner Krankheit rauche, sei kein zeitgeschichtliches Ereignis. Der Vorrang des Privatsphärenschutzes ergebe sich schon daraus, dass die Verwendung gerade dieses Bildes für die Informationsvermittlung keinen erheblichen Beitrag leisten könne. Die Beklagte könne auch keine Rechte daraus herleiten, dass Bilder der Klägerin im monegassischen Fürstenpalast veröffentlicht worden seien. Es sei der Klägerin nicht versagt, im jeweiligen Einzelfall über die Veröffentlichung von Bildern zu entscheiden.

II. Diese Beurteilung des Berufungsgerichts hält revisionsrechtlicher Nachprüfung im Ergebnis stand.

1. Der erkennende Senat hat nach Erlass des Berufungsurteils in mehreren Entscheidungen zum abgestuften Schutzkonzept der §§ 22, 23 KUG bei Bildveröffentlichungen von "Prominenten" unter Berücksichtigung der Rechtsprechung des EGMR und des Bundesverfassungsgerichts Stellung genommen (vgl. Senat, BGHZ 174, 262 ff.; Urteile vom 19. Oktober 2004 - VI ZR 292/03 - VersR 2005, 84 ff.; vom 15. November 2005 - VI ZR 286/04 - VersR 2006, 274 ff.; vom 6. März 2007 - VI ZR 13/06 - VersR 2007, 697, 698 f. und - VI ZR 51/06 - NJW 2007, 1977 ff.; vom 19. Juni 2007 - VI ZR 12/06 - VersR 2007, 1135 ff.; vom 3. Juli 2007 - VI ZR 164/06 - VersR 2007, 1283 ff.; vom 13. November 2007 - VI ZR 269/06 - NJW 2008, 1593 ff.; vom 24. Juni 2008 - VI ZR 156/06 - VersR 2008, 1268 ff.; vom 1. Juli 2008 - VI ZR 67/08 - WRP 2008, 1367 ff. und - VI ZR 243/06 - WRP 2008, 1363 ff.). Verfassungsrechtliche Beanstandungen haben sich insoweit nicht ergeben (vgl. BVerfG, Beschluss vom 26. Februar 2008 - 1 BvR 1602/07 u.a. - NJW 2008, 1793 ff.).

Nach diesem abgestuften Schutzkonzept dürfen Bildnisse einer Person grundsätzlich nur mit Einwilligung des Abgebildeten verbreitet werden (§ 22 KUG); hiervon macht § 23 Abs. 1 Nr. 1 KUG eine Ausnahme, wenn es sich um Bildnisse aus dem Bereich der Zeitgeschichte handelt. Auch bei Personen, die unter dem Blickwinkel des zeitgeschichtlichen Ereignisses im Sinn des § 23 Abs. 1 Nr. 1 KUG an sich ohne ihre Einwilligung die Verbreitung ihres Bildnisses dulden müssten, ist die Verbreitung einer Abbildung aber dann nicht zulässig, wenn hierdurch berechtigte Interessen des Abgebildeten verletzt werden (§ 23 Abs. 2 KUG).

Maßgebend für die Frage, ob es sich um ein Bildnis aus dem Bereich der Zeitgeschichte handelt, ist der Begriff des Zeitgeschehens. Dieser Begriff darf nicht zu eng verstanden werden. Im Hinblick auf den Informationsbedarf der Öffentlichkeit umfasst er nicht nur Vorgänge von historisch-politischer Bedeutung, sondern

ganz allgemein das Zeitgeschehen, also alle Fragen von allgemeinem gesellschaftlichem Interesse. Er wird mithin vom Interesse der Öffentlichkeit bestimmt. Das
Informationsinteresse besteht indes nicht schrankenlos. Vielmehr wird der Einbruch in die persönliche Sphäre des Abgebildeten durch den Grundsatz der Verhältnismäßigkeit begrenzt, so dass eine Berichterstattung keineswegs immer zulässig ist. Wo konkret die Grenze für das berechtigte Informationsinteresse der
Öffentlichkeit an der aktuellen Berichterstattung zu ziehen ist, lässt sich nur unter
Berücksichtigung der jeweiligen Umstände des Einzelfalls entscheiden.

Zum Kern der Presse- und der Meinungsbildungsfreiheit gehört, dass die Presse
in den gesetzlichen Grenzen einen ausreichenden Spielraum besitzt, innerhalb dessen sie nach ihren publizistischen Kriterien entscheiden kann, was sie des öffentlichen Interesses für wert hält, und dass sich im Meinungsbildungsprozess herausstellt, was eine Angelegenheit von öffentlichem Interesse ist (vgl. Senat, Urteile
vom 15. November 2005 - VI ZR 286/04 - aaO, 275; vom 6. März 2007 - VI ZR
51/06 - aaO, 1979 f.; BVerfG, BVerfGE 101, 361, 392). Auch der EGMR hat in
seinem Urteil vom 24. Juni 2004 (NJW 2004, 2647, 2649 f., §§ 58, 60, 63) die
Bedeutung der Pressefreiheit unter Hinweis auf Art. 10 EMRK hervorgehoben und
ausgeführt, dass die Presse in einer demokratischen Gesellschaft eine wesentliche
Rolle spiele und es ihre Aufgabe sei, Informationen und Ideen zu allen Fragen von
Allgemeininteresse weiterzugeben. Das steht mit dem oben dargelegten Begriff
der Zeitgeschichte in Einklang.

a) Die Anwendung des § 23 Abs. 1 KUG erfordert hiernach eine Abwägung zwischen den Rechten der Abgebildeten nach Art. 8 Abs. 1 EMRK, Art. 1 Abs. 1, 2
Abs. 1 GG einerseits und den Rechten der Presse aus Art. 10 Abs. 1 EMRK, Art.
5 Abs. 1 GG andererseits. Die Grundrechte der Pressefreiheit (Art. 5 Abs. 1 GG)
und des Schutzes der Persönlichkeit (Art. 1 Abs. 1, 2 Abs. 1 GG) sind ihrerseits
nicht vorbehaltlos gewährleistet und werden von §§ 22 f. KUG sowie Art. 8 und
10 EMRK beeinflusst, wie der Senat schon mehrfach näher ausgeführt hat (vgl.
Urteile vom 1. Juli 2008 - VI ZR 67/08 - aaO und - VI ZR 243/06 - aaO).

b) Die Reichweite des Schutzes des Rechts am eigenen Bild wird davon beeinflusst, ob eine Information in die breite Öffentlichkeit der Massenmedien überführt wird und damit nicht auf einen engen Personenkreis begrenzt bleibt. Andererseits wird das Gewicht der das Persönlichkeitsrecht gegebenenfalls beschränkenden Pressefreiheit davon beeinflusst, ob die Berichterstattung eine Angelegenheit betrifft, welche die Öffentlichkeit wesentlich berührt (vgl. BVerfG, BVerfGE
7, 198, 212; NJW 2006, 1865; EGMR, Urteil vom 17. Oktober 2006, Beschwerde-
Nr. 71678/01, Gourguenidze gegen Georgien, § 55). Mit der Entscheidung, ein
Bild einer Person abzudrucken und in den Kontext eines bestimmten Berichts zu
rücken, nutzen die Medien ihre grundrechtlich geschützte Befugnis, selbst zu entscheiden, was sie für berichtenswert halten. Dabei haben sie jedoch den Persönlichkeitsschutz Betroffener zu berücksichtigen.

Wie das Bundesverfassungsgericht in seinem Beschluss vom 26. Februar 2008 (-1 BvR 1602/07 u.a. - aaO, 1796) dargelegt hat, können prominente Personen der Allgemeinheit Möglichkeiten der Orientierung bei eigenen Lebensentwürfen bieten sowie Leitbild- oder Kontrastfunktionen erfüllen. Auch die Normalität ihres Alltagslebens kann der Meinungsbildung zu Fragen von allgemeinem Interesse dienen (so bereits BVerfG, BVerfGE 101, 361, 390 f.). Das gilt auch für die Bebilderung unterhaltender Beiträge als einen wesentlichen Bestandteil der Medienbetätigung, der durch die Pressefreiheit geschützt wird, zumal der publizistische und wirtschaftliche Erfolg der Presse auf unterhaltende Inhalte und entsprechende Abbildungen angewiesen sein kann und die Bedeutung visueller Darstellungen beträchtlich zugenommen hat. Hiernach gilt die Pressefreiheit auch für unterhaltende Beiträge über das Privat- oder Alltagsleben von Prominenten und ihres sozialen Umfelds einschließlich ihnen nahestehender Personen. Allerdings bedarf es gerade bei unterhaltenden Inhalten der begleitenden Texte in besonderem Maß einer abwägenden Berücksichtigung der kollidierenden Rechtspositionen der Betroffenen.

Für die Abwägung zwischen der Pressefreiheit und dem Persönlichkeitsrecht des Betroffenen ist von maßgeblicher Bedeutung, ob die Presse im konkreten Fall eine Angelegenheit von öffentlichem Interesse ernsthaft und sachbezogen erörtert, damit den Informationsanspruch des Publikums erfüllt und zur Bildung der öffentlichen Meinung beiträgt oder ob sie lediglich die Neugier der Leser nach privaten Angelegenheiten prominenter Personen befriedigt (vgl. BVerfG, BVerfGE 34, 269, 283; 101, 361, 391). Insoweit hat das Bundesverfassungsgericht im Beschluss vom 26. Februar 2008 aaO hervorgehoben, dass das Selbstbestimmungsrecht der Presse nicht auch die Entscheidung umfasst, wie das Informationsinteresse zu gewichten ist, sondern diese Gewichtung zum Zweck der Abwägung mit gegenläufigen Interessen der Betroffenen vielmehr im Fall eines Rechtsstreits den Gerichten obliegt. Diese haben allerdings im Hinblick auf das Zensurverbot des Art. 5 Abs. 1 Satz 3 GG von einer inhaltlichen Bewertung - etwa als wertvoll oder wertlos, seriös oder unseriös o.ä. - abzusehen und sind auf die Prüfung beschränkt, in welchem Ausmaß der Bericht einen Beitrag für die öffentliche Meinungsbildung erbringen kann.

c) Der Informationswert einer Bildberichterstattung ist, soweit das Bild nicht schon als solches eine für die öffentliche Meinungsbildung bedeutsame Aussage enthält, im Kontext der dazugehörenden Wortberichterstattung zu ermitteln (vgl. Senat, BGHZ 158, 218, 223; Urteil vom 19. Oktober 2004 - VI ZR 292/03 - VersR 2005, 84, 85 f.). Beschränkt sich der begleitende Bericht allerdings darauf, lediglich einen Anlass für die Abbildung prominenter Personen zu schaffen, ohne dass die Berichterstattung einen Beitrag zur öffentlichen Meinungsbildung erkennen lässt (vgl. hierzu das Urteil des erkennenden Senats vom 1. Juli 2008 - VI ZR 243/06 - aaO, 1366), ist es nicht angezeigt, dem Veröffentlichungsinteresse den

Vorrang vor dem Persönlichkeitsschutz einzuräumen.

d) Daneben sind bei einer Bildberichterstattung für die Gewichtung der Belange des Persönlichkeitsschutzes auch der Anlass und die zur Darlegungslast der Presse stehenden Umstände (vgl. BVerfG, Beschluss vom 26. Februar 2008 - 1 BvR 1602/07 u.a. - aaO) zu berücksichtigen, unter denen die Aufnahme entstanden ist, etwa unter Ausnutzung von Heimlichkeit oder beharrlicher Nachstellung. Auch ist bedeutsam, in welcher Situation der Betroffene erfasst und wie er dargestellt wird. Die Beeinträchtigung des Persönlichkeitsrechts wiegt schwerer, wenn die visuelle Darstellung durch Ausbreitung von üblicherweise öffentlicher Erörterung entzogenen Einzelheiten des privaten Lebens thematisch die Privatsphäre berührt oder wenn der Betroffene nach den Umständen typischer Weise die berechtigte Erwartung haben durfte, nicht in den Medien abgebildet zu werden. Das kann nicht nur bei einer durch räumliche Privatheit geprägten Situation, sondern außerhalb örtlicher Abgeschiedenheit auch in Momenten der Entspannung oder des Sich-Gehen-Lassens außerhalb der Einbindung in die Pflichten des Berufs und des Alltags der Fall sein.

2. a) Diese Grundsätze sind auf Abbildungen der Klägerin anzuwenden, da sie als Person des öffentlichen Interesses anzusehen ist ("personnage public / public figure" in Abgrenzung zur "personnalité politique / politician" einerseits und "personne ordinaire / ordinary person" andererseits, vgl. EGMR, Urteile vom 11. Januar 2005, Beschwerde-Nr. 50774/99, Sciacca gegen Italien, §§ 27 ff. und vom 17. Oktober 2006 - Beschwerde-Nr. 71678/01, Gourguenidze gegen Georgien, § 57). Diese Einstufung hat nach den Ausführungen des Bundesverfassungsgerichts zur Folge, dass über eine solche Person in größerem Umfang berichtet werden darf als über andere Personen, wenn die Information einen hinreichenden Nachrichtenwert mit Orientierungsfunktion im Hinblick auf eine die Allgemeinheit interessierende Sachdebatte hat und in die Abwägung keine schwerwiegenden Interessen des Betroffenen einzustellen sind, die einer Veröffentlichung entgegenstehen.

b) Für den Streitfall führt das zu folgender Abwägung:

aa) Das von der Beklagten veröffentlichte Foto zeigt die Klägerin mit ihrem Ehemann bei einem laut Bildnebenschrift "kleinen Spaziergang" in St. Rémy. In ihr dortiges, laut beigefügter Wortberichterstattung kleines Ferienhaus hatten sich die Eheleute begeben, um nach der schweren Erkrankung des Ehemannes "wieder Kraft" zu tanken. Die Bildberichterstattung befasst sich hiernach mit einem Erholungsaufenthalt der Eheleute, der auch bei "Prominenten" zum grundsätzlich geschützten Kernbereich der Privatsphäre gehört. Die begleitende Wortberichterstattung betrifft darüber hinaus die Reaktion des Ehemannes der Klägerin auf seine schwere Erkrankung (Interview, Ernährungsumstellung, Nikotingenuss) und hat damit jedoch auch bei großzügigem Verständnis keinerlei Bezug zu einem zeitgeschichtlichen Ereignis. Sie befasst sich vielmehr ausschließlich mit der Privatsphäre der Klägerin. Zu dieser gehört - was allerdings bei einem besonderen Personenkreis wie beispielsweise wichtigen Politikern, Wirtschaftsführern oder Staatsoberhäuptern anders sein kann (vgl. Senat, Urteil vom 6. März 2007 - VI ZR 51/06 - aaO, 1980) - nicht nur eine eigene Erkrankung (vgl. Senat, Urteil vom 5. Dezember 1995 - VI ZR 332/94 - VersR 1996, 339, 340; BVerfGE 32, 373, 379 f.; 101, 361, 382), sondern auch die Erkrankung eines engen Familienmitglieds. Selbst wenn unter dem Blickpunkt gesundheitlicher Schäden durch Alkoholmissbrauch ein Informationsinteresse der Öffentlichkeit am Zusammenhang zwischen diesem und Erkrankungen der Bauchspeicheldrüse bejaht werden könnte, steht hier der beanstandeten Veröffentlichung das Interesse der Klägerin am Schutz der eigenen Privatsphäre entgegen, zu der auch - mit den oben erwähnten Ausnahmen - der Gesundheitszustand gehört, also ihr Interesse am Schutz privater Vorgänge, die einfach - wie das Bundesverfassungsgericht formuliert hat (NJW 2008, 39, 44) - nichts in der Öffentlichkeit zu suchen haben. Daran vermag nach Auffassung des erkennenden Senats auch der Bekanntheitsgrad der Klägerin nichts zu ändern, weil es beim Gesundheitszustand ihres Ehemannes um eine höchstpersönliche Angelegenheit geht und nicht ersichtlich ist, weshalb dieser im konkreten Fall von Interesse für die Öffentlichkeit sein könnte (zu möglichen Ausnahmen vgl. Senat, BGHZ 171, 275, 286 f.).

Bei dieser Sachlage haben die Rechte der Presse aus Art. 10 EMRK, Art. 5 Abs. 1 GG im Streitfall hinter den Schutz des Persönlichkeitsrechts der Klägerin (Art. 8 EMRK, Art. 1 Abs. 1, 2 Abs. 1 GG) zurückzutreten.

bb) Entgegen der Ansicht der Revision ändert sich an diesem Ergebnis nichts dadurch, dass der Ehemann der Klägerin sich im April 2005, also vor Veröffentlichung der beanstandeten Aufnahme, in Interviews zu seiner Erkrankung geäußert hat.

Zwar kann man sich im Allgemeinen nicht auf ein Recht zur Privatheit hinsichtlich solcher Tatsachen berufen, die man selbst der Öffentlichkeit preisgegeben hat (vgl. BVerfG, BVerfGE 101, 361, 385; Senat, Urteile vom 9. Dezember 2003 - VI ZR 373/02 - VersR 2004, 522, 524 und - VI ZR 404/02 - VersR 2004, 525, 526). Der Schutz der Privatsphäre vor öffentlicher Kenntnisnahme entfällt regelmäßig, soweit sich jemand selbst damit einverstanden zeigt, dass bestimmte, gewöhnlich als privat geltende Angelegenheiten öffentlich gemacht werden (vgl. BVerfG, BVerfGE 101, 361, 385; Senat, Urteil vom 19. Oktober 2004 - VI ZR 292/03 - VersR 2005, 84, 85 f.). Dies gilt auch und insbesondere für den Bildnisschutz bei Anwendung der §§ 22, 23 KUG. Wer aber - möglicherweise unter dem tatsächlichen Druck einer bereits erfolgten Berichterstattung - an die Öffentlichkeit tritt, muss nicht stets hinnehmen, dass eine weitere Berichterstattung über ihn mit Fotos bebildert wird, die ohne seine Einwilligung entstanden sind. Die Klägerin jedenfalls muss die streitgegenständliche Bildveröffentlichung ohne ihre Einwilligung nicht schon deshalb dulden, weil ihr Ehemann sich zuvor in Interviews über seine Erkrankung verbreitet hatte.

3. Nach allem ist die Revision der Beklagten mit der Kostenfolge aus § 97 Abs. 1 ZPO zurückzuweisen.

Entscheidungsdatum: 14.10.2008
Aktenzeichen: VI ZR 271/06
Normen: § 823 Abs 2 BGB, § 1004 Abs 1 S 2 BGB, Art 1 Abs 1 GG, Art 2 Abs 1 GG, Art 5 Abs 1 GG
Allgemeines Persönlichkeitsrecht: Bebilderung eines Presseartikels über die Erkrankung des Ehegatten einer Person des öffentlichen Interesses

Leitsatz

Die Veröffentlichung des Bildes einer Person des öffentlichen Interesses ist regelmäßig nicht erlaubt, wenn die Abwägung zwischen dem allgemeinen Persönlichkeitsrecht der abgebildeten Person und der Presse- und Informationsfreiheit zu einem Überwiegen des Interesses am Schutz privater Vorgänge (hier: Gesundheitszustand des Ehemannes) führt.

Tenor

Die Revision gegen das Urteil des 7. Zivilsenats des Hanseatischen Oberlandesgerichts Hamburg vom 21. November 2006 wird auf Kosten der Beklagten zurückgewiesen.

Von Rechts wegen

Tatbestand

Die Klägerin begehrt mit ihrer Klage Unterlassung der erneuten Veröffentlichung eines Fotos, welches im Rahmen eines Beitrags mit der Überschrift "Caroline - was wird jetzt aus ihr? Sie weinte am Grab ihres Vaters. Sie weint am Bett ihres Mannes. Und Monaco macht sich Sorgen um sie" in der von der Beklagten verlegten Zeitschrift NEUE REVUE Nr. 17/05 vom 20. April 2005 erschienen ist. Auf dem Bild sitzen die Klägerin und ihr Ehemann auf der Terrasse eines Hotels vor mehreren leeren Gläsern am Tisch. Sie hebt eine Flasche an. Die Bildnebenschrift lautet: "2003, Zürs am Arlberg, Sonnenterrasse, ca. 13 Uhr. Die Gläser sind leer. Caroline prüft, ob in der Flasche noch Wein ist." Der mit der Aufnahme eingeleitete Bericht befasst sich damit, dass der Ehemann der Klägerin wie im Rausch lebe. Eine Überschrift in Fettdruck lautet: "Weißwein in der Strandbar. Rotwein im Sporthotel. Und zur Entgiftung nach Meran". Der Ehemann der Klägerin sei mit ihr vor fünf Jahren in einer Entgiftungsklinik P. an der Mosel gewesen. Seine lebensgefährliche Bauchspeicheldrüsenentzündung habe zur Krankenhauseinweisung geführt und zur Folge, dass er nie wieder trinken dürfe. Hervorgehoben ist: "Ärzte warnen: Kein Tropfen Alkohol mehr für Prinz Ernst August, sonst ..."

Die Klage hatte in beiden Tatsacheninstanzen Erfolg. Mit der vom Berufungsgericht zugelassenen Revision verfolgt die Beklagte ihr Ziel einer Klageabweisung weiter.

Entscheidungsgründe

I. Das Berufungsgericht hat zur Begründung seines Urteils im Wesentlichen ausgeführt, der Klägerin stehe ein Anspruch aus §§ 823 Abs. 2, 1004 Abs. 1 Satz 2 BGB in Verbindung mit §§ 22, 23 KUG zu. Es könne unterstellt werden, dass sie als so genannte absolute Person der Zeitgeschichte grundsätzlich die Veröffentlichung eines Bildes auch ohne Einwilligung hinnehmen müsse. Die Veröffentlichung verletze jedoch die schutzwürdige Privatsphäre der Klägerin (§ 23 Abs. 2 KUG). Bei der Frage, in welchem Umfang einer in der Öffentlichkeit stehenden Person Schutz vor der Veröffentlichung von Bildnissen zuzubilligen sei, sei abzuwägen zwischen dem Persönlichkeitsrecht des Betroffenen einerseits und dem Informationsinteresse der Allgemeinheit sowie der Pressefreiheit auf der anderen Seite. Dabei sei insbesondere der Schutzumfang von Art. 8 EMRK in der Bestimmung durch die Entscheidung des Europäischen Gerichtshofs für Menschenrechte (künftig: EGMR) vom 24. Juni 2004 zu beachten. Vorliegend sei davon auszugehen, dass sich die Klägerin nicht an einem belebten Ort unter vielen Menschen aufgehalten habe, als das beanstandete Bild aufgenommen worden sei. Auf dem Foto seien außer der Klägerin und ihrem Ehemann keine weiteren Personen zu sehen. Ob auf der Aufnahme, aus der das veröffentlichte Bild ausgeschnitten worden sei, eine weitere Person abgebildet sei, sei nicht sicher zu erkennen; sie lasse jedenfalls nicht den Schluss zu, die Klägerin habe sich an einem belebten Ort unter vielen Personen befunden. Dass der Tisch des Ehepaars von der öffentlichen Straße aus einsehbar sei, sei nicht substantiiert vorgetragen und auch nur von Bedeutung, wenn sich auf dieser Straße viele Menschen aufhielten. Die Beklagte habe im Einzelnen vortragen müssen, wie die Sichtverhältnisse bei Entstehung der Aufnahme gewesen seien.

Bei Beachtung der vom EGMR in der genannten Entscheidung aufgestellten Grundsätze für die Abwägung der gegensätzlichen Interessen greife die Veröffentlichung der Aufnahme rechtswidrig in das Recht der Klägerin am eigenen Bild ein. Ein Unterhaltungsinteresse der Leser der Zeitschrift NEUE REVUE an Leben, Feriengestaltung und Konsumverhalten der Klägerin und ihres Ehemannes rechtfertige nicht die erhebliche Einschränkung der Klägerin, wenn sie in offensichtlich privaten Lebensbereichen abseits der breiten Öffentlichkeit die Erstellung und Veröffentlichung von Fotos ohne ihre Einwilligung hinnehmen müsste. Anderes ergebe sich nicht daraus, dass sich der bebilderte Bericht mit der lebensgefährlichen Erkrankung des Ehemannes befasse.

II. Diese Beurteilung des Berufungsgerichts hält revisionsrechtlicher Nachprüfung im Ergebnis stand.

1. Der erkennende Senat hat nach Erlass des Berufungsurteils in mehreren Entscheidungen zum abgestuften Schutzkonzept der §§ 22, 23 KUG bei Bildveröffentlichungen von "Prominenten" unter Berücksichtigung der Rechtsprechung des EGMR und des Bundesverfassungsgerichts Stellung genommen (vgl. Senat, BGHZ 174, 262 ff.; Urteile vom 19. Oktober 2004 - VI ZR 292/03 - VersR 2005, 84 ff.; vom 15. November 2005 - VI ZR 286/04 - VersR 2006, 274 ff.; vom 6. März 2007 - VI ZR 13/06 - VersR 2007, 697, 698 f. und - VI ZR 51/06 - NJW 2007, 1977 ff.; vom 19. Juni 2007 - VI ZR 12/06 - VersR 2007, 1135 ff.; vom 3. Juli 2007 - VI ZR 164/06 - VersR 2007, 1283 ff.; vom 13. November 2007 - VI ZR 269/06 - NJW 2008, 1593 ff.; vom 24. Juni 2008 - VI ZR 156/06 - VersR 2008, 1268 ff.; vom 1. Juli 2008 - VI ZR 67/08 - WRP 2008, 1367 ff. und - VI ZR 243/06 - WRP 2008, 1363 ff.). Verfassungsrechtliche Beanstandungen haben sich insoweit nicht ergeben (vgl. BVerfG, Beschluss vom 26. Februar 2008 - 1 BvR 1602/07 u.a. - NJW 2008, 1793 ff.).

Nach diesem abgestuften Schutzkonzept dürfen Bildnisse einer Person grundsätzlich nur mit Einwilligung des Abgebildeten verbreitet werden (§ 22 KUG); hiervon macht § 23 Abs. 1 Nr. 1 KUG eine Ausnahme, wenn es sich um Bildnisse aus dem Bereich der Zeitgeschichte handelt. Auch bei Personen, die unter dem Blickwinkel des zeitgeschichtlichen Ereignisses im Sinn des § 23 Abs. 1 Nr. 1 KUG an sich ohne ihre Einwilligung die Verbreitung ihres Bildnisses dulden müssten, ist die Verbreitung einer Abbildung aber dann nicht zulässig, wenn hierdurch berechtigte Interessen des Abgebildeten verletzt werden (§ 23 Abs. 2 KUG).

Maßgebend für die Frage, ob es sich um ein Bildnis aus dem Bereich der Zeitgeschichte handelt, ist der Begriff des Zeitgeschehens. Dieser Begriff darf nicht zu eng verstanden werden. Im Hinblick auf den Informationsbedarf der Öffentlichkeit umfasst er nicht nur Vorgänge von historisch-politischer Bedeutung, sondern ganz allgemein das Zeitgeschehen, also alle Fragen von allgemeinem gesellschaftlichem Interesse. Er wird mithin vom Interesse der Öffentlichkeit bestimmt. Das Informationsinteresse besteht indes nicht schrankenlos. Vielmehr wird der Einbruch in die persönliche Sphäre des Abgebildeten durch den Grundsatz der Verhältnismäßigkeit begrenzt, so dass eine Berichterstattung keineswegs immer zulässig ist. Wo konkret die Grenze für das berechtigte Informationsinteresse der Öffentlichkeit an der aktuellen Berichterstattung zu ziehen ist, lässt sich nur unter Berücksichtigung der jeweiligen Umstände des Einzelfalls entscheiden.

Zum Kern der Presse- und der Meinungsbildungsfreiheit gehört, dass die Presse in den gesetzlichen Grenzen einen ausreichenden Spielraum besitzt, innerhalb dessen sie nach ihren publizistischen Kriterien entscheiden kann, was sie des öffentlichen Interesses für wert hält, und dass sich im Meinungsbildungsprozess herausstellt, was eine Angelegenheit von öffentlichem Interesse ist (vgl. Senat, Urteile vom 15. November 2005 - VI ZR 286/04 - aaO, 275; vom 6. März 2007 - VI ZR 51/06 - aaO, 1979 f.; BVerfG, BVerfGE 101, 361, 392). Auch der EGMR hat in seinem Urteil vom 24. Juni 2004 (NJW 2004, 2647, 2649 f., §§ 58, 60, 63) die Bedeutung der Pressefreiheit unter Hinweis auf Art. 10 EMRK hervorgehoben und ausgeführt, dass die Presse in einer demokratischen Gesellschaft eine wesentliche Rolle spiele und es ihre Aufgabe sei, Informationen und Ideen zu allen Fragen von Allgemeininteresse weiterzugeben. Das steht mit dem oben dargelegten Begriff der Zeitgeschichte in Einklang.

a) Die Anwendung des § 23 Abs. 1 KUG erfordert hiernach eine Abwägung zwischen den Rechten der Abgebildeten nach Art. 8 Abs. 1 EMRK, Art. 1 Abs. 1, 2 Abs. 1 GG einerseits und den Rechten der Presse aus Art. 10 Abs. 1 EMRK, Art. 5 Abs. 1 GG andererseits. Die Grundrechte der Pressefreiheit (Art. 5 Abs. 1 GG) und des Schutzes der Persönlichkeit (Art. 1 Abs. 1, 2 Abs. 1 GG) sind ihrerseits nicht vorbehaltlos gewährleistet und werden von §§ 22 f. KUG sowie Art. 8 und 10 EMRK beeinflusst, wie der Senat schon mehrfach näher ausgeführt hat (vgl. Urteile vom 1. Juli 2008 - VI ZR 67/08 - aaO und - VI ZR 243/06 - aaO).

b) Die Reichweite des Schutzes des Rechts am eigenen Bild wird davon beeinflusst, ob eine Information in die breite Öffentlichkeit der Massenmedien überführt wird und damit nicht auf einen engen Personenkreis begrenzt bleibt. Andererseits wird das Gewicht der das Persönlichkeitsrecht gegebenenfalls beschränkenden Pressefreiheit davon beeinflusst, ob die Berichterstattung eine Angelegenheit betrifft, welche die Öffentlichkeit wesentlich berührt (vgl. BVerfG, BVerfGE 7, 198, 212; NJW 2006, 1865; EGMR, Urteil vom 17. Oktober 2006, Beschwerde-Nr. 71678/01, Gourguenidze gegen Georgien, § 55). Mit der Entscheidung, ein Bild einer Person abzudrucken und in den Kontext eines bestimmten Berichts zu rücken, nutzen die Medien ihre grundrechtlich geschützte Befugnis, selbst zu entscheiden, was sie für berichtenswert halten. Dabei haben sie jedoch den Persönlichkeitsschutz Betroffener zu berücksichtigen.

Wie das Bundesverfassungsgericht in seinem Beschluss vom 26. Februar 2008 (- 1 BvR 1602/07 u.a. - aaO, 1796) dargelegt hat, können prominente Personen der Allgemeinheit Möglichkeiten der Orientierung bei eigenen Lebensentwürfen bieten sowie Leitbild- oder Kontrastfunktionen erfüllen. Auch die Normalität ihres Alltagslebens kann der Meinungsbildung zu Fragen von allgemeinem Interesse dienen (so bereits BVerfG, BVerfGE 101, 361, 390 f.). Das gilt auch für die Bebilderung unterhaltender Beiträge als einen wesentlichen Bestandteil der Medienbetätigung, der durch die Pressefreiheit geschützt wird, zumal der publizistische und wirtschaftliche Erfolg der Presse auf unterhaltende Inhalte und entsprechende

Abbildungen angewiesen sein kann und die Bedeutung visueller Darstellungen beträchtlich zugenommen hat. Hiernach gilt die Pressefreiheit auch für unterhaltende Beiträge über das Privat- oder Alltagsleben von Prominenten und ihres sozialen Umfelds einschließlich ihnen nahestehender Personen. Allerdings bedarf es gerade bei unterhaltenden Inhalten der begleitenden Texte in besonderem Maß einer abwägenden Berücksichtigung der kollidierenden Rechtspositionen der Betroffenen.

Für die Abwägung zwischen der Pressefreiheit und dem Persönlichkeitsrecht des Betroffenen ist von maßgeblicher Bedeutung, ob die Presse im konkreten Fall eine Angelegenheit von öffentlichem Interesse ernsthaft und sachbezogen erörtert, damit den Informationsanspruch des Publikums erfüllt und zur Bildung der öffentlichen Meinung beiträgt oder ob sie lediglich die Neugier der Leser nach privaten Angelegenheiten prominenter Personen befriedigt (vgl. BVerfG, BVerfGE 34, 269, 283; 101, 361, 391). Insoweit hat das Bundesverfassungsgericht im Beschluss vom 26. Februar 2008 aaO hervorgehoben, dass das Selbstbestimmungsrecht der Presse nicht auch die Entscheidung umfasst, wie das Informationsinteresse zu gewichten ist, sondern diese Gewichtung zum Zweck der Abwägung mit gegenläufigen Interessen der Betroffenen vielmehr im Fall eines Rechtsstreits den Gerichten obliegt. Diese haben allerdings im Hinblick auf das Zensurverbot des Art. 5 Abs. 1 Satz 3 GG von einer inhaltlichen Bewertung - etwa als wertvoll oder wertlos, seriös oder unseriös o.ä. - abzusehen und sind auf die Prüfung beschränkt, in welchem Ausmaß der Bericht einen Beitrag für die öffentliche Meinungsbildung erbringen kann.

c) Der Informationswert einer Bildberichterstattung ist, soweit das Bild nicht schon als solches eine für die öffentliche Meinungsbildung bedeutsame Aussage enthält, im Kontext der dazugehörenden Wortberichterstattung zu ermitteln (vgl. Senat, BGHZ 158, 218, 223; Urteil vom 19. Oktober 2004 - VI ZR 292/03 - VersR 2005, 84, 85 f.). Beschränkt sich der begleitende Bericht allerdings darauf, lediglich einen Anlass für die Abbildung prominenter Personen zu schaffen, ohne dass die Berichterstattung einen Beitrag zur öffentlichen Meinungsbildung erkennen lässt (vgl. hierzu das Urteil des erkennenden Senats vom 1. Juli 2008 - VI ZR 243/06 - aaO, 1366), ist es nicht angezeigt, dem Veröffentlichungsinteresse den Vorrang vor dem Persönlichkeitsschutz einzuräumen.

d) Daneben sind bei einer Bildberichterstattung für die Gewichtung der Belange des Persönlichkeitsschutzes auch der Anlass und die zur Darlegungslast der Presse stehenden Umstände (vgl. BVerfG, Beschluss vom 26. Februar 2008 - 1 BvR 1602/07 u.a. - aaO) zu berücksichtigen, unter denen die Aufnahme entstanden ist, etwa unter Ausnutzung von Heimlichkeit oder beharrlicher Nachstellung. Auch ist bedeutsam, in welcher Situation der Betroffene erfasst und wie er dargestellt wird. Die Beeinträchtigung des Persönlichkeitsrechts wiegt schwerer, wenn die visuelle

Darstellung durch Ausbreitung von üblicherweise öffentlicher Erörterung entzogenen Einzelheiten des privaten Lebens thematisch die Privatsphäre berührt oder wenn der Betroffene nach den Umständen typischer Weise die berechtigte Erwartung haben durfte, nicht in den Medien abgebildet zu werden. Das kann nicht nur bei einer durch räumliche Privatheit geprägten Situation, sondern außerhalb örtlicher Abgeschiedenheit auch in Momenten der Entspannung oder des Sich-Gehen-Lassens außerhalb der Einbindung in die Pflichten des Berufs und des Alltags der Fall sein.

2. a) Diese Grundsätze sind auf Abbildungen der Klägerin anzuwenden, da sie als Person des öffentlichen Interesses anzusehen ist ("personnage public / public figure" in Abgrenzung zur "personnalité politique / politician" einerseits und "personne ordinaire / ordinary person" andererseits, vgl. EGMR, Urteile vom 11. Januar 2005, Beschwerde-Nr. 50774/99, Sciacca gegen Italien, §§ 27 ff. und vom 17. Oktober 2006 - Beschwerde-Nr. 71678/01, Gourguenidze gegen Georgien, § 57). Diese Einstufung hat nach den Ausführungen des Bundesverfassungsgerichts zur Folge, dass über eine solche Person in größerem Umfang berichtet werden darf als über andere Personen, wenn die Information einen hinreichenden Nachrichtenwert mit Orientierungsfunktion im Hinblick auf eine die Allgemeinheit interessierende Sachdebatte hat und in die Abwägung keine schwerwiegenden Interessen des Betroffenen einzustellen sind, die einer Veröffentlichung entgegenstehen.

b) Für den Streitfall führt das zu folgender Abwägung:

aa) Das von der Beklagten veröffentlichte Foto zeigt die Klägerin mit ihrem Ehemann laut Bildnebenschrift im Jahre 2003 auf einer Sonnenterrasse in Zürs am Arlberg. Das Bild ist unstreitig während des Erholungsaufenthalts der Eheleute entstanden, der auch bei "Prominenten" zum grundsätzlich geschützten Kernbereich der Privatsphäre gehört. Die begleitende Wortberichterstattung betrifft darüber hinaus die schwere Erkrankung des Ehemannes an einer Entzündung der Bauchspeicheldrüse und lässt anklingen, dass diese durch übermäßigen Alkoholgenuss verursacht sein kann. Sie hat damit jedoch auch bei großzügigem Verständnis keinen Bezug zu einem zeitgeschichtlichen Ereignis, sondern befasst sich ausschließlich mit der Privatsphäre der Klägerin. Zu dieser gehört - was allerdings bei einem besonderen Personenkreis wie beispielsweise wichtigen Politikern, Wirtschaftsführern oder Staatsoberhäuptern anders sein kann (vgl. Senat, Urteil vom 6. März 2007 - VI ZR 51/06 - aaO, 1980) - nicht nur eine eigene Erkrankung (vgl. Senat, Urteil vom 5. Dezember 1995 - VI ZR 332/94 - VersR 1996, 339, 340; BVerfGE 32, 373, 379 f.; 101, 361, 382), sondern auch die Erkrankung eines engen Familienmitglieds. Selbst wenn unter dem Blickpunkt gesundheitlicher Schäden durch Alkoholmissbrauch ein Informationsinteresse der Öffentlichkeit am Zusammenhang zwischen diesem und Erkrankungen der Bauchspeicheldrüse bejaht werden könnte, steht hier der beanstandeten Veröffentlichung das Interesse der Klägerin am Schutz der eigenen Privatsphäre entgegen, zu der auch - mit den oben erwähnten Ausnahmen - der Gesundheitszustand gehört, also ihr Interesse am Schutz privater Vorgänge, die - wie das Bundesverfassungsgericht formuliert hat (NJW 2008, 39, 44) - einfach nichts in der Öffentlichkeit zu suchen haben. Daran vermag nach Auffassung des erkennenden Senats auch der Bekanntheitsgrad der Klägerin nichts zu ändern, weil es beim Gesundheitszustand ihres Mannes um eine höchstpersönliche Angelegenheit geht und nicht ersichtlich ist, weshalb dieser im konkreten Fall von Interesse für die Öffentlichkeit sein könnte (zu möglichen Ausnahmen vgl. Senat, BGHZ 171, 275, 286 f.). Auch der gleichzeitige Tod des Vaters der Klägerin ändert hieran nichts.

Bei dieser Sachlage haben die Rechte der Presse aus Art. 10 EMRK, Art. 5 Abs. 1 GG im Streitfall hinter den Schutz des Persönlichkeitsrechts der Klägerin (Art. 8 EMRK, Art. 1 Abs. 1, 2 Abs. 1 GG) zurückzutreten.

bb) Entgegen der Ansicht der Revision ändert sich an diesem Ergebnis nichts dadurch, dass der Ehemann der Klägerin sich nach seiner Erkrankung im April 2005, also geraume Zeit nach Entstehen der beanstandeten Aufnahme und zwei Tage nach Erscheinen des mit dieser bebilderten Artikels, in Interviews zu seiner Erkrankung geäußert hat.

Zwar kann man sich im Allgemeinen nicht auf ein Recht zur Privatheit hinsichtlich solcher Tatsachen berufen, die man selbst der Öffentlichkeit preisgegeben hat (vgl. BVerfG, BVerfGE 101, 361, 385; Senat, Urteile vom 9. Dezember 2003 - VI ZR 373/02 - VersR 2004, 522, 524 und - VI ZR 404/02 - VersR 2004, 525, 526). Der Schutz der Privatsphäre vor öffentlicher Kenntnisnahme entfällt nämlich, soweit sich jemand selbst damit einverstanden zeigt, dass bestimmte, gewöhnlich als privat geltende Angelegenheiten öffentlich gemacht werden; die Erwartung, dass die Öffentlichkeit die Angelegenheiten oder Verhaltensweisen in einem Bereich mit Rückzugsfunktion nur begrenzt oder nicht zur Kenntnis nimmt, muss situationsübergreifend und konsistent zum Ausdruck gebracht werden (BVerfG, BVerfGE 101, 361, 385; Senat, Urteil vom 19. Oktober 2004 - VI ZR 292/03 - VersR 2005, 84, 85 f.). Dies gilt auch und insbesondere für den Bildnisschutz bei Anwendung der §§ 22, 23 KUG. Die beanstandete Aufnahme stammt indes aus einer Zeit, in der der Ehemann der Klägerin seine Privatsphäre noch nicht preisgegeben hatte, so dass eine Veröffentlichung mangels eines berechtigten Informationsinteresses rechtswidrig war. Nach allem kommt es nicht darauf an, ob bereits die beanstandete Aufnahme unter Verletzung der Privatsphäre entstanden ist, nämlich unter Umständen, die schon für sich genommen die Veröffentlichung unzulässig machen (vgl. BVerfG, BVerfGE 101, 361, 394 f.; NJW 2008, 1793, 1797), ob also hier auch der Schutz vor heimlich gefertigten Aufnahmen eingreift, wobei es gegebenenfalls zur Darlegungs- und Beweislast der Beklagten stünde, unter welchen Umständen die jeweilige Aufnahme entstanden ist (vgl. BVerfG aaO 1797).

3. Nach allem ist die Revision der Beklagten mit der Kostenfolge aus § 97 Abs. 1 ZPO zurückzuweisen.

Entscheidungsdatum: 28.10.2008
Aktenzeichen: VI ZR 307/07
Normen: Art 2 Abs 1 GG, Art 5 Abs 1 GG, Art 8 MRK, Art 10 MRK, § 22
KunstUrhG
Bildberichterstattung über den Strafvollzug bei einem bekannten Schauspieler

Leitsatz

Eine Bildberichterstattung über den Strafvollzug bei einem bekannten Filmschauspieler kann auch ohne dessen Einwilligung durch ein Bedürfnis nach demokratischer Kontrolle der Strafvollstreckungsbehörden gestattet sein.

Tenor

Die Revision gegen das Urteil des 9. Zivilsenats des Kammergerichts Berlin vom 4. Dezember 2007 wird auf Kosten des Klägers zurückgewiesen.

Von Rechts wegen

Tatbestand

Der Kläger ist Schauspieler und Moderator. Er wurde im November 2004 rechtskräftig wegen Betrugs zu einer Freiheitsstrafe von 2 Jahren und 10 Monaten verurteilt. Die Beklagte verlegt die "Bild"-Zeitung. In der Ausgabe dieser Zeitung vom 11. November 2005 wurde auf Seite 3 unter der Überschrift "Hier schlendert K. S. in die Freiheit" berichtet, dass der Kläger die Haftanstalt schon zwei Wochen nach Haftantritt für einen Tag wieder verlassen habe, um seine Familie zu besuchen. Der Artikel wurde eingeleitet mit dem fett gedruckten Satz "Hallo Knacki, warum bist du nicht mehr im Gefängnis?"; er hatte folgenden Wortlaut:

"Gestern, 11.39 Uhr vor der Haftanstalt H. Mit einer Reisetasche in der Hand verlässt TV-Star K. S. (45, "Hallo Robbie") das Gefängnis. Dabei sitzt der Schauspieler erst seit zwei Wochen seine Haftstrafe (2 Jahre 10 Monate) ab. Warum darf er den Knast verlassen? Ein Justizsprecher: 'Nach einer Prüfung hat er sich als geeignet für den Offenen Vollzug erwiesen. Als erste Lockerungsmaßnahme haben wir ihm deshalb Ausgang erteilt. Das wird gemacht, damit ein Häftling zum Beispiel seine sozialen Bindungen aufrecht erhalten kann.' Nach Bild-Informationen besuchte S. seine Ehefrau und seinen Sohn, führte auch Job-Gespräche. Die gute Nachricht für S. Das ZDF will ab nächsten April eine neue Staffel der Erfolgs-Serie 'Hallo Robbie' (durchschnittlich fast 5 Mio. Zuschauer) drehen. Ein ZDF-Sprecher: 'Wenn es die Umstände für Herrn S. zulassen, planen wir mit ihm in der

Hauptrolle.' Voraussetzung dafür: S. muss Freigänger werden, dürfte dann tagsüber für das ZDF drehen. So weit ist es aber noch nicht: Gestern Abend musste S. wieder zurück ins Gefängnis. Sein Ausgang galt nur bis 17.30 Uhr."

Illustriert ist der in der Sache zutreffende Artikel mit zwei Aufnahmen des Klägers, die ihn mit einer Reisetasche auf der Straße gehend und beim Einsteigen in ein Auto zeigen und mit der Bildunterschrift "Knast-Ausgang für TV-Star K. S. (45): Mit einer Reisetasche verlässt er das Gefängnis in H." versehen sind. Die Fotos sind am 10. November 2005 vor der Haftanstalt in der beschriebenen Situation entstanden.

Der Kläger begehrte in den vorhergehenden Instanzen von der Beklagten die Unterlassung der Veröffentlichung von ihn abbildenden Fotos wie in der "Bild"-Zeitung vom 11. November 2005 geschehen. Er ist der Auffassung, der Abdruck der Fotos stelle einen rechtswidrigen Eingriff in sein allgemeines Persönlichkeitsrecht dar. Gegen die Wortberichterstattung wendet er sich nicht. Die Beklagte beruft sich auf die Pressefreiheit und hält die Veröffentlichung der Fotos wegen des berechtigten Informationsinteresses der Öffentlichkeit für zulässig.

Das Landgericht hat der Klage stattgegeben. Auf die Berufung der Beklagten hat das Kammergericht dieses Urteil aufgehoben und die Klage abgewiesen. Mit der vom Berufungsgericht zugelassenen Revision begehrt der Kläger die Aufhebung des klagabweisenden Berufungsurteils und die Wiederherstellung des Urteils des Landgerichts mit der Maßgabe, dass der Beklagten lediglich untersagt werden soll, die auf Seite 3 der "Bild"-Zeitung vom 11. November 2005 veröffentlichen Fotos, die den Kläger zeigen, erneut zu veröffentlichen.

Entscheidungsgründe

I. Das Berufungsgericht verneint einen Unterlassungsanspruch des Klägers, da die Beklagte nicht rechtswidrig in das Recht des Klägers am eigenen Bild eingegriffen habe. Zwar habe keine Einwilligung des Klägers in die Veröffentlichung der Fotos vorgelegen, diese stellten jedoch Bildnisse aus dem Bereich der Zeitgeschichte gemäß § 23 Abs. 1 Nr. 1 KUG dar. Berechtigte Interessen des Klägers nach § 23 Abs. 2 KUG würden durch den Abdruck nicht verletzt. Angesichts des öffentlichen Berichterstattungsinteresses müsse das Recht des Klägers auf Privatheit im Alltag zurücktreten, die Privatsphäre des Klägers sei durch die Veröffentlichung ohnehin nicht betroffen. Die Bildberichterstattung sei rechtmäßig, da ihr im Zusammenhang mit der Wortberichterstattung Informationswert zukomme. Der Kläger habe in der Vergangenheit selbst das Interesse der Öffentlichkeit geweckt, die Fotos stellten ihn nicht ungünstig dar, sie seien nicht unter den Kläger besonders belastenden Umständen entstanden. Auch der Gesichtspunkt der Resozialisierung führe nicht dazu, dass das öffentliche Berichterstattungsinteresse zurückstehen müsse.

II. Die zulässigerweise auf das Verbot erneuter Veröffentlichung der auf Seite 3 der "Bild"-Zeitung vom 11. November 2005 veröffentlichten Aufnahmen des Klägers beschränkte Revision (BGH, Urteile vom 28. September 1989 - IX ZR 180/88 - WM 1989, 1873, 1875; vom 28. Februar 1991 - I ZR 94/89 - MDR 1991, 1160 f.) hat keinen Erfolg. Die vom Kläger nicht angegriffene Wortberichterstattung durfte mit den streitgegenständlichen Fotos bebildert werden.

1. Das Berufungsgericht hat in Übereinstimmung mit der Rechtsprechung des erkennenden Senats die Zulässigkeit der Bildveröffentlichung nach dem abgestuften Schutzkonzept der §§ 22, 23 KUG beurteilt (vgl. Senat, Urteile vom 19. Oktober 2004 - VI ZR 292/03 - VersR 2005, 84; vom 15. November 2005 - VI ZR 286/04 - VersR 2006, 274; vom 6. März 2007 - VI ZR 13/06 - VersR 2007, 697; vom 6. März 2007 - VI ZR 51/06 - VersR 2007, 957; vom 19. Juni 2007 - VI ZR 12/06 - VersR 2007, 1135; vom 3. Juli 2007 - VI ZR 164/06 - VersR 2007, 1283; vom 14. Oktober 2008 - VI ZR 271/06 -, - VI ZR 272/06 -, - VI ZR 256/06 - und - VI ZR 260/06 -, sämtlich z.V.b.), das sowohl verfassungsrechtlichen Vorgaben (vgl. BVerfGE 101, 361, 386 f.; BVerfG, NJW 2001, 1921, 1923; NJW 2006, 2835 f.; NJW 2008, 1793, 1795, 1798), als auch der Rechtsprechung des Europäischen Gerichtshofs für Menschenrechte (künftig: EGMR) entspricht (vgl. EGMR, NJW 2004, 2647, 2648 f. von Hannover gegen Deutschland und NJW 2006, 591, 592 Karhuvaara und Iltalehti gegen Finnland).

Revisionsrechtlich nicht zu beanstanden ist der Ausgangspunkt des Berufungsurteils, dass der Kläger nicht in die Veröffentlichung der Aufnahmen eingewilligt hat. Bei den von der Beklagten abgedruckten Fotos handelt es sich aber - wie das Berufungsgericht im Ergebnis zutreffend feststellt - um Bildnisse aus dem Bereich der Zeitgeschichte gemäß § 23 Abs. 1 Nr. 1 KUG, die auch ohne Einwilligung des Abgebildeten verbreitet werden dürfen, weil ihrer Veröffentlichung kein berechtigtes Interesse des Klägers im Sinne von § 23 Abs. 2 KUG entgegensteht.

2. Das Berufungsgericht hat zwar, was die Revision mit Recht beanstandet, bei der Beurteilung, ob Bildnisse aus dem Bereich der Zeitgeschichte vorliegen, keine Abwägung zwischen den Rechten des Abgebildeten aus Art. 1 Abs. 1, 2 Abs. 1 GG, Art. 8 Abs. 1 EMRK und den Rechten der Presse aus Art. 5 Abs. 1 GG, Art. 10 Abs. 1 EMRK vorgenommen. Eine solche Abwägung ist schon bei der Prüfung des § 23 Abs. 1 KUG durchzuführen, weil diese Vorschrift nach Sinn und Zweck der Regelung und nach der Intention des Gesetzgebers in Ausnahme von dem Einwilligungserfordernis des § 22 KUG Rücksicht auf das Informationsinteresse der Öffentlichkeit und auf die Rechte der Presse nimmt. Dabei ist der Beurteilung ein normativer Maßstab zu Grunde zu legen, welcher der Pressefreiheit und zugleich dem Schutz der Persönlichkeit und ihrer Privatsphäre ausreichend Rechnung trägt (Senat, Urteile vom 6. März 2007 - VI ZR 51/06 - VersR 2007, 957, 958 m.w.N. und vom 19. Juni 2007 - VI ZR 12/06 - VersR 2007, 1135, 1136).

3. Das angefochtene Urteil hält jedoch den Angriffen der Revision im Ergebnis stand. Die erforderliche Abwägung kann der erkennende Senat selbst vornehmen, da keine weiteren Tatsachenfeststellungen erforderlich sind.

a) Der Kläger ist aufgrund seiner langjährigen Tätigkeit als Schauspieler und Moderator als Person des öffentlichen Interesses anzusehen (vgl. zur Abgrenzung zwischen "personnage public"/"public figure" einerseits im Unterschied zur "personnalité politique"/"politician" und "personne ordinaire"/"ordinary person" andererseits EGMR, Urteile vom 11. Januar 2005, Beschwerde Nr. 50774/99, Sciacca gegen Italien §§ 27 ff.; vom 17. Oktober 2006, Beschwerde Nr. 71678/01, Gourguenidze gegen Georgien § 55). Diese Einstufung hat nach der Rechtsprechung des Bundesverfassungsgerichts und des EGMR zur Folge, dass über eine solche Person in größerem Umfang berichtet werden darf als über andere Personen, wenn die Information einen hinreichenden Nachrichtenwert mit Orientierungsfunktion im Hinblick auf eine die Allgemeinheit interessierende Sachdebatte hat und die Abwägung keine schwerwiegenden Interessen des Betroffenen ergibt, die einer Veröffentlichung entgegenstehen (BVerfG, NJW 2008, 1793, 1796, 1800; EGMR, Urteile vom 11. Januar 2005, Beschwerde Nr. 50774/99, Sciacca gegen Italien §§ 27 ff. und vom 17. Oktober 2006, Beschwerde Nr. 71678/01, Gourguenidze gegen Georgien § 57).

Maßgebend für die Frage, ob es sich bei den veröffentlichten Fotos um Bildnisse aus dem Bereich der Zeitgeschichte gemäß § 23 Abs. 1 Nr. 1 KUG handelt, ist das Zeitgeschehen. Dieses ist vom Informationsinteresse der Öffentlichkeit her zu bestimmen und umfasst nicht nur Vorgänge von historisch-politischer Bedeutung oder spektakuläre und ungewöhnliche Vorkommnisse, sondern ganz allgemein alle Fragen von allgemeinem gesellschaftlichem Interesse. Auch durch unterhaltende Beiträge kann Meinungsbildung stattfinden; solche Beiträge können die Meinungsbildung unter Umständen sogar nachhaltiger anregen und beeinflussen als sachbezogene Informationen (vgl. Senat, Urteile vom 9. Dezember 2003 - VI ZR 373/02 - VersR 2004, 522, 523 - mit Anmerkung v. Gerlach JZ 2004, 625 - und vom 6. März 2007 - VI ZR 51/06 - VersR 2007, 957, 958; BVerfGE 101, 361, 389 f.; BVerfG, NJW 2001, 1921, 1923; BVerfG, NJW 2006, 2836, 2837; BVerfG, NJW 2008, 1793, 1799). Selbst die Normalität des Alltagslebens prominenter Personen darf der Öffentlichkeit vor Augen geführt werden, wenn dies der Meinungsbildung zu Fragen von allgemeinem Interesse dienen kann (BVerfG, NJW 2008, 1793, 1796).

Das Informationsinteresse der Öffentlichkeit besteht jedoch nicht schrankenlos. Der Einbruch in die persönliche Sphäre des Abgebildeten wird durch den Grundsatz der Verhältnismäßigkeit begrenzt, so dass eine Berichterstattung keineswegs immer zulässig ist. Nicht alles, wofür sich die Menschen aus Langeweile, Neugier und Sensationslust interessieren, rechtfertigt dessen visuelle Darstellung in der breiten Medienöffentlichkeit. Wo konkret die Grenze für das berechtigte Informationsinteresse der Öffentlichkeit an der aktuellen Berichterstattung zu ziehen ist, lässt sich nur unter Berücksichtigung der jeweiligen Umstände des Einzelfalls entscheiden (Senat, Urteil vom 19. Juni 2007 - VI ZR 12/06 - VersR 2007, 1135, 1136).

Dabei gehört es zum Kern der Pressefreiheit, dass die Presse innerhalb der gesetzlichen Grenzen einen ausreichenden Spielraum besitzt, in dem sie nach ihren publizistischen Kriterien entscheiden kann, was öffentliches Interesse beansprucht (Senat, Urteile vom 15. November 2005 - VI ZR 286/04 - VersR 2006, 274, 275; vom 6. März 2007 - VI ZR 51/06 - VersR 2007, 957, 958; BVerfGE 101, 361, 392; BVerfG, NJW 2008, 1793, 1794; vgl. EGMR, NJW 2006, 591, 592 Karhuvaara und Iltalehti gegen Finnland). Dazu zählt auch die Entscheidung, ob und wie ein Presseerzeugnis bebildert wird (BVerfGE 101, 361, 389; BVerfG, NJW 2008, 1793, 1794; EGMR, NJW 2004, 2647, 2649 von Hannover gegen Deutschland; Urteil vom 14. Dezember 2006, Beschwerde Nr. 10520/02, Verlagsgruppe News GmbH gegen Österreich Nr. 2 § 29). Bildaussagen nehmen an dem verfassungsrechtlichen Schutz des Berichts teil, dessen Bebilderung sie dienen (BVerfG, NJW 2008, 1793, 1794). Eine solche Personalisierung bildet ein wichtiges publizistisches Mittel zur Erregung von Aufmerksamkeit (BVerfGE 101, 361, 390). Sie weckt vielfach erst das Interesse an Problemen und begründet den Wunsch nach Sachinformationen (BVerfG, NJW 2008, 1793, 1797). Prominente Personen stehen überdies für bestimmte Wertvorstellungen und Lebenshaltungen. Sie werden zu Kristallisationspunkten für Zustimmung oder Ablehnung und erfüllen Leitbild- oder Kontrastfunktion. Darin hat das öffentliche Interesse an den verschiedensten Lebensbezügen solcher Personen seinen Grund (BVerfGE 101, 361, 390; BVerfG, NJW 2008, 1793, 1796).

b) Mit der Entscheidung, die Fotos des Klägers abzudrucken und in den Kontext der Wortberichterstattung zu rücken, hat die Beklagte ihre grundrechtlich geschützte Befugnis ausgeübt, selbst nach publizistischen Kriterien zu entscheiden, was sie für berichtenswert hält. Diese Freiheit kann durch die Wertung der Revision, die Beklagte habe zu Unrecht ein Interesse des "Durchschnittslesers" an der Berichterstattung angenommen, nicht in Frage gestellt werden.

Die Presse- und Informationsfreiheit ist mit dem allgemeinen Persönlichkeitsrecht desjenigen abzuwägen, in dessen Privatsphäre die Presse unter namentlicher Nennung und Abbildung eingreift. Durch Abwägung der betroffenen Rechtsgüter ist zu ermitteln, ob das Informationsinteresse der Öffentlichkeit den Eingriff in die Privatsphäre nach Art und Reichweite gestattet und ob dieser in angemessenem Verhältnis zur Bedeutung der Berichterstattung steht (vgl. BVerfGE 35, 202, 221). Das Selbstbestimmungsrecht der Presse umfasst nicht auch die Entscheidung, wie das Informationsinteresse zu gewichten ist; diese Gewichtung zum Zweck der Abwägung mit gegenläufigen Interessen der Betroffenen obliegt im Fall eines

Rechtsstreits vielmehr den Gerichten (BVerfG, NJW 2008, 1793, 1796). Diese haben dabei die folgenden Gesichtspunkte zu beachten:

aa) Es muss eine Interessenabwägung stattfinden zwischen dem Informationsinteresse der Öffentlichkeit einerseits und dem Interesse des Abgebildeten an dem Schutz seiner Privatsphäre andererseits. Die Bedeutung des Informationswerts der Berichterstattung für die Interessenabwägung hat der erkennende Senat schon in früheren Entscheidungen hervorgehoben (Senat, Urteile vom 9. Dezember 2003 - VI ZR 373/02 - VersR 2004, 522, 523 m.w.N.; vom 6. März 2007 - VI ZR 51/06 - VersR 2007, 957, 958; vom 19. Juni 2007 - VI ZR 12/06 - VersR 2007, 1135, 1137; vom 14. Oktober 2008 - VI ZR 271/06 -, - VI ZR 272/06 -, - VI ZR 256/06 - und - VI ZR 260/06 -, sämtlich z.V.b.). Je größer der Informationswert für die Öffentlichkeit ist, desto mehr muss das Schutzinteresse dessen, über den informiert wird, hinter den Informationsbelangen der Öffentlichkeit zurücktreten. Umgekehrt wiegt aber auch der Schutz der Persönlichkeit des Betroffenen desto schwerer, je geringer der Informationswert für die Allgemeinheit ist (vgl. BVerfGE 34, 269, 283; Senat, BGHZ 131, 332, 342 f. m.w.N.). Das schließt es freilich nicht aus, dass je nach Lage des Falles für den Informationswert einer Berichterstattung auch der Bekanntheitsgrad des Betroffenen von Bedeutung sein kann (Senat, Urteile vom 15. November 2005 - VI ZR 286/04 - VersR 2006, 274, 275; vom 19. Juni 2007 - VI ZR 12/06 - VersR 2007, 1135, 1137; vgl. BVerfGE 101, 361, 391).

Kommt es mithin für die Abwägung maßgeblich auf den Informationswert der Abbildung an, kann, wenn - wie im Streitfall - die beanstandeten Abbildungen im Zusammenhang mit einer Wortberichterstattung verbreitet worden sind, bei der Beurteilung die zugehörige Wortberichterstattung nicht unberücksichtigt bleiben (BVerfG, NJW 2008, 1793, 1796; so auch EGMR, NJW 2004, 2647, 2650 von Hannover gegen Deutschland; Senat, BGHZ 158, 218, 223; Urteile vom 28. September 2004 - VI ZR 305/03 - VersR 2005, 83; vom 6. März 2007 - VI ZR 13/06 - VersR 2007, 697, 699 und - VI ZR 51/06 - VersR 2007, 957, 959; vom 3. Juli 2007 - VI ZR 164/06 - VersR 2007, 1283, 1284; vom 14. Oktober 2008 - VI ZR 271/06 -, - VI ZR 272/06 -, - VI ZR 256/06 - und - VI ZR 269/06 -, sämtlich z.V.b.).

bb) Bei der Abwägung ist zu beachten, dass die Garantie der Pressefreiheit nicht allein der Presse, sondern in gleicher Weise dem Schutz des Prozesses öffentlicher Meinungsbildung und damit der Meinungsbildungsfreiheit der Bürger dient. Auch nach der Rechtsprechung des EGMR besteht nur wenig Spielraum, die Gewährleistung des Art. 10 Abs. 1 EMRK zurücktreten zu lassen, falls eine Medienberichterstattung einen Bezug zu einer Sachdebatte von allgemeinem Interesse aufweist (vgl. EGMR, NJW 2006, 1645, 1647 f. Pedersen u. Baadsgaard gegen Dänemark; EGMR, Große Kammer, Urteil vom 22. Oktober 2007, Beschwerde Nr. 21279/02 u.a., Lindon u.a. gegen Frankreich, § 45). Dies gilt auch dann, wenn diese Berichterstattung Fotos des Betroffenen beinhaltet, sofern es sich dabei um eine Person des öffentlichen Lebens ("public figure" im Gegensatz zu "ordinary person") handelt (EGMR, Urteil vom 14. Dezember 2006, Beschwerde Nr. 10520/02, Verlagsgruppe News GmbH gegen Österreich Nr. 2 § 40). Denn eine freie Presse hat die Aufgabe, Informationen und Ideen über alle Fragen von öffentlichem Interesse zu vermitteln, Fragen, welche die Rechtspflege betreffen, eingeschlossen, darf dabei aber bestimmte Grenzen nicht überschreiten. Wäre dies nicht so, könnte die Presse nicht ihre bedeutsame Rolle eines "öffentlichen Wachhundes" spielen (EGMR, NJW 2006, 1645, 1648 Pedersen u. Baadsgaard gegen Dänemark). Diese bedeutsame Funktion der Presse kann auch berührt sein, wenn die Berichterstattung eine Verfehlung ohne engeren Bezug zum politischen Leben zum Gegenstand hat (vgl. BVerfG, NJW 2006, 2835, 2836; EGMR, Urteil vom 25. April 2006, Beschwerde Nr. 77551/01, Dammann gegen Schweiz § 54, Urteil vom 24. November 2005, Beschwerde Nr. 53886/00, Tourancheau und July gegen Frankreich § 66).

cc) Art. 5 Abs. 1 GG gebietet allerdings nicht generell zu unterstellen, dass mit jeder visuellen Darstellung aus dem Privat- und Alltagsleben prominenter Personen ein Beitrag zur Meinungsbildung verbunden sei, der es für sich allein rechtfertigte, die Belange des Persönlichkeitsschutzes zurückzustellen. Bei der Abwägung spielt eine entscheidende Rolle, ob die Presse eine neue und wahre Information von allgemeinem Interesse für die öffentliche Meinungsbildung ernsthaft und sachbezogen erörtert und damit einen Beitrag zu irgendeiner Diskussion von allgemeinem Interesse für Staat und Gesellschaft leistet oder ob der Informationswert für die Öffentlichkeit wesentlich in der Unterhaltung ohne gesellschaftliche Relevanz besteht. Im letzten Fall besteht kein berücksichtigenswertes Informationsinteresse der Öffentlichkeit, das eine Bildveröffentlichung entgegen dem Willen des Abgebildeten erlaubte (Senat, Urteil vom 19. Juni 2007 - VI ZR 12/06 - VersR 2007, 1135, 1137; vgl. BVerfGE 7, 198, 212; BVerfGE 101, 361, 391; BVerfG, NJW 2006, 3406, 3407; EGMR, Urteil vom 17. Oktober 2006, Beschwerde Nr. 71678/01, Gourguenidze gegen Georgien, §§ 60 f.).

dd) Betrifft die für die Abwägung zu berücksichtigende Wortberichterstattung eine bereits abgeurteilte Straftat des Abgebildeten, kommt es für die Abwägung mit dem beeinträchtigten Persönlichkeitsrecht neben Art und Weise der Darstellung auch auf Natur und Schwere der Tat und die Person des Täters an (vgl. Senat, Urteil vom 15. November 2005 - VI ZR 286/04 - VersR 2006, 274, 275; BVerfGE 35, 202, 232; BVerfG, NVwZ 2008, 306, 307) sowie darauf, wie lange die Tat bereits zurückliegt und ob ein aktueller Anlass für die Berichterstattung besteht (BVerfG, NVwZ 2008, 306, 307). Dies entspricht auch der Rechtsprechung des EGMR (EGMR, Urteil vom 7. Dezember 2006, Beschwerde Nr. 35841/02, Österreichischer Rundfunk gegen Österreich § 68). Der Einbruch in die persönliche Sphäre darf nicht weiter gehen, als die Befriedigung des Informationsinteresses dies erfordert (BVerfGE 35, 202, 232), er muss in angemessenem Verhältnis zur Schwere des Fehlverhaltens stehen (BVerfG, NVwZ 2008, 306, 307).

Mit zeitlicher Distanz zur Straftat und zum Strafverfahren gewinnt das Recht des Täters "allein gelassen zu werden" und vor einer Reaktualisierung seiner Verfehlung verschont zu bleiben, zunehmende Bedeutung (BVerfGE 35, 202, 233; BVerfG, NJW 2006, 2835; NVwZ 2008, 306, 307). Für die tagesaktuelle Berichterstattung über Straftaten verdient jedoch das Informationsinteresse im Allgemeinen den Vorrang (BVerfGE 35, 202, 231 f.; BVerfG, NVwZ 2008, 306, 307). Dabei reicht aber nicht jeder aus publizistischer Sicht nachvollziehbare Anlass für eine Berichterstattung über den Betroffenen als Rechtfertigung für die Offenlegung einer Vorstrafe aus. Je schwerwiegender das Persönlichkeitsrecht des Betroffenen beeinträchtigt wird, umso dringlicher muss das Informationsinteresse sein, dessen Befriedigung die Berichterstattung dient (BVerfG, NJW-RR 2007, 1191, 1193; BVerfG, NVwZ 2008, 306, 307 m.w.N.). Entscheidend ist, ob die betreffende Berichterstattung eine erhebliche neue oder zusätzliche Beeinträchtigung des Täters zu bewirken geeignet ist (BVerfGE 35, 202, 234) und die Wiedereingliederung des Täters in die Gesellschaft dadurch wesentlich erschwert zu werden droht (BVerfGE 35, 202, 236; BVerfG, NJW 2000, 1859, 1860).

ee) Für die Gewichtung der Belange des Persönlichkeitsschutzes bei der Bildberichterstattung sind zudem die Umstände der Gewinnung der Abbildung, etwa durch Ausnutzung von Heimlichkeit oder beharrliche Nachstellung, zu bedenken sowie, in welcher Situation der Betroffene erfasst und wie er dargestellt wird. Das Gewicht der mit der Abbildung verbundenen Beeinträchtigungen des Persönlichkeitsrechts ist erhöht, wenn die visuelle Darstellung durch Ausbreitung von üblicherweise der öffentlichen Erörterung entzogenen Einzelheiten thematisch die Privatsphäre berührt. Gleiches gilt, wenn der Betroffene typischerweise die berechtigte Erwartung haben durfte, nicht in den Medien abgebildet zu werden oder die Medienberichterstattung den Betroffenen in Momenten der Entspannung oder des Sich-Gehen-Lassens außerhalb der Einbindung in die Pflichten des Berufs und Alltags erfasst (vgl. BVerfG, NJW 2008, 1793, 1797).

4. Diese Grundsätze führen im Streitfall zu folgender Abwägung:

a) Der Ansicht der Revision, es liege keine Berichterstattung über ein zeitgeschichtliches Ereignis vor, kann nicht beigepflichtet werden.

aa) Zwar können die beanstandeten Aufnahmen, die den Kläger mit einer Reisetasche auf offener Strasse gehend und beim Einsteigen in einen Pkw zeigen, für sich keinen besonderen Informationswert beanspruchen. Sie zeigen den Kläger allerdings nicht - wie die Revision meint - lediglich, wie er sich privat in seiner Freizeit bewegt. Ihr Informationsgehalt ist vielmehr nach der ständigen Rechtsprechung des Senats in Zusammenschau mit der sie begleitenden Wortberichterstattung, die der Kläger nicht beanstandet, zu bewerten (vgl. BGHZ 158, 218, 223; Urteile vom 28. September 2004 - VI ZR 305/03 - VersR 2005, 83; vom 6. März

2007 - VI ZR 13/06 - VersR 2007, 697, 699 und - VI ZR 51/06 - VersR 2007, 957, 959; vom 3. Juli 2007 - VI ZR 164/06 - VersR 2007, 1283, 1284; vom 14. Oktober 2008 - VI ZR 271/06 -, - VI ZR 272/06 -, - VI ZR 256/06 - und - VI ZR 269/06 -, sämtlich z.V.b.).

bb) Die Wortberichterstattung befasst sich unter knappem Hinweis auf die Verurteilung des Klägers zu einer unbedingten Freiheitsstrafe mit dem Ablauf des Strafvollzugs, insbesondere der Tatsache, dass dem Kläger bereits zwei Wochen nach Haftantritt Freigang gewährt und seine Unterbringung im offenen Vollzug genehmigt worden sei. Dies stellt ein berichtenswertes Ereignis des Zeitgeschehens dar.

Der Strafvollzug gehört wie das Strafverfahren zum Zeitgeschehen in dem oben dargelegten Sinn (vgl. BVerfGE 35, 202, 230). Der berichtete Vorgang ist auch kein alltägliches, lediglich unter dem Gesichtspunkt der Person des Klägers berichtenswertes Ereignis (vgl. BVerfG, NJW 2006, 2835; OLG Hamburg, AfP 2006, 257 f.). Selbst wenn die Unterbringung im offenen Vollzug nach der gesetzlichen Regelung des § 10 StVollzG im Strafvollzug der Regelfall sein soll, bildet er nicht nur in der Wahrnehmung der Öffentlichkeit, sondern auch in der Praxis tatsächlich die Ausnahme (Calliess/Müller-Dietz, Strafvollzugsgesetz, 11. Aufl., § 10 Rn. 1a; Feest/Lesting, StVollzG, 5. Aufl., § 10 Rn. 6). Schon deshalb besteht in Zusammenschau mit der Prominenz der Person, die von dieser Ausnahme betroffen ist, ein Informationsinteresse der Öffentlichkeit.

Die Abläufe im Strafvollzug sind zudem der öffentlichen Verwaltung zugeordnet, also einem Bereich, in dem die Presse ihre wichtige Funktion als "öffentlicher Wachhund" wahrnimmt (vgl. EGMR Große Kammer, NJW 2004, 1645, 1648 Pedersen u. Baadsgaard/Dänemark § 71 und Urteil vom 24. November 2005, Beschwerde Nr. 53886/00, Tourancheau und July gegen Frankreich § 66). Wird einem Prominenten, der zu einer erheblichen Freiheitsstrafe verurteilt ist, schon alsbald nach Haftantritt die Unterbringung im offenen Vollzug genehmigt und Ausgang gewährt, ist dieser Vorgang wegen des faktischen Ausnahmecharakters des offenen Vollzugs geeignet, ein besonderes Interesse und womöglich sogar Misstrauen zu erwecken. Im Hinblick auf eine etwaige Sonderbehandlung Prominenter im Strafvollzug stellt sich der Vorgang deshalb auch unter dem Aspekt der "Wachhundfunktion" der Presse als berichtenswertes Ereignis dar. An dieser Beurteilung ändert nichts, dass die Abläufe gesetzmäßig waren und in der Presse auch so dargestellt wurden. Auf den vom Berufungsgericht in seiner Beurteilung unzutreffend herangezogenen Aspekt des späten Haftantritts, der - wie die Revision zu Recht einwendet - nicht Gegenstand der Berichterstattung ist, kommt es insoweit nicht an.

An der bildlichen Darstellung gerade des Klägers bestand ein durch ein echtes Informationsbedürfnis hervorgerufenes Interesse der Allgemeinheit. Die Bildberichterstattung ist auch nicht deshalb unzulässig (vgl. OLG Frankfurt, GRUR

1991, 49 f.), weil mit der Person des Klägers etwa beispielhaft ein Beitrag über die Strafvollzugspraxis illustriert wurde. Die Berichterstattung befasst sich vielmehr konkret mit der Person des Klägers im Strafvollzug und mit der Frage, ob er als Prominenter eine Sonderbehandlung erfahre.

b) Die Abwägung der widerstreitenden Rechtspositionen lässt kein Überwiegen des Persönlichkeitsrechts des Klägers erkennen.

aa) Zwar stellt die identifizierende Bildberichterstattung über eine Verurteilung und den Strafvollzug ebenso wie über eine Straftat oder ein Strafverfahren einen erheblichen Eingriff in die Persönlichkeitssphäre des Betroffenen dar, da auch hierdurch sein Fehlverhalten öffentlich bekannt gemacht und seine Person in den Augen des Publikums negativ qualifiziert wird (vgl. BVerfGE 35, 202, 226; BVerfG, NJW 1993, 1463, 1464; NJW 2006, 2835). Der Kläger hat jedoch keinen Anspruch darauf, dass nach rechtskräftigem Urteil über Verurteilung und Strafverbüßung geschwiegen wird. Wer den Rechtsfrieden bricht, durch diese Tat und ihre Folgen Mitmenschen oder Rechtsgüter der Gemeinschaft angreift oder verletzt, muss grundsätzlich dulden, dass das von ihm selbst durch seine Tat hervorgerufene Interesse der Öffentlichkeit an Information auf den dafür üblichen Wegen befriedigt wird (BVerfGE 35, 202, 231 f.). Der Kläger hat durch die Begehung der gravierenden Straftat den Bereich privater Betätigung verlassen und sich selbst zum Gegenstand des Informationsbedürfnisses der Öffentlichkeit gemacht (vgl. Senat, Urteil vom 15. November 2005 - VI ZR 286/04 - VersR 2006, 274, 276).

bb) Die Wortberichterstattung enthält einen gewichtigen Informationswert. Der Schwerpunkt der in der Sache zutreffenden Wortberichterstattung liegt in der Diskussion der Frage, weshalb der Kläger die Justizvollzugsanstalt bereits zwei Wochen nach Inhaftierung verlassen konnte. Daran besteht nicht nur wegen der Schwere der Tat und der Person des Klägers, sondern insbesondere wegen des legitimen demokratischen Bedürfnisses nach Kontrolle der Strafvollstreckungsbehörden ein erhebliches Informationsinteresse der Allgemeinheit. Hinzu kommt, dass nach der zutreffenden Berichterstattung der Kläger seine Karriere als Schauspieler auch während der Haftverbüßung weiter verfolgen wollte und ein Informationsinteresse der Leser nicht nur hieran, sondern auch an der Frage, wie dies trotz Inhaftierung möglich sei, gegeben ist.

cc) Die Bildberichterstattung ist auch kein unverhältnismäßiger Eingriff.

Die mit den Aufnahmen visualisierte Wortberichterstattung setzt sich sachlich mit der Gesetzmäßigkeit der Genehmigung von Ausgang und offenem Vollzug auseinander und enthält weder Informationen über die bereits abgeurteilte Straftat noch gewährt sie Einblicke in Einzelheiten des Privatlebens des Klägers. Sie ist keine bloße Unterhaltung der Leserschaft zur Befriedigung von Neugier, sondern kann zur öffentlichen Diskussion über den offenen Strafvollzug beitragen.

Angesichts der Schwere der Tat und der Person des Betroffenen war die Geneh-migung des offenen Vollzugs ausreichender Anlass für eine Berichterstattung über Verurteilung und Haftantritt. Die Presse durfte hier ihre Funktion als "Wachhund" wahrnehmen und die Öffentlichkeit über das Geschehen und dessen Vorge-schichte angemessen informieren. Dieses tagesaktuelle Informationsinteresse ging über den von der abgeurteilten Straftat vormals geschaffenen Berichterstattungs-anlass hinaus (vgl. BVerfG, NVwZ 2008, 306, 307; OLG Köln, NJW 1987, 1418) und stand in engem Zusammenhang mit der Tat, an die sie erinnern durfte (vgl. OLG Frankfurt, OLGR Frankfurt 2001, 309 juris Rn. 13; OLG Hamburg, NJW-RR 1994, 1439, 1441).

Die Berichterstattung unter namentlicher Nennung des Klägers war durch den Zweck der Berichterstattung unabweisbar geboten und überschreitet die Grenze der Verhältnismäßigkeit nicht. Durch eine anonymisierte Berichterstattung hätte die Presse das konkrete Informationsinteresse an der Frage, ob der Kläger als Pro-minenter im Strafvollzug bevorzugt werde, nicht befriedigen und insoweit ihre meinungsbildenden Aufgaben nicht erfüllen können (vgl. Senat, Urteil vom 21. November 2006 - VI ZR 259/05 - NJW-RR 2007, 619, 620).

Die Veröffentlichung der Fotos bewirkte keinen weiter gehenden Eingriff in das Persönlichkeitsrecht des Klägers als die - nicht beanstandete - Wortberichterstat-tung. Der Kläger ist als Prominenter - anders als Strafgefangene sonst - weithin im Bild bekannt (vgl. EGMR, Urteil vom 11. Januar 2005, Beschwerde Nr. 50774/99, Sciacca gegen Italien § 29). Die Bilder sind - wovon auch die Revision ausgeht - bei dem berichteten Ereignis entstanden. Die Veröffentlichung kontextbezogener Fotos ist als Visualisierung des berichteten Ereignisses nach der Rechtsprechung des BVerfG regelmäßig zulässig (BVerfG, NJW 2001, 1921, 1925). Die verwen-deten Aufnahmen beeinträchtigen den Kläger nicht stärker als kontextneutrale Portraitaufnahmen. Zwar zeigen sie den Kläger in Alltagskleidung beim Gang auf der Straße und beim Einsteigen in ein Auto. Sie haben jedoch keinen eigenständi-gen Verletzungseffekt, stellen den Kläger nicht ungünstig dar und stammen nicht aus seiner Intimsphäre. Überdies geben sie über die Wortberichterstattung hinaus keine Einzelheiten aus dem Leben des Klägers preis und berühren nicht den Kern-bereich seines Privatlebens. Als kontextbezogene Aufnahmen wecken sie ganz be-sonders das Interesse der Leser an der im Bericht enthaltenen Information und unterstreichen mehr als ein kontextneutrales Bild die Authentizität des Berichts (vgl. BVerfG, NJW 2008, 1793, 1797).

dd) Das Berufungsgericht hat bei seiner Abwägung auch nicht Resozialisierungs-gesichtspunkte zu gering gewichtet. Die Bildveröffentlichung mag für den Kläger lästig und peinlich gewesen sein. Das Berufungsgericht hat jedoch ohne Rechts-fehler eine erhebliche Belastung, Stigmatisierung, Ausgrenzung oder gar Pranger-wirkung verneint (vgl. BVerfGE 35, 202, 237; BVerfG, NJW 2000, 1859, 1860;

vgl. auch Senat, Urteil vom 15. November 2005 - VI ZR 286/04 - VersR 2006, 274, 275). Die Bildberichterstattung ist nicht geeignet, eine erhebliche neue oder zusätzliche Beeinträchtigung des Täters zu bewirken (BVerfGE 35, 202, 234). Über das erst ein Jahr zurückliegende Strafverfahren war umfangreich in der Presse berichtet worden, wobei auch der Kläger sich mehrfach selbst zu Wort gemeldet hat. Diese Berichterstattung war der Öffentlichkeit noch gegenwärtig (vgl. BVerfG, NVwZ 2008, 306, 307). Die Resozialisierung des Klägers ist durch die Abbildungen nicht gefährdet. Zwar können die möglichen Folgen eines Berichts für die freie Entfaltung der Persönlichkeit gravierend sein (BVerfG, NJW 2000, 1859, 1860). Vortrag dazu, dass die Berichterstattung über den Ablauf des Strafvollzugs eine bisher nicht vorhandene Ablehnung gegenüber dem Kläger hervorrufen, eine vorhandene Abwehrhaltung oder Missachtung verstärken, eine erreichte innere Stabilisierung des Klägers durch die erneute Konfrontation mit der Tat zerstören oder die Chance des Klägers, sich wieder in die freie Gesellschaft einzugliedern, beeinträchtigen könnte (vgl. BVerfGE 35, 202, 236 f.; BVerfG, NJW 2000, 1859, 1860), legt die Revision nicht dar.

ee) Die Abwägung führt schließlich nicht deshalb zu einem anderen Ergebnis, weil das Vorgehen der Reporter seit dem Haftantritt eine erhebliche Belästigung dargestellt haben mag. Zwar können für die Gewichtung der Belange des Persönlichkeitsschutzes auch die Umstände der Gewinnung der Abbildung, etwa durch beharrliche Nachstellung, bedeutsam sein (vgl. BVerfG, NJW 2008, 1793, 1797; EGMR, NJW 2004, 2647, 2650 von Hannover gegen Deutschland), doch ist es aus Rechtsgründen nicht zu beanstanden, wenn das Berufungsgericht keine Auswirkungen der Belästigungen auf die Fertigung der hier streitgegenständlichen Fotos feststellt und meint, dass der Kläger angesichts des erheblichen Informationsinteresses der Öffentlichkeit die Anwesenheit von Fotografen vor der JVA bei Antritt des ersten Ausgangs hinnehmen musste.

III. Die Kostenentscheidung beruht auf § 97 Abs. 1 ZPO.

Entscheidungsdatum: 17.02.2009
Aktenzeichen: VI ZR 75/08
Normen: § 823 Abs 1 BGB, Art 1 Abs 1 GG, Art 2 Abs 1 GG, Art 5 Abs 1 S 2 GG, § 22 KunstUrhG
Recht am eigenen Bild: Veröffentlichung von im öffentlichen Raum entstandenen Bildern über private Lebensvorgänge

Leitsatz

1. Private Lebensvorgänge sind auch dann Teil der nach den §§ 22, 23 KUG geschützten Privatsphäre, wenn sie im öffentlichen Raum stattfinden und wenn die Abgebildeten einer breiteren Öffentlichkeit bekannt sind. Die Presse darf deshalb über die neue Liebesbeziehung einer prominenten Person in der Regel nicht ohne

deren Einwilligung durch die Beifügung von Fotos berichten, die die Partner zwar in der Öffentlichkeit, aber in erkennbar privaten Situationen zeigen.

2. Die Selbstdarstellung privater Umstände durch Prominente gibt der Presse in der Regel kein Recht, ohne die erforderliche Einwilligung Bilder aus deren privatem Lebenskreis zu veröffentlichen, wenn der Veröffentlichung kein im Rahmen der Abwägung zu berücksichtigendes ausreichendes Informationsinteresse zukommt.

Tenor

Die Revision gegen das Urteil des 10. Zivilsenats des Kammergerichts vom 11. Februar 2008 wird auf Kosten der Beklagten zurückgewiesen.

Von Rechts wegen

Tatbestand

Im April 2006 veröffentlichte die von der Beklagten verlegte Zeitschrift "das neue" einen Artikel, der sich mit dem damaligen Zusammensein von Sabine Christiansen, der Klägerin, mit Norbert Medus, ihrem jetzigen Ehemann, in Paris befasst. Sowohl das Titelblatt der Zeitschrift als auch der Artikel im Innenteil sind mit Fotos bebildert, die beide Personen als Paar zeigen. Titelblatt und Artikel enthalten u. a. den Text: "So verliebt in Paris" und "Wetten, dass sie diesen Mann bald heiratet". Die Klägerin meint, die Veröffentlichung der Bilder verletze ihr allgemeines Persönlichkeitsrecht, und hat deshalb mit der Klage Unterlassung weiterer Veröffentlichungen verlangt.

Das Landgericht hat der Klage stattgegeben. Auf die Berufung der Beklagten hat das Berufungsgericht die Klage hinsichtlich eines zu weit gehenden Unterlassungsantrags teilweise abgewiesen, die weiter gehende Berufung hat es zurückgewiesen. Mit ihrer vom Berufungsgericht zugelassenen Revision verfolgt die Beklagte ihren Antrag auf vollständige Klageabweisung weiter.

Entscheidungsgründe

I. Das Berufungsgericht hat ausgeführt, die Fotos, die die Abgebildeten bei ihrer privaten Freizeit in Paris zeigten und nur aufgrund fortlaufender Beobachtung durch Fotografen entstanden sein könnten, stellten einen Eingriff in den Kernbereich der Privatsphäre der Klägerin dar, den diese nicht hinnehmen müsse, zumal der Artikel wesentlich nur der Unterhaltung gedient habe und ohne erhebliche gesellschaftliche Relevanz gewesen sei. Dabei könne unterstellt werden, dass die den beanstandeten Bildern beigefügte Wortberichterstattung insoweit ein Ereignis von

380

zeitgeschichtlicher Bedeutung betreffe, als Herr Medus als neuer Partner der Klägerin vorgestellt werde. Es könne davon ausgegangen werden, dass im Berichtszeitpunkt ein gesteigertes Interesse der Öffentlichkeit daran bestanden habe, dass es einen neuen Partner im Leben der Klägerin gab, die als Moderatorin in verschiedenen Fernsehsendungen einer breiten Öffentlichkeit bekannt geworden sei. Auch wenn man berücksichtige, dass die Klägerin für ihre journalistische Arbeit zahlreiche herausragende Auszeichnungen erhalten habe und ihr als erfolgreiche Frau, die im öffentlichen Leben eine Bedeutung im Meinungsbildungsprozess erlangt habe, eine Leitbildfunktion zukomme, dass ferner die Trennung der Klägerin von ihrem Ehemann im Jahr 2001 öffentliches Aufsehen erregt und die Klägerin selbst sich sowohl zu der Trennung als auch zu ihrer neuen Beziehung und einem etwaigen Umzug nach Paris öffentlich geäußert habe, stünden dem Berichterstattungsinteresse aber jedenfalls berechtigte Interessen der Klägerin im Sinne von § 23 KUG entgegen.

II. Diese Ausführungen halten den Angriffen der Revision stand.

1. Ohne Erfolg äußert die Revision Bedenken gegen die Fassung des Unterlassungsausspruchs, wie ihn das Berufungsgericht für begründet gehalten hat. Das Berufungsgericht hat die Beklagte verurteilt, es zu unterlassen, die Bildnisse der Klägerin aus "das neue" Nr. 15 vom 8. April 2006 auf der Titelseite und auf den Seiten 4 und 5 zu veröffentlichen und/oder zu verbreiten und/oder veröffentlichen und/oder verbreiten zu lassen. Dazu hat das Berufungsgericht ausgeführt, der Hauptantrag sei nach den Maßstäben der Rechtsprechung des erkennenden Senats zu weit gehend und daher unbegründet, der Hilfsantrag sei hingegen hinreichend bestimmt, Streitgegenstand sei die Bildnisveröffentlichung in dem konkreten Zusammenhang der beanstandeten Veröffentlichung. Damit ist ausreichend klar gestellt, dass der Unterlassungsausspruch, für dessen Vollstreckung das Prozessgericht zuständig ist (§ 890 ZPO), weder andere bei derselben Gelegenheit gemachte Bilder noch die Veröffentlichung der beanstandeten Bilder in einem anderen Zusammenhang betrifft. Die Rechtsprechung des erkennenden Senats zur Unbegründetheit zu weit gefasster Unterlassungsanträge (Senatsurteile BGHZ 158, 218, 224 ff.; 174, 262, 265 f.; vom 1. Juli 2008 - VI ZR 243/06 - VersR 2008, 1506, jeweils m.w.N.) ist deshalb im vorliegenden Fall nicht einschlägig.

2. Auch soweit die Revision das angefochtene Urteil in der Sache beanstandet, bleibt sie erfolglos. Das Berufungsgericht hat einen Unterlassungsanspruch ohne Rechtsfehler bejaht.

a) Nach § 22 Satz 1 KUG dürfen Bildnisse einer Person grundsätzlich nur mit deren Einwilligung verbreitet werden; hiervon besteht nach § 23 Abs. 1 KUG eine Ausnahme, wenn es sich um Bildnisse aus dem Bereich der Zeitgeschichte handelt (Senatsurteile BGHZ 158, 218, 222 f.; 171, 275, 278; vom 6. März 2007 - VI ZR 13/06 - VersR 2007, 697 ff.; vom 3. Juli 2007 - VI ZR 164/06 - VersR 2007, 1283 ff.). Diese Ausnahme gilt aber nicht für eine Verbreitung, durch die berechtigte Interessen des Abgebildeten verletzt werden (§ 23 Abs. 2 KUG). Auch bei Personen, die unter dem Blickwinkel des zeitgeschichtlichen Ereignisses im Sinn des § 23 Abs. 1 Nr. 1 KUG an sich ohne ihre Einwilligung die Verbreitung ihres Bildnisses dulden müssten, ist eine Verbreitung der Abbildung unabhängig davon, ob sie sich an Orten der Abgeschiedenheit aufgehalten haben, nicht zulässig, wenn hierdurch berechtigte Interessen des Abgebildeten verletzt werden, § 23 Abs. 2 KUG (vgl. zu diesem abgestuften Schutzkonzept Senatsurteile BGHZ 171, 275 ff.; vom 6. März 2007 - VI ZR 13/06 - aaO; vom 1. Juli 2008 - VI ZR 67/08 - VersR 2008, 1411, 1412 Rn. 12; vom 1. Juli 2008 - VI ZR 243/06 - VersR 2008, 1506 Rn. 12).

Bereits in seinem die Klägerin betreffenden Urteil vom 1. Juli 2008, in dem auch die rechtlichen Grundlagen für die vorzunehmende Abwägung ausführlich dargelegt sind, hat der erkennende Senat ausgeführt (VI ZR 243/06, aaO, S. 1508 Rn. 24 f.), die Beeinträchtigung des Persönlichkeitsrechts wiege schwerer, wenn die visuelle Darstellung durch Ausbreitung von üblicherweise öffentlicher Erörterung entzogenen Einzelheiten des privaten Lebens thematisch die Privatsphäre berühre oder wenn der Betroffene nach den Umständen typischer Weise die berechtigte Erwartung haben dürfe, nicht in den Medien abgebildet zu werden; dies könne nicht nur bei einer durch räumliche Privatheit geprägten Situation örtlicher Abgeschiedenheit, sondern allgemein in Momenten der Entspannung oder des Sich-Gehen-Lassens außerhalb der Einbindung in die Pflichten des Berufs und des Alltags der Fall sein. Diese Grundsätze seien auch auf die Klägerin anzuwenden, die aufgrund ihrer langjährigen Tätigkeit als Nachrichtensprecherin, Fernsehjournalistin und -moderatorin als Person des öffentlichen Interesses anzusehen sei, so dass über sie in größerem Umfang berichtet werden dürfe als über andere Personen, wobei es auch in jenem Fall um die Bildberichterstattung ging.

b) Dem wird die Abwägung des Berufungsgerichts gerecht.

aa) Die beanstandeten Bilder wurden ohne Einwilligung der Klägerin veröffentlicht. Auch wenn über sie aus den dargelegten Gründen im Rahmen der Bildberichterstattung in größerem Umfang berichtet werden darf als über andere Personen, so doch nur, wenn die durch die Berichterstattung vermittelten Informationen einen hinreichenden Nachrichtenwert hinsichtlich einer die Allgemeinheit interessierenden Sachdebatte haben. Es kann auch unterstellt werden, dass im Hinblick auf den Bekanntheitsgrad der Klägerin das Eingehen einer neuen Beziehung als Vorgang von allgemeinem Interesse und als zeitgeschichtliches Ereignis anzusehen ist. Doch dürfen auch unter derartigen Umständen keine schwerwiegenden Interessen der Betroffenen bestehen, die einer Veröffentlichung und damit einer Abwägung zu Gunsten der Veröffentlichung entgegenstehen. Solche Interessen der Klägerin hat das Berufungsgericht zu Recht bejaht.

bb) Ersichtlich können die beanstandeten Fotos aus sich heraus nicht der Meinungsbildung zu Fragen von allgemeinem Interesse dienen. Die Klägerin und ihr Partner sind auf den Fotos als Liebespaar zu identifizieren und zwar in erkennbar privaten Situationen.

Dass es sich um Fotos aus dem privaten Lebensbereich handelt, ergibt sich aus den Abbildungen ohne weiteres und weisen die den Bildern beigegebenen Texte auch ausdrücklich aus. Auf dem Titelfoto ist die Klägerin Arm in Arm mit ihrem Partner zu sehen. Im Begleittext heißt es: "So verliebt in Paris - Sabine Christiansen - Wetten, dass Sie diesen Mann bald heiratet?". Das Titelfoto und der dazugehörige Text kündigen den Artikel im Heftinnern mit den Worten an: "Nur in Das Neue! Die ersten Fotos!". Der Text im Heftinneren, der mit vier Abbildungen illustriert ist, trägt unter anderem den rot unterlegten Hinweis "Die 1. zärtlichen Fotos!". Auf dem ersten Foto ist die Klägerin in Begleitung ihres Partners vor einem Hauseingang zu sehen. In der Bildunterschrift heißt es: "Montagabend: Sabine Christiansen und Norbert Medus (mit ihrem Gepäck) an der Tür zu seiner Pariser Wohnung". Auf dem zweiten Foto ist zu sehen, wie der Partner die Klägerin möglicherweise bereits im Innern der Wohnung küsst. Im Begleittext heißt es: "Endlich wieder zusammen. Liebevoll zieht der Modemacher die Moderatorin in seine Arme. Sie schmiegt sich an ihn". Auf dem dritten Foto sind die Klägerin und ihr Partner zu sehen, wie sie Arm in Arm auf einem Bürgersteig spazieren gehen. In der Bildunterschrift heißt es: "L'amour pur - eng umschlungen geben sich Sabine Christiansen und Norbert Medus dem Zauber der Stadt der Liebe hin". Das vierte Foto zeigt die Klägerin, wie sie an der Seite ihres Partners, der seinen Arm um sie gelegt hat, durch die Stadt bummelt. Der Begleittext lautet: "Dienstagmorgen: das glückliche Paar auf dem Weg zu einem Immobilienmakler. Start zur Suche einer gemeinsamen Wohnung an der Seine".

Die Revision vermag nicht zu verdeutlichen, warum an der bebilderten Mitteilung dieser rein privaten Vorgänge ein Informationsinteresse bestanden haben könnte, das den Anspruch der Klägerin auf Schutz ihrer Persönlichkeit überwiegt. Auch die Verrichtung erkennbar privater Lebensvorgänge in der Öffentlichkeit ist Teil der geschützten Privatsphäre. Dabei ist nach Ansicht des erkennenden Senats nicht ausschlaggebend, ob der Betroffene gewärtigen muss, unter Beobachtung der Medien zu stehen. In der Öffentlichkeit bekannte Personen wie die Klägerin wissen, dass ihr Privatleben, insbesondere ihre privaten Beziehungen, stets von der Presse begleitet werden, und müssen auch damit rechnen, dass bei jeder sich bietenden Gelegenheit für die Berichterstattung verwendbare Fotos gemacht werden. Es würde indes eine erhebliche Einschränkung des Rechts auf freie Entfaltung der Persönlichkeit darstellen, wenn jeder, der einer breiteren Öffentlichkeit bekannt ist, sich in der Öffentlichkeit nicht unbefangen bewegen könnte, weil er auch bei privaten Gelegenheiten jederzeit widerspruchslos fotografiert und mit solchen Fotos zum Gegenstand einer Berichterstattung gemacht werden dürfte.

cc) Der Informationswert einer Bildberichterstattung ist, soweit das Bild nicht schon als solches eine für die öffentliche Meinungsbildung bedeutsame Aussage enthält, im Kontext der dazugehörenden Wortberichterstattung zu ermitteln. Bilder können Wortberichte ergänzen und dabei der Erweiterung des Aussagegehalts dienen, etwa die Authentizität des Geschilderten unterstreichen. Auch können beigefügte Bilder der an dem berichteten Geschehen beteiligten Personen die Aufmerksamkeit des Lesers für den Wortbericht wecken. Beschränkt sich der begleitende Bericht allerdings darauf, lediglich einen Anlass für die Abbildung prominenter Personen zu schaffen, ohne dass die Berichterstattung einen Beitrag zur öffentlichen Meinungsbildung erkennen lässt ist es nicht angezeigt, dem Veröffentlichungsinteresse den Vorrang vor dem Persönlichkeitsschutz einzuräumen (vgl. Senatsurteile BGHZ 158, 218, 223; 171, 275, 284; vom 6. März 2007 - VI ZR 13/06 - aaO; vom 1. Juli 2008 - VI ZR 67/08 - VersR 2008, 1411, 1414 Rn. 23; vom 1. Juli 2008 - VI ZR 243/06 - VersR 2008, 1506, 1508; so auch EGMR, NJW 2004, 2647, 2650 Rn. 64).

Im vorliegenden Fall dienten die beanstandeten Fotos nicht dazu, die Wortberichterstattung über ein zeitgeschichtliches Ereignis in zulässiger Weise zu illustrieren. Eine über die Wortberichterstattung hinaus gehende Information mit hinreichendem Nachrichtenwert zur Orientierung in einer die Allgemeinheit interessierenden Sachdebatte fehlt. Die Berichterstattung diente erkennbar dazu, die visuelle Neugier sowie das Unterhaltungsbedürfnis der Leserschaft zu befriedigen. Der Text auf dem Titelblatt und der Bericht im Innenteil befassen sich spekulativ mit der Liebesbeziehung der Abgebildeten und deren Absicht, die Ehe zu schließen. Berichtet wird, wie "verliebt" die Klägerin sei und dass sie "eng umschlungen" mit "ihrer neuen Liebe" durch "die Straßen an der Seine" schlendere, "ausgelassen wie ein junges Mädchen", "gelöst", "jung" und "strahlend", dass diese Liebe mehr sei als eine Affäre, zwar erst seit drei Monaten "glühe", aber geschaffen sei "wie für die Ewigkeit".

Auch diese von der Klägerin nicht angegriffene Wortberichterstattung war nicht geeignet, ein berücksichtigungswertes Informationsinteresse der Öffentlichkeit zu befriedigen, das eine ergänzende Bildveröffentlichung ohne ernsthaften Aussagegehalt gegen den Willen der Abgebildeten erlauben könnte.

c) Den dagegen vorgebrachten Einwänden der Revision kann nicht gefolgt werden. Insbesondere lässt sich nichts daraus herleiten, dass die Klägerin ihr Privatleben, insbesondere auch ihre neue Beziehung, vor der Öffentlichkeit nicht geheim gehalten hat. Es mag sein, dass die Klägerin "Herrin der Inszenierung" ihres öffentlichen Erscheinungsbilds sein und der Presse eine "Hofberichterstattung" diktieren will. Dies gibt der Beklagten aber kein Recht, ohne die erforderliche Einwilligung Bilder aus dem privaten Lebenskreis der Klägerin zu veröffentlichen, wenn der Veröffentlichung kein im Rahmen der Abwägung zu berücksichtigendes ausreichendes Informationsinteresse zukommt. Das gilt auch dann, wenn man das

Interesse breiter Kreise der Öffentlichkeit an den privaten Verhältnissen bekannter Personen nicht ausschließlich als durch Neugier, Sensationslust und Unterhaltungsbedürfnis geprägt ansieht. Insofern könnte über private Umstände auch durch Beifügung von genehmigten oder genehmigungsfrei verwendbaren Fotos informiert und auf diese Weise ein gerechtfertigtes Informationsinteresse der Öffentlichkeit ausreichend befriedigt werden, während einer Veröffentlichung nicht genehmigter Fotos unter den Umständen des Streitfalls das Recht der Klägerin am eigenen Bild entgegen steht. Das Interesse der Presse, darüber hinaus durch besonders zeitnah, aktuell oder gar sensationell erscheinende Fotos den Absatz ihrer Produkte zu fördern, hat hingegen keinen Bezug zu einem als berechtigt anzuerkennenden Informationsinteresse, hinter dem der Persönlichkeitsschutz zurücktreten muss. Der Vortrag der Revision dazu, in welchem Umfang die Klägerin ihre neue Beziehung und ihr sonstiges Privatleben in der Öffentlichkeit präsentiert hat, kann deshalb als zutreffend unterstellt werden. Zu einem abweichenden Abwägungsergebnis führt dies nicht.

d) Danach ergibt die gebotene Abwägung zwischen dem Persönlichkeitsrecht der Klägerin und der Berichterstattungsfreiheit der Beklagten, dass letztere zurückzutreten hat. Die Revision ist mithin zurückzuweisen.

Entscheidungsdatum: 10.03.2009
Aktenzeichen: VI ZR 261/07
Normen: Art 1 Abs 1 GG, Art 2 Abs 1 GG, Art 5 Abs 1 S 2 GG, § 823 Abs 1 BGB, § 1004 Abs 1 S 2 BGB
Allgemeines Persönlichkeitsrecht: Zulässigkeit der Wort- und Bildberichterstattung im Rahmen eines Fernsehbeitrags anlässlich der Beisetzung des verstorbenen Fürsten von Monaco

Leitsatz

Zur Frage der Zulässigkeit der Wort- und Bildberichterstattung im Rahmen eines Fernsehbeitrags, in welchem zwei Tage nach der Beisetzung des verstorbenen Fürsten von Monaco über einen seiner Enkel berichtet wird.

Tenor

Auf die Revision der Beklagten wird das Urteil des 9. Zivilsenats des Kammergerichts vom 28. September 2007 im Kostenpunkt und insoweit aufgehoben, als die Berufung als unbegründet zurückgewiesen worden ist.

Auf die Berufung der Beklagten wird das Urteil der Zivilkammer 27 des Landgerichts Berlin vom 1. März 2007 dahingehend abgeändert, dass die Klage im Umfang der Aufhebung abgewiesen wird.

Die Kosten des Rechtsstreits hat der Kläger zu tragen.

Von Rechts wegen

Tatbestand

Der Kläger ist ein Enkel des verstorbenen Fürsten Rainier von Monaco. Er nimmt die Beklagte, die den Fernsehsender RTL betreibt, auf Unterlassung der erneuten Veröffentlichung diverser Passagen aus einem am 17. April 2005, zwei Tage nach der Beisetzung des Großvaters des Klägers, bundesweit ausgestrahlten Fernsehbeitrag in Anspruch. Dieser Beitrag beschäftigte sich u.a. mit der Person des Klägers und enthielt mit Kommentaren unterlegte Fotos und Filmausschnitte, vorwiegend aus dessen privatem Alltag. Der Kläger begehrt das Verbot erneuter Veröffentlichung einiger ihn u.a. in Freizeitkleidung zeigender - teilweise älterer - Fotos und Filmausschnitte sowie mehrerer Textpassagen, die ihn u.a. als umschwärmten Star darstellen, sein Aussehen - durchweg positiv - bewerten und darüber spekulieren, ob er in Zukunft eine größere Rolle im Fürstentum spielen werde als bisher.

Das Landgericht hat die Beklagte antragsgemäß u.a. zur Unterlassung erneuter, auf den Kläger bezogener Verbreitung von zehn Textpassagen verurteilt, die dem streitigen Fernsehbeitrag entnommen sind, ferner dazu, zahlreiche den Kläger zeigende Fotos und Filmausschnitte aus diesem Beitrag nicht erneut zu verbreiten sowie zwei Filmausschnitte daraus nicht im Rahmen einer Berichterstattung zu verbreiten, die nahezu ausschließlich persönliche Belange des Klägers und nicht ein zeitgeschichtliches Ereignis zum Inhalt habe. Die Berufung der Beklagten hat das Berufungsgericht bezüglich des Klageantrages zu IV. mangels Begründung als unzulässig verworfen. Im Übrigen hatte die Berufung lediglich im Hinblick auf einen der beiden zuletzt genannten Filmausschnitte Erfolg. Mit ihrer vom erkennenden Senat zugelassenen Revision verfolgt die Beklagte ihren Antrag auf Klageabweisung weiter, soweit die Berufung als unbegründet zurückgewiesen worden ist.

Entscheidungsgründe

I. Ein Anspruch auf Unterlassung erneuter Verbreitung der beanstandeten Textpassagen folgt nach Auffassung des Berufungsgerichts aus dem allgemeinen Persönlichkeitsrecht des Klägers. Er müsse nicht hinnehmen, über einen konkreten Anlass hinaus durch eine Berichterstattung über sein Aussehen und sein Privatleben zu einem Objekt der Medien gemacht und zu einem Idol aufgebaut zu werden. Sein Interesse, nicht durch Bewertung seines Erscheinungsbildes und Ausbreitung von Belanglosigkeiten uneingeschränkt der Öffentlichkeit präsentiert zu werden, sei schutzwürdig.

Bei Abwägung der gegenläufigen Interessen habe die Pressefreiheit der Beklagten zurückzutreten. Die Bekanntheit des Klägers rechtfertige die Äußerungen nicht. Die Zukunft Monacos nach dem Tod des Fürsten Rainier habe der im Streit stehende Fernsehbeitrag nur vordergründig thematisiert und sich auf Aussehen und persönliche Angelegenheiten u.a. des Klägers konzentriert. Die angegriffenen Textpassagen stünden nicht in konkretem Bezug zu einem zeitgeschichtlichen Vorgang. Auch unter Berücksichtigung eines journalistischen Bedürfnisses nach personalisierter Darstellung zeitgeschichtlicher Vorgänge sei die Berichterstattung nicht durch ein öffentliches Informationsinteresse gedeckt.

Ferner habe die Beklagte aufgrund des Rechts des Klägers am eigenen Bild mit einer Ausnahme die erneute Veröffentlichung der beanstandeten Filmausschnitte und Fotos zu unterlassen. Diese zeigten den Kläger bis auf zwei Ausnahmen in ausschließlich privaten Situationen. Der Fernsehbeitrag knüpfe zwar an die Beisetzung des Fürsten Rainier und damit an ein zeitgeschichtliches Ereignis an. Damit stünden die Abbildungen des Klägers, die von anderen, zum Teil Jahre zurück liegenden Gelegenheiten stammten, aber nicht in zeitlichem Zusammenhang. Außerdem sei die mit den Bildern illustrierte Wortberichterstattung zu beanstanden. Die Bedeutung des Klägers für die Zukunft Monacos sei von der Beklagten nur vorgeschoben worden, um die Neugier an seiner Person und an seinem Äußeren zu befriedigen. Die Abbildungen lieferten keinen Beitrag zu einer Debatte von sachlichem Interesse und seien ohne maßgeblichen Informationswert.

Auch die erneute Verbreitung des Filmausschnitts, der den Kläger als Minderjährigen u.a. mit seinem Großvater zeige, habe die Beklagte zu unterlassen, sofern sie im Rahmen einer Berichterstattung erfolge, die kein zeitgeschichtliches Ereignis, sondern nahezu ausschließlich persönliche Belange des Klägers zum Gegenstand habe. Denn die Beklagte habe auch diesen, einen offiziellen Anlass zeigenden Filmausschnitt dazu benutzt, eine unzulässige Textberichterstattung zu illustrieren, was berechtigte Interessen des Klägers verletzt habe, zumal ihn der Ausschnitt als Kind zeige.

II. Das Urteil des Berufungsgerichts hält im angefochtenen Umfang revisionsrechtlicher Nachprüfung nicht stand.

1. Entgegen der Auffassung des Berufungsgerichts stehen dem Kläger die geltend gemachten Ansprüche entsprechend §§ 1004 Abs. 1 Satz 2, 823 Abs. 1, Abs. 2 BGB i.V.m. §§ 22, 23 KUG, Art. 1 Abs. 1, 2 Abs. 1 GG auf Unterlassung erneuter Verbreitung der Filmausschnitte und Fotos nicht zu.

a) Das Berufungsgericht beurteilt die Zulässigkeit der Bildveröffentlichungen im Ansatz zu Recht nach dem abgestuften Schutzkonzept der §§ 22, 23 KUG (vgl. Senatsurteile BGHZ 171, 275; vom 19. Juni 2007 - VI ZR 12/06 - VersR 2007,

1135; vom 3. Juli 2007 - VI ZR 164/06 - VersR 2007, 1283; vom 24. Juni 2008 - VI ZR 156/06 - VersR 2008, 1268; vom 1. Juli 2008 - VI ZR 67/08 - VersR 2008, 1411 und - VI ZR 243/06 - VersR 2008, 1506; vom 14. Oktober 2008 - VI ZR 256/06 - VersR 2009, 76 und - VI ZR 272/06 - VersR 2009, 78 sowie - VI ZR 271/06 - und - VI ZR 260/06 -, beide z.V.b.; vom 28. Oktober 2008 - VI ZR 307/07 - GRUR 2009, 150), das sowohl mit verfassungsrechtlichen Vorgaben (vgl. BVerfG, NJW 2008, 1793, 1798 f.) als auch mit der Rechtsprechung des Europäischen Gerichtshofs für Menschenrechte (künftig: EGMR) im Einklang steht (vgl. EGMR, NJW 2004, 2647 und NJW 2006, 591). Nicht zu beanstanden ist der Ausgangspunkt des Berufungsurteils, der Kläger habe nicht in die Veröffentlichung der Aufnahmen eingewilligt (vgl. § 22 KUG). Zulässig war diese daher nur, wenn es sich um Bildnisse aus dem Bereich der Zeitgeschichte handelte (§ 23 Abs. 1 Nr. 1 KUG) und die Veröffentlichung berechtigte Interessen des Klägers nicht verletzte (§ 23 Abs. 2 KUG).

aa) Schon die Beurteilung, ob Bildnisse aus dem Bereich der Zeitgeschichte i.S.v. § 23 Abs. 1 Nr. 1 KUG vorliegen, erfordert eine Abwägung zwischen den Rechten des Abgebildeten aus Art. 1 Abs. 1, 2 Abs. 1 GG, Art. 8 Abs. 1 EMRK einerseits und den Rechten von Presse und Rundfunk aus Art. 5 Abs. 1 Satz 2 GG, Art. 10 Abs. 1 EMRK andererseits, wobei die Grundrechte der Presse- und Rundfunkfreiheit (Art. 5 Abs. 1 Satz 2 GG) und des Schutzes der Persönlichkeit (Art. 1 Abs. 1, 2 Abs. 1 GG) ihrerseits nicht vorbehaltlos gewährleistet sind und von den §§ 22, 23 KUG sowie Art. 8 und 10 EMRK beeinflusst werden (vgl. hierzu Senatsurteile vom 1. Juli 2008 - VI ZR 67/08 - aaO, S. 1413 und - VI ZR 243/06 - aaO, S. 1507). Der für die Frage, ob es sich um ein Bildnis aus dem Bereich der Zeitgeschichte handelt, maßgebende Begriff des Zeitgeschehens umfasst alle Fragen von allgemeinem gesellschaftlichem Interesse. Ein Informationsinteresse besteht allerdings nicht schrankenlos, vielmehr wird der Einbruch in die persönliche Sphäre des Abgebildeten durch den Grundsatz der Verhältnismäßigkeit begrenzt (auch hierzu Senatsurteile vom 1. Juli 2008 - VI ZR 67/08 - aaO, S. 1412 und - VI ZR 243/06 - aaO, S. 1506 f., jeweils m.w.N.).

bb) Zum Kern der Presse- und der - hier zugunsten der Beklagten zu berücksichtigenden - Rundfunkfreiheit gehört es, dass die Medien im Grundsatz nach ihren eigenen publizistischen Kriterien entscheiden können, was sie des öffentlichen Interesses für wert halten und was nicht (vgl. Senatsurteil vom 1. Juli 2008 - VI ZR 67/08 - aaO m.w.N.; BVerfGE 87, 181, 201; 95, 220, 234; 97, 228, 257; 101, 361, 392; BVerfG, NJW 2000, 1859, 1860; NJW 2008, 1793, 1794). Die Rundfunkfreiheit gewährleistet, dass die Gestaltung des Programms wie auch der einzelnen Sendungen Sache des Rundfunks bleibt (vgl. etwa BVerfGE 59, 231, 258; 95, 220, 234; BVerfG, NJW 2000, 1859, 1860). Die grundrechtliche Gewährleistung umfasst auch die Abbildung von Personen (vgl. etwa Senatsurteil vom 28. Oktober 2008 - VI ZR 307/07 - aaO, S. 151 m.w.N.; BVerfG, NJW 2008, 1793, 1794, 1796). Auch unterhaltende Beiträge, etwa über das Privat- oder Alltagsleben prominenter Personen, nehmen grundsätzlich an diesem Schutz teil (vgl. etwa Senatsurteil vom 14. Oktober 2008 - VI ZR 272/06 - VersR 2009, 78, 79; BVerfGE 35, 202, 222 f.; 59, 231, 258; 101, 361, 389 f.; BVerfG, NJW 2000, 1859, 1860 f.; NJW 2008, 1793, 1794, 1796), ohne dass dieser von der Eigenart oder dem Niveau der Berichterstattung abhängen kann (vgl. BVerfGE 35, 202, 222 f.; 66, 116, 134; NJW 2008, 1793, 1794). Gerade prominente Personen können der Allgemeinheit Möglichkeiten der Orientierung bei eigenen Lebensentwürfen bieten sowie Leitbild- oder Kontrastfunktionen erfüllen. Auch die Normalität ihres Alltagslebens kann der Meinungsbildung zu Fragen von allgemeinem Interesse dienen (vgl. etwa Senatsurteile vom 1. Juli 2008 - VI ZR 67/08 - aaO, S. 1413 und - VI ZR 243/06 - aaO, S. 1507 f.; vom 14. Oktober 2008 - VI ZR 272/06 - aaO; BVerfGE 101, 361, 390; BVerfG, NJW 2008, 1793, 1796).

cc) Allerdings bedarf es gerade bei unterhaltenden Inhalten in besonderem Maß einer abwägenden Berücksichtigung der kollidierenden Rechtspositionen. Diese obliegt im Fall eines Rechtsstreits den Gerichten, die hierbei allerdings auf die Prüfung beschränkt sind, in welchem Ausmaß der Bericht einen Beitrag für die öffentliche Meinungsbildung erbringen kann (vgl. Senatsurteil vom 1. Juli 2008 - VI ZR 243/06 - aaO, S. 1508; BVerfG, NJW 2008, 1793, 1796). Die Belange der Medien sind dabei in einen möglichst schonenden Ausgleich zum Persönlichkeitsschutz des von einer Berichterstattung Betroffenen zu bringen, insbesondere zum Schutz des Kernbereichs der Privatsphäre (vgl. Senatsurteile BGHZ 131, 332, 337 f. und vom 9. Dezember 2003 - VI ZR 373/02 - VersR 2004, 522, 523), der in Form der Gewährleistung des Rechts am eigenen Bild sowie der Garantie der Privatsphäre teilweise auch verfassungsrechtlich fundiert ist (vgl. BVerfGE 101, 361, 381 ff.; BVerfG, NJW 2008, 1793, 1794, 1799). Für die Abwägung ist von maßgeblicher Bedeutung, ob die Medien im konkreten Fall eine Angelegenheit von öffentlichem Interesse ernsthaft und sachbezogen erörtern, damit den Informationsanspruch des Publikums erfüllen und zur Bildung der öffentlichen Meinung beitragen oder ob sie - ohne Bezug zu einem zeitgeschichtlichen Ereignis - lediglich die Neugier der Leser oder Zuschauer nach privaten Angelegenheiten prominenter Personen befriedigen (vgl. Senatsurteil vom 1. Juli 2008 - VI ZR 243/06 - aaO, S. 1508; BVerfGE 34, 269, 283; 101, 361, 391; BVerfG, NJW 2006, 3406, 3407; NJW 2008, 1793, 1796). Der Informationswert einer Bildberichterstattung ist im Gesamtkontext, in den das Personenbildnis gestellt ist, zu ermitteln, insbesondere unter Berücksichtigung der zugehörigen Textberichterstattung. Dies gilt insbesondere bei einem Fernsehbeitrag, bei dem Wort- und Bildberichterstattung naturgemäß eng miteinander verknüpft sind und bei dem es deshalb regelmäßig schwer möglich sein wird, einzelne Text- und Bildpassagen aus dem Gesamtbeitrag herauszulösen und einer isolierten Betrachtung zuzuführen.

b) Nach diesen Maßstäben kann der Auffassung des Berufungsgerichts, die angegriffene Bildberichterstattung sei wegen der fehlenden Einwilligung des Klägers im Wesentlichen unzulässig gewesen, nicht gefolgt werden.

aa) Anlass für den beanstandeten Fernsehbeitrag war der Tod des Fürsten Rainier von Monaco und dessen Beisetzung zwei Tage vor der Ausstrahlung. Damit knüpfte der Beitrag von seinem Konzept her an ein zeitgeschichtliches Ereignis an, über das der beklagte Sender berichten durfte. Das gilt grundsätzlich auch, soweit der Beitrag im Anschluss an dieses Ereignis ein Porträt der Person des Klägers zeichnete und die Frage behandelte, welche Rolle er im Fürstentum zukünftig spielen werde. Der Kläger zählt als Enkel des verstorbenen Fürsten Rainier und einer der Neffen des derzeit amtierenden Staatsoberhauptes des Fürstentums Monaco zu den potentiellen Thronfolgern und ist von daher eine Person des öffentlichen Interesses. Deshalb darf über ihn in größerem Umfang berichtet werden als über andere Personen, wenn die Information einen hinreichenden Nachrichtenwert mit Orientierungsfunktion im Hinblick auf eine die Allgemeinheit interessierende Sachdebatte hat und in die Abwägung keine schwerwiegenden Interessen des Betroffenen einzustellen sind, die einer Veröffentlichung entgegenstehen (vgl. näher m.w.N. etwa Senatsurteil vom 28. Oktober 2008 - VI ZR 307/07 - aaO, S. 150 f.). Dabei kommt es auf den redaktionellen Gehalt und die Gestaltung des Fernsehberichts nicht an, da die Garantie der Rundfunk- und Pressefreiheit es nicht zulässt, das Eingreifen dieses Grundrechts von der Qualität des jeweiligen Beitrags abhängig zu machen (BVerfGE 34, 269, 283; Senatsurteil vom 14. März 1995 - VI ZR 52/94 - VersR 1995, 667, 668, bestätigt durch BVerfG, NJW 2000, 1026; Senatsurteil vom 6. März 2007 - VI ZR 13/06 - VersR 2007, 697). Vielmehr sind die Text- und Bildbeiträge im Gesamtkontext des Beitrags zu würdigen, wobei auch den Besonderheiten einer Fernsehberichterstattung Rechnung zu tragen ist, bei der Wort und Bild einander ergänzen.

bb) Nach diesen Grundsätzen war die beanstandete Berichterstattung, soweit sie Gegenstand revisionsrechtlicher Beurteilung ist, zulässig. Mit welchen Bildern und Filmausschnitten ein solcher Beitrag illustriert wird, ist grundsätzlich von dem für die Sendung Verantwortlichen zu entscheiden. Im Streitfall ist den verwendeten Fotos und Filmausschnitten, die den Kläger betreffen, kein eigenständiger Verletzungseffekt zu entnehmen. Dass die Aufnahmen etwa an Orten der Abgeschiedenheit, unter Ausnutzung von Heimlichkeit oder von technischen Mitteln, die dem gleich kämen, zustande gekommen und aus diesem Grund unzulässig wären (vgl. EGMR NJW 2004, 2647, 2650 Rn. 68; BVerfGE 101, 361, 381; BVerfG, NJW 2006, 3406, 3408; Senat, BGHZ 131, 332, 342), macht der Kläger nicht geltend und ist auch nicht ersichtlich. Sie zeigen den Kläger vielmehr durchweg in Alltagssituationen ohne persönlichkeitsrechtsrelevante Verletzungsintensität. Unter Berücksichtigung dieses Umstandes sind keine überwiegenden berechtigten Interessen des Klägers (§ 23 Abs. 2 KUG) erkennbar, die bei der gebotenen Würdigung der Berichterstattung in ihrer Gesamtheit der Verbreitung der ihn zeigenden Fotos und Filmausschnitte entgegenstünden (vgl. Senatsurteil vom 6. März 2007 - VI ZR 13/06 - VersR 2007, 697). Selbst wenn der im Streit stehende Beitrag die Erörterung von Aussehen, Erscheinungsbild und Umgang des Klägers mit den Medien in den Vordergrund stellt, nimmt ihm dies im Zusammenhang mit dem

Gesamtportrait seiner Person als potentieller Thronfolger nicht den für die Zulässigkeit der Veröffentlichung erforderlichen Informationswert.

Somit war die Verbreitung der beanstandeten Aufnahmen und Filmausschnitte nicht nach §§ 22, 23 KUG, Art. 1 Abs. 1, 2 Abs. 1 GG unzulässig. Dies gilt auch für den Filmausschnitt, der den Kläger im Rahmen des Gesamtportraits seiner Person als Minderjährigen u.a. mit seinem Großvater bei einem offiziellen Anlass zeigt, der bereits als solcher ein Ereignis der Zeitgeschichte bildete.

2. Das Berufungsurteil hält der revisionsrechtlichen Prüfung auch nicht stand, soweit es die Beklagte zur Unterlassung erneuter Verbreitung der angegriffenen Textpassagen verurteilt. Die geltend gemachten Unterlassungsansprüche entsprechend §§ 1004 Abs. 1 Satz 2, 823 Abs. 1 BGB i.V.m. Art. 2 Abs. 1, 1 Abs. 1 GG stehen dem Kläger auch insoweit nicht zu.

a) Es ist bereits fraglich, ob Wortberichterstattung und die Verbreitung von Bildnissen i.S.v. §§ 22, 23 KUG durch die Medien, auch soweit die Veröffentlichung das Privat- oder Alltagsleben einer Person berührt, nach den gleichen rechtlichen Kriterien zu beurteilen sind und inwieweit bei einem (einheitlichen) Fernsehbeitrag überhaupt einzelne Wortbeiträge rechtlich einer isolierten Betrachtung zugänglich sein können. Dies kann im Streitfall jedoch offen bleiben.

b) Ein Verbot der angegriffenen Textpassagen begegnet schon deshalb Bedenken, weil es nicht zulässig ist, aus einer komplexen Äußerung einzelne Textstellen heraus zu lösen und als unzulässig zu verbieten, obwohl sie sich im Gesamtkontext als zulässig erweisen können (Senatsurteile vom 25. März 1997 - VI ZR 102/96 - VersR 1997, 942; vom 11. März 2008 - VI ZR 189/06 - VersR 2008, 695 und vom 2. Dezember 2008 - VI ZR 219/06 - WRP 2009, 324). Insoweit kann für die grundsätzliche Zulässigkeit des Fernsehbeitrags auf die vorherstehenden Ausführungen Bezug genommen werden, wobei für die Wortberichterstattung als solche der durch Art. 5 GG gewährleistete Grundsatz der freien Berichterstattung gilt. Im Übrigen haben die beanstandeten Äußerungen weder für sich genommen noch in Zusammenhang mit der Bildberichterstattung einen eigenständigen Verletzungseffekt der ihr Verbot rechtfertigen könnte. Sie betreffen sämtlich nicht den besonders geschützten Kernbereich der Privatsphäre des Klägers und keine Themen, die schon von vornherein überhaupt nicht in die Öffentlichkeit gehören (vgl. etwa Senatsurteil vom 9. Dezember 2003 - VI ZR 373/02 - aaO, S. 523; BVerfGE 119, 1, 33, 35; BVerfG, NJW 2008, 1793, 1799; Müller aaO, S. 1149). Soweit die Texte den Umgang des Klägers mit den Medien behandeln, sich damit befassen, wie er sich in Monaco in der Öffentlichkeit bewege, oder darüber spekulieren, ob er sich in Zukunft vermehrt in die Öffentlichkeit begeben werde, ist eher die Sozial- oder gar die Öffentlichkeitssphäre berührt (vgl. etwa Senatsurteil vom 21. November 2006 - VI ZR 259/05 - aaO, S. 511 f.; Soehring, Presserecht, 3. Aufl., Rn. 19.39

ff.); jedenfalls weisen diese Passagen ihrem Inhalt nach keinen erheblichen Verletzungsgehalt auf. Soweit die Äußerungen den Kläger charakterisieren, sein Aussehen bewerten, punktuell Einzelheiten aus seiner Biographie erörtern sowie darauf eingehen, wie oft er sich in Monaco aufhalte, mögen sie zwar seine Privatsphäre tangieren (vgl. etwa Senatsurteil vom 9. Dezember 2003 - VI ZR 373/02 - aaO, S. 523 f.; BVerfGE 101, 361, 382 f.; BVerfG, NJW 2008, 1793, 1794). Die Intensität des Eingriffs ist jedoch gering, handelt es sich doch durchweg um den Kläger positiv beschreibende Werturteile sowie um unstreitig zutreffende Tatsachen, die entweder belanglos sind oder sich allenfalls oberflächlich mit der Person des Klägers beschäftigen, ohne einen tieferen Einblick in seine persönlichen Lebensumstände zu vermitteln. Dass ihn diese Äußerungen ihrem Inhalt nach in seinem Schutzinteresse erheblich beträfen, lässt sich weder dem Vorbringen des Klägers entnehmen noch ist es sonst ersichtlich. Bei dieser Sachlage rechtfertigen weder das vom Kläger geltend gemachte Interesse, selbst zu bestimmen, ob sich die Medien überhaupt mit ihm beschäftigen, noch der vom Berufungsgericht in den Vordergrund gestellte Aspekt, die Beklagte betreibe "Starkult" und baue den Kläger zu einem Idol auf, das Verbot einer erneuten Verbreitung der angegriffenen Äußerungen. Da vielmehr auch insoweit das Persönlichkeitsrecht des Klägers nur geringfügig betroffen ist, muss die Rundfunk- und Pressefreiheit der Beklagten im Rahmen der gebotenen Gesamtabwägung Vorrang haben.

III. Die Kostenentscheidung beruht auf § 92 Abs. 1 ZPO.

Entscheidungsname: Wer wird Millionär?
Entscheidungsdatum: 11.03.2009
Aktenzeichen: I ZR 8/07
Normen: § 22 KunstUrhG, § 23 Abs 1 Nr 1 KunstUrhG, § 23 Abs 2 KunstUrhG, § 812 Abs 1 S 1 Alt 2 BGB, § 823 Abs 1 BGB
Schutz des Persönlichkeitsrechts und Bildnisschutz prominenter Personen: Abwägung gegenüber der Pressefreiheit und dem Informationsinteresse der Allgemeinheit - Wer wird Millionär?

Leitsatz

Wer wird Millionär?

1. Beschränkt sich der eine Bildveröffentlichung begleitende Text in einer Presseveröffentlichung darauf, einen beliebigen Anlass für die Abbildung einer prominenten Person zu schaffen, lässt die Berichterstattung einen Beitrag zur öffentlichen Meinungsbildung nicht erkennen. In diesem Fall muss das Veröffentlichungsinteresse der Presse hinter dem Schutz des Persönlichkeitsrechts, etwa des Schutzes am eigenen Bildnis, zurücktreten, wenn der Eingriff in dieses Recht hinreichend schwer wiegt.

2. Bei der Abwägung zwischen dem Schutz des durch eine Bildveröffentlichung Betroffenen und dem von der Presse wahrgenommenen Informationsinteresse der Allgemeinheit fehlen schutzwürdige Belange des Presseorgans, wenn die Veröffentlichung ausschließlich den Geschäftsinteressen des Presseorgans dient, weil das Bildnis der prominenten Person nur verwendet wird, um deren Werbewert auszunutzen.

3. Zu den Voraussetzungen, unter denen mit dem Bildnis einer prominenten Person auf dem Titelbild einer Zeitschrift geworben werden darf.

Tenor

Auf die Revision des Klägers wird das Urteil des Hanseatischen Oberlandesgerichts Hamburg, 7. Zivilsenat, vom 5. Dezember 2006 aufgehoben.

Die Sache wird zur neuen Verhandlung und Entscheidung, auch über die Kosten der Revision, an das Berufungsgericht zurückverwiesen.

Von Rechts wegen

Tatbestand

Der Kläger, Günther Jauch, moderiert die wöchentlich ausgestrahlte Fernsehsendung "Wer wird Millionär?". Der Kläger und die Fernsehsendung sind in der Öffentlichkeit sehr bekannt.

Die Beklagte gab am 9. Juni 2005 das Rätselheft "S. Sonderheft Rätsel und Quiz" heraus. Auf dem Titelblatt ist der Kläger mit der Textzeile abgebildet "Günther Jauch zeigt mit 'Wer wird Millionär?', wie spannend Quiz sein kann". Das Titelblatt ist nachstehend verkleinert wiedergegeben:

Der Kläger hat die Beklagte abgemahnt, die daraufhin eine Unterlassungsverpflichtungserklärung abgegeben hat. Mit der vorliegenden Klage hat der Kläger die Beklagte auf Zahlung einer fiktiven Lizenzgebühr in Höhe von mindestens 100.000 € und auf Erstattung außergerichtlicher Anwaltskosten von 2.111,78 € in Anspruch genommen. Er hat die Auffassung vertreten, ohne seine Einwilligung sei die Verwendung seines Bildnisses rechtswidrig gewesen. Sie habe ausschließlich den kommerziellen Werbeinteressen der Beklagten gedient. Der Textzeile und damit der Veröffentlichung seines Bildnisses fehle ein redaktioneller Gehalt. Die Beklagte ist der Klage entgegengetreten.

Das Landgericht hat die Klage abgewiesen (LG Hamburg AfP 2006, 391). Die Berufung des Klägers ist erfolglos geblieben (OLG Hamburg GRUR-RR 2007, 142).

Mit seiner vom Berufungsgericht zugelassenen Revision verfolgt der Kläger seinen Klageantrag weiter. Die Beklagte beantragt, die Revision zurückzuweisen.

Entscheidungsgründe

I. Das Berufungsgericht hat angenommen, dem Kläger stehe wegen der beanstandeten Veröffentlichung seines Bildnisses kein Zahlungsanspruch aus § 823 BGB, §§ 22, 23 KUG und aus § 812 BGB zu. Dazu hat es ausgeführt:

Die angegriffene Bildberichterstattung sei gemäß § 23 Abs. 1 Nr. 1 KUG auch ohne Einwilligung des Klägers rechtmäßig. Bei der erforderlichen Abwägung der widerstreitenden Interessen habe die Pressefreiheit gegenüber dem Recht des Klägers am eigenen Bildnis und dem Recht an der kommerziellen Nutzung seines Bildnisses Vorrang.

Angesichts seines hohen Bekanntheitsgrades müsse der Kläger jedenfalls im Zusammenhang mit einer Wortberichterstattung die Veröffentlichung seines Bildnisses hinnehmen. Zwar fehle ein informierender Beitrag über den Kläger im Heftinneren, auf den das Titelblatt hinweisen könnte. Die Titelseite des Rätselhefts enthalte aber in der Bildunterschrift eine Berichterstattung über den Kläger, die ein bestehendes Informationsinteresse befriedige. Der Kläger werde namentlich vorgestellt und seine Funktion als Moderator bezeichnet. Die Quizsendung werde darüber hinaus knapp charakterisiert und bewertet. Die Berichterstattung trage deshalb, wenn auch in relativ bescheidenem Umfang, zur Meinungsbildung bei. Sie werde durch das Bildnis des Klägers veranschaulicht. Zugleich werde durch die Abbildung des Kreuzworträtsels als Hintergrundmontage eine Verbindung der vom Kläger moderierten Quizsendung zu anderen Rätsel- und Quizspielen hergestellt.

Diese dem Bereich der Pressefreiheit unterliegende Aussage verdiene gegenüber dem Recht des Klägers am eigenen Bildnis den Vorrang, weil angesichts der Prominenz des Klägers und seiner regelmäßigen Präsenz im Fernsehen ein überragendes Informations- und Unterhaltungsinteresse der Öffentlichkeit bestehe. Dieses sei darauf gerichtet, über die regelmäßig laufende Sendung und die Einschätzung ihres Unterhaltungswerts durch andere Medien informiert zu werden. Der äußerst geringe Informationswert der Berichterstattung werde durch die überragende Prominenz des Klägers und den Bekanntheitsgrad der genannten Quizsendung ausgeglichen. Der durch die Abbildung des Klägers auf der Titelseite geschaffene Kaufanreiz beziehe sich dabei auf das Presseerzeugnis selbst. Er entstehe insbesondere wegen des inhaltlichen Zusammenhangs zwischen der Tätigkeit des Klägers und dem Inhalt des Hefts. Gegenstand des Rätselhefts sei die Unterhaltung und Vermittlung von Informationen durch Ratespiele. Danach liege es nicht fern, in dem Heft auch über die Produkte anderer Medien zu berichten, die gleichfalls

Quiz- oder Ratespiele zum Gegenstand hätten und sie mit deren Protagonisten zu bebildern. Die Gestaltungsfreiheit der Presse gebiete es, dass dies von dem Abgebildeten auch auf dem Titelblatt eines Rätselhefts hingenommen werden müsse.

Umstände, die für eine Unzulässigkeit der Abbildung im Hinblick auf § 23 Abs. 2 KUG sprechen könnten, seien nicht ersichtlich.

II. Die Revision des Klägers hat Erfolg. Sie führt zur Aufhebung des angefochtenen Urteils und zur Zurückverweisung der Sache in die Berufungsinstanz. Dem Kläger steht dem Grunde nach ein Anspruch auf Zahlung einer fiktiven Lizenzgebühr und Erstattung der außergerichtlichen Anwaltskosten nach § 823 Abs. 1 BGB, §§ 22, 23 KUG und § 812 Abs. 1 Satz 1 Fall 2 BGB zu.

1. Entgegen der Auffassung des Berufungsgerichts war die angegriffene Bildveröffentlichung auf dem Titelblatt des Rätselhefts "S. Sonderheft Rätsel und Quiz" ohne Einwilligung des Klägers rechtswidrig. Die Revision rügt mit Erfolg, dass das Berufungsgericht rechtsfehlerhaft die Voraussetzungen des § 23 Abs. 1 Nr. 1 KUG bejaht hat. Es hat bei der gebotenen Interessenabwägung im Streitfall dem Recht des Klägers am eigenen Bildnis zu Unrecht nicht den Vorrang vor dem Recht der Beklagten auf Presse- und Meinungsfreiheit eingeräumt.

a) Im rechtlichen Ansatz zutreffend ist das Berufungsgericht allerdings davon ausgegangen, dass die Prüfung, ob das Bildnis des Klägers auf dem Titelblatt des Rätselhefts als Bildnis aus dem Bereich der Zeitgeschichte i.S. von § 23 Abs. 1 Nr. 1 KUG ohne seine Einwilligung verbreitet werden darf, eine Abwägung zwischen dem Recht des Abgebildeten nach Art. 8 Abs. 1 EMRK, Art. 1 Abs. 1, Art. 2 Abs. 1 GG und dem Recht der Presse aus Art. 10 EMRK, Art. 5 Abs. 1 GG erfordert.

aa) Bildnisse einer Person dürfen grundsätzlich nur mit Einwilligung des Abgebildeten verbreitet werden (§ 22 Satz 1 KUG). Hiervon macht § 23 Abs. 1 KUG Ausnahmen. Nach § 23 Abs. 1 Nr. 1 KUG dürfen Bildnisse aus dem Bereich der Zeitgeschichte ohne Einwilligung des Abgebildeten verbreitet werden, es sei denn, die Verbreitung verletzt berechtigte Interessen des Abgebildeten nach § 23 Abs. 2 KUG. Ein Bildnis aus dem Bereich der Zeitgeschichte umfasst nicht nur Vorgänge von historisch-politischer Bedeutung, sondern liegt bereits vor, wenn es einen Bezug zu Fragen von allgemeinem gesellschaftlichem Interesse aufweist (BGH, Urt. v. 14.10.2008 - VI ZR 272/06, GRUR 2009, 86 Tz. 10 = NJW 2009, 754). Die Presse kann aufgrund der Presse- und Meinungsfreiheit innerhalb der gesetzlichen Grenzen nach publizistischen Kriterien darüber entscheiden, was sie im öffentlichen Interesse für berichtenswert hält (BVerfGE 120, 180, 196; BGH GRUR 2009, 86 Tz. 11). Zu dem verfassungsrechtlichen Schutz der Pressefreiheit gehört auch die Abbildung von Personen (BVerfG NJW 2005, 3271, 3272; BVerfGE 120, 180, 196).

bb) Nach der Rechtsprechung des Bundesgerichtshofs erfordert die Anwendung des § 23 Abs. 1 KUG eine Abwägung zwischen den Rechten des Abgebildeten nach Art. 8 Abs. 1 EMRK, Art. 1 Abs. 1, Art. 2 Abs. 1 GG und den Rechten der Presse aus Art. 10 Abs. 1 EMRK, Art. 5 Abs. 1 GG. Abzuwägen sind unter Berücksichtigung der Wertungen der §§ 22, 23 KUG das Informationsinteresse der Allgemeinheit und die Pressefreiheit gegenüber dem Interesse des Abgebildeten am Schutz seiner Persönlichkeit und seiner Privatsphäre. Der Beurteilung ist ein normativer Maßstab zugrunde zu legen, der den widerstreitenden Interessen ausreichend Rechnung trägt (BGHZ 178, 275 Tz. 13 ff.; 178, 213 Tz. 8 ff.; BGH GRUR 2009, 86 Tz. 8 ff.).

b) Mit Erfolg wendet sich die Revision dagegen, dass das Berufungsgericht bei der Abwägung der widerstreitenden Interessen dem Schutz des Persönlichkeitsrechts des Klägers aus Art. 8 EMRK, Art. 1 Abs. 1, Art. 2 Abs. 1 GG im Streitfall keinen Vorrang gegenüber dem Recht der Presse aus Art. 10 Abs. 1 EMRK, Art. 5 Abs. 1 GG eingeräumt hat. Es hat dem von der Presse wahrgenommenen Informationsinteresse der Allgemeinheit an der in der Bildunterschrift enthaltenen Berichterstattung rechtsfehlerhaft zu großes Gewicht beigemessen.

aa) Bei der Gewichtung des Informationsinteresses der Allgemeinheit kommt dem Informationswert der Abbildung und der sie begleitenden Berichterstattung eine entscheidende Bedeutung zu.

(1) Zu Recht hat das Berufungsgericht in die Ermittlung des Informationswerts der Bildveröffentlichung die Bildunterschrift einbezogen. Dem in Rede stehenden Bild des Klägers kommt nicht schon als solchem eine für die öffentliche Meinungsbildung bedeutsame Aussage zu. Gegenteiliges hat das Berufungsgericht nicht festgestellt und wird auch von der Revisionserwiderung nicht geltend gemacht. Der Informationswert der Bildberichterstattung ist deshalb im Kontext der dazugehörigen Wortberichterstattung zu ermitteln (BVerfGE 120, 180, 206; BGHZ 171, 275 Tz. 23 m.w.N.). Auch eine Bildunterschrift enthält eine Wortberichterstattung, selbst wenn in dem fraglichen Presseerzeugnis eine weitere Berichterstattung fehlt. Die Bildunterschrift wird im vorliegenden Fall vom Durchschnittsleser wahrgenommen. Maßgeblich ist die Wahrnehmung der Leser bei der Lektüre der Zeitschrift und nicht die Sicht eines potentiellen Käufers in der Verkaufssituation in Buchläden und am Zeitschriftenkiosk oder bei einer verkleinerten Wiedergabe des Rätselheftes in einer Werbeanzeige.

(2) Die Gewichtung des Informationsinteresses der Allgemeinheit anhand des Informationswerts der Berichterstattung ist nicht aufgrund der Pressefreiheit ausgeschlossen. Zum Kern der Pressefreiheit gehört zwar, dass die Presse innerhalb der gesetzlichen Grenzen einen ausreichenden Spielraum besitzt, innerhalb dessen sie nach ihren publizistischen Kriterien entscheiden kann, was durch das öffentliche

Interesse an Berichterstattung beansprucht wird (BGHZ 178, 213 Tz. 15 m.w.N.). Im Hinblick auf Art. 5 Abs. 1 Satz 3 GG verbietet sich auch eine inhaltliche Bewertung des Beitrags auf seinen Wert und seine Seriosität (BVerfGE 120, 180, 206). Entscheidend - und im Zuge der Interessenabwägung zu berücksichtigen - ist aber, in welchem Ausmaß der Bericht einen Beitrag für die öffentliche Meinungsbildung erbringen kann. Das Recht der Presse, nach publizistischen Kriterien selbst über Gegenstand und Inhalt ihrer Berichterstattung zu entscheiden, befreit nicht von der Abwägung mit den geschützten Rechtspositionen derjenigen, über die berichtet wird. Das Selbstbestimmungsrecht der Presse erfasst nicht die Entscheidung, wie das Informationsinteresse im Zuge der Abwägung mit kollidierenden Rechtsgütern zu gewichten und der Ausgleich zwischen den betroffenen Rechtsgütern herzustellen ist (BVerfGE 120, 180, 205; BGHZ 171, 275 Tz. 20).

(3) Für die Abwägung ist von maßgebender Bedeutung, ob die Presse im konkreten Fall eine Angelegenheit von öffentlichem Interesse ernsthaft und sachbezogen erörtert und damit den Informationsbedarf des Publikums erfüllt und zur Bildung der öffentlichen Meinung beiträgt (BGH GRUR 2009, 86 Tz. 15 m.w.N.). Ausgangspunkt der Beurteilung ist nicht der Bekanntheitsgrad der Person, über die berichtet wird, sondern der Informationswert der Berichterstattung. Je größer der Informationswert für die Öffentlichkeit ist, umso mehr muss das Schutzinteresse dessen, über den informiert wird, hinter den Informationsbelangen der Öffentlichkeit zurücktreten. Umgekehrt wiegt aber auch der Schutz der Persönlichkeit des Betroffenen umso schwerer, je geringer der Informationswert für die Öffentlichkeit ist. Dabei ist nicht ausgeschlossen, dass je nach Lage des Falles für den Informationswert einer Berichterstattung auch der Bekanntheitsgrad des Betroffenen von Bedeutung sein kann (BGHZ 178, 213 Tz. 18; zur Namensnennung BGH, Urt. v. 5.6.2008 - I ZR 96/07, GRUR 2008, 1124 Tz. 17 = NJW 2008, 3782 - Zerknitterte Zigarettenschachtel; Urt. v. 5.6.2008 - I ZR 223/05, WRP 2008, 1527 Tz. 18 - Schau mal, Dieter). Auch bei einer Berichterstattung über bekannte Personen müssen danach der Informationswert der Berichterstattung anhand ihres Bezugs zur öffentlichen Meinungsbildung ermittelt und der Pressefreiheit abwägend die beeinträchtigenden Wirkungen für den Persönlichkeitsschutz gegenübergestellt werden (BVerfGE 120, 180, 208). Beschränkt sich der die Bildveröffentlichung begleitende Bericht darauf, einen beliebigen Anlass für die Abbildung prominenter Personen zu schaffen, lässt die Berichterstattung einen Beitrag zur öffentlichen Meinungsbildung nicht erkennen. Insofern muss das Veröffentlichungsinteresse nicht nur hinter dem Schutz der Privatsphäre zurücktreten (BVerfGE 120, 180, 207; BGH, Urt. v. 3.7.2007 - VI ZR 164/06, GRUR 2007, 902 Tz. 12 = NJW 2008, 749; Urt. v. 1.7.2008 - VI ZR 243/06, GRUR 2008, 1024 Tz. 23 = NJW 2008, 3138), sondern allgemein hinter dem Schutz des Persönlichkeitsrechts, etwa des Schutzes am eigenen Bildnis, wenn der Eingriff in dieses Recht hinreichend schwer wiegt.

bb) Der Informationswert der Abbildung des Klägers und der Bildunterschrift ist im vorliegenden Fall derart gering, dass ein schützenswerter Beitrag zur öffentlichen Meinungsbildung nicht erkennbar ist.

Das Berufungsgericht hat im Ansatz zutreffend den Informationswert aus der Bildunterschrift im Zusammenhang mit der Abbildung des Klägers auf dem Titelblatt des Rätselheftes ermittelt. Dabei hat es den Aussagegehalt der Bildunterschrift berücksichtigt und angenommen, dass der Informationswert äußerst gering ist. Rechtsfehlerhaft hat es allerdings nicht den Informationswert in den Mittelpunkt seiner Erörterung gestellt, sondern zu Unrecht wegen des hohen Bekanntheitsgrades des Klägers auf ein von der Meinungs- und Pressefreiheit umfasstes, auf die belanglose Meldung bezogenes Informationsinteresse der Allgemeinheit geschlossen.

Selbst bei einem großzügigen Maßstab ist der Informationswert der Bildunterschrift - auf die mangels eines weiteren redaktionellen Beitrags allein abzustellen ist - für die Allgemeinheit vorliegend derart gering, dass er nicht darüber hinausgeht, einen Anlass für die Abbildung des prominenten Klägers zu schaffen. Die Bildunterschrift enthält lediglich eine belanglose Mitteilung. Sie hat keinerlei Nachrichtenwert mit Orientierungsfunktion im Hinblick auf eine die Allgemeinheit interessierende Sachdebatte. Sie erschöpft sich in der gerade wegen des sehr hohen Bekanntheitsgrades des Klägers und der von ihm moderierten Quizsendung "Wer wird Millionär?" bereits allgemein bekannten Information, dass der Kläger die Sendung moderiert und diese spannend ist. Weitere Informationen über den Kläger oder die Quizsendung werden nicht vermittelt. Die Abbildung steht auch nicht in deutlichem Zusammenhang mit einer eigenen Leistung des Klägers, nur weil sowohl das Rätselheft als auch die von dem Kläger moderierte Sendung Ratespiele zum Gegenstand haben. Denn bei dem Rätselheft handelt es sich um eine im Verhältnis zum Kläger fremde Leistung (hierzu BGH, Urt. v. 1.10.1996 - VI ZR 206/95, GRUR 1997, 125, 127 - Künstlerabbildung in CD-Einlegeblatt). Die Veröffentlichung des Bildnisses des Klägers im Kontext mit der Bildunterschrift enthält damit in Abwägung mit dem allgemeinen Persönlichkeitsrecht des Klägers keinen schützenswerten Beitrag zur öffentlichen Meinungsbildung.

c) Die Revision macht zu Recht geltend, dass das Berufungsgericht bei der Interessenabwägung dem allgemeinen Persönlichkeitsrecht des Klägers zu geringes Gewicht beigemessen hat. Es hat den Werbecharakter der Bildnisveröffentlichung nicht hinreichend gewürdigt.

aa) Bei der Beurteilung des Schutzes des Persönlichkeitsrechts des Abgebildeten als Grenze für das berechtigte Informationsinteresse der Allgemeinheit ist die Intensität des in Rede stehenden Eingriffs zu berücksichtigen, die sich auch auf eine ungewollte Vereinnahmung für fremde kommerzielle Werbeinteressen beziehen kann.

Der Schutz des Persönlichkeitsrechts umfasst nicht nur die Privatsphäre als Kernbereich des allgemeinen Persönlichkeitsrechts. Hier können die Eingriffe besonders schwer wiegen. Wesentlicher Bestandteil des Persönlichkeitsrechts ist darüber hinaus die Entscheidung, ob und in welcher Weise das eigene Bildnis für Werbezwecke zur Verfügung gestellt werden soll (BGHZ 169, 340 Tz. 19 - Rücktritt des Finanzministers). Das schutzwürdige Informationsinteresse fehlt bei Werbeanzeigen, wenn sie ausschließlich den Geschäftsinteressen des mit der Abbildung werbenden Unternehmens dienen. Dies ist insbesondere der Fall, wenn das Bildnis aus dem Bereich der Zeitgeschichte nur verwendet wird, um den Werbewert der prominenten Persönlichkeit auszunutzen und auf das beworbene Produkt überzuleiten. Dagegen ist der Anwendungsbereich des § 23 Abs. 1 Nr. 1 KUG eröffnet, wenn die Werbeanzeige neben dem Werbezweck auch einen Informationsgehalt für die Allgemeinheit aufweist (BGH, Urt. v. 1.10.1996 - VI ZR 206/95, GRUR 1997, 125, 126 = NJW 1997, 1152 - Bob-Dylan-CD; BGHZ 169, 340 Tz. 15 - Rücktritt des Finanzministers). Der begleitende Text darf sich aber nicht darauf beschränken, nur irgendeinen Anlass für die Abbildung zu schaffen (BVerfGE 120, 180, 206 f.).

bb) Das Berufungsgericht hat das Gewicht des Werbecharakters der Bildnisveröffentlichung auf dem Titelblatt des Rätselhefts im Verhältnis zum Informationsgehalt der Berichterstattung unzureichend berücksichtigt.

Es hat in diesem Zusammenhang in die Abwägung nur einbezogen, dass das Titelblatt in seiner Werbefunktion als Bestandteil der Zeitschrift geschützt ist. Zutreffend ist zwar, dass die eigene Werbung für ein Presseerzeugnis ebenso wie das Presseerzeugnis selbst den Schutz des Art. 5 Abs. 1 Satz 2 GG genießt (BGHZ 151, 26, 30 f. - Marlene Dietrich II). Enthält das Presseerzeugnis eine dem Schutz der Pressefreiheit unterliegende Bildberichterstattung über eine prominente Person, darf auch mit deren Bildnis auf dem Titelblatt geworben werden (BGH, Urt. v. 14.3.1995 - VI ZR 52/94, NJW-RR 1995, 789, 790 - Chris Revue). Erschöpft sich die Berichterstattung aber nur darin, einen Anlass für die Abbildung einer prominenten Person auf dem Titelblatt zu schaffen, weil ein Beitrag zur öffentlichen Meinungsbildung nicht erkennbar ist, begrenzt das allgemeine Persönlichkeitsrecht des Abgebildeten nicht nur die Berichterstattung, sondern auch die Werbung für das Presseerzeugnis.

cc) Durch die Verwendung des Bildnisses auf dem Titelblatt hat die Beklagte über eine bloße Aufmerksamkeitswerbung hinaus den Werbe- und Imagewert des Klägers ausgenutzt.

Die Bildunterschrift führt nicht zu einer Zuordnung der Abbildung des Klägers zu einem Zeitgeschehen, über das zusammen mit dem Bildnis informiert wird. Die Beklagte hat durch die Abbildung auf dem Titelblatt des Rätselhefts vielmehr die Person des Klägers als Vorspann für die Anpreisung des Rätselhefts vermarktet.

Das Berufungsgericht hat angenommen, der Leser habe bei der Betrachtung des Titelblatts nicht den Eindruck, der Kläger empfehle den Kauf des Heftes. Hiergegen wendet sich die Revision mit der Begründung, durch die Aufmachung des Titelblatts nehme das angesprochene Publikum an, der Kläger preise als Fachmann das Rätselheft der Beklagten an. Ob die Annahme des Berufungsgerichts den Angriffen der Revision standhält, ist zweifelhaft. Die Frage kann aber offenbleiben. Die Ausnutzung des Image- oder Werbewerts der prominenten Person setzt nicht zwingend voraus, dass durch die Aufmachung des Bildes der Eindruck entsteht, die prominente Person identifiziere sich mit dem beworbenen Produkt, preise es an oder empfehle es. Entscheidend ist, ob die Darstellung bei dem Leser eine gedankliche Beziehung zwischen dem Abgebildeten und dem beworbenen Produkt herstellt (vgl. BGH NJW-RR 1995, 798, 790 - Chris Revue; zum Namensrecht BGHZ 30, 7, 13 - Catharina Valente). Geht es dem Werbenden nicht auch um die Befriedigung des Bedürfnisses der Allgemeinheit an der Darstellung bekannter Persönlichkeiten, sondern ausschließlich darum, durch ein unmittelbares Nebeneinanderstellen der Ware und der abgebildeten Person das Interesse der Öffentlichkeit an der Person und deren Beliebtheit auf die Ware zu übertragen, rechtfertigt dies nicht die einwilligungsfreie Nutzung des Bildnisses (vgl. BGHZ 20, 345, 352 - Paul Dahlke).

Die gedankliche Beziehung, die im vorliegenden Fall die Ausnutzung des Werbe- und Imagewerts des Klägers begründet, liegt im inhaltlichen Zusammenhang zwischen der - auf dem Titelblatt erwähnten - Tätigkeit des Klägers und dem Inhalt des Rätselhefts. Dieser Zusammenhang wird durch die Abbildung des Kreuzworträtsels als Hintergrundmontage zum im Vordergrund als Blickfang abgebildeten Kläger betont. Der Kläger wird als Moderator einer Rätselsendung in Beziehung zu dem ihm fremden Rätselheft gesetzt (zur zwar branchengleichen, aber "fremden" Leistung BGH GRUR 1997, 125, 126 - Künstlerabbildung in CD-Einlegeblatt). Seine Kompetenz und Popularität sollen auf das Rätselheft übertragen werden. Diesen Zusammenhang unterstreicht die Bildunterschrift, indem sie den Kläger und seine beliebte Quizsendung benennt und das Quiz als spannend bezeichnet, wobei sie damit sowohl die vom Kläger moderierte Quizsendung als auch andere Quiz- und Ratespiele - und damit auch das Rätselheft - in die Aussage einbezieht.

d) Die gebotene Abwägung zwischen dem Persönlichkeitsrecht des Klägers und der Pressefreiheit der Beklagten ergibt, dass dem allgemeinen Persönlichkeitsrecht des Klägers der Vorrang zukommt. Der Informationswert der Bildunterschrift ist derart gering, dass ein schützenswerter Beitrag zur öffentlichen Meinungsbildung in Abwägung mit dem allgemeinen Persönlichkeitsrecht des Klägers insbesondere wegen der Ausnutzung seines Image- und Werbewerts nicht erkennbar ist. Dem Recht am eigenen Bildnis des Klägers gebührt der Vorrang vor dem Veröffentlichungsinteresse der Beklagten. Aus diesem Grunde liegt kein dem § 23 Abs. 1 Nr.

1 KUG unterfallendes Bildnis der Zeitgeschichte vor. Die Veröffentlichung des Bildnisses des Klägers ohne seine Einwilligung war daher unzulässig.

2. Dem Kläger steht ein Anspruch auf Zahlung einer fiktiven Lizenzgebühr aus § 812 Abs. 1 Satz 1 Fall 2 BGB zu. Die unbefugte kommerzielle Nutzung seines Bildnisses stellt einen Eingriff in den vermögensrechtlichen Zuweisungsgehalt des Rechts am eigenen Bild wie auch des allgemeinen Persönlichkeitsrechts dar und begründet grundsätzlich - neben dem Verschulden voraussetzenden Schadensersatzanspruch - einen Anspruch aus Eingriffskondiktion auf Zahlung der üblichen Lizenzgebühr (BGH, Urt. v. 1.12.1999 - I ZR 226/97, GRUR 2000, 715, 716 = NJW 2000, 2201 - Der blaue Engel; BGHZ 169, 340 Tz. 12 - Rücktritt des Finanzministers). Dem Kläger steht darüber hinaus ein Schadensersatzanspruch aus § 823 Abs. 1 BGB zu, der ebenfalls auf Zahlung der üblichen Lizenzgebühr gerichtet ist (vgl. BGHZ 169, 340 Tz. 12 - Rücktritt des Finanzministers). Das für diesen Anspruch notwendige Verschulden liegt vor. Die Beklagte hat zumindest fahrlässig gehandelt. Sie hat sich mit der Veröffentlichung der Abbildung des Klägers als Blickfang auf dem Titelblatt ihres Rätselhefts, dem außer in der Bildunterschrift ein redaktioneller Beitrag über den Kläger fehlt, erkennbar im Grenzbereich des rechtlich Zulässigen bewegt, in dem sie eine von ihrer Einschätzung abweichende Beurteilung in Betracht ziehen musste.
Da die Veröffentlichung des Bildes unzulässig war, steht dem Kläger auch ein Anspruch auf Zahlung der vorprozessualen Rechtsverfolgungskosten zu.

III. Das Berufungsgericht hat - von seinem Standpunkt aus folgerichtig - keine Feststellungen zur Höhe der geltend gemachten Ansprüche getroffen. Die Sache ist deshalb an das Berufungsgericht zurückzuverweisen, das die hierzu erforderlichen Feststellungen nachzuholen hat.

Entscheidungsdatum: 23.06.2009
Aktenzeichen: VI ZR 232/08
Normen: § 823 Abs 1 BGB, § 22 KunstUrhG, § 23 KunstUrhG, § 890 ZPO
Persönlichkeitsschutz: Reichweite einer Unterlassungsverpflichtungserklärung im Hinblick auf die rechtswidrige Verbreitung eines Prominentenfotos

Leitsatz

Zur Reichweite einer Unterlassungsverpflichtungserklärung, die ein Presseorgan im Hinblick auf die rechtswidrige Verbreitung eines Prominentenfotos bei der Berichterstattung gegenüber dem Betroffenen abgegeben hat.

Tenor

Auf die Revision der Beklagten wird das Urteil des 7. Zivilsenats des Hanseatischen Oberlandesgerichts Hamburg vom 22. Juli 2008 aufgehoben.

Auf die Berufung der Beklagten wird das Urteil des Landgerichts Hamburg vom 18. Januar 2008 - 324 O 450/07 - dahin abgeändert, dass die Klage hinsichtlich des Fotos Nummer 2 mit der Bildnebenschrift "So smart und elegant kennt man Andrea in Monaco" abgewiesen wird.

Die Kosten des Rechtsstreits erster Instanz werden gegeneinander aufgehoben. Die Kosten der Rechtsmittelverfahren hat der Kläger zu tragen.

Von Rechts wegen

Tatbestand

Der Kläger ist der Sohn von Caroline Prinzessin von Hannover. Im März 2007 veröffentlichte die von der Beklagten herausgegebene Zeitschrift "Freizeit Revue" (Heft 13/07 vom 21. März 2007) einen Artikel, der sich mit dem Leben des Klägers in New York beschäftigt. Abgedruckt sind zwei Fotos, die jeweils den Kläger zeigen. Die Bildauf- bzw. Nebenschriften lauten: "Wilde Frisur: Andrea Casiraghi" und "So smart und elegant kennt man Andrea in Monaco". Auf das Verlangen des Klägers hat die Beklagte hinsichtlich beider Bilder eine vertragsstrafenbewehrte Unterlassungsverpflichtungserklärung abgegeben. Damit verpflichtet sie sich, es zu unterlassen, den Text des Artikels zu verbreiten. Hinsichtlich der Fotos verpflichtet sich die Beklagte, es zu unterlassen,

"in diesem Zusammenhang die folgenden in "Freizeit Revue" Nr. 13/07 vom 21.3.2007 abgedruckten Fotos erneut zu veröffentlichen:

1. Das auf S. 3 links abgedruckte Foto, das u.a. Andrea Casiraghi mit Schal zeigte;

2. das auf S. 3 abgedruckte Foto, das Andrea Casiraghi mit Fliege zeigt."

Der Kläger hält diese Erklärung hinsichtlich der Fotos für unzureichend. Er hat deshalb die vorliegende Unterlassungsklage erhoben, mit der er ein generelles Veröffentlichungsverbot erstrebt.

Das Landgericht hat der Klage in vollem Umfang stattgegeben. Die Berufung der Beklagten, die sich nur gegen die Verurteilung hinsichtlich des Fotos Nummer 2 mit der Bildnebenschrift "So smart und elegant kennt man Andrea in Monaco" gerichtet hat, hat das Berufungsgericht zurückgewiesen. Mit der vom Berufungsgericht zugelassenen Revision verfolgt die Beklagte ihr Begehren weiter.

Entscheidungsgründe

I. Das Berufungsgericht, dessen Urteil in AfP 2008, 623 veröffentlicht ist (ablehnend dazu Mann, AfP 2008, 566 ff.), hat ausgeführt:

Der Anspruch auf Unterlassung der erneuten Verbreitung des Bildnisses folge aus §§ 823 Abs. 2, 1004 Abs. 1 Satz 2 BGB analog in Verbindung mit §§ 22, 23 KUG, denn die Verbreitung der angegriffenen Aufnahme verletze den Kläger in seinem Recht am eigenen Bild. Zwischen den Parteien bestehe kein Streit darüber, dass der Gegenstand der Berichterstattung, deren Illustrierung die jetzt noch im Streit stehende Aufnahme gedient habe, nicht ein Ereignis aus dem Bereich der Zeitgeschichte im Sinne von § 23 Abs. 1 Nr. 1 KUG sei. Der Anspruch sei darauf gerichtet, die erneute Verbreitung des Bildnisses schlechthin zu unterlassen. Das ergebe sich aus dem in § 22 Satz 1 KUG ausgesprochenen Rechtssatz, wonach Bildnisse von Personen ohne deren Einwilligung grundsätzlich gar nicht verbreitet oder öffentlich zur Schau. gestellt werden dürften. So sei dies auch bislang von den Gerichten gehandhabt worden. Der Umfang des Unterlassungsanspruchs sei zwar beschränkt durch die konkrete Verletzungsform. Diese habe aber in der rechtswidrigen Veröffentlichung des angegriffenen Bildnisses gelegen, nicht etwa in der Gesamtveröffentlichung, von der das Bildnis nur einen Teil gebildet habe. Bei der Bestimmung des Anspruchsumfangs danach zu differenzieren, ob das jeweils angegriffene Bildnis als Illustration einer Textberichterstattung oder blank ohne eine solche verbreitet wurde, bestehe kein Anlass. Im Übrigen wäre die abgebildete Person, wollte man die Verletzung entgegen dem Gesetzeswortlaut nicht allein in der Verbreitung des Bildnisses, sondern in der Verbreitung des Bildnisses im Rahmen einer bestimmten Berichterstattung sehen, weitgehend schutzlos gestellt. Denn da jedenfalls in der Tagespresse kaum eine Berichterstattung wortgleich oder nahezu wortgleich wiederholt werde, würde ein Verbot, das darauf gerichtet wäre, das Bildnis erneut im Zusammenhang der konkret bezeichneten Berichterstattung zu verbreiten, weitgehend leer laufen, indem die abgebildete Person künftige Verbreitungen des Bildnisses durch den Schuldner in anderen Zusammenhängen nur jeweils im Erkenntnisverfahren, nicht aber in dem Ordnungsmittel vorsehenden Vollstreckungsverfahren verfolgen und somit nicht wirksam unterbinden könnte. Die von der Beklagten abgegebene Unterlassungsverpflichtungserklärung, in der sie sich habe verpflichten wollen, das angegriffene Bildnis erneut im Zusammenhang mit der konkret bezeichneten Berichterstattung zu veröffentlichen, sei daher jedenfalls zu eng gewesen, um die Wiederholungsgefahr beseitigen zu können. Der Kläger sei daher entsprechend § 266 BGB nicht gehalten gewesen, die Unterlassungsverpflichtungserklärung der Beklagten anzunehmen.

II. Die dagegen gerichtete Revision hat Erfolg. Rechtsfehlerhaft nimmt das Berufungsgericht an, demjenigen, dessen Bildnis in rechtswidriger Weise verbreitet wurde, stehe generell gegen den Verbreiter ein Anspruch darauf zu, die erneute Verbreitung des Bildnisses schlechthin zu unterlassen, so dass im vorliegenden

Fall die Wiederholungsgefahr durch die strafbewehrte Unterlassungsverpflichtungserklärung der Beklagten nicht beseitigt worden sei.

1. Nach der Rechtsprechung des erkennenden Senats kann im Bereich der Bildberichterstattung weder mit einer "vorbeugenden" Unterlassungsklage über die konkrete Verletzungsform hinaus eine ähnliche oder "kerngleiche" Bildberichterstattung für die Zukunft noch die erneute Verbreitung eines Bildnisses - sofern die Verbreitung nicht schon an sich unzulässig ist, etwa weil die Intimsphäre tangiert wird - generell verboten werden (vgl. Senatsurteile BGHZ 158, 218, 225 f.; 174, 262, 266; 177, 119, 131; vom 13. November 2007 - VI ZR 269/06 - NJW 2008, 1593, 1594; vom 1. Juli 2008 - VI ZR 243/06 - VersR 2008, 1506; vom 17. Februar 2009 - VI ZR 75/08 - NJW 2009, 1502). Der Grund für diese Rechtsprechung liegt darin, dass es für die Zulässigkeit einer Bildveröffentlichung in jedem Einzelfall einer Abwägung zwischen dem Informationsinteresse der Öffentlichkeit und dem Interesse des Abgebildeten an dem Schutz seiner Privatsphäre bedarf. Eine solche Interessenabwägung kann jedoch weder in Bezug auf Bilder vorgenommen werden, die noch gar nicht bekannt sind und bei denen insbesondere offen bleibt, in welchem Kontext sie veröffentlicht werden, noch in Bezug auf bereits veröffentlichte Bilder, deren Veröffentlichung sich in einem anderen Kontext als der zu beanstandenden Berichterstattung als zulässig erweisen könnte. Für die Zulässigkeit der Verbreitung von Bildnissen kann die Wortberichterstattung, zu der sie veröffentlicht werden, eine bedeutende Rolle spielen. Soweit ein Bild nicht schon als solches eine für die öffentliche Meinungsbildung bedeutsame Aussage enthält, ist sein Informationswert im Kontext der dazu gehörenden Wortberichterstattung zu ermitteln (vgl. Senatsurteile BGHZ 158, 218, 223; 171, 275, 284; ferner BVerfGE 120, 180, 206).

2. Die Ausführungen des Berufungsgerichts und der Revisionserwiderung geben keinen Anlass, diesen Maßstab in Frage zu stellen.

a) Es kann davon ausgegangen werden, dass in früheren Fällen, in denen der erkennende Senat über die Zulässigkeit der Bildberichterstattung der Presse zu urteilen hatte, der Unterlassungsantrag ohne Einschränkung gestellt war. Es ist indes nicht erkennbar, dass in jenen Fällen die Reichweite des Antrags Gegenstand des Streits der Parteien in den Tatsacheninstanzen und im Revisionsverfahren war. Die Frage, ob und gegebenenfalls inwieweit sich ein solcher Unterlassungsausspruch trotz seiner unbedingten Formulierung auf die konkrete Verletzungsform bezieht, wenn er auf einer Abwägung zwischen dem Persönlichkeitsrecht des Abgebildeten und der Äußerungs- und Pressefreiheit beruht, muss hier nicht entschieden werden. Soweit die Antragstellung in früheren Fällen Gegenstand des Revisionsverfahrens war, hat der erkennende Senat geprüft, ob ein generelles Verbot der Verbreitung des Bildnisses deshalb ausgeschlossen ist, weil sich seine Veröffentlichung zukünftig in anderem Zusammenhang als zulässig erweisen könnte, was je nach Lage des Falles bejaht oder verneint worden ist (vgl. Senatsurteile BGHZ

158, 218, 224 ff.; 177, 119, 131; vom 28. September 2004 - VI ZR 302/03 - DSB 2004, Nr. 11, S. 17, - VI ZR 303/03 - AfP 2004, 533, 534 und - VI ZR 305/03 - VersR 2005, 83, 84). Eine Divergenz zwischen diesen Entscheidungen besteht entgegen der Ansicht des Berufungsgerichts nicht.

b) Unrichtig ist die Auffassung des Berufungsgerichts, ein uneingeschränkter Anspruch des Klägers auf erneute Verbreitung des beanstandeten Bildes ergebe sich aus dem in § 22 Satz 1 KUG ausgesprochenen Rechtssatz. Die Argumentation des Berufungsgerichts beruht auf der These, die konkrete Verletzungsform liege alleine in der ohne Einwilligung des Abgebildeten erfolgten Verbreitung des Bildes, wobei kein Anlass bestehe, danach zu differenzieren, ob das Bild zur Illustration einer Wortberichterstattung oder ohne eine solche erfolge. Dies entspricht nicht der Rechtsprechung des erkennenden Senats zur Notwendigkeit einer Abwägung der widerstreitenden Grundrechte bei Anwendung der §§ 22, 23 KUG (vgl. Senatsurteil BGHZ 171, 275, 278 ff. und dazu BVerfGE 120, 180, 197 ff., jeweils m.w.N.).

c) Das Berufungsgericht meint, die abgebildete Person wäre weitgehend schutzlos gestellt, wollte man die Verletzung nicht allein in der Verbreitung des Bildnisses, sondern in der Verbreitung des Bildnisses im Rahmen einer bestimmten Berichterstattung sehen. Da jedenfalls in der Tagespresse kaum eine Berichterstattung wortgleich oder nahezu wortgleich wiederholt werde, würde ein Verbot, das darauf gerichtet wäre, das Bildnis erneut im Zusammenhang der konkret bezeichneten Berichterstattung zu verbreiten, weitgehend leer laufen, indem die abgebildete Person künftige Verbreitungen des Bildnisses durch den Schuldner in anderen Zusammenhängen nur jeweils im Erkenntnisverfahren, nicht aber in dem Ordnungsmittel vorsehenden Vollstreckungsverfahren verfolgen und somit nicht wirksam unterbinden könnte. Dies überzeugt ebenso wenig wie die Überlegungen dazu, dass es schlechthin ausgeschlossen sei, einen Tenor zu finden, der das, was das beklagte Presseorgan zu unterlassen habe, ausreichend genau bezeichne. Ein auf die konkrete Verletzungsform beschränktes Unterlassungsgebot greift nicht nur dann, wenn der Presseartikel wortgleich wiederholt wird, sondern auch dann, wenn die darin enthaltenen Mitteilungen sinngemäß ganz oder teilweise Gegenstand einer erneuten Berichterstattung unter Beifügung des zu beanstandenden Fotos sind. Ob dies der Fall ist, hat das für die Vollstreckung nach § 890 ZPO zuständige Prozessgericht zu beurteilen. Dazu bedarf es keines in die Einzelheiten gehenden Urteilstenors des Vollstreckungstitels. Vielmehr reicht es aus, dass im Urteilstenor (oder auch in den Gründen) zum Ausdruck kommt, dass das Foto im Zusammenhang mit der erneuten Veröffentlichung der in der Ausgangsberichterstattung gebrachten Mitteilungen nicht erneut veröffentlicht werden darf. Die Reichweite des Verbots hat das Prozessgericht als Vollstreckungsorgan aufgrund des Urteilstenors und der Gründe des Vollstreckungstitels zu ermitteln.

3. Dem oben (unter 1) dargestellten Maßstab, nach dem auch zu beurteilen ist, ob eine Unterlassungsverpflichtungserklärung des Presseorgans die Wiederholungsgefahr bzw. schon das Rechtsschutzinteresse für eine Unterlassungsklage beseitigt, wird das Berufungsurteil nicht gerecht.

a) Mit der Unterlassungsverpflichtungserklärung hat sich die Beklagte dazu verpflichtet, das beanstandete Foto nicht mehr "im Zusammenhang" mit der Berichterstattung in "Freizeit Revue" Nr. 13/07 vom 21. März 2007, welche zuvor im Wortlaut wiedergegeben ist, zu veröffentlichen. Damit ist die Wiederholungsgefahr, bezogen auf die konkrete Verletzungsform, entfallen. Denn aus der Erklärung ergibt sich mit ausreichender Deutlichkeit, dass sich die Beklagte verpflichtet, eine erneute Veröffentlichung des Bildes im Zusammenhang mit der erneuten Veröffentlichung des Textes oder seiner einzelnen Bestandteile zu unterlassen. Die Auslegung der Erklärung dahin, dass sich die Unterlassungsverpflichtung nur auf eine erneute Veröffentlichung des identischen Gesamttextes beziehe, wie sie das Landgericht und die Revisionserwiderung für richtig halten, wäre erkennbar verfehlt. Sie wäre lebensfremd und eine Berufung der Beklagten auf ein solches Verständnis wäre ersichtlich treuwidrig. Dem Berufungsurteil ist auch nicht zu entnehmen, dass das Berufungsgericht dieser Auslegung folgt. Es führt insoweit zutreffend aus, dass eine Berichterstattung kaum je wortgleich oder nahezu wortgleich wiederholt wird. Sollte das Berufungsurteil dahin zu verstehen sein, dass das Berufungsgericht der Auslegung des Landgerichts folgt, wären jedenfalls allgemeine Auslegungsregeln, Denkgesetze und Erfahrungssätze verletzt.

b) Es ist nicht auszuschließen, dass das beanstandete Foto in anderem Kontext rechtmäßige Verwendung finden könnte. Ein Sachverhalt, in dem seine Veröffentlichung in jeglichem Zusammenhang unzulässig sein könnte, liegt ersichtlich nicht vor. Es handelt sich um ein kontextneutrales Porträtfoto (vgl. dazu BVerfG, NJW 2001, 1921, 1924 f.), das bei einer zukünftigen Berichterstattung über den Kläger möglicherweise rechtmäßig verwendet werden könnte. Die im Berufungsurteil geäußerten Zweifel, ob es sich tatsächlich um eine "neutrale Porträtaufnahme" handele, weil erkennbar sei, dass der Kläger einen Gesellschaftsanzug trage, sind unbegründet. Ein Gesellschaftsanzug kann bei zahlreichen Gelegenheiten getragen werden. Dass das Foto den Bezug zu einem bestimmten gesellschaftlichen Ereignis erkennen lasse, ist weder festgestellt noch ersichtlich.

III. Die Klage ist danach, soweit noch anhängig, abzuweisen. Da keine weiteren Feststellungen zu treffen sind, kann der erkennende Senat in der Sache selbst entscheiden (§ 563 Abs. 3 ZPO). Die Kostenentscheidung folgt aus den §§ 91 Abs. 1, 92 Abs. 1 ZPO.

Entscheidungsdatum: 06.10.2009
Aktenzeichen: VI ZR 315/08
Normen: § 23 Abs 2 KunstUrhG, § 823 Abs 1 BGB, Art 1 Abs 1 GG, Art 2
Abs 1 GG, Art 5 Abs 1 GG
Persönlichkeitsschutz in der Presse: Zulässigkeit des generellen Verbots der
Veröffentlichung jeglicher Fotos eines Minderjährigen

Orientierungssatz

1. Im Bereich der Bildberichterstattung kann weder mit einer vorbeugenden Unterlassungsklage über die konkrete Verletzungsform hinaus eine ähnliche oder
"kerngleiche" Berichterstattung für die Zukunft noch die erneute Verbreitung eines Bildnisses generell verboten werden. Dies gilt auch für solche Fälle, in denen
es um die Abbildung von Kindern und Jugendlichen geht, und das Presseorgan
bereits mehrfach Fotos ohne die erforderliche Einwilligung veröffentlicht hat.
Auch in diesen Fällen kann nicht generell beansprucht werden, die Veröffentlichung jeglicher Fotos eines bestimmten Minderjährigen bis zu dessen Volljährigkeit zu unterlassen. Vielmehr ist auch hier eine Abwägung zwischen dem beeinträchtigten Persönlichkeitsrecht und der Meinungs- und Pressefreiheit unter Berücksichtigung des Informationsinteresses der Öffentlichkeit nicht entbehrlich.
Dabei ist es eine Frage des Einzelfalls, ob berechtige Interessen des abgebildeten
Minderjährigen einer künftigen (erneuten) Veröffentlichung eines Bildes entgegenstehen (Festhaltung BGH, 9. März 2004, VI ZR 217/03, BGHZ 158, 218).

2. Im Rahmen der vorzunehmenden Interessenabwägung ist auch zu bedenken,
dass insbesondere Kinder von Prominenten sich heutzutage mit zunehmender Annäherung an die Volljährigkeitsgrenze vielfach mit Billigung der Eltern eigenständig in der Öffentlichkeit bewegen oder aber derart in der Öffentlichkeit "präsentiert" werden, dass ein überwiegendes Informationsinteresse an einer bildhaften
Darstellung nicht verneint werden kann. Selbst wenn die Abbildung von Kindern
und Jugendlichen dennoch als "Ausnahmefall" anzusehen sein sollte, wäre dies
kein Grund, ein Abbildungsverbot für viele Jahre bis zum Erreichen der Volljährigkeitsgrenze auszusprechen; die Rechte aus Art. 5 Abs. 1 GG würden dadurch
in nicht gerechtfertigter Weise eingeschränkt.

Tenor

Auf die Revision der Beklagten wird das Urteil des 7. Zivilsenats des Hanseatischen Oberlandesgerichts Hamburg vom 11. November 2008 aufgehoben.

Auf die Berufung der Beklagten wird das Urteil der 24. Zivilkammer des Landgerichts Hamburg vom 29. August 2008 dahin abgeändert, dass die Klage abgewiesen wird.

Die Kosten des Rechtsstreits hat die Klägerin zu tragen.

Von Rechts wegen

Tatbestand

Die Klägerin ist die minderjährige Tochter von Franz Beckenbauer. 2007 erschienen in den im Verlag der Beklagten verlegten Zeitschriften "n." und "V." Abbildungen, die die Klägerin jeweils mit beiden Eltern oder einem Elternteil und Geschwistern zeigen. Auf Verlangen des Klägers gab die Beklagte bezüglich der Bilder jeweils eine Unterlassungsverpflichtungserklärung ab. Die Klägerin ist der Ansicht, sie habe gegen die Beklagte angesichts deren hartnäckiger Missachtung ihres Persönlichkeitsrechts einen Anspruch auf eine umfassende Unterlassungserklärung. Sie hat daher die vorliegende Klage erhoben und beantragt, die Beklagte zu verurteilen, es zu unterlassen, Fotos, die sie zeigen, zu veröffentlichen bzw. veröffentlichen zu lassen oder sonst zu verbreiten bzw. verbreiten zu lassen.

Das Landgericht hat der Klage mit der Maßgabe stattgegeben, dass das Unterlassungsgebot bis zur Volljährigkeit der Klägerin gilt. Die Berufung der Beklagten hatte keinen Erfolg. Mit der vom Berufungsgericht zugelassenen Revision verfolgt die Beklagte ihr Ziel einer Klageabweisung weiter.

Entscheidungsgründe

I. Das Berufungsgericht führt aus: Bei den veröffentlichten Bildern handele es sich um solche, in deren Veröffentlichung die Eltern der Klägerin nicht eingewilligt hätten und die jedenfalls im Hinblick auf § 23 Abs. 2 KUG nicht einwilligungslos hätten veröffentlicht werden dürfen, da trotz der Prominenz ihres - teilweise mit abgebildeten - Vaters der Schutz der minderjährigen Klägerin vor Bildnisveröffentlichungen vor dem Informationsinteresse der Allgemeinheit Vorrang habe. Soweit die Beklagte darauf hinweise, dass zwei der beanstandeten Fotos bei offiziellen Anlässen entstanden seien, lasse sich dem kein hinreichender Grund dafür entnehmen, dass das besondere Schutzbedürfnis der Klägerin gegenüber dem Informationsinteresse der Öffentlichkeit zurückstehen müsse. Denn es sei nicht ersichtlich oder dargetan, dass die Klägerin etwa bei diesen Anlässen von ihren Eltern der Öffentlichkeit präsentiert worden oder selbst im Pflichtenkreis ihres Vaters aufgetreten wäre.

Zwar sei nicht zu verkennen, dass die Beklagte hinsichtlich der beanstandeten Bildveröffentlichungen die durch die Erstveröffentlichung indizierte Wiederholungsgefahr dadurch beseitigt habe, dass sie sich konkret und strafbewehrt zur Unterlassung verpflichtet habe. Dennoch begründeten die Veröffentlichungen aus dem Jahre 2007 bezüglich weiterer bisher nicht veröffentlichter Bilder der Kläge-

rin eine Begehungsgefahr. Wenn ein Verleger in kurzen Abständen mehrere unberechtigte Fotoveröffentlichungen einer Person vornehme und anschließend jeweils auf Abmahnung eine strafbewehrte Unterlassungsverpflichtungserklärung
bezüglich des veröffentlichten Fotos abgebe, sei zu erwarten, dass er auch künftig
derartige Bilder veröffentlichen werde, ohne auf die Rechte der Abgebildeten -
hier des abgebildeten Kindes - Rücksicht zu nehmen. Denn seine Handlungsweise
zeige, dass konkrete Verbote und Unterlassungsverpflichtungen in solchen Fällen
nicht geeignet seien, dem Betroffenen einen Schutz vor Bildnisveröffentlichungen
für die Zukunft zu gewähren. Dies wiege besonders schwer, wenn davon Kinder
betroffen seien, die schutzbedürftiger seien als Erwachsene, weil sie sich zu eigenverantwortlichen Personen erst entwickeln müssten; dieses Schutzbedürfnis bestehe auch hinsichtlich der Gefahren, die von dem Interesse der Medien und ihrer
Nutzer an Abbildungen von Kindern ausgingen, deren Persönlichkeitsentfaltung
dadurch empfindlicher gestört werden könne als diejenige von Erwachsenen. Der
Bereich, in dem Kinder sich frei von öffentlicher Beobachtung fühlen und entfalten dürften, müsse deswegen umfassender geschützt sein als derjenige erwachsener Personen. Zu Gunsten von Kindern sei deshalb grundsätzlich ein weitergehendes generelles Bildverbot gerechtfertigt, wenn sich die weitere Begehungsgefahr
in den bisherigen offensichtlich vorsätzlichen Verletzungshandlungen manifestiert habe.

Ein solches generelles Verbot stelle im vorliegenden Fall keine unzulässige Einschränkung der Pressefreiheit dar, wie dies der Bundesgerichtshof in seiner Entscheidung vom 13. November 2007 (VI ZR 269/06) im Falle einer erwachsenen
bekannten Sportlerin angenommen habe. Während nämlich im Falle einer erwachsenen Prominenten jeweils je nach Gegenstand der Abbildung und Begleittext im
Einzelnen offen abzuwägen sei, ob persönlichkeitsrechtliche Interessen überwögen, könne bei der auch bezüglich der Abbildung Minderjähriger vorzunehmenden Abwägung von vornherein davon ausgegangen werden, dass Abbildungen nur
im Ausnahmefall, nämlich bei Einwilligung oder öffentlicher Präsentation durch
die Eltern, gezeigt werden dürften. Diese Beschränkung der Ausnahmen auf wenige Fallkonstellationen rechtfertige es, der Klägerin als Minderjähriger einen generellen Unterlassungsanspruch zuzusprechen, da es ihren Rechtsschutz aushöhlen würde, wenn ihr in Fällen wiederholter hartnäckiger Rechtsverstöße nur die
Möglichkeit bliebe, bei weiteren Rechtsverletzungen durch nachfolgende Unterlassungsanträge ihrem Bildnisrecht gleichsam "hinterherzulaufen". Dabei unterliege dieses Gebot der immanenten Beschränkung, dass es jedenfalls nicht für
Fälle von Veröffentlichungen gelte, in die die Eltern ihre Einwilligung erteilt hätten oder für Bildnisse, die die Klägerin bei offiziellen Anlässen gemeinsam mit
ihren Eltern zeigten. Ob die Voraussetzungen dieser Beschränkung vorlägen, sei
im Vorfeld einer künftigen Veröffentlichung durch die Beklagte und gegebenenfalls im Vollstreckungsverfahren unschwer festzustellen.

II. Die dagegen gerichtete Revision hat Erfolg. Der Klägerin steht gegen die Beklagte kein umfassender Unterlassungsanspruch zu.

1. Nach der Rechtsprechung des erkennenden Senats kann im Bereich der Bildberichterstattung weder mit einer "vorbeugenden" Unterlassungsklage über die konkrete Verletzungsform hinaus eine ähnliche oder "kerngleiche" Bildberichterstattung für die Zukunft noch die erneute Verbreitung eines Bildnisses - sofern die
Verbreitung nicht schon an sich unzulässig ist, etwa weil die Intimsphäre tangiert
wird - generell verboten werden (vgl. Senatsurteile BGHZ 158, 218, 225 f.; 174,
262, 266; 177, 119, 131; vom 13. November 2007 - VI ZR 269/06 - NJW 2008,
1593, 1594; vom 1. Juli 2008 - VI ZR 243/06 - VersR 2008, 1506; vom 17. Februar
2009 - VI ZR 75/08 - VersR 2009, 841; vom 23. Juni 2009 - VI ZR 232/08 - NJW
2009, 2823). Der Grund für diese Rechtsprechung liegt darin, dass es für die Zulässigkeit einer Bildveröffentlichung in jedem Einzelfall einer Abwägung zwischen dem Informationsinteresse der Öffentlichkeit und dem Interesse des Abgebildeten an dem Schutz seiner Privatsphäre bedarf. Eine solche Interessenabwägung kann jedoch weder in Bezug auf Bilder vorgenommen werden, die noch gar
nicht bekannt sind und bei denen insbesondere offen bleibt, in welchem Kontext
sie veröffentlicht werden, noch in Bezug auf bereits veröffentlichte Bilder, deren
Veröffentlichung sich in einem anderen Kontext als der zu beanstandenden Berichterstattung als zulässig erweisen könnte. Für die Zulässigkeit der Verbreitung
von Bildnissen kann die Wortberichterstattung, zu der sie veröffentlicht werden,
eine bedeutende Rolle spielen. Soweit ein Bild nicht schon als solches eine für die
öffentliche Meinungsbildung bedeutsame Aussage enthält, ist sein Informationswert im Kontext der dazu gehörenden Wortberichterstattung zu ermitteln (vgl. Senatsurteile BGHZ 158, 218, 223; 171, 275, 284; vom 17. Februar 2009 - VI ZR
75/08 - aaO, S. 842; vom 10. März 2009 - VI ZR 261/07 - VersR 2009, 843, 844;
ferner BVerfGE 120, 180, 206).

2. Entgegen der Ansicht des Berufungsgerichts ist eine Ausnahme nicht für solche
Fälle geboten, in denen es um die Abbildung von Kindern oder Jugendlichen geht
und das Presseorgan bereits mehrfach Fotos ohne die erforderliche Einwilligung
veröffentlicht hat.

a) Allerdings ist anerkannt, dass Kinder eines besonderen Schutzes bedürfen, weil
sie sich zu eigenverantwortlichen Personen erst entwickeln müssen und dass dieses Schutzbedürfnis auch hinsichtlich der Gefahren besteht, die von dem Interesse
der Medien und ihrer Nutzer an Abbildungen von Kindern ausgehen, deren Persönlichkeitsentfaltung dadurch empfindlicher gestört werden kann als diejenige
von Erwachsenen. Der Bereich, in dem Kinder sich frei von öffentlicher Beobachtung fühlen und entfalten dürfen, muss deswegen umfassender geschützt sein als
derjenige erwachsener Personen (BVerfGE 101, 361, 385; 119, 1, 24; 120, 180,
199). Grundsätzlich fällt auch die spezifisch elterliche Hinwendung zu den Kindern in den Schutzbereich von Art. 2 Abs. 1 in Verbindung mit Art. 1 Abs. 1 GG.
Der Schutzgehalt des allgemeinen Persönlichkeitsrechts erfährt dann eine Verstär-

kung durch Art. 6 Abs. 1 und 2 GG, der den Staat verpflichtet, die Lebensbedingungen des Kindes zu sichern, die für sein gesundes Aufwachsen erforderlich sind und zu denen insbesondere die elterliche Fürsorge gehört.Das Recht jedes Kindes auf Entwicklung zur Persönlichkeit umfasst sowohl die Privatsphäre als auch die kindgemäße Entfaltung in öffentlichen Räumen. Zur Entwicklung der Persönlichkeit gehört es, sich in der Öffentlichkeit angemessen bewegen zu lernen, ohne dadurch das Risiko einer Medienberichterstattung über das eigene Verhalten auszulösen. Dies gilt auch für Kinder, deren Eltern prominente Personen sind (vgl. BVerfGE 101, 361, 386; BVerfG, NJW 2000, 2191, 2192; 2005, 1857, 1858; Senatsurteil BGHZ 160, 298, 304 f.).

Wie sich die Verstärkung des Persönlichkeitsschutzes durch Art. 6 GG im Einzelnen auswirkt, lässt sich aber nicht generell und abstrakt bestimmen. Zwar kann der Schutz des allgemeinen Persönlichkeitsrechts zugunsten spezifischer Eltern-Kind-Beziehungen grundsätzlich auch dann eingreifen, wenn sich Eltern und Kinder in der Öffentlichkeit bewegen. Doch wird es regelmäßig an einem Schutzbedürfnis fehlen, wenn sich Eltern mit ihren Kindern bewusst der Öffentlichkeit zuwenden, etwa gemeinsam an öffentlichen Veranstaltungen teilnehmen oder gar in deren Mittelpunkt stehen; insoweit liefern sie sich den Bedingungen öffentlicher Auftritte aus (BVerfGE 101, 361, 386). Der erkennende Senat hat deshalb schon bisher auch in Fällen, in denen es um die Abbildung von Kindern im Rahmen der Presseberichterstattung ging, eine Abwägung zwischen dem beeinträchtigten Persönlichkeitsrecht und der Meinungs- und Pressefreiheit unter Berücksichtigung des Informationsinteresses nicht für entbehrlich gehalten (vgl. Senatsurteil BGHZ 158, 218, 222 ff.; 160, 298, 305; vgl. auch BVerfG, NJW 2000, 2191, 2192; 2003, 3262, 3263; ZUM-RD 2007, 1, 3 ff.). Insbesondere hat der Senat bereits früher ausgeführt, dass die Veröffentlichung eines Bildes, welches einen Minderjährigen zusammen mit einem Elternteil zeigt, zukünftig, etwa im Rahmen einer Berichterstattung über einen entsprechenden Anlass, erlaubnisfrei zulässig sein kann. Dabei ist es eine Frage des Einzelfalls, ob berechtigte Interessen des Abgebildeten einer künftigen (erneuten) Veröffentlichung eines Bildes entgegenstehen. Die Unzulässigkeit der (erneuten) Verwendung eines Fotos ergibt sich jedenfalls nicht allein daraus, dass der Abgebildete als Jugendlicher eines verstärkten Schutzes nach Art. 2 Abs. 1 in Verbindung mit Art. 1 Abs. 1 GG bedarf und Abbildungen von Kindern und Jugendlichen zudem naturgemäß nach kurzer Zeit an Aktualität verlieren. Eine solche generalisierende Betrachtungsweise verbietet sich, weil die im Rahmen von § 23 Abs. 2 KUG gebotene Abwägung des Rechts auf ungehinderte Entfaltung der Persönlichkeit einerseits und des Rechts auf Presse- und Informationsfreiheit andererseits stets eine Prüfung des Einzelfalls verlangen (Senatsurteil BGHZ 158, 218, 225).

Dem steht nicht entgegen, dass - wie das Berufungsgericht annimmt - die Abbildung von Kindern nur im "Ausnahmefall" in Betracht käme. Das Berufungsgericht konkretisiert dies dahin, dass die Abbildung von Kindern nur bei Einwilligung oder öffentlicher Präsentation durch die Elterngezeigt werden dürfe. Insoweit ist bereits zweifelhaft, ob damit alle Fallgestaltungen, bei denen die Abbildung von Kindern oder Jugendlichen durch ein Informationsinteresse gerechtfertigt sein kann, erfasst sind. Zu bedenken ist, dass insbesondere Jugendliche sich heutzutage mit zunehmender Annäherung an die Volljährigkeitsgrenze - bis zu der das Berufungsgericht das Verbot aussprechen will - vielfach mit Billigung der Eltern eigenständig derart in der Öffentlichkeit bewegen, dass ein überwiegendes Informationsinteresse auch an einer bildhaften Darstellung nicht verneint werden kann. Zu bedenken ist auch, dass Kinder, insbesondere solche von Prominenten, heutzutage vielfach derart in der Öffentlichkeit "präsentiert" werden, dass ein überwiegendes Informationsinteresse zu bejahen ist. Selbst wenn indes die Abbildung von Kindern und Jugendlichen dennoch als "Ausnahmefall" anzusehen sein sollte, wäre dies kein Grund, ein Abbildungsverbot für viele Jahre bis zum Erreichen der Volljährigkeitsgrenze auszusprechen. Die Rechte aus Art. 5 Abs. 1 GG würden dadurch in nicht gerechtfertigter Weise eingeschränkt.

b) Nicht überzeugen kann auch die Erwägung des Berufungsgerichts, es sei gerechtfertigt, der Klägerin als Minderjähriger einen generellen Unterlassungsanspruch zuzusprechen, da es ihren Rechtsschutz aushöhlen würde, wenn ihr in Fällen wiederholter hartnäckiger Rechtsverstöße nur die Möglichkeit bliebe, bei weiteren Rechtsverletzungen durch nachfolgende Unterlassungsanträge ihrem Bildnisrecht gleichsam "hinterherzulaufen".

Entgegen der Auffassung des Berufungsgerichts ist der Betroffene nicht völlig schutzlos gestellt. Nach der ständigen Rechtsprechung des erkennenden Senats begründet eine Verletzung des allgemeinen Persönlichkeitsrechts einen Anspruch auf eine Geldentschädigung, wenn es sich um einen schwerwiegenden Eingriff handelt und die Beeinträchtigung nicht in anderer Weise befriedigend ausgeglichen werden kann. Das hängt insbesondere von der Bedeutung und Tragweite des Eingriffs, ferner von Anlass und Beweggrund des Handelnden sowie von dem Grad seines Verschuldens ab; auch eine wiederholte und hartnäckige Verletzung des Rechts am eigenen Bild, die um des wirtschaftlichen Vorteils willen erfolgt, kann sich als schwere, einen Anspruch auf Geldentschädigung rechtfertigende Verletzung des allgemeinen Persönlichkeitsrechts des Betroffenen darstellen (vgl. Senatsurteile BGHZ 128, 1, 12; 132, 13, 27; 160, 298, 306 f.; vom 12. Dezember 1995 - VI ZR 223/94 - VersR 1996, 341 f.; vgl. auch BVerfG NJW 2004, 591, 592).

Entgegen der Auffassung der Revision hat der erkennende Senat in seinen Beschlüssen vom 9. Juni 2009 (VI ZR 339/08 und VI ZR 340/08, veröffentlicht in Juris) nicht zu erkennen gegeben, dass er die Praxis des Berufungsgerichts, generelle Unterlassungsgebote auszusprechen, billige. Der Senat hat sich dort zur rechtlichen Zulässigkeit umfassender Unterlassungstitel nicht geäußert, da jeweils rechtskräftige Unterlassungsurteile vorlagen; diese Tatsache war der weiteren rechtlichen Beurteilung zu Grunde zu legen.

3. Die Revision ist danach begründet. Da keine weiteren Feststellungen zu treffen sind, hat der erkennende Senat selbst in der Sache dahin entschieden (§ 563 Abs. 3 ZPO), dass die Klage abgewiesen wird.

Entscheidungsdatum: 06.10.2009
Aktenzeichen: VI ZR 314/08
Normen: § 823 Abs 1 BGB, § 1004 Abs 1 S 2 BGB, § 22 KunstUrhG, § 23 KunstUrhG, Art 1 Abs 1 GG
Bildnisschutz bei Minderjährigen: Anspruch auf generelle Unterlassung der Bildberichterstattung bis zum Volljährigkeitseintritt

Leitsatz

Im Bereich der Bildberichterstattung kann nicht generell beansprucht werden, die Veröffentlichung jeglicher Fotos, die einen bestimmten Minderjährigen zeigen, bis zu dessen Volljährigkeit zu unterlassen.

Tenor

Auf die Revision der Beklagten wird das Urteil des 7. Zivilsenats des Hanseatischen Oberlandesgerichts Hamburg vom 11. November 2008 aufgehoben.

Auf die Berufung der Beklagten wird das Urteil der 24. Zivilkammer des Landgerichts Hamburg vom 29. August 2008 dahin abgeändert, dass die Klage abgewiesen wird.

Die Kosten des Rechtsstreits hat der Kläger zu tragen.

Von Rechts wegen

Tatbestand

Der Kläger ist der minderjährige Sohn von F. B. 2007 erschienen in den im Verlag der Beklagten verlegten Zeitschriften "neue woche" "Viel Spaß" und "Freizeit aktuell" Abbildungen, die den Kläger jeweils mit beiden Eltern oder einem Elternteil und Geschwistern zeigen. Auf Verlangen des Klägers gab die Beklagte bezüglich der Bilder jeweils eine Unterlassungsverpflichtungserklärung ab, ausgenommen ein Foto, das den Kläger nach Ansicht der Beklagten bei einem offiziellen Ereignis zeigt. Der Kläger ist der Ansicht, er habe gegen die Beklagte angesichts deren hartnäckiger Missachtung seines Persönlichkeitsrechts einen Anspruch auf eine umfassende Unterlassungserklärung. Er hat daher die vorliegende Klage erhoben und beantragt, die Beklagte zu verurteilen, es zu unterlassen, Fotos, die ihn zeigen, zu veröffentlichen bzw. veröffentlichen zu lassen oder sonst zu verbreiten bzw. verbreiten zu lassen.

Das Landgericht hat der Klage mit der Maßgabe stattgegeben, dass das Unterlassungsgebot bis zur Volljährigkeit des Klägers gilt. Die Berufung der Beklagten hatte keinen Erfolg. Mit der vom Berufungsgericht zugelassenen Revision verfolgt die Beklagte ihr Ziel einer Klageabweisung weiter.

Entscheidungsgründe

I. Das Berufungsgericht führt aus: Bei den veröffentlichten Bildern handele es sich um solche, in deren Veröffentlichung die Eltern des Klägers nicht eingewilligt hätten und die jedenfalls im Hinblick auf § 23 Abs. 2 KUG nicht einwilligungslos hätten veröffentlicht werden dürfen, da trotz der Prominenz seines - teilweise mit abgebildeten - Vaters der Schutz des minderjährigen Klägers vor Bildnisveröffentlichungen vor dem Informationsinteresse der Allgemeinheit Vorrang habe. Soweit die Beklagte darauf hinweise, dass zwei der beanstandeten Fotos bei offiziellen Anlässen entstanden seien, lasse sich dem kein hinreichender Grund dafür entnehmen, dass das besondere Schutzbedürfnis des Klägers gegenüber dem Informationsinteresse der Öffentlichkeit zurückstehen müsse. Denn es sei nicht ersichtlich oder dargetan, dass der Kläger etwa bei diesen Anlässen von seinen Eltern der Öffentlichkeit präsentiert worden oder selbst im Pflichtenkreis seines Vaters aufgetreten wäre.

Zwar sei nicht zu verkennen, dass die Beklagte hinsichtlich der drei beanstandeten Bildveröffentlichungen die durch die Erstveröffentlichung indizierte Wiederholungsgefahr dadurch beseitigt habe, dass sie sich konkret und strafbewehrt zur Unterlassung verpflichtet habe. Dennoch begründeten die Veröffentlichungen aus dem Jahre 2007 bezüglich weiterer bisher nicht veröffentlichter Bilder des Klägers eine Begehungsgefahr. Wenn ein Verleger in kurzen Abständen mehrere unberechtigte Fotoveröffentlichungen einer Person vornehme und anschließend jeweils auf Abmahnung eine strafbewehrte Unterlassungsverpflichtungserklärung bezüglich des veröffentlichten Fotos abgebe, sei zu erwarten, dass er auch künftig derartige Bilder veröffentlichen werde, ohne auf die Rechte der Abgebildeten - hier des abgebildeten Kindes - Rücksicht zu nehmen. Denn seine Handlungsweise zeige, dass konkrete Verbote und Unterlassungsverpflichtungen in solchen Fällen nicht geeignet seien, dem Betroffenen einen Schutz vor Bildnisveröffentlichungen für die Zukunft zu gewähren. Dies wiege besonders schwer, wenn davon Kinder betroffen seien, die schutzbedürftiger seien als Erwachsene, weil sie sich zu eigenverantwortlichen Personen erst entwickeln müssten; dieses Schutzbedürfnis bestehe auch hinsichtlich der Gefahren, die von dem Interesse der Medien und ihrer Nutzer an Abbildungen von Kindern ausgingen, deren Persönlichkeitsentfaltung dadurch empfindlicher gestört werden könne als diejenige von Erwachsenen. Der

Bereich, in dem Kinder sich frei von öffentlicher Beobachtung fühlen und entfalten dürften, müsse deswegen umfassender geschützt sein als derjenige erwachsener Personen. Zu Gunsten von Kindern sei deshalb grundsätzlich ein weitergehendes generelles Bildverbot gerechtfertigt, wenn sich die weitere Begehungsgefahr in den bisherigen offensichtlich vorsätzlichen Verletzungshandlungen manifestiert habe.

Ein solches generelles Verbot stelle im vorliegenden Fall keine unzulässige Einschränkung der Pressefreiheit dar, wie dies der Bundesgerichtshof in seiner Entscheidung vom 13. November 2007 (VI ZR 269/06) im Falle einer erwachsenen bekannten Sportlerin angenommen habe. Während nämlich im Falle einer erwachsenen Prominenten jeweils je nach Gegenstand der Abbildung und Begleittext im Einzelnen offen abzuwägen sei, ob persönlichkeitsrechtliche Interessen überwögen, könne bei der auch bezüglich der Abbildung Minderjähriger vorzunehmenden Abwägung von vornherein davon ausgegangen werden, dass Abbildungen nur im Ausnahmefall, nämlich bei Einwilligung oder öffentlicher Präsentation durch die Eltern, gezeigt werden dürften. Diese Beschränkung der Ausnahmen auf wenige Fallkonstellationen rechtfertige es, dem Kläger als Minderjährigem einen generellen Unterlassungsanspruch zuzusprechen, da es seinen Rechtsschutz aushöhlen würde, wenn ihm in Fällen wiederholter hartnäckiger Rechtsverstöße nur die Möglichkeit bliebe, bei weiteren Rechtsverletzungen durch nachfolgende Unterlassungsanträge seinem Bildnisrecht gleichsam "hinterherzulaufen". Dabei unterliege dieses Gebot der immanenten Beschränkung, dass es jedenfalls nicht für Fälle von Veröffentlichungen gelte, in die die Eltern ihre Einwilligung erteilt hätten oder für Bildnisse, die den Kläger bei offiziellen Anlässen gemeinsam mit seinen Eltern zeigten. Ob die Voraussetzungen dieser Beschränkung vorlägen, sei im Vorfeld einer künftigen Veröffentlichung durch die Beklagte und gegebenenfalls im Vollstreckungsverfahren unschwer festzustellen.

II. Die dagegen gerichtete Revision hat Erfolg. Dem Kläger steht gegen die Beklagte kein umfassender Unterlassungsanspruch zu.

1. Nach der Rechtsprechung des erkennenden Senats kann im Bereich der Bildberichterstattung weder mit einer "vorbeugenden" Unterlassungsklage über die konkrete Verletzungsform hinaus eine ähnliche oder "kerngleiche" Bildberichterstattung für die Zukunft noch die erneute Verbreitung eines Bildnisses - sofern die Verbreitung nicht schon an sich unzulässig ist, etwa weil die Intimsphäre tangiert wird - generell verboten werden (vgl. Senatsurteile BGHZ 158, 218, 225 f.; 174, 262, 266; 177, 119, 131; vom 13. November 2007 - VI ZR 269/06 - NJW 2008, 1593, 1594; vom 1. Juli 2008 - VI ZR 243/06 - VersR 2008, 1506; vom 17. Februar 2009 - VI ZR 75/08 – VersR 2009, 841; vom 23. Juni 2009 - VI ZR 232/08 - NJW 2009, 2823). Der Grund für diese Rechtsprechung liegt darin, dass es für die Zulässigkeit einer Bildveröffentlichung in jedem Einzelfall einer Abwägung zwi-

schen dem Informationsinteresse der Öffentlichkeit und dem Interesse des Abgebildeten an dem Schutz seiner Privatsphäre bedarf. Eine solche Interessenabwägung kann jedoch weder in Bezug auf Bilder vorgenommen werden, die noch gar
nicht bekannt sind und bei denen insbesondere offen bleibt, in welchem Kontext
sie veröffentlicht werden, noch in Bezug auf bereits veröffentlichte Bilder, deren
Veröffentlichung sich in einem anderen Kontext als der zu beanstandenden Berichterstattung als zulässig erweisen könnte. Für die Zulässigkeit der Verbreitung
von Bildnissen kann die Wortberichterstattung, zu der sie veröffentlicht werden,
eine bedeutende Rolle spielen. Soweit ein Bild nicht schon als solches eine für die
öffentliche Meinungsbildung bedeutsame Aussage enthält, ist sein Informationswert im Kontext der dazu gehörenden Wortberichterstattung zu ermitteln (vgl. Senatsurteile BGHZ 158, 218, 223; 171, 275, 284; vom 17. Februar 2009 - VI ZR
75/08 - aaO, S. 842; vom 10. März 2009 - VI ZR 261/07 - VersR 2009, 843, 844;
ferner BVerfGE 120, 180, 206).

2. Entgegen der Ansicht des Berufungsgerichts ist eine Ausnahme nicht für solche
Fälle geboten, in denen es um die Abbildung von Kindern oder Jugendlichen geht
und das Presseorgan bereits mehrfach Fotos ohne die erforderliche Einwilligung
veröffentlicht hat.

a) Allerdings ist anerkannt, dass Kinder eines besonderen Schutzes bedürfen, weil
sie sich zu eigenverantwortlichen Personen erst entwickeln müssen und dass dieses Schutzbedürfnis auch hinsichtlich der Gefahren besteht, die von dem Interesse
der Medien und ihrer Nutzer an Abbildungen von Kindern ausgehen, deren Persönlichkeitsentfaltung dadurch empfindlicher gestört werden kann als diejenige
von Erwachsenen. Der Bereich, in dem Kinder sich frei von öffentlicher Beobachtung fühlen und entfalten dürfen, muss deswegen umfassender geschützt sein als
derjenige erwachsener Personen (BVerfGE 101, 361, 385; 119, 1, 24; 120, 180,
199). Grundsätzlich fällt auch die spezifisch elterliche Hinwendung zu den Kindern in den Schutzbereich von Art. 2 Abs. 1 in Verbindung mit Art. 1 Abs. 1 GG.
Der Schutzgehalt des allgemeinen Persönlichkeitsrechts erfährt dann eine Verstärkung durch Art. 6 Abs. 1 und 2 GG, der den Staat verpflichtet, die Lebensbedingungen des Kindes zu sichern, die für sein gesundes Aufwachsen erforderlich sind
und zu denen insbesondere die elterliche Fürsorge gehört. Das Recht jedes Kindes
auf Entwicklung zur Persönlichkeit umfasst sowohl die Privatsphäre als auch die
kindgemäße Entfaltung in öffentlichen Räumen. Zur Entwicklung der Persönlichkeit gehört es, sich in der Öffentlichkeit angemessen bewegen zu lernen, ohne
dadurch das Risiko einer Medienberichterstattung über das eigene Verhalten auszulösen. Dies gilt auch für Kinder, deren Eltern prominente Personen sind (vgl.
BVerfGE 101, 361, 386; BVerfG, NJW 2000, 2191, 2192; 2005, 1857, 1858; Senatsurteil BGHZ 160, 298, 304 f.).

Wie sich die Verstärkung des Persönlichkeitsschutzes durch Art. 6 GG im Einzelnen auswirkt, lässt sich aber nicht generell und abstrakt bestimmen. Zwar kann der

Schutz des allgemeinen Persönlichkeitsrechts zugunsten spezifischer Eltern-Kind-Beziehungen grundsätzlich auch dann eingreifen, wenn sich Eltern und Kinder in der Öffentlichkeit bewegen. Doch wird es regelmäßig an einem Schutzbedürfnis fehlen, wenn sich Eltern mit ihren Kindern bewusst der Öffentlichkeit zuwenden, etwa gemeinsam an öffentlichen Veranstaltungen teilnehmen oder gar in deren Mittelpunkt stehen; insoweit liefern sie sich den Bedingungen öffentlicher Auftritte aus (BVerfGE 101, 361, 386). Der erkennende Senat hat deshalb schon bisher auch in Fällen, in denen es um die Abbildung von Kindern im Rahmen der Presseberichterstattung ging, eine Abwägung zwischen dem beeinträchtigten Persönlichkeitsrecht und der Meinungs- und Pressefreiheit unter Berücksichtigung des Informationsinteresses nicht für entbehrlich gehalten (vgl. Senatsurteil BGHZ 158, 218, 222 ff.; 160, 298, 305; vgl. auch BVerfG, NJW 2000, 2191, 2192; 2003, 3262, 3263; ZUM-RD 2007, 1, 3 ff.). Insbesondere hat der Senat bereits früher ausgeführt, dass die Veröffentlichung eines Bildes, welches eine Minderjährige zusammen mit einem Elternteil zeigt, zukünftig, etwa im Rahmen einer Berichterstattung über einen entsprechenden Anlass, erlaubnisfrei zulässig sein kann. Dabei ist es eine Frage des Einzelfalls, ob berechtigte Interessen des Abgebildeten einer künftigen (erneuten) Veröffentlichung eines Bildes entgegenstehen. Die Unzulässigkeit der (erneuten) Verwendung eines Fotos ergibt sich jedenfalls nicht allein daraus, dass der Abgebildete als Jugendlicher eines verstärkten Schutzes nach Art. 2 Abs. 1 in Verbindung mit Art. 1 Abs. 1 GG bedarf und Abbildungen von Kindern und Jugendlichen zudem naturgemäß nach kurzer Zeit an Aktualität verlieren. Eine solche generalisierende Betrachtungsweise verbietet sich, weil die im Rahmen von § 23 Abs. 2 KUG gebotene Abwägung des Rechts auf ungehinderte Entfaltung der Persönlichkeit einerseits und des Rechts auf Presse- und Informationsfreiheit andererseits stets eine Prüfung des Einzelfalls verlangt (Senatsurteil BGHZ 158, 218, 225).

Dem steht nicht entgegen, dass - wie das Berufungsgericht annimmt - die Abbildung von Kindern nur im "Ausnahmefall" in Betracht käme. Das Berufungsgericht konkretisiert dies dahin, dass die Abbildung von Kindern nur bei Einwilligung oder öffentlicher Präsentation durch die Eltern gezeigt werden dürfe. Insoweit ist bereits zweifelhaft, ob damit alle Fallgestaltungen, bei denen die Abbildung von Kindern oder Jugendlichen durch ein Informationsinteresse gerechtfertigt sein kann, erfasst sind. Zu bedenken ist, dass insbesondere Jugendliche sich heutzutage mit zunehmender Annäherung an die Volljährigkeitsgrenze - bis zu der das Berufungsgericht das Verbot aussprechen will - vielfach mit Billigung der Eltern eigenständig derart in der Öffentlichkeit bewegen, dass ein überwiegendes Informationsinteresse auch an einer bildhaften Darstellung nicht verneint werden kann. Zu bedenken ist auch, dass Kinder, insbesondere solche von Prominenten, heutzutage vielfach derart in der Öffentlichkeit „präsentiert" werden, dass ein überwiegendes Informationsinteresse zu bejahen ist. Selbst wenn indes die Abbildung von Kindern und Jugendlichen dennoch als „Ausnahmefall" anzusehen sein sollte, wäre dies kein Grund, ein Abbildungsverbot für viele Jahre bis zum Erreichen der Volljährigkeitsgrenze auszusprechen. Die Rechte aus Art. 5 Abs. 1 GG würden dadurch in nicht gerechtfertigter Weise eingeschränkt.

b) Nicht überzeugen kann auch die Erwägung des Berufungsgerichts, es sei gerechtfertigt, dem Kläger als Minderjährigem einen generellen Unterlassungsanspruch zuzusprechen, da es seinen Rechtsschutz aushöhlen würde, wenn ihm in Fällen wiederholter hartnäckiger Rechtsverstöße nur die Möglichkeit bliebe, bei weiteren Rechtsverletzungen durch nachfolgende Unterlassungsanträge seinem Bildnisrecht gleichsam "hinterherzulaufen".

Entgegen der Auffassung des Berufungsgerichts ist der Betroffene nicht völlig schutzlos gestellt. Nach der ständigen Rechtsprechung des erkennenden Senats begründet eine Verletzung des allgemeinen Persönlichkeitsrechts einen Anspruch auf eine Geldentschädigung, wenn es sich um einen schwerwiegenden Eingriff handelt und die Beeinträchtigung nicht in anderer Weise befriedigend ausgeglichen werden kann. Das hängt insbesondere von der Bedeutung und Tragweite des Eingriffs, ferner von Anlass und Beweggrund des Handelnden sowie von dem Grad seines Verschuldens ab; auch eine wiederholte und hartnäckige Verletzung des Rechts am eigenen Bild, die um des wirtschaftlichen Vorteils willen erfolgt, kann sich als schwere, einen Anspruch auf Geldentschädigung rechtfertigende Verletzung des allgemeinen Persönlichkeitsrechts des Betroffenen darstellen (vgl. Senatsurteile BGHZ 128, 1, 12; 132, 13, 27; 160, 298, 306 f.; vom 12. Dezember 1995 - VI ZR 223/94 - VersR 1996, 341 f.; vgl. auch BVerfG NJW 2004, 591, 592). Entgegen der Auffassung der Revision hat der erkennende Senat in seinen Beschlüssen vom 9. Juni 2009 (VI ZR 339/08 und VI ZR 340/08, veröffentlicht in Juris) nicht zu erkennen gegeben, dass er die Praxis des Berufungsgerichts, generelle Unterlassungsgebote auszusprechen, billige. Der Senat hat sich dort zur rechtlichen Zulässigkeit umfassender Unterlassungstitel nicht geäußert, da jeweils rechtskräftige Unterlassungsurteile vorlagen; diese Tatsache war der weiteren rechtlichen Beurteilung zu Grunde zu legen.

3. Die Revision ist danach begründet. Da keine weiteren Feststellungen zu treffen sind, hat der erkennende Senat selbst in der Sache dahin entschieden (§ 563 Abs. 3 ZPO), dass die Klage abgewiesen wird.

Entscheidungsname: Der strauchelnde Liebling
Entscheidungsdatum: 29.10.2009
Aktenzeichen: I ZR 65/07
Normen: § 22 S 1 KunstUrhG, § 23 Abs 1 Nr 1 KunstUrhG, § 23 Abs 2 KunstUrhG, § 823 Abs 1 BGB, § 823 Abs 2 BGB
Recht am eigenen Bild: Abbildung einer prominenten Person auf der Titelseite eines Testexemplars für eine geplante Zeitung - Der strauchelnde Liebling

Leitsatz

Der strauchelnde Liebling

1. Die Werbung für eine geplante Zeitung mit der Titelseite eines Testexemplars, auf der eine prominente Person abgebildet ist, verletzt nicht allein deshalb deren Recht am eigenen Bild, weil keine Ausgabe der Zeitung erscheint, die eine der Ankündigung entsprechende Berichterstattung enthält.

2. Eine solche Werbung verletzt das Recht am eigenen Bild allerdings von dem Zeitpunkt an, zu dem es dem Werbenden möglich und zumutbar ist, die Abbildung der Titelseite des Testexemplars durch die Abbildung der Titelseite einer tatsächlich erschienenen Ausgabe der Zeitung zu ersetzen.

Tenor

Auf die Revision der Beklagten wird das Urteil des 18. Zivilsenats des Oberlandesgerichts München vom 6. März 2007 unter Zurückweisung des weitergehenden Rechtsmittels insoweit aufgehoben, als dem Kläger dem Grunde nach Ansprüche auch für die Zeit vom 10. September 2001 bis zum 31. Oktober 2001 zugesprochen worden sind.

Die Sache wird für das Betragsverfahren an das Berufungsgericht zurückverwiesen, das auch über die Kosten der Revision zu entscheiden hat.

Von Rechts wegen

Tatbestand

Der Kläger ist der bekannte Tennisspieler Boris Becker. Die Beklagte gibt die Frankfurter Allgemeine Sonntagszeitung heraus.

Vor dem Erscheinen der Erstausgabe am 30. September 2001 stellte die Beklagte der Fachöffentlichkeit ein Testexemplar der Frankfurter Allgemeinen Sonntagszeitung vor. Dieses Testexemplar ist in der Werbekampagne zur Einführung der Zeitung vom 10. September 2001 bis zum 31. März 2002 in zusammengerollter Form - wie eine Zeitung in Zeitungsrohre gesteckt zu werden pflegt - abgebildet. Die Abbildung zeigt den oberen Teil der Titelseite mit dem Namen der Zeitung. Darunter ist links eine Fotografie des damaligen Bundesaußenministers Fischer und rechts ein Portraitfoto des Klägers zu sehen. Neben dem Bild des Klägers befinden sich die Schlagzeile „Der strauchelnde Liebling" und der Untertitel „Boris Beckers mühsame Versuche, nicht aus der Erfolgsspur geworfen zu werden Seite 17 ".

Die Werbung erschien auf verschiedenen Werbeträgern und in unterschiedlicher Gestaltung. Sie zeigte stets eine Abbildung des Testexemplars der Zeitung und enthielt oft einen Werbeslogan mit dem Wort „Sonntag", wie etwa „Die schönsten

Seiten des Sonntags".

Eine Werbeanzeige ist nachfolgend als Beispiel abgebildet:

Das Original des in der Werbekampagne abgebildeten Testexemplars der Zeitung zeigte neben einer ausgearbeiteten Titel- und Rückseite nur das vorgesehene Layout; es enthielt keine redaktionellen Beiträge und damit auch nicht den auf der Titelseite für Seite 17 angekündigten Bericht über Boris Becker. Ein solcher Bericht erschien auch in keiner späteren Ausgabe der Zeitung. Die Veröffentlichung des Fotos erfolgte ohne Einwilligung des Klägers.

Der Kläger ist der Ansicht, die Beklagte habe mit der ungenehmigten Verwendung seines Bildnisses in ihrer Werbekampagne sein Recht am eigenen Bild verletzt. Er nimmt die Beklagte auf Zahlung einer fiktiven Lizenzgebühr in Höhe von 2.365.395,55 € in Anspruch.

Das Landgericht hat die Beklagte unter Abweisung der weitergehenden Klage zur Zahlung von 1,2 Mio. € verurteilt. Auf die Berufung der Beklagten hat das Berufungsgericht den Anspruch des Klägers dem Grunde nach für gerecht-fertigt erklärt (OLG München AfP 2007, 237 = ZUM-RD 2007, 360 = K&R 2007, 320). Mit ihrer vom Senat zugelassenen Revision, deren Zurückweisung der Kläger beantragt, erstrebt die Beklagte die Abweisung der Klage.

Entscheidungsgründe

I. Das Berufungsgericht hat angenommen, die Beklagte sei dem Kläger dem Grunde nach gemäß § 823 Abs. 1 BGB, § 823 Abs. 2 BGB i.V. mit §§ 22, 23 KUG und § 812 Abs. 1 Satz 1 Fall 2 BGB zur Zahlung einer fiktiven Lizenzgebühr verpflichtet, weil sie mit der Veröffentlichung seines Bildnisses in ihrer Werbekampagne in rechtswidriger und schuldhafter Weise in sein Recht am eigenen Bild eingegriffen und damit auf seine Kosten einen vermögenswerten Vorteil erlangt habe.

Die Verbreitung der Fotografie des Klägers sei gemäß § 23 Abs. 1 Nr. 1 KUG zwar grundsätzlich auch ohne dessen Einwilligung erlaubt gewesen, weil der weithin bekannte Kläger eine absolute Person der Zeitgeschichte sei und die Beklagte mit der Werbung ihre neue Zeitung sowie Art und Gegenstand der Berichterstattung vorgestellt und damit zumindest auch einem schutzwürdigen Informationsinteresse der Allgemeinheit entsprochen habe.

Die Verbreitung des Bildnisses des Klägers verletze jedoch seine berechtigten Interessen im Sinne von § 23 Abs. 2 KUG. Die gebotene Abwägung der betroffenen Güter und Interessen ergebe, dass dem Persönlichkeitsrecht des Klägers größeres

Gewicht als der Freiheit der Presse beizumessen sei, für eine neue Zeitung auf die beanstandete Weise zu werben. Dabei komme dem Umstand entscheidende Bedeutung zu, dass der angekündigte Beitrag über den Kläger in keiner Ausgabe der Frankfurter Allgemeinen Sonntagszeitung erschienen sei. Die Beklagte habe zwar ein schützenswertes Interesse, auf die Inhalte ihrer geplanten bzw. neuen Zeitung hinzuweisen. Da es den angekündigten Artikel über den Kläger jedoch zu keinem Zeitpunkt gegeben habe, sei die erhebliche Ausnutzung des Image- und Werbewerts des außerordentlich prominenten Klägers nicht durch ein Informationsinteresse der Öffentlichkeit gerechtfertigt. Die Schlagzeile und der Untertitel neben dem Bild des Klägers seien so inhaltsarm, dass sie ein die Persönlichkeitsrechte des Klägers überwiegendes Informationsinteresse der Werbeadressaten nicht befriedigen könnten. Die Beklagte könne sich auch nicht mit Erfolg auf ein publizistisches Anliegen berufen, mit der Abbildung des Klägers beispielhaft auf die Gestaltung, das Layout und die Themenzusammenstellung der neuen Zeitung hinzuweisen. Die Gestaltung des oberen Drittels der abgebildeten Zeitung mit zwei Fotografien, die auf zwei Artikel aufmerksam machten, sei nicht derartig auffällig und neu, dass der Betrachter sie als Besonderheit wahrnehme. Die Abbildung des Klägers und des Politikers Fischer habe nur auf die Themenkreise „Politik" und „Prominenz", gegebenenfalls auch „Sport" hingedeutet und nicht auf eine thematisch breite Fächerung der Zeitung schließen lassen.

Die Werbekampagne sei bereits ab dem 10. September 2001 und nicht erst ab dem Zeitpunkt des Erscheinens der Erstausgabe am 30. September 2001 unzulässig. Die Beklagte habe vor dem 30. September 2001 zwar nur in der in Rede stehenden Art und Weise mit einer zu diesem Zeitpunkt noch nicht existenten Zeitung werben können. Sie sei jedoch bereits ab dem 10. September 2001 verpflichtet gewesen, das abgebildete Exemplar ab dem 30. September 2001 tatsächlich auf den Markt zu bringen, weil sie davon profitiert habe, dass sich die Aufmerksamkeit der potentiellen Erwerber gerade wegen der Abbildung des bekannten Klägers auf das Produkt gerichtet habe. Im Übrigen sei es der Beklagten möglich und zumutbar gewesen, ihre Werbung ab dem Erscheinen der Zeitung am 30. September 2001 umzustellen, und in der Werbung eine tatsächlich erschienene Ausgabe abzubilden.

II. Die Revision der Beklagten hat teilweise Erfolg. Sie führt zur Aufhebung des Berufungsurteils soweit dieses dem Kläger dem Grunde nach Ansprüche auch für die Zeit vom 10. September 2001 bis zum 31. Oktober 2001 zugesprochen hat. Dem Kläger steht der geltend gemachte Anspruch auf Zahlung einer fiktiven Lizenzgebühr aus § 823 Abs. 1 BGB, § 823 Abs. 2 BGB i.V. mit §§ 22, 23 KUG und aus § 812 Abs. 1 Satz 1 Fall 2 BGB nur für die Zeit vom 1. November 2001 bis zum 31. März 2002 zu.

1. Bildnisse einer Person dürfen grundsätzlich nur mit Einwilligung des Abgebildeten verbreitet werden (§ 22 Satz 1 KUG). Hiervon besteht nach § 23 Abs. 1 Nr.

1 KUG eine Ausnahme, wenn es sich um Bildnisse aus dem Bereich der Zeitgeschichte handelt. Diese Ausnahme gilt aber nicht für eine Verbreitung, durch die ein berechtigtes Interesse des Abgebildeten verletzt wird (§ 23 Abs. 2 KUG).

2. Die Beklagte hat die Fotografie des Klägers entgegen § 22 Satz 1 KUG ohne seine Einwilligung in ihrer Werbekampagne verwendet. Sie hat dadurch in das allgemeine Persönlichkeitsrecht des Klägers in seiner besonderen Ausprägung als Recht am eigenen Bild eingegriffen. Die Entscheidung, ob und in welcher Weise das eigene Bildnis für Werbezwecke zur Verfügung gestellt werden soll, ist wesentlicher Bestandteil des Persönlichkeitsrechts (BGHZ 169, 340 Tz. 19 - Rücktritt des Finanzministers; BGH, Urt. v. 11.3.2009 - I ZR 8/07, GRUR 2009, 1085 Tz. 26 = WRP 2009, 1269 - Wer wird Millionär?).

3. Die Beklagte kann sich grundsätzlich auf die Ausnahmebestimmung des § 23 Abs. 1 Nr. 1 KUG für Bildnisse aus dem Bereich der Zeitgeschichte berufen. Der Begriff der Zeitgeschichte ist, um der Bedeutung und Tragweite der Pressefreiheit Rechnung zu tragen, nicht allein auf Vorgänge von historischer oder politischer Bedeutung zu beziehen, sondern vom Informationsinteresse der Öffentlichkeit her zu bestimmen (BVerfGE 101, 361, 392; vgl. BGHZ 178, 213 Tz. 10 m.w.N.). Der Anwendungsbereich des § 23 Abs. 1 Nr. 1 KUG ist daher eröffnet, wenn die Werbeanzeige nicht ausschließlich den Geschäftsinteressen des mit der Abbildung werbenden Unternehmens, sondern daneben auch einem Informationsinteresse der Öffentlichkeit dient (vgl. BGHZ 169, 340 Tz. 15 - Rücktritt des Finanzministers; BGH GRUR 2009, 1085 Tz. 26 - Wer wird Millionär?). Die vom Kläger beanstandeten Werbeanzeigen enthalten nach den Feststellungen des Berufungsgerichts zumindest auch eine Information der Allgemeinheit über die Gestaltung und den Inhalt der neuen Zeitung der Beklagten.

4. Die Prüfung, ob die in der Werbekampagne der Beklagten verwendete Fotografie des Klägers als Bildnis aus dem Bereich der Zeitgeschichte i.S. von § 23 Abs. 1 Nr. 1 KUG ohne seine Einwilligung verbreitet werden darf, erfordert eine Abwägung zwischen dem Interesse des Klägers am Schutz seiner Persönlichkeit und dem von der Beklagten wahrgenommenen Informationsinteresse der Öffentlichkeit (vgl. BGHZ 169, 340 Tz. 18 - Rücktritt des Finanzministers; BGH GRUR 2009, 1085 Tz. 15 - Wer wird Millionär?, m.w.N.).

Die Revision weist zutreffend darauf hin, dass das Berufungsgericht bei seiner Interessenabwägung dem Persönlichkeitsrecht des Klägers zu großes Gewicht (dazu a) und der Pressefreiheit der Beklagten zu geringes Gewicht (dazu b) beigemessen hat. Bei zutreffender Gewichtung überwiegt das Interesse der Beklagten an einer Information der Allgemeinheit über Gestaltung und Ausrichtung ihrer neuen Zeitung das Interesse des Klägers am Schutz seines Rechts am eigenen Bild in der Zeit vom 10. September 2001, dem Beginn der Werbekampagne zur Einführung der Zeitung, bis zum 31. Oktober 2001, dem Ablauf eines Monats nach dem Erscheinen der Erstausgabe am 30. September 2001 (dazu c).

a) Die Revision rügt mit Erfolg, das Berufungsgericht habe dem Persönlichkeitsrecht des Klägers zu großes Gewicht beigemessen. Das Berufungsgericht hat angenommen, die Werbung der Beklagten nutze den Image- und Werbewert des außerordentlich prominenten Klägers in erheblichem Maße aus. Die von ihm getroffenen Feststellungen tragen diese Beurteilung indes nicht.

aa) Das Gewicht des Eingriffs in das allgemeine Persönlichkeitsrecht einer prominenten Person, die ohne ihre Einwilligung in einer Werbeanzeige abgebildet wird, bemisst sich vor allem nach dem Ausmaß, in dem die Werbung den Werbewert und das Image der Person ausnutzt. Besonderes Gewicht hat ein solcher Eingriff, wenn die Werbung den Eindruck erweckt, die abgebildete Person identifiziere sich mit dem beworbenen Produkt, empfehle es oder preise es an (vgl. BGHZ 169, 340 Tz. 19 - Rücktritt des Finanzministers, m.w.N.). Erhebliches Gewicht kommt einem derartigen Eingriff auch dann zu, wenn durch ein unmittelbares Nebeneinander der Ware und des Abgebildeten in der Werbung das Interesse der Öffentlichkeit an der Person und deren Beliebtheit auf die Ware übertragen wird, weil der Betrachter der Werbung eine gedankliche Verbindung zwischen dem Abgebildeten und dem beworbenen Produkt herstellt, die zu einem Imagetransfer führt (BGH GRUR 2009, 1085 Tz. 31 - Wer wird Millionär?, m.w.N.). Dagegen hat der Eingriff geringeres Gewicht, wenn die Abbildung einer prominenten Person in der Werbung weder Empfehlungscharakter hat noch zu einem Imagetransfer führt, sondern lediglich die Aufmerksamkeit des Betrachters auf das beworbene Produkt lenkt.

bb) Nach den rechtsfehlerfrei getroffenen Feststellungen des Berufungsgerichts erweckt die Darstellung des Klägers auf der Titelseite der abgebildeten Zeitung nicht den Eindruck, der Kläger identifiziere sich mit der beworbenen Sonntagszeitung, empfehle sie oder preise sie an. Die Abbildung des Klägers hat vielmehr das Ziel, das große Interesse der Allgemeinheit an seiner Person zum Zweck der Absatzförderung auf die beworbene Zeitung zu lenken. Die Werbung mit dem Foto des Klägers erschöpft sich demnach in einer bloßen Aufmerksamkeitswerbung für die Sonntagszeitung der Beklagten, ohne den Werbewert oder das Image des Klägers darüber hinaus auszunutzen.

cc) Der Eingriff in das Persönlichkeitsrecht des Klägers betrifft lediglich die - nur einfachrechtlich geschützten - vermögenswerten Bestandteile des allgemeinen Persönlichkeitsrechts einschließlich des Rechts am eigenen Bild und berührt nicht die - auch verfassungsrechtlich gewährleisteten - ideellen Bestandteile des allgemeinen Persönlichkeitsrechts des Klägers (vgl. BGHZ 143, 214, 218 ff. - Marlene Dietrich; BVerfG, Kammerbeschl. v. 22.8.2006 - 1 BvR 1168/04, GRUR 2006, 1049, 1050 f. = WRP 2006, 1361; BGHZ 169, 340 Tz. 21 - Rücktritt des Finanzministers). Bei der verwendeten Fotografie handelt es sich um eine kleine, neutrale

Porträtaufnahme, die den Kläger optisch nicht ungünstig darstellt. Die Schlagzeile und der Untertitel sind nach den Feststellungen des Berufungsgerichts nicht als Herabsetzung zu verstehen, sondern spielen aus der Sicht des Durchschnittsbetrachters der Werbung auf Erfolge und Misserfolge des Klägers nach Abschluss seiner Tenniskarriere an. Die beanstandete Werbung beschädigt das Ansehen des Klägers daher nicht, auch wenn sie seine persönlichen Probleme zum Gegenstand hat und ihn nicht unbedingt in einem günstigen Licht erscheinen lässt

b) Die Revision beanstandet zu Recht, dass das Berufungsgericht der Pressefreiheit der Beklagten zu geringes Gewicht beigemessen hat.

aa) Das Berufungsgericht ist allerdings zutreffend davon ausgegangen, dass die Werbung eines Unternehmens für das eigene Presseerzeugnis ebenso wie das Presseerzeugnis selbst den Schutz der Pressefreiheit genießt. Das Grundrecht der Pressefreiheit gewährleistet die Freiheit des Pressewesens insgesamt. Dieser Schutz reicht von der Beschaffung der Information bis zur Verbreitung der Nachricht und der Meinungsäußerung. Er beschränkt sich daher nicht auf die unmittelbar inhaltsbezogene Pressetätigkeiten, sondern schließt die Werbung für das Presseerzeugnis ein (vgl. BVerfGE 77, 346, 354; 102, 347, 359). Der Schutz des Art. 5 Abs. 1 Satz 2 GG erstreckt sich deshalb auch auf Werbung, die das Presseerzeugnis der Öffentlichkeit vorstellt und Art und Gegenstand der Berichterstattung ankündigt (vgl. BGHZ 151, 26, 30 f.).

bb) Danach darf auf dem Titelblatt eines Presseerzeugnisses mit dem Bildnis einer prominenten Person geworben werden, wenn das Presseerzeugnis eine dem Schutz der Pressefreiheit unterliegende Berichterstattung über diese Person enthält (BGH, Urt. v. 14.3.1995 - VI ZR 52/94, WRP 1995, 613, 614 f. - Chris Revue) oder die Bildunterschrift auf dem Titelblatt selbst eine die Abbildung rechtfertigende Berichterstattung aufweist (vgl. BGH GRUR 2009, 1085 Tz. 17 ff. - Wer wird Millionär?). Das Berufungsgericht hat zutreffend angenommen, dass diese Voraussetzungen im Streitfall nicht erfüllt sind. Der auf der Titelseite der Sonntagszeitung angekündigte Bericht über den Kläger ist weder in dem abgebildeten Testexemplar noch in einer anderen Ausgabe dieser Zeitung erschienen. Die Schlagzeile und der Untertitel neben dem Bild des Klägers sind derart inhaltsarm, dass sie ein die Persönlichkeitsrechte des Klägers überwiegendes Informationsinteresse der Werbeadressaten nicht befriedigen können.

cc) Die Werbung mit der Abbildung einer prominenten Person auf dem Titelblatt einer Zeitung kann entgegen der Ansicht des Berufungsgerichts aber auch ohne eine diese Abbildung rechtfertigende Berichterstattung im Innern oder auf dem Titelblatt der Zeitung zulässig sein, wenn sie dem Zweck dient, die Öffentlichkeit über die Gestaltung und die Thematik einer neuen Zeitung zu informieren.

Da die Freiheit zur Gründung und Gestaltung von Presseerzeugnissen im Zentrum der Pressefreiheit steht (BVerfGE 97, 125, 144 m.w.N.), erstreckt sich deren Schutz in besonderem Maße auf die Werbung zur Einführung eines neuen Presse-erzeugnisses. Ein Verlag hat ein erhebliches und berechtigtes Interesse, im Rahmen einer solchen Einführungswerbung mit der Abbildung eines Titelblatts zu werben, um den Werbeadressaten das Aussehen und die Ausrichtung der neuen Zeitung vor Augen zu führen und es ihnen damit zu ermöglichen, das einzufüh-rende neue Presseerzeugnis von bestehenden ähnlichen Presseerzeugnissen zu un-terscheiden. Der Schutz des Art. 5 Abs. 1 Satz 2 GG umfasst deshalb die Werbung mit der Abbildung einer Titelseite, die die Öffentlichkeit beispielhaft über Gestal-tung und Inhalt des neuen Presseerzeugnisses informiert.

c) Die gebotene Abwägung der betroffenen Interessen ergibt, dass im Streitfall der Pressefreiheit der Beklagten gegenüber dem Persönlichkeitsrecht des Klägers in der Zeit vom Beginn der Werbekampagne zur Einführung der Zeitung am 10. Sep-tember 2001 bis zum Ablauf eines Monats nach dem Erscheinen der Erstausgabe am 30. September 2001 - also in der Zeit vom 10. September 2001 bis zum 31. Oktober 2001 - größeres Gewicht zukommt.

aa) Bei der Interessenabwägung ist zu berücksichtigen, dass die - hier allein be-troffenen (vgl. oben unter II 4 a cc) - vermögensrechtlichen Bestandteile des all-gemeinen Persönlichkeitsrechts des Klägers einschließlich seines Rechts am eige-nen Bild nur einfachrechtlich geschützt sind, während die Beklagte sich auf das verfassungsrechtlich geschützte Grundrecht der Pressefreiheit (Art. 5 Abs. 1 Satz 2 GG, Art. 10 Abs. 1 EMRK) berufen kann. Den nur einfachrechtlich geschützten vermögensrechtlichen Bestandteilen des Persönlichkeitsrechts kommt nicht grundsätzlich der Vorrang gegenüber der verfassungsrechtlich geschützten Pres-sefreiheit zu (vgl. BGH, Urt. v. 5.6.2008 - I ZR 96/07, GRUR 2008, 1124 Tz. 14 = WRP 2008, 1524 - Zerknitterte Zigarettenschachtel).

bb) Die Beklagte kann sich entgegen der Ansicht des Berufungsgerichts auf ihr publizistisches Anliegen berufen, mit der Abbildung der Titelseite beispielhaft auf die Gestaltung, das Layout und die Bandbreite der behandelten Themen der neuen Zeitung hinzuweisen. Dabei kommt es nicht darauf an, ob - was das Berufungsge-richt verneint hat - die Gestaltung des oberen Drittels der abgebildeten Zeitung mit zwei Fotografien, die auf zwei Artikel aufmerksam machen, auffällig und neu und die sich aus den Abbildungen des Klägers und des Politikers Fischer ersichtliche Themenzusammenstellung breit gefächert war. Der Schutz der Pressefreiheit um-fasst die Freiheit der Gestaltung von Presseerzeugnissen in inhaltlicher und for-maler Hinsicht, also die Entscheidung darüber, welche Themen behandelt und welche Beiträge in eine Ausgabe aufgenommen und wie die Beiträge äußerlich dargeboten und innerhalb der Ausgabe platziert werden sollen (BVerfGE 97, 125, 144). Es gehört daher zum Selbstbestimmungsrecht der Presse, nach publizisti-schen Kriterien über die Gestaltung und den Inhalt des Presseerzeugnisses zu ent-scheiden.

cc) Der Eingriff in das allgemeine Persönlichkeitsrecht des Klägers wiegt nicht derart schwer, dass die Rechte der Beklagten dahinter unter allen Umständen zurücktreten müssten. Die Abbildung des Klägers lenkt lediglich die Aufmerksamkeit der Werbeadressaten auf das Bestehen und die Gestaltung der neuen Zeitung, ohne den Werbewert oder das Image des Klägers darüber hinaus auszunutzen. Bei der Fotografie handelt es sich um eine kleine, neutrale Porträtaufnahme. Sie weist in Verbindung mit dem begleitenden Text auf eine Berichterstattung über den Kläger im Inneren der Zeitung hin, die im Falle ihres Erscheinens grundsätzlich zulässig gewesen wäre. Wäre eine Ausgabe dieser Zeitung mit der abgebildeten Titelseite und der angekündigten Berichterstattung tatsächlich erschienen, hätte die Beklagte jedenfalls in einem gewissen zeitlichen Zusammenhang mit dem Erscheinen der Zeitung mit einer Abbildung der Titelseite einschließlich der Portraitaufnahme des Klägers für ihre Zeitung werben dürfen.

dd) Das Berufungsgericht hat nicht verkannt, dass die Beklagte vor dem Erscheinen der Erstausgabe der Frankfurter Allgemeinen Sonntagszeitung am 30. September 2001 nur in der in Rede stehenden Art und Weise mit einer zu diesem Zeitpunkt noch nicht existenten Zeitung werben konnte. Das demnach jedenfalls bis zum Zeitpunkt des Erscheinens der Erstausgabe die Interessen des Klägers grundsätzlich überwiegende Interesse der Beklagten, mit der beispielhaften Titelseite einer fiktiven Ausgabe der geplanten Zeitung werben zu dürfen, hat entgegen der Ansicht des Berufungsgerichts nicht deshalb geringeres Gewicht, weil der auf der Titelseite der abgebildeten Zeitung neben dem Porträtfoto des Klägers angekündigte Beitrag in keiner Ausgabe der Frankfurter Allgemeinen Sonntagszeitung erschienen ist. Die Beklagte war, anders als das Berufungsgericht angenommen hat, nicht verpflichtet, das in der Einführungswerbung ab dem 10. September 2001 abgebildete Zeitungsexemplar ab dem 30. September 2001 tatsächlich auf den Markt zu bringen. Die Pressefreiheit würde übermäßig eingeschränkt, wenn ein Verlag, der für eine künftig erscheinende Zeitung in zulässiger Weise mit der Abbildung einer beispielhaften Titelseite wirbt, verpflichtet wäre, Beiträge zu Themen zu veröffentlichen, die zum Zeitpunkt des Beginns der Werbekampagne aktuell waren, zum Zeitpunkt des Erscheinens der Erstausgabe aber möglicherweise überholt sind.

ee) Da die Werbung der Beklagten das Persönlichkeitsrecht des Klägers nicht unerheblich beeinträchtigt, war die Beklagte allerdings gehalten, nach dem Erscheinen der Erstausgabe am 30. September 2001, sobald es ihr möglich und zumutbar war, nicht mehr das Testexemplar, sondern ein erschienenes Exemplar ihrer Zeitung in der Werbekampagne abzubilden. Es ist weder vorgetragen noch ersichtlich, dass dies der Beklagten nicht möglich gewesen wäre. Sie kann sich auch nicht mit Erfolg darauf berufen, dass ihr eine kurzfristige Umstellung der Werbekampagne nicht zumutbar gewesen wäre. Bereits bei der Planung der Werbekampagne hätte sie sich auf eine Änderung des Anzeigenmotivs einstellen können und müssen. Dann wäre es ihr mit zumutbarem Aufwand möglich gewesen, innerhalb eines Monats nach Erscheinen der Erstausgabe in der Einführungswerbung die Abbildung des Testexemplars der Zeitung durch die Abbildung der Erstausgabe oder einer Folgeausgabe zu ersetzen. Nach den Feststellungen des Berufungsgerichts deuten von der Beklagten vorgelegte Varianten der Werbung darauf hin, dass die Beklagte „zeitnah" zum Erscheinen der Erstausgabe auch mit tatsächlich erschienenen Ausgaben der Zeitung geworben hat und demnach zu einer Umstellung der Werbekampagne in der Lage war. Die Beklagte war daher - mit Rücksicht auf das beeinträchtigte Persönlichkeitsrecht des Klägers - nicht berechtigt, das Testexemplar der Sonntagszeitung mit der Porträtaufnahme des Klägers - wie geschehen - auch in der Zeit vom 1. November 2001 bis zum 31. März 2002 in ihrer Werbung zu verwenden.

III. Auf die Revision der Beklagten ist danach das angefochtene Urteil unter Zurückweisung des weitergehenden Rechtsmittels insoweit aufzuheben, als dem Kläger dem Grunde nach Ansprüche auch für die Zeit vom 10. September 2001 bis zum 31. Oktober 2001 zugesprochen worden sind. Die Sache ist für das Betragsverfahren an das Berufungsgericht zurückzuverweisen, das auch über die Kosten der Revision zu entscheiden hat.

Entscheidungsname: Walter Sedlmayr Mord mit dem Hammer
Entscheidungsdatum: 09.02.2010
Aktenzeichen: VI ZR 243/08
Normen: Art 1 Abs 1 GG, Art 2 Abs 1 GG, Art 5 Abs 1 GG, § 823 Abs 1 BGB, § 1004 Abs 1 S 2 BGB
Individualisierende Berichterstattung: Bereithalten von Dossiers über schwere Straftaten mit den Täter identifizierenden alten Wort- und Bildberichterstattungen

Leitsatz

Zur Zulässigkeit des Bereithaltens von sogenannten Dossiers zum Abruf im Internet, in denen den Täter identifizierende alte Wort- und Bildberichterstattungen über eine schwere Straftat zusammengefasst sind.

Tenor

Auf die Rechtsmittel der Beklagten werden das Urteil des 7. Zivilsenats des Hanseatischen Oberlandesgerichts Hamburg vom 29. Juli 2008 aufgehoben und das Urteil des Landgerichts Hamburg vom 18. Januar 2008 abgeändert.

Die Klage wird abgewiesen.

Die Kosten des Rechtsstreits hat der Kläger zu tragen.

Von Rechts wegen

Tatbestand

Der Kläger nimmt die Beklagte auf Unterlassung der individualisierenden Berichterstattung über eine Straftat in Anspruch.

Der Kläger wurde im Jahr 1993 zusammen mit seinem Bruder wegen Mordes an dem bekannten Schauspieler Walter Sedlmayr zu einer lebenslangen Freiheitsstrafe verurteilt. Die Tat hatte erhebliches Aufsehen erregt. Im Jahr 2004 stellte der Kläger einen Antrag auf Wiederaufnahme des Verfahrens, vor dessen Zurückweisung er sich an die Presse wandte. Im Sommer 2007 wurde der Kläger auf Bewährung aus der Strafhaft entlassen. Die Beklagte betreibt das Internetportal www.spiegel.de. Dort hielt sie in der Rubrik "Dossiers" unter dem Titel "Walter Sedlmayr · Mord mit dem Hammer" eine Zusammenstellung von fünf älteren - jeweils durch Angabe der Überschrift und des Datums näher bezeichneten - Veröffentlichungen aus der Druckausgabe des Nachrichtenmagazins "Der Spiegel" bzw. ihrem Internetauftritt zum kostenpflichtigen Abruf bereit. In mehreren dieser Meldungen war der Kläger als wegen Mordes an Walter Sedlmayr Angeklagter bzw. Verurteilter namentlich bezeichnet. Die Veröffentlichungen vom 21. September und 30. November 1992, in denen über die Anklageerhebung bzw. den Beginn der Hauptverhandlung berichtet wurde, enthielten jeweils ein Foto des Klägers.

Der Kläger sieht in dem Bereithalten der seinen Namen und sein Bild enthaltenden Veröffentlichungen zum Abruf im Internet eine Verletzung seines allgemeinen Persönlichkeitsrechts. Nachdem das Landgericht Frankfurt am Main seinen Antrag auf Bewilligung von Prozesskostenhilfe für eine entsprechende Unterlassungsklage wegen fehlender Erfolgsaussicht zurückgewiesen hatte, hat der Kläger sein Begehren vor dem Landgericht Hamburg weiterverfolgt. Mit der dort nach Bewilligung von Prozesskostenhilfe erhobenen Klage verlangt er von der Beklagten, es zu unterlassen, über ihn im Zusammenhang mit der Tat unter voller Namensnennung zu berichten, solche Berichte zu verbreiten oder öffentlich zugänglich zu machen sowie die in den Artikeln vom 21. September und 30. November 1992 enthaltenen Bilder im Zusammenhang mit Berichten über den Mord zu veröffentlichen oder zugänglich zu machen. Die Klage hatte in beiden Vorinstanzen Erfolg. Mit der vom Berufungsgericht zugelassenen Revision verfolgt die Beklagte ihren Antrag auf Klageabweisung weiter.

Entscheidungsgründe

A. Das Berufungsgericht hat die Zulässigkeit der Klage bejaht. Der Partei, der mehrere Gerichtsstände zur Auswahl ständen, sei es nicht versagt, in ihre Entscheidung über die Auswahl des Gerichts auch die Frage einzubeziehen, vor welchem Gericht sie mit ihrem Klagebegehren am ehesten Erfolg haben werde. Die Klage sei auch begründet. Dem Kläger stehe gegen die Beklagte ein Unterlassungsanspruch aus §§ 823 Abs. 1, 1004 Abs. 1 BGB analog i.V.m. Artt. 1 Abs. 1, 2 Abs. 1 GG zu, weil die Verbreitung der den Kläger identifizierenden Meldung diesen in seinem allgemeinen Persönlichkeitsrecht verletze. Ende des Jahres 2006, als das Dossier noch verbreitet worden sei, habe sich der Kläger kurz vor der Entlassung aus der Strafhaft unter Aussetzung des Strafrestes zur Bewährung befunden, weshalb eine Konstellation gegeben gewesen sei, wie sie der Entscheidung des Bundesverfassungsgerichts vom 5. Juni 1973 (BVerfGE 35, 202 ff. - Lebach I) zugrunde gelegen habe. Das im Hinblick auf seine bevorstehende Wiedereingliederung in die Gesellschaft besonders schutzwürdige Interesse des Klägers, nicht weiterhin öffentlich mit der Tat konfrontiert zu werden, überwiege das Interesse der Beklagten an der weiteren Verbreitung der Meldung umso mehr, als die Einschränkungen, die dem Verbreiter solcher Meldungen auferlegt würden, denkbar gering seien. Diesem werde nämlich nicht die Berichterstattung über die Tat, sondern nur die Nennung der Namen der Täter untersagt.

Der Umstand, dass - wie auch im Streitfall - Meldungen im Internet häufig dauerhaft abrufbar gehalten würden und als ältere Meldungen erkennbar seien, rechtfertige keine andere Beurteilung. Es mache keinen Unterschied, ob die Identität des Betroffenen in einer neuen oder in einer älteren Meldung preisgegeben werde. Es komme auch nicht darauf an, ob die beanstandete Meldung mittels Suchmaschinen oder Querverweisen über ein auf die Tat bezogenes Schlagwort oder über den Namen des Täters auffindbar sei. Auch der Umstand, dass über das Internet verbreiteten Meldungen in der Regel noch ein geringerer Verbreitungsgrad zukomme als Meldungen, die über die Tagespresse, Rundfunk oder Fernsehen verbreitet würden, lasse nicht die Anlegung anderer als der vom Bundesverfassungsgericht für die Massenmedien entwickelten Maßstäbe zu.

Die Beklagte sei hinsichtlich der Rechtsbeeinträchtigung auch Störer. Ihre Störereigenschaft könne insbesondere nicht im Hinblick darauf verneint werden, dass es sich bei dem Teil des Internetauftritts, in dem die beanstandete Meldung zum Abruf bereitgehalten worden sei, um ein privilegiertes Internetarchiv handle. Denn eine über das Internet allgemein zugängliche, in die Rubrik "Archiv" eingestellte Äußerung werde ebenso verbreitet wie jede andere Äußerung auch. Der Rubrik, in der die beanstandete Meldung zum Abruf bereitgehalten werde, komme auch unter dem Gesichtspunkt der Zumutbarkeit einer Kontrolle über den eigenen Internetauftritt keine Bedeutung zu. Ferner sei unerheblich, ob bereits die erstmalige Veröffentlichung der beanstandeten Inhalte rechtswidrig oder ob die Verbreitung der Meldung ursprünglich rechtmäßig gewesen sei.

B. Diese Erwägungen halten einer revisionsrechtlichen Überprüfung nicht stand. Dem Kläger stehen die geltend gemachten Unterlassungsansprüche gemäß §§ 823 Abs. 1, Abs. 2, 1004 Abs. 1 Satz 2 BGB analog i.V.m. Artt. 1 Abs. 1, 2 Abs. 1 GG, §§ 22, 23 KUG nicht zu.

I. Die Klage ist zulässig.

1. Der Klageantrag ist dahingehend auszulegen, dass der Beklagten untersagt werden soll, das angegriffene Dossier mit Altmeldungen auf ihrer Internetseite zum Abruf bereit zu halten, in denen im Zusammenhang mit dem Mord an Walter Sedlmayr der Name des Klägers genannt wird und die im Tenor des landgerichtlichen Urteils näher bezeichneten Fotos wiedergegeben werden. Der Klageantrag ist dagegen nicht auf Unterlassung jedweder künftiger Berichterstattung gerichtet. Dies ergibt sich zweifelsfrei aus der Klagebegründung, die zur Ermittlung des Klagebegehrens heranzuziehen ist (vgl. Senatsurteil vom 26. Mai 2009 - VI ZR 174/08 - VersR 2009, 1269, 1271 m.w.N.; BGHZ 173, 188, 192 jeweils m.w.N.). Der Kläger hat schriftsätzlich deutlich gemacht, dass er sich lediglich gegen das weitere Vorhalten des streitgegenständlichen Dossiers mit den ihn identifizierenden früheren Veröffentlichungen zum Abruf im Internet wendet. In diesem Sinne haben auch die Vorinstanzen das Begehren des Klägers verstanden. Dieses Verständnis hat der Kläger auch in der Revisionserwiderung bestätigt.

2. Der Klage fehlt auch nicht das erforderliche Rechtsschutzbedürfnis. Entgegen der Auffassung der Revision ist die Klageerhebung nicht deshalb rechtsmissbräuchlich, weil der Kläger sein Unterlassungsbegehren unter Inanspruchnahme von Prozesskostenhilfe verfolgt und sein erster Prozesskostenhilfeantrag vom Landgericht Frankfurt am Main mangels Erfolgsaussicht zurückgewiesen worden ist. Der zuletzt genannte Umstand hätte allein im Prozesskostenhilfeverfahren Berücksichtigung finden und unter Umständen zur Verneinung des Rechtsschutzbedürfnisses für den beim Landgericht Hamburg eingereichten zweiten Prozesskostenhilfeantrag führen können (vgl. BGH, Beschluss vom 16. Dezember 2008 - VIII ZB 78/06 - NJW 2009, 857). Die Zulässigkeit der im Anschluss an die Bewilligung von Prozesskostenhilfe erhobenen Klage wird hiervon jedoch nicht berührt.

II. Die Klage ist aber nicht begründet.

1. Dem Kläger steht kein Anspruch gegen die Beklagte aus §§ 823 Abs. 1, 1004 Abs. 1 Satz 2 BGB analog i.V.m. Artt. 1 Abs. 1, 2 Abs. 1 GG zu, es zu unterlassen, auf ihrer Internetseite ein Dossier mit Altmeldungen zum Abruf bereit zu halten, in denen im Zusammenhang mit dem Mord an Walter Sedlmayr der Name des Klägers genannt wird.

a) Das Berufungsgericht hat allerdings mit Recht angenommen, dass das Bereithalten der den Kläger namentlich als wegen Mordes Angeklagten bzw. Verurteilten bezeichnenden Meldungen zum Abruf im Internet einen Eingriff in das allgemeine Persönlichkeitsrecht des Klägers darstellt. Denn die Berichterstattung über eine Straftat unter Nennung des Namens des Straftäters beeinträchtigt zwangsläufig dessen Recht auf Schutz seiner Persönlichkeit und Achtung seines Privatlebens, weil sie sein Fehlverhalten öffentlich bekannt macht und seine Person in den Augen der Adressaten von vornherein negativ qualifiziert (vgl. Senatsurteile BGHZ 143, 199, 202 f.; 178, 231 Rn. 33; vom 15. November 2005 - VI ZR 286/04 - VersR 2006, 274; BVerfGE 35, 202, 226; BVerfG NJW 2006, 2835; AfP 2009, 365 Rn. 15). Dies gilt nicht nur bei aktiver Informationsübermittlung durch die Medien, wie es im Rahmen der herkömmlichen Berichterstattung in Tagespresse, Rundfunk oder Fernsehen geschieht, sondern auch dann, wenn - wie im Streitfall - den Täter identifizierende Inhalte lediglich auf einer passiven Darstellungsplattform im Internet zum Abruf bereitgehalten werden (vgl. BVerfG AfP 2009, 365 Rn. 17). Diese Inhalte sind nämlich grundsätzlich jedem interessierten Internetnutzer zugänglich (vgl. Verweyen/Schulz, AfP 2008, 133, 137).

b) Im Ausgangspunkt zutreffend hat es das Berufungsgericht auch für geboten erachtet, über den Unterlassungsantrag aufgrund einer Abwägung des Rechts des Klägers auf Schutz seiner Persönlichkeit und Achtung seines Privatlebens aus Artt. 1 Abs. 1, 2 Abs. 1 GG, Art. 8 Abs. 1 EMRK mit dem in Art. 5 Abs. 1 GG, Art. 10 EMRK verankerten Recht der Beklagten auf Meinungs- und Medienfreiheit zu entscheiden. Denn wegen der Eigenart des Persönlichkeitsrechts als eines Rahmenrechts liegt seine Reichweite nicht absolut fest, sondern muss erst durch eine Abwägung der widerstreitenden grundrechtlich geschützten Belange bestimmt werden, bei der die besonderen Umstände des Einzelfalles sowie die betroffenen Grundrechte und Gewährleistungen der Europäischen Menschenrechtskonvention interpretationsleitend zu berücksichtigen sind (vgl. Senatsurteile vom 9. Dezember 2003 - VI ZR 373/02 - VersR 2004, 522, 523; vom 11. März 2008 - VI ZR 189/06 - VersR 2008, 695 Rn. 13; vom 11. März 2008 - VI ZR 7/07 - VersR 2008, 793 Rn. 12; vom 3. Februar 2009 - VI ZR 36/07 - VersR 2009, 555 Rn. 17; vom 22. September 2009 - VI ZR 19/08 - VersR 2009, 1545 Rn. 16; BVerfGE 114, 339, 348 m.w.N.; 120, 180, 200 f.; AfP 2009, 365 Rn. 17; AfP 2009, 480 Rn. 61). Der Eingriff in das Persönlichkeitsrecht ist nur dann rechtswidrig, wenn das Schutzinteresse des Betroffenen die schutzwürdigen Belange der anderen Seite überwiegt (vgl. Senatsurteile vom 21. Juni 2005 - VI ZR 122/04 - VersR 2005, 1403, 1404; vom 17. November 2009 - VI ZR 226/08 - z.V.b. m.w.N.).

c) Rechtsfehlerhaft hat das Berufungsgericht jedoch angenommen, dass das allgemeine Persönlichkeitsrecht des Klägers durch das Bereithalten der beanstandeten Inhalte zum Abruf im Internet in rechtswidriger Weise verletzt worden sei. Das Berufungsgericht hat die besonderen Umstände des Streitfalles nicht ausreichend berücksichtigt und das von der Beklagten verfolgte Informationsinteresse der Öffentlichkeit und ihr Recht auf freie Meinungsäußerung mit einem zu geringen Gewicht in die Abwägung eingestellt.

aa) In der Rechtsprechung des Bundesverfassungsgerichts sind verschiedene Kriterien entwickelt worden, die Leitlinien für den konkreten Abwägungsvorgang vorgeben (vgl. BVerfG, AfP 2009, 365 Rn. 17; AfP 2009, 480 Rn. 61 f., jeweils m.w.N.). Danach müssen wahre Tatsachenbehauptungen in der Regel hingenommen werden, auch wenn sie nachteilig für den Betroffenen sind, unwahre dagegen nicht. Allerdings kann auch eine wahre Darstellung das Persönlichkeitsrecht des Betroffenen verletzen, wenn sie einen Persönlichkeitsschaden anzurichten droht, der außer Verhältnis zu dem Interesse an der Verbreitung der Wahrheit steht. Dies kann insbesondere dann der Fall sein, wenn die Aussagen geeignet sind, eine erhebliche Breitenwirkung zu entfalten und eine besondere Stigmatisierung des Betroffenen nach sich zu ziehen, so dass sie zum Anknüpfungspunkt für eine soziale Ausgrenzung und Isolierung zu werden drohen (vgl. BVerfGE 97, 391, 404 f.; BVerfG AfP 2009, 365 Rn. 17).

Geht es um eine Berichterstattung über eine Straftat, so ist zu berücksichtigen, dass eine solche Tat zum Zeitgeschehen gehört, dessen Vermittlung Aufgabe der Medien ist. Die Verletzung der Rechtsordnung und die Beeinträchtigung individueller Rechtsgüter, die Sympathie mit den Opfern, die Furcht vor Wiederholungen solcher Straftaten und das Bestreben, dem vorzubeugen, begründen grundsätzlich ein anzuerkennendes Interesse der Öffentlichkeit an näherer Information über Tat und Täter. Dieses wird umso stärker sein, je mehr sich die Tat in Begehungsweise und Schwere von der gewöhnlichen Kriminalität abhebt. Bei schweren Gewaltverbrechen ist in der Regel ein über bloße Neugier und Sensationslust hinausgehendes Interesse an näherer Information über die Tat und ihren Hergang, über die Person des Täters und seine Motive sowie über die Strafverfolgung anzuerkennen (vgl. BVerfGE 35, 202, 231; BVerfG AfP 2009, 365 Rn. 18; vgl. auch BGHZ 143, 199, 204).

Bei der Abwägung des Informationsinteresses der Öffentlichkeit an einer Berichterstattung mit der damit zwangsläufig verbundenen Beeinträchtigung des Persönlichkeitsrechts des Täters verdient für die aktuelle Berichterstattung über Straftaten das Informationsinteresse im Allgemeinen den Vorrang. Denn wer den Rechtsfrieden bricht und durch diese Tat und ihre Folgen Mitmenschen angreift oder verletzt, muss sich nicht nur den hierfür verhängten strafrechtlichen Sanktionen beugen, sondern er muss auch dulden, dass das von ihm selbst erregte Informationsinteresse der Öffentlichkeit auf den dafür üblichen Wegen befriedigt wird (vgl. BVerfGE 35, 202, 231 f.; BVerfG AfP 2009, 365 Rn. 19; vgl. auch Senatsurteile BGHZ 143, 199, 204; 178, 213 Rn. 22 f.; vom 15. November 2005 - VI ZR 286/04 - VersR 2006, 274 Rn. 14).

Mit zeitlicher Distanz zur Straftat gewinnt dagegen das Interesse des Täters, vor einer Reaktualisierung seiner Verfehlung verschont zu bleiben, zunehmende Bedeutung. Das Persönlichkeitsrecht bietet Schutz vor einer zeitlich uneingeschränkten Befassung der Medien mit der Person des Straftäters und seiner Privatsphäre (vgl. BVerfGE 35, 202, 233; BVerfG AfP 2009, 365 Rn. 21). Hat die das öffentliche Interesse veranlassende Tat mit der Verfolgung und Verurteilung die gebotene rechtliche Sanktion erfahren und ist die Öffentlichkeit hierüber hinreichend informiert worden, lassen sich wiederholte Eingriffe in das Persönlichkeitsrecht des Täters im Hinblick auf sein Interesse an der Wiedereingliederung in die Gemeinschaft nicht ohne weiteres rechtfertigen. Hiermit ist allerdings keine vollständige Immunisierung vor der ungewollten Darstellung persönlichkeitsrelevanter Geschehnisse gemeint. Das allgemeine Persönlichkeitsrecht vermittelt Straftätern keinen Anspruch darauf, in der Öffentlichkeit überhaupt nicht mehr mit ihrer Tat konfrontiert zu werden. Selbst die Verbüßung der Straftat führt nicht dazu, dass ein Täter den uneingeschränkten Anspruch erwirbt, mit der Tat "allein gelassen zu werden". Maßgeblich ist vielmehr stets, in welchem Ausmaß das Persönlichkeitsrecht einschließlich des Resozialisierungsinteresses des Straftäters von der Berichterstattung unter den konkreten Umständen des Einzelfalls beeinträchtigt wird (vgl. BVerfG NJW 2000, 1859, 1860; AfP 2009, 365 Rn. 21; EGMR, Urteil vom 7. Dezember 2006 - Beschwerde Nr. 35841/02 -, Österreichischer Rundfunk gegen Österreich, Nr. 68, ÖJZ 2007, 472, 473, jeweils m.w.N.). Für die Intensität der Beeinträchtigung des Persönlichkeitsrechts kommt es auch auf die Art und Weise der Darstellung, insbesondere auf den Grad der Verbreitung des Mediums an. So stellt eine Fernsehberichterstattung in der Regel einen weitaus stärkeren Eingriff in die Privatsphäre des Betroffenen dar als eine Wortberichterstattung (vgl. BVerfG NJW 2000, 1859, 1860 und AfP 2009, 365 Rn. 21, jeweils m.w.N.).

bb) Nach diesen Grundsätzen hat das Interesse des Klägers am Schutz seiner Persönlichkeit und an der Achtung seines Privatlebens vorliegend hinter dem von der Beklagten verfolgten Informationsinteresse der Öffentlichkeit und ihrem Recht auf freie Meinungsäußerung zurückzutreten. Zwar kommt dem Interesse des Klägers, vor einer Reaktualisierung seiner Verfehlung verschont zu bleiben, vorliegend erhöhtes Gewicht zu. Die von ihm begangene Straftat und die Verurteilung liegen lange zurück; der Kläger ist im Sommer 2007 aus der Strafhaft entlassen worden. Andererseits beeinträchtigen die in dem beanstandeten Dossier zusammengefassten Meldungen sein Persönlichkeitsrecht einschließlich seines Resozialisierungsinteresses unter den besonderen Umständen des Streitfalls nicht in erheblicher Weise. Sie sind insbesondere nicht geeignet, ihn "ewig an den Pranger" zu stellen oder in einer Weise "an das Licht der Öffentlichkeit zu zerren", die ihn als Straftäter (wieder) neu stigmatisieren könnte.

Die in dem Dossier zusammengefassten Meldungen enthalten wahrheitsgemäße Aussagen über ein Kapitalverbrechen an einem bekannten Schauspieler, das erhebliches öffentliches Aufsehen erregt hatte. In ihnen werden die Umstände der Tat, das Straf- und das Wiederaufnahmeverfahren sachbezogen und objektiv dargestellt. Entgegen der Auffassung der Revisionserwiderung wird der Kläger nicht in reißerischer Weise als Mörder qualifiziert. Vielmehr wird mitgeteilt, dass er wegen Mordes angeklagt bzw. verurteilt worden sei. Zugleich wird seine Haltung zu dem Tatvorwurf geschildert und auf ungeklärte Umstände hingewiesen, was für den Leser die Möglichkeit offen lässt, dass er zu Unrecht angeklagt bzw. verurteilt worden sei. Die den Kläger identifizierenden Angaben in den Meldungen waren angesichts der Schwere des Verbrechens, der Bekanntheit des Opfers, des erheblichen Aufsehens, das die Tat in der Öffentlichkeit erregt hatte und des Umstands, dass sich die Verurteilten noch im Jahr 2004 unter Inanspruchnahme aller denkbaren Rechtsbehelfe um die Aufhebung ihrer Verurteilung bemühten, zum Zeitpunkt der erstmaligen Veröffentlichung unzweifelhaft zulässig.

In der Art und Weise, wie das beanstandete Dossier zum Abruf bereitgehalten wurde, kam ihm eine nur geringe Breitenwirkung zu. Der Verbreitungsgrad des konkret gewählten Mediums war gering; eine Fallgestaltung, wie sie der Lebach-I-Entscheidung des Bundesverfassungsgerichts (BVerfGE 35, 202) zugrunde lag, ist nicht gegeben. Gegenstand dieser Entscheidung war eine Fernsehdokumentation zur besten Sendezeit, die zu einem intensiven Nacherleben der Straftat unter Betonung der emotionalen Komponente führte (vgl. BVerfGE 35, 202, 228 f.). Unter den damaligen Fernsehbedingungen war gerade für eine solche Sendung mit einer besonders hohen Einschaltquote zu rechnen (BVerfG aaO). Hingegen setzte eine Kenntnisnahme vom Inhalt der in dem beanstandeten Dossier zusammengefassten und den Kläger identifizierenden Meldungen im Streitfall zum einen eine gezielte Suche und zum anderen die Zahlung eines Entgelts für den Abruf des Dossiers voraus. Das Dossier wurde nur auf einer als passive Darstellungsplattform geschalteten Website angeboten, die typischerweise nur von solchen Nutzern zur Kenntnis genommen wird, die sich selbst aktiv informieren (vgl. BVerfG NJW 2003, 2818, 2819; NJW 2008, 1298, 1299; Feldmann, JurisPR-ITR 15/2009 Anm. 5). Es war auch nicht auf den aktuellen Seiten des Internetauftritts der Beklagten zugänglich, wo es dem Nutzer unmittelbar nach Aufruf der Homepage der Beklagten ins Auge hätte fallen können. Vielmehr wurde das Dossier ausweislich der Feststellungen des Landgerichts, auf die das Berufungsgericht Bezug genommen hat, nur als Zusammenstellung von Altmeldungen angeboten und enthielt eindeutig - und für den Nutzer ohne weiteres ersichtlich - nur ältere Veröffentlichungen. Es war auch nicht in sonstiger Weise in einen Kontext eingebettet, der ihm den Anschein der Aktualität oder den Charakter einer erneuten Berichterstattung verlieh und die Annahme rechtfertigen würde, die Beklagte habe sich erneut bzw. zeitlich uneingeschränkt mit der Person des Straftäters befasst (vgl. dazu Hoecht, AfP 2009, 342, 346 f.; von Petersdorff-Campen, ZUM 2008, 102, 107; Feldmann, aaO; LG Düsseldorf, ZUM 2008, 156). Darüber hinaus war eine Kenntnisnahme von den den Kläger identifizierenden Inhalten nicht ohne weiteres möglich, sondern setzte den kostenpflichtigen Abruf des Dossiers voraus, wodurch der Zugang zu den beanstandeten Inhalten zusätzlich erschwert wurde.

Zugunsten der Beklagten fällt darüber hinaus ins Gewicht, dass ein anerkennenswertes Interesse der Öffentlichkeit nicht nur an der Information über das aktuelle

Zeitgeschehen, sondern auch an der Möglichkeit besteht, vergangene zeitge-schichtliche Ereignisse zu recherchieren (vgl. OLG Köln, AfP 2007, 126, 127; KG, AfP 2006, 561, 563; OLG Frankfurt, ZUM 2007, 915, 917; AfP 2006, 568, 569; Hoecht, aaO, 345 ff.; Libertus, MMR 2007, 143, 148). Dementsprechend nehmen die Medien ihre Aufgabe, in Ausübung der Meinungsfreiheit die Öffent-lichkeit zu informieren und an der demokratischen Willensbildung mitzuwirken, auch dadurch wahr, dass sie nicht mehr aktuelle Veröffentlichungen für interes-sierte Mediennutzer verfügbar halten. Ein generelles Verbot der Einsehbarkeit und Recherchierbarkeit bzw. ein Gebot der Löschung aller früheren den Straftäter identifizierenden Darstellungen in "Onlinearchiven" würde dazu führen, dass Ge-schichte getilgt und der Straftäter vollständig immunisiert würde (vgl. Hoecht, aaO, S. 345 f.; Dreier, FS Loewenheim, 2009, S. 67, 68, 76 m.w.N.). Hierauf hat der Täter aber keinen Anspruch (vgl. BVerfG, NJW 2000, 1859, 1860; AfP 2009, 365 Rn. 21). Dies gilt insbesondere bei einem schweren Kapitalverbrechen wie im vorliegenden Fall, das in der Öffentlichkeit besondere Aufmerksamkeit erregt hat.

Weiterhin ist zu beachten, dass das vom Kläger begehrte Verbot einen abschre-ckenden Effekt auf den Gebrauch der Meinungs- und Pressefreiheit hätte, der den freien Informations- und Kommunikationsprozess einschnüren würde (vgl. BVer-fGE 93, 266, 292; 99, 185, 197; AfP 2009, 480 Rn. 62; vgl. ferner BGH, BGHZ 158, 343, 353). Die Beklagte könnte ihren verfassungsrechtlichen Auftrag, in Wahrnehmung der Meinungsfreiheit die Öffentlichkeit zu informieren, nicht voll-umfänglich wahrnehmen, wenn es ihr generell verwehrt wäre, dem interessierten Nutzer den Zugriff auf frühere Veröffentlichungen zu ermöglichen. Würde auch das weitere Bereithalten als solcher erkennbarer und im Zeitpunkt der erstmaligen Veröffentlichung zulässiger Altmeldungen auf für Altmeldungen vorgesehenen Seiten zum Abruf im Internet nach Ablauf einer gewissen Zeit oder nach Verän-derung der zugrunde liegenden Umstände ohne weiteres unzulässig und wäre die Beklagte verpflichtet, sämtliche archivierten Beiträge von sich aus immer wieder auf ihre Rechtmäßigkeit zu kontrollieren, würde die Meinungs- und Medienfrei-heit in unzulässiger Weise eingeschränkt. Angesichts des mit einer derartigen Kontrolle verbundenen personellen und zeitlichen Aufwands bestünde die erheb-liche Gefahr, dass die Beklagte entweder ganz von einer der Öffentlichkeit zu-gänglichen Archivierung absehen oder bereits bei der erstmaligen Veröffentli-chung die Umstände ausklammern würde, die - wie vorliegend der Name des Straftäters - das weitere Vorhalten des Beitrags später rechtswidrig werden lassen könnten, an deren Mitteilung die Öffentlichkeit aber im Zeitpunkt der erstmaligen Berichterstattung ein schützenswertes Interesse hat.

d) Entgegen der Auffassung der Revisionserwiderung ist eine andere rechtliche Beurteilung auch nicht nach den Grundsätzen des Datenschutzrechts geboten. Da-bei kann dahingestellt bleiben, ob der persönliche und sachliche Anwendungsbe-reich der Vorschriften des Bundesdatenschutzgesetzes überhaupt eröffnet ist, ins-besondere ob es sich bei dem beanstandeten Bereithalten der den Namen des Klägers enthaltenden und in dem beanstandeten Dossier zusammengefassten Meldungen zum Abruf im Internet um ein "Verarbeiten" personenbezogener Daten im Sinne des § 3 Abs. 4 Satz 1 BDSG handelt. Denn das Bereithalten dieser Meldung unterfällt jedenfalls dem sogenannten Medienprivileg des § 57 Abs. 1 Satz 1 des Staatsvertrags für Rundfunk und Telemedien (RStV) mit der Folge, dass seine Zulässigkeit weder von einer Einwilligung des Betroffenen noch von einer ausdrücklichen gesetzlichen Ermächtigung im Sinne des § 4 BDSG abhängig ist.

aa) Gemäß § 57 Abs. 1 Satz 1 RStV gelten, soweit Unternehmen oder Hilfsunternehmen der Presse als Anbieter von Telemedien personenbezogene Daten ausschließlich zu eigenen journalistisch-redaktionellen oder literarischen Zwecken erheben, verarbeiten oder nutzen, nur die §§ 5, 7, 9 und 38 a BDSG mit der Maßgabe, dass nur für Schäden gehaftet wird, die durch die Verletzung des Datengeheimnisses nach § 5 BDSG oder durch unzureichende technische oder organisatorische Maßnahmen im Sinne des § 9 BDSG eintreten. § 4 BDSG, wonach die Erhebung, Verarbeitung und Nutzung personenbezogener Daten nur zulässig sind, soweit dieses Gesetz oder eine andere Rechtsvorschrift dies erlaubt oder anordnet oder der Betroffene eingewilligt hat, kommt dagegen nicht zur Anwendung (vgl. Hahn/Vesting, Rundfunkrecht, 2. Aufl., § 57 RStV Rn. 6 f., 15 f.; Keber in Schwartmann, Praxishandbuch Medien-, IT- und Urheberrecht, 2. Teil, 16. Abschnitt, Rn. 25, 27; Bergmann/Möhrle/Herb, Datenschutzrecht, § 41 BDSG Rn. 6, 10a; vgl. zu § 41 BDSG: Gola/Schomerus, BDSG, 9. Aufl., § 41 Rn. 2). Das in § 57 Abs. 1 Satz 1 RStV angeordnete Medienprivileg ist Ausfluss der in Art. 5 Abs. 1 Satz 2 GG verankerten Medienfreiheit. Ohne die Erhebung, Verarbeitung und Nutzung personenbezogener Daten auch ohne Einwilligung der jeweils Betroffenen wäre journalistische Arbeit nicht möglich; die Presse könnte ihre in Art. 5 Abs. 1 Satz 2 GG, Art. 10 Abs. 1 Satz 2 EMRK, Art. 11 Abs. 1 Satz 1 der Charta der Grundrechte der Europäischen Union zuerkannten und garantierten Aufgaben nicht wahrnehmen (vgl. Senatsurteil vom 23. Juni 2009 - VI ZR 196/08 - VersR 2009, 1131 Rn. 20; Waldenberger in Spindler/Schuster, Recht der elektronischen Medien, Presserecht Rn. 118 ff., 140; Keber in Schwartmann, aaO; Bergmann/Möhrle/Herb, aaO, Rn. 6 ff.; Dörr, ZUM 2004, 536, 540 f.; vgl. auch Art. 9 sowie Erwägungsgründe 17 und 37 der Richtlinie 95/46/EG des Europäischen Parlaments und des Rates vom 24. Oktober 1995 zum Schutz natürlicher Personen bei der Verarbeitung personenbezogener Daten und zum freien Datenverkehr; EuGH, Urteile vom 6. November 2003 - Rs. C-101/01 - Lindqvist gegen Schweden - ZUM-RD 2004, 107 Rn. 90; vom 16. Dezember 2008 - Rs. C-73/07 - Tietosuojavaltuutettu gegen Satakunnan Markkinapörssi Oy - EuGRZ 2009, 23 ff.; Schlussanträge der Generalanwältin Kokott vom 8. Mai 2008 in der Rechtssache C-73/07 - zitiert nach Juris, Rn. 37, 39, 66 ff., 81 f.).

bb) Die Voraussetzungen einer datenschutzrechtlichen Privilegierung gemäß § 57 Abs. 1 Satz 1 RStV sind vorliegend erfüllt. Die Beklagte als Anbieterin von Telemedien hat die den Namen des Klägers enthaltenden Meldungen ausschließlich zu eigenen journalistisch-redaktionellen Zwecken in ihren Internetauftritt eingestellt, zu einem Dossier zusammengefasst und zum Abruf im Internet bereitgehalten.

(1) Daten werden dann zu journalistisch-redaktionellen Zwecken verarbeitet, wenn die Zielrichtung in einer Veröffentlichung für einen unbestimmten Personenkreis besteht (vgl. Hahn/Vesting, aaO, Rn. 13; Bergmann/Möhrle/Herb, aaO, Rn. 23). Es muss die Absicht einer Berichterstattung im Sinne des Art. 5 Abs. 1 Satz 2 GG - worunter auch die Meinungsäußerung fällt (vgl. BVerfGE 60, 53, 63 f.; Maunz/Dürig/Herzog, GG, Art. 5 Abs. 1 Rn. 201 f.) - gegeben sein (vgl. Bergmann/Möhrle/Herb, aaO, Rn. 26; Schmittmann in Schwartmann, aaO, 1. Teil, 6. Abschnitt Rn. 26 ff.). Denn nur die Tätigkeiten, die der Erfüllung der Aufgaben einer funktional verstandenen Presse bzw. des Rundfunks dienen, werden vom Medienprivileg erfasst (Waldenberger in Spindler/Schuster, aaO, Rn. 137). Dementsprechend gilt die datenschutzrechtliche Privilegierung beispielsweise nicht für im Rahmen der Personaldatenverarbeitung anfallende oder im Zusammenhang mit dem Gebühreneinzug, zur Akquisition von Abonnenten oder zur (kommerziellen) Weitergabe an Dritte gespeicherte Daten (vgl. BT-Drucks. 11/4306, S. 55 zu Art. 1 § 37 Abs. 1 des Entwurfs eines Gesetzes zur Fortentwicklung der Datenverarbeitung und des Datenschutzes; Bergmann/Möhrle/Herb, aaO, Rn. 29; Waldenberger in Spindler/Schuster, aaO, Rn. 137; Schaffland/Wiltfang, BDSG Stand 7/2009, § 41 Rn. 4). Demgegenüber sind die Recherche, Redaktion, Veröffentlichung, Dokumentation und Archivierung personenbezogener Daten zu publizistischen Zwecken umfassend geschützt (vgl. Waldenberger in Spindler/Schuster, aaO, Rn. 138). Das durch die Presse- und Rundfunkfreiheit verfassungsrechtlich vorgegebene Medienprivileg schützt insbesondere auch die publizistische Verwertung personenbezogener Daten im Rahmen einer in den Schutzbereich des Art. 5 Abs. 1 GG, Art. 10 Abs. 1 Satz 2 EMRK fallenden Veröffentlichung (vgl. EuGH, Urteil vom 16. Dezember 2008 - Rs. C-73/07 - Tietosuojavaltuutettu gegen Satakunnan Markkinapörssi Oy - EuGRZ 2009, 23 Rn. 61 f.; Schlussanträge der Generalanwältin Kokott vom 8. Mai 2008 in der Rechtssache C-73/07 - zitiert nach Juris, Rn. 65 ff., 81 f. zur Richtlinie 95/46/EG).

Von einer Verarbeitung ausschließlich zu eigenen Zwecken ist dann auszugehen, wenn die Daten eigenen Veröffentlichungen des betroffenen Presseunternehmens dienen (vgl. Bergmann/Möhrle/Herb, aaO, Rn. 30).

(2) Diese Voraussetzungen sind im Streitfall erfüllt. Die Beklagte hat die den Namen des Klägers enthaltenden Meldungen ausschließlich zu dem Zweck in ihren Internetauftritt eingestellt, zu einem Dossier zusammengefasst und zum Abruf bereitgehalten, damit sie von der interessierten Öffentlichkeit zur Kenntnis genommen werden. Sie hat damit unmittelbar ihre verfassungsrechtliche Aufgabe wahrgenommen, in Ausübung der Meinungsfreiheit die Öffentlichkeit zu informieren und an der demokratischen Willensbildung mitzuwirken. Sowohl das Einstellen der beanstandeten Inhalte ins Internet als auch ihr (dauerhaftes) Bereithalten zum Abruf ist Teil des in den Schutzbereich des Art. 5 Abs. 1 GG, Art. 10 Abs. 1

EMRK fallenden Publikationsvorgangs. Hieran vermag auch der Umstand nichts zu ändern, dass seit der Einstellung der Meldungen ins Internet mittlerweile mehrere Jahre vergangen sind.

2. Entgegen der Auffassung des Berufungsgerichts steht dem Kläger auch kein Anspruch auf Unterlassung erneuter Verbreitung der in den Artikeln vom 21. September und 30. November 1992 enthaltenen Bilder entsprechend §§ 1004 Abs. 1 Satz 2, 823 Abs. 1, Abs. 2 BGB i.V.m. §§ 22, 23 KUG, Artt. 1 Abs. 1, 2 Abs. 1 GG zu. Bei den beanstandeten Abbildungen handelt es sich um Bildnisse aus dem Bereich der Zeitgeschichte gemäß § 23 Abs. 1 Nr. 1 KUG, die auch ohne Einwilligung des Klägers als Teil des beanstandeten Dossiers zum Abruf im Internet bereitgehalten werden durften. Ihrer Verbreitung stand kein berechtigtes Interesse des Klägers im Sinne von § 23 Abs. 2 KUG entgegen.

a) Nach der gefestigten Rechtsprechung des erkennenden Senats ist die Zulässigkeit von Bildveröffentlichungen nach dem abgestuften Schutzkonzept der §§ 22, 23 KUG zu beurteilen (vgl. Senatsurteile BGHZ 171, 275; 178, 213; 180, 114; vom 19. Juni 2007 - VI ZR 12/06 - VersR 2007, 1135; vom 3. Juli 2007 - VI ZR 164/06 - VersR 2007, 1283; vom 24. Juni 2008 - VI ZR 156/06 - VersR 2008, 1268; vom 1. Juli 2008 - VI ZR 67/08 - VersR 2008, 1411 und - VI ZR 243/06 - VersR 2008, 1506; vom 14. Oktober 2008 - VI ZR 256/06 - VersR 2009, 76 und - VI ZR 272/06 - VersR 2009, 78 sowie - VI ZR 271/06 - VersR 2009, 513 und - VI ZR 260/06 - VersR 2009, 511; vgl. auch BGH, Urteil vom 11. März 2009 - I ZR 8/07 - NJW 2009, 3032), das sowohl mit verfassungsrechtlichen Vorgaben (vgl. BVerfG, NJW 2008, 1793, 1798 f.) als auch mit der Rechtsprechung des Europäischen Gerichtshofs für Menschenrechte (nachfolgend: EGMR) im Einklang steht (vgl. EGMR, NJW 2004, 2647 und NJW 2006, 591). Danach dürfen Bildnisse einer Person grundsätzlich nur mit deren Einwilligung verbreitet werden (§ 22 Satz 1 KUG). Hiervon besteht allerdings gemäß § 23 Abs. 1 KUG eine Ausnahme, wenn es sich um Bildnisse aus dem Bereich der Zeitgeschichte handelt. Diese Ausnahme gilt aber nicht für eine Verbreitung, durch die berechtigte Interessen des Abgebildeten verletzt werden (§ 23 Abs. 2 KUG).

aa) Die Beurteilung, ob ein Bildnis dem Bereich der Zeitgeschichte i.S.v. § 23 Abs. 1 Nr. 1 KUG zuzuordnen ist, erfordert eine Abwägung zwischen den Rechten des Abgebildeten aus Artt. 1 Abs. 1, 2 Abs. 1 GG, Art. 8 Abs. 1 EMRK einerseits und den Rechten der Presse aus Art. 5 Abs. 1 GG, Art. 10 Abs. 1 EMRK andererseits (vgl. Senatsurteile BGHZ 180, 114 Rn. 10; vom 6. März 2007 - VI ZR 51/06 - VersR 2007, 957, 958 m.w.N.; vom 1. Juli 2008 - VI ZR 67/08 - aaO, S. 1413 und - VI ZR 243/06 - aaO, S. 1507; BVerfG NJW 2008, 1793 Rn. 55, 85). Denn die Vorschrift des § 23 Abs. 1 KUG soll nach ihrem Sinn und Zweck und nach der Intention des Gesetzgebers in Ausnahme von dem Einwilligungserfordernis des § 22 KUG dem Informationsinteresse der Öffentlichkeit und den Rechten der Presse Rechnung tragen. Dabei ist der Beurteilung ein normativer Maßstab zu Grunde zu legen, welcher die Pressefreiheit und zugleich den Schutz der Persönlichkeit und ihrer Privatsphäre ausreichend berücksichtigt (Senatsurteile BGHZ 178, 213 Rn. 10; vom 6. März 2007 - VI ZR 51/06 - VersR 2007, 957, 958 m.w.N.; vom 19. Juni 2007 - VI ZR 12/06 - VersR 2007, 1135, 1136 und vom 1. Juli 2008 - VI ZR 67/08 - aaO, S. 1412 f.; BVerfG NJW 2000, 1021 Rn. 87 f.). Maßgebend ist hierbei das Interesse der Öffentlichkeit an vollständiger Information über das Zeitgeschehen. Der Begriff des Zeitgeschehens ist zugunsten der Pressefreiheit in einem weiten Sinn zu verstehen; er umfasst nicht nur Vorgänge von historisch-politischer Bedeutung, sondern alle Fragen von allgemeinem gesellschaftlichem Interesse. Ein Informationsinteresse besteht allerdings nicht schrankenlos. Vielmehr wird der Einbruch in die persönliche Sphäre des Abgebildeten durch den Grundsatz der Verhältnismäßigkeit begrenzt (auch hierzu Senatsurteile BGHZ 178, 213 Rn. 14; 180, 114 Rn. 10; vom 1. Juli 2008 - VI ZR 67/08 - aaO, S. 1412 und - VI ZR 243/06 - aaO, S. 1506 f., jeweils m.w.N.).

bb) Bei der Gewichtung des Informationsinteresses im Verhältnis zu dem kollidierenden Persönlichkeitsschutz kommt dem Gegenstand der Berichterstattung maßgebliche Bedeutung zu. Entscheidend ist insbesondere, ob die Medien im konkreten Fall eine Angelegenheit von öffentlichem Interesse ernsthaft und sachbezogen erörtern, damit den Informationsanspruch des Publikums erfüllen und zur Bildung der öffentlichen Meinung beitragen oder ob sie - ohne Bezug zu einem zeitgeschichtlichen Ereignis - lediglich die Neugier der Leser befriedigen (vgl. Senatsurteile BGHZ 180, 114 Rn. 12; vom 1. Juli 2008 - VI ZR 243/06 - aaO, S. 1508; BVerfGE 34, 269, 283; 101, 361, 391; BVerfG, NJW 2006, 3406, 3407; NJW 2008, 1793, 1796). Geht es um eine identifizierende Bildberichterstattung über eine Straftat, so sind darüber hinaus die oben unter 1. c) aa) dargestellten Grundsätze zu beachten. Denn auch eine solche Berichterstattung greift in das Recht des abgebildeten Straftäters auf Schutz seiner Persönlichkeit und Achtung seines Privatlebens ein, weil sie sein Fehlverhalten öffentlich bekannt macht und seine Person in den Augen der Adressaten von vornherein negativ qualifiziert (vgl. BGHZ 178, 213 Rn. 22, 33 m.w.N.). Insbesondere ist zu berücksichtigen, dass mit zeitlicher Distanz zur Straftat das Interesse des Täters, vor einer Reaktualisierung seiner Verfehlung verschont zu bleiben, zunehmende Bedeutung gewinnt.

Der Informationsgehalt einer Bildberichterstattung ist dabei im Gesamtkontext, in den das Personenbildnis gestellt ist, und unter Berücksichtigung der zugehörigen Textberichterstattung zu ermitteln. Daneben sind für die Gewichtung der Belange des Persönlichkeitsschutzes der Anlass der Bildberichterstattung und die Umstände in die Beurteilung mit einzubeziehen, unter denen die Aufnahme entstanden ist. Auch ist bedeutsam, in welcher Situation der Betroffene erfasst und wie er dargestellt wird (vgl. BGHZ 178, 213 Rn. 24; BVerfG NJW 2008, 1793, 1796 Rn. 65).

b) Nach diesen Grundsätzen ist das Bereithalten der die Fotos des Klägers enthaltenden Meldungen vom 21. September und 30. November 1992 als Teil des angegriffenen Dossiers zum Abruf im Internet rechtlich nicht zu beanstanden. Das Interesse des Klägers am Schutz seiner Persönlichkeit und seiner Privatsphäre hat vorliegend hinter dem von der Beklagten verfolgten Informationsinteresse der Öffentlichkeit zurückzutreten.

Auf dem Foto in der Meldung vom 21. September 1992 ist der Kläger in Begleitung des späteren Mordopfers auf der Straße vor dem von ihm betriebenen Lokal "Beim Sedlmayr" zu sehen. Die angegriffene Aufnahme in der Meldung vom 30. November 1992 zeigt den Kläger als Angeklagten im Gerichtssaal. Beide Fotos illustrieren die Meldungen vom 21. September bzw. 30. November 1992, in denen wahrheitsgemäß, sachbezogen und objektiv über die Anklageerhebung gegen den Kläger wegen Mordes an einem bekannten Schauspieler - seinem "Geschäftspartner im gastronomischen Gewerbe" - bzw. den Beginn der Hauptverhandlung berichtet wird und die damit an ein zeitgeschichtliches Ereignis anknüpfen. Wie unter 1. c) bb) im Einzelnen ausgeführt, durfte die Beklagte über dieses Ereignis wie geschehen unter Namensnennung des Klägers berichten und die als frühere Veröffentlichungen erkennbaren Meldungen in Form des beanstandeten Dossiers auch noch im Jahr 2006 zum kostenpflichtigen Abruf im Internet bereithalten.

Die beanstandeten Aufnahmen sind kontextbezogen. Die Veröffentlichung kontextbezogener Fotos ist als Visualisierung des berichteten Ereignisses aber regelmäßig zulässig (vgl. Senatsurteil BGHZ 178, 213 Rn. 39; BVerfG, NJW 2001, 1921, 1925). Die verwendeten Aufnahmen beeinträchtigen den Kläger nicht stärker als kontextneutrale Portraitaufnahmen. Sie stellen den Kläger nicht ungünstig dar und berühren nicht seine Intimsphäre. Als kontextbezogene Aufnahmen unterstreichen sie mehr als ein kontextneutrales Bild die Authentizität des Berichts (vgl. BVerfG, NJW 2008, 1793, 1797).

Die Verbreitung der angegriffenen Fotos ist auch im Übrigen nicht geeignet, den Kläger "ewig an den Pranger" zu stellen oder in einer Weise "an das Licht der Öffentlichkeit zu zerren", die ihn als Straftäter (wieder) neu stigmatisieren könnte. Die Aufnahmen sind Bestandteil einer ausdrücklich als solcher gekennzeichneten Altmeldung, der in der Art und Weise, wie sie zum Abruf bereitgehalten wurde, eine nur geringe Breitenwirkung zukam. Sie stammen aus dem Jahr 1992 und illustrieren allein das damalige Aussehen des Klägers. Im Übrigen wird zur Vermeidung von Wiederholungen auf die Ausführungen unter 1. c) bb) Bezug genommen, die auch im vorliegenden Zusammenhang Geltung beanspruchen.

Bei der gebotenen Würdigung der Veröffentlichung in ihrer Gesamtheit sind keine überwiegenden berechtigten Interessen des Klägers (§ 23 Abs. 2 KUG) erkennbar, die der Verbreitung der ihn zeigenden Fotos im Rahmen des angegriffenen Dossiers entgegengestanden hätten (vgl. Senatsurteil vom 6. März 2007 - VI ZR 13/06

- VersR 2007, 697, 700).

c) Eine andere rechtliche Beurteilung ist auch nicht nach den Grundsätzen des Datenschutzrechts geboten. Dabei kann dahingestellt bleiben, ob der persönliche und sachliche Anwendungsbereich der Vorschriften des Bundesdatenschutzgesetzes überhaupt eröffnet ist, insbesondere ob es sich bei Fotografien um personenbezogene Daten im Sinne des Bundesdatenschutzgesetzes handelt (bejahend: Gola/Schomerus, aaO, Rn. 6a; VG Hamburg, DuD 1981, 57) und ob das Bereithalten der die Fotos des Klägers enthaltenden und in dem beanstandeten Dossier zusammengefassten Meldungen zum Abruf im Internet ein "Verarbeiten" personenbezogener Daten im Sinne des § 3 Abs. 4 Satz 1 BDSG darstellt. Denn wie unter 1. d) ausgeführt unterfällt das Bereithalten dieser Meldungen jedenfalls dem sogenannten Medienprivileg des § 57 Abs. 1 Satz 1 RStV mit der Folge, dass seine Zulässigkeit weder von einer Einwilligung des Betroffenen noch von einer ausdrücklichen gesetzlichen Ermächtigung im Sinne des § 4 BDSG abhängig ist.

III. Die Kostenentscheidung beruht auf § 91 Abs. 1 ZPO.

Entscheidungsdatum: 09.02.2010
Aktenzeichen: VI ZR 244/08
Normen: Art 1 Abs 1 GG, Art 2 Abs 1 GG, Art 5 Abs 1 GG, § 823 Abs 1 BGB, § 1004 Abs 1 S 2 BGB
Individualisierende Berichterstattung: Bereithalten von Dossiers über schwere Straftaten mit den Täter identifizierenden alten Wort- und Bildberichterstattungen

Orientierungssatz

Zur Zulässigkeit des Bereithaltens von sogenannten Dossiers zum Abruf im Internet, in denen den Täter identifizierende alte Wort- und Bildberichterstattungen über eine schwere Straftat zusammengefasst sind.

Tenor

Auf die Rechtsmittel der Beklagten werden das Urteil des 7. Zivilsenats des Hanseatischen Oberlandesgerichts Hamburg vom 29. Juli 2008 aufgehoben und das Urteil des Landgerichts Hamburg vom 18. Januar 2008 abgeändert.

Die Klage wird abgewiesen.

Die Kosten des Rechtsstreits hat der Kläger zu tragen.

Von Rechts wegen

Tatbestand

Der Kläger nimmt die Beklagte auf Unterlassung der individualisierenden Bericht-erstattung über eine Straftat in Anspruch.

Der Kläger wurde im Jahr 1993 zusammen mit seinem Bruder wegen Mordes an dem bekannten Schauspieler Walter Sedlmayr zu einer lebenslangen Freiheits-strafe verurteilt. Die Tat hatte erhebliches Aufsehen erregt. Im Jahr 2004 stellte der Kläger einen Antrag auf Wiederaufnahme des Verfahrens, vor dessen Zurück-weisung er sich an die Presse wandte. Im Januar 2008 wurde der Kläger auf Be-währung aus der Strafhaft entlassen. Die Beklagte betreibt das Internetportal www.spiegel.de. Dort hielt sie in der Rubrik "Dossiers" unter dem Titel "Walter Sedlmayr ... Mord mit dem Hammer" eine Zusammenstellung von fünf älteren - jeweils durch Angabe der Überschrift und des Datums näher bezeichneten - Ver-öffentlichungen aus der Druckausgabe des Nachrichtenmagazins "Der Spiegel" bzw. ihrem Internetauftritt zum kostenpflichtigen Abruf bereit. In mehreren dieser Meldungen war der Kläger als wegen Mordes an Walter Sedlmayr Angeklagter bzw. Verurteilter namentlich bezeichnet. Die Veröffentlichungen vom 21. Sep-tember und 30. November 1992, in denen über die Anklageerhebung bzw. den Beginn der Hauptverhandlung berichtet wurde, enthielten jeweils ein Foto des Klägers.

Der Kläger sieht in dem Bereithalten der seinen Namen und sein Bild enthaltenden Veröffentlichungen zum Abruf im Internet eine Verletzung seines allgemeinen Persönlichkeitsrechts. Nachdem das Landgericht Frankfurt am Main seinen An-trag auf Bewilligung von Prozesskostenhilfe für eine entsprechende Unterlas-sungsklage wegen fehlender Erfolgsaussicht zurückgewiesen hatte, hat der Kläger sein Begehren vor dem Landgericht Hamburg weiterverfolgt. Mit der dort nach Bewilligung von Prozesskostenhilfe erhobenen Klage verlangt er von der Beklag-ten, es zu unterlassen, über ihn im Zusammenhang mit der Tat unter voller Na-mensnennung zu berichten, solche Berichte zu verbreiten oder öffentlich zugäng-lich zu machen sowie die in den Artikeln vom 21. September und 30. November 1992 enthaltenen Bilder im Zusammenhang mit Berichten über den Mord zu ver-öffentlichen oder zugänglich zu machen. Die Klage hatte in beiden Vorinstanzen Erfolg. Mit der vom Berufungsgericht zugelassenen Revision verfolgt die Be-klagte ihren Antrag auf Klageabweisung weiter.

Entscheidungsgründe

A. Das Berufungsgericht hat die Zulässigkeit der Klage bejaht. Der Partei, der mehrere Gerichtsstände zur Auswahl ständen, sei es nicht versagt, in ihre Ent-scheidung über die Auswahl des Gerichts auch die Frage einzubeziehen, vor wel-chem Gericht sie mit ihrem Klagebegehren am ehesten Erfolg haben werde. Die

Klage sei auch begründet. Dem Kläger stehe gegen die Beklagte ein Unterlassungsanspruch aus §§ 823 Abs. 1, 1004 Abs. 1 BGB analog i.V.m. Artt. 1 Abs. 1, 2 Abs. 1 GG zu, weil die Verbreitung der den Kläger identifizierenden Meldung diesen in seinem allgemeinen Persönlichkeitsrecht verletze. Ende des Jahres 2006, als das Dossier noch verbreitet worden sei, habe sich der Kläger kurz vor der Entlassung aus der Strafhaft unter Aussetzung des Strafrestes zur Bewährung befunden, weshalb eine Konstellation gegeben gewesen sei, wie sie der Entscheidung des Bundesverfassungsgerichts vom 5. Juni 1973 (BVerfGE 35, 202 ff. - Lebach I) zugrunde gelegen habe. Das im Hinblick auf seine bevorstehende Wiedereingliederung in die Gesellschaft besonders schutzwürdige Interesse des Klägers, nicht weiterhin öffentlich mit der Tat konfrontiert zu werden, überwiege das Interesse der Beklagten an der weiteren Verbreitung der Meldung umso mehr, als die Einschränkungen, die dem Verbreiter solcher Meldungen auferlegt würden, denkbar gering seien. Diesem werde nämlich nicht die Berichterstattung über die Tat, sondern nur die Nennung der Namen der Täter untersagt.

Der Umstand, dass - wie auch im Streitfall - Meldungen im Internet häufig dauerhaft abrufbar gehalten würden und als ältere Meldungen erkennbar seien, rechtfertige keine andere Beurteilung. Es mache keinen Unterschied, ob die Identität des Betroffenen in einer neuen oder in einer älteren Meldung preisgegeben werde. Es komme auch nicht darauf an, ob die beanstandete Meldung mittels Suchmaschinen oder Querverweisen über ein auf die Tat bezogenes Schlagwort oder über den Namen des Täters auffindbar sei. Auch der Umstand, dass über das Internet verbreiteten Meldungen in der Regel noch ein geringerer Verbreitungsgrad zukomme als Meldungen, die über die Tagespresse, Rundfunk oder Fernsehen verbreitet würden, lasse nicht die Anlegung anderer als der vom Bundesverfassungsgericht für die Massenmedien entwickelten Maßstäbe zu.

Die Beklagte sei hinsichtlich der Rechtsbeeinträchtigung auch Störer. Ihre Störereigenschaft könne insbesondere nicht im Hinblick darauf verneint werden, dass es sich bei dem Teil des Internetauftritts, in dem die beanstandete Meldung zum Abruf bereitgehalten worden sei, um ein privilegiertes Internetarchiv handle. Denn eine über das Internet allgemein zugängliche, in die Rubrik "Archiv" eingestellte Äußerung werde ebenso verbreitet wie jede andere Äußerung auch. Der Rubrik, in der die beanstandete Meldung zum Abruf bereitgehalten werde, komme auch unter dem Gesichtspunkt der Zumutbarkeit einer Kontrolle über den eigenen Internetauftritt keine Bedeutung zu. Ferner sei unerheblich, ob bereits die erstmalige Veröffentlichung der beanstandeten Inhalte rechtswidrig oder ob die Verbreitung der Meldung ursprünglich rechtmäßig gewesen sei.

B. Diese Erwägungen halten einer revisionsrechtlichen Überprüfung nicht stand. Dem Kläger stehen die geltend gemachten Unterlassungsansprüche gemäß §§ 823 Abs. 1, Abs. 2, 1004 Abs. 1 Satz 2 BGB analog i.V.m. Artt. 1 Abs. 1, 2 Abs. 1 GG, §§ 22, 23 KUG nicht zu.

I. Die Klage ist zulässig.

1. Der Klageantrag ist dahingehend auszulegen, dass der Beklagten untersagt werden soll, das angegriffene Dossier mit Altmeldungen auf ihrer Internetseite zum Abruf bereit zu halten, in denen im Zusammenhang mit dem Mord an Walter Sedlmayr der Name des Klägers genannt wird und die im **Tenor** des landgerichtlichen Urteils näher bezeichneten Fotos wiedergegeben werden. Der Klageantrag ist dagegen nicht auf Unterlassung jedweder künftiger Berichterstattung gerichtet. Dies ergibt sich zweifelsfrei aus der Klagebegründung, die zur Ermittlung des Klagebegehrens heranzuziehen ist (vgl. Senatsurteil vom 26. Mai 2009 - VI ZR 174/08 - VersR 2009, 1269, 1271 m.w.N.; BGHZ 173, 188, 192 jeweils m.w.N.). Der Kläger hat schriftsätzlich deutlich gemacht, dass er sich lediglich gegen das weitere Vorhalten des streitgegenständlichen Dossiers mit den ihn identifizierenden früheren Veröffentlichungen zum Abruf im Internet wendet. In diesem Sinne haben auch die Vorinstanzen das Begehren des Klägers verstanden. Dieses Verständnis hat der Kläger auch in der Revisionserwiderung bestätigt.

2. Der Klage fehlt auch nicht das erforderliche Rechtsschutzbedürfnis. Entgegen der Auffassung der Revision ist die Klageerhebung nicht deshalb rechtsmissbräuchlich, weil der Kläger sein Unterlassungsbegehren unter Inanspruchnahme von Prozesskostenhilfe verfolgt und sein erster Prozesskostenhilfeantrag vom Landgericht Frankfurt am Main mangels Erfolgsaussicht zurückgewiesen worden ist. Der zuletzt genannte Umstand hätte allein im Prozesskostenhilfeverfahren Berücksichtigung finden und unter Umständen zur Verneinung des Rechtsschutzbedürfnisses für den beim Landgericht Hamburg eingereichten zweiten Prozesskostenhilfeantrag führen können (vgl. BGH, Beschluss vom 16. Dezember 2008 - VIII ZB 78/06 - NJW 2009, 857). Die Zulässigkeit der im Anschluss an die Bewilligung von Prozesskostenhilfe erhobenen Klage wird hiervon jedoch nicht berührt.

II. Die Klage ist aber nicht begründet.

1. Dem Kläger steht kein Anspruch gegen die Beklagte aus §§ 823 Abs. 1, 1004 Abs. 1 Satz 2 BGB analog i.V.m. Artt. 1 Abs. 1, 2 Abs. 1 GG zu, es zu unterlassen, auf ihrer Internetseite ein Dossier mit Altmeldungen zum Abruf bereit zu halten, in denen im Zusammenhang mit dem Mord an Walter Sedlmayr der Name des Klägers genannt wird.

a) Das Berufungsgericht hat allerdings mit Recht angenommen, dass das Bereithalten der den Kläger namentlich als wegen Mordes Angeklagten bzw. Verurteilten bezeichnenden Meldungen zum Abruf im Internet einen Eingriff in das allgemeine Persönlichkeitsrecht des Klägers darstellt. Denn die Berichterstattung über eine Straftat unter Nennung des Namens des Straftäters beeinträchtigt zwangsläufig dessen Recht auf Schutz seiner Persönlichkeit und Achtung seines Privatlebens, weil sie sein Fehlverhalten öffentlich bekannt macht und seine Person in den Augen der Adressaten von vornherein negativ qualifiziert (vgl. Senatsurteile BGHZ 143, 199, 202 f.; 178, 231 Rn. 33; vom 15. November 2005 - VI ZR 286/04 - VersR 2006, 274; BVerfGE 35, 202, 226; BVerfG NJW 2006, 2835; AfP 2009, 365 Rn. 15). Dies gilt nicht nur bei aktiver Informationsübermittlung durch die Medien, wie es im Rahmen der herkömmlichen Berichterstattung in Tagespresse, Rundfunk oder Fernsehen geschieht, sondern auch dann, wenn - wie im Streitfall - den Täter identifizierende Inhalte lediglich auf einer passiven Darstellungsplattform im Internet zum Abruf bereitgehalten werden (vgl. BVerfG AfP 2009, 365 Rn. 17). Diese Inhalte sind nämlich grundsätzlich jedem interessierten Internetnutzer zugänglich (vgl. Verweyen/Schulz, AfP 2008, 133, 137).

b) Im Ausgangspunkt zutreffend hat es das Berufungsgericht auch für geboten erachtet, über den Unterlassungsantrag aufgrund einer Abwägung des Rechts des Klägers auf Schutz seiner Persönlichkeit und Achtung seines Privatlebens aus Artt. 1 Abs. 1, 2 Abs. 1 GG, Art. 8 Abs. 1 EMRK mit dem in Art. 5 Abs. 1 GG, Art. 10 EMRK verankerten Recht der Beklagten auf Meinungs- und Medienfreiheit zu entscheiden. Denn wegen der Eigenart des Persönlichkeitsrechts als eines Rahmenrechts liegt seine Reichweite nicht absolut fest, sondern muss erst durch eine Abwägung der widerstreitenden grundrechtlich geschützten Belange bestimmt werden, bei der die besonderen Umstände des Einzelfalles sowie die betroffenen Grundrechte und Gewährleistungen der Europäischen Menschenrechtskonvention interpretationsleitend zu berücksichtigen sind (vgl. Senatsurteile vom 9. Dezember 2003 - VI ZR 373/02 - VersR 2004, 522, 523; vom 11. März 2008 - VI ZR 189/06 - VersR 2008, 695 Rn. 13; vom 11. März 2008 - VI ZR 7/07 - VersR 2008, 793 Rn. 12; vom 3. Februar 2009 - VI ZR 36/07 - VersR 2009, 555 Rn. 17; vom 22. September 2009 - VI ZR 19/08 - VersR 2009, 1545 Rn. 16; BVerfGE 114, 339, 348 m.w.N.; 120, 180, 200 f.; AfP 2009, 365 Rn. 17; AfP 2009, 480 Rn. 61). Der Eingriff in das Persönlichkeitsrecht ist nur dann rechtswidrig, wenn das Schutzinteresse des Betroffenen die schutzwürdigen Belange der anderen Seite überwiegt (vgl. Senatsurteile vom 21. Juni 2005 - VI ZR 122/04 - VersR 2005, 1403, 1404; vom 17. November 2009 - VI ZR 226/08 - z.V.b. m.w.N.).

c) Rechtsfehlerhaft hat das Berufungsgericht jedoch angenommen, dass das allgemeine Persönlichkeitsrecht des Klägers durch das Bereithalten der beanstandeten Inhalte zum Abruf im Internet in rechtswidriger Weise verletzt worden sei. Das Berufungsgericht hat die besonderen Umstände des Streitfalles nicht ausreichend berücksichtigt und das von der Beklagten verfolgte Informationsinteresse der Öffentlichkeit und ihr Recht auf freie Meinungsäußerung mit einem zu geringen Gewicht in die Abwägung eingestellt.

aa) In der Rechtsprechung des Bundesverfassungsgerichts sind verschiedene Kriterien entwickelt worden, die Leitlinien für den konkreten Abwägungsvorgang vorgeben (vgl. BVerfG, AfP 2009, 365 Rn. 17; AfP 2009, 480 Rn. 61 f., jeweils m.w.N.). Danach müssen wahre Tatsachenbehauptungen in der Regel hingenommen werden, auch wenn sie nachteilig für den Betroffenen sind, unwahre dagegen nicht. Allerdings kann auch eine wahre Darstellung das Persönlichkeitsrecht des Betroffenen verletzen, wenn sie einen Persönlichkeitsschaden anzurichten droht, der außer Verhältnis zu dem Interesse an der Verbreitung der Wahrheit steht. Dies kann insbesondere dann der Fall sein, wenn die Aussagen geeignet sind, eine erhebliche Breitenwirkung zu entfalten und eine besondere Stigmatisierung des Betroffenen nach sich zu ziehen, so dass sie zum Anknüpfungspunkt für eine soziale Ausgrenzung und Isolierung zu werden drohen (vgl. BVerfGE 97, 391, 404 f.; BVerfG AfP 2009, 365 Rn. 17).

Geht es um eine Berichterstattung über eine Straftat, so ist zu berücksichtigen, dass eine solche Tat zum Zeitgeschehen gehört, dessen Vermittlung Aufgabe der Medien ist. Die Verletzung der Rechtsordnung und die Beeinträchtigung individueller Rechtsgüter, die Sympathie mit den Opfern, die Furcht vor Wiederholungen solcher Straftaten und das Bestreben, dem vorzubeugen, begründen grundsätzlich ein anzuerkennendes Interesse der Öffentlichkeit an näherer Information über Tat und Täter. Dieses wird umso stärker sein, je mehr sich die Tat in Begehungsweise und Schwere von der gewöhnlichen Kriminalität abhebt. Bei schweren Gewaltverbrechen ist in der Regel ein über bloße Neugier und Sensationslust hinausgehendes Interesse an näherer Information über die Tat und ihren Hergang, über die Person des Täters und seine Motive sowie über die Strafverfolgung anzuerkennen (vgl. BVerfGE 35, 202, 231; BVerfG AfP 2009, 365 Rn. 18; vgl. auch BGHZ 143, 199, 204).

Bei der Abwägung des Informationsinteresses der Öffentlichkeit an einer Berichterstattung mit der damit zwangsläufig verbundenen Beeinträchtigung des Persönlichkeitsrechts des Täters verdient für die aktuelle Berichterstattung über Straftaten das Informationsinteresse im Allgemeinen den Vorrang. Denn wer den Rechtsfrieden bricht und durch diese Tat und ihre Folgen Mitmenschen angreift oder verletzt, muss sich nicht nur den hierfür verhängten strafrechtlichen Sanktionen beugen, sondern er muss auch dulden, dass das von ihm selbst erregte Informationsinteresse der Öffentlichkeit auf den dafür üblichen Wegen befriedigt wird (vgl. BVerfGE 35, 202, 231 f.; BVerfG AfP 2009, 365 Rn. 19; vgl. auch Senatsurteile BGHZ 143, 199, 204; 178, 213 Rn. 22 f.; vom 15. November 2005 - VI ZR 286/04 - VersR 2006, 274 Rn. 14).

Mit zeitlicher Distanz zur Straftat gewinnt dagegen das Interesse des Täters, vor einer Reaktualisierung seiner Verfehlung verschont zu bleiben, zunehmende Bedeutung. Das Persönlichkeitsrecht bietet Schutz vor einer zeitlich uneingeschränkten Befassung der Medien mit der Person des Straftäters und seiner Privatsphäre (vgl. BVerfGE 35, 202, 233; BVerfG AfP 2009, 365 Rn. 21). Hat die das öffentliche Interesse veranlassende Tat mit der Verfolgung und Verurteilung die gebotene rechtliche Sanktion erfahren und ist die Öffentlichkeit hierüber hinreichend informiert worden, lassen sich wiederholte Eingriffe in das Persönlichkeitsrecht des Täters im Hinblick auf sein Interesse an der Wiedereingliederung in die Gemeinschaft nicht ohne weiteres rechtfertigen. Hiermit ist allerdings keine vollständige Immunisierung vor der ungewollten Darstellung persönlichkeitsrelevanter Geschehnisse gemeint. Das allgemeine Persönlichkeitsrecht vermittelt Straftätern keinen Anspruch darauf, in der Öffentlichkeit überhaupt nicht mehr mit ihrer Tat konfrontiert zu werden. Selbst die Verbüßung der Straftat führt nicht dazu, dass ein Täter den uneingeschränkten Anspruch erwirbt, mit der Tat "allein gelassen zu werden". Maßgeblich ist vielmehr stets, in welchem Ausmaß das Persönlichkeitsrecht einschließlich des Resozialisierungsinteresses des Straftäters von der Berichterstattung unter den konkreten Umständen des Einzelfalls beeinträchtigt wird (vgl. BVerfG NJW 2000, 1859, 1860; AfP 2009, 365 Rn. 21; EGMR, Urteil vom 7. Dezember 2006 - Beschwerde Nr. 35841/02 - Österreichischer Rundfunk gegen Österreich, Nr. 68, ÖJZ 2007, 472, 473, jeweils m.w.N.). Für die Intensität der Beeinträchtigung des Persönlichkeitsrechts kommt es auch auf die Art und Weise der Darstellung, insbesondere auf den Grad der Verbreitung des Mediums an. So stellt eine Fernsehberichterstattung in der Regel einen weitaus stärkeren Eingriff in die Privatsphäre des Betroffenen dar als eine Wortberichterstattung (vgl. BVerfG NJW 2000, 1859, 1860 und AfP 2009, 365 Rn. 21, jeweils m.w.N.).

bb) Nach diesen Grundsätzen hat das Interesse des Klägers am Schutz seiner Persönlichkeit und an der Achtung seines Privatlebens vorliegend hinter dem von der Beklagten verfolgten Informationsinteresse der Öffentlichkeit und ihrem Recht auf freie Meinungsäußerung zurückzutreten. Zwar kommt dem Interesse des Klägers, vor einer Reaktualisierung seiner Verfehlung verschont zu bleiben, vorliegend erhöhtes Gewicht zu. Die von ihm begangene Straftat und die Verurteilung liegen lange zurück; der Kläger ist im Januar 2008 aus der Strafhaft entlassen worden. Andererseits beeinträchtigen die in dem beanstandeten Dossier zusammengefassten Meldungen sein Persönlichkeitsrecht einschließlich seines Resozialisierungsinteresses unter den besonderen Umständen des Streitfalls nicht in erheblicher Weise. Sie sind insbesondere nicht geeignet, ihn "ewig an den Pranger" zu stellen oder in einer Weise "an das Licht der Öffentlichkeit zu zerren", die ihn als Straftäter (wieder) neu stigmatisieren könnte.

Die in dem Dossier zusammengefassten Meldungen enthalten wahrheitsgemäße Aussagen über ein Kapitalverbrechen an einem bekannten Schauspieler, das erhebliches öffentliches Aufsehen erregt hatte. In ihnen werden die Umstände der Tat, das Straf- und das Wiederaufnahmeverfahren sachbezogen und objektiv dargestellt. Entgegen der Auffassung der Revisionserwiderung wird der Kläger nicht in reißerischer Weise als Mörder qualifiziert. Vielmehr wird mitgeteilt, dass er wegen Mordes angeklagt bzw. verurteilt worden sei. Zugleich wird seine Haltung zu dem Tatvorwurf geschildert und auf ungeklärte Umstände hingewiesen, was für den Leser die Möglichkeit offen lässt, dass er zu Unrecht angeklagt bzw. verurteilt worden sei. Die den Kläger identifizierenden Angaben in den Meldungen waren angesichts der Schwere des Verbrechens, der Bekanntheit des Opfers, des erheblichen Aufsehens, das die Tat in der Öffentlichkeit erregt hatte und des Umstands, dass sich die Verurteilten noch im Jahr 2004 unter Inanspruchnahme aller denkbaren Rechtsbehelfe um die Aufhebung ihrer Verurteilung bemühten, zum Zeitpunkt der erstmaligen Veröffentlichung unzweifelhaft zulässig.

In der Art und Weise, wie das beanstandete Dossier zum Abruf bereitgehalten wurde, kam ihm eine nur geringe Breitenwirkung zu. Der Verbreitungsgrad des konkret gewählten Mediums war gering; eine Fallgestaltung, wie sie der Lebach-I-Entscheidung des Bundesverfassungsgerichts (BVerfGE 35, 202) zugrunde lag, ist nicht gegeben. Gegenstand dieser Entscheidung war eine Fernsehdokumentation zur besten Sendezeit, die zu einem intensiven Nacherleben der Straftat unter Betonung der emotionalen Komponente führte (vgl. BVerfGE 35, 202, 228 f.). Unter den damaligen Fernsehbedingungen war gerade für eine solche Sendung mit einer besonders hohen Einschaltquote zu rechnen (BVerfG aaO). Hingegen setzte eine Kenntnisnahme vom Inhalt der in dem beanstandeten Dossier zusammmengefassten und den Kläger identifizierenden Meldungen im Streitfall zum einen eine gezielte Suche und zum anderen die Zahlung eines Entgelts für den Abruf des Dossiers voraus. Das Dossier wurde nur auf einer als passive Darstellungsplattform geschalteten Website angeboten, die typischerweise nur von solchen Nutzern zur Kenntnis genommen wird, die sich selbst aktiv informieren (vgl. BVerfG NJW 2003, 2818, 2819; NJW 2008, 1298, 1299; Feldmann, JurisPR-ITR 15/2009 Anm. 5). Es war auch nicht auf den aktuellen Seiten des Internetauftritts der Beklagten zugänglich, wo es dem Nutzer unmittelbar nach Aufruf der Homepage der Beklagten ins Auge hätte fallen können. Vielmehr wurde das Dossier ausweislich der Feststellungen des Landgerichts, auf die das Berufungsgericht Bezug genommen hat, nur als Zusammenstellung von Altmeldungen angeboten und enthielt eindeutig - und für den Nutzer ohne weiteres ersichtlich - nur ältere Veröffentlichungen. Es war auch nicht in sonstiger Weise in einen Kontext eingebettet, der ihm den Anschein der Aktualität oder den Charakter einer erneuten Berichterstattung verlieh und die Annahme rechtfertigen würde, die Beklagte habe sich erneut bzw. zeitlich uneingeschränkt mit der Person des Straftäters befasst (vgl. dazu Hoecht, AfP 2009, 342, 346 f.; von Petersdorff-Campen, ZUM 2008, 102, 107; Feldmann, aaO; LG Düsseldorf, ZUM 2008, 156). Darüber hinaus war eine Kenntnisnahme von den den Kläger identifizierenden Inhalten nicht ohne weiteres möglich, sondern setzte den kostenpflichtigen Abruf des Dossiers voraus, wodurch der Zugang zu den beanstandeten Inhalten zusätzlich erschwert wurde.

Zugunsten der Beklagten fällt darüber hinaus ins Gewicht, dass ein anerkennenswertes Interesse der Öffentlichkeit nicht nur an der Information über das aktuelle Zeitgeschehen, sondern auch an der Möglichkeit besteht, vergangene zeitgeschichtliche Ereignisse zu recherchieren (vgl. OLG Köln, AfP 2007, 126, 127; KG, AfP 2006, 561, 563; OLG Frankfurt, ZUM 2007, 915, 917; AfP 2006, 568,

569; Hoecht, aaO, 345 ff.; Libertus, MMR 2007, 143, 148). Dementsprechend nehmen die Medien ihre Aufgabe, in Ausübung der Meinungsfreiheit die Öffentlichkeit zu informieren und an der demokratischen Willensbildung mitzuwirken, auch dadurch wahr, dass sie nicht mehr aktuelle Veröffentlichungen für interessierte Mediennutzer verfügbar halten. Ein generelles Verbot der Einsehbarkeit und Recherchierbarkeit bzw. ein Gebot der Löschung aller früheren den Straftäter identifizierenden Darstellungen in "Onlinearchiven" würde dazu führen, dass Geschichte getilgt und der Straftäter vollständig immunisiert würde (vgl. Hoecht, aaO, S. 345 f.; Dreier, FS Loewenheim, 2009, S. 67, 68, 76 m.w.N.). Hierauf hat der Täter aber keinen Anspruch (vgl. BVerfG, NJW 2000, 1859, 1860; AfP 2009, 365 Rn. 21). Dies gilt insbesondere bei einem schweren Kapitalverbrechen wie im vorliegenden Fall, das in der Öffentlichkeit besondere Aufmerksamkeit erregt hat.

Weiterhin ist zu beachten, dass das vom Kläger begehrte Verbot einen abschreckenden Effekt auf den Gebrauch der Meinungs- und Pressefreiheit hätte, der den freien Informations- und Kommunikationsprozess einschnüren würde (vgl. BVerfGE 93, 266, 292; 99, 185, 197; AfP 2009, 480 Rn. 62; vgl. ferner BGH, BGHZ 158, 343, 353). Die Beklagte könnte ihren verfassungsrechtlichen Auftrag, in Wahrnehmung der Meinungsfreiheit die Öffentlichkeit zu informieren, nicht vollumfänglich wahrnehmen, wenn es ihr generell verwehrt wäre, dem interessierten Nutzer den Zugriff auf frühere Veröffentlichungen zu ermöglichen. Würde auch das weitere Bereithalten als solcher erkennbarer und im Zeitpunkt der erstmaligen Veröffentlichung zulässiger Altmeldungen auf für Altmeldungen vorgesehenen Seiten zum Abruf im Internet nach Ablauf einer gewissen Zeit oder nach Veränderung der zugrunde liegenden Umstände ohne weiteres unzulässig und wäre die Beklagte verpflichtet, sämtliche archivierten Beiträge von sich aus immer wieder auf ihre Rechtmäßigkeit zu kontrollieren, würde die Meinungs- und Medienfreiheit in unzulässiger Weise eingeschränkt. Angesichts des mit einer derartigen Kontrolle verbundenen personellen und zeitlichen Aufwands bestünde die erhebliche Gefahr, dass die Beklagte entweder ganz von einer der Öffentlichkeit zugänglichen Archivierung absehen oder bereits bei der erstmaligen Veröffentlichung die Umstände ausklammern würde, die - wie vorliegend der Name des Straftäters - das weitere Vorhalten des Beitrags später rechtswidrig werden lassen könnten, an deren Mitteilung die Öffentlichkeit aber im Zeitpunkt der erstmaligen Berichterstattung ein schützenswertes Interesse hat.

d) Entgegen der Auffassung der Revisionserwiderung ist eine andere rechtliche Beurteilung auch nicht nach den Grundsätzen des Datenschutzrechts geboten. Dabei kann dahingestellt bleiben, ob der persönliche und sachliche Anwendungsbereich der Vorschriften des Bundesdatenschutzgesetzes überhaupt eröffnet ist, insbesondere ob es sich bei dem beanstandeten Bereithalten der den Namen des Klägers enthaltenden und in dem beanstandeten Dossier zusammengefassten Meldungen zum Abruf im Internet um ein "Verarbeiten" personenbezogener Daten im Sinne des § 3 Abs. 4 Satz 1 BDSG handelt. Denn das Bereithalten dieser Meldung unterfällt jedenfalls dem sogenannten Medienprivileg des § 57 Abs. 1 Satz 1 des

Staatsvertrags für Rundfunk und Telemedien (RStV) mit der Folge, dass seine Zulässigkeit weder von einer Einwilligung des Betroffenen noch von einer ausdrücklichen gesetzlichen Ermächtigung im Sinne des § 4 BDSG abhängig ist.

aa) Gemäß § 57 Abs. 1 Satz 1 RStV gelten, soweit Unternehmen oder Hilfsunternehmen der Presse als Anbieter von Telemedien personenbezogene Daten ausschließlich zu eigenen journalistisch-redaktionellen oder literarischen Zwecken erheben, verarbeiten oder nutzen, nur die §§ 5, 7, 9 und 38 a BDSG mit der Maßgabe, dass nur für Schäden gehaftet wird, die durch die Verletzung des Datengeheimnisses nach § 5 BDSG oder durch unzureichende technische oder organisatorische Maßnahmen im Sinne des § 9 BDSG eintreten. § 4 BDSG, wonach die Erhebung, Verarbeitung und Nutzung personenbezogener Daten nur zulässig sind, soweit dieses Gesetz oder eine andere Rechtsvorschrift dies erlaubt oder anordnet oder der Betroffene eingewilligt hat, kommt dagegen nicht zur Anwendung (vgl. Hahn/Vesting, Rundfunkrecht, 2. Aufl., § 57 RStV Rn. 6 f., 15 f.; Keber in Schwartmann, Praxishandbuch Medien-, IT- und Urheberrecht, 2. Teil, 16. Abschnitt, Rn. 25, 27; Bergmann/Möhrle/Herb, Datenschutzrecht, § 41 BDSG Rn. 6, 10a; vgl. zu § 41 BDSG: Gola/Schomerus, BDSG, 9. Aufl., § 41 Rn. 2). Das in § 57 Abs. 1 Satz 1 RStV angeordnete Medienprivileg ist Ausfluss der in Art. 5 Abs. 1 Satz 2 GG verankerten Medienfreiheit. Ohne die Erhebung, Verarbeitung und Nutzung personenbezogener Daten auch ohne Einwilligung der jeweils Betroffenen wäre journalistische Arbeit nicht möglich; die Presse könnte ihre in Art. 5 Abs. 1 Satz 2 GG, Art. 10 Abs. 1 Satz 2 EMRK, Art. 11 Abs. 1 Satz 1 der Charta der Grundrechte der Europäischen Union zuerkannten und garantierten Aufgaben nicht wahrnehmen (vgl. Senatsurteil vom 23. Juni 2009 - VI ZR 196/08 - VersR 2009, 1131 Rn. 20; Waldenberger in Spindler/Schuster, Recht der elektronischen Medien, Presserecht Rn. 118 ff., 140; Keber in Schwartmann, aaO; Bergmann/Möhrle/Herb, aaO, Rn. 6 ff.; Dörr, ZUM 2004, 536, 540 f.; vgl. auch Art. 9 sowie Erwägungsgründe 17 und 37 der Richtlinie 95/46/EG des Europäischen Parlaments und des Rates vom 24. Oktober 1995 zum Schutz natürlicher Personen bei der Verarbeitung personenbezogener Daten und zum freien Datenverkehr; EuGH, Urteile vom 6. November 2003 - Rs. C-101/01 - Lindqvist gegen Schweden - ZUM-RD 2004, 107 Rn. 90; vom 16. Dezember 2008 - Rs. C-73/07 - Tietosuojavaltuutettu gegen Satakunnan Markkinapörssi Oy - EuGRZ 2009, 23 ff.; Schlussanträge der Generalanwältin Kokott vom 8. Mai 2008 in der Rechtssache C-73/07 - zitiert nach Juris, Rn. 37, 39, 66 ff., 81 f.).

bb) Die Voraussetzungen einer datenschutzrechtlichen Privilegierung gemäß § 57 Abs. 1 Satz 1 RStV sind vorliegend erfüllt. Die Beklagte als Anbieterin von Telemedien hat die den Namen des Klägers enthaltenden Meldungen ausschließlich zu eigenen journalistisch-redaktionellen Zwecken in ihren Internetauftritt eingestellt, zu einem Dossier zusammengefasst und zum Abruf im Internet bereitgehalten.

(1) Daten werden dann zu journalistisch-redaktionellen Zwecken verarbeitet,

wenn die Zielrichtung in einer Veröffentlichung für einen unbestimmten Personenkreis besteht (vgl. Hahn/Vesting, aaO, Rn. 13; Bergmann/Möhrle/Herb, aaO, Rn. 23). Es muss die Absicht einer Berichterstattung im Sinne des Art. 5 Abs. 1 Satz 2 GG - worunter auch die Meinungsäußerung fällt (vgl. BVerfGE 60, 53, 63 f.; Maunz/Dürig/Herzog, GG, Art. 5 Abs. 1 Rn. 201 f.) - gegeben sein (vgl. Bergmann/Möhrle/Herb, aaO, Rn. 26; Schmittmann in Schwartmann, aaO, 1. Teil, 6. Abschnitt Rn. 26 ff.). Denn nur die Tätigkeiten, die der Erfüllung der Aufgaben einer funktional verstandenen Presse bzw. des Rundfunks dienen, werden vom Medienprivileg erfasst (Waldenberger in Spindler/Schuster, aaO, Rn. 137). Dementsprechend gilt die datenschutzrechtliche Privilegierung beispielsweise nicht für im Rahmen der Personaldatenverarbeitung anfallende oder im Zusammenhang mit dem Gebühreneinzug, zur Akquisition von Abonnenten oder zur (kommerziellen) Weitergabe an Dritte gespeicherte Daten (vgl. BT-Drucks. 11/4306, S. 55 zu Art. 1 § 37 Abs. 1 des Entwurfs eines Gesetzes zur Fortentwicklung der Datenverarbeitung und des Datenschutzes; Bergmann/Möhrle/Herb, aaO, Rn. 29; Waldenberger in Spindler/Schuster, aaO, Rn. 137; Schaffland/Wiltfang, BDSG Stand 7/2009, § 41 Rn. 4). Demgegenüber sind die Recherche, Redaktion, Veröffentlichung, Dokumentation und Archivierung personenbezogener Daten zu publizistischen Zwecken umfassend geschützt (vgl. Waldenberger in Spindler/Schuster, aaO, Rn. 138). Das durch die Presse- und Rundfunkfreiheit verfassungsrechtlich vorgegebene Medienprivileg schützt insbesondere auch die publizistische Verwertung personenbezogener Daten im Rahmen einer in den Schutzbereich des Art. 5 Abs. 1 GG, Art. 10 Abs. 1 Satz 2 EMRK fallenden Veröffentlichung (vgl. EuGH, Urteil vom 16. Dezember 2008 - Rs. C-73/07 - Tietosuojavaltuutettu gegen Satakunnan Markkinapörssi Oy - EuGRZ 2009, 23 Rn. 61 f.; Schlussanträge der Generalanwältin Kokott vom 8. Mai 2008 in der Rechtssache C-73/07 - zitiert nach Juris, Rn. 65 ff., 81 f. zur Richtlinie 95/46/EG).

Von einer Verarbeitung ausschließlich zu eigenen Zwecken ist dann auszugehen, wenn die Daten eigenen Veröffentlichungen des betroffenen Presseunternehmens dienen (vgl. Bergmann/Möhrle/Herb, aaO, Rn. 30).

(2) Diese Voraussetzungen sind im Streitfall erfüllt. Die Beklagte hat die den Namen des Klägers enthaltenden Meldungen ausschließlich zu dem Zweck in ihren Internetauftritt eingestellt, zu einem Dossier zusammengefasst und zum Abruf bereitgehalten, damit sie von der interessierten Öffentlichkeit zur Kenntnis genommen werden. Sie hat damit unmittelbar ihre verfassungsrechtliche Aufgabe wahrgenommen, in Ausübung der Meinungsfreiheit die Öffentlichkeit zu informieren und an der demokratischen Willensbildung mitzuwirken. Sowohl das Einstellen der beanstandeten Inhalte ins Internet als auch ihr (dauerhaftes) Bereithalten zum Abruf ist Teil des in den Schutzbereich des Art. 5 Abs. 1 GG, Art. 10 Abs. 1 EMRK fallenden Publikationsvorgangs. Hieran vermag auch der Umstand nichts zu ändern, dass seit der Einstellung der Meldungen ins Internet mittlerweile mehrere Jahre vergangen sind.

2. Entgegen der Auffassung des Berufungsgerichts steht dem Kläger auch kein Anspruch auf Unterlassung erneuter Verbreitung der in den Artikeln vom 21. September und 30. November 1992 enthaltenen Bilder entsprechend §§ 1004 Abs. 1 Satz 2, 823 Abs. 1, Abs. 2 BGB i.V.m. §§ 22, 23 KUG, Artt. 1 Abs. 1, 2 Abs. 1 GG zu. Bei den beanstandeten Abbildungen handelt es sich um Bildnisse aus dem Bereich der Zeitgeschichte gemäß § 23 Abs. 1 Nr. 1 KUG, die auch ohne Einwilligung des Klägers als Teil des beanstandeten Dossiers zum Abruf im Internet bereitgehalten werden durften. Ihrer Verbreitung stand kein berechtigtes Interesse des Klägers im Sinne von § 23 Abs. 2 KUG entgegen.

a) Nach der gefestigten Rechtsprechung des erkennenden Senats ist die Zulässigkeit von Bildveröffentlichungen nach dem abgestuften Schutzkonzept der §§ 22, 23 KUG zu beurteilen (vgl. Senatsurteile BGHZ 171, 275; 178, 213; 180, 114; vom 19. Juni 2007 - VI ZR 12/06 - VersR 2007, 1135; vom 3. Juli 2007 - VI ZR 164/06 - VersR 2007, 1283; vom 24. Juni 2008 - VI ZR 156/06 - VersR 2008, 1268; vom 1. Juli 2008 - VI ZR 67/08 - VersR 2008, 1411 und - VI ZR 243/06 - VersR 2008, 1506; vom 14. Oktober 2008 - VI ZR 256/06 - VersR 2009, 76 und - VI ZR 272/06 - VersR 2009, 78 sowie - VI ZR 271/06 - VersR 2009, 513 und - VI ZR 260/06 - VersR 2009, 511; vgl. auch BGH, Urteil vom 11. März 2009 - I ZR 8/07 - NJW 2009, 3032), das sowohl mit verfassungsrechtlichen Vorgaben (vgl. BVerfG, NJW 2008, 1793, 1798 f.) als auch mit der Rechtsprechung des Europäischen Gerichtshofs für Menschenrechte (nachfolgend: EGMR) im Einklang steht (vgl. EGMR, NJW 2004, 2647 und NJW 2006, 591). Danach dürfen Bildnisse einer Person grundsätzlich nur mit deren Einwilligung verbreitet werden (§ 22 Satz 1 KUG). Hiervon besteht allerdings gemäß § 23 Abs. 1 KUG eine Ausnahme, wenn es sich um Bildnisse aus dem Bereich der Zeitgeschichte handelt. Diese Ausnahme gilt aber nicht für eine Verbreitung, durch die berechtigte Interessen des Abgebildeten verletzt werden (§ 23 Abs. 2 KUG).

aa) Die Beurteilung, ob ein Bildnis dem Bereich der Zeitgeschichte i.S.v. § 23 Abs. 1 Nr. 1 KUG zuzuordnen ist, erfordert eine Abwägung zwischen den Rechten des Abgebildeten aus Artt. 1 Abs. 1, 2 Abs. 1 GG, Art. 8 Abs. 1 EMRK einerseits und den Rechten der Presse aus Art. 5 Abs. 1 GG, Art. 10 Abs. 1 EMRK andererseits (vgl. Senatsurteile BGHZ 180, 114 Rn. 10; vom 6. März 2007 - VI ZR 51/06 - VersR 2007, 957, 958 m.w.N.; vom 1. Juli 2008 - VI ZR 67/08 - aaO, S. 1413 und - VI ZR 243/06 - aaO, S. 1507; BVerfG NJW 2008, 1793 Rn. 55, 85). Denn die Vorschrift des § 23 Abs. 1 KUG soll nach ihrem Sinn und Zweck und nach der Intention des Gesetzgebers in Ausnahme von dem Einwilligungserfordernis des § 22 KUG dem Informationsinteresse der Öffentlichkeit und den Rechten der Presse Rechnung tragen. Dabei ist der Beurteilung ein normativer Maßstab zu Grunde zu legen, welcher die Pressefreiheit und zugleich den Schutz der Persönlichkeit und ihrer Privatsphäre ausreichend berücksichtigt (Senatsurteile BGHZ 178, 213 Rn. 10; vom 6. März 2007 - VI ZR 51/06 - VersR 2007, 957, 958 m.w.N.; vom 19.

Juni 2007 - VI ZR 12/06 - VersR 2007, 1135, 1136 und vom 1. Juli 2008 - VI ZR 67/08 - aaO, S. 1412 f.; BVerfG NJW 2000, 1021 Rn. 87 f.). Maßgebend ist hierbei das Interesse der Öffentlichkeit an vollständiger Information über das Zeitgeschehen. Der Begriff des Zeitgeschehens ist zugunsten der Pressefreiheit in einem weiten Sinn zu verstehen; er umfasst nicht nur Vorgänge von historisch-politischer Bedeutung, sondern alle Fragen von allgemeinem gesellschaftlichem Interesse. Ein Informationsinteresse besteht allerdings nicht schrankenlos. Vielmehr wird der Einbruch in die persönliche Sphäre des Abgebildeten durch den Grundsatz der Verhältnismäßigkeit begrenzt (auch hierzu Senatsurteile BGHZ 178, 213 Rn. 14; 180, 114 Rn. 10; vom 1. Juli 2008 - VI ZR 67/08 - aaO, S. 1412 und - VI ZR 243/06 - aaO, S. 1506 f., jeweils m.w.N.).

bb) Bei der Gewichtung des Informationsinteresses im Verhältnis zu dem kollidierenden Persönlichkeitsschutz kommt dem Gegenstand der Berichterstattung maßgebliche Bedeutung zu. Entscheidend ist insbesondere, ob die Medien im konkreten Fall eine Angelegenheit von öffentlichem Interesse ernsthaft und sachbezogen erörtern, damit den Informationsanspruch des Publikums erfüllen und zur Bildung der öffentlichen Meinung beitragen oder ob sie - ohne Bezug zu einem zeitgeschichtlichen Ereignis - lediglich die Neugier der Leser befriedigen (vgl. Senatsurteile BGHZ 180, 114 Rn. 12; vom 1. Juli 2008 - VI ZR 243/06 - aaO, S. 1508; BVerfGE 34, 269, 283; 101, 361, 391; BVerfG, NJW 2006, 3406, 3407; NJW 2008, 1793, 1796). Geht es um eine identifizierende Bildberichterstattung über eine Straftat, so sind darüber hinaus die oben unter 1. c) aa) dargestellten Grundsätze zu beachten. Denn auch eine solche Berichterstattung greift in das Recht des abgebildeten Straftäters auf Schutz seiner Persönlichkeit und Achtung seines Privatlebens ein, weil sie sein Fehlverhalten öffentlich bekannt macht und seine Person in den Augen der Adressaten von vornherein negativ qualifiziert (vgl. BGHZ 178, 213 Rn. 22, 33 m.w.N.). Insbesondere ist zu berücksichtigen, dass mit zeitlicher Distanz zur Straftat das Interesse des Täters, vor einer Reaktualisierung seiner Verfehlung verschont zu bleiben, zunehmende Bedeutung gewinnt.

Der Informationsgehalt einer Bildberichterstattung ist dabei im Gesamtkontext, in den das Personenbildnis gestellt ist, und unter Berücksichtigung der zugehörigen Textberichterstattung zu ermitteln. Daneben sind für die Gewichtung der Belange des Persönlichkeitsschutzes der Anlass der Bildberichterstattung und die Umstände in die Beurteilung mit einzubeziehen, unter denen die Aufnahme entstanden ist. Auch ist bedeutsam, in welcher Situation der Betroffene erfasst und wie er dargestellt wird (vgl. BGHZ 178, 213 Rn. 24; BVerfG NJW 2008, 1793, 1796 Rn. 65).

b) Nach diesen Grundsätzen ist das Bereithalten der die Fotos des Klägers enthaltenden Meldungen vom 21. September und 30. November 1992 als Teil des angegriffenen Dossiers zum Abruf im Internet rechtlich nicht zu beanstanden. Das Interesse des Klägers am Schutz seiner Persönlichkeit und seiner Privatsphäre hat vorliegend hinter dem von der Beklagten verfolgten Informationsinteresse der Öffentlichkeit zurückzutreten.

Die angegriffenen Aufnahmen zeigen den Kläger mit einem Justizvollzugsbeamten bzw. als Angeklagten im Gerichtssaal. Sie illustrieren die Meldungen vom 21. September bzw. 30. November 1992, in denen wahrheitsgemäß, sachbezogen und objektiv über die Anklageerhebung gegen den Kläger wegen Mordes an einem bekannten Schauspieler bzw. den Beginn der Hauptverhandlung berichtet wird und die damit an ein zeitgeschichtliches Ereignis anknüpfen. Wie unter 1. c) bb) im Einzelnen ausgeführt, durfte die Beklagte über dieses Ereignis wie geschehen unter Namensnennung des Klägers berichten und die als frühere Veröffentlichungen erkennbaren Meldungen in Form des beanstandeten Dossiers auch noch im Jahr 2006 zum kostenpflichtigen Abruf im Internet bereithalten.

Die beanstandeten Aufnahmen sind bei den berichteten Ereignissen entstanden. Die Veröffentlichung kontextbezogener Fotos ist als Visualisierung des berichteten Ereignisses aber regelmäßig zulässig (vgl. Senatsurteil BGHZ 178, 213 Rn. 39; BVerfG, NJW 2001, 1921, 1925). Die verwendeten Aufnahmen beeinträchtigen den Kläger nicht stärker als kontextneutrale Portraitaufnahmen. Sie stellen den Kläger nicht ungünstig dar und berühren nicht seine Intimsphäre. Als kontextbezogene Aufnahmen unterstreichen sie mehr als ein kontextneutrales Bild die Authentizität des Berichts (vgl. BVerfG, NJW 2008, 1793, 1797).

Die Verbreitung der angegriffenen Fotos ist auch im Übrigen nicht geeignet, den Kläger "ewig an den Pranger" zu stellen oder in einer Weise "an das Licht der Öffentlichkeit zu zerren", die ihn als Straftäter (wieder) neu stigmatisieren könnte. Die Aufnahmen sind Bestandteil einer ausdrücklich als solcher gekennzeichneten Altmeldung, der in der Art und Weise, wie sie zum Abruf bereitgehalten wurde, eine nur geringe Breitenwirkung zukam. Sie stammen aus dem Jahr 1992 und illustrieren allein das damalige Aussehen des Klägers. Im Übrigen wird zur Vermeidung von Wiederholungen auf die Ausführungen unter 1. c) bb) Bezug genommen, die auch im vorliegenden Zusammenhang Geltung beanspruchen.

Bei der gebotenen Würdigung der Veröffentlichung in ihrer Gesamtheit sind keine überwiegenden berechtigten Interessen des Klägers (§ 23 Abs. 2 KUG) erkennbar, die der Verbreitung der ihn zeigenden Fotos im Rahmen des angegriffenen Dossiers entgegengestanden hätten (vgl. Senatsurteil vom 6. März 2007 - VI ZR 13/06 - VersR 2007, 697, 700).

c) Eine andere rechtliche Beurteilung ist auch nicht nach den Grundsätzen des Datenschutzrechts geboten. Dabei kann dahingestellt bleiben, ob der persönliche und sachliche Anwendungsbereich der Vorschriften des Bundesdatenschutzgesetzes überhaupt eröffnet ist, insbesondere ob es sich bei Fotografien um personenbezogene Daten im Sinne des Bundesdatenschutzgesetzes handelt (bejahend:

Gola/Schomerus, aaO, Rn. 6a; VG Hamburg, DuD 1981, 57) und ob das Bereithalten der die Fotos des Klägers enthaltenden und in dem beanstandeten Dossier zusammengefassten Meldungen zum Abruf im Internet ein "Verarbeiten" personenbezogener Daten im Sinne des § 3 Abs. 4 Satz 1 BDSG darstellt. Denn wie unter 1. d) ausgeführt unterfällt das Bereithalten dieser Meldungen jedenfalls dem sogenannten Medienprivileg des § 57 Abs. 1 Satz 1 RStV mit der Folge, dass seine Zulässigkeit weder von einer Einwilligung des Betroffenen noch von einer ausdrücklichen gesetzlichen Ermächtigung im Sinne des § 4 BDSG abhängig ist.

III. Die Kostenentscheidung beruht auf § 91 Abs. 1 ZPO.

Entscheidungsname: Gala-Diner im Centre Pompidou
Entscheidungsdatum: 13.04.2010
Aktenzeichen: VI ZR 125/08
Normen: Art 2 Abs 1 GG, Art 5 Abs 1 GG, Art 8 MRK, Art 10 MRK, § 22 KunstUrhG
Persönlichkeitsschutz in der Presse: Bildberichterstattung über ein zeitgeschichtliches Ereignis bei teilweiser Unzulässigkeit der Wortberichterstattung

Leitsatz

Die Bildberichterstattung über ein zeitgeschichtliches Ereignis kann auch zulässig sein, wenn einzelne Aussagen der Wortberichterstattung für unzulässig erklärt worden sind

Tenor

Auf die Revision der Beklagten wird das Urteil des 10. Zivilsenats des Kammergerichts vom 28. April 2008 aufgehoben.

Auf die Berufung der Beklagten werden das Urteil des Landgerichts Berlin abgeändert und die Klage abgewiesen.

Die Klägerin trägt die Kosten des Rechtsstreits.

Von Rechts wegen

Tatbestand

Die Klägerin macht gegen die Beklagte, welche die Zeitschrift "Revue" verlegt, Unterlassungsansprüche wegen einer Bildberichterstattung in der Zeitschrift "Revue" Nr. 42/06 vom 12. Oktober 2006 geltend, in der über eine Auftaktveranstaltung zu einer Ausstellung mit Bildern des Malers und Fotografen Yves Klein im

Pariser Centre Pompidou und über die Beziehung der zu dieser Veranstaltung erschienenen Klägerin zu ihrem Begleiter, Herrn W., berichtet wird. Das Inhaltsverzeichnis ist bebildert mit einem auf dem Rosenball 2006 entstandenen Portraitfoto der Klägerin; der Artikel zeigt ein Foto, das sie mit Herrn W. bei einem Gala-Diner im Centre Pompidou anlässlich einer Ausstellung zeigt, und ein Foto, das im Jahre 2005 anlässlich der Amtseinführung von Prinz Albert von Monaco aufgenommen wurde.

Das erste Bild ist mit einer Bildnebenschrift versehen: "Prinzessin Charlotte im Himmel der ersten Liebe. Sie ist wunderschön. Zarte 20 Jahre. Bei einem Gala-Dinner in Paris verzauberte sie mit ihrem Freund F. W. die Gesellschaft. Wer der Mann ist, der die Tochter von Prinzessin Caroline so glücklich macht".

Das zweite Bild trägt die Überschrift: "Charlotte im Himmel der Liebe" und den Begleittext: "Ein zartes Glück. F. W. ist seit zwei Jahren an Charlottes Seite. Wer ist der junge Mann, der so gut zur Tochter von Prinzessin Caroline passt?" und den Bildnebentext: "Sie haben nur Augen für sich. F. W. und Charlotte beim Gala-Diner im Pariser Centre Pompidou. Er redet, sie hört aufmerksam zu".

Das dritte Foto ist mit der Bildinnenschrift versehen: "So schön wie Mama: Charlotte mit ihrer Mutter Prinzessin Caroline und ihrem Bruder Andrea beim Fest in Monaco zu Alberts Amtseinführung am 12. Juli 2005".

Die Wortberichterstattung wird im vorliegenden Rechtsstreit nicht beanstandet. Sie ist jedoch in einem anderen Prozess zwischen denselben Parteien, den die Beklagte rechtskräftig werden ließ, teilweise untersagt worden, allerdings nicht, soweit sie sich mit dem Ereignis selbst, der Auftaktveranstaltung zu einer Ausstellung mit Bildern des Malers und Fotografen Yves Klein im Pariser Centre Pompidou befasste. Die Stiftung Claude Pompidou hatte aus diesem Anlass zum Gala-Diner geladen. Der Artikel erwähnt einige der dort erschienen Prominenten, befasst sich aber hauptsächlich mit der Klägerin und ihrem Begleiter F. W., der seit Sommer 2004 an ihrer Seite gesehen werde und sie auch zum letzten Rosenball begleitet habe.

Das Landgericht hat die Beklagte antragsgemäß verurteilt, es zu unterlassen, "im Zusammenhang mit einer Berichterstattung, die sich um eine Liebesbeziehung der Klägerin dreht", die zuvor bezeichneten Bilder erneut zu veröffentlichen. Die hiergegen gerichtete Berufung der Beklagten hat das Kammergericht mit der Maßgabe zurückgewiesen, dass der Unterlassungstenor dahin laute, es zu unterlassen, "im Rahmen einer Berichterstattung wie in Revue Nr. 42/06, S. 4, 16, 17 die folgend beschriebenen Bilder erneut zu veröffentlichen". In den Entscheidungsgründen heißt es hierzu, die gewählte Tenorierung solle klarstellen, dass die Veröffentlichung der streitgegenständlichen Bilder in "kerngleichem" Berichtzusammenhang verboten werde.

Mit der vom erkennenden Senat zugelassenen Revision verfolgt die Beklagte ihr Klageabweisungsbegehren weiter.

Entscheidungsgründe

I. Das Berufungsgericht ist der Auffassung, dass die Veröffentlichung der drei Fotos das Recht der Klägerin am eigenen Bild verletze. Es sei bereits fraglich, ob allein die Teilnahme der Klägerin an (unterstellt) zeitgeschichtlichen Ereignissen die konkrete Einwilligung in eine Veröffentlichung dort entstandener Bildnisse im Rahmen eines Berichts über das Ereignis der Zeitgeschichte beinhalte. Jedenfalls liege keine stillschweigend erteilte Zustimmung zur Veröffentlichung in anderem Zusammenhang vor. Eine Einwilligung sei nicht deshalb entbehrlich, weil es sich um Bildnisse aus dem Bereich der Zeitgeschichte handele. Keines der Fotos enthalte eine Aussage über ein zeitgeschichtliches Ereignis. Es sei deshalb auf die begleitende Wortberichterstattung abzustellen. Beschränke sich der die Bildveröffentlichung begleitende Wortbeitrag allein darauf, irgendeinen Anlass für die Abbildung einer in der Öffentlichkeit bekannten Person zu schaffen, so lasse die Berichterstattung einen Beitrag zur öffentlichen Meinungsbildung nicht erkennen. In einem solchen Fall müsse das Informationsinteresse hinter dem Schutz des Persönlichkeitsrechts des Abgebildeten zurücktreten. So verhalte es sich hinsichtlich der drei Bildveröffentlichungen. Soweit das Portraitfoto der Klägerin eine Aufnahme des sechs Monate zurückliegenden Rosenballs wiedergebe, sei bereits die Aktualität fraglich. Zum anderen werde der Rosenball nur als Anlass genommen, um die angebliche Liebesbeziehung der Klägerin zu F. W. zu thematisieren. Diese Erwägung führe auch zur Rechtswidrigkeit der Veröffentlichung des großen Bildnisses, das anlässlich des Gala-Diners aufgenommen worden sei. Entsprechendes gelte für das dritte Foto des Berichts. Die Klägerin habe sich auch nicht derart der Presse geöffnet, dass ein von ihr selbst erzeugtes öffentliches Informationsinteresse Vorrang vor dem Interesse am Schutz ihrer Privatsphäre genießen könne. Der Unterlassungsanspruch sei mit Rücksicht auf die Rechtsprechung des Bundesgerichtshofs (BGHZ 174, 262) zu tenorieren, wobei die gewählte Tenorierung klarstellen solle, dass die Veröffentlichung der streitgegenständlichen Bilder in "kerngleichem" Berichtzusammenhang verboten werde.

II. Das Urteil des Berufungsgerichts hält revisionsrechtlicher Nachprüfung nicht stand.

1. Entgegen der Auffassung des Berufungsgerichts stehen der Klägerin die geltend gemachten Unterlassungsansprüche entsprechend §§ 1004 Abs. 1 Satz 2, 823 Abs. 1, Abs. 2 BGB i.V.m. §§ 22, 23 KUG, Artt. 1 Abs. 1, 2 Abs. 1 GG nicht zu.

a) Die Zulässigkeit von Bildveröffentlichungen ist nach dem abgestuften Schutzkonzept der §§ 22, 23 KUG zu beurteilen (vgl. Senatsurteile BGHZ 171, 275; vom

457

19. Juni 2007 - VI ZR 12/06 - VersR 2007, 1135; vom 3. Juli 2007 - VI ZR 164/06 - VersR 2007, 1283; vom 24. Juni 2008 - VI ZR 156/06 - VersR 2008, 1268; vom 1. Juli 2008 - VI ZR 67/08 - VersR 2008, 1411 und - VI ZR 243/06 - VersR 2008, 1506; vom 14. Oktober 2008 - VI ZR 256/06 - VersR 2009, 76 und - VI ZR 272/06 - VersR 2009, 78 sowie - VI ZR 271/06 - und - VI ZR 260/06 -, beide z.V.b.; vom 28. Oktober 2008 - VI ZR 307/07 - GRUR 2009, 150 und vom 10. März 2009 - VI ZR 261/07 - VersR 2009, 843), das sowohl mit verfassungsrechtlichen Vorgaben (vgl. BVerfGE 120, 180 ff.) als auch mit der Rechtsprechung des Europäischen Gerichtshofs für Menschenrechte im Einklang steht (vgl. EGMR, NJW 2004, 2647 und NJW 2006, 591). Nicht zu beanstanden ist der Ausgangspunkt des Berufungsurteils, die Klägerin habe nicht bereits durch die Teilnahme an den Ereignissen in die erfolgte Veröffentlichung der Aufnahmen eingewilligt (vgl. § 22 KUG). Zulässig war diese daher nur, wenn es sich um Bildnisse aus dem Bereich der Zeitgeschichte handelte (§ 23 Abs. 1 Nr. 1 KUG) und die Veröffentlichung berechtigte Interessen der Klägerin nicht verletzte (§ 23 Abs. 2 KUG).

aa) Schon die Beurteilung, ob Bildnisse aus dem Bereich der Zeitgeschichte i.S.v. § 23 Abs. 1 Nr. 1 KUG vorliegen, erfordert eine Abwägung zwischen den Rechten des Abgebildeten aus Art. 1 Abs. 1, 2 Abs. 1 GG, Art. 8 Abs. 1 EMRK einerseits und den Rechten der Presse aus Art. 5 Abs. 1 GG, Art. 10 Abs. 1 EMRK andererseits. Der für die Frage, ob es sich um ein Bildnis aus dem Bereich der Zeitgeschichte handelt, maßgebende Begriff des Zeitgeschehens umfasst alle Fragen von allgemeinem gesellschaftlichem Interesse. Ein Informationsinteresse besteht allerdings nicht schrankenlos, vielmehr wird der Einbruch in die persönliche Sphäre des Abgebildeten durch den Grundsatz der Verhältnismäßigkeit begrenzt (auch hierzu Senatsurteile vom 1. Juli 2008 - VI ZR 67/08 - aaO, S. 1412 und - VI ZR 243/06 - aaO, S. 1506 f., jeweils m.w.N.).

bb) Zum Kern der Pressefreiheit gehört es, dass die Medien im Grundsatz nach ihren eigenen publizistischen Kriterien entscheiden können, was sie des öffentlichen Interesses für wert halten und was nicht (vgl. Senatsurteil vom 1. Juli 2008 - VI ZR 67/08 - aaO m.w.N.; BVerfGE 87, 181, 201; 95, 220, 234; 97, 228, 257; 101, 361, 389; 120, 180, 197, 205; BVerfG, NJW 2000, 1859, 1860; NJW 2008, 1793, 1794). Die grundrechtliche Gewährleistung umfasst auch die Abbildung von Personen (vgl. etwa Senatsurteil vom 28. Oktober 2008 - VI ZR 307/07 - aaO, S. 151 m.w.N.; BVerfGE 120, 180, 197). Auch unterhaltende Beiträge, etwa über das Privat- oder Alltagsleben prominenter Personen, nehmen grundsätzlich an diesem Schutz teil (vgl. etwa Senatsurteil vom 14. Oktober 2008 - VI ZR 272/06 - VersR 2009, 78, 79; BVerfGE 35, 202, 222 f.; 59, 231, 258; 101, 361, 389 f.; 120, 180, 197, 204; BVerfG, NJW 2000, 1859, 1860 f.), ohne dass dieser von der Eigenart oder dem Niveau der Berichterstattung abhängt (vgl. BVerfGE 35, 202, 222 f.; 66, 116, 134; 120, 180, 196 f.). Gerade prominente Personen können der Allgemeinheit Möglichkeiten der Orientierung bei eigenen Lebensentwürfen bieten sowie Leitbild- oder Kontrastfunktionen erfüllen. Auch die Normalität ihres Alltagslebens kann der Meinungsbildung zu Fragen von allgemeinem Interesse dienen (vgl.

etwa Senatsurteile vom 1. Juli 2008 - VI ZR 67/08 - aaO, S. 1413 und - VI ZR 243/06 - aaO, S. 1507 f.; vom 14. Oktober 2008 - VI ZR 272/06 - aaO; BVerfGE 101, 361, 390; 120, 180, 204).

cc) Allerdings bedarf es gerade bei unterhaltenden Inhalten in besonderem Maß einer abwägenden Berücksichtigung der kollidierenden Rechtspositionen (vgl. Senatsurteil vom 1. Juli 2008 - VI ZR 243/06 - aaO, S. 1508; BVerfGE 120, 180, 205). Die Belange der Medien sind dabei in einen möglichst schonenden Ausgleich zum Persönlichkeitsschutz des von einer Berichterstattung Betroffenen zu bringen, insbesondere zum Schutz des Kernbereichs der Privatsphäre (vgl. Senatsurteile BGHZ 131, 332, 337 f. und vom 9. Dezember 2003 - VI ZR 373/02 - VersR 2004, 522, 523), der in Form der Gewährleistung des Rechts am eigenen Bild sowie der Garantie der Privatsphäre teilweise auch verfassungsrechtlich fundiert ist (vgl. BVerfGE 101, 361, 381 ff.; 120, 180, 214). Für die Abwägung ist von maßgeblicher Bedeutung, ob die Medien im konkreten Fall eine Angelegenheit von öffentlichem Interesse ernsthaft und sachbezogen erörtern, damit den Informationsanspruch des Publikums erfüllen und zur Bildung der öffentlichen Meinung beitragen oder ob sie - ohne Bezug zu einem zeitgeschichtlichen Ereignis - lediglich die Neugier der Leser oder Zuschauer nach privaten Angelegenheiten prominenter Personen befriedigen (vgl. Senatsurteil vom 1. Juli 2008 - VI ZR 243/06 - aaO, S. 1508; BVerfGE 34, 269, 283; 101, 361, 391; 120, 180, 205, 214; BVerfG, NJW 2006, 3406, 3407). Der Informationsgehalt einer Bildberichterstattung ist im Gesamtkontext, in den das Personenbildnis gestellt ist, zu ermitteln, insbesondere unter Berücksichtigung der zugehörigen Textberichterstattung.

b) Nach diesen Maßstäben kann der Auffassung des Berufungsgerichts, die angegriffene Bildberichterstattung sei wegen der fehlenden Einwilligung der Klägerin unzulässig, nicht gefolgt werden.

aa) Entgegen der Auffassung des Berufungsgerichts handelt es sich bei den beanstandeten Fotos um Bildnisse aus dem Bereich der Zeitgeschichte (§ 23 Abs. 1 Nr. 1 KUG). Der dafür maßgebende Begriff des Zeitgeschehens umfasst alle Fragen von allgemeinem gesellschaftlichem Interesse. Dazu gehören auch gesellschaftliche Ereignisse wie die Amtseinführung von Prinz Albert, der Rosenball in Monaco und das Gala-Diner der Stiftung Claude Pompidou anlässlich der Ausstellung eines bekannten Künstlers im Pariser Centre Pompidou.

bb) Entgegen der Auffassung des Berufungsgerichts beschränkt sich der Informationsgehalt der Bildberichterstattung nicht auf die Darstellung der angeblichen Liebesbeziehung zwischen der Klägerin und Herrn W. Gegenstand der Bildberichterstattung ist vielmehr auch die Auftaktveranstaltung zu einer Ausstellung mit Bildern des Malers und Fotografen Yves Klein im Pariser Centre Pompidou, zu der die Stiftung Claude Pompidou geladen hatte und bei der eine Vielzahl bekannter Persönlichkeiten, u.a. die Klägerin in Begleitung von Herrn W., erschienen waren. Es entspricht der gefestigten Rechtsprechung des Senats und des Bundes-verfassungsgerichts (vgl. etwa Senatsurteile BGHZ 180, 114 und vom 1. Juli 2008 - VI ZR 67/08 - aaO; BVerfGE 120, 180, 196 ff.), dass die Presse bei Auftritten "prominenter Personen" bei zeitgeschichtlichen Ereignissen grundsätzlich nicht nur über das Ereignis selbst, sondern auch darüber berichten darf, welche Personen dort erschienen sind und in wessen Begleitung sie sich dabei befunden haben. Das zeitgeschichtliche gesellschaftliche Ereignis beinhaltet dann neben der Anwesen-heit der betreffenden Personen auch ihr gemeinsames Erscheinen.

cc) Nach diesen Grundsätzen begegnet die Bebilderung der Berichterstattung über das Gala-Diner mit einem dort aufgenommenen und insoweit kontextbezogenen Bild der Klägerin mit Herrn W. keinen rechtlichen Bedenken. Wenn die Klägerin bei offiziellen gesellschaftlichen Anlässen mehrfach in Begleitung von Herrn W. auftritt, ist es der Presse im Hinblick auf den Bekanntheitsgrad der Klägerin und ihrer Familie nicht verwehrt, eine Berichterstattung über das zeitgeschichtliche Ereignis mit entsprechenden Bildern zu illustrieren. Der Zulässigkeit steht inso-weit auch nicht entgegen, dass die Beklagte in einem anderen Rechtsstreit rechts-kräftig zur Unterlassung einzelner Aussagen der zugehörigen Wortberichterstat-tung über die persönlichen Verhältnisse der Klägerin verurteilt worden ist. Denn diese Verurteilung betrifft nicht die Berichterstattung über das Ereignis als solches und die dabei erschienenen Personen.

Entsprechendes gilt auch hinsichtlich des Fotos, das beim Rosenball aufgenom-men worden ist. Es spielt dabei - entgegen der Auffassung des Berufungsgerichts - keine Rolle, dass der Rosenball zum Zeitpunkt des Erscheinens des Artikels in der Zeitschrift der Beklagten bereits ca. sechs Monate zurücklag. Bei dem Bild handelt es sich um ein kontextneutrales Foto von der Klägerin, das ebenfalls bei einem offiziellen Ereignis aufgenommen worden ist, und dessen Veröffentlichung im Zusammenhang mit ihrem Auftreten beim Gala-Diner im Centre Pompidou rechtlich unbedenklich ist.

Dementsprechend ist es auch rechtlich nicht zu beanstanden, dass die Beklagte in diesem Zusammenhang das kontextneutrale Foto von der Klägerin verwendet hat, das bei der Amtseinführung Prinz Alberts von Monaco aufgenommen worden ist. Dadurch wird keine zusätzliche Beeinträchtigung des Persönlichkeitsrechts der Klägerin bewirkt.

dd) Der Streitfall ist insoweit anders gelagert als der Fall, welcher dem Senatsurteil vom 17. Februar 2009 - VI ZR 75/08 - (VersR 2009, 841) zugrunde lag. Dort wurden die Bilder über die neue Beziehung der dortigen Klägerin nicht bei öffent-lichen Auftritten auf gesellschaftlichen Veranstaltungen gefertigt, sondern heim-lich in erkennbar privaten Situationen.

c) Da das Berufungsurteil bereits mangels Bestehens eines Anspruchs auf Unterlassung erneuter Verbreitung der Fotos keinen Bestand hat, kommt es im Ergebnis nicht mehr darauf an, dass die Ausführungen des Berufungsgerichts zur vorbeugenden Unterlassungsklage gegen "kerngleiche" Verletzungshandlungen nicht der Rechtsprechung des erkennenden Senats (vgl. Senatsurteile BGHZ 174, 262, 266 und vom 23. Juni 2009 - VI ZR 232/08 - VersR 2009, 1272) entsprechen dürfte.

Entscheidungsdatum: 20.04.2010
Aktenzeichen: VI ZR 245/08
Normen: Art 1 Abs 1 GG, Art 2 Abs 1 GG, Art 5 Abs 1 GG, § 823 Abs 1 BGB, § 1004 Abs 1 S 2 BGB
Persönlichkeitsrechtsverletzung: Bereithalten von Teasern mit Hinweis auf eine Straftat unter Nennung des Namens des Straftäters

Leitsatz

Zur Zulässigkeit des Bereithaltens von sogenannten Teasern zum Abruf im Internet, in denen ein verurteilter Straftäter namentlich genannt wird und durch die auf im "Archiv" enthaltene und nur Nutzern mit besonderer Zugangsberechtigung zugängliche Beiträge aufmerksam gemacht wird.

Tenor

Auf die Rechtsmittel der Beklagten werden das Urteil des 7. Zivilsenats des Hanseatischen Oberlandesgerichts Hamburg vom 19. August 2008 aufgehoben und das Urteil des Landgerichts Hamburg vom 16. November 2007 abgeändert.

Die Klage wird abgewiesen.

Die Kosten des Rechtsstreits hat der Kläger zu tragen.

Von Rechts wegen

Tatbestand

Der Kläger nimmt die Beklagte auf Unterlassung der individualisierenden Berichterstattung über eine Straftat in Anspruch.

Der Kläger wurde im Jahr 1993 zusammen mit seinem Bruder wegen Mordes an dem bekannten Schauspieler Walter Sedlmayr zu einer lebenslangen Freiheitsstrafe verurteilt. Die Tat hatte erhebliches Aufsehen erregt. Der Kläger stellte mehrfach, zuletzt im Jahr 2004, Anträge auf Wiederaufnahme des Verfahrens, vor deren Verwerfung er sich an die Presse wandte. Im Januar 2008 wurde der Kläger auf Bewährung aus der Strafhaft entlassen. Die Beklagte betreibt das Internetportal www.morgenweb.de. Dort hielt sie in der Rubrik "Archiv" sogenannte Teaser zum freien Abruf durch die Öffentlichkeit bereit, durch die sie auf im "Archiv" enthaltene und nur Nutzern mit besonderer Zugangsberechtigung zugängliche Beiträge aufmerksam machte. In einem bis ins Jahr 2007 abrufbaren Teaser, der auf eine Meldung vom 22. Mai 2001 hinwies, hieß es unter voller Namensnennung der Betroffenen:

"Das Verfahren gegen die beiden verurteilten Mörder des Volksschauspielers Walter Sedlmayr wird vorerst nicht wieder aufgerollt. Das Landgericht Augsburg habe einen Antrag der Brüder W. und L. auf Wiederaufnahme abgelehnt, berichteten gestern ihre Anwälte. Sie legten gegen die Entscheidung sofortige Beschwerde beim Oberlandesgericht in München ein".

Der Kläger sieht in dem Bereithalten des seinen Namen enthaltenden Teasers zum Abruf im Internet eine Verletzung seines allgemeinen Persönlichkeitsrechts. Mit der Klage verlangt er von der Beklagten, es zu unterlassen, über ihn im Zusammenhang mit der Tat unter voller Namensnennung zu berichten. Die Klage hatte in beiden Vorinstanzen Erfolg. Mit der vom Berufungsgericht zugelassenen Revision verfolgt die Beklagte ihren Antrag auf Klageabweisung weiter.

Entscheidungsgründe

I. Das Berufungsgericht hat ausgeführt, dem Kläger stehe gegen die Beklagte ein Unterlassungsanspruch aus §§ 823 Abs. 1, 1004 Abs. 1 BGB analog i.V.m. Artt. 1 Abs. 1, 2 Abs. 1 GG zu, weil die Verbreitung der den Kläger identifizierenden Meldung diesen in seinem allgemeinen Persönlichkeitsrecht verletze. Im Jahr 2007, als die Meldung noch verbreitet worden sei, habe sich der Kläger kurz vor der Entlassung aus der Strafhaft unter Aussetzung des Strafrestes zur Bewährung befunden, weshalb eine Konstellation gegeben gewesen sei, wie sie der Entscheidung des Bundesverfassungsgerichts vom 5. Juni 1973 (BVerfGE 35, 202 ff. - Lebach I) zugrunde gelegen habe. Das im Hinblick auf seine bevorstehende Wiedereingliederung in die Gesellschaft besonders schutzwürdige Interesse des Klägers, nicht weiterhin öffentlich mit der Tat konfrontiert zu werden, überwiege das Interesse der Beklagten an der weiteren Verbreitung der Meldung umso mehr, als die Einschränkungen, die dem Verbreiter solcher Meldungen auferlegt würden, denkbar gering seien. Diesem werde nämlich nicht die Berichterstattung über die Tat, sondern nur die Nennung der Namen der Täter untersagt.

Der Umstand, dass - wie auch im Streitfall - Meldungen im Internet häufig dauerhaft abrufbar gehalten würden und als ältere Meldungen erkennbar seien, rechtfertige keine andere Beurteilung. Es mache keinen Unterschied, ob die Identität des Betroffenen in einer neuen oder in einer älteren Meldung preisgegeben werde. Es komme auch nicht darauf an, ob die beanstandete Meldung mittels Suchmaschinen oder Querverweisen über ein auf die Tat bezogenes Schlagwort oder über den Namen des Täters auffindbar sei. Auch der Umstand, dass über das Internet verbreiteten Meldungen in der Regel noch ein geringerer Verbreitungsgrad zukomme als Meldungen, die über die Tagespresse, Rundfunk oder Fernsehen verbreitet würden, lasse nicht die Anlegung anderer als der vom Bundesverfassungsgericht für die Massenmedien entwickelten Maßstäbe zu.

Die Beklagte sei hinsichtlich der Rechtsbeeinträchtigung auch Störer. Ihre Störereigenschaft könne insbesondere nicht im Hinblick darauf verneint werden, dass es sich bei dem Teil des Internetauftritts, in dem die beanstandete Meldung zum Abruf bereitgehalten worden sei, um ein privilegiertes Internetarchiv handle. Denn eine über das Internet allgemein zugängliche, in die Rubrik "Archiv" eingestellte Äußerung werde ebenso verbreitet wie jede andere Äußerung auch. Der Rubrik, in der die beanstandete Meldung zum Abruf bereitgehalten werde, komme auch unter dem Gesichtspunkt der Zumutbarkeit einer Kontrolle über den eigenen Internetauftritt keine Bedeutung zu. Ferner sei unerheblich, ob bereits die erstmalige Veröffentlichung der beanstandeten Inhalte rechtswidrig oder ob die Verbreitung der Meldung ursprünglich rechtmäßig gewesen sei.

II. Diese Erwägungen halten einer revisionsrechtlichen Überprüfung nicht stand. Dem Kläger steht kein Unterlassungsanspruch gegen die Beklagte gemäß den §§ 823 Abs. 1, 1004 Abs. 1 Satz 2 BGB analog i.V.m. Artt. 1 Abs. 1, 2 Abs. 1 GG zu.

1. Die Klage ist zulässig. Der Klageantrag ist dahingehend auszulegen, dass der Beklagten untersagt werden soll, auf ihrer Internetseite den angegriffenen, auf ältere Veröffentlichungen hinweisenden Teaser zum Abruf bereit zu halten, in dem im Zusammenhang mit dem Mord an Walter Sedlmayr der Name des Klägers genannt wird. Der Klageantrag ist dagegen nicht auf Unterlassung jedweder künftiger Berichterstattung gerichtet. Dies ergibt sich zweifelsfrei aus der Klagebegründung, die zur Ermittlung des Klagebegehrens heranzuziehen ist (vgl. Senatsurteil vom 26. Mai 2009 - VI ZR 174/08 - VersR 2009, 1269, 1271 m.w.N.; BGHZ 173, 188, Rn. 17 jeweils m.w.N.). Der Kläger hat schriftsätzlich deutlich gemacht, dass er sich lediglich gegen das weitere Vorhalten ihn identifizierender Meldungen in Form von auf ältere Veröffentlichungen hinweisenden Teasern wie des konkret angegriffenen zum Abruf im Internet wendet. In diesem Sinne haben auch die Vorinstanzen das Begehren des Klägers verstanden. Dieses Verständnis hat der Kläger auch in Revisionserwiderung bestätigt.

2. Die Klage ist aber nicht begründet.

a) Das Berufungsgericht hat allerdings mit Recht angenommen, dass das Bereithalten der den Kläger namentlich als wegen Mordes Verurteilten bezeichnenden

Meldung zum Abruf im Internet einen Eingriff in das allgemeine Persönlichkeitsrecht des Klägers darstellt. Denn die Berichterstattung über eine Straftat unter Nennung des Namens des Straftäters beeinträchtigt zwangsläufig dessen Recht auf Schutz seiner Persönlichkeit und Achtung seines Privatlebens, weil sie sein Fehlverhalten öffentlich bekannt macht und seine Person in den Augen der Adressaten von vornherein negativ qualifiziert (vgl. Senatsurteile BGHZ 143, 199, 202 f.; 178, 213 Rn. 33; vom 15. November 2005 - VI ZR 286/04 - VersR 2006, 274; vom 15. Dezember 2009 - VI ZR 227/08 - VersR 2010, 359; vom 9. Februar 2010 - VI ZR 243/08 - z.V.b. in BGHZ; BVerfGE 35, 202, 226; BVerfG NJW 2006, 2835; AfP 2009, 365 Rn. 15). Dies gilt nicht nur bei aktiver Informationsübermittlung durch die Medien, wie es im Rahmen der herkömmlichen Berichterstattung in Tagespresse, Rundfunk oder Fernsehen geschieht, sondern auch dann, wenn - wie im Streitfall - den Täter identifizierende Inhalte lediglich auf einer passiven Darstellungsplattform im Internet zum Abruf bereitgehalten werden (vgl. BVerfG AfP 2009, 365 Rn. 17). Diese Inhalte sind nämlich grundsätzlich jedem interessierten Internetnutzer zugänglich (vgl. Senatsurteile vom 15. Dezember 2009 - VI ZR 227/08 - aaO; vom 9. Februar 2010 - VI ZR 243/08 - z.V.b.; Verweyen/Schulz, AfP 2008, 133, 137).

b) Im Ausgangspunkt zutreffend hat es das Berufungsgericht auch für geboten erachtet, über den Unterlassungsantrag aufgrund einer Abwägung des Rechts des Klägers auf Schutz seiner Persönlichkeit und Achtung seines Privatlebens aus Artt. 1 Abs. 1, 2 Abs. 1 GG, Art. 8 Abs. 1 EMRK mit dem in Art. 5 Abs. 1 GG, Art. 10 EMRK verankerten Recht der Beklagten auf Meinungs- und Medienfreiheit zu entscheiden. Denn wegen der Eigenart des Persönlichkeitsrechts als eines Rahmenrechts liegt seine Reichweite nicht absolut fest, sondern muss erst durch eine Abwägung der widerstreitenden grundrechtlich geschützten Belange bestimmt werden, bei der die besonderen Umstände des Einzelfalles sowie die betroffenen Grundrechte und Gewährleistungen der Europäischen Menschenrechtskonvention interpretationsleitend zu berücksichtigen sind (vgl. Senatsurteile vom 9. Dezember 2003 - VI ZR 373/02 - VersR 2004, 522, 523; vom 11. März 2008 - VI ZR 189/06 - VersR 2008, 695 Rn. 13; vom 11. März 2008 - VI ZR 7/07 - VersR 2008, 793 Rn. 12; vom 3. Februar 2009 - VI ZR 36/07 - VersR 2009, 555 Rn. 17; vom 22. September 2009 - VI ZR 19/08 - VersR 2009, 1545 Rn. 16; BVerfGE 114, 339, 348 m.w.N.; 120, 180, 200 f.; AfP 2009, 365 Rn. 17; AfP 2009, 480 Rn. 61). Der Eingriff in das Persönlichkeitsrecht ist nur dann rechtswidrig, wenn das Schutzinteresse des Betroffenen die schutzwürdigen Belange der anderen Seite überwiegt (vgl. Senatsurteile vom 21. Juni 2005 - VI ZR 122/04 - VersR 2005, 1403, 1404; vom 17. November 2009 - VI ZR 226/08 - VersR 2010, 220 m.w.N; vom 15. Dezember 2009 - VI ZR 227/08 - aaO; vom 9. Februar 2010 - VI ZR 243/08 - z.V.b.).

c) Rechtsfehlerhaft hat das Berufungsgericht jedoch angenommen, dass das allgemeine Persönlichkeitsrecht des Klägers durch das Bereithalten der beanstandeten Inhalte zum Abruf im Internet in rechtswidriger Weise verletzt worden sei. Das

Berufungsgericht hat die besonderen Umstände des Streitfalles nicht ausreichend berücksichtigt und das von der Beklagten verfolgte Informationsinteresse der Öffentlichkeit und ihr Recht auf freie Meinungsäußerung mit einem zu geringen Gewicht in die Abwägung eingestellt.

aa) In der Rechtsprechung des Bundesverfassungsgerichts sind verschiedene Kriterien entwickelt worden, die Leitlinien für den konkreten Abwägungsvorgang vorgeben (vgl. BVerfG, AfP 2009, 365 Rn. 17; AfP 2009, 480 Rn. 61 f., jeweils m.w.N.). Danach müssen wahre Tatsachenbehauptungen in der Regel hingenommen werden, auch wenn sie nachteilig für den Betroffenen sind, unwahre dagegen nicht. Allerdings kann auch eine wahre Darstellung das Persönlichkeitsrecht des Betroffenen verletzen, wenn sie einen Persönlichkeitsschaden anzurichten droht, der außer Verhältnis zu dem Interesse an der Verbreitung der Wahrheit steht. Dies kann insbesondere dann der Fall sein, wenn die Aussagen geeignet sind, eine erhebliche Breitenwirkung zu entfalten und eine besondere Stigmatisierung des Betroffenen nach sich zu ziehen, so dass sie zum Anknüpfungspunkt für eine soziale Ausgrenzung und Isolierung zu werden drohen (vgl. BVerfGE 97, 391, 404 f.; BVerfG AfP 2009, 365 Rn. 17).

Geht es um eine Berichterstattung über eine Straftat, so ist zu berücksichtigen, dass eine solche Tat zum Zeitgeschehen gehört, dessen Vermittlung Aufgabe der Medien ist. Die Verletzung der Rechtsordnung und die Beeinträchtigung individueller Rechtsgüter, die Sympathie mit den Opfern, die Furcht vor Wiederholungen solcher Straftaten und das Bestreben, dem vorzubeugen, begründen grundsätzlich ein anzuerkennendes Interesse der Öffentlichkeit an näherer Information über Tat und Täter. Dieses wird umso stärker sein, je mehr sich die Tat in Begehungsweise und Schwere von der gewöhnlichen Kriminalität abhebt. Bei schweren Gewaltverbrechen ist in der Regel ein über bloße Neugier und Sensationslust hinausgehendes Interesse an näherer Information über die Tat und ihren Hergang, über die Person des Täters und seine Motive sowie über die Strafverfolgung anzuerkennen (vgl. BVerfGE 35, 202, 231; BVerfG AfP 2009, 365 Rn. 18; vgl. auch Senatsurteil BGHZ 143, 199, 204).

Bei der Abwägung des Informationsinteresses der Öffentlichkeit an einer Berichterstattung mit der damit zwangsläufig verbundenen Beeinträchtigung des Persönlichkeitsrechts des Täters verdient für die aktuelle Berichterstattung über Straftaten das Informationsinteresse im Allgemeinen den Vorrang. Denn wer den Rechtsfrieden bricht und durch diese Tat und ihre Folgen Mitmenschen angreift oder verletzt, muss sich nicht nur den hierfür verhängten strafrechtlichen Sanktionen beugen, sondern er muss auch dulden, dass das von ihm selbst erregte Informationsinteresse der Öffentlichkeit auf den dafür üblichen Wegen befriedigt wird (vgl. BVerfGE 35, 202, 231 f.; BVerfG AfP 2009, 365 Rn. 19; vgl. auch Senatsurteile BGHZ 143, 199, 204; 178, 213 Rn. 22 f.; vom 15. November 2005 - VI ZR 286/04 - VersR 2006, 274 Rn. 14).

Mit zeitlicher Distanz zur Straftat gewinnt dagegen das Interesse des Täters, vor einer Reaktualisierung seiner Verfehlung verschont zu bleiben, zunehmende Bedeutung. Das Persönlichkeitsrecht bietet Schutz vor einer zeitlich uneingeschränkten Befassung der Medien mit der Person des Straftäters und seiner Privatsphäre (vgl. BVerfGE 35, 202, 233; BVerfG AfP 2009, 365 Rn. 21). Hat die das öffentliche Interesse veranlassende Tat mit der Verfolgung und Verurteilung die gebotene rechtliche Sanktion erfahren und ist die Öffentlichkeit hierüber hinreichend informiert worden, lassen sich wiederholte Eingriffe in das Persönlichkeitsrecht des Täters im Hinblick auf sein Interesse an der Wiedereingliederung in die Gemeinschaft nicht ohne weiteres rechtfertigen. Hiermit ist allerdings keine vollständige Immunisierung vor der ungewollten Darstellung persönlichkeitsrelevanter Geschehnisse gemeint. Das allgemeine Persönlichkeitsrecht vermittelt Straftätern keinen Anspruch darauf, in der Öffentlichkeit überhaupt nicht mehr mit ihrer Tat konfrontiert zu werden. Selbst die Verbüßung der Strafhaft führt nicht dazu, dass ein Täter den uneingeschränkten Anspruch erwirbt, mit der Tat "allein gelassen zu werden". Maßgeblich ist vielmehr stets, in welchem Ausmaß das Persönlichkeitsrecht einschließlich des Resozialisierungsinteresses des Straftäters von der Berichterstattung unter den konkreten Umständen des Einzelfalls beeinträchtigt wird (vgl. BVerfG NJW 2000, 1859, 1860; AfP 2009, 365 Rn. 21; EGMR, Urteil vom 7. Dezember 2006 - Beschwerde Nr. 35841/02, - Österreichischer Rundfunk gegen Österreich, Nr. 68, ÖJZ 2007, 472, 473, jeweils m.w.N.). Für die Intensität der Beeinträchtigung des Persönlichkeitsrechts kommt es auch auf die Art und Weise der Darstellung, insbesondere auf den Grad der Verbreitung des Mediums an. So stellt eine Fernsehberichterstattung in der Regel einen weitaus stärkeren Eingriff in die Privatsphäre des Betroffenen dar als eine Wortberichterstattung (vgl. BVerfG NJW 2000, 1859, 1860 und AfP 2009, 365 Rn. 21, jeweils m.w.N.).

bb) Nach diesen Grundsätzen hat das Interesse des Klägers am Schutz seiner Persönlichkeit und an der Achtung seines Privatlebens vorliegend hinter dem von der Beklagten verfolgten Informationsinteresse der Öffentlichkeit und ihrem Recht auf freie Meinungsäußerung zurückzutreten. Zwar kommt dem Interesse des Klägers, vor einer Reaktualisierung seiner Verfehlung verschont zu bleiben, vorliegend erhöhtes Gewicht zu. Die von ihm begangene Straftat und die Verurteilung liegen lange zurück; der Kläger ist im Januar 2008 aus der Strafhaft entlassen worden. Andererseits beeinträchtigt der beanstandete Teaser sein Persönlichkeitsrecht einschließlich seines Resozialisierungsinteresses unter den besonderen Umständen des Streitfalls nicht in erheblicher Weise. Er ist insbesondere nicht geeignet, den Kläger "ewig an den Pranger" zu stellen oder in einer Weise "an das Licht der Öffentlichkeit zu zerren", die ihn als Straftäter (wieder) neu stigmatisieren könnte.

Der Teaser enthält wahrheitsgemäße Aussagen über ein Kapitalverbrechen an einem bekannten Schauspieler, das erhebliches öffentliches Aufsehen erregt hatte. In ihm wird sachbezogen, zurückhaltend und ohne zusätzliche stigmatisierende

Umstände mitgeteilt, dass das Landgericht Augsburg den Antrag des Klägers auf Wiederaufnahme des Verfahrens verworfen und der Kläger gegen diese Entscheidung sofortige Beschwerde beim Oberlandesgericht München eingelegt habe. Die den Kläger identifizierenden Angaben in dem Teaser waren angesichts der Schwere des Verbrechens, der Bekanntheit des Opfers, des erheblichen Aufsehens, das die Tat in der Öffentlichkeit erregt hatte, und des Umstands, dass sich die Verurteilten bis weit über das Jahr 2000 hinaus unter Inanspruchnahme aller denkbaren Rechtsbehelfe um die Aufhebung ihrer Verurteilung bemühten, zum Zeitpunkt der erstmaligen Veröffentlichung unzweifelhaft zulässig.

In der Art und Weise, wie der Teaser zum Abruf bereitgehalten wurde, kam ihm eine nur geringe Breitenwirkung zu. Der Verbreitungsgrad des konkret gewählten Mediums war gering; eine Fallgestaltung, wie sie der Lebach-I-Entscheidung des Bundesverfassungsgerichts (BVerfGE 35, 202) zugrunde lag, ist nicht gegeben. Gegenstand dieser Entscheidung war eine Fernsehdokumentation zur besten Sendezeit, die zu einem intensiven Nacherleben der Straftat unter Betonung der emotionalen Komponente führte (vgl. BVerfGE 35, 202, 228 f.). Unter den damaligen Fernsehbedingungen war gerade für eine solche Sendung mit einer besonders hohen Einschaltquote zu rechnen (BVerfG aaO). Hingegen setzte eine Kenntnisnahme vom Inhalt des beanstandeten Teasers im Streitfall eine gezielte Suche voraus. Der Teaser wurde nur auf einer als passive Darstellungsplattform geschalteten Website angeboten, die typischerweise nur von solchen Nutzern zur Kenntnis genommen wird, die sich selbst aktiv informieren (vgl. BVerfG NJW 2003, 2818, 2819; NJW 2008, 1298, 1299; Feldmann, JurisPR-ITR 15/2009 Anm. 5). Er war auch nicht auf den aktuellen Seiten des Internetauftritts der Beklagten zugänglich, wo er dem Nutzer unmittelbar nach Aufruf der Homepage der Beklagten ins Auge hätte fallen können. Vielmehr war der Teaser ausweislich der Feststellungen des Landgerichts, auf die das Berufungsgericht Bezug genommen hat, nur auf den für Altmeldungen vorgesehenen Seiten des Internetauftritts der Beklagten zugänglich und für den Nutzer im Gesamtzusammenhang, insbesondere aufgrund des Inhalts und der angegebenen URL (http://www.morgenweb.de//service/archiv/artikel/401012111.html), ohne weiteres als Altmeldung erkennbar. Er war auch nicht in sonstiger Weise in einen Kontext eingebettet, der ihm den Anschein der Aktualität oder den Charakter einer erneuten Berichterstattung verlieh und die Annahme rechtfertigen würde, die Beklagte habe sich erneut bzw. zeitlich uneingeschränkt mit der Person des Straftäters befasst (vgl. dazu Hoecht, AfP 2009, 342, 346 f.; von Petersdorff-Campen, ZUM 2008, 102, 107; Feldmann, aaO; LG Düsseldorf, ZUM 2008, 156).

Zugunsten der Beklagten fällt darüber hinaus ins Gewicht, dass ein anerkennenswertes Interesse der Öffentlichkeit nicht nur an der Information über das aktuelle Zeitgeschehen, sondern auch an der Möglichkeit besteht, vergangene zeitgeschichtliche Ereignisse zu recherchieren (vgl. Senatsurteile vom 15. Dezember 2009 - VI ZR 227/08 - aaO; vom 9. Februar 2010 - VI ZR 243/08 - z.V.b.; OLG Köln, AfP 2007, 126, 127; KG, AfP 2006, 561, 563; OLG Frankfurt, ZUM 2007,

915, 917; AfP 2006, 568, 569; Hoecht, aaO, 345 ff.; Libertus, MMR 2007, 143, 148). Dementsprechend nehmen die Medien ihre Aufgabe, in Ausübung der Meinungsfreiheit die Öffentlichkeit zu informieren und an der demokratischen Willensbildung mitzuwirken, auch dadurch wahr, dass sie nicht mehr aktuelle Veröffentlichungen für interessierte Mediennutzer verfügbar halten. Ein generelles Verbot der Einsehbarkeit und Recherchierbarkeit bzw. ein Gebot der Löschung aller früheren den Straftäter identifizierenden Darstellungen in "Onlinearchiven" würde dazu führen, dass Geschichte getilgt und der Straftäter vollständig immunisiert würde (vgl. Senatsurteile vom 15. Dezember 2009 - VI ZR 227/08 - aaO; vom 9. Februar 2010 - VI ZR 243/08 - z.V.b.; Hoecht, aaO, S. 345 f.; Dreier, FS Loewenheim, 2009, S. 67, 68, 76 m.w.N.). Hierauf hat der Täter aber keinen Anspruch (vgl. BVerfG, NJW 2000, 1859, 1860; AfP 2009, 365 Rn. 21). Dies gilt insbesondere bei einem schweren Kapitalverbrechen wie im vorliegenden Fall, das in der Öffentlichkeit besondere Aufmerksamkeit erregt hat.

Weiterhin ist zu beachten, dass das vom Kläger begehrte Verbot einen abschreckenden Effekt auf den Gebrauch der Meinungs- und Pressefreiheit hätte, der den freien Informations- und Kommunikationsprozess einschnüren würde (vgl. Senatsurteile vom 15. Dezember 2009 - VI ZR 227/08 - aaO; vom 9. Februar 2010 - VI ZR 243/08 - z.V.b.; BVerfGE 93, 266, 292; 99, 185, 197; AfP 2009, 480 Rn. 62; vgl. ferner BGH, BGHZ 158, 343, 353). Die Beklagte könnte ihren verfassungsrechtlichen Auftrag, in Wahrnehmung der Meinungsfreiheit die Öffentlichkeit zu informieren, nicht vollumfänglich wahrnehmen, wenn es ihr generell verwehrt wäre, dem interessierten Nutzer den Zugriff auf frühere Veröffentlichungen zu ermöglichen. Würde auch das weitere Bereithalten als solcher erkennbarer und im Zeitpunkt der erstmaligen Veröffentlichung zulässiger Altmeldungen auf für Altmeldungen vorgesehenen Seiten zum Abruf im Internet nach Ablauf einer gewissen Zeit oder nach Veränderung der zugrunde liegenden Umstände ohne weiteres unzulässig und wäre die Beklagte verpflichtet, sämtliche archivierten Beiträge von sich aus immer wieder auf ihre Rechtmäßigkeit zu kontrollieren, würde die Meinungs- und Medienfreiheit in unzulässiger Weise eingeschränkt. Angesichts des mit einer derartigen Kontrolle verbundenen personellen und zeitlichen Aufwands bestünde die erhebliche Gefahr, dass die Beklagte entweder ganz von einer der Öffentlichkeit zugänglichen Archivierung absehen oder bereits bei der erstmaligen Veröffentlichung die Umstände ausklammern würde, die - wie vorliegend der Name des Straftäters - das weitere Vorhalten des Beitrags später rechtswidrig werden lassen könnten, an deren Mitteilung die Öffentlichkeit aber im Zeitpunkt der erstmaligen Berichterstattung ein schützenswertes Interesse hat.

d) Entgegen der Auffassung der Revisionserwiderung ist eine andere rechtliche Beurteilung auch nicht nach den Grundsätzen des Datenschutzrechts geboten. Dabei kann dahingestellt bleiben, ob der persönliche und sachliche Anwendungsbereich der Vorschriften des Bundesdatenschutzgesetzes überhaupt eröffnet ist, insbesondere ob es sich bei dem beanstandeten Bereithalten der den Namen des Klägers enthaltenden Meldung zum Abruf im Internet um ein "Verarbeiten" personenbezogener Daten im Sinne des § 3 Abs. 4 Satz 1 BDSG handelt. Denn das Bereithalten dieser Meldung unterfällt jedenfalls dem sogenannten Medienprivileg des § 57 Abs. 1 Satz 1 des Staatsvertrags für Rundfunk und Telemedien (RStV) mit der Folge, dass seine Zulässigkeit weder von einer Einwilligung des Betroffenen noch von einer ausdrücklichen gesetzlichen Ermächtigung im Sinne des § 4 BDSG abhängig ist.

aa) Gemäß § 57 Abs. 1 Satz 1 RStV gelten, soweit Unternehmen oder Hilfsunternehmen der Presse als Anbieter von Telemedien personenbezogene Daten ausschließlich zu eigenen journalistisch-redaktionellen oder literarischen Zwecken erheben, verarbeiten oder nutzen, nur die §§ 5, 7, 9 und 38a BDSG mit der Maßgabe, dass nur für Schäden gehaftet wird, die durch die Verletzung des Datengeheimnisses nach § 5 BDSG oder durch unzureichende technische oder organisatorische Maßnahmen im Sinne des § 9 BDSG eintreten. § 4 BDSG, wonach die Erhebung, Verarbeitung und Nutzung personenbezogener Daten nur zulässig sind, soweit dieses Gesetz oder eine andere Rechtsvorschrift dies erlaubt oder anordnet oder der Betroffene eingewilligt hat, kommt dagegen nicht zur Anwendung (vgl. Senatsurteil vom 9. Februar 2010 - VI ZR 243/08 - z.V.b.in BGHZ; Herb in Hahn/Vesting, Rundfunkrecht, 2. Aufl., § 57 RStV Rn. 6 f., 15 f.; Keber in Schwartmann, Praxishandbuch Medien-, IT- und Urheberrecht, 16. Abschnitt, Rn. 25, 27; Bergmann/Möhrle/Herb, Datenschutzrecht, § 41 BDSG Rn. 6, 10a; vgl. zu § 41 BDSG: Gola/Schomerus, BDSG, 9. Aufl., § 41 Rn. 2). Das in § 57 Abs. 1 Satz 1 RStV angeordnete Medienprivileg ist Ausfluss der in Art. 5 Abs. 1 Satz 2 GG verankerten Medienfreiheit. Ohne die Erhebung, Verarbeitung und Nutzung personenbezogener Daten auch ohne Einwilligung der jeweils Betroffenen wäre journalistische Arbeit nicht möglich; die Presse könnte ihre in Art. 5 Abs. 1 Satz 2 GG, Art. 10 Abs. 1 Satz 2 EMRK, Art. 11 Abs. 1 Satz 1 der Charta der Grundrechte der Europäischen Union zuerkannten und garantierten Aufgaben nicht wahrnehmen (vgl. Senatsurteile BGHZ 181, 328 Rn. 20; vom 15. Dezember 2009 - VI ZR 227/08 - aaO; vom 9. Februar 2010 - VI ZR 243/08 - z.V.b.; Waldenberger in Spindler/Schuster, Recht der elektronischen Medien, Presserecht Rn. 118 ff., 140; Keber in Schwartmann, aaO; Bergmann/Möhrle/Herb, aaO, Rn. 6 ff.; Dörr, ZUM 2004, 536, 540 f.; vgl. auch Art. 9 sowie Erwägungsgründe 17 und 37 der Richtlinie 95/46/EG des Europäischen Parlaments und des Rates vom 24. Oktober 1995 zum Schutz natürlicher Personen bei der Verarbeitung personenbezogener Daten und zum freien Datenverkehr, ABl. L 281, S. 31; EuGH, Urteile vom 6. November 2003 - Rs. C-101/01 - Lindqvist gegen Schweden - ZUM-RD 2004, 107 Rn. 90; vom 16. Dezember 2008 - Rs. C-73/07 - Tietosuojavaltuutettu gegen Satakunnan Markkinapörssi Oy - EuGRZ 2009, 23 ff.; Schlussanträge der Generalanwältin Kokott vom 8. Mai 2008 in der Rechtssache C-73/07 - zitiert nach Juris, Rn. 37, 39, 66 ff., 81 f.).

bb) Die Voraussetzungen einer datenschutzrechtlichen Privilegierung gemäß § 57

Abs. 1 Satz 1 RStV sind vorliegend erfüllt. Die Beklagte als Anbieterin von Telemedien hat die den Namen des Klägers enthaltende Meldung ausschließlich zu eigenen journalistisch-redaktionellen Zwecken in ihren Internetauftritt eingestellt und zum Abruf im Internet bereitgehalten.

(1) Daten werden dann zu journalistisch-redaktionellen Zwecken verarbeitet, wenn die Zielrichtung in einer Veröffentlichung für einen unbestimmten Personenkreis besteht (vgl. Herb in Hahn/Vesting, aaO, Rn. 13; Bergmann/Möhrle/Herb, aaO, Rn. 23). Es muss die Absicht einer Berichterstattung im Sinne des Art. 5 Abs. 1 Satz 2 GG - worunter auch die Meinungsäußerung fällt (vgl. BVerfGE 60, 53, 63 f.; Maunz/Dürig/Herzog, GG, Art. 5 Abs. 1 Rn. 201 f.) - gegeben sein (vgl. Bergmann/Möhrle/Herb, aaO, Rn. 26; Schmittmann in Schwartmann, aaO, 1. Teil, 6. Abschnitt Rn. 26 ff.). Denn nur die Tätigkeiten, die der Erfüllung der Aufgaben einer funktional verstandenen Presse bzw. des Rundfunks dienen, werden vom Medienprivileg erfasst (Waldenberger in Spindler/Schuster, aaO, Rn. 137). Dementsprechend gilt die datenschutzrechtliche Privilegierung beispielsweise nicht für im Rahmen der Personaldatenverarbeitung anfallende oder im Zusammenhang mit dem Gebühreneinzug, zur Akquisition von Abonnenten oder zur (kommerziellen) Weitergabe an Dritte gespeicherte Daten (vgl. BT-Drucks. 11/4306, S. 55 zu Art. 1 § 37 Abs. 1 des Entwurfs eines Gesetzes zur Fortentwicklung der Datenverarbeitung und des Datenschutzes; Bergmann/Möhrle/Herb, aaO, Rn. 29; Waldenberger in Spindler/Schuster, aaO, Rn. 137; Schaffland/Wiltfang, BDSG Stand 12/2009, § 41 Rn. 4). Demgegenüber sind die Recherche, Redaktion, Veröffentlichung, Dokumentation und Archivierung personenbezogener Daten zu publizistischen Zwecken umfassend geschützt (vgl. Waldenberger in Spindler/Schuster, aaO, Rn. 138). Das durch die Presse- und Rundfunkfreiheit verfassungsrechtlich vorgegebene Medienprivileg schützt insbesondere auch die publizistische Verwertung personenbezogener Daten im Rahmen einer in den Schutzbereich des Art. 5 Abs. 1 GG, Art. 10 Abs. 1 Satz 2 EMRK fallenden Veröffentlichung (vgl. Senatsurteile vom 15. Dezember 2009 - VI ZR 227/08 - aaO; vom 9. Februar 2010 - VI ZR 243/08 - z.V.b.; EuGH, Urteil vom 16. Dezember 2008 - Rs. C-73/07 - Tietosuojavaltuutettu gegen Satakunnan Markkinapörssi Oy - EuGRZ 2009, 23 Rn. 61 f.; Schlussanträge der Generalanwältin Kokott vom 8. Mai 2008 in der Rechtssache C-73/07 - zitiert nach Juris, Rn. 65 ff., 81 f. zur Richtlinie 95/46/EG).

Von einer Verarbeitung ausschließlich zu eigenen Zwecken ist dann auszugehen, wenn die Daten eigenen Veröffentlichungen des betroffenen Presseunternehmens dienen (vgl. Bergmann/Möhrle/Herb, aaO, Rn. 30).

(2) Diese Voraussetzungen sind im Streitfall erfüllt. Die Beklagte hat die den Namen des Klägers enthaltende Meldung ausschließlich zu dem Zweck in ihren Internetauftritt eingestellt und zum Abruf bereitgehalten, damit sie von der interessierten Öffentlichkeit zur Kenntnis genommen wird. Sie hat damit unmittelbar ihre

verfassungsrechtliche Aufgabe wahrgenommen, in Ausübung der Meinungsfreiheit die Öffentlichkeit zu informieren und an der demokratischen Willensbildung mitzuwirken. Sowohl das Einstellen der beanstandeten Inhalte ins Internet als auch ihr (dauerhaftes) Bereithalten zum Abruf ist Teil des in den Schutzbereich des Art. 5 Abs. 1 GG, Art. 10 Abs. 1 EMRK fallenden Publikationsvorgangs. Hieran vermag auch der Umstand nichts zu ändern, dass seit der Einstellung der Meldung ins Internet mittlerweile mehrere Jahre vergangen sind.

3. Die Kostenentscheidung beruht auf § 91 Abs. 1 ZPO.

Entscheidungsname: Rosenball in Monaco
Entscheidungsdatum: 26.10.2010
Aktenzeichen: VI ZR 190/08
Normen: § 22 KunstUrhG, § 23 KunstUrhG, Art 1 Abs 1 GG, Art 2 Abs 1 GG, Art 5 Abs 1 GG
Presseartikel über ein zeitgeschichtliches Ereignis: Zulässigkeit der Veröffentlichung kontextbezogener Fotos

Leitsatz

Zur Zulässigkeit der Veröffentlichung kontextbezogener Fotos in einem Presseartikel über ein zeitgeschichtliches Ereignis (Rosenball in Monaco).

Tenor

Auf die Revision der Beklagten wird das Urteil des 10. Zivilsenats des Kammergerichts vom 19. Juni 2008 aufgehoben.

Auf die Berufung der Beklagten wird das Urteil der 27. Zivilkammer des Landgerichts Berlin vom 6. Dezember 2007 dahin abgeändert, dass die Klage abgewiesen wird.

Die Kosten des Rechtsstreits hat die Klägerin zu tragen.

Von Rechts wegen

Tatbestand

Die Klägerin ist die Tochter der Prinzessin Caroline von Hannover. Im März 2007 veröffentlichte die von der Beklagten herausgegebene Zeitschrift "Bunte" (Heft 14/07 vom 29. März 2007) einen Artikel mit dem Titel: "Charlotte, die Party-Prinzessin" und dem Untertitel "Rosenball in Monaco und der Star war Prinzessin Carolines Tochter: eine feurige Schönheit". Die Klägerin hat im vorliegenden

Rechtsstreit die Bildberichterstattung und in einem weiteren Rechtsstreit, in dem der erkennende Senat unter demselben Datum entscheidet (VI ZR 230/08), die Wortberichterstattung angegriffen.

Das Landgericht hat die Beklagte verurteilt, es zu unterlassen, die folgenden in der genannten Ausgabe der Zeitschrift abgedruckten Fotos, die die Klägerin zeigen, erneut zu veröffentlichen.

Die dagegen gerichtete Berufung der Beklagten hat das Berufungsgericht zurück-gewiesen mit der Maßgabe, dass die Beklagte eine erneute Veröffentlichung der im Tenor des erstinstanzlichen Urteils genannten Fotos im Rahmen einer Bericht-erstattung wie in BUNTE Nr. 14 vom 29.03.2007, Titelseite und Seiten 30 - 34 zu unterlassen hat. Mit der vom erkennenden Senat zugelassenen Revision verfolgt die Beklagte ihren Antrag auf Klageabweisung weiter.

Entscheidungsgründe

I. Das Berufungsgericht führt im Wesentlichen aus:

Die Veröffentlichung der Fotografien verletzte rechtswidrig das Recht der Kläge-rin am eigenen Bild. Eine Einwilligung habe die Klägerin nicht erteilt. Die Teil-nahme an einer Veranstaltung wie dem Rosenball, bei der mit Pressefotografen zu rechnen sei oder die Anwesenheit von Presse sogar erwünscht sein möge, werde zwar eine konkludente Einwilligung mit einer Verwendung von dort entstandenen Fotos in einer Berichterstattung über den Rosenball beinhalten. Eine solche still-schweigende Einwilligung beziehe sich jedoch nicht auf eine Veröffentlichung in einem ganz anderen Kontext, wie z.B. im Rahmen einer hier vorliegenden allein auf die Klägerin als Person bezogenen Veröffentlichung.

Eine Einwilligung sei nicht deshalb entbehrlich, weil es sich um Bildnisse aus dem Bereich der Zeitgeschichte handele. Keines der Fotos enthalte als solches eine Aussage über den Rosenball als mögliches zeitgeschichtliches Ereignis. Denn es sei aus den Bildern nicht zu ersehen, bei welcher - rein privaten oder zeitgeschicht-lichen - Feierlichkeit sie entstanden seien. Zur Ermittlung, ob es sich um Bildnisse aus dem Bereich der Zeitgeschichte handele, sei danach auf die begleitende Wort-berichterstattung abzustellen. Die Bilder zeigten die Klägerin allein oder in Be-gleitung als Tänzerin, woraus allein sich ein Informationswert nicht ergebe, so dass es entscheidend auf den Kontext ankomme, in dem die Bilder veröffentlicht worden seien.

Die begleitende Wortberichterstattung stelle sich nicht als ein Bericht über ein - unterstelltes - zeitgeschichtliches Ereignis dar. Bei unterhaltenden Beiträgen müssten die kollidierenden Grundrechte sorgfältig gegeneinander abgewogen werden. Bei der Gewichtung des Informationsinteresses im Verhältnis zum Schutz des Persönlichkeitsrechts komme dabei dem Gegenstand der Berichterstattung maßgebliche Bedeutung zu. Beschränke sich der die Bildveröffentlichung begleitende Wortbeitrag allein darauf, irgendeinen Anlass für die Abbildung zu schaffen, so lasse die Berichterstattung einen Beitrag zur öffentlichen Meinungsbildung nicht erkennen. In einem solchen Fall müsse das Informationsinteresse hinter dem Schutz des Persönlichkeitsrechts des Abgebildeten zurücktreten. Dies sei vorliegend der Fall.

Das Berufungsgericht führt sodann bezogen auf die einzelnen Fotos aus, dass die begleitende Wortberichterstattung zwar verschiedentlich auf den Rosenball Bezug nehme, jedoch ohne weitere Darstellung des Rosenballs 2007 als mögliches zeitgeschichtliches Ereignis die Person der Klägerin in den Vordergrund stelle. Einen Beitrag zu einer die Allgemeinheit interessierenden Sachdebatte vermöge die insgesamt auf Ausbreitung von Belanglosigkeiten und Spekulationen beruhende Wortberichterstattung nicht zu leisten, so dass die Klägerin es nicht hinnehmen müsse, dass die Fotos zur Bebilderung herangezogen würden.

Die Klägerin habe sich schließlich auch nicht derart der Presse geöffnet, dass nunmehr Bildnisveröffentlichungen in beliebigem Zusammenhang zulässig wären. Dabei könne dahinstehen, ob die drei von der Beklagten herangezogenen Veröffentlichungen mit Einwilligung der Klägerin erfolgt seien, was diese in Abrede stelle. Auch wenn sich die Klägerin nicht gegen die Veröffentlichung der von Lagerfeld gefertigten Fotos in BUNTE gewehrt haben möge, so habe sie sich mit den dortigen Bildern nicht soweit der Öffentlichkeit präsentiert, dass sie es jetzt ohne zeitgeschichtlichen Zusammenhang hinnehmen müsste, dass Fotos von ihr veröffentlicht würden. Gleiches gelte auch für die Veröffentlichung in VOGUE. Der Bericht in der Zeitschrift Stern befasse sich vorrangig mit Fürst Albert und nicht mit der Klägerin; diese sei nur zusammen mit ihrem Onkel am Rande des Formel-1-Rennens von Monaco und mit ihrem Bruder im Hof des Palastes zu sehen.

II. Die dagegen gerichtete Revision hat Erfolg.

1. Rechtsfehlerhaft nimmt das Berufungsgericht an, die von der Klägerin beanstandete Bildberichterstattung betreffe kein zeitgeschichtliches Ereignis.

a) Für die Zulässigkeit einer Bildberichterstattung gelten nach der gefestigten Rechtsprechung des erkennenden Senats folgende Grundsätze.

aa) Die Zulässigkeit von Bildveröffentlichungen ist nach dem abgestuften Schutzkonzept der §§ 22, 23 KunstUrhG zu beurteilen (grundlegend Senatsurteile vom 6. März 2007 - VI ZR 51/06, BGHZ 171, 275; vom 28. Oktober 2008 - VI ZR 307/07, BGHZ 178, 213; vom 10. März 2009 - VI ZR 261/07, BGHZ 180, 114;

zuletzt Senatsurteile vom 9. Februar 2010 - VI ZR 243/08, VersR 2010, 673, 676 f. und vom 13. April 2010 - VI ZR 125/08, VersR 2010, 1090), das sowohl mit verfassungsrechtlichen Vorgaben (vgl. BVerfGE 120, 180, 201 ff.) als auch mit der Rechtsprechung des EGMR im Einklang steht (vgl. EGMR NJW 2004, 2647 und 2006, 591). Danach dürfen Bildnisse einer Person grundsätzlich nur mit deren Einwilligung verbreitet werden (§ 22 S. 1 KunstUrhG). Hiervon besteht allerdings gemäß § 23 Abs. 1 KunstUrhG eine Ausnahme, wenn es sich um Bildnisse aus dem Bereich der Zeitgeschichte handelt. Diese Ausnahme gilt aber nicht für eine Verbreitung, durch die berechtigte Interessen des Abgebildeten verletzt werden (§ 23 Abs. 2 KunstUrhG).

bb) Die Beurteilung, ob ein Bildnis dem Bereich der Zeitgeschichte im Sinne von § 23 Abs. 1 Nr. 1 KunstUrhG zuzuordnen ist, erfordert eine Abwägung zwischen den Rechten des Abgebildeten aus Art. 1 Abs. 1, 2 Abs. 1 GG, Art. 8 Abs. 1 EMRK einerseits und den Rechten der Presse aus Art. 5 Abs. 1 GG, Art. 10 Abs. 1 EMRK andererseits (vgl. etwa Senatsurteile vom 10. März 2009 - VI ZR 261/07, aaO, Rn. 10 und vom 9. Februar 2010 - VI ZR 243/08, aaO, Rn. 33; BVerfGE 120, 180, 201 ff., Rn. 55, 85). Dabei ist der Beurteilung ein normativer Maßstab zugrunde zu legen, welcher die Pressefreiheit und zugleich den Schutz der Persönlichkeit und der Privatsphäre ausreichend berücksichtigt (Senatsurteile vom 28. Oktober 2008 - VI ZR 307/07, aaO, Rn. 14 f.; vom 9. Februar 2010 - VI ZR 243/08, VersR 2010, 673, 677 Rn. 33 m.w.N.; BVerfG VersR 2000, 773, 777). Maßgebend ist hierbei das Interesse der Öffentlichkeit an vollständiger Information über das Zeitgeschehen. Der Begriff des Zeitgeschehens ist zugunsten der Pressefreiheit in einem weiten Sinn zu verstehen; er umfasst nicht nur Vorgänge von historisch-politischer Bedeutung, sondern alle Fragen von allgemeinem gesellschaftlichem Interesse. Ein Informationsinteresse besteht allerdings nicht schrankenlos. Vielmehr wird der Einbruch in die persönliche Sphäre des Abgebildeten durch den Grundsatz der Verhältnismäßigkeit begrenzt (Senatsurteile vom 28. Oktober 2008 - VI ZR 307/07, aaO, Rn. 14; vom 9. Februar 2010 - VI ZR 243/08, aaO; vom 13. April 2010 - VI ZR 125/08, VersR 2010, 1090; jeweils m.w.N.).

cc) Bei der Gewichtung des Informationsinteresses im Verhältnis zu dem kollidierenden Persönlichkeitsschutz kommt dem Gegenstand der Berichterstattung maßgebliche Bedeutung zu. Entscheidend ist insbesondere, ob die Medien im konkreten Fall eine Angelegenheit von öffentlichem Interesse ernsthaft und sachbezogen erörtern, damit den Informationsanspruch des Publikums erfüllen und zur Bildung der öffentlichen Meinung beitragen oder ob sie - ohne Bezug zu einem zeitgeschichtlichen Ereignis - lediglich die Neugier der Leser befriedigen (Senatsurteile vom 10. März 2009 - VI ZR 261/07, aaO, Rn. 12; vom 9. Februar 2010 - VI ZR 243/08, aaO, Rn. 34 m.w.N.; BVerfGE 34, 269, 283; 101, 361, 391; BVerfG, VersR 2007, 849 Rn. 28; BVerfGE 120, 180, 205, Rn. 65).

Der Informationsgehalt einer Bildberichterstattung ist dabei im Gesamtkontext, in den das Personenbildnis gestellt ist, und unter Berücksichtigung der zugehörigen Textberichterstattung zu ermitteln. Daneben sind für die Gewichtung der Belange des Persönlichkeitsschutzes der Anlass der Bildberichterstattung und die Umstände in die Beurteilung mit einzubeziehen, unter denen die Aufnahme entstanden ist. Auch ist bedeutsam, in welcher Situation der Betroffene erfasst und wie er dargestellt wird (Senatsurteile vom 28. Oktober 2008 - VI ZR 307/07, aaO, Rn. 24; vom 9. Februar 2010 - VI ZR 243/08, aaO, Rn. 35; BVerfGE 120, 180, 205, Rn. 65).

dd) Der erkennende Senat hat dementsprechend hinsichtlich der Zulässigkeit einer Bildberichterstattung bereits mehrfach berücksichtigt, ob bei der Presseberichterstattung die Abbildung eines anlässlich eines zeitgeschichtlichen Ereignisses gefertigten Fotos nur zum Anlass zu Ausführungen über eine Person genommen wird oder die Berichterstattung nur dazu dient, einen Anlass für die Abbildung prominenter Personen zu schaffen, ohne dass die Berichterstattung einen Beitrag zur öffentlichen Meinungsbildung erkennen lässt; in solchen Fällen ist es nicht angezeigt, dem Veröffentlichungsinteresse den Vorrang vor dem Persönlichkeitsschutz einzuräumen (Senatsurteile vom 9. März 2004 - VI ZR 217/03, BGHZ 158, 218, 223 f.; vom 28. September 2004 - VI ZR 305/03, VersR 2005, 83; vom 6. März 2007 - VI ZR 51/06, aaO, Rn. 28 und - VI ZR 13/06, VersR 2007, 697; vom 1. Juli 2008 - VI ZR 243/06, VersR 2008, 1506, 1508, Rn. 23; vom 14. Oktober 2008 - VI ZR 271/06, VersR 2009, 513, Rn. 14 und - VI ZR 272/06, VersR 2009, 78, Rn. 16; vom 17. Februar 2009 - VI ZR 75/08, VersR 2009, 841, Rn. 14; ebenso BVerfGE 120, 180, 206 f.).

b) Nach diesen Grundsätzen war die beanstandete Berichterstattung als solche über ein zeitgeschichtliches Ereignis zulässig.

aa) Das Berufungsgericht meint, die Veröffentlichung der Fotos sei außerhalb des Kontextes ihrer Anfertigung erfolgt, der Streitfall stelle sich nicht anders dar als im Fall des Senatsurteils vom 28. September 2004 (VI ZR 305/03, aaO). In jenem Fall ging es um Fotos von der Klägerin, die anlässlich eines Reitturniers gefertigt worden waren. Der erkennende Senat hat entschieden, die (ausdrücklich oder stillschweigend erklärte) Einwilligung in die Verbreitung von Bildnissen einer Person über deren Teilnahme an einem internationalen Sportwettbewerb beinhalte grundsätzlich kein Einverständnis mit der Veröffentlichung der dort entstandenen Fotos in anderem Zusammenhang. In jenem Fall war das Reitturnier nur der Aufhänger für eine Berichterstattung über persönliche Belange der Klägerin.

bb) Der Auffassung des Berufungsgerichts ist nicht zu folgen. Die von ihm herangezogene Senatsrechtsprechung ist nicht ohne weiteres auf alle Fälle zu übertragen, bei denen anlässlich der Berichterstattung über ein zeitgeschichtliches Ereignis, welche mit kontextbezogenen Fotos einer der anwesenden prominenten Personen bebildert ist, der Begleittext diese Person in den Vordergrund der Bericht-erstattung stellt und auch wertende Beschreibungen der Person und ihres Lebens-zuschnitts enthält. Indem das Berufungsgericht letztlich eine detaillierte Bericht-erstattung ausschließlich bezogen auf das Ereignis selbst fordert, verkennt es die Tragweite des Grundrechts der Beklagten aus Art. 5 Abs. 1 GG. Die Presse muss nach journalistischen Kriterien entscheiden können, was und wie sie über ein öf-fentliches Ereignis berichtet. Darauf, ob die die Fotos von dem Ereignis beglei-tende Berichterstattung ausschließlich informierend oder überwiegend unterhal-tend und - je nach der Einstellung des Lesers - mehr oder weniger wertvoll, rele-vant oder irrelevant ist, kommt es nicht an.

Unstreitig wurden die beanstandeten Fotos auf dem Rosenball gefertigt. Dieser ist ein zeitgeschichtliches Ereignis im Sinne der Rechtsprechung des erkennenden Senats, über das grundsätzlich berichtet werden darf (vgl. Senatsurteil vom 13. April 2010 - VI ZR 125/08, aaO, Rn. 16). Das Berufungsgericht verkennt nicht, dass der Wortbericht auch andere bei dem Rosenball Anwesende nennt und die Fotos zahlreiche andere Anwesende zeigen. Lediglich das Foto auf Seite 31 mit der Bildaufschrift "Makellos ..." zeigt die Klägerin im Porträt, wobei unstreitig ist, dass auch dieses Foto beim Rosenball 2007 gefertigt wurde. Gegen die Ver-wendung derart kontextbezogener Fotos im Zusammenhang mit einer zulässigen Wortberichterstattung (vgl. Senatsurteil vom heutigen Tag - VI ZR 230/08, zur Veröffentlichung in BGHZ bestimmt) bestehen keine grundsätzlichen rechtlichen Bedenken.

cc) Das erforderliche Informationsinteresse ist hier zu bejahen. Es könnte nur ver-neint werden, wenn der beanstandete Artikel als solcher nicht als Berichterstattung über den Rosenball als zeitgeschichtliches Ereignis einzustufen wäre, sondern die-ser lediglich als äußerer Anlass für die Berichterstattung über den Lebenswandel der Klägerin und die Veröffentlichung der sie zeigenden Fotos zu bewerten wäre (vgl. BVerfG, Beschluss vom 14. September 2010 - 1 BvR 1842/08, 1 BvR 6/09, 1 BvR 2538/08, Rn. 45).

Dies ist indes nicht der Fall. Zwar konzentriert sich die Berichterstattung auf die Person der Klägerin, die schon auf der Titelseite und in der Artikelüberschrift her-ausgestellt wird; ferner enthält der Artikel Rückblicke, Zukunftsvisionen und Wer-tungen, die man je nach der Einstellung zu weitgehend unterhaltenden Medien-produkten als belanglos, spekulativ oder gar geschmacklos bewerten kann. Es ist indes unzulässig, Medienprodukte, die das Zeitgeschehen darstellen, ausschließ-lich an derartigen weitgehend subjektiven Wertungen zu messen. Entscheidend ist, dass der Artikel sowohl hinsichtlich der Wortberichterstattung als auch hin-sichtlich der veröffentlichten Fotos einen noch ausreichenden Bezug zu dem Ro-senball als zeitgeschichtliches Ereignis hat. Davon ist hier auszugehen.

Auf den Fotos werden zahlreiche andere Personen, die den Rosenball besucht haben, gezeigt und zum Teil in den Bildunterschriften genannt. So zeigt ein Bild den regierenden Fürsten mit einer namentlich benannten Tänzerin, wobei in der Bildunterschrift auch über die Abwesenheit der Verlobten des Fürsten berichtet wird, die beim Schwimmtraining für Olympia 2008 in Peking war. Auf einem weiteren Bild wird ausweislich der Unterschrift das edle Ambiente beim Gala-Diner im "Sporting Club d'Hivers" dargestellt. Ein anderes Bild zeigt einschließlich der Klägerin zwölf Personen, die offensichtlich für das Foto posiert haben und bei denen es sich laut Bildunterschrift um "die junge Monaco-Society" handelt. In der Wortberichterstattung wird die "High Society", in die die Klägerin eingeschert sei, als Gesellschaft dargestellt, in der einerseits strenge Regeln gelten, andererseits einige wenige sich das Recht nehmen, über diesen Regeln zu stehen, in der man "die großen Roben von Chanel" tragen, neuesten Klatsch aus der "jungen Society" austauschen, bei Modeschauen in der ersten Reihe sitzen und auf dem Rosenball zwischen echten und sogenannten VIPs sowie zwischen "wahren Ladys und Showbiz-Größen" sitzen und so die "Leichtigkeit des Seins" genießen kann.

dd) Die Revisionserwiderung sieht in dem gesamten Artikel einen massiven Eingriff in das Recht der Klägerin auf informationelle Selbstbestimmung, weil sie zu einem bloßen Objekt der Medien gemacht und insbesondere gegen ihren Willen zur bloßen Unterhaltung der Leserschaft zu einem Idol aufgebaut und durch die Bewertung ihres Erscheinungsbildes und die Ausbreitung von Belanglosigkeiten vielfältigster Art uneingeschränkt der Öffentlichkeit präsentiert werde.

Es kann jedoch nicht Aufgabe des Persönlichkeitsschutzes sein, das Interesse sowie die gedankliche Befassung eines weiten Teils des Publikums und der dieses bedienenden Medien mit einer in der Öffentlichkeit auftretenden prominenten Person zu unterbinden oder auch nur in die von ihr gewünschte Richtung zu lenken. Dabei ist zu bedenken, dass der Begriff des Informationsinteresses nicht einseitig auf die Bedürfnisse einer vorwiegend an politischen oder wirtschaftlichen Fragestellungen interessierten Leserschaft ausgerichtet werden darf. Auch das in weiten Bevölkerungskreisen bestehende Interesse daran, über Ereignisse aus dem Adel und sonstigen gehobenen Gesellschaftskreisen informiert zu werden, ist ein legitimes Informationsinteresse, das nicht vorschnell als bloße Neugier abgetan werden kann. Knüpft eine Berichterstattung über solchen Kreisen zugehörige Prominente an ihr Auftreten im zeitgeschichtlichen Kontext an, geht es nicht notwendig um eine Ausbreitung ihres Privatlebens, sondern kann eine Darstellung der Lebensweise und des Verhaltens in solchen Kreisen im Vordergrund stehen, die die Leitbild- oder Kontrastfunktion für große Teile der Bevölkerung im Blick hat und auch Anlass zu sozialkritischen Überlegungen geben kann (vgl. BVerfGE 101, 361, 390 f.; 120, 180, 221 f.).

Deshalb ist bei Fallkonstellationen der vorliegenden Art auch Zurückhaltung bei der Annahme geboten, eine Berichterstattung diene lediglich der Befriedigung der

Neugier der Leserschaft. Diesem Gesichtspunkt kommt insbesondere Bedeutung zu, wenn private Angelegenheiten ausgebreitet werden, die lediglich die Neugier befriedigen (vgl. BVerfGE 34, 269, 283; 101, 361, 391; 120, 180, 205). Darum geht es hier nicht. Die beanstandete Berichterstattung knüpft an das Auftreten der Klägerin beim Rosenball an und verwertet für die angestellten Wertungen und Spekulationen in der Öffentlichkeit bereits bekannte Informationen. Das alles mag, wie das Berufungsgericht und die Revisionserwiderung meinen, für den ernsthaften Leser belanglos sein. Eine grundrechtlich erhebliche Beeinträchtigung der Privatsphäre der Klägerin ergibt sich daraus aber nicht.

ee) Im Streitfall kann danach ein Informationsinteresse hinsichtlich der Veröffentlichung der Fotos nicht verneint werden. Eine das Informationsinteresse überwiegende nennenswerte Beeinträchtigung des Persönlichkeitsrechts der Klägerin ist nicht erkennbar.

2. Bei dieser Sach- und Rechtslage muss den weiteren Rügen der Revision nicht nachgegangen werden. Insbesondere kann dahinstehen, ob von einer Einwilligung der Klägerin mit der Veröffentlichung der hier in Frage stehenden Fotos ausgegangen werden kann oder ob das Berufungsgericht den Streitstoff im Hinblick auf das Konsistenzgebot nicht vollständig gewürdigt hat, weil die Klägerin sich nach dem Vortrag der Beklagten anderweit hat abbilden lassen und diese Abbildungen anderweit veröffentlicht wurden. Ohne Belang ist auch die Mitteilung der Revisionserwiderung, dass die Klägerin gegen das Senatsurteil vom 13. April 2010 (VI ZR 125/08, aaO), das ebenfalls die Zulässigkeit der Veröffentlichung von Fotos der Klägerin betrifft, Verfassungsbeschwerde eingelegt habe.

III. Die Klage ist danach abzuweisen. Da keine weiteren Feststellungen zu treffen sind, kann der erkennende Senat in der Sache selbst entscheiden (§ 563 Abs. 3 ZPO). Die Kostenentscheidung folgt aus § 91 Abs. 1 ZPO.

Entscheidungsname: Der Frosch mit der Maske
Entscheidungsdatum: 28.10.2010
Aktenzeichen: I ZR 18/09
Normen: § 8 Abs 3 LitUrhG, § 10 Abs 3 KunstUrhG, § 8 Abs 2 S 3 UrhG
Urheberrechtsverletzung: Einräumung von Nutzungsrechten für noch nicht bekannte Nutzungsarten vor Inkrafttreten des Urheberrechtsgesetzes; Geltendmachung zivilrechtlicher Ansprüche durch einen Miturheber - Der Frosch mit der Maske

Leitsatz

Der Frosch mit der Maske

1. Bis zum Inkrafttreten des Urheberrechtsgesetzes am 1. Januar 1966 konnten

zwar Nutzungsrechte für noch nicht bekannte Nutzungsarten wirksam eingeräumt werden. Dies setzte allerdings eine eindeutige Erklärung des Berechtigten hinsichtlich der Einräumung solcher Nutzungsrechte oder eine angemessene Beteiligung des Berechtigten an den Erlösen aus deren Verwertung voraus. Auch die Einräumung von Nutzungsrechten für unbekannte Nutzungsarten an Filmwerken durch Filmurheber an Filmhersteller war nur unter dieser Voraussetzung wirksam.

2. Von einer eindeutigen Erklärung des Berechtigten hinsichtlich der Einräumung von Nutzungsrechten für noch nicht bekannte Nutzungsarten konnte nach der bis zum Inkrafttreten des Urheberrechtsgesetzes am 1. Januar 1966 geltenden Rechtslage nur ausgegangen werden, wenn die Vertragspartner eine solche Rechtseinräumung ausdrücklich erörtert und vereinbart und damit erkennbar zum Gegenstand von Leistung und Gegenleistung gemacht haben. Dafür reicht es regelmäßig nicht aus, dass die Vertragspartner pauschal auf Tarifordnungen oder Tarifverträge Bezug genommen haben, die unter anderem eine solche Rechtseinräumung vorsehen.

3. Ein Miturheber ist bei Verletzungen des gemeinsamen Urheberrechts nach § 8 Abs. 2 Satz 3 UrhG berechtigt, Auskunftserteilung und Rechnungslegung allein an sich selbst zu verlangen. Die Feststellung der Schadensersatzpflicht kann ein Miturheber bei Verletzungen des gemeinsamen Urheberrechts nach § 8 Abs. 2 Satz 3 UrhG nur zugunsten aller Miturheber beanspruchen.

Tenor

Die Revisionen der Parteien gegen das Urteil des 6. Zivilsenats des Oberlandesgerichts Köln vom 9. Januar 2009 werden zurückgewiesen.

Die Kosten des Revisionsverfahrens werden zu 1/10 dem Kläger und zu 9/10 der Beklagten auferlegt. Die durch die Streithilfe verursachten Kosten des Revisionsverfahrens werden zu 1/10 dem Kläger auferlegt; im Übrigen trägt die Streithelferin der Beklagten diese Kosten selbst.

Von Rechts wegen

Tatbestand

Der Kläger ist der Sohn und Alleinerbe des Filmregisseurs Dr. H. R., der unter anderem bei dreizehn in den Jahren 1957 bis 1965 entstandenen Spielfilmen Regie führte. Bei diesen Filmen handelt es sich um die sechs „Edgar-Wallace"-Filme „Der Frosch mit der Maske", „Die Bande des Schreckens", „Der Fälscher von London", „Zimmer 13", „Der unheimliche Mönch" und „Der Würger von Schloss Blackmoor", die beiden „Dr.-Mabuse"-Filme „Im Stahlnetz des Dr. Mabuse" und

„Die unsichtbaren Krallen des Dr. Mabuse", die vier „Karl-May"-Filme „Winnetou I", „Winnetou II", „Winnetou III" und „Der Schatz im Silbersee" sowie die Heimatkomödie „Almenrausch und Edelweiß". Neun dieser Filme produzierte die Streithelferin der Beklagten; die Kinoauswertung lag überwiegend - nach dem Vorbringen der Beklagten immer - bei der C. GmbH (nachfolgend: C.).

Die Beklagte vertrieb seit Ende 2004 digitale Videogramme (DVDs) der Filme. Der Kläger hält diese Art der Auswertung für urheberrechtswidrig, weil sein Vater alleiniger Urheber sämtlicher Filme gewesen sei und niemandem - insbesondere keinem Rechtsvorgänger der Beklagten - entsprechende Nutzungsrechte eingeräumt habe. Er nimmt die Beklagte - soweit in der Revisionsinstanz noch von Bedeutung - auf Feststellung ihrer Schadensersatzpflicht sowie auf Auskunftserteilung und Rechnungslegung in Anspruch.

Das Landgericht hat die Beklagte antragsgemäß verurteilt. Die Berufung der Beklagten ist überwiegend ohne Erfolg geblieben (OLG Köln, GRUR-RR 2009, 208). Das Berufungsgericht hat das Urteil des Landgerichts nur insoweit abgeändert, als es eine Schadensersatzpflicht der Beklagten - entsprechend einem vom Kläger in der Berufungsinstanz gestellten Hilfsantrag - nicht allein zugunsten des Klägers, sondern nur zugunsten der aus dem Kläger und weiteren Personen bestehenden Miturhebergemeinschaften der Filmwerke festgestellt hat. Dagegen haben beide Parteien und die Streithelferin der Beklagten die vom Berufungsgericht zugelassene Revision eingelegt. Der Kläger verfolgt seine zuletzt gestellten Anträge weiter. Die Beklagte erstrebt die vollständige Abweisung der Klage. Die Parteien beantragen jeweils, das Rechtsmittel der Gegenseite zurückzuweisen.

Entscheidungsgründe

A. Das Berufungsgericht hat angenommen, ein urheberrechtlicher Schadensersatzanspruch des Klägers sei dem Grunde nach zu bejahen; die Ansprüche auf Auskunftserteilung und Rechnungslegung seien als Hilfsansprüche zur Vorbereitung einer Zahlungsklage gleichfalls begründet. Hierzu hat es ausgeführt:

Der Vater des Klägers sei als Regisseur zumindest Miturheber der in Rede stehenden Filmwerke. Die DVD-Auswertung der Filme durch die Beklagte habe sein ausschließliches Recht zu deren Vervielfältigung und Verbreitung verletzt, das er dem Kläger vererbt habe. Bei der Videozweitauswertung, gegenüber der die Auswertung auf DVD keine wirtschaftlich eigenständige Verwertungsform darstelle, habe es sich um eine bis 1965 unbekannte Art der Nutzung von Kinofilmen gehandelt. Es könne nicht festgestellt werden, dass der Vater des Klägers das Recht, die in Rede stehenden Filme auf diese damals noch unbekannte Art zu nutzen, wirksam Dritten eingeräumt habe. Verträge über Nutzungsrechte für noch nicht bekannte Nutzungsarten seien vor 1966 - anders als in der Zeit von 1966 bis 2007

- urheberrechtlich zwar nicht schlechthin unwirksam gewesen. Der Übertragungszweckgedanke habe der Annahme einer Einräumung von Nutzungsrechten für unbekannte Nutzungsarten aber - auch im Verhältnis zwischen Filmschaffenden und Filmherstellern - im Zweifel entgegengestanden. Es bestehe keine tatsächliche Vermutung, dass bis 1966 sämtliche Filmschaffende - und insbesondere bekannte Filmurheber und berühmte Filmregisseure - den Filmherstellern umfassende Nutzungsrechte auch für unbekannte Nutzungsarten übertragen hätten. Im Streitfall seien auch keine hinreichenden Anhaltspunkte dargetan oder ersichtlich, dass der Vater des Klägers unzweideutig kundgetan habe, Nutzungsrechte an den Filmen auch für noch unbekannte Nutzungsarten ausschließlich den Filmherstellern einräumen zu wollen.

Der Schadensersatzanspruch stehe dem Kläger allerdings nicht allein zu. Es sei davon auszugehen, dass es sich bei dem Vater des Klägers nicht um den alleinigen, sondern nur um einen - wenn auch besonders wichtigen - Miturheber der in Rede stehenden Filme gehandelt habe, neben dem auch andere Mitwirkende (wie Kameramann, Tonmeister, Cutter, Kostüm- und Szenenbildner) schöpferische Leistungen erbracht hätten, die in untrennbarer Weise in die gemeinsam geschaffenen Filmwerke eingegangen seien. Entsprechend seinem Hilfsantrag könne der Kläger von der Beklagten aber Leistung an alle Miturheber verlangen.

B. Die Revision der Beklagten und ihrer Streithelferin hat keinen Erfolg.

I. Das Berufungsgericht hat zutreffend festgestellt, dass der Kläger von der Beklagten wegen der Vervielfältigung und Verbreitung der in Rede stehenden Filme auf DVD nach § 97 Abs. 1 Satz 1 UrhG aF und § 97 Abs. 2 UrhG nF Schadensersatz beanspruchen kann.

1. Bei den in Rede stehenden Filmen handelt es sich nach den Feststellungen des Berufungsgerichts um urheberrechtlich geschützte Filmwerke (§ 2 Abs. 1 Nr. 6 UrhG). Der Vater des Klägers ist als Regisseur jedenfalls deren Miturheber (§ 8 Abs. 1 UrhG). Er hat dem Kläger sein Urheberrecht an den Filmwerken vererbt (§ 28 Abs. 1 UrhG), so dass dieser als sein Rechtsnachfolger Inhaber der dem Urheber zustehenden Rechte ist (§ 30 UrhG).

2. Die Beklagte hat durch die Auswertung der Filme auf DVD in das ausschließliche Recht des Urhebers zur Vervielfältigung (§ 15 Abs. 1 Nr. 1, § 16 UrhG) und Verbreitung (§ 15 Abs. 1 Nr. 2, § 17 UrhG) der Filmwerke eingegriffen. Sie kann sich nicht mit Erfolg auf ein von den Filmherstellern abgeleitetes Recht zu einer solchen Auswertung berufen.

Bei der Auswertung von Spielfilmen auf DVD handelt es sich um eine Nutzungsart, die bei Abschluss der Verträge in den Jahren bis 1965 unbekannt war. Damals war selbst die Auswertung auf Videokassette eine noch nicht bekannte Art der

Nutzung von Kinofilmen (vgl. BGH, Urteil vom 11. Oktober 1990 - I ZR 59/89, GRUR 1991, 133, 136 f. = WRP 1991, 166 - Videozweitauswertung I; vgl. auch BGH, Urteil vom 26. Januar 1995 - I ZR 63/93, BGHZ 128, 336, 340 ff. - Videozweitauswertung III). Die Auswertung auf DVD ist erst nach der Auswertung auf Videokassette bekannt geworden und wirtschaftlich an deren Stelle getreten (vgl. BGH, Urteil vom 19. Mai 2005 - I ZR 285/02, BGHZ 163, 109, 115 ff. - Der Zauberberg).

Nach den Feststellungen des Berufungsgerichts ist es zwischen den Parteien unstreitig, dass der Vater des Klägers mit der C. Verträge geschlossen hat, in denen er den jeweiligen Filmherstellern Nutzungsrechte an den in den Jahren 1957 bis 1965 entstandenen Filmwerken eingeräumt hat. Vom Vater des Klägers unterzeichnete Verträge sind im Rechtsstreit allerdings nicht vorgelegt worden. Die Parteien streiten daher darüber, ob und inwieweit der Kläger den Filmherstellern aufgrund der Verträge auch Nutzungsrechte für noch nicht bekannte Nutzungsarten eingeräumt hat und ob eine solche Einräumung von Nutzungsrechten wirksam ist.

Die letztgenannte Frage ist, wie das Berufungsgericht zutreffend angenommen hat, auf der Grundlage der zum Zeitpunkt des Vertragsabschlusses geltenden Rechtslage zu beantworten. Auf Verträge, die - wie die hier zu beurteilenden - vor dem Inkrafttreten des Urheberrechtsgesetzes am 1. Januar 1966 (§ 143 Abs. 2 UrhG) abgeschlossen worden sind, sind die Vorschriften des Urheberrechtsgesetzes grundsätzlich nicht anzuwenden. Abweichendes gilt lediglich für die §§ 42 und 43 UrhG und - mit Einschränkungen - die §§ 40 und 41 UrhG (§ 132 Abs. 1 UrhG). Maßgeblich sind daher die zum Zeitpunkt des Vertragsabschlusses geltenden Gesetze und daneben die zu dieser Zeit von der Rechtsprechung anerkannten Rechtsgrundsätze (vgl. Schricker/Katzenberger, Urheberrecht, 4. Aufl., § 132 UrhG Rn. 3; Wandtke/Bullinger/Braun/Jani, Urheberrecht, 3. Aufl., § 132 UrhG Rn. 2; Möhring/Nicolini/Hartmann, UrhG, 2. Aufl., § 132 Rn. 6). Vor dem 1. Januar 1966 getroffene Verfügungen, die nach dem damals geltenden Recht wirksam waren, sind wirksam geblieben (§ 132 Abs. 2 UrhG).

Bis zum Inkrafttreten des Urheberrechtsgesetzes am 1. Januar 1966 konnten zwar Nutzungsrechte für noch nicht bekannte Nutzungsarten wirksam eingeräumt werden (vgl. BGH, Urteil vom 5. Juni 1985 - I ZR 53/83, GRUR 1986, 62, 66 - GEMA-Vermutung I, insoweit nicht in BGHZ 95, 274 abgedruckt; Urteil vom 15. Oktober 1987 - I ZR 96/85, GRUR 1988, 296, 299 - GEMA-Vermutung IV). Es gab bis zu diesem Zeitpunkt keine Vorschrift, der zufolge - wie nach der vom 1. Januar 1966 bis zum 31. Dezember 2007 geltenden Regelung des § 31 Abs. 4 UrhG - die Einräumung von Nutzungsrechten für noch nicht bekannte Nutzungsarten sowie Verpflichtungen hierzu unwirksam war. Das Recht des Urhebers konnte nach § 8 Abs. 3 LUG und § 10 Abs. 3 KUG vielmehr unbeschränkt auf andere übertragen werden.

Eine wirksame Einräumung von Nutzungsrechten für noch nicht bekannte Nutzungsarten setzte allerdings eine eindeutige Erklärung des Berechtigten hinsichtlich der Einräumung solcher Nutzungsrechte oder eine angemessene Beteiligung des Berechtigten an den Erlösen aus deren Verwertung voraus (dazu a). Auch eine Einräumung von Nutzungsrechten für unbekannte Nutzungsarten an Filmwerken durch Filmurheber an Filmhersteller war nur unter dieser Voraussetzung gültig (dazu b). Nach diesen Maßstäben kann aufgrund der rechtsfehlerfreien Feststellungen des Berufungsgerichts nicht angenommen werden, dass der Vater des Klägers den jeweiligen Filmherstellern Nutzungsrechte an den Filmwerken auch für unbekannte Nutzungsarten wirksam eingeräumt hat (dazu c).

a) Vor dem Inkrafttreten des Urheberrechtsgesetzes standen nach der Rechtsprechung des Reichsgerichts und des Bundesgerichtshofs der das gesamte Urheberrecht beherrschende Leitgedanke einer möglichst weitgehenden Beteiligung des Urhebers an der wirtschaftlichen Verwertung seines Werkes (Beteiligungsgrundsatz) und der darauf beruhende Auslegungsgrundsatz, dass der Urheber im Zweifel nur die Nutzungsrechte einräumt, die für das Erreichen des Vertragszwecks unerlässlich sind (Übertragungszweckgedanke), der grundsätzlich zulässigen Einräumung von Nutzungsrechten für noch nicht bekannten Nutzungsart regelmäßig entgegen (vgl. BGH, GRUR 1988, 296, 299 - GEMA-Vermutung IV). Eine Einräumung von Nutzungsrechten für noch nicht bekannte Nutzungsarten konnte danach nur bei einer eindeutigen Erklärung des Berechtigten hinsichtlich der Einräumung solcher Nutzungsrechte oder einer angemessenen Beteiligung des Berechtigten an den Erlösen aus deren Verwertung angenommen werden.

aa) Das Reichsgericht hatte im Jahre 1929 die Frage zu beantworten, ob Wilhelm Busch im Jahre 1896 bzw. seine Erben im Jahre 1918 einem Verlag mit der Übertragung der unbeschränkten dinglichen Urheberrechte gegen Zahlung eines bestimmten Geldbetrages auch das Recht übertragen hatten, die Werke Wilhelm Buschs - wie seit dem Jahre 1926 geschehen - durch Rundfunk zu senden. Das Reichsgericht urteilte, das Urheberrecht sei trotz uneingeschränkter Übertragung nur in demjenigen Umfang abgetreten worden, der nach den damaligen Umständen als anerkannter, gesetzlich geschützter Inbegriff nutzbarer Befugnisse für den Verkehr in Betracht gekommen sei. Nach dieser wirtschaftlichen Größe habe sich auch das dafür gewährte Entgelt bestimmt. Hätte wirklich die Absicht bestanden, dem Verlag mit den an ihn überlassenen Befugnissen alle unvorhergesehenen Möglichkeiten der Ausnutzung zuzuwenden, die in Zukunft vielleicht entstehen würden, so hätte das deutlich kundgetan werden müssen (vgl. RG, Urteil vom 16. Februar 1929 - I 320/28, RGZ 123, 312, 318 - Wilhelm Busch).

Im Jahre 1933 stellte sich dem Reichsgericht die Frage, ob mit der Übertragung der gesamten Urheberrechte einschließlich der Verfilmungsrechte an der Operette

„Der Hampelmann" im Jahre 1924 auch das Recht zur Verwertung der Tonfilm-
rechte übertragen worden war. Dabei war davon auszugehen, dass die Parteien den
Vertrag vor der praktischen Vervollkommnung und Verwendbarkeit des Tonfilms
abgeschlossen hatten und sich einer solchen späteren Verwertungsart nicht bewusst gewesen waren. Das Reichsgericht billigte es, dass das Berufungsgericht
von dem Grundsatz ausgegangen war, der Urheber solle davor geschützt werden,
dass er das ganze Urheberrecht in Unkenntnis der ihm innewohnenden nicht vor-
hersehbaren künftigen neuen Verwertungsmöglichkeiten aus der Hand gebe, ohne
dafür ein angemessen vergütendes Entgelt zu erlangen. Es erachtete die Beurteilung des Berufungsgerichts, danach müsse auch das Tonfilmrecht als mitübertragen gelten, als rechtsfehlerfrei, weil die Urheber nach dem Vertrag für die Verwertung kinematographischer Rechte ein Entgelt von 50% erhielten. Die Urheber
hätten demnach ihre Rechte nicht gegen einen bestimmten Geldbetrag übertragen,
der die künftigen, noch unbekannten Möglichkeiten der Werknutzung außer Betracht gelassen hätte, sondern seien an jedem Ertrag ihres Werkes weiterhin beteiligt geblieben. Da man damals einen Weg gefunden und gewählt habe, die Gegenleistung für den Erwerb der Rechte auch unvorhersehbaren Möglichkeiten technischer Entwicklung ganz von selbst anzupassen, habe es in der nach Zweck und
Umständen erkennbaren Willensrichtung der Vertragsschließenden gelegen, dass
die gesamten Urheberrechte einschließlich auch aller noch unbekannten, in Zukunft erst zur Entwicklung kommenden Verwertungsmöglichkeiten übertragen
und erworben werden sollten (RG, Urteil vom 5. April 1933 - I 223/32, RGZ 140,
255, 257 f. - Der Hampelmann).

bb) Der Bundesgerichtshof hat sich der ständigen Rechtsprechung des Reichsgerichts angeschlossen, dass die Ausnutzung neuer Verwertungsmöglichkeiten, die
die Parteien nach dem Stand der Technik im Zeitpunkt der Übertragung nicht in
Rechnung gestellt haben, selbst bei einer uneingeschränkten Übertragung des Ur-
heberrechtes dem Werkschöpfer vorbehalten bleibt. Der Bundesgerichtshof hat
diesen Grundsatz - wie schon das Reichsgericht - aus dem das ganze Urheberrecht
beherrschenden Leitgedanken hergeleitet, den Urheber tunlichst an dem wirtschaftlichen Nutzen zu beteiligen, der aus seinem Werk gezogen wird (BGH, Urteil vom 6. November 1953 - I ZR 97/52, BGHZ 11, 135, 143 f. - Schallplatten-
Lautsprecherübertragung; Urteil vom 23. April 1954 - I ZR 139/53, GRUR 1954,
412, 414 - Bühnenaufführungsvertrag; Urteil vom 18. Mai 1955 - I ZR 8/54,
BGHZ 17, 266, 282 - Grundig-Reporter).

Der Bundesgerichtshof hat ferner in ständiger Rechtsprechung den vom Reichsgericht entwickelten und auf dem Beteiligungsgrundsatz beruhenden Übertragungszweckgedanken herangezogen. Bei Verfügungen über urheberrechtlich geschützte Werke werde der Umfang der Rechtsübertragung im Zweifel durch den
Zweck bestimmt, dem die Rechtsübertragung dienen solle; der Inhaber der Urheberrechte übertrage im Zweifel keine weitergehenden Rechte, als es der Zweck
des urheberrechtlichen Nutzungsvertrages erfordere (BGH, Urteil vom 21. April
1953 - I ZR 110/52, BGHZ 9, 262, 264 f. - Lied der Wildbahn I; Urteil vom 26.

November 1954 - I ZR 266/52, BGHZ 15, 249 - Cosima Wagner; Urteil vom 14. Juni 1957 - I ZR 143/55, GRUR 1957, 611, 612 - Bel ami; Urteil vom 26. April 1974 - I ZR 137/72, GRUR 1974, 786, 787 - Kassettenfilm; Urteil vom 7. November 1975 - I ZR 54/74, GRUR 1976, 382, 383 - Kaviar; Urteil vom 13. Mai 1982 - I ZR 103/80, GRUR 1982, 727, 730 - Altverträge). Eine Übertragung urheberrechtlicher Nutzungsbefugnisse könne daher in der Regel nur angenommen werden, wenn ein dahingehender Parteiwille unzweideutig zum Ausdruck gekommen sei (BGH, Urteil vom 16. Oktober 1959 - I ZR 10/58, GRUR 1960, 197, 199 - Keine Ferien für den lieben Gott; Urteil vom 2. Oktober 1968 - I ZR 107/66, GRUR 1969, 143, 144 - Curt-Goetz-Filme II).

b) Für Filmwerke galten vor dem Inkrafttreten des Urheberrechtsgesetzes, wie das Berufungsgericht zutreffend angenommen hat, dieselben Grundsätze. Auch bei Filmwerken konnte von einer Einräumung von Nutzungsrechten für unbekannte Nutzungsarten durch den Filmurheber an den Filmhersteller nur bei einer eindeutigen Erklärung des Berechtigten oder seiner angemessenen Beteiligung an den Erlösen ausgegangen werden.

Der Bundesgerichtshof hat zwar in mehreren Entscheidungen aus der Zeit vor dem Inkrafttreten des Urheberrechtsgesetzes ausgesprochen, dass ein Filmurheber dem Filmhersteller durch seine Mitwirkung an der Herstellung des Films im Zweifel stillschweigend die Nutzungsrechte für alle üblichen Nutzungsarten einräumt; diese Rechtsprechung betrifft jedoch allein die Einräumung von Nutzungsrechten für bekannte („übliche") Nutzungsarten. Einer Übertragung dieses Grundsatzes auf die Einräumung von Nutzungsrechten für unbekannte Nutzungsarten standen der Beteiligungsgrundsatz und der Übertragungszweckgedanke entgegen.

aa) Nach der Rechtsprechung des Bundesgerichtshofs aus der Zeit bis zum Inkrafttreten des Urheberrechtsgesetzes gibt ein Urheber, der die Erlaubnis erteilt, dass ein von ihm verfasstes Drehbuch oder der unmittelbare Beitrag, den er zu den Dreharbeiten durch Regieanweisungen oder Mitwirkung bei der Aufnahmeleitung leistet, für die Herstellung eines Filmwerkes verwendet wird, damit im Zweifel auch die Einwilligung zur üblichen Verwertung des Films, das heißt zu seiner Vervielfältigung, Verbreitung und öffentlichen Vorführung (BGH, Beschluss vom 13. Juli 1955 - I ZA 1/55, GRUR 1955, 596, 597 - Lied der Wildbahn II; Urteil vom 8. Februar 1957 - I ZR 167/55, UFITA 34 (1957), 399, 402 f. - Lied der Wildbahn III; Urteil vom 13. November 1959 - I ZR 59/58, GRUR 1960, 199, 200 - Tofifa; Urteil vom 10. Januar 1969 - I ZR 48/67, juris Rn. 12 - Triumph des Willens).

Diese Rechtsprechung beruhte auf der Überlegung, dass der Filmproduzent, der mit der Herstellung des Filmes zumeist ein erhebliches Kostenrisiko übernimmt, ein schutzwürdiges Interesse daran hat, nicht durch Einspruchsrechte Dritter an der seiner Zweckbestimmung entsprechenden Verwertung des Filmes gehindert zu werden. Er muss deshalb die ausschließlichen Nutzungsrechte an dem Film-werk in seiner Hand vereinigt wissen. In der Regel wird sich der Filmproduzent diese Nutzungsrechte von den Urhebern der zur Filmherstellung benutzten Werke wie auch von den an den Dreharbeiten beteiligten Filmschaffenden ausdrücklich übertragen lassen. Fehlt es jedoch an einer ausdrücklichen Vereinbarung, so ist im Zweifel von einer stillschweigenden Übertragung der fraglichen Nutzungsbefug-nis auf den Filmproduzenten auszugehen, wenn der unter Urheberrechtsschutz ste-hende Beitrag zu der Filmschöpfung von seinem Urheber eindeutig gerade für Zwecke der Filmherstellung zur Verfügung gestellt worden ist. Das Interesse des Filmproduzenten an der uneingeschränkten Verfügungsgewalt über den zumeist unter Aufwand beträchtlicher wirtschaftlicher Werte geschaffenen Film ist für Personen, die an der Durchführung des Filmvorhabens in urheberrechtlich bedeut-samer Weise mitwirken, ohne weiteres erkennbar, so dass es diesen Personen in der Regel nach Treu und Glauben zuzumuten ist, sich die für die übliche Verwer-tung des Filmes erforderlichen Nutzungsrechte an ihrem Beitrag ausdrücklich vor-zubehalten, falls sie deren Übergang auf den Filmproduzenten ausschließen wol-len (vgl. BGH, GRUR 1955, 596, 597 - Lied der Wildbahn II; UFITA 34 (1957), 399, 402 f. - Lied der Wildbahn III).

bb) Der Senat hat bereits in der Entscheidung „Videozweitauswertung I", die gleichfalls die - dort allerdings nach dem Urheberrechtsgesetz von 1965 zu beur-teilende - Frage betraf, ob der Vater des Klägers als Regisseur einem Filmherstel-ler die Nutzungsrechte an Filmwerken für unbekannte Nutzungsarten eingeräumt hatte, darauf hingewiesen, dass nach dem vor Inkrafttreten des Urheberrechtsge-setzes geltenden Recht der Beteiligungsgrundsatz und der Übertragungszweckge-danke regelmäßig der Annahme einer stillschweigenden Einräumung von Rechten an noch nicht bekannten Nutzungsarten durch den Filmurheber an den Filmregis-seur entgegenstanden (BGH, GRUR 1991, 133, 135 - Videozweitauswertung I).

Der Senat hat dabei - wenn auch in anderem Zusammenhang - ausgeführt, dass sich bei einem Filmregisseurvertrag, der für die Regietätigkeit eine Pauschalver-gütung vorsieht, regelmäßig die Annahme verbietet, der Regisseur habe dem Her-steller die Nutzungsrechte auch für unbekannte Nutzungsarten eingeräumt. Ist für die Regietätigkeit des Filmregisseurs bei der Herstellung eines Kinospielfilms ein fester Pauschalbetrag vereinbart, so ist erfahrungsgemäß davon auszugehen, dass bei der Bemessung der Vergütung - neben anderen Faktoren - die voraussichtli-chen Erträge aus der öffentlichen Filmvorführung des Filmwerks eingeflossen sind. Es ist daher anzunehmen, dass die Kenntnis einer Nutzungsart, die - wie die Zweitauswertung von Spielfilmen auf Videokassette oder auf DVD - in ihrer wirt-schaftlichen Bedeutung der Auswertung im Wege öffentlicher Filmvorführung vergleichbar ist, die Höhe der Vergütung des Regisseurs beeinflusst hätte (vgl. BGH, GRUR 1991, 133, 135 - Videozweitauswertung I).

Von einer Einräumung von Nutzungsrechten für unbekannte Nutzungsarten konnte daher auch bei einem Filmregisseurvertrag im Falle der Vereinbarung einer Pauschalvergütung nur bei einer eindeutigen Erklärung des Berechtigten ausgegangen werden. Eine stillschweigende Einräumung von Nutzungsrechten für unbekannte Nutzungsarten kam dagegen auch bei einem Filmregisseurvertrag grundsätzlich nur dann in Betracht, wenn eine Absatzbeteiligung vereinbart war, die eine Beteiligung des Berechtigten an der Verwertung seines Werkes gewährleistete.

c) Nach diesen Maßstäben kann aufgrund der rechtsfehlerfreien Feststellungen des Berufungsgerichts nicht angenommen werden, der Vater des Klägers habe den Filmherstellern an den Filmwerken die Nutzungsrechte für unbekannte Nutzungsarten wirksam eingeräumt.

aa) Das Berufungsgericht ist zutreffend davon ausgegangen, dass die Beklagte, die sich zur Rechtfertigung ihres Eingriffs in das Urheberrecht an den Filmwerken auf ein von den Filmherstellern abgeleitetes Recht zur Verwertung der Filme auf DVD beruft, die volle Darlegungs- und Beweislast für ihre Behauptung trägt, dass der Vater des Klägers den Filmherstellern die Nutzungsrechte an seinen Filmwerken auch für damals noch nicht bekannte Nutzungsarten eingeräumt hat.

bb) Die Revision der Beklagten und ihrer Streithelferin macht vergeblich geltend, zugunsten der Beklagten streite eine tatsächliche Vermutung, dass der Vater des Klägers den jeweiligen Filmherstellern entsprechend der damals gängigen Rechtspraxis auch die Nutzungsrechte für unbekannte Nutzungsarten übertragen habe. Sie ist der Ansicht, der Kläger hätte diese Vermutung widerlegen und substantiiert darlegen und beweisen müssen, dass sein Vater sich diese Rechte bei Abschluss der Regieverträge vorbehalten habe. Es sei unstreitig, dass in der Filmbranche seinerzeit Musterverträge zwischen Filmschaffenden und Filmproduzenten üblich gewesen seien, in denen durch Bezugnahme auf Tarifordnungen grundsätzlich auch die Verwertungsrechte für noch unbekannte Nutzungsarten mitübertragen worden seien. Die Beklagte und ihre Streithelferin hätten unter Beweisantritt vorgetragen, dass in der Zeit vor 1966 gerade bei Regieverträgen ausnahmslos die Urheberrechte umfassend und einschränkungslos (also auch für unbekannte Nutzungsarten) auf den Filmproduzenten übertragen worden seien.

Mit diesem Vorbringen versucht die Revision der Beklagten und ihrer Streithelferin, die tatrichterliche Beurteilung des Berufungsgerichts durch ihre eigene zu ersetzen, ohne einen Rechtsfehler des Berufungsgerichts aufzuzeigen. Damit kann sie in der Revisionsinstanz keinen Erfolg haben.

Das Berufungsgericht hat nicht übersehen, dass die von der Streithelferin vorgelegten Verträge mit dem Regisseur V. aus den Jahren 1963 bis 1965 ergänzend auf den Tarifvertrag für Filmschaffende vom 19. Dezember 1959 Bezug nehmen und § 3 Nr. 1 dieses Tarifvertrags bestimmt:

Alle Urheber-, Leistungsschutz- und Eigentumsrechte am Film [...] stehen, ohne Rücksicht auf die vom Filmschaffenden geleistete Mitarbeit, allein dem Filmhersteller zu dessen ausschließlicher Verwertung in unveränderter oder geänderter Gestalt und gleichviel auch, mit welchen technischen Mitteln sie erfolgt, zu, insbesondere für Fälle der Wieder- oder Neuverfilmung, der Verwertung durch Rundfunk, Fernsehen und andere zur Zeit bekannte oder erst in Zukunft bekannt werdende Verfahren.

Es hat ferner berücksichtigt, dass diese Regelung auch in die folgenden Tarifverträge bis zum Inkrafttreten des Urheberrechtsgesetzes unverändert übernommen wurde und bereits die Tarifordnung für Filmschaffende vom 19. August 1943 eine Regelung enthielt, nach der die „Urheberrechte, auch auf zur Zeit des Vertragsabschlusses noch nicht bekannten Verwendungsgebieten" und das Recht zur Übertragung der Filmaufnahmen „durch Rundfunk, Television oder andere zur Zeit bekannte oder erst in Zukunft bekannt werdende Verfahren" ausschließlich dem Filmhersteller zustanden.

Das Berufungsgericht hat rechtsfehlerfrei angenommen, daraus ergebe sich im Licht der Vertragsfreiheit und des Übertragungszweckgedankens kein für die gesamte Filmbranche typischer Geschehensablauf. Die von der Beklagten und ihrer Streithelferin vorgelegten Verträge begründeten keine tatsächliche Vermutung, dass bis 1966 sämtliche Filmschaffende - und insbesondere bekannte Filmurheber und berühmte Regisseure - den Filmherstellern durch Bezugnahme auf entsprechende Tarifordnungen umfassende Nutzungsrechte auch für unbekannte Nutzungsarten eingeräumt hätten. Dem stehe auch entgegen, dass das von der Streithelferin für den Vertrag mit dem Regisseur V. vom 23. Februar 1965 verwendete Formular ausdrücklich die Möglichkeit vorsehe, nicht zutreffende Formularbedingungen zu streichen; denn es sei nicht ersichtlich, dass von dieser Möglichkeit kein Gebrauch gemacht worden sei. Es bestehe daher keine tatsächliche Vermutung, dass sich der niemals tarifgebundene, juristisch vorgebildete Vater des Klägers, der sich bis zur Mitte der fünfziger Jahre bereits durch erfolgreiche Heimatfilme einen Namen gemacht habe, auf eine entsprechende vertragliche Vereinbarung eingelassen habe.

cc) Das Berufungsgericht hat ferner mit Recht angenommen, dass keine hinreichenden Anhaltspunkte dafür bestehen, dass der Vater des Klägers eindeutig erklärt hat, den Filmherstellern an den Filmwerken Nutzungsrechte auch für unbekannte Nutzungsarten einzuräumen.

(1) Das Berufungsgericht hat hierzu ausgeführt, vom Vater des Klägers unterzeichnete Vertragsurkunden lägen nicht vor. Aus den von der Beklagten vorgelegten Vertragsentwürfen, die ein anderes Filmwerk und einen Jahresvertrag beträfen, ergebe sich nicht zweifelsfrei, ob die Verträge mit diesem Inhalt abgeschlossen

488

worden seien. Die angebotene Vernehmung der Agentin des Regisseurs sei bereits deshalb kein tauglicher Beweisantritt, weil die in das Wissen der Zeugin gestellte Behauptung, der Vater des Klägers habe stets großen Wert auf den Abschluss schriftlicher Verträge gelegt und darin keinerlei Beschränkungen der Rechte zu Lasten der C. vereinbart, nichts zu der entscheidenden Frage beitrage, ob er in den Verträgen eindeutig Nutzungsrechte für noch unbekannte Nutzungsarten eingeräumt habe. Gegen diese Beurteilung hat die Revision der Beklagten und ihrer Streithelferin keine Rügen erhoben.

(2) Die Revision der Beklagten und ihrer Streithelferin macht vergeblich geltend, nach der in einem anderen Verfahren gemachten Aussage des langjährigen Rechtsberaters der C., des Rechtsanwalts Dr. M., seien derartige Verträge seinerzeit auch mit dem Vater des Klägers geschlossen worden.

Das Berufungsgericht hat in der Aussage des inzwischen verstorbenen Rechtsberaters der C. kein hinreichendes Indiz für eine eindeutige Einräumung der Nutzungsrechte für unbekannte Nutzungsarten gesehen. Es hat angenommen, allein in der von diesem Zeugen bekundeten pauschalen Bezugnahme der mit dem Vater des Klägers geschlossenen Jahresverträge auf das Tarifrecht, das eine Rechtsübertragung für „andere zur Zeit bekannte oder erst in Zukunft bekannt werdende Verfahren" der Filmverwertung vorsehe, könne mit Blick auf die vereinbarte Zahlung einer Pauschalvergütung keine unzweideutige Kundgabe des Willens gesehen werden, sämtliche Rechte auch für bei Vertragsabschluss noch unvorhersehbare Arten der Nutzung zu übertragen. Auch diese Beurteilung ist frei von Rechtsfehlern.

Nach der vom Reichsgericht begründeten und vom Bundesgerichtshof fortgeführten Rechtsprechung war die Einräumung von Nutzungsrechten für unbekannte Nutzungsarten auch im Verhältnis zwischen Filmurheber und Filmhersteller - wie unter B I 2 a (Rn. 16 ff.) und b (Rn. 21 ff.) ausgeführt - zwar bei einer prozentualen Beteiligung des Urhebers an den Erlösen aus der Verwertung seines Werkes auf unbekannte Nutzungsarten wirksam. War aber nur eine pauschale Vergütung vereinbart, konnte von einer wirksamen Einräumung von Nutzungsrechten für unbekannte Nutzungsarten nur ausgegangen werden, wenn der Urheber einen entsprechenden Willen eindeutig zum Ausdruck gebracht hatte. Dies setzt nicht nur voraus, dass der Wortlaut der Erklärung, mit der Nutzungsrechte für unbekannte Nutzungsarten eingeräumt wurden, eindeutig ist (OLG München, ZUM 2000, 61, 65 f.; LG Hamburg, ZUM-RD 1999, 134, 135 f.; vgl. auch LG München I, ZUM 1999, 332, 334 f.). Vielmehr darf darüber hinaus auch kein Zweifel am Willen des Urhebers bestehen, seinem Vertragspartner gegen die vereinbarte Pauschalvergütung die Nutzungsrechte auch für noch nicht bekannte Nutzungsarten einzuräumen (vgl. Schricker/Katzenberger aaO § 88 UrhG Rn. 27, § 89 UrhG Rn. 3 und Vor §§ 120 ff. UrhG Rn. 3; Schulze in Dreier/Schulze, UrhG, 3. Aufl., § 31a Rn. 23).

Haben die Vertragspartner eine Pauschalvergütung vereinbart, liegt eine eindeutige Erklärung des Berechtigten hinsichtlich einer Einräumung von Nutzungsrechten auch für noch nicht bekannte Nutzungsarten daher nur dann vor, wenn die Vertragspartner eine solche Rechtseinräumung ausdrücklich erörtert und vereinbart und damit erkennbar zum Gegenstand von Leistung und Gegenleistung gemacht haben (vgl. zur Einräumung von Nutzungsrechten für zwar technisch schon bekannte, aber wirtschaftlich noch bedeutungslose Nutzungsarten BGHZ 128, 336, 342 und 344 - Videozweitauswertung III). Nur unter diesen Voraussetzungen sind die durch den Beteiligungsgrundsatz und den Übertragungszweckgedanken geschützten Interessen des Urhebers hinreichend gewahrt, darüber zu entscheiden, ob und gegen welches Entgelt er mit der Nutzung seines Werkes auf eine neue Nutzungsart einverstanden ist.

Nach den unangegriffenen Feststellungen des Berufungsgerichts sind im Streitfall - auch nach den Angaben von Rechtsanwalt Dr. M. - keine Anhaltspunkte dafür ersichtlich, dass die Frage einer Einräumung von Nutzungsrechten für noch unbekannte Nutzungsarten in den Vertragsverhandlungen zwischen der C. und dem Vater des Klägers thematisiert wurde und dieser dabei auf die Vereinbarung eines Beteiligungshonorars verzichtet und sich bewusst damit einverstanden erklärt hat, dass die Einräumung von Nutzungsrechten auch für unbekannte Nutzungsarten mit der vereinbarten Pauschalvergütung abgegolten sein soll. Bei dieser Sachlage stellt - wie das Berufungsgericht rechtsfehlerfrei angenommen hat - die in den vorgelegten Vertragsentwürfen nicht hervorgehobene, sondern lediglich ergänzende Bezugnahme auf die Tarifordnung oder den Tarifvertrag für Filmschaffende, deren Kenntnis im hier entscheidenden Punkt bei dem nicht tarifgebundenen Vater des Klägers nicht ohne weiteres vorausgesetzt werden kann, keine hinreichend deutliche Kundgabe eines auf eine so umfassende Rechtsübertragung gerichteten Parteiwillens dar.

3. Soweit das Berufungsgericht angenommen hat, die Beklagte habe das Recht des Klägers zur Verwertung der Filmwerke auf DVD schuldhaft verletzt, hat die Revision der Beklagten und ihrer Streithelferin keine Rügen erhoben und ist auch kein Rechtsfehler ersichtlich.

II. Das Berufungsgericht hat zutreffend angenommen, dass die geltend gemachten Ansprüche auf Auskunftserteilung und Rechnungslegung über die begangenen Verletzungshandlungen, deren nähere Umstände und den dadurch erzielten Gewinn als Hilfsansprüche zur Vorbereitung einer Zahlungsklage auf Schadensersatz begründet sind.

Keinen rechtlichen Bedenken begegnet ferner die Annahme des Berufungsgerichts, ein Miturheber sei nach § 8 Abs. 2 Satz 2 UrhG grundsätzlich berechtigt, Auskunftserteilung und Rechnungslegung wegen Verletzungen des gemeinsamen Urheberrechts allein an sich selbst zu verlangen. Nach dieser Bestimmung, die auch auf die vor dem Inkrafttreten des Urheberrechtsgesetzes geschaffenen Werke anwendbar ist (§ 129 Abs. 1 Satz 1 UrhG), ist jeder Miturheber berechtigt, Ansprüche aus Verletzungen des gemeinsamen Urheberrechts geltend zu machen; er kann jedoch nur Leistung an alle Miturheber verlangen.

Weder Wortlaut („Leistung") noch Sinn und Zweck der Bestimmung verbieten es einem Miturheber, hinsichtlich der einen Leistungsanspruch lediglich vorbereitenden Ansprüche auf Auskunftserteilung und Rechnungslegung Erfüllung allein ihm selbst gegenüber zu verlangen (Möhring/Nicolini/Ahlberg aaO § 8 Rn. 42; Schulze in Dreier/Schulze aaO § 8 Rn. 21; Loewenheim in Schricker/Loewenheim aaO § 8 UrhG Rn. 20; Wandtke/Bullinger/Thum aaO § 8 UrhG Rn. 41; aA W. Nordemann in Fromm/Nordemann, Urheberrecht, 10. Aufl., § 8 UrhG Rn. 20; offengelassen in BGH, Urteil vom 2. Juli 1971 - I ZR 58/70, GRUR 1971, 522, 523 - Gasparone II).

Allein bei Ansprüchen auf Leistung, wie zum Beispiel auf Schadensersatz oder Überlassung, soll ein Miturheber nach § 8 Abs. 2 Satz 3 Halbsatz 2 UrhG nur Leistung an alle Miturheber verlangen können (Begründung des Regierungsentwurfs, BT-Drucks. IV/270, S. 41). Diese Regelung soll eine Übervorteilung der anderen Miturheber verhindern (Wandtke/Bullinger/Thum aaO § 8 UrhG Rn. 41).

Macht ein Urheber lediglich Ansprüche auf Auskunftserteilung und Rechnungslegung im eigenen Namen geltend, ist eine Beeinträchtigung der Rechtsstellung anderer Miturheber, der die Regelung in § 8 Abs. 2 Satz 3 Halbsatz 2 UrhG entgegenwirken soll, grundsätzlich nicht zu befürchten. Es spricht daher nichts dagegen, dem einzelnen Miturheber insoweit einen Anspruch auf eine ihm gegenüber zu erbringende Leistung zuzubilligen.

C. Die Revision des Klägers hat gleichfalls keinen Erfolg.

I. Die Revision des Klägers ist zulässig.

Der Kläger wendet sich mit seiner Revision dagegen, dass das Berufungsgericht eine Schadensersatzpflicht der Beklagten nicht gegenüber ihm allein, sondern nur gegenüber den aus ihm und weiteren Personen bestehenden Miturhebergemeinschaften der Filmwerke festgestellt hat. Entgegen der Ansicht der Revisionserwiderung der Beklagten und ihrer Streithelferin hat das Berufungsgericht die Revision des Klägers auch insoweit zugelassen.

Das Berufungsgericht hat die Revision im Tenor seines Urteils ohne Einschränkungen zugelassen. In den Gründen seiner Entscheidung hat es dazu ausgeführt, es habe die Revision zugelassen, weil der Frage, nach welchen Grundsätzen sich bei Altverträgen vor 1966 die Rechtsübertragung für noch nicht bekannte Verwertungsmöglichkeiten von Filmwerken richtet, sowie der Frage der Antragsfassung für Auskunftsansprüche von Miturhebergemeinschaften eine über den Einzelfall hinausreichende Bedeutung zukomme und eine höchstrichterliche Klärung auch zur Sicherung einer einheitlichen Rechtsprechung erforderlich erscheine.

Es entspricht zwar der ständigen Rechtsprechung des Bundesgerichtshofs, dass sich auch bei uneingeschränkter Zulassung des Rechtsmittels im Entscheidungssatz eine wirksame Beschränkung aus den Entscheidungsgründen ergeben kann. Dies bedeutet jedoch nicht, dass allein aus der Begründung der Zulassung stets eine Beschränkung auf die mitgeteilten Gründe entnommen werden kann. Eine Zulassungsbeschränkung kann in solchen Fällen vielmehr nur angenommen werden, wenn aus den Gründen hinreichend deutlich hervorgeht, dass das Berufungsgericht die Möglichkeit einer Nachprüfung im Revisionsverfahren nur wegen eines abtrennbaren Teils seiner Entscheidung eröffnen wollte (BGH, Urteil vom 26. März 2009 - I ZR 44/06, GRUR 2009, 660 Rn. 21 = WRP 2009, 847 - Resellervertrag, mwN). Das ist hier nicht der Fall.

Die Begründung des Berufungsgerichts lässt nicht hinreichend deutlich erkennen, ob es damit lediglich eine Begründung für die Zulassung der Revision gegeben hat oder ob es die Zulassung der Revision auf die von den angesprochenen Rechtsfragen betroffenen Teile der Entscheidung hat beschränken wollen. Im Übrigen betrifft die von der Revision des Klägers angegriffene Beurteilung des Berufungsgerichts, dass eine Schadensersatzpflicht der Beklagten nicht gegenüber dem Kläger allein, sondern nur gegenüber den aus dem Kläger und weiteren Personen bestehenden Miturhebergemeinschaften der Filmwerke festgestellt werden kann, den Anspruch auf Feststellung der Schadensersatzpflicht und damit den Teil der Entscheidung, hinsichtlich dessen das Berufungsgericht die Revision ausdrücklich zugelassen hat.

II. Die Revision des Klägers ist aber nicht begründet.

1. Der Kläger hat mit seinem Hauptantrag die Feststellung begehrt, dass die Beklagte verpflichtet ist, ihm allen materiellen Schaden aus der Vervielfältigung und Verbreitung der genannten Filmwerke zu erstatten. Zur Begründung dieses Feststellungsantrags hat er in erster Linie vorgetragen, sein Vater sei alleiniger Urheber der Filme; er sei daher als der Erbe seines Vaters allein berechtigt, wegen einer Verletzung des Urheberrechts an den Filmwerken Schadensersatz zu fordern (dazu 2). Hilfsweise hat er für den Fall, dass sein Vater als Miturheber der Filme anzusehen sein sollte, geltend gemacht, ein Miturheber sei nach § 8 Abs. 2 Satz 3 UrhG berechtigt, die Feststellung der Schadensersatzpflicht allein gegenüber sich selbst zu verlangen (dazu 3).

2. Der Feststellungsantrag des Klägers hat keinen Erfolg, soweit er in erster Linie darauf gestützt ist, dass sein Vater alleiniger Urheber der Filmwerke ist.

a) Dem Kläger obliegt nach dem allgemeinen Grundsatz, dass der Anspruchsteller die Darlegungs- und Beweislast für die anspruchsbegründenden Tatsachen trägt (st. Rspr.; vgl. nur BGH, Urteil vom 14. Januar 1991 - II ZR 190/89, BGHZ 113, 222, 224 f.; Urteil vom 24. Februar 1993 - IV ZR 239/91, BGHZ 121, 357, 364; Urteil vom 27. November 2003 - I ZR 94/01, GRUR 2004, 246, 247 = WRP 2004, 343 - Mondpreise?), die Darlegungs- und Beweislast dafür, dass sein Vater der alleinige Urheber der Filmwerke ist.

Der Regisseur ist zwar in erster Linie als Filmurheber anzusehen, weil er im Regelfall den entscheidenden Einfluss auf die schöpferische Gestaltung der technischen Realisierung eines Filmstoffes nimmt (BGH, GRUR 1991, 133, 135 - Videozweitauswertung I). Damit streitet aber, wie das Berufungsgericht zutreffend angenommen hat, noch keine Vermutung für seine Alleinurheberschaft. Der Gesetzgeber hat bewusst davon abgesehen, hinsichtlich der Urheberschaft am Filmwerk zugunsten bestimmter Personen wie etwa des Regisseurs Vermutungen aufzustellen, da es angesichts der Vielfältigkeit des filmischen Schaffens an Regeltatbeständen fehle, die eine solche Vermutung rechtfertigen könnten. Er hat es für Filmwerke vielmehr bei dem allgemeinen Grundsatz belassen, dem zufolge jeweils die Personen Urheber des Filmwerkes sind, die bei seiner Herstellung einen schöpferischen Beitrag geleistet haben (vgl. Begründung zum Regierungsentwurf, BT-Drucks. IV/270 S. 100).

In der Regel werden viele der an der Herstellung eines Filmwerks beteiligten Personen schöpferische Beiträge erbringen mit der Folge, dass in ihrer Person (Mit-)Urheberrechte am Filmwerk entstehen (vgl. Begründung zum Regierungsentwurf, BT-Drucks. IV/270 S. 98). Regelmäßig kommen neben dem Regisseur namentlich der Kameramann und der Cutter als Urheber des Filmwerkes in Betracht (vgl. Begründung zum Regierungsentwurf, BT-Drucks. IV/270 S. 98, 100; Schricker/Katzenberger aaO Vor §§ 88 ff. UrhG Rn. 61; Schulze in Dreier/Schulze aaO Vor §§ 88 ff. Rn. 8; Wandtke/Bullinger/Manegold aaO Vor §§ 88 ff. UrhG Rn. 29; J.B. Nordemann in Fromm/Nordemann aaO § 89 UrhG Rn. 20; Möhring/Nicolini/Lütje aaO § 89 Rn. 11; zur möglichen Miturheberschaft des Mischtonmeisters BGH, Urteil vom 13. Juni 2002 - I ZR 1/00, BGHZ 151, 92, 97 - Mischtonmeister). Unter diesen Umständen ist es Sache des Klägers, näher darzulegen, dass neben seinem Vater als Filmregisseur keine anderen an der Herstellung des Filmwerks beteiligten Personen wie insbesondere Kameraleute und Cutter schöpferische Beiträge zu dem Filmwerk geleistet haben.

b) Das Berufungsgericht hat rechtsfehlerfrei angenommen, dass das Vorbringen des Klägers, sein Vater habe allen Filmen durch seine herausragende schöpferische Gestaltungskraft ihre einzigartige Charakteristik verliehen und als künstlerischer Oberleiter die individuelle Form der Filmwerke geprägt, letztlich nur das Wesen der Regietätigkeit umschreibt, ohne eine schöpferische Mitwirkung Dritter auszuschließen.

Die Revision des Klägers rügt ohne Erfolg, das Berufungsgericht habe damit wesentlichen Vortrag des Klägers unbeachtet gelassen. Der Kläger habe vorgetragen, sein Vater habe die Szenen der einzelnen Drehbücher bei allen von ihm geschaffenen Filmwerken stets im Vorfeld in die einzelnen Einstellungen zerlegt und sodann bis ins Detail eins zu eins nach seinen Skizzen und präzisen Anweisungen von den anderen Beteiligten für die in Rede stehenden Filme umsetzen lassen. Er habe ausgeführt, dass es der besonderen Arbeitsweise seines Vaters entsprochen habe, jede einzelne Szene nach Art eines Comicskripts zu zeichnen und zu skizzieren und damit den Ablauf aller abzudrehenden Szenen genauestens vorzugeben. Er habe zudem dargelegt, sein Vater habe während der Dreharbeiten darauf geachtet, dass die einzelnen Werkbeiträge entsprechend seinen präzisen Vorgaben umgesetzt und zu einem sinnvollen Ganzen zusammengewachsen seien.

Auch dieses Vorbringen des Klägers beschreibt lediglich typische Tätigkeiten eines Regisseurs und lässt nicht mit der erforderlichen Sicherheit darauf schließen, dass - wie der Kläger geltend gemacht hat - im Hinblick auf die szenisch detaillierten Vorgaben seines Vaters bei der Regieführung für andere Beteiligte kein Freiraum mehr für eigene schöpferische Beiträge bestand. Zur schlüssigen Darlegung einer Alleinurheberschaft seines Vaters hätte der Kläger, wie die Revisionserwiderung zutreffend geltend macht, hinsichtlich der in Rede stehenden Filmwerke konkret dartun müssen, inwieweit sein Vater den einzelnen als Miturheber in Betracht kommenden Personen genaue Vorgaben gerade für die Ausübung ihrer Tätigkeit gemacht hat, wie etwa dem Kameramann Vorgaben zu der Linsen- und Blendenauswahl, dem Standort der Kamera, dem Rhythmus und der Bewegung der Kameraführung, der Wahl zwischen Groß- und Detailaufnahme und der szenischen Ausleuchtung. Daran fehlt es.

3. Der Feststellungsantrag hat auch insoweit keinen Erfolg, als der Kläger ihn für den Fall, dass sein Vater als Miturheber der Filme anzusehen sein sollte, hilfsweise damit begründet hat, ein Miturheber sei nach § 8 Abs. 2 Satz 3 UrhG berechtigt, die Feststellung der Schadensersatzpflicht allein gegenüber sich selbst zu verlangen.

Der Berechtigung eines Miturhebers, die Feststellung der Schadensersatzpflicht wegen Verletzungen des gemeinsamen Urheberrechts allein zu seinen Gunsten geltend zu machen, steht zwar nicht der Wortlaut („Leistung"), wohl aber der Sinn und Zweck des § 8 Abs. 2 Satz 3 Halbsatz 2 UrhG entgegen. Diese Regelung soll - wie unter B II (Rn. 42 ff.) ausgeführt - eine Benachteiligung der anderen Miturheber verhindern.

Das Berufungsgericht hat zutreffend angenommen, dass bei einer Feststellung der Schadensersatzpflicht allein zugunsten eines Miturhebers die Gefahr besteht, dass die anderen Miturheber nicht in ein möglicherweise folgendes Betragsverfahren einbezogen werden. Es ist daher zu befürchten, dass der eine Miturheber den gesamten Schadensersatz zum Nachteil der anderen Miturheber für sich vereinnahmt. Diese Gefahr besteht auch dann, wenn der Schaden im Betragsverfahren nach den Grundsätzen der Lizenzanalogie berechnet wird, da sich die angemessene Lizenzgebühr nicht nach der schöpferischen Leistung jedes einzelnen Urhebers, sondern nach dem Wert der Nutzung des gesamten Werkes richtet. Ein Miturheber kann daher im Falle der Verletzung des gemeinsamen Urheberrechts nur die Feststellung der Schadensersatzpflicht zugunsten aller Miturheber und nicht allein zu seinen Gunsten verlangen (vgl. Wandtke/Bullinger/Thum aaO § 8 UrhG Rn. 41; aA Schulze in Dreier/Schulze aaO § 8 Rn. 21 mwN).

D. Danach sind die Revisionen der Parteien gegen das Berufungsurteil zurückzuweisen. Die Kostenentscheidung beruht auf § 97 Abs. 1, § 92 Abs. 1 Satz 1, § 101 Abs. 1 ZPO.

Entscheidungsname: Markt & Leute
Entscheidungsdatum: 18.11.2010
Aktenzeichen: I ZR 119/08
Normen: § 22 S 1 KunstUrhG, § 23 Abs 1 Nr 1 KunstUrhG, § 23 Abs 2 KunstUrhG, § 823 Abs 1 BGB, § 823 Abs 2 BGB
Recht am eigenen Bild: Abbildung einer prominenten Person auf der Titelseite eines Testexemplars für eine geplante Zeitung - Markt & Leute

Leitsatz

Die Werbung für eine geplante Zeitung mit der Titelseite einer Nullnummer dieser Zeitung, auf der eine prominente Person abgebildet ist, verletzt nicht allein deshalb das Recht der abgebildeten Person am eigenen Bild, weil der zur Abbildung gehörende Artikel in der Werbung nicht lesbar ist und in der Zeitung nicht erscheinen sollte. Eine solche Werbung ist grundsätzlich zulässig, wenn sie die Öffentlichkeit über die Gestaltung und den Inhalt der geplanten Zeitung informiert (Fortführung von BGH, Urteil vom 29. Oktober 2009, I ZR 65/07, GRUR 2010, 546 = WRP 2010, 780 - Der strauchelnde Liebling).

Tenor

Auf die Revision der Beklagten wird das Urteil des 13. Zivilsenats des Oberlandesgerichts Oldenburg vom 30. Juni 2008 aufgehoben.

Die Berufung des Klägers gegen das Urteil der 12. Zivilkammer des Landgerichts Osnabrück vom 21. Dezember 2007 wird zurückgewiesen.

Der Kläger hat die Kosten der Rechtsmittel zu tragen.

Von Rechts wegen

Tatbestand

Kläger ist Günther Jauch, einer der bekanntesten Moderatoren im deutschen Fernsehen. Die Beklagte ist eine Verlagsgesellschaft. Sie beabsichtigte, ab September 2006 ein „Cross-Media-Magazin" mit dem Titel „Markt & Leute" sowohl als gedruckte Zeitung als auch online anzubieten. Die Beklagte erstellte eine Nullnummer der Zeitung, die lediglich in der Einführungswerbung verwendet, aber nicht zum Kauf angeboten werden sollte. Auf der Titelseite der Nullnummer vom 6. Juli 2006 befindet sich unter der Überschrift „Berlin/Hochzeit" und dem Titel „Jauchs Hochzeit nicht völlig tabu" ein Bericht darüber, dass das Berliner Kammergericht das vom Kläger vor dem Landgericht erwirkte Verbot, über seine bevorstehende Hochzeit - diese fand am 7. Juli 2006 statt - zu berichten, vorläufig aufgehoben habe. Dieser Bericht ist mit einem Portraitfoto des Klägers bebildert.

Auf ihrer Internetseite „www.markt-leute.de" warb die Beklagte - wie aus dem nachfolgend wiedergegebenen Bildschirmausdruck ersichtlich - mit der Abbildung eines zusammengefalteten Exemplars der Nullnummer für das „Cross-Media-Magazin". Im unteren Teil der Abbildung sind die Überschrift „Berlin/Hochzeit" und der Titel „Jauchs Hochzeit nicht völlig tabu" zu lesen. Vom Text des Berichts ist nur ein Teil zu erkennen, darunter der einleitende Satz „Entscheidung des Berliner Kammergerichts noch nicht endgültig". Das Portraitfoto des Klägers zeigt nur den oberen Teil des Kopfes (Haare, Stirn und eine Augenbraue).

Weiter veröffentlichte die Beklagte in der von ihr herausgegebenen Osnabrücker Sonntagszeitung vom 16., 23. und 30. Juli 2006 Werbeanzeigen. Diese nahmen jeweils etwas mehr als eine viertel Seite der Sonntagszeitung ein und zeigten unter den Überschriften „Die ganz neue Partnerbörse", „Der ganz neue Wohnungs- und Immobilienmarkt" und „Der ganz neue Automarkt" die Titelseite der Nullnummer des „Cross-Media-Magazins" als unvollständiges Puzzle. Bei der - nachfolgend abgebildeten - Anzeige vom 16. Juli 2006 lassen nur zwei Puzzlestücke die Nullnummer erkennen; bei den Anzeigen vom 23. und 30. Juli 2006 kam jeweils ein weiteres Puzzlestück hinzu. Alle drei Anzeigen zeigten in der Mitte der Titelseite der Nullnummer ein Puzzlestück mit einem Ausschnitt aus dem Artikel über den Kläger. Dabei nahm dessen - hier vollständiges - Portraitfoto den größten Platz ein; von der Überschrift waren nur die Wörter „nicht völlig tabu" und vom Text des Artikels nur wenige vollständige Zeilen zu lesen.

Die Beklagte gab ihr Vorhaben, ein „Cross-Media-Magazin" auf den Markt zu bringen, bereits vor dem Erscheinen einer Erstausgabe auf.

496

Der Kläger ist der Ansicht, die ohne seine Einwilligung erfolgte Verwendung seines Bildnisses und Namens in der Werbung für das „Cross-Media-Magazin" verletze sein Recht am eigenen Bild und Namen. Er verlangt von der Beklagten zur Vorbereitung eines Schadensersatzanspruchs im Wege der Stufenklage zunächst Auskunft über die Werbekampagne, im weiteren Schadensersatz sowie Ersatz restlicher Abmahnkosten.

Das Landgericht hat die Klage abgewiesen. Das Berufungsgericht hat dem Auskunftsanspruch stattgegeben. Mit ihrer vom Berufungsgericht zugelassenen Revision, deren Zurückweisung der Kläger beantragt, erstrebt die Beklagte die Wiederherstellung des erstinstanzlichen Urteils.

Entscheidungsgründe

I. Das Berufungsgericht hat angenommen, dem Kläger stehe gegen die Beklagte zur Vorbereitung eines Schadensersatzanspruchs aus § 823 Abs. 1 und 2 BGB in Verbindung mit §§ 22, 23 KUG ein Anspruch auf Auskunft zu, weil die Beklagte mit der Werbekampagne rechtswidrig und schuldhaft in sein Recht am eigenen Bild eingegriffen habe. Es bedürfe daher keiner Entscheidung, ob die unbefugte Nennung des Namens des Klägers in der Werbung darüber hinaus einen rechtswidrigen Eingriff in dessen allgemeines Persönlichkeitsrecht darstelle, der einen Anspruch auf Schadensersatz oder Bereicherungsausgleich begründe. Hierzu hat es ausgeführt:

Die Beklagte habe mit der Internetwerbung und den Zeitungsanzeigen rechtswidrig und schuldhaft in das Recht des Klägers am eigenen Bild eingegriffen. Mit dieser Werbung sei ein Bildnis des Klägers im Sinne von § 22 Satz 1 KUG zur Schau gestellt worden. Die Abbildungen seien nach § 23 Abs. 1 Nr. 1 KUG zwar grundsätzlich erlaubt gewesen. Das für die Einordnung als Bildnis aus dem Bereich der Zeitgeschichte erforderliche schutzwürdige Informationsinteresse der Allgemeinheit sei gegeben. Die gemäß § 23 Abs. 2 KUG erforderliche Güter- und Interessenabwägung zwischen dem Persönlichkeitsrecht des Klägers und der Pressefreiheit der Beklagten falle jedoch zugunsten des Klägers aus. Dabei komme dem Umstand besondere Bedeutung zu, dass eine vollständige Veröffentlichung des ausschnittsweise abgedruckten Artikels in dem beworbenen Medium zu keiner Zeit geplant gewesen sei.

Die Beklagte könne sich nicht mit Erfolg darauf berufen, dass sie in einer Werbung mit einer Nullnummer auch Artikel verwenden dürfe, die später nicht erschienen seien. Zwar stehe eine mit zeitlichem Vorlauf veranstaltete Werbekampagne zur Markteinführung eines neuen Presseprodukts vor dem Problem, dass bei der Werbung eingesetzte Informationen zum Zeitpunkt des Erscheinens des Presseprodukts veraltet und damit nicht mehr von Interesse seien. Im Streitfall verdienten jedoch die Interessen des Klägers den Vorrang, weil der Informationsgehalt der

Werbung nicht nur wegen des zeitlichen Abstands zur Hochzeit, sondern vor allem wegen des nur ausschnittsweisen Abdrucks des Artikels erheblich herabgesetzt gewesen sei und sich vornehmlich den Sympathiewert des Klägers zunutze gemacht habe.

II. Die gegen diese Beurteilung gerichteten Angriffe der Revision haben Erfolg. Mit Recht macht die Revision geltend, dass ein Anspruch des Klägers auf Auskunftserteilung über die Werbekampagne für das „Cross-Media-Magazin" entgegen der Ansicht des Berufungsgerichts nicht mit der Begründung bejaht werden kann, dem Kläger stehe ein solcher Anspruch zur Vorbereitung eines Schadensersatzanspruchs aus § 823 Abs. 1 und 2 BGB in Verbindung mit §§ 22, 23 KUG wegen einer Verletzung seines Rechts am eigenen Bild zu. Die beanstandete Werbung der Beklagten verletzt dieses Recht des Klägers nicht.

1. Bildnisse einer Person dürfen grundsätzlich nur mit Einwilligung des Abgebildeten verbreitet werden (§ 22 Satz 1 KUG). Hiervon besteht nach § 23 Abs. 1 Nr. 1 KUG eine Ausnahme, wenn es sich um Bildnisse aus dem Bereich der Zeitgeschichte handelt. Diese Ausnahme gilt aber nicht für eine Verbreitung, durch die ein berechtigtes Interesse des Abgebildeten verletzt wird (§ 23 Abs. 2 KUG).

2. Die Beklagte hat die Fotografie des Klägers entgegen § 22 Satz 1 KUG ohne seine Einwilligung in ihrer Einführungswerbung für das „Cross-Media-Magazin" verwendet. Sie hat dadurch in das allgemeine Persönlichkeitsrecht des Klägers in seiner besonderen Ausprägung als Recht am eigenen Bild eingegriffen. Die Entscheidung, ob und in welcher Weise das eigene Bildnis für Werbezwecke zur Verfügung gestellt werden soll, ist wesentlicher Bestandteil des Persönlichkeitsrechts (BGH, Urteil vom 26. Oktober 2006 - I ZR 182/04, BGHZ 169, 340 Rn. 19 - Rücktritt des Finanzministers; Urteil vom 11. März 2009 - I ZR 8/07, GRUR 2009, 1085 Rn. 26 = WRP 2009, 1269 - Wer wird Millionär?; Urteil vom 29. Oktober 2009 - I ZR 65/07, GRUR 2010, 546 Rn. 14 = WRP 2010, 780 - Der strauchelnde Liebling).

Das Berufungsgericht ist rechtsfehlerfrei davon ausgegangen, dass die Beklagte nicht nur mit den Zeitungsanzeigen, die das vollständige Portraitfoto des Klägers zeigten, sondern auch mit der Internetwerbung, die das Portraitfoto des Klägers nur teilweise abbildete, in das Recht des Klägers am eigenen Bild eingegriffen hat. Ein Bildnis im Sinne von § 22 Satz 1 KUG ist die Darstellung einer Person, die deren äußere Erscheinung in einer für Dritte erkennbaren Weise wiedergibt (BGH, Urteil vom 9. Juni 1965 - Ib ZR 126/63, GRUR 1966, 102 - Spielgefährtin I, mwN). Dabei kommt es nicht darauf an, ob die äußere Erscheinung einer Person vollständig oder teilweise wiedergegeben wird. Entscheidend ist, dass Dritte erkennen können, welche Person gezeigt wird (vgl. BGH, Urteil vom 1. Dezember 1999 - I ZR 226/97, GRUR 2000, 715, 716 f. = WRP 2000, 754 - Der blaue Engel). Diese Voraussetzung ist hier erfüllt, auch wenn das in der Internetwerbung der

Beklagten gezeigte Bildnis des Klägers nur den oberen Teil des Kopfes (Haare, Stirn und eine Augenbraue) zeigt. Wegen der Nennung seines Namens war es nach den Feststellungen des Berufungsgerichts für den Betrachter deutlich, dass auf dem Foto der Kläger abgebildet war.

3. Die Beklagte kann sich grundsätzlich auf die Ausnahmebestimmung des § 23 Abs. 1 Nr. 1 KUG für Bildnisse aus dem Bereich der Zeitgeschichte berufen.

a) Der Begriff der Zeitgeschichte ist, um der Bedeutung und Tragweite der Pressefreiheit Rechnung zu tragen, nicht allein auf Vorgänge von historischer oder politischer Bedeutung zu beziehen, sondern vom Informationsinteresse der Öffentlichkeit her zu bestimmen (BVerfG, Urteil vom 15. Dezember 1999 - 1 BvR 653/96, BVerfGE 101, 361, 392; vgl. BGH, Urteil vom 28. Oktober 2008 - VI ZR 307/07, BGHZ 178, 213 Rn. 10 mwN). Der Anwendungsbereich des § 23 Abs. 1 Nr. 1 KUG ist daher eröffnet, wenn die Werbeanzeige nicht ausschließlich den Geschäftsinteressen des mit der Abbildung werbenden Unternehmens, sondern daneben auch einem Informationsinteresse der Öffentlichkeit dient (vgl. BGHZ 169, 340 Rn. 15 - Rücktritt des Finanzministers; BGH, GRUR 2009, 1085 Rn. 26 - Wer wird Millionär?; GRUR 2010, 546 Rn. 15 - Der strauchelnde Liebling).

b) Das Berufungsgericht hat angenommen, die vom Kläger beanstandeten Werbeanzeigen dienten zumindest auch einer Information der Allgemeinheit. Die Internetwerbung und die Zeitungsanzeigen enthielten Ausschnitte aus einem Zeitungsartikel über den Kläger, auch wenn der lesbare Informationsteil gering sein möge. Darüber hinaus werde damit Werbung für ein zukünftiges Presseprodukt betrieben. Die Revision der Beklagten nimmt diese Beurteilung als ihr günstig hin. Sie lässt, entgegen der Ansicht der Revisionserwiderung, auch keinen Rechtsfehler erkennen.

aa) Die Revisionserwiderung macht ohne Erfolg geltend, aus der rudimentären Wiedergabe des den Kläger betreffenden Artikels in den Anzeigen ergebe sich kein Informationsgehalt für die Allgemeinheit.

(1) In der Internetwerbung der Beklagten war - wie aus dem im Tatbestand wiedergegebenen Bildschirmausdruck ersichtlich - ein zusammengefaltetes Exemplar der Nullnummer des „Cross-Media-Magazins" abgebildet. Im unteren Teil der Abbildung waren nach den Feststellungen des Berufungsgerichts die Überschrift „Berlin/Hochzeit" und der Titel „Jauchs Hochzeit nicht völlig tabu" zu lesen, darüber hinaus die ersten Zeilen des Artikels, die mit dem einleitenden Satz „Entscheidung des Berliner Kammergerichts noch nicht endgültig" auf eine Entscheidung des Kammergerichts Bezug nehmen. Nach den rechtsfehlerfrei getroffenen Feststellungen des Berufungsgerichts bestand damals ein öffentliches Interesse an Presseberichten, die sich mit der gerichtlichen Auseinandersetzung um die Zulässigkeit einer Berichterstattung über die Hochzeit des Klägers befassten.

Unter diesen Umständen ist die Annahme des Berufungsgerichts, der Adressat der Internetwerbung habe dem lesbaren Teil des mit dem Portraitfoto des Klägers bebilderten Artikels die Information entnommen, dass eine gerichtliche Entscheidung dazu ergangen ist, ob bzw. in welchem Rahmen ein Interesse an einer Berichterstattung über die Hochzeit des Klägers anzuerkennen ist, rechtsfehlerfrei und insbesondere nicht erfahrungswidrig. Der Gehalt dieser Information mag, wie das Berufungsgericht angenommen hat, gering sein; er kann aber entgegen der Ansicht der Revisionserwiderung nicht vollständig geleugnet werden.

(2) Die drei Zeitungsanzeigen der Beklagten vom 16., 23. und 30. Juli 2006, die jeweils etwas mehr als eine viertel Seite der Sonntagszeitung einnahmen, zeigten - wie aus der im Tatbestand beispielhaft wiedergegebenen Anzeige vom 16. Juli 2006 ersichtlich - die Titelseite der Nullnummer des „Cross-Media-Magazins" als unvollständiges Puzzle. Sämtliche Anzeigen ließen in der Mitte der Titelseite der Nullnummer ein Puzzlestück mit einem Ausschnitt aus dem Artikel über den Kläger erkennen, wobei dessen - hier vollständiges - Portraitfoto den größten Platz einnahm. Nach den Feststellungen des Berufungsgerichts waren sowohl ein Teil der Überschrift („nicht völlig tabu") als auch wenige vollständige Zeilen des Textes zu lesen.

Es kann dahinstehen, ob die Feststellungen des Berufungsgerichts - wie die Revisionserwiderung geltend macht - insofern erfahrungswidrig sind, als der links neben dem Porträtfoto des Klägers befindliche Text in den Zeitungsanzeigen so klein gedruckt ist, dass er nicht zu entziffern ist. Der in den wenigen vollständigen Zeilen stehende Text „Berichterstattungsinteresse daran anzuerkennen, dass er in bekannten Sehenswürdigkeiten heiraten wolle, selbst wenn dadurch Schaulustige angelockt werden könnten" ist - wie der Senat selbst feststellen kann - zwar in der vorgelegten Kopie des Originals der Titelseite gut zu lesen, nicht aber in den zur Akte gereichten Kopien der drei Werbeanzeigen; ob er in den - möglicherweise größeren - Originalen der Werbeanzeigen lesbar war, ist vom Berufungsgericht nicht festgestellt und kann letztlich auch offenbleiben. Selbst wenn dieser Text nicht lesbar war und der lesbare Text „nicht völlig tabu" in Verbindung mit dem unmittelbar darunter abgebildeten Porträtfoto des Klägers - wie die Revisionserwiderung geltend macht - keinerlei Informationswert hat, haben die Zeitungsanzeigen jedenfalls insofern einen Informationswert, als sie den Werbeadressaten einen Eindruck von der Gestaltung und dem Inhalt des geplanten „Cross-Media-Magazins" vermitteln (dazu sogleich).

bb) Die beanstandeten Werbeanzeigen enthalten - auch soweit sie den mit dem Porträtfoto des Klägers bebilderten Artikel nur ausschnittsweise und dessen Text nur schlecht oder nicht lesbar wiedergeben - jedenfalls eine Information der Allgemeinheit über die Gestaltung und den Inhalt des „Cross-Media-Magazins" und dienen damit einem Informationsinteresse der Öffentlichkeit.

(1) Die Abbildung eines zusammengefalteten Exemplars der Nullnummer des „Cross-Media-Magazins" in der Internetwerbung vermittelt, wie auch die Revisionserwiderung nicht in Abrede stellt, einen Eindruck von der Gestaltung und dem Inhalt des angekündigten Presseerzeugnisses.

Die Revisionserwiderung des Klägers macht ohne Erfolg geltend, das Berufungsgericht habe das Vorbringen des Klägers nicht berücksichtigt, dass dieser Eindruck keinen Informationsgehalt aufweise, weil er über die wahre Gestaltung und den eigentlichen Inhalt dieses Medienprodukts täusche. Die Internetwerbung erwecke den Eindruck, bei dem „Cross-Media-Magazin" handele es sich um eine Zeitung mit überwiegend redaktionellem Inhalt. Tatsächlich sei das Magazin aber kaum mehr als ein Anzeigenblatt. Aus dem von der Beklagten vorgelegten und vom Berufungsgericht nicht berücksichtigten Druck-Exemplar einer Nullnummer vom 3. August 2006 gehe hervor, dass jede einzelne Seite des „Cross-Media-Magazins" zum überwiegenden Teil aus Werbeanzeigen und nur zu einem weitaus geringeren Teil aus Artikeln mit redaktionellem Inhalt bestehe.

Das Berufungsgericht hat kein entscheidungserhebliches Vorbringen des Klägers übergangen. Entgegen der Ansicht der Revisionserwiderung vermittelt die Internetwerbung nicht den Eindruck, bei dem „Cross-Media-Magazin" handele es sich um eine Zeitung mit überwiegend redaktionellem Inhalt. Auch dies kann der Senat aufgrund des im Tatbestand abgebildeten Bildschirmausdrucks selbst beurteilen. In der linken Spalte der Titelseite der Nullnummer befindet sich das Inhaltsverzeichnis des Magazins. Dieses Inhaltsverzeichnis weist unter den Rubriken „Online gestalten", „Partnerbörse", „Immobilienbörse", „Jobbörse" und „Suchen und finden" erkennbar nahezu ausschließlich auf Anzeigen im Innenteil der Zeitung hin („Veranstaltungen", „Anzeigen aufgeben", „Partner suchen", „Immobilien suchen", „Immobilien aufgeben", „Stellengesuch", „Stellenangebot").

(2) Die Revisionserwiderung macht weiter ohne Erfolg geltend, den Zeitungsanzeigen könne noch nicht einmal ansatzweise entnommen werden, welche Gestalt und welchen Inhalt das von der Beklagten geplante „Cross-Media-Magazin" haben werde. Der weit überwiegende Teil der Titelseite sei lediglich mit weißer Farbe bedruckt. Allein das im Mittelpunkt platzierte Bildnis des Klägers mit den darüber stehenden Wörtern „nicht völlig tabu" sei deutlich zu erkennen.

Die in der Osnabrücker Sonntagszeitung vom 16., 23. und 30. Juli 2006 veröffentlichten Werbeanzeigen sind mit den Überschriften „Die ganz neue Partnerbörse", „Der ganz neue Wohnungs- und Immobilienmarkt" und „Der ganz neue Automarkt" versehen und machen damit deutlich, dass es sich bei der beworbenen Zeitung, die „ab 14. September im Internet und in 237.082 Haushalten in und um Osnabrück" erscheinen soll, um eine Zeitung handelt, die einen neuen Markt auf den genannten Gebieten eröffnen soll und demnach insbesondere einen entsprechenden Anzeigenteil enthält. Die in den Werbeanzeigen als unvollständiges Puzzle abgebildete Titelseite einer Ausgabe des neuen Presseerzeugnisses lässt auf den vorhandenen Puzzleteilen darüber hinaus erkennen, dass die beworbene Zeitung nicht nur Werbung, sondern - jedenfalls in der mittleren Spalte der Titelseite - auch redaktionelle Beiträge aufweist. Daraus, dass das Porträtfoto des Klägers ersichtlich einem solchen - wenn auch möglicherweise bis auf die Wörter „nicht völlig tabu" nicht lesbaren - redaktionellen Beitrag zugeordnet ist, geht hervor, dass das Magazin auch eine redaktionelle Berichterstattung über prominente Personen enthält.

Darüber hinaus berücksichtigt die Revisionserwiderung nicht hinreichend, dass die fehlenden Puzzleteile der Titelseite unter der transparenten weißen Farbe durchschienen und bei der - im Tatbestand abgebildeten - Anzeige vom 16. Juli 2006 zwar nur zwei Puzzlestücke die Nullnummer erkennen ließen, bei den Anzeigen vom 23. und vom 30. Juli 2006 aber jeweils ein weiteres Puzzlestück hinzukam. Die Werbekampagne war demnach ersichtlich darauf angelegt, die Neugier der Werbeadressaten auf die Titelseite und damit auf die Gestaltung und den Inhalt des neuen Presseerzeugnisses zu lenken und diese Neugier nach und nach dadurch zu befriedigen, dass das sechsteilige Puzzle von Woche zu Woche durch ein jeweils hinzukommendes Puzzleteil vervollständigt wird und schließlich die vollständige Titelseite des neuen Magazins zu sehen ist.

4. Die Prüfung, ob die in der Werbekampagne der Beklagten verwendete Fotografie des Klägers als Bildnis aus dem Bereich der Zeitgeschichte im Sinne von § 23 Abs. 1 Nr. 1 KUG ohne seine Einwilligung verbreitet werden darf, erfordert eine Abwägung zwischen dem Interesse des Klägers am Schutz seiner Persönlichkeit und dem von der Beklagten wahrgenommenen Informationsinteresse der Öffentlichkeit (vgl. BGHZ 169, 340 Rn. 18 - Rücktritt des Finanzministers; BGH, GRUR 2009, 1085 Rn. 15 - Wer wird Millionär?; GRUR 2010, 546 Rn. 16 - Der strauchelnde Liebling).

a) Der Eingriff in das Persönlichkeitsrecht des Klägers wiegt, wie das Berufungsgericht zutreffend angenommen hat, nicht besonders schwer.

aa) Das Gewicht des Eingriffs in das allgemeine Persönlichkeitsrecht einer prominenten Person, die ohne ihre Einwilligung in einer Werbeanzeige abgebildet wird, bemisst sich vor allem nach dem Ausmaß, in dem die Werbung den Werbewert und das Image der Person ausnutzt. Besonderes Gewicht hat ein solcher Eingriff, wenn die Werbung den Eindruck erweckt, die abgebildete Person identifiziere sich mit dem beworbenen Produkt, empfehle es oder preise es an (vgl. BGHZ 169, 340 Rn. 19 - Rücktritt des Finanzministers, mwN). Erhebliches Gewicht kommt einem derartigen Eingriff auch dann zu, wenn durch ein unmittelbares Nebeneinander der Ware und des Abgebildeten in der Werbung das Interesse der Öffentlichkeit an der Person und deren Beliebtheit auf die Ware übertragen wird, weil der Betrachter der Werbung eine gedankliche Verbindung zwischen dem Abgebildeten und dem beworbenen Produkt herstellt, die zu einem Imagetransfer führt (BGH, GRUR 2009, 1085 Rn. 31 - Wer wird Millionär?, mwN). Dagegen hat der Eingriff geringeres Gewicht, wenn die Abbildung einer prominenten Person in der Werbung weder Empfehlungscharakter hat noch zu einem Imagetransfer führt, sondern lediglich die Aufmerksamkeit des Betrachters auf das beworbene Produkt lenkt (BGH, GRUR 2010, 546 Rn. 19 - Der strauchelnde Liebling).

Nach den rechtsfehlerfrei getroffenen Feststellungen des Berufungsgerichts erweckt die in der Internetwerbung und den Zeitungsanzeigen erkennbare Abbildung des Klägers auf der Titelseite der Zeitung nicht den Eindruck, der Kläger empfehle das beworbene Medienprodukt. Entgegen der Ansicht der Revisionserwiderung kann aufgrund der vom Berufungsgericht getroffenen Feststellungen auch nicht angenommen werden, dass der Betrachter der Werbung eine gedankliche Verbindung zwischen dem Kläger und dem „Cross-Media-Magazin" herstellt, die dazu führt, dass der Betrachter das Interesse am Kläger und dessen Beliebtheit auf das „Cross-Media-Magazin" überträgt. Auch die - im Tatbestand abgebildete - Zeitungsanzeige vom 16. Juli 2006 hat entgegen der Ansicht der Revisionserwiderung keinen solchen Imagetransfer zur Folge.

Das Berufungsgericht hat allerdings angenommen, diese Anzeige stelle einen subtilen Bezug zwischen dem Werbeslogan „Die ganz neue Partnerbörse" und den herabrieselnden Herzen einerseits sowie dem darunter befindlichen Puzzlestück mit dem Foto des Klägers und dem mit Fettdruck hervorgehobenen Titelausschnitt „nicht völlig tabu" andererseits her. Daraus werde besonders deutlich, dass es der Beklagten nicht um eine Vermittlung von Informationen, sondern um eine Anpreisung ihres Produktes mit der naheliegenden Aussage gegangen sei, auch das Privatleben und die Person des Klägers seien „nicht völlig tabu". Diese Feststellungen rechtfertigen zwar die Annahme, dass die Beklagte die Aufmerksamkeit der Werbeadressaten mit der Abbildung des Klägers auf das beworbene „Cross-Media-Magazin" lenken wollte; sie bieten aber keinen Anhaltspunkt dafür, dass die Beklagte den Werbewert oder das Image des Klägers über diese Aufmerksamkeitswerbung hinaus zur Werbung für ihr Presseerzeugnis ausgenutzt hat.

bb) Der Eingriff in das Persönlichkeitsrecht des Klägers betrifft auch lediglich die - einfachrechtlich geschützten - vermögenswerten Bestandteile des allgemeinen Persönlichkeitsrechts einschließlich des Rechts am eigenen Bild und berührt nicht die - auch verfassungsrechtlich gewährleisteten - ideellen Bestandteile des allgemeinen Persönlichkeitsrechts des Klägers (vgl. BGH, Urteil vom 1. Dezember 1999 - I ZR 49/97, BGHZ 143, 214, 218 ff. - Marlene Dietrich; BVerfG, Kammerbeschluss vom 22. August 2006 - 1 BvR 1168/04, GRUR 2006, 1049, 1050 f. = WRP 2006, 1361; BGHZ 169, 340 Rn. 21 - Rücktritt des Finanzministers; BGH,

GRUR 2010, 546 Rn. 21 - Der strauchelnde Liebling). Bei der verwendeten Fotografie handelt es sich um eine neutrale Porträtaufnahme, die den Kläger nicht ungünstig darstellt. Übertitel und Haupttitel sowie Text des Beitrags beeinträchtigen das Ansehen des Klägers nicht.

b) Die Revision beanstandet mit Recht, dass das Berufungsgericht der Pressefreiheit der Beklagten ein zu geringes Gewicht beigemessen hat.
aa) Das Berufungsgericht ist zutreffend davon ausgegangen, dass die Werbung eines Unternehmens für das eigene Presseerzeugnis ebenso wie das Presseerzeugnis selbst den Schutz der Pressefreiheit genießt (BGH, GRUR 2010, 546 Rn. 23 - Der strauchelnde Liebling, mwN). Danach darf auf dem Titelblatt eines Presseerzeugnisses mit dem Bildnis einer prominenten Person geworben werden, wenn das Presseerzeugnis eine dem Schutz der Pressefreiheit unterliegende Berichterstattung über diese Person enthält (BGH, Urteil vom 14. März 1995 - VI ZR 52/94, WRP 1995, 613, 614 f. - Chris Revue) oder bereits das Titelblatt eine die Abbildung rechtfertigende Berichterstattung aufweist (vgl. BGH, GRUR 2009, 1085 Rn. 17 ff. - Wer wird Millionär?). Das gilt nicht nur für die Werbung auf dem Titelblatt der Zeitung selbst, sondern auch für eine Werbung in Anzeigen, in denen - wie hier - das Titelblatt der Zeitung abgebildet ist (vgl. BGH, GRUR 2010, 546 Rn. 24 - Der strauchelnde Liebling).
Jedenfalls die Abbildung des zusammengefalteten Exemplars der Nullnummer des „Cross-Media-Magazins" in der Internetwerbung der Beklagten enthält - wie oben II 3 b aa (Rn. 17 ff.) ausgeführt - mit dem Übertitel, dem Haupttitel und den lesbaren Textstellen eine durch die Pressefreiheit geschützte Berichterstattung. Sie ist entgegen der Ansicht der Revisionserwiderung nicht so inhaltsarm, dass sie ein die Persönlichkeitsrechte des Klägers überwiegendes Informationsinteresse der Werbeadressaten nicht befriedigen könnte. Sie informiert den Leser über den Stand der gerichtlichen Auseinandersetzungen des Klägers zur Verhinderung einer Berichterstattung über seine Hochzeit. An einer solchen Berichterstattung hatte die Öffentlichkeit damals ein erhebliches Interesse.
bb) Darüber hinaus ist der Pressefreiheit der Beklagten im Streitfall besonderes Gewicht beizumessen, weil sämtliche Werbeanzeigen - wie oben II 3 b bb (Rn. 22 ff.) ausgeführt - dazu bestimmt und geeignet waren, die Öffentlichkeit über die Gestaltung und den Inhalt des geplanten Presseerzeugnisses zu unterrichten. Dem steht nicht entgegen, dass der mit dem Porträtfoto des Klägers bebilderte Artikel in den Werbeanzeigen nur ausschnittsweise wiedergegeben und in den Zeitungsanzeigen nur schlecht oder nicht zu lesen ist.
c) Die gebotene Abwägung der betroffenen Interessen ergibt, dass im Streitfall der Pressefreiheit der Beklagten gegenüber dem Persönlichkeitsrecht des Klägers größeres Gewicht zukommt.
aa) Bei der Interessenabwägung ist zu berücksichtigen, dass die - hier allein betroffenen (vgl. oben Rn. 34) - vermögensrechtlichen Bestandteile des allgemeinen Persönlichkeitsrechts des Klägers einschließlich seines Rechts am eigenen Bild nur einfachrechtlich geschützt sind, während die Beklagte sich auf das verfassungsrechtlich geschützte Grundrecht der Pressefreiheit (Art. 5 Abs. 1 Satz 2 GG,

Art. 10 Abs. 1 EMRK) berufen kann. Den nur einfachrechtlich geschützten vermögensrechtlichen Bestandteilen des Persönlichkeitsrechts kommt nicht grundsätzlich der Vorrang gegenüber der verfassungsrechtlich geschützten Pressefreiheit zu (vgl. BGH, Urteil vom 5. Juni 2008 - I ZR 96/07, GRUR 2008, 1124 Rn. 14 = WRP 2008, 1524 - Zerknitterte Zigarettenschachtel; BGH, GRUR 2010, 546 Rn. 28 - Der strauchelnde Liebling).

bb) Das Berufungsgericht hat bei der erforderlichen Abwägung der betroffenen Interessen zu Unrecht dem Umstand besondere Bedeutung zugemessen, dass eine vollständige Veröffentlichung des ausschnittsweise abgedruckten Artikels in dem beworbenen Medium zu keiner Zeit geplant war.

(1) Da die Freiheit zur Gründung und Gestaltung von Presseerzeugnissen im Zentrum der Pressefreiheit steht (BVerfG, Beschluss vom 14. Januar 1998 - 1 BvR 1861/93, 1 BvR 1864/96, 1 BvR 2073/97, BVerfGE 97, 125, 144 mwN), erstreckt sich deren Schutz in besonderem Maße auf die Werbung zur Einführung eines neuen Presseerzeugnisses. Ein Verlag hat ein erhebliches, berechtigtes Interesse, im Rahmen einer solchen Einführungswerbung mit der Abbildung eines Titelblatts zu werben, um den Werbeadressaten - das ist im Streitfall vor allem die werbetreibende Wirtschaft - das Aussehen und die Ausrichtung der neuen Zeitung vor Augen zu führen. Der Schutz des Art. 5 Abs. 1 Satz 2 GG umfasst deshalb die Werbung mit der Abbildung einer Titelseite, die die Öffentlichkeit beispielhaft über Gestaltung und Inhalt des neuen Presseerzeugnisses informiert (vgl. BGH, GRUR 2010, 546 Rn. 26 - Der strauchelnde Liebling).

(2) Das Berufungsgericht hat zutreffend erkannt, dass eine mit zeitlichem Vorlauf veranstaltete Werbekampagne zur Markteinführung eines neuen Presseprodukts vor dem Problem steht, dass bei der Werbung eingesetzte Informationen zum Zeitpunkt des Erscheinens des Presseprodukts veraltet und damit nicht mehr von Interesse sind. Dennoch hat es angenommen, die Beklagte könne sich nicht mit Erfolg darauf berufen, dass sie in einer Werbung mit einer Nullnummer eines Presseprodukts auch Artikel verwenden dürfe, die später nicht erscheinen.

Entgegen der Ansicht des Berufungsgerichts hat das - jedenfalls bis zum Zeitpunkt des Erscheinens der Erstausgabe die Interessen des Klägers grundsätzlich überwiegende - Interesse der Beklagten, mit der beispielhaften Titelseite einer fiktiven Ausgabe der geplanten Zeitung werben zu dürfen, nicht deshalb geringeres Gewicht, weil der Artikel, der auf der Titelseite der abgebildeten Zeitung neben dem Porträtfoto des Klägers ausschnittsweise abgedruckt ist, nicht in dem beworbenen Magazin erscheinen sollte. Die Beklagte war nicht verpflichtet, das in der Einführungswerbung abgebildete Zeitungsexemplar mit den dort abgedruckten Beiträgen tatsächlich auf den Markt zu bringen. Die Pressefreiheit würde übermäßig eingeschränkt, wenn ein Verlag, der für eine künftig erscheinende Zeitung in zulässiger Weise mit der Abbildung einer beispielhaften Titelseite wirbt, verpflichtet wäre, Beiträge zu Themen zu veröffentlichen, die zum Zeitpunkt des Beginns der Werbekampagne aktuell waren, zum Zeitpunkt des Erscheinens der Erstausgabe aber möglicherweise überholt sind (BGH, GRUR 2010, 546 Rn. 31 - Der strauchelnde Liebling).

cc) Das Berufungsgericht hat weiter angenommen, bei der erforderlichen Abwägung verdienten die Interessen des Klägers den Vorrang, weil der Informationsgehalt der Werbung nicht nur wegen des zeitlichen Abstands zur Hochzeit, sondern vor allem wegen des nur ausschnittsweise erfolgten Abdrucks des Artikels erheblich herabgesetzt gewesen sei und sich vornehmlich den Sympathiewert des Klägers zunutze gemacht habe.

(1) Das Berufungsgericht hat die Anforderungen an die Zulässigkeit einer Einführungswerbung für Presseerzeugnisse überspannt, indem es dem Umstand entscheidende Bedeutung beigemessen hat, dass der Informationsgehalt der Werbung wegen des zeitlichen Abstands zur Hochzeit erheblich herabgesetzt gewesen sei. Eine Einführungswerbung für ein Presseerzeugnis benötigt erfahrungsgemäß eine gewisse Vorlaufzeit. Wird in der Einführungswerbung in zulässiger Weise mit der Abbildung einer beispielhaften Titelseite dieses Presseerzeugnisses geworben, darf diese daher Beiträge zu Themen enthalten, die zum Zeitpunkt des Beginns der Werbekampagne aktuell waren, im Verlauf der Werbekampagne aber möglicherweise an Aktualität verlieren. Es kann nicht verlangt werden, dass in einer Einführungswerbung für ein Presseerzeugnis ständig neue Titelseiten von Nullnummern hergestellt und verwendet werden, die Beiträge zu Themen enthalten, die am Tage des Erscheinens der jeweiligen Anzeige aktuell sind.

(2) Das Berufungsgericht hat ferner damit, dass es den Interessen des Klägers den Vorrang eingeräumt hat, weil der Informationsgehalt der Werbung wegen des nur ausschnittsweisen Abdrucks des Artikels erheblich herabgesetzt gewesen sei, zu hohe Anforderungen an den Informationswert einer von der Pressefreiheit geschützten Berichterstattung gestellt und die Besonderheiten einer Einführungswerbung für ein Presseerzeugnis nicht hinreichend berücksichtigt. Auch eine Berichterstattung mit geringem Informationswert ist von der Pressefreiheit geschützt (BGH, WRP 1995, 613, 615 - Chris Revue). Zudem liegt der Informationswert einer Einführungswerbung für ein Presseerzeugnis vor allem in der Unterrichtung der Öffentlichkeit über dessen Inhalt und Gestaltung. Dieser Informationswert wird nicht dadurch herabgesetzt, dass der Text eines Artikels, der sich auf der beispielhaft abgebildeten Titelseite des Presseerzeugnisses befindet, nicht vollständig abgedruckt ist.

(3) Entgegen der Ansicht des Berufungsgerichts hat die Werbung sich auch nicht vornehmlich den Sympathiewert des Klägers zunutze gemacht. Das Berufungsgericht hat angenommen, der Beklagten sei es nicht um die Information über die Hochzeit des Klägers, sondern um die Ausnutzung der Bekanntheit und Beliebtheit des Klägers für ihre wirtschaftlichen Eigeninteressen gegangen. Dies ergebe sich vor allem aus den Zeitungsanzeigen, in denen vor allem das Porträtfoto des Klägers als Blickfang in der Mitte der Nullnummer Aufmerksamkeit errege. Auch

bei dieser Beurteilung vernachlässigt das Berufungsgericht, dass die Zeitungsanzeigen die Öffentlichkeit ersichtlich nicht in erster Linie über die Hochzeit des Klägers, sondern über den Inhalt und die Gestaltung des geplanten „Cross-Media-Magazins" unterrichten sollten. Mit der Abbildung eines Porträtfotos des Klägers hat die Beklagte zwar - wie unter II 4 a aa (Rn. 31 ff.) ausgeführt - die Aufmerksamkeit der Werbeadressaten auf Inhalt und Gestaltung der geplanten Zeitung gelenkt; sie hat den Werbewert oder das Image des Klägers aber nicht über diese Aufmerksamkeitswerbung hinaus ausgenutzt.

dd) Entgegen der Ansicht der Revisionserwiderung erweisen sich die beanstandeten Anzeigen auch nicht deswegen als rechtswidrig, weil es der Beklagten möglich gewesen wäre, ein anderes - bereits erschienenes - Testexemplar abzubilden.

Allerdings verletzt die Werbung für eine geplante Zeitung mit der Titelseite eines Testexemplars, auf der eine prominente Person abgebildet ist, das Recht dieser Person am eigenen Bild von dem Zeitpunkt an, zu dem es dem Werbenden möglich und zumutbar war, die Abbildung der Titelseite des Testexemplars durch die Abbildung der Titelseite einer tatsächlich erschienenen Ausgabe der Zeitung zu ersetzen (BGH, GRUR 2010, 546 Rn. 32 - Der strauchelnde Liebling).

Die Revisionserwiderung macht ohne Erfolg geltend, die Beklagte hätte danach das Titelblatt der von der Beklagten zu den Akten gereichten, bereits in gedruckter Form vorliegenden Nullnummer des „Cross-Media-Magazins" vom 3. August 2006 abbilden müssen und nicht das den Kläger zeigende, rein fiktive Titelblatt. Die Beklagte hat ihr Vorhaben, das geplante „Cross-Media-Magazin" auf den Markt zu bringen, noch vor dem Erscheinen einer Erstausgabe eingestellt. Auch die Ausgabe des „Cross-Media-Magazins" vom 3. August 2006 ist daher nicht erschienen.

III. Die Entscheidung des Berufungsgerichts stellt sich auch nicht aus anderen Gründen als richtig dar (§ 561 ZPO). Der Kläger kann von der Beklagten keinen Schadensersatz (§ 823 Abs. 1 und 2 BGB) oder Bereicherungsausgleich (§ 812 Abs. 1 Satz 1 Fall 2 BGB) wegen eines Eingriffs in sein Namensrecht (§ 12 BGB) beanspruchen. Ihm steht daher auch unter diesem rechtlichen Gesichtspunkt kein Anspruch auf Auskunftserteilung über die Werbekampagne zu.

1. Durch die Nennung seines Namens in der Werbung ist zwar in das Recht des Klägers eingegriffen worden, darüber zu bestimmen, ob der eigene Name zu Werbezwecken benutzt werden darf (vgl. BGH, Urteil vom 18. März 1959 - IV ZR 182/58, BGHZ 30, 7, 9 ff. - Caterina Valente; Urteil vom 26. Juni 1981 - I ZR 73/79, BGHZ 81, 75, 78 - Carrera). Diese Befugnis stellt, soweit sie dem Schutz kommerzieller Interessen des Namensträgers dient, ebenfalls einen vermögenswerten Bestandteil des Persönlichkeitsrechts dar (BGHZ 143, 214, 230 - Marlene Dietrich).

2. Die gebotene Abwägung der Interessen führt aber dazu, dass dem Interesse der Beklagten an einer Information der Allgemeinheit über die Gestaltung und Ausrichtung ihrer neuen Zeitung gegenüber dem Interesse des Klägers am Schutz seines Namensrechts der Vorrang einzuräumen ist. Insofern kann auf die Ausführungen zum Recht am eigenen Bild (Rn. 10 ff.) verwiesen werden.

IV. Danach ist das Berufungsurteil aufzuheben. Die Berufung des Klägers gegen das Urteil des Landgerichts ist zurückzuweisen. Die Kostenentscheidung beruht auf § 91 Abs. 1, § 97 Abs. 1 ZPO.

Entscheidungsdatum: 07.12.2010
Aktenzeichen: VI ZR 34/09
Normen: § 22 KunstUrhG, Art 5 Abs 1 S 2 GG
Bildnisschutz: Austausch von Bildnissen zwischen Bildarchiv und Presseunternehmen

Orientierungssatz

Die Weitergabe von Bildnissen durch ein Bildarchiv an ein Presseunternehmen kann mit Blick auf die Pressefreiheit nicht als Verbreitungshandlung im Sinne des § 22 KUG qualifiziert werden.

Tenor

Auf die Revision der Beklagten wird das Urteil des 11. Zivilsenats des Oberlandesgerichts Frankfurt am Main vom 23. Dezember 2008 aufgehoben.

Die Berufung des Klägers gegen das Urteil der 3. Zivilkammer des Landgerichts Frankfurt am Main vom 17. April 2008 wird zurückgewiesen.

Die Kosten der Rechtsmittelverfahren hat der Kläger zu tragen.

Von Rechts wegen

Tatbestand

Der Kläger wurde mehrfach wegen Tötungsdelikten verurteilt und verbüßt seit 1983 eine lebenslange Freiheitsstrafe. Über die gegen ihn geführten Strafprozesse wurde in den fünfziger und sechziger Jahren des vorigen Jahrhunderts sowie über den letzten Fall 1983 bundesweit umfangreich in der Presse berichtet. Die Beklagte betreibt ein Bildarchiv zur kommerziellen Nutzung durch Presseunternehmen. Sie stellte der Playboy Deutschland Publishing GmbH zwei Bildnisse des

Klägers zur Verfügung, welche diese zur Illustration eines in der Dezemberausgabe 2006 des "Playboy" unter dem Titel "Die Akte H... Psychogramm eines Jahrhundert-Mörders" veröffentlichten Artikels verwendete. Der Kläger sieht darin eine Verletzung seines Persönlichkeitsrechts und nimmt die Beklagte auf Unterlassung der erneuten Verbreitung dieser Bildnisse in Anspruch.

Das Landgericht (AfP 2008, 637) hat die Klage abgewiesen. Das Berufungsgericht (OLGR Frankfurt 2009, 334) hat ihr auf die Berufung des Klägers im Wesentlichen stattgegeben. Mit der vom erkennenden Senat zugelassenen Revision begehrt die Beklagte die Wiederherstellung des erstinstanzlichen Urteils.

Entscheidungsgründe

I. Das Berufungsgericht führt im Wesentlichen aus:

Dem Kläger stehe ein Unterlassungsanspruch aus § 22 KunstUrhG zu, weil die Beklagte seine Bildnisse ohne seine Einwilligung verbreitet habe und eine Ausnahme gemäß § 23 Abs. 1 KunstUrhG nicht vorliege. Der Kläger sei auf den Bildern erkennbar, auch wenn diese bereits vor Jahrzehnten aufgenommen worden seien. Bei der Weitergabe an den Zeitschriftenverlag handele es sich auch um eine Verbreitungshandlung. Es handele sich nicht um Bildnisse aus dem Bereich der Zeitgeschichte, weil es an dem erforderlichen aktuellen Bezug fehle. Es gehe vorliegend allein um das Recht des Klägers am eigenen Bild als spezifische Ausprägung des Persönlichkeitsrechts, das mehr als 20 Jahre nach der letzten Verurteilung einer identifizierenden Berichterstattung ohne aktuellen Anlass entgegenstehe, weil dem Selbstbestimmungsrecht des Klägers nach so langer Zeit in jedem Fall Vorrang gegenüber einem eher Unterhaltungszwecken dienenden Informationsinteresse der Öffentlichkeit zukomme. Die Beklagte habe durch die Herausgabe der Bildnisse ohne Prüfung einer Einwilligung und ohne Rechtfertigung gemäß § 23 Abs. 1 KunstUrhG das Persönlichkeitsrecht des Klägers rechtswidrig verletzt. Sie genieße zwar grundsätzlich den Schutz des Art. 5 Abs. 1 Satz 2 GG, weil sie presseexterne Tätigkeit ausübe, bei der es sich um eine typischerweise pressebezogene Tätigkeit handele. Deshalb sei zu berücksichtigen, dass eine Beschränkung ihrer Tätigkeit geeignet wäre, die Bildberichterstattung der Medien und damit auch die Meinungsfreiheit zu beschränken. Dies führe jedoch nicht zu einer generellen und weitgehenden Haftungsfreistellung einer Bildagentur oder eines Pressearchivs. In Anbetracht der Umstände des Falls habe die Beklagte Anlass gehabt, sich nach dem Vorliegen einer Einwilligung oder einer Rechtfertigung zu erkundigen. Keinesfalls habe sie ihre eigene Verantwortlichkeit auf den Zeitungsverlag verlagern können. Die pauschale Behauptung, die Arbeit von Agenturen würde in nicht mehr hinnehmbarer Weise erschwert, wenn ihnen die Prüfung der Rechtmäßigkeit einer Bildveröffentlichung im Einzelfall obliegen würde, genüge nicht, um eine Abwägung der grundrechtlich geschützten Bereiche des Persönlichkeitsrechts und des Rechts auf Presse- und Informationsfreiheit generell zugunsten von Bildagenturen vorzunehmen. Die Beklagte werde mit dem aufgrund der eindeutigen Rechtslage erforderlichen Prüfungsaufwand auch nicht unzumutbar belastet.

II. Die dagegen gerichtete Revision hat Erfolg.
1. Entgegen der Auffassung des Berufungsgerichts steht dem Kläger der geltend gemachte Unterlassungsanspruch nicht zu. Die Beklagte hat sein Persönlichkeitsrecht durch die Weitergabe der Bilder an den Presseverlag nicht rechtswidrig verletzt.

Nach Ansicht des erkennenden Senats liegen bereits die tatbestandlichen Voraussetzungen des § 22 KunstUrhG nicht vor. Mit Recht beanstandet die Revision die Ausführungen des Berufungsgerichts zum Begriff des Verbreitens im Sinne dieser Vorschrift. Darauf, ob der Begriff in gleicher Weise wie in § 17 UrhG zu verstehen ist (zum Streitstand vgl. etwa Dreier in Dreier/Schulze, UrhG, 3. Aufl., § 22 KunstUrhG Rn. 9 einerseits und von Strobl-Albeg, in Wenzel, Das Recht der Wort- und Bildberichterstattung, 5. Aufl., Kap. 7 Rn. 43, S. 435 andererseits), kommt es bei Fallgestaltungen der vorliegenden Art nicht an. Vielmehr ist darauf abzustellen, ob ein Informationsaustausch, der quasi im presseinternen Bereich stattfindet und das Persönlichkeitsrecht eines Betroffenen allenfalls geringfügig beeinträchtigt, mit Blick auf die Pressefreiheit als Verbreitungshandlung qualifiziert werden kann. Dies ist in solchen Fällen grundsätzlich zu verneinen.

Der Schutzbereich der in Art. 5 Abs. 1 Satz 2 GG verbürgten Pressefreiheit ist berührt, wenn es um die im Pressewesen tätigen Personen in Ausübung ihrer Funktion, um ein Presseerzeugnis selbst, um seine institutionell-organisatorischen Voraussetzungen und Rahmenbedingungen sowie um die Institution einer freien Presse überhaupt geht (BVerfGE 85, 1, 12 f.). Die besondere Garantie der Pressefreiheit betrifft die einzelne Meinungsäußerungen übersteigende Bedeutung der Presse für die freie individuelle und öffentliche Meinungsbildung (BVerfGE 20, 162, 175 f.; 85, 1, 12). Die Pressefreiheit gewährleistet sowohl als Grundrecht des Einzelnen wie als Garantie des Instituts "Freie Presse" nicht nur die Freiheit der Verbreitung von Nachrichten und Meinungen; sie schützt vielmehr auch den gesamten Bereich publizistischer Vorbereitungstätigkeit, zu der insbesondere die Beschaffung von Informationen gehört (BVerfGE 10, 118, 121; 12, 205, 260; 20, 162, 176; 21, 271, 279; 36, 193, 204; 50, 234, 240; 77, 346, 354; 85, 1, 12; BVerfG NJW 2001, 503, 504; NJW 1995, 184, 185; NJW 1996, 310). Erst der prinzipiell ungehinderte Zugang zur Information versetzt die Presse in den Stand, die ihr in der freiheitlichen Demokratie eröffnete Rolle wirksam wahrzunehmen (BVerfGE 50, 234, 240).

Das Grundrecht der Pressefreiheit garantiert als objektives Recht die Freiheit des Pressewesens insgesamt. Der Schutz der Pressefreiheit beschränkt sich nicht auf die unmittelbar inhaltsbezogenen Pressetätigkeiten, sondern erfasst im Interesse einer ungehinderten Meinungsverbreitung auch inhaltsferne Hilfsfunktionen von Presseunternehmen (vgl. BVerfGE 25, 296, 304; BVerfGE 64, 108, 114 f.; 77, 346, 354). Im Einzelnen kommt es für die Definition des Schutzbereichs darauf an, was notwendige Bedingung des Funktionierens einer freien Presse ist (BVerfGE 66, 116, 134; 77, 346, 354). Zwar wird nicht jede selbstständige Dienstleistung in den Schutzbereich von Art. 5 Abs. 1 Satz 2 GG einbezogen, die der Presse zugutekommt und für diese funktionswichtig ist. Der Grundrechtsschutz des Art. 5 Abs. 1 GG besteht im Interesse der freien Meinungsbildung und kann deswegen nur durch einen ausreichenden Inhaltsbezug ausgelöst werden. Für presseexterne Hilfstätigkeiten greift der Schutz aber ausnahmsweise im Interesse eines freiheitlichen Pressewesens, wenn eine selbstständig ausgeübte, nicht die Herstellung von Presseerzeugnissen betreffende Hilfstätigkeit typischerweise pressebezogen ist, in enger organisatorischer Bindung an die Presse erfolgt, für das Funktionieren einer freien Presse notwendig ist und wenn sich die staatliche Regulierung dieser Tätigkeit zugleich einschränkend auf die Meinungsverbreitung auswirkt (BVerfGE 77, 346, 354).

Diesem Verständnis der Pressefreiheit ist bei der Auslegung des Begriffs des Verbreitens von Bildnissen im Sinne des § 22 KunstUrhG Rechnung zu tragen. Danach stellt der quasi pressseintern bleibende Abruf von Bildnissen durch Presseunternehmen keine Verbreitungshandlung des Betreibers eines Bildarchivs dar. Die Hilfstätigkeit des Bildarchivs ist in diesem Fall typischerweise pressebezogen. Ersichtlich liegt keine Verbreitungshandlung vor, wenn ein Presseverlag auf sein eigenes Bildarchiv, wie es zahlreiche Medienunternehmen unterhalten, zugreift. Nichts anderes gilt, wenn er auf das Bildarchiv eines Drittunternehmens zugreift. Das Bildarchiv erbringt in diesem Fall eine typisch medienbezogene Hilfstätigkeit, die in enger organisatorischer Bindung an die Medien erfolgt und für das Funktionieren der freien Medien notwendig ist (so zutreffend LG Hamburg, AfP 2007, 385 Rn. 28). Bleibt der Vorgang in dieser Weise ohne Außenwirkung, ist der durch §§ 22, 23 KunstUrhG angestrebte Schutz des Persönlichkeitsrechts des Abgebildeten nicht tangiert. Es besteht deshalb kein rechtfertigender Grund, den Schutz, den die Pressefreiheit bei der Beschaffung von Informationen gewährt, dadurch zu schwächen, dass dem Betreiber des Bildarchivs die nach dem abgestuften Schutzkonzept der §§ 22, 23 KunstUrhG erforderlichen Prüfpflichten hinsichtlich einer möglichen Verwertung der Bilder im Rahmen einer Presseberichterstattung angesonnen werden.

2. Entgegen den Ausführungen der Revisionserwiderung hat das Landgericht eine Störerhaftung der Beklagten zutreffend verneint.

Die Störerhaftung darf nicht über Gebühr auf Dritte erstreckt werden, die nicht selbst den Eingriff vorgenommen haben. Die Haftung des Störers setzt deshalb das Bestehen so genannter Prüfungspflichten voraus. Deren Umfang bestimmt sich danach, ob und inwieweit dem als Störer in Anspruch Genommenen nach den Umständen eine Prüfung zuzumuten ist (vgl. Senatsurteil vom 30. Juni 2009 - VI ZR 210/08, VersR 2009, 1417 Rn. 18; BGH, Urteile vom 11. März 2004 - I ZR 304/01, BGHZ 158, 236, 251; vom 1. April 2004 - I ZR 317/01, BGHZ 158, 343, 350; vom 19. April 2007 - I ZR 35/04, BGHZ 172, 119, 131 f.; vom 30. April 2008 - I ZR 73/05, GRUR 2008, 702, 706 Rn. 53). Dabei können Funktion und Aufgabenstellung des als Störer in Anspruch genommenen Dritten und die Eigenverantwortung des unmittelbar Handelnden eine Rolle spielen (Senatsurteil vom 30. Juni 2009 - VI ZR 210/08, aaO; BGH, Urteil vom 17. Mai 2001 - I ZR 251/99, BGHZ 148, 13, 18 f.; vom 1. April 2004 - I ZR 317/01, aaO).

Unter Zugrundelegung dieser Maßstäbe erstreckten sich die Prüfungspflichten der Beklagten nicht auf die konkrete Presseveröffentlichung in der Ausgabe Dezember 2006 des Magazins "Playboy". Eine Verpflichtung des Betreibers eines Bildarchivs, ausnahmslos oder doch regelmäßig vor Herausgabe von angefordertem Bildmaterial zu prüfen, für welche Zwecke dieses verwendet werden soll, besteht aufgrund der Störerhaftung nicht. Eine derart umfangreiche Obliegenheit würde die Betreiber von Archiven in technischer, persönlicher und wirtschaftlicher Hinsicht überfordern und das Betreiben von umfangreichen Text- und Bildarchiven letztlich wegen der sich aus der Überwachungspflicht ergebenden Haftungsrisiken in unzumutbarer Weise erschweren. Ein solcher Eingriff in die Pressefreiheit ist auch im Bereich der Störerhaftung aus den vorstehend erörterten Gründen nicht zu rechtfertigen.

III. Die Klage ist danach abzuweisen. Da keine weiteren Feststellungen zu treffen sind, kann der erkennende Senat in der Sache selbst entscheiden (§ 563 Abs. 3 ZPO). Die Kostenentscheidung folgt aus § 97 Abs. 1 ZPO.

Entscheidungsname: Jahrhundertmörder
Entscheidungsdatum: 07.12.2010
Aktenzeichen: VI ZR 30/09
Normen: § 22 KunstUrhG, § 23 KunstUrhG, Art 5 Abs 1 S 2 GG
Recht am eigenen Bild: Prüfungspflicht des Bildarchivbetreibers vor Weitergabe von Fotos an die Presse

Leitsatz

Der Betreiber eines Bildarchivs zur kommerziellen Nutzung durch Presseunternehmen muss vor der Weitergabe archivierter Fotos an die Presse grundsätzlich nicht die Zulässigkeit der beabsichtigten Presseberichterstattung nach Maßgabe der §§ 22, 23 KunstUrhG prüfen

Tenor

Auf die Revision der Beklagten wird das Urteil des 11. Zivilsenats des Oberlandesgerichts Frankfurt am Main vom 23. Dezember 2008 aufgehoben.

Die Berufung des Klägers gegen das Urteil der 3. Zivilkammer des Landgerichts Frankfurt am Main vom 17. April 2008 wird zurückgewiesen.

Die Kosten der Rechtsmittelverfahren hat der Kläger zu tragen.

Von Rechts wegen

Tatbestand

Der Kläger wurde mehrfach wegen Tötungsdelikten verurteilt und verbüßt seit 1983 eine lebenslange Freiheitsstrafe. Über die gegen ihn geführten Strafprozesse wurde in den fünfziger und sechziger Jahren des vorigen Jahrhunderts sowie über den letzten Fall 1983 bundesweit umfangreich in der Presse berichtet. Die Beklagte betreibt ein Bildarchiv zur kommerziellen Nutzung durch Presseunternehmen. Sie stellte der Playboy Deutschland Publishing GmbH ein Bildnis des Klägers zur Verfügung, welches diese zur Illustration eines in der Dezemberausgabe 2006 des "Playboy" unter dem Titel "Die Akte H... Psychogramm eines Jahrhundert-Mörders" veröffentlichten Artikels verwendete. Der Kläger sieht darin eine Verletzung seines Persönlichkeitsrechts und nimmt die Beklagte auf Unterlassung der erneuten Verbreitung dieses Bildnisses in Anspruch.

Das Landgericht (AfP 2008, 417) hat die Klage abgewiesen. Das Berufungsgericht (OLGR Frankfurt 2009, 495) hat ihr auf die Berufung des Klägers nach teilweiser Klagerücknahme stattgegeben. Mit der vom erkennenden Senat zugelassenen Revision begehrt die Beklagte die Wiederherstellung des erstinstanzlichen Urteils.

Entscheidungsgründe

I. Das Berufungsgericht führt im Wesentlichen aus:

Dem Kläger stehe ein Unterlassungsanspruch aus § 22 KunstUrhG zu, weil die Beklagte sein Bildnis ohne seine Einwilligung verbreitet habe und eine Ausnahme gemäß § 23 Abs. 1 KunstUrhG nicht vorliege. Der Kläger sei auf dem Bild erkennbar, auch wenn dieses bereits vor Jahrzehnten aufgenommen worden sei. Bei der Weitergabe an den Zeitschriftenverlag handele es sich auch um eine Verbreitungshandlung. Es handele sich nicht um ein Bildnis aus dem Bereich der Zeitgeschichte, weil es an dem erforderlichen aktuellen Bezug fehle. Es gehe vorliegend allein um das Recht des Klägers am eigenen Bild als spezifische Ausprägung des Persönlichkeitsrechts, das mehr als 20 Jahre nach der letzten Verurteilung einer identifizierenden Berichterstattung ohne aktuellen Anlass entgegenstehe, weil dem Selbstbestimmungsrecht des Klägers nach so langer Zeit in jedem Fall Vorrang gegenüber einem eher Unterhaltungszwecken dienenden Informationsinteresse der Öffentlichkeit zukomme. Die Beklagte habe durch die Herausgabe des Bildes ohne Prüfung einer Einwilligung und ohne Rechtfertigung gemäß § 23 Abs. 1 KunstUrhG das Persönlichkeitsrecht des Klägers rechtswidrig verletzt. Sie genieße zwar grundsätzlich den Schutz des Art. 5 Abs. 1 Satz 2 GG, weil sie eine presseexterne Tätigkeit ausübe, bei der es sich um eine typischerweise pressebezogene Tätigkeit handele. Deshalb sei zu berücksichtigen, dass eine Beschränkung ihrer Tätigkeit geeignet wäre, die Bildberichterstattung der Medien und damit auch die Meinungsfreiheit zu beschränken. Dies führe jedoch nicht zu einer generellen und weitgehenden Haftungsfreistellung einer Bildagentur oder eines Pressearchivs. In Anbetracht der Umstände des Falls habe die Beklagte Anlass gehabt, sich nach dem Vorliegen einer Einwilligung oder einer Rechtfertigung zu erkundigen. Keinesfalls habe sie ihre eigene Verantwortlichkeit auf den Zeitungsverlag verlagern können. Die pauschale Behauptung, die Arbeit von Agenturen würde in nicht mehr hinnehmbarer Weise erschwert, wenn ihnen die Prüfung der Rechtmäßigkeit einer Bildveröffentlichung im Einzelfall obliegen würde, genüge nicht, um eine Abwägung der grundrechtlich geschützten Bereiche des Persönlichkeitsrechts und des Rechts auf Presse- und Informationsfreiheit generell zugunsten von Bildagenturen vorzunehmen. Die Beklagte werde mit dem aufgrund der eindeutigen Rechtslage erforderlichen Prüfungsaufwand auch nicht unzumutbar belastet.

II. Die dagegen gerichtete Revision hat Erfolg.

1. Entgegen der Auffassung des Berufungsgerichts steht dem Kläger der geltend gemachte Unterlassungsanspruch nicht zu. Die Beklagte hat sein Persönlichkeitsrecht durch die Weitergabe des Bildes an den Presseverlag nicht rechtswidrig verletzt.

Nach Ansicht des erkennenden Senats liegen bereits die tatbestandlichen Voraussetzungen des § 22 KunstUrhG nicht vor. Mit Recht beanstandet die Revision die Ausführungen des Berufungsgerichts zum Begriff des Verbreitens im Sinne dieser Vorschrift. Darauf, ob der Begriff in gleicher Weise wie in § 17 UrhG zu verstehen ist (zum Streitstand vgl. etwa Dreier in Dreier/Schulze, UrhG, 3. Aufl., § 22 KunstUrhG Rn. 9 einerseits und von Strobl-Albeg, in Wenzel, Das Recht der Wort- und Bildberichterstattung, 5. Aufl., Kap. 7 Rn. 43, S. 435 andererseits), kommt es bei Fallgestaltungen der vorliegenden Art nicht an. Vielmehr ist darauf abzustellen, ob ein Informationsaustausch, der quasi im presseinternen Bereich stattfindet und das Persönlichkeitsrecht eines Betroffenen allenfalls geringfügig beeinträchtigt, mit Blick auf die Pressefreiheit als Verbreitungshandlung qualifiziert werden kann. Dies ist in solchen Fällen grundsätzlich zu verneinen.

Der Schutzbereich der in Art. 5 Abs. 1 Satz 2 GG verbürgten Pressefreiheit ist berührt, wenn es um die im Pressewesen tätigen Personen in Ausübung ihrer Funktion, um ein Presseerzeugnis selbst, um seine institutionell-organisatorischen Voraussetzungen und Rahmenbedingungen sowie um die Institution einer freien Presse überhaupt geht (BVerfGE 85, 1, 12 f.). Die besondere Garantie der Pressefreiheit betrifft die einzelne Meinungsäußerungen übersteigende Bedeutung der Presse für die freie individuelle und öffentliche Meinungsbildung (BVerfGE 20, 162, 175 f.; 85, 1, 12). Die Pressefreiheit gewährleistet sowohl als Grundrecht des Einzelnen wie als Garantie des Instituts "Freie Presse" nicht nur die Freiheit der Verbreitung von Nachrichten und Meinungen; sie schützt vielmehr auch den gesamten Bereich publizistischer Vorbereitungstätigkeit, zu der insbesondere die Beschaffung von Informationen gehört (BVerfGE 10, 118, 121; 12, 205, 260; 20, 162, 176; 21, 271, 279; 36, 193, 204; 50, 234, 240; 77, 346, 354; 85, 1, 12; BVerfG NJW 2001, 503, 504; NJW 1995, 184, 185; NJW 1996, 310). Erst der prinzipiell ungehinderte Zugang zur Information versetzt die Presse in den Stand, die ihr in der freiheitlichen Demokratie eröffnete Rolle wirksam wahrzunehmen (BVerfGE 50, 234, 240).

Das Grundrecht der Pressefreiheit garantiert als objektives Recht die Freiheit des Pressewesens insgesamt. Der Schutz der Pressefreiheit beschränkt sich nicht auf die unmittelbar inhaltsbezogenen Pressetätigkeiten, sondern erfasst im Interesse einer ungehinderten Meinungsverbreitung auch inhaltsferne Hilfsfunktionen von Presseunternehmen (vgl. BVerfGE 25, 296, 304; BVerfGE 64, 108, 114 f.; 77, 346, 354). Im Einzelnen kommt es für die Definition des Schutzbereichs darauf an, was notwendige Bedingung des Funktionierens einer freien Presse ist (BVerfGE 66, 116, 134; 77, 346, 354). Zwar wird nicht jede selbstständige Dienstleistung in den Schutzbereich von Art. 5 Abs. 1 Satz 2 GG einbezogen, die der Presse zugutekommt und für diese funktionswichtig ist. Der Grundrechtsschutz des Art. 5 Abs. 1 GG besteht im Interesse der freien Meinungsbildung und kann deswegen nur durch einen ausreichenden Inhaltsbezug ausgelöst werden. Für presseexterne Hilfstätigkeiten greift der Schutz aber ausnahmsweise im Interesse eines freiheitlichen Pressewesens, wenn eine selbstständig ausgeübte, nicht die Herstellung von Presseerzeugnissen betreffende Hilfstätigkeit typischerweise pressebezogen ist, in enger organisatorischer Bindung an die Presse erfolgt, für das Funktionieren einer freien Presse notwendig ist und wenn sich die staatliche Regulierung dieser Tätigkeit zugleich einschränkend auf die Meinungsverbreitung auswirkt (BVerfGE 77, 346, 354).

Diesem Verständnis der Pressefreiheit ist bei der Auslegung des Begriffs des Verbreitens von Bildnissen im Sinne des § 22 KunstUrhG Rechnung zu tragen. Danach stellt der quasi pressentern bleibende Abruf von Bildnissen durch Presseunternehmen keine Verbreitungshandlung des Betreibers eines Bildarchivs dar. Die Hilfstätigkeit des Bildarchivs ist in diesem Fall typischerweise pressebezogen. Ersichtlich liegt keine Verbreitungshandlung vor, wenn ein Presseverlag auf sein eigenes Bildarchiv, wie es zahlreiche Medienunternehmen unterhalten, zugreift. Nichts anderes gilt, wenn er auf das Bildarchiv eines Drittunternehmens zugreift. Das Bildarchiv erbringt in diesem Fall eine typisch medienbezogene Hilfstätigkeit, die in enger organisatorischer Bindung an die Medien erfolgt und für das Funktionieren der freien Medien notwendig ist (so zutreffend LG Hamburg, AfP 2007, 385 Rn. 28). Bleibt der Vorgang in dieser Weise ohne Außenwirkung, ist der durch §§ 22, 23 KunstUrhG angestrebte Schutz des Persönlichkeitsrechts des Abgebildeten nicht tangiert. Es besteht deshalb kein rechtfertigender Grund, den Schutz, den die Pressefreiheit bei der Beschaffung von Informationen gewährt, dadurch zu schwächen, dass dem Betreiber des Bildarchivs die nach dem abgestuften Schutzkonzept der §§ 22, 23 KunstUrhG erforderlichen Prüfpflichten hinsichtlich einer möglichen Verwertung der Bilder im Rahmen einer Presseberichterstattung angesonnen werden.

2. Entgegen den Ausführungen der Revisionserwiderung hat das Landgericht eine Störerhaftung der Beklagten zutreffend verneint.

Die Störerhaftung darf nicht über Gebühr auf Dritte erstreckt werden, die nicht selbst den Eingriff vorgenommen haben. Die Haftung des Störers setzt deshalb das Bestehen so genannter Prüfungspflichten voraus. Deren Umfang bestimmt sich danach, ob und inwieweit dem als Störer in Anspruch Genommenen nach den Umständen eine Prüfung zuzumuten ist (vgl. Senatsurteil vom 30. Juni 2009 - VI ZR 210/08, VersR 2009, 1417 Rn. 18; BGH, Urteile vom 11. März 2004 - I ZR 304/01, BGHZ 158, 236, 251; vom 1. April 2004 - I ZR 317/01, BGHZ 158, 343, 350; vom 19. April 2007 - I ZR 35/04, BGHZ 172, 119, 131 f.; vom 30. April 2008 - I ZR 73/05, GRUR 2008, 702, 706 Rn. 53). Dabei können Funktion und Aufgabenstellung des als Störer in Anspruch genommenen Dritten und die Eigenverantwortung des unmittelbar Handelnden eine Rolle spielen (Senatsurteil vom 30. Juni 2009 - VI ZR 210/08, aaO; BGH, Urteil vom 17. Mai 2001 - I ZR 251/99, BGHZ 148, 13, 18 f.; vom 1. April 2004 - I ZR 317/01, aaO).

Unter Zugrundelegung dieser Maßstäbe erstreckten sich die Prüfungspflichten der Beklagten nicht auf die konkrete Presseveröffentlichung in der Ausgabe Dezember 2006 des Magazins "Playboy". Eine Verpflichtung des Betreibers eines Bildarchivs, ausnahmslos oder doch regelmäßig vor Herausgabe von angefordertem Bildmaterial zu prüfen, für welche Zwecke dieses verwendet werden soll, besteht aufgrund der Störerhaftung nicht. Eine derart umfangreiche Obliegenheit würde die Betreiber von Archiven in technischer, persönlicher und wirtschaftlicher Hinsicht überfordern und das Betreiben von umfangreichen Text- und Bildarchiven letztlich wegen der sich aus der Überwachungspflicht ergebenden Haftungsrisiken in unzumutbarer Weise erschweren. Ein solcher Eingriff in die Pressefreiheit ist auch im Bereich der Störerhaftung aus den vorstehend erörterten Gründen nicht zu rechtfertigen.

III. Die Klage ist danach abzuweisen. Da keine weiteren Feststellungen zu treffen sind, kann der erkennende Senat in der Sache selbst entscheiden (§ 563 Abs. 3 ZPO). Die Kostenentscheidung folgt aus § 97 Abs. 1, § 269 Abs. 3 Satz 2 ZPO.

Entscheidungsname: Bild im Gerichtssaal
Entscheidungsdatum: 07.06.2011
Aktenzeichen: VI ZR 108/10
Normen: § 823 Abs 1 BGB, § 22 KunstUrhG, § 23 Abs 1 Nr 1 KunstUrhG, §
176 GVG, Art 1 Abs 1 GG
Persönlichkeitsrechtsverletzung: Bildnisschutz im Rahmen einer sitzungspo-
lizeilichen Verfügung

Leitsatz

Das Persönlichkeitsrecht ist im Rahmen einer sitzungspolizeilichen Verfügung
nach § 176 GVG nicht in weiterem Umfang zu schützen, als dies nach §§ 22, 23
KUG der Fall ist.

Tenor

Auf die Revision der Beklagten wird das Urteil des 9. Zivilsenats des Kammergerichts vom 6. April 2010 aufgehoben.

Auf die Berufung der Beklagten wird das Urteil der 27. Zivilkammer des Landgerichts Berlin vom 26. Februar 2009 abgeändert und die Klage abgewiesen.

Die Kosten des Rechtsstreits hat der Kläger zu tragen.

Von Rechts wegen

Tatbestand

Der Kläger nimmt die Beklagte wegen eines Berichts in der von ihr verlegten
"Bild"-Zeitung auf Unterlassung der Verbreitung eines ihn identifizierenden Fotos
in Anspruch.

Am 15. Juli 2008 verurteilte das Oberlandesgericht Stuttgart den Kläger zusammen mit zwei Mitangeklagten wegen Mitgliedschaft in einer ausländischen terroristischen Vereinigung in Tateinheit mit versuchter Beteiligung an einem Mord zu
einer - inzwischen rechtskräftigen - Freiheitsstrafe von sieben Jahren und sechs
Monaten. Das Strafverfahren hatte einen geplanten Anschlag der islamistischen
Terrorgruppe Ansar al-Islam auf den damaligen irakischen Ministerpräsidenten
zum Gegenstand, der nur wenige Stunden vor dem geplanten Tatbeginn durch
Festnahme der Beteiligten verhindert werden konnte.

Während der Hauptverhandlung waren Fernseh- und Bildaufnahmen nach der sitzungspolizeilichen Verfügung der Vorsitzenden vom 24. Mai 2006 im Rahmen einer so genannten Pool-Lösung jeweils 20 Minuten vor Sitzungsbeginn nur am ersten Hauptverhandlungstag und am Tag der Urteilsverkündung mit der Maßgabe zulässig, dass von den Mitgliedern des Strafsenats keine Aufnahmen gefertigt und sonstige Verfahrensbeteiligte nur mit ihrem ausdrücklichen Einverständnis gefilmt oder fotografiert werden durften. In einer ergänzenden sitzungspolizeilichen Verfügung vom 8. Juli 2008 hieß es: "Die Angeklagten haben erklärt, dass sie mit einer Ablichtung nicht einverstanden sind. Deren Gesichter sind daher durch geeignete Maßnahmen (pixeln) unkenntlich zu machen".

Die "Bild"-Zeitung veröffentlichte in ihrer Ausgabe vom 16. Juli 2008 unter der Überschrift "Irak-Terroristen müssen für Attentatsplan ins Gefängnis!" im Rahmen einer Berichterstattung über die Urteilsverkündung Fotos von den Angeklagten, auf denen ihre Gesichter nicht unkenntlich gemacht waren. Sie hatte das vor der Urteilsverkündung im Sitzungssaal aufgenommene Foto des Klägers von einer Agentur erworben.

Der Kläger begehrt, die Beklagte zu verurteilen, es zu unterlassen, sein Bildnis "ungepixelt" oder sein Antlitz in anderer Weise unkenntlich gemacht zu verbreiten, und ihn von außergerichtlichen Rechtsanwaltskosten freizustellen. Das Landgericht hat der Klage in Bezug auf den Unterlassungsanspruch in vollem Umfang und hinsichtlich des Freistellungsanspruchs weitgehend stattgegeben. Die Berufung der Beklagten hatte bezüglich des Unterlassungsanspruchs keinen und hinsichtlich des Freistellungsanspruchs nur in geringem Umfang Erfolg. Mit der vom Berufungsgericht zugelassenen Revision verfolgt die Beklagte ihr Klageabweisungsbegehren weiter.

Entscheidungsgründe

I. Nach Auffassung des Berufungsgerichts, dessen Urteil u.a. in AfP 2010, 395 veröffentlicht ist, steht dem Kläger ein Unterlassungsanspruch entsprechend §§ 823, 1004 Abs. 2 BGB, §§ 22, 23 KUG, Art. 1 Abs. 1, Art. 2 Abs. 1 GG und demgemäß auch ein Freistellungsanspruch hinsichtlich der Rechtsanwaltsgebühren zu.

Zwar habe die gemäß § 176 GVG erlassene sitzungspolizeiliche Verfügung keine Bindungswirkung für den hier zu entscheidenden Rechtsstreit, weil sie sich nur an die bei der Verhandlung anwesenden Personen gerichtet habe und die Mitarbeiter der Beklagten an der Sitzung nicht teilgenommen hätten.

Nach dem für die Beurteilung des Unterlassungsantrags geltenden abgestuften Schutzkonzept der §§ 22, 23 KUG sei die Bildveröffentlichung aber rechtswidrig.

Im Streitfall liege zwar ein Bildnis aus dem Bereich der Zeitgeschichte im Sinne des § 23 Abs. 1 Nr. 1 KUG vor, so dass grundsätzlich eine Veröffentlichung ohne Einwilligung des Betroffenen zulässig sei. Denn die Abwägung zwischen dem Persönlichkeitsrecht des Klägers aus Art. 1 Abs. 1, Art. 2 Abs. 1 GG und der Pressefreiheit der Beklagten gemäß Art. 5 Abs. 1 Satz 2 GG führe wegen des überragenden Informationsinteresses der Öffentlichkeit zu dem Ergebnis, dass das Interesse der Beklagten an einer öffentlichen Berichterstattung das Recht des Klägers auf Anonymität überwiege. Es habe sich um eines der bedeutendsten Terroristenverfahren der letzten Jahre gehandelt.

Der Bildveröffentlichung stünden jedoch berechtigte Interessen des Klägers entgegen (§ 23 Abs. 2 KUG). Zwar sei die zu dem Foto gehörende Wortberichterstattung nicht zu beanstanden und das Foto beinhalte keinen eigenständigen Verletzungseffekt. Auch der Gesichtspunkt der Resozialisierung begründe kein überwiegendes Interesse des Klägers, so dass der tagesaktuellen Berichterstattung Vorrang zukomme. Bei der gebotenen Interessenabwägung fielen aber das Vertrauen des Klägers auf die Gültigkeit der sitzungspolizeilichen Verfügung und die Entstehung des Fotos unter Missachtung des Anonymisierungsgebots zu seinen Gunsten entscheidend ins Gewicht.

Die sitzungspolizeilichen Verfügungen seien zwar rechtswidrig gewesen, weil sie die Bedeutung der Presseberichterstattung für die öffentliche Wahrnehmung und Kontrolle von Gerichtsverhandlungen nicht ausreichend berücksichtigt hätten. Nach dem erstinstanzlichen Schuldspruch sei die identifizierende Abbildung des Klägers zulässig gewesen, weil der Persönlichkeitsschutz des Klägers gegenüber dem Informationsinteresse der Öffentlichkeit an dem Bericht über die Urteilsverkündung zurücktrete und der Anspruch des Klägers auf ein faires Verfahren sowie die Funktionsfähigkeit der Rechtspflege nicht gefährdet gewesen seien. Der Kläger habe aber auf die sitzungspolizeilichen Verfügungen vertrauen dürfen. Die Agentur sei nicht berechtigt gewesen, das Foto des Klägers der Beklagten zur Verbreitung zu überlassen, ohne vorher das Gesicht des Klägers durch geeignete Maßnahmen unkenntlich gemacht zu haben. Zudem sei die sitzungspolizeiliche Verfügung gerade im Interesse des Klägers ergangen.

II. Die Revision der Beklagten ist uneingeschränkt statthaft (§ 543 Abs. 1 Nr. 1 ZPO) und auch im Übrigen zulässig. Das Berufungsgericht hat die Revision gemäß dem Tenor des angefochtenen Urteils unbeschränkt zugelassen. Aus den Entscheidungsgründen lässt sich eine Beschränkung der Revision auf den Unterlassungsantrag nicht entnehmen, weil der Anspruch auf Freistellung von den Rechtsanwaltskosten als Annex des Unterlassungsanspruchs anzusehen ist. Die Angriffe der uneingeschränkt eingelegten Revision betreffen auch den Anspruch auf Freistellung.

III. Die Revision ist auch begründet. Entgegen der Auffassung des Berufungsgerichts steht dem Kläger kein Anspruch auf Unterlassung der ihn identifizierenden Bildberichterstattung und Freistellung von den Rechtsanwaltskosten entsprechend § 1004 Abs. 1 Satz 2, § 823 Abs. 1, Abs. 2 BGB in Verbindung mit §§ 22, 23 KUG, Art. 1 Abs. 1, Art. 2 Abs. 1 GG zu.

1. a) Das Berufungsgericht beurteilt die Zulässigkeit der Bildveröffentlichung im Ansatz zu Recht nach dem abgestuften Schutzkonzept der §§ 22, 23 KUG (vgl. etwa Senatsurteile vom 6. März 2007 - VI ZR 51/06, BGHZ 171, 275 Rn. 5 ff.; vom 10. März 2009 - VI ZR 261/07, BGHZ 180, 114 Rn. 9; vom 19. Juni 2007 - VI ZR 12/06, VersR 2007, 1135 Rn. 12 ff.; vom 14. Oktober 2008 - VI ZR 256/06, VersR 2009, 76 Rn. 6 ff.; vom 13. April 2010 - VI ZR 125/08, VersR 2010, 1090 Rn. 11 f., jeweils mwN), das sowohl mit verfassungsrechtlichen Vorgaben (vgl. BVerfGE 120, 180, 201 f., 211 ff.) als auch mit der Rechtsprechung des Europäischen Gerichtshofs für Menschenrechte im Einklang steht (vgl. EGMR, NJW 2004, 2647). Danach dürfen Bildnisse einer Person grundsätzlich nur mit deren - hier nicht vorliegenden - Einwilligung verbreitet werden (§ 22 Satz 1 KUG). Hiervon besteht allerdings gemäß § 23 Abs. 1 KUG eine Ausnahme, wenn es sich um Bildnisse aus dem Bereich der Zeitgeschichte handelt. Diese Ausnahme gilt aber nicht für eine Verbreitung, durch die berechtigte Interessen des Abgebildeten verletzt werden (§ 23 Abs. 2 KUG).

b) Das Berufungsgericht hat insoweit zutreffend erkannt, dass sich eine Unzulässigkeit der identifizierenden Bildberichterstattung jedenfalls gegenüber der Beklagten nicht allein aus der sitzungspolizeilichen Verfügung ergeben kann, sondern das Nichtbeachten des Anonymisierungsgebots nur im Rahmen der Abwägung nach § 23 Abs. 2 KUG zu berücksichtigen ist. Das in der Verfügung enthaltene Gebot, die Bildaufnahmen unkenntlich zu machen, konnte keine unmittelbaren Verpflichtungen für die Beklagte begründen, weil deren Mitarbeiter bei der Sitzung nicht anwesend waren. Die Beklagte erwarb das Foto von einer Presseagentur. Sitzungspolizeiliche Verfügungen im Sinne von § 176 GVG richten sich nur an die im Sitzungszimmer und in den angrenzenden, noch der Sitzungspolizei unterliegenden Räumlichkeiten anwesenden Personen (vgl. BGH, Beschluss vom 11. Februar 1998 - StB 3/98, BGHSt 44, 23, 24; OLG Karlsruhe, NJW 1977, 309, 310; Kissel/Mayer, GVG, 6. Aufl., § 176 Rn. 39; KK/Diemer, StPO, 6. Aufl., § 176 GVG Rn. 3; Wickern in Löwe/Rosenberg, StPO, 25. Aufl., § 176 GVG Rn. 6, 38; Zöller/Lückemann, ZPO, 28. Aufl., § 176 GVG Rn. 4).

2. Entgegen der Ansicht der Revisionserwiderung hat das Berufungsgericht zu Recht das Vorliegen eines Bildnisses aus dem Bereich der Zeitgeschichte im Sinne des § 23 Abs. 1 Nr. 1 KUG bejaht.

a) Schon die Beurteilung, ob Bildnisse aus dem Bereich der Zeitgeschichte vorliegen, erfordert eine Abwägung zwischen den Rechten des Abgebildeten aus Art. 1

Abs. 1, Art. 2 Abs. 1 GG, Art. 8 Abs. 1 EMRK einerseits und den Rechten der Presse aus Art. 5 Abs. 1 Satz 2 GG, Art. 10 Abs. 1 EMRK andererseits, wobei die Grundrechte der Presse- und Rundfunkfreiheit (Art. 5 Abs. 1 Satz 2 GG) und des Schutzes der Persönlichkeit (Art. 1 Abs. 1, Art. 2 Abs. 1 GG) ihrerseits nicht vorbehaltlos gewährleistet sind und von den §§ 22, 23 KUG sowie Art. 8 und Art. 10 EMRK beeinflusst werden (vgl. Senatsurteile vom 10. März 2009 - VI ZR 261/07, aaO, Rn. 10; vom 14. Oktober 2008 - VI ZR 272/06, VersR 2009, 78 Rn. 12; vom 9. Februar 2010 - VI ZR 243/08, VersR 2010, 673 Rn. 33). Die Vorschrift des § 23 Abs. 1 KUG soll nach ihrem Sinn und Zweck und nach der Intention des Gesetzgebers in Ausnahme von dem Einwilligungserfordernis des § 22 KUG dem Informationsinteresse der Öffentlichkeit und den Rechten der Presse Rechnung tragen. Maßgebend ist hierbei das Interesse der Öffentlichkeit an vollständiger Information über das Zeitgeschehen. Der Begriff des Zeitgeschehens ist zugunsten der Pressefreiheit in einem weiten Sinn zu verstehen; er umfasst alle Fragen von allgemeinem gesellschaftlichem Interesse. Ein Informationsinteresse besteht allerdings nicht schrankenlos, vielmehr wird der Einbruch in die persönliche Sphäre des Abgebildeten durch den Grundsatz der Verhältnismäßigkeit begrenzt (vgl. Senatsurteile vom 10. März 2009 - VI ZR 261/07, aaO; vom 1. Juli 2008 - VI ZR 67/08, VersR 2008, 1411 Rn. 13 und - VI ZR 243/06, VersR 2008, 1506 Rn. 13; vom 9. Februar 2010 - VI ZR 243/08, aaO). Zum Kern der Presse- und Meinungsbildungsfreiheit gehört es, dass die Presse in den gesetzlichen Grenzen nach ihren eigenen publizistischen Kriterien entscheiden kann, was sie des öffentlichen Interesses für Wert hält und was nicht (vgl. Senatsurteil vom 10. März 2009 - VI ZR 261/07, aaO, Rn. 11; BVerfGE 101, 361, 392; EGMR, NJW 2006, 591, 592 f.). Die grundrechtliche Gewährleistung umfasst auch die Abbildung von Personen (Senatsurteil vom 10. März 2009 - VI ZR 261/07, aaO; BVerfGE 101, 361, 389).

Die Pressefreiheit findet ihre Schranken nach Art. 5 Abs. 2 GG in den allgemeinen Gesetzen. Zu diesen zählen unter anderem §§ 22, 23 KUG, Art. 8 EMRK und § 176 GVG (vgl. BVerfGE 50, 234, 241; 91, 125, 136 f.; 120, 180, 201 f.). Die in §§ 22, 23 KUG enthaltenen Regelungen sowie die von Art. 10 EMRK verbürgte Äußerungsfreiheit beschränken zugleich als Bestandteile der verfassungsgemäßen Ordnung gemäß Art. 2 Abs. 1 GG den Persönlichkeitsschutz. Die Auslegung und Anwendung solcher Schrankenbestimmungen und ihre abwägende Zuordnung zueinander durch die Gerichte hat der interpretationsleitenden Bedeutung der von der Schrankenregelung bestimmten Grundrechtspositionen zueinander Rechnung zu tragen sowie die entsprechenden Gewährleistungen der Europäischen Menschenrechtskonvention zu berücksichtigen. Hierbei ist zu beachten, dass bei der Bestimmung der Reichweite des durch Art. 8 Abs. 1 EMRK dem privaten Leben des Einzelnen gewährten Schutzes der situationsbezogene Umfang der berechtigten Privatheitserwartungen des Einzelnen zu berücksichtigen ist (vgl. Senatsurteil vom 1. Juli 2008 - VI ZR 67/08, aaO, Rn. 16; BVerfGE 120, 180, 200 f.; BVerfGK 9, 54, 60 f.; BVerfG, AfP 2010, 562 Rn. 43 ff.).

b) Bei der Gewichtung des Informationsinteresses im Verhältnis zu dem kollidierenden Persönlichkeitsschutz kommt dem Gegenstand der Berichterstattung entscheidende Bedeutung zu. Geht es um die Berichterstattung über eine Straftat ist zu berücksichtigen, dass eine solche Tat zum Zeitgeschehen gehört, dessen Vermittlung Aufgabe der Medien ist. Die Verletzung der Rechtsordnung und die Beeinträchtigung individueller Rechtsgüter, die Sympathie mit den Opfern, die Furcht vor Wiederholungen solcher Straftaten und das Bestreben, dem vorzubeugen, begründen grundsätzlich ein anzuerkennendes Interesse der Öffentlichkeit an näherer Information über Tat und Täter. Dieses wird umso stärker sein, je mehr sich die Tat in Begehungsweise und Schwere von der gewöhnlichen Kriminalität abhebt. Bei schweren Gewaltverbrechen ist in der Regel ein über bloße Neugier und Sensationslust hinausgehendes Interesse an näherer Information über die Tat und ihren Hergang, über die Person des Täters und seine Motive sowie über die Strafverfolgung anzuerkennen (vgl. Senatsurteile vom 7. Dezember 1999 - VI ZR 51/99, BGHZ 143, 199, 204; vom 9. Februar 2010 - VI ZR 243/08, aaO Rn. 17; BVerfGE 35, 202, 230 f.; 119, 309, 321 f.; BVerfG, NJW 2009, 350 Rn. 11; BVerfG NJW 2009, 3357 Rn. 18; Schlüter, AfP 2009, 557, 561 f.; Soehring, Presserecht, 4. Aufl., § 19 Rn. 26a, 32). Bei der Abwägung des Informationsinteresses der Öffentlichkeit an einer Berichterstattung mit der damit zwangsläufig verbundenen Beeinträchtigung des Persönlichkeitsrechts des Täters verdient für die aktuelle Berichterstattung über Straftaten das Informationsinteresse im Allgemeinen den Vorrang. Denn wer den Rechtsfrieden bricht und durch diese Tat und ihre Folgen Mitmenschen angreift oder verletzt, muss sich nicht nur den hierfür verhängten strafrechtlichen Sanktionen beugen, sondern er muss auch dulden, dass das von ihm selbst erregte Informationsinteresse der Öffentlichkeit auf den dafür üblichen Wegen befriedigt wird (vgl. Senatsurteil vom 9. Februar 2010 - VI ZR 243/08, aaO, Rn. 18 mwN; BVerfGE 35, 202, 231 f.; BVerfG, NJW 2009, 3357 Rn. 19).

c) Gemäß diesen Grundsätzen handelt es sich hier um ein Bildnis aus dem Bereich der Zeitgeschichte im Sinne des § 23 Abs. 1 Nr. 1 KUG. Nach den Feststellungen des Berufungsgerichts war das der Veröffentlichung zugrunde liegende Strafverfahren eines der bedeutendsten Terroristenverfahren in den letzten Jahren, das erhebliches Aufsehen in der Öffentlichkeit erregte. Der Kläger war am Vortag der Veröffentlichung wegen eines geplanten Anschlags auf ein ausländisches Staatsoberhaupt in Deutschland erstinstanzlich zu einer Freiheitsstrafe von sieben Jahren und sechs Monaten verurteilt worden. Das vor der Urteilsverkündung im Sitzungssaal aufgenommene Foto vom Kläger und den beiden Mitangeklagten wurde im Rahmen einer Berichterstattung über die Urteilsverkündung veröffentlicht. Unter diesen Umständen liegt eine aktuelle Berichterstattung über ein zeitgeschichtliches Ereignis vor, an dem ein erhebliches Informationsinteresse der Öffentlichkeit bestanden hat und gegenüber dem der Persönlichkeitsschutz des Klägers grundsätzlich zurücktreten musste. Ob der mit der Abbildung des Klägers verfolgte Informationszweck auch ohne identifizierende Bildberichterstattung hätte erreicht werden können, hat das Berufungsgericht zu Recht als für die Beurteilung, ob ein zeitgeschichtliches Ereignis im Sinne von § 23 Abs. 1 Nr. 1 KUG vorliegt, unerheblich angesehen. Denn die Pressefreiheit umfasst grundsätzlich auch das Recht der Medien, selbst zu entscheiden, ob und wie ein Presseerzeugnis bebildert wird (vgl. BVerfGE 101, 361, 389).

3. Mit Erfolg rügt die Revision allerdings die im Streitfall vorgenommene Abwägung im Rahmen des § 23 Abs. 2 KUG. Entgegen der Auffassung des Berufungsgerichts werden durch die Verbreitung des nicht anonymisierten Fotos keine berechtigten Interessen des Klägers im Sinne dieser Vorschrift verletzt und hat das Interesse des Klägers am Schutz seiner Persönlichkeit und an der Achtung seines Privatlebens hinter dem von der Beklagten verfolgten Informationsinteresse der Öffentlichkeit und ihrem Recht auf freie Meinungsäußerung zurückzutreten. Angesichts des unter den konkreten Umständen deutlichen Überwiegens der Rechte der Beklagten und des großen Informationsinteresses der Öffentlichkeit hat das Berufungsgericht bei der erforderlichen Abwägung zwischen dem Persönlichkeitsschutz des Klägers und den Rechten der Presse aus Art. 5 Abs. 1 GG, Art. 10 Abs. 1 EMRK dem Vertrauen des Klägers auf die Einhaltung der sitzungspolizeilichen Verfügung und deren Nichtbeachtung nach Fertigung der streitgegenständlichen Fotoaufnahme ein zu großes Gewicht beigemessen. Die erforderliche Abwägung kann der Senat selbst vornehmen, weil keine weiteren Tatsachenfeststellungen erforderlich sind (vgl. Senatsurteil vom 28. Oktober 2008 - VI ZR 307/07, BGHZ 178, 213 Rn. 11).

a) Zugunsten des Persönlichkeitsschutzes ist zu berücksichtigen, dass die den Täter identifizierende Bildberichterstattung über eine Straftat einen erheblichen Eingriff in die Persönlichkeitssphäre des Betroffenen darstellt, weil auch hierdurch sein Fehlverhalten öffentlich bekannt gemacht und seine Person in den Augen des Publikums negativ qualifiziert wird (vgl. Senatsurteile vom 28. Oktober 2008 - VI ZR 307/07, aaO, Rn. 33; vom 15. Dezember 2009 - VI ZR 227/08, BGHZ 183, 353 Rn. 10; BVerfGE 35, 202, 226; BVerfG, NJW 2009, 3357 Rn. 15). In Gerichtsverfahren gewinnt der Persönlichkeitsschutz der Verfahrensbeteiligten eine über den allgemein in der Rechtsordnung anerkannten Schutzbedarf hinausgehende Bedeutung. Dies gilt vor allem für den Schutz der Angeklagten im Strafverfahren, die sich in der Regel unfreiwillig der Verhandlung und damit der Öffentlichkeit stellen müssen (vgl. BVerfGE 103, 44, 68; BVerfG, NJW 2009, 350 Rn. 14; NJW 2009, 2117 Rn. 23).

Bei der gebotenen Abwägung des Persönlichkeitsschutzes mit dem kollidierenden Informationsinteresse kommt andererseits dem Gegenstand der Berichterstattung maßgebliche Bedeutung zu. Soweit das Bild - wie hier - nicht schon als solches eine für die öffentliche Meinungsbildung bedeutsame Aussage enthält, ist der Informationsgehalt einer Bildberichterstattung im Kontext der dazu gehörenden Wortberichterstattung zu ermitteln. Neben den Umständen der Gewinnung der

Abbildung ist für die Gewichtung der Belange des Persönlichkeitsschutzes bedeutsam, in welcher Situation der Betroffene erfasst und wie er dargestellt wird (vgl. Senatsurteile vom 9. März 2004 - VI ZR 217/03, BGHZ 158, 218, 223; vom 19. Oktober 2004 - VI ZR 292/03, VersR 2005, 84, 86; vom 9. Februar 2010 - VI ZR 243/08, aaO, Rn. 34 f.; BVerfGE 120, 180, 206 f.).

b) Nach diesen Kriterien verletzt die Verbreitung eines nicht anonymisierten Fotos unter den gegebenen Umständen grundsätzlich keine berechtigten Interessen des Klägers. Es bestand ein erhebliches Interesse der Öffentlichkeit auch hinsichtlich einer Abbildung des Klägers, nachdem dieser wegen einer Aufsehen erregenden schweren Straftat erstinstanzlich verurteilt worden ist, die insbesondere wegen der terroristischen Bedrohung und der damit verbundenen Ängste auch ein erhebliches Interesse an den Tätern begründet hat. Bei Straftaten besteht häufig ein legitimes Interesse an der Bildberichterstattung über einen Angeklagten, weil sie oft durch die Persönlichkeit des Täters geprägt sind und Bilder prägnant und unmittelbar über die Person des Täters informieren können (vgl. Beater, Medienrecht, 2007, Rn. 1329). Dies gilt insbesondere auch bei Straftätern, die - wie hier - im Zusammenhang mit einem geplanten terroristischen Anschlag verurteilt worden sind, weil solche Täter im Alltag oft unauffällig leben und auch deswegen ein großes öffentliches Interesse an einer identifizierenden Berichterstattung besteht, welche es besser ermöglicht, sich ein Bild von den Tätern zu machen. Die streitgegenständliche Fotoaufnahme enthält auch keine über die mit der Identifizierung eines Straftäters durch eine Abbildung hinausgehende Beeinträchtigung oder Stigmatisierung. Es handelt sich um ein kontextgemäßes Porträtfoto, das den Kläger in keiner ihn verächtlich machenden Weise zeigt und für sich keine weitere Persönlichkeitsbeeinträchtigung enthält. Auch die begleitende Wortberichterstattung über die Urteilsverkündung war nach der von der Revision nicht angegriffenen Feststellung des Berufungsgerichts nicht zu beanstanden.

Zwar mag oftmals bis zu einer erstinstanzlichen Verurteilung das Recht auf Schutz der Persönlichkeit und Achtung des Privatlebens das Interesse an einer identifizierenden Berichterstattung überwiegen (vgl. BVerfG, NJW 2009, 350 Rn. 14 f.; NJW 2009, 3357 Rn. 20). Im Streitfall lag jedoch bei der Veröffentlichung bereits eine erstinstanzliche Verurteilung vor, so dass sich der Verdachtsgrad gegen den Kläger so weit verdichtet hatte, dass dem Informationsinteresse der Vorrang gebührt. Dürfte die Presse über eine Verurteilung wegen einer schweren Straftat erst nach der Rechtskraft des Strafurteils mit einer Abbildung des Straftäters berichten, könnte sie ihre durch Art. 5 Abs. 1 GG zugewiesene Informations- und Kontrollfunktion gegenüber der Öffentlichkeit nur eingeschränkt erfüllen (vgl. Senatsurteil vom 7. Dezember 1999 - VI ZR 51/99, aaO, 204; BVerfGE 97, 125, 149; BVerfG, AfP 2009, 480 Rn. 62). Dies gilt insbesondere nach einer erstinstanzlichen Verurteilung in einem Strafverfahren von erheblichem öffentlichem Interesse, weil hier regelmäßig die Verurteilung durch den Tatrichter und nicht die die Revision des verurteilten Täters verwerfende Entscheidung des Revisionsgerichts im Blickpunkt der Öffentlichkeit steht. Auch das Resozialisierungsinteresse und das Recht des Täters, "alleine gelassen zu werden", steht der aktuellen identifizierenden Berichterstattung nicht entgegen, weil es nach Befriedigung des aktuellen Informationsbedürfnisses der Öffentlichkeit erst mit zeitlicher Distanz zur Straftat und zum Strafverfahren zunehmende Bedeutung gewinnt (vgl. Senatsurteile vom 28. Oktober 2008 - VI ZR 307/07, aaO, Rn. 23; vom 15. Dezember 2009 - VI ZR 227/08, aaO, Rn. 16; vom 9. Februar 2010 - VI ZR 243/08, aaO, Rn. 19; vom 20. April 2010 - VI ZR 245/08, NJW 2010, 2728 Rn. 17; BVerfGE 35, 202, 233; BVerfG, NJW 2000, 1859, 1860; NJW 2009, 3357 Rn. 21; Beater, Medienrecht, 2007, Rn. 1336; Wenzel/von Strobl-Albeg, Recht der Wort- und Bildberichterstattung, 5. Aufl., Kap. 8 Rn. 85).

c) Im konkreten Einzelfall ist allerdings bei der gebotenen Abwägung auch die in der sitzungspolizeilichen Verfügung nach § 176 GVG begründete Verpflichtung zur Anonymisierung der die Angeklagten zeigenden Fotoaufnahmen zu berücksichtigen. Der Nichtbeachtung dieses Gebots kommt entgegen der Auffassung des Berufungsgerichts indes keine ausschlaggebende Bedeutung zu. Im fraglichen Punkt steht die sitzungspolizeiliche Verfügung auf der Grundlage der vom Berufungsgericht getroffenen tatsächlichen Feststellungen unter Berücksichtigung der interpretationsleitenden Bedeutung der von der Schrankenregelung des § 176 GVG betroffenen Grundrechtspositionen der erfolgten Bildberichterstattung nicht entgegen.

aa) Aus dem begrenzten Zweck der Sitzungspolizei im Sinne von § 176 GVG erwächst dem Vorsitzenden nicht die Befugnis, die Zulässigkeit der Bildveröffentlichung zum Schutz des Persönlichkeitsrechts der Verfahrensbeteiligten abweichend von den Vorschriften der §§ 22, 23 KUG und der danach gebotenen Abwägung zwischen dem Recht der Presse- und Meinungsfreiheit einerseits und dem Persönlichkeitsrecht andererseits (abgestuftes Schutzkonzept) zu regeln. Die Sitzungspolizei im Sinne von § 176 GVG umfasst alle Befugnisse und Maßnahmen, die erforderlich sind, um - letztlich im Interesse der Wahrheitsfindung - den ungestörten Verlauf der Sitzung zu sichern. Dazu gehören der störungsfreie äußere Ablauf der Verhandlung, ferner die ungehinderte Entscheidungsfindung samt allen darauf gerichteten Beiträgen und Interaktionen der Verfahrensbeteiligten und der Schutz des allgemeinen Persönlichkeitsrechts der Verfahrensbeteiligten, insbesondere des Angeklagten (vgl. BGH, Beschluss vom 11. Februar 1998 - StB 3/98, BGHSt 44, 23 f.; BVerfGE 50, 234, 241 f.; 91, 125, 137; 119, 309, 321 f.; Beater, aaO, Rn. 1313; Kissel/Mayer, aaO, § 176 Rn. 1; KK/Diemer, aaO, § 176 GVG Rn. 1; Meyer-Goßner, StPO, 53. Aufl., § 176 GVG Rn. 4, 15; Wickern in Löwe/Rosenberg, aaO, § 176 GVG Rn. 1, 10). Das Persönlichkeitsrecht ist danach im Rahmen der Sitzungspolizei nicht in weiterem Umfang zu schützen als dies nach §§ 22, 23 KUG der Fall ist. Die sitzungspolizeilichen Maßnahmen müssen vielmehr ihrerseits dem zu §§ 22, 23 KUG entwickelten abgestuften Schutzkonzept Rechnung tragen (vgl. Meyer-Goßner, aaO, § 169 GVG Rn. 10, § 176 GVG Rn. 15). Soweit trotz eines gerichtlichen Verbots Aufnahmen hergestellt oder eine angeordnete Anonymisierung nicht beachtet werden, kann den Betroffenen derselbe

Schutz gegen die Anfertigung und gegebenenfalls Veröffentlichung der Bilder zustehen, der sich aus den auch außerhalb des Gerichtssaals geltenden allgemeinen Grundsätzen ergibt (vgl. Soehring, aaO, § 6 Rn. 13).

bb) In der Verpflichtung zur Anonymisierung liegt eine gewichtige Beschränkung der Informationsmöglichkeiten der Öffentlichkeit, die eine Rechtfertigung aus den Umständen des Einzelfalls voraussetzt (vgl. BVerfGE 119, 309, 326; BVerfG, NJW 2009, 350 Rn. 12; 2009, 2117 Rn. 19). Eine solche lässt sich den sitzungspolizeilichen Verfügungen nicht entnehmen, insbesondere nicht, dass das Anonymisierungsgebot zum vorsorglichen Schutz der Angeklagten erforderlich gewesen wäre (vgl. BVerfG, NJW 1996, 310, 311). Nach Ziff. IV Nr. 3 Buchst. e der sitzungspolizeilichen Verfügung vom 24. Mai 2006 und der ergänzenden Anordnung vom 8. Juli 2008 beruhten diese offenbar ohne Prüfung anhand des Schutzkonzepts der §§ 22, 23 KUG auf der Annahme, dass auch noch zum Zeitpunkt vor der Urteilsverkündung eine nicht anonymisierte Bildberichterstattung über die Angeklagten nur mit deren Einwilligung zulässig sei. Dies reichte jedenfalls hinsichtlich einer Berichterstattung über die Urteilsverkündung nach den oben erfolgten Ausführungen nicht aus, um entgegen der gesetzlichen Wertung der §§ 22, 23 KUG die Veröffentlichung eines den Kläger identifizierenden Bildes zu untersagen.

Es ist auch nicht ersichtlich, dass das Anonymisierungsgebot zu diesem Zeitpunkt noch zur Sicherung des ordnungsgemäßen Ablaufs des Strafverfahrens erforderlich war. Im Zeitpunkt der Veröffentlichung und auch einer möglichen Veröffentlichung des Fotos war die Hauptverhandlung bereits beendet. Die streitgegenständliche Bildberichterstattung konnte mithin keinen Einfluss mehr auf das Verhalten der Verfahrensbeteiligten haben. Konkrete Anhaltspunkte dafür, dass die identifizierende Bildberichterstattung die Ausübung der Verfahrensrechte oder die Rechtsfindung im Revisionsrechtszug oder im weiteren Verfahren nach einer denkbaren Aufhebung des Urteils und Zurückverweisung durch das Revisionsgericht beeinträchtigen würde, sind nicht ersichtlich und wurden vom Kläger auch nicht geltend gemacht.

cc) Entgegen der Auffassung des Berufungsgerichts ist dem Vertrauen des Klägers in die Beachtung der erlassenen sitzungspolizeilichen Verfügungen bei der Abwägung keine ausschlaggebende Bedeutung zuzumessen.

Zutreffend ist zwar der rechtliche Ausgangspunkt des Berufungsgerichts, wonach für die Gewichtung der Belange des Persönlichkeitsschutzes auch die Umstände in die Beurteilung einzubeziehen sind, unter denen die Aufnahme entstanden ist (vgl. Senatsurteile vom 28. Oktober 2008 - VI ZR 307/07, aaO, Rn. 24; vom 9. Februar 2010 - VI ZR 243/08, aaO, Rn. 35). Die Beeinträchtigung des Persönlichkeitsrechts wiegt schwerer, wenn der Betroffene die berechtigte Erwartung haben durfte, in der konkreten Situation nicht abgebildet zu werden (vgl. Senatsurteile vom 1. Juli 2008 - VI ZR 243/06, aaO, Rn. 24 und - VI ZR 67/08, aaO, Rn. 24; vom 28. Oktober 2008 - VI ZR 307/07, aaO; BVerfGE 120, 180, 207). Mithin erhöht die Erwartung des Klägers, wegen der sitzungspolizeilichen Verfügung nicht identifizierbar abgebildet zu werden, das Gewicht seiner Persönlichkeitsrechtsbeeinträchtigung. Dem Umstand, dass er nur im Vertrauen auf die sitzungspolizeiliche Anordnung die Fotoaufnahmen ermöglicht haben will, kommt aber nicht das vom Berufungsgericht angenommene Gewicht zu. Es ist nämlich zu berücksichtigen, dass nach den oben erfolgten Ausführungen ungepixelte Bildaufnahmen auch ohne Einwilligung des Klägers zulässig gewesen wären und er letztlich durch sein Verhalten allenfalls Bildaufnahmen hätte vereiteln können, die wegen des erheblichen Informationsinteresses der Öffentlichkeit grundsätzlich zulässig waren.

Nach alledem sind keine überwiegenden rechtlichen Interessen des Klägers (§ 23 Abs. 2 KUG) erkennbar, die der Verbreitung des ihn identifizierenden Fotos im Rahmen einer Berichterstattung über die Urteilsverkündung entgegengestanden hätten.

4. Die Kostenentscheidung folgt aus § 91 Abs. 1 ZPO.

Entscheidungsname: Die lange Nacht der GOLDKINDER
Entscheidungsdatum: 18.10.2011
Aktenzeichen: VI ZR 5/10
Normen: § 823 Abs 1 BGB, § 823 Abs 2 BGB, § 22 KunstUrhG, § 23 KunstUrhG, Art 1 Abs 1 GG
Persönlichkeitsschutz in den Medien: Zulässigkeit der Veröffentlichung kontextbezogener Fotos von Prominenten beim Besuch einer Vernissage

Leitsatz

Zur Zulässigkeit der Veröffentlichung kontextbezogener Fotos in einem Presseartikel über Prominente beim Besuch einer Vernissage.

Tenor

Auf die Rechtsmittel der Beklagten werden das Urteil des 10. Zivilsenats des Kammergerichts vom 26. November 2009 aufgehoben und das Urteil des Landgerichts Berlin vom 11. September 2008 abgeändert.

Die Klage wird abgewiesen.

Die Klägerin trägt die Kosten des Rechtsstreits.

Von Rechts wegen

Tatbestand

Die Klägerin, eine Tochter von Caroline Prinzessin von Hannover und Nichte des Staatsoberhaupts des Fürstentums Monaco, verlangt von der Beklagten als Verlegerin der Zeitschrift "BUNTE" die Unterlassung einer Bildberichterstattung.

In der Ausgabe Nr. 16 der Zeitschrift vom 10. April 2008 wurde unter der Überschrift "Die lange Nacht der GOLDKINDER" ein Artikel veröffentlicht, der unter anderem mit einem die Klägerin zeigenden Foto bebildert ist, in das folgender Text eingeblendet ist: "IM GEDRÄNGE der Vernissage: Galerist und Millionenerbe Alex D. und eine Besucherin diskutieren mit der jungen Kunstkolumnistin Charlotte Casiraghi die Werke eines Warhol-Schülers in der Scream Gallery, die Rolling Stone Ron Wood gehört". Der Artikel befasst sich mit dem Londoner Nachtleben der in der Berichterstattung sogenannten "Jungsociety", unter anderem mit dem Besuch der Klägerin in der Vernissage anlässlich der Eröffnung einer Ausstellung des Warhol-Schülers René Ricard in der Scream Gallery.

Das Landgericht hat die Beklagte verurteilt, es zu unterlassen, "das Foto auf Seite 22 in BUNTE Nr. 16 vom 10.4.2008 mit der Bildinnenschrift "IM GEDRÄNGE der Vernissage: Galerist und Millionenerbe Alex D. und eine Besucherin diskutieren mit der jungen Kunstkolumnistin Charlotte Casiraghi ..." das u.a. Charlotte Casiraghi zeigt, erneut zu veröffentlichen". Die Berufung der Beklagten hat das Oberlandesgericht zurückgewiesen. Mit der vom erkennenden Senat zugelassenen Revision verfolgt die Beklagte ihren Klageabweisungsantrag weiter.

Entscheidungsgründe

I. Nach Auffassung des Berufungsgerichts steht der Klägerin ein Unterlassungsanspruch analog § 1004 Abs. 1 Satz 2 BGB i.V.m. § 823 Abs. 1, Abs. 2 BGB, §§ 22 f. KUG, Art. 2 Abs. 1, Art. 1 Abs. 1 GG zu. Nach dem vom erkennenden Senat entwickelten abgestuften Schutzkonzept erweise sich die angegriffene Bildberichterstattung bei Abwägung der betroffenen Grundrechtspositionen als rechtswidrig. Eine konkludente Einwilligung der Klägerin in die streitgegenständliche Bildveröffentlichung liege nicht vor. Diese sei auch nicht nach § 23 Abs. 1 Nr. 1 KUG gerechtfertigt, weil sich dem begleitenden Bericht weder eine Auseinandersetzung mit einer die Öffentlichkeit bewegenden Frage noch ein Beitrag zu einer Sachdebatte entnehmen lasse. Der Umstand, dass die porträtierte "Jungsociety" eine gesellschaftliche Erscheinung darstelle, reiche nicht aus. Die Klägerin, die weder ein Amt bekleide noch eine offizielle Funktion ausübe, sei auch nicht derart in Erscheinung getreten, dass über sie losgelöst von einem konkreten Anlass berichtet werden dürfe. Die Bildveröffentlichung sei auch nicht deswegen gerechtfertigt, weil der Bericht erwähne, dass die Klägerin für das "AnOther Magazine" einen Beitrag über Kunst verfasst habe. Ein Zusammenhang zwischen der Autorenschaft in diesem Magazin und dem Besuch der Vernissage bestehe nicht.

II. Das Berufungsurteil hält einer revisionsrechtlichen Überprüfung nicht stand.

1. Nicht zu beanstanden ist die Auffassung des Berufungsgerichts, eine konkludente Einwilligung der Klägerin in die streitgegenständliche Bildveröffentlichung habe nicht vorgelegen (vgl. § 22 Satz 1 KUG). Nur aus ihrer Teilnahme an der Ausstellungseröffnung und einer von der Beklagten behaupteten Kenntnis davon, dass Fotos angefertigt wurden, ist nicht auf eine konkludente Einwilligung zu schließen. Irgendwelche Handlungen der Klägerin, aus denen der Fotograf auf eine solche Einwilligung hätte schließen können, sind nicht dargetan (vgl. Senatsurteil vom 13. April 2010 - VI ZR 125/08, VersR 2010, 1090 Rn. 11).

2. Entgegen der Auffassung des Berufungsgerichts steht der Klägerin der geltend gemachte Unterlassungsanspruch entsprechend § 1004 Abs. 1 Satz 2 BGB, § 823 Abs. 1, Abs. 2 BGB, §§ 22, 23 KUG, Art. 1 Abs. 1 GG, Art. 2 Abs. 1 GG nicht zu. Die beanstandete Bildveröffentlichung war nach dem abgestuften Schutzkonzept der §§ 22, 23 KUG zulässig.

a) Das Berufungsgericht beurteilt die Zulässigkeit der Bildveröffentlichung im Ansatz zu Recht nach dem abgestuften Schutzkonzept der §§ 22, 23 KUG (vgl. etwa Senatsurteile vom 6. März 2007 - VI ZR 51/06, BGHZ 171, 275 Rn. 9 ff.; vom 10. März 2009 - VI ZR 261/07, BGHZ 180, 114 Rn. 9 ff.; vom 7. Juni 2011 - VI ZR 108/10, VersR 2011, 1065 Rn. 14 ff., jeweils mwN), das sowohl mit verfassungsrechtlichen Vorgaben (vgl. BVerfGE 120, 180, 201 f., 211 ff.) als auch mit der Rechtsprechung des Europäischen Gerichtshofes für Menschenrechte im Einklang steht (vgl. EGMR, NJW 2004, 2647 Rn. 45 ff.). Danach dürfen Bildnisse einer Person grundsätzlich mit deren - hier nicht vorliegenden - Einwilligung verbreitet werden (§ 22 Satz 1 KUG). Hiervon besteht allerdings gemäß § 23 Abs. 1 KUG eine Ausnahme, wenn es sich um Bildnisse aus dem Bereich der Zeitgeschichte handelt. Diese Ausnahme gilt aber nicht für eine Verbreitung, durch die berechtigte Interessen des Abgebildeten verletzt werden (§ 23 Abs. 2 KUG).

aa) Nach diesem Schutzkonzept erfordert schon die Beurteilung, ob Bildnisse aus dem Bereich der Zeitgeschichte vorliegen, eine Abwägung zwischen den Rechten des Abgebildeten aus Art. 1 Abs. 1, Art. 2 Abs. 1 GG, Art. 8 Abs. 1 EMRK einerseits und den Rechten der Presse aus Art. 5 Abs. 1 Satz 2 GG, Art. 10 Abs. 1 EMRK andererseits (vgl. etwa Senatsurteile vom 10. März 2009 - VI ZR 261/07, aaO, Rn. 10; vom 7. Juni 2011 - VI ZR 108/10, aaO, Rn. 17 mwN). Der Begriff des Zeitgeschehens ist zugunsten der Pressefreiheit in einem weiten Sinne zu verstehen; er umfasst nicht nur Vorgänge von historisch-politischer Bedeutung, sondern alle Fragen von allgemeinem gesellschaftlichem Interesse. Die grundrechtliche Gewährleistung umfasst auch unterhaltende Beiträge, etwa über das Privatoder Alltagsleben prominenter Personen, sowie die Abbildung von Personen (vgl. Senatsurteile vom 26. Oktober 2010 - VI ZR 190/08, VersR 2011, 127 Rn. 14; vom 13. April 2010 - VI ZR 125/08, aaO, Rn. 13 mwN). Allerdings bedarf es bei unterhaltenden Inhalten im besonderen Maß einer abwägenden Berücksichtigung der kollidierenden Rechtspositionen. Für die Abwägung ist von maßgeblicher Bedeutung, ob die Medien im konkreten Fall eine Angelegenheit von öffentlichem Interesse ernsthaft und sachbezogen erörtern, damit den Informationsanspruch des Publikums erfüllen und zur Bildung der öffentlichen Meinung beitragen, oder ob sie - ohne Bezug zu einem zeitgeschichtlichen Ereignis - lediglich die Neugier der Leser oder Zuschauer nach privaten Angelegenheiten prominenter Personen befriedigen (vgl. Senatsurteil vom 13. April 2010 - VI ZR 125/08, aaO, Rn. 14 mwN). Insoweit reicht allerdings bereits die Möglichkeit aus, dass der Beitrag der Meinungsbildung zu Fragen von allgemeinem Interesse dienen kann (vgl. Senatsurteil vom 1. Juli 2008 - VI ZR 67/08, VersR 2008, 1411 Rn. 30; BVerfGE 120, 183, 203; EGMR, Urteile vom 16. November 2004, Beschwerde-Nr. 53678/00, Karhuvaara und Iltalehti gegen Finnland, NJW 2006, 591 Rn. 40; vom 1. März 2007, Beschwerde-Nr. 510/04, Tønsbergs Blad u.a. gegen Norwegen, § 82).

bb) Nach diesen Grundsätzen liegt bei Berücksichtigung des Gesamtkontextes der Veröffentlichung einschließlich der Wortberichterstattung ein Bildnis aus dem Bereich der Zeitgeschichte vor. Es handelt sich um einen unterhaltenden Beitrag über das Privat- oder Alltagsleben prominenter Personen, der Anlass zu sozialkritischen Überlegungen sein kann. Auch wenn Gegenstand des Beitrags dabei - wie im Fall der Klägerin - nicht durchweg Personen sind, die ein Amt innehaben oder eine sonstige Position im öffentlichen Leben ausfüllen, interessiert es weite Kreise der Öffentlichkeit zu erfahren, dass junge Menschen als Abkömmlinge reicher und/oder adliger Prominenz an einem Londoner Abend ihre Freizeit in der in dem Artikel geschilderten Weise gestalten. In diesem Zusammenhang wird auch über die Eröffnung der Vernissage berichtet, bei der das beanstandete Foto aufgenommen wurde. Obgleich es sich um eine geschlossene Veranstaltung für geladene Gäste handelte, war ein Fotograf einer bekannten Bildagentur anwesend, der von den Gästen Aufnahmen anfertigte. Die Fotos konnten allgemein bezogen werden. Damit kann sich die Klägerin im Zusammenhang mit dem veröffentlichten Foto nicht mehr auf einen geschlossenen Charakter der Veranstaltung berufen. Bei einer solchen Veranstaltung ist es ohnehin nicht ungewöhnlich, dass nur geladene Gäste Einlass finden, aber dennoch publikumswirksam darüber berichtet wird, zumal die Galerie dem "Rolling Stone" Ron Wood gehört und Werke eines Warhol-Schülers veröffentlich wurden.

Es handelt sich nicht um einen Eingriff in den privaten Bereich oder einen Bericht, der sich auf das Privatleben der Klägerin beschränkt. Die Klägerin hat sich durch die Teilnahme an der Veranstaltung in den Bereich des gesellschaftlichen Lebens begeben. Dies gilt insbesondere im Hinblick darauf, dass sie selbst in dem "AnOther Magazine" über eine Kunstausstellung in Spanien berichtet hat und der

Besuch der Kunstausstellung mithin bei ihr nicht nur unter privaten Gesichtspunkten zu beurteilen ist. Dies wird in dem Artikel deutlich, indem - quasi innerhalb des Berichts über "die lange Nacht der GOLDKINDER" - über die Veröffentlichung berichtet wird. In der Bildinnenschrift "IM GEDRÄNGE ..." wird ebenfalls darauf Bezug genommen, da die Klägerin als "junge Kunstkolumnistin" bezeichnet wird. Dadurch wird ein Zusammenhang zwischen ihrer journalistischen Tätigkeit hinsichtlich einer Kunstausstellung und der Teilnahme an der Vernissage hergestellt.

Indem der Artikel sich damit befasst, was im Moment "cool" ist, welchen Stellenwert "Royals" in der "Jungsociety" haben und welche Veranstaltungen diese und die anderen Abkömmlinge Prominenter besuchen, zeichnet er zugleich ein Bild der Nachkommen gesellschaftlich einflussreicher und vermögender Personen, welches für die Öffentlichkeit interessant ist und die sozialen Unterschiede, in denen junge Menschen aufwachsen, deutlich werden lässt. Insbesondere an dem Bezug zur Tätigkeit der Klägerin als "junge Kunstkolumnistin" und ihrem vertrauten Umgang mit Galleristen wird aufgezeigt, welche Türen für solche jungen Menschen offenstehen, wodurch zugleich ihre berufliche Entwicklung gefördert wird ("People der nächsten 40 Jahre").

cc) Unter Berücksichtigung der vorstehenden Ausführungen sind keine überwiegenden berechtigten Interessen der Klägerin (§ 23 Abs. 2 KUG) erkennbar, die bei der gebotenen Würdigung der Berichterstattung in ihrer Gesamtheit der Verbreitung des sie zeigenden Fotos entgegenstünden.

4. Die Kostenentscheidung beruht auf § 91 Abs. 1 ZPO.

Entscheidungsname: Die INKA Story
Entscheidungsdatum: 22.11.2011
Aktenzeichen: VI ZR 26/11
Normen: § 823 Abs 1 BGB, § 22 KunstUrhG, § 23 KunstUrhG, Art 1 Abs 1 GG, Art 2 Abs 1 GG

Persönlichkeitsschutz in der Presse: Identifizierende Wort- und Bildberichterstattung über einen Politiker in einem Artikel über dessen prominente Lebensgefährtin

Leitsatz

Zur Zulässigkeit einer identifizierenden Wort- und Bildberichterstattung über einen Politiker in einem Presseartikel betreffend dessen prominente Lebensgefährtin.

Orientierungssatz

Wird in identifizierender Weise in einem Artikel einer Illustrierten über die bekannte Schlagersängerin, Moderatorin und Schauspielerin Inka Bause deren neuer Lebensgefährte (ein Mitglied des Landtags von Sachsen-Anhalt) (wahrheitsgemäß) beschrieben, so steht diesem kein Anspruch auf Unterlassung der identifizierenden Berichterstattung zu. Er muss die Berichterstattung über seine private Beziehung zu seiner prominenten Lebensgefährtin hinnehmen, auch wenn er diese geheim halten möchte, denn sein Interesse am Schutz seiner Persönlichkeit hat hinter das Informationsinteresse der Öffentlichkeit und dem Recht auf freie Meinungsäußerung zurückzutreten. (Rn.8)(Rn.16)

Tenor

Die Revision gegen das Urteil des 10. Zivilsenats des Kammergerichts in Berlin vom 13. Januar 2011 wird auf Kosten des Klägers zurückgewiesen.

Von Rechts wegen

Tatbestand

Der Kläger ist Mitglied des Landtags von Sachsen-Anhalt und der Freund der Schlagersängerin, Moderatorin und Schauspielerin Inka Bause. Am 3. Dezember 2009 veröffentlichte die Beklagte in der Ausgabe Nr. 50 der von ihr verlegten Zeitschrift "SUPERillu" einen auf der Titelseite mit den Worten "INKAS TRAUMJAHR" und der Unterzeile "Neue Liebe macht ihr Glück perfekt" angekündigten und mit "Die INKA Story" betitelten Beitrag über Inka Bause. Darin wird u.a. berichtet, dass der Kläger "Inkas neuer Freund" sei und aus H. in Sachsen-Anhalt stamme. Des Weiteren werden sein Alter, seine Größe und sein Sternzeichen genannt und mitgeteilt, er sei gelernter Krankenpfleger. Weiter heißt es dort: "Sein großes Hobby ist die Musik, seine Leidenschaft die Politik. Für die Partei "Die Linke" sitzt G. seit 2007 im Magdeburger Landtag." Der Beitrag ist mit einem Porträtfoto des Klägers bebildert, unter dem es heißt: "Der Neue Inkas Freund S.G. ist Politiker in Magdeburg."

Der Kläger begehrt die Verurteilung der Beklagten zur Unterlassung einer erneuten Veröffentlichung des Bildes mit dieser Unterzeile und - im Zusammenhang mit einer privaten Beziehung zu Frau Inka Bause - einer identifizierenden Berichterstattung unter Nennung seines Namens und/oder seines Alters. Das Landgericht hat der Klage stattgegeben. Die Berufung der Beklagten hatte Erfolg und führte zur Klageabweisung. Mit der vom Berufungsgericht zugelassenen Revision begehrt der Kläger die Wiederherstellung des landgerichtlichen Urteils.

Entscheidungsgründe

I. Das Berufungsgericht ist der Auffassung, dem Kläger stehe gegen die Beklagte ein Anspruch auf Unterlassung identifizierender Berichterstattung im Zusammenhang mit einer privaten Beziehung zu Frau Inka Bause nicht zu. Die Abwägung der betroffenen Grundrechtspositionen ergebe, dass die Wortberichterstattung rechtmäßig sei. Frau Bause sei aufgrund ihrer Fernsehauftritte als Moderatorin verschiedener Fernsehsendungen einem breiten Publikum bekannt. An dem Umstand, wer ihr neuer Lebensgefährte sei, bestehe ein öffentliches Informationsinteresse. Sie trete gegenüber der Öffentlichkeit als "Single" auf und habe in den Jahren 2008 und 2009 in Zeitschrifteninterviews u.a. Fragen danach beantwortet, "woran es liege, dass sie keinen Partner habe" und "wie ihr Traummann" sein müsse. Sie geriere sich als Spezialistin in Sachen "Partnerberatung" und nehme auf die öffentliche Meinungsbildung einen nicht unerheblichen Einfluss. Deshalb bestehe an der Frage, ob sich Frau Bause entgegen ihrer öffentlichen Darstellung mit einem Partner liiert habe und wie sie die von ihr repräsentierten Werte lebe, ein öffentliches Interesse. Aufgrund dieses, aus der Person von Frau Bause abgeleiteten, öffentlichen Interesses müsse auch der Kläger einen Bericht darüber hinnehmen, dass er mit Frau Bause liiert sei. Ein gemeinsames Auftreten in der Öffentlichkeit sei nicht Voraussetzung für eine identifizierende Berichterstattung. Für deren Zulässigkeit spreche vorliegend, dass der Kläger keine der Öffentlichkeit bislang unbekannte Person sei. Zwar sei er als Landtagsabgeordneter bei Weitem nicht so bekannt wie Frau Bause. In seiner Funktion als Wahlkreisabgeordneter trete er jedoch öffentlich auf. Seine Website zeige ein Porträtfoto und enthalte Angaben über persönliche Daten wie Geburtsdatum, Geburtsort, Ausbildung, beruflichen Werdegang sowie politische und gesellschaftliche Funktionen und Ehrenämter. Der Kläger habe gegen die Beklagte auch keinen Anspruch auf Unterlassung der erneuten Veröffentlichung des Bildes mit der erwähnten Unterzeile. Bei dem Foto handele es sich um ein Bildnis aus dem Bereich der Zeitgeschichte. Es sei eine kontextneutrale Abbildung, deren Verbreitung die berechtigten Interessen des Klägers nicht verletze. Dieser habe kein berechtigtes Interesse, anonym zu bleiben und überhaupt nicht abgebildet zu werden. Er trete als Landtagsabgeordneter in der Öffentlichkeit auf und habe auf seiner Website selbst ein Porträtfoto veröffentlicht. Die Bildveröffentlichung sei deshalb nicht zu beanstanden.

II. Das angefochtene Urteil hält revisionsrechtlicher Nachprüfung stand.

1. Entgegen der Auffassung der Revision ist die Berufung auch insoweit zulässig, als das Landgericht die Beklagte zur Unterlassung der erneuten Veröffentlichung des beanstandeten Bildnisses verurteilt hat.

a) Allerdings genügt nach ständiger Rechtsprechung des Bundesgerichtshofs eine Berufungsbegründung den Anforderungen des § 519 Abs. 3 Nr. 2 ZPO a.F. - nunmehr § 520 Abs. 3 Satz 2 Nr. 2 bis 4 ZPO - nur dann, wenn sie erkennen lässt, in welchen Punkten tatsächlicher oder rechtlicher Art das angefochtene Urteil nach Ansicht des Berufungsklägers unrichtig ist und auf welchen Gründen diese Ansicht im Einzelnen beruht (vgl. Senatsurteil vom 13. November 2001 - VI ZR 414/00, VersR 2002, 999, 1000 mwN; BGH, Beschlüsse vom 25. November 1999 - III ZB 50/99, BGHZ 143, 169, 171 und vom 10. Januar 1996 - IV ZB 29/95, NJW-RR 1996, 572; BGH, Urteile vom 13. November 1997 - VII ZR 199/96, NJW 1998, 1081, 1082; vom 18. Juni 1998 - IX ZR 389/97, NJW 1998, 3126 und vom 18. Juli 2001 - IV ZR 306/00, VersR 2001, 1304, 1305). Diese Anforderungen sind durch die Neufassung in § 520 Abs. 3 Satz 2 Nr. 2 bis 4 ZPO nicht verringert worden. Vielmehr dient diese Vorschrift dem Zweck, eine Klarstellung und Konzentration des Streitstoffs für die Berufungsinstanz zu erreichen. Deshalb muss der Berufungsführer mit der Berufungsbegründung klarstellen, in welchen Punkten und mit welcher Begründung er das Berufungsurteil angreift. Im Falle der uneingeschränkten Anfechtung muss die Berufungsbegründung geeignet sein, das gesamte Urteil in Frage zu stellen; bei einem teilbaren Streitgegenstand oder bei mehreren Streitgegenständen muss sie sich grundsätzlich auf alle Teile des Urteils erstrecken, hinsichtlich derer eine Änderung beantragt wird (BGH, Urteile vom 28. Mai 2003 - XII ZB 165/02, VersR 2004, 1064, 1065; vom 27. November 2003 - IX ZR 250/00, WM 2004, 442 f. und vom 26. Januar 2006 - I ZR 121/03, VersR 2006, 859 Rn. 22; vgl. auch Musielak/Ball, ZPO, 8. Aufl., § 520 Rn. 38; Zöller/Heßler, ZPO, 29. Aufl., § 520 Rn. 27). Auch wenn sich der Rechtsmittelführer nicht mit allen für ihn nachteilig beurteilten Punkten in seiner Berufungsbegründung auseinandersetzen muss, genügt es nicht, um das angefochtene Urteil insgesamt in Frage zu stellen, wenn er sich nur mit einem Berufungsgrund befasst, der nicht den ganzen Streitstoff betrifft (vgl. Senatsurteil vom 5. Dezember 2006 - VI ZR 228/05, VersR 2007, 414 Rn. 7).

b) Entgegen der Auffassung der Revision hat die Beklagte mit ihrer Berufungsbegründung nicht nur ihre Verurteilung zur Unterlassung einer identifizierenden Berichterstattung angegriffen, sondern sich auch dagegen gewandt, dass das Landgericht ihr die erneute Veröffentlichung des Bildnisses untersagt hat. Allerdings kann im Einzelfall die Zulässigkeit einer Bildberichterstattung anders zu beurteilen sein als die einer Wortberichterstattung, denn der Schutz des allgemeinen Persönlichkeitsrechts gegen eine Presseberichterstattung reicht hinsichtlich der Veröffentlichung von Bildern einerseits und der Wortberichterstattung andererseits unterschiedlich weit (Senatsurteil vom 26. Oktober 2010 - VI ZR 230/08, BGHZ 187, 200 Rn. 8 ff.; BVerfG, NJW 2011, 740 Rn. 52). Angesichts dessen, dass das Landgericht bei der Begründung des Unterlassungsanspruchs nicht zwischen Wort- und Bildberichterstattung differenziert, sondern hinsichtlich beider Klageanträge eine einheitliche Abwägung vorgenommen hat, bezog sich der gegen diese Entscheidung gerichtete Berufungsangriff der Beklagten ersichtlich sowohl auf das Verbot der Wortberichterstattung als auch auf das der Bildberichterstattung. Die Beklagte hat in ihrer Berufungsbegründung nämlich die Auffassung des Landgerichts beanstandet, "eine identifizierende Berichterstattung im Zusammenhang mit der privaten Beziehung zu Frau Bause, also die Nennung seines Namens und seines Alters sowie die Veröffentlichung seines Porträtfotos, verletze den Kläger in seinem Persönlichkeitsrecht." Dieser Berufungsangriff ist umfassend und deshalb geeignet, das erstinstanzliche Urteil insgesamt in Frage zu stellen.

2. Zutreffend hat das Berufungsgericht entschieden, dass dem Kläger gegen die Beklagte kein Anspruch aus § 823 Abs. 1, § 1004 Abs. 1 Satz 2 BGB analog i.V.m. Art. 1 Abs. 1, Art. 2 Abs. 1 GG auf Unterlassung identifizierender Wortberichterstattung im Zusammenhang mit einer privaten Beziehung zu Frau Inka Bause zusteht.

a) Allerdings wird das durch Art. 2 Abs. 1 i.V.m. Art. 1 Abs. 1 GG verfassungsrechtlich gewährleistete allgemeine Persönlichkeitsrecht des Klägers durch die Veröffentlichung der angegriffenen Textpassage in dem Artikel der Beklagten vom 3. Dezember 2009 beeinträchtigt.

aa) Nach der gefestigten Rechtsprechung des Bundesverfassungsgerichts und des erkennenden Senats umfasst das allgemeine Persönlichkeitsrecht das Recht auf Achtung der Privatsphäre, das jedermann einen autonomen Bereich der eigenen Lebensgestaltung zugesteht, in dem er seine Individualität unter Ausschluss anderer entwickeln und wahrnehmen kann. Dazu gehört in diesem Bereich auch das Recht, für sich zu sein, sich selber zu gehören und den Einblick durch andere auszuschließen (vgl. BVerfGE 34, 238, 245; 35, 202, 220; BVerfG, AfP 2010, 562; Senatsurteile vom 19. Dezember 1995 - VI ZR 15/95, BGHZ 131, 332, 337; vom 9. Dezember 2003 - VI ZR 373/02, VersR 2004, 522 und vom 26. Oktober 2010 - VI ZR 230/08, aaO Rn. 10, 13, jeweils mwN). Dabei ist der Schutz der Privatsphäre sowohl thematisch als auch räumlich bestimmt. Er umfasst insbesondere Angelegenheiten, die wegen ihres Informationsinhalts typischerweise als "privat" eingestuft werden, weil ihre öffentliche Erörterung oder Zurschaustellung als unschicklich gilt, das Bekanntwerden als peinlich empfunden wird oder nachteilige Reaktionen der Umwelt auslöst, wie es etwa bei Auseinandersetzungen mit sich selbst in Tagebüchern (BVerfGE 80, 367), bei vertraulicher Kommunikation unter Eheleuten (BVerfGE 27, 344), im Bereich der Sexualität (BVerfGE 47, 46; 49, 286), bei sozial abweichendem Verhalten (BVerfGE 44, 353) oder bei Krankheiten (BVerfGE 32, 373) der Fall ist. Fehlte es hier an einem Schutz vor der Kenntniserlangung anderer, wären die Auseinandersetzung mit sich selbst, die unbefangene Kommunikation unter Nahestehenden, die sexuelle Entfaltung oder die Inanspruchnahme ärztlicher Hilfe beeinträchtigt oder unmöglich, obwohl es sich um grundrechtlich geschützte Verhaltensweisen handelt (Senatsurteil vom 25. Oktober 2011 - VI ZR 332/09 unter II 1 a) bb) (1), zVb; vgl. auch BVerfGE 101, 361, 382).

bb) Nach diesen Grundsätzen beeinträchtigt die beanstandete Wortberichterstattung den Kläger in seinem allgemeinen Persönlichkeitsrecht, denn in dem von der

Beklagten veröffentlichten Artikel werden Informationen über seine privaten Angelegenheiten, nämlich insbesondere über seine Beziehung zu Frau Bause wiedergegeben, deren Bekanntwerden er - aus welchen Gründen auch immer - nicht wünscht, sondern vielmehr geheim halten möchte.

b) Diese Beeinträchtigung hat der Kläger aber hinzunehmen.

aa) Wegen der Eigenart des Persönlichkeitsrechts als eines Rahmenrechts liegt seine Reichweite nicht absolut fest, sondern muss erst durch eine Abwägung der widerstreitenden grundrechtlich geschützten Belange bestimmt werden, bei der die besonderen Umstände des Einzelfalles sowie die betroffenen Grundrechte und Gewährleistungen der Europäischen Menschenrechtskonvention interpretationsleitend zu berücksichtigen sind (vgl. Senatsurteile vom 9. Dezember 2003 - VI ZR 373/02, aaO S. 523; vom 11. März 2008 - VI ZR 189/06, VersR 2008, 695 Rn. 13 und - VI ZR 7/07, VersR 2008, 793 Rn. 12; vom 3. Februar 2009 - VI ZR 36/07, VersR 2009, 555 Rn. 17; vom 22. September 2009 - VI ZR 19/08, VersR 2009, 1545 Rn. 16; vom 20. April 2010 - VI ZR 245/08, NJW 2010, 2728 Rn. 12; BVerfGE 114, 339, 348 mwN; 120, 180, 200 f.; BVerfG, AfP 2009, 365 Rn. 17; AfP 2009, 480 Rn. 61). Der Eingriff in das Persönlichkeitsrecht ist nur dann rechtswidrig, wenn das Schutzinteresse des Betroffenen die schutzwürdigen Belange der anderen Seite überwiegt (vgl. Senatsurteile vom 21. Juni 2005 - VI ZR 122/04, VersR 2005, 1403, 1404; vom 17. November 2009 - VI ZR 226/08, VersR 2010, 220 Rn. 20 ff. mwN; vom 15. Dezember 2009 - VI ZR 227/08, BGHZ 183, 353 Rn. 11 - Onlinearchiv I; vom 9. Februar 2010 - VI ZR 243/08, VersR 2010, 673 Rn. 14 - Onlinearchiv II und vom 20. April 2010 - VI ZR 245/08, aaO).

bb) Im Streitfall sind das Interesse des Klägers am Schutz seiner Persönlichkeit einerseits und die durch Art. 5 Abs. 1 GG, Art. 10 EMRK geschützten Äußerungsinteressen der Beklagten andererseits abzuwägen. Denn der Schutzbereich des Art. 5 Abs. 1 GG erstreckt sich auch auf die Äußerung von Tatsachen, soweit sie Dritten zur Meinungsbildung dienen können (vgl. Senatsurteile vom 5. Dezember 2006 - VI ZR 45/05, VersR 2007, 249 Rn. 15; vom 11. März 2008 - VI ZR 189/06, VersR 2008, 695 Rn. 12; vom 22. April 2008 - VI ZR 83/07, BGHZ 176, 175 Rn. 16; vom 2. Dezember 2008 - VI ZR 219/06, VersR 2009, 365 Rn. 14; vom 3. Februar 2009 - VI ZR 36/07, VersR 2009, 555 Rn. 11 jeweils mwN; BVerfGE 61, 1, 8; 71, 162, 179; 99, 185, 197). Dies ist bei der streitgegenständlichen Äußerung, wie sich aus den nachfolgenden Ausführungen ergibt, der Fall.

cc) In der Rechtsprechung des Bundesverfassungsgerichts sind verschiedene Kriterien entwickelt worden, die Leitlinien für den konkreten Abwägungsvorgang vorgeben (vgl. BVerfG, AfP 2009, 365 Rn. 17; AfP 2009, 480 Rn. 61 f., jeweils mwN). Danach müssen wahre Tatsachenbehauptungen in der Regel hingenommen werden, auch wenn sie nachteilig für den Betroffenen sind, unwahre dagegen nicht. Allerdings kann auch eine wahre Darstellung das Persönlichkeitsrecht des

Betroffenen verletzen, wenn sie einen Persönlichkeitsschaden anzurichten droht, der außer Verhältnis zu dem Interesse an der Verbreitung der Wahrheit steht. Dies kann insbesondere dann der Fall sein, wenn die Aussagen geeignet sind, eine erhebliche Breitenwirkung zu entfalten und eine besondere Stigmatisierung des Betroffenen nach sich zu ziehen, so dass sie zum Anknüpfungspunkt für eine soziale Ausgrenzung und Isolierung zu werden drohen (vgl. BVerfGE 97, 391, 404 f.; BVerfG, AfP 2009, 365 Rn. 17; AfP 2010, 145 Rn. 25).

dd) Nach diesen Grundsätzen hat das Interesse des Klägers am Schutz seiner Persönlichkeit hinter dem von der Beklagten verfolgten Informationsinteresse der Öffentlichkeit und ihrem Recht auf freie Meinungsäußerung zurückzutreten.

(1) Der Kläger ist nach den vom Berufungsgericht getroffenen Feststellungen keine in der Öffentlichkeit unbekannte Person. Er ist Landtagsabgeordneter und tritt in dieser Funktion öffentlich auf. Auf seiner mit einem Porträtfoto bebilderten Website finden sich Angaben zu Geburtsdatum, Geburtsort, Ausbildung und beruflicher Weiterbildung sowie politischen und gesellschaftlichen Funktionen und Ehrenämtern. Im Hinblick darauf besteht nicht von vornherein ein schützenswertes Interesse an der Unterlassung einer identifizierenden Berichterstattung über Herkunft, Alter, Sternzeichen und Beruf. Die darüber hinaus beanstandeten Informationen wie seine Körpergröße und die Aussage, dass sein großes Hobby die Musik und seine Leidenschaft die Politik sei, enthalten keine unwahren Tatsachenbehauptungen oder ehrenrührige Meinungsäußerungen. Insoweit handelt es sich weitgehend um Angaben, die noch der Sozialsphäre zuzurechnen sind. In diesem Bereich ist dem Informationsinteresse der Öffentlichkeit gegenüber dem Allgemeinen Persönlichkeitsrecht des Einzelnen von vornherein ein tendenziell größeres Gewicht zuzuerkennen (Soehring, Pressrecht, 4. Aufl. § 19 Rn. 39).

Auch soweit einzelne Angaben in dem Artikel die Privatsphäre des Klägers betreffen, hat dieser die beanstandete Berichterstattung hinzunehmen. Das Berufungsgericht hat im Hinblick darauf, dass der Kläger Politiker ist und in dem Artikel wahrheitsgemäß darüber berichtet wird, dass er der Lebensgefährte der einem breiten Fernsehpublikum bekannten Schlagersängerin, Moderatorin und Schauspielerin Inka Bause sei, ein Informationsinteresse der Öffentlichkeit mit Recht bejaht. Die nach der Rechtsprechung des Europäischen Gerichtshofs für Menschenrechte bedeutsame Funktion der Presse als "Wachhund der Öffentlichkeit" kann es bei Personen des öffentlichen Lebens, insbesondere bei Politikern, rechtfertigen, der Öffentlichkeit im Einzelfall ein Recht auf Informationen auch über Aspekte ihres Privatlebens zuzubilligen (vgl. EGMR NJW 2004, 2647, 2649 f.; BVerfG NJW 2006, 2835 Rn. 15 mwN). Dabei ist auch zu berücksichtigen, dass in einer parlamentarischen Demokratie bei Politikern im Einzelfall durchaus Umstände der privaten Lebensführung vom Informationsinteresse der Öffentlichkeit umfasst sein können. So verhält es sich im Streitfall.

(2) Bei der Gewichtung des Informationsinteresses im Verhältnis zu dem kollidierenden Persönlichkeitsschutz kommt dem Gegenstand der Berichterstattung maßgebliche Bedeutung zu. Entscheidend ist insbesondere, ob die Medien im konkreten Fall eine Angelegenheit von öffentlichem Interesse ernsthaft und sachbezogen erörtern, damit den Informationsanspruch des Publikums erfüllen und zur Bildung der öffentlichen Meinung beitragen oder ob sie - ohne Bezug zu einem zeitgeschichtlichen Ereignis - lediglich die Neugier der Leser befriedigen (Senatsurteile vom 10. März 2009 - VI ZR 261/07, BGHZ 180, 114 Rn. 12; vom 9. Februar 2010 - VI ZR 243/08, aaO Rn. 34 mwN; BVerfGE 34, 269, 283; 101, 361, 391; BVerfG, VersR 2007, 849 Rn. 28; BVerfGE 120, 180, 205). Andererseits gehört es zum Kern der Pressefreiheit, dass die Medien im Grundsatz nach ihren eigenen publizistischen Kriterien entscheiden können, was sie des öffentlichen Interesses für wert halten und was nicht (vgl. Senatsurteile vom 10. März 2009 - VI ZR 261/07, aaO Rn. 11; vom 1. Juli 2008 - VI ZR 67/08, VersR 2008, 1411 Rn. 14 und vom 7. Juni 2011 - VI ZR 108/10, VersR 2011, 1065 Rn. 17; BVerfGE 87, 181, 201; 95, 220, 234; 97, 228, 257; 101, 361, 392; 120, 180, 197 = NJW 2008, 1793, 1794 Rn. 42; BVerfG, NJW 2000, 1859, 1860). Dabei können auch unterhaltende Beiträge, etwa über prominente Personen, am Schutz der Pressefreiheit teilnehmen (vgl. etwa Senatsurteile vom 10. März 2009 - VI ZR 261/07, aaO und vom 14. Oktober 2008 - VI ZR 272/06, aaO Rn. 14; BVerfGE 35, 202, 222 f.; 59, 231, 258; 101, 361, 389 f.; 120, 180, 197; BVerfG, NJW 2000, 1859, 1860 f.). Zu dieser Freiheit gehört es auch, dass über den sozialen Kontext einer Person berichtet wird. Der Persönlichkeitsschutz greift erst dann, wenn die beanstandeten Äußerungen für sich genommen oder im Zusammenhang mit der Bildberichterstattung einen eigenständigen Verletzungseffekt aufweisen, der ihr Verbot rechtfertigen könnte, etwa wenn sie in den besonders geschützten Kernbereich der Privatsphäre des Betroffenen eingreifen oder Themen betreffen, die von vornherein überhaupt nicht in die Öffentlichkeit gehören (vgl. Senatsurteil vom 10. März 2009 - VI ZR 261/07, aaO Rn. 19, mwN).

(3) Diese Grenze wird mit der vom Kläger angegriffenen Berichterstattung nicht überschritten. Mit Recht führt das Berufungsgericht aus, dass die den Kläger betreffenden Äußerungen keinen eigenständigen Verletzungsgehalt aufweisen und die Intensität der Beeinträchtigung gering ist. Sie ist in keiner Weise herabsetzend oder gar ehrverletzend.

3. Entgegen der Auffassung der Revision hat der Kläger gegen die Beklagte auch keinen Anspruch aus § 1004 Abs. 1 Satz 2, § 823 Abs. 1, Abs. 2 BGB i.V.m. §§ 22, 23 KUG, Art. 1 Abs. 1, Art. 2 Abs. 1 GG auf Unterlassung der erneuten Veröffentlichung des beanstandeten Bildnisses.

a) Für die Zulässigkeit einer Bildberichterstattung gelten nach der gefestigten Rechtsprechung des erkennenden Senats folgende Grundsätze:

aa) Die Zulässigkeit von Bildveröffentlichungen ist nach dem abgestuften Schutz-konzept der §§ 22, 23 KUG zu beurteilen (grundlegend Senatsurteile vom 6. März 2007 - VI ZR 51/06, BGHZ 171, 275 Rn. 9 ff.; vom 28. Oktober 2008 - VI ZR 307/07, VersR 2009, 268 Rn. 8 ff. [insoweit in BGHZ 178, 213 nicht abgedruckt]; vom 10. März 2009 - VI ZR 261/07, BGHZ 180, 114 Rn. 9 ff.; zuletzt Senatsurteile vom 9. Februar 2010 - VI ZR 243/08, VersR 2010, 673 Rn. 32 ff.; vom 13. April 2010 - VI ZR 125/08, VersR 2010, 1090 Rn. 11 ff.; vom 26. Oktober 2010 - VI ZR 190/08, VersR 2011, 127 Rn. 13 ff. vom 7. Juni 2011 - VI ZR 108/10, VersR 2011, 1065 Rn. 14 ff. und vom 18. Oktober 2011 - VI ZR 5/10, zVb), das sowohl mit verfassungsrechtlichen Vorgaben (vgl. BVerfGE 120, 180, 201 ff.) als auch mit der Rechtsprechung des EGMR im Einklang steht (vgl. EGMR NJW 2004, 2647 und 2006, 591). Danach dürfen Bildnisse einer Person grundsätzlich nur mit deren Einwilligung verbreitet werden (§ 22 Satz 1 KUG). Hiervon besteht aller-dings gemäß § 23 Abs. 1 KUG eine Ausnahme, wenn es sich um Bildnisse aus dem Bereich der Zeitgeschichte handelt. Diese Ausnahme gilt aber nicht für eine Verbreitung, durch die berechtigte Interessen des Abgebildeten verletzt werden (§ 23 Abs. 2 KUG).

bb) Die Beurteilung, ob ein Bildnis dem Bereich der Zeitgeschichte im Sinne von § 23 Abs. 1 Nr. 1 KUG zuzuordnen ist, erfordert eine Abwägung zwischen den Rechten des Abgebildeten aus Art. 1 Abs. 1, 2 Abs. 1 GG, Art. 8 Abs. 1 EMRK einerseits und den Rechten der Presse aus Art. 5 Abs. 1 GG, Art. 10 Abs. 1 EMRK andererseits (vgl. etwa Senatsurteile vom 10. März 2009 - VI ZR 261/07, aaO Rn. 10 und vom 9. Februar 2010 - VI ZR 243/08, aaO Rn. 33; BVerfGE 120, 180, 201 ff., 213) . Dabei ist der Beurteilung ein normativer Maßstab zugrunde zu legen, welcher die Pressefreiheit und zugleich den Schutz der Persönlichkeit und der Pri-vatsphäre ausreichend berücksichtigt (Senatsurteile vom 28. Oktober 2008 - VI ZR 307/07, aaO Rn. 14 f.; vom 9. Februar 2010 - VI ZR 243/08, VersR 2010, 673 Rn. 33 mwN; BVerfGE 101, 361, 391). Maßgebend ist hierbei das Interesse der Öffentlichkeit an vollständiger Information über das Zeitgeschehen. Der Begriff des Zeitgeschehens ist zugunsten der Pressefreiheit in einem weiten Sinn zu ver-stehen; er umfasst nicht nur Vorgänge von historisch-politischer Bedeutung, son-dern alle Fragen von allgemeinem gesellschaftlichem Interesse. Ein Informations-interesse besteht allerdings nicht schrankenlos. Vielmehr wird der Einbruch in die persönliche Sphäre des Abgebildeten durch den Grundsatz der Verhältnismäßig-keit begrenzt (Senatsurteile vom 28. Oktober 2008 - VI ZR 307/07, aaO Rn. 14; vom 9. Februar 2010 - VI ZR 243/08, aaO; vom 13. April 2010 - VI ZR 125/08, VersR 2010, 1090 Rn. 12, jeweils mwN).

cc) Bei der Gewichtung des Informationsinteresses im Verhältnis zu dem kollidie-renden Persönlichkeitsschutz kommt dem Gegenstand der Berichterstattung maß-gebliche Bedeutung zu. Entscheidend ist insbesondere, ob die Medien im konkre-ten Fall eine Angelegenheit von öffentlichem Interesse ernsthaft und sachbezogen erörtern, damit den Informationsanspruch des Publikums erfüllen und zur Bildung

der öffentlichen Meinung beitragen oder ob sie - ohne Bezug zu einem zeitgeschichtlichen Ereignis - lediglich die Neugier der Leser befriedigen (Senatsurteile
vom 10. März 2009 - VI ZR 261/07, aaO Rn. 12; vom 9. Februar 2010 - VI ZR
243/08, aaO Rn. 34 mwN; BVerfGE 34, 269, 283; 101, 361, 391; BVerfG, VersR
2007, 849 Rn. 28; BVerfGE 120, 180, 205).

Der Informationsgehalt einer Bildberichterstattung ist dabei im Gesamtkontext, in
den das Personenbildnis gestellt ist, und unter Berücksichtigung der zugehörigen
Wortberichterstattung zu ermitteln. Daneben sind für die Gewichtung der Belange
des Persönlichkeitsschutzes der Anlass der Bildberichterstattung und die Umstände in die Beurteilung mit einzubeziehen, unter denen die Aufnahme entstanden ist. Auch ist bedeutsam, in welcher Situation der Betroffene erfasst und wie
er dargestellt wird (Senatsurteile vom 28. Oktober 2008 - VI ZR 307/07, aaO Rn.
24; vom 9. Februar 2010 - VI ZR 243/08, aaO Rn. 35; BVerfGE 120, 180, 205,
206 f.).

dd) Der erkennende Senat hat dementsprechend hinsichtlich der Zulässigkeit einer
Bildberichterstattung bereits mehrfach berücksichtigt, ob bei der Presseberichterstattung die Abbildung eines anlässlich eines zeitgeschichtlichen Ereignisses gefertigten Fotos nur zum Anlass zu Ausführungen über eine Person genommen wird
oder die Berichterstattung nur dazu dient, einen Anlass für die Abbildung prominenter Personen zu schaffen, ohne dass die Berichterstattung einen Beitrag zur
öffentlichen Meinungsbildung erkennen lässt; in solchen Fällen ist es nicht angezeigt, dem Veröffentlichungsinteresse den Vorrang vor dem Persönlichkeitsschutz
einzuräumen (vgl. Senatsurteile vom 9. März 2004 - VI ZR 217/03, BGHZ 158,
218, 223 f.; vom 28. September 2004 - VI ZR 305/03, VersR 2005, 83, 84; vom
6. März 2007 - VI ZR 51/06, BGHZ 171, 275 Rn. 28 und - VI ZR 13/06, VersR
2007, 697 Rn. 20 ff.; vom 1. Juli 2008 - VI ZR 243/06, VersR 2008, 1506, 1508
Rn. 23; vom 14. Oktober 2008 - VI ZR 271/06, VersR 2009, 513 Rn. 14 und - VI
ZR 272/06, VersR 2009, 78 Rn. 16; vom 17. Februar 2009 - VI ZR 75/08, VersR
2009, 841 Rn. 14; ebenso BVerfGE 120, 180, 206 f.).

b) Nach diesen Grundsätzen war die vom Kläger angegriffene Bildberichterstattung als solche über ein zeitgeschichtliches Ereignis zulässig.

aa) Das erforderliche Informationsinteresse ist hier zu bejahen. Der Artikel behandelt, soweit für diesen Rechtsstreit von Interesse, die private Beziehung des Klägers zu Frau Bause, die seinerzeit seine Lebensgefährtin war. Die Berichterstattung ist, wie oben dargelegt, vom öffentlichen Informationsinteresse gedeckt, ohne
dass es in diesem Zusammenhang darauf ankommt, ob sie auch Darstellungen enthält, die man je nach der Einstellung zu weitgehend unterhaltenden Medienprodukten als belanglos oder spekulativ bewerten kann. Es ist nicht zulässig, Medienprodukte, die das Zeitgeschehen darstellen, ausschließlich an derartigen weitgehend subjektiven Wertungen zu messen. Entscheidend ist, dass der Artikel sowohl

hinsichtlich der Wortberichterstattung als auch hinsichtlich des veröffentlichten Fotos einen noch ausreichenden Bezug zu der Beziehung des Klägers zu Frau Bause hat und dieses Thema unter den Umständen des Falles von öffentlichem Interesse und demgemäß als zeitgeschichtliches Ereignis im Sinne von § 23 Abs. 1 Nr. 1 KUG zu beurteilen ist. Davon ist hier auszugehen, denn der Begriff der Zeitgeschichte wird nicht gegenstandsbezogen, etwa allein auf Vorgänge von historischer oder politischer Bedeutung, verstanden, sondern vom Informationsinteresse der Öffentlichkeit her bestimmt (BVerfGE 101, 361, 392; BVerfG, NJW 2001, 1921, 1922 f.).

bb) Das veröffentlichte Foto hat nach der Art seiner Gewinnung und Darstellung auch keinen eigenständigen Verletzungsgehalt. Es handelt sich, worauf das Berufungsgericht zutreffend hinweist, um ein kontextneutrales Porträtfoto, dessen Veröffentlichung nach den Grundsätzen der Rechtsprechung des Bundesgerichtshofs (vgl. Senatsurteil vom 14. Mai 2002 - VI ZR 220/01, BGHZ 151, 26, 32 f.) und des Bundesverfassungsgerichts (vgl. BVerfG NJW 2001, 1921, 1924 f.; NJW 2006, 2835 Rn. 13) unbedenklich ist und die berechtigten Interessen des Klägers (§ 23 Abs. 2 KUG) nicht verletzt. Auf die Frage, ob die Zulässigkeit der Veröffentlichung des Bildnisses nach den Grundsätzen der früheren Rechtsprechung zu §§ 22, 23 KUG möglicherweise abweichend zu beurteilen wäre, kommt es entgegen der Auffassung der Revision nicht an.

III. Die Kostenentscheidung beruht auf § 97 Abs. 1 ZPO.

Entscheidungsname: Playboy am Sonntag
Entscheidungsdatum: 31.05.2012
Aktenzeichen: I ZR 234/10
Normen: § 22 S 1 KunstUrhG, § 23 Abs 1 Nr 1 KunstUrhG, § 23 Abs 2 KunstUrhG, § 812 Abs 1 S 1 BGB, Art 1 Abs 1 GG
Eingriff in den vermögensrechtlichen Bestandteil des Persönlichkeitsrechts: Veröffentlichung des Fotos eines Prominenten bei der Lektüre einer Zeitungsausgabe im redaktionellen Teil dieser Zeitung - Playboy am Sonntag

Leitsatz

In der Veröffentlichung eines Fotos im redaktionellen Teil einer Zeitung, das eine sich unbeobachtet wähnende prominente Person bei der Lektüre einer Ausgabe dieser Zeitung zeigt, kann ein zur Zahlung eines angemessenen Lizenzbetrags verpflichtender rechtswidriger Eingriff in den vermögensrechtlichen Bestandteil des allgemeinen Persönlichkeitsrechts liegen, wenn auch die das Foto begleitende Wortberichterstattung ganz überwiegend werblichen Charakter hat und sich die mit der Berichterstattung insgesamt verbundene sachliche Information der Öffentlichkeit darauf beschränkt, dass die abgebildete Person in ihrer Freizeit ein Exemplar dieser Zeitung liest.

Tenor

Die Revision gegen das Urteil des Hanseatischen Oberlandesgerichts Hamburg, 7. Zivilsenat, vom 10. August 2010 wird auf Kosten der Beklagten zurückgewiesen.

Von Rechts wegen

Tatbestand

Kläger sind die Erben des am 7. Mai 2011 verstorbenen Gunter Sachs (im Folgenden: der Kläger). Die Beklagte verlegt die Wochenzeitung "Bild am Sonntag". In der Ausgabe vom 10. August 2008 veröffentlichte sie auf der letzten Seite unter der Überschrift "Psst, nicht stören! Playboy (75) am Sonntag" den folgenden Beitrag:

Die Zwischenüberschrift des Beitrags lautete:

Auf einer Jacht in St.-Tropez schaukelt Gunter Sachs. Bild am Sonntag ist sein Hafen.

Auf dem großformatigen, unscharfen Foto ist der Kläger zu erkennen, wie er auf seiner Jacht sitzend die "Bild am Sonntag" liest. Neben ihm ist seine Ehefrau zu erkennen. Der Kläger war sich dabei nicht bewusst, dass er fotografiert wurde. Die Bildinnenschrift lautet:

Gunter Sachs auf der Jacht "Lady Dracula". Er liest BILD am SONNTAG, wie über elf Millionen andere Deutsche auch.

Den Beitrag illustrieren zudem zwei kleinere Fotos. Eines davon zeigt den Kläger, wie er seine Jacht besteigt. Es trägt die Bildinnenschrift "Sachs entert die Jacht im Hafen von St.-Tropez." Das andere zeigt den Kläger als jungen Mann mit seiner damaligen Ehefrau Brigitte Bardot. Die Bildinnenschrift erklärt dazu: "Gunter Sachs war drei Jahre mit Brigitte Bardot verheiratet." Die begleitende Wortberichterstattung lautet wie folgt:

St.-Tropez - Als legendärer Playboy und weltberühmter Fotograf hat er ein Auge für die schönen Seiten des Lebens. Im Sommer ist St.-Tropez das Open-Air-Wohnzimmer von Gunter Sachs (75). Auch wenn seine Wohnzimmer-Couch sich in diesem Fall auf einer Jacht befindet, darf auch in Südfrankreich ein Stück Heimathafen nicht fehlen. Entspannt sitzt der Millionär im Schatten, mit Polo-Shirt und Lesebrille. Genüsslich blättert er durch die Seiten der BILD am SONNTAG. So vertieft, dass er nicht einmal Ehefrau Mirja (65) neben sich bemerkt. Tut uns leid, Mirja, wir sind einfach zu verführerisch...

Der Kläger hat darin eine unzulässige werbliche Vereinnahmung seiner Person gesehen und die Beklagte auf Unterlassung und Schadensersatz in Anspruch genommen. Die Beklagte ist dem entgegengetreten. Das Landgericht hat der Beklagten verboten, die folgende Aussage zu verbreiten:

"Psst, nicht stören!

Playboy am Sonntag

Auf einer Jacht in St.-Tropez schaukelt Gunter Sachs",

insbesondere wenn dies wie in BILD vom 10. August 2008 geschieht.

Im Übrigen hat es die Klage abgewiesen (LG Hamburg, AfP 2010, 193). Auf die Berufung des Klägers hat das Berufungsgericht das Urteil des Landgerichts abgeändert und die Beklagte weitergehend verurteilt, an den Kläger eine Lizenzgebühr in Höhe von 50.000 € nebst Zinsen zu zahlen (OLG Hamburg, ZUM 2010, 884). Mit der vom Senat zugelassenen Revision, deren Zurückweisung der Kläger beantragt, wendet sich die Beklagte gegen die Verurteilung zur Zahlung einer Lizenzgebühr und begehrt die Wiederherstellung des landgerichtlichen Urteils.

Entscheidungsgründe

A. Das Berufungsgericht hat angenommen, die Beklagte sei dem Kläger zur Zahlung einer fiktiven Lizenzgebühr nach § 823 Abs. 1 BGB, Art. 1 Abs. 1, Art. 2 Abs. 1 GG, § 823 Abs. 2 BGB in Verbindung mit §§ 22, 23 KUG, § 812 Abs. 1 Satz 1 BGB verpflichtet.

Durch die Veröffentlichung des großformatigen Fotos sowie die begleitende Wortberichterstattung sei der Kläger in seiner Privatsphäre sowie in seinem Recht am eigenen Bild verletzt worden, weil er in einer offensichtlich privaten Situation der Öffentlichkeit präsentiert worden sei. Demgegenüber bestehe nur ein geringes schutzwürdiges Informationsinteresse der Allgemeinheit. Mit ihrer Berichterstattung habe die Beklagte auch in die vermögensrechtlichen Bestandteile des Persönlichkeitsrechts des Klägers eingegriffen, indem sie in Wort und Bild die Lektüre der von ihr verlegten Zeitung durch den prominenten Kläger in den Vordergrund der Berichterstattung gestellt und damit den Kläger unentgeltlich als Werbeträger für die Zeitung benutzt habe. Es habe sich um einen offenkundig rechtswidrigen Beitrag gehandelt, der inhaltlich ganz überwiegend den Charakter einer Werbeanzeige für das Produkt der Beklagten gehabt habe. Hierfür habe es der Einwilligung des Klägers bedurft, die im geschäftlichen Verkehr bei derart weitgehenden und intensiven Vereinnahmungen einer Person für Werbezwecke üblicherweise von der Zahlung einer angemessenen Lizenz abhängig gemacht werde. Aufgrund der hohen Bekanntheit des Klägers, des hohen Aufmerksamkeits- und Werbewerts des Beitrags und des hohen Verbreitungsgrades der "Bild am Sonntag" sei der vom Kläger geforderte Betrag in Höhe von 50.000 € nicht übersetzt.

B. Das Verfahren ist nach §§ 239, 246 ZPO nicht unterbrochen, weil der während des Revisionsverfahrens verstorbene Kläger zum Zeitpunkt seines Todes durch seinen Prozessbevollmächtigten vertreten war und kein Aussetzungsantrag gestellt worden ist (§ 246 Abs. 1 ZPO).

C. Die Revision hat keinen Erfolg. Dem Kläger steht der Anspruch auf Zahlung einer fiktiven Lizenzgebühr in Höhe von 50.000 € nach § 812 Abs. 1 Satz 1 Fall 2 BGB zu.

Das Berufungsgericht ist ohne Rechtsfehler davon ausgegangen, dass die Veröffentlichung der Fotografie, die den Kläger lesend mit der "Bild am Sonntag" zeigt, rechtswidrig in sein Persönlichkeitsrecht eingegriffen hat (dazu I). Es hat auch zu Recht angenommen, dass die Beklagte dem Kläger deswegen zur Zahlung einer fiktiven Lizenzgebühr in Höhe von 50.000 € verpflichtet ist (dazu II).

I. Die Beklagte hat rechtswidrig das Recht des Klägers am eigenen Bild gemäß §§ 22, 23 KUG verletzt.

1. Die Zulässigkeit einer Bildberichterstattung ist nach dem abgestuften Schutzkonzept der §§ 22, 23 KUG zu beurteilen, das sowohl mit verfassungsrechtlichen Vorgaben als auch mit der Rechtsprechung des Europäischen Gerichtshofs für Menschenrechte im Einklang steht (BGH, Urteil vom 26. Oktober 2010 - VI ZR 190/08, GRUR 2011, 259 Rn. 13 = NJW 2011, 746 - Rosenball in Monaco, mwN). Danach dürfen Bildnisse einer Person grundsätzlich nur mit Einwilligung des Abgebildeten verbreitet werden (§ 22 Satz 1 KUG). Hiervon besteht allerdings gemäß § 23 Abs. 1 Nr. 1 KUG eine Ausnahme, wenn es sich um Bildnisse aus dem Bereich der Zeitgeschichte handelt. Diese Ausnahme gilt aber nicht für eine Verbreitung, durch die ein berechtigtes Interesse des Abgebildeten verletzt wird (§ 23 Abs. 2 KUG).

2. Die Beklagte hat die Abbildung des Kläger entgegen § 22 Satz 1 KUG ohne seine Einwilligung in einem redaktionellen Beitrag für Werbezwecke verwendet. Sie hat dadurch in das allgemeine Persönlichkeitsrecht des Klägers in seiner besonderen Ausprägung als Recht am eigenen Bild eingegriffen.

a) Die Entscheidung, ob und in welcher Weise das eigene Bildnis für Werbezwecke zur Verfügung gestellt werden soll, ist wesentlicher - vermögensrechtlicher - Bestandteil des Persönlichkeitsrechts (BGH, Urteil vom 26. Oktober 2006 - I ZR

182/04, BGHZ 169, 340 = GRUR 2007, 139 Rn. 19 - Rücktritt des Finanzministers; Urteil vom 11. März 2009 - I ZR 8/07, GRUR 2009, 1085 = WRP 2009, 1269 Rn. 26 - Wer wird Millionär?; Urteil vom 29. Oktober 2009 - I ZR 65/07, GRUR 2010, 546 = WRP 2010, 780 Rn. 14 - Der strauchelnde Liebling; Urteil vom 18. November 2010 - I ZR 119/98, GRUR 2011, 647 Rn. 12 = WRP 2011, 921 - Markt & Leute; Urteil vom 20. März 2012 - VI ZR 123/11, NJW 2012, 1728 Rn. 27).

b) Ein Eingriff in diesen vermögensrechtlichen Bestandteil des allgemeinen Persönlichkeitsrechts ergibt sich im Streitfall aus dem Umstand, dass der Kläger durch die beanstandete Abbildung und die begleitende Textberichterstattung ohne seine Zustimmung für Werbezwecke vereinnahmt wurde.

aa) Dabei ist es ohne Belang, dass sich die Abbildung nicht in einer als solche offen ausgewiesenen Werbung - etwa einer Anzeige für die "Bild am Sonntag" - befand, sondern in einem redaktionell aufgemachten Bericht dieses Blattes. Die für die Beurteilung der Verwendung von Bildnissen im Rahmen von Werbeanzeigen entwickelten Grundsätze gelten gleichermaßen für eine redaktionelle Bildberichterstattung, die (auch) der Eigenwerbung dient (zum Titelbild von Zeitschriften vgl. BGH, Urteil vom 14. März 1995 - VI ZR 52/94, NJW-RR 1995, 789 f. - Chris-Revue; BGH, GRUR 2009, 1085 Rn. 24 ff. - Wer wird Millionär?; GRUR 2011, 647 Rn. 12 ff. - Markt & Leute). Ein Eingriff in das Recht am eigenen Bild kommt insoweit insbesondere dann in Betracht, wenn die Verwendung des Bildnisses den Werbe- und Imagewert des Abgebildeten ausnutzt, indem die Person des Abgebildeten als Vorspann für die Anpreisung des Presseerzeugnisses vermarktet wird (BGH, GRUR 2009, 1085 Rn. 29 f. - Wer wird Millionär?).

bb) Von diesen Grundsätzen ist zutreffend auch das Berufungsgericht ausgegangen. Es hat angenommen, die angegriffene Berichterstattung habe ganz überwiegend den Charakter einer Werbeanzeige für das Produkt der Beklagten. Sie sei dadurch gekennzeichnet, dass die Beklagte mit dem Beitrag unter Verwendung der Abbildung des Klägers in Verbindung mit dem Begleittext offen für ihr Produkt werbe. Im Unterschied zu Maßnahmen zum Verkauf einer einzelnen Ausgabe eines Presseprodukts habe der Artikel generell werbenden Charakter für das Produkt der Beklagten. Zwar lasse sich erkennen, dass der Kläger nicht als "Testimonial" für die Zeitung werbe. Es werde aber durch das unmittelbare Nebeneinander von beworbenem Produkt und Abgebildetem das Interesse der Öffentlichkeit an der Person und deren Beliebtheit auf die Ware übertragen, weil der Betrachter eine gedankliche Verbindung zwischen dem Abgebildeten und dem beworbenen Produkt herstellt, die zu einem Imagetransfer führe. Diese Beurteilung durch das Berufungsgericht lässt keine Rechtsfehler erkennen.

cc) Die Revision macht vergeblich geltend, dass für die Annahme einer Ausnutzung des Werbewertes einer prominenten Person nicht jegliche gedankliche Verbindung genüge, sondern immer erforderlich sei, dass bei dem Leser der Eindruck entstehe, die Person stehe zu diesem Produkt, empfehle es oder stelle als Anreiz für den Kauf der Waren ihr Bild zur Verfügung. Sie lässt dabei außer Acht, dass es für die Annahme eines erheblichen Eingriffs in den vermögensrechtlichen Bestandteil des Persönlichkeitsrechts nicht erforderlich ist, dass der Bildberichterstattung eine ausdrückliche Empfehlung des Abgebildeten für das Produkt entnommen werden kann. Ausreichend kann es vielmehr sein, wenn - wie vom Berufungsgericht im Streitfall rechtsfehlerfrei festgestellt - durch die Abbildung im Kontext der begleitenden Wortberichterstattung eine gedankliche Verbindung zwischen der abgebildeten Person und dem angepriesenen Produkt hergestellt wird, die zu einem Imagetransfer führt (BGH, GRUR 2009, 1085 Rn. 29 ff. - Wer wird Millionär?, mwN; GRUR 2010, 546 Rn. 19 - Der strauchelnde Liebling; GRUR 2011, 647 Rn. 31 - Markt & Leute).

dd) Die Revision wendet auch ohne Erfolg ein, dass die streitgegenständliche Bildberichterstattung deshalb keine Ausnutzung des Werbewerts des Klägers darstelle, weil es sich nur um eine Berichterstattung über eine wahre Tatsache handele. Zwar lässt sich dem abgedruckten Bild der unstreitige Tatsachenkern entnehmen, dass der Kläger an jenem Tag, an dem das Bild aufgenommen wurde, die "Bild am Sonntag" gelesen hat. Darin erschöpft sich die beanstandete Meldung aber nicht. Das Berufungsgericht ist vielmehr davon ausgegangen, dass der Leser durch den Kontext der begleitenden Wortberichterstattung, die bei der Beurteilung zu berücksichtigen ist, die Berichterstattung vor allem als Eigenwerbung für das Blatt der Beklagten verstehen musste, die über eine reine Tatsachenberichterstattung hinaus geht. So hat es angenommen, der Eingriff in den vermögensrechtlichen Bestandteil des Persönlichkeitsrechts des Klägers wiege deshalb so besonders schwer, weil die werbliche Vereinnahmung des Klägers im Mittelpunkt der Berichterstattung stehe. Die einzig aktuelle Information erschöpfe sich in der Lektüre des Blatts der Beklagten. Diese Information habe aber keinen Nachrichtenwert und biete insofern keine Orientierung im Hinblick auf eine die Allgemeinheit interessierende Sachdebatte. Die übrige Wortberichterstattung verfolge allein den Zweck, den Werbewert des Klägers zu vergrößern. Damit habe der Beitrag inhaltlich ganz überwiegend den Charakter einer Werbeanzeige. Diese Beurteilung lässt keinen Rechtsfehler erkennen. Soweit die Revision geltend macht, der Umstand, dass der Bericht mit dem Stilmittel leiser Ironie die Lektüre der "Bild am Sonntag" durch den Kläger zum Anlass nehme, diese Tatsache herauszustellen und mit scherzhaften Bemerkungen zu versehen, ändere nichts daran, dass es sich um eine redaktionelle Berichterstattung handele, setzt sie lediglich ihre eigene Sicht der Dinge an die Stelle der vom Berufungsgericht in tatrichterlicher Würdigung vorgenommenen und nicht erfahrungswidrigen Sachverhaltsbewertung.

3. Der Eingriff in den vermögensrechtlichen Bestandteil des allgemeinen Persönlichkeitsrechts ist auch rechtswidrig.

a) Allerdings kann sich die Beklagte grundsätzlich auf die Ausnahmebestimmung des § 23 Abs. 1 Satz 1 KUG für Bildnisse aus dem Bereich der Zeitgeschichte berufen. Der Begriff der Zeitgeschichte ist, um der Bedeutung und Tragweite der Pressefreiheit Rechnung zu tragen, nicht allein auf Vorgänge von historischer oder politischer Bedeutung zu beziehen, sondern vom Informationsinteresse der Öffentlichkeit her zu bestimmen. Der Anwendungsbereich des § 23 Abs. 1 Nr. 1 KUG ist daher eröffnet, wenn eine Werbeanzeige nicht ausschließlich den Geschäftsinteressen des mit der Abbildung werbenden Unternehmens, sondern daneben auch einem Informationsinteresse der Öffentlichkeit dient (BGH, GRUR 2010, 546 Rn. 15 - Der strauchelnde Liebling; BGH GRUR 2011, 647 Rn. 15 - Markt & Leute). So liegt es im Streitfall. Die vom Kläger beanstandete Berichterstattung enthält zumindest auch eine Information der Allgemeinheit über die Lesegewohnheiten des Klägers.

b) Die Prüfung, ob die in dem Bericht der Beklagten verwendete Fotografie des Klägers als Bildnis aus dem Bereich der Zeitgeschichte im Sinne von § 23 Abs. 1 Nr. 1 KUG ohne seine Einwilligung verbreitet werden darf, erfordert eine Abwägung zwischen dem Interesse des Klägers am Schutz seiner Persönlichkeit und dem von der Beklagten wahrgenommenen Informationsinteresse der Öffentlichkeit (BGHZ 169, 340 Rn. 18 - Rücktritt des Finanzministers; BGH GRUR 2009, 1085 Rn. 15 - Wer wird Millionär; GRUR 2010, 546 Rn. 15 - Der strauchelnde Liebling; GRUR 2011, 647 Rn. 29 - Markt & Leute).

aa) Der Eingriff in das Persönlichkeitsrecht des Klägers wiegt, wie das Berufungsgericht zutreffend angenommen hat, schwer.

(1) Gegen die Zulässigkeit einer werbenden Berichterstattung spricht, dass durch die Verwendung des Bildnisses über eine bloße Aufmerksamkeitswerbung hinaus der Werbe- und Imagewert des Abgebildeten ausgenutzt wird, indem die Person des Abgebildeten als Vorspann für die Anpreisung des Presseerzeugnisses vermarktet wird (BGH, GRUR 2009, 1085 Rn. 29 f. - Wer wird Millionär?). Dabei hat ein Eingriff besonderes Gewicht, wenn die Werbung den Eindruck erweckt, die abgebildete Person identifiziere sich mit dem beworbenen Produkt, empfehle es oder preise es an (BGH, GRUR 2010, 546 Rn. 19 - Der strauchelnde Liebling, mwN). Erhebliches Gewicht kommt einem Eingriff aber auch dann zu, wenn - ohne dass der Bildberichterstattung eine ausdrückliche Empfehlung des Abgebildeten für das Produkt entnommen werden kann - durch ein unmittelbares Nebeneinander der Ware und des Abgebildeten in der Werbung das Interesse der Öffentlichkeit an der Person und deren Beliebtheit auf die Ware übertragen wird, weil der Betrachter der Werbung eine gedankliche Verbindung zwischen dem Abgebildeten und dem beworbenen Produkt herstellt, die zu einem Imagetransfer führt (BGH, GRUR 2009, 1085 Rn. 29 ff. - Wer wird Millionär?, mwN; GRUR 2010, 546 Rn. 19 - Der strauchelnde Liebling; GRUR 2011, 647 Rn. 31 - Markt & Leute). Dagegen hat der Eingriff geringeres Gewicht, wenn die Abbildung einer

prominenten Person in der Werbung weder Empfehlungscharakter hat noch zu einem Imagetransfer führt, sondern lediglich die Aufmerksamkeit des Betrachters auf das beworbene Produkt lenkt (BGH, GRUR 2010, 546 Rn. 19 - Der strauchelnde Liebling; GRUR 2011, 647 Rn. 31 - Markt & Leute).

(2) Von diesen Grundsätzen ist auch das Berufungsgericht ausgegangen. Es hat angenommen, die angegriffene Berichterstattung sei dadurch gekennzeichnet, dass die Beklagte mit dem Beitrag unter Verwendung der Abbildung des Klägers in Verbindung mit dem Begleittext offen für ihr Produkt werbe. Zwar lasse sich erkennen, dass der Kläger nicht als "Testimonial" für die Zeitung werbe. Es werde aber durch das unmittelbare Nebeneinander von beworbenem Produkt und Abgebildetem das Interesse der Öffentlichkeit an der Person und deren Beliebtheit auf die Ware übertragen, weil der Betrachter eine gedankliche Verbindung zwischen dem Abgebildeten und dem beworbenen Produkt herstellt, die zu einem Imagetransfer führe. Diese Beurteilung durch das Berufungsgericht lässt keine Rechtsfehler erkennen. Wie dargelegt, macht die Revision vergeblich geltend, für die Annahme einer Ausnutzung des Werbewertes einer prominenten Person sei immer erforderlich, dass bei dem Leser der Eindruck entstehe, die Person stehe zu diesem Produkt, empfehle es oder stelle als Anreiz für den Kauf der Waren ihr Bild zur Verfügung.

bb) Auf der anderen Seite ist zugunsten der Beklagten die Pressefreiheit zu berücksichtigen. Denn der kommerzielle Zusammenhang schließt nicht aus, dass die Veröffentlichung auch der Information der Allgemeinheit dient (vgl. BGH, Urteil vom 5. Oktober 2006 - I ZR 277/03, GRUR 2007, 168 = WRP 2007, 78 Rn. 14 - kinski.klaus.de). Der Schutz des Art. 5 Abs. 1 GG erstreckt sich auch auf kommerzielle Meinungsäußerungen und auf reine Wirtschaftswerbung, die einen wertenden, meinungsbildenden Inhalt hat, und zwar auch auf die Veröffentlichung eines Bildnisses, das die Meinungsäußerung transportiert oder ergänzt. (BGH, GRUR 2007, 139 Rn. 15 - Rücktritt des Finanzministers, mwN). Die eigene Werbung für ein Presseerzeugnis genießt ebenso wie das Presseerzeugnis selbst den Schutz des Art. 5 Abs. 1 Satz 2 GG (BGH, GRUR 2009, 1085 Rn. 28 - Wer wird Millionär?).

cc) Das Berufungsgericht ist im Ergebnis zutreffend davon ausgegangen, dass im Rahmen der vorzunehmenden Abwägung das Informationsinteresse der Öffentlichkeit nicht überwiegt. Es hat insoweit angenommen, der Eingriff in den vermögensrechtlichen Bestandteil des Persönlichkeitsrechts des Klägers wiege deshalb besonders schwer, weil die werbliche Vereinnahmung des Klägers im Mittelpunkt der Berichterstattung stehe. Die einzig aktuelle Information erschöpfe sich in der Lektüre des Blatts der Beklagten. Diese Information habe aber keinen Nachrichtenwert und biete insofern keine Orientierung im Hinblick auf eine die Allgemeinheit interessierende Sachdebatte. Diese Beurteilung hält der revisionsrechtlichen Nachprüfung stand.

Ohne Erfolg rügt die Revision, das Berufungsgericht habe nicht berücksichtigt, dass dem vermögensrechtlichen Bestandteil des Persönlichkeitsrechts des Klägers kein verfassungsrechtlicher, sondern nur ein einfachgesetzlicher Schutz beizumessen sei.

Allerdings ist der vermögensrechtliche Bestandteil des Persönlichkeitsrechts, bei dem es um die Entscheidung geht, ob und in welcher Weise das eigene Bildnis für Werbezwecke zur Verfügung gestellt werden soll, im Gegensatz zu den ideellen Teilen des Persönlichkeitsrechts nur einfachgesetzlich, nicht auch verfassungsrechtlich geschützt (BVerfG, Beschluss vom 22. August 2006 - 1 BvR 1168/04, GRUR 2006, 1049, 1050 = WRP 2006, 1361 - Werbung mit blauem Engel; BGHZ 169, 340 Rn. 21 - Rücktritt des Finanzministers; BGH, GRUR 2010, 546 Rn. 21 - Der strauchelnde Liebling; GRUR 2011, 647 Rn. 34 - Markt & Leute, mwN; VersR 2012, 630 Rn. 29). Deshalb kommt den nur einfachrechtlich geschützten vermögensrechtlichen Bestandteilen des Persönlichkeitsrechts nicht grundsätzlich der Vorrang gegenüber der verfassungsrechtlich geschützten Pressefreiheit zu (BGH, GRUR 2011, 647 Rn. 40 - Markt & Leute, mwN). Dieser Umstand führt im Streitfall aber nicht zu einem Überwiegen der Interessen der Beklagten. Zum einen ist der Kläger durch die angegriffene Berichterstattung nicht nur im einfachgesetzlich geschützten vermögensrechtlichen Teil seines allgemeinen Persönlichkeitsrechts betroffen, sondern auch in dessen verfassungsrechtlich geschützten ideellen Teil. Zum anderen überwiegen die Interessen des Klägers auch dann, wenn man allein von der Betroffenheit des vermögensrechtlichen Teils seines allgemeinen Persönlichkeitsrechts ausgeht.

(1) Das Berufungsgericht hat - entgegen der Auffassung der Revision - im Streitfall rechtsfehlerfrei auch eine Verletzung der Privatsphäre und damit des verfassungsrechtlich geschützten ideellen Bestandteils des Persönlichkeitsrechts bejaht.

Es hat insoweit angenommen, der Kläger werde durch das große Foto, welches ihn lesend auf seiner Jacht im Hafen von Saint-Tropez zeige, sowie die begleitende Wortberichterstattung in seiner Privatsphäre sowie seinem Recht am eigenen Bild verletzt, weil ihn das Bild und der Begleittext in einer offensichtlich privaten Situation der Öffentlichkeit präsentierten, in der er habe davon ausgehen können, unbeobachtet zu sein. Demgegenüber bestehe nur ein geringes schutzwürdiges Informationsinteresse der Allgemeinheit über den Umstand, dass der Kläger am Sonntag auf seiner Jacht die "Bild am Sonntag" lese. Dies hält der revisionsrechtlichen Überprüfung stand.

Die Revision rügt in diesem Zusammenhang, das Berufungsgericht habe eine Verletzung der verfassungsrechtlich geschützten Privatsphäre nicht annehmen dürfen, weil es insoweit an hinreichendem Sachvortrag und ausreichenden Feststellungen fehle. Der Kläger habe die Bildveröffentlichung nämlich nicht als solche, sondern ausschließlich unter dem Gesichtspunkt der werblichen Vereinnahmung des Klägers angegriffen. Insoweit sei aber allein der nur einfachgesetzlich geschützte kommerzielle Aspekt des Persönlichkeitsrechts betroffen. Damit dringt die Revision nicht durch. Das Berufungsgericht hat seine Beurteilung auf den zwischen den Parteien unstreitigen Umstand gestützt, dass das große Foto, das den Kläger an Bord seiner Jacht bei der Lektüre der "Bild am Sonntag" zeigt, aufgenommen wurde, ohne dass sich der Kläger des Umstandes bewusst war, fotografiert zu werden. Das Berufungsgericht hat zudem auf die Feststellungen des Landgerichts Bezug genommen, wonach dieses "Paparazzi-Foto" in erheblichem Maße in die Privatsphäre des Klägers eingreift. Die rechtliche Beurteilung des Berufungsgerichts erfolgte damit auf einer hinreichenden tatsächlichen Grundlage.

Ohne Erfolg macht die Revision ferner geltend, das beanstandete Foto sei im öffentlich einsehbaren Hafen von Saint-Tropez aufgenommen worden, wo sich der Kläger an Deck der Jacht mit der Lektüre der "Bild am Sonntag" beschäftigt habe. Diese Umstände stehen der Annahme einer Verletzung der Privatsphäre nicht entgegen.

Bei der Bildberichterstattung sind für die Gewichtung der Belange des Persönlichkeitsschutzes auch der Anlass und die Umstände zu berücksichtigen, unter denen die Aufnahme entstanden ist, etwa unter Ausnutzung von Heimlichkeit oder beharrlicher Nachstellung. Auch ist bedeutsam, in welcher Situation der Betroffene erfasst und wie er dargestellt wird. Die Beeinträchtigung des Persönlichkeitsrechts wiegt schwerer, wenn die visuelle Darstellung durch Ausbreitung von üblicherweise öffentlicher Erörterung entzogenen Einzelheiten des privaten Lebens thematisch die Privatsphäre berührt oder wenn der Betroffene nach den Umständen typischer Weise die berechtigte Erwartung haben durfte, nicht in den Medien abgebildet zu werden. Das kann nicht nur bei einer durch räumliche Privatheit geprägten Situation, sondern außerhalb örtlicher Abgeschiedenheit auch in Momenten der Entspannung oder des Sich-Gehen-Lassens außerhalb der Einbindung in die Pflichten des Berufs und des Alltags der Fall sein (BGH, Urteil vom 1. Juli 2008 - VI ZR 243/06, GRUR 2008, 1024 Rn. 24 = NJW 2008, 3138 - Shopping mit Putzfrau auf Mallorca).

Die Beurteilung des Berufungsgerichts entspricht diesen Grundsätzen und lässt auch sonst keine Rechtsfehler erkennen. Das Berufungsgericht hat sich insbesondere nicht von unzutreffenden Maßstäben leiten lassen. Es hat die Bedeutung und Grenzen der Presse- und Meinungsäußerungsfreiheit nicht verkannt. Art. 5 Abs. 1 GG gebietet es nicht, generell anzunehmen, dass mit jeder visuellen Darstellung aus dem Privat- und Alltagsleben prominenter Personen ein Beitrag zur Meinungsbildung verbunden ist, der es aufgrund ihrer positiven oder negativen Leitbildfunktionen für sich allein rechtfertigt, die Belange des Persönlichkeitsschutzes zurückzustellen. Zwar gilt die Pressefreiheit auch für unterhaltende Beiträge über das Privat- oder Alltagsleben von Prominenten und über ihr soziales Umfeld einschließlich der ihnen nahestehenden Personen. Denn der Unterhaltung dienende Beiträge stellen einen wesentlichen Bestandteil der Medienbetätigung dar. Allerdings bedarf es gerade bei unterhaltenden Inhalten in besonderem Maß der abwägenden Berücksichtigung der kollidierenden Rechtspositionen der Betroffenen (BGH, GRUR 2008, 1024 Rn. 20 - Shopping mit Putzfrau auf Mallorca). Auch nach Art. 10 EMRK ist das Recht auf Meinungsäußerung der Presse bei der Berichterstattung über Personen des öffentlichen Lebens oder allgemein bekannte Personen eng auszulegen, wenn sich die veröffentlichten Fotos und die Berichte dazu auf Einzelheiten des Privatlebens beziehen und nur die öffentliche Neugier befriedigen sollen (EGMR, NJW 2012, 1056 Rn. 110 - von Hannover/Deutschland Nr. 2). Die Grenze der zulässigen Berichterstattung über das Alltagsleben prominenter Personen wird daher - wie das Berufungsgericht zutreffend angenommen hat - ebenfalls maßgeblich vom Informationswert der Berichterstattung bestimmt.

Nach diesen Maßstäben ist es nicht zu beanstanden, dass das Berufungsgericht den Informationswert des vorliegenden Beitrags - den Lebens- und Lektüregewohnheiten des Klägers am Sonntag - als so gering eingestuft hat, dass er zur öffentlichen Meinungsbildung ungeeignet ist. Denn ein Informationswert, der über den aus dem Bild erkennbaren Umstand, dass der Kläger das Blatt der Beklagten liest, und einer darauf möglicherweise aufbauenden positiven Bewertung und Bewerbung des eigenen Blatts hinausgeht, lässt sich aus dem Kontext der begleitenden Wortberichterstattung nicht entnehmen. Soweit die Revision im Übrigen meint, die angegriffene Berichterstattung liefere einen hinreichend schutzwürdigen Beitrag zur öffentlichen Meinungsbildung, setzt sie damit ihre eigene Beurteilung an die Stelle des Berufungsgerichts, ohne dabei einen Rechtsfehler aufzuzeigen.

(2) Im Übrigen erweist sich das Berufungsurteil im Ergebnis auch dann als richtig, wenn nur der einfachgesetzliche Schutz des vermögenswerten Bestandteils des Persönlichkeitsrechts des Klägers bei der Abwägung zugrunde gelegt wird. Denn die werbliche Vereinnahmung des Klägers für das Blatt der Beklagten hat ein ganz erhebliches Gewicht. Dies folgt nicht nur aus dem Umstand, dass die Werbung, wie das Berufungsgericht zutreffend festgestellt hat, im Mittelpunkt der redaktionellen Berichterstattung steht und die begleitende Wortberichterstattung weitgehend dazu dient, den Werbewert des Klägers in seiner Eigenschaft als Leser der "Bild am Sonntag" zu steigern.

Hinzu tritt, dass die dem Kläger durch die begleitende Wortberichterstattung untergeschobene positive Beziehung zum Blatt der Beklagten jeglicher objektiver Anknüpfungspunkte entbehrt. Erschöpft sich eine Berichterstattung - wie im Streitfall - aber nur darin, einen Anlass für die Abbildung einer prominenten Person zu schaffen, weil ein Beitrag zur öffentlichen Meinungsbildung nicht erkennbar ist, begrenzt das allgemeine Persönlichkeitsrecht des Abgebildeten nicht nur die Berichterstattung (vgl. dazu BGH, GRUR 2011, 259 Rn. 17 - Rosenball in

Monaco, mwN), sondern auch die Werbung für das Presseerzeugnis (BGH, GRUR 2009, 1085 Rn. 28 - Wer wird Millionär?).

Vor diesem Hintergrund kommt der durch Art. 5 Abs. 1 Satz 2 GG und Art. 10 EMRK geschützten Presse- und Meinungsäußerungsfreiheit im Streitfall kein überwiegendes Gewicht zu. Das Informationsinteresse der Öffentlichkeit hat hinter dem vermögensrechtlichen Bestandteil des Persönlichkeitsrechts des Klägers zurückzustehen. Nichts anderes ergibt sich aus dem von Art. 5 Abs. 1 Satz 2 GG, Art. 10 EMRK erfassten Schutz der Eigenwerbung. Ist die Veröffentlichung schon als redaktionelle Berichterstattung nicht zulässig, so kommt eine Werbung gleichen Inhalts ebenfalls nicht in Betracht.

II. Das Berufungsgericht hat auch zu Recht angenommen, dass die Beklagte dem Kläger zur Zahlung von 50.000 € verpflichtet ist.

1. Dem Kläger steht ein Anspruch auf Zahlung einer fiktiven Lizenzgebühr aus § 812 Abs. 1 Satz 1 Fall 2 BGB zu. Die unbefugte kommerzielle Nutzung seines Bildnisses stellt - wie dargelegt - einen Eingriff in den vermögensrechtlichen Zuweisungsgehalt des Rechts am eigenen Bild dar und begründet grundsätzlich - neben dem Verschulden voraussetzenden Schadensersatzanspruch - einen Anspruch aus Eingriffskondiktion auf Zahlung der üblichen Lizenzgebühr (BGH, GRUR 2009, 1085 Rn. 34 - Wer wird Millionär, mwN). Ob im Streitfall darüber hinaus auch ein Schadensersatzanspruch aus § 823 Abs. 1 BGB gegeben ist, weil die Beklagte sich mit dem beanstandeten Beitrag erkennbar im Grenzbereich des rechtlich Zulässigen bewegt und deshalb zumindest fahrlässig gehandelt hat, kann offenbleiben.

2. Ohne Erfolg beanstandet die Revision die vom Berufungsgericht zuerkannte Höhe der an den Kläger zu zahlenden Lizenzgebühr. Das Berufungsgericht hat einen Betrag in Höhe von 50.000 € angesichts des hohen Bekanntheitsgrads des Klägers, des hohen Aufmerksamkeitswerts der Werbung und der hohen Auflage des Blattes als angemessen erachtet. Dies ist aus Rechtsgründen nicht zu beanstanden. Inwieweit sich daraus ein einschüchternder Effekt für die Tätigkeit der Beklagten ergeben soll, ist nicht hinreichend dargelegt. Nach den rechtsfehlerfreien Feststellungen des Berufungsgerichts wird die Einwilligung zu einer werblichen Vereinnahmung einer Person nach Art der angegriffenen Berichterstattung üblicherweise von der Zahlung einer Lizenzgebühr abhängig gemacht. Handelte es sich nur der Form nach um eine redaktionelle Berichterstattung und in der Sache ganz überwiegend um eine Eigenwerbung zur Blattbindung der Leser, so ist kein Grund ersichtlich, weshalb die Beklagte gegenüber anderen Werbetreibenden allein aufgrund ihrer - mit dem angegriffenen Beitrag aber nicht hinreichend betroffenen - publizistischen Funktion zu privilegieren ist. Eine Verletzung der nach Art. 5 Abs. 1 GG, Art. 10 EMRK geschützten Presse- und Meinungsäußerungsfreiheit lässt sich daher allein aus der Höhe der zuerkannten Lizenzgebühr nicht

ableiten.

D. Nach alledem ist die Revision der Beklagten mit der Kostenfolge aus § 97 Abs. 1 ZPO zurückzuweisen.

Entscheidungsname: Comedy-Darstellerin
Entscheidungsdatum: 18.09.2012
Aktenzeichen: VI ZR 291/10
Normen: § 823 Abs 1 BGB, § 1004 Abs 1 BGB, § 22 KunstUrhG, § 23 KunstUrhG, Art 1 Abs 1 GG
Persönlichkeitsschutz in der Presse: Wort- und Bildberichterstattung über die Erkrankung einer bekannten Entertainerin

Leitsatz

Zur Zulässigkeit einer Berichterstattung über die in der Öffentlichkeit bekannte wahre Tatsache, eine (namentlich genannte) Entertainerin sei durch Krankheit aus ihrer Karriere herausgerissen worden.

Tenor

Auf die Revision der Beklagten wird das Urteil des 10. Zivilsenats des Kammergerichts vom 9. September 2010 aufgehoben.

Auf die Berufung der Beklagten wird das Urteil der 27. Zivilkammer des Landgerichts Berlin vom 14. Juli 2009 abgeändert.

Die Klage wird abgewiesen.

Die Klägerin trägt die Kosten des Rechtsstreits.

Von Rechts wegen

Tatbestand

Die Klägerin, eine bekannte Entertainerin, Comedy-Darstellerin und Kabarettistin, verlangt die Unterlassung einer Wort- und Bildberichterstattung in der von der Beklagten verlegten Zeitschrift "F.   ". In der Ausgabe Nr. 5 vom 21. Januar 2009 wurde im Zusammenhang mit einem Bericht über die Erkrankung einer bekannten Sportmoderatorin darüber berichtet, dass die Klägerin ihrerseits ein Jahr zuvor durch eine schwere Erkrankung aus ihrer laufenden Tournee herausgerissen worden, seither nicht mehr vor die Kamera zurückgekehrt sei und man bis dato über ihren Gesundheitszustand nichts wisse.

Im Einzelnen beanstandet die Klägerin eine Fotomontage auf der Titelseite der Ausgabe, auf der ein Portraitfoto von ihr zusammen mit einem solchen der Sportmoderatorin zu sehen ist, sowie ein weiteres Portraitfoto von ihr auf Seite 3 der Ausgabe mit der Bildbeischrift "G. K. erkrankte im Januar 2008" sowie folgende Berichterstattung über sich im Rahmen eines Artikels über eine aktuelle Erkrankung der Sportmoderatorin:

(1) "Koma nach Routine-OP erleidet sie das gleiche Schicksal wie G. K.?",

(2) "Droht ihr das gleiche Schicksal wie G. K.?",

(3) "Unwillkürlich denkt man an einen Parallelfall - an G. K. (47). (...) Die prominente Kölner Schauspielerin wurde vor genau einem Jahr von heute auf morgen aus ihrer Tournee "Wer Sahne will, muss Kühe schütteln" herausgerissen. Die Erklärung über ihre Erkrankung war ebenso dürftig (...). Schweigen. Schwer erkrankt, mehr war nicht zu erfahren. Zunächst hieß es, K.`s Tournee werde im Herbst 2008 fortgesetzt, doch dann wurden alle Termine abgesagt. Und fortan war von der Schauspielerin nichts mehr zu hören.

So etwas ist immer höchst beunruhigend. Bis heute weiß man nichts über ihren Gesundheitszustand. G. K. trat vor keine Kamera mehr - sie ist wie vom Erdboden verschluckt (...). Werden wir auf sie warten müssen wie auf G. K.?"

Das Landgericht hat der Klage auf Unterlassung der entsprechenden Wort- und Bildberichterstattung sowie auf Zahlung vorgerichtlicher Rechtsanwaltskosten in Höhe von 1.196,43 € nebst Zinsen stattgegeben. Das Berufungsgericht hat die hiergegen gerichtete Berufung der Beklagten mit der Maßgabe zurückgewiesen, dass die erneute Veröffentlichung des auf Seite 3 der Zeitschrift veröffentlichten Fotos der Klägerin mit Bildbeischrift im Zusammenhang mit der beanstandeten Wortberichterstattung untersagt wird.

Mit ihrer vom erkennenden Senat zugelassenen Revision verfolgt die Beklagte ihr Klageabweisungsbegehren weiter.

Nachdem die Klägerin ab 6. September 2011 - unstreitig - selbst mit umfangreichen Erklärungen und Interviews über ihre Erkrankung in die Öffentlichkeit getreten ist, hat die Prozessbevollmächtigte der Klägerin in der mündlichen Verhandlung vor dem Senat die Klage ab dem 6. September 2011 für erledigt erklärt. Der Prozessbevollmächtigte der Beklagten hat sich der Erledigungserklärung nicht angeschlossen; er begehrt weiterhin Klageabweisung.

Entscheidungsgründe

I. Das Berufungsgericht bejaht mit dem Landgericht einen Unterlassungsanspruch der Klägerin gemäß § 1004 Abs. 1 Satz 2 BGB analog, § 823 Abs. 1 BGB, Art. 1 Abs. 1, Art. 2 Abs. 1 GG hinsichtlich der Text- und Bildberichterstattung sowie einen Anspruch auf Erstattung vorgerichtlicher Anwaltskosten. Die Klägerin müsse nicht hinnehmen, dass in der von ihr beanstandeten Berichterstattung ihr Gesundheitszustand thematisiert werde, der zumindest zum Kernbereich der Privatsphäre eines Menschen gehöre. Ausgangspunkt der beanstandeten Berichterstattung sei zwar die ernsthafte Erkrankung einer Sportmoderatorin und nicht die Erkrankung der Klägerin. Die gesamten Umstände der Fragestellung, ob dieser Sportmoderatorin das gleiche Schicksal wie der Klägerin drohe, fielen jedoch in den Kernbereich ihrer Privatsphäre. Soweit die Beklagte meine, bei der Berichterstattung gehe es allein um den Umstand, dass die Klägerin aufgrund einer Erkrankung ihrem Beruf ebenfalls nicht mehr nachgehe und diese Information zur Sozial- oder Öffentlichkeitssphäre zähle, sei dies schon angesichts der beanstandeten Äußerungen nicht nachvollziehbar. Ein Zusammenhang der Berichterstattung mit der im Herbst 2008 abgesagten Tournee der Klägerin sei schon nach dem Inhalt des Artikels - der die schwere Erkrankung einer dritten Person betreffe - nicht erkennbar. Dass die Tournee der Klägerin aufgrund einer Erkrankung habe unterbrochen werden müssen und auch - entgegen anders lautenden Ankündigungen - im Herbst 2008 nicht fortgesetzt worden sei, diene im vorliegenden Zusammenhang lediglich der Erläuterung der Schwere der Krankheit der Klägerin, nicht jedoch der Information des an dem Tourneeprogramm und dessen Fortsetzung interessierten Publikums. Eine Berichterstattung über die Sportmoderatorin L. begründe kein neues Berichterstattungsinteresse bezüglich der Person der Klägerin, deren Interesse am Schutz ihres Persönlichkeitsrechts die Äußerungs- und Pressefreiheit der Beklagten überwiege. Der Klägerin stehe auch ein Unterlassungsanspruch gemäß § 1004 Abs. 1 Satz 2, § 823 Abs. 1, Abs. 2 BGB iVm §§ 22, 23 KUG, Art. 1 Abs. 1, Art. 2 Abs. 1 GG hinsichtlich der Bildveröffentlichungen zu. Bei der Fotomontage auf der Titelseite, welche die Klägerin gemeinsam mit L. zeige, sei schon kein zeitgeschichtliches Ereignis vorhanden. Im Übrigen beschränke sich der Informationsgehalt der Bildberichterstattung auf die Illustrierung der unzulässigen Wortberichterstattung. Danach verbleibe im Hinblick auf die veröffentlichten Fotos der Klägerin kein "bereinigter Text", der sich zulässigerweise mit einem zeitgeschichtlichen Ereignis beschäftige.

II. Das angefochtene Urteil hält revisionsrechtlicher Nachprüfung nicht stand. Die Erledigung der Klage kann schon deshalb nicht festgestellt werden, weil die Klage von Anfang an unbegründet war.

1. Entgegen der Auffassung des Berufungsgerichts hatte die Klägerin gegen die Beklagte keinen Anspruch aus § 823 Abs. 1, § 1004 Abs. 1 Satz 2 BGB analog iVm Art. 1 Abs. 1, Art. 2 Abs. 1 GG auf Unterlassung der Wortberichterstattung

über die Tatsache der Erkrankung der Klägerin.

a) Allerdings wird das durch Art. 2 Abs. 1 iVm Art. 1 Abs. 1 GG verfassungsrechtlich gewährleistete allgemeine Persönlichkeitsrecht der Klägerin durch die Veröffentlichung der angegriffenen Textpassagen in dem Artikel der Beklagten beeinträchtigt.

aa) Nach der gefestigten Rechtsprechung des Bundesverfassungsgerichts und des erkennenden Senats umfasst das allgemeine Persönlichkeitsrecht das Recht auf Achtung der Privatsphäre, das jedermann einen autonomen Bereich der eigenen Lebensgestaltung zugesteht, in dem er seine Individualität unter Ausschluss anderer entwickeln und wahrnehmen kann. Dazu gehört in diesem Bereich auch das Recht, für sich zu sein, sich selber zu gehören und den Einblick durch andere auszuschließen (vgl. BVerfGE 34, 238, 245; 35, 202, 220; BVerfG, AfP 2010, 562 Rn. 55 f.; Senatsurteile vom 19. Dezember 1995 - VI ZR 15/95, BGHZ 131, 332, 337; vom 9. Dezember 2003 - VI ZR 373/02, VersR 2004, 522; vom 26. Oktober 2010 - VI ZR 230/08, BGHZ 187, 200 Rn. 10, 13 und vom 22. November 2011 - VI ZR 26/11, VersR 2012, 192 Rn. 10, jeweils mwN). Dabei ist der Schutz der Privatsphäre sowohl thematisch als auch räumlich bestimmt. Er umfasst insbesondere Angelegenheiten, die wegen ihres Informationsinhalts typischerweise als "privat" eingestuft werden, weil ihre öffentliche Erörterung oder Zurschaustellung als unschicklich gilt, das Bekanntwerden als peinlich empfunden wird oder nachteilige Reaktionen der Umwelt auslöst, wie es etwa bei Auseinandersetzungen mit sich selbst in Tagebüchern (BVerfGE 80, 367), bei vertraulicher Kommunikation unter Eheleuten (BVerfGE 27, 344), im Bereich der Sexualität (BVerfGE 47, 46; 49, 286), bei sozial abweichendem Verhalten (BVerfGE 44, 353) oder bei Krankheiten (BVerfGE 32, 373) der Fall ist. Fehlte es hier an einem Schutz vor der Kenntniserlangung durch andere, wären die Auseinandersetzung mit sich selbst, die unbefangene Kommunikation unter Nahestehenden, die sexuelle Entfaltung oder die Inanspruchnahme ärztlicher Hilfe beeinträchtigt oder unmöglich, obwohl es sich um grundrechtlich geschützte Verhaltensweisen handelt (vgl. Senatsurteile vom 25. Oktober 2011 - VI ZR 332/09, VersR 2012, 66 Rn. 15 und vom 22. November 2011 - VI ZR 26/11, VersR 2012, 192 Rn. 10; vgl. auch BVerfGE 101, 361, 382).

bb) Nach diesen Grundsätzen beeinträchtigt die beanstandete Wortberichterstattung die Klägerin in ihrem allgemeinen Persönlichkeitsrecht, denn in dem von der Beklagten veröffentlichten Artikel werden Informationen über ihre privaten Angelegenheiten, nämlich über ihre Erkrankung wiedergegeben, deren Verbreitung in den Medien sie nicht wünschte.

b) Diese Beeinträchtigung hatte die Klägerin aber hinzunehmen.

aa) Wegen der Eigenart des Persönlichkeitsrechts als eines Rahmenrechts liegt seine Reichweite nicht absolut fest, sondern muss erst durch eine Abwägung der widerstreitenden grundrechtlich geschützten Belange bestimmt werden, bei der die besonderen Umstände des Einzelfalles sowie die betroffenen Grundrechte und Gewährleistungen der Europäischen Menschenrechtskonvention interpretationsleitend zu berücksichtigen sind (vgl. Senatsurteile vom 9. Dezember 2003 - VI ZR 373/02, aaO S. 523; vom 11. März 2008 - VI ZR 189/06, VersR 2008, 695 Rn. 13 und - VI ZR 7/07, VersR 2008, 793 Rn. 12; vom 3. Februar 2009 - VI ZR 36/07, VersR 2009, 555 Rn. 17; vom 22. September 2009 - VI ZR 19/08, VersR 2009, 1545 Rn. 16; vom 20. April 2010 - VI ZR 245/08, NJW 2010, 2728 Rn. 12; vom 22. November 2011 - VI ZR 26/11, VersR 2012, 192 Rn. 13; BVerfGE 114, 339, 348 mwN; 120, 180, 200 f.; BVerfG, AfP 2009, 365 Rn. 17; AfP 2009, 480 Rn. 61). Eine Beeinträchtigung des Persönlichkeitsrechts ist nur dann rechtswidrig, wenn das Schutzinteresse des Betroffenen die schutzwürdigen Belange der anderen Seite überwiegt (vgl. Senatsurteile vom 21. Juni 2005 - VI ZR 122/04, VersR 2005, 1403, 1404; vom 17. November 2009 - VI ZR 226/08, VersR 2010, 220 Rn. 20 ff. mwN; vom 15. Dezember 2009 - VI ZR 227/08, BGHZ 183, 353 Rn. 11 - Onlinearchiv I; vom 9. Februar 2010 - VI ZR 243/08, VersR 2010, 673 Rn. 14 - Onlinearchiv II und vom 20. April 2010 - VI ZR 245/08, aaO; vom 22. November 2011 - VI ZR 26/11, VersR 2012, 192 Rn. 13).

bb) Im Streitfall sind das Interesse der Klägerin am durch Art. 1 Abs. 1, Art. 2 Abs. 1 GG, Art. 8 EMRK gewährleisteten Schutz ihrer Persönlichkeit einerseits und die durch Art. 5 Abs. 1 GG, Art. 10 EMRK geschützten Äußerungsinteressen der Beklagten andererseits abzuwägen (vgl. EGMR, NJW 2012, 1053 und 1058). Diese Abwägung fällt unter den Umständen des Streitfalles zugunsten der Beklagten aus.

cc) In der Rechtsprechung des Bundesverfassungsgerichts sind verschiedene Kriterien entwickelt worden, die Leitlinien für den konkreten Abwägungsvorgang vorgeben (vgl. BVerfG, AfP 2009, 365 Rn. 17; AfP 2009, 480 Rn. 61 f., jeweils mwN). Danach müssen wahre Tatsachenbehauptungen in der Regel hingenommen werden, auch wenn sie nachteilig für den Betroffenen sind, unwahre dagegen nicht. Allerdings kann auch eine wahre Darstellung das Persönlichkeitsrecht des Betroffenen verletzen, insbesondere wenn die Privatsphäre betroffen ist. Zur Privatsphäre - auch einer Person des öffentlichen Interesses - gehört grundsätzlich die eigene Erkrankung, wobei Ausnahmen allenfalls bei einem besonderen Personenkreis wie beispielsweise wichtigen Politikern, Wirtschaftsführern oder Staatsoberhäuptern bestehen können (vgl. Senatsurteile vom 5. Dezember 1995 - VI ZR 332/94, VersR 1996, 339, 340; vom 14. Oktober 2008 - VI ZR 272/06, VersR 2009, 78 Rn. 20; - VI ZR 256/06, VersR 2009, 76 Rn. 20 und - VI ZR 260/06, VersR 2009, 511 Rn. 19).

dd) Nach der Rechtsprechung des Europäischen Gerichtshofs für Menschenrechte (vgl. EGMR NJW 2012, 1053 Rn. 108 ff. und 1058 Rn. 186 ff., jeweils zur Wort-

und Bildberichterstattung) sind bei der Abwägung insbesondere der Beitrag zu einer Debatte von allgemeinem Interesse, die Bekanntheit der betroffenen Person und der Gegenstand der Berichterstattung, das frühere Verhalten der betroffenen Person, die Art der Erlangung von Informationen und ihr Wahrheitsgehalt sowie der Inhalt, die Form und die Auswirkungen der Veröffentlichung zu berücksichtigen.

ee) Nach diesen Grundsätzen hat im Rahmen der gebotenen Gesamtabwägung das Interesse der Klägerin am Schutz ihrer Persönlichkeit hinter dem von der Beklagten verfolgten Informationsinteresse der Öffentlichkeit und ihrem Recht auf freie Meinungsäußerung zurückzutreten.

(1) Die Klägerin ist eine in der Öffentlichkeit insbesondere durch viele Fernsehauftritte bekannte Kabarettistin, Comedy-Darstellerin und Entertainerin und damit eine Person des öffentlichen Interesses.

(2) Im Streitfall beschränkte sich die Berichterstattung der Beklagten im Verhältnis zur Klägerin auf die Wiedergabe der damals in der Öffentlichkeit längst bekannten wahren Tatsache, dass die Klägerin im Januar 2008 ihre Tournee krankheitsbedingt abbrechen musste ("Schwer erkrankt, mehr war nicht zu erfahren"), sie entgegen einer Ankündigung im Herbst 2008 nicht wieder aufgenommen hat und seither - ohne weitere Informationen an die Öffentlichkeit gelangen zu lassen - "von der Bildfläche verschwunden ist". Es wurden keinerlei konkrete Aussagen zu Art und Ursache der Erkrankung der Klägerin gemacht, vielmehr wurde sogar ausdrücklich mitgeteilt, dass man nichts über ihren Gesundheitszustand wisse. Aus den Umständen wurde lediglich die - naheliegende - Schlussfolgerung gezogen, dass die Erkrankung vermutlich schwer sein muss ("So etwas ist immer höchst beunruhigend").

(3) Insoweit unterscheidet sich der vorliegende Fall maßgeblich von den vom Berufungsgericht zur Begründung seiner Auffassung herangezogenen Senatsurteilen (Senatsurteile vom 5. Dezember 1995 - VI ZR 332/94, VersR 1996, 339 und vom 14. Oktober 2008 - VI ZR 272/06, VersR 2009, 78; - VI ZR 256/06, VersR 2009, 76 und - VI ZR 260/06, VersR 2009, 511), denen Berichte über (medizinische) Einzelheiten über (angebliche) Erkrankungen der dortigen Kläger zugrunde lagen.

(4) Die Grenze zu einer unzulässigen Presseberichterstattung wurde im Streitfall - entgegen der Auffassung des Berufungsgerichts - auch nicht dadurch überschritten, dass die Berichterstattung über die Erkrankung der Klägerin im Zusammenhang mit einem Bericht über einen aktuellen Fall einer schweren Erkrankung einer bekannten Sportmoderatorin erfolgte und - wie das Berufungsgericht meint - sich daraus kein neues Berichterstattungsinteresse herleiten lasse. Für die Wortberichterstattung als solche gilt der durch Art. 5 GG gewährleistete Grundsatz der freien

Berichterstattung, wobei dem Persönlichkeitsschutz im Rahmen der auch dort erforderlichen Abwägung nicht schon deshalb regelmäßig der Vorrang gebührt, weil eine weder unwahre noch ehrenrührige Berichterstattung bloße Belanglosigkeiten über eine prominente Person zum Gegenstand hat, ohne einen wesentlichen Beitrag zur öffentlichen Meinungsbildung zu leisten (vgl. Senatsurteile vom 25. Oktober 2011 - VI ZR 332/09, VersR 2012, 66 Rn. 27; vom 26. Oktober 2010 - VI ZR 230/08, VersR 2011, 130 Rn. 19 und vom 1. Juli 2008 - VI ZR 243/06, VersR 2008, 1506 Rn. 23; BVerfG AfP 2010, 562; Müller, VersR 2008, 1141, 1148 f.). Abgesehen davon hatte die von der Klägerin beanstandete Berichterstattung über ihre Person nicht bloße Belanglosigkeiten zum Gegenstand, sondern diente auch der Unterrichtung der interessierten Öffentlichkeit und ihrer "Fangemeinde" darüber, dass es ein Jahr nach ihrer Erkrankung und Tourneeabsage immer noch keinerlei Informationen über ihren Gesundheitszustand und eine mögliche Rückkehr in ihren Beruf gab. Dadurch konnte die Berichterstattung einen Beitrag zur öffentlichen Meinungsbildung über die Informationspolitik beliebter Künstler leisten, die sich nach einer plötzlichen Erkrankung völlig aus der Öffentlichkeit zurückziehen und ihr besorgtes Publikum über ihr weiteres Schicksal im Ungewissen lassen.

(5) Nach alledem ist es nicht zu beanstanden, dass die Beklagte den aktuellen Fall der Sportmoderatorin L. zum Anlass genommen hat, sich erneut mit dem - ihrer Ansicht nach Parallelen aufweisenden - Fall der Klägerin zu beschäftigen, zumal sich dieser Fall zum damaligen Zeitpunkt gerade jährte. Die betreffenden Äußerungen weisen keinen eigenständigen Verletzungsgehalt auf und die Intensität der Beeinträchtigung ist gering. Sie sind in keiner Weise herabsetzend oder gar ehrverletzend.

2. Entgegen der Auffassung des Berufungsgerichts hatte die Klägerin gegen die Beklagte auch keinen Anspruch aus § 1004 Abs. 1 Satz 2, § 823 Abs. 1, Abs. 2 BGB iVm §§ 22, 23 KUG, Art. 1 Abs. 1, Art. 2 Abs. 1 GG auf Unterlassung der erneuten Veröffentlichung der beanstandeten Bildnisse.

a) Die Zulässigkeit von Bildveröffentlichungen ist nach der gefestigten Rechtsprechung des erkennenden Senats nach dem abgestuften Schutzkonzept der §§ 22, 23 KUG zu beurteilen (vgl. grundlegend Senatsurteile vom 6. März 2007 - VI ZR 51/06, BGHZ 171, 275 Rn. 9 ff. und zuletzt vom 18. Oktober 2011 - VI ZR 5/10, VersR 2012, 116 Rn. 8 f. und vom 22. November 2011 - VI ZR 26/11, VersR 2012, 192 Rn. 23 f., jeweils mwN), das sowohl mit verfassungsrechtlichen Vorgaben (vgl. BVerfGE 120, 180, 201 ff.) als auch mit der Rechtsprechung des Europäischen Gerichtshofs für Menschenrechte im Einklang steht (vgl. EGMR NJW 2004, 2647; 2006, 591 sowie NJW 2012, 1053 und 1058). Danach dürfen Bildnisse einer Person grundsätzlich nur mit deren Einwilligung verbreitet werden (§ 22 Satz 1 KUG). Hiervon besteht allerdings gemäß § 23 Abs. 1 Nr. 1 KUG eine

Ausnahme, wenn es sich um Bildnisse aus dem Bereich der Zeitgeschichte handelt. Diese Ausnahme gilt aber nicht für eine Verbreitung, durch die berechtigte Interessen des Abgebildeten verletzt werden (§ 23 Abs. 2 KUG).

b) Nach diesen Grundsätzen war die von der Klägerin angegriffene Bildberichterstattung als solche über ein zeitgeschichtliches Ereignis zulässig.

aa) Das erforderliche Informationsinteresse ist hier zu bejahen. Der Artikel behandelte, soweit für diesen Rechtsstreit von Interesse, das Verschwinden einer bekannten Entertainerin, Schauspielerin und Kabarettistin aus der Öffentlichkeit nach einer schweren Erkrankung, die geheim gehalten wurde. Die Berichterstattung war, wie oben dargelegt, vom öffentlichen Informationsinteresse gedeckt, ohne dass es in diesem Zusammenhang darauf ankommt, ob sie auch Darstellungen enthielt, die man je nach der Einstellung zu weitgehend unterhaltenden Medienprodukten als belanglos oder spekulativ bewerten kann. Es ist nicht zulässig, Medienprodukte, die das Zeitgeschehen darstellen, ausschließlich an derartigen weitgehend subjektiven Wertungen zu messen. Entscheidend ist, dass der Artikel sowohl hinsichtlich der Wortberichterstattung als auch hinsichtlich des veröffentlichten Fotos einen noch ausreichenden Bezug zu der Wortberichterstattung hatte und dieses Thema unter den Umständen des Falles von öffentlichem Interesse und demgemäß als zeitgeschichtliches Ereignis im Sinne von § 23 Abs. 1 Nr. 1 KUG zu beurteilen war. Davon ist hier auszugehen, denn der Begriff der Zeitgeschichte wird nicht gegenstandsbezogen, etwa allein auf Vorgänge von historischer oder politischer Bedeutung, verstanden, sondern vom Informationsinteresse der Öffentlichkeit her bestimmt (BVerfGE 101, 361, 392; BVerfG, NJW 2001, 1921, 1922 f.).

bb) Die veröffentlichten Fotos hatten nach der Art ihrer Gewinnung und Darstellung auch keinen eigenständigen Verletzungsgehalt. Es handelt sich um kontextneutrale Porträtfotos, deren Veröffentlichung nach den Grundsätzen der Rechtsprechung des Bundesgerichtshofs (vgl. Senatsurteil vom 14. Mai 2002 - VI ZR 220/01, BGHZ 151, 26, 32 f.) und des Bundesverfassungsgerichts (vgl. BVerfG NJW 2001, 1921, 1924 f.; NJW 2006, 2835 Rn. 13) unbedenklich ist und die berechtigte Interessen der Klägerin (§ 23 Abs. 2 KUG) nicht verletzt. Der Umstand, dass eines der Fotos auf der Titelseite im Wege einer - als solche ohne Weiteres erkennbaren - Fotomontage mit einem Foto der Sportmoderatorin L. verbunden worden ist, vermag an dieser Beurteilung nichts zu ändern, zumal sich die Klägerin gegen die Fotos als solche auch gar nicht wendet, sondern lediglich gegen ihre Veröffentlichung im Zusammenhang mit der - allerdings erlaubten - Wortberichterstattung.

3. Nach alledem unterliegt die Klage insgesamt der Abweisung und zwar auch nachdem die Klägerin die Klage ab dem 6. September 2011 für erledigt erklärt hat. Da sich der Prozessbevollmächtigte der Beklagten der Erledigungserklärung nicht angeschlossen und weiterhin Klageabweisung beantragt hat, ist nunmehr in der

"Hauptsache" darüber zu entscheiden, ob die ursprüngliche Klage (tatsächlich) erledigt ist (vgl. etwa Zöller/Vollkommer, ZPO, 29. Aufl., § 91a Rn. 34 mwN). Dies ist nicht der Fall, weil die Klage von Anfang an unbegründet war. Da es keiner weiteren Feststellungen mehr bedarf, konnte der erkennende Senat gemäß § 563 Abs. 3 ZPO in der Sache selbst entscheiden.

Entscheidungsname: Eisprinzessin Alexandra
Entscheidungsdatum: 28.05.2013
Aktenzeichen: VI ZR 125/12
Normen: Art 1 Abs 1 GG, Art 2 Abs 1 GG, Art 5 Abs 1 GG, Art 8, 10 MRK
Recht am eigenen Bild: Bildberichterstattung über die Teilnahme eines prominenten 11-jährigen Kindes an einer Sportveranstaltung

Leitsatz

Zur Zulässigkeit der Bildberichterstattung über die Teilnahme eines 11-jährigen Kindes an einer Sportveranstaltung.

Tenor

Auf die Rechtsmittel der Beklagten werden der Beschluss des 10. Zivilsenats des Kammergerichts Berlin vom 8. März 2012 teilweise aufgehoben und das Urteil des Landgerichts Berlin vom 8. Dezember 2011 teilweise abgeändert.

Die Klage wird unter Zurückweisung der weitergehenden Rechtsmittel hinsichtlich des Klageantrags zu 1 insgesamt und hinsichtlich des Klageantrags zu 2 insoweit abgewiesen, als die Beklagte zur Zahlung von mehr als 1.034,11 € nebst Zinsen in Höhe von 5 Prozentpunkten über dem Basiszinssatz seit dem 2. März 2011 verurteilt worden ist.

Die Klägerin hat die Kosten des Rechtsstreits zu tragen.

Von Rechts wegen

Tatbestand

Die Klägerin, eine Tochter von Caroline Prinzessin von Hannover, nimmt die Beklagte auf Unterlassung der erneuten Veröffentlichung von drei Fotos nebst Bilduntertext in Anspruch. Die Beklagte ist Verlegerin der Zeitschrift FREIZEIT REVUE. In deren Ausgabe vom 16. Februar 2011 erschien unter der Überschrift "[Prinzessin Caroline] Ihr Neuer ist für Tochter Alexandra schon wie ein Papa" ein Beitrag, der sich u.a. mit der Teilnahme der Klägerin an einem Eiskunstlauf-Wettbewerb befasst. Der Bericht ist mit mehreren Fotos, darunter auch mit drei Bildern der Klägerin illustriert, die sie als Eiskunstläuferin zeigen und mit folgendem Bild-Untertext versehen sind: "Mit ihrer tollen Leistung beeindruckte Eisprinzessin Alexandra das Publikum - aber hat sie auch die Jury überzeugt?"

Der darunter befindliche Textbeitrag lautet:

"Beim Eiskunstlauf-Turnier um den "III. Pokal von La Garde"

verzauberte die 11-jährige Tochter von Caroline und

Ernst August nicht nur das Publikum, sondern

auch einen Italiener, der kaum von Mamas Seite wich.

Fast schwerelos glitt sie über die Bahn, drehte anmutig ihre Pirouetten. Die Zuschauer im Eisstadion der französischen Kleinstadt Toulon waren entzückt. Eine echte Prinzessin trat bei ihrem Tournier, dem "III. Pokal von La Garde", an und stellte sich den Konkurrentinnen: Alexandra von Hannover (11). In ihrem glitzernden dunkelvioletten Kostüm machte das Mädchen eine fabelhafte Figur - bei der Bewegung ging ein bewunderndes Raunen durch das Publikum. Mitten unter den Gästen: Prinzessin Caroline von Hannover (54), die Mutter der Eisprinzessin.

Hingabe. Aufgeregt griff sie nach ihrer Kamera und hielt die artistischen Einlagen ihrer Tochter für das Familienalbum fest. Rührend. Als das Mädchen vorbeifuhr, warf die stolze Mama einen Blumenstrauß auf die Eisbahn. Einziger Wermutstropfen für Alexandra: Vater Ernst August (56) war nicht im Stadion, um sich den Auftritt seiner Tochter anzuschauen. Doch ein anderer Mann erfüllte seine Rolle als Ersatz mit Bravour: Gerard Faggionato (50).

Einsatz. Der attraktive Italiener wich kaum von der Seite der strahlenden Caroline und sah sich auch die zauberhafte Kür von Alexandra mit Begeisterung an. Wie ein stolzer Papa stand er auf der Tribüne und bewunderte das große Talent der kleinen Eisprinzessin. Aber wie würde das Urteil der Punktrichter ausfallen?

Skandal. Leider wurde Alexandra die offizielle Anerkennung verweigert. Am Ende sprang mit 9,37 Punkten nur Platz 11 heraus - von 13 Teilnehmerinnen. Gewonnen hat A. S. mit 16,43 Punkten. Nachvollziehen konnte Alexandras schlechte Platzierung niemand. Wollte die strenge Jury mit ihrem fragwürdigen Urteil demonstrieren, dass sie keine Promi-Punkte verteilt? Wurde Alexandra womöglich ihre Berühmtheit zum Verhängnis?

Alexandra war die Siegerin der Herzen

Zum Glück zählte am Schluss der olympische Gedanke: "Dabei sein ist alles."

Und für Mama Caroline und Ersatz-Papa Gerard war sie ja die Siegerin der Herzen

Der Beitrag ist mit weiteren Bildern illustriert, die u.a. Caroline Prinzessin von Hannover, Gerard Faggionato und Ernst August von Hannover zeigen.

Auf Betreiben der Klägerin gab die Beklagte eine strafbewehrte Erklärung ab, mit der sie sich verpflichtete, es künftig zu unterlassen, unter Bezugnahme auf die Klägerin zu verbreiten: "[Prinzessin Caroline] Ihr Neuer ist für Tochter Alexandra schon wie ein Papa."

Die Klägerin hat die Unterlassung der erneuten Veröffentlichung der von ihr beanstandeten drei Fotos mit der Bildunterschrift "Mit ihrer tollen Leistung beeindruckte Eisprinzessin Alexandra das Publikum - aber hat sie auch die Jury überzeugt?" sowie Ersatz vorgerichtlicher Anwaltskosten begehrt, und zwar sowohl hinsichtlich der Abmahnung wegen der Textveröffentlichung (1.034,11 €) als auch hinsichtlich der Abmahnung wegen der Veröffentlichung der Bilder (700,32 €) sowie für ein Abschlussschreiben (384,61 €).

Das Landgericht hat der Klage unter Abweisung im Übrigen hinsichtlich des Unterlassungsantrags in vollem Umfang und hinsichtlich des Zahlungsantrags in Höhe von 1.559,38 € nebst Zinsen stattgegeben, wobei es die Kosten zugrunde gelegt hat, die angefallen wären, wenn die Klägerin die Unterlassungsansprüche wegen der Text- und der Bildberichterstattung in einem einzigen Abmahnschreiben geltend gemacht hätte. Das Oberlandesgericht hat die Berufung der Beklagten durch einstimmigen Beschluss zurückgewiesen. Mit der vom erkennenden Senat zugelassenen Revision verfolgt die Beklagte ihr Klageabweisungsbegehren weiter.

Entscheidungsgründe

I. Das Berufungsgericht hält den Anspruch der Klägerin auf Unterlassung der beanstandeten Fotoveröffentlichung für begründet. Es geht zu Gunsten der Beklagten davon aus, dass es sich bei dem am 5. und 6. Februar 2011 in Toulon ausgerichteten Eislaufturnier um ein Ereignis der Zeitgeschichte im Sinne von § 23 Abs. 1 Nr. 1 KUG gehandelt habe. Im Rahmen der danach vorzunehmenden Abwägung zwischen dem Informationsinteresse der Öffentlichkeit und dem Persönlichkeitsrecht der Klägerin sei aber davon auszugehen, dass Letzteres überwiege. Zu berücksichtigen sei, dass die zum Zeitpunkt der Aufnahmen 11 Jahre alte Klägerin ein Recht auf ungestörte kindgerechte Entwicklung habe. Dieses Recht umfasse neben der Privatsphäre auch die kindgemäße Entwicklung außerhalb der Privatsphäre in öffentlichen Räumen. Zur Entwicklung der Persönlichkeit eines Kindes gehöre es auch, sich in der Öffentlichkeit zu bewegen. Das Schutzbedürfnis entfalle auch nicht bei einem kindgemäßen Verhalten, das üblicherweise in der Öffentlichkeit geschehe, wie zum Beispiel beim Baden, beim Sport oder in der Schule. Auch wenn es sich bei dem Eislaufturnier um einen Wettbewerb gehandelt habe, bei dem interessiertes Publikum zugegen gewesen sei, sei angesichts der Umstände (regionaler Charakter, begrenzte Teilnehmerzahl und geringfügige Dauer des Wettbewerbs) davon auszugehen, dass es sich um einen für eine sportliche Betätigung in dieser Altersgruppe nicht ungewöhnlichen Leistungsvergleich gehandelt habe, der zwar in der Öffentlichkeit geschehen sei, die Schutzbedürftigkeit der Klägerin aber nicht entfallen lasse.

II. Die Revision hat Erfolg.

1. Entgegen der Auffassung des Berufungsgerichts hat die Klägerin gegen die Beklagte keinen Anspruch aus § 1004 Abs. 1 Satz 2, § 823 Abs. 1, Abs. 2 BGB i.V.m. §§ 22, 23 KUG, Art. 1 Abs. 1, Art. 2 Abs. 1 GG auf Unterlassung der erneuten Veröffentlichung der beanstandeten Bildnisse.

a) Die Zulässigkeit von Bildveröffentlichungen ist nach der gefestigten Rechtsprechung des erkennenden Senats nach dem abgestuften Schutzkonzept der §§ 22, 23 KUG zu beurteilen (vgl. grundlegend Senatsurteile vom 6. März 2007 - VI ZR 51/06, BGHZ 171, 275 Rn. 9 ff. und zuletzt vom 18. Oktober 2011 - VI ZR 5/10, VersR 2012, 116 Rn. 8 f.; vom 22. November 2011 - VI ZR 26/11, VersR 2012, 192 Rn. 23 f. und vom 18. September 2012 - VI ZR 291/10, VersR 2012, 1403 Rn. 25 f. jeweils mwN), das sowohl mit verfassungsrechtlichen Vorgaben (vgl. BVerfGE 120, 180, 201 ff.) als auch mit der Rechtsprechung des Europäischen Gerichtshofs für Menschenrechte im Einklang steht (vgl. EGMR NJW 2004, 2647; 2006, 591 sowie NJW 2012, 1053 und 1058). Danach dürfen Bildnisse einer Person grundsätzlich nur mit deren Einwilligung verbreitet werden (§ 22 Satz 1 KUG). Hiervon besteht allerdings gemäß § 23 Abs. 1 Nr. 1 KUG eine Ausnahme, wenn es sich um Bildnisse aus dem Bereich der Zeitgeschichte handelt. Diese Ausnahme gilt aber nicht für eine Verbreitung, durch die berechtigte Interessen des Abgebildeten verletzt werden (§ 23 Abs. 2 KUG).

b) Nach diesen Grundsätzen war die von der Klägerin angegriffene Bildberichterstattung als solche über ein zeitgeschichtliches Ereignis zulässig.

aa) Bei den beanstandeten Fotos der Klägerin handelt es sich um Bildnisse aus dem Bereich der Zeitgeschichte. Schon die Beurteilung, ob Abbildungen Bildnisse aus dem Bereich der Zeitgeschichte i.S.v. § 23 Abs. 1 Nr. 1 KUG sind, erfordert eine Abwägung zwischen den Rechten des Abgebildeten aus Art. 1 Abs. 1, 2 Abs. 1 GG, Art. 8 Abs. 1 EMRK einerseits und den Rechten der Presse aus Art. 5 Abs. 1 GG, Art. 10 Abs. 1 EMRK andererseits (Senatsurteil vom 13. April 2010 - VI ZR 125/08, NJW 2010, 3025 Rn. 12). Der für die Frage, ob es sich um ein Bildnis aus dem Bereich der Zeitgeschichte handelt, maßgebende Begriff des Zeitgeschehens umfasst alle Fragen von allgemeinem gesellschaftlichem Interesse. Dazu können neben politischen und gesellschaftlichen Ereignissen wie die Amtseinführung von Prinz Albert, der Rosenball in Monaco, das Gala-Diner der Stiftung

Claude Pompidou anlässlich der Ausstellung eines bekannten Künstlers im Pariser Centre Pompidou auch Sportveranstaltungen gehören, und zwar auch dann, wenn sie - wie hier - nur regionale Bedeutung haben. Ein Informationsinteresse besteht allerdings nicht schrankenlos, vielmehr wird der Einbruch in die persönliche Sphäre des Abgebildeten durch den Grundsatz der Verhältnismäßigkeit begrenzt (vgl. Senatsurteile vom 1. Juli 2008 - VI ZR 67/08, VersR 2008, 1411, 1412 und - VI ZR 243/06, VersR 2008, 1506 f., jeweils mwN).

Allerdings bedarf es gerade bei unterhaltenden Inhalten in besonderem Maß einer abwägenden Berücksichtigung der kollidierenden Rechtspositionen (vgl. Senatsurteile vom 1. Juli 2008 - VI ZR 243/06, aaO, Rn. 20 und vom 13. April 2010 - VI ZR 125/08, aaO Rn. 14; BVerfGE 120, 180, 205). Die Belange der Medien sind dabei in einen möglichst schonenden Ausgleich zum Persönlichkeitsschutz des von einer Berichterstattung Betroffenen zu bringen, insbesondere zum Schutz des Kernbereichs der Privatsphäre (vgl. Senatsurteile vom 19. Dezember 1995 - VI ZR 15/95, BGHZ 131, 332, 337 f. und vom 9. Dezember 2003 - VI ZR 373/02, VersR 2004, 522, 523), der in Form der Gewährleistung des Rechts am eigenen Bild sowie der Garantie der Privatsphäre teilweise auch verfassungsrechtlich fundiert ist (vgl. BVerfGE 101, 361, 381 ff.; 120, 180, 214). Für die Abwägung ist von maßgeblicher Bedeutung, ob die Medien im konkreten Fall eine Angelegenheit von öffentlichem Interesse ernsthaft und sachbezogen erörtern, damit den Informationsanspruch des Publikums erfüllen und zur Bildung der öffentlichen Meinung beitragen oder ob sie - ohne Bezug zu einem zeitgeschichtlichen Ereignis - lediglich die Neugier der Leser oder Zuschauer nach privaten Angelegenheiten prominenter Personen befriedigen (vgl. Senatsurteil vom 1. Juli 2008 - VI ZR 243/06, aaO, Rn. 21; BVerfGE 34, 269, 283; 101, 361, 391; 120, 180, 205, 214; BVerfG, NJW 2006, 3406, 3407). Der Informationsgehalt einer Bildberichterstattung ist im Gesamtkontext, in den das Personenbildnis gestellt ist, zu ermitteln, insbesondere unter Berücksichtigung der zugehörigen Textberichterstattung.

bb) Der Artikel der Zeitschrift FREIZEIT REVUE befasst sich mit der Teilnahme der Klägerin an dem Eislaufturnier um den "III. Pokal von La Garde", welches am 5. und 6. Februar 2011 in Toulon stattfand. Dieser Wettbewerb ist, wovon das Berufungsgericht zugunsten der Klägerin zutreffend ausgegangen ist, ein zeitgeschichtliches Ereignis, über das berichtet werden darf. Der Text informiert über Einzelheiten des Eiskunstlauf-Wettbewerbs und nennt außer der Klägerin auch die Siegerin des Turniers und die von beiden jeweils erreichten Punktwerte. Eine solche Berichterstattung über ein Sportereignis ist grundsätzlich erlaubt. Das Recht, über Sportveranstaltungen zu berichten, ist auch nicht auf bestimmte Medien, wie etwa auf solche, die üblicherweise über das Sportgeschehen informieren, beschränkt, sondern besteht - wie auch sonst bei der Berichterstattung über Ereignisse des Zeitgeschehens (vgl. BVerfG NJW 2000, 1021, 1024; NJW 2008, 1793, 1794, jeweils mwN) - für alle Medien und somit auch für die von der Beklagten verlegte Illustrierte.

Die Wortberichterstattung wird durch die veröffentlichten Fotos illustriert. Diese sind kontextbezogen und zeigen die Klägerin während ihres Eiskunstlaufs bei dem betreffenden Turnier.

cc) Der Zulässigkeit der Berichterstattung steht vorliegend nicht entgegen, dass der Artikel auch Informationen enthält, die nicht das Turnier als solches betreffen. Der Artikel verliert nicht allein deshalb seinen Charakter als Bericht über ein Sportereignis, weil auch über die Anwesenheit eines Begleiters berichtet wird, der angeblich der "Neue" der Mutter der Klägerin sei. Auch wenn diese Information den Aufmacher darstellt, auf dem Titelblatt wiedergegeben und Gegenstand der Titelzeile ist, führt dies nicht zur Unzulässigkeit der Berichterstattung über den Wettbewerb. Die Art und Weise der Berichterstattung und ihre Aufmachung sind Sache der Medien. Sie haben das Recht, Art und Ausrichtung, Inhalt und Form eines Publikationsorgans frei zu bestimmen (vgl. BVerfG, aaO). Das erforderliche Informationsinteresse ist hier zu bejahen. Es könnte nur verneint werden, wenn der beanstandete Artikel als solcher nicht als Berichterstattung über das Eiskunstlaufturnier als zeitgeschichtliches Ereignis einzustufen wäre, sondern dieser lediglich als äußerer Anlass für die Berichterstattung über die Klägerin und die Veröffentlichung der sie zeigenden Fotos zu bewerten wäre (vgl. Senatsurteil vom 26. Oktober 2010 - VI ZR 190/08, VersR 2011, 127, Rn. 22 mwN).
Dies ist indes nicht der Fall. Zwar konzentriert sich die Berichterstattung auf die Person der Klägerin, die schon auf der Titelseite und in der Artikelüberschrift herausgestellt wird. Es ist indes unzulässig, Medienprodukte, die das Zeitgeschehen darstellen, ausschließlich an derartigen weitgehend subjektiven Wertungen zu messen. Entscheidend ist, dass der Artikel sowohl hinsichtlich der Wortberichterstattung als auch hinsichtlich der veröffentlichten Fotos einen noch ausreichenden Bezug zu dem Turnier als zeitgeschichtliches Ereignis hat (vgl. Senatsurteil vom 26. Oktober 2010 - VI ZR 190/08, aaO Rn. 23). Davon ist hier auszugehen.

dd) Im Rahmen einer zulässigen Berichterstattung steht es den Medien grundsätzlich frei, Textberichte durch Bilder zu illustrieren. Zu der gemäß Art. 5 Abs. 1 Satz 2 GG grundrechtlich geschützten Pressefreiheit zählt auch die Entscheidung, ob und wie ein Presseerzeugnis bebildert wird. Bildaussagen nehmen an dem verfassungsrechtlichen Schutz des Berichts teil, dessen Bebilderung sie dienen (vgl. BVerfG NJW 2005, 3271, 3272). Der Schutz der Pressefreiheit umfasst dabei auch die Abbildung von Personen (vgl. BVerfG, NJW 2000, 1021, 1024; NJW 2001, 1921, 1923). Von der Eigenart oder dem Niveau des Presseerzeugnisses oder der Berichterstattung hängt der Schutz nicht ab. Die Presse darf nach eigenen publizistischen Kriterien entscheiden, was sie des öffentlichen Interesses für wert hält und was nicht (BVerfGE 120, 180, 196 f.). Von einer - an welchen Maßstäben auch immer ausgerichteten - Bewertung des Druckerzeugnisses darf der Schutz der Pressefreiheit nicht abhängig gemacht werden.

ee) Entgegen der Ansicht des Berufungsgerichts steht der Zulässigkeit der Veröffentlichung der Fotos auch nicht entgegen, dass die auf ihnen abgebildete Klägerin zum Zeitpunkt der Aufnahme der Bilder erst 11 Jahre alt war.

(1) Allerdings ist anerkannt, dass Kinder eines besonderen Schutzes bedürfen, weil sie sich zu eigenverantwortlichen Personen erst entwickeln müssen und dass dieses Schutzbedürfnis auch hinsichtlich der Gefahren besteht, die von dem Interesse der Medien und ihrer Nutzer an Abbildungen von Kindern ausgehen, deren Persönlichkeitsentfaltung dadurch empfindlicher gestört werden kann als diejenige von Erwachsenen. Der Bereich, in dem Kinder sich frei von öffentlicher Beobachtung fühlen und entfalten dürfen, muss deswegen umfassender geschützt sein als derjenige erwachsener Personen (BVerfGE 101, 361, 385; 119, 1, 24; 120, 180, 199). Grundsätzlich fällt auch die spezifisch elterliche Hinwendung zu den Kindern in den Schutzbereich von Art. 2 Abs. 1 in Verbindung mit Art. 1 Abs. 1 GG. Der Schutzgehalt des allgemeinen Persönlichkeitsrechts erfährt dann eine Verstärkung durch Art. 6 Abs. 1 und 2 GG, der den Staat verpflichtet, die Lebensbedingungen des Kindes zu sichern, die für sein gesundes Aufwachsen erforderlich sind und zu denen insbesondere die elterliche Fürsorge gehört. Das Recht jedes Kindes auf Entwicklung zur Persönlichkeit umfasst sowohl die Privatsphäre als auch die kindgemäße Entfaltung in öffentlichen Räumen. Zur Entwicklung der Persönlichkeit gehört es, sich in der Öffentlichkeit angemessen bewegen zu lernen, ohne dadurch das Risiko einer Medienberichterstattung über das eigene Verhalten auszulösen. Dies gilt auch für Kinder, deren Eltern prominente Personen sind (vgl. BVerfGE 101, 361, 386; BVerfG, NJW 2000, 2191, 2192; 2005, 1857, 1858; Senatsurteil vom 5. Oktober 2004 - VI ZR 255/03, BGHZ 160, 298, 304 f.).

Wie sich die Verstärkung des Persönlichkeitsschutzes durch Art. 6 GG im Einzelnen auswirkt, lässt sich aber nicht generell und abstrakt bestimmen. Zwar kann der Schutz des allgemeinen Persönlichkeitsrechts zugunsten spezifischer Eltern-Kind-Beziehungen grundsätzlich auch dann eingreifen, wenn sich Eltern und Kinder in der Öffentlichkeit bewegen. Doch wird es regelmäßig an einem Schutzbedürfnis fehlen, wenn sich Eltern mit ihren Kindern bewusst der Öffentlichkeit zuwenden, etwa gemeinsam an öffentlichen Veranstaltungen teilnehmen oder gar in deren Mittelpunkt stehen; insoweit liefern sie sich den Bedingungen öffentlicher Auftritte aus (BVerfGE 101, 361, 386). Der erkennende Senat hat deshalb auch in Fällen, in denen es um die Abbildung von Kindern im Rahmen der Presseberichterstattung ging, eine einzelfallbezogene Abwägung zwischen dem beeinträchtigten Persönlichkeitsrecht und der Meinungs- und Pressefreiheit unter Berücksichtigung des Informationsinteresses nicht für entbehrlich gehalten (vgl. Senatsurteile vom 9. März 2004 - VI ZR 217/03, BGHZ 158, 218, 222 ff.; vom 5. Oktober 2004 - VI ZR 255/03, BGHZ 160, 298, 305 und vom 6. Oktober 2009 - VI ZR 314/08, VersR 2009, 1675 Rn. 10; vgl. auch BVerfG, NJW 2000, 2191, 2192; 2003, 3262, 3263; ZUM-RD 2007, 1, 2 f.).

(2) Nach diesen Grundsätzen ist die vorliegende Bildberichterstattung nicht zu beanstanden. Die hier veröffentlichten Fotos, auf denen die Klägerin als Eiskunstläuferin während des betreffenden Turniers abgebildet ist, hatten nach der Art ihrer Gewinnung und Darstellung keinen eigenständigen Verletzungsgehalt. Die Fotos sind während des Turniers aufgenommen worden, bei dem nach den getroffenen Feststellungen interessiertes Publikum zugegen war. Bei sportlichen Wettkämpfen

sind Foto- und Videoaufnahmen heute weitgehend üblich, und zwar auch dann, wenn es sich um Veranstaltungen handelt, die nur in einer begrenzten Öffentlichkeit stattfinden. Dies gilt unabhängig davon, ob an dem Wettbewerb Erwachsene, Kinder oder Jugendliche teilnehmen. Auf Foto- und Videoaufnahmen müssen sich Teilnehmer einer Sportveranstaltung grundsätzlich auch dann einstellen, wenn keine Pressefotografen zugegen sind. Entgegen der Auffassung des Berufungsgerichts kommt es dabei weder auf die Anzahl der Teilnehmer noch auf die Dauer der gesamten Veranstaltung oder derjenigen der konkreten sportlichen Darbietung des einzelnen Teilnehmers an. Die Veröffentlichung der während eines Turniers gefertigten Fotos wäre nur dann unzulässig, wenn durch ihre Verbreitung die berechtigten Interessen der abgebildeten Person verletzt würden (vgl. Senatsurteil vom 28. September 2004 - VI ZR 305/03, VersR 2005, 83 Rn. 18). Das ist vorliegend nicht der Fall, denn die Fotos weisen einen ausreichenden Bezug auf das konkrete Ereignis auf und illustrieren einen Begleittext, der zumindest auch eine Berichterstattung über dieses Ereignis selbst liefert. Durch diese Art der Verwendung der Bildnisse werden die berechtigten Interessen der Klägerin nicht nennenswert beeinträchtigt. Insbesondere ist nicht ersichtlich, dass die beanstandeten Fotos die kindgerechte Entwicklung der Klägerin stören könnten. Bei dieser Sachlage verdient das Veröffentlichungsinteresse der Beklagten Vorrang vor dem Persönlichkeitsschutz der Klägerin.

2. Da die Klägerin keinen Anspruch auf Unterlassung der Bildberichterstattung hat, kann sie insoweit auch nicht Ersatz vorgerichtlicher Anwaltskosten verlangen. Die Verurteilung der Beklagten wegen des hinsichtlich der beanstandeten Textveröffentlichung geltend gemachten Betrages von 1.034,11 € nebst Zinsen wird mit der Revision nicht angegriffen.

3. Da es keiner weiteren Feststellungen mehr bedarf, kann der erkennende Senat gemäß § 563 Abs. 3 ZPO in der Sache selbst entscheiden.

4. Die Kostenentscheidung beruht auf § 92 Abs. 2 ZPO.

Entscheidungsname: Teilnehmerin an Mahnwache
Entscheidungsdatum: 11.06.2013
Aktenzeichen: VI ZR 209/12
Normen: § 823 Abs 1 BGB, § 1004 BGB, § 22 S 1 KunstUrhG, § 23 Abs 1 Nr 1 KunstUrhG, § 23 Abs 2 KunstUrhG
Persönlichkeitsrechtsverletzung in der Fernsehberichterstattung: Ausstrahlung eines satirisch gefärbten Streitgesprächs zwischen einem Journalisten und der Teilnehmerin an einer Mahnwache

Leitsatz

Zur Zulässigkeit eines satirisch gefärbten Fernsehbeitrags über das Streitgespräch eines Journalisten mit einer Teilnehmerin an einer Mahnwache im Hinblick auf das Recht am eigenen Bild und am eigenen Wort.

Tenor

Auf die Revision der Beklagten wird das Urteil des 16. Zivilsenats des Oberlandesgerichts Frankfurt am Main vom 19. April 2012 im Kostenpunkt und insoweit aufgehoben, als zum Nachteil der Beklagten erkannt worden ist.

Die Berufung der Klägerin gegen das Urteil des Landgerichts Frankfurt am Main vom 22. September 2011 wird in vollem Umfang zurückgewiesen.

Die Klägerin trägt die Kosten der Rechtsmittel.

Von Rechts wegen

Tatbestand

Die Klägerin nimmt die beklagte Rundfunkanstalt auf Unterlassung der erneuten Ausstrahlung einer Fernsehsendung in Anspruch, in deren Verlauf sie in einem Streitgespräch mit einem Journalisten und Protagonisten der Sendung zu sehen und zu hören ist.

Die ARD strahlte am 21. November 2010 die dritte Folge einer fünfteiligen Sendung "Entweder Broder - Die Deutschland-Safari" aus, eine Koproduktion verschiedener Rundfunkanstalten innerhalb der ARD, darunter auch der Beklagten, bei der die Produktionsleitung lag. Die Sendereihe wird von der Beklagten selbst als Mischung zwischen "Roadmovie-Doku" und gesellschaftskritischer Satire gesehen. In der genannten Folge der Sendereihe tritt die Klägerin als Mitglied einer Gruppe von drei Frauen in Erscheinung, die sich als "Großmütter gegen den Krieg" bezeichnen. Sie hatten sich am Nachmittag des 24. Juni 2010 auf dem Pariser Platz in Berlin anlässlich der am 30. Mai 2010 erfolgten israelischen Marineintervention gegen die "Gaza-Solidaritätsflotte" zu einer gemeinsamen Mahnwache eingefunden. Die Klägerin erschien in der Sendung zwischen den Marken 2:00 min. bis etwa 5:30 min. mehrmals im Bild und mit Ton, wobei sie mit dem Protagonisten der Sendung, dem Journalisten Henryk M. Broder, lebhaft und kontrovers über das Anliegen der Mahnwache sowie allgemein über Fragen des Völkerrechts und der Legitimität militärischer Aktionen diskutierte.

Mit E-Mails vom 25. Juni 2010 und 29. Juni 2010 widerrief die Klägerin gegenüber der Produktionsfirma und der Beklagten vorsorglich eine etwaige Einwilligung in Bezug auf die Aufzeichnung und Ausstrahlung der Aufnahmen. Sie hat geltend gemacht, weder ausdrücklich noch stillschweigend hierin eingewilligt zu haben. Weder Zweck, Art und Umfang der geplanten Sendung noch Herr Broder seien ihr zum Zeitpunkt der Aufnahme bekannt gewesen.

Das Landgericht hat die Klage abgewiesen. Auf die Berufung der Klägerin hat das Berufungsgericht dem Unterlassungsantrag - beschränkt auf die konkrete Verletzungsform - sowie dem Antrag auf Erstattung außergerichtlicher Rechtsanwaltskosten stattgegeben. Mit der vom Berufungsgericht zugelassenen Revision verfolgt die Beklagte ihren Antrag auf vollständige Klageabweisung weiter.

Entscheidungsgründe

I. Das Berufungsgericht bejaht einen Anspruch der Klägerin gegen die Beklagte auf Unterlassung der Ausstrahlung des beanstandeten Beitrages aus §§ 823 Abs. 1, Abs. 2, 1004 BGB analog i.V.m. § 22 Satz 1 KUG. Es geht zwar davon aus, dass die Klägerin bemerkt habe, dass sie gefilmt werde. Gleichwohl habe sie jedoch - weder ausdrücklich noch stillschweigend - zum Ausdruck gebracht, auch mit einer Ausstrahlung der Szene durch die Beklagte im Rahmen der Sendung "Entweder Broder - Die Deutschland-Safari" einverstanden zu sein. Eine stillschweigende Einwilligung setze nämlich voraus, dass dem Abgebildeten Zweck und Umfang der geplanten Veröffentlichung im Zeitpunkt der Aufnahme erkennbar bzw. bekannt gewesen seien. Dies habe die hierzu darlegungs- und beweisbelastete Beklagte erstinstanzlich nicht substantiiert dargelegt und unter Beweis gestellt. Soweit sie hierzu in der Berufungsinstanz vorgetragen und Beweis angeboten habe, sei dies im Sinne des § 531 Abs. 2 Satz 1 Nr. 3 ZPO verspätet gewesen. Auch die Umstände des vorliegenden Einzelfalles gäben keine Veranlassung, von dem Erfordernis der Bekanntgabe von Zweck und Umfang der geplanten Veröffentlichung als Voraussetzung für die Annahme einer konkludenten Einwilligung abzusehen. Die Klägerin sei auch keine "relative Person der Zeitgeschichte".

II. Das Berufungsurteil hält revisionsrechtlicher Nachprüfung nicht stand. Entgegen der Auffassung des Berufungsgerichts hat die Klägerin gegen die Beklagte keinen Anspruch aus § 1004 Abs. 1 Satz 2, § 823 Abs. 1, Abs. 2 BGB i.V.m. §§ 22, 23 KUG, Art. 1 Abs. 1, Art. 2 Abs. 1 GG auf Unterlassung der erneuten Veröffentlichung des beanstandeten Fernsehbeitrages.

1. Die Zulässigkeit von Bildveröffentlichungen ist nach der gefestigten Rechtsprechung des erkennenden Senats nach dem abgestuften Schutzkonzept der §§ 22, 23 KUG zu beurteilen (vgl. grundlegend Senatsurteile vom 6. März 2007 - VI ZR 51/06, BGHZ 275, 278 Rn. 9 ff.; vom 18. Oktober 2011 - VI ZR 5/10, VersR 2012, 116 Rn. 8 f.; vom 22. November 2011 - VI ZR 26/11, VersR 2012, 192 Rn. 23 f.; vom 18. September 2012 - VI ZR 291/10, VersR 2012, 1403 Rn. 26 f. und vom 28. Mai 2013 - VI ZR 125/12, z.V.b.; jeweils mwN), das sowohl mit verfassungsrechtlichen Vorgaben (vgl. BVerfGE 120, 180, 201 ff.) als auch mit der Rechtsprechung des europäischen Gerichtshofs für Menschenrechte im Einklang steht

(vgl. EGMR, NJW 2012, 1053, 1056 ff.). Danach dürfen Bildnisse einer Person grundsätzlich nur mit deren Einwilligung verbreitet werden (§ 22 Satz 1 KUG). Hiervon besteht allerdings gemäß § 23 Abs. 1 Nr. 1 KUG eine Ausnahme, wenn es sich um Bildnisse aus dem Bereich der Zeitgeschichte handelt. Diese Ausnahme gilt aber nicht für eine Verbreitung, durch die berechtigte Interessen des Abgebildeten verletzt werden (§ 23 Abs. 2 KUG).

2. Nach diesen Grundsätzen war die von der Klägerin angegriffene Bildberichterstattung in dem Fernsehbeitrag der Beklagten als solche über ein zeitgeschichtliches Ereignis zulässig. Einer (stillschweigenden) Einwilligung der Klägerin bedurfte es im Streitfall deshalb - entgegen der Auffassung des Berufungsgerichts - gemäß § 23 Abs. 1 Nr. 1 KUG nicht.

a) Bei den beanstandeten Filmaufnahmen mit der Klägerin handelt es sich um eine Bildberichterstattung aus dem Bereich der Zeitgeschichte. Schon die Beurteilung, ob Abbildungen Bildnisse aus dem Bereich der Zeitgeschichte im Sinne von § 23 Abs. 1 Nr. 1 KUG sind, erfordert eine Abwägung zwischen den Rechten des Abgebildeten aus Art. 1 Abs. 1, 2 Abs. 1 GG, Art. 8 Abs. 1 EMRK einerseits und den Rechten der Presse aus Art. 5 Abs. 1 GG, Art. 10 Abs. 1 EMRK andererseits (vgl. etwa Senatsurteil vom 13. April 2010 - VI ZR 125/08, NJW 2010, 3025 Rn. 12 und vom 28. Mai 2013 - VI ZR 125/12, z.V.b.). Der für die Frage, ob es sich um ein Bildnis aus dem Bereich der Zeitgeschichte handelt, maßgebende Begriff des Zeitgeschehens umfasst alle Fragen von allgemeinem gesellschaftlichem Interesse, insbesondere Vorgänge aus dem Bereich des politischen Meinungskampfes. Ein Informationsinteresse besteht allerdings nicht schrankenlos, vielmehr wird der Einbruch in die persönliche Sphäre des Abgebildeten durch den Grundsatz der Verhältnismäßigkeit begrenzt (vgl. Senatsurteile vom 1. Juli 2008 - VI ZR 67/08, VersR 2008, 1411 Rn. 13 und VI ZR 243/06, VersR 2008, 1506 f. und vom 28. Mai 2013 - VI ZR 125/12, z.V.b.).

b) Nach diesen Maßstäben handelt es sich bei den veröffentlichten Aufnahmen mit der Klägerin um eine Bildberichterstattung aus dem Bereich der Zeitgeschichte. Nach den Feststellungen des Berufungsgerichts hat die Klägerin als Mitglied zahlreicher der Friedensbewegung zuzurechnender Organisationen zusammen mit zwei anderen Frauen an einer "Mahnwache" auf dem Pariser Platz am Brandenburger Tor in Berlin teilgenommen, um gegen die kurz zuvor erfolgte israelische Marineintervention gegen die "Gaza-Solidaritätsflotte" zu protestieren. Eine solche Veranstaltung auf einem belebten Platz mit einem politischen Anliegen im Zusammenhang mit einer kurz zuvor erfolgten Militäraktion, die national und international Aufsehen erregt hat, in der Absicht, von einer möglichst breiten Öffentlichkeit wahrgenommen zu werden und auf die öffentliche Meinungsbildung einzuwirken, ist ein zeitgeschichtliches Ereignis. Das Verhalten der Klägerin war Teil dieses zeitgeschichtlichen Ereignisses. Denn sie hat sich an dieser Veranstaltung aktiv beteiligt und vor laufender Kamera mit einem Journalisten lebhaft und kontrovers über ihr Anliegen sowie allgemein über Fragen des Völkerrechts und der Legitimität militärischer Aktionen diskutiert. Hierüber darf die Presse grundsätzlich auch ohne Einwilligung der Klägerin gemäß § 23 Abs. 1 Nr. 1 KUG mit Bildaufnahmen berichten.

3. Durch die Verbreitung dieser Aufnahmen werden berechtigte Interessen der Klägerin im Sinne des § 23 Abs. 2 KUG nicht verletzt.

a) Nach den Feststellungen des Berufungsgerichts war die Klägerin vor dem Zustandekommen der Aufnahmen im Zusammenhang mit ihrer Mahnwache als Mitglied zahlreicher der Friedensbewegung zuzurechnender Organisationen als Regisseurin und Produzentin zweier Dokumentarfilme ("Europa in schlechter Verfassung", "Venezuela in guter Verfassung") und auch publizistisch zu verschiedenen politischen Themen in Erscheinung getreten. Das veröffentlichte Streitgespräch zwischen ihr und dem Journalisten steht im unmittelbaren thematischen Bezug mit dem von ihr im Zusammenhang mit der "Mahnwache" vertretenen Standpunkt gegen die erfolgte israelische Militärintervention. Die Veröffentlichung eines von der Klägerin im Zusammenhang mit der von ihr mitveranstalteten "Mahnwache" vor laufender Kamera mit einem Journalisten geführten Streitgesprächs im Fernsehen entspricht dem im allgemeinen zu erwartenden Zweck der Aufnahme und damit dem gewöhnlichen Verlauf der Dinge. Da sich der Journalist in dieser Diskussion nach den Feststellungen des Berufungsgerichts kritisch und ablehnend mit ihrer Haltung auseinandersetzt, die Klägerin vor laufender Kamera fortgesetzt in ihrer Rede unterbricht und ihr dabei durchgehend widerspricht, um ihr sodann Unkenntnis der geschichtlichen Zusammenhänge vorzuhalten, musste die Klägerin damit rechnen, dass die Darstellung ihres Verhaltens Gegenstand einer kritischen Dokumentation sein kann. Bei der von ihr als engagierte Friedensaktivistin geführten Auseinandersetzung muss die Klägerin aber im politischen Meinungskampf auch hieran anknüpfende satirische Bemerkungen hinnehmen (vgl. BVerfG, NJW 2002, 3767, 3768). Die satirische Auseinandersetzung in dem ausgestrahlten Fernsehbeitrag überschreitet inhaltlich nicht die Grenzen des Zulässigen und Zumutbaren. Insbesondere sind Anhaltspunkte für eine Schmähkritik nicht ersichtlich und werden von der Klägerin auch nicht geltend gemacht.

b) Eine Verletzung berechtigter Interessen liegt - entgegen der Auffassung der Revisionserwiderung - auch nicht darin begründet, dass sich Herr Broder nicht darauf beschränkt hat, in dem von ihm geführten Interview den Standpunkt der Klägerin wiederzugeben, sondern es dazu benutzt hat, seine eigene Meinung in Form einer "Gegendemonstration" zu der von der Klägerin und den beiden anderen Frauen gebildeten "Mahnwache" für eine satirisch gefärbte Sendung darzustellen. Dies muss die Klägerin in dem von ihr geführten politischen Meinungskampf hinnehmen. Denn nach der Rechtsprechung des Bundesverfassungsgerichts (BVerfGE 101, 361, 380; 120, 180, 198; NJW 2000, 2191, 2192) und des erkennenden Senats

(Senatsurteil vom 26. Oktober 2010 - VI ZR 230/08, WRP 2011, 70, 72) hat niemand einen Anspruch darauf, von anderen nur so dargestellt zu werden, wie er sich selbst sieht oder gesehen werden möchte. Wer sich anlässlich einer "Mahnwache" mit einem Journalisten vor laufender Kamera auf ein beiderseits engagiert geführtes Streitgespräch über sein politisches Anliegen einlässt und dadurch an herausgehobener Stelle aktiv am öffentlichen Meinungsbildungsprozess über ein außenpolitisches Ereignis teilnimmt, muss sich - wie bereits ausgeführt - grundsätzlich eine kritische und auch satirisch gefärbte Auseinandersetzung mit seinem Standpunkt in einem daraufhin veröffentlichten Fernsehbeitrag gefallen lassen (vgl. Senatsurteil vom 12. Oktober 1993 - VI ZR 23/93, VersR 1994, 57, 58 f.).

4. Auch das verfassungsrechtlich gewährleistete Recht am gesprochenen Wort als Teil des allgemeinen Persönlichkeitsrechts der Klägerin ist nicht verletzt.

a) In der Rechtsprechung des Bundesverfassungsgerichts ist anerkannt, dass das Grundgesetz neben dem Recht am eigenen Bild auch das Recht am gesprochenen Wort schützt (vgl. BVerfGE 34, 238, 246 f.; 54, 148, 154; 106, 28, 39). Dieses gewährleistet die Selbstbestimmung über die eigene Darstellung der Person in der Kommunikation mit anderen (vgl. BVerfGE 54, 148, 155). Der Schutz umfasst die Möglichkeit, sich in der Kommunikation nach eigener Einschätzung situationsangemessen zu verhalten und sich auf die jeweiligen Kommunikationspartner einzustellen. Zum Grundrecht gehört die Befugnis selbst zu bestimmen, ob der Kommunikationsinhalt einzig dem Gesprächspartner, einem bestimmten Personenkreis oder der Öffentlichkeit zugänglich sein soll (vgl. BVerfGE 106, 28, 39 mwN). Das Selbstbestimmungsrecht erstreckt sich also auf die Auswahl der Personen, die Kenntnis vom Gesprächsinhalt erhalten sollen. Verhält ein Sprecher sich allerdings so, dass seine Worte von unbestimmt vielen Menschen ohne besondere Bemühungen gehört werden können, hat er sich das Zuhören Dritter selbst zuzuschreiben. Er ist gegen deren Kommunikationsteilhabe nicht geschützt (vgl. BVerfGE 106, 28, 40).

b) Der vorbeschriebene Schutzbereich des Rechts am eigenen Wort ist im Streitfall nicht eröffnet. Denn die Klägerin führte das Streitgespräch mit dem Interviewer Broder im öffentlichen Raum, nämlich im Zusammenhang mit einer "Mahnwache" auf dem Pariser Platz in Berlin vor laufender Kamera. Sie sprach in ein Aufnahmemikrofon. Ihr kam es auch darauf an, mit Wirkung in die Öffentlichkeit der Kritik des Journalisten entgegen zu treten. Auf Grund dieser Rahmenbedingungen durfte sie nicht begründetermaßen erwarten, nicht von Dritten gehört zu werden.

5. Nach alledem war das Urteil des Berufungsgerichts aufzuheben und das klageabweisende Urteil des Landgerichts wiederherzustellen.

Entscheidungsname: **Mieterfest**
Entscheidungsdatum: **08.04.2014**
Aktenzeichen: **VI ZR 197/13**
Normen: **Art 1 Abs 1 GG, Art 2 Abs 1 GG, Art 5 Abs 1 S 1 GG, Art 8 MRK, Art 10 MRK**
Schutz des allgemeinen Persönlichkeitsrechts und des Rechts am eigenen Bild: Unterlassungsanspruch, Entschädigungsanspruch und Anspruch auf Ersatz von Abmahnkosten wegen der ungenehmigten Veröffentlichung eines Fotos von einem Mieterfest in einer Informationsbroschüre einer Wohnungsbaugenossenschaft

Leitsatz

Zur Zulässigkeit der Bildberichterstattung über das Mieterfest einer Wohnungsbaugenossenschaft in deren an ihre Mieter gerichteten Informationsbroschüre

Orientierungssatz

1. Teilnehmer an einem Mieterfest einer Wohnungsbaugenossenschaft haben gegen diese keinen Anspruch auf Unterlassung, Geldentschädigung und auf Erstattung von Abmahnkosten wegen einer ohne ihre Einwilligung erfolgten Veröffentlichung eines Fotos, das sie auf dem Mieterfest zeigt, in einer an die Mieter gerichteten Informationsbroschüre.

2. Ein Anspruch auf Unterlassung aus § 1004 Abs. 1 Satz 2, § 823 Abs. 1, Abs. 2 BGB i.V.m. §§ 22, 23 KUG, Art. 1 Abs. 1, Art. 2 Abs. 1 GG der Veröffentlichung des beanstandeten Bildnisses besteht nicht, weil dieses Bild dem Bereich der Zeitgeschichte zuzuordnen ist (§ 23 Abs. 1 Nr. 1 KUG) und berechtigte Interessen der Abgebildeten nicht verletzt wurden (§ 23 Abs. 2 KUG).

3. Das Mieterfest war ein Ereignis von lokaler gesellschaftlicher Bedeutung. Die Informationsbroschüre der Wohnungsbaugenossenschaft, in der über das Fest berichtet wurde, war an ihre Mieter gerichtet, also an den (beschränkten) Personenkreis, der üblicherweise an dem Fest teilnahm und entsprechend der Ankündigung eingeladen war, im Folgejahr teilzunehmen. Das Recht, über solche zeitgeschichtlichen Ereignisse aus dem gesellschaftlichen Bereich zu berichten, steht grundsätzlich auch der Wohnungsbaugenossenschaft zu, wenn sie eine Informationsbroschüre herausgibt; denn auch eine solche Broschüre gehört zu den Medien. Sie kann sich unter dem Gesichtspunkt der Meinungsfreiheit gemäß Art. 5 Abs. 1 Satz 1 GG auf ein schützenswertes Interesse berufen, ihre Genossenschaftsmieter im Bild über den Ablauf und die Atmosphäre der Veranstaltung zu informieren.

4. Der Verbreitung des beanstandeten Bildnisses stehen auch keine besonderen schützenswerten Interessen der Abgebildeten entgegen (§ 23 Abs. 2 KUG). Das

Bild ist in keiner Weise unvorteilhaft oder ehrverletzend.

Tenor

Die Revisionen gegen das Urteil der 27. Zivilkammer des Landgerichts Berlin vom 26. März 2013 werden auf Kosten der Klägerinnen zurückgewiesen.

Von Rechts wegen

Tatbestand

Die Klägerinnen, Großmutter, Tochter und Enkelin, nehmen die Beklagte, eine Wohnungsbaugenossenschaft, auf Zahlung einer Geldentschädigung und von Abmahnkosten wegen einer ohne ihre Einwilligung erfolgten Veröffentlichung und Verbreitung eines Fotos in Anspruch, das die Klägerinnen gemeinsam auf einem von der Beklagten im August 2010 veranstalteten Mieterfest zeigt.

Bei dem jährlich stattfindenden Mieterfest der Beklagten wurden Fotos gefertigt, unter anderem das beanstandete Foto, auf dem im Vordergrund die Klägerinnen zu 1 und 2 zu sehen sind, wie sie die Klägerin zu 3, ein Kleinkind, füttern. Dieses Foto veröffentlichte die Beklagte in ihrer Broschüre "Informationen der Genossenschaft", Ausgabe 2010, neben weiteren neun Fotos, auf denen Teilnehmer des Mieterfestes, einzeln und in Gruppen, zu sehen sind. Die Broschüre wurde in einer Auflage von 2.800 Stück hergestellt und an Genossenschaftsmieter verteilt.

Auf ein vorgerichtliches Anwaltsschreiben der Klägerinnen gab die Beklagte eine strafbewehrte Unterlassungserklärung ab, weigerte sich jedoch, den ebenfalls begehrten "Schadensersatz" in Höhe von insgesamt 3.000 € und die Abmahnkosten in Höhe von 837,52 € zu zahlen. Die hierauf gerichteten Klagen hat das Amtsgericht abgewiesen. Die Berufungen der Klägerinnen hat das Landgericht zurückgewiesen. Mit den vom Berufungsgericht zugelassenen Revisionen verfolgen die Klägerinnen ihr Klagebegehren weiter.

Entscheidungsgründe

I. Nach Auffassung des Berufungsgerichts scheidet ein Anspruch auf Zahlung einer Geldentschädigung der Klägerinnen gegen die Beklagte aus § 823 Abs. 1 BGB i. V. m. Art. 2 Abs. 1, Art. 1 Abs. 1 GG bereits deshalb aus, weil jedenfalls keine schwere Verletzung des allgemeinen Persönlichkeitsrechts der Klägerinnen vorliegt. Ein Anspruch der Klägerinnen auf Erstattung der Abmahnkosten scheitere daran, dass es bereits an der dafür erforderlichen Voraussetzung einer rechtswidrigen Verletzung des allgemeinen Persönlichkeitsrechts der Klägerinnen bzw. ihres Rechts am eigenen Bild aus § 823 Abs. 1 BGB, §§ 22, 23 KUG i. V. m. Art. 2

Abs. 1, Art. 1 Abs. 1 GG fehle. Die Verbreitung des Bildnisses der Klägerinnen in der Mieterbroschüre der Beklagten ohne deren Einwilligung sei zwar nicht bereits nach § 23 Abs. 1 Nr. 1 KUG erlaubt, weil die Teilnahme der Klägerinnen an dem Mieterfest kein zeitgeschichtliches Ereignis gewesen sei. Jedoch sei die Veröffentlichung des Bildnisses der Klägerinnen jedenfalls nach § 23 Abs. 1 Nr. 3 KUG auch ohne deren Einwilligung zulässig gewesen. Der Anwendungsbereich dieser Regelung sei nicht von vorneherein auf Fotos von Personengruppen beschränkt, sondern erfasse auch sogenannte repräsentative Aufnahmen, bei denen einzelne Personen als charakteristisch und beispielhaft für die Ansammlung herausgegriffen worden seien. Die auch im Rahmen des § 23 Abs. 1 Nr. 3 KUG erforderliche Abwägung zwischen dem Interesse der Klägerinnen am Schutz ihrer Persönlichkeit und dem von dem Beklagten wahrgenommenen Informationsinteresse der Öffentlichkeit führe zu dem Ergebnis, dass die Veröffentlichung des Bildnisses der Klägerinnen auch ohne deren Einwilligung zulässig gewesen sei.

II. A) Die Revision ist entgegen der Auffassung der Revisionserwiderung uneingeschränkt zulässig. Nach der ständigen Rechtsprechung des Bundesgerichtshofs kann die Revision auf einen tatsächlich und rechtlich selbständigen Teil des Gesamtstreitstoffs beschränkt werden, der Gegenstand eines selbständig anfechtbaren Teil- oder Zwischenurteils sein könnte (Senatsurteile vom 19. Oktober 2004 - VI ZR 292/03, VersR 2005, 84, 86; vom 3. August 2010 - VI ZR 113/09, VersR 2011, 896 Rn. 8; vom 16. Juli 2013 - VI ZR 442/12, VersR 2013, 1181 Rn. 13; vom 17. September 2013 - VI ZR 95/13, VersR 2013, 1406 Rn. 6 und Senatsbeschluss vom 17. April 2012 - VI ZR 140/11, VersR 2012, 1140 Rn. 3; BGH, Beschluss vom 10. Februar 2011 - VII ZR 71/10, NJW 2011, 1228 Rn. 11, jeweils mwN). Hat das Berufungsgericht - wie hier - die Zulassungsentscheidung ohne einschränkenden Zusatz in den Tenor aufgenommen, kann sich eine Beschränkung der Zulassung aus der Begründung der Zulassungsentscheidung ergeben. Daran fehlt es hier. Vielmehr scheidet bei einer - vom Berufungsgericht angenommenen und mit der Zulassungsfrage angesprochenen - Zulässigkeit der Bildberichterstattung sowohl ein Anspruch auf Zahlung von Abmahnkosten als auch ein Anspruch auf Zahlung einer Geldentschädigung aus.

B) Das Berufungsurteil hält im Ergebnis revisionsrechtlicher Nachprüfung stand.

1. Entgegen der Auffassung des Berufungsgerichts hatten die Klägerinnen gegen die Beklagte allerdings bereits deshalb keinen Anspruch aus § 1004 Abs. 1 Satz 2, § 823 Abs. 1, Abs. 2 BGB i. V. m. §§ 22, 23 KUG, Art. 1 Abs. 1, Art. 2 Abs. 1 GG auf Unterlassung der Veröffentlichung des beanstandeten Bildnisses, weil dieses Bild dem Bereich der Zeitgeschichte zuzuordnen ist (§ 23 Abs. 1 Nr. 1 KUG) und berechtigte Interessen der Abgebildeten nicht verletzt wurden (§ 23 Abs. 2 KUG). Auf die Zulassungsfrage nach der Reichweite des § 23 Abs. 1 Nr. 3 KUG kommt es deshalb nicht an.

2. Das Berufungsgericht ist zutreffend davon ausgegangen, dass die Zulässigkeit von Bildveröffentlichungen nach der gefestigten Rechtsprechung des erkennenden Senats nach dem abgestuften Schutzkonzept der §§ 22, 23 KUG zu beurteilen ist (vgl. grundlegend Senatsurteile vom 6. März 2007 - VI ZR 51/06, BGHZ 171, 275 Rn. 9 ff.; vom 18. Oktober 2011 - VI ZR 5/10, VersR 2012, 116 Rn. 8 f.; vom 22. November 2011 - VI ZR 26/11, VersR 2012, 192 Rn. 23 f.; vom 18. September 2012 - VI ZR 291/10, VersR 2012, 1403 Rn. 25 f. und vom 28. Mai 2013 - VI ZR 125/12, VersR 2013, 1178 Rn. 10, jeweils mwN), das sowohl mit verfassungsrechtlichen Vorgaben (vgl. BVerfGE 120, 180, 201 ff.) als auch mit der Rechtsprechung des Europäischen Gerichtshofs für Menschenrechte im Einklang steht (vgl. EGMR NJW 2004, 2647; 2006, 591 sowie NJW 2012, 1053 und 1058). Danach dürfen Bildnisse einer Person grundsätzlich nur mit deren Einwilligung verbreitet werden (§ 22 Satz 1 KUG). Hiervon besteht allerdings gemäß § 23 Abs. 1 Nr. 1 KUG eine Ausnahme, wenn es sich um Bildnisse aus dem Bereich der Zeitgeschichte handelt. Diese Ausnahme gilt aber nicht für die Verbreitung, durch die berechtigte Interessen des Abgebildeten verletzt werden (§ 23 Abs. 2 KUG).

3. Nach diesen Grundsätzen war die von den Klägerinnen angegriffene Veröffentlichung der beanstandeten Bildberichterstattung auch ohne ihre Einwilligung zulässig.

a) Bei dem beanstandeten Foto der Klägerinnen handelte es sich um ein Bildnis aus dem Bereich der Zeitgeschichte. Schon die Beurteilung, ob Abbildungen Bildnisse aus dem Bereich der Zeitgeschichte im Sinne von § 23 Abs. 1 Nr. 1 KUG sind, erfordert eine Abwägung zwischen den Rechten der Abgebildeten aus Art. 1 Abs. 1, Art. 2 Abs. 1 GG, Art. 8 Abs. 1 EMRK einerseits und den Rechten der Medien aus Art. 5 Abs. 1 GG, Art. 10 Abs. 1 EMRK andererseits (vgl. etwa Senatsurteil vom 28. Mai 2013 - VI ZR 125/12, aaO Rn. 12 mwN). Der für die Frage, ob es sich um ein Bildnis aus dem Bereich der Zeitgeschichte handelt, maßgebende Begriff des Zeitgeschehens umfasst alle Fragen von allgemeinem gesellschaftlichem Interesse. Dazu können auch Veranstaltungen von nur regionaler oder lokaler Bedeutung gehören (vgl. zu Sportveranstaltungen Senatsurteil vom 28. Mai 2013 - VI ZR 125/12, aaO). Ein Informationsinteresse besteht allerdings nicht schrankenlos, vielmehr ist der Grundsatz der Verhältnismäßigkeit zu berücksichtigen und es bedarf gerade bei unterhaltenden Inhalten im besonderen Maß einer abwägenden Berücksichtigung der kollidierenden Rechtspositionen (vgl. Senatsurteile vom 1. Juli 2008 - VI ZR 67/08, VersR 2008, 1411 Rn. 20 und - VI ZR 243/06, VersR 2008, 1506 Rn. 20; vom 13. April 2010 - VI ZR 125/08, VersR 2010, 1090 Rn. 14 und vom 28. Mai 2013 - VI ZR 125/12, aaO Rn. 12 f.). Der Informationsgehalt einer Bildberichterstattung ist im Gesamtkontext, in den das Personenbildnis gestellt ist, zu ermitteln.

b) Die Bildberichterstattung in der Informationsbroschüre der Beklagten befasst sich mit dem - jährlich stattfindenden - Mieterfest der beklagten Wohnungsbauge-nossenschaft im August 2010 und zeigt repräsentativ auf insgesamt zehn Bildern Teilnehmer, sowohl in Gruppen, als auch einzeln. Die Bilder fangen Szenen des Mieterfestes ein, die ein harmonisches Zusammensein von Jung und Alt in fröhli-cher und entspannter Atmosphäre zeigen. Die Bildberichterstattung vermittelt den Eindruck, dass Mitbewohner aller Altersgruppen das Fest genossen haben und zwischen ihnen gute nachbarschaftliche Beziehungen bestehen. In diesen Zusam-menhang passt gerade das Bild der Klägerinnen, welches drei Generationen ver-eint. Zwar gibt es - außer dem Hinweis auf das Mieterfest und der Ankündigung der entsprechenden Veranstaltung im Folgejahr - keine begleitende Textberichter-stattung, doch bereits durch die Auswahl der gezeigten Fotos wird dem Leser - so zutreffend das Berufungsgericht - ein Eindruck über dessen Verlauf vermittelt. Das Mieterfest ist ein Ereignis von lokaler gesellschaftlicher Bedeutung. Die In-formationsbroschüre der Beklagten, in der über das Fest berichtet wurde, war an ihre Mieter gerichtet, also an den (beschränkten) Personenkreis, der üblicherweise an dem Fest teilnahm und entsprechend der Ankündigung eingeladen war, im Folgejahr teilzunehmen. Das Recht, über solche zeitgeschichtlichen Ereignisse aus dem gesellschaftlichen Bereich zu berichten, steht grundsätzlich auch der Be-klagten zu, wenn sie eine Informationsbroschüre herausgibt; denn auch eine solche Broschüre gehört zu den Medien. Die Beklagte kann sich - wie das Berufungsge-richt mit Recht angenommen hat - unter dem Gesichtspunkt der Meinungsfreiheit gemäß Art. 5 Abs. 1 Satz 1 GG auf ein schützenswertes Interesse berufen, ihre Genossenschaftsmieter im Bild über den Ablauf und die Atmosphäre der Veran-staltung zu informieren. Die Bildberichterstattung der Beklagten über das Mieter-fest in ihrer Informationsbroschüre an ihre Mieter erfüllt eine wichtige Funktion, denn ein solches Fest pflegt und schafft gute nachbarschaftliche Beziehungen. Die Berichterstattung vermittelt den Eindruck, dass die Mitbewohner sich in der Woh-nungsbaugenossenschaft wohlfühlen und es sich lohnt, dort Mitglied bzw. Mieter zu sein.

c) Die Beeinträchtigung der Rechte der Klägerinnen durch das - ohne Namensnen-nung - veröffentlichte Foto ist dagegen gering. Es handelte sich um ein für alle Mieter und Mitbewohner zugängliches Fest, über welches die Beklagte nach den Feststellungen des Berufungsgerichts schon in den Vorjahren in ihrer Mieterbro-schüre in Bildern berichtet hatte. Insofern war zu erwarten, dass in entsprechender Weise auch über das Mieterfest 2010 berichtet werden würde. Es bestehen keine Anhaltspunkte, dass das Foto heimlich angefertigt wurde, auch wenn die Kläge-rinnen die Anfertigung der konkreten Aufnahmen möglicherweise nicht bemerkt haben. Die Informationsbroschüre der Beklagten wurde schließlich nur an ihre Mieter verteilt, mithin an einen begrenzten Adressatenkreis, aus dem die Teilneh-mer des Mieterfestes stammten. Die Revision macht schließlich nicht geltend, dass die Veröffentlichung des Bildes die kindgerechte Entwicklung der Klägerin zu 3 beeinträchtigen könnte. Dafür ist auch nichts ersichtlich.

4. Der Verbreitung des beanstandeten Bildnisses stehen auch keine besonderen

schützenswerten Interessen der Klägerinnen entgegen (§ 23 Abs. 2 KUG). Das Bild ist in keiner Weise unvorteilhaft oder ehrverletzend. Entsprechendes macht die Revision auch nicht geltend.

5. War mithin die von den Klägerinnen angegriffene Veröffentlichung der beanstandeten Bildberichterstattung auch ohne ihre Einwilligung zulässig, besteht weder ein Anspruch auf Erstattung vorgerichtlicher Abmahnkosten noch ein Anspruch auf Zahlung einer Geldentschädigung wegen Verletzung des allgemeinen Persönlichkeitsrechts.

Entscheidungsname: Hostess auf Eventportal
Entscheidungsdatum: 11.11.2014
Aktenzeichen: VI ZR 9/14
Norm: § 22 Abs 1 KunstUrhG
Grenzen des Bildnisschutzes: Konkludente Einwilligung einer Hostess auf einer Party-Veranstaltung in die Veröffentlichung von Fotos auf einem Internet-Portal

Leitsatz

Zur konkludenten Einwilligung in die Veröffentlichung eines Bildnisses in einem Eventportal (hier: Foto von einer Hostess, die auf einer Prominentenparty im Auftrag einer Promotion-Agentur Aktionsware (Zigaretten) anbietet).

Orientierungssatz

Wird eine Hostess im Auftrag einer Promotion-Agentur auf einer Party-Veranstaltung mit Prominenten beruflich tätig, kann sie es nicht verbieten, dass ein Foto von ihr auf einem Internet-Portal (Eventportal) mit Veranstaltungsfotos veröffentlicht wird, das sie bei ihrer Tätigkeit (Anbieten von Aktionsware) zeigt. Es ist davon auszugehen, dass eine zumindest konkludente Einwilligung der Betroffenen in die Bildveröffentlichung vorliegt, wenn diese zuvor in Informationsmaterial ihres Auftraggebers darauf hingewiesen worden ist, dass auf der Veranstaltung Fotos erlaubt seien. Der Betroffenen muss danach sowohl durch die Art der Veranstaltung als auch durch die Art ihrer Tätigkeit bewusst sein, dass mit Fotos auch ihrer Person und deren Veröffentlichung zu rechnen und dies aus Werbegründen von ihrem Arbeitgeber und dessen Auftraggeber durchaus erwünscht ist.

Tenor

Die Revision gegen das Urteil der 27. Zivilkammer des Landgerichts Berlin vom 17. Dezember 2013 wird auf Kosten des Klägers zurückgewiesen.

Von Rechts wegen

Tatbestand

Der Kläger, ein Rechtsanwalt, verlangt von dem Beklagten aus abgetretenem Recht seiner Mandantin (künftig: Zedentin) die Erstattung von Rechtsanwaltskosten. Der Beklagte betreibt ein Internetportal (Eventportal), auf welchem Fotos von Veranstaltungen (insbesondere Partys) gezeigt werden. Die Zedentin beauftragte den Kläger mit der Wahrnehmung ihrer rechtlichen Interessen im Zusammenhang mit der Veröffentlichung eines Fotos auf der Webseite des Beklagten. Das Foto zeigt die Zedentin während ihrer Tätigkeit als Hostess im Auftrag einer Promotion-Agentur auf der Veranstaltung "Casting Company-Abriss-Party", deren Gastgeber der aus der Fernsehserie "Germanys next Topmodel" bekannt gewordene S. war. In der Bildüberschrift wurden noch andere anwesende "Prominente" namentlich genannt. Das beanstandete Bild zeigt die Zedentin, wie sie als Hostess im Auftrag ihres Arbeitgebers einem Gast aus einem Korb Zigaretten anbietet.

Nachdem die Zedentin ihr Bild auf der Website des Beklagten entdeckt hatte, forderte der Kläger in ihrem Auftrag den Beklagten auf, es zu unterlassen, Bildnisse von seiner Mandantin zu verbreiten. Darüber hinaus machte er die Erstattung der Rechtsverfolgungskosten in Höhe von 775,64 € geltend. Der Beklagte gab daraufhin zwar eine Unterlassungserklärung ab, die Erstattung der Rechtsanwaltskosten lehnte er hingegen ab. Mit der vorliegenden Klage macht der Kläger aus abgetretenem Recht der Zedentin deren Anspruch auf Erstattung der vorgenannten Rechtsanwaltskosten geltend. Das Amtsgericht hat der Klage stattgegeben. Auf die Berufung des Beklagten hat das Berufungsgericht unter Abänderung des erstinstanzlichen Urteils die Klage abgewiesen. Mit der vom Berufungsgericht zugelassenen Revision beantragt der Kläger die Wiederherstellung des erstinstanzlichen Urteils.

Entscheidungsgründe

I. Das Berufungsgericht hält die Veröffentlichung des Bildnisses der Zedentin gemäß § 23 Abs. 1 Nr. 1 KUG für rechtmäßig, so dass der Zedentin auch kein Erstattungsanspruch bezüglich der außergerichtlich entstandenen Rechtsanwaltskosten zustehe. Nach den Maßstäben der höchstrichterlichen Rechtsprechung sei von einem zeitgeschichtlichen Ereignis im Sinne des § 23 Abs. 1 Nr. 1 KUG auszugehen. Auch wenn Gastgeber und Gäste der Veranstaltung nur einem Teil der Bevölkerung bekannt seien, bestehe ein legitimes Informationsinteresse dieses Bevölkerungsteils zu erfahren, welche Partys diese Prominenten besuchten und wie sie feierten. Zwar sei die Zedentin selbst nicht prominent und auf dem Foto seien auch keine Prominenten zu sehen, doch führe dies nicht dazu, dass deshalb kein Bildnis aus dem Bereich der Zeitgeschichte vorliege. Das legitime Informationsinteresse der Öffentlichkeit erstrecke sich nicht allein auf die prominenten Teilnehmer, sondern auch auf die weiteren Umstände der Veranstaltung, in diesem Fall etwa darauf, dass es auch Hostessen gegeben habe und den Gästen Zigaretten angeboten worden seien. Zudem wäre eine Bildberichterstattung über vergleichbare Veranstaltungen kaum möglich, wenn die Presse verpflichtet wäre, zwischen nicht prominenten und prominenten Teilnehmern zu unterscheiden und von Ersteren eine Einwilligung einzuholen bzw. sie bei der Veröffentlichung des Bildes unkenntlich zu machen. Bei größeren Veranstaltungen dürfe es sich kaum vermeiden lassen, dass bei Foto- und Filmaufnahmen auch das Servicepersonal zu sehen sei. Das Erfordernis, von allen nicht prominenten Teilnehmern eine Einwilligung für die Fotoveröffentlichung einzuholen, wäre ein erheblicher Eingriff in die von Art. 5 Abs. 1 Satz 1 GG geschützte Meinungsfreiheit des Beklagten, wohingegen die Beeinträchtigung des allgemeinen Persönlichkeitsrechts bzw. des Rechts am eigenen Bild der Zedentin weniger schwer wiege. Das Bild zeige sie weder in einer peinlichen noch unangenehmen Situation, sondern in Ausübung ihrer beruflichen Tätigkeit. Sie habe aufgrund des Charakters der Veranstaltung und des prominenten Gastgebers damit rechnen müssen, dass auf der Veranstaltung Foto- und Filmaufnahmen gemacht würden. Es sei zudem unstreitig, dass auch noch mehrere Videodokumentationen auf der Internetplattform "youtube" abrufbar seien. Selbst wenn die Veröffentlichung nicht nach § 23 Abs. 1 Nr. 1 KUG rechtmäßig gewesen sei, wäre die Verbreitung des Bildnisses der Zedentin jedenfalls gemäß § 23 Abs. 1 Nr. 3 KUG rechtmäßig. Danach seien auch die sogenannten repräsentativen Aufnahmen, bei denen einzelne Personen als charakteristisch und beispielhaft für die Ansammlung herausgegriffen würden, etwa um die Stimmung bei einem bestimmten Ereignis öffentlichen Interesses zu verdeutlichen, von § 23 Abs. 1 Nr. 3 KUG erfasst. Im Streitfall handele es sich um ein für das Ereignis repräsentatives Foto, wobei das Berichterstattungsinteresse des Beklagten auch hier das Interesse der Zedentin an dem Schutz ihres Rechts am eigenen Bild überwiege.

II. Das Berufungsurteil hält im Ergebnis revisionsrechtlicher Überprüfung stand. Das Berufungsgericht hat einen Anspruch der Zedentin gegen den Beklagten auf Unterlassung der Veröffentlichung des beanstandeten Bildnisses aus § 1004 Abs. 1 Satz 2, § 823 Abs. 1, Abs. 2 BGB i.V.m. §§ 22, 23 KUG, Art. 1 Abs. 1, Art. 2 Abs. 1 GG mit Recht verneint, weshalb auch kein Anspruch auf Erstattung der mit der vorgerichtlichen Geltendmachung des Unterlassungsanspruchs entstandenen Rechtsanwaltskosten besteht.

1. Das Berufungsgericht ist zutreffend davon ausgegangen, dass die Zulässigkeit von Bildveröffentlichungen nach der gefestigten Rechtsprechung des erkennenden Senats nach dem abgestuften Schutzkonzept der §§ 22, 23 KUG zu beurteilen ist (vgl. grundlegend Senatsurteile vom 6. März 2007 - VI ZR 51/06, BGHZ 171, 275 Rn. 9 ff.; vom 18. Oktober 2011 - VI ZR 5/10, VersR 2012, 116 Rn. 8 f.; vom 22. November 2011 - VI ZR 26/11, VersR 2012, 192 Rn. 23 f.; vom 18. September 2012 - VI ZR 291/10, VersR 2012, 1403 Rn. 26; vom 28. Mai 2013 - VI ZR 125/12, VersR 2013, 1178 Rn. 10 und vom 8. April 2014 - VI ZR 197/13, VersR

2014, 890 Rn. 8, jeweils mwN), das sowohl mit verfassungsrechtlichen Vorgaben (vgl. BVerfGE 120, 180, 201 ff.) als auch mit der Rechtsprechung des Europäischen Gerichtshofs für Menschenrechte im Einklang steht (vgl. EGMR, NJW 2004, 2647 sowie NJW 2012, 1053 und 1058). Danach dürfen Bildnisse einer Person grundsätzlich nur mit deren Einwilligung verbreitet werden (§ 22 Satz 1 KUG). Hiervon besteht allerdings gemäß § 23 Abs. 1 Nr. 1 KUG eine Ausnahme, wenn es sich um Bildnisse aus dem Bereich der Zeitgeschichte handelt. Diese Ausnahme gilt aber nicht für die Verbreitung, durch die berechtigte Interessen des Abgebildeten verletzt werden (§ 23 Abs. 2 KUG).

2. Auf der Grundlage der Feststellungen des Berufungsgerichts ist unter den Umständen des Streitfalles bereits - was das Berufungsgericht aus rechtlichen Gründen offen gelassen hat - von einer konkludenten Einwilligung (vgl. Senatsurteil vom 28. September 2004 - VI ZR 305/03, VersR 2005, 83 Rn. 12 mwN) der Zedentin im Sinne des § 22 Satz 1 KUG auszugehen, so dass dahinstehen kann, ob die beanstandete Bildveröffentlichung nach § 23 Abs. 1 Nr. 1 KUG oder § 23 Abs. 1 Nr. 3 KUG auch ohne Einwilligung der Zedentin zulässig gewesen wäre.

a) Die Zedentin war als Hostess von einer Promotion-Agentur damit beauftragt, auf einer Party mit prominenten Gästen als Aktionsware Zigaretten einer bestimmten Marke zum Zwecke der Werbung anzubieten. Dabei war ihr nach den vom Berufungsgericht in Bezug genommenen Feststellungen des Amtsgerichts von ihrem Arbeitgeber zuvor Informationsmaterial ausgehändigt worden, in welchem ihre Tätigkeit näher beschrieben wurde. Darin findet sich u. a. der Hinweis, es dürften zwar keine Interviews gegeben werden, Fotos seien jedoch erlaubt, eventuelle Kamerateams seien freundlich an die Öffentlichkeitsabteilung ihres Arbeitgebers oder dessen Auftraggebers zu verweisen. Dem Informationsschreiben sind "Beispielbilder für die Fotodokumentation" beigefügt, auf denen lächelnde Hostessen mit Zigarettenkorb zusammen mit anderen Personen für Fotos posieren.

b) Der Zedentin musste danach sowohl durch die Art der Veranstaltung als auch durch die Art ihrer Tätigkeit bewusst sein, dass mit Fotos auch ihrer Person und deren Veröffentlichung zu rechnen und dies aus Werbegründen von ihrem Arbeitgeber und dessen Auftraggeber durchaus erwünscht war. Von letzterem konnten aufgrund der äußeren Umstände auch Medienvertreter, die auf der Veranstaltung anwesend waren, ausgehen. Sie konnten die Tätigkeit der Zedentin unter den Umständen des Streitfalles nur dahin verstehen, dass sie mit Fotos und deren Veröffentlichung im Interesse des Auftraggebers einverstanden war.

3. Da insoweit keine weiteren Feststellungen mehr in Betracht kommen, konnte der Senat die entsprechende Beurteilung selbst vornehmen und das Berufungsurteil im Ergebnis durch Zurückweisung der Revision aufrechterhalten.

Entscheidungsdatum: 11.11.2014
Aktenzeichen: VI ZR 18/14
Normen: § 133 BGB, § 157 BGB, § 22 KunstUrhG, § 23 KunstUrhG
Verletzung des Rechts am eigenen Bild durch Bildnisveröffentlichung im Rahmen eines Informationsportals mit der Online-Ausgabe einer Tageszeitung: Reichweite eines vertraglich vereinbarten Unterlassungsgebotes

Leitsatz

Zur Reichweite eines vertraglich vereinbarten Unterlassungsgebotes - hier: Keine Verpflichtung zur Einwirkung auf RSS-Feed-Abonnenten, die das vor Abschluss des Unterlassungsvertrages bezogene Bild weiter veröffentlichen.

Orientierungssatz

Hat sich der Betreiber eines Informationsportals mit der Online-Ausgabe einer Tageszeitung wegen der Veröffentlichung eines heimlich aufgenommenen Fotos in einer strafbewehrten Unterlassungsverpflichtungserklärung dazu verpflichtet, "es bei Meidung einer für den Fall der schuldhaften Zuwiderhandlung von" dem Abgebildeten "zu überprüfenden und" an diesen "zu zahlenden Vertragsstrafe, es zukünftig zu unterlassen das nachfolgende Bildnis ... erneut zu verbreiten", so umfasst das Unterlassungsgebot nicht auch die Verpflichtung zur Einwirkung auf RSS-Feed-Abonnenten, das von diesen vor Abschluss des Unterlassungsvertrages bezogene Bild weiter zu veröffentlichen.

Tenor

Auf die Revision der Kläger wird unter Zurückweisung des weitergehenden Rechtsmittels das Urteil der 27. Zivilkammer des Landgerichts Berlin vom 5. Dezember 2013 im Kostenpunkt und insoweit aufgehoben, als die Berufung der Kläger gegen die Abweisung ihres Anspruchs auf Ersatz von Rechtsanwaltskosten in Höhe von 1.425,98 € zuzüglich Zinsen zurückgewiesen worden ist.

Im Umfang der Aufhebung wird die Sache zur neuen Verhandlung und Entscheidung, auch über die Kosten des Revisionsverfahrens, an das Berufungsgericht zurückverwiesen.

Von Rechts wegen
Tatbestand

Die Beklagte betreibt den Internetauftritt www.bild.de. Am 13. Oktober 2009 veröffentlichte sie dort unter dem Titel "H. Hier radelt die Ex-RAF-Terroristin in den Freigang" ein Foto von Frau H., das heimlich aufgenommen worden war. Bild und

Nachricht konnten von den RSS-Feed-Abonnenten der Beklagten bezogen werden. Frau H. beauftragte die nun aus abgetretenem Recht klagenden Rechtsanwälte mit der Wahrnehmung ihrer Interessen und diese nahmen im Namen von Frau H. die Beklagte auf Unterlassung der Verbreitung des Bildes in Anspruch. Die Beklagte gab daraufhin am 13. Oktober 2009 folgende schriftliche Erklärung ab:

"Die Bild Digital GmbH & Co. KG (frühere Firma der Beklagten) verpflichtet sich ohne Präjudiz für die Sach- und Rechtslage und ohne Anerkennung einer Rechtspflicht, gleichwohl rechtsverbindlich, gegenüber Frau H., es bei Meidung einer für den Fall der schuldhaften Zuwiderhandlung von Frau H. festzusetzenden, im Streitfall der Höhe nach vom zuständigen Gericht zu überprüfenden und an Frau H. zu zahlenden Vertragsstrafe, es zukünftig zu unterlassen, das nachfolgende Bildnis von Frau H. erneut zu verbreiten [Darstellung des Bildes] wie in der Bild vom 13.10.2009 unter der Überschrift "Hier radelt die Ex-RAF-Terroristin in den Freigang" geschehen."

Am 13. Oktober 2009 löschte die Beklagte das Bild aus ihrem Internetauftritt, versah es mit einem Sperrvermerk und verbreitete diesen Sperrvermerk an die Adressaten eines in ihrem Haus eingerichteten "großen Verteilers". Sie stellte den Antrag auf Löschung im Google-Cache. Mit Schreiben vom 14. Oktober 2009 erklärte Frau H., vertreten durch die Kläger, die Annahme der Unterlassungserklärung. Die in Luxemburg ansässige Betreiberin eines deutschsprachigen Informationsportals - die W.S.A. - hatte als Abonnentin des RSS-Feeds vor der Sperrung von der Beklagten den Informationsblock mit dem Bild bereits bezogen, so dass das Bild mit der Überschrift "Ex-RAF-Terroristin H. radelt in den Freigang" am 16. Oktober 2009 auf ihrer Website noch zu sehen war. Im Auftrag von Frau H. nahmen die Kläger auch die W.S.A. auf Unterlassung in Anspruch. Diese entfernte das Bild, die Überschrift und den Begleittext von ihrer Website, verweigerte aber die Zahlung der durch die Inanspruchnahme der klagenden Rechtsanwälte entstandenen Rechtsanwaltskosten, die die Kläger aus abgetretenem Recht von Frau H. gegen sie erfolglos geltend machten. Insoweit wird auf das Urteil des erkennenden Senats vom 27. März 2012 (VI ZR 144/11, NJW 2012, 2345) Bezug genommen.

Im vorliegenden Rechtsstreit begehren die Kläger aus abgetretenem Recht der Frau H. von der Beklagten den Ersatz der Kosten ihrer Tätigkeit gegenüber dem Informationsportal W.S.A., die Kosten für das Aufforderungsschreiben an die Beklagte hinsichtlich dieser Ersatzforderung sowie die Zahlung einer Vertragsstrafe wegen Verletzung der strafbewehrten Unterlassungserklärung, weil das Bild noch am 16. Oktober 2009 in dem Informationsportal sichtbar war.

Das Amtsgericht hat die Klage abgewiesen. Die hiergegen gerichtete Berufung der Kläger hat das Landgericht zurückgewiesen. Mit der vom Berufungsgericht zugelassenen Revision verfolgen die Kläger ihr Zahlungsbegehren weiter.

Entscheidungsgründe

I. Das Berufungsgericht hat ausgeführt, die Beklagte habe dem Unterlassungsgebot nicht schuldhaft zuwidergehandelt. Zwar habe der Beklagten als Unterlassungsschuldnerin grundsätzlich die Pflicht oblegen, jeden aufgrund ihres Verhaltens drohenden Verletzungsfall nach Kräften abzuwenden und dabei in angemessenem und zumutbarem Umfang auch auf außerhalb ihrer Betriebsorganisation stehende Dritte einzuwirken. Die Verbreitung eines Sperrvermerks via RSS-Feed an alle, die es angehe, und zwangsläufig auch an diejenigen, die es nicht angehe, sei ihr nicht abzuverlangen gewesen, käme dies doch einer Presseerklärung bzw. öffentlich verbreiteten Unterlassungserklärung gleich, die die Beklagte nicht schulde. Es sei ihr nicht zumutbar gewesen, vorsorglich jeden Abonnenten darüber zu informieren, dass ein RSS-Feed wegen einer geltend gemachten Rechtsverletzung aus dem Netz genommen worden sei. Die Überprüfung aller Bezieher ihres kostenlosen RSS-Feeds dahingehend, ob zwischenzeitlich von dem "Pull-Angebot" Gebrauch gemacht und das Bild von dort aus verbreitet worden sei, sei ihr nicht abzuverlangen und kurzfristig wohl auch nicht möglich gewesen. Mangels Verschuldens der Beklagten scheitere auch der geltend gemachte Kostenerstattungsanspruch.

II. Die Revision ist teilweise begründet.

1. Ohne Erfolg wendet sich die Revision gegen die Annahme des Berufungsgerichts, die Kläger könnten von der Beklagten nicht die Zahlung der versprochenen Vertragsstrafe verlangen.

a) Allerdings geht das Berufungsgericht zutreffend davon aus, dass mit der Annahmeerklärung der Frau H., vertreten durch die Kläger, vom 14. Oktober 2009 zwischen Frau H. und der Beklagten ein Unterlassungsvertrag zustande gekommen ist (vgl. BGH, Urteil vom 18. Mai 2006 - I ZR 32/03, GRUR 2006, 878 Rn. 14 ff.).

b) Die Parteien sind in der inhaltlichen Ausgestaltung eines Unterlassungsvertrages grundsätzlich frei (vgl. BGH, Urteil vom 17. Juli 1997 - I ZR 40/95, WRP 1997, 3087). Die Auslegung eines Unterlassungsvertrages richtet sich nach den allgemeinen für die Vertragsauslegung geltenden Regeln (BGH, Urteile vom 17. Juli 1997 - I ZR 40/95, WRP 1997, 1067, 1069; vom 13. Februar 2003 - I ZR 281/01, GRUR 2003, 545; vom 20. Juni 1991 - I ZR 277/89, NJW-RR 1991, 1318, 1319). Maßgebend ist demnach der wirkliche Wille der Vertragsparteien (§§ 133, 157 BGB), bei dessen Ermittlung neben dem Erklärungswortlaut die beiderseits bekannten Umstände wie insbesondere die Art und Weise des Zustandekommens der Vereinbarung, deren Zweck sowie die Interessenlage der Vertragsparteien heranzuziehen sind (BGH, Urteile vom 18. Mai 2006 - I ZR 32/03, GRUR 2006, 878 Rn. 18; vom 18. September 1997 - I ZR 71/95, GRUR 1998, 471, 472; vom 3. Juli

2003 - I ZR 297/00, NJW-RR 2003, 1278).

c) Die Auslegung der einzelvertraglichen Regelung durch das Berufungsgericht kann vom Revisionsgericht darauf überprüft werden, ob gesetzliche Auslegungsregeln, anerkannte Auslegungsgrundsätze, Denkgesetze, Erfahrungssätze oder Verfahrensvorschriften verletzt worden sind (vgl. nur BGH, Urteile vom 13. Februar 2003 - I ZR 281/01, GRUR 2003, 545; vom 5. Juni 1997 - X ZR 73/95, NJW 1997, 3377, 3378; Senatsurteil vom 10. Februar 2009 - VI ZR 28/08, NJW 2009, 1482 Rn. 17). Die gesetzlichen Auslegungsvorschriften der §§ 133, 157 BGB verlangen nicht nur, dass der Tatrichter alle für die Auslegung erheblichen Umstände umfassend würdigt, sondern außerdem, dass er seine Erwägungen in den Entscheidungsgründen nachvollziehbar darlegt. Zumindest die wichtigsten für und gegen eine bestimmte Auslegung sprechenden Umstände sind in ihrer Bedeutung für das Auslegungsergebnis zu erörtern und gegeneinander abzuwägen. Ist die Begründung in diesem Sinne lückenhaft, so leidet die Entscheidung an einem rechtlichen Mangel und bindet das Revisionsgericht nicht (BGH, Urteil vom 16. Oktober 1991 - VIII ZR 140/90, NJW 1992, 170).

d) Die Revision beanstandet zu Recht, dass die Entscheidung des Berufungsgerichts nicht erkennen lässt, ob es bei der Bestimmung der Unterlassungspflichten der Beklagten davon ausgegangen ist, dass die Grundlage für die Frage nach einem Verstoß gegen Unterlassungspflichten zunächst die vertragliche Unterlassungsvereinbarung ist und deshalb gemäß §§ 133, 157 BGB für die Auslegung vom Wortlaut dieser Vereinbarung auszugehen ist. Das Berufungsgericht geht im Ansatz davon aus, dass grundsätzlich eine Verpflichtung der Beklagten zur Benachrichtigung und Einwirkung auf die RSS-Feed-Abonnentin bestanden hat. Es hat, ohne den Unterlassungsvertrag auszulegen, die Ablehnung darauf gestützt, dass die Information und Einwirkung der Beklagten nicht zumutbar sei.

Der Senat kann die von Seiten des Berufungsgerichts unterbliebene Auslegung selbst vornehmen, weil keine weiteren tatsächlichen Feststellungen zu erwarten sind (vgl. BGH, Urteile vom 5. Januar 1995 - IX ZR 101/94, NJW 1995, 959, 960; vom 5. Juni 1997 - X ZR 73/95, NJW 1997, 3377, 3378; vom 3. November 1993 - VIII ZR 106/93, NJW 1994, 188, 189). Danach hat sich die Beklagte in dem Unterlassungsvertrag nicht verpflichtet, RSS-Feed-Abonnenten, die den RSS-Feed - wie im Streitfall die W.S.A. - vor der seitens der Beklagten am 13. Oktober 2009 erfolgten Sperrung bezogen haben, von der Beanstandung der Klägerin und der eigenen Unterlassungserklärung zu benachrichtigen oder in sonstiger Weise auf diese zur Verhinderung der Weiterverbreitung einzuwirken.

Die Beklagte hat sich verpflichtet, es "zukünftig zu unterlassen, das [beanstandete] Bildnis von Frau H. erneut zu verbreiten" wie in der Bild vom 13. Oktober 2009 geschehen. Indem auf die Art des Verbreitens am 13. Oktober 2009 Bezug genommen wird, ist damit die Veröffentlichung auf der Website wie auch die Bereitstellung für Abonnenten des RSS-Feeds gemeint. Die Wahl des Wortes "erneut" bringt für den Empfänger der Erklärung, Frau H., zum Ausdruck, dass die Beklagte das Bild nach dessen Löschung aus ihrem Internetauftritt und nach der Beendigung der Abrufbarkeit als RSS-Feed nicht wieder in dieser Form zugänglich machen wird. Dass die Beklagte auch die Verpflichtung übernommen hat, auf die RSS-Feed-Abonnenten, die das Bild vor dieser Löschungs- und Sperraktion abgerufen haben, einzuwirken, um sie von einer weiteren Veröffentlichung oder Verbreitung abzuhalten, lässt sich dem Wortlaut nicht entnehmen. Da der Abruf der W.S.A. vor dem Abschluss dieses Unterlassungsvertrages erfolgt ist, ist er keine Folge eines erneuten Zugänglichmachens des Bildes durch die Beklagte. Ansprüche aus der strafbewehrten Unterlassungserklärung auf Zahlung der Vertragsstrafe kann der Gläubiger aber grundsätzlich allein für ab dem Zeitpunkt des Vertragsabschlusses begangene Verstöße geltend machen. Dass die Vertragsparteien im Streitfall die rückwirkende Verpflichtung zur Zahlung der Vertragsstrafe für vor diesem Zeitpunkt liegende Verstöße gewollt haben, findet im Wortlaut der Vereinbarung keine Stütze (vgl. BGH, Urteil vom 18. Mai 2006 - I ZR 32/03, GRUR 2006, 878 Rn. 19).

Auch Sinn und Zweck der durch ein Vertragsstrafeversprechen gesicherten Unterlassungsverpflichtung gebieten keine weitergehende Auslegung. Eine Einwirkung auf die RSS-Feed-Abonnentin war im Streitfall nicht erforderlich, um das hauptsächliche Ziel einer strafbewehrten Unterwerfung, die Beseitigung der Wiederholungsgefahr, sicherzustellen. Der für die Beseitigung der Wiederholungsgefahr erforderliche ernsthafte Unterlassungswille, der in der Unterwerfungserklärung und deren Strafsicherungsangebot sichtbaren Ausdruck finden muss (vgl. BGH, Urteil vom 10. Dezember 1992 - I ZR 186/90, BGHZ 121, 13, 19), wird nicht dadurch in Frage gestellt, dass die strafbewehrte Verpflichtung sich nicht auch auf die Beseitigung der durch die Erstveröffentlichung und Abrufbarkeit Dritten ermöglichten weiteren Verbreitung oder öffentlichen Zurschaustellung erstreckt.

Ebenso wenig bietet die Berücksichtigung des Zwecks der Vereinbarung und der Interessenlage der Vertragsparteien dem Vertragsverständnis der Revision eine Stütze. Bei der Auslegung eines Vertragsstrafeversprechens in einem Unterlassungsvertrag kann, wenn die Parteien nichts anderes vereinbart haben, nicht auf die Grundsätze zurückgegriffen werden, die für die Verhängung von Ordnungsmitteln bei der Unterlassungsvollstreckung nach § 890 ZPO maßgebend sind. Den Parteien kann ohne besondere Anhaltspunkte nicht der Wille unterstellt werden, bei der Regelung eines Unterlassungsvertrages eine Regelung gewollt zu haben, die der Rechtslage nach Erlass eines gleichlautenden Unterlassungstitels entspricht (BGH, Urteile vom 25. Januar 2001 - I ZR 323/98, BGHZ 146, 318, 323 f.; vom 20. Juni 1991 - I ZR 277/89, NJW-RR 1991, 1318, 1319).

Aus der Sicht des Schuldners soll eine durch ein Vertragsstrafeversprechen gesicherte Unterlassungsverpflichtung sicherstellen, dass für von ihr erfasste Handlungen weder eine Wiederholungsgefahr noch eine Erstbegehungsgefahr besteht. Aus der Sicht des Gläubigers geht es in erster Linie um die Sicherung seines als schutzwürdig angesehenen Interesses am Unterbleiben weiterer Zuwiderhandlungen. Außerdem dient die strafbewehrte Unterlassungserklärung aus der Sicht des Gläubigers dazu, einen gerichtlichen Unterlassungstitel zu ersetzen. Es wird deshalb im Allgemeinen weder dem Interesse des Gläubigers noch dem Interesse des Schuldners entsprechen, durch die Unterlassungsverpflichtung schlechter gestellt zu werden als durch einen entsprechenden Titel (vgl. BGH, Urteile vom 18. Mai 2006 - I ZR 32/03, GRUR 2006, 878 Rn. 21, und vom 25. Januar 2001 - I ZR 323/98, BGHZ 146, 318, 325 f.). Damit ist zu beachten, dass es anerkannten Rechts ist, dass sich eine titulierte Unterlassungsverpflichtung nicht in bloßem Nichtstun erschöpft. Sie umfasst vielmehr auch die Vornahme von Handlungen zur Beseitigung eines zuvor geschaffenen Störungszustands, wenn allein dadurch dem Unterlassungsgebot Folge geleistet werden kann (BGH, Urteil vom 22. Oktober 1992 - IX ZR 36/92, BGHZ 120, 73, 76 f. mwN).

So liegt der Fall hier aber nicht. Für ein solches Verständnis der Unterlassungserklärung ist angesichts des Wortlauts kein Raum. Durch die Verwendung des Wortes "erneut" haben die Vertragsparteien klargestellt, dass die Beklagte sich nur verpflichtet hat, das Bild nicht erneut zu verbreiten.

2. a) Soweit die Revision die Auffassung vertritt, einen Anspruch auf Schadensersatz in Gestalt der Rechtsanwaltskosten für das Abmahnschreiben gegenüber der W.S.A. sowie für das Aufforderungsschreiben gegenüber der Beklagten gemäß § 280 Abs. 1 BGB auf die Verletzung des Unterlassungsvertrags stützen zu können, bleibt ihr mangels einer Verletzung von Pflichten dieses Vertrags der Erfolg versagt.

b) Die Revision hat allerdings insoweit Erfolg, als das Landgericht einen Erstattungsanspruch auf Ersatz der Rechtsanwaltskosten in Höhe von 1.425,98 € abgelehnt hat. In Betracht kommt ein Schadensersatzanspruch gemäß § 823 Abs. 1, Abs. 2 BGB i.V.m. §§ 22, 23 KUG. Dies hat das Berufungsgericht nicht geprüft.

aa) Nach den Feststellungen des Berufungsgerichts ist das Bild von Frau H. heimlich aufgenommen worden. Wenn das von der W.S.A. in ihr Informationsportal übernommene Bild wie das ursprünglich von der Beklagten veröffentlichte Bild erkennbar das äußere Erscheinungsbild von Frau H. wiedergibt (vgl. BGH, Urteil vom 10. November 1961 - I ZR 78/60, GRUR 1962, 211), handelt es sich um ein Bildnis im Sinne von § 22 Satz 1 KUG. Die Zulässigkeit der Veröffentlichung beurteilte sich in diesem Fall nach dem abgestuften Schutzkonzept der §§ 22, 23 KUG (vgl. grundlegend Senatsurteile vom 6. März 2007 - VI ZR 51/06, BGHZ 171, 275 Rn. 9 ff.; vom 18. Oktober 2011 - VI ZR 5/10, VersR 2012, 116 Rn. 8 f.;

vom 22. November 2011 - VI ZR 26/11, VersR 2012, 192 Rn. 23 f.; vom 18. September 2012 - VI ZR 291/10, VersR 2012, 1403 Rn. 25 f. und vom 28. Mai 2013 - VI ZR 125/12, VersR 2013, 1178 Rn. 10, jeweils mwN), das sowohl mit verfassungsrechtlichen Vorgaben (vgl. BVerfGE 120, 180, 201 ff.) als auch mit der Rechtsprechung des Europäischen Gerichtshofs für Menschenrechte im Einklang steht (vgl. EGMR NJW 2004, 2647; 2006, 591 sowie NJW 2012, 1053 und 1058). Danach dürfen Bildnisse einer Person grundsätzlich nur mit deren Einwilligung verbreitet werden (§ 22 Satz 1 KUG). Hiervon besteht allerdings gemäß § 23 Abs. 1 Nr. 1 KUG eine Ausnahme, wenn es sich um Bildnisse aus dem Bereich der Zeitgeschichte handelt. Diese Ausnahme gilt aber nicht für die Verbreitung, durch die berechtigte Interessen des Abgebildeten verletzt werden (§ 23 Abs. 2 KUG; vgl. Senatsurteil vom 8. April 2014 - VI ZR 197/13, VersR 2014, 890 Rn. 8 mwN). Dazu hat das Berufungsgericht Feststellungen nicht getroffen.

bb) Die - hier unterstellte - Verletzung des allgemeinen Persönlichkeitsrechts in der Form des Rechts am eigenen Bild von Frau H. wäre der Beklagten zuzurechnen, auch wenn sie erst durch die Weiterverbreitung des Ursprungsbildes durch Dritte wie hier durch eine Veröffentlichung seitens des RSS-Feed-Abonnenten im Internet entstanden wäre. Der Senat hat im Urteil vom 17. September 2013 (VI ZR 211/12, BGHZ 199, 237, Rn. 55 f.) ausgeführt, dass die durch die Weiterverbreitung des Ursprungsbeitrags verursachten Rechtsverletzungen sowohl äquivalent als auch adäquat-kausal auf die Erstveröffentlichung zurückzuführen sind, da Meldungen im Internet typischerweise von Dritten verlinkt und kopiert werden. Der Zusammenhang wäre auch nicht deshalb zu verneinen, weil die Persönlichkeitsrechtsverletzung erst durch das selbständige Dazwischentreten Dritter verursacht worden ist. Wirken in der Rechtsgutsverletzung die besonderen Gefahren fort, die durch die erste Ursache gesetzt wurden, kann der haftungsrechtliche Zurechnungszusammenhang nicht verneint werden. So läge es im Streitfall bezogen auf die Erstveröffentlichung des Bildes von Frau H. im Internetportal der Beklagten. Auch wenn die W.S.A. sich das Bild erst durch den von der Beklagten angebotenen RSS-Feed verschafft und in ihr Informationsportal eingestellt hat, stellte dies eine Verwirklichung der von der Beklagten geschaffenen internettypischen Gefahr dar.

cc) Ausgehend von einem rechtswidrigen schuldhaften Eingriff in das allgemeine Persönlichkeitsrecht in der Form des Rechts am eigenen Bild stünde Frau H. dem Grunde nach ein Erstattungsanspruch hinsichtlich der Rechtsverfolgungskosten gegen die Beklagte aus § 823 Abs. 1, Abs. 2 BGB i.V.m. §§ 22, 23 KUG zu, da die Einschaltung eines Rechtsanwalts zur Wahrnehmung ihrer Rechte grundsätzlich notwendig war (vgl. Senatsurteil vom 12. Dezember 2006 - VI ZR 175/05, NJW-RR 2007, 856 Rn. 10; BGH, Urteil vom 31. Januar 2012 - VIII ZR 277/11, NZM 2012, 607 Rn. 9 mwN). Die im Streitfall bestehende Besonderheit, dass ein Dritter zur Unterlassung aufgefordert wurde, dessen etwaige Haftung erst durch einen Hinweis auf eine Verletzung des Persönlichkeitsrechts durch die Veröffentlichung des Bildes ausgelöst werden konnte (vgl. dazu Senatsurteil vom 27. März 2012 - VI ZR 144/11, NJW 2012, 2345 Rn. 19), führte nicht zu einer anderen

Beurteilung, da es sich hierbei um grundsätzlich ersatzfähige Aufwendungen zur Schadensabwehr handelt (vgl. Senatsurteil vom 15. November 1977 - VI ZR 101/76, BGHZ 70, 39, 43 f.; vgl. Burkhardt in Wenzel, Das Recht der Wort- und Bildberichterstattung, 5. Aufl., Kap. 14 Rn. 37 ff.).

c) Das Berufungsurteil ist danach insoweit aufzuheben und die Sache zur neuen Verhandlung und Entscheidung an das Berufungsgericht zurückzuverweisen (§ 562 Abs. 1, § 563 Abs. 1 Satz 1 ZPO). Für eine abschließende Entscheidung sind weitere Feststellungen zu den Voraussetzungen des möglichen Schadensersatzanspruchs erforderlich.

Entscheidungsdatum: 21.04.2015
Aktenzeichen: VI ZR 245/14
Normen: § 22 KunstUrhG, § 23 Abs 1 Nr 1 KunstUrhG, § 23 Abs 1 Nr 2 KunstUrhG, § 23 Abs 2 KunstUrhG, § 823 Abs 2 BGB
Bildnisschutz: Unterlassungs- und Entschädigungsanspruch einer zufällig zusammen mit einem prominenten Fußballspieler am Strand aufgenommenen Frau in Badekleidung bei Veröffentlichung ihres Fotos in der Print- und in der Internet-Ausgabe einer Tageszeitung

Leitsatz

Zur Frage der Zulässigkeit der Veröffentlichung von Bildern, die eine sich zufällig in der Nähe eines Prominenten befindliche nicht prominente Person identifizierbar zeigen.

Orientierungssatz

1. Zeigt ein Foto von einem prominenten Fußballspieler an einem Strand einer Ferieninsel auch eine zufällig mit aufgenommene Frau in Badekleidung (Bikini) und wird dieses ohne Einwilligung der Abgebildeten im Rahmen der Presseberichterstattung betreffend einen Raubüberfall auf den Prominenten in der Print- und in der Internet-Ausgabe einer Tageszeitung veröffentlicht, wäre die Verbreitung des Bildes nur zulässig, wenn dieses Bild dem Bereich der Zeitgeschichte oder einem der weiteren Ausnahmetatbestände des § 23 Abs. 1 KUG positiv zuzuordnen ist und berechtigte Interessen des Abgebildeten nicht verletzt werden (§ 23 Abs. 2 KUG). Dabei ist schon bei der Beurteilung, ob ein Bild dem Bereich der Zeitgeschichte zuzuordnen ist, eine Abwägung zwischen den Rechten des Abgebildeten aus Art. 1 Abs. 1, Art. 2 Abs. 1 GG, Art. 8 Abs. 1 EMRK einerseits und den Rechten der Presse aus Art. 5 Abs. 1 GG, Art. 10 EMRK andererseits vorzunehmen.

2. Das Foto ist nicht dem Bereich der Zeitgeschichte zuzuordnen, denn das Bild zeigt die abgebildete Frau in einer erkennbar privaten Situation, die in keinem Zusammenhang mit einem zeitgeschichtlichen Ereignis steht (vergleiche BGH, 19.

Juni 2007, VI ZR 12/06, VersR 2007, 1135). Es besteht außer dem zufälligen Zugegensein keine Verknüpfung zwischen der als "Urlauberin" gezeigten Betroffenen und dem - unterstellt - als Ereignis der Zeitgeschichte zu qualifizierenden Raubüberfall auf den Fußballspieler.

3. Auch müssen die Interessen zufällig mit auf einem Foto abgebildeter Personen nicht im Hinblick auf das Informationsinteresse der Öffentlichkeit an einem Bericht über ein zeitgeschichtliches Ereignis stets zurücktreten.

4. Es ist hier auch ein unmittelbare oder analoge Anwendung des § 23 Abs. 1 Nr. 2 KUG zu verneinen. Selbst wenn eine entsprechende Anwendung des § 23 Abs. 1 Nr. 2 KUG in Betracht käme, erstreckte sich die Befugnis nicht auf eine Verbreitung und Schaustellung, durch die ein berechtigtes Interesse des Abgebildeten verletzt wird (§ 23 Abs. 2 KUG).

5. Der abgebildeten Frau steht gegen die Veröffentlichung ihres Fotos ein Unterlassungsanspruch zu.(Rn.13) Ein Anspruch auf Zahlung einer Geldentschädigung ist hingegen zu verneinen, weil keine schwerwiegende Verletzung des Persönlichkeitsrechts der Abgebildeten vorliegt, die die Zahlung einer Geldentschädigung erfordert.

Tenor

Die Revisionen gegen das Urteil des 6. Zivilsenats des Oberlandesgerichts Karlsruhe vom 14. Mai 2014 werden zurückgewiesen.

Die Kosten des Revisionsverfahrens werden gegeneinander aufgehoben.

Von Rechts wegen

Tatbestand

Die Klägerin nimmt die Beklagten wegen unzulässiger Veröffentlichung eines Fotos in Anspruch, das sie in Badekleidung (Bikini) auf einer Liege am Strand von El Arenal auf Mallorca zeigt.

Die Print-Ausgabe der Zeitung "BILD", deren Herausgeberin die Beklagte zu 1 ist, berichtete am 10. Mai 2012 über einen Raubüberfall auf den Profifußballer A. in El Arenal ("Am Ballermann"). Darin heißt es u.a.:

"Sonne, Strand, Strauchdiebe. Gestern sahen wir ... - Star A. (25) in pikanter Frauen-Begleitung am Ballermann. Jetzt wurde er Opfer einer Straftat."

Diesem Artikel war das beanstandete Foto beigefügt, das im Vordergrund A. am Strand von El Arenal vor einer Mülltonne zeigt, in die er einen Eimer leert. In dem

Bildabschnitt, der die Mülltonne zeigt, findet sich der Text:

"Strohhut, dunkle Sonnenbrille: A. am Strand von El Arenal. Vorbildlich entsorgt er seinen Abfall".

Im Hintergrund sind mehrere Personen auf Strandliegen zu sehen. Am rechten Bildrand, auf der Liege unmittelbar hinter A., ist die Klägerin in einem Bikini zu erkennen.

Ein Artikel mit demselben Berichtsgegenstand und einem größeren Ausschnitt desselben Fotos wurde bis zum 9. Mai 2013 im Internet-Portal www.bild.de veröffentlicht, das von der Beklagten zu 2 betrieben wird.

Die Klägerin nahm zuletzt die Beklagte zu 1 wegen des in der Print-Ausgabe veröffentlichten Fotos auf Unterlassung und wegen der Veröffentlichung des Fotos im Internet-Portal der Beklagten zu 2 beide Beklagten auf Unterlassung und Entfernung von der Webseite in Anspruch. Ferner begehrte sie von der Beklagten zu 1 wegen der Veröffentlichung in der Print-Ausgabe und von der Beklagten zu 2 wegen der Veröffentlichung im Internet die Zahlung einer angemessenen Entschädigung.

Das Landgericht hat die Klage abgewiesen. Auf die Berufung der Klägerin hat das Berufungsgericht dem Unterlassungsbegehren stattgegeben, hinsichtlich des im Internet veröffentlichten Fotos jedoch nur gegenüber der Beklagten zu 2. Die weitergehende Berufung hat es zurückgewiesen. Mit der vom Berufungsgericht zugelassenen Revision verfolgt die Klägerin ihr Unterlassungsbegehren gegen die Beklagte zu 1 sowie ihr Begehren auf Zahlung einer Entschädigung gegen beide Beklagten weiter. Die Beklagten erstreben mit ihren Revisionen die Wiederherstellung des die Klage insgesamt abweisenden Urteils des Landgerichts.

Entscheidungsgründe

I. Das Berufungsgericht hat einen Unterlassungsanspruch der Klägerin gegen die Beklagte zu 1 wegen der Veröffentlichung des Fotos in der Print-Ausgabe der Zeitung "BILD" vom 10. Mai 2012 gemäß § 1004 BGB i.V.m. § 823 Abs. 1 und Abs. 2 BGB, § 22 KUG bejaht. Es hat sich die Überzeugung gebildet, dass die Klägerin auf dem Foto identifizierbar abgebildet ist. Da die Klägerin weder ausdrücklich noch konkludent in die Veröffentlichung des Fotos eingewilligt habe, sei die Zulässigkeit der Veröffentlichung nach dem abgestuften Schutzkonzept der §§ 22, 23 KUG zu beurteilen. Danach komme eine Ausnahme vom Erfordernis der Einwilligung grundsätzlich nur in Betracht, wenn die Berichterstattung ein Ereignis von zeitgeschichtlicher Bedeutung betreffe. Davon könne im Hinblick auf die Klägerin nicht ausgegangen werden. Auch wenn man annehme, dass die Abbildung des Fußballprofis nach § 23 Abs. 1 Nr. 1 KUG im Kontext des Berichts zulässig gewesen sei, sei damit noch nichts darüber ausgesagt, ob auch die von der Klägerin beanstandete identifizierbare Abbildung ihrer Person rechtmäßig sei. Da die Klägerin in keinerlei Beziehung zu dem Fußballspieler gestanden habe, lasse sich das öffentliche Interesse hiermit nicht begründen. Selbst wenn man mit der Beklagten davon ausginge, dass sich der Ausnahmetatbestand des § 23 Abs. 1 Nr. 1 KUG auch auf unbekannte Personen beziehe, die zufällig mit relativen oder absoluten Personen der Zeitgeschichte abgebildet würden, wäre - das zeitgeschichtliche Ereignis unterstellt - jedenfalls bei der erforderlichen Interessenabwägung dem Recht der Klägerin am eigenen Bild gegenüber dem Informationsinteresse der Öffentlichkeit der Vorrang einzuräumen. Das unterstellte Informationsinteresse der Öffentlichkeit an einer Nachricht, dass der im Vordergrund abgebildete Fußballprofi, der gestern noch am Strand gewesen sei und dort vorbildlich seinen Abfall entsorgt habe, jetzt Opfer einer Straftat geworden sei, sei nicht von einem solchen Gewicht, dass dahinter der Schutz der Persönlichkeit der Klägerin zurücktreten müsse. Die Aufnahme zeige die Klägerin im Urlaub, der selbst bei Prominenten zum regelmäßig zu schützenden Kernbereich der Privatsphäre gehöre. Insbesondere sei es für die Information der Allgemeinheit nicht erforderlich gewesen, dass die völlig außerhalb des Geschehens stehende Klägerin identifizierbar abgebildet worden sei. Es sei der Beklagten zu 1 als Presseunternehmen ohne Weiteres möglich gewesen, die Klägerin durch Verpixelung oder Augenbalken unkenntlich zu machen. Was dies an der Aussagekraft des Berichts im Sinne ihres Anliegens, die Urlaubsgestaltung des Fußballprofis zu illustrieren, geändert hätte, sei weder vorgetragen noch ersichtlich. Dabei falle auch ins Gewicht, dass die nur mit einem Bikini bekleidete Klägerin den Blicken des Publikums in einer deutlich intensiveren Weise preisgegeben werde als in anderen Situationen. Teile der Leserschaft hätten die Veröffentlichung auch zum Anlass für Spekulationen darüber nehmen können, ob es sich bei der Klägerin um die in dem Artikel genannte "pikante Frauenbegleitung" gehandelt habe. Die Bildveröffentlichung sei auch nicht - wie das Landgericht angenommen habe - aufgrund einer analogen Anwendung des § 23 Abs. 1 Nr. 2 KUG gerechtfertigt. Eine unmittelbare Anwendung dieser Vorschrift scheitere bereits daran, dass nicht die Abbildung einer Örtlichkeit im Vordergrund gestanden habe, sondern die Person des Fußballers A. Der teilweise vertretenen Auffassung, wonach auch Personen, die im zufälligen Zusammenhang mit einem zeitgeschichtlichen Ereignis abgebildet würden, sofern sie dadurch nicht schon selbst Teil des zeitgeschichtlichen Ereignisses geworden seien, § 23 Abs. 1 Nr. 2 KUG in analoger Anwendung unterfielen, sei nicht zu folgen. Denn damit würden Personen, die rein zufällig mit einer prominenten Person abgebildet würden, ohne diese zu begleiten, schlechter gestellt als Begleitpersonen von prominenten Personen, bei denen eine alltägliche Begleitsituation nicht ohne Weiteres die Veröffentlichung des Begleiterfotos rechtfertige. Da bereits die Anwendung des § 23 Abs. 1 Nr. 1 KUG zu interessengerechten Ergebnissen führe, liege insoweit auch keine Lücke vor. Die Klägerin habe auch gegen die Beklagte zu 2 aus § 1004 BGB i.V.m. § 823 Abs. 2 BGB, § 22 KUG einen Anspruch auf Unterlassung der Veröffentlichung des auf der von der Beklagten zu 2 betriebenen Webseite seit dem 10. Mai 2012 verbreiteten Fotos. Das Persönlichkeitsrecht der Klägerin sei hier noch in stärkerer Weise betroffen als durch die Veröffentlichung der Print-Ausgabe. Bei dem in der Print-Ausgabe abgedruckten Foto handele es sich lediglich um einen Ausschnitt des auf der Internetseite der Beklagten zu 2 vollständig veröffentlichten Fotos, welches auch die unbekleideten Beine der Klägerin zeige. Da der dazu veröffentlichte Text sich nicht erheblich von dem der Print-Ausgabe unterscheide, könne die Abwägung zu keinem anderen Ergebnis führen als bei der Print-Ausgabe der Beklagten zu 1. Der hinsichtlich der Internetveröffentlichung geltend gemachte Anspruch bestehe nicht gegen die Beklagte zu 1. Diese sei unstreitig nicht Betreiberin der Internetseite. Eine Haftung ergebe sich auch nicht - wie die Klägerin meine - aus Rechtsscheinsgesichtspunkten. Störer sei lediglich, wer willentlich und adäquat kausal zur Persönlichkeitsrechtsverletzung beitrage. Davon könne hier nicht ausgegangen werden. Die Beklagten hätten unwidersprochen vorgetragen, dass weder die Beklagte zu 2 entscheiden könne, welche Publikation in den Medien der Beklagten zu 1 erschienen, noch dass dies umgekehrt der Fall sei. Ein Anspruch auf Zahlung einer Geldentschädigung wegen der beanstandeten Bildveröffentlichungen stehe der Klägerin nicht zu, da es sich nicht um einen so schwerwiegenden Eingriff handele, dass eine Geldentschädigung gerechtfertigt sei.

II. Das Berufungsurteil hält revisionsrechtlicher Nachprüfung stand.

A) Revisionen der Beklagten:

Das Berufungsgericht hat ohne Rechtsfehler einen Unterlassungsanspruch der Klägerin gegen die Beklagte zu 1 aus § 1004 und § 823 Abs. 2 BGB i.V.m. § 22, 23 KUG bejaht.

1. Dabei ist es zutreffend davon ausgegangen, dass die Zulässigkeit von Bildveröffentlichungen nach der gefestigten Rechtsprechung des erkennenden Senats nach dem abgestuften Schutzkonzept der §§ 22, 23 KUG zu beurteilen ist (vgl. grundlegend Senatsurteile vom 6. März 2007 - VI ZR 51/06, BGHZ 171, 275 Rn. 9 ff.; vom 18. Oktober 2011 - VI ZR 5/10, VersR 2012, 116 Rn. 8 f.; vom 22. November 2011 - VI ZR 26/11, VersR 2012, 192 Rn. 23 f.; vom 18. September 2012 - VI ZR 291/10, VersR 2012, 1403 Rn. 26, vom 28. Mai 2013 - VI ZR 125/12, VersR 2013, 1178 Rn. 10, und vom 8. April 2014 - VI ZR 197/13, VersR 2014, 890 Rn. 8; jeweils mwN), das sowohl mit verfassungsrechtlichen Vorgaben (vgl. BVerfGE 120, 180, 210) als auch mit der Rechtsprechung des Europäischen Gerichtshofs für Menschenrechte im Einklang steht (vgl. EGMR NJW 2004, 2647 Rn. 57 ff.; 2006, 591 Rn. 37 ff., sowie NJW 2012, 1053 Rn. 95 ff., und 1058 Rn. 75 ff.). Danach dürfen Bildnisse einer Person grundsätzlich nur mit deren Einwilligung verbreitet werden (§ 22 Satz 1 KUG). Die Veröffentlichung des Bildes von einer Person begründet grundsätzlich eine rechtfertigungsbedürftige Beschränkung ihres allgemeinen Persönlichkeitsrechts (vgl. BVerfG NJW 2011, 740 Rn. 52 mwN). Die nicht von der Einwilligung des Abgebildeten gedeckte Verbreitung

seines Bildes ist nur zulässig, wenn dieses Bild dem Bereich der Zeitgeschichte oder einem der weiteren Ausnahmetatbestände des § 23 Abs. 1 KUG positiv zuzuordnen ist und berechtigte Interessen des Abgebildeten nicht verletzt werden (§ 23 Abs. 2 KUG). Dabei ist schon bei der Beurteilung, ob ein Bild dem Bereich der Zeitgeschichte zuzuordnen ist, eine Abwägung zwischen den Rechten des Abgebildeten aus Art. 1 Abs. 1, Art. 2 Abs. 1 GG, Art. 8 Abs. 1 EMRK einerseits und den Rechten der Presse aus Art. 5 Abs. 1 GG, Art. 10 EMRK andererseits vorzunehmen (vgl. z.B. Senatsurteil vom 19. Juni 2007 - VI ZR 12/06, VersR 2007, 1135 Rn. 17; ausführlich dazu v. Pentz, AfP 2013, 20, 23 f.).

a) Nach den von den Revisionen nicht angegriffenen Feststellungen des Berufungsgerichts hat die Klägerin in die Veröffentlichung der Fotos nicht eingewilligt (§ 22 Satz 1 KUG).

b) Das Foto ist auch nicht dem Bereich der Zeitgeschichte (§ 23 Abs. 1 Nr. 1 KUG) zuzuordnen. Maßgebend für die Frage, ob es sich um ein Bildnis aus dem Bereich der Zeitgeschichte handelt, ist der Begriff des Zeitgeschehens.

aa) Der Begriff des Zeitgeschehens darf nicht zu eng verstanden werden. Im Hinblick auf den Informationsbedarf der Öffentlichkeit umfasst er nicht nur Vorgänge von historisch-politischer Bedeutung, sondern ganz allgemein das Zeitgeschehen, also alle Fragen von allgemeinem gesellschaftlichem Interesse. Er wird mithin vom Interesse der Öffentlichkeit bestimmt. Zum Kern der Presse- und der Meinungsbildungsfreiheit gehört es, dass die Presse innerhalb der gesetzlichen Grenzen einen ausreichenden Spielraum besitzt, in dem sie nach ihren publizistischen Kriterien entscheiden kann, was öffentliches Interesse beansprucht, und dass sich im Meinungsbildungsprozess herausstellt, was eine Angelegenheit von öffentlichem Interesse ist, wobei unterhaltende Beiträge davon nicht ausgenommen sind (vgl. BVerfGE 101, 361, 389 ff.; BVerfG, AfP 2008, 163, 166 f. Nr. 61 ff.; Senatsurteile vom 19. Juni 2007 - VI ZR 12/06, aaO; vom 3. Juli 2007 - VI ZR 164/06, aaO und vom 24. Juni 2008 - VI ZR 156/06, BGHZ 177, 123 Rn. 15 ff.; jeweils mwN).

bb) Nach diesen Grundsätzen ist die Beurteilung des Berufungsgerichts, die Veröffentlichung eines Fotos, das einem Millionenpublikum die - identifizierbar abgebildete - Klägerin im Bikini zeigt, sei durch den Anlass der Berichterstattung nicht gerechtfertigt, nicht zu beanstanden. Die veröffentlichten Bilder zeigen die Klägerin in einer erkennbar privaten Situation, die in keinem Zusammenhang mit einem zeitgeschichtlichen Ereignis steht (vgl. - zu einer ähnlichen Fallgestaltung - Senatsurteil vom 19. Juni 2007 - VI ZR 12/06, VersR 2007, 1135 Rn. 26).

cc) Soweit die Revisionen meinen, das Berufungsgericht habe nicht geprüft, wie der Leser den Bericht interpretiere, sondern ausschließlich auf das Foto abgestellt und den Zusammenhang zum zugehörigen Text ignoriert, aus welchem sich ergebe, dass sich die Abbildung allein auf den Fußballer A. beziehe, kann dem nicht gefolgt werden. Das Bildnis zeigt auch die Klägerin, wie sie sich mit dem Betrachter halb zugewandtem Gesicht auf der Strandliege sonnt.

dd) Entgegen der Auffassung der Revisionen der Beklagten hat das Berufungsgericht auch nicht den Begriff des zeitgeschichtlichen Ereignisses im Sinne von § 23 Abs. 1 Nr. 1 KUG verkannt und diesen Begriff zu eng gefasst. Das beanstandete Foto als solches hatte mit dem Umstand, dass der bekannte Fußball-Star A. am "Ballermann" überfallen und ausgeraubt wurde, ersichtlich nichts zu tun. Das Berufungsgericht hat gleichwohl zugunsten der Beklagten unterstellt, dass die Veröffentlichung des Bildnisses von Herrn A. im Kontext des Berichts zulässig war und für die Entscheidung des Streitfalles zutreffend darauf abgestellt, ob der Gegenstand dieses Berichts auch die Veröffentlichung einer Abbildung der Klägerin rechtfertigt. Dies hat es mit Recht verneint. Denn es besteht außer dem zufälligen Zugegensein keine Verknüpfung zwischen der als "Urlauberin" gezeigten Klägerin und dem - unterstellt - als Ereignis der Zeitgeschichte zu qualifizierenden Raubüberfall auf den Nationalspieler A.

ee) Der Revisionen der Beklagten ist weiter nicht darin zu folgen, dass im Hinblick auf das Informationsinteresse der Öffentlichkeit an einem Bericht über ein zeitgeschichtliches Ereignis die Interessen von unbekannten Personen, die zufällig mit abgebildet werden, stets zurücktreten müssen. Vielmehr ist auch in solchen Fällen grundsätzlich eine Interessenabwägung erforderlich, bei der insbesondere der Informationswert für die Öffentlichkeit, die berechtigten Erwartungen des Betroffenen und die Möglichkeiten einer das Persönlichkeitsrecht wahrenden Modifikation des Fotos zu berücksichtigen sind. Dies steht in Einklang mit der Rechtsprechung des Senats, nach der selbst die Abbildung von Begleitpersonen nicht ohne Weiteres zulässig ist. Wollte man dies anders sehen, würde dies zu dem (widersinnigen) Ergebnis führen, dass Begleitpersonen, die in einem gewissen Zusammenhang mit dem Gegenstand der Berichterstattung stehen (vgl. etwa Senatsurteil vom 19. Juni 2007 - VI ZR 12/06, VersR 2007, 1135 Rn. 28), vor einer Veröffentlichung eher geschützt wären, als Personen, die ohne jeden Zusammenhang Gegenstand einer "zufälligen" Bildaufnahme geworden sind.

c) Entgegen der Auffassung der Revisionen der Beklagten hat das Berufungsgericht auch ohne Rechtsfehler im Streitfall eine unmittelbare oder analoge Anwendung des § 23 Abs. 1 Nr. 2 KUG verneint.

aa) Nach § 23 Abs. 1 Nr. 2 KUG ist die Veröffentlichung eines Bildnisses ohne Einwilligung der abgebildeten Person grundsätzlich zulässig, wenn diese Person nur als "Beiwerk" neben einer Landschaft oder sonstigen Örtlichkeit erscheint. Hiervon kann nach dem Sinn und Zweck der Vorschrift nur dann ausgegangen werden, wenn die Abbildung einer Landschaft oder sonstigen Örtlichkeit das Bild

prägt und nicht selbst "Beiwerk" ist. Im Streitfall bezog sich die Abbildung indes
- wovon die Revisionen der Beklagten selbst ausgehen - in erster Linie auf Herrn
A. Das Strandleben am "Ballermann" bildete lediglich den Hintergrund des Fotos.
Die Erwägungen der Revisionen der Beklagten zu der Frage, ob eine Abbildung
von Badegästen im Zusammenhang mit einer Schilderung des Strandlebens zulässig wäre, sind im Streitfall unerheblich. Im unmittelbaren Anwendungsbereich
von § 23 Abs. 1 Nr. 2 KUG kann ein Interesse an der Wiedergabe einer Landschaft
oder sonstigen Örtlichkeit zwar unabhängig von einem konkreten Ereignis der
Zeitgeschichte bestehen. Die Revisionen der Beklagten gehen jedoch selbst davon
aus, dass Zweck des Bildes die Berichterstattung über den Fußballer A. im Zusammenhang mit dem auf diesen erfolgten Überfall gewesen sei.

bb) Entgegen der Auffassung der Revisionen kommt eine entsprechende Anwendung des § 23 Abs. 1 Nr. 2 KUG nicht in Betracht. Es fehlt bereits an einer Geset-
zeslücke als Voraussetzung einer analogen Anwendung dieser Vorschrift. Denn
dem von den Revisionen der Beklagten angeführten Interesse an der Berichterstattung über eine bestimmte Person unter Einbeziehung von Abbildungen anderer
"zufällig" anwesender Personen wird bereits durch § 23 Abs. 1 Nr. 1 KUG und die
dort erforderliche Interessenabwägung hinreichend Rechnung getragen.

d) Selbst wenn eine entsprechende Anwendung des § 23 Abs. 1 Nr. 2 KUG in
Betracht käme, erstreckte sich die Befugnis nicht auf eine Verbreitung und Schaustellung, durch die ein berechtigtes Interesse des Abgebildeten verletzt wird (§ 23
Abs. 2 KUG).
Das Berufungsgericht hat bei seiner Beurteilung mit Recht nicht nur auf das Foto,
sondern auch auf den dazugehörigen Text abgestellt und dabei angenommen, dass
die Erwähnung einer "pikanten Frauenbegleitung" zumindest bei einem Teil der
Leserschaft zum Anlass für Spekulationen in Bezug auf die Klägerin genommen
werden könnte. Eine andere Beurteilung ist auch nicht im Hinblick auf die Formulierung geboten: "Gestern sahen wir ... - Star A. (25) in pikanter Frauen-Begleitung
am Ballermann. Jetzt wurde er Opfer einer Straftat." Denn die Revisionen der Beklagten zeigen keinen (übergangenen) Sachvortrag dazu auf, dass das Foto vom
Folgetag stamme und dies für den Leser ersichtlich gewesen sei.

e) Das Berufungsgericht hat auch zutreffend die Unkenntlichmachung der Klägerin durch Verpixelung oder Augenbalken für möglich und den Beklagten zumutbar erachtet. Die Revisionen berufen sich demgegenüber ohne Erfolg auf angebliche Redaktionsabläufe und die Gefahr der Verhinderung einer atmosphärischen
Illustration. Eine Verpixelung hätte an der Aussagekraft des Berichts im Hinblick
auf das Anliegen der Beklagten, die Urlaubsgestaltung des Fußballprofis zu illustrieren, nichts geändert. Darüber hinaus hat die Beklagte zu 2 nach den Feststellungen des Berufungsgerichts bei den im Internet im Zusammenhang mit der vorliegenden Berichterstattung veröffentlichten Bildern die Gesichter anderer dort mit
dem Fußballprofi abgebildeter Frauen gepixelt, was dagegen spricht, dass ihr eine

entsprechende Vorgehensweise im Hinblick auf die Abbildung der Klägerin nicht möglich oder unzumutbar gewesen wäre.

B) Revision der Klägerin:

Die Revision der Klägerin ist ebenfalls unbegründet.

1. Das Berufungsgericht hat mit Recht eine Haftung der Beklagten zu 1 hinsichtlich der Veröffentlichung der beanstandeten Bilder im Internet abgelehnt, weil nicht ersichtlich sei, dass die Beklagte zu 1 willentlich und adäquat kausal durch die Veröffentlichung der - rechtlich selbständigen - Beklagten zu 2 im Internet zu einer Persönlichkeitsrechtsverletzung der Klägerin beigetragen hätte. Allein die Tatsache, dass beiden Beklagten dieselben Lichtbilder zugänglich waren, vermag noch keine wechselseitige Haftung hinsichtlich der Veröffentlichung der Fotos zu begründen. Die Revision der Klägerin zeigt keinen vom Berufungsgericht übergangenen Sachvortrag auf, wonach die Beklagte zu 1 der Beklagten zu 2 die Lichtbilder zur Verfügung gestellt hat. Die von der Revision der Klägerin in Bezug genommene Entscheidung des I. Zivilsenats vom 11. März 2009 (I ZR 114/06, BGHZ 180, 134 Rn. 16 ff.) betrifft eine andere Fallgestaltung (Verletzung von Schutzrechten durch Pflichtverletzung des Kontoinhabers bei der Verwahrung von Zugangsdaten).

2. Entgegen der Auffassung der Revision der Klägerin hat das Berufungsgericht auch ohne Rechtsfehler den Antrag der Klägerin auf Zahlung einer Geldentschädigung für unbegründet erachtet.

a) Nach der ständigen Rechtsprechung des erkennenden Senats begründet eine Verletzung des allgemeinen Persönlichkeitsrechts einen Anspruch auf eine Geldentschädigung, wenn es sich um einen schwerwiegenden Eingriff handelt und die Beeinträchtigung nicht in anderer Weise befriedigend aufgefangen werden kann. Ob eine schwerwiegende Verletzung des Persönlichkeitsrechts vorliegt, die die Zahlung einer Geldentschädigung erfordert, hängt insbesondere von der Bedeutung und Tragweite des Eingriffs, ferner von Anlass und Beweggrund des Handelnden sowie von dem Grad seines Verschuldens ab (vgl. Senatsurteile vom 15. November 1994 - VI ZR 56/94, BGHZ 128, 1, 12; vom 30. Januar 1996 - VI ZR 386/94, BGHZ 132, 13, 27; vom 5. Oktober 2004 - VI ZR 255/03, BGHZ 160, 298, 306; vom 24. November 2009 - VI ZR 219/08, BGHZ 183, 227 Rn. 11; vom 17. Dezember 2013 - VI ZR 211/12, BGHZ 199, 237 Rn. 38 ff.; vom 22. Januar 1985 - VI ZR 28/83, VersR 1985, 391, 393; vom 15. Dezember 1987 - VI ZR 35/87 - VersR 1988, 405; vom 12. Dezember 1995 - VI ZR 223/94, VersR 1996, 341 f.; vgl. auch BVerfG, NJW 2004, 591, 592). Ob ein derart schwerer Eingriff anzunehmen und die dadurch verursachte nicht vermögensmäßige Einbuße auf andere Weise nicht hinreichend ausgleichbar ist, kann nur aufgrund der gesamten Umstände des Einzelfalles beurteilt werden (vgl. Senatsurteile vom 15. November

1994 - VI ZR 56/94, aaO, 13; vom 24. November 2009 - VI ZR 219/08, aaO; vom 17. Dezember 2013 - VI ZR 211/12, aaO Rn. 38; vom 17. März 1970 - VI ZR 151/68, VersR 1970, 675, 676; vom 25. Mai 1971 - VI ZR 26/70, VersR 1971, 845, 846; Senatsbeschluss vom 30. Juni 2009 - VI ZR 340/08, juris Rn. 3). Bei der gebotenen Gesamtwürdigung ist ein erwirkter Unterlassungstitel zu berücksichtigen, weil dieser und die damit zusammenhängenden Ordnungsmittelandrohungen den Geldentschädigungsanspruch beeinflussen und im Zweifel sogar ausschließen können (vgl. Senatsurteil vom 25. Mai 1971 - VI ZR 26/70, DB 1971, 1660, 1661; Senatsbeschluss vom 30. Juni 2009 - VI ZR 340/08, aaO). Die Gewährung einer Geldentschädigung hängt demnach nicht nur von der Schwere des Eingriffs ab, es kommt vielmehr auf die gesamten Umstände des Einzelfalles an, nach denen zu beurteilen ist, ob ein anderweitiger befriedigender Ausgleich für die Persönlichkeitsrechtsverletzung fehlt (vgl. Senatsurteile vom 15. November 1994 - VI ZR 56/94, aaO, 12 ff.; vom 24. November 2009 - VI ZR 219/08, aaO; Senatsbeschluss vom 30. Juni 2009 - VI ZR 340/08, aaO).

b) Eine schwerwiegende Verletzung des Persönlichkeitsrechts der Klägerin hat das Berufungsgericht unter Würdigung der besonderen Umstände des Streitfalles mit Recht verneint. Selbst wenn man - was das Berufungsgericht offengelassen hat - zugunsten der Klägerin ihre Behauptung, sie sei im Zusammenhang mit der Veröffentlichung von mehreren Personen angesprochen und ihr sei von "mehreren Männern" Geld für ein Treffen angeboten worden, als richtig unterstellt, vermag dies keine andere Beurteilung zu rechtfertigen. Denn das Berufungsgericht weist insoweit zutreffend darauf hin, dass die beanstandete Veröffentlichung des Strandbildes mit der Klägerin keine Veranlassung zu der Annahme gab, dass die Klägerin käuflich sei.

Entscheidungsname: Online-Archiv einer Tageszeitung
Entscheidungsdatum: 16.02.2016
Aktenzeichen: VI ZR 367/15
Normen: Art 1 Abs 1 GG, Art 2 Abs 1 GG, Art 5 Abs 1 GG, § 823 Abs 1 BGB, § 1004 Abs 1 S 2 BGB
Rechtmäßigkeit der Abrufbarkeit von Altmeldungen im Online-Archiv einer Tageszeitung über den Verdacht einer Straftat bei Identifizierbarkeit des Beschuldigten; Zulässigkeit der ursprünglichen Berichterstattung

Leitsatz

1. Die Frage, ob in dem Online-Archiv einer Tageszeitung nicht mehr aktuelle Beiträge (Altmeldungen) zum Abruf bereitgehalten werden dürfen, in denen über den Verdacht einer Straftat im Zusammenhang mit einem - später nach § 170 Abs. 2 StPO eingestellten - Ermittlungsverfahren berichtet und in denen der Beschuldigte - durch Namen und/oder Bild - identifizierbar bezeichnet wird, ist aufgrund einer umfassenden Abwägung des Persönlichkeitsrechts des Beschuldigten mit

dem Recht der Presse auf Meinungs- und Medienfreiheit zu entscheiden.

2. Für die Beurteilung der Rechtmäßigkeit einer solchen Berichterstattung ist im Rahmen der Abwägung von erheblicher Bedeutung, ob sie ursprünglich zulässig war. Ist dies nicht der Fall, ist das Bereithalten der Beiträge zum Abruf in einem Online-Archiv grundsätzlich unzulässig, soweit der Beschuldigte weiterhin identifizierbar bezeichnet bzw. dargestellt ist.

Tenor

Auf die Revision des Klägers wird das Urteil des 15. Zivilsenats des Oberlandesgerichts Köln vom 12. Mai 2015 aufgehoben.

Die Sache wird zur neuen Verhandlung und Entscheidung, auch über die Kosten des Revisionsrechtszugs, an das Berufungsgericht zurückverwiesen.

Von Rechts wegen

Tatbestand

Der Kläger, ein deutschlandweit bekannter Fußballprofi, nimmt die Beklagte in Anspruch, es zu unterlassen, fünf Beiträge in deren Online-Archiv zum Abruf bereitzuhalten, soweit in identifizierbarer Weise über ihn berichtet wird. Zudem verlangt er Erstattung seiner vorgerichtlichen Anwaltskosten.

Die Beiträge berichten über ein Ermittlungsverfahren, das Anfang des Jahres 2012 gegen den Kläger wegen des Verdachts des sexuellen Missbrauchs widerstandsunfähiger Personen eingeleitet worden war. Hintergrund war die Strafanzeige einer jungen Frau, die behauptete, nach einer Feier im Haus des Klägers von einem oder mehreren Männern mit sogenannten K.O.-Tropfen betäubt und anschließend missbraucht worden zu sein.

Im April 2012 stellte die Staatsanwaltschaft das Ermittlungsverfahren gegen den Kläger mangels hinreichenden Tatverdachts nach § 170 Abs. 2 StPO ein.

Im Zeitraum von Januar bis April 2012 berichtete die Beklagte - wie auch weitere Nachrichtenportale - auf ihrem Onlineportal mit insgesamt sechs Artikeln über das Ermittlungsverfahren unter namentlicher Nennung des Klägers. Fünf Artikel, von denen vier mit einem Lichtbild des Klägers versehen sind, sind derzeit - jeweils mit Datumsangabe gekennzeichnet - noch im Online-Archiv der Beklagten abrufbar und durch eine gezielte Suche zum Ermittlungsverfahren über Suchmaschinen auffindbar. Die Artikel vom 23. Januar 2012, 26. Januar 2012 und 11. Februar 2012 befassen sich mit der Einleitung bzw. dem Fortgang des Ermittlungsverfahrens, zwei Artikel vom 27. April 2012 mit dessen Einstellung.

Nach Einstellung des Ermittlungsverfahrens ergänzte die Beklagte die Artikel vom 23. Januar 2012, 26. Januar 2012 und 11. Februar 2012 um eine Fußzeile mit folgendem Inhalt:

"Anmerkung der Redaktion: Bei dem Artikel handelt es sich um eine Archivberichterstattung vom ... Das Ermittlungsverfahren gegen [Name des Klägers] wurde im April 2012 eingestellt."

Auf eine außergerichtliche Aufforderung des Klägers, alle das Ermittlungsverfahren betreffenden Artikel aus dem Onlineportal zu löschen, teilte die Beklagte mit, die geforderte Löschung ohne Anerkennung einer Rechtspflicht vorzunehmen. Sie löschte jedoch lediglich einen Artikel vom 21. Januar 2012, in dem erstmalig über den Sachverhalt berichtet worden war. Auf eine erneute Aufforderung des Klägers unter konkreter Nennung aller weiteren Artikel verweigerte die Beklagte deren Löschung. Auf die Aufforderung zur Abgabe einer strafbewehrten Unterlassungserklärung reagierte die Beklagte nicht.

Das Landgericht hat es der Beklagten antragsgemäß verboten, die fünf verbliebenen Beiträge online zum Abruf bereitzuhalten, soweit in identifizierbarer Weise durch namentliche Nennung und/oder Bildnisveröffentlichung über den Kläger berichtet wird. Auf die Berufung der Beklagten hat das Oberlandesgericht das landgerichtliche Urteil abgeändert und die Klage abgewiesen. Mit der vom Berufungsgericht zugelassenen Revision verfolgt der Kläger seinen Antrag auf Zurückweisung der Berufung weiter.

Entscheidungsgründe

A. Das Berufungsgericht ist davon ausgegangen, dass dem Kläger gegen die Beklagte kein Unterlassungsanspruch aus § 823 Abs. 1, § 1004 BGB analog i.V.m. Art. 1, Art. 2 Abs. 1 GG zustehe, weil die weitere Bereithaltung der ihn identifizierenden Berichte im Online-Archiv nicht rechtswidrig in sein allgemeines Persönlichkeitsrecht eingreife.

Allerdings stelle das Bereithalten der Berichte im Internet einen Eingriff in das allgemeine Persönlichkeitsrecht des Klägers dar, weil hiermit sein angebliches Fehlverhalten öffentlich gemacht und seine Person in den Augen der Adressaten - auch bei einer bloßen Verdachtsberichterstattung - negativ qualifiziert werde.

Die notwendige Abwägung des Rechts des Klägers auf Schutz seiner Persönlichkeit und Achtung seines Privatlebens mit dem Recht der Beklagten auf Meinungs- und Medienfreiheit führe im Streitfall jedoch zu dem Ergebnis, dass der Kläger die weitere Vorhaltung der Berichterstattung im Online-Archiv der Beklagten zu dulden habe.

Bei der beanstandeten Berichterstattung der Beklagten handele es sich um wahre Tatsachenbehauptungen in Form der Verdachtsberichterstattung. Diese sei ursprünglich angesichts der Schwere des in Rede stehenden Delikts und der Prominenz des Klägers zulässig gewesen, da die Beklagte in allen fünf angegriffenen Beiträgen in ausgewogener Art und Weise über den Tatvorwurf und den Gang des Verfahrens berichtet habe. Bei der Abwägung der gegenseitigen Interessen könne nicht festgestellt werden, dass dem Kläger trotz der Einstellung des Ermittlungsverfahrens durch die fortwährende Bereithaltung der Berichterstattung eine besondere Stigmatisierung oder Ausgrenzung drohe. Alle fünf Beiträge entsprächen auch heute noch der Wahrheit und seien angesichts des Nachtrags über die Einstellung des Ermittlungsverfahrens weder unvollständig noch spiegelten sie den Anschein einer nicht bestehenden Aktualität vor. Zwar habe der Kläger ein Interesse daran, mit dem Vorwurf einer Sexualstraftat, dem in der Öffentlichkeit ein besonders hohes Unwerturteil beigemessen werde, nicht mehr konfrontiert zu werden. Allerdings berichte die Beklagte in den angegriffenen Beiträgen nicht in einer Art und Weise, durch die der durchschnittliche Rezipient von einer Schuld oder Strafbarkeit des Klägers ausgehe, sondern stelle lediglich einen früher gegen diesen bestehenden Verdacht dar. Außerdem bestehe aufgrund der Art des Delikts, der Beteiligten sowie der Tatumstände ein hohes öffentliches Informationsinteresse. Zudem gehe von den Beiträgen der Beklagten auch keine erhebliche Breitenwirkung aus, da diese nur bei einer gezielten Suche zu finden seien. Um die durch eine Verdachtsberichterstattung hervorgerufene Störung abzustellen, sei ein Nachtrag geeignet, erforderlich, aber im Hinblick auf den Schutz der Pressefreiheit auch ausreichend.

B. Die Revision ist zulässig. Angegriffen ist entgegen der Ansicht der Revisionserwiderung nach wie vor allein das Bereithalten der den Kläger identifizierenden Altmeldungen in dem Online-Archiv der Beklagten.

C. Das angefochtene Urteil hält revisionsrechtlicher Nachprüfung nicht stand. Die Feststellungen des Berufungsgerichts tragen die Annahme, das weitere Bereithalten der den Kläger identifizierenden Wort- und Bildbeiträge sei rechtmäßig, nicht.

I. Wortberichterstattung:
1. Das Berufungsgericht hat zu Recht angenommen, dass das Bereithalten der angegriffenen Wortbeiträge zum Abruf im Internet einen Eingriff in den Schutzbereich des allgemeinen Persönlichkeitsrechts des Klägers darstellt. Denn die Berichterstattung über ein Ermittlungsverfahren unter namentlicher Nennung des Beschuldigten beeinträchtigt zwangsläufig dessen Recht auf Schutz seiner Persönlichkeit und seines guten Rufes, weil sie sein mögliches Fehlverhalten öffentlich bekannt macht und seine Person in den Augen der Adressaten negativ qualifiziert (Senatsurteile vom 7. Dezember 1999 - VI ZR 51/99, BGHZ 143, 199, 202 f.

mwN; vom 18. November 2014 - VI ZR 76/14, BGHZ 203, 239 Rn. 31; vom 30. Oktober 2012 - VI ZR 4/12, AfP 2013, 50 Rn. 9 mwN). Dies gilt nicht nur bei aktiver Informationsübermittlung durch die Medien, wie es im Rahmen der herkömmlichen Berichterstattung in Tagespresse, Rundfunk oder Fernsehen geschieht, sondern auch dann, wenn - wie im Streitfall - den Beschuldigten identifizierende Inhalte lediglich auf einer passiven Darstellungsplattform im Internet zum Abruf bereitgehalten werden. Diese Inhalte sind nämlich grundsätzlich jedem interessierten Internetnutzer zugänglich (Senatsurteile vom 15. Dezember 2009 - VI ZR 227/08, BGHZ 183, 353 Rn. 10 mwN; vom 8. Mai 2012 - VI ZR 217/08, AfP 2012, 372 Rn. 34 mwN; vom 30. Oktober 2012 - VI ZR 4/12, aaO; vom 13. November 2012 - VI ZR 330/11, AfP 2013, 54 Rn. 8).

An dem Eingriff in den Schutzbereich des allgemeinen Persönlichkeitsrechts des Klägers vermag auch die Tatsache nichts zu ändern, dass mit den Beiträgen vom 27. April 2012 über die Einstellung des Ermittlungsverfahrens berichtet wurde und in der Fußzeile zu den Beiträgen vom 23. Januar 2012, 26. Januar 2012 und 11. Februar 2012 auf die Einstellung hingewiesen wurde. Denn alleine der Umstand, dass über vergangene Ermittlungen gegen den Kläger wegen des Verdachts des sexuellen Missbrauchs widerstandsunfähiger Personen berichtet wird, birgt die Gefahr, dass die Öffentlichkeit die bloße Einleitung eines Ermittlungsverfahrens mit dem Nachweis der Schuld gleichsetzt und trotz der späteren Einstellung des Ermittlungsverfahrens vom Schuldvorwurf "etwas hängenbleibt" (Senatsurteile vom 7. Dezember 1999 - VI ZR 51/99, aaO, 203; vom 30. Oktober 2012 - VI ZR 4/12, aaO Rn. 14; jeweils mwN).

Entgegen der Auffassung der Revision ist zwar nicht die absolut geschützte Intimsphäre des Klägers betroffen. Denn sexueller Missbrauch widerstandsunfähiger Personen, um den es in dem Ermittlungsverfahren ging, ist in § 179 StGB unter Strafe gestellt. Wäre eine Sexualstraftat begangen worden, fiele sie nicht in den unantastbaren Kernbereich höchstpersönlicher, privater Lebensgestaltung (vgl. Senatsurteile vom 17. Dezember 2013 - VI ZR 211/12, BGHZ 199, 237 Rn. 17; vom 19. März 2013 - VI ZR 93/12, AfP 2013, 250 Rn. 21 ff. mwN; BVerfG, AfP 2009, 365 Rn. 26). Das Bereithalten von Berichten, die den Verdacht zum Gegenstand haben, der Kläger habe nach Einsatz von K.O.-Tropfen eine schwere Sexualstraftat begangen, stellt aber einen schwerwiegenden Eingriff in dessen persönliche Ehre dar (vgl. Senatsurteil vom 30. Januar 1996 - VI ZR 386/94, BGHZ 132, 13, 24).

2. Ebenfalls zutreffend hat es das Berufungsgericht für geboten erachtet, über den Unterlassungsantrag aufgrund einer Abwägung des Rechts des Klägers auf Schutz seiner Persönlichkeit und Achtung seines Privatlebens aus Art. 1 Abs. 1, Art. 2 Abs. 1 GG, Art. 8 Abs. 1 EMRK mit dem in Art. 5 Abs. 1 GG, Art. 10 EMRK verankerten Recht der Beklagten auf Meinungs- und Medienfreiheit zu entscheiden. Wegen der Eigenart des Persönlichkeitsrechts als eines Rahmenrechts liegt

seine Reichweite nicht absolut fest, sondern muss erst durch eine Abwägung der widerstreitenden grundrechtlich geschützten Belange bestimmt werden, bei der die besonderen Umstände des Einzelfalles sowie die betroffenen Grundrechte und Gewährleistungen der Europäischen Menschenrechtskonvention interpretationsleitend zu berücksichtigen sind. Der Eingriff in das Persönlichkeitsrecht ist nur dann rechtswidrig, wenn das Schutzinteresse des Betroffenen die schutzwürdigen Belange der anderen Seite überwiegt (st. Rspr.; vgl. etwa Senatsurteile vom 17. Dezember 2013 - VI ZR 211/12, aaO Rn. 22; vom 30. Oktober 2012 - VI ZR 4/12, aaO Rn. 10; vom 15. Dezember 2009 - VI ZR 227/08, aaO Rn. 11; jeweils mwN).

3. Ein solches Überwiegen hat das Berufungsgericht jedoch rechtsfehlerhaft verneint.

a) Im Rahmen der Abwägung ist von erheblicher Bedeutung, ob die Tatsachenbehauptungen in den angegriffenen Beiträgen im Zeitpunkt ihrer erstmaligen Veröffentlichung zulässig waren (vgl. Senatsurteil vom 15. Dezember 2009 - VI ZR 227/08, aaO 2. Leitsatz u. Rn. 18). Da Gegenstand der Berichterstattung nicht nur das Ermittlungsverfahren, sondern auch der von der Beklagten als "Anfangsverdacht" bezeichnete Verdacht ist, der namentlich benannte Kläger habe eine 21jährige Frau anlässlich einer Feier in seinem Haus betäubt und sexuell missbraucht oder Beihilfe hierzu geleistet, müssen die Voraussetzungen einer zulässigen Verdachtsberichterstattung erfüllt sein (Senatsurteil vom 7. Dezember 1999 - VI ZR 51/99, aaO, 203). Die Revision rügt zu Recht, dass das Berufungsgericht dies angenommen hat.

Sie ist mit diesem Einwand nicht deshalb ausgeschlossen, weil der Kläger in den Vorinstanzen die Unzulässigkeit der ursprünglichen Verdachtsberichterstattung für nicht streiterheblich gehalten hat. Denn dabei handelt es sich um eine rechtliche Vorfrage, deren Beantwortung für die Beurteilung des streitgegenständlichen Unterlassungsanspruchs unabdingbar ist. Sie ist daher von den Gerichten auch dann zu prüfen, wenn die Parteien diese Frage für unerheblich halten; sollte hierzu weiterer Tatsachenvortrag der Parteien erforderlich sein, ist darauf gemäß § 139 Abs. 2 ZPO hinzuweisen. Dementsprechend haben sich die Vorinstanzen zu Recht - wenn auch nicht umfassend - mit der Frage befasst, ob die Berichterstattung im Zeitpunkt ihrer erstmaligen Veröffentlichung zulässig war.

aa) Nach der ständigen Rechtsprechung des Senats und des Bundesverfassungsgerichts darf eine Tatsachenbehauptung, deren Wahrheitsgehalt ungeklärt ist und die eine die Öffentlichkeit wesentlich berührende Angelegenheit betrifft, demjenigen, der sie aufstellt oder verbreitet, solange nicht untersagt werden, wie er sie zur Wahrnehmung berechtigter Interessen für erforderlich halten darf (Art. 5 GG, § 193 StGB). Eine Berufung hierauf setzt voraus, dass vor Aufstellung oder Verbreitung der Behauptung hinreichend sorgfältige Recherchen über den Wahrheitsgehalt angestellt werden. Die Pflichten zur sorgfältigen Recherche über den Wahrheitsgehalt richten sich dabei nach den Aufklärungsmöglichkeiten. Sie sind für die Medien grundsätzlich strenger als für Privatleute. An die Wahrheitspflicht dürfen im Interesse der Meinungsfreiheit keine Anforderungen gestellt werden, die die Bereitschaft zum Gebrauch des Grundrechts herabsetzen. Andererseits sind die Anforderungen umso höher, je schwerwiegender die Äußerung das Persönlichkeitsrecht beeinträchtigt (vgl. Senatsurteile vom 30. Januar 1996 - VI ZR 386/94, aaO, 23 f. mwN; vom 7. Dezember 1999 - VI ZR 51/99, aaO, 203 f. mwN; vom 22. April 2008 - VI ZR 83/07, BGHZ 176, 175 Rn. 35 mwN; vom 17. Dezember 2013 - VI ZR 211/12, aaO Rn. 26 mwN; vom 18. November 2014 - VI ZR 76/14, aaO Rn. 15).

Diese Grundsätze gelten auch für die Berichterstattung über Ermittlungsverfahren unter namentlicher Nennung des Beschuldigten. In diesem Verfahrensstadium steht lediglich fest, dass ein Ermittlungsverfahren eingeleitet wurde, in der Regel ist aber nicht geklärt, ob der Beschuldigte die ihm zur Last gelegte Straftat begangen hat. Zwar gehört es zu den legitimen Aufgaben der Medien, Verfehlungen - auch konkreter Personen - aufzuzeigen (Senatsurteile vom 30. Oktober 2012 - VI ZR 4/12, aaO Rn. 12; vom 13. November 2012 - VI ZR 330/11, aaO Rn. 11; BVerfG, AfP 2012, 143 Rn. 39; jeweils mwN). Dies gilt auch für die Berichterstattung über eine Straftat, da diese zum Zeitgeschehen gehört und die Verletzung der Rechtsordnung und die Beeinträchtigung von Rechtsgütern der betroffenen Bürger oder der Gemeinschaft ein anzuerkennendes Interesse der Öffentlichkeit an näherer Information über Tat und Täter begründen kann (vgl. Senatsurteile vom 7. Dezember 1999 - VI ZR 51/99, aaO, 204; vom 15. Dezember 2009 - VI ZR 227/08, aaO Rn. 14; vom 7. Juni 2011 - VI ZR 108/10, BGHZ 190, 52 Rn. 19; vom 30. Oktober 2012 - VI ZR 4/12, aaO Rn. 13; BVerfG, AfP 2009, 46 Rn. 11; AfP 2009, 365 Rn. 18; EGMR, EuGRZ 2012, 294 Rn. 96; jeweils mwN). Besteht allerdings - wie im Ermittlungsverfahren - erst der Verdacht einer Straftat, so sind die Medien bei besonderer Schwere des Vorwurfs angesichts des damit verbundenen schwerwiegenden Eingriffs in die persönliche Ehre in besonderem Maße zu sorgfältigem Vorgehen verpflichtet (vgl. Senatsurteile vom 30. Januar 1996 - VI ZR 386/94, aaO, 24; vom 7. Dezember 1999 - VI ZR 51/99, aaO, 203; vom 17. Dezember 2013 - VI ZR 211/12, aaO Rn. 28 mwN). Dabei ist im Hinblick auf die aus dem Rechtsstaatsprinzip folgende und in Art. 6 Abs. 2 EMRK anerkannte Unschuldsvermutung die Gefahr in den Blick zu nehmen, dass die Öffentlichkeit die bloße Einleitung eines Ermittlungsverfahrens mit dem Nachweis der Schuld gleichsetzt und deshalb im Fall einer späteren Einstellung des Ermittlungsverfahrens oder eines Freispruchs vom Schuldvorwurf "etwas hängenbleibt" (Senatsurteile vom 7. Dezember 1999 - VI ZR 51/99, aaO, 203; vom 30. Oktober 2012 - VI ZR 4/12, aaO Rn. 14; jeweils mwN; vgl. auch BVerfG, AfP 2009, 46 Rn. 15).

Erforderlich ist jedenfalls ein Mindestbestand an Beweistatsachen, die für den Wahrheitsgehalt der Information sprechen und ihr damit erst "Öffentlichkeitswert" verleihen. Die Darstellung darf ferner keine Vorverurteilung des Betroffenen enthalten; sie darf also nicht durch eine präjudizierende Darstellung den unzutreffenden Eindruck erwecken, der Betroffene sei der ihm vorgeworfenen Handlung bereits überführt. Auch ist vor der Veröffentlichung regelmäßig eine Stellungnahme des Betroffenen einzuholen. Schließlich muss es sich um einen Vorgang von gravierendem Gewicht handeln, dessen Mitteilung durch ein Informationsbedürfnis der Allgemeinheit gerechtfertigt ist (vgl. Senatsurteile vom 7. Dezember 1999 - VI ZR 51/99, aaO, 203 f. mwN; vom 17. Dezember 2013 - VI ZR 211/12, aaO Rn. 26; vom 18. November 2014 - VI ZR 76/14, aaO Rn. 16 mwN; vgl. auch BVerfGK 9, 317, 322).

bb) Im Streitfall tragen die Feststellungen des Berufungsgerichts dessen Annahme, die Beklagte habe die Erfordernisse einer zulässigen Verdachtsberichterstattung eingehalten, nicht. Über den Umstand hinaus, dass gegen den Kläger aufgrund einer Anzeige ein Ermittlungsverfahren wegen des Verdachts des sexuellen Missbrauchs widerstandsunfähiger Personen eingeleitet worden war, hat das Berufungsgericht keine Feststellungen zum Vorliegen von Beweistatsachen getroffen, die für den Wahrheitsgehalt dieses Verdachts gesprochen haben.

(1) Die bloße Tatsache der Einleitung eines Ermittlungsverfahrens als solche genügt jedenfalls nicht für die Annahme des Vorliegens eines Mindestbestands an Beweistatsachen (Soehring in Soehring/Hoene, Presserecht, 5. Aufl., § 19 Rn. 36; Prinz/Peters, Medienrecht, Rn. 272; BeckOK InfoMedienR/Söder, § 823 BGB Rn. 244 (Stand: 01.11.2015); HH-Ko/MedienR/Kröner, 2. Aufl., 33. Abschnitt Rn. 59; Lehr, NJW 2013, 728, 730; Schumacher, K&R 2014, 381, 382 Fn. 14). Die Staatsanwaltschaft hat schon beim Vorliegen eines Anfangsverdachts Ermittlungen aufzunehmen (vgl. § 152 Abs. 2, § 160 Abs. 1 StPO). Dafür ist bereits ausreichend, dass aufgrund zureichender tatsächlicher Anhaltspunkte nach kriminalistischer Erfahrung die bloße Möglichkeit einer verfolgbaren Straftat gegeben ist (BGH, Urteil vom 21. April 1988 - III ZR 255/86, NJW 1989, 96, 97; BVerfGK 3, 55, 61; jeweils mwN). Die Schwelle für die Annahme eines Anfangsverdachts liegt damit niedrig (vgl. BVerfG, NJW 2002, 1411, 1412); es genügen schon entferntere Verdachtsgründe (BVerfG, NJW 1994, 783; NJW 1994, 783, 784), die eine geringe, wenngleich nicht nur theoretische Wahrscheinlichkeit des Vorliegens einer verfolgbaren Straftat begründen (Beulke in Löwe-Rosenberg, StPO, 26. Aufl., § 152 Rn. 23). So müssen die Ermittlungsbehörden auch auf völlig unbegründete, unter Umständen wider besseres Wissen in Schädigungsabsicht erstattete Strafanzeigen hin tätig werden (Soehring, aaO).

(2) Aus den Feststellungen des Berufungsgerichts lässt sich nichts Weitergehendes herleiten. Ihnen ist insbesondere nicht zu entnehmen, dass - wie die Revisionserwiderung geltend gemacht hat - die angegriffenen Beiträge auf den Kläger identifizierenden amtlichen Verlautbarungen der Staatsanwaltschaft beruhen.

Zwar ist in der höchstrichterlichen Rechtsprechung anerkannt, dass den Verlautbarungen amtlicher Stellen ein gesteigertes Vertrauen entgegengebracht werden darf (Senatsurteile vom 17. Dezember 2013 - VI ZR 211/12, aaO Rn. 30; vom 11. Dezember 2012 - VI ZR 314/10, AfP 2013, 57 Rn. 30; BVerfG, AfP 2010, 365 Rn. 35; jeweils mwN). Dies beruht auf der Erwägung, dass Behörden in ihrer Informationspolitik unmittelbar an die Grundrechte gebunden sind und Amtsträger, wenn sie vor der Frage stehen, ob die Presse über amtliche Vorgänge informiert werden soll, die erforderliche Abwägung zwischen dem Informationsrecht der Presse und dem allgemeinen Persönlichkeitsrecht vorzunehmen haben (Senatsurteile vom 17. Dezember 2013 - VI ZR 211/12, aaO; vom 11. Dezember 2012 - VI ZR 314/10, aaO; BVerfG, AfP 2010, 365 Rn. 35; jeweils mwN). Verletzen sie ihre Amtspflichten, kann ein Schadensersatzanspruch des Betroffenen wegen einer Verletzung seines allgemeinen Persönlichkeitsrechts gegen die zuständige Gebietskörperschaft als Träger der Behörde gegeben sein (Senatsurteil vom 17. Dezember 2013 - VI ZR 211/12, aaO mwN; vgl. auch BGH, Urteile vom 17. März 1994 - III ZR 15/93, NJW 1994, 1950, 1951 ff.; vom 23. Oktober 2003 - III ZR 9/03, NJW 2003, 3693, 3697). Daher ist regelmäßig die Annahme gerechtfertigt, dass eine unmittelbar an die Grundrechte gebundene, auf Objektivität verpflichtete Behörde wie die Staatsanwaltschaft die Öffentlichkeit erst dann unter Namensnennung über ein Ermittlungsverfahren unterrichten wird, wenn sich der zugrunde liegende Tatverdacht bereits einigermaßen erhärtet hat (BVerfG, AfP 2010, 365 Rn. 35). Auch das entlastet die Medien allerdings nicht von der Aufgabe der Abwägung und Prüfung, ob im Übrigen nach den Grundsätzen der Verdachtsberichterstattung eine Namensnennung des Betroffenen gerechtfertigt ist (Damm/Rehbock, Widerruf, Unterlassung und Schadensersatz, 3. Aufl., Rn. 64; Löffler/Steffen, Presserecht, 6. Aufl., § 6 LPG Rn. 208 f.; HH-Ko/MedienR/Kröner, 2. Aufl., 33. Abschnitt Rn. 60; HH-Ko/MedienR/Breutz/Weyhe, 2. Aufl., 39. Abschnitt Rn. 55).

Im Streitfall ist schon nicht festgestellt, ob und wann die Staatsanwaltschaft die Öffentlichkeit unter Namensnennung über das gegen den Kläger geführte Ermittlungsverfahren unterrichtete. Dies ergibt sich entgegen der Ansicht der Revisionserwiderung nicht bereits hinreichend klar aus den angefochtenen Meldungen. So ist aus dem Bericht vom 23. Januar 2012 nicht erkennbar, von wem die Information stammte, dass die Staatsanwaltschaft nunmehr auch gegen den Kläger ermittelte. Soweit in den Meldungen vom 23. Januar 2012 und vom 11. Februar 2012 von Erklärungen der Staatsanwaltschaft die Rede ist, ist denkbar, dass sich diese auf das Ermittlungsverfahren gegen namentlich nicht genannte Teilnehmer der Feier bezogen.

b) Kann mangels Feststellungen des Berufungsgerichts zum Vorliegen eines Mindestbestandes an Beweistatsachen nicht von der Zulässigkeit der ursprünglichen Berichterstattung über den Verdacht, der Kläger habe eine schwere Sexualstraftat begangen, ausgegangen werden, so kann derzeit auch nicht beurteilt werden, ob das weitere Bereithalten der den Kläger identifizierenden Wortbeiträge zum Abruf aus dem Online-Archiv einen rechtswidrigen Eingriff in das Persönlichkeitsrecht darstellt.

aa) Für den Fall, dass - wie von der Revision geltend gemacht - die Wortberichte ursprünglich unzulässig gewesen sein sollten, ist grundsätzlich davon auszugehen, dass ihr Bereithalten in dem Online- Archiv der Beklagten unzulässig ist, soweit sie den Kläger weiterhin identifizieren.

(1) Eine abweichende Beurteilung wäre vorliegend nicht deshalb geboten, weil die Berichte vom 23. Januar 2012, 26. Januar 2012 und 11. Februar 2012 um den Zusatz in der Fußzeile ergänzt wurden, dass es sich um eine "Archivberichterstattung" handelt und das Ermittlungsverfahren gegen den Kläger im April 2012 eingestellt wurde. So, wie schon mit den Berichten über die Einstellung des Ermittlungsverfahrens vom 27. April 2012 zwangsläufig auch der dem Verfahren ursprünglich zugrunde liegende Verdacht transportiert und perpetuiert wurde, ist durch die nachträglich eingefügte Fußzeile bei den Berichten über die Einleitung und den Fortgang des Ermittlungsverfahrens dieser Verdacht nicht ausgeräumt worden. Denn beim Leser kann der Eindruck entstehen, dass der Kläger trotz der Verfahrenseinstellung "in Wahrheit" Täter der ihm vorgeworfenen Tat ist und lediglich die Strafverfolgung - zum Beispiel mangels ausreichender Beweise, wie in den Berichten vom 27. April 2012 erwähnt - nicht fortgeführt wurde (vgl. BVerfG, AfP 2009, 46 Rn. 15). Es ist aber gerade die Einstellung des Verfahrens nach § 170 Abs. 2 StPO, die nicht für, sondern gegen die Abrufbarkeit jedenfalls einer unzulässigen Berichterstattung in Online-Archiven spricht. Sollte es nämlich schon anfangs an einem Mindestbestand an Beweistatsachen als Voraussetzung für eine zulässige Berichterstattung gefehlt haben und ist das Ermittlungsverfahren sodann mangels ausreichender Beweisgrundlage eingestellt worden, so gäbe es keinen anerkennenswerten Grund für die fortdauernde Abrufbarkeit der Berichte im Internet. Eine Einstellung des Verfahrens nach § 170 Abs. 2 StPO dient - anders als eine Einstellung nach § 153a StPO (vgl. hierzu Senatsurteil vom 30. Oktober 2012 - VI ZR 4/12, aaO Rn. 25 mwN) - auch der Rehabilitation des Betroffenen (BGH, Beschluss vom 26. Juni 1990 - 5 AR (VS) 8/90, BGHSt 37, 79, 83); dieser Zweck wird durch die weitere Abrufbarkeit einer identifizierenden Verdachtsberichterstattung konterkariert. Ein anerkennenswertes Öffentlichkeitsinteresse, das bei Unzulässigkeit der ursprünglichen Berichterstattung schon von Anfang an als sehr gering eingeschätzt werden müsste, besteht demgegenüber im Hinblick auf die Einstellung des Verfahrens nach § 170 Abs. 2 StPO in noch geringerem Maße (vgl. Löffler/Steffen, Presserecht, 6. Aufl., § 6 LPG Rn. 211; Prinz/Peters, Medienrecht, Rn. 107, 272; HH-Ko/MedienR/Breutz/Weyhe, 2. Aufl., 39. Abschnitt Rn. 92; KG, NJW 1989, 397, 398; vgl. auch Wenzel/Burckhardt, Das Recht der Wort- und Bildberichterstattung, 5. Aufl., Kap. 10 Rn. 167; Soehring in Soehring/Hoene, Presserecht, 5. Aufl., § 19 Rn. 37). Im Übrigen geht aus dem von der Beklagten eingefügten Zusatz in der Fußzeile nicht hervor, dass das Verfahren mangels hinreichenden Tatverdachts eingestellt wurde.

(2) Die Entscheidung des Europäischen Gerichtshofs für Menschenrechte vom 16. Juli 2013 (abgedruckt in AfP 2014, 517) steht der Beurteilung, von Anfang an unzulässige Berichte dürften grundsätzlich auch nicht als Altmeldungen im Online-Archiv bereitgehalten werden, nicht entgegen. Der Gerichtshof hat es in dem dort zugrunde liegenden Fall für den Schutz des Einzelnen gemäß Art. 8 EMRK nicht für zwingend geboten gehalten, dass das nationale Gericht für rechtswidrige, in einem Online-Archiv zugreifbare Artikel die Löschung anordnet. Hierzu führt die Entscheidung aus, dass eine geltend gemachte Verletzung der von Art. 8 EMRK geschützten Rechte (Achtung des Privatlebens) durch geeignete Maßnahmen nach nationalem Recht behoben werden sollte (aaO Rn. 66). Den Vertragsstaaten komme aber ein weiter Einschätzungsspielraum bei der Bestimmung der Maßnahmen zu, um die Einhaltung der Konvention unter Berücksichtigung der Bedürfnisse und Ressourcen der Gemeinschaft und des Einzelnen zu gewährleisten (aaO Rn. 55). Wie sich aus dem von der Revisionserwiderung zitierten Urteil des Europäischen Gerichtshofs vom 10. März 2009 in dem Verfahren Times Newspapers Ltd. v. The United Kingdom Judgment (Bsw. 3003/03 und Bsw. 23676/03, Rn. 45) ergibt, ist der staatliche Ermessensspielraum bei der Abwägung zwischen den betroffenen Interessen noch größer, wenn es nicht um aktuelle Berichterstattung geht, sondern um Nachrichtenarchive über vergangene Ereignisse. Entscheidend ist, dass der Staat bzw. das nationale Gericht seine Verpflichtung erfüllt, den Umständen des jeweiligen Falles entsprechend einen Ausgleich zwischen den von Art. 10 EMRK gewährten Rechten einerseits und den von Art. 8 EMRK gewährten Rechten andererseits zu schaffen (EGMR, abgedruckt in AfP 2014, 517 Rn. 68). Dem trägt der oben genannte Grundsatz Rechnung. Hier kommt hinzu, dass der Kläger ohnehin nicht die vollständige Löschung der Beiträge aus dem Internet verlangt.

bb) Für den Fall, dass - wie von der Revisionserwiderung geltend gemacht - die Wortberichterstattung ursprünglich zulässig gewesen sein sollte, könnte für die auch dann gebotene umfassende Abwägung der Grundrechtspositionen unter anderem von Bedeutung sein, welches Gewicht den Tatsachen zukam, die anfangs für eine Beteiligung des Klägers an einer Straftat sprachen.

II. Bildberichterstattung:
Mit dem von dem Antrag des Klägers erfassten und im erstinstanzlichen Urteil ausgesprochenen Verbot, den Kläger identifizierend darstellende Bildnisse in den angegriffenen Beiträgen online zum Abruf bereitzuhalten, hat sich das Berufungsgericht bislang nicht gesondert befasst. Auch insoweit tragen die Feststellungen des Berufungsgerichts die Abweisung der Klage nicht.

1. Als Teil der Artikel vom 23. Januar, 26. Januar und 11. Februar 2012 und des zweiten Artikels vom 27. April 2012 dürfen die den Kläger zeigenden Bilder man-

gels dessen Einwilligung (§ 22 Satz 1 KUG) nur dann zum Abruf im Internet bereitgehalten werden, wenn es sich um Bildnisse aus dem Bereich der Zeitgeschichte handelt (§ 23 Abs. 1 Nr. 1 KUG) und durch die Verbreitung berechtigte Interessen des Abgebildeten nicht verletzt werden (§ 23 Abs. 2 KUG). Anderenfalls steht dem Kläger ein Anspruch auf Unterlassung erneuter Verbreitung der in den Artikeln enthaltenen Bilder entsprechend §§ 1004 Abs. 1 Satz 2, 823 Abs. 1, Abs. 2 BGB i.V.m. §§ 22, 23 KUG, Art. 1 Abs. 1, Art. 2 Abs. 1 GG zu (vgl. Senatsurteil vom 9. Februar 2010 - VI ZR 243/08, AfP 2010, 162 Rn. 31 f. mwN).

Die Beurteilung, ob ein Bildnis dem Bereich der Zeitgeschichte i.S. von § 23 Abs. 1 Nr. 1 KUG zuzuordnen ist, erfordert eine Abwägung zwischen den Rechten des Abgebildeten aus Art. 1 Abs. 1, Art. 2 Abs. 1 GG, Art. 8 Abs. 1 EMRK einerseits und den Rechten der Presse aus Art. 5 Abs. 1 GG, Art. 10 Abs. 1 EMRK andererseits. Maßgebend ist hierbei das Interesse der Öffentlichkeit an vollständiger Information über das Zeitgeschehen, wobei dieser Begriff alle Fragen von allgemeinem gesellschaftlichem Interesse umfasst. Allerdings besteht das Informationsinteresse nicht schrankenlos. Vielmehr wird der Einbruch in die persönliche Sphäre des Abgebildeten durch den Grundsatz der Verhältnismäßigkeit begrenzt. Bei der Gewichtung der kollidierenden Interessen kommt dem Anlass und dem Gegenstand der Berichterstattung maßgebliche Bedeutung zu, wobei der Informationsgehalt der Bildberichterstattung unter Berücksichtigung der zugehörigen Textberichterstattung zu ermitteln ist. Entscheidend ist insbesondere, ob die Medien im konkreten Fall eine Angelegenheit von öffentlichem Interesse ernsthaft und sachbezogen erörtern, damit den Informationsanspruch des Publikums erfüllen und zur Bildung der öffentlichen Meinung beitragen oder ob sie - ohne Bezug zu einem zeitgeschichtlichen Ereignis - lediglich die Neugier der Leser befriedigen (Senatsurteile vom 9. Februar 2010 - VI ZR 243/08, aaO Rn. 33 ff.; vom 7. Juni 2011 - VI ZR 108/10, BGHZ 190, 52   Rn. 17 ff.; vom 8. März 2012 - VI ZR 125/12, AfP 2013, 399 Rn. 12 f.; jeweils mwN). Geht es um eine identifizierende Bildberichterstattung über den Verdacht einer Straftat, so ist darüber hinaus zu beachten, dass eine solche Berichterstattung in das Recht des Abgebildeten auf Schutz seiner Persönlichkeit eingreift, weil sie sein angebliches Fehlverhalten öffentlich bekannt macht und seine Person in den Augen der Adressaten von vornherein negativ qualifiziert (vgl. Senatsurteile vom 9. Februar 2010 - VI ZR 243/08, aaO Rn. 34; vom 7. Juni 2011 - VI ZR 108/10, aaO Rn. 19 ff.). Insbesondere ist auch in diesem Zusammenhang im Hinblick auf die Unschuldsvermutung die Gefahr in den Blick zu nehmen, dass die Öffentlichkeit die bloße Einleitung eines Ermittlungsverfahrens mit dem Nachweis der Schuld gleichsetzt und dass der Eindruck, der Abgebildete sei ein Straftäter, selbst bei einer späteren Einstellung des Ermittlungsverfahrens nicht beseitigt wird. Ob im Einzelfall dem Recht auf Schutz der Persönlichkeit oder dem Informationsinteresse Vorrang gebührt, hängt unter anderem von dem Verdachtsgrad ab, dem der Beschuldigte ausgesetzt war und gegebenenfalls noch ist (vgl. Senatsurteil vom 7. Juni 2011 - VI ZR 108/10, aaO Rn. 25).

2. Ob nach diesen Grundsätzen das Bereithalten der Fotos des Klägers als Teil der

Berichterstattung zum Abruf im Internet zu beanstanden ist, kann ohne weitere Feststellungen nicht abschließend beurteilt werden. Durch Anlass und Gegenstand der Berichterstattung werden die den Kläger in seinem Beruf als Fußballspieler zeigenden Bilder mit dem Verdacht, eine schwere Sexualstraftat begangen zu haben, in unmittelbare Verbindung gebracht. Ob dies berechtigte Interessen des Klägers verletzte bzw. verletzt, hängt unter anderem davon ab, ob und in welchem Umfang - jeweils zu dem Zeitpunkt, zu dem die Meldung erstmals "in das Netz" gestellt wurde, - Tatsachen vorlagen, die den Tatvorwurf stützten. Im Grundsatz kann auch bei der Bildberichterstattung davon ausgegangen werden, dass eine von Anfang an unzulässige Meldung auch nicht als Altmeldung im Online-Archiv zum Abruf bereitgehalten werden darf.

D. Danach ist das Berufungsurteil aufzuheben und die Sache zu neuer Verhandlung und Entscheidung an das Berufungsgericht zurückzuverweisen (§ 562 Abs. 1, § 563 Abs. 1 Satz 1 ZPO). Das Berufungsgericht wird - erforderlichenfalls nach ergänzendem Vortrag der Parteien - die notwendigen Feststellungen nachzuholen haben.

Entscheidungsdatum: 27.09.2016
Aktenzeichen: VI ZR 310/14
Normen: § 22 KunstUrhG, § 23 KunstUrhG, § 823 Abs 1 BGB, § 1004 BGB, Art 5 Abs 1 GG
Recht am eigenen Bild: Bildberichterstattung über den Regierenden Bürgermeister in Berlin bei Restaurantbesuch am Vorabend einer Misstrauensabstimmung

Leitsatz

Im Zusammenhang mit der Presseberichterstattung über ein bedeutendes politisches Ereignis (hier: Misstrauensabstimmung im Berliner Abgeordnetenhaus) kann die ohne Einwilligung erfolgende Veröffentlichung von Fotos, die den davon möglicherweise betroffenen Regierenden Bürgermeister am Vorabend in einer an sich privaten Situation zeigen (hier: "bei einem Drink" beim Abendessen in einer bekannten Berliner Bar), durch das Informationsinteresse der Allgemeinheit gerechtfertigt sein.

Tenor

Auf die Revision der Beklagten wird der Beschluss des 10. Zivilsenats des Kammergerichts vom 7. Juli 2014 aufgehoben.

Auf die Berufung der Beklagten wird das Urteil des Landgerichts Berlin vom 27. August 2013 abgeändert und die Klage abgewiesen.

Die Kosten des Rechtsstreits hat der Kläger zu tragen.

Von Rechts wegen

Tatbestand

Der Kläger, ehemaliger Regierender Bürgermeister des Landes Berlin, wendet sich gegen die Veröffentlichung von drei Bildern in der Berlin-Ausgabe der von der Beklagten verlegten "BILD"-Zeitung unter der Überschrift "Vor der Misstrauens-Abstimmung ging´s in die Paris-Bar ...". Die Bilder zeigen den Kläger beim Besuch dieses Restaurants am Vorabend der gegen ihn gerichteten Misstrauens-abstimmung im Berliner Abgeordnetenhaus; Anlass dieser Abstimmung war die sich weiter verzögernde Fertigstellung des neuen Berliner Flughafens. Im Begleit-text zu den Bildern heißt es: "Es ist Freitagabend vor der Misstrauens-Abstim-mung im Parlament. Klaus Wowereit (59, SPD) weiß noch nicht, dass er sie ge-winnt. Und entspannt bei einem Drink in der Paris-Bar - mit M., Gründer der heute beginnenden Modemesse 'Bread & Butter'". In die Bilder sind folgende Texte ein-geblendet: "'Bread & Butter' - Chef M. (im Folgenden: M.) und seine Frau mit Klaus Wowereit", "Der Regierende wirkt am Vorabend der Abstimmung im Par-lament sichtlich entspannt ...", "... und genehmigt sich einen Drink in der Paris-Bar (Kantstraße)". Die Bilder sind eingeschoben in einen Bericht über den Kläger mit der Überschrift "Vom Partybürgermeister zum Bruchpiloten". Dort wird über die Amtsjahre des Klägers und seinen "Absturz in 11,5 Jahren" berichtet, begin-nend mit dem "Putsch" gegen den "Ewig-Bürgermeister Diepgen", über das "Tabubrecher-Jahr" 2002, das "Glamour-Jahr" 2003, das "Sorgen-Jahr" 2004, das "Anwärter-Jahr" 2005, das "Jammer-Jahr" 2006, das "Hollywood-Jahr" 2007, das "Tempelhof-Jahr" 2008, das "Chaos-Jahr" 2009, das "Sightseeing-Jahr" 2010, das "Jubiläums-Jahr" 2011 bis hin zum "Abstiegs-Jahr" 2012 und dem "Ausstiegs-Jahr" 2013.

Das Landgericht hat die Beklagte antragsgemäß verurteilt, es zu unterlassen, die Bilder des Klägers zu veröffentlichen. Das Berufungsgericht hat die hiergegen ge-richtete Berufung der Beklagten durch Beschluss im Sinne des § 522 ZPO zurück-gewiesen. Mit der vom erkennenden Senat zugelassenen Revision verfolgt die Be-klagte ihr Klageabweisungsbegehren weiter.

Entscheidungsgründe

I. Das Berufungsgericht hat unter Bezugnahme auf die Begründung des landge-richtlichen Urteils die angegriffene Bildberichterstattung nach § 22, § 23 Abs. 1 Nr. 1 KUG als unzulässig erachtet. Der private Aufenthalt in der Paris-Bar sei kein zeitgeschichtliches Ereignis. Er stehe auch nicht im Zusammenhang mit der am Tag darauf angesetzten Misstrauensabstimmung. Dass der Kläger am Vorabend der Abstimmung eine Bar besucht habe, lasse insbesondere keine Rückschlüsse darauf zu, wie er mit der für ihn wichtigen politischen Entscheidung umgehe. Auch die Tatsache, dass der Kläger in der Paris-Bar den "Bread & Butter"-Chef getroffen habe, sei kein zeitgeschichtliches Ereignis. Denn die Misstrauensabstimmung sei nicht wegen der Verpachtung eines Teils des Flughafens Tempelhof, sondern wegen der Probleme um den neuen Berliner Flughafen angesetzt worden.

II. Die Beurteilung des Berufungsgerichts hält revisionsrechtlicher Überprüfung nicht stand. Das Berufungsgericht hat - wie die Revision mit Recht geltend macht - den Kontext der beanstandeten Bildberichterstattung nicht hinreichend berücksichtigt und deshalb rechtsfehlerhaft dem Persönlichkeitsrecht des Klägers den Vorrang vor der durch Art. 5 Abs. 1 GG geschützten Pressefreiheit eingeräumt.

1. Die Zulässigkeit von Bildveröffentlichungen ist nach der gefestigten Rechtsprechung des erkennenden Senats nach dem abgestuften Schutzkonzept der §§ 22, 23 KUG zu beurteilen (vgl. grundlegend Senatsurteile vom 6. März 2007 - VI ZR 51/06, BGHZ 171, 275 Rn. 9 ff.; vom 18. Oktober 2011 - VI ZR 5/10, VersR 2012, 116 Rn. 8 f.; vom 22. November 2011 - VI ZR 26/11, VersR 2012, 192 Rn. 23 f.; vom 18. September 2012 - VI ZR 291/10, VersR 2012, 1403 Rn. 26, vom 28. Mai 2013 - VI ZR 125/12, VersR 2013, 1178 Rn. 10, vom 8. April 2014 - VI ZR 197/13, VersR 2014, 890 Rn. 8 und vom 21. April 2015 - VI ZR 245/14, VersR 2015, 898 Rn. 14, jeweils mwN), das sowohl mit verfassungsrechtlichen Vorgaben (vgl. BVerfGE 120, 180, 210) als auch mit der Rechtsprechung des Europäischen Gerichtshofs für Menschenrechte im Einklang steht (vgl. EGMR NJW 2004, 2647 Rn. 57 ff.; 2006, 591 Rn. 37 ff., sowie NJW 2012, 1053 Rn. 95 ff., und 1058 Rn. 75 ff.). Danach dürfen Bildnisse einer Person grundsätzlich nur mit deren Einwilligung verbreitet werden (§ 22 Satz 1 KUG). Die Veröffentlichung des Bildes von einer Person begründet grundsätzlich eine rechtfertigungsbedürftige Beschränkung ihres allgemeinen Persönlichkeitsrechts (vgl. BVerfG NJW 2011, 740 Rn. 52 mwN). Die nicht von der Einwilligung des Abgebildeten gedeckte Verbreitung seines Bildes ist nur zulässig, wenn dieses Bild dem Bereich der Zeitgeschichte oder einem der weiteren Ausnahmetatbestände des § 23 Abs. 1 KUG positiv zuzuordnen ist und berechtigte Interessen des Abgebildeten nicht verletzt werden (§ 23 Abs. 2 KUG). Dabei ist schon bei der Beurteilung, ob ein Bild dem Bereich der Zeitgeschichte zuzuordnen ist, eine Abwägung zwischen den Rechten des Abgebildeten aus Art. 1 Abs. 1, Art. 2 Abs. 1 GG, Art. 8 Abs. 1 EMRK einerseits und den Rechten der Presse aus Art. 5 Abs. 1 GG, Art. 10 EMRK andererseits vorzunehmen (vgl. z.B. Senatsurteile vom 19. Juni 2007 - VI ZR 12/06, VersR 2007, 1135 Rn. 17 und vom 21. April 2015 - VI ZR 245/14, VersR 2015, 898 Rn. 14; ausführlich dazu v. Pentz, AfP 2013, 20, 23 f.).

2. Nach den Feststellungen des Berufungsgerichts hat der Kläger in die Veröffentlichung der Fotos nicht eingewilligt (§ 22 Satz 1 KUG). Die Fotos sind jedoch - wie die Revision mit Recht geltend macht - dem Bereich der Zeitgeschichte (§ 23

Abs. 1 Nr. 1 KUG) zuzuordnen.

a) Maßgebend für die Frage, ob es sich um ein Bildnis aus dem Bereich der Zeitgeschichte handelt, ist der Begriff des Zeitgeschehens. Der Begriff des Zeitgeschehens darf nicht zu eng verstanden werden. Im Hinblick auf den Informationsbedarf der Öffentlichkeit umfasst er nicht nur Vorgänge von historisch-politischer Bedeutung, sondern ganz allgemein das Zeitgeschehen, also alle Fragen von allgemeinem gesellschaftlichem Interesse. Er wird mithin vom Interesse der Öffentlichkeit bestimmt. Zum Kern der Presse- und der Meinungsbildungsfreiheit gehört es, dass die Presse innerhalb der gesetzlichen Grenzen einen ausreichenden Spielraum besitzt, in dem sie nach ihren publizistischen Kriterien entscheiden kann, was öffentliches Interesse beansprucht, und dass sich im Meinungsbildungsprozess herausstellt, was eine Angelegenheit von öffentlichem Interesse ist, wobei sogar unterhaltende Beiträge davon nicht ausgenommen sind (vgl. BVerfGE 101, 361, 389 ff.; BVerfG, AfP 2008, 163, 166 f. Nr. 61 ff.; Senatsurteile vom 19. Juni 2007 - VI ZR 12/06, aaO; vom 3. Juli 2007 - VI ZR 164/06, aaO; vom 24. Juni 2008 - VI ZR 156/06, BGHZ 177, 123 Rn. 15 ff. und vom 21. April 2015 - VI ZR 245/14, VersR 2015, 898 Rn. 17, jeweils mwN). Ein Informationsinteresse besteht jedoch nicht schrankenlos, vielmehr wird der Einbruch in die persönliche Sphäre des Abgebildeten durch den Grundsatz der Verhältnismäßigkeit begrenzt (Senatsurteile vom 22. November 2011 - VI ZR 26/11, VersR 2012, 192 Rn. 24 und vom 11. Juni 2013 - VI ZR 209/12, VersR 2013, 1272 Rn. 9, jeweils mwN).

b) Es bedarf mithin einer abwägenden Berücksichtigung der kollidierenden Rechtspositionen (vgl. Senatsurteile vom 1. Juli 2008 - VI ZR 243/06, aaO, Rn. 20 und vom 13. April 2010 - VI ZR 125/08, aaO Rn. 14; BVerfGE 120, 180, 205). Die Belange der Medien sind dabei in einen möglichst schonenden Ausgleich zum Persönlichkeitsschutz des von einer Berichterstattung Betroffenen zu bringen, insbesondere zum Schutz des Kernbereichs der Privatsphäre (vgl. Senatsurteile vom 19. Dezember 1995 - VI ZR 15/95, BGHZ 131, 332, 337 f. und vom 9. Dezember 2003 - VI ZR 373/02, VersR 2004, 522, 523), der in Form der Gewährleistung des Rechts am eigenen Bild sowie der Garantie der Privatsphäre teilweise auch verfassungsrechtlich fundiert ist (vgl. BVerfGE 101, 361, 381 ff.; 120, 180, 214). Bei der Gewichtung des Informationsinteresses im Verhältnis zu dem kollidierenden Persönlichkeitsschutz kommt dem Gegenstand der Berichterstattung maßgeblicher Bedeutung zu. Entscheidend ist insbesondere, ob die Medien im konkreten Fall eine Angelegenheit von öffentlichem Interesse ernsthaft und sachbezogen erörtern, damit den Informationsanspruch des Publikums erfüllen und zur Bildung der öffentlichen Meinung beitragen oder ob sie - ohne Bezug zu einem zeitgeschichtlichen Ereignis - lediglich die Neugier der Leser oder Zuschauer nach privaten Angelegenheiten prominenter Personen befriedigen (vgl. Senatsurteile vom 1. Juli 2008 - VI ZR 243/06, aaO, Rn. 21 und vom 22. November 2011 - VI ZR 26/11, VersR 2012, 192 Rn. 25; BVerfGE 34, 269, 283; 101, 361, 391; 120, 180, 205, 214; BVerfG, NJW 2006, 3406, 3407). Der Informationsgehalt einer Bildberichterstattung ist im Gesamtkontext, in den das Personenbildnis gestellt ist, zu ermitteln, insbesondere unter Berücksichtigung der zugehörigen Textberichterstattung. Daneben sind für die Gewichtung der Belange des Persönlichkeitsschutzes der Anlass der Berichterstattung und die Umstände in die Beurteilung mit einzubeziehen, unter denen die Aufnahme entstanden ist. Auch ist bedeutsam, in welcher Situation der Betroffene erfasst und wie er dargestellt wird (vgl. Senatsurteile vom 22. November 2011 - VI ZR 26/11, VersR 2012, 192 Rn. 26 und vom 28. Mai 2013 - VI ZR 125/12, VersR 2013, 1178 Rn. 13).

c) Im Streitfall zeigen die veröffentlichten Bilder den Kläger zwar in einer für sich genommenen privaten Situation "bei einem Drink" beim Abendessen. Dieses fand jedoch in einem in Berlin bekannten, insbesondere von Prominenten besuchten Restaurant statt. Hier musste der Kläger als Regierender Bürgermeister davon ausgehen, gesehen und erkannt zu werden. Die Lichtbilder stehen sowohl hinsichtlich der Darstellung als auch inhaltlich im Kontext zu der - nicht angegriffenen - Wortberichterstattung über ein hochpolitisches zeitgeschichtliches Ereignis von herausragendem öffentlichem Interesse, nämlich der am nächsten Tag bevorstehenden Misstrauensabstimmung im Berliner Abgeordnetenhaus aus Anlass der sich weiter verzögernden Fertigstellung des neuen Berliner Flughafens. Diese Abstimmung war entscheidend für das weitere politische Schicksal des Klägers als langjähriger Regierender Bürgermeister von Berlin. Die Bilder sind eingebettet in einen Bericht über seine Amtsjahre mit der Überschrift "Vom Partybürgermeister zum Bruchpiloten", in dem pointiert und schlagwortartig das Auf und Ab seiner Regierungszeit und deren möglicherweise bevorstehendes Ende im Zusammenhang mit dem neuen Berliner Flughafen beschrieben wird. Die Bilder zeigen, wie der - von ihm unbeanstandet - als "Partybürgermeister" beschriebene Kläger in der Öffentlichkeit am Vorabend des möglichen Endes seiner politischen Laufbahn mit dieser Belastung umgeht und zwar - wie im Kontext beschrieben - entspannt "bei einem Drink" in der Paris-Bar. Dabei zeigt er sich in der Gesellschaft von M., einer weiteren in Berlin bekannten Person - die Kontakte zu M. waren in der Vergangenheit in den Medien umfassend thematisiert worden - und Gründer einer damals aktuell beginnenden Modemesse auf dem Gelände des ehemaligen Berliner Flughafens Tempelhof. Dessen Verpachtung war in Berlin ebenfalls Gegenstand politischer und öffentlicher Auseinandersetzungen.

Das Verhalten von bedeutenden Politikern vor oder nach einem für sie persönlich bedeutsamen politischen Ereignis, insbesondere einem (möglichen) Amtsverlust kann durchaus Gegenstand öffentlicher Diskussionen sein, wozu die angegriffene Bildberichterstattung einen wesentlichen Beitrag leisten kann. Das Verhalten von Politikern in derartigen Situationen kann der Öffentlichkeit wertvolle Anhaltspunkte nicht nur für die Einschätzung der jeweiligen Person im Verlauf ihrer weiteren politischen Laufbahn, sondern auch für die Beurteilung des politischen Geschehens im Allgemeinen geben (vgl. Senatsurteil vom 24. Juni 2008 - VI ZR 156/06, aaO Rn. 21).

Im Streitfall bestand - wie die Revision mit Recht geltend macht - die Aussage der drei Abbildungen darin, die für den Kläger vor der Misstrauensabstimmung persönlich wie politisch brisante Situation - nicht zuletzt im Kontext mit in dem Artikel als Teil eines "Absturzes" gesehenen Ereignissen in seiner bisherigen Amtsführung - einem Verhalten gegenüberzustellen, das sichtlich entspannt wirke. Soweit das Berufungsgericht meint, dass der Kläger am Vorabend der Abstimmung eine Bar besuche, lasse keine Rückschlüsse darauf zu, wie er mit der erwarteten für ihn wichtigen politischen Entscheidung umgehe, übersieht es, dass es Sache des jeweiligen Betrachters ist, aus dem äußeren Verhalten eines Politikers seine eigenen Rückschlüsse zu ziehen.

3. Durch die beanstandete Bildberichterstattung werden auch keine berechtigten Interessen des abgebildeten Klägers im Sinne des § 23 Abs. 2 KUG verletzt. Die veröffentlichten Bilder zeigen den Kläger in einer eher unverfänglichen Situation beim Abendessen in einer bekannten, von sogenannten prominenten Personen besuchten Bar. Er konnte, wie schon dargelegt, unter diesen Umständen - gerade am Vorabend der Misstrauensabstimmung wegen der sich verzögernden Fertigstellung des neuen Berliner Flughafens - nicht damit rechnen, den Blicken der Öffentlichkeit und der Presse entzogen zu sein (vgl. BVerfG, Urteil vom 15. Dezember 1999 - 1 BvR 653/96, aaO Rn. 114; Senatsurteil vom 19. Dezember 1995 - VI ZR 15/95, NJW 1996, 1128 Rn. 44 f.). Wenn sich der Kläger als Regierender Bürgermeister in einer für ihn politisch wie persönlich heiklen Lage in ein solches Umfeld begibt, kann dies eher der Sozialsphäre als der Privatsphäre zuzuordnen sein und kann dem deshalb im Rahmen der Abwägung kein die Meinungs- und Pressefreiheit der Beklagten zurückdrängendes Gewicht zukommen.

III. Da keine weiteren Feststellungen mehr zu treffen sind, kann der Senat in der Sache selbst entscheiden und im Ergebnis die Klage abweisen.

Entscheidungsdatum: 06.02.2018
Aktenzeichen: VI ZR 76/17
Normen: § 22 KunstUrhG, § 23 KunstUrhG, § 823 Abs 1 BGB, § 1004 Abs 1 BGB, Art 1 Abs 1 GG
Persönlichkeitsrechtsverletzung in der Medienberichterstattung: Zulässigkeit einer ohne Einwilligung erfolgten Veröffentlichung von Fotos eines ehemaligen Staatsoberhaupts beim Einkauf

Leitsatz

Zur Zulässigkeit einer ohne Einwilligung erfolgten Veröffentlichung von Fotos, die ein ehemaliges Staatsoberhaupt nach einem Großeinkauf auf dem Parkplatz eines Supermarktes zeigen.

Orientierungssatz

Es besteht ein berechtigtes Interesse der Öffentlichkeit, darüber informiert zu werden, wie ein hochrangiger Politiker sein Leben nach dem Abschied aus der aktiven Politik gestaltet. Ein Politiker ist daher auch nach seinem Ausscheiden aus der Politik nicht wie jedwede Privatperson zu behandeln, sondern bleibt - jedenfalls für eine Übergangszeit - trotz des Amtsverlustes politische Person, die Leitbild- oder Kontrastfunktion erfüllen kann und deren Verhalten weiterhin Gegenstand öffentlicher Diskussionen sein darf. Dies gilt in besonderer Weise für einen ehemaligen Bundespräsidenten, dessen politisches und gesellschaftliches Engagement regelmäßig nicht mit dem Ausscheiden aus dem Amt endet.

Tenor

Auf die Revision der Beklagten wird das Urteil des 15. Zivilsenats des Oberlandesgerichts Köln vom 19. Januar 2017 aufgehoben.

Auf die Berufung der Beklagten wird das Urteil der 28. Zivilkammer des Landgerichts Köln vom 27. April 2016 abgeändert und die Klage abgewiesen.

Der Kläger trägt die Kosten des Rechtsstreits.

Von Rechts wegen

Tatbestand

Der Kläger nimmt die Beklagte auf Unterlassung einer Bildberichterstattung in Anspruch.

Der Kläger war vom 30. Juni 2010 bis zu seinem Rücktritt am 17. Februar 2012 Bundespräsident der Bundesrepublik Deutschland. Im Januar 2013 wurde die Trennung von ihm und seiner Frau Bettina öffentlich. Mit Pressemitteilung vom 6. Mai 2015 bestätigte ein Rechtsanwalt des Klägers in dessen Auftrag, dass der Kläger und seine Frau wieder zusammen lebten. Bettina und Christian Wulff bäten nachdrücklich darum, die ihrer Familie zustehende Privatsphäre zu respektieren. Sollte die Privatsphäre der Familie - etwa durch Nachstellungen von Fotografen - verletzt werden, seien die Anwälte beauftragt, mit allen rechtlichen Mitteln vorzugehen.

Die Beklagte verlegte u.a. die Illustrierten NEUE POST und PEOPLE. Am 13. Mai 2015 veröffentlichte die Beklagte in der Wochenzeitschrift PEOPLE unter der Überschrift "Liebes-Comeback" u.a. zwei Fotos, von denen das eine den Kläger und seine Ehefrau gemeinsam an ihrem Auto (im Folgenden: Auto-Foto), das andere den Kläger beim Schieben eines vollen Einkaufswagens zeigt. In dem Begleittext zu den Bildern heißt es u.a.: "Liebe ist ... mit seiner Frau zusammen für die Familie einzukaufen. Letzten Samstag schob der CDU-Politiker Christian Wulff, 55, einen vollbepackten Einkaufswagen aus einem Supermarkt (...) Am Auto wartete schon seine Frau (...) Knapp zwölf Monate nach seinem Rücktritt als Bundespräsident (...) hatte sich das Paar getrennt (...) Erst vor wenigen Wochen wurde die Scheidung (...) eingereicht (...) Nun wohnen sie wieder zusammen mit den zwei Söhnen (...) ,Es ist zutreffend, dass Bettina und Christian Wulff wieder zusammenleben', erklärte Wulffs Anwalt (...)."

Am 20. Mai 2015 berichtete die Beklagte in der Wochenzeitschrift NEUE POST unter der Überschrift "Nach der Versöhnung - Christian Wulff - Wer Bettina liebt, der schiebt" ausführlicher über den Supermarkteinkauf und bebilderte den Artikel u.a. mit einem nahezu identischen Foto des Klägers beim Schieben des Einkaufswagens (im Folgenden: Einkaufswagen-Foto). In dem Artikel heißt es u.a.: "Mineralwasser, ein Baguette-Brot, Salat, Schokoküsse und vieles mehr ... Brav hat Christian Wulff (55) den Einkaufszettel abgearbeitet und alles aus dem Supermarkt (...) besorgt, was Ehefrau Bettina (41) ihm wohl vorher aufgeschrieben hat. Seit der überraschenden Versöhnung der beiden vor wenigen Tagen (NEUE POST berichtete) gilt anscheinend: Der ehemalige Bundespräsident ist nun für den Großeinkauf der Familie verantwortlich (...)." In das Foto ist folgender Text eingeschoben: "Hab den Wagen vollgeladen ... Christian Wulff beim Großeinkauf. Glücklich sieht er hier aber nicht aus".

Das Landgericht hat die Beklagte antragsgemäß verurteilt, es zu unterlassen, das Auto-Foto aus der PEOPLE-Berichterstattung vom 13. Mai 2013 und das Einkaufswagen-Foto aus der NEUE POST-Berichterstattung vom 20. Mai 2015 zu veröffentlichen. Die Berufung der Beklagten hat das Oberlandesgericht zurückgewiesen. Mit der vom Senat zugelassenen Revision verfolgt die Beklagte ihr Klageabweisungsbegehren weiter.

Entscheidungsgründe

I. Das Berufungsgericht hat die angegriffene Bildberichterstattung nach §§ 22, 23 Abs. 1 Nr. 1 KUG als unzulässig erachtet. Die mangels Einwilligung des Klägers erforderliche Abwägung der verfassungsrechtlich geschützten Belange der Parteien führe zu der Feststellung, dass es sich im Zusammenhang mit der Wortberichterstattung nicht um Bildnisse der Zeitgeschichte (§ 23 Abs. 1 Nr. 1 KUG) handle, jedenfalls aber berechtigte Interessen des Klägers verletzt seien (§ 23 Abs. 2 KUG).

Zwar zeigten die Fotos den Kläger in einer Alltagssituation im öffentlichen Raum und seien als solche nicht abträglich. Zugleich habe der Kläger in der Vergangenheit sein Ehe- und Familienleben in die Öffentlichkeit getragen und sich insoweit selbst geöffnet ("mediale Inszenierung"). Auch nach seinem Rücktritt vom Amt des Bundespräsidenten habe der Kläger sein Privatleben nicht situationsübergreifend und konsistent verschlossen. Es bestehe ein erhebliches öffentliches Interesse am Leben des - weiter politisch und gesellschaftlich engagierten - Klägers. Zugleich könne den Artikeln nicht jedes Berichterstattungsinteresse abgesprochen werden. In den Artikeln werde über die Wende im Beziehungsleben des Klägers und seiner Ehefrau berichtet. Die streitgegenständlichen Bilder hätten eine gewisse Belegfunktion diesbezüglich und bezüglich der vom Kläger nunmehr wahrgenommenen familiären Pflichten (Erledigung des Wocheneinkaufs). Schließlich stünden die Artikel in zeitlichem Zusammenhang mit der vom Rechtsanwalt des Klägers veröffentlichten Presseerklärung.

Trotz alledem überwögen letztlich die Interessen des Klägers. Die Fotos seien der Privatsphäre des Klägers zuzuordnen. Sie beträfen einen völlig belanglosen Vorgang; der Berichterstattung fehle jeder Bezug zur politischen Tätigkeit des Klägers. Es gehe ausschließlich um das Privatleben des Klägers und dessen Beziehung zu seiner Ehefrau. Das Interesse hieran könne auch durch Beifügung von genehmigten oder genehmigungsfrei verwendbaren Fotos befriedigt werden. Gerade der Neuanfang vormals getrennt lebender Eheleute sei oftmals schwierig und werde durch die "Blicke der Öffentlichkeit" zusätzlich erschwert. Die frühere Zusammenarbeit des Klägers und seiner Ehefrau mit der Presse sei allein kein Grund, ihm jeden Schutz vor einer Veröffentlichung von Fotos zu nehmen.

II. Diese Beurteilung hält revisionsrechtlicher Überprüfung nicht stand. Das Berufungsgericht hat die in besonderer Weise herausgehobene Stellung des Klägers als ehemaliges Staatsoberhaupt, den Kontext der beanstandeten Bildberichterstattung sowie das Ausmaß der vom Kläger in der Vergangenheit praktizierten Selbststöffnung nicht hinreichend berücksichtigt und deshalb rechtsfehlerhaft dem Persönlichkeitsrecht des Klägers den Vorrang vor der durch Art. 5 Abs. 1 GG geschützten Pressefreiheit der Beklagten eingeräumt.

1. Die Zulässigkeit von Bildveröffentlichungen ist nach der gefestigten Rechtsprechung des erkennenden Senats nach dem abgestuften Schutzkonzept der §§ 22, 23 KUG zu beurteilen (grundlegend Senatsurteil vom 6. März 2007 - VI ZR 51/06, BGHZ 171, 275 Rn. 9 ff.; vgl. hiernach etwa Senatsurteile vom 10. März 2009 - VI ZR 261/07, BGHZ 180, 114 Rn. 9; vom 18. Oktober 2011 - VI ZR 5/10, VersR 2012, 116 Rn. 8 f.; vom 22. November 2011 - VI ZR 26/11, VersR 2012, 192 Rn. 23 f.; vom 28. Mai 2013 - VI ZR 125/12, VersR 2013, 1178 Rn. 10; vom 21. April 2015 - VI ZR 245/14, VersR 2015, 898 Rn. 14; jeweils mwN), das sowohl mit verfassungsrechtlichen Vorgaben (vgl. BVerfGE 120, 180, 210) als auch mit der Rechtsprechung des Europäischen Gerichtshofs für Menschenrechte im Einklang steht (vgl. EGMR, NJW 2012, 1053 Rn. 114 ff.). Danach dürfen Bildnisse einer Person grundsätzlich nur mit deren Einwilligung verbreitet werden (§ 22 Satz 1 KUG). Die Veröffentlichung des Bildes einer Person begründet grundsätzlich eine

rechtfertigungsbedürftige Beschränkung ihres allgemeinen Persönlichkeitsrechts (BVerfG, NJW 2011, 740 Rn. 52 mwN). Die nicht von der Einwilligung des Abgebildeten gedeckte Verbreitung seines Bildes ist nur zulässig, wenn dieses Bild dem Bereich der Zeitgeschichte oder einem der weiteren Ausnahmetatbestände des § 23 Abs. 1 KUG positiv zuzuordnen ist und berechtigte Interessen des Abgebildeten nicht verletzt werden (§ 23 Abs. 2 KUG). Dabei ist schon bei der Beurteilung, ob ein Bild dem Bereich der Zeitgeschichte zuzuordnen ist, eine Abwägung zwischen den Rechten des Abgebildeten aus Art. 2 Abs. 1 i.V.m. Art. 1 Abs. 1 GG, Art. 8 Abs. 1 EMRK einerseits und den Rechten der Presse aus Art. 5 Abs. 1 GG, Art. 10 EMRK andererseits vorzunehmen (Senatsurteile vom 27. September 2016 - VI ZR 310/14, NJW 2017, 804 Rn. 5; vom 21. April 2015 - VI ZR 245/14, VersR 2015, 898 Rn. 14; vom 19. Juni 2007 - VI ZR 12/06, VersR 2007, 1135 Rn. 17).

2. Nach den Feststellungen des Berufungsgerichts hat der Kläger in die Veröffentlichung der Fotos nicht eingewilligt (§ 22 Satz 1 KUG). Die beanstandeten Aufnahmen dienen jedoch der Bebilderung einer Berichterstattung über ein Ereignis der Zeitgeschichte und sind damit selbst Bildnisse aus dem Bereich der Zeitgeschichte (§ 23 Abs. 1 Nr. 1 KUG).

a) Maßgebend für die Frage, ob es sich um ein Bildnis aus dem Bereich der Zeitgeschichte handelt, ist der Begriff des Zeitgeschehens. Der Begriff des Zeitgeschehens darf nicht zu eng verstanden werden. Im Hinblick auf den Informationsbedarf der Öffentlichkeit umfasst er nicht nur Vorgänge von historisch-politischer Bedeutung, sondern ganz allgemein das Geschehen der Zeit, also alle Fragen von allgemeinem gesellschaftlichem Interesse. Er wird mithin vom Interesse der Öffentlichkeit bestimmt.

Es gehört zum Kern der Presse- und Meinungsfreiheit, dass die Medien im Grundsatz nach ihren eigenen publizistischen Kriterien entscheiden können, was sie des öffentlichen Interesses für wert halten und was nicht (vgl. Senatsurteile vom 22. November 2011 - VI ZR 26/11, VersR 2012, 192 Rn. 19; vom 26. Oktober 2010 - VI ZR 230/08, BGHZ 187, 200 Rn. 20; vom 10. März 2009 - VI ZR 261/07, BGHZ 180, 114 Rn. 11; vom 1. Juli 2008 - VI ZR 67/08, VersR 2008, 1411 Rn. 14; BVerfGE 120, 180, 197; BVerfGE 101, 361, 389; jeweils mwN). Auch unterhaltende Beiträge, etwa über das Privat- und Alltagsleben prominenter Personen, nehmen grundsätzlich an diesem Schutz teil (vgl. Senatsurteile vom 22. November 2011 - VI ZR 26/11, VersR 2012, 192 Rn. 19; vom 26. Oktober 2010 - VI ZR 230/08, BGHZ 187, 200 Rn. 20; vom 10. März 2009 - VI ZR 261/07, BGHZ 180, 114 Rn. 11; vom 14. Oktober 2008 - VI ZR 272/06, VersR 2009, 78 Rn. 14; vom 9. Dezember 2003 - VI ZR 373/02, NJW 2004, 762, 764; BVerfGE 120, 180, 197, 205; 101, 361, 389 ff.), ohne dass dieser von der Eigenart oder dem Niveau des jeweiligen Beitrags oder des Presseerzeugnisses abhängt (vgl. Senatsurteile vom 28. Mai 2013 - VI ZR 125/12, NJW 2013, 2890 Rn. 17; vom 10. März 2009 - VI

ZR 261/07, BGHZ 180, 114 Rn. 11, 14; vom 6. März 2007 - VI ZR 51/06, BGHZ 171, 275 Rn. 32; jeweils mwN). Gerade prominente Personen können der Allgemeinheit Möglichkeiten der Orientierung bei eigenen Lebensentwürfen bieten sowie Leitbild- und Kontrastfunktionen erfüllen. Auch Aspekte aus ihrem Privatleben wie beispielsweise die Normalität ihres Alltagslebens können der Meinungsbildung zu Fragen von allgemeinem Interesse dienen (Senatsurteile vom 2. Mai 2017 - VI ZR 262/16, AfP 2017, 310 Rn. 24; vom 10. März 2009 - VI ZR 261/07, BGHZ 180, 114 Rn. 11; vom 28. Oktober 2008 - VI ZR 307/07, BGHZ 178, 213 Rn. 13; BVerfG, NJW 2017, 1376 Rn. 15; BVerfGE 120, 180, 204; BVerfGE 101, 361, 390).

Im Rahmen einer zulässigen Berichterstattung steht es den Medien demnach grundsätzlich frei, Textberichte durch Bilder zu illustrieren (Senatsurteil vom 28. Oktober 2008 - VI ZR 307/07, BGHZ 178, 213 Rn. 15). Es ist Sache der Medien, über Art und Weise der Berichterstattung und ihre Aufmachung zu entscheiden. Sie haben das Recht, Art und Ausrichtung, Inhalt und Form eines Publikationsorgans frei zu bestimmen (Senatsurteil vom 28. Mai 2013 - VI ZR 125/12, NJW 2013, 2890 Rn. 15 und 17; BVerfGE 101, 361, 389). Eine Bedürfnisprüfung, ob eine Bebilderung veranlasst war, findet nicht statt. Bildaussagen nehmen am verfassungsrechtlichen Schutz des Berichts teil, dessen Bebilderung sie dienen (Senatsurteil vom 28. Oktober 2008 - VI ZR 307/07, BGHZ 178, 213 Rn. 15; BVerfGE 120, 180, 196).

b) Ein Informationsinteresse besteht jedoch nicht schrankenlos, vielmehr wird der Einbruch in die persönliche Sphäre des Abgebildeten durch den Grundsatz der Verhältnismäßigkeit begrenzt (Senatsurteile vom 27. September 2016 - VI ZR 310/14, NJW 2017, 804 Rn. 7; vom 11. Juni 2013 - VI ZR 209/12, VersR 2013, 1272 Rn. 9; vom 22. November 2011 - VI ZR 26/11, VersR 2012, 192 Rn. 24; jeweils mwN). Nicht alles, wofür sich Menschen aus Langeweile, Neugier und Sensationslust interessieren, rechtfertigt dessen visuelle Darstellung in der breiten Medienöffentlichkeit. Wo konkret die Grenze für das berechtigte Informationsinteresse der Öffentlichkeit an der aktuellen Berichterstattung zu ziehen ist, lässt sich nur unter Berücksichtigung der jeweiligen Umstände des Einzelfalls entscheiden (Senatsurteil vom 28. Oktober 2008 - VI ZR 307/07, BGHZ 178, 213 Rn. 14).

c) Es bedarf mithin einer abwägenden Berücksichtigung der kollidierenden Rechtspositionen (vgl. Senatsurteile vom 13. April 2010 - VI ZR 125/08, AfP 2010, 259 Rn. 14; vom 1. Juli 2008 - VI ZR 243/06, AfP 2008, 507 Rn. 20; BVerfGE 120, 180, 205). Die Belange der Medien sind dabei in einen möglichst schonenden Ausgleich mit dem allgemeinen Persönlichkeitsrecht des von einer Berichterstattung Betroffenen zu bringen (Senatsurteil vom 27. September 2016 - VI ZR 310/14, NJW 2017, 804 Rn. 8).

aa) Im Rahmen der Abwägung ist von maßgeblicher Bedeutung, ob die Medien im konkreten Fall eine Angelegenheit von öffentlichem Interesse ernsthaft und sachbezogen erörtern, damit den Informationsanspruch des Publikums erfüllen und zur Bildung der öffentlichen Meinung beitragen oder ob sie lediglich die Neugier der Leser nach privaten Angelegenheiten prominenter Personen befriedigen (vgl. Senatsurteile vom 22. November 2011 - VI ZR 26/11, VersR 2012, 192 Rn. 25; vom 10. März 2009 - VI ZR 261/07, BGHZ 180, 114 Rn. 12; vom 14. Oktober 2008 - VI ZR 272/06, VersR 2009, 78 Rn. 15; BVerfGE 101, 361, 391; BVerfGE 120, 180, 205; EGMR, NJW 2012, 1053 Rn. 108 ff.; 1058 Rn. 89 ff.). Je größer der Informationswert für die Öffentlichkeit ist, desto mehr muss das Schutzinteresse desjenigen, über den informiert wird, hinter den Informationsbelangen der Öffentlichkeit zurücktreten. Umgekehrt wiegt aber auch der Schutz der Persönlichkeit des Betroffenen umso schwerer, je geringer der Informationswert für die Allgemeinheit ist (Senatsurteile vom 26. Oktober 2010 - VI ZR 230/08, BGHZ 187, 200 Rn. 10; vom 6. März 2007 - VI ZR 51/06, BGHZ 171, 275 Rn. 20).

Der Informationsgehalt einer Bildberichterstattung ist im Gesamtkontext, in den das Personenbildnis gestellt ist, zu ermitteln, insbesondere unter Berücksichtigung der zugehörigen Textberichterstattung. Daneben sind für die Gewichtung der Belange des Persönlichkeitsschutzes der Anlass der Berichterstattung und die Umstände in die Beurteilung mit einzubeziehen, unter denen die Aufnahme entstanden ist. Auch ist bedeutsam, in welcher Situation der Betroffene erfasst und wie er dargestellt wird (Senatsurteil vom 27. September 2016 - VI ZR 310/14, NJW 2017, 804 Rn. 8; vgl. Senatsurteile vom 28. Mai 2013 - VI ZR 125/12, VersR 2013, 1178 Rn. 13; vom 22. November 2011 - VI ZR 26/11, VersR 2012, 192 Rn. 26).

bb) Bei der Prüfung der Frage, ob und in welchem Ausmaß die Berichterstattung einen Beitrag zur öffentlichen Meinungsbildung leistet und welcher Informationswert ihr damit beizumessen ist, ist von erheblicher Bedeutung, welche Rolle dem Betroffenen in der Öffentlichkeit zukommt. Der Europäische Gerichtshof für Menschenrechte unterscheidet zwischen Politikern ("politicians/ personnes politiques"), sonstigen im öffentlichen Leben oder im Blickpunkt der Öffentlichkeit stehenden Personen ("public figures/personnes publiques") und Privatpersonen ("ordinary person/personne ordinaire"), wobei einer Berichterstattung über letztere engere Grenzen als in Bezug auf den Kreis sonstiger Personen des öffentlichen Lebens gezogen seien und der Schutz der Politiker am schwächsten sei (vgl. EGMR, NJW 2015, 1501 Rn. 54; EGMR, Urteil vom 30. März 2010, Beschwerde-Nr. 20928/05, BeckRS 2012, 18730 Rn. 55). Er erkennt ein gesteigertes Informationsinteresse der Öffentlichkeit hinsichtlich politischer Akteure an, wobei nicht nur die Amtsführung, sondern unter besonderen Umständen im Hinblick auf die Rolle der Presse als "Wachhund der Öffentlichkeit" auch Aspekte des Privatlebens betroffen sein können (vgl. EGMR, NJW 2012, 1053 Rn. 110; NJW 2010, 751 Rn. 44 ff.; NJW 2004, 2647 Rn. 63). Auch der Senat hat für Personen des politischen Lebens ein gesteigertes Informationsinteresse des Publikums unter dem Gesichtspunkt demokratischer Transparenz und Kontrolle stets als legitim anerkannt, weshalb eine Berichterstattung über die Normalität ihres Alltagslebens oder über Umstände der privaten Lebensführung durch das Informationsinteresse der Öffentlichkeit gerechtfertigt sein kann (vgl. Senatsurteil vom 24. Juni 2008 - VI ZR 156/06, BGHZ 177, 119 Rn. 17 unter Verweis auf BVerfGE 101, 361, 390).

cc) Stets abwägungsrelevant ist die Intensität des Eingriffs in das allgemeine Persönlichkeitsrecht (vgl. BVerfGE 120, 180, 209).

d) Nach diesen Grundsätzen ist der vorliegende Eingriff in das allgemeine Persönlichkeitsrecht des Klägers in seiner Ausprägung als Recht am eigenen Bild durch das Informationsinteresse der Öffentlichkeit gerechtfertigt.

aa) Der Kläger war von Juni 2010 bis Februar 2012 Bundespräsident und damit Staatsoberhaupt der Bundesrepublik Deutschland (zur Stellung des Bundespräsidenten als Staatsoberhaupt und den damit verbundenen verfassungsrechtlichen Befugnissen im Überblick statt aller Herzog, in: Maunz/Dürig, GG, Lfg. 54 Januar 2009, Art. 54 Rn. 2 ff.). Als Inhaber des höchsten Staatsamtes war er in besonders herausgehobener Weise politische Person im Sinne der o.g. Rechtsprechung des Europäischen Gerichtshofs für Menschenrechte, weshalb das öffentliche Interesse an seiner Person in besonderer Weise als grundsätzlich gerechtfertigt anzusehen ist (vgl. Senatsurteil vom 24. Juni 2008 - VI ZR 156/06, BGHZ 177, 119 Rn. 15).

Die politische Bedeutung des Klägers und die Berechtigung des öffentlichen Interesses an seiner Person endeten auch nicht mit dem Rücktritt des Klägers vom Amt des Bundespräsidenten im Februar 2012; die besondere Bedeutung des Amtes wirkt vielmehr nach. Es besteht ein berechtigtes Interesse der Öffentlichkeit, darüber informiert zu werden, wie ein hochrangiger Politiker sein Leben nach dem Abschied aus der aktiven Politik gestaltet. Ein Politiker ist daher auch nach seinem Ausscheiden aus der Politik nicht wie jedwede Privatperson zu behandeln, sondern bleibt - jedenfalls für eine Übergangszeit - trotz des Amtsverlustes politische Person in o.g. Sinne, die Leitbild- oder Kontrastfunktion erfüllen kann und deren Verhalten weiterhin Gegenstand öffentlicher Diskussionen sein darf (vgl. Senatsurteile vom 19. Mai 2009 - VI ZR 160/08, VersR 2009, 1241 Rn. 14 f.; vom 24. Juni 2008 - VI ZR 156/06, BGHZ 177, 119 Rn. 21). Dies gilt in besonderer Weise für einen ehemaligen Bundespräsidenten, dessen politisches und gesellschaftliches Engagement regelmäßig nicht mit dem Ausscheiden aus dem Amt endet. So liegt der Fall auch hier. Der Kläger selbst weist - allgemeinbekannt - auf seiner Website auf seine vielfältigen öffentlichen Verpflichtungen als "Altbundespräsident" bis hin zur Vertretung Deutschlands bei auswärtigen Veranstaltungen hin (http://christian-wulff.de/was-macht-eigentlich-ein-altbundespraesident/, zuletzt abgerufen am 6. Februar 2018). Die fortdauernd große politische Bedeutung des Klägers wird gespiegelt durch die besondere Form seiner nachamtlichen Versorgung. Dies gilt für die lebenslange Alimentierung durch Zahlung eines Ehrensoldes in voller Höhe der Amtsbezüge (§ 1 BPräsRuhebezG), mehr noch aber für die zeitlich unbegrenzte Übernahme von Repräsentationskosten durch die Bereitstellung von Sach- und Personalmitteln für einen Dienstwagen mit Fahrer und ein ausgestattetes Büro mit Schreibkraft und Referenten (vgl. BT-Drs. 17/13660 S. 16 f. - Bericht des Petitionsausschusses; heute im bundestag [hib] 311/2017 vom 17. Mai 2017, Ruhebezüge des Bundespräsidenten - Beschlussempfehlung des Petitionsausschusses; zu Umfang, Art und Begründung der nachamtlichen Versorgung des Bundespräsidenten im Allgemeinen Aßmann, Die Besoldung und Versorgung des Bundespräsidenten, 2014, S. 16 ff.; zum Rücktritt des Klägers im Besonderen Pieper, in: BeckOK GG, Stand 1. Juni 2017, Art. 54 Rn. 31.1 ff., jeweils mwN).

bb) Die - nicht angegriffene - jeweils zugehörige Textberichterstattung leistet einen Beitrag zu einer Diskussion allgemeinen Interesses. Sie nimmt die Versöhnung des Klägers mit seiner Ehefrau in Bezug und macht deren eheliche Rollenverteilung zu ihrem Gegenstand. Angesichts der politischen Bedeutung der vom Kläger ausgeübten Staatsämter sowie der im Verlauf seiner politischen Karriere und darüber hinaus von ihm und seiner Frau immer wieder gewährten tiefen Einblicke in ihr Eheleben - das Berufungsgericht spricht insofern wiederholt von "medialer Inszenierung" - hatte die Versöhnung des Ehepaares Nachrichten- und Informationswert und war damit unter Berücksichtigung des weiten, die Reichweite der Pressefreiheit angemessen berücksichtigenden Begriffsverständnisses ein zeitgeschichtliches Ereignis. Der Kläger selbst hat diesem Nachrichten- und Informationswert mit Pressemitteilung vom 6. Mai 2015 Rechnung getragen.

Der Bezug hierzu ist offensichtlich für den Text des - nur eine Woche später und damit in der nächsten Ausgabe erschienenen - PEOPLE-Artikels vom 13. Mai 2015. Die Beklagte zitiert hierin aus der Pressemitteilung des Rechtsanwalts des Klägers und rekapituliert knapp, jedoch ernsthaft und sachbezogen den Verlauf der Beziehung des Klägers zu seiner Ehefrau. Aber auch die Textberichterstattung in dem NEUE POST-Artikel vom 20. Mai 2015 weist einen hinreichenden aktuellen Bezug zum Versöhnungsereignis auf. Auch in diesem Artikel knüpft die Beklagte an die "überraschende Versöhnung der beiden vor wenigen Tagen" an, um diesen eher abstrakten Umstand im Folgenden für ihre Leserschaft anschaulich zu machen durch eine Erörterung der damit verbundenen Alltagspflichten wie der Erledigung des Großeinkaufs der Familie.

Die streitgegenständlichen Fotos bebildern diese Berichterstattung und nehmen auf diese Weise an deren Ereignisbezug teil. Sie besitzen einen eigenen Aussagegehalt, indem sie den Kläger und seine Ehefrau gemeinsam am Auto (Auto-Foto) und den Kläger beim Schieben eines gefüllten Einkaufswagens (Einkaufswagen-Foto) zeigen. Damit machen sie die praktischen Konsequenzen der Versöhnungsnachricht sichtbar und dienen zugleich als deren Beleg. Sie sind kontextgerecht, ergänzen und veranschaulichen den jeweiligen Wortbeitrag. Unter diesen Umständen musste sich die Beklagte auch nicht auf die Verwendung eines genehmigten oder genehmigungsfrei verwendbaren Fotos verweisen lassen (vgl. hierzu Senatsurteil vom 17. Februar 2009 - VI ZR 75/08, VersR 2009, 841 Rn. 17).

cc) Der Kläger hat sein Ehe- und Familienleben in der Vergangenheit immer wieder intensiv öffentlich thematisiert und sich dadurch mit einer öffentlichen Erörterung dieses Themas einverstanden gezeigt. Diese Selbstöffnung wirkt fort, nachdem der Kläger und seine Frau ihre Ehe auch nach dem Rücktritt des Klägers vom Amt des Bundespräsidenten nicht situationsübergreifend und konsistent verschlossen haben (vgl. Senatsurteil vom 14. Oktober 2008 - VI ZR 272/06, NJW 2009, 754 Rn. 23).

dd) Entgegen der Auffassung des Berufungsgerichts betrifft die streitgegenständliche Bildberichterstattung den Kläger lediglich in seiner Sozialsphäre. Die Fotos sind zur Einkaufszeit auf dem Parkplatz eines Supermarktes und damit im öffentlichen Raum entstanden (vgl. BVerfG, NJW 2017, 1376 Rn. 19). Auch im Zusammenhang mit der zugehörigen Textberichterstattung beruhen die Beiträge ausschließlich auf Wahrnehmungen, die typischerweise durch die Öffentlichkeit des Orts ermöglicht wurden und keine indiskrete Beobachtung im Einzelnen voraussetzen (vgl. hierzu BVerfG, NJW 2000, 2194, 2195). Zwar ist Privatsphäre nicht allein räumlich zu verstehen. Privatheit und die daraus abzuleitende berechtigte Erwartung, nicht in den Medien abgebildet zu werden, erfordern nicht notwendig eine durch räumliche Abgeschiedenheit geprägte Situation, sondern können in Momenten der Entspannung oder des Sich-Gehen-Lassens außerhalb der Einbindung in die Pflichten des Berufs und des Alltags auch außerhalb örtlicher Abgeschiedenheit entstehen (vgl. Senatsurteile vom 14. Oktober 2008 - VI ZR 272/06, NJW 2009, 754 Rn. 17; vom 1. Juli 2008 - VI ZR 243/06, VersR 2008, 1411 Rn. 24). Die streitgegenständlichen Fotos zeigen den Kläger jedoch gerade nicht in einem Moment der Entspannung oder des Sich-Gehen-Lassens außerhalb der Einbindung in die Pflichten des Alltags, sondern in Erfüllung derselben, nämlich bei Erledigung des Wocheneinkaufs.

3. Bei dieser Sachlage und der gebotenen Würdigung der Berichterstattung in ihrer Gesamtheit (vgl. Senatsurteil vom 6. März 2007 - VI ZR 51/06, BGHZ 171, 275 Rn. 33) kommt den einer Veröffentlichung der Abbildungen entgegenstehenden berechtigten Interessen des Klägers kein überwiegendes Gewicht zu (§ 23 Abs. 2 KUG).

a) Die Fotos selbst weisen keinen eigenständigen Verletzungsgehalt auf. Die Aufnahmen würdigen den Kläger nicht herab, sondern zeigen ihn in unverfänglichen Alltagssituationen. Dies gilt ohne weiteres für das Auto-Foto, auf dem nur der Kopf des Klägers zu sehen ist, während der Rest seines Körpers vom Auto verdeckt wird. Dies gilt aber auch für das Einkaufswagen-Foto, das den Kläger in gepflegter Alltagskleidung hinter seinem Einkaufswagen und damit in der sympathischen Rolle eines fürsorgenden Familienvaters zeigt.

Auch die mit dem Einkaufswagen-Foto übermittelte Information über die vom Kläger erworbenen Produkte führt nach den Umständen des Streitfalls zu keinem anderen Ergebnis. Zwar kann auch die Berichterstattung über Art und Anzahl von ihm erworbener Alltagsprodukte die Privatsphäre eines Betroffenen berühren, was etwa für Artikel aus dem Bereich der Körper- und Gesundheitspflege keiner näheren Erläuterung bedarf. Doch sind auf dem angegriffenen Foto keine derartigen Produkte erkennbar. Soweit sich auf dem Foto überhaupt einzelne Produkte identifizieren lassen, sind diese im Übrigen in der zugehörigen - nicht angegriffenen - Textberichterstattung ausdrücklich benannt ("Mineralwasser, Baguette-Brot, Salat, Schokoküsse"), so dass der Abbildung keine zusätzliche Information zu entnehmen ist.

Soweit der Kläger auf die dem Einkaufswagen-Foto zugehörige Bildunterschrift ("Hab den Wagen vollgeladen ... Christian Wulff beim Großeinkauf") abstellt und darin eine ihm abträgliche Anspielung auf das gleichlautend beginnende Volkslied ("Hab den Wagen vollgeladen / Voll mit alten Weibsen") sieht, kann dem schon deshalb keine maßgebliche Bedeutung zukommen, weil die Textberichterstattung - und damit auch die genannte Bildunterschrift - vom Kläger nicht beanstandet wurde. Dies gilt entsprechend für den weiteren Inhalt des vom Kläger als gehässig empfundenen NEUE POST-Artikels.

b) Dies alles wird durch die zu Gunsten des Klägers zu berücksichtigenden Umstände wie insbesondere die Feststellung des Berufungsgerichts, dass die Fotos nicht zufällig entstanden sind, sondern von einem "Paparazzo" geschossen wurden, nicht aufgewogen. Dies gilt zumal die Fotos nach den insoweit nicht angegriffenen weiteren Feststellungen des Berufungsgerichts weder heimlich aufgenommen noch der Kläger oder seine Frau durch die konkrete Aufnahmesituation besonders belästigt wurden.

III. Da keine weiteren Feststellungen mehr zu treffen sind, hat der Senat in der Sache selbst zu entscheiden (§ 563 Abs. 3 ZPO).

Entscheidungsdatum: 27.02.2018
Aktenzeichen: VI ZR 86/16
Normen: § 823 Abs 2 BGB, § 1004 BGB, § 22 KunstUrhG

Leitsatz

Die Grundsätze über das fehlende Rechtsschutzbedürfnis von gesonderten Ehrenschutzklagen gegen Parteivorbringen in zivilgerichtlichen Verfahren können für Abwehransprüche gegen die Vorlage von Personen zeigenden Lichtbildern zur Rechtsverfolgung oder Rechtsverteidigung im Ansatz entsprechend herangezogen werden. Dabei ist der besonderen Bedeutung des Rechts am eigenen Bild als Ausprägung des allgemeinen Persönlichkeitsrechts Rechnung zu tragen und für Bilder aus dem Bereich der Privatsphäre ein besonders enger sachlicher Bezug zum Ausgangsverfahren zu fordern. Über etwaige Beweisverwertungsverbote ist grundsätzlich im Ausgangsverfahren zu entscheiden (Weiterführung von Senat, Urteil vom 11. Dezember 2007, VI ZR 14/07, NJW 2008, 996).

Tenor

Auf die Revision des Klägers wird das Urteil des 20. Zivilsenats des Oberlandesgerichts Düsseldorf vom 23. Februar 2016 im Kostenpunkt aufgehoben und abgeändert wie folgt:

Auf die Berufung des Beklagten wird das Urteil der 2. Zivilkammer des Landgerichts Kleve vom 18. Februar 2015 teilweise abgeändert.

Die Klage wird als unzulässig abgewiesen, soweit sie darauf gerichtet ist, dem Beklagten zu untersagen, Fotografien, die den Kläger zeigen, an den Landschaftsverband R. zu versenden, wenn dies wie in der E-Mail vom 9. Januar 2009 (Anlage K1) geschieht.

Im Übrigen wird die Berufung des Beklagten zurückgewiesen.

Die weitergehende Revision des Klägers wird zurückgewiesen.

Von den Kosten des Verfahrens erster Instanz trägt der Kläger 18/25, der Beklagte 7/25, von den Kosten des Berufungsverfahrens trägt der Kläger 1/6, der Beklagte 5/6, von den Kosten des Revisionsverfahrens trägt der Kläger 1/3, der Beklagte 2/3.

Von Rechts wegen

Tatbestand

Der minderjährige Kläger macht vor dem Hintergrund eines teilweise öffentlich ausgetragenen Sorgerechtsstreites Ansprüche auf Unterlassung ihn zeigender Lichtbilder geltend.

Der Kläger wuchs bei seinen Großeltern auf, denen die Vormundschaft übertragen worden war. Sie wurden im September 2007 aus diesem Amt entlassen und das Stadtjugendamt zum neuen Vormund bestellt. Der Kläger wurde in eine stationäre Kinder- und Jugendhilfeeinrichtung verbracht.

Der Beklagte versandte im Januar 2009, teilweise im Namen des X. e.V., der nach Darstellung des Beklagten als außergerichtlicher Beistand der Großeltern auftrat, E-Mails an diverse Adressaten, in deren Anhang sich elf Lichtbilder befanden. Die Bilderserie zeigt den etwa siebenjährigen Kläger in einem Innenraum. Es sind äußerliche Verletzungen zu sehen, nämlich Beulen am Kopf sowie Hämatome an Bauch und Rücken. Dabei wird der Kläger zum Teil mit entblößtem Oberkörper und in Nahaufnahme abgebildet. Solche E-Mails versandte der Beklagte am 9. Januar 2009 unter dem Betreff "Y. - Amtsvormündin - erhebliche blaue Flecken bei Z. [Kläger] im ...-Heim ...in ...- Antrag auf Kindeswohlgefährdungsanalyse" an das Jugendamt der Stadt G. und das "Landgericht D. zum Verfahren 12 O 79/08", den EU-Petitionsausschuss, das Europäische Parlament, das "Secretariat of the CPT", "Report München" und "Zur Heimaufsicht: Landschaftsverband R.: ... Aufsicht über stationäre Einrichtungen nach §§ 45, 46a und 48 SGB VIII/KJHG":

"Sehr geehrte Frau Y.[Amtsvormündin],

wir haben das Jugendamt, wegen der, seit der letzten Gerichtsverhandlung beim Familiengericht G. ....bekannten erheblichen blauen Flecken und Beulen bei Z. .... aufzufordern, wegen der Dringlichkeit eine Kindeswohlgefährdungsanalyse durchzuführen und setzen dafür Frist bis zum ... bei X. e.V. oder den Großeltern Z. eingehend. ...

Wir sind außergerichtlicher Beistand der Großeltern Z., wie auch deren Vertrauens- und Bezugsperson ... Die Großeltern haben bis hier und heute ... die Elterliche Sorge inne...

...Dies bedeutet, dass alle Jugendamts-Aktionen: der Entzugsversuch, den wir im Beisein des öffentlich rechtlichen Fernsehens verhinderten, inkl. die Abmahnungen des öffentlich rechtlichen ... Rundfunks durch die Vormündin grob gesetzeswidrig waren. Die Vormündin hat es sogar geschafft, mit demzufolge nötigenden Charakter, den ... Rundfunk dazu zu bewegen, die Veröffentlichung des Films ....'Kindesentzug auf Verdacht? Die unkontrollierbare Macht der Jugendämter' aus dem Internetangebot des ... herausnehmen zu lassen, indem die Vormündin dort falsche Tatsachen hat vortragen lassen und die Sorgerechtsinhaber damit einfach ausgeblendet hat. Ebenfalls hat sie es durchgesetzt, dass wir mit eben diesen Tatsachen als Menschenrechtsverein X. mit einer Prozesslawine überrollt wurden, die noch anhängig ist. ...

X. kann Ihnen an dieser Stelle schon versprechen, dass zu diesem Fall Z. noch sehr viel in Europa geschrieben werden wird, auch mit offiziellen Stellen....

Das Jugendamt hält sich nicht an die geltenden Gesetze. Denn einen behinderten Jungen aus seiner Großelterlichen Familie zu entziehen, zunächst ohne irgendein Gutachten, dann 1 Jahr später - nach Entfremdung - mit falschem Gutachten, was noch separat angegriffen werden wird, scheint nicht ins Propagandabild der Bundesfamilienministerin …. zu passen, die vorgab, welche wichtige Funktionen Großeltern haben, wenn die leiblichen Eltern ausgefallen sind… Damit sich hier verantwortungsbewusste Menschen ein Bild machen können, was hier von Frau Y. reklamiert wurde und was natürlich die Vormündin nicht gerne lesen und sehen will, sind hier in der Folge 11 Bilder des kleinen Z. in der Unterlassungserklärung abgebildet. Diese Bilder wurden alle im Heim … gemacht, wo sich der Junge Z. seit … 2007 aufhält.

Natürlich würde nicht nur uns die Geschichte, der auf den Bildern abgebildeten Spuren von blauen Flecken und Beulen interessieren.

Das Heim hat folgende Adresse und verantwortliche Personen: …

Wir werden in Kürze Weiterungen wegen Ihrer vielfachen Amtspflichtverletzungen und Dienstvergehen im Zusammenhang mit Ihren geplanten, ungesetzlichen Kindesentziehungsversuchen und Ihren Nötigungen gegenüber den Großeltern, Frau … und … [Name des Beklagten] und des öffentlich rechtlichen Fernsehens. …Rundfunks, R. M., veranlassen.…"

Der Landschaftsverband R. war die gemäß §§ 45 ff. SGB VIII zuständige Aufsichtsbehörde für das Kinderheim, in dem sich der Kläger aufhielt.

In dem Rechtsstreit vor dem Landgericht D. (12 O 79/08) wurde der X. e.V., vertreten auch durch den Beklagten als Vizepräsidenten, von zwei Rechtsanwälten, die im Streit um das Sorgerecht für den Kläger die Stadt G. vertreten hatten, auf Unterlassung in Anspruch genommen, nachdem er ihre anwaltlichen Schreiben ohne ihre Genehmigung auf der Internetseite des Vereins veröffentlicht hatte.

Am 13. Januar 2009 versandte der Beklagte folgende E-Mail mit gleichem Fotoanhang an das Amtsgericht G. zum dortigen Az. 14 C 264/08:

"zur Akte wird Fotodokumentation übergeben, die auch eben bereits per Fax übermittelt wird, jedoch nur in Farbe im PDF gut zu sehen ist."

In diesem Verfahren nahm der Kläger den Beklagten auf Erstattung von Abmahnkosten in Anspruch. Der Beklagte hatte auf der Internetseite "www.kindesraub.de" einen Link zum Filmbeitrag des … Rundfunks eingestellt. In dieser Reportage wurde u.a. unter Verwendung von (anderen) Lichtbildern des Klägers über den Sorgerechtsstreit berichtet. Der … Rundfunk hatte auf Aufforderung des Klägers eine Unterlassungserklärung wegen der verwendeten Lichtbilder abgegeben. Weil der Kläger bzw. sein Vormund die Verlinkung für unzulässig hielt, mahnte er den Beklagten durch seine Rechtsanwälte ab.

Der Vormund des Klägers hatte in die Versendung der Lichtbilder nicht eingewilligt.

Das Landgericht hat dem Unterlassungsantrag des Klägers insoweit stattgegeben, als dem Beklagten untersagt wurde, Fotografien, die den Kläger zeigen, zu verbreiten, wenn dies wie mit den E-Mails vom 9. Januar 2009 und/oder vom 13. Januar 2009 gegenüber folgenden Institutionen geschieht: (1) EU-Petitionsausschuss, (2) Europäisches Parlament und/oder Mitgliedern des Europäischen Parlaments, (3) Secretariat of the CPT, (4) Landschaftsverband R., (5) Poststelle des LG D. und (6) Poststelle des AG G. Im Übrigen hat es die Klage abgewiesen. Auf die Berufung des Beklagten hat das Oberlandesgericht das landgerichtliche Urteil teilweise abgeändert und die Verbreitung nur hinsichtlich der Institutionen (1) bis (3) untersagt. Im Übrigen - hinsichtlich des Landschaftsverbandes und der Gerichte - hat es die Klage mangels Rechtsschutzinteresses als unzulässig abgewiesen und die weitergehende Berufung des Beklagten zurückgewiesen.

Der Kläger begehrt mit der vom Berufungsgericht zugelassenen Revision die Wiederherstellung des landgerichtlichen Urteils.

Entscheidungsgründe

I. Das Berufungsgericht hält - soweit im Revisionsverfahren noch von Belang - die Klage für unzulässig. Es fehle am Rechtsschutzbedürfnis. Der Bundesgerichtshof verneine in ständiger Rechtsprechung das Rechtsschutzbedürfnis für Klagen auf Unterlassung oder Beseitigung von ehrverletzenden Äußerungen, die der Rechtsverfolgung in einem gerichtlichen oder behördlichen Verfahren dienten. Diese Rechtsprechung sei auf den vorliegenden Fall der Vorlage von Lichtbildern zum Zwecke der Rechtsverfolgung oder -verteidigung zu übertragen. Dies folge aus dem Recht auf wirkungsvollen gerichtlichen Rechtsschutz gemäß Art. 2 Abs. 1 GG in Verbindung mit dem Rechtsstaatsprinzip und aus dem Recht auf rechtliches Gehör (Art. 103 Abs. 1 GG). Die darin zur Geltung kommende Privilegierung gelte nicht nur für den Sachvortrag, sondern auch für die Vorlage von Lichtbildern. Ob die Inaugenscheinnahme der Lichtbilder einem Beweisverwertungsverbot unterliege, sei innerhalb des Verfahrens zu entscheiden, in dem sie vorgelegt würden. Eine Überprüfung außerhalb des jeweiligen Verfahrens sei als unzulässiger Eingriff anzusehen. Dies gelte auch, wenn der Kläger an den gerichtlichen oder behördlichen Verfahren, in denen die ihn zeigenden Lichtbilder vorgelegt würden, nicht als Partei oder sonstiger Verfahrensbeteiligter beteiligt sei. Die fehlende Verfahrensbeteiligung führe nicht schon aus sich heraus dazu, dass mangels eigener innerverfahrensrechtlicher Rechtschutzmöglichkeiten ein Rechtsschutzbedürfnis für eine Unterlassungsklage zu bejahen sei. Vielmehr sei eine Abwägung der widerstreitenden Interessen vorzunehmen. Das Rechtsschutzbedürfnis für eine Unterlassungsklage könne danach angenommen werden, wenn die Äußerung bzw.

die Lichtbildvorlage keinen Bezug zum Ausgangsverfahren aufweise, sie auf der Hand liegend falsch sei oder eine unzulässige Schmähung darstelle. Soweit der Beklagte die Lichtbilder in den besagten Rechtsstreiten vor dem Landgericht D. und dem Amtsgericht G. sowie gegenüber dem Landschaftsverband R. vorgelegt habe, falle die vorzunehmende Abwägung zugunsten der Rechtsschutzinteressen des Beklagten aus, so dass einer Unterlassungsklage des Klägers das Rechtsschutzbedürfnis fehle. Anderes gelte hinsichtlich der sonstigen Adressaten, denen die Lichtbilder übersandt worden seien.

Soweit der Beklagte die Lichtbilder per E-Mail an die Poststellen der Gerichte versandt habe, fehle es am Rechtsschutzbedürfnis für eine Unterlassungsklage. Vor dem Landgericht D. sei der Verein X. e.V. durch eine Rechtsanwaltskanzlei auf Unterlassung in Anspruch genommen worden. Der Beklagte habe als Präsidiumsmitglied des Vereins Schreiben und Schriftsätze der Rechtsanwälte der Stadt G. aus der den Kläger betreffenden Vormundschaftssache ohne Genehmigung veröffentlicht. Der Verein habe dabei für sich in Anspruch genommen, die Veröffentlichung der Anwaltsschreiben sei von seiner Meinungsfreiheit gedeckt, da es in der Kindschaftssache des Klägers erhebliche rechtsstaatliche Bedenken gebe, auf die er die Öffentlichkeit aufmerksam machen wolle. Unter anderem habe der Verein geltend gemacht, der Kläger sei im Kinderheim misshandelt worden. Die nunmehr streitgegenständlichen Lichtbilder seien in diesem Rechtsstreit per E-Mail an das Landgericht D. übermittelt worden. Durch den Prozessbevollmächtigten des Vereins sei die E-Mail schriftsätzlich nur pauschal in Bezug genommen und als Beweismittel nicht ausdrücklich benannt worden. Dennoch bestehe ein hinreichender Zusammenhang zum Ausgangsrechtsstreit. Der Beklagte habe redlicherweise davon ausgehen dürfen, dass die Lichtbilder, mit denen Misshandlungen des Klägers fotografisch dokumentiert worden sein sollen, die Rechtsposition des Vereins stützen könne, da damit das berechtigte Interesse an der Veröffentlichung der Rechtsanwaltsschriftsätze verdeutlicht werden könne. Die Abwägung falle auch nicht deshalb anders aus, weil es um Abbildungen eines besonders schützenswerten Minderjährigen gehe, die noch dazu die Intimsphäre des Klägers berührten. Es sei nämlich zu beachten, dass die Lichtbilder nicht einer breiteren Öffentlichkeit zugänglich gemacht worden seien, sondern einem geschlossenen und überschaubaren Adressatenkreis, nämlich den Verfahrensbeteiligten. Damit sei die Eingriffsintensität herabgesetzt. Im Verfahren vor dem Amtsgericht G. habe der Beklagte redlicherweise davon ausgehen können, dass die Richtigkeit der von ihm erhobenen Misshandlungsvorwürfe entscheidungserheblich sein könne und dass die Lichtbilder dazu einen Beitrag leisten könnten.

Die Übersendung der Lichtbilder mit der E-Mail vom 9. Januar 2009 an den für die Aufsicht über das Kinderheim des Klägers zuständigen Landschaftsverband R. falle ebenfalls unter die vom Berufungsgericht zitierte Rechtsprechung des Bundesgerichtshofs. Die Übersendung der E-Mail sei als Petition im Sinne des Art. 17 GG auszulegen. Die Vorlage von Lichtbildern im Rahmen einer Petition sei ebenso schützenswert wie die Vorlage in einem Gerichtsverfahren.

II. Die dagegen gerichtete Revision hat teilweise Erfolg. Bezüglich der Versendung der Lichtbilder an den Landschaftsverband hat das Berufungsgericht zu Recht ein Rechtsschutzbedürfnis des Klägers verneint. Dem Kläger fehlt das Rechtsschutzbedürfnis für die Unterlassungsklage jedoch nicht, soweit sie sich auf die Versendung der Lichtbilder zu den Verfahren vor dem Amtsgericht G. und dem Landgericht D. bezieht. Er kann von dem Beklagten gemäß § 1004 Abs. 1 BGB i.V.m. § 823 Abs. 2 BGB, § 22 Satz 1, § 23 KUG die Unterlassung der Versendung der Lichtbilder wie mit den E-Mails vom 9. und 13. Januar 2009 an das Amtsgericht und das Landgericht geschehen verlangen.

1. Die Auffassung des Berufungsgerichts, den Unterlassungsanträgen fehle bereits das Rechtsschutzbedürfnis, hält rechtlicher Nachprüfung hinsichtlich der Versendung der Lichtbilder an das Landgericht und das Amtsgericht nicht stand.

a) Nach der Rechtsprechung des Bundesgerichtshofs fehlt einer Klage auf Unterlassung oder Beseitigung von Äußerungen, die der Rechtsverfolgung oder Rechtsverteidigung in einem zivilgerichtlichen Verfahren dienen, regelmäßig das Rechtsschutzbedürfnis (vgl. Senatsurteile vom 14. November 1961 - VI ZR 89/59, NJW 1962, 243; vom 3. Dezember 1968 - VI ZR 140/67, GRUR 1969, 236, 237 "Ost-Flüchtlinge"; vom 24. November 1970 - VI ZR 70/69, GRUR 1971, 175, 176 "Steuerhinterziehung"; vom 14. Januar 1972 - VI ZR 102/71, GRUR 1973, 550, 551 "halbseiden"; vom 14. Juni 1977 - VI ZR 111/75, GRUR 1977, 745, 747 [insoweit nicht abgedruckt in BGHZ 69, 181] "Heimstättengemeinschaft"; vom 20. Dezember 1983 - VI ZR 94/82, GRUR 1984, 301, 304 [insoweit nicht abgedruckt in BGHZ 89, 198] "Aktionärsversammlung"; vom 11. Dezember 2007 - VI ZR 14/07, NJW 2008, 996 und vom 28. Februar 2012 - VI ZR 79/11, NJW 2012, 1659 Rn. 7 mwN sowie BGH, Urteile vom 9. April 1987 - I ZR 44/85, GRUR 1987, 568 f. "Gegenangriff"; vom 19. Juli 2012 - I ZR 105/11, GRUR 2013, 305 Rn. 21 "Honorarkürzung" und vom 15. November 2012 - I ZR 128/11, GRUR 2013, 647 Rn. 12 f. "Rechtswidriger Zuschlagsbeschluss").

Dem liegt die Erwägung zugrunde, dass auf den Ablauf eines rechtsstaatlich geregelten Verfahrens nicht dadurch Einfluss genommen werden und seinem Ergebnis nicht dadurch vorgegriffen werden soll, dass ein an diesem Verfahren Beteiligter durch Unterlassungs- oder Beseitigungsansprüche bzw. in einem weiteren Verfahren erfolgte Verurteilung zur Unterlassung oder Beseitigung in seiner Äußerungsfreiheit eingeengt wird. Es wäre mit der rechtsstaatlichen Ordnung unvereinbar, wenn Parteien in einem anderen Rechtsstreit verurteilt werden könnten, Erklärungen zu widerrufen oder zu unterlassen, die sie im Ausgangsverfahren abgegeben haben. Damit würde in unerträglicher Weise in die Führung dieses Verfahrens eingegriffen. Die Parteien müssen in einem Gerichtsverfahren alles vortragen dürfen, was sie zur Wahrung ihrer Rechte für erforderlich halten, auch wenn hierdurch die Ehre eines anderen berührt wird. Ob das Vorbringen wahr und erheblich ist, soll allein in dem seiner eigenen Ordnung unterliegenden Ausgangsverfahren geprüft werden. Mit den schutzwürdigen Belangen der Betroffenen und mit den Erfordernissen eines sachgerechten Funktionierens der Rechtspflege wäre es unvereinbar, wenn die Kompetenzen des Gerichts des Ausgangsverfahrens durch die Möglichkeit einer Geltendmachung von Abwehransprüchen in einem gesonderten Prozess vor einem anderen Gericht unterlaufen werden könnten. Ein weiterer Gesichtspunkt, der die Beschränkung des Ehrenschutzes bei Äußerungen, die der Rechtsverfolgung oder -verteidigung in einem Gerichtsverfahren dienen, rechtfertigt, ist der, dass dem Verletzten bereits in diesem Verfahren prozessual wie materiellrechtlich ausreichende Rechtsgarantien zum Schutz seiner Interessen bereitstehen; schon hier kann der Betroffene die ehrenkränkende Äußerung des Prozessgegners zur Nachprüfung durch das Gericht stellen (Senat, Urteil vom 11. Dezember 2007 - VI ZR 14/07, NJW 2008, 996 Rn. 13; vgl. BGH, Urteil vom 19. Juli 2012 - I ZR 105/11, GRUR 2013, 305 Rn. 14 mwN).

Dieses Privileg gilt grundsätzlich auch für Äußerungen in einem rechtsstaatlich geregelten Verfahren, durch die Rechte von am Verfahren nicht beteiligten Dritten betroffen werden, wenn die Äußerungen in einem engen Bezug zum Verfahren stehen. Kann sich der Dritte in dem betreffenden Verfahren nicht gegen die Äußerung wehren, ist allerdings eine Abwägung der widerstreitenden Interessen geboten und dabei besonders sorgfältig zu prüfen, ob der Dritte die Äußerung hinnehmen muss (Senat, Urteil vom 11. Dezember 2007 - VI ZR 14/07, NJW 2008, 996 Rn. 15; BGH, Urteil vom 19. Juli 2012 - I ZR 105/11, GRUR 2013, 305 Rn. 15).

b) Diese Grundsätze können - wie es das Berufungsgericht angenommen hat - im Ansatz entsprechend für eine Lichtbildvorlage, die der Rechtsverfolgung oder -verteidigung dienen soll, herangezogen werden (in Abgrenzung zum Senatsurteil vom 13. Oktober 1987 - VI ZR 83/87, NJW 1988, 304). Allerdings ist bei der Entscheidung, ob der Betroffene ein Rechtsschutzbedürfnis hat, es zu untersagen, Fotos, die dem Bildnisschutz der §§ 22, 23 KUG oder dem (weitergehenden) Recht am eigenen Bild durch das allgemeine Persönlichkeitsrecht unterfallen, in einem Zivilgerichtsverfahren ohne seine Einwilligung vorzulegen, der besondere Stellenwert des Bildnisschutzes als Ausprägung des allgemeinen Persönlichkeitsrechts (vgl. nur Senatsurteil vom 13. Oktober 2015 - VI ZR 271/14, BGHZ 207, 163 Rn. 31) zu berücksichtigen. Dies gilt jedenfalls dann, wenn die im Verfahren vorgelegten Lichtbilder wie hier der Privatsphäre des Abgebildeten unter Näherung an dessen Intimsphäre zuzuordnen sind. In einem solchen Fall ist für die Vorlage der Lichtbilder zum Schutz des Abgebildeten ein besonders enger sachlicher Bezug gerade der Lichtbilder zum Verfahren erforderlich. Fehlt es daran, kann das Rechtsschutzbedürfnis des Abgebildeten für eine Unterlassungsklage nicht verneint werden.

aa) Die beanstandeten Lichtbilder gehören (noch) nicht zu dem Bereich der Intimsphäre, sondern zu dem der Privatsphäre. Die Lichtbilder zeigen den kindlichen

Kläger nur mit entblößtem Oberkörper und geben so nicht mehr preis, als beim unverfänglichen Spiel oder Sport im Sommer oder im Schwimmbad wahrgenommen werden könnte. Allerdings wird er mit mehreren Beulen und Hämatomen, teilweise in Nahaufnahme, abgebildet. Er soll damit als mögliches Opfer von Misshandlungen und so in einer Verfassung der Erniedrigung und Demütigung präsentiert werden. Die Verletzungen sind jedoch optisch nicht so erheblich, dass sie entstellend wirken würden. Da Kinder und Jugendliche sich erst zu eigenverantwortlichen Personen entwickeln müssen, sind sie in der Wahrung ihrer Persönlichkeitsrechte aber besonders schutzbedürftig (vgl. BVerfGE 101, 361, 385; 119, 1, 24; BVerfG, Nichtannahmebeschluss vom 28. Juli 2016 - 1 BvR 335/14, NJW 2017, 466 Rn. 10). Die Darstellung des Klägers als Opfer durfte deshalb nicht ohne besonderen Grund den Kreis der Sorgeberechtigten und engsten Familienangehörigen verlassen.

bb) Nach der Rechtsprechung des Bundesverfassungsgerichts zur Einschränkung des Ehrenschutzes gegenüber einer im Rahmen eines Gerichtsverfahrens getätigten Äußerung muss der Rechtsschutzsuchende allerdings die Möglichkeit haben, gegenüber den Organen der Rechtspflege jene Handlungen vornehmen zu können, die nach seiner vom guten Glauben bestimmten Sicht geeignet sind, sich im Prozess zu behaupten, ohne Rechtsnachteile befürchten zu müssen. Dies trägt nicht nur dem Grundrecht auf Meinungsfreiheit, sondern zugleich auch dem Recht auf einen wirkungsvollen gerichtlichen Rechtsschutz, das aus Art. 2 Abs. 1 GG oder dem jeweils betroffenen Einzelgrundrecht in Verbindung mit dem Rechtsstaatsprinzip folgt, sowie dem Recht auf rechtliches Gehör aus Art. 103 Abs. 1 GG Rechnung (vgl. BVerfG, NJW-RR 2007, 840 f. mwN). Der Anspruch auf Gewährung des rechtlichen Gehörs ist eine Folgerung aus dem Rechtsstaatsgedanken für das Gebiet des gerichtlichen Verfahrens (vgl. BVerfGE 67, 208, 211). Er umfasst die Befugnis, sich zur Rechtslage zu äußern, Anträge zu stellen und Ausführungen zu machen. Deshalb darf die in einem Zivilprozess vorgetragene Behauptung einer ehrverletzenden Sache, die nicht der Stimmungsmache gegen einen anderen Prozessbeteiligten dient, sondern aus der Sicht der Partei als rechts-, einwendungs- oder einredebegründender Umstand prozesserheblich sein kann, nicht schon deshalb strafrechtlich geahndet werden, weil sich später nicht aufklären lässt, ob die Behauptung wahr ist (BVerfG, NJW 1991, 2074, 2075). Dem Rechtsstaat entspricht ein wirkungsvoller gerichtlicher Rechtsschutz in bürgerlich-rechtlichen Streitigkeiten (BVerfGE 54, 277, 291). Die aus dem Rechtsstaatsprinzip abzuleitende Rechtsschutzgarantie gewährleistet in zivilrechtlichen Streitigkeiten die Effektivität des Rechtsschutzes (BVerfGE 88, 118, 123). Zu jenen Handlungen der Parteien, die für die Behauptung im Zivilprozess erforderlich sind, gehört es aufgrund des zivilprozessualen Beibringungsgrundsatzes, die notwendigen Tatsachenbehauptungen aufzustellen und Beweismittel zu benennen (vgl. BGH, Beschluss vom 7. Februar 2008 - IX ZB 137/07, NZI 2008, 240 Rn. 9), denn es gibt im Zivilprozess keine allgemeine prozessuale Aufklärungspflicht. Das Recht auf wirkungsvollen gerichtlichen Rechtsschutz und das Recht auf rechtliches Gehör gebieten bei dieser Verfahrensgestaltung mit Verhandlungs- oder Beibringungs-grundsatz, dass die Partei gegenüber dem Gericht grundsätzlich die Möglichkeit haben muss, ohne Rechtsnachteile befürchten zu müssen, auch die Beweismittel zu benennen oder gegebenenfalls vorzulegen, die aus ihrer Sicht erforderlich sind, ihren Vortrag zu belegen. Dazu können auch Lichtbilder gehören, die Personen zeigen.

cc) Der Ausgleich dieser grundgesetzlich gewährleisteten Rechtspositionen, des Schutzes des allgemeinen Persönlichkeitsrechts des Klägers einerseits und des An-spruchs des Beklagten auf wirkungsvollen gerichtlichen Rechtsschutz anderer-seits, hat in der Weise stattzufinden, dass die Vorlage der Lichtbilder auf ein not-wendiges Maß beschränkt wird. Dies erfordert einen besonders engen sachlichen Bezug der Lichtbilder zum Ausgangsverfahren. Daran fehlt es bei der Vorlage der Lichtbilder in den beiden gerichtlichen Verfahren.

(1) Das vor dem Amtsgericht G. geführte Verfahren betraf einen Kostenerstat-tungsanspruch aus einer Abmahnung wegen des gesetzten Links auf den Filmbei-trag. Hier ist der erforderliche enge Bezug der Lichtbilder oder der durch die Bil-der zu belegenden Behauptung, der Kläger werde im Kinderheim misshandelt, zu der in dem Rechtsstreit allein noch inmitten stehenden Kostenfrage nicht gegeben.

(2) In dem Verfahren vor dem Landgericht D. um die Unterlassung der Veröffent-lichung von anwaltlichen Schreiben aus der Amtsvormundschaftssache fehlt es ebenfalls an dem erforderlichen engen Sachbezug. Da die dort klagenden Rechts-anwälte die Verletzung eigener Rechte geltend machten, erscheint auch ausgehend von den Feststellungen des Berufungsgerichts die Annahme, Misshandlungen des Klägers im Kinderheim beweisen zu müssen, abwegig. Dies auch schon deshalb, weil der anwaltliche Vertreter des Beklagten die von diesem dem Gericht unmit-telbar übersandte streitgegenständliche E-Mail nur pauschal in Bezug genommen hat, ohne die Lichtbilder als Beweismittel für einen konkreten Sachvortrag zu be-nennen.

2. Ohne Rechtsfehler hat das Berufungsgericht aber ein Rechtsschutzbedürfnis des Klägers verneint, soweit die Unterlassungsklage die Versendung der Lichtbilder an den Landschaftsverband R. als Behörde der Heimaufsicht betrifft. Dem Inhalt der beigefügten E-Mail, die an das Jugendamt gerichtet war, konnte auch von Sei-ten des Landschaftsverbandes entnommen werden, dass der Beklagte den Ver-dacht einer Misshandlung des Klägers im Kinderheim hatte.

Eingaben an öffentliche Stellen (Art. 17 GG) erfahren wegen des öffentlichen In-teresses an der Aufdeckung etwaiger Missstände den gleichen Schutz wie Äuße-rungen im Rahmen eines zivilgerichtlichen Verfahrens (vgl. Senatsurteile vom 14. November 1961 - VI ZR 89/59, NJW 1962, 243, 245; vom 3. November 1977 - VI ZR 256/74, WM 1978, 62; OLG Düsseldorf, NVwZ 1983, 502 f.; OLG Celle,

NVwZ 1985, 69 f.). So wird für angeblich unrichtige ehrverletzende Angaben gegenüber einer kassenärztlichen Vereinigung die Anwendung dieser Grundsätze bejaht (vgl. OLG Frankfurt am Main, NJW-RR 1994, 416), ebenso bei Äußerungen gegenüber Strafverfolgungsbehörden (Senatsurteile vom 28. Februar 2012 - VI ZR 79/11, NJW 2012, 1659 Rn. 8; vom 14. November 1961 - VI ZR 89/59, NJW 1962, 243, 245; vom 10. Juni 1986 - VI ZR 154/85, NJW 1986, 2502, 2503; vgl. auch BVerfGE 74, 257, 258, 262 f.; BVerfG, NJW 1991, 29, 30; Beschluss vom 15. Dezember 2008 - 1 BvR 1404/04, juris Rn. 17). Wer der Staatsanwaltschaft oder der Polizei seinen Verdacht mitteilt, dass ein anderer eine strafbare Handlung begangen habe, berührt zwangsläufig die Ehre des anderen. Das kann ihm nicht verwehrt werden; denn mit der Erstattung der Anzeige übt er ein jedem Staatsbürger zustehendes Recht aus. Die Strafanzeige eines Bürgers liegt darüber hinaus grundsätzlich im allgemeinen Interesse an der Erhaltung des Rechtsfriedens und an der Aufklärung von Straftaten; der Rechtsstaat kann darauf bei der Strafverfolgung nicht verzichten (vgl. Senatsurteil vom 14. November 1961 - VI ZR 89/59, aaO; BVerfGE 74, 257, 262). Aus diesen Gründen muss der Anzeigende im strafrechtlichen Ermittlungsverfahren grundsätzlich das Vorbringen dürfen, was er nach seinem Ermessen zur Aufklärung der Sache für erforderlich hält. Diese Rechtsprechung trägt den verfassungsrechtlichen Anforderungen Rechnung, die für Äußerungen in solchen Zusammenhängen aus dem Rechtsstaatsprinzip und insbesondere dem Anspruch auf rechtliches Gehör folgen (BVerfG, Nichtannahmebeschluss vom 28. August 2003 - 1 BvR 2194/02, Rn. 18, juris, mwN). Im Streitfall sind diese Grundsätze entsprechend auf die Lichtbildvorlage an die zuständige Aufsichtsbehörde zu übertragen.

Der Landschaftsverband R. war in seiner Funktion als aufsichtsführendes Landesjugendamt für die Einrichtung berufen, dem Verdacht, es fänden in der Einrichtung Misshandlungen statt, beispielsweise nach § 46 SGB VIII nachzugehen und ggf. Maßnahmen gegen Missstände nach §§ 45, 48 SGB VIII zu ergreifen. Er durfte sich - auch anhand der ihm übersandten Fotos - ein eigenes Bild vom Zustand des Klägers machen.

3. Soweit die Klage zulässig ist, hat der Kläger gegenüber dem Beklagten einen Anspruch aus § 1004 BGB und § 823 Abs. 2 BGB i.V.m. §§ 22, 23 KUG auf Unterlassung der Versendung der beanstandeten Bilder wie an das Amtsgericht und das Landgericht mit den E-Mails vom 9. und 13. Januar 2009 geschehen.

a) Einer sachlich-rechtlichen Entscheidung steht nicht entgegen, dass die Vorinstanzen die Klage als unzulässig behandelt haben.

In der Rechtsprechung des Bundesgerichtshofs ist allerdings als Regel angenommen worden, dass das Revisionsgericht die Sache an das Berufungsgericht zurückzuverweisen und nicht in der Sache selbst zu befinden hat, wenn es im Gegensatz zum Berufungsgericht die Zulässigkeit der Klage bejaht (BGH, Urteile vom 23.

November 1960 - V ZR 102/59, BGHZ 33, 398, 401; vom 25. November 1966 - V ZR 30/64, BGHZ 46, 281, 284 f.; Senatsurteil vom 14. März 1978 - VI ZR 68/76, NJW 1978, 2031, 2032; BGH, Urteil vom 11. Januar 1990 - IX ZR 27/89, NJW 1990, 990, 992). Daraus folgt aber nicht, dass es dem Revisionsgericht schlechthin verwehrt ist, selbst in der Sache zu entscheiden, wenn die Vorinstanz die Klage als unzulässig abgewiesen hat. Vielmehr bringt § 563 Abs. 3 ZPO den allgemeinen prozessrechtlichen Grundsatz im Revisionsverfahren zur Geltung, von einer Zurückverweisung abzusehen, wenn der Rechtsstreit bereits zur Endentscheidung reif ist. Das Revisionsgericht kann deshalb über die sachliche Berechtigung der Klage auch nach deren Abweisung als unzulässig entscheiden, wenn das Berufungsurteil einen Sachverhalt ergibt, der für die rechtliche Beurteilung eine verwertbare tatsächliche Grundlage bietet, und bei Zurückverweisung der Sache ein anderes Ergebnis nicht möglich erscheint. Hätte das Berufungsgericht bei zutreffender verfahrensrechtlicher Behandlung der Klage sofort eine Entscheidung in der Sache treffen können, besteht keine Veranlassung, den Parteien durch eine Zurückverweisung Gelegenheit zur weiteren Ergänzung ihres Vorbringens zu geben. In einem solchen Fall hat nunmehr das Revisionsgericht die Entscheidung zu treffen, die an sich schon in der Berufungsinstanz hätte ergehen müssen; es kann nicht nur eine unschlüssige Klage als unbegründet abweisen, sondern auch einer nach dem zugrunde zu legenden Sachverhalt begründeten Klage stattgeben (BGH, Urteile vom 29. September 2017 - V ZR 19/16, IBRRS 2018, 0230 Rn. 43; vom 5. Dezember 1975 - I ZR 122/74, WM 1976, 164, 165; vom 10. Oktober 1991 - IX ZR 38/91, NJW 1992, 436, 438). Dieser Sonderfall liegt hier vor.

b) Durch den Versand an die vorgenannten Gerichte ist in das allgemeine Persönlichkeitsrecht des Klägers in seiner Ausprägung als Recht am eigenen Bild eingegriffen worden. Es ist bereits der Tatbestand des § 22 KUG eröffnet. Nach § 22 Satz 1 KUG dürfen Bildnisse grundsätzlich nur mit Einwilligung des Abgebildeten verbreitet oder öffentlich zur Schau gestellt werden. Bei den versendeten Lichtbildern handelt es sich um Bildnisse im Sinne von § 22 KUG, also um die Wiedergabe des äußeren Erscheinungsbildes einer Person in einer für Dritte erkennbaren Weise (vgl. BGH, Urteil vom 1. Dezember 1999 - I ZR 226/97, NJW 2000, 2201, 2202). Der Kläger ist nach den Feststellungen des Berufungsgerichts auf den Bildern erkennbar. Dies ist jedenfalls bei den Bildern der Fall, die sein Gesicht zeigen. Aber auch die Nahaufnahmen von Bauch und Rücken sind identifizierbar, weil sie durch den Zusammenhang der Bilderserie und die Beschriftung dem Kläger zuzuordnen sind (vgl. BGH, Urteil vom 9. Juni 1965 - Ib ZR 126/63, NJW 1965, 2148, 2149). Die Vorlage der Bilder bei Gericht stellt ein Verbreiten im Sinne des § 22 KUG dar, obwohl anders als bei einer Veröffentlichung in den Medien nur die Wahrnehmung durch einen begrenzten Personenkreis zu erwarten ist (vgl. Ahrens in Ahrens, Der Beweis im Zivilprozess, Kap. 6 Rn. 53). Verbreiten bedeutet jede Art der Weitergabe körperlicher Exemplare, auch digitaler Aufnahmen, an Dritte. Auf eine Verbreitung in die Öffentlichkeit kommt es nicht an, denn schon die Verbreitung an Einzelpersonen führt zu einem der Kontrolle und dem

Selbstbestimmungsrecht des Abgebildeten vorbehaltenen Übergang des Bildnisses in die Verfügungsgewalt eines anderen (vgl. Dreier/Schulze/Specht, KUG, 5. Aufl., § 22 Rn. 9; Götting in Schricker/Loewenheim, Urheberecht, 5. Aufl., § 22 KUG Rn. 36). Auch wenn man einer Definition des Verbreitens folgen wollte, wonach Verbreitung die Weitergabe ist, die das Risiko einer nicht mehr zu kontrollierenden Kenntnisnahme in sich birgt (vgl. Fricke in Wandtke/Bullinger, Praxiskommentar zum Urheberrecht, 4. Aufl., § 22 KUG Rn. 8; Engels in BeckOK Urheberrecht, Ahlberg/Götting, Stand 1.8.2017, § 22 KUG Rn. 51), wäre durch die Zuleitung der Lichtbilder an die Gerichte und die Überlassung an die Behörde der Tatbestand des Verbreitens im Sinne des § 22 KUG erfüllt, da auch dadurch dieses Risiko besteht. Eine teleologische Reduzierung des Tatbestandsmerkmals des "Verbreitens", wie es für private Videoaufnahmen zur Beweissicherung im Rahmen eines Verkehrsunfallprozesses diskutiert wird (vgl. LG München, Beschluss vom 14. Oktober 2016, Az. 17 S 6473/16, juris Rn. 9; LG Frankenthal, NJOZ 2016, 1195, 1198 f.), ist jedenfalls im vorliegend zu entscheidenden Fall nicht vorzunehmen. Denn ob ein Verbreiten anzunehmen ist, ist im Gesamtkontext der Verwendung der Bilder durch den Beklagten zu beurteilen. Im Fall des Beklagten ist eine weitergehende, d.h. über Beweiszwecke im Gerichts- oder Petitionsverfahren hinausgehende, Veröffentlichungsabsicht zu bejahen, wie schon die Versendung an zahlreiche weitere Adressaten außerhalb des Prozessrechtsverhältnisses zeigt. Der Beklagte war gerade darauf aus, für seine Anliegen und die des Vereins, den er vertrat, eine Öffentlichkeit zu schaffen und sich zum Anwalt eines Allgemeininteresses zu machen.

Die Versendung erfolgte unstreitig ohne Einwilligung des als Vormund entscheidungsbefugten Jugendamtes (vgl. dazu nur Engels in BeckOK Urheberrecht aaO Rn. 41; Götting in Schricker/Loewenheim aaO Rn. 42). Ein Ausnahmetatbestand gemäß § 23 Abs. 1 KUG war nicht gegeben, die Voraussetzungen des § 24 KUG sind nicht erfüllt. Andere Rechtfertigungsgründe sind weder ersichtlich noch dargetan.

c) Die für den Unterlassungsanspruch erforderliche Wiederholungsgefahr wird durch das festgestellte rechtsverletzende Verhalten des Beklagten indiziert (vgl. Senat, Urteil vom 15. Dezember 2015 - VI ZR 134/15, AfP 2016, 149 Rn. 23; BGH, Urteil vom 12. September 2013 - I ZR 208/12, VersR 2014, 1462 Rn. 25 f. mwN).

Notizen: